[MIRROR]
理想国译丛
imaginist
028

想象另一种可能

理
想
国
imaginist

理想国译丛序

"如果没有翻译,"批评家乔治·斯坦纳(George Steiner)曾写道,"我们无异于住在彼此沉默、言语不通的省份。"而作家安东尼·伯吉斯(Anthony Burgess)回应说:"翻译不仅仅是言词之事,它让整个文化变得可以理解。"

这两句话或许比任何复杂的阐述都更清晰地定义了理想国译丛的初衷。

自从严复与林琴南缔造中国近代翻译传统以来,译介就被两种趋势支配。

它是开放的,中国必须向外部学习,它又有某种封闭性,被一种强烈的功利主义所影响。严复期望赫伯特·斯宾塞、孟德斯鸠的思想能帮助中国获得富强之道,林琴南则希望茶花女的故事能改变国人的情感世界。他人的思想与故事,必须以我们期待的视角来呈现。

在很大程度上,这套译丛仍延续着这个传统。此刻的中国与一个世纪前不同,但她仍面临诸多崭新的挑战,我们迫切需要他人的经验来帮助我们应对难题,保持思想的开放性是面对复杂与高速变化的时代的唯一方案。但更重要的是,我们希望保持一种非功利的兴趣:对世界的丰富性、复杂性本身充满兴趣,真诚地渴望理解他人的经验。

理想国译丛主编

梁文道　刘瑜　熊培云　许知远

[美]唐纳德·基恩 著　曾小楚 伍秋玉 译

明治天皇
1852—1912

DONALD KEENE

EMPEROR OF JAPAN:
MEIJI AND HIS WORLD, 1852—1912

上海三联书店

图书在版编目（CIP）数据

明治天皇 /（美）唐纳德·基恩(Donald Keene) 著；曾小楚，伍秋玉译.
—上海：上海三联书店，2018.8（2022.9 重印）（理想国译丛）
ISBN 978-7-5426-6269-9

Ⅰ．①明… Ⅱ．①唐…②曾…③伍… Ⅲ．①明治天皇（1852-1912）—传记 Ⅳ．① K833.137=4

中国版本图书馆 CIP 数据核字 (2018) 第 091203 号

明治天皇
1852—1912

[美] 唐纳德·基恩 著　曾小楚 伍秋玉 译

责任编辑 / 殷亚平
特邀编辑 / 鲁兴刚
装帧设计 / 陆智昌
内文制作 / 陈基胜
监　　制 / 姚　军
责任校对 / 张大伟

出版发行 / 上海三联书店
　　　　　（200030）上海市漕溪北路331号A座6楼
邮购电话 / 021-22895540
印　　刷 / 山东临沂新华印刷物流集团有限责任公司

版　　次 / 2018 年 8 月第 1 版
印　　次 / 2022 年 9 月第 6 次印刷
开　　本 / 965mm×635mm　1/16
字　　数 / 814千字
图　　片 / 50幅
印　　张 / 60.5
书　　号 / ISBN 978-7-5426-6269-9/K·457
定　　价 / 158.00元

如发现印装质量问题，影响阅读，请与印刷厂联系：0539-2925659

目 录

序章 / 001

历史学家往往认为天皇只发挥仪式上的作用,但这未免太不公平了。明治生于一个几百年来一直拒绝与西方接触的国家,却亲眼目睹了日本变成一个世界强国,并成为国际社会的一员。

第 一 章 孝明天皇 / 007

现存的一幅画像中,孝明的脸上露出强烈的表情,似乎主要是愤怒。在位期间,几乎每件新生事物都令他感到愤怒。

第 二 章 祐宫出生 / 018

1851年10月15日的官方记录简略地提到一名亲王出生了。假如事先不知道谁是这一天出生的话,那你还要阅读很多页才会恍然大悟,那名刚刚出生的亲王原来就是后来的明治天皇。

第 三 章 开国难避 / 030

"戴安娜"号在大阪湾停留了两个星期,给京都造成了巨大的恐慌。孝明派人去七社七寺祈祷,还将自己的膳食减到最少。一些官员甚至支持天皇到比御所更容易保护的大阪城居住。

第 四 章 下田条约 / 040

尽管他还不到三岁,但是已经显示出倔强的性格:他拒绝坐进事先准备好的轿子,乳母不得不把他抱在怀里。他还不喜别人看,因此一路都挂着帘子。

第 五 章　安政大狱　/ 051

井伊直弼决定杀鸡儆猴，即使引起孝明的痛恨也在所不惜。皇权的实质与现状之间的矛盾从未这么清楚过。身着朝服履行规定仪式的孝明，想到自己发布的命令没有一项不被幕府否定时，肯定感到很烦恼。

第 六 章　赐名睦仁　/ 060

1859年明治开始上学，到了8月10日，他显然对自己的进步感到非常开心，开始向侍从展示自己的书法作品——每次一两个字，通常是"中"和"山"。

第 七 章　和宫下嫁　/ 071

天皇的妹妹与将军结婚，使得皇室与幕府之间的关系更加紧密，同时也开创了一个天皇的影响力比几个世纪以来都要大的短暂时期。孝明坚定不移地支持公武合体，反对倒幕派，然而随着幕府继续与外国签订通商条约，宫廷与幕府的关系变得紧张起来。

第 八 章　"征夷大将军"　/ 082

据说那天将军经过京都街头时，长州的攘夷派极端分子高杉晋作高喊"征夷大将军！"，讽刺将军辜负了这个称号。

第 九 章　蛤御门之变　/ 092

"炮声震天，硝烟蔽空，陪观儿女惊愕失色，亲王神色未变，始终泰然。天皇亲览军事，近世绝无之事，况亲王幼冲即陪之，未曾有也。"

第 十 章　家茂去世　/ 101

一场不会给任何人带来荣誉和利益的战争就这么结束了，没有砰砰作响的枪炮声，而是伴随着啜泣。然而它永远改变了日本人对战争的看法。

第十一章　孝明驾崩　/ 110

直到今天，学者们仍然意见分歧，一些人认为孝明死于天花，一些人认为他死于谋杀，而岩仓是下毒的幕后黑手。

第十二章　美子皇后　/ 119

美子三四岁就能朗诵《古今和歌集》中的诗歌，五岁就能创作短歌，七岁完成了一部中国典籍的素读并学习书法，十二岁时学习筝及笙。

第十三章　末代将军　/ 129

"将军德川庆喜清归政权。（天皇）制允，内外政事亲裁。从前条约，虽用大君名称，自今而后，当换以天皇称。"

第十四章　将军遁走　/ 139

西乡听闻鸟羽之战，激动地喊道："鸟羽一发枪声，比得到一百万同盟军还要让人高兴。"

第十五章　接见公使　/ 150

"他的眉毛都剃掉了，然后重新画在高高的额头上；他的脸颊涂上了胭脂，嘴唇也涂上了红色和金色。他的牙齿是黑色的。如此滑稽而扭曲的形象，却仍然显得庄重，这本领确实不小。"

第十六章　五条誓文　/ 161

"广兴会议，万事决于公论……破除旧来之陋习，一本天地之公道；求知识于世界，大振皇国之基础。"

第十七章　亲王叛乱　/ 171

根据菊池容斋（1788—1878）手抄的文书，从 8 月 5 日起，北方的年号改为太政元年，轮王寺宫则加冕为东武天皇，与天皇对立。

第十八章　东都江户　/ 183

天子迁都布宠华，东京儿女美如花。须知鸭水输鸥渡，多少簪绅不顾家。

第十九章　刚、毅、木、讷，近仁　/ 196

明治明显不是一名知识分子，不过这些认识他的人的评价让人想起《论语》里的一句话："刚、毅、木、讷，近仁。"

第 二 十 章　　英国公爵来访　　／ 207

巴夏礼一直都在担心公爵与天皇的见面。他写道："我想年轻的天皇真是可怜，他太害羞了，大臣们担心王子会认为他枯燥无味。王子殿下自己也很害羞。"

第二十一章　　帝师元田永孚　　／ 217

极少赞美别人的大久保利通说："只要元田在陛下身边，我就放心了。"副岛种臣说："要说对明治时代贡献最大的臣民，除了元田，我找不到第二个。"

第二十二章　　废藩置县　　／ 228

从封建制度到中央集权的转变顺利得不可思议。8月29日下午，天皇派人请来萨长四藩的领导，他们提出以府县制代替藩国的建议……那天下午晚些时候，天皇请来五十六个藩国驻东京的领导（知事），以公告的方式宣布了这项伟大的改革……9月1日，外务卿岩仓具视向各国公使通报，日本已被废除藩国，并代以县制。

第二十三章　　初次巡幸　　／ 241

天皇和侍从去鹿儿岛的一个外国人家里访问。住在那里的老妇人拿出了丰盛的西式菜肴和糕点招待他们，然而（天皇说完放声大笑），"她连我是谁都不知道！"

第二十四章　　"征韩"论争　　／ 254

很难判断到底是明治自己要求等岩仓回来，还是三条在见面时说服了天皇。假如确实是天皇下的决定，那么这是他迄今为止最重要的政治决定。

第二十五章　　江藤新平之死　　／ 269

改革激起了日本人，尤其是下层人民的强烈抗议，甚至暴动。本质上，暴动表达的是对努力实现现代化的政府改革的愤怒。或许可以说，在新体制变革之中被压抑的不满，以一种很难界定的对封建时期的怀念之情表现出来。

第二十六章　早蕨之局　/ 285

将《源氏物语》中的名字赠予侧室是日本长久以来的传统，而明治以花草和树木为他的妃子命名，典侍爱子就被称作"早蕨"。

第二十七章　西南战争　/ 301

山县有朋和伊藤博文听说鹿儿岛的消息之后，赶来和他们会面。当晚，他们在神户的一家旅馆里讨论出兵鹿儿岛的计划。战争的爆发看起来只是时间早晚了。

第二十八章　功臣？叛臣？　/ 313

西乡最后抵抗的据点是城山，他开办第一所私学校的地方。他只剩下四十个人，而且身负重伤。西乡朝着皇宫的方向跪下，把头一低，副官别府晋介立即将他的头砍下。战争结束了。

第二十九章　大久保遇刺　/ 327

四人杀死一名车夫后，把大久保拖出马车，在给他补上致命一刀时，杀手的力气非常大，把大久保脖子刺穿后刀尖还插进了地上。

第 三 十 章　吞并琉球　/ 340

吞并冲绳在日本历史上几乎微不足道，尚泰也只是人物传记辞典中的一个简要条目而已。他在位期间并非重要，最后三十年则默默无闻。但是，即便现在，一个小国的国君成为处于现代化初期的大国的牺牲品，遭到罢黜时，仍令人不胜唏嘘。

第三十一章　格兰特到访　/ 352

七十二名艺妓身着美国国旗图案的和服跳舞——她们的身上和左臂是红色和白色的条纹，右臂是蓝色背景和星星。假名垣鲁文还写了一本《格兰氏传侫文赏》的准传记。

第三十二章　教育改革　/ 367

大约从这个时期开始，明治的观点似乎明显地趋于保守。当然，每一代都喜欢将当时那些没出息的年轻人和过去那些简单真诚的年轻人做对比，但是教育政策的改变表明，尽管政府致力于发展和宣传实学，但却并不仅仅满足于哀叹旧道德的丧失，而是准备迫使年轻人向传统屈服。

第三十三章　筹备宪法　／　378

"但是您必须一直谨记……在把投票权和代表权给予他们时，您已经永远地给他们了。因此在建立这样的议会机构时，再怎么谨慎也不为过。匆匆忙忙成立是非常危险的。您不会希望看到由于过早成立议会而出现无政府状态。"

第三十四章　卡拉卡瓦访日　／　391

从这个时期开始，我们偶尔能够从千篇一律的诏书和独特的语气中听到明治的声音。他已经听得够多，认为是时候自己开口说话了。

第三十五章　自由民权　／　404

植木将天皇和自己同一视之的奇怪认知一次次出现在他的日记里，他认为自己是天皇，甚至使用相应的敬语。从1883年起，植木甚至在皇历、西历之外，另以"寰宇大皇帝"（意为他自己）的诞生时间纪年。

第三十六章　济物浦条约　／　416

回到朝鲜后，朴泳孝和金玉均组建了新的开化党，以期在日本的帮助下使朝鲜摆脱清朝统治的枷锁、破除积弊。对于他们来说，日本就是他们期望在朝鲜开展的文明开化运动的楷模。

第三十七章　岩仓逝世　／　430

岩仓具视离世，这也许象征着日本与过去彻底告别。1854年，岩仓被任命为孝明天皇的侍从……从那时起，他在对君主政体造成影响的几乎每一个重大事件中扮演了至关重要的角色。尽管他出生于公卿中的底层，但他是贵族……这也使得岩仓与明治天皇建立了特殊关系。

第三十八章　江户的舞会　／　444

鹿鸣馆这一交际场所在多大程度上推动了不平等条约的结束很值得怀疑……然而，将西洋文化——甚至是西洋文化的特例（如化装舞会）——纳入日本文化的主流之中，却是这一时期的中心事件。

第三十九章　太子嘉仁　／ 459

按照酝酿已久的计划，嘉仁于 1887 年 9 月 19 日进入学习院。他每天去学校，在其他男孩的陪同下学习，他的课桌与其他人的课桌并排靠在一起。这是王位继承人第一次接受公共教育。

第 四 十 章　帝国宪法　／ 475

1889 年的宪法是亚洲国家中最先进的宪法，也比众多欧洲国家的宪法更加自由。但是，这部宪法坚称天皇是"神圣不可侵犯的"、天皇拥有至高无上的权力，表明它距离天赋人权还有很大的距离。

第四十一章　修学习业　／ 491

"臣民孝于父母、友于兄弟、夫妇相和、朋友相信、恭俭持己、博爱及众、修学习业以启发智能、成就德器。"

第四十二章　大津事件　／ 506

大津事件并没有像政府众多官员担忧的那样引发战争。这次刺杀未遂有可能导致沙皇尼古拉二世形成反日偏见，从而引发了十三年后的日俄战争，但人们对此争论不休。

第四十三章　条约改正　／ 525

天皇认为政府和众议院之间的冲突是由过于仓促成立议会造成的。从此刻起，天皇的政治观点明显变得保守。他开始认为他引以为傲的两件事——颁布宪法和成立议会——都为时过早了。

第四十四章　对清宣战　／ 537

是什么让天皇如此不愿意批准宣战？也许正如他之前所说的，他担心战争可能会让某些国家插手干预，从而对日本不利；也可能是想到众多日本士兵将战死沙场，因此不想开战；又或者是他担心日本不是清朝的对手；又或许很大程度上是因为天皇接受了儒家经典教育，因而不想与产生了圣人的国度开战。

第四十五章　旅顺屠杀　／ 553

如果没有外国记者，也许这些无法名状的事情永远都不会被记录下来。旅顺大屠杀仍然是一个让人痛苦的事件：人非禽兽，怎能干出这样恶劣的行径？

第四十六章　马关条约　／ 569

陆奥宗光回忆道，"曾对李鸿章放不堪入耳之恶口杂言者，今日俄然痛惜李之遭难，出谀词般溢美言语。更有甚者，列李既往功业，言东方将来之安危全系于李之生死。"

第四十七章　暗杀闵妃　／ 585

闵妃被暗杀给几乎每一个相关的人都带来了灾难。朝鲜国王不仅失去了美丽的妻子，还被迫签署了一份诏敕……暗杀事件的总策划人三浦颜面尽失。伊藤博文为使日本能获得像世界强国那样的认可而制定的种种计划，因为这次不体面的行动而受挫。井上馨改革朝鲜政府的希望，也因不得插手朝鲜内政这一新政策而破灭。

第四十八章　英照皇太后　／ 600

"英照"并非佛教的称号，而是出自于唐代政治家李德裕的一首诗《春暮思平泉杂咏二十首·潭上紫藤》。之所以为采用这一名称，是因为皇太后出身于藤原家族。

第四十九章　藩阀终焉　／ 614

伊藤越来越确信，已经没有办法阻止在议会中获得多数席位的党派组建内阁。他清楚这意味着萨摩藩或长州藩统治的时代的结束，意味着自维新时起便与他关系密切的旧友主宰的时代的结束。

第 五 十 章　义和团运动　／ 629

治外法权"砰"的一声结束，不过不是大炮的声音，而是开启香槟酒的软木塞的声响。这本应是一个值得举国上下共同欢庆的时刻，然而，这一天也只是在稍微有点意识到这一事件的重要性的情况下度过。

第五十一章　英日同盟　／ 645

很难评价英日同盟给日本带来了哪些好处……不过，比物质利益更重要的是日本人感受到的喜悦之情。上到天皇，下到黎民百姓都因为日本被公认是与世界上最强盛的国家平起平坐的合作伙伴而感到喜悦。

第五十二章　祸机暗藏　／ 661

尽管众人是用崇敬的言语措辞说出"陛下应当这样做或陛下应当那样做"，但指示就是指示，这让天皇格外恼火。

第五十三章　战前交涉　／ 678

威廉二世和尼古拉二世都是绝对的独裁者，他们手中握着上百万国民的性命，意识到这一点让人觉得非常可怕。被卷入即将来临的战争的第三位皇帝——明治——是唯一配得上皇帝这一称呼的。

第五十四章　"发现敌船"　／ 694

1905 年 5 月 26 日，俄国舰队驶进了日本海域。日本舰队在海军大将东乡的指挥下封锁了道路。在历史上具有决定性的海战中，东乡的舰队彻底击溃了俄军……对马海战将标志着俄国在亚洲统治的结束。

第五十五章　日俄谈判　／ 710

俄国代表团毫不怀疑地认为他们创造了一个奇迹。他们已经设法避免支付赔款，做出的领土让步也只是割让日本曾经占领的那个荒凉小岛的一半……日本没有参加庆宴。小村和同行人员……能很容易地想象出来，在回到日本后将受到狂风暴雨般的接待。

第五十六章　高宗抵抗　／ 725

"日本政府今后管理韩国的对外关系，通过外交大使和领事保护国外的韩国臣民及其利益。"

第五十七章　庆子去世　／ 742

在日俄战争后的几年中逐渐成长起来的一代人，似乎感觉到了一种疏离感。大多数疏离感都是从对战时伤亡的震惊和对战争结果的失望中生出，但之后在政治上便以社会主义的形式表现出来……山崎正和将这个时期称为"苦闷的时代"。

第五十八章　伊藤遇刺　/　758

给天皇当了多年侍从的日野西资博回忆道，天皇在得知伊藤的死讯时极为震惊，好像突然间变成了一个老人。

第五十九章　吞并韩国　/　773

当时，鲜有日本人意识到了殖民主义是一种毒药，它所毒害的不仅是被殖民者，也毒害了殖民者。

第 六 十 章　"大逆"阴谋　/　785

从远离此事的今天来看，人们倾向于同情这些被处决的男男女女。他们是受理想的推动，而非权力欲望的驱使。谋杀天皇的计划失败，使得人们能够很容易地原谅那些谋杀未遂者，并痛斥对他们做出的判决。

第六十一章　天皇驾崩　/　803

天皇几乎没有不为人知的一面，也没有什么特殊偏好……除了工作外，他几乎没有什么私人生活。

第六十二章　乃木徇死　/　816

甚至是报纸，在刚开始的时候也并非一致赞扬乃木的自杀行为……但两天后，媒体的基调变了……从这时起，乃木便成为了忠君之士的化身，一个不可能受到批评的传奇英雄。乃木被尊奉为军人忠心和效忠于皇室的完美典范。

终章　/　831

雪落，而明治渐远

注释　/　840

序章

环绕京都御所的北墙边，有一所小小的房屋。明治早期，美国传教士首次获允住在这座古都内，他们在寻找住所时，曾将家具和其他物品暂时存放在这所房子里。房子如今很不起眼，即便它是仅存的几座贵族宅邸之一，不仅在京都19世纪中期席卷御所的那场大火中幸免于难，还逃过了1868年迁都东京后的破败与损毁。

将房子和花园与外人隔绝开来的围墙外面，竖着一块小小的木牌，上面写着"祐之井"三个字。越过围墙，勉强可以看到里面立着一块巨大的石碑。这两个标记提示着游客，这座房子的意义不仅仅是日本19世纪传统建筑的一个样本——何况是一个稀松平常的样本。事实上，1852年，明治天皇*就出生在这座房子里，而且据不太可靠的传说，他第一次洗澡用的便是"祐之井"的井水。[1]

明治没有出生在皇宫，而是在这样一座普普通通的房子里，因为他的母亲中山庆子（1835—1907）迫于风俗，在即将临盆时离开了皇宫。传统上，人们认为分娩会使住所触秽，因此皇室的孩子通常都在母亲家附近出生，一般是在一所单独的房子里。这所房子一

---

* 本书称他为"明治"，尽管这是他死后的谥号。在他生前，日本人只叫他"天皇"或者"皇帝"；"睦仁"这个名字主要是和外国人交往或者签署文件时才用到的。

旦不再使用，很可能会被烧毁。讽刺的是，明治出生的这座小房子存留的时间比四周那些精心设计、屋顶一波高过一波的贵族宅邸都要长。

庆子的父亲，权大纳言*中山忠能（1809—1888），为了即将诞生的亲王，在自己的宅邸旁边建了这座产房。他一开始想使用邻居的空地，不过，尽管这个尚未出生的孩子极有可能成为天皇，他们还是拒绝了他。最后，他只好把小屋建在自己已经很拥挤的宅邸里。跟当时的许多贵族一样，中山忠能穷得盖不起这样一所小房子——两个小房间，外加一个相连的浴室和厕所——不得不向别人借钱。[2]

房子本身虽然毫不起眼，但是一位神圣天皇（他在东京的神庙明治神宫每个新年都吸引几百万人参拜；即使平日里，也有数千人）的出生地竟然如此简陋，如此不被重视，实在令人匪夷所思。这座房子长期以来被严重忽视，直到最近，他们才给它换了新瓦。这是一座不折不扣的实用建筑，地面铺着光秃秃的地板，没有一丝装饰，很难看出这里是日本最有名的天皇的出生地。

对明治出生地的忽视，同时也是人们对这个人总体印象的奇怪反映：即使是那些认为明治是有史以来最伟大的统治者的日本人，也举不出一个例子来证明他的辉煌声誉。明治当然和1868年日本现代史开端的"明治维新"联系在一起，但当时他只有十五岁，显然无法对维新或者紧随其后的重大改革做出关键贡献。他的名字与对中国、俄国战争的大胜以及英日同盟联系在一起，但他在这些事件中扮演的角色充其量是一个仁慈的君主，而非政策或者军事策略的制定者。不过可以肯定的是，他在位期间（甚至他死后很久），一直鼓舞着日本人以非凡的勇气去缔造功绩。毫无疑问，在那些为

---

* 大纳言是日本古代官职，仅低于太政大臣及左右大臣，相当于副丞相。大纳言为上述三公提供协助及参议政事，也是天皇的近侍。其下则是中纳言、少纳言。对于超出规定人数而任命的官职，则加上"权"字；后文中的亲王是日本皇室典范中对皇子、皇孙的称呼，皇女、皇孙女则称作内亲王。——译注

新政权实施改革的人心目中，他是一位精神上的导师。

我们普遍对他缺乏了解，并非是因为大量证据遭到封锁。明治从出生到死亡的一生中，几乎每件事都有详细的记录。官方史书《明治天皇纪》几乎逐日列出了他直接参与，以及发生在他周围的相关事情。明治死后，认识他的人写了许多书和文章，回忆他的日常生活和性格，但是不知为什么，这些书都没能给人留下什么印象。作为第一位与西方人见面的天皇，他也出现在那些访问过日本的外国高官的日记里。与谒见过他的几个日本人不一样，这些人没有什么忌讳，从明治第一次公开露面起便坦率地描绘他的外表，这使得他们的书读起来别有趣味。但是，他们提供的资料也很少。

除了十二卷厚厚的且印得密密麻麻的官方记录记载的大量事实以外，还有无数关于明治的传说和轶事，尤其是关于他的风流韵事和酒量的传闻。甚至有人骄傲地宣称是他的私生子，但他们的证据通常都站不住脚。的确，素材如此之多，看来对于想写一部全面传记的学者来说，唯一需要的只是耐心了。然而，在令人信服地刻画这名在位四十五年且见证了日本历史上最伟大变化的人物上，明治天皇的传记作者鲜有成功。

原因可能在于这些传记作者（不管他们是否愿意承认）得出了一个令人沮丧的结论，即明治天皇的个性并不见得比那几张印有他画像的纸来得深邃和复杂，人们习惯向这些君主的画像鞠躬，而从不考虑隐藏在表面以下的东西。为了证明明治也有"人性"的一面，传记作者通常会讲一些趣闻逸事，说明他冷漠的外表之下隐藏着对皇后炽热的爱，或者他无时无刻不惦记着自己的臣民，或者他具有极佳的幽默感。但是这类趣闻轶事未能给人留下什么印象，甚至让人很难相信。近来一些喜欢揭露真相的批评家倾向于将明治描写成一个对那些功绩没有丝毫帮助的人，或者反过来，将他描绘成一个毫不关心人民福祉的无情暴君。他们可能都错了，这样的努力只会使明治拥有持久不衰的名声和数目众多的崇拜者这件事变得更加神秘。

跟几乎同时代的维多利亚女王不一样，明治不记日记，而且几乎没有写过信。明治的父亲孝明天皇（1831—1867）留下了许多书信，大部分都充满了对世界局势发展的强烈愤怒，但是明治留下来的珍贵信件则不怎么有趣。除了在国家文书上的签名，他几乎没有留下任何手迹。* 他也没留下什么照片（也许加起来不过三四张），而当时许多地位没他高的日本人都经常去照相。他生前和死后绘制的几幅画像，要么是在视察银矿，要么是在主持讨论宪法草案的会议，但这些都是肖像画，并非确确实实发生的真事，是一些可能从未见过明治长什么样的画家的作品。†

要想了解明治，除了官方记录和他的侍从写的非官方回忆录（有时并不可靠）之外，还可以读他写的短歌‡。据估计，明治一生写了十万多首短歌。尽管大都是一些传统语言和意象，但包含了少量跟他生平有关的内容，其中透露出他在各种场合的情感；而他最为人知的作品——关于军队和教育的法令——都是由别人代劳，很难在他们的措辞中发现明治个人的信念。

他死后，认识他的宫廷人员所写的文章都难以令人满意，有时候还互相矛盾。有个人回忆明治小时候格外地健康活泼，可能还有点霸道，青年时期得过一次相扑冠军。另外一个跟他同样很熟的人则反驳说，孩提时代的明治身体虚弱，常常生病，这不禁使人怀疑起相扑冠军这个说法来。许多传记作者都讲了明治第一次听到枪炮声时晕倒的故事，但是另一些传记作者则否定这种说法。在面对这种种矛盾的说法时，现代读者会倾向于相信最糟糕的事情，即孩提

---

* 他的许多诗都写在纸片上，由专业的女书法家誊写出来，然后销毁。
† 明治神宫的圣德纪念绘画馆收藏了八十幅巨大的绘画，展示了明治一生从出生到葬礼的各个重大事件。这些画由当时的杰出画家在1926—1936年间创作，但是很可能没有一位画家亲眼见过明治。意大利画家 Edoardo Chiossone（1832—1898）是少数几位为明治画过肖像的画家之一，他的画被大多数人看成是照片，张贴在日本的所有学校。
‡ 短歌是和歌最常见的一种形式，由五、七、五、七、七个音节组成。——编注

时代的明治实际上体弱多病且胆小怕事，只是他的传记捏造了这些趣闻轶事，以显示他是强健的大和男儿。但是，明治多年以前的那个玩伴回忆明治经常打他，难道是在说谎吗？[3]

这样的抵牾并非只存在于他的童年时期，他的聪颖、明智、对人民的关心，以及与一名统治者相称的其他能力近来都受到了学者的质疑。试举一个这类矛盾的小例子：明治真的（如他的一个侍从在回忆录中所说的那样）每天收到十几份日本报纸和外国报纸，并认真地阅读吗？[4]还是，（如他另一个侍从所说的）明治在统治初期还浏览一下报纸的标题，后来却连看都不看一眼？[5]这样的抵牾还出现在他日常行为的描述中，因此我们很难判断他是个怎样的人。如果他像人们常说的那样，品味非常简单，不愿在自己身上花钱，因此制服都打了补丁，[6]那这又如何与他喜欢钻石和法国香水的传闻对上号呢？[7]

即使艰难地读完关于他日常生活的十二卷官方记录，你也很难了解明治的感觉。我们确切地知道他何时第一次踏足御所外面，但我们真正想知道的并非这个具体的时间，而是当他从曾是他的整个世界的高墙之内走出来时，（就像释迦牟尼一样）第一次看到贫穷、疾病和死亡时，内心有什么样的感受。

认识他的人称赞他的刚毅、公平以及一些别的值得赞美的品质。即使我们认为这些赞美属实，也会很想知道，一个基本上由宫中无知妇人带大，喜欢传统优雅的贵族消遣胜于武器的亲王，一个许多世代都没有参加过战争的君主后代，一个从未上过战场的人，为什么会给人留下一直穿着戎装的军人印象？

在描绘明治的过程中，很难将注意力集中在他身上，因为他总是被一些能力非凡且个性迥异的大臣包围着。历史学家往往从这些人的角度来讨论明治的统治，认为这些人的辉煌成就都是以天皇的名义进行的，天皇只发挥着仪式上的作用。然而，认为明治的非凡名声仅仅源于他（相当偶然地）是大变革时代的天皇，未免对他不太公平。一个更为负面的观点认为，他的年幼和无知无疑帮了"大政奉还"领导者的大忙；你很容易想象，假如明治的父亲孝明天皇（他对外国人简直恨之入骨）没有在三十六岁时英年早逝的话，这些人的工作会举步维艰。明治尽管年轻，却也能够做出重大决策，举个例子，由于他的介入，才阻止了侵略朝鲜的战争。当时西乡隆盛等大多数大臣都主张入侵朝鲜。明治后来的多次行动——尤其是他多次到全国各地视察——使臣民们意识到日本是一个统一的现代国家。将明治视为可有可无的人，就像将维多利亚女皇视为无能的人一样，是非常不恰当的。[8]

明治的第一个名字祐宫，或者祐宫亲王，是孝明天皇在他出生后一个星期给他起的。他后来的名字叫睦仁，这是他在位时签署在文件上的名字。明治这个现在人们一般称呼的名字，其实是他的谥号和年号。与西方的编年史不同，日本史书使用年号纪年。在睦仁将"明治"定为他整个统治时期的年号以前，通常一个皇帝的年号要更改多次——在一甲子六十年中的两个固定时刻*，或者在发生一系列自然灾害之后（这些自然灾害被认为是年号不祥导致的），或者是出现了一些需要在历法中记录下来的祥瑞。明治的意思是"开明的统治"，这个年号从1868年他即位第一年起便作为他的年号，直到1912年他逝世为止。现在，这个年号还被用来描绘那个时期经历急速变化和剧烈动荡的整个日本文化。

我将在这本书中试着描绘这样一个明治天皇：他生于一个几百年来一直拒绝与西方接触的国家，却亲眼目睹了日本变成一个世界强国，并成为国际社会的一员。

---

* 即辛酉、甲子两个年度。——编注

第一章

孝明天皇

孝明天皇有两幅画像。我们经常看到的是第一幅,天皇身着朝服坐在隆起的榻榻米(玉座)上,头戴独特的天皇冠冕,顶上有突出的羽状带子。他那张椭圆形的脸微微转向右边,沉静而无表情,这是典型的朝服画。没有什么(也许除了羽状带子的角度)显示这幅画像作于19世纪而不是其他时候,比方说,13世纪。从孝明的表情中也看不出他长期为自己动荡不安的统治感到揪心。这幅画像中,孝明和他两百年前的祖先一模一样。他们大多是对国家几乎没有贡献的傀儡,一生都不为大多数日本人所了解,如今甚至名字也已经被人遗忘。尽管这幅画像中的孝明面无表情,但人们却牢牢地记住了他。[1]

第二幅画像给人一种完全不同的印象。他脸上露出强烈的个性,似乎主要是愤怒。孝明大半生时间确实充满了愤怒。他留下来的书信和文件都清楚地表明,在他在位期间,几乎每件新生事物都令他感到愤怒。他不只对每件事情生气,还为自己无法阻止政府和社会发生这些迫在眉睫的变化而沮丧不已。

孝明生于1831年7月23日。他的父亲仁孝天皇,是官方记载的第一百二十代天皇。他的生母并非皇后,而是一名侍妾,是贵族藤原实光的女儿。但是,孝明名义上是皇后生的孩子。作为仁孝天

孝明天皇像

皇的第四子，按理说他是没有机会登上皇位的，但是他的哥哥在他出生之前全都死了。这个时期，甚至到后来很晚近的时候，皇室婴儿的死亡率都高得惊人。在仁孝天皇的十五个孩子中，只有三个活过三岁；在孝明的六个孩子中，只有一个（明治）活了下来；而在明治的十五个孩子中，只有五个长大成人。[2]不清楚为什么皇室的婴儿死亡率会比同期的日本农家高出这么多。[3]人们将其归咎于各种原因，例如过早结婚（皇位继承人通常十六岁结婚）、宫廷医生医术的落后、宫廷中弥漫着不健康的阴沉气氛等。也许还包括——尽管这一点很少被提及——可供挑选为妃的贵族女子数量非常有限，从而导致了近亲通婚。

特别是18世纪初以后，除了一些例外，天皇的寿命都不长。樱町天皇死于三十岁；他的继任者桃园天皇，二十一岁；后桃园天皇，二十一岁；仁孝天皇（孝明的父亲），四十六岁；孝明天皇，三十六岁。因此，太子很早便登上皇位：孝明的祖父光格天皇九岁登基；其子仁孝天皇，十七岁；孝明，十五岁；他的儿子明治也是十五岁登基。

第一章 孝明天皇

在其他情况下，年幼无知的皇帝登基可能使国家管理出现严重的问题，但事实上，不管天皇是具有君主智慧的可敬典范，抑或只是不谙世事的孩子，对日本政府几乎都没有影响：他并不参与政事，唯一的公开活动是举行规定的仪式和庆典。[4]幕府将军在拟定行动计划之前，无须听取天皇的意见，一旦做出决定，也不必征得天皇的同意。到了孝明时代，这种情况发生了改变。

孝明在京都（约八十九公顷）中心的御所长大[5]。京都是皇宫和大多数公家（贵族）的宅邸所在地，而御所则是皇室家庭的全部世界。根据东久世通禧（1833—1912）的说法，幕府的政策就是将天皇与世隔绝，把他看作活着的神一样，且严格禁止将新的或者不寻常的事情通知他。[6]东久世十岁时被选为孝明的玩伴，他晚年讲述了记忆中有关孝明的童年故事，担心如果不把回忆记下来，那些古老的传统将会永远消失。他的回忆非常特别，具体到他亲眼目睹的许多仪式细节——在场的每个人、他们穿的衣服、收到的礼物等等。下面是他对一个典型仪式的描述：

> 六月初七，皇太子九岁[7]。这天在御学问所*举办了"初读"仪式。亲王并非到了九岁才开始读书。事实上他已经读过了《孝经》和《大学》，左大将鹰司是他的老师。这个仪式完全就是走过场。皇太子穿着二蓝三重襷样式的直衣、紫色龟甲纹的奴袴，坐在中房中。†中纳言久我建通把一张桌子抬到皇太子前面。舟桥在贤坐在桌子前。他将《古文孝经》的序言诵读三遍。皇太

---

* 京都御所中供天皇及皇子学习的宫殿，也是宫内举行诗会等活动的场所。——编注

† 二蓝三重襷直衣是近世日本皇族夏季的标准上衣，二蓝是一种青紫色，三重襷是一种菱形图案，直衣是平安时代以后皇族及贵族的日常上衣；奴袴是贵族服饰中的下衣，和直衣等搭配，少年亲王着紫色龟甲纹；中房即中段。日本武家住宅样式的建筑中，大厅多有数进，称之为段，一般分为下段、中段、上段，各段地板依次增高，从侧面看，可看作下房、中房、上房。——编注

子随即跟着他念。之后舟桥退出，久我上前，把桌子搬走。皇太子随后回到皇宫。[8]

皇太子的教育主要是在老师的指导下大声朗读《孝经》这样的儒家经典。他一开始读的时候完全不知道含义，但最终不仅能阅读文言文，还能用文言文写诗。书法同样是皇太子必须学会的一项技能，而选择什么人作为书法老师则至关重要。最后，皇太子应该能创作古典形式的日本诗——短歌。

除了这些传统教育课程之外，皇太子从书本中获得的知识似乎很少——也许仅限于日本和中国的历史、地理的基本知识。有些天皇喜欢读日文小说，其他人则醉心于宫廷演出了上千年的舞乐，根据记载，宫廷中也曾演出能乐*。但这些爱好不过是些消遣，和幕府要求天皇作为主业学习的真正的学问不同。

1615年，前幕府将军德川家康、其子德川秀忠（名义上的将军）以及贵族二条昭实（曾任关白）共同拟定了一部贵族的行为规范法典。这部名为《禁中并公家诸法度》的法典共有十七条，可能是模仿圣德太子在604年颁布的《十七条宪法》。第一条也是最重要的一条规定，天皇应该以研习学问和艺术为第一要事。德川时代的天皇似乎都牢牢地记住了这一条：学问（有限的几本儒家经典著作以及日本的传统礼仪做法）以及艺术（主要是短歌和书法）成为他们教育的主要内容。学习儒家经典并非为了有一天能够挑战德川时代的学者对经典的诠释，而只需基本熟悉孔子学说，并能在适当的时候引经据典就足够了。十七条中的其他条文都和具体的事情有关，比如朝廷官员的任命、贵族的遗产继承、各个贵族家庭的地位高低

---

* 舞乐即雅乐，是一种日本宫廷中祭祀、燕享时的音乐舞蹈，与中国古代舞蹈中的雅乐含意不完全相同，其包括日本固有的乐舞催马乐、朗咏等；能乐是日本独有的一种舞台艺术，演员佩戴面具演出的一种古典歌舞剧。——译注

和座次排列以及贵族出家后应该享受的待遇等。

即使他们讨厌高高在上的幕府，怀念遥远的过去（那时的天皇是最高统治者），但是大多数天皇和贵族对各种严苛规定都不敢表示不满。他们生活在一个狭小的世界里，并似乎浑然不觉，一些无关紧要的事情也能使他们念叨上几十年。即使他们讨厌幕府干涉自己的生活，讨厌江户派驻京都的官员监视自己的一举一动，但是他们心里很清楚，没有幕府给的薪俸他们就活不下去。

对于低级贵族来说，薪俸通常不足以维持一家人正常的生活开销，因此许多人不得不做一些兼职，最好是那种不辱没他们身份的职业，例如拓印古代名家的书法作品，或是绘制新年期间玩耍的纸牌。他们在出售作品时靠的是自己显赫的名声。岩仓具视（1825—1883）家族是德川时代晚期和明治时代早期最显赫的家族，他们家非常穷，不得不将房子出租给赌场，由于岩仓家的贵族身份，赌场可免受警察的管制。不过，就算最穷的贵族也对自己的血统和社会地位感到骄傲，而且他们总体上仍受到社会的尊重，尽管如这些贵族亲口所说，他们也有些人胡作非为，为了赚钱完全不择手段。[9]

天皇和宫廷的贫穷经常被夸大，尤其是通俗历史作者添油加醋地编造了一些故事，好像连天皇也是勉强才能活下去。实际上，即使按当时大名（他们的财富同样常被夸大）的标准来看，天皇的生活还是相当不错的。

但是，德川时代的天皇生活肯定非常无聊。除了夜里寻欢作乐得到的安慰之外（后水尾天皇有三十七个孩子，后西天皇则有二十七个），每天的工作似乎都是主持各种仪式，这些仪式年复一年地进行，不曾有半点变化。此外，我们也可以认为除个别例外，天皇生活的最压抑之处在于他的活动范围非常小。天皇从未远离御所，但他们偶尔会到城里各处去转转。举个例子，1626年后水尾天皇就在二条城（幕府将军在京都的行辕）住了四天。但是1632年德川秀忠死后，他的儿子德川家光凭借自己的能力当上了幕府将军，此后幕府便不允许天皇离开御所。固然，有几次御所发生了大火，天皇被迫到京都的寺庙避难，但是说那些1632年以后继任的天皇是被软禁的政治犯，也并不夸张。

逊位的天皇可以到御所外自由旅行。京都东北部山中的修学院原本是1650年为逊位的后水尾天皇修建的游乐场所。后来其他逊位的天皇也时不时造访这里，但总体来说还是多年无人居住。1823年光格天皇*逊位后，向幕府将军请求想参观修学院，于是该处才匆匆忙忙进行了维修。当时盛况空前：

> 日吉（比叡）山麓修学院御茶屋，后水尾院法皇†始御幸，灵元院法皇‡亦屡屡行幸。享保十七年（1732），灵元法皇薨后，星霜百年，荒废以至行幸断绝。文政六年（1824）秋，武家（幕府）命新修，复其旧貌。文政七年九月廿一日，太上皇（光格天皇）始御幸。出清和院御门，抵桝形，渡鸭川，至新田山端御休憩之所。万民欢呼，高喊万岁。观者盈衢，实圣明之世。[10]

幕府允许逊位和出家后的天皇享有这种自由，但在位的天皇却没有。从1632年到1863年孝明参拜贺茂神社和石清水八幡宫为止，历代天皇极少离开御所，少有的几次也是因为发生了什么灾难。他们没有人见过大海或富士山，也没见过幕府统治下的江户城。天皇毕生所见不过数百朝臣，普通日本人一眼都未见过他。京都人当然知道天皇就住在御所的高墙后面，但是除了一些极罕见的场合（例

---

* 光格天皇（1771—1840），第119代天皇，孝明天皇的祖父。——编注

† 后水尾天皇（1596—1680），第108代天皇。1629年因紫衣事件以及三代将军德川家光令乳母春日局面见天皇（春日局无官位），愤而传位给六岁的女儿，以太上皇执政。日本天皇逊位后称太上天皇，简称上皇。出家为僧的上皇则称太上法皇，简称法皇。后水尾院是院号，是对上皇的尊称。——编注

‡ 灵元天皇（1654—1732），第112代天皇，后水尾天皇之子。——编注

第一章　孝明天皇

如逊位的光格天皇参观修学院）外，他们连他坐的轿子都难得一见，更不要说天皇本人。除了少数几名高级侍臣，没有人能见到他。天皇是一个隐藏在帘子后面的人，让人敬畏，并与人间俗世相距甚远。

少数几个人既是侍臣又是孝明天皇的朋友，东久世通禧便是其中之一。他在回忆孝明天皇精通学问时说："（他）可轻易阅览四书五经等*，学力足以授课。和书尚未学习，然作和歌，由其父皇添削，日日诵读。其和歌颇为优异。自大纳言羽室显孝处习雅乐，亦长于笛子。"[11]

1840年孝明被正式册封为皇太子，那一年他十岁。东久世回忆说，在举行册封典礼之前，皇室下令七大神社和七大寺庙举行仪式，祈祷典礼不会被大风大雨打断。[12]† 真正的仪式在紫宸殿（举行国家庆典的地方）举行。仪式结束时，天皇将壶切之御剑赠给皇太子，这把宝剑的拥有者将是下一任天皇。

东久世直到1842年才真正成为皇太子的伙伴，但是他两年前就从传闻中知道了孝明那天的样子："御发型为总角，因尚未加元服，故在头顶中分，垂至耳边梳成圆形。圣德太子画像中有二童子，即似该童子发型。"[13]

也许东久世只是从别人那里知道这个仪式的，不过他亲眼见证了孝明的加元服仪式，或者说成人礼，这是皇太子一生中的第二个重要仪式。加元服仪式于1844年5月11日开始，那一天要把皇太子的牙齿涂黑。孝明非常抗拒，因此人们不得不强迫他。（我们不难想象给一位十三岁少年的牙齿涂上脏兮兮的黑色液体时他扭动尖

---

* 儒家的教材。四书指的是《论语》、《中庸》、《大学》和《孟子》。五经指的是《易经》、《诗经》、《尚书》、《春秋》和《礼记》。

† 七大神社指的是伊势、石清水八幡宫、下鸭、上贺茂、松尾、稻荷（伏见）以及春日神社；七大寺庙指的是仁和寺、东大寺、兴福寺、延历寺、圆成寺、东寺和广隆寺。值得注意的是，所有这些佛教寺庙都隶属于"奈良六宗"或者天台宗和真言宗，与镰仓时代以及后来出现的重要宗派不同。

叫的样子。)接下来两天进行仪式的彩排。东久世解释说:"天子一朝只一度之事,当值者少有记忆,故皆依记录,演习大概。"[14]

举行仪式那天,天刚蒙蒙亮,皇太子就穿上了庆典的服饰。所有贵族都穿着束带*,并佩戴嵌有螺钿的太刀†。仁孝天皇出现了,后面跟着一位手捧皇太子御冠的侍女。在紫宸殿里,宫内省的官员掀开帘子。皇太子的老师领着他来到台上,关白‡鹰司政通(1789—1868)走上来站在皇太子旁边。右大臣九条托着皇太子的后裾。在这个肃穆的时刻,所有贵族都拜倒在地,外面的那些低级官员也全都跪下了。内大臣近卫忠熙(1808—1898)将御冠戴在皇太子头上,权中纳言久我建通为他束发。近卫再次走上前来,将帽子取下,然后离开。久我上来帮皇太子重新整理头发。整理完毕,皇太子退入内宫更衣。[15]仪式结束。

1846年2月23日,孝明天皇的父亲仁孝天皇驾崩。没有人料到他会死:他正当盛年(只有四十六岁),且身体向来非常强壮。仁孝只不过患了点小感冒,并无其他病状,但他起床去厕所时,却发现自己站都站不稳。侍女们过来搀他,但根本抬不动这个强壮的男人,他不得不爬去厕所,途中病发而亡。死讯并没有立刻公布,相反,皇宫对外宣称天皇病得很厉害,已完全丧失了工作能力,因此希望退位。不过,没有幕府的允许,天皇是不可以退位的。幕府在京都的代表所司代随即派人向江户请示,但是在收到回复时仁孝已经死了很久了。

3月13日天皇驾崩的消息正式发布。一个星期后,举行了一个

---

* 贵族的正装,一种曳地长袍。——编注

† 太刀,刀刃长六十厘米以上,刀刃朝下,佩带在腰间的日本刀。武士佩带在腰间,刀刃朝上的称为"打刀"。——编注

‡ 关白,日本古代官职,是摄政一职在天皇成年后的称呼。关白退位后称"太阁",若出家为僧,则称"禅阁"。摄政关白合称"摄关",除丰臣秀吉、丰臣秀次外,皆由藤原氏及其分家担任。——编注

第一章 孝明天皇

孝明登基的简单仪式。孝明登基后的第二天，仁孝的尸体入殓。接下来，3月30日，宫内宣布宫女九条夙子（1834—1897）为女御（地位仅次于皇后的妃嫔），标志着孝明现在有妻子了。[16]

官方记录中，孝明统治初期的大部分事情都没什么历史意义。其中列举了为去世的仁孝天皇举行的法会、净化等仪式，月食，斗鸡等——一切都事无巨细地详细记录，也许最重要的事情就是学习院（一所培养贵族子女的学校）开始授课。不过，1846年10月19日的一则记录则非常醒目："二十九日（壬午）异国船渡来之事，京师风闻，故降海防之敕至幕府。"[17]

这是几个世纪以来首次有天皇发表对外交政策的看法，只可能是十五岁的孝明（或者他的顾问）在得知外国入侵的威胁之后极度惊恐的结果。1847年6月9日的记录也是同样的语气："二十五日（甲戌）石清水临时祭，以参议野宫定祥为敕使，特以外舰来航之事，祈四海静谧。"[18]

这是孝明多次向神灵祈祷中的一次，他祈祷神灵帮助自己将外国侵略者赶出日本。但是，孝明一生都没见过任何外国人。事实上，他在石清水八幡宫祈祷的时候可能根本就对他们一无所知，而就算在统治后期，他也没有增加多少了解；但是他非常肯定，外国人（或者更准确地说，西方人）的出现是神国*无法忍受的侮辱。

孝明祈祷中所提到的外国军舰，可能是指头一年夏天来到江户湾的两艘美国军舰。这两艘军舰的首领是海军准将詹姆斯·比德尔（James Biddle），他试图与浦贺的地方长官签署一份贸易协定，但没有成功。1846年，一艘法国军舰也来过日本。孝明在给石清水八幡宫的宣命†中提到了这两件事，他祈祷假如再有外国人来到日本，神社的保护神将刮一阵大风将他们吹走，使这个国家永葆平安。[19]

---

* 日本过去的一种观念，认为天皇是神，由天皇统治的国家是神国。——编注

† 天皇敕命的一种格式，全部以汉字标注日语。

孝明从未改变对外国人的仇恨，尽管有时因为没有别的办法，他勉强同意外国人暂时留在日本，但仍希望时机成熟时就将他们全都赶进海里。他的仇外心理很早就形成，而且伴随他终身，这肯定是他的画像表情如此凶恶的一个原因。

1847年10月31日，孝明的加冕典礼在紫宸殿举行，这一年他十七岁。孝明发表了一份宣命，祈祷天下太平，并请神灵保佑他的所有子民。从保存下来的资料来看，这次典礼相当隆重，而且第二天，那些平时不准接近皇宫的人也能够一睹场面的辉煌。[20]

加冕典礼之后，孝明的日常生活和之前并没多少区别，仍是一些宗教仪式、诗会以及朝廷官员的辞职和晋升。必要时孝明会创作一首短歌，通常都是用轻快的语言：

　　花园里
　　梅树和柳树
　　都披上了春色
　　混合着早晨的太阳
　　和画眉鸟的歌声[21]

接下来几年，唯一令人不安的事情是日食和月食。发生日食和月食的时候朝廷的一切活动都要暂停。孝明观看宫里的舞乐和能乐表演，适时举行赏月的宴会，并参加各种仪式和集会。他严格按照规定，在每年的同一时间进行各种仪式。官方的历史记录中极少出现个人的事情，除非是得了罕见的疾病。御所之外，大火烧毁房屋，洪水摧毁桥梁，每一次灾难后天皇都派人到各大神社去为子民祈福。

外国军舰越来越频繁地出现在日本海域，每次都让孝明心神不宁，但是他对这些威胁的反应最多就是派人到七大神社和七大寺庙去祈祷天下太平。

官方的历史记录里也会出现一些欢乐的时刻，例如孝明的皇后系上了腹带，两个月后第一个孩子（是个女孩）出生了。十三天后一个侍妾给他生了个儿子，但是母子俩在同一天都死了。孝明在位期间，皇室经常出现这种情况，而这是第一次。男婴的母亲并非皇后，但这并不会降低他出生的重要性，也不会减少天皇对他的死的痛惜。但是他活的时间太短，以致通常为表示尊重死者而发布的京城鸣物停止令都没有颁发。[22]

孝明统治初期记载的事件都不太有趣，但是那些知道后来事件的读者有时也可能对一条看似就事论事的无趣记录产生兴趣。例如，1851年8月8日的记载中说天皇派人给有栖宫炽仁亲王（1835—1895）捎去口信，称已同意将妹妹和宫亲子内亲王（1846—1877）嫁给他。[23]当时和宫只有五岁，这门亲事完全是出于王朝的考虑而提前缔结的，但是十年后幕府将军向她求婚时，这个婚约将成为严重的障碍。

还有，1851年10月15日的官方记录简略地提到一名亲王出生了。[24]假如事先不知道谁是这一天出生的话，那你还要接下去阅读很多页，才会恍然大悟，那名刚刚出生的亲王原来就是后来的明治天皇。

第二章

祐宫出生

《孝明天皇纪》中，关于未来明治天皇出生的记载很少，但《明治天皇记》却非常详细地叙述了典侍（即侍妾）中山庆子从大概早上8点开始感到阵痛后的情况。

庆子的父亲权大纳言中山忠能立刻行动起来。巳时（上午9点到11点），他派人去请三位太医和一名接生婆，他们立刻赶来了。他还将亲王即将诞生这个消息书面通知了太政大臣鹰司政通、议奏（朝廷的发言人）*以及武家传奏（幕府联络官）†。消息立即传递给了宫中其他相关的男官和女官。婴儿在"午时半刻"（下午1点）出生。消息再次传递出去。孝明听到消息时正坐在寝宫的北花园里，一边欣赏花坛里的菊花，一边喝着午饭前的清酒。据说他听到儿子出生的消息后特别高兴，喝了很多酒。[1]

亲王刚一出生，便和胎盘一起被裹在请衣‡中。亲王出生的消息公布后，中山家熄灭了所有的火。他们从川端道喜（1835—1902）家取来火种重新点燃——川端家多年来一直是官方的皇室年糕供应

---

* 朝廷官员，这个时期有五六个人，他们服侍天皇并将天皇的话传达给公卿。

† 朝廷官员，这个时期有两人，负责维持与幕府的联系。他们传达礼节性的问候，并负责接待拜访朝廷的幕府官员。

‡ 三块白色的高级丝帛组成的方形衣物。

第二章 祐宫出生

商。熄火的习俗可能与某种观念有关，即认为生育使家里的火都触秽。新火种取自一个商人之家，而不是取自神社或者某位皇室成员归隐的寺庙，令人感到有些奇怪。不过川端家自室町时代晚期起地位就非同一般，他们家的火被称为"清火"，御膳房的火也取自他们家。

为了保佑生产顺利，孩子出生前，中山忠能已经从各个吉祥的寺庙和善人那里请来了护身符。现在他可以用谢礼来还愿了。天皇派来一名宫女，给亲王留下了一把防身用的短刀*和一条有两个袖笼的被子（搔卷）。宝宝会收到许多别的礼物，这些礼物很传统，今天的读者也许会觉得很奇怪。不过出生后，首先要做的还是剪脐带、包裹，并用火烧灼脐带进行消毒。[2] 胎盘洗净后会放进一个陶器里，装进一个未上漆的木桶，再用白绸布把木桶包起来，跟两把笋刀†、两块青石和两条沙丁鱼干一起放在隔壁房间的架子上。‡ 架子前面摆着一盏长明灯，四周用屏风围起来。木桶上用铅白画着松树、竹子、仙鹤和乌龟，但是没有梅花。虽然在艺术品中它通常和松竹搭配，但梅花会凋谢，不太吉利。

剪过脐带之后，宝宝洗了第一个澡。人们遵守古老的习俗，从鸭川打来河水，再混合井水给他洗。接下来几天，宝宝都穿着贴身内衣和一件无袖上衣，直到用襁褓把他包起来。他的床就铺在一张叫做"片高"§的床上，安放在他出生的那所小房子的主房里。榻榻米朝东或者朝南较高的一端一般会放一个枕头，枕头两侧相对摆着两只纸糊的小狗（犬张子），两只小狗中间摆着十六种化妆品。后面是一个架子，放着亲王收到的那把守刀和一种叫做"天儿"的玩

---

* 即守刀，兼有防身及祈祷家族永续繁荣之意。——编注
† 笋刀，日本传统中，在男孩元服仪式上用来剪头发等的小刀。——编注
‡ 沙丁鱼干的日语为"ごまめ"，之所以送它是因为其名字中包含了"まめ"，即"健康"的意思。
§ 斜剖成两半，一头高一头低的厚榻榻米。

偶*，玩偶用白绢包着，但是四肢末端都粘着红绸布。壁龛里还有一个架子，上面放着两只未上漆的木桶，木桶上绘有白色花纹。其中一只桶里放着一小包大米和两根盘成花形的丝带，另外一只桶里放着三颗蓝色的石子和两条方头鱼。† 大米用银箔包着，每次亲王从一个地方搬到另一个地方，都要将这些象征性的米撒出去，以驱赶恶魔。白丝带每条长约四米。亲王从出生的那一刻开始直到第七天晚上，每打一次喷嚏都要用丝带打一个结；人们相信他打的喷嚏越多，就越长寿。床的东面立着两个衣架，上面挂着金箔点缀的红黑两色绸缎腰带。刚开始时，它们是房间里唯一的一抹颜色。按照风俗，婴儿的衣服都是白色的，上面装饰的吉祥图案（如松、竹、鹤、龟）一般也是白色的。在婴儿出生一百零一天后，这些白色的衣服将换成彩色的。

与此同时，阴阳师土御门晴雄（1827—1869）也收到信，要他尽快赶来。每次重大决策之前，或者重要事情发生之后，总会召一位阴阳师来解释事情的含义或者指示接下来应该怎么做。土御门家族是世袭的皇室占卜师，他们的建议总是很有分量。分娩地点的方位取决于实际分娩的日子，在中山庆子即将临盆之前，晴雄对此已做了详细的指示。

庆子在怀孕五个月时曾经发高烧，大家都吓得不轻，虽然最后她还是挺过来并顺利生产，但人们还是丝毫不敢大意，迫切需要听听土御门的建议。可惜的是，他住得离皇宫有点远，等到他来的时候，宝宝已经在吃奶了。尽管如此，土御门还是按往常一样给出了指示，就好像他是准时到达的一样：他大声地宣告应该如何剪脐带、准备

---

* 一种非常简单的玩偶，高约四十二厘米，有点像有手臂的"木芥子"。这种玩偶的手臂张开，与身体成直角，就像个十字。在婴儿的床边放置这种玩偶，可以吸走邪气，从而保护孩子。这种玩偶要放在婴儿床边，直到孩子三岁为止。

† "方头鱼"俗称"金头"，亦被叫做"魴鱼"。选择这种鱼完全是因为相信文字的魔力：金头，意味着婴儿将会特别强壮。蓝色石头的含义与此相同。

第二章　祐宫出生

洗澡水和给婴儿洗澡，并补充了去除胎发、用襁褓包裹婴儿、掩埋胎盘等指示。这些主要是形式上的需要，因为大部分步骤都已经做了。有一件事情还没定下来，那就是掩埋胎盘的地点。出于方位的原因，晴雄选择了城东的吉田神社。这件事需要征得宫廷的同意，于是他们派了一名信使去皇宫。等收到皇宫的肯定答复时，天已经黑了。

与此同时，中山忠能和他的儿子中山忠爱（1832—1882）已经向武家传奏报告说他们因分娩而触秽。忠能还向他在宫里的同僚告知了这件事。这些也是形式上的需要。他不仅没有因为触秽而伤心，反而异常兴奋，这一点我们能够从他的诗里看出来：

　　今天极好
　　天照大神的
　　神圣孙子
　　不是别人
　　正是我自己的！

这首诗尽管缺乏文学价值，却完美地表达了忠能的感情。

接下来几天，每一个有意识的行为都要遵照阴阳师的指示，但他的指示并不是唯一需要考虑的。婴儿出生后的第七天，忠能让一名阴阳师净化了孩子出生的那个房间。正要举行正式的七日仪式时，人们才意识到那天刚好是顺子内亲王（婴儿的姐姐）的百日祭，因此仪式往后推了一天。

埋葬胎盘是第二个需要考虑的重要事情。这个仪式通常在出生后的一两天举行。婴儿出生之前，中山忠能已经在自家庭院挖了两个坑，但土御门说两个坑都不太吉利。他对风水理论的理解告诉他最好选择吉田神社，但是不管怎样，埋葬都无法立刻进行。出生后的三天属于"土用"*的范围，在这期间忌动土，以免受到诅咒。"土用"结束后的那天是季节更换，也不宜动土。婴儿出生后的第六天，要将头上的绒毛全部剃去，同时赐予名字，这一天也不行，而接下来那天是顺子内亲王的忌日。尽管一队人已经在神社的范围内巡视过一番，并确定了合适的地点，但上述这些事情都禁止在地上挖坑。最终，明治出生后十天才举行埋葬胎盘的仪式。

然而，孝明到这时还一眼都没有见过新出生的儿子。我们可以想象他是多么焦急地等待这个时刻，但是风俗比父爱更重要。亲王出生三十天后，才被带进宫见父亲。出发之前，人们在他的前额沿发际画了一条白线，然后点上黛。线的下方用胭脂写上"犬"字，作为护身符。婴儿的母亲中山庆子抱着他，坐轿来到皇宫（几百米的距离）。她随身带着首次系上腹带以及后来分娩之后所收到的特别礼物。

轿子大约早上11点出发。两名门卫开路，十名随从走在这顶八抬大轿的前面，四名穿着正式礼服的官员走在轿子的旁边，两名太医和一名管家身着朝服跟在后面。其他侍卫都穿着亚麻的武士正装走在最后。贵宾没有在队伍的行列，而是单独走着。这些人哪怕有一丝尽快赶到皇宫的想法，那么从中山家走到皇宫最多不会超过十分钟，但是队伍按照阴阳师的指引，绕了一条令人难以置信的弯路。最后他们到了皇宫，天皇正和皇后在常御殿里等候。他们俩都送了亲王玩偶。亲王赠送内侍所†一百锭黄金和一箱鲜鲷鱼，送给天皇十刀上等纸、海带、干鲷鱼和一桶清酒，其他礼物也随后呈上。接着，亲王宣布他希望住在母亲的寝宫里。他的外曾祖母，中山忠

---

* "土用"源于中国古代历法中的"阴阳五行"，春夏秋冬的五行分别为火、水、木、金，而土则藏于四季之中，春夏秋冬各季交替结束之前的十八天被称为"土用"。日本的"土用"一年有四次，这里指的是秋季的土用。——译注

† 宫内供奉作为天照大神御灵的神镜的场所，由作为内侍的女官管理，故称"内侍所"。——编注

第二章 祐宫出生

能的母亲，也搬到了宫里，以便可以日夜照顾他。[3]

那一年的年尾，忠能遵照京都的风俗，以外公的身份送了他第一份新年礼物"振振"和球杖。"振振"是木头做的玩具，形状像瓜，上面画满了仙鹤和乌龟等吉祥图案。球杖也是木头做的，长约五十五厘米，形状像一根木槌。和球杖搭配的有两个木球。这两样东西总是一起作为典型的新年礼物，它们原本都是玩具，但是也许因为它们变得太昂贵了，已经看不到孩子们在玩了。

亲王——这时已经有了名字，叫做祐宫——收到的礼物，以及那些送出去的回礼，几乎和当时京都中等富裕家庭所交换的礼物差不多。也有给钱的，但是跟同时期欧洲皇室庆祝亲王的诞生相比，这些庆祝活动显得非常简朴。

祐宫也收到了玩偶和玩具，这些是更加适合婴儿玩耍的礼物。从这时起，祐宫成长过程的每个重要事件都被仔细地记录下来——第一次使用筷子、第一次盘腿坐、第一次使用蚊帐。宫中的和平气氛并未持续多久。六个月后的1853年7月，海军准将马修·卡尔布莱斯·佩里（Matthew Calbraith Perry）率领一支美国舰队来到了日本海，要求将华盛顿的文件提交给日本政府，这是长期闭关锁国之后国土开放的第一步。

1853年5月26日黄昏，佩里的舰队首次出现在日本海域，那次他的舰队驶进了琉球群岛的那霸。琉球群岛的政治地位令这些美国人大感不解。琉球同时向日本（更准确地说，是向萨摩藩）和中国进贡，却又拥有自己的皇帝。本世纪初以来，英国、法国和美国的舰队曾经到过这里，然而他们在进入日本的主要港口时被拒绝了。迄今为止，外国军舰每次出现时通常都只有一艘，而佩里却扬言自己有五艘船。佩里靠岸，来到琉球的首都首里，并在那里租了一所房子。谈判的结果令他很满意，他将农具和蔬菜种子送给岛上的居民，当地人则为他提供了燃料、淡水和食物作为回报。这座岛屿几乎已经向外国军舰开放了。

佩里的舰队还到了小笠原群岛，岛上只有大约三十个混血居民——英国人、美国人、葡萄牙人和夏威夷人的混血后裔。佩里从主岛的美国移民那里购买了大片土地，打算建一座办公室、一个码头和一个装煤站。等这些都建好之后，他回到那霸，准备驶往他的主要目的地——日本。

京都对这一切一无所知，那里的生活还是平静如水。五月初五，小亲王庆祝了自己的第一个端午节。宫内专门为他挂起了传统的彩旗，并送给他男孩在端午节的专属玩具——一顶头盔和一根长矛。小亲王现在住在外祖父家，而很长时间没有见过亲王的孝明，迫切地想再见孩子一面。孝明咨询了太医，他们都非常谨慎，建议最佳的见面时间应该在孩子过完生日的九月之后；不过，假如天皇急于见到儿子，也是可以的，只要避开酷热的六月和七月就行。[4]当问到中山忠能的意见时，他回答说亲王的身体特别健康。太医定时来看他，然而极少发现他有什么不适。没有什么理由不能立刻见面。因此，阴历五月廿七日，孩子就被送往宫中，天皇和皇后送了他许多玩具。

五天后的六月初三，即西历1853年7月8日，佩里的四艘军舰来到了离江户不远且防御森严的浦贺港。浦贺奉行所与力*中岛三郎助和翻译堀达之助[†]登上了佩里的主舰"萨斯凯哈那"号（Susquehanna）巡洋舰。一开始美国人不许他们登船，经崛达（用英语）和军官们斡旋之后，他们才得以上去。中岛和崛达出示了命令，要求驱逐所有停靠在日本港口的外国军舰。佩里（并没有会见日本人）通过副官传话说，他带来了一封美国总统要求订立贸易

---

* 奉行是平安时期至江户时期武家的职位名称，为地方最高行政长官，奉行所即奉行办公的场所。与力是负责司法、治安等方面的职位。——编注

† 堀达之助（1823—1892）出生于一个世代是荷兰语翻译的家族。他后来学会了英语，1846年詹姆斯·比德尔（James Biddle）带到浦贺的信就是由他翻译的。后来他创办了一所教英语的学校，并出版了一本学习英语的重要辞典。

条约的信，但是只交给高级的日本官员。

第二天，另一位官员香山荣左卫门假冒奉行，登上了美国军舰。他没有见到佩里，而是和船长布坎南（Buchanan）以及另外两名军官见了面，并告诉他们，浦贺不可以接受外国人，因此不能接受该文书，军舰应该开到长崎去。布坎南回答说，除非日本政府指派一名合适的官员来接收文件，否则佩里将（必要的话会使用武力）上岸，并将信件交给将军本人。香山答应向将军汇报此事，并于三日内答复。

浦贺奉行井户弘道（1855年去世）向幕府将军汇报了美国军舰来到浦贺的消息，并提醒说浦贺的防卫力量不足以抵御美国人。与此同时，美国舰队已派出船只测量江户湾的水深，这令幕府的官员们愤怒无比却又无可奈何。美国军舰来到日本内海的消息传到江户，朝野顿时一片恐慌。法律规定不得收受外国的国书，但是拒绝肯定会招来战祸。官员们认为，最好是忍一时之辱，收下国书，等美国军舰离开之后，再全面讨论应该采取何种国家政策。

7月9日，两名日本高级官员来到浦贺西南的久里滨，在那里会见了佩里并接受了美国总统米勒德·菲尔莫尔（Millard Fillmore）的信。他们告诉佩里，将军病得很厉害，无法立即对重要的国事做出决定，[5]但是承诺来年会给出答复。佩里接受了，并说他还会再来。

迄今为止，这些消息都没有传到京都。祇园祭照常进行，一周后是孝明的生日，要吃红米饭并交换墨鱼干这样的吉祥礼物。

7月14日，菲尔莫尔总统的信送到将军手里。这使他揪心不已，也成了震撼整个社会的传闻来源。老中（政坛元老）阿部正弘（1819—1857）召集阁僚开会，但是大家意见不一，无法达成一致意见。两位高级官员筒井政宪（1778—1859）和川路圣谟（1801—1868）认为应该接受美国人的开国要求。他们称经过两百多年的和平，军备松弛，人心不振。阿部正弘派人请来了水户藩的大名德川齐昭（1800—1860），他因为资格很老，而且平素热心国防，遂成

菲尔莫尔总统的信的日译本，幕府将其发给各个大名

为最受幕府官员尊敬的政界人物。德川齐昭心里很清楚，如果拒绝美国人而最终诉诸武力的话，会导致巨大的麻烦，但他不想接受外国人的请求，最终赞同对美国人采取强硬的立场。许多人附和他的建议，但是将军夹在锁国派和开国派中间不知如何是好。

7月15日，幕府指示京都的所司代胁坂安宅（1809—1874）通知宫廷美国军舰到访的消息。宫廷很早就担心有可能发生这类灾难，接到这个报告时，着实吓得不轻。深感不安的天皇下令七大神社和七大寺庙进行为期七天的祈祷，希望四海静谧、宝祚长久、万民安泰。

8月5日，将军把翻译过的美国总统来信发给各位大名。此前，所有事情都是将军一人决定，但是现在这套建立了两百多年的秩序看起来马上就要崩溃，将军别无他法，索性让各位大名也对国事发表发表意见。

最坦率的也许是福冈藩的大名黑田齐溥（1811—1887），他认为在当前的世界形势下，日本一个国家想保持闭关锁国是不可能的。

现在应该满足美国人的开埠要求，但是只限长崎一个地方，而且要设定五年或者六年的期限。他还同意让美国人使用某个无人居住的岛屿作为煤站，但是不同意日本向他们提供煤炭，因为一旦美国人享有这一特权，俄国人、英国人和法国人随后也会提出同样的要求。

无论如何，他接着说道，贸易特权应该只限于美国人和俄国人，因为后者早在1804年就已经提出了要求，其他国家则应该坚决拒绝。如果其他国家反对，只需利用美国人和俄国人的力量来对抗他们即可。如果认为不宜给两个国家贸易特权的话，那选择只给美国会更好。与他们保持良好关系会博得他们的感激，而且可以利用他们来对付欧洲国家。这是以夷制夷的策略。如果断然拒绝美国人的话，战争肯定无法避免，而一旦发生战争，日本军舰将会到处受到攻击，海路也会被切断。不仅江户连一天都撑不下去，而且冲突将会留下永世之弊。考虑到国防松弛，日本不可能取胜，现在首要目标应该是和平，以免俄国人趁机进攻并攫取日本的北方国土。

黑田认为最要紧的是海防。现在应该废除禁止建造大型船只的法律，以西方为模型并进行改造，邀请熟悉造船和武器制造的技师和匠人到日本，并且允许日本人有出国的自由。总之，承平日久，民众上上下下都追求舒适的生活，人心萎靡。是时候重振军备了。

黑田的建议并非全面开放国土，但令人惊讶的是，在美国军舰刚刚驶离浦贺后，就有一位颇具影响力的大名提出建议——在除了收到一封美国总统要求装煤的信以外，并无其他挑衅的情况下——废除一项持续两百多年的制度。他当然没有建议废除幕府的统治，也没有提到（不久有些人会这么做）天皇对于一个全新的日本的重要性，但是他明确赞成结束这个国家的闭关锁国状态，而这正是德川政府统治的基础。

黑田对日本军事力量的评价坦率得令人惊讶。幕府建立在武士阶级统治的基础之上，而且从未忽略过军事训练，但是黑田明白，和外国人作战，日本取胜的机会微乎其微。他对国家军事力量的评价也许太过悲观：明治政府建立前夕的战争明显否定了武士阶层士气薄弱的观点。

并非所有的大名都跟黑田一样，担心与外国人作战就会败北。萨摩藩的大名岛津齐彬（1809—1858）写信给将军，说接受美国人的要求将会削弱将军的威望，使日本在海外名声扫地。他承认，假如日美之间立刻爆发战争，日本"难保必胜"。于是提议，假如美国人再来，日本应该进行稽延性的外交谈判，旨在将肯定答复推迟三年。在这段时间完善军事，恢复国力，然后一举消灭异邦蛮人。[6] 大部分大名也赞同他的看法，从这个时刻开始，攘夷——驱除夷人——成了提倡国防者的战斗口号。

京都宫廷直到 8 月 16 日才收到美国人信函的翻译件，这时离朝廷官员开会讨论信函的内容已经过去了八天。宫廷的生活节奏依然十分缓慢。这一次太政大臣（鹰司政通）和两名议奏（广幡元丰和乌丸光政）以及两位武家传奏（三条实万和坊城俊明）在御学问所里开会。在此之前，外国事务一直都由幕府处置，但是现在还需要征得宫廷会议的同意。

我们也许以为廷臣会一致反对采取任何可能导致国家向外国人开放的行动，但是鹰司却出人意料地赞同接受美国人的要求。他指出，尽管这个国家原则上向所有的外国人关闭，但实际上日本与中国和荷兰的贸易已经开展了很多年，因此同意与美国人做生意只不过是将贸易伙伴从两个增加到三个。不过，他们的商业活动必须限制在长崎一个地方，如果违反规定，就用武力将他们驱逐出去。他说，不幸的是，日本的军队已经丧失了原来的刚健之气，变得"怯惰柔弱"。武士对如何与外国人作战根本就没有概念。因此，最好的解决方法，就是允许交易，并收贸易之利。

其他人大多不同意鹰司的观点，但是第二天，他派人送信给幕府，要求他们在美国人回来时无论打算采取什么措施，都要事先通知朝廷。幕府一口答应了这个前所未有的要求，于是幕府二百五十多年来第一次在做决策之前要咨询朝廷的意见。

在美国人看来，菲尔莫尔总统要求向在该太平洋海域作业的船只提供补给，无疑再自然不过，因为这是世界其他地方通行的做法。美国人并没有公开威胁动武，但是意思非常明显，而日本人也清楚他们必须做出回应，否则将会遭到报复。在这样的时刻——特别是将军的身体又非常虚弱时——幕府需要大名的支持，不仅包括那些与德川家结盟的大名（谱代大名），还包括那些奉行更加独立路线的大名（外样大名）。而这些力量加起来仍不够应付这个新危机，他们还需获得天皇的帮助，即便天皇手头并没有一兵一卒或者一枪一炮。

事实证明，一旦树立了事先咨询天皇的先例，接下来几年幕府要忽视天皇的愿望将变得非常困难。

第三章

开国难避

9月19日，宫廷还没有从佩里意外来访的震惊中恢复过来，就收到了幕府传来的新消息：一支由四艘船组成的俄罗斯舰队，在海军中将普加金（E. V. Putiatin，1803—1884）的率领下，已经驶进了长崎港。[1]普加金甫到长崎就对这里的官员说，他带来了一封俄国政府关于两国贸易的信函。他最初接到的命令是把船开往江户并在那里开展谈判，但是俄国政府后来决定最好尊重日本的法律，于是改为驶往长崎这个日本指定与外国交往的港口，这一点与厚颜无耻闯入江户湾的美国人的做法大相径庭。[2]

俄国人的舰队抵达不久，长崎奉行所的官员便和一名荷兰翻译来到船上。"帕拉达"号（*Pallada*）的船长告诉他们，海军中将普加金带来了一封俄国政府写给日本政府的信，还有一张给长崎长官的便笺，上面写着必须立即送达。官员们犹豫了很久，第二天再度上船，收下了便笺。便笺中用极为礼貌的措辞宣称，出于对日本法律的深深尊重，才促使俄国舰队停靠在长崎而不是江户。这是沙皇热切希望两国之间建立起友好关系的标志。

官员们立刻向江户汇报了俄国人来的消息，并询问是否要收下俄国政府的信函。等了一段时间以后，普加金将舰队驶往上海装载补给物资，这也许是在等政府的新命令。[3]他从上海返回时发现依

第三章　开国难避

然没有答复，于是宣布，在这种情况下他别无选择，只能将船驶往江户。长崎的官员大惊失色，连忙用加急信件通知江户，信中提到，跟美国人相比，俄国人要随和许多，并建议也许可以用俄国人来挫挫美国人的锐气。他们还说，如果像平时那样怀疑俄国人的提议，日本可能会招致一个面积是美国两倍大的国家的敌意。

就在江户收到长崎的来信之前，将军德川家庆刚刚去世，幕府的高级官员正陷于悲悼之中，而且面临着重组新政府的问题，因此对于如何回复俄国人这个问题没有立刻作答。经过仔细考虑，他们决定接受俄国宫廷的信，因为已经有过接受美国总统信件的先例。

这封来自俄国外交大臣卡尔·罗伯特·涅谢尔罗德（Karl Robert Nesselrode）伯爵的信（由俄语写成，但是附有中文和荷兰文的翻译），表达了希望两国建立和平友好关系以解决日俄在萨哈林岛上有争议的边界问题，以及开放通商口岸的愿望。[4] 大多数幕府官员倾向于接受俄国人的要求，但幕府海防顾问德川齐昭强烈反对，会议于是拖延下来。最终，他们一致同意，最好的方法就是拖延。

长崎官员承诺的幕府回信杳无声影，普加金对此越来越没有耐心。他再次威胁说，假如五天内还没有回信，就把船驶向江户。四天后，筒井政宪和川路圣谟率领一帮行动迟缓的官员，带来了将军给涅谢尔罗德的回信。信中说，首先，确立边界是一件非常麻烦的事，需要很长时间才能决定，要画出地图，咨询相关各方等等。其次，他们的祖先严禁开放通商口岸，但是在当前的世界潮流下，政府确实意识到有必要开放国土，然而新的将军刚刚即位，形势太过复杂，因此无法立即给出答复。他们需要向京都和各地的大名递交报告。经过慎重考虑后，有望在三到五年内拿出一个方案来。[5]

字里行间明显可以看出，幕府拼命想拖延决定。但更重要的是，它承认尽管日本长期闭关锁国，但是现在除了开国已别无选择。不过，关于国际形势变化这一点，因为担心遭到孝明天皇的愤怒反对，幕府并没有向宫廷说明。

对这个答复很失望的普加金态度转为强硬。他告诉幕府的代表，除萨哈林岛南部之外，择捉岛以北的所有岛屿都属于俄国领土。筒井回答说，日本拥有堪察加以及（理所当然地拥有）千岛群岛和萨哈林岛，来年春天幕府将派官员到萨哈林岛查明情况；俄国人可以在除了江户周围地区的日本海岸获得免费的燃料和淡水。筒井还承诺，如果日本跟其他国家签订了贸易特许协定，该协定对俄国同样有效。

普加金仍不满足，但是他在1854年正月初离开长崎，并说他春天会再回来。现在，有实力的大名都知道闭关锁国的政策已经维持不下去了。前文已述，早在1853年7月，福冈藩的大名黑田齐溥就正式提议废除建造大型船只的禁令。8月，鹿儿岛的大名岛津齐彬写信给幕府，劝告他们尽快从荷兰购买船只和武器。10月21日，长期以来提倡建造适于远航船只（而不是那种在日本沿岸打鱼的小船）的幕府老中首座[*]阿部正弘，废除了那道实施了二百二十多年的禁令。幕府从荷兰订购了几艘蒸汽战舰，不久，各藩就开始为幕府建造起大型船只来。1854年8月，幕府决定了挂在新船上的旗帜：白底上一个红色的太阳。[6]

官方记录里并没有记载京都皇室对俄罗斯舰队来航以及后来事态的发展有何反应。即使知道美国人和俄罗斯人已经来了，我们也不清楚天皇和他的谋臣们是否知道对外开放的形势已经发生了巨变。不管怎么说，古都这些人的心思都被其他更迫切的事情占据。8月里的酷暑使大部分的井都干涸了，其中包括中山忠能家的井。他担心这会对年幼的亲王不利，于是决定在阴阳师建议的地方挖一

---

[*] 老中是江户幕府的官职名，直属将军，负责统领全国政务；在大老未设置的场合上，老中是幕府的最高官职。定员四至五名，采取每月轮换制，轮番管理不同事务，其人选原则上在二万五千石领地以上的谱代大名之中选任。老中首席是专门负责财务的职位。——编注

第三章 开国难避

口新井。新井出来的水非常纯净，中山高兴极了，宣布从今往后，这口井的水将专门给亲王使用。这番话传到天皇的耳朵里，天皇也很高兴，给这口井赐名"祐之井"，因为这口井与祐宫有关系，并且"祐"字还意味着好运。

11月，亲王庆祝了自己的第一个生日。我们可能已经料到皇室成员会送给他精美的礼物，以庆祝这位皇族的后代到达人生的一个里程碑，但其实大部分礼物都是他送给别人的，包括皇帝、各位内亲王、亲王或王妃、宫女以及中山忠能的家人。他还"邀请"了几位医生、奶妈和其他服侍过他的人来参加生日会。小亲王显然没有参加挑选这些仪式性的礼物，比如一箱箱的新鲜鲷鱼、豆沙包和米酒这样的礼物，但是收到皇帝和皇室成员（包括母亲中山庆子）送给他的玩具和娃娃，他可能还是很开心的。

但是，接下来那个星期，亲王却生了一场大病，又是呕吐又是发烧。各种医生都被召来，开了传统的中药方子（有些药的名字很奇怪，例如紫雪散）。这些药都没有效果，于是皇室派使者前往各个神庙为亲王祈福，祈祷亲王早日康复。亲王有时候看上去好点了，但是很快又病情复发。皇室陷入一片阴影之中，人们想起此前有多少皇室的孩子都没能度过婴儿期。大家送了无数礼物给亲王——大多根本不适合婴儿——希望能缓解他的痛苦，而他的母亲则彻夜不眠地在床边照顾他。他们还请来了觉胜院的前住持亮恕为他施念咒语。亲王的外曾祖母中山纲子为亲王的病忧心忡忡，作了一首诗寄托自己的心情：

>上天的诸神
>和佛祖该如何看待
>伤心欲绝的我们
>当这位小小的亲王
>似乎已经走到了生命的尽头[7]

那天晚上中山庆子得了一种奇怪的病,昏厥过去。除了僧侣的加持和读经以外,阴阳师也进行了祈祷。他们一边祈祷一边拨动琴弦,弹奏音乐。这些仪式显然奏效:到了月底,亲王和他的母亲似乎都康复了。但是不久亲王又病倒了,于是又召来另外一批僧侣为他祈祷。直到年底,他才完全康复。虽然医学知识快速在日本传播——大部分是学习欧洲医学的结果——但是宫中的医学依然进步缓慢。实际上,除了祈祷,皇室成员是不太可能像下等人那样接受医学治疗的。

11月23日,天皇正式任命前幕府将军的第四子德川家定(1824—1858)为第十三任幕府将军。天皇还任命他为"征夷大将军",这个头衔一直以来都是将军正统身份的重要标志,[8]不过它并没有什么军事意义,因为这个国家并未受到夷人的威胁。但是当外国军舰出现并引起民众的极大恐慌时,它便成了一种迫切的需要。孝明天皇派了两名武家传奏到江户,并带去皇帝的旨意:"征夷大将军"最重要的责任就是确保全国人民的安全,并将外国人的军舰赶出去,从而避免国家蒙羞和将来的后患。太政大臣鹰司政通亲自给幕府重臣阿部正弘写信,询问幕府如何处理美国军舰问题并安抚受惊的天皇。阿部回答说,处理办法迄今仍未出台,但是无论做什么事,都会优先考虑让天皇安心。他还鼓励天皇以后有什么愿望尽管直说,他将尽力而为。[9]

一直以来,宫廷都将国家的一切事务交给幕府处理,但是自1846年孝明天皇给幕府去信询问海防事务以来,天皇已数次不满幕府对夷人的消极抵抗态度。1854年3月31日,幕府没有问过天皇便和美国人签订了《神奈川条约》,开放下田和函馆两个港口,并允许美国领事驻留在下田,而日本则必须向美国人提供燃料、淡水和食物等生活必需品。这个和平友好的协定没有提及贸易,但是贸易的基石其实已经铺下。下田和函馆两个地方都非常偏僻,选择这

第三章 开国难避

两个地方无疑反映了幕府希望对外国人敬而远之的态度。*

我们不清楚宫廷是什么时候知道条约的事情的。不管怎样,另外一场灾难转移了人们对外来威胁的关注。5月5日,皇宫发生一场大火,由于风势很大,紫宸殿、清凉殿等很快就被大火吞噬。天皇和皇室成员急忙转移到贺茂神社。大火来势汹汹,为了及时赶到并护送他前往安全的地方,天皇的六七名随从甚至赤脚跑来。另外一名官员匆忙赶到中山家将祐宫护送到同一个神社。大火不仅烧毁了皇宫,还让五千四百余处民房化为灰烬。

贺茂神社被指定为皇宫发生火灾时皇室的避难所,但是神社的地方太小,无法容纳全部皇室成员和他们的侍从。于是皇后回娘家暂住,其他人则暂时寄宿在一两座寺庙里。中山家是御所内幸存的房屋之一,亲王于5月15日回到了中山家。[10]

皇室的麻烦还远未停止。6月底,祐宫突然发起烧来,一时宫中陷入手足无措的状态。后来他康复了,所有人都松了一口气,但不久又迎来了京都地区有记录以来最强的地震。这次地震造成伤亡众多,摧毁房屋无数。尽管中山家再次逃过一劫,但他们家的房子太小太挤,在地震中似乎特别不堪一击。余震发生时,祐宫一直待在庭院里,根据官方记载,他当时一直在安静地吮吸着奶妈的乳头。

即使灾难接连发生,天皇依然坚持学习和歌,并领略到了其中的奥妙。为了祝贺天皇取得的成绩,据史料记载,其他亲王派人给他送去一盒墨鱼干。皇室成员之间在每个可能的场合都会互赠礼物,但是这些礼物极少是欧洲皇室青睐的那种。最常见的礼物便是鲜鱼。新鲜的鱼,特别是海鱼,对于地处内陆的京都来说,无疑非常罕见,

---

* 此时的下田是个约一千户,共四五千人的小村庄。除了坐船,很难到达这个村子,而且那个地方经常受到台风的侵袭。

但是它和鱼子酱完全不是同一类,更不要说法贝热的复活节彩蛋*了。如果以其他地方的皇室标准来衡量的话,日本皇室的生活的确非常节俭,他们简朴的生活可能并不是由于经济紧缩,而是一种长久以来的传统,或许也是一种偏好。

比火灾和地震更加让天皇不安的,是1854年11月7日突然出现在大阪湾的俄国军舰"戴安娜"号(Diana)。[11]上一年乘着老旧的"帕拉达"号主舰的普加金,现在乘一艘新式战舰回来了。"戴安娜"号在大阪湾停留了两个星期,给京都造成了巨大的恐慌。你可以轻易地想象到,丝毫不愿与外国人妥协的孝明,对于一艘几乎已经入侵到家门口的外国军舰会是什么反应。他不仅派人到常去的七家神社和七家佛寺祈祷国家太平,还将自己的每日膳食减到最少,厉行节俭。京都的市民惊愕异常,为了安抚民众,幕府下令各地的大名派兵保卫京都及附近地区。一些官员甚至支持将天皇迁到比御所更容易保护的大阪城居住,但是就在大家还在喧喧嚷嚷之际,俄罗斯军舰已经起航,驶向了下田。

12月22日,日本(筒井和川路)和俄国(以普加金为首)在下田开始了谈判。急于达成协议的普加金表示,只要日本允许两国开展贸易,俄国政府愿意将择捉岛割让给日本,即便俄国有确凿的证据,证明这座岛屿属于他们。谈判取得了一些进展,预计两天后进行第二次会谈。接下来的那一天,一场大地震袭击了本州,随之而来的巨大海啸给下田带来特别严重的破坏。无数岸边居民被怒吼的海浪卷入海里,严重受损的俄国军舰也只是勉强未撞碎在礁石上。俄国人从海里救起了一些日本人,这一点令日本人非常感激。[12]

---

* 指俄国著名珠宝首饰工匠彼得·卡尔·法贝热制作的复活节彩蛋作品。复活节是东正教的重要节日,订制彩蛋是以前俄国皇室的重要活动。法贝热与助手在1885年至1917年间总共为沙皇和私人收藏家制作了六十九颗彩蛋,这些彩蛋由珍贵的金属或是坚硬的石头混合珐琅和宝石装饰而成,华美异常。"法贝热彩蛋"后来成为奢侈品的代名词,并被认为是珠宝艺术的经典之作。——译注

第三章　开国难避

这次海啸几乎把下田全毁了，日俄之间的谈判只得中断十天。谈判延迟了。[13] 与此同时，京都的宫廷认为最近的灾难都归咎于不祥的年号，因此下令儒家学者拟定一系列合适的新年号。将军从中选出一个"安政"并提交给天皇，这个年号源自早期的儒家著作《荀子》，原文是"庶民安政，然后君子安位矣"。[14] 尽管这个年号非常吉祥，但是安政时代（1854—1860）却并不平安。

安政时代刚开始时发生的一件事可以说确实非常安宁——亲王首次穿上彩色的衣服，代替他一直以来穿的白衣。在这样一个重要的步骤之前，自然要去咨询一下阴阳师。阴阳师土御门晴男决定，十二月十六日（1855年2月3日）巳时（上午10点）为吉时。那是一个下雪天，为了御寒，亲王无疑要包裹得严严实实的。他在外曾祖母的陪伴下，坐着轿子，来到了父亲居住的临时宫殿。母亲家族的其他成员，包括中山忠能夫妇，都走在轿子的后面，在预定的时刻来到了皇宫。中午祐宫穿上了第一套彩色衣服，一件白色的丝袍，外面罩上一件紫红色的袍子，这两件都是天皇送的礼物。按照规矩，亲王在母亲中山庆子的服侍下吃了一顿饭。仪式结束后，他被外祖父中山忠能带到了临时宫殿，天皇在那里接见了他并赐他酒宴。换过衣服后，亲王出来见天皇，天皇向他道喜，又赐给他酒宴。席上有水果和其他美味佳肴，还有娃娃和玩具等礼物。接着亲王又换了第三次衣服，这一次换成了鲜红色。仪式持续到大约下午4点。这一天，天皇送了亲王十二套衣服，其他宫廷成员也给亲王添加了衣物。祐宫向天皇和其他人送了礼，主要是鱼。那些参加仪式的人之间也纷纷互赠礼物。[15]

五天之后，在天皇和朝廷并不知情的情况下，日俄友好条约在下田签订。日本对俄国人的让步，比对美国人要慷慨一些，也许是因为对他们有好感，也许还出于对普加金的同情——普加金为了签订条约已经来日本四次，在海啸和后来的暴雨中船只还严重受损。[16] 因为日本的俄国人最终都返回了祖国，一些乘坐租来的美

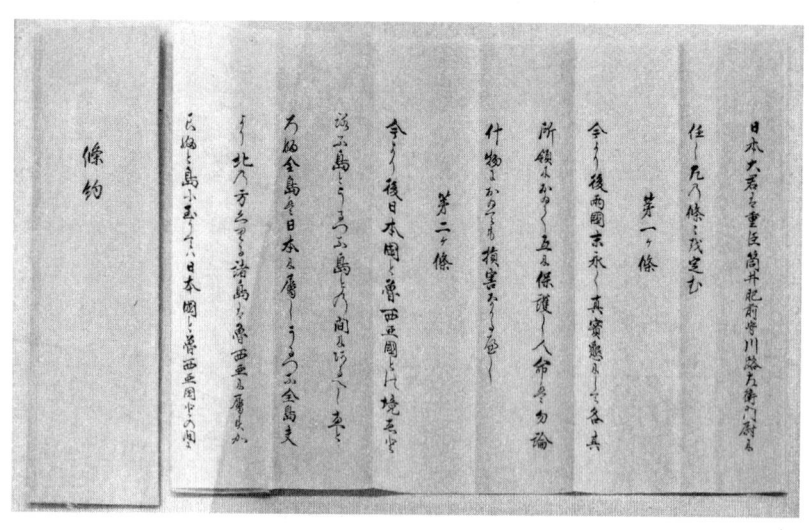

1855年，筒井政宪和川路圣谟代表日本签署的《日俄和亲通好条约》

国运输船，其他人乘坐一艘德国商船，还有一些人则乘坐一艘俄国人指导日本工匠造的船。到了1855年夏天，最后一名俄国人也离开了日本。[17]

尽管朝廷对这些事情全然不知，而且明治的生活记录（到目前为止只提到京都发生的事情）主要还是记载诸如他发了一场水痘导致脸上留下了疤痕、第一次学步这类人生大事，但是朝廷肯定已经嗅到了迫在眉睫的危险。朝臣们不管是赞同继续锁国还是开国，都一致认为应该加强国防。翌年朝廷下令，将寺庙的钟收集起来，重新铸成枪炮。幕府禁止将铜、铁、铅等金属用于铸造佛像或者其他法器。[18]

自然灾害继续在这个国家肆虐。1855年9月，暴雨和大风使得京都的河流上涨到了警戒水位，鸭川上的桥梁只剩两座，其余全部被洪水冲毁。11月11日，一场大地震袭击江户，摧毁了半座城市，死伤无数。

第三章　开国难避

　　1855年宫廷的一件喜事是新皇宫落成，代替了那座一年前被大火烧毁的皇宫。建造新宫殿花费了一年零七个月，而1788年完工的前一座宫殿则花费了两年十个月。尽管国家面临巩固国防等迫切问题，但是阿部正弘下令优先重建宫殿，说明他将"为天皇减忧"放在很重要的位置。当被问到对新宫殿有什么要求时，天皇回答说，尽管他能够想到许多可以改进的地方，但是考虑到国家的急务，宫殿只要按原样重建他就心满意足了。幕府询问天皇的意见，而天皇则拒绝奢侈浪费，这不仅说明他们的关系已经发生了巨大的变化，还说明天皇已经意识到了政治局势的发展。

　　新宫殿的费用由幕府和各地大名承担，特别是最富有的加贺藩的大名前田齐泰（1811—1884）。1856年1月1日，天皇、皇后、亲王和其他皇室成员陆续搬进了新宫殿。亲王由他的外曾祖母照料。她在出家时已经落了发，但是在这个喜庆的时刻，戴上了假发。

第四章

下田条约

　　随着1856年（安政三年）的到来，在新宫里安顿下来的孝明天皇，终于可以享受对他那暴躁的个性来说难得的片刻宁静了。然而即使在这个相对和平的时期里，也偶尔还是会有惊恐的时刻。外国船只越来越频繁地出现在大阪沿岸水域，由于害怕天皇为此担忧，幕府从彦根、郡山等藩调来士兵加强京都的防守。但也许是漂亮的新宫殿令他感到安心，天皇觉得没有必要增加护卫，他给太政大臣下了一道谕旨，要求大大减少护卫的人数。[1]

　　不过，天皇从未真正感到安心过。这个时期，出现在日本的外国人（通常是他不快的来源）似乎没给他带来什么烦恼，反而是祐宫的身体令他担心不已。前年年底，亲王发过一次烧。嘴唇四周都肿了，没办法吃东西。觉胜院大僧正*赶到皇宫，祈祷了一夜。护净院僧都湛海法师进行加持仪式，显然取得了很好的效果：这一天亲王看上去好点了，尽管只是暂时有所缓和而已。2月15日，亲王的体温突然升高。他备受咳嗽折磨，往往要到午夜才能入睡。亲王唯一能喝的营养品就是糖水。17日，他可以吃一点稀饭，但仍然睡得

---

* 大僧正：日本古代由朝廷任命的管理僧尼的最高职位。僧官系统分三级，自上而下依次为僧正、僧都、律师，僧正和僧都又分大、小两级。——编注

很少。天皇在内侍所祈祷孩子早日康复,并向神灵贡奉了米。皇后也派人到祇园神社祷告,湛海法师又诵经加持。

直到十天后亲王才完全康复。当然,每个孩子都会生病,而且孩子每次感冒父母都会担心忧虑,但皇室孩子每一次生病,不管多么轻微,都可能被看成死亡的先兆。一旦医生的处方看起来没有效果,唯一的希望就是祈祷了。此外,随着时间的流逝,天皇也许不再有孩子出生,所以亲王健康的每一次波动都会牵动整个宫廷。

那一年的4月29日,祐宫在皇宫见到了父亲。尽管他还不到三岁,但是已经显示出倔强的性格:他拒绝坐进事先准备好的轿子,乳母不得不把他抱在怀里。亲王还特别不喜欢别人盯着他看,因此从中山忠能家(亲王居住的地方)到宫门的一路上都挂着帘子。帘子将他挡在了好奇者的视线之外,但是民众却不得不绕弯路。尽管这样有许多不便,但每次亲王去皇宫都要这样。他通常在母亲家族人员和一两名侍从的陪伴下去皇宫。[2]

天皇越来越喜欢自己的儿子,偶尔会留亲王在宫里过夜,有一次甚至留他住了一个月。中山忠能非常希望外孙能留在家里,但是想到最好还是让孩子适应宫廷生活,于是在宫里当值的时候,常常设法让自己远离他的视线。有时候亲王会在皇后的花园里玩耍,经常陪伴他的外曾祖母中山纲子,看着他走过皇后花园里那座小石桥时,作了下面这首诗:

太阳之子
注定将升到
无法预测的高空
他第一次跨过了

天国的石桥 [3]*

1856年8月21日，就在纲子诗中歌颂的和平气象过去两个月后，美国领事汤森·哈里斯（Townsend Harris）乘坐军舰"圣哈辛托"号（San Jacinto）来到下田。四天之后，他拜访了下田的地方长官冈田忠养，并通知冈田从今以后他将长驻下田。冈田显然收到幕府的命令，不承认哈里斯有权留在下田，并列举了日本禁止外国人滞留的现有规定。哈里斯不为所动，坚持认为依照《神奈川条约》的规定自己有权留在日本，假如当地官员不给他领事的待遇，他就直接到江户去投诉。哈里斯等了整整一个月，幕府终于同意他在下田住下来。与此同时，哈里斯在他称为领事馆的佛教寺庙玉泉寺里升起了美国国旗。幕府令京都的所司代向太政大臣汇报这件事。[4]

哈里斯抵达下田两天后，前荷兰商馆馆长、现任荷兰政府专员扬·亨德里克·唐克·科蒂乌斯（Jan Hendrik Donker Curtius，1813—1879）写信通过长崎奉行转给幕府，敦促后者放弃闭关锁国的政策。他预言，假如日本坚持这种政策，将会导致与世界上的大国发生战争。他还呼吁摒弃过去对基督教的敌对政策，并特别谴责使用忠诚测试的手段（踏绘），强迫日本人踩过画像（一般是圣母玛利亚）来证明自己不是基督徒的做法。他指出对外贸易会给日本带来种种好处，建议日本设立进口关税表，同时鼓励生产适合出口的商品。他还建议日本允许那些来自与日本有联系的国家的人携妻带子，一起住在开放的口岸。科蒂乌斯最后要求废除对外国船只的限制，并修改相关法律，允许它们离开停泊的港口到江户去。[5]

* "太阳之子"是天皇和亲王的别称，由于提到了"太阳"，诗歌一开始就用了一个与之相关的词"上升"。"天の浮橋"这个词的原意是"天上的石桥"，在这里指的是亲王真正跨过的桥，但却暗示了"天之浮桥"（连接天地之间的桥梁）、天照大神隐身的"天岩户"等多重含义。

第四章　下田条约

十二年前（1844年），荷兰国王威廉二世已经给幕府去信要求日本开国。那些骄傲的官员根本不屑于回答，但是现在形势已经发生了巨大的变化，幕府觉得有必要认真考虑唐克·科蒂乌斯的建议。开会时，事实上在场的人全部赞成立即开国，只有阿部正弘担心各大名以及狂热的爱国主义者的反应，认为时机还未成熟。总之，没有人拥护这个国家长久以来闭关锁国的传统。[6] 政策以惊人的速度发生了转变。

这些情况看来还没有传到京都的宫廷里。亲王庆祝了自己的第三个（按照日本算法是第四个）生日，他收到了天皇和宫廷其他成员送的礼物——主要是鱼。一个星期后，在天皇的命令下，亲王搬到皇宫居住。他在宗教仪式和其他仪式的伴随下离开外祖父中山忠能家。由于亲王不喜欢坐轿子，他们便改为在接他的轿子里装上护身符之类的东西，假装亲王就坐在轿子里。他的母亲中山庆子坐在这些护身符的旁边，假装在照看（隐形的）亲王。众多医生、大臣和权贵跟在轿子后面走过了这段短短的路程。

亲王一进皇宫，就被带去见天皇，天皇赐给他用漆盒装着的一杯清酒（重肴），皇后送给他各式糖果（交肴）和玩具。亲王也回赠了类似的礼物。尽管他只有三岁，却被要求参加礼尚往来的固定仪式。对于这类不得不扮演的角色，难以想象小男孩的反应如何。也许他将这种仪式化的行为看成一种游戏，但是他渐渐会明白，鞠躬和互赠礼物并不是一种游戏，而是他的生活。许多年以后，德国籍宫廷医生欧文·贝尔茨（Erwin Baelz）无意中听到伊藤博文对有栖川宫炽仁亲王说："生为皇太子真是不幸。自打一出生起就被各种礼节束缚着，稍微长大一点又要被老师和顾问摆弄。"说完伊藤比划了个拉提线木偶的手势。[7]

为了享受到的所有特权，亲王一生都要在痛苦而受限制中度过，几乎没有自由。但是人之常情却并未完全受到压制。也许亲王觉得和外曾祖母中山纲子最亲近，（用官方记载中的话）四年间她"废寝忘食，奉侍抚育"。[8] 我们很容易想象，在得知他将住在宫里，再也无法想看就看到他时，中山纲子的心情该有多么失落。

亲王将住在生母中山庆子的寝宫，位于花御殿（花宫）西侧的三间房子里。* 他出生后不久，庆子就将对孩子的所有权利都转给了孝明的皇后。孩子称呼皇后为母亲，并向她表达应有的敬意。尽管庆子是地位较高的典侍†，但是她能期望的最多也就是可以服侍儿子。她不会向他暗示（尽管他最终会知道）自己是他的生母。1893年，贝尔茨医生在检查过中山庆子（那时称为"二位局"‡）的身体之后写道：

> 她是天皇的生母，然而作为天皇母亲的皇太后——通常写作こうだいこうごう——却是前天皇的正妻。天皇必须对后者尽到儿子责任，一年中要礼节性地看望数次。但另一方面，他从未踏足生母家一步，因为她只是一个臣民。除非生母提出申请并且得到天皇批准，她才可以去见他。多么奇怪的礼仪啊！[9]

也许出于对夺去了孩子的母亲的同情，孝明让她照顾亲王。这一点上，即使是皇后也没有这么幸运。一直到20世纪初，宫廷的规矩都是要把天皇的孩子从母亲那里带走，交由陌生人抚养。贝尔茨这样描写大正天皇的长子（即昭和天皇裕仁）：

---

* 这是常御殿北面的一座小建筑。1840年以后通常称为"东宫御所"，或"皇太子御所"，此时文中使用的是旧称，可能是因为祐宫还未被指定为皇太子的缘故。

† 典侍为日本女官的官名。日本天皇的后宫中没有宦官，主要的事务都由女官来担任。女官的职位按高低分为典侍、掌侍、命妇、女嬬、杂工等。各级女官职位都由出身决定。权为权官，超出该职位人数后增设职位，一般比该职位级别稍低。典侍（权典侍）因经常服侍于天皇身边，故常有侍妾化的情形出现，之后便成为天皇嫔妃的位号。——编注

‡ 局是政府赐予侍奉皇室、将军、公卿等有着重要地位的女性的名号，如江户初期的春日局。——编注

第四章　下田条约

　　5点去拜访川村伯爵。皇太子的儿子被交付给这位上了年纪的海军将领（他估计快七十岁了）照料。这种想法多么奇怪！将小亲王从父母身边带走并交给陌生人抚养，这是违背人性的残忍风俗，我希望废除它。但是它并没有被废。可怜的皇太子妃被迫交出她的孩子，这使她掉了多少眼泪。现在父母一个月只能看一两次他们的孩子，而且每次的时间都很短。[10]

　　尽管亲王现在跟母亲生活在一起，但是他在宫里却总是睡不安稳。中山庆子的寝宫跟他迄今为止生活的中山家比起来，也许既寒冷又凄清。也许他在思念外祖父，特别是外曾祖母。但是宫中为他治疗失眠的唯一方法，就是召来高僧焚烧圣火，施念咒语，驱赶那些令亲王失眠的恶魔。[11]

　　宫里的生活越来越落后于日本其他地方。他们仍举办跟过去一模一样的传统仪式，并用这些仪式而不是现代医药来治病。在日本的其他地方，种痘预防天花的功效已经广为人知[12]，还是小孩的明治天皇也秘密地接种，但是孝明却拒绝种痘，而这也许就是造成他英年早逝的原因。

　　御所内的舒适生活都是过去式的。1857年春天，宫内按照天皇本人画的草图在皇宫花园建了一座亭子。他给完工的亭子起名为"听雪"，并让著名的书法家左大臣近卫忠熙写成匾额悬在门上。[13]想象孝明在亭子里作诗，或者不止听雪还欣赏雅乐，这个场景实在是非常惬意。一切似乎都没有改变，但是皇宫外面的吵闹声却越来越响亮和刺耳。

　　1857年2月28日，唐克·科蒂乌斯又一次警告长崎的地方长官，意在警告将军。他说（日本业已知悉）清朝已经在鸦片战争中败于英国，迫于和约只好开放厦门、广州、上海、宁波和福州五个港口。尽管清朝是被迫开放，但这些开放的口岸因对外贸易却变得非常繁荣，老百姓也从中获利颇丰。然而，广州违背和约，并未开放港口，暴徒还烧毁了英国国旗。这座城市被英国舰队炮轰并毁于灰烬。欧洲和美国将此归咎于清朝官员不负责任，他们对中国人的嘲笑和鄙视至今没有停止。

接下来，唐克·科蒂乌斯表明他为何不辞劳苦地将这些消息告诉日本人。尽管广州城发生的事情和日本没有直接关系，但是应该把它看成一个警告，即一旦签订了协议，就应该履行规定的条款，不能蓄意更改。他接着说道："最近我从与下田官吏交涉过的美国官员口中得知，贵国一再推迟对谈判做出答复，而且对小事争论不休，否认承诺的情况时有发生。这不是与外国建立信任关系的方式。此外，在与其他国家的信函往来中，贵国的态度通常很傲慢，在称呼他们时使用的都是命令藩属国的语言。这件事情令所有的外国人反感。如今世界上的大国是英国、美国、俄国和法国，贵国将与这些大国开展贸易关系。你们应该尽快改变落后的方式，体现友好关系的成果，与时俱进，并以这样的方式回应世界潮流。"[14]

唐克·科蒂乌斯的话很有道理，而且他所警告的外国势力对日本的威胁确实存在。但是他的论据的前提，即假如日本不接受普遍的贸易准则，则会被夷为灰烬的说法，在那些受儒家思想熏陶的人听来，简直是无稽之谈。正如唐克·科蒂乌斯所说，贸易也许对相关的国家都有益，但是如果一个国家选择拒绝这种利益，为什么就会覆灭呢？幕府的官员确实很傲慢，他们的拖延策略也许让人很恼火，但是如果外国人能意识到自己不受欢迎并离开，就完全可以避免羞辱了。

幕府官员的脑海里可能会掠过这样的想法，即便他们意识到日本的孤立状态无法维持多久。便捷的交通工具（包括蒸汽轮船）降低了距离这一日本赖以保护自己的屏障的有效性，使开国变得无法避免。但这倒不一定完全是个灾难。除了唐克·科蒂乌斯提到的商业利益之外，对外贸易可能还会带来其他好处。兰学者（学习荷兰科学技术的学者）研究欧洲科学已经有一个世纪，他们相信，有必要使日本了解外国在医药、航海、地理以及其他对日本有益的学科方面的发展。而且很明显，如果日本能够从国外进口食物，最近的饥荒就不会死那么多人。

即使身居京都且通常与民众隔绝的天皇，至少也有一次意识到了饥荒带来的痛苦：1787年，大约七万人聚集在御所周围向天皇祈祷——就跟向神灵祈祷一样——希冀自己能摆脱饥饿。[15] 光格天皇和逊位的后樱町天皇深为感动，都竭力救济受灾的民众。[16] 光格被人民的苦难所震惊，破例要求幕府赈灾，这是德川幕府时代第一次有天皇干预国家政策。

对于1857年初夏在听雪亭休息的孝明来说，不太可能有机会回忆祖父的这一举动。拜幕府的慷慨薪俸所赐，这个时期他的生活极其舒服，而且没有什么迫切的理由需要为人民的福祉担心。相反，对他的幸福形成重大威胁的是外夷。孝明向神灵祈祷，热切地希望外国人尽快离开，这个愿望盘踞在他脑海中，挥之不去。

不久，无数爱国者喊出了"尊王攘夷"的口号，但是孝明自己只希望"攘夷"。他非但不想从这种对天皇的新的尊敬中获益，或者剥夺幕府的政治权力，反而严厉反对那些将"尊王"和推翻幕府联系起来的人。孝明不仅政治上非常保守，心里也很清楚，自己的舒适生活都是将军所赐。他一次次地大发雷霆，似乎源于他无法享受听雪亭的宁静而倍感烦恼。但是，对于孝明天皇来说，只有在不了解御所之外的情况时才能保持心情的平静。

五月初五这一天，有男孩的家庭都会竖起鲤鱼旗庆祝他们的成长。孝明接见了亲王，并亲手将一个装饰用的香包挂在亲王的肩膀上。那天晚些时候，他来到亲王的房间——这是少见的行为——并像其他父亲一样检查了鲤鱼旗。这天也许是他一生中最后一个平静日子：一个星期后，他收到了第一份幕府的报告。报告中说，鉴于出现在距离京都很近的大阪海岸的外国船只越来越多，幕府加强了那里的防备，在木津河和阿吉河的河口分别建起了两座炮台，铸造四十门重炮，并切实推进西式战舰的制造计划。这些都是重大的事业，不能指望很快见效。[17]

在得知外国军舰离得如此之近后，京畿地区的这些积极防备无疑使孝明的恐慌情绪缓和了许多，但是世界形势似乎朝着他憎恨的方向发展。几个星期后的1857年6月17日，下田的地方长官与汤森·哈里斯签订了《下田条约》，进一步向"蛮夷"开放日本。

不满于《神奈川条约》条款的哈里斯，通过不断地谈判和妥协，获得了一份对美国更加有利的协议。这份哈里斯口中的"协议"向美国船只开放了长崎，并给予美国人在下田和函馆的永久居住权。协议还为治外法权提供了依据："在日本犯下罪行的美国人应受美国总领事或者领事的审判，并按照美国法律进行惩罚。"[18] 后来，日本花费了莫大的努力说服外国政府放弃这条侵犯他们主权的特权，但下田的地方长官可能都没有预见到自己做出了的让步会如此巨大。

哈里斯的下一个胜利是，经过屡次要求，幕府决定让他到江户去面见将军。一些有影响力的家族反对这个决定，但是幕府不顾他们的反对，将自己的行动通知了宫廷。1857年11月23日，哈里斯在荷兰翻译亨利·休斯根（Henry Heusken）[19] 的陪同下离开下田，幕府派出大队士兵，以确保他一路无虞。从士兵的人数、传令官等许多方面来看，这很像是某个大名的队伍。哈里斯在日记里写道："整个队伍大约有三百五十人。"[20]

1857年12月7日，德川家定将军在国事大厅会见了哈里斯。[21] 幕府官员按照等级排列，将军坐在最高一级，靠在一个扶手上。哈里斯鞠完三次躬，向将军走去，解释了自己此行的目的。他将一封富兰克林·皮尔斯（Franklin Pierce）总统写给日本国皇帝的信交给老中，请其转呈给将军——当时仍然认为被称为"大君"的将军是这个国家的最高统治者——信中赋予哈里斯在两国缔结通商条约上完全享有"商定、处理、商讨和谈判"的权力。哈里斯的日记接着写道："说完我停下来鞠了一躬。片刻宁静之后，大君开始将头往肩膀后面一扯，同时顿了一下右脚。这个动作重复了三四遍。"

第四章　下田条约

不清楚这些动作想表达的意思，但其意图是友好的。将军简单回答了哈里斯，并以"两国友谊永世长存"作结。[22]

五天后，哈里斯会见了老中堀田正睦（1810—1864）。哈里斯列举了种种理由，说明由于蒸汽轮船和电报的发明，国家之间的通讯已经变得极为便捷，现在整个世界已变得像一个家庭，每个国家必须和其他全部国家保持友好关系。他提出了两个要求：在其他国家的首都设立外交使节、允许自由贸易。

哈里斯警告日本，假如英国无法取得通商条约，可能会对日本发动战争。英国海军很可能占领萨哈林和虾夷；如果当时正进逼北京的英法联军取得胜利的话，法国可能会占领朝鲜，而英国可能会要求清朝割让台湾。然而，美国只要求建立和平的关系。另外，假如日本依赖美国，就能拒绝英国和法国贪得无厌的要求。哈里斯警告，如果日英之间爆发战争，日本必败无疑。最后，他承诺，如日本和美国签订条约，美国将保证禁止销售鸦片，借此表示和英国人有所不同。[23]

英国舰队对日本的威胁似乎起了效果。尽管一些强势的大名反对签订合约（像高声坚持攘夷的德川齐昭），但1月16日，堀田正睦还是邀请哈里斯到自己的住处，向他表示日本愿意开始双边贸易，允许一名公使常驻日本，并开放一些其他口岸代替下田。[24]

堀田将这些事情通知了京都所司代，要求他向天皇汇报。宫廷很快做出回应，下令不许开放京都地区的任何港口。那个月晚些时候，奉幕府的命令，两名官员提交给宫廷一份最近与外国人交涉的详细报告。让宫廷知道当前事态发展的先例已经牢固确立。

堀田通知说，为了获得宫廷对与美国签订合约的许可，他将到京都去一趟。看来这份报告并不能使孝明安心，他决定在堀田来之前先咨询朝廷高级官员的意见。孝明写了封信给关白，要求他询问太政大臣、左大臣和右大臣对于外交事务的坦率意见。天皇听到传言说堀田将带来大量金钱，在给关白九条尚忠（1798—1871）的信中说:"黄白,岂足动朕之志哉?朕治世之中,若成许与外夷通商之俑,则失信于国民,遗耻于后世,此身何以见神宫及列圣?卿等亦详察斯意,必不为金钱所惑。"[25]

在这些忙乱的日子里,偶尔也会有一些宽慰人心的插曲。1857年11月,六岁的祐宫作了一首短歌[26],这是他十万首短歌中的第一首。

第五章

安政大狱

1858年3月6日,在两名高级官员川路圣谟和岩濑忠震的陪同下,老中堀田正睦带着将军德川家定送给天皇的丰厚礼物,离开江户,出发去京都。同一天,堀田给武家传奏去信,告知他来京都是为了汇报和美国签订条约的情况。两天后,堀田将两名武家传奏和三名议奏邀请到自己的住处,向他们详细地介绍了当前世界的发展趋势。他指出,日本已再无可能保持与世隔绝的状态,并向这些官员出示了通商条约的草稿,要求获得宫廷的首肯。[1]

一些朝廷官员,包括著名的前关白鹰司政通及其儿子鹰司辅熙(1807—1878)都同意答应幕府的要求,但是孝明给左大臣近卫忠熙和关白九条尚忠分别去信,强烈要求大家尊重他的意愿。孝明在给九条的信中重申自己绝不向外国人妥协的坚定立场。如果满足了美国人的要求,那他还有何颜面见伊势皇大神宫内供奉的祖先?如果"夷人之辈"坚持要日本开放通商口岸,日本应该"不辞武力"。[2]

堀田的宫廷之旅毫无结果。4月5日,天皇在接见堀田时,一再重申他确信与美国签订合约将会陷这片神圣土地于危险之中。在给堀田的一封信中,孝明表达了自己深深的忧虑。[3]他强调,如果按照美国人的要求,对几年前签订的那份开放下田——这本身已经是国家大事——的合约进行修改,那么国家荣誉将会受到玷污。孝明最初起草这封信时，曾准备将这件事全部交给幕府去处理，但是八十八名公卿贵族强烈抗议幕府对外国人的妥协政策，因此信中的语言变得更加直言不讳。5月15日，堀田在极度失望中离开了京都。

堀田这次来访最显著的一点，也许是公卿们大声叫嚣的反对态度。这个时期的贵族给人的印象是怯懦的朝臣，他们往脸上扑粉、化妆，并且穿着过去时代的衣服。这样的贵族可能存在，然而从这个时期开始，许多贵族努力实现大政奉还、王政复古，表现出了不同寻常的决心，甚至出现鲁莽的行为。有人认为，这种现象源于当时公卿的妻子普遍出身武士阶层，她们为公卿阶层注入了新的活力。我们很难证明这一点，但是无论如何，认为朝臣都是颓废的文人雅士或者是平安贵族的末裔的看法，已经越来越不合时宜了。从这个时期开始，公卿在反对幕府的一切行动中都有着突出的表现。

1858年4月，幕府指定彦根的大名井伊直弼（1815—1860）为大老。*翌日，在给关白等大臣的一封信中，天皇预计井伊将会竭力争取朝廷批准合约，但是自己绝不改变主意。[4]孝明绝对拥护幕府，然而在认为他们不对时，却坚持认为自己有权拒绝配合。

孝明越来越直言不讳地谴责开国的政策。1858年7月27日，他分别派使者到伊势神宫、石清水八幡宫和贺茂神社去祈祷神灵的保佑。在一份宣命中，孝明向神灵请愿，假如日本和夷人之间发生战争，希冀神灵和13世纪摧毁蒙古侵略者那次一样，发一阵神风，把侵略者吹走。他还请求神灵惩罚那些忘记国恩的"不忠之辈"——那些同意开国的人。[5]

孝明的祈祷并没有产生什么效果。7月29日，下田的地方长官

---

* 这个头衔有各种不同的英语翻译，如"摄政 (regent)"、"大臣 (chancellor)"、"首席大臣 (president of the councilors)"等。其意思随着时间的变化而有所不同，但是职位上主要指资深的"老中"，即将军顾问中权力最大的人。

第五章 安政大狱

井上清直登上当时停泊在神奈川的"珀哈顿"(Powhattan)号战舰,与汤森·哈里斯会面,并签署了一份日美友好通商条约。[6]条约包含一个时间表,规定五年内陆续将下田和函馆以外的几个港口——神奈川(横滨)、长崎、兵库(神户)和新潟——向外国船只开放。

7月31日,幕府向宫廷汇报了日美条约签订的结果,并解释说由于情况紧急,没有时间听取宫廷的意见。当宫廷收到这封信时,不出所料,孝明非常愤怒。他派人请来关白,宣布自己将退位。

孝明采取这种极端手段,也许因为这是他能使幕府改变政策的唯一办法。假如孝明退位——如果幕府同意他的决定——继任者将会是他那只有六岁的儿子,或者是一名旁支的亲王。在这种关键时刻,少年天子注定是个灾难,而一个不是直系的远亲登上皇位不是引发仇恨,就是引起党派之争。

孝明在信中一开始用模式化的词句,宣称日本帝王制度的独特性,特别是王室的血统从未间断过。日本不像中国,出身卑贱的人只要有过人的能力就可以当上皇帝。孝明称赞日本皇室的一脉相承,但他真正的重点似乎是放在做皇帝的难处上。他说自己并非因为能力出众才当上皇帝。即使是对皇室尊贵血统深信不疑的人,也不得不承认,并非每一个登上皇帝宝座的人都能成为一名出色的天皇;事实上,《日本书纪》就描写了一些残忍刚愎的天皇。孝明也许比同一世纪的前任们要有才华一些,这一点或许解释了为什么他会对自己被迫扮演的角色感到不满,并最终对自己感到不满。孝明使用这些套话,但在某种程度上却表达了他的真实情感,他多次使用"愚力不及""微力难及"等语句,表达自己不符合天皇的要求。孝明说,仁孝天皇死时自己本应坚决拒绝继任皇位,但是当时他太过悲伤,在登基仪式上根本就不知道都发生了什么。尽管无知,但他从那时起便一心一意侍奉神灵,尤其是神宫中的祖先,努力避免玷污这个神圣的家族。他的微薄之力已经无法治理这个国家,自己也经常叹息自己的失败。自1854年皇宫毁于一场大火以来,国内许多地方发生了骚乱，人民生活不得安宁。孝明悲痛地认为这些完全归咎于自己的"德薄"。

最近，外国船只来到了日本海域，其中美国特使甚至要求友好和通商。他相信，尽管外国人口头说得好，但实际上怀着有朝一日吞并日本的野心。如果拒绝外国人，必定会引发战争。他知道由于长年的和平及政府的善政，人民已经变得懒散，而且军备也不足。总而言之，日本的武力无法和敌人抗衡。然而，即便是日本长期和平的特殊局势，那些担负着"征夷"使命的武士却无法完成自己的职责，实在令人悲叹。

孝明说自己一直将政治事务委托幕府处理，并因为担心幕府和宫廷的关系恶化而不愿发表自己的意见，但现在却导致了困难的局面。他不知如何是好，而且能力有限，于是决定辞去皇位。在这个国家面临严重危机的关键时刻，祐宫还太小，难以继位，因此他提议三位有皇室血统的亲王为继任者。[7]他说自己绝对不是为了过上舒适的生活才退位，而是希望让位给那些比自己更有才能的人，让他们来处理国家大事。天皇要求关白向幕府转达自己这一请求。[8]

这封信清楚地表达了孝明对幕府无法应付外国人的不满。尽管没有在信中明说，但他已经越来越抱有一种信念：必须不惜一切代价将外国人赶出去、让他们出现在日本就是对神灵和自己祖先的不敬。这封信和随后的类似信件有一点令人难以忘怀，即它们传递了一个饱受折磨的个人的形象。信中的许多措辞当然都很模式化，然而至少几百年来，还没有天皇表达过辉煌头衔之下类似的苦涩无奈和无力感。孝明成为一个悲剧人物，从这时一直到他凄惨的临终，只有几个非常短暂的时期没有受到愤怒和失望的困扰。如果想在日本历史上寻找和他类似的人，我们可能不得不追溯到被流放的后鸟羽天皇和后醍醐天皇。也许莎士比亚笔下的理查二世在意识到自己无法掌控命运这一点上，可能和孝明更为接近。信中孝明对幕府官员的攻击、对每一次事态发展的悲叹，在日本君主史上都是绝无仅

第五章　安政大狱

有的。这些信都署的是孝明的雅号，通常是"此花"。也许这里用到了古老的《难波津之歌》的典故*：

> 花开难波津，
> 寒冬闭羞颜。
> 今春满地堂，
> 花开香芬芳。

孝明使用这个雅号，是希望他在长长的寒冬过后，也能看到春天吗？

信的末尾，孝明否认自己放弃职位是为了过上舒适的生活，然而荒谬的是，那样的生活正是幕府和许多官员认为最适合他的生活。只有到了统治末期，当他的情感从无奈转为绝望时，孝明才沉溺于美酒和女人。[9] 孝明在这封信中的形象非常感人，他是一个聪明人，受过良好的传统教育，而在一个外力作用下的变革时代，这种传统正迅速崩溃。

孝明的退位请求显然没有传到幕府。九条尚忠通过努力劝说，使孝明平静下来。九条承诺让一名幕府高级官员到京都来说明情况，然而1858年7月，幕府再次与荷兰、俄国和英国签订了条约（类似于和美国签订的条约）。[10] 9月11日，孝明对事态的新进展怒不可遏，他颁布了一条敕令，宣布自己将退位，并要求幕府解释为何无视天皇的意愿。

九条尚忠收到敕令后回应说，尽管天皇明显有理，但是由于事情的严重性，自己不得不认真考虑后才能给出意见。他与朝臣见了面。大多数人同意应将天皇的命令传达给幕府，但是应该避免使用过分的语言。九条向三公出示了孝明写的信，左大臣近卫忠熙主张

---

* 这首著名的和歌原文中有"此花（このはな）"一词。——编注

发一份给水户藩的前大名德川齐昭，敦促他劝幕府改革内政、抵御外侮。假如齐昭能劝两三个主要的大名接受自己的意见，天皇的愿望完全能够实现。[11]

这是一个危险的计划。它打算违反幕府的规定，直接与大名联系；更糟糕的是，如果计划成功，肯定会引发宫廷与幕府的纠纷，而这是幕府最担心和痛恨的。朝臣们意见分歧，一些人担心信发出去最终将会损害朝廷，另一些人则坚持立刻把信寄出，否则天皇肯定会退位。最后，这封信的一份副本交给了水户藩在京都的代表，另一份则交给了常驻皇宫负责传达消息的一名幕府官员。

孝明在信中承认，和美国签订协议是情势所迫，在所难免，但他指责幕府没有听从自己的建议，在采取进一步的外交措施之前咨询主要藩主的意见。孝明非常担忧国内的骚乱形势，并敦促幕府采取"公武合体"的政策，即公家和武家合为一体。这个词概括了孝明的理想：和我们更为熟悉的"尊王攘夷"相比，孝明希望的是和幕府合作，将外国人赶出去。在论述德川幕府末期的文章中，这个词常常出现。

孝明的退位又一次被劝阻了。9月23日，将军德川家定逝世的消息传到首都。他其实一个多月前就死了，但是幕府封锁了消息，直到这时宫廷才收到消息。将军的逝世可能使孝明中止了退位计划。总之，9月初他用近卫忠熙代替了支持幕府的关白九条尚忠，孝明认为近卫和自己更加趣味相投。

1858年10月31日，老中间部诠胜（1804—1884）来到京都。这似乎符合幕府派出一名高级官员的承诺，但间部完全无意就未征得皇室同意便和美国人签订条约一事向天皇道歉。相反，他受井伊直弼指派，来为九条尚忠恢复原来的关白之职。除此之外，他还要将京都所有反对幕府政策的人都处理掉。这标志着所谓的"安政大狱"开始。八名"尊王攘夷"派的武士被处死，其中包括备受尊崇的吉田松阴、桥本左内和赖三树三郎。吉田松阴的罪名是密谋刺杀

第五章　安政大狱

间部,这些人计划在江户到京都的途中杀死间部,但其他人的"罪名"则没有这么明显。那些被怀疑是"尊王攘夷"派的公卿（包括地位很高的家族）也受到审问并被迫辞职。其他一些被认为和"尊王攘夷"派有更深瓜葛的人则被软禁,或者被勒令落发出家。

也许是为了安慰天皇,间部给天皇带来了新将军德川家茂准备的丰厚礼物,然而孝明拒绝接见间部。[12] 他将天皇挑选的近卫忠熙换掉,代以其并不信任的九条尚忠,天皇对这个幕府官员的心情可想而知。间部会见了重新当上关白的九条,告诉他在当今的世界形势下,为什么日本不得不和各国签订友好通商条约。他还向九条献上各大名送来的纪念品和一份跟美国签订的临时协定。这些文件后来都交给了天皇。

同一天,11月29日,天皇将新任将军的官阶擢升为正二位,并在第二天任命他为"征夷大将军"。孝明似乎在赐予可能的敌人最高荣誉。接下来几个月,孝明继续写信表达对当前形势的愤怒之情。那年年尾,他最终接见了正准备返回江户的间部诠胜。孝明交给他一封信,信的开头写道:"蛮夷亲和贸易之条款,乃皇国之瑕玷,神州之污秽。"天皇在信中竭力主张返回到"锁国之良法"上来。[13] 他本人并不赞同签订合约,然而考虑到国内外的情况,愿意原谅合约的签订。但是,签订合约所获得的这个喘息机会应该用于落实"公武合体"政策。这是孝明做出的许多次让步中的第一次,然而他的终极目标,即将日本从夷人手里解放出来这一点,却从未动摇过。

随着皇宫举行传统的新年庆典,安政六年（1859）拉开了序幕。大家互换礼物,观看舞乐表演,吃各种应节食品,同时开怀畅饮。宫廷为现年七岁的祐宫送上一桶清酒和一些开胃菜:他已经到了可以参加宫廷活动的年纪。2月21日,他在天皇的陪伴下第一次观看舞乐表演,并且喝了一杯（同样也是第一次）天皇亲手赐予的清酒。

5月24日,间部诠胜上一年逮捕的四名公卿——鹰司政通、近卫忠熙、鹰司辅熙和三条实万（1802—1859）——的"请求"获得通过,被允许落发出家。这是幕府对那些胆敢直接与德川齐昭联系的朝臣的惩罚。鹰司政通和儿子鹰司辅熙本来属于支持开国的公卿,但他们受到"志士"(主要由有民族主义信仰的低级武士组成)的劝说,转为支持闭关锁国,从而激怒了幕府。

在幕府的处分下来之前,京都所司代酒井忠义(1813—1873)要求他们自杀,但是四人拒绝从命。同情这些人的孝明给关白九条尚忠写信,要求他向酒井说情,赦免这些人,但是酒井的态度非常坚决。他有确切的证据证明这些人和齐昭之间有秘密联系。宫廷的机密被这些人传给了水户藩的武士,而水户藩和福井藩的武士一直都在蓄谋叛变。这些人也许只是被浮浪之徒的妄说蒙蔽,然而不管什么原因,他们的行为都与"公武合体"背道而驰了。[14]

4月9日,孝明秘密写信给三条实万,表达自己对四人的特殊敬意和喜爱之情。仁孝天皇在位期间,鹰司政通曾做过很长时间的关白,天皇突然去世后,他辅佐毫无经验的孝明登上皇位,并在所有方面帮助他,如同摄政一样。孝明不忍看到鹰司在耄耋之年被控犯有严重罪行。而近卫忠熙是孝明的老师,教他书法,在孝明的元服仪式上为他戴上御冠。其他两人也都是尽忠尽职的前朝元老。当外国人来到日本时,四人总是竭尽全力地依照他的愿望行事。他们也许偶尔会犯错,但不可能暗中怀有颠覆将军的计划。[15]

孝明在信尾说,希望自己能够说服幕府赦免他们。三条实万接到这封信时,正幽居在京都郊外的一个小村子里。尽管卧病在床,他还是挣扎着起来,换上朝服,戴上帽子,并在沐浴之后才阅读信件。天皇的仁慈令他感激涕零,三条认为,天皇的褒奖说明自己不是祖宗的不肖子孙,不会给后代留下骂名。然而,酒井断然拒绝了孝明的请求,甚至连延迟处罚也不答应。孝明依然不愿发布削发的命令,又问了一次四人是否真的希望这么做。他们的回答是肯定的,四人无疑已经听从了命运的摆布,孝明最后没有办法,只好下达了命令。

在那些描绘安政大狱对宫廷影响的文章里,酒井忠义的形象通

第五章　安政大狱

常都是反面的，但他只是幕府在京都的权力代表。孝明每次向他请求宽恕这些曾经服侍过自己和父亲的人时，酒井都无情地拒绝了，但拒绝的背后，是井伊直弼这个幕府权力最大的人决定铲除一切反对派的决心。从1858年井伊刚当上老中，便开始镇压，一直持续到两年后他被暗杀之时。镇压的主要原因是，井伊认为有必要清除那些反对幕府和外国签订和约的人，但其中也有国内方面的原因，即指定将军继承人的问题。事实证明，这次镇压完全失败，并最终导致幕府解体，但这两年恐怖统治所实施的逮捕和监禁，将会被人们牢牢记住。

对孝明而言，这次镇压是他个人的奇耻大辱。即便是为了幕府的安全，显然也没有必要仅仅因为在某个阶段反对和约，就要这些忠心耿耿服侍过孝明和先皇的老臣削发出家。但是井伊决定杀鸡儆猴，即使引起孝明的痛恨也在所不惜。皇权的实质与现状之间的矛盾从未这么清楚过。身着朝服履行规定仪式的孝明，想到自己发布的命令没有一项不被幕府否定时，肯定感到很烦恼。

1859年的官方记录里还提到肆虐全国的瘟疫等灾难。孝明的第三个女儿出生，但也许是因为瘟疫，结果成了他第二个夭折的女儿。令孝明感到些许安慰的是儿子祐宫，他正渐渐长成一名合格的皇位继承人，这是灾祸频仍的那年唯一的亮点。

第六章

赐名睦仁

1859年祐宫开始上学，有栖川宫帜仁亲王（1812—1886）被指定为他的书法老师。祐宫的第一位老师是一名书法家，说明写一手漂亮书法的重要性。书法对欧洲王子来说无关紧要，但是在日本却是贵族教育不可缺少的一部分。皇室成员展示书法技艺的场合相对较少，但是一旦动笔，书法技艺不仅要得到大家的认可，更重要的是还必须反映他的人格。不过，我们并不知道明治天皇最终对这项技艺有多么精通，因为他极少有书法作品保存下来。[1]

实际上祐宫上一年就开始学习书法了，但显然只是随便学学。他今年八岁了，应该在合适的老师的指导下系统地学习书法（和其他科目）。有栖川宫帜仁亲王被选为亲王的书法老师，是因为他的家族很久以来就以书法著名。5月5日，有栖川宫帜仁亲王带来那首《难波津之歌》作为假名书写的范本。[2] 他和学生互换了礼物，彼此都送了对方一盒新鲜鲷鱼。在亲王的教育中，第一堂正式的书法课最为重要，也因此他们会交换传统上贺礼所用礼物的鲷鱼。[3]*

从此，有栖川宫帜仁亲王在指定的日子里每月来几次，教授祐

---

* 鲷鱼（たい）还是一种有吉祥寓意的礼物，因为它的名字和"喜庆（めでたい）"这个词部分同音。

第六章　赐名睦仁

宫书法。6月4日，祐宫将自己临摹的几个字交给老师评判，并赠送给老师礼物。到了8月10日，年轻的亲王显然对自己的进步感到非常开心，他开始向侍从展示自己的书法作品——每次一两个字，通常是"中"和"山"。4

与此同时，祐宫已经开始了另外一种学习——阅读儒家的经典著作。5月29日，伏原宣明（1823—1876）被指定为祐宫的阅读指导老师。伏原在给学生上第一节课时，将一段选自《孝经》的文章朗读了三遍。当然，你不能指望一个七岁的孩子能理解中国的哲学著作，即便是用日语朗读；然而过了不久，祐宫就能认字并跟着老师大声朗读了。这种被称为"素读"*的学习方法效果惊人，一代又一代的日本人正是通过这种方法学习汉语并能自由读写；但是对一名孩子来说，整小时整小时地背诵那些在他看来毫无意义的词语，肯定无聊透了。

祐宫刚刚完成《孝经》的素读，孝明天皇就命令他阅读《大学》。5 在素读课堂上，年龄相仿的孩子之间至少有欢乐的友好竞争，或者可能有一起捉弄老师带来的乐趣，但是祐宫刚开始上课时并没有同伴。1861年，公卿里松良光（1850—1915）成为祐宫唯一的同学，那年他十一岁，未来的明治天皇十岁（采用日本的计算方法）。里松在一次谈话中回忆道：

> 我每天侍候亲王，从早起到他上床睡觉，不管是学习还是运动，从未离开他一步。亲王一般穿彩色的真丝绉长袖和服与白色的真丝裤子。他并非每天都穿新衣服，而是穿得很朴素。亲王梳着男孩子的发型，把前面的头发梳向两边，然后在头顶打个结。我和他发型之间的唯一区别就在于他的头发两侧都是鼓起来的。

---

* 江户时期的学习方法之一，学生只跟着老师大声朗读，但不解释文义。——编注

亲王的学习从素读《四书》《五经》开始。我是他的伴读。我们的老师是已经去世的伏原宣谕，但是偶尔阿野奥充会来代课。我们的课本都由伏原先生工工整整地誊写出来。每读完一本，伏原就向陛下呈上下一本。我们一起高声朗读，就好像是在旧式的寺子屋*一样。[6]

到目前为止，这些都不是正规教育，因为祐宫和同伴是在私塾里跟老师学习，但是1862年6月25日这一天，他们的正式教育开始了。孝明天皇命令阴阳师土御门晴雄定下开学的日子。一切都遵照1839年孝明入学时的仪式进行。在高级贵族的注视下，伏原宣明将《孝经》序言里的几句话朗诵了三遍，亲王跟读。

祐宫并不是一个特别用功的学生。一些关于他不喜欢学习的轶事被保留下来。明治后来回忆说，母亲中山庆子对他相当严格，除非完成了当天的功课，否则就不给他吃午饭。[7]再后来，1905年，天皇还作了一首诗回忆那些遥远的岁月：

　　我现在多么后悔
　　我的孩子气
　　那时我觉得
　　写作业是
　　浪费时间的无聊事情

下面这首作于大约同个时期：

　　我现在记得那些日子

---

* 日本的民间私塾，发源于室町时代后期。起初为寺院开办以庶民子弟为对象的初等教育机构，后泛指民间的私塾。——编注

第六章 赐名睦仁

> 那时我很不重视
> 写作业
> 因为我唯一的兴趣
> 就是骑竹马[8]

另外一则轶事讲述了当时主管祐宫教育的中山忠能如何地怒不可遏。那天,这位学生上课时突然站起来,没有任何解释就走回内宫。忠能认为,假如亲王的行为如此不受管教,他已没必要继续教下去了(他为此付出了全部身心)。忠能写了一封辞职信,说自己不想再出现在亲王面前。儿子孝麿恳求父亲说,亲王还小,不知道自己在做什么,然而愤怒的忠能什么都听不进去。这时宫廷来旨,要求他速速回宫,但他固执地拒绝了。孝麿认为抗旨有违臣子的职责,最终成功地说服父亲,使他的脾气缓和下来。祐宫见到忠能时,向他道歉,说自己错了,并承诺永不再犯。祐宫说:"请您不要发脾气,而是像以前一样照顾我。"忠能深受感动。那天晚些时候见到孝麿时说:"殿下是一名开明的亲王。我太心急了。都是我的错。"说完号啕大哭。[9]

这个故事以愉快收尾,但它说明祐宫也可能做出自私甚至残忍的行为。我们从他小时候的玩伴木村祯之祐口中知道,即使在孩提时代,祐宫心里已经很清楚自己对下属的权力:

> 亲王殿下个性极为冲动,而且非常倔强。一旦发生什么让他不高兴的事,他通常会抡起拳头,一拳打向那个倒霉的人。我记不清自己有幸挨过他多少拳头。不管怎么说,我比他小一岁,一般不怎么怕他,总是斗胆做出一些违抗他旨意的事情来,每次都会吃几个拳头。
> 有一天某个大名送了亲王一个金鱼缸,里面有五六尾金鱼游来游去。我非常好奇地在殿下身边观看。当他走进隔壁房间

时，我立刻把手伸进金鱼缸去抓鱼，直到成功抓住了一条。令我惊慌的是，这条鱼死了，正当我不知该怎么办时，殿下回来了，看到了这一切。他顿时怒火中烧，大喊："你这个笨蛋！"然后抡起拳头，接连往我的脑袋打了三拳。我逃跑了，但是他在后面追我，又赏了我一个拳头……

还有一次，忘了什么原因，但是我做了件淘气的事，惹得他把怒火都发泄到我身上，连续往我头上打了九下。回想这些事时，我知道是自己的淘气惹得亲王生气了，不过即使现在，我仍然能感到腋下冷汗浸浸。[10]

另外一件令人不那么喜欢的轶事，则描述了一位年老的公卿是如何开始认为这个孩子太顽皮，自己管教不了的。这名公卿从祐宫出生起便负责照看他，正考虑提出由一名年轻的公卿代替自己。一天，祐宫在御所的一个水池边玩耍。他大声喊道："爷爷，快来看啊！池塘里好多鲤鱼！"老人走到池塘边，但是没看到鲤鱼。他礼貌地问亲王鲤鱼在哪里，祐宫的回答是："瞧，在那！在那！"老人弯下腰想看得更仔细些，这时男孩从后面推了他一下，老人跌入水中。池塘很浅，但是由于年纪大了，他费了好大劲才爬上岸。殿下随即大声喊道："大家快来看呀，老人变鲤鱼喽！"人们赶过来将老人扶到岸上。据说，他跌入水塘时身上穿的那件沾满泥浆的衣服已经成为他们家族最宝贵的财产。[11]

人们也许会纳闷，为什么这类轶事会出现在那些旨在增加明治天皇荣耀的作品之中。也许人们认为，亲王对待玩伴和无辜老人的粗暴（甚至残忍）的态度，是他成为一名严厉的国家统治者所必须具备的一项品质。要知道亲王不仅由女人抚养，长年以来衣着打扮也像个女孩。据说，这位被推进池塘受辱的老人后来写信给岩仓具视，要求更换别人。但是岩仓把他叫来，对他说："你从殿下诞生之日起便服侍他，然而现在还不了解他的伟大之处。我能体谅你在

第六章　赐名睦仁

这般年纪所做的付出，然依我所见，你自幼接受贵族教育，仅想教育殿下举止良好。但日本目前正处于非常之时，王政必将复古。届时，天皇仅有稳重性格并不足够。我从年幼的圣上身上看到面对任何难局皆能保持泰然平静的气象，暗地由衷欢喜。我不同意你的辞职。"[12]

轶事收集者们强调小亲王的男子汉气概，说他随时准备用拳头对付一切有违自己意愿之事，因为他们不希望把祐宫描写成一个躲在屏风后面，连朝臣也看不见的模糊形象，或者是描写成一个身体虚弱，经常使周围人担心的亲王。他们似乎在说，尽管祐宫把老人推进池塘这件事本身并不光彩，但却是他有着刚强性格的表现。

祐宫其他方面所接受的都是传统教育，不管是老师的指导，还是他在宫廷的观察体验。祐宫甚至在接受正规教育之前就已经开始创作和歌。[13] 他这个时期创作的诗歌有一首流传下来：

> 看到月亮
> 野鸭飞了起来
> 水中有月亮的倒影

这首诗并不符合韵律*，表达的意象也很混乱，但它作为祐宫最早的诗歌引起了人们的兴趣。几年后创作的一首短歌则显示出他对韵律有了更深的认识：

> 在黄昏的熹光之中
> 野鸭回巢了啊
> 在这个春日啊

---

* 短歌的格式是"五七、五七七"，这首和歌原文的前半部多了一个音节，因此不合韵律。——编注

> 我聆听它们的叫声啊——
> 他们的声音如此平静。

加强语气的助词"啊（ぞ）"的重复使用，主要是为了填满韵律，现代的读者可能会认为好笑，但是亲王意识到了韵律要求，说明他已经有了一些进步。从这个时期开始，祐宫便常常会见父皇并接到一些创作短歌的题目。他将创作的成果给父亲看，本身即是一名出色诗人的孝明会给他修改。孝明将亲王的诗歌修改如下：

> 春日时
> 天空暮色熹微
> 野鸭回巢了
> 可以听到它们的叫声——
> 它们叫得多么平静

孝明的指导对明治的正规教育无疑发挥了重要作用。这一内容为日本所独有，是一项在平安时代便建立起来的传统，那时的天皇不仅创作和歌，还要精通和歌的传统。不久，祐宫就熟谙经典诗集。除此之外，他在文学上的喜好仅限于日本的武士故事和中国的英雄故事。[14]祐宫的儿时玩伴里松良光回忆说，祐宫经常提到他非常仰慕英勇的丰臣秀吉和忠诚的楠木正成。这个时期祐宫似乎对历代天皇的事迹没有什么兴趣，也许因为他们不够勇猛，不符合他的品味。

祐宫的教育和父亲相比，或者说，和几个世纪前的祖先相比，事实上并没有什么不同。尽管孝明一直对西方侵略者忧心忡忡，但他并不认为有必要让儿子知道这些夷人的危险。祐宫并没有学习世界地理或是思考西方取得的科学成就。只有明治维新以后，他的教育才变得与自己生活的这个世界息息相关。

1860年4月，大家决定为祐宫举行"深曾木"仪式。这个修

第六章　赐名睦仁

剪小孩头发的仪式通常在孩子三岁到八岁之间举行，然而 1858 年，就在明治即将举行"深曾木"仪式时，与皇室有密切联系的泉涌寺发生了大火，仪式被迫推迟。另一个名为"纽直"或"带解"的传统仪式，通常在孩子九岁（按日本算法）时举行。仪式上，小孩子第一次系上大人的腰带，而不是小时候的绳子。大家认为祐宫今年应该举行这两个仪式。在咨询过阴阳师之后，"深曾木"的日子定在 5 月 9 日的上午 10 点举行，十天后举行"纽直"仪式。

"深曾木"的准备工作非常繁琐。天皇送给亲王许多套衣服，一些是在仪式上穿的，官方记录用了三页密密麻麻的文字来描绘这些衣服。[15]"纽直"的仪式则要简单得多。这些都是 8 月 16 日即将举行的一个重要得多的仪式的序曲，这个仪式将正式宣布祐宫为皇位继承人。从此他将被视为孝明皇后的"亲生子"，宫里的地位也紧随其后，而且将与皇后住在同一座宫殿里。10 月宫廷将正式宣布祐宫为皇族以及皇位继承人。

10 月 16 日，孝明下令文章博士唐桥在光（1827—1874）为亲王拟一个合适的成年名字，唐桥提交了三个名字供选择——与仁、履仁和睦仁。第二天，天皇下令将名单提交给关白和左大臣等重要公卿，让他们从中选出一个最合适的。[16]

11 月 11 日，宫廷宣布祐宫为皇太子，并向全体公卿公布了祐宫的新名字。天皇亲自写下了"睦仁"两个字。[17]仪式过后大家喝酒庆祝，唱起了时兴谣曲和能乐，并送给亲王许多礼物。下个月将军送来贺礼时宫里又庆祝了一番。[18]

热闹过后，睦仁被送回去上学。皇后不满睦仁在书法上的进步程度，命令中山庆子每天监督他练习书法。

这些事情可能为孝明天皇提供了一些消遣的时光，但是当时发生了一件急事，使这一切都蒙上了一层阴影，那就是将军家茂请求娶天皇的妹妹和宫为妻。生于 1846 年的和宫是仁孝天皇的女儿，她在父亲死后五个月才出生。和宫与同父异母的哥哥孝明关系似乎非常亲密，这也许可以解释宫中为什么极度不愿接受将军的求亲，即便这桩婚事在某些方面看来非常有利。1860年6月3日，宫廷收到江户方面发来的求婚书，上面说，婚事将有助于促进公武合体，而这正是孝明公开表示的政治立场。宫廷和幕府的关系自幕府与西方五国签订条约以来便跌入低谷，联姻将有助于修补裂痕。

1858年11月，左大臣近卫忠熙和刚刚上任的所司代酒井忠义首次讨论了联姻。近卫认为这桩婚事于国家有利，但是和宫五岁时和有栖川宫炽仁亲王（帜仁之子）缔结了婚约，因此不可能与将军结婚。然而酒井却不愿放弃这个计划。第二年，酒井和关白讨论了这门亲事，并得到了幕府的肯定。最后，这些话传到了孝明那里，孝明回答说，不可能解除和宫与有栖川宫炽仁亲王的婚约。他还说和宫很怕到江户去，因为在她年少无知的印象中，那里是蛮夷的聚居之地。孝明同情妹妹，不想迫使她接受一桩如此恐惧的婚姻。[19]然而，孝明很清楚这桩婚姻在政治上非常有利，他在拒绝的同时无疑也感到一丝遗憾。

那年和宫庆祝了自己的虚岁十六岁生日。7月15日她参加了赏月仪式，这是女子的及笄礼，与男子的元服礼相似。看到赏月时的和宫那么天真无邪和美丽动人，我们不难想象孝明多么不愿失去自己唯一的妹妹。

但幕府不愿放弃将军与和宫的联姻计划。宫廷内部也有人支持这桩婚事。天皇问岩仓具视的意见，当时还是侍从的岩仓回答说，幕府的权力明显正在减弱，但是试图用武力收回皇权的话肯定将导致国内大乱，并可能引发外国干涉。目前最好是同意联姻，向全世界宣布公家和武家确实合为一体。这样一来，幕府不得不逐步废除那些与外国签订的和约。假如能够说服幕府同意从此以后一切国家大事在实施之前都必须获得宫廷的批准，那么幕府的权力将会回归宫廷。因此，对国家而言，和宫一人比九鼎更加宝贵。岩仓建议接受这门亲事，前提是幕府保证将废除条约。[20]

第六章　赐名睦仁

7月6日，孝明就这门亲事给关白九条尚忠写了封信。信中的语气说明他受到岩仓意见的影响。孝明说自己对幕府与蛮夷签订和约深感不快，因为他无法在众神和列祖列宗面前解释这件事。另外，自己不愿让和宫，这位天皇的女儿，嫁到"夷人徘徊之土地"。但是，如果幕府显示出驱逐夷人的决心，他将试着说服和宫接受这门亲事。[21]

幕府的回复使孝明放下心来。幕府说他们在一切事情上都和天皇的意见一致，完全同意驱逐外国人，但是要等到国家统一和武力强盛时，才有可能处理好这些外交问题。现在首先要向全国展示公武联合。这一步一旦成功，下一步则加强国防，对抗外国人。假如天皇同意内亲王和将军的婚事，国家的所有资源将以这种方式联合起来并得到加强，这样一来，渴望驱除夷人的幕府，难道还有可能与天皇相左吗？[22] 幕府承诺将在七到十年内，以谈判或者武力的方式废除和约，驱逐外国人。[23]

这些保证使孝明倾向同意接受江户方面的求婚。9月4日，孝明要求关白请和宫的母亲和舅舅去劝说她接受亲事，[24] 并命令关白与有栖川宫炽仁亲王协商解除婚约的事。[25] 然而和宫不为所动，一再重申一想到要离开哥哥，就倍感凄凉。一个星期后，孝明给关白写信，告诉他和宫不愿下嫁到江户。孝明不忍强迫她接受，但是又认为自己有义务履行与幕府之间的约定。因此他建议用自己唯一活下来的女儿，只有一岁半的寿万宫代替和宫。孝明非常喜欢这个女儿，但是为了表达实现公武合体的渴望，他愿意放弃私情，和年幼的女儿分开。假如幕府不接受这个建议，他将别无他法，只好退位。

孝明这封信的副本也传到了和宫那里。和宫看到孝明将退位的字眼，知道如果自己成为哥哥退位的原因，一定会寝食难安。因此她决定接受孝明的建议，[26] 到江户去，但是幕府必须满足五个条件。第一条是在父亲仁孝天皇逝世十七周年的忌日（两年之后）之后再到江户去。此外，她还希望每年能够在仁孝的忌日回到京都，为他上坟，并向天皇请安。然而急于操办婚礼的幕府不愿再等上两年。

和宫的第二个条件是，她在江户的生活环境要和御所一模一样。幕府接受了这一条。剩下的几条都与挑选随从人员有关。[27]

孝明在写给幕府的信中列出了自己的六个条件：（1）接受和宫的五个条件；（2）即使老中发生变化，断绝与外国外交关系的承诺将继续有效；（3）告知全国人民，和宫下嫁并非为了保存德川家族一脉，而是为了国家需要和促进公武合体；（4）赈济那些因开国而变得一无所有的人民；（5）一旦和宫的婚事确定下来，任何与和宫待遇有关的问题都应该事先秘密向天皇汇报；（6）补偿有栖川宫炽仁亲王。[28]

即使在和宫同意下嫁之后，仍有一些公卿反对这门亲事。宫廷盛传着谣言，说天皇的亲信久我建通（1815—1903）收受了幕府的贿赂，并通过指使朝臣千种有文和岩仓具视，从中推进了这门亲事。听到了这些风言风语的孝明，指示关白将谣言压下去，因为一旦同意了联姻，孝明就不能容忍任何反对的声音。[29]

有栖川宫炽仁亲王最后同意放弃了与和宫的亲事。有个蓄意流传的谣言说，有栖川宫炽仁亲王对这门亲事并不热心，因为和宫生于丙午年（火马年），而这一年出生的女人命都不太好。后来发现年轻的将军也是这一年出生，于是又有说法说，两个出生年份都不吉利的人结合在一起，就会变得非常吉利。[30]

这个时期，睦仁的教育与和宫的亲事似乎完全吸引了宫廷的注意力。但是我们不应该忘记，1860 年也是日本第一次向美国派出外交使团的一年。尽管为迎娶和宫，幕府做出了驱逐外国人的承诺，但他们仍不可避免地要走这一步——在闭关锁国两百多年后首次派遣官员出国考察。

第七章

和宫下嫁

1861年是一甲子中的两个"变革"年之一，无一例外要更改年号。*但即使它不是"变革"年，上一年发生的风波也足以成为年号变更的理由。这一年新年伊始就不吉祥。皇宫的庭院发现了一只狐狸，孝明天皇令中山忠能把狐狸赶出去，然而不论祈祷还是祭祀都没有效。这只狐狸一夜复一夜地对着亲王的房檐尖叫，直到最后（在皇后的提议下）亲王搬到了皇后的阁楼居住。[1]

国内发生了严重的通货膨胀。老百姓不堪高昂物价的消息传到天皇的耳朵里，他给了所司代五十枚金币，命令他用这些钱赈济首都附近山城国的百姓。所司代拒绝接受这笔钱，因为他听命于幕府，而幕府有其他的赈灾计划。[2] 幕府似乎不愿意让天皇积极地参与赈灾活动。

日本和外国的关系也很紧张。1861年3月13日，在船长比利列夫（Birilev）的率领下，俄国轻巡洋舰"波萨德尼克"号（Posadnik）停泊在日韩之间的对马群岛附近。俄国军官和水手以修船为由上岸，不久便建起了营房等建筑，似乎打算在那里永久定居。岛上的居民

---

* 该年是辛酉年。这一观念源自中国的纬学思想，认为辛酉年和甲子年是革命之年，历代都更改年号。——编注

和俄国人发生冲突，死了几个日本人。幕府派外事长官到对马去要求俄国人离开，但遭到他们的拒绝。[3]

俄国并非唯一一个意识到对马群岛具有重要战略意义的欧洲国家。英国人曾要求幕府开放那里的港口，他们的一艘军舰也探测过那附近的海域。这些行为给了俄国人"保护"对马免遭英国人侵占的借口。他们提醒幕府英国人有可能占领对马，认为日本极有必要加强那里的军事防御，并表示自己愿意为日本修建炮台以及租借大炮给他们。[4]幕府拒绝了这项提议，但是当俄国人差不多已经占领这些群岛时，幕府没有办法，只好在"以夷制夷"的原则下，转而向英国公使阿礼国（Rutherford Alcock）爵士求助，请求他们帮助驱逐俄国人。两艘英国军舰在东印度舰队司令詹姆斯·霍普（James Hope）爵士的率领下，来到了对马群岛。俄国人在接到霍普措辞严厉的警告之后，撤离了对马群岛。[5]

这些过去可能不会让天皇知道的事，不久就传到了孝明那里，使他倍感苦恼。然而直到第二年（1862）他才下令要对马的大名加强日本海防。[6]天皇亲自干预了一件在过去根本不会让他注意到的事情，说明他的权力已经大大增强。

3月29日，天皇的年号由"万延"改为"文久"。这个日子是由阴阳师择定的。变更年号一开始似乎很有帮助。有一段时间，宫廷成员又可以进行那些传统的娱乐活动，例如园游会、能乐表演等消遣方式。这时也有一些不愉快的事：孝明还在襁褓中的女儿寿万宫去世，又一个皇室的孩子夭折了。

宫廷的宁静气氛非常短暂：尽管幕府正努力改善和欧洲国家之间的关系，但国内民众的排外情绪高涨。[7]6月5日，十四名水户藩的浪人袭击了江户的英国使馆，公使阿礼国爵士逃过一劫，但他的职员受了伤。水户藩的"攘夷"行动依然最为积极，然而其他藩国却反而准备与外国人达成和解。山口县长州藩的大名毛利敬亲认为必须开国，并实现公武合体。他派长井雅乐（1819—1863）到京都

第七章 和宫下嫁

转达自己的观点。长井和正亲町三条实爱（1820—1909）见面，传达了毛利认为国家政策必须改变的强烈信念。

长井向正亲町三条陈述的意见冗长而不着边际，但他显然是想让孝明天皇听到。长井一开始感叹几个世纪以来的和平造成日本军队令人遗憾的现状（这已是老生常谈的观点）。他接着说道，天皇看到幕府不仅无力抵抗外国人，甚至没有咨询过自己就打算跟外国人签订友好通商条约，肯定非常气愤。天皇意识到军队已无法继续保护自己，可能也很烦恼。幕府对外国人没有确定的方针政策，只是满足于一时的权宜。天皇并未全盘了解事态的发展，一些头脑发热的人围着他，整天叫嚣着废除与外国签订的和约。但假如中止和约的话，外国列强肯定无法平静地接受，肯定会对日本发动战争。哪怕有一点胜算，他都不会反对与外国开战，但是打一场日本完全无法取胜的战争、置国家社稷于危险的境地，是非常愚蠢的。

长井接着说道，三百年来，京都的宫廷将内政与外交政策都交给幕府，因此，外国人认为幕府就是日本政府。现在他们已经与幕府签订了条约，认为日本是他们的盟国。废除和约将会激怒他们，并立即引发战争，很快整个国家都将陷入危险。举个例子，四五艘军舰便可将九州封锁，那样，全国其他地方会受到严重的影响。届时不知京都能否守得住。如果首都的街道遭到外国人的铁蹄践踏，其他地方即使没受到直接攻击，也将遭受同样的耻辱。

长井认为，之所以会出现这种令人不快的情况，是因为幕府自岛原之乱后采取了闭关锁国的政策。早期的日本历史上，不仅允许外国人自由出入日本，还修建鸿胪馆等设施来接待他们。实际上，与其他国家隔离并非真正的古代日本传统。伊势神宫的女神不是许诺过，天皇的影响将遍及太阳照耀的地方吗？神功皇后征服了朝鲜半岛的三韩，就符合她那位神圣先祖的愿望，如果她知道三韩之外还有其他国家的话，可能还会继续征讨。然而现在的政府，不仅没有为日本开疆拓土，还被动地任由外国人进来。即使认为闭关锁国的政策可取，也只有在国力强大的条件下才能维持。完全依赖日本岛国形势的孤立政策注定将失败，目前最急需的是充实攻防两用的国力。

长井恳求天皇改变支持闭关锁国的观点，回归祖先的政策，将天皇的权威延伸至国外。如果制定以五大洲都来帝国朝觐为基调的国策，民族灾难就会转化为国家之幸。而拜公武合体所赐，国内将出现一派和平景象，一旦日本拥有大量军舰，就能将全世界纳入天皇的统治之下。[8]

毛利敬亲没有向孝明宣扬四海之内皆兄弟的观点，而是提醒他，一旦实现公武合体，天照大神关于日本将统治世界的承诺就会实现，以此（通过使者长井雅乐）来说服孝明天皇放弃闭关锁国的政策。目前，疲敝的日本军队不是外国的对手，而将来，全世界的国家都将到日本来朝觐。事实上，这之间还有一些阶段有待阐明，但是，毛利期待与外国人的贸易所得能够帮助日本提升武器装备。

不出毛利敬亲所料，正亲町三条将长井的请愿书转给了天皇，天皇很高兴地收下了。孝明并不赞成取消闭关锁国的政策，但同意加强日本的军事力量，而且他对公武合体的支持从未动摇过。孝明命令毛利敬亲利用自己的影响力促进宫廷和幕府之间的相互理解，还赐给他一首和歌：

> 即使暴风雨肆虐着
> 整个国家
> 我也将等待它们
> 将太阳重新送回天上
> 让它重放纯洁的光芒

在长井的努力下，幕府最终同意让敬亲担任公武合体谈判的中间人。不过，不幸的是，那份提交给正亲町三条的文书被认为含有

第七章 和宫下嫁

德川家茂

不敬之语，在引发了一场辩论之后，长井最终被免职了。[9]

1861 年的大部分时间，宫廷的注意力都放在将军的准新娘和宫的江户之行上。她出发的日期是 1861 年的 10 月底，这是上一年定下的日子。幕府匆忙修缮和宫沿途即将经过的道路，然而天皇要求将日子推后，理由是来年春天内亲王应该在京都参加父亲仁孝天皇逝世十七周年的纪念日。这个要求提交给了所司代酒井忠义，但是被他以准备工作已经完成为由拒绝。不过，幕府同意将和宫的出发时间延迟到 11 月中旬。

即使已经做了这样的安排，两人的婚姻还是出了新的障碍。因为 1860 年，幕府秘密地与普鲁士、比利时和瑞士进行了外交谈判，并在年底与普鲁士签订了合约。[10] 得知幕府和外国签订了三个新和约的孝明自然非常生气，他宣布取消和宫与将军的婚约。孝明说，正是因为相信幕府废除条约的承诺，所以才同意了这门亲事。关白等宫廷人员惊骇万分，担心孝明的决定可能会影响宫廷和幕府的关系，他们试着安慰孝明，最后终于使他同意将联姻计划推迟（而不是取消）几年。当问及和宫的意见时，她以惊人的坦率回答说，自己从未想过要结婚，在最后一名外国人被驱逐之前，在东部平静之前，她希望自己可以不必到江户去；假如这些无法实现的话，她希望婚礼可以取消。[11]

在机敏的酒井忠义的活动下，婚礼得以照常举行。酒井拒绝将宫廷的愤怒反应向幕府汇报。他认为自己是私下向关白透露有关新和约的消息，如果宫廷正式向幕府提出抗议，等于是背信弃义。孝明最终同意将一切事情交由关白处理。1861年元旦，幕府给宫廷去信，详细解释了三个新条约的签订情况，并再次承诺七到十年内将外国人驱逐出去。

其他一些危机也威胁着联姻计划，然而1861年9月，孝明天皇怒气已消，于是同意和宫11月启程前往江户。亲子内亲王（和宫现在的官方称呼）[12]非常不愿意离开京都。[13]她参观了曾经为祖父光格天皇重新修缮过的修学院离宫，并在返程时参拜了贺茂和北野神社。她在宫中观看了一次能乐表演。当和宫前往祇园神社祈求旅途平安时，天皇和亲王目送她和随从离开宫门。11月17日，和宫来到皇宫向天皇、皇后和亲王告别，并接受了他们的礼物。出发之前，天皇给内亲王写信，要求她婚后利用自己对丈夫的影响力，实现将外国人驱逐出去的目的。终于，和宫害怕的日子来临，她必须出发了。11月22日，和宫在朝臣的陪同下，坐着轿子离开了桂离宫。一年之后，有爱国主义者认为，内亲王到江户去这件事极大地侮辱了皇室的尊严，陪伴她前往江户的两名公卿（千种有文和岩仓具视）因为在这次事件中扮演了不光彩的角色而受到惩罚。[14]

婚礼队伍的场面非常浩大——一万名武装士兵[15]、大量马匹、食品、礼物和行李。为了满足和宫下嫁的五个条件中的第二个，行李中还包括一座拆下来将在江户重建的京都风格的房屋。内亲王一行极为奢华，经常在沿途的景点逗留，直到12月16日才抵达江户，而通常这段旅程只需两个星期。为了确保和宫的绝对安全，大家认

第七章 和宫下嫁

为必须配备大量的随行人员（有谣言说内亲王有可能半路被劫持）。幕府禁止十五岁以上的男性穿过队伍行经的道路，城里的男性则被命令待在后房，只留妇女在门前鞠躬。为了避开那些不祥的地名，和宫行走的路线也很曲折，例如，为了避开名字有"分开"（さった）意义的萨埵（さった）岭，队伍偏离通常走的东海道，选择了崇山峻岭间另一条长长的弯路。不幸的是，路上没有办法避开"缘切榎"，这种树名直译是"能斩断缘分的荨麻树"，对婚姻非常不吉利，于是树上的每片叶子都用草席遮住，以保护内亲王免受这个恶名的伤害。[16]

内亲王和年轻将军的婚礼必须等到1862年3月11日才能举行，然而在那之前，反对这桩婚事的人就已经开始动武了。1862年2月14日，公武合体和联姻的主要倡导人老中安藤信行（1819—1871），在去江户城的途中，遭到六名水户藩浪人的袭击。有人朝安藤的轿子开了一枪，但是大约有五十名家臣保护着安藤（井伊直弼的遇刺使幕府官员意识到外出时没有足够的护卫非常危险），他们很快就击毙了这些行凶未遂的刺客。

浪人的身上带着一份声明，解释被迫这么做的原因。[17]他们指责安藤欺骗宫廷：安藤说天皇的妹妹嫁给将军是为了公武合体，但实际上只不过是让天皇同意与外国人签订条约的阴谋而已。浪人受当时流传的一则谣言鼓动。1860年幕府官员堀利熙（1818—1860）自杀，原因不明。传言说他留有遗书，职责安藤背信弃义。[18]信中说，安藤在汤森·哈里斯的教唆下，密谋推翻天皇。为了达到这个目的，安藤让两名国学学者举出那些被废黜的古代天皇的例子。[19]这些刺客对这一谣言深信不疑，对安藤对外国人的友好态度感到愤怒，认为这玷污了真正的臣子之道。他们别无选择，只好让安藤得到天诛，即代替上天诛杀他。"天诛"这个古老的词汇，成为19世纪60年代流行的政治谋杀的借口，并在这时开始流行起来。

也许有人认为，死里逃生的安藤可能成为人们同情的对象，地位甚至比以前更稳固，然而身为幕府中赞同经济改革和与西方通商一派领导人,安藤实际上已经丧失了以前拥有的巨大政治权力。也许这因为倒幕力量已经占了上风。

婚礼举行前又发生了一次危机。幕府曾经答应亲子内亲王,让她返回京都参加父亲逝世十七周年的纪念仪式,但是她回京的日期却被一推再推。最后,内亲王派一名高级侍女代表自己前往京都。孝明对幕府没有履行承诺感到气愤,然而后者辩解说,婚前做长途旅行会使内亲王感到疲惫。

亲子在婚礼上受到极高的礼遇,被安排坐在主人的座位上。结婚仪式进行了大约十个小时,有足够的时间让新娘更换许多套衣服。亲子第一次见到丈夫时的感觉并没有记录下来,尽管有政治背景,并且后来她和婆婆之间也有矛盾,但是就跟任何皇室婚姻可能的那样,他们的婚姻却非常美满。因为家茂的突然去世,内亲王的婚姻生活只持续了四年半。然而亲子临终之际,要求葬在德川家的墓地,而不是京都。

天皇的妹妹与将军结婚,使得皇室与幕府之间的关系更加紧密,同时也开创了一个天皇的影响力比几个世纪以来都要大的短暂时期。[20]孝明坚定不移地支持公武合体,反对倒幕派,然而随着幕府继续与外国签订通商条约,宫廷与幕府的关系变得紧张起来,虽然宫廷只不过是想将所有的外国人驱逐出日本。

各派的政策变化频繁而且突然,有时导致令人意外的联盟和反目。过去,萨摩藩常常表现得像个独立王国,几乎脱离了幕府的掌控,但是1861年底,年轻的萨摩藩大名岛津忠义(1840—1897)派使节到京师,提出愿意作宫廷和幕府之间传递消息的渠道。使节向孝明献上一把宝剑,孝明亲笔题写了一首和歌以示感谢:

    毫无疑问,
    宝剑蕴含着一颗
    忧国忧民的心

第七章 和宫下嫁

> 万里无云的天空
> 武士的精神照耀四方[21]

岛津忠义和父亲岛津久光接到这首诗时，都感动得流泪。

1862年6月，萨摩大名和父亲派使者到京都，向前左大臣近卫忠熙和权大纳言近卫忠房表达对天皇的支持，并认为幕府亟需改革。他们担心天皇没有足够的护卫，因此已经决定将自己的军队派往京师。近卫忠房听后非常震惊，试着推掉这些不请自来的帮助，但是萨摩藩的领导人并不听从劝告。6月15日，大约一千名萨摩武士进入京都。岛津久光宣称希望看到一些朝廷的高级官员下马，并由近卫忠熙代替九条尚忠的关白位置。他们同时提出幕府的改革要求，希望借此将那些反对公武合体的人清理出去，并要求幕府向朝廷示忠。此次行动一旦完全确立皇权，就可以考虑通过何种方式将其延伸到海外的问题。[22]那天晚上，也许是为了检验萨摩的忠诚，天皇下令岛津久光平定那些引起京师骚乱的浪人。

五天之后，久光的行动开始了。他来京都之前，尊王攘夷派的武士和浪人都以为他将领导攻击幕府的行动，然而当久光明确地表示自己的目的是改革而不是推翻幕府时，大家感到非常失望。萩藩等地的藩士和心怀不满的萨摩藩藩士主张使用暴力手段，他们在京都南部伏见地区的一家酒馆寺田屋碰头，商讨刺杀关白和酒井忠义的计划。密谋者和忠于久光的萨摩藩藩士起了冲突。叛乱分子遭到屠杀，天皇感到非常满意，他赐给久光一把皇室收藏的短刀，以表彰他成功地镇压了不法人员。岛津久光在宫廷获得了很高的声誉。

这一时期的《明治天皇纪》几乎没有出现睦仁的身影。我们知道，和宫出发去江户时，睦仁去送过她，也许他知道（即使只有十岁）和宫的悲伤。6月宫里举行了一个仪式，庆祝睦仁开始学习儒家经典，尽管他三年前就开始学习了。孝明在同样的年纪也举办过这样的仪式。那年夏天，麻疹的流行震惊宫廷，为了亲王的平安，宫中举行了许多祈祷仪式。此外，又有一个妹妹死了，死时还不到一岁。本年度比较开心的一件事是睦仁开始画画了。

这些事情点点滴滴地散落于官方记录的那些纪实性文字之中，使人们很容易忽略一些重大事件。例如，1862年9月的官方记录详细记载了各大神社举行的宗教仪式，天皇夜里赏月，并向皇太子赠送礼物。在这类平淡的事件下面，紧接着9月14日的记录，一开始是一段乏味的陈述，但后面的内容是：三名被控与幕府勾结，促使和宫下嫁的公卿——岩仓具视、千种有文和富小路敬直——被软禁在家，解除职务，并被勒令出家。[23]

这个令人震惊的事件背后，是尊王攘夷派的强大压力。随着人数不断增加，尊王攘夷派的不满越来越强烈，行动也变得越来越鲁莽。就在上条记载的一个月前，关白九条尚忠的家臣岛田左近遇刺身亡。头颅被悬在四条河原示众，四肢被割下并抛进高濑川。一轮极端主义者称之为"天诛"的恐怖浪潮开始了。幕府无力镇压骚乱，使得恐怖主义者迅速占了上风。他们列出朝廷的"四奸二嫔"*作为特别的攻击对象，指控他们要为和宫的下嫁负责。恐怖主义者获得了一些公卿的支持，而且攘夷派现在控制了一些重要的藩国。尽管孝明一再声明支持幕府，但在这个关键的时刻他却宣布自己从未违背"攘夷"的誓言和使命。[24]在那些施行"天诛"的行凶者看来，这个声明就是天皇对他们行动的公开支持。

很难了解这些事情对睦仁的成长有什么影响。是他太小，理解不了御所外的世界发生的事情？还是人们有意不让他听到那些激烈的争论和谋杀的新闻？还是，当看到那些经常在宫里出没的人不再出现时，连生活在御所深处的亲王，也逐渐明白有大事发生了？孝

---

* "四奸"指久我建通、岩仓具视、千种有文和富小路敬直。"二嫔"指今城重子和堀河纪子。这六个人某种程度上都与和宫与将军的婚事有关。

明是否曾向儿子解释自己为何总是这么激动和疲惫？不管怎么说，这个几世纪以来遵守传统秩序和礼仪观念的国度，正受到时代残酷现实的渗透。现在，唯一不变的就是变化了。

第八章

"征夷大将军"

1863年1月17日发生的一件事生动地展现天皇和将军之间关系的变化。这天，天皇的敕使三条实美（1837—1891）和副使姊小路公知（1839—1863）来到江户城，呈送天皇给将军的一封信。信中孝明简要地重申了自己要将每个外国人都驱逐出去的坚定信念，敦促幕府制定一份攘夷的具体计划，并立刻将计划转给各藩藩主。经过众议后确定良策，从而完全扫除这些丑恶的外国人。[1]信的内容没有任何异常，只不过重申了孝明一直以来的观点，反常的是敕使将信交给将军时的态度。

按照惯例，敕使谒见将军时，将军会坐在议事厅的上房[2]接待他。敕使匍匐在下房的地上，由传令官大声念出他的官衔和名字。将军点头之后，使者跪着走到上房，深深地鞠一躬，并传达天皇的谕旨。结束之后，跪着退下。三条实美认为这个做法不符合宫廷的地位，甚至在侮辱宫廷，于是向京都守护松平容保传达这一想法，希望幕府对敕使表现得尊重一点。[3]

尽管幕府可能经过了一番讨论，但三条的抗议得到了认真对待。这一次，使者直接走到上房，反而是将军一开始坐在中房，必须等待使者指示后才能走到上房，接受天皇的谕旨。很难想象还有比这更令人印象深刻的例子，它说明幕府与宫廷之间的关系发生了变化，

第八章 "征夷大将军"

而且这绝不是唯一一次幕府对天皇表现出新的诚惶诚恐。

幕府现在进退两难。它显然希望增进与宫廷的关系，可那样就必须遵从孝明的攘夷命令，但是幕府中的聪明人士——例如德川庆喜（1837—1913）和松平庆永（1828—1890）——都知道开国无法避免。将军最后可能别无他法，只好在回答孝明时安慰他说，自己全心全意打算执行攘夷政策。

各藩藩主很快就注意到天皇和将军相对地位的变化，许多大名认为有必要造访一下京都。幕府曾经严令禁止他们进入京都，日本西部的大名前往江户的路线通常也都会避开它，然而如今这条禁令已经失效，大名们开始经常造访京都。事实上，政治中心已经从江户转移到了京都。宫廷利用其突然增加的重要地位，利用来访大名的影响力，说服幕府改变了一些自己反感的惯例旧行。五百多年来天皇首次拥有这样的政治权力。不过，宫廷政治活动的主要目的并不是为天皇争取更大的权力，而是为了实现攘夷。

这种变化也影响着一众公卿。在这以前，他们一直都与国家的政治毫不相干，在政治上的担忧仅限于宫廷和那些仪式。然而，现在他们开始积极参与政治，迈出王政复古的第一步。

1863年将军访问京都，再次强调了天皇的新地位。这是两百多年来首次有将军访问京都。家茂希望表达自己对宫廷的敬意以及实现公武合体的强烈愿望。2月27日，家茂最重要的顾问德川庆喜在他之前已经访问京都，并受到天皇的接见。三天之后，庆喜参观了学习院，这是孝明的父亲为培养公卿子弟而创办的学校。庆喜趁着这个机会，提议废除皇室年轻成员出家的规定，称呼他们为亲王（意为皇室的血亲），并允许他们继续过世俗的生活。庆喜还提议，多年来一直幽闭于御所的天皇，应该模仿古代的君主，春秋两季到全国巡视。最后，他建议允许朝彦亲王（安政大狱中被判处永久幽禁）还俗。德川庆喜（和将军）的这三条建议明显是为了讨好天皇。

最后一条很快就实施了：3月18日，天皇颁布圣旨，命令朝彦亲王蓄发。[4]不久，中川宫亲王（朝彦亲王现在的名字）[5]就成为天皇的密友和宫中最信任的人。奇怪的是，中川宫亲王很少引起现代学者的注意，但他不仅是天皇的幕后谋士，[6]还是一位对时局有重要影响力的人。中川宫亲王的一生跌宕起伏，从他频繁地更换名字这一点便可看出。他在青莲院为僧期间，尤其是19世纪60年代初期，吸引了全国各地的爱国人士来访。

将军的来访证实了京都政治上的重要性加强，但这却未能平息那些极端主义者心中的怒气，他们依然痛恨每个涉嫌勾结幕府的人。又一波恐怖活动席卷京都。他们杀害了一些人，并对其他人发出死亡威胁。1863年3月10日，四名刺客暗杀了儒医池内大学（1811—1863）。杀手按照这类暗杀事件的惯例，留下了一张纸条，解释刺杀池内的原因：

> 此者，向来蒙高贵之人恩顾，戊午之时（1858年），从正义之士，行种种周旋。然遂反覆，相通奸吏，致诸藩诚忠之士几多毙命，彼竟自免，其罪不容天地。依之，加诛戮令枭首也。[7]

池田曾与梅田云滨、梁川星岩和赖三树三郎一起，被认为是攘夷派的四雄。安政大狱期间，幕府认为池田是个危险人物，曾追捕过他。最后池内自首，但却没有被处死，而是在短暂羁押之后被释放，这使人们怀疑他与幕府合作。

刺客们不甘心只把池田杀死。他们把他的耳朵割下来，一只送给了中山忠能，另一只送给了正亲町三条实爱，并附上纸条，警告说除非他们辞职，否则将会有同样的下场。他们指责这两名公卿是两面派——在公开场合支持正义行动，私下里却喜欢妥协和假情假意的措施。刺客们还称，这两人收受了贿赂，为公武合体的目标奔波，而这就是他们让人仇恨的原因。中山忠能被无中生有的指控气得发

第八章 "征夷大将军"

疯，但是最后他和正亲町三条都被死亡威胁吓退，双双以健康为由辞职。中山忠能照看睦仁亲王一职由三条实美代替。

1863年，暴力和恐吓事件倍增，武士和浪人醉心于攘夷的信条而大肆杀戮。他们散播谣言，使整个京都笼罩着一股紧张的气氛。那一年发生了七十余起谋杀、纵火和恐吓案件，写有理由的"斩奸状"被放在遇害者的脑袋旁、"天诛预告书"被贴在墙上。幕府当局无力平息暴乱，把问题留给了宫廷——暴徒们正是以它的名义制造出这些骇人听闻的事件——让宫廷去规劝这些无法无天的"爱国者"。天皇支持幕府的态度从未动摇，他将驻扎在京都的十六个藩国的武士集中到学习院，命令他们不得干预政治，特别是以向公卿家投掷匿名信的方式干涉。如果要投诉，应该向负责的官员寄送署名信件。天皇还将十六个藩国的大名召来，令关白传达他们自己对攘夷的一贯看法。天皇鼓励大名随时参观学习院，发表他们的看法，特别是与国防事务有关的。

并非只有活人才是暴力的牺牲品。3月11日，九个人冲进等持院的大殿，将供奉在那里的前三代足利幕府将军的木像枭首，并将砍下的头颅带到三条大桥示众，同时留下告示，解释每个人的罪行。[8]这个行为被认为是对德川幕府的秘密攻击，幕府在京都的代表迅速做出反应，抓捕肇事者，但关于该对他们施以什么刑罚引起了广泛的讨论。[9]

4月21日，德川家茂将军带领三千多名家臣来到首都。他住进了幕府在京都的行辕二条城。这次来访有潜在的危险。城里到处都是尊王攘夷派的党羽，其中任何一人都有可能对将军进行自杀式袭击。第二天，家茂派德川庆喜到御所为自己上任以来无能力管理国家而向天皇表示歉意。然而他要求天皇遵循由来已久的传统，重新授予自己统治权。家茂的要求得到了满足。[10]

4月24日，家茂亲自来到皇宫，觐见天皇。天皇亲切地接见了将军，并礼节性地赐给他一杯清酒。后来，天皇把家茂请到御学问所，在那里聊天。天皇对将军很有礼貌，但是并不恭敬：宫廷将将军位次列在内大臣之后，处于第六。

家茂恳求天皇一旦发现幕府的做法有任何不当，一定要不吝赐教。这种尊敬态度和上一次（1634年）德川家光进京时的傲慢形成了鲜明对比。那时德川家族的权力达到了顶峰，将军的位置也在关白之前，[11] 而这次的会面则明显由天皇主导。

会面时，孝明像平时那样，要求家茂贯彻已经宣布的攘夷政策。会面结束后，家茂参观了睦仁亲王的住处，并留下了丰盛的礼物，包括一把精美的大刀、五百件银器、二十件金器、两幅画、一个花瓶，和几匹锦缎。第二天，天皇派使者到二条城，向家茂回赠了自己和睦仁的礼物。

正式的仪式一结束，国土上频繁出现的外国人又使天皇感到焦虑和愤怒。4月28日，孝明有生以来第一次主动地离开御所*，到上贺茂神社和下鸭神社祭拜，祈祷攘夷成功。[12] 陪同他的有关白、右大臣和许多次一级的公卿。将军也率德川庆喜、各大名和礼仪专家出席。那天下着雨，然而当天皇的乘舆经过家茂等人时，他们全都从马上跳下来，扔掉雨伞，跪在路旁。[13] 大批的京都市民涌向街头，难得地一睹天皇，或者说他的乘舆的风采。[14] 据说那天将军经过时，长州的攘夷派极端分子高杉晋作（1839—1867）高喊"征夷大将军！"，讽刺将军辜负了这个称号。

家茂的来访对孝明天皇而言是一次极大的成功。他沉浸在胜利的喜悦中，不愿客人离开。然而4月7日†，已经在京都滞留过久的家茂（他原本只计划停留十天），宣布将启程返回江户。朝臣们非常失望。当时的宫廷分为两大派：一派希望实现公武合体，一派认

---

* 前文提到过，1854年皇宫发生大火时，他曾被迫离开御所，到别处暂避。

† 原书如此，按《孝明天皇纪》第82（卷第156）页17b，应为5月4日（文久三年三月十七日）。——编注

第八章 "征夷大将军"

为家茂待在京都,为他们提供了一个为难他,甚至最终推翻幕府的机会。这两派人的理由并不相同,不过都希望家茂留下,以达到他们的目标;但是幕府急切地希望家茂回到江户,处理前年秋天发生的一件事的善后工作。

在一个名叫生麦的地方,英国人查尔斯·理查逊（Charles Richardson）和三名同伴骑马经过萨摩大名岛津久光的队伍时,据说因为没有表示出应有的尊敬,导致理查逊当场被杀。这就是所谓的"生麦事件"。英国要求幕府和萨摩藩赔偿,幕府最终同意了英国人的要求,但将军上京时这件事情还没有处理,幕府迫切需要他回江户磋商。

家茂请求天皇同意自己离开,但天皇说,如果家茂回江户,自己将难掩凄凉。他恳求家茂再停留一段时间,以使自己安心。被这些话深深打动的家茂同意了天皇的请求。天皇满心感激地送了家茂很多礼物,而陪伴父亲的睦仁亲王也第一次见到了将军。

5月28日,孝明来到石清水八幡宫,祈祷国家免于外患。按原计划孝明一个星期前就该出发,天皇还命令将军陪自己前往,但这一计划被中止。中山忠能的第七子中山忠光（1845—1864）突然以生病为由辞职,并离开京都。[15]据说忠光和一些长州的浪人计划拦截去石清水的队伍并刺杀将军。5月17日,天皇听说了这个阴谋,下令推迟参拜。德川庆喜建议完全取消这个行程,天皇本人也越来越不想去,然而迫于极端主义者的压力,不得不遵守原先的计划。

5月29日,孝明在写给中川宫亲王的信中说已决定再次延期,因为他头晕的老毛病又犯了,很害怕长途旅行。关白鹰司辅熙说,尽管这种情况下延期非常合理,然而计划却难以改变,因此建议天皇还是坚持去比较好。不久,三条实美请求觐见天皇,看看天皇是否真的不舒服。三条拒绝听任何延期的话,请求天皇不管天气如何,也不管是否生病都立刻启程。后来,其他官员也加入了讨论,一些人说天皇是假生病,另一些人甚至说要到内宫将他拽出来塞进乘舆。

德川庆喜

天皇害怕得浑身发抖，只好从命。关白对发生的事感到很失望，然而他也无力改变这种状况。天皇和关白都不是这些"血气之公卿"的对手。孝明要中川宫亲王请岛津久光帮忙劝劝这些不顾后果的公卿，要是再这么闹下去的话，可能就是"国乱之基"。[16]

根据其他文献，在沿途天皇可能休息的地方都做了准备，以防他突然发病。天皇确实不太舒服。在石清水的正殿祭拜时，他被绊倒，要别人帮忙才能站起来，在参拜十五个配殿时，全程都有随从搀扶。

讽刺的是，孝明的反对者，那些尊王攘夷派的成员，都曾向天皇宣誓效忠，然而他们却公然无视他的意愿，甚至说如果天皇拒绝来石清水，他们将使用武力。他们随时准备为他赴死，但前提是满足自己的条件。

公卿们本来计划家茂和天皇一起去石清水，并由天皇赐给他一把"节刀",这是一种装饰用的剑,标志着佩戴者为天皇的代表。收下这把剑将使将军处于两难之地,他将不得不执行天皇的攘夷政策,而这是幕府不愿意看到的。家茂似乎已经知道等待自己的是什么,于是称病不去,并派德川庆喜代替自己出席,然而当诏书宣德川庆喜到神社接受节刀时,他却以急病为由,拒绝离开住所。[17]我们可以想象,两次被拒的孝明心情是多么的沮丧。他自己的病也许是心理作用引起的。这种本能的恐惧心理非常好理解,对他而言这不仅是一次长途旅行,还可能半路被劫持甚至谋杀。

那些威胁天皇的人并不是刺客,也不是粗野的武士,而是上层社会的公卿大家。在人们的印象中,他们往往颓废懦弱,而不是血气方刚。另一方面孝明寻求帮助的人既不是廷臣,也不是将军,而是萨摩藩的实际领导者、也许可以用鲁莽一词来形容的岛津久光。岛津去年曾派兵到京都镇压寺田屋事件中的激进效忠者。天皇在石清水八幡宫为攘夷事业祈祷时,可能同时也在祈祷可以摆脱这些喊叫着支持自己的"尊攘"派(尊王攘夷派现在的称呼)。

没有证据显示睦仁亲王对这些事知道多少。他只有十一岁,可能还没有和父亲讨论过政治事件。孝明出发去石清水,亲王(和皇后)目送他离开,并迎接他回来,然而他可能并未意识到石清水之行对父亲是个多么大的考验。不过,关于年轻的舅舅中山忠光的事,他可能知道一些。

1858年,十三岁的中山忠光被任命为侍从,主要任务显然是担任比自己年轻七岁的外甥睦仁的玩伴。同一年,他参加了反对幕府与外国签订通商和约的八十八公卿廷参事件。小小年纪的他,便在武市瑞山(1829—1865)、久坂玄瑞(1840—1864)和吉村寅太郎(1837—1863)等爱国者的影响下成了一名攘夷派,而上述三人后来在幕末的战斗中都牺牲了。[18]

在中山忠光成长为一名爱国者的过程中,田中河内介(1815—1862)起着重要的作用。田中是中山家的家臣,从孩提时代起便认识忠光。田中跟忠光的其他老师一样，也参加了寺田屋事件。他被萨摩的军队逮捕，在被送往监狱的船上和养子一起遇害，尸体被抛入濑户内海。也许田中给中山忠光的主要教导就是，诸藩藩士应该忠于藩主，但更正确的应该是忠于国体，即以天皇为象征的日本国。

1862年9月30日，中山忠光来到武市瑞山家。他告诉武市自己要暗杀岩仓具视，并需要武市的帮助。忠光并没有说为什么要杀死岩仓，但武市的日记里提到忠光认为岩仓计划毒死天皇，或者至少要诅咒天皇。武市要他放弃计划，但忠光回答说，他已经下定决心，在事业完成之前无法停下来。武市不知道如何才能说服忠光这样过度狂热的人，于是答应将和同伴讨论一下计划。其中一人是公卿中的极端主义者姊小路公知，姊小路说他听闻忠光常常有狂热的行为，但不确定其是否真的是一名忧虑时局的"正义家"。[19]

武市将这个暗杀计划告诉了三条实美，后者可能告诉了中山忠能。那天晚上忠光来到武市家，说暗杀计划不得不取消。显然忠能不允许忠光参加这个阴谋行动。忠光以自杀相威胁，忠能回答道："你如此一意孤行，那么不管我说什么都没用了。但是直接杀死岩仓太过于鲁莽。你应该首先向有关官员正式起诉他，如果那个官员拒绝调查，再按自己的方式处理。如果你不肯听从劝告，那么先杀了我吧！"[20]

在父亲的坚决反对下，忠光只好放弃了计划。但是第二天，11月2日，他把武市叫来并对他说，经过快速考虑，他还是决定杀死那帮奸党，并要求武市向萨摩、长州和土佐等藩寻求帮助。武市恭敬地听完忠光的话，然后跑去警告关白，说除非将岩仓等人放逐到其他地方，否则忠光将伙同三个藩国的人对他们实施"天诛"。两天后，三名公卿——岩仓具视、久我建通和千种有文——的家里被扔了恐吓信，警告他们如果不在两天内离开京都，他们的头颅将会在鸭川的河床上示众，整个家族也将受到惩罚。他们的威胁和朝廷中占优势的攘夷气氛起了作用：13日，岩仓落发，几个星期后在京

第八章 "征夷大将军" 091

都北部的岩仓村归隐。不过，这未能阻止忠光杀死岩仓的执念，他一再指责岩仓是每一件令自己不快的事件的罪魁祸首。

忠光不顾父亲的反对，似乎也不在乎父子关系断绝，在成功赶走岩仓之后仍继续着那些狂热鲁莽的行为。不用说，忠能非常担心自己的任性儿子，他根本不知道儿子的行踪。1863年4月，忠能请求朝廷解除忠光的职务，他说自己担心太过于忧国忧民的忠光可能已经失去了理智。他会继续寻找儿子，判断他是否已经疯了。

忠光有一段时间躲在长州，时隐时现的他自然不会是受欢迎的客人，不过他与皇室的关系对攘夷事业非常有利。1863年5月22日，一封从长州发出的信中写道，忠光看到攘夷最积极的长州藩购买的外国船只和武器时怒不可遏。他反对在如此神圣的事业中使用外国武器，要求大名销毁它们。他们无法接受这个建议，忠光一怒之下骑马去了下关。[21]

1863年9月，吉村寅太郎等人一起成立了以忠光为核心的天诛组。这些狂热的效忠者以大和国为中心，焚烧政府办公场所，杀害官员。一开始他们获得了一些成功，然而很快就被镇压了。1864年，长州藩派出一群杀手暗杀了忠光。[22]

睦仁亲王还太年轻，无法理解攘夷运动的细节，但他也许知道一些忠光的事迹，可能还知道他秉持的信条。明治十五岁登基时，人们几乎不了解他的政治观点，但他看起来并不像父亲那样尊崇幕府的制度。也许忠光帮助年轻的亲王形成了统治者在日本应有的概念。忠光的行为如此反复无常，很难想象他会系统地向明治灌输什么政治理念，但是一名年轻的公卿不顾父亲的反对和传统的压力，冒着生命危险试图推翻自己所痛恨的体制，也许触动了这名不久之后将成为天皇的小男孩的心弦。

第九章

蛤御门之变

1863年6月9日，德川家茂向天皇报告说，幕府将于6月24日驱逐外国人。[1]之前他曾两度定下日期，但都不得不推迟。毫无疑问，家茂极度不愿这么做。他心里很清楚，假如外国人拒绝离开，日本的军备是多么的可怜和不堪一击。然而他别无选择：宫廷不断向他施压，而他在迎娶和宫时已经承诺将执行攘夷政策。

了解了宫廷驱逐外国人的决心之后，长州藩匆忙筑起了沿海的防御工事。确定攘夷开始的这一天，长州藩迫不及待地当起了急先锋，首先向外国船只开炮。停泊在九州北部岸边的一艘美国商船成了第一个牺牲品。接下来几个星期，他们又分别炮轰了行经下关海峡的一艘法国军舰和一艘荷兰军舰。消息传到宫廷，天皇令公卿正亲町公董担任"攘夷监察使"，到长州藩为藩主及其儿子送上礼物，赞扬他们在攘夷事业中主动担任其他藩的领导。[2]显然，外国人迟早会报复，但孝明早就准备打一仗了。[3]

不久，萨摩藩成功地抵御了英国人的进攻，天皇似乎由此坚定了必胜的信心。英国人要求幕府和萨摩藩分别赔偿在生麦村遇害的查尔斯·理查逊。5月，幕府做了赔偿，然而萨摩藩则拒绝回应。1863年8月12日，英国派出一支由七艘军舰组成的舰队来到鹿儿岛湾，要求大名岛津茂久处死生麦事件的肇事者，并为死者和事件

第九章 蛤御门之变

中的伤者支付赔偿金。英国给他们二十四小时的考虑时间。萨摩藩的回答是：肇事者已经逃跑，无法找到；至于赔偿金，没有幕府的许可藩国无权支付。

8月15日，英国舰队突然扣留了隶属萨摩藩的三艘蒸汽军舰。中午时分，萨摩藩向英军的舰队开炮，英军回击。激战持续到傍晚。鹿儿岛的许多房屋和寺庙都毁于炮火，萨摩藩的军队也损失惨重，但英国人也蒙受了巨大损失，舰队未获得任何决定性的胜利就离开了。岛津茂久把战斗的情况向宫廷汇报，天皇发来了嘉奖的敕书。[4]

宫廷对这个消息的反应非常热情。由于预料到可能要与外国人发生武装冲突，皇室成员和公卿在进出皇宫时都要佩剑。这对他们是个全新的体验，因为宫廷成员已经有几百年没有真正准备过战斗了。关白鹰司辅熙咨询住在京都的大名们，天皇是否适合亲自领导攘夷运动。鸟取藩的大名池田庆德（1837—1877）回答说："亲征亦可，然至尊及公卿倘不知兵，以何达其目的？会津藩主肥后守松平容保，今任京都守护之职，*诸藩主亦拥兵在京，宜命该等练兵，眼熟戎旅，耳惯炮声，而后可初议亲征之事。"[5]

于是，孝明天皇命令松平容保的士兵在建春门外演习。那天下着雨，但天皇还是从城门上的一个观察点观看了演习。陪同他的有皇后和皇太子以及宫里的许多侍女、公卿和大名。容保亲自率领一支三千多人的队伍，大约下午4点开始演习。所有的士兵都身穿盔甲，但是一些部队扛着枪支，其他的则挥舞着长矛、弓箭等传统武器。士兵们吹响了海螺号，打起了钲鼓，挥舞着大刀和长矛，不时发出战斗的吼声。几乎看不到一点现代战争的痕迹。

9月17日，建春门外又举行了一次演习。这次参加的不仅有会

---

* 肥后是日本地名，大致为现在日本的熊本县。守是平安时期朝廷派往地方的最高管理者的职称，但江户时期仅是作为名号；京都守护是文久二年（1862）改革设立的新职，负责京都市内的治安及御所、二条城等的警备。——编注

津藩，还有鸟取、德岛、米泽和冈山等藩国的军队。睦仁亲王再次观看了演习。米泽藩的军队演习时使用的都是西式武器。《明治天皇纪》中这样写道：

> 炮声震天，硝烟蔽空，陪观儿女惊愕失色，亲王神色未变，始终泰然。天皇亲览军事，近世绝无之事，况亲王幼冲即陪之，未曾有也。当时廷臣中有为说者，言纵令练兵、驰驱于九门之内，窨破旧习；于内侍所附近弄兵器，亦冒渎神威，可想当时之状。[6]

9月25日，孝明宣布将去大和参拜神武天皇山陵和春日大社，祈祷攘夷成功。他还计划到伊势神宫去做同样的祈祷。这些行为明确表面孝明考虑亲自指挥攘夷运动。攘夷派公卿与长州藩的武士和志士商讨之后，认为这是一次极好的倒幕机会。公武合体派猜到将会发生什么事，极为不安，于是请求中川宫亲王说服天皇取消原定的大和之行。28日清晨，中川宫亲王来到皇宫，问天皇为何要走亲自指挥这步险棋。天皇被这个突如其来的问题吓了一跳，说自己还没有决定是否亲征。去参拜神武天皇山陵是他的"素志"，但其余的话都是为了安抚三条实美一派而说的。[7]中川宫亲王很清楚，天皇已经被攘夷派控制了。

那天晚上，中川宫亲王在天皇的要求下，与前关白九条尚忠及其他公武合体派成员进行磋商。他们决定铲除那些阴谋进行"朝政改革"，即试图破坏宫廷与幕府传统关系的人。30日凌晨前，朝廷召开了一次会议，与会的有公卿以及京都守护和所司代。御所的九个大门被锁上，没有天皇的命令，任何人不得进入御所。他们命令各大名的士兵守护城门。凌晨4点，京都发射了空炮，宣布戒严令开始。攘夷派公卿听到炮声赶到皇宫，但是大门紧锁，他们被挡在了外面。

第九章 蛤御门之变

这时，中川宫亲王在天皇御前宣读一份诏书："今春以来议奏、国事挂*等，勾结萩藩，矫敕多发，亲征之事为最。自今以后停实美等参朝之权，责其闭居。"[8]

三条实美及同党被解职，改由中山忠能和正亲町三条实爱这样的公武合体派担任其职位。天皇另颁布一道谕旨，宣布取消大和之行，称攘夷的政策没有变，但现在并不是天皇亲征的合适时机。攘夷派很快就明白他们的辉煌岁月已经成为过去。就在长州藩的武士离开京都返回自己藩国时，包括三条实美在内的七名公卿跟随他们一起去了长州。[9]公武合体派现在控制了宫廷。

这些重大事件后，宫廷迎来了一个相对平静的时期。11月3日，宫内庆祝亲王的生日。宴会办得非常节俭，大家如往常一样交换鲜鱼等礼物。随后举行了一个小型的聚会，中山忠能献上祝词祝贺中山庆子，即自己的女儿和皇太子的母亲。那天，忠能在自己家里为亲王的健康长寿举杯。他无比怀念过去亲王住在家里的那段时光。亲王现在十二岁了（按照日本的算法）。往事茫茫入梦，世事变幻恰似反掌。忠能无疑在想，在瞬息万变的宫廷，自己的境遇就如万花筒般变化无常。那个月晚些时候，忠能的妻子中山爱子觐见了自己的外孙。这是她七年来第一次见到自己的外孙。回想起过去的种种，爱子忍不住泣涕如雨。

12月26日，睦仁年满十四岁的同伴里松良光乞假参加元服仪式。这个请求被批准，在庆祝仪式上天皇和皇后都送了他礼物，亲王除了实用的礼物之外，还送了朋友一些有关打仗和神鬼的传统绘本。[†]其中一些书中的插图被亲王上色，有些还有亲王的乱画。显然他已经看过这些书，也许是在被迫阅读儒家典籍时聊以解闷吧。[10]

---

* 议奏、国事挂都是文久二年（1862）改革设立的新职位，成员可参议国家事务。——编注

† 这些图书包括《绘本浅草灵验记》《绘本三国妖妇传》《绘本太阁记》《绘本彦山灵验记》、《源平盛衰记》和《苇牙草纸》。

亲王的和歌指导（从1864年2月起）由父亲改为宫廷诗人冷泉为理（1824—1885）和柳原光爱（1818—1885）。此前，为理不知道亲王已经受过父亲（偶尔还有典侍广桥静子）的指导，认为自己有责任告诉天皇亲王已经十三岁，是时候开始学习短歌了。天皇国事繁忙，一时没有答复他。2月19日，为理创作了两首和歌，解释自己为何认为亲王应该开始学习和歌。第二首是这样的：

花一开始
并无
香味
在还是蓓蕾的时候，
花就开始成为花了。

1864年2月[11]，将军德川家茂应天皇之命访问京都。六天之后（2月22日），他来到二条城，天皇任命他为右大臣兼右禁卫府大将。家茂到皇宫答谢皇恩。

天皇写给家茂的文章中却一点也不高兴："呜呼！汝如何视方今之形势？内则纲纪废弛，上下解体，百姓受涂炭之苦，皆显瓦解土崩之色，外则受骄虏五大洲之凌辱，正临并吞之灾。其危实如累卵，又如燃眉。朕思之，夜不能寝，食不下咽。呜呼。汝如何视此。此非汝罪，乃朕之不德所致，其罪在朕。"[12]

天皇的措辞都是陈言套语，但这些话似乎发自肺腑。文章写道，"朕爱汝如子，希汝亲朕如父"，这时的天皇显示出了对家茂的喜爱之情。他敦促家茂不要辜负"征夷大将军"的头衔，还说，"夫征服丑夷为国之大典，非遂兴膺惩之师不可，然无谋之征夷，实非朕之所望。当议定所以之策略，以之奏朕。"[13]

这封信的措辞比同时代的大多数公文都要直接，它强烈表明了孝明的立场。他喜欢与幕府合作，通过驱赶丑恶的夷人，恢复国家

第九章 蛤御门之变

的稳定与繁荣，然而他却不赞成长州武士那种轻率地进攻外国人的做法。他用"累卵"和"燃眉"两个词表达了自己对紧急形势的担忧："累卵"的意思是叠起来的蛋，一碰就倒，而"燃眉"的意思是危险离得很近，把人的眉毛都烧焦了。

除此之外，家茂的来访还是很愉快和悠闲的。他一直待到五月才离开。天皇和家茂多次交换礼物，而且皇宫举办的所有宴会和娱乐活动都邀请了他。三条实美逃往长州后，宫廷的攘夷派已经失势，国内其他地方的排外活动也暂时平静下来。

平静首先在7月8日被打破。长州藩向宫廷请求原谅三条实美、毛利敬亲及其儿子定广，并允许他们回到首都。宫廷拒绝介入此事，将事情全被委任给幕府处理。长州藩的浪人听到请求被拒的消息后，非常气愤。其中有些人秘密聚集到一个叫池田屋的旅店，商议下一步行动。幕府听到了聚会的风声，派出近藤勇（1834—1868）领导的著名的"新选组"（一个由幕府组织的精英剑客团体）袭击了池田屋，杀死或活捉了那里的所有浪人。[14]

池田屋事件的消息传到长州藩，愤怒的长州藩派出一支由一千多名士兵组成的队伍来到京都，由福原越后（1815—1864）担任首领。随着有相同信念的浪人加入，队伍的人数不断增加，他们在城里的各个地方驻扎下来，并派人向宫廷和幕府请愿，再次请求原谅。7月27日，宫廷在商议后决定，允许毛利敬亲或毛利定广访问首都；假如他有后悔之意，那么宫廷可以取消处罚。在德川庆喜的要求下，宫廷命令京都附近的长州军队撤离自己的据点，返回长州。但这些要求都被长州藩拒绝。相反，他们这时考虑的可能是这样：选一个大风的日子在京都放火。趁乱杀死京都守护松平容保和中川宫亲王；说服天皇移驾长州；袭击"新选组"；撤掉会津藩大名的京都守护一职，改为由长州藩的大名担任；迫使将军实施攘夷计划等。[15]

对中川宫亲王和松平容保的特殊仇恨可能源于当时流传的一个谣言，称这两人采纳了佐久间象山（1811—1864）的建议，准备将天皇迁往彦根。这类谣言并非第一次出现。1863年7月，支持开国的老中小笠原长行（1822—1891）曾带领一支一千五百人的幕府军队从江户驶往大阪。一时谣言四起，说他打算迫使宫廷同意开国，否则将在首都纵火，绑架公卿，并一举摧毁这座城。谣言还说幕府计划将首都迁往彦根。[16] 现在，时隔一年，类似的谣言再次传到了长州爱国者的耳朵里。

儒家学者佐久间象山被认为是计划的发起人和开国的拥护者，是浪人特别憎恨的一个对象。8月12日，他们在京都杀害了象山。[17] 长州人的鲁莽行为激起了其他藩国的不满，他们纷纷要求派兵征讨长州。

支持和反对长州的势力都聚集在京都周围。8月19日，朝廷命令长州藩立即撤回所有部署在京都地区的兵力。如果长州藩遵守天皇的命令，并乞求原谅，朝廷承诺认真考虑这一请求。但是长州藩的武士拒绝服从命令；相反，他们向朝廷上书，历数松平容保的种种罪行，以及对其实施天诛的决心。解释长州为何别无选择只好开战的信被扔进了公卿、诸藩主的家里。

宫廷顿时一片混乱。天皇接见了关白、中川宫亲王、德川庆喜等人，并下达了镇压长州藩的旨令。这时，战争已经在伏见那里打了起来，枪炮声在皇宫都听得见。庆喜下令关闭皇宫的所有大门。

第二天早晨7点，叛军距离城门越来越近。福原越后的军队被大垣藩的士兵击退，但是其他长州叛军则成功抵达了蛤御门和中立卖门。书中记载战斗"其音如万千雷落"，"殿舍震动恍如地震"。[18] 叛军的火力主要集中在会津藩把守的蛤御门。战斗异常激烈，叛军差一点就攻破了城门，这时桑名藩和萨摩藩的援军赶到，合力赶跑了长州藩的军队。蛤御门之捷鼓舞了那些效忠天皇的人，战斗一共持续了五个小时，叛乱才被镇压下去。[19]

战斗给皇宫造成了巨大的恐慌。在天皇的命令下，睦仁亲王与皇后和淑子内亲王一起，从自己的住处搬到了常御殿。紧急时用以

第九章 蛤御门之变

疏散皇室成员的乘舆也准备好了。孝明天皇身着朝服，静静地坐着，仿佛对周围发生的喧嚣无动于衷。[20] 廷臣们卷起帽子上的长缨，把宽大的袖子系到后面，脚上穿着草鞋，与平时的形象完全不同。皇宫庭院所到之处满是身穿铠甲的士兵，炮弹打在皇宫的大门上，偶尔血溅四处。突然，门外蹿起了火光，并向四周扩散。熊熊的火焰沿着乌丸通一路烧去，看上去皇宫马上就要变成火海。皇宫内的混乱情形简直无法用言语描述，宫廷成员们甚至想跑到外面。在松平容保的谏言下（他坚持认为他们不应该逃跑），孝明才没有卷入两方火拼的战乱之中。[21]

第二天，幕府趁着胜利，处死了三十多名被关押在六角监狱的尊王攘夷派。死者的尸体堆积在一起，在二百五十多年没有见过战争的皇城门外曝尸三日。京都大约有两万八千间社寺民屋毁于战火，大火连烧了好几天才被扑灭。

长州叛军被镇压，首都又一次呈现出祥和的气氛，但仍不时有令人不安的事情发生。一天夜里，一群人闯入皇宫，试图偷走皇上的乘舆。消息传到负责宫廷防卫的德川庆喜那里，他匆忙赶到皇宫，发现大约有三百人聚集在常御殿。庆喜命令这些人散去，同时派人向关白和中川宫亲王汇报情况，他们也急忙赶来了。大家请求天皇搬到一个安全一点的地方。后来，在庆喜的要求下，天皇搬到了紫宸殿居住。陪伴他的有睦仁亲王和皇后。不知道发生什么事的宫女被吓得啼哭哀叫。亲王也吓得晕了过去，在一名侍者的帮助下才清醒过来。[22]

这一描述在战后成为被误改为描绘明治天皇的传说之一。例如，一名（不太友好的）传记作家写道："1864 年 7 月，当长州藩向蛤御门开火时，（明治）天皇被爆炸的响声吓得晕了过去。从这个事情上我们可以推测他天性胆小懦弱。"[23] 使亲王晕倒的并不是蛤御门外的枪炮声（这一战斗发生在一天前），而是半夜里突然被夹在一群尖叫的妇女中间送往紫宸殿。尖叫声可能是因为一次反常的事件：某位嫔妃的侍女正陪同她从一处宫殿走向另一处宫殿，途中侍女意外地把一个装有黑色液体（用来涂牙齿）的罐子掉在了地上。罐子撞击地板的声音使人们误以为是枪炮声，而液体发出的气味也非常强烈，因此造成了恐慌。[24]

这件事本身并不重要，但是在记录天皇生活的严肃文字中，出现这样一则可能像中世时的传奇故事，还是令人感到吃惊。出现在庭院中的那些神秘人物是谁？他们为什么要偷皇上的乘舆？为什么三百人一个也没有抓获？为什么侍女要在这种关键的时刻携带染齿的颜料？为什么罐子掉在地板上的声音会让这么多人陷入恐慌？

这个神秘事件发生的当天，亲王派人请来外祖父中山忠能。他拿出一些绘本，要外祖父讲给他听。即使在这个皇室百年不遇的危险时刻，十二岁的亲王也没有被身边发生的真正冒险故事所吸引。他依然是那个沉迷于冒险故事书的小男孩，这一点令人欣慰。

第十章

家茂去世

1864年是灾难的一年。禁门之变发生后仅仅两个星期，一艘由英国、法国、美国和荷兰组成的舰队炮击了下关，报复长州对外国船只的袭击。英国公使阿礼国爵士提议了这次行动，他已经极不耐烦幕府的拖延政策，认为有必要使用武力。

那年的早些时候，池田长发（1837—1879）率领一支日本使团出访法国，商讨对外国船只关闭横滨港的问题。幕府并不赞成此事，但仍认为有必要尊重对宫廷做出的承诺。不久池田就知道法国人完全没有兴趣讨论这件事。相反，他们要求赔偿遇袭的法国船只的损失，并保证他们以后能安全地通过下关海峡。池田深信幕府必须改变基本政策，于1864年6月20日与法国人签署了条约，[1] 接受了他们的要求，即便他并没有签署此类条约的资格。[2] 池田还不顾幕府命令，决定不去英国等国家。他认为他们肯定跟法国一样，不会同意日本向外国船只关闭横滨港的。

池田意外地早早返回日本，后来，知道签订条约的四国驻江户的代表要求幕府执行条约的各项规定，然而幕府回答说自己不受条约的约束，因为池田违反了委任条款。（他和同事随后都被调离岗位，并受到处罚。）四国认为幕府又在使用拖延战术，十分恼火，决定自己来处理这件事。他们不顾幕府的阻止以及和长州通过谈判达成和平协议的愿望，派了一支联合舰队前往下关。9月5日，联合舰队向长州的炮台开火，经过三天的激战，外国人登陆并摧毁了长州的防御工事。长州的大名毛利敬亲被迫请求停战并接受联军提出的条件：通过下关海峡的外国船只将受到友好对待；不许更换或者重修炮台；向外国船只供应柴火、淡水、食物和煤炭；支付三百万美元的赔偿金。

接下来的一段时间平静无事，直到11月德川家茂决定率领一支远征军讨伐长州，惩罚长州士兵在京都的不法行为。为了重振幕府的声威，家茂下令各藩国派兵出征。一些藩国找借口拒绝：他们显然不愿意帮助幕府。尽管长州被称为叛徒，但它的勇敢立场受到大家的钦佩，当下关遭联军轰炸的消息传来时，举国上下都很同情长州。幕府注意到了这种情绪，因此只要求长州道歉并提交一份认过书。毛利敬亲同意了这些条件，为表示顺从，他献上了三个主要谋臣的人头，并答应将按照幕府的要求处置三条实美等逃到长州的公卿。[3]

这次胜利对幕府来说不算什么，但至少为它提供了一个内政和外交上喘息的机会。宫廷生活至少表面上恢复了原来的平静，然而隐隐约约的不安依然存在。中山忠能频繁地梦到睦仁亲王，感到很不安，于是派一名家臣到北野天满宫去为亲王祈求平安。忠能的妻子也很担忧，派人询问亲王的健康。[4]

新年（1865年）已经开始，然而如何处理三条实美等逃往长州的公卿的问题则仍在讨论。主张将他们流放到九州的人中有一位名叫西乡隆盛（1828—1877），这是他首次在《明治天皇纪》中露面。[5] 2月7日，改年号"元治"为"庆应"，前一个年号被认为是去年秋天发生禁门之变的元凶。

新年号的起用，并未给局势带来大的改善。7月14日，德川家茂来到京都。将军进京在几年前是格外重要的大事，现在几乎已经成为一种常态。家茂向天皇汇报说，尽管毛利敬亲公开忏悔自己的

第十章　家茂去世

罪行，但其藩内的攘夷势力又有不稳的动向，此外，敬亲还派人向外国购买大批军火。家茂称自己手里有确切的证据证明敬亲在秘密和外国人交易，因此，幕府已经决定出兵征伐他。

家茂在正式出兵征伐长州之前先向天皇陈述自己的意图。这种事情即使在十年前也是无法想象的，那时将军根本就不会告知天皇自己的政治和军事计划。家茂也许将这次谈话看成是情况汇报，但孝明却理解为请求他同意征伐长州。孝明的第一个反应是邀请家茂到常御殿，并亲自为将军斟上一杯清酒，作为友谊和同意家茂计划的象征。天皇退到内宫后，议奏、武家传奏等廷臣将家茂拉到一边，告诉他天皇很满意他年初完成的修补山陵之功，正考虑赐予他的先祖德川二代将军秀忠和三代将军家光"神号"。家茂竭力拒绝这个荣誉，但被告知这是陛下难得的表示，应该毫不犹豫接受才是。[6]于是，家茂接受了皇上的圣旨。这是天皇与幕府关系变化的又一个例子。

1865年11月16日，由英国、法国、美国和荷兰派出的九艘军舰出现在摄津国的海岸。他们派人传信给幕府，以这些国家的名义要求开放兵库港，还说天皇*已经批准了条约。作为回报，联军愿意放弃下关事件赔偿金三百万美元的三分之二。但是，如果幕府不立刻同意这些要求，外国人将会径直到京都，向宫廷提出同样的要求。如果宫廷同样拒绝接受，那么再次见面将会是在"炮烟弹雨"之中。[7]日本有七天的时间考虑。

驻扎在兵库的老中阿部正外和松前崇广赞成接受外国人的要求。他们认为没有时间咨询宫廷，如果坚持这么做，结果肯定会导致战争爆发，外国人的武力将造成大量的人员伤亡和无法估计的破坏。天皇得知他们的态度后勃然大怒，立刻令幕府将这两人革职，并幽禁在家，等候进一步的指示。[8]尽管此前宫廷从未干涉幕府的人事

---

* 外国人一直称天皇为"帝"（みかど）而非"天皇"（てんのう），他们认为这个头衔意味着宗教权威，而不是世俗权威。

安排，但幕府还是照做了。天皇在命令中并没有说明这么做的原因，但我们从其他资料了解到德川庆喜为避免开战而采取的措施。[9]

庆喜首先将所有的幕府官员召集到大阪城，询问他们的意见。跟上次的会议一样，除了同意外国人的要求，这些人并没有提出什么新的建议。只有松平康英有不满之意。觉得有些安心的庆喜让康英秘密联系大阪的行政长官井上义斐，让他下次磋商时告诉外国人，幕府已经决定按要求开放兵库港，但是，"实际上，我国将军之上还有天皇。重大事情连将军都得先获得天皇许可后才能实施。换言之，兵库开港这样的国家大事自然要得到敕许。为了获得天皇的许可至少需要十天时间"。[10]

幕府的坦白令人惊诧。直到这个时候，外国人都以为将军（大君）就是日本的最高统治者，天皇（帝）只不过是"精神上的统治者"。幕府官员也助长了他们的这种观点。汤森·哈里斯在日记中写道："他们说到天皇时几乎用轻蔑的口气，听到我引用日本人对他的敬称时哈哈大笑。他们说这个人既没有钱和政治权力，也没有其他值得尊重的东西，就是一个傀儡。"[11]

幕府是日本的合法政府，因此将军就是国家的最高领导人，这种观点也反映在当时新上任的英国公使哈里·巴夏礼（Harry Parkes）爵士写给将军家茂的信中。他称呼将军为"陛下"。巴夏礼的要求之一确实是"天皇批准条约"，[12] 但是信中的语气显示，巴夏礼认为将军完全有能力从一个傀儡那里获得"批准"。

但是，幕府的一名高级官员现在公开承认天皇的级别在将军之上，兵库港必须征得他的同意才能开放。面对这个日本权力结构的新发现，外国人不得不重新考虑他们之前的设想。[13] 不久之后，英国将公开支持天皇，法国则支持将军：两国将他们在欧洲的对立关系延伸到了日本，不过当时四个国家都令人意外地同意延迟十天，等候天皇的批准。他们仍不相信幕府官员的保证，要求出示天皇一定会批准的证明。井上义斐回答说自己拿不出任何证据，但在日本，

第十章　家茂去世

做出重要承诺时一般都要滴血盟誓。"因此，我将当着你们的面，割破我的手指，按上手印。"说着他拔出匕首，准备割手，这时，吓得脸色发青的外国人连忙将他止住，说相信他。[14]

井上义斐的谈判支持了庆喜的决定，使幕府获得了十天的宽限期以争取天皇的同意。这件事本身非常困难，但是又有新的问题出现。家茂对宫廷开除两名幕府官员这事感到非常恼火，认为幕府的权力遭到篡夺。11月21日，他上书天皇，陈述自己"幼弱不才之身，虽蒙征夷之大任"，但上不能"奉安宸襟"，下不能"镇万民"，因此希望把将军之位让给德川庆喜。他还恳求天皇看在危险的国际形势份上，迅速同意签署条约。提交申请的同一天，家茂离开大阪前往江户。当家茂走到京都南部的伏见时，接到了关白二条齐敬的信，说他的辞职申请不能马上批复，并斥责他未经许可便返回江户的行为轻视"天朝"，不合"臣子之做法"。二条要求家茂参加第二天的朝会，亲自向天皇解释辞职的原因。[15]

这份书信的训斥几乎不能再严厉。天皇和将军谁更强大，已经毫无疑问。家茂改变计划，住进了京都的二条城。他要求德川庆喜、松平容保等在京都的主要幕府官员到皇宫去，向天皇解释立刻批准条约的必要性。

庆喜随后被召入宫，与关白等朝廷官员讨论是否批准条约的问题。孝明在竹帘后面聆听了他们的讨论。会议从晚上6点开始，开了一夜，但仍未能达成一致意见。第二天，在庆喜的建议下，大约三十名驻京都的各藩重臣参加了讨论。会津藩和土佐藩首先发言，强烈要求开放国土，并谴责闭关锁国的政策。其他藩国几乎无一例外地支持天皇批准条约，这对孝明是个巨大的打击，但宫廷最终决定批准。中川宫亲王的一番话尤其打动天皇，他恳求宫廷接受条约，并警告说，如果拒绝，"彼等立开战端，则……兵库、京师忽成大火，宝祚之安危难保，伊势神庙亦成灰烬，此者仿若眼前。"[16]

即便正享受着五百年来最大的权力，天皇也无法忽视大多数藩国的意愿。不得不批准自己所痛恨的条约一定让天皇有断肠之痛，但是，他拒绝兵库开港，也算保留了一点颜面。[17] 许多人声称愿意为天皇的事业贡献自己的生命，但即便是天皇，心里也很清楚装备极差的日本士兵根本就不是外国人的对手。

尽管家茂宣称自己是"前往江户"，但他在关西地区一直滞留到12月20号。在那一个星期前，天皇接见了家茂和其他的幕府高级官员。家茂为自己的无能，特别是最近发生的争议向天皇深表歉意，但天皇安慰他说，他们将像以前一样并肩作战，"治内地，御外辱，充实武备"。[18]

1865年余下的时间没有什么大事发生，而睦仁亲王的名字则极少出现在1866年的记录里。8月，他完成了《孟子》的素读。这本书花了他一年多的时间，与上一本花了他四年多时间的《论语》相比，已经是很大的进步。天皇夸奖了亲王的努力，并鼓励他继续保持。

尽管如此，有证据显示天皇此时最担心的还是亲王的教育问题。他担心亲王受到负责抚养他的宫女的过度影响，特别是她们可能向他灌输过激的尊王攘夷思想。孝明在写给贺阳宫亲王（中川宫亲王的新头衔）的信中说："如今神色虽是吾子，然并不亲近。视从予之命者为恶人，少许反对者则甚赞美。虽是少儿，亦绝不可轻视。"孝明指责宫女是产生这些问题的根源，并再次透露出退位的意向。[19]

大约这个时候，在京都北部隐居的岩仓具视写信给天皇，表达自己的观点，同时敦促天皇放弃"酒池肉林"的生活，改为严肃地对待政治问题。[20]

这些零散的证据似乎表明，天皇纪中宫廷平静生活的记载可能掩盖了一些不太好的实际情况——亲王甚至向父亲叫喊着尊王攘夷的口号，而孝明试图通过沉迷于美酒和女人来忘却苦恼。

我们还想了解更多关于贺阳宫的活动，他被一位现代历史学者描绘成一个"狡猾"的人。[21] 1863年9月，由贺阳宫一手策划的宫廷政变取得成功后，天皇为他赐名朝彦亲王并任命他为弹正尹，这

第十章　家茂去世

个职位具有直接上奏天皇的特权,是只有皇室血统的亲王才能拥有的高级职位。[22] 然而,有个奇怪的谣言流传开来,说贺阳宫诅咒天皇。据说,1863年夏,亲王派人给石清水八幡宫的忍海送去一支箭和一大笔钱,这个僧人是亲王的好朋友。忍海买来一只野鸡,用箭将其射死。他将野鸡摆在祭坛上,诅咒天皇,祈求贺阳宫取代天皇。忍海的阴谋被鸟取藩的一名武士发现了,他杀了忍海,并将野鸡从祭坛上移开。

消息传到了天皇那里,但是他非常信任贺阳宫,认为这是某个"奸人之策"。他宣布自己和亲王是"真正之连枝"。[23] 为了表示对亲王的信任,天皇增加了亲王的薪俸,并为他修建了一座漂亮的新宫。[24]

这件事看起来令人难以相信,然而一些宫廷人员却认为确有其事。不管怎么说,这件事说明宫廷的气氛非常压抑,人们相信有邪恶的巫术。它也解释了那年年尾,天皇和将军去世时,为什么那么快就出现了毒杀论和阴谋论的谣言。[25]

对于幕府而言,1866年完全是个灾难之年。这次的灾难并非来自外国人——他们对降低关税等没什么争议的谈判结果非常满意。相反,前年春天幕府宣布准备第二次征讨长州,将由将军亲自指挥。得知消息的长州购买现代武器并用西式方法训练自己的军队。但更重要的是,它促使长州和萨摩这两个一直以来的死对头结成了盟友。初期的结盟体现在萨摩为长州提供从长崎的欧洲商人那里购买武器的渠道。1866年初,西乡隆盛就派黑田清隆(1840—1900)到下关去试探长州领导人关于两藩合作的意愿。[26] 1866年2月,一直为实现两藩结盟而奔走的土佐藩士坂本龙马(1835—1867)和中冈慎太郎(1838—1867)和西乡见面,探讨萨摩和长州之间积极合作的计划。[27] 他们的战斗口号已经不再是"攘夷"。"倒幕"、"王政复古"的目标将两藩紧密团结在一起。3月,在坂本龙马的协助下,木户孝允(1833—1877)和西乡隆盛分别代表长州和萨摩签署了协议。[28]

1866年7月，幕府的军队开始征伐长州。幕军的士气非常低迷。幕府本来指望一些藩国派兵加强幕军的力量，但是他们拒绝出兵，其余的藩国也只派了小分队参加。而长州的军队尽管在人数上并不占优，但却受过良好的训练，且装备精良。甫一交战，幕府军便落败，而这是这次战争中幕府连败的开始。这次战争中最值得注意的一点是战斗使用的是枪炮，而不是刀剑、弓箭。这是日本第一次现代战争。

战斗期间，本来就身体欠佳的德川家茂在大阪病倒。[29] 几乎与此同时，尚无子嗣的家茂的继承人问题被提了上来。他自己选择的是德川庆赖三岁的儿子龟之助。在这个国家危难的时刻，家茂为什么会选一个小孩子做自己的继承人，非常令人费解。没有一个人同意他的选择，甚至包括家茂的妻子亲子内亲王[30]。最后家茂同意上奏天皇，请求自己死后由德川庆喜继任将军，并担任长州征伐的统帅。[31] 1866年8月29日，德川家茂在大阪去世，终年二十岁。

9月19日，天皇召集一批资格较老的公卿开会，讨论鹿儿岛大名提出的建议。那份建议书中称在"皇国危机存亡之时"，应该停止与长州的敌对状态，将一切力量用于防御外患。[32] 议奏正亲町三条实爱强烈支持这么做，其他公卿没有人发言，但是坐在帘子后面的天皇要求"征长解兵之事暂待"。激动不已的实爱拜受了天皇的话，据记载"血泣痛哭无措"。在知道天皇反对的情况下，实爱还有勇气坚持自己的信念，这一点很出人意料。即便实美和强大的萨摩藩联系紧密，但仍难以想象亚洲或者欧洲的其他专制制度会发生这样的事。[33] 9月12日，公卿再次开会，孝明否决了萨摩藩的提议。[34]

幕府一开始隐瞒了家茂已死的消息，但是总要有人担任讨伐长州的总指挥。9月8日，德川庆喜被任命为征长总督。庆喜出发上前线之前，接到了小仓陷落的消息，小仓是幕府在北九州的一个据点。因此，他决定暂时停止与长州的敌对状态。他将这个决定通知关白，再由关白通知天皇。不出所料，孝明极为不悦，坚持要求庆喜完成使命。9月24日，庆喜觐见天皇，向他解释了形势的无望。天皇这才同意停止战争。

9月28日，家茂死后一个月，他的死讯正式对外公布，这为第二天结束长州征伐提供了一个极好的借口。[35]一场不会给任何人带来荣誉和利益的战争就这么结束了，没有砰砰作响的枪炮声，而是伴随着啜泣。然而它永远改变了日本人对战争的看法。

第十一章

孝明驾崩

德川家茂的死对孝明天皇的打击很大。他非常喜欢这个朋友，一度相信他们能够合力实现公武合体的理想。假如天皇能够忘掉这个理想并接受王政复古的新理想，那他无疑会幸运一些。届时不仅有大多数公卿的支持，还有武士阶层的支持，但他却拒绝放弃自己的旧理念。令周围的人恼火抓狂的是，天皇非常固执，然而严格说来，他的极度不愿改变只是保守主义者的表现：每一次的让步都使他感到痛苦和懊悔。在幕府军队征讨长州失败之后，天皇处于一个令人啼笑皆非的地位：一些人试图使他成为日本无可争议的统治者，而为了对抗这些人，他使尽了一切办法。

1866年10月8日，就在德川庆喜宣布中止长州征伐后不久，二十二名公卿向朝廷递交了一份请愿书，要求觐见天皇。他们说，在这个国家危难的时刻，他们想向天皇表达自己的衷心。这些公卿由中御门经之（1820—1891）和大原重德（1801—1879）领头，幕后操纵者是岩仓具视。

1862年，岩仓由于涉嫌与幕府合谋将和宫下嫁到江户去而遭到弹劾，之后便被迫在京都之外过起了隐居生活。然而他是个天生的阴谋家，不用多长时间便和以前的熟人恢复了联系。经常有人来拜访他，特别是那些攘夷派，他们给他带来了最新的消息。[1]正亲町

第十一章　孝明驾崩

三条实爱在御前会议上反对继续进行长州征伐，其大胆立场给岩仓留下了深刻印象，他萌发一个念头，让公卿集体向天皇请愿，从而加强自己一方的力量，动摇孝明对幕府一如既往的支持态度。

岩仓强烈支持萨摩藩提出的停止长州征伐的建议。他延续建议书中改造宫廷的观点，起草了一份创立宫廷内阁的计划作为公卿提案的草案。计划主要有三点，首先要求朝廷将二条齐敬等反对派清理出去，包括朝彦亲王、德川庆喜和松平容保；接着允许那些暂时被迫隐居的公卿回到朝廷；最后重新任命近卫忠熙为关白。这些（以及其他的）"谏奏"的最终目的是为了实现王政复古。他们想在将军刚死，幕府内部混乱的状态下一举实现这一目的。[2]

作为回应，天皇和关白二条齐敬、朝彦亲王等高官一起接见了这些请愿的公卿。大原重德是一名年长的朝臣，他站出来向天皇提出了公卿的集体请求。大原要求按照初步方案，由宫廷迅速召集各藩大名听取天皇的命令。这种方式将绕过幕府。接着，大原提出的三个要求，和岩仓的并不完全一样：恢复那些因政治事件而被关押或者判处幽禁的公卿自由；解散征讨长州的军队；重组朝廷的议事机构。[3]

大原的话听起来很刺耳，一方面是因为他是有名的硬汉，另一方面是因为他已经六十五岁了，可能觉得自己已经没什么好失去的了。不管怎么说，这种勇气在日本宫廷可不多见。

孝明的回应可想而知："上作色曰：'汝等所奏之言，只琐琐之事。'"他诘问到，集体上书的公卿口中的"国家之大事"指的是什么？前年冬天，发生"条约敕许"问题时才真正是关系"国家之安危"的大事。"汝等若果有忧国之念"，那个时候正该"献忠言"。然而你们"不知该事可为"，到现在"猝然结党来迫"，除了是"不敬"还是什么？[4]

脾气温和的关白向天皇道歉，解释说，大原是因为"忧国之心至切"才做出这番请愿。除了深深担忧国家，一个人还有什么理由如此直言呢？二条齐敬最后下结论说，失政之责在他，身为公卿最高位的关白，他本人难辞其咎。[5]

对此，大原表示关白并没有错，但是当朝彦亲王和二条齐敬一样，为自己未能做好辅弼之任而道歉时，大原却转身对他说："殿下宜负罪引退，以谢天下。"

接着他表示，如果得到关于此事的答复，他会立刻退下。天皇回答说几天后他将和大原单独谈谈。孝明显然并不打算再举行一次全体会议。朝彦亲王建议留住大原，让他说出全部的想法，但是天皇说他需要时间来考虑这三条提议。他令进谏的公卿到侧房等，和朝彦亲王等人商议之后，同意于10月11日召集大名，让他们和大原见面。凌晨2点，仍在等候答复的二十二名公卿听到这个消息之后，各自回家了。

或许我们应该看到，岩仓具视是那天发生的事件后面的推手。他认为只要二条齐敬和朝彦亲王还在朝廷，王政复古就无法实现。在试图除去这两个人时，岩仓利用了大原，但是他仍不得不与天皇抗争。10月12日，受到公卿弹劾的二条齐敬以生病为由辞职。天皇拒绝接受他的请辞。朝彦亲王也表达了辞职的愿望，说自己无法胜任肩负的重任，但是天皇安抚了生气的亲王，并说服他留了下来。这些举措暂时中止了进一步的行动，因为对二条齐敬和朝彦的任何指控都会被视为对天皇本人的攻击。

10月15日，二十四位大名收到敕命，要求他们参加有天皇出席的国事讨论。到了11月，只有三位大名（加上另外两位的嗣子）来到京都，其他人都以身体不适为由缺席了会议。鉴于大家的热情如此之低，这次会议并无下文。

11月25日，天皇发布了处罚中御门经之、大原重德和请愿的其他二十二名公卿的敕令，谴责他们犯了欺君之罪。中御门和大原被要求在家禁闭，其他人则被勒令不准上朝。正亲町三条实爱由于有协助那些遭禁闭的公卿的嫌疑，同样被要求在家禁闭。天皇希望

第十一章　孝明驾崩

通过这些方法，扼杀那些反对自己政策的公卿。

1867年1月10日，天皇授予德川庆喜"攘夷大将军"的称号，以表示自己依然坚定地支持公武合体的理念。这是他在位时颁布的最后几个法令之一。一个星期后的1月16日，天皇连日不舒服，但还是在内殿观看了神乐舞蹈的表演。太医诊断是感冒，虽然建议不要参加，但天皇仍抱病参加仪式，然而表演结束之前，天皇感到极为难受，提前离场。此后他的病情加重。两天后，天皇发高烧并卧床不起。1月20日，太医宣布天皇得了天花。经过调查，发现一个名为藤丸的侍从曾经得过天花，但是经过长时间的治疗已经康复。1月15日，藤丸又开始在宫里露面，人们怀疑天皇是被他传染。[6]

根据天皇的儿时的朋友、朝臣东久世通禧的说法，孝明的身体一向健康强壮，从未生过病。[7]也许在那些熟悉孝明的人看来，他不太可能生病。直到今天，学者们仍然意见分歧，一些人认为孝明死于天花，一些人认为他死于中毒。没有人怀疑他得了天花这个事实，然而奇怪的是，源头竟是一个已经康复且被认为不再具有传染力的男孩。而且宫里只有天皇一人染上这种病，而是他和藤丸只有偶尔的接触。关于只活了三十六岁的天皇的死因，坊间流传着几种神秘的说法。

从那些服侍过他的人，包括睦仁亲王的外祖父中山忠能和母亲中山庆子所写的信件和日记中，我们可以追踪孝明染病的经过。天皇在观看神乐表演时首次病倒，第二天就发起高烧，并开始出现神志昏迷、失眠、食欲不振。1月20日，天皇手上开始出现斑点，第二天斑点蔓延到脸上。太医诊断为天花，这个结果得到了十五名医生的签名认可。[8]天皇的病情变化正常，有几天他只能喝几口热水，但是之后情况明显好转，他一天天地好起来。1月24日的官方记录里写天皇得的是极轻的天花。[9]看起来他快要完全康复，情况可喜，而受命为他诵了十七天经的湛海和尚也被允许回到寺里。[10]

27日，为了庆祝天皇康复，宫内甚至计划举办一个宴会，然而

1月30日天皇的病情突然恶化，出现严重的呕吐和腹泻。各种记录都提到那天孝明脸上出现了紫色的斑点，而且"九孔"流血。不久他就在极度痛苦中咽气。[11]

到这时为止，所有的记录都保持一致，但他的死亡被隐瞒了几天，而且就在他看似已经脱离了危险时，病情却出人意料地急转直下，不久就有谣言说他死于砒霜中毒。这些谣言一直存在，并使人们煞费苦心地研究死于中毒和死于天花的症状有何不同。从1月31日起，官方记录中有关他的病情的记录便一片空白，一些学者猜测有人故意抹去了相关的事实。即使在当时，宫里也有人怀疑太医的诊断过于乐观。公卿山科言成在日记中写道，他听说天皇1月24日那天遭受了极大的痛苦，病情已经扩展到身体的其他部位，尽管官方宣布他的情况正在好转。[12]

天花在当时的日本并不少见，但是那种特别严重的、几乎致命的类型（名为出血脓包天花或者出血性天花）[13]要罕见得多。而且，那种最危险的天花和砒霜中毒的症状很相似，这促使一些学者一步步地追查孝明的发病过程（根据当时的文件记录）与砒霜中毒症状（根据医书中的记录）之间的相似之处。即使在首次可以自由讨论这类问题的1945年之前，已经有学者认为孝明是被毒杀的。[14]这种谣言可以追溯到欧内斯特·萨道义（Ernest Satow）爵士，他在大部分写于1885—1887年之间的《明治维新亲历记》（*A Diplomat in Japan*）一书中回忆道，1867年2月——孝明死后没有多少天——在兵库港，

> 我遇到了几名当地的商人，他们对港口即将开放有着浓厚的兴趣，并讨论了适合建立外国人居住区的几处地点。他们还告诉我刚刚公布的皇帝驾崩的消息。坊间说他死于天花，但是几年后，一名熟知内幕消息的人郑重地告诉我皇帝是被毒死的。天皇坚决反对向外国人做出任何让步，一些人预见到幕府垮台

第十一章　孝明驾崩

后宫廷将不得不与西方列强直接联系，于是除掉了这个拦路虎。如果皇帝过于保守，一切都将变得非常困难，很可能会导致战争。在东方国家，人们经常将重要人物的死归咎于毒药，上一任将军据说就是被一桥庆喜*的门徒干掉的。关于天皇，我当时确实没有听到任何这类的谣言。他离开了政治舞台，留下一名十五六岁的男孩作为继任者，我们无法否认，他死得恰是时候。[15]

萨道义的文章清楚地表明为什么这么多年来学者会被这种学说所吸引：人们认为在一个如此保守的君主统治之下，某个人或某些人对国家的进展感到绝望，于是决定毒死孝明。显然，正如萨道义所说的，如果孝明继续碍手碍脚，对那些试图推翻幕府并在日本建立新政府的人来说，他们的行动将会面临更大的困难，甚至可能无法实现。他的继任者，一个十五岁大的男孩，则是另外一回事。一些明治维新的领导者认为他是块"宝玉"，即让他们的革命计划得以实现的宝。学者们认真考虑过这个事实之后，觉得天皇在年富力强的时候突然死去真是太巧合了，很难让人不怀疑他的死因。对他们来说，这不可能是个偶然事件。

但如果孝明是被毒死的，那么问题在于是谁干的，又是怎么做到的？祢津正志是最直言不讳地支持谋杀论的学者，他认为是那些收了幕府贿赂并促成和宫下嫁的公卿下的毒，包括关白九条尚忠、内大臣久我建通、岩仓具视和千种有文。[16]这些人教唆一名宫女下了毒。

岩仓具视被认为是最可能的下毒者。有一种说法是岩仓知道孝明在斟酌字句时有舔毛笔的习惯，于是在天皇发病前一天，把两支将呈给天皇的新毛笔都涂上毒药。[17]但是这个说法和天皇发病过程中的其他细节相抵触。假如他的病起源于效果直接而可怕的毒药，

---

* 即德川庆喜。庆喜小的时候曾过继给一桥家。——编注

那么他不会慢慢地出现天花的症状，也不会在几天后病情似乎出现了转机。这个说法显然难以成立。

更为普遍的一种说法认为是岩仓的妹妹堀河纪子下的毒，但她在1863年就已经出家，再也没有回到宫中，因此不太可能有机会进入孝明的病房。还有其他一些宫女也被认为是凶手，但是目前还不清楚为什么只有女人可以给他下毒。[18]

岩仓是下毒的幕后黑手的猜想无疑源于他阴谋家的名声，[19]然而除此之外，并没有证据显示是他策划了这次谋杀或者孝明的死对他极有利。实际上，他自信能操纵天皇，但同时认为天皇是至高的权威，是宫廷改革绝对关键的人物。据说岩仓在听到孝明的死讯时，第一个想法就是："吾事已终！"并打算遁世隐居。[20]

原口清是"病死说"的主要支持者，他努力想证明孝明这个时候死去对岩仓没有好处。[21]原口认真检查了当时的文件记录（其中一些被谋杀论者用到）中所有有关孝明发病的症状，并与1946年名古屋天花大流行（将近一万八千人受到感染）时观察到的症状相比较。[22]他的结论是孝明死于疾病。因此，没有人下毒，也没有人策划这起事件。除非当局批准我们检查孝明的骸骨是否残留有砒霜，否则我们不可能知道真相。

天皇发病的初期，睦仁亲王每天都陪在父亲的病榻旁，也许是为了让父亲开心，他身穿鲜艳的衣服。但是当医生认为病源是天花时，孝明害怕传染，下令亲王在他康复前不要到病房来。不过，事实上睦仁接种过天花疫苗。很多年前，当亲王还住在外祖父家时，中山忠能就让荷兰医馆的医生给他接种。天皇在病榻上听到这个消息时，觉得无需担心传染睦仁，松了一口气。当然，孝明本人是拒绝打疫苗的。[23]

也许因为孝明死得太突然，宫廷还没准备好葬礼，因此封锁天皇的死讯几天。这段时间,悲痛的睦仁亲王既不能悼念，也不能登基。践祚仪式有必要迅速完成，然而一个意想不到的问题却突然冒了出

第十一章　孝明驾崩

来：亲王还没有加元服，因此不知道他在践祚仪式上应该穿什么衣服。一名官员受命寻找先例，结果发现1779年登基的光格天皇践祚时穿着孩童的服饰。因此，践祚时睦仁梳着总角，穿着儿童样式的衣服。

父亲的突然去世对亲王肯定是个沉重打击，他的日常生活立刻发生了变化。他的服饰、食物，甚至连睡觉的地方都发生了变化，心里肯定感到不安。2月4日，天皇驾崩的消息终于公布，国家进入大丧。第二天，天皇的遗体入殓，亲王最后一次向父亲告别。

廷臣们认为葬礼应该符合古仪，命精通此事的户田忠至研究古时的葬礼。他汇报说，从中世开始，天皇的葬礼惯用火葬，山陵也只是在埋葬骨灰的地方立一个小石塔。然而，1654年后光明天皇驾崩时，举办了盛大的葬礼，名义上采取火葬的礼仪，但实际上进行了土葬。大家于是决定孝明也进行土葬，并且安葬在京都的泉涌寺里。[24]

新天皇的践祚仪式在1867年2月13日举行。仪式出人意料地简单。下午4点天皇走出来，在紫宸殿的指定地方坐下。两名宫女已经将标志王权的剑和玉（草薙剑[*]、八尺琼勾玉）放在天皇座椅的右边。天皇命令前关白担任摄政，代自己行使职权。接着天皇退到内宫。摄政命人宣读天皇诏书，其中称公卿的权利与前朝相比并没有什么变化。将军家定的遗孀和德川庆喜的妻子都送上了贺礼，仍然在为丈夫家茂服丧的亲子内亲王的贺礼延后。

也许仪式上最高兴的人要数中山忠能了。他跟大约八百五十年前的藤原道长一样，为自己成为天皇的外祖父而开心不已。孝明天皇的死固然令其悲伤，但是可能开心的心情更强。他写了首和歌送给女儿中山庆子，以表达自己的心情：

---

[*] 此为草薙剑的"形代"，即代替物。一般认为草薙剑供奉在热田神宫，八咫镜供奉在伊势神宫，而八尺琼勾玉和前述两神器的代替物供奉在皇宫。——编注

悲痛，然而
在伤心之中
也有快乐
快乐源于
今天发生之事

年轻的天皇写了四十多首哀悼父亲的和歌，其中有三首提到天皇肩负的重任。他将短歌展示给中山忠能看，后者感动得老泪纵横。[25] 不幸的是这些短歌都遗失了。但是从这时开始直到生命结束，诗歌几乎是明治天皇宣泄个人感情的唯一途径。

第十二章

美子皇后

　　1867年的新年伊始，明治天皇并不快乐。宫廷正处于服丧期，平常的新年庆祝活动都取消了。不消说，年轻的天皇对父亲孝明天皇之死深感悲痛。我们不清楚他们父子心意相通到什么程度，但他们经常见面：每天下午去给父亲请安并请求他给自己的诗歌指正已是明治多年的习惯。亲王没有理由预料到年仅三十六岁的父亲会突然死去，而他所受的传统模式教育也没有给他恰当的准备，使他可以胜任天皇之职，尤其是在这个艰难的时刻。也许由于感受到压力，这段时间他经常做噩梦。廷臣们的书信和日记婉转地提到天皇遭受着失眠之苦。朝臣千种有文写信给岩仓具视说："一夜复一夜，总有东西到新天皇的枕边威胁他，使他大为苦恼。昨天，正如我跟你说的，天皇下令为自己祈祷。谣言似乎是真的。"[1]

　　朝彦亲王也在2月9日的日记里提到梦魇：

　　　　近日有奇异之事。大行天皇（孝明天皇）侧近之人所言。有异物现身，其形即俗称钟馗，身佩宝剑。后一日晨，天皇有发烧状。[2]*

---

* 钟馗是一个面目狰狞（他的特征是有一把络腮胡子和一双大大的眼睛）的神话人物，据说他拥有挥剑驱除瘟疫和其他恶魔的能力。他出现在唐玄宗的梦里，唐玄宗让吴道子把他画下来。

2月15日朝彦亲王在日记中写道：

> 妙染院归京，听闻诸多故事。其间，新帝因前日奇异之事，风寒加重。践祚以来，先帝昼夜现新帝前，极困扰。[3]

即便我们相信，像《哈姆雷特》里的那样，逝去之人的魂魄有可能返回俗世，告诉唯一的儿子自己是被谋杀，并要求儿子替自己报仇，那么我们只能说这个鬼魂跟哈姆雷特的父亲相比实在太差劲了。鬼魂让小天皇一直睡不着，然而却没有唤醒他，使他为非正常死亡的父亲报仇，就连那些可能对父亲下毒的宫里人，他也没有（从他接下来的行动可以看出）变得不信任。

新朝伊始，鬼魂也许是困扰年轻天皇的主要原因，然而其他廷臣都忙于处理前朝遗留的事情，并没有心思为这事烦恼。眼下一个紧要的问题便是革除后宫，即大奥弊风。中山忠能写信给内大臣近卫忠房，强调从严治理后宫的必要性，批评孝明朝后期宫廷女官管理不善，纪律松弛。

如果我们能相信忠能的话，那么当时后宫如"游廊"，即烟花巷。[4]忠能认为，天皇年纪尚小，对后宫尚不是很感兴趣，这为清除违律和恢复宫廷传统提供了特殊的机会。大典侍（忠能的祖母中山绩子）的身体非常虚弱，应该马上将她替换。那些服侍过已故天皇的典侍，应该根据服侍的年限，赐给她们大量的赏钱，让她们退休。鼓励那些仍然很年轻的侍女——二十出头或者更年轻——嫁到合适的人家。对于二十四五岁以上的宫女，则应该根据其意愿允许其留任或出家。忠能的女儿中山庆子一开始说想出家，用余生为孝明天皇的安息祈祷，但是她被说服并"残留尘世"，因为孝明死后，如果太多服侍过他的宫女都出家，恐怕熟悉礼仪的宫女人数将会不足。庆子犹豫着同意，后来把自己的全副身心都用在了儿子，即新天皇的教育上。[5]

第十二章　美子皇后

2月19日，为悼念刚刚去世的天皇，并庆祝新天皇继位，宫廷宣布大赦。在1863年和1864年的事件中蒙羞的七名公卿都得到了原谅，并获得上朝的权利。十天之后，包括炽仁亲王在内的四名正软禁在家的攘夷派公卿也被赦免了。

2月23日，朝廷下令幕府解散征讨长州的军队。诸藩组成的军队被一个藩国打败，清楚地表明了幕府的衰弱。幕府军队士气本就低沉，将军家茂的死又进一步削弱了人们对幕府事业的热情。看不到一丝取胜的希望，幕府最终以天皇刚刚去世为由，下令部队回到原来的统帅处，以避免自己脸上无光。[6]

3月5日，孝明天皇在京都泉涌寺的皇家陵园下葬。遵照他的遗嘱，天皇死后的那些传统葬仪——举国服丧、雇职业哭丧人等等——都没有举办，但执行了防止城内发生骚乱的警戒令，并在一年之内禁止举办庆祝活动和穿戴贵重的服饰。[7]明治无法离开宫殿护送孝明的棺椁到墓地去，只好目送着葬礼队伍走出了月华门。

3月初，天皇的日常生活首次发生了变化。3月7日，他搬到倚庐殿居住，这是一座在御学问所里临时搭建的简单屋子。天皇穿着麻布做的孝服，周围只放一些简陋的生活用品，祈祷刚刚去世的父亲得到安宁。两个星期后，天皇脱下孝服，沐浴净身，然后回到主殿居住。第二天，各官员觐见新天皇并送上礼物。新的王朝开始了。

3月21日，宫内确定前天皇的谥号为"孝明"，这两个字源自《孝经》。[8]但是此时年号却并未随着王朝的更替而改变。孝明继位之后，"弘化"这一年号延续了大约一年，人们遵照孝明在位时的做法，直到1868年10月23日才变更年号，这时孝明已经驾崩将近两年。此后日本确立了每位天皇只用一个年号的制度。[9]

新王朝成立之初，无疑是外国列强极为关心的一件事。法国政府继续支持幕府，认为它会参加权力争夺。3月29日，将军德川庆喜在大阪城会见了法国主权公使莱昂·罗斯（Leon Roches），征求他对幕府改革的意见。罗斯警告幕府不要试图撕毁已签订的条约。

他说，各藩国以幕府不想真正开国为由，已经各自与英国进行谈判，开放自己控制的港口。法国考虑到幕府的利益，认为有必要开放下关和鹿儿岛，代替兵库和新潟（这个问题已经讨论了很久）。开放这些港口能显示幕府的诚意，同时又能抢在萨摩藩和长州藩之前。罗斯还竭力主张将军对新天皇进行教育和指导，而且在对待各大名时持强硬态度。他承诺法国会支持幕府。有了这个保证，幕府将能坚定无畏地执行它之前所宣布的开国政策。罗斯的建议给庆喜留下了深刻印象，此后，庆喜经常把罗斯召来磋商问题。[10]

4月11日，将军问九个主要藩国是否应该开放兵库港。将军强烈要求大家支持他的行动，他说自己很清楚已故天皇断然反对开放这个港口，但是，一旦已经承诺将开放兵库，要改变已经与外国签下的和约并不容易。在收到九藩的回复之前，他已经请求朝廷的批准。他说，自从孝明拒绝同意以来局势已经发生了许多变化。不仅发生了征讨长州和前将军去世，而且外国人在要求日本兑现条约的承诺时也理直气壮得多。日本没有选择，只有同意。较之被动地默许，日本应该以一种新的眼光看待世界局势。在"四海同胞一视同仁"这句古老格言的指导下，新王朝建立伊始必须启动国家的重建。这样一洗过去之陋习，数年之内国家将变得繁荣富强。帝国的光辉将泽被四海，天皇也会变得安心。[11]

各藩之间异论频出，幕府并不能确定开国政策能否赢得诸侯们的支持。最重要的是，宫廷也没有被庆喜的理由说动。宫廷给他的答复是，鉴于前天皇的反对，兵库不可开港。换句话说，新天皇不想对父亲的愿望表示不敬。他要求将军再考虑一下。[12]

然而庆喜却不想放弃自己的计划。4月29日，他又递交了一份奏折，请求朝廷批准。他为自己被拒绝之后依然坚持己见表示抱歉，并说自己完全知道臣子应该听从前天皇的英明决策。但是在影响国家命运的紧急形势之前，自己无法保持沉默。他知道赞同遵守条约，将可能惹朝廷生气，但他仍然要求宫廷看在国家安全和声威的份上，

第十二章　美子皇后

重新考虑一下反对兵库开港的决定。宫廷再次拒绝，并进一步要求幕府承诺遵守此命令。[13]

然而，即使是宫廷也无法无限期地无视列强的威胁。7月24日，摄政二条齐敬写信给庆喜，说鉴于将军等重要人物的意见，宫廷别无选择，只好同意开放兵库港。[14]

年轻的天皇很可能与宫廷的这一决策无关。事实上，我们不清楚是否曾有人告诉他这些方针政策。一件稀有的记载，反映天皇这个时期的教育情况：中山忠能在日记中提到向天皇讲述了《禁秘抄》（一本13世纪研究宫廷礼仪的书）和《通俗三国志》（17世纪的日译本）。[15] 这两套书是天皇传统教育的一部分，但是却难以为他提供这时所需的知识。忠能显然不认为天皇的政治地位提升，就有必要接受一种不同的教育。也许他希望明治跟他父亲不一样，能将自己的兴趣（就跟德川时代早期的天皇一样）局限于诗歌、礼仪和古典文学。

尊王派自称非常尊敬天皇，但他们的忠诚通常只表现为反对将军，并不清楚幕府垮台后国家能获得什么好处。这些人极少考虑王政复古后天皇将扮演什么角色。当然，没有人希望天皇变成一个将自己的意愿强加在人民头上的绝对独裁者。也许忠能和天皇周围的其他人希望建立的体制是，在天皇暧昧的支持下，由公卿代替幕府来统治国家。

尽管罗斯建议特别留意年轻天皇的教育问题，但似乎没有人把他的话放在心上。明治的母亲中山庆子继续监督他学习书法和和歌，由帜仁亲王和炽仁亲王指导。[16] 过了一年多，在木户孝允首次过问天皇的教育之后，人们才开始考虑现代君主在学问素养上应该做何准备这个问题。

即使在长州征伐失败之后，幕府仍是实际上唯一的中央政府。宫廷能做的最多就是拒绝幕府提出的，特别是有关外国事务的计划；但宫廷自己并没有提出什么计划。幕府在与外国人打交道方面当然要比宫廷有经验得多，但它现在却面临自闭关锁国以来从未遇到过的问题。

为解决与俄罗斯之间关于如何处置萨哈林岛的争端，幕府派两名官员到圣彼得堡去和俄国人谈判。当时岛上居住着日本人和俄国人，两国居民之间的争端从未间断。日本提议以北纬五十度将萨哈林岛一分为二；俄国人要求占有整个岛屿，但是同意放弃择捉岛和其他三个小岛。谈判陷入僵局，不过，1867年的3月18日，两国最终签署了一份临时协议，约定双方均可使用该岛，但要求两国人民真诚友好地相处。这是一个两国的定居者都不满意且不太可能实现的条约，但却标志着日本外交史上迈出了重要一步：这是日本使团首次出国谈判。[17]

庆喜竭力与在日本居住的外国外交官搞好关系。他首先接见英国全权公使哈里·巴夏礼爵士，并在大阪城观看了英国骑兵展示的马术。随后他正式宴请了对方，以表示自己的友好之情。接下来的几天庆喜会见了法国、荷兰和美国的代表。庆喜对他们极为殷勤，同时以个人名义担保，将忠实地执行条约。[18]

去年，朝鲜发生杀害一名法国传教士和几名美国水手的事情，外交局势变得紧张起来。一些日本人主张与朝鲜结盟驱赶外国人，但幕府反而派使节到朝鲜去劝说朝鲜人，说与外国人开战对朝鲜非常不利，幕府愿意作为中间人调节双方的争端。三名老中联名写信怂恿美国公使，建议假如朝鲜悔过自新并同意和解的话，美国应该积极响应。[19]

与外国切断联系达两百年之久的日本，居然能够向另一个国家提供国家之间交往的建议，着实令人惊讶。也许日本担心一旦朝鲜被西方列强占领，将会对自己非常不利。日本的调停起了效果：1867年年尾，美国感谢日本帮助避免了一场战争。[20]

这段时间，年轻天皇的心思也许被一件完全不同的事情占据着，那就是他的新娘来了。7月27日，权大纳言、左近卫府将军一条实

第十二章　美子皇后

良的妹妹美子*进宫，天皇在御学问所接见了她。这次来访的目的是为了使天皇看一下美子的容貌举止。如果天皇不喜欢，可以拒绝这门亲事，但他可能早就倾心于美子，因为她的出身和教养都非常好。美子的父亲是已故的左大臣一条忠香，母亲是伏见宫邦家亲王的女儿。她的血统无可挑剔，在学养和艺术上的造诣同样令人钦佩。美子还是小孩子（三岁或者四岁）时就能够朗诵《古今和歌集》中的诗歌，五岁就能自己创作短歌。七岁在儒家学者贯名正祈的指导下完成了一本中国典籍的素读，同时还跟正祈学习书法。十二岁时她开始学习筝，不久开始学习笙。美子很喜欢能乐，会在学习的间隙唱上几段。[21] 她还向当时的大师学习茶道和花道。美子从未生过什么大病，八岁时就打了天花疫苗。[22]

这些（以及其他的）条件使美子成为廷臣眼中年轻天皇的理想新娘。除了一个小问题：她的年纪比天皇大。这并不是一个无法逾越的障碍：灵元天皇、樱町天皇和仁孝天皇的皇后年纪都比他们大。不过美子比明治大了三岁，这个差别通常被认为不太吉利，应该避免缔结这样的亲事。摄政将美子的出生年份从1849年改到了1850年，这样一来问题就解决了。[23] 在天皇接见她之前的一切准备都就绪了。

那天美子穿了一件白色的绣花纺绸和服和深紫色裤子。大约下午1点，她在侍女的陪伴下，坐着柳条轿来了。在御学问所里，美子和天皇互相致意，吃了些点心和清酒。美子送给天皇一盒鲜鱼等礼物。大约7点左右美子退下，来到皇太后的宫殿，她在这里又吃了些点心。美子换过衣服，向天皇告别。天皇送给美子许多礼物，包括烟斗、装饰用的发卡和一个香盒。事后天皇高度称赞美子的举止大方得体。权大纳言柳原光爱很高兴天皇的首肯，他问高级廷臣

---

* 这个时候她的名字还叫胜子，但是后来被改为美子。这个名字为外国人所熟悉。为了保持行文一致，我将从头至尾称呼她为美子。

们是否同意将美子定为女御。[24] 没有人反对，因此封她为皇后的所有障碍都清除了。

两天后的7月29日，武家传奏日野资宗作为天皇的敕使来到一条实良家，通知他的妹妹已被选为皇后。消息很快传开，一条家来了无数客人。幕府捐了一万五千两银子作为婚礼和其他的费用，并宣布从今以后每年将向美子提供五百袋大米的薪俸。但是，由于次年的政治变故，幕府无法顾及婚礼，只兑现了承诺的一小部分。其他藩也送来了礼金，但是所有加在一起，只够办一个简单的婚礼。

即使明治未来的皇后已经确定，也无法立刻举行婚礼。他要为父亲孝明戴满一年的孝。而且，他尚未加元服（进入成年的标志），这件事也必须在婚礼前操办，并且也只有等他孝满之后才能进行。

婚礼之前又出现了另一个性质严重的问题。京都治安不稳威胁到了一条美子的安全。7月，朝廷派了一个由十名武士组成的护卫团去保护她，同时拟定计划，万一发生骚乱，将把美子疏散到某个寺庙；发生紧急情况时，则到皇太后的宫殿避难。事实上，1868年年初就曾发生过这样的事。由于将军宣布将归政于天皇，京都发生了不小的骚乱。支持天皇和支持幕府的两派军队冲突，连皇宫里面也能听到枪炮声。于是婚礼的计划暂时搁置。

那年5月，美子的哥哥一条实良去世，又一个问题出现了——假如没有采取特别措施让美子和家人分开吃饭，那么哥哥的死将会使她触秽。总之，到1868年年底，情况已经足够稳定，可以于1869年1月11日举办婚礼了。[25]

那天一早，美子的闺房就为了准备婚礼而装饰一新。宫廷请来阴阳师，决定美子更换婚礼礼服的准确时间。他建议在早上8点钟，到了这个时候婚礼的负责人近卫忠熙为她系上了袍子。下午2点，一辆棕榈编织的车子停在美子闺房南边的楼梯口。两名公卿扶着车辕。一名侍女将香炉和天皇早上赐的宝剑放进车里。美子上了车，两名侍女随行。公卿把车拉到中门，在那里套上牛。随从护卫准备

第十二章　美子皇后

好后，牛车出四脚门。在抵达皇宫最北边的朔平门后，牛被解开，车辕停在一个架子上。一名官员向护卫通报牛车已到，于是朝廷官员将牛车拉进大门。他们穿过玄辉门（内宫的北门），来到飞香舍宫殿的东北门。这时，随行的公卿上来用帘子和屏风把车围住，避免美子从车上下来时被外人看到。随从手捧着宝剑和香炉，跟在她身后。她们穿过层层走廊来到若宫御殿，美子坐下，宝剑和香炉就放在她身边。公卿们没有沿走廊绕，而是直接走进若宫御殿向她表示祝贺。[26]

经过短暂的休息，美子穿着五层袍子，头发重新盘过后再次出现。她到飞香舍吃了些点心，不久就被告知已被封为女御。通常只有服侍过天皇的宫女才有资格获得这个封号，但是由于美子即将被封为皇后，因此就在当天封她为女御。皇后这个称号是宠爱的象征：孝明的妃子到最后也没有得到这个封号。[*]

在宣布美子为女御和皇后的仪式上，官员们的一举一动都非常精确，令人不禁联想到复杂的芭蕾舞。仪式终于结束，美子将到清凉殿和未来的丈夫见面。近卫忠熙和中山忠能陪同，一名宫女托着美子的裙摆，另外两名捧着宝剑和香炉。接下来皇宫将举办"夜御殿之礼"。8点，天皇在净身处换上草鞋。他从西门进入由帐子围起来的洞房之后，近卫忠熙把草屦拿走。接着皇后也进了帐子。中山忠能作为天皇的外祖父和夫妻皆在的老人，为他们盖上被子。接着他端来米饼，供新人在婚礼的前三天晚上食用。这些饼通常由一对年长的已婚夫妇亲手制作并奉上。[27]

夜御殿之仪结束后，一名宫女把米饼拿到飞香舍，在那里朝一个吉祥的方位放上三天。接着一名命妇（有身份的妇女）拿来一盏带灯芯的油灯，用挂在洞房东北角的灯笼引火点燃后，拿到飞香舍点燃一盏外面涂漆的灯笼。这时忠熙和忠能都退下。漆灯将燃烧三

---

[*] 她被称为"准后"，即字面上的意思：接近但低于皇后。

天三夜。那天晚上，宫女们轮流捧着天皇的宝剑。

接着在常御殿举行了私密的饮酒仪式，即三献之仪。皇后朝北面坐着。到了第三献时，她亲自倒了一杯清酒献给天皇，随后从他手里接过一杯酒。之后他们简单吃了点东西，然后回到皇后的宫殿。两位新人终于可以独处了。

不消说，这一系列仪式中的每一个动作都遵循传统。这些仪式对王朝而言意义深远，人们相信，天皇的幸福、多子、长寿与国家繁荣昌盛紧密相连。明治和新娘虽然并没有生育孩子，但二人十分和睦。美子作为一名公众人物，将比几百年来的任何一名后妃都要杰出许多。

第十三章

末代将军

1867年初，幕府面临的主要问题有两个，一是开放兵库港，一是处置长州藩的叛乱。宫廷几个月里一直强烈反对开放兵库港，但7月26日宫中召集高级公卿，听取对这件事的讨论意见。权大纳言醍醐忠顺说，尽管孝明天皇曾禁止开放兵库港，但在目前的情况下开港却已经难以避免。事实上，孝明天皇上已经同意开放了三个港口，之所以没有兵库是因为那里离京都太近，但这并非是反对开港。他侃侃而谈，其他公卿都被他说动，最后宫廷同意开港，同时决定从轻处罚长州。[1]

至此，关于兵库开港这一旷日持久的争论终于告一段落。7月7日，幕府进一步决定允许外国人在江户和大阪进行商业活动。这样一来，与外国所签和约的全部条款都已兑现。不过，这并不意味着幕府的所有难题得到了解决：不断有大大小小的问题产生，年轻的天皇只得越来越频繁地参与决策。

设立外国人居住地之后，直接后果便是出现了一个小问题。7月14日，长崎的地方长官逮捕并关押了六十八名基督徒。基督教在日本已经被禁了约二百五十年，然而长崎地区的"隐匿的基督徒"*

---

* 江户时代因幕府发布禁教令而伪装成信仰佛教的基督教徒。——编注

在大阪的德川庆喜

在没有牧师指导甚至没有《圣经》的情况下依然坚持信仰。随着时间的流逝，这些基督徒的信仰逐渐偏离了正统的教义，他们原来唱的拉丁文赞美诗，现在已经变得令人费解。信徒靠死记硬背把赞美诗记下来，完全不知道自己唱的是什么。大部分基督徒都是穷苦的渔民和农民。假如镇压教徒是一项纯粹的宗教事务——譬如说，镇压佛教异端——那么不会有任何问题，但镇压基督教立刻牵涉到对攻击自己的宗教异常敏感的外国列强。

时间上溯到1857年。当时老中堀田正睦与汤森·哈里斯谈判

第十三章 末代将军

后,决定同意外国人信仰自己的宗教,允许美国人在居住地建基督教堂。那时法国神父也以长崎为中心积极宣扬天主教。"隐匿的基督徒"因为有同教派的人来而欣喜若狂,公开到法国人建的教堂礼拜,并向法国公使寻求帮助。一些人甚至炫耀自己的信仰,仿佛他们的好时代终于来临,为此甚至酿成了家庭的内部矛盾。[2] 尽管基督教仍然被禁,但政府在严惩基督徒时的动作缓慢使佛教徒十分愤怒,他们威胁要自己处理这件事并屠杀基督徒。后者听到这个消息后,立刻用竹矛武装。7月14日,逮捕事件发生之后,长崎的法国和葡萄牙领事要求政府释放基督徒。被拒之后,他们将此事上报公使,强烈要求公使与幕府协商,释放囚犯。

8月24日,德川庆喜在大阪城会见了法国公使莱昂·罗斯。罗斯已要求幕府释放基督徒,然而却被告知这些人触犯了国家法律,必须要被逮捕。在罗斯的要求下,庆喜和罗斯以洽谈商务的名义见面。幕府的武器供应越来越依赖法国,而法国在被囚基督徒的问题上也非常强硬。为了给庆喜留下更深的印象,他们邀请庆喜登上法国军舰,参观空炮射击和船舶操纵。第二天,罗斯开始谈到释放囚犯的问题。

9月3日,老中板仓胜静(1823—1889)和罗斯会面并讨论释放被捕基督徒的问题。两天后庆喜写信给拿破仑三世,解释说日法之间的条约承认基督教在日本长期被禁这一事实,因此依法逮捕基督徒是迫不得已的事情。他要求法国神父停止向日本人传教。最终庆喜同意释放被囚的基督徒。这些人将由村里的官员看管,同时禁止他们迁往其他地方。[3]

这一举措没能阻止对"隐匿的基督徒"的镇压行动。1868年4月,幕府张贴告示的告示牌上,民众必须遵守的五条禁令被新的王室禁令所代替,但禁止基督教这一条并没有变化。第三条禁令这样写道:"严禁传播淫邪异端的基督教。发现任何可疑的人都应向村官报告。举报者有重赏。"[4]

连天皇也参与到如何控制基督徒的讨论中。5月9日，天皇召见亲王、公卿以及各位大名，要求他们就如何处置长崎的基督教徒发表自己的看法。天皇告诉他们，尽管上个月刚刚颁布了禁令，但基督徒的数目仍在持续增长，现在已经超过三千人。如果不采取惩罚措施，后果可能不堪设想。因此，长崎法庭的首席大法官才获得授权，可以使用适当的方式处置这些人。

参与*井上馨（1835—1915）此前去长崎了解过基督徒的情况，感到非常不安。回到京都后，井上向木户报告了长崎的情况，木户又跟副总裁三条实美磋商。他们认为最好的办法是耐心地说服信徒的领袖；遵守禁令的人应该丢弃耶稣像，宣誓信仰日本的神祇；拒不服从者则处以死刑。他们向天皇提出这个建议，于是，天皇召开御前会议。[5]第二天与会者提交了各自的意见：大多数人都同意处死全部基督徒。

英国公使巴夏礼爵士听说连新的布告牌也禁止基督教之后，非常愤怒。5月4日，巴夏礼登门拜访三条实美，抗议布告牌的内容和对长崎基督教徒的处理方式。巴夏礼以脾气暴躁著称，不难想象他声色俱厉的样子。岩仓具视、晃亲王和参与大隈重信（1838—1922）也在场，大隈最终使巴夏礼平静下来。

5月27日，明治召见木户，命他到长崎去处理这件事。布告牌被修改："淫邪异端的基督教"中的"淫邪异端"一词被删去，但另添加了一条取缔邪教的禁令。[6] 1868年6月4日，一百一十四名基督教领袖被移交给萩藩、津和野藩、福山藩关押。最终，两千四百多名信徒被关押在十七个不同的地方。监狱的条件极为恶劣。大约五百人在当局的压力下放弃了信仰，获得释放，但其他人的信念非常强大，坚持不肯改变信仰。政府认为再拘留下去也不会有什么效果，于是在1873年3月，释放全部囚犯，允许他们回家。[7]

* 见本书142页页下注。——编注

第十三章 末代将军

镇压基督教并非幕府在最后岁月面临的主要问题，对朝臣而言也是如此。朝臣一直努力的是推翻幕府。然而，他们却认为有必要在御前讨论基督徒的处置问题。此后，天皇参加了绝大部分国策的讨论，尽管官方的记录里并没有提到他的反应。

幕府面临的最紧迫问题自然是它的存续问题。已经有许多历史学家研究过日益高涨的倒幕运动的始末，因此我在这里只需说一点就够了：原先的死对头长州藩和萨摩藩结成联盟，成为刺激倒幕事业的关键因素。主要位于本州西部、九州和四国的倒幕各藩越来越不满幕府垄断了利润非常丰厚的对外贸易。然而在反对幕府时，他们通常都不会说这一点；相反，他们说的是王政必须复古。一位当代历史学家写道："维新时期的内乱绝非源于勤王思想这一点已经无须再言。其根底是以萨摩藩和长州藩为首的西南主要藩国希望脱离幕府统治的独立化倾向。"[8]

即便这是最终推翻幕府的萨摩、长州等藩的真正愿望，他们也需要一个口号，而"王政复古"刚好派上用场。德川庆喜领导下的幕府，尤其在长州征讨中战败蒙羞之后，不顾一切地采取措施避免垮台。在法国的帮助下，幕府的现代武器库存迅速增加。幕府在庆喜的领导下，开始了许多改革。其中资深大臣小栗忠顺（1827—1868）试图推行一系列计划，使幕府成为一个专制政府。他认为只有这样才能建立幕府在叛乱各藩心目中的威信。[9]早在1866年，小栗就在私底下讨论撤藩设县的可能性（这项政策最终在1871年被明治政府采纳），然而幕府却缺乏足够的支持来推行如此大胆的计划。

各主要藩国结成了军事联盟，尤其是西部和南部各藩。他们口口声声尊敬京都的宫廷，然而主要关心的问题似乎是如何保全自己的实力。至少一开始，他们并不希望以天皇的绝对权威代替幕府的统治，[10]几乎没有一个大名或家臣能够跳出自己藩国的存续问题，从整体上去考虑什么样的政策才对国家最为有利。[11]

幕府的威信也被叫做"改革社会（世直し）"的民众暴动削弱。

1866年夏天，长州之战进行期间，暴动达到了高潮。[12] 这些暴动源于对物价飞涨（特别是大米）的愤怒。他们牵制了幕府的力量，而这时的幕府正亟须团结一切力量征讨长州。[13]

与此同时，来自九州、四国和本州西部的主要藩国正在整合王政复古的计划。1867年3月，土佐藩参政后藤象二郎（1838—1897）在长崎会见了从土佐藩脱离藩籍的坂本龙马。后藤本应逮捕坂本，然而他却听了坂本先进的政治理念。两人一致认为，打破当前政治困境的唯一方法在于将军自愿把权力交还给宫廷。[14]

几个月后的1867年7月，后藤在坂本龙马和另外一名土佐藩藩士中冈慎太郎的陪同下，在京都会见了萨摩藩的三名领导人——西乡隆盛、大久保利通（1830—1878）和小松带刀（1835—1870）——并起草了一份两藩合作的公约。公约的措辞和政治理想都与坂本龙马的《船中八策》高度一致，数周之前，坂本在从土佐到京都的路上写成了这本书。[15]

两藩承诺将尽一切力量实现王政复古，并在八条盟约上达成了一致意见。第一条宣布"国无二王乃国家之常经,宜复政权与朝廷"。盟约接下来认为，必须"诸蕃贡献（资金）"在京都建一座议会大楼，"制度法则悉由京师议事堂出"。议会将由上下两院组成，下院的成员从"正义纯粹"的人中选出，包括"公卿、诸侯、陪臣乃至庶民"，上院则由各位大名组成。但是在这一切之前，将军必须"辞其职,列于诸侯,归政权于朝廷"。此外,在对外关系上,应该与外国签订"义理明白之新约定"。[16]

同年10月，萨摩和长州特别签署了一份旨在推翻幕府的条约。萨摩藩重臣大久保利通和大山纲良（1825—1877）来到山口，告诉大名毛利敬亲，尽管萨摩藩大名岛津久光劝说幕府，但幕府毫无反省之色。要解决国家的问题，只有武力推翻幕府。如果长州派军队支援在京都的萨摩军，则"皇国之大幸，未有甚此"。[17]

大久保的观点以及回答长州藩人士提问时的坦率态度打动了毛

利敬亲,他毫不犹豫地同意派兵到大阪支援萨摩藩。但是,他强调说,皇宫守卫的职责重大,假如不幸天皇被敌人掳去,一切都将前功尽弃。

京都贵族和那些旨在推翻幕府的武士之间也有往来。仍然软禁在岩仓村的岩仓具视一直与萨摩藩的主要领导人保持联系,另外,各藩来的访客也给他带来了最新消息。7月,中冈和坂本来拜访岩仓,并恳求他与宿敌三条实美和解。岩仓同意后,中冈又远赴九州成功地说服三条忘记旧怨。这样一来,勤王派两位公家在倒幕这一点上达成一致,并得到萨长两藩的支持。[18]

1867年11月,土佐藩的前大名山内荣堂(1827—1872)[19]写信给德川庆喜,建议他将王权奉还宫廷。山内荣堂并不支持以军事行动实现王政复古,但是后藤象二郎巧妙地说服了他,认为庆喜本人会很欢迎大政奉还这个提议。这样一来荣堂就显得既尊敬天皇又同情将军。后藤还强调,萨摩和长州正计划用武力推翻幕府,而避免战争的最好方法就是将军辞职。荣堂坚决认为应该避免武力冲突,他说自己不会派土佐藩的一兵一卒到京都去。后藤对此深感失望,他已经向西乡和大久保承诺将把土佐藩的士兵带到京都。不过,不管怎么说,他还是带来了山内荣堂写的一封信。[20]

信中荣堂一再重复由于不知给将军写信是否合适而倍感惶恐以及自己最近的病情,此外,还用模糊的语气表达了一个看法,即现在是"一变皇国数百年之国体,以至诚接万国,建王制复古之业之一大机会"。荣堂在自白书的最后说,他为国家的处境感到非常担忧,"恳恳之至情难以默止,泣血流涕不已"。[21]

信的后面附上了一封由后藤象二郎和其他三名藩士签名的倡议书,倡议书的内容更为详细,一共有七个要点,一些源于坂本的《船中八策》,其他则源于萨摩—长州条约。倡议书一开始便建议"议天下之大政,全权在于朝廷",国家制度法令及政策"出京都之议事所";第二条设立一个由上下两院构成的议会,议会的成员由"上至公卿下至陪臣庶民"的"正明纯良之士"中选出;第三条要求在各城市设立学校，"分长幼之序，教导学术技艺"；第四条呼吁"结道理明确之新条约"，"不失信义于外蕃"；[22] 接下来一条强调了国土防备和海防的重要性，在首都和摄津国之间建立军事设施，"朝廷守护之亲兵，为世界无右之兵队"；第六条呼吁"改新古来之旧弊。非驰枝叶，止于小条理，而以建大根基为主"。只有"除弊风，改革一新，方可建地球上独立之国本"；最后，议会的成员在做出判断时应该"去私心，基公平，设术策及正直之旨"，此外要防止"言论多而实效少之通弊"。[23]

这封信通过老中板仓胜静交给庆喜。后藤接到命令，要他争取萨摩藩同意荣堂的提议，但是西乡予以拒绝，他说倒幕计划已经拟好，现在向将军提议已经太晚。自己并不想阻止土佐藩实施它的计划，但是萨摩藩将会按照自己认为最佳的方式去做。后藤并未泄气，又接触了其他萨摩藩重臣，发现他们都支持这封信的建议。最后西乡和大久保只好同意推迟军事行动。[24]

1867年11月9日，萨摩藩和长州藩收到一份密旨，命令他们讨伐德川庆喜：[25]

> 源*庆喜，借累世之威，恃阖族之强，妄贼害忠良，数弃绝王命，遂矫先帝之诏而不惧，跻万民于沟壑而不顾，罪恶所至，神州将倾覆焉。朕今为民父母，不讨此贼，何以上对先帝之灵，下报万民之深仇哉。此朕忧愤之所在，值谅暗之际而不顾，乃万不得已也。† 汝宜体朕意，殄戮贼臣庆喜，以速奏回天之伟勋，而措生灵于山岳之安。此朕之所愿，望莫懈怠。[26]

这份谕旨措辞之强烈，实属罕见。奇怪的是，尽管它是用第一

---

* 庆喜被称为"源"而不是"德川"，是因为德川家族自称是镰仓时期将军源氏的后代。
† 宫廷仍然在哀悼孝明。

第十三章　末代将军

人称写的(使用了天皇的代词"朕"),然而署名却是三名公卿。*因此,有人认为这份谕旨是伪造的,也有人进一步主张出主意的是岩仓具视,实际操刀的是曾为僧人的玉松操(1810—1872)——他才识渊博,是岩仓的"智囊"[27]。根据岩仓自己的说法,这份谕旨由中山忠能拿去给天皇看过,得到他的首肯之后才发给两个藩国。[28]然而可疑的是,忠能竟将一份摄政都没有看过的绝密文件拿给天皇看。[29]

第二天,萨摩藩和长州藩又收到一份谕旨,要求两藩杀死松平容保和松平定敬二人。[30]谕旨由天皇发出,内容简短得多。两藩在回答时都承诺将竭尽全力服从命令,但是谁也没有动手杀害这两个人。

11月8日,德川庆喜给宫廷写了份奏折,请求允许大政奉还,天皇立即撤回了发给萨摩藩和长州藩的谕旨。[31]历史学家讨论过庆喜为什么要在这时决定放弃自己的权力。[32]幕府内部有许多人都意识到改革势在必行。11月8日,庆喜将收入超过十万石的四十个藩国的高级官员召集到二条城开会,讨论大政奉还的问题。板仓胜静给他们看了庆喜申请大政奉还的奏折草稿,并询问他们的意见。大多数官员没有表态就退场了,但是萨摩藩的小松带刀、土佐藩的后藤象二郎和福冈孝弟(1835—1919)以及安艺藩的辻维岳却留了下来。他们感谢庆喜做出的牺牲,并敦促他果断采取行动。其他藩国的人也在旁边附和。庆喜终于下定决心,当天就把奏折交给了两名武家传奏。[33]

庆喜的奏折措词老套,他追溯了自己家族服侍天皇的悠久历史、受到的优渥赏赐,表示在目前国家有难的情况下自己无德无能,因此请求大政奉还,并希望得到天皇的领导。如果大家团结一致,确保国家的安全,相信日本将能够与外国列强平起平坐。11月10日,庆喜入宫,天皇批准了大政奉还的请求。

王政复古的消息直到1868年1月4日才正式公布,然而决策

---

*　这三个人是中山忠能、正亲町三条实爱和中御门经之。

却早已定下：天皇至少在原则上是日本唯一的统治者。我们不知道明治对此的反应。他甚至没有留下一首诗，使我们得以一窥他当时的心情。维多利亚女王登基那天在日记里写的那样："我还很年轻，对太多事情都没有经验。但是我相信，极少有人像我这么善良且真心希望做出恰当而正确的举动。"[34] 或许有人也期待明治有类似的表达。不过，天皇应该会意识到，自1603年家康开始的德川幕府时代已经终结，建武中兴后五百多年来，天皇第一次在没有将军的情况下治理国家。*

同一天，岩仓具视接到了天皇允许他再次上朝的敕命。此前，一些了解岩仓的王政复古计划的人，将这一计划比作建武新政——当时（1333年）后醍醐天皇也在没有将军的情况下亲政。玉松操不同意这种看法，他认为目前王政复古的范围之广，只有神武天皇创建日本国一事可以比拟。[35] 自源赖朝首次建立幕府以来，已经过去了六百七十多年，自德川幕府建立以来，已经过去了二百六十多年。

大约一个月后，日本的外国使节都收到了这封信：

> 日本天皇告各国帝王及其臣人，向者，将军德川庆喜请归政权。（天皇）制允之，内外政事亲裁之。乃曰，从前条约，虽用大君名称，自今而后，当换以天皇称。而各国交际之职，专命有司等。各国公使，谅知斯旨。[36]

上述消息（翻译的文本）发布的日期为公历2月8日，署名为睦仁。

---

* 1338年足利尊氏出任将军，最后一位足利将军义昭于1588年被废。而1588至1603年之间有五十年时间没有将军，这段时期的大部分时间里，将军之职实际上由丰臣秀吉出任，虽然他名义上并不是将军。

第十四章

将军遁走

自从全国范围内第一次喊出"尊王攘夷"的口号以来，许多日本人梦寐以求的王政复古终于实现了。政治权力（至少原则上）收归宫廷，可是宫廷却仍未设立行政和立法机关。1867年11月27日，朝廷重臣在摄政二条齐敬家会面，商讨基本国策，但未能达成一致意见。[1] 王政复古的支持者并没有充分考虑过一旦亲政可能要面临的问题。

按照天皇颁布的政令，收入超过十万石*的大名组成议会，决定与外国有关的重要决策和政策，但是，把这些人召集到京都显然需要时间。与此同时，堆积如山的国内外问题亟待处理。宫廷似乎无力应付，事实上，这个时期的京都可以说处于无政府状态。[2]

大政奉还之际，将军在言语和行动上都表现得情真意切，然而许多在江户和京都的大名都对庆喜的决定感到愤怒。他们开会讨论大政奉还的优劣，一些人私下里拜访庆喜，表达自己的不平。庆喜耐心向他们解释说，一个国家不能有两个统治者，并劝他们回到自己的藩国去。他劝告他们不要误解，特别是不要做出任何轻率的行为。但是那些居住在江户的大名，不管是谱代大名还是外样大名，

---

* 收入用大米计算；一石大约相当于185.5升。

都不理睬这一请求。他们强烈支持幕府对抗宫廷，一些人甚至拒绝遵从宫廷发布的命令。许多武士对政府的变化感到愤怒，纷纷提议加强军备，武力夺回政权。一些武士甚至请求一直隐身在幕后的朝彦亲王恢复幕府的统治。[3]

王政复古并没有给京都带来和平与稳定。谣言频发使得气氛高度紧张。11月14日，岩仓具视秘密前往京都的萨摩藩邸，通知他们应对紧急事态。一名与岩仓关系密切的前官员告诉他，大垣藩的一名武士向老中献策，建议焚烧萨摩驻京都的宅邸，随后在混乱中将天皇劫往大阪城。岩仓相信了这个很可能毫无根据的谣言，匆忙去警告萨摩的武士小心谨慎，以防不测。[4]

暗杀——幕末时期的一个显著特点——也加剧了紧张的气氛。1867年12月10日，在萨长联盟中发挥过重要作用的坂本龙马在京都遭暗杀身亡。[5]

王政复古的公告尚未正式颁布，但幕府已不再管理国家。京都的宫廷面临各种实际问题。12月16日，摄政等廷臣召集德川庆喜和在京大名的高级家臣商讨局势，讨论的问题包括如何安排各藩派出的士兵轮流保卫京都和皇宫、如何筹集建造大宫御所的经费[6]、所司代及以下的职位如何处理、如何监管纸币的发行。[7]

原则上，这些问题应该由资深大名组成的议会来决定，但是迄今为止只有几位在京都露面，其余人在离藩之前要先看看政治的风向。宫廷最后决定至少暂时一切照旧。我们几乎可以看到庆喜脸上露出了微笑，他正从远处看着公卿在陌生的新任务面前茫然无措的样子。[8]

12月17日，天皇向三名在王政复古中发挥重要作用的公卿下达谕旨——中山忠能、正亲町三条实爱和中御门经之——命令他们告知萨摩藩和长州藩暂时停止对幕府的攻击。[9] 12月20日，庆喜再次上书提出辞职申请，但是遭到摄政二条齐敬的拒绝，他要求庆喜继续留任，直到大名组成的列藩议会商议好如何安置他。显然，宫廷还没有想好如何处置这个虽然败北但仍有实力的人物。

第十四章 将军遁走

一些历史学家认为庆喜想利用大政奉还来巩固自己的地位。在日的外国人怀疑庆喜的请辞有着不可告人的动机。据欧内斯特·萨道义爵士回忆,当英国人听说庆喜很久以来就打算"把政权移交给皇帝"时,纷纷表示怀疑:

> 我们当然不相信。我们觉得他是对萨摩、长州、土佐和肥前的纠缠不休感到厌烦,想通过召集一个列藩会议,使自己内部团结起来。会议可能会以大票数通过的方式使他恢复原职,这样一来他将比以往更有威望。[10]

早在1867年7月23日,两名幕府高级官员板仓胜静和永井尚志就想出一个妙计,即将军在天皇未成年期间担任摄政,从而避免宫廷和幕府之间的一切分歧,[11]不过这个建议似乎并没有什么结果。不过那年年底,庆喜的智囊西周(1829—1897)就未来政府的形式,向诸侯议会*起草了第一份提案。

提案采取三权分立——政府之权、大名之权和朝廷之权。"政府之权"意为行政上的权力。其首脑将由被称为"大君"的德川家族的族长担任。政府设在大阪,由大君指派的官员治理全国,不过其中"宰相"一职将由大君从大名提议的三名候选人中选出。

"大名之权"为立法之权。议政院将由两院组成,上院由大名组成,下院由各藩派一名武士组成。立法机构有权讨论重要的事项,例如法律、预算、对外政策和战争与和平等问题。大君将担任上院的主席。在上下两院无法达成一致意见的情况下,大君有权投三票,而上下两院的议员每人只能投一票,这样就能确保大君的投票永远都具有决定性。大君有权解散下院。

---

* 山内容堂建议设立的由包括德川家在内的实力大名组成的组织,作为将军及宫廷的咨询机构。——编注

政府权力的第三个组成部分——朝廷之权——只有名义上的作用。天皇将在议会通过的法律上加盖自己的印章表示同意,但是没有否决权。[12]

如果诸侯议会同意这个提案,庆喜的权力将比以前更大。通过剥夺大名的财产,庆喜的权力将进一步加强,因为大名必须将收入的三分之二用于国防,剩余的大部分用于教育、矿山开采、电话系统和铁路建设。西周当时写道:"就像土耳其人称(他们的统治者)为苏丹,俄国人称为沙皇一样,我们国家没有理由不能称为大君。"[13] 庆喜无疑希望得到大多数大名的支持,从而使自己成为一名拥有绝对权力的统治者。即使日本启蒙运动的倡导者福泽谕吉(1834—1901)也拥护"君主立宪制"。[14] 我们不知道庆喜希望的是什么。一些学者认为他的目的是实现绝对的专政,其他人则认为他希望建立一个以各藩国联盟为基础的政府,并由自己出任联盟的首脑。[15]

1868年1月4日,王政复古的消息正式宣布。那天一早,侍从千种有文就被派去通知岩仓具视软禁已经结束,并要求他立刻盛装上朝。岩仓的样子肯定很奇怪,因为他的朝帽戴在一颗已经剃得光溜溜的脑袋上(剃发是对软禁忏悔的人的要求)。他带着一个里面装有王政复古大号令等文件的盒子来到宫廷。岩仓被引到天皇面前,他将公告呈献给天皇,并说这份公告是他在天皇本人观点的基础上拟写的。说完岩仓就退了下去。年轻的天皇立刻来到书房,亲王和高官显贵都聚集在那里,天皇(为了不让大家看到他,可能是从帘子后面)大声宣读了王政复古的公告,废除关白、摄政和将军等官职,并建立一个由一名总裁(有栖川宫炽仁亲王)、十名议定和二十名参议组成的新政府。* [16]

---

* 这个时期设立的三个职位(合称"三职")都非常短命:1869年1月设立5月即废除的"总裁"一职是由亲王担任的监督性职位,为三职之首;"议定"一职是由亲王或者大名担任的行政及监督职位,不久被废止,改由四名"议定"负责其监督性的职责;1868年设立1869年被废的"参与"则由公卿、大名以及其家臣担任,负责监督一切政府部门。

第十四章　将军遁走

那天晚上举行了一个御前会议。议长中山忠能宣布会议的目的是通过实施彻底的改革来奠定王政的坚固基础。片刻之后,山内荣堂就站起来建议允许庆喜参加会议。大原重德不同意他的看法,但山内不以为意继续表达自己的观点。他称赞德川家族为日本带来了两百多年的和平与繁荣。庆喜甘愿放弃继承先祖遗留下来的权力,目的只是为了成立一个更好而持久的政府,这一做法令人钦佩,然而"二三公卿,拥幼冲之天子,性阴险之举,没庆喜之功"。[17]

岩仓可不是个对批评泰然处之的人。他叱责山内为什么可以在天皇面前如此无礼,做出这样的指控。"圣上以不世出之英才,建大政维新之鸿业,今日之举悉出宸襟,妄言拥幼冲之天子,窃取权柄,何其亡礼之甚。"[18]

山内被这个指控吓了一跳,忙不迭地为自己的出言不慎道歉,然而他的"出言不慎"并未立刻使其他人支持岩仓的观点。越前藩的大名松平庆永(1828—1880,刚刚被任命为新政府的议定)也为庆喜说话,提到几个世纪以来德川家族的辉煌成就。岩仓打断了松平的话,说庆喜哪怕有一点责任感,就应该立刻辞去职务[19],将土地和人民交还给朝廷。这样他才能协助完成大政奉还的伟大事业,并为自己在议会中保留一席之地。庆喜在宣布大政奉还时,"奉还政权之空名[20],保有土地人民之实力"。岩仓最后反问,怎么可以原谅庆喜这样的人并让他参加讨论?[21]

大久保利通第一个站出来支持岩仓。他认为宫廷应该命令庆喜交出土地和臣民,如果庆喜拒绝,就进行镇压。大久保一向沉着少语,看来那些同情大政奉还的敌人的话语,已经令他忍无可忍,变得滔滔不绝起来。[22]

后藤象二郎随后发言。他谨慎地支持荣堂和松平庆永,呼吁一个公平公正的王政复古。这显然意味着对庆喜从轻处理。跟在后藤后面发言的其他几位,包括尾张藩的大名德川庆胜和安艺藩的大名继承人浅野茂勋都支持荣堂和松平,然而萨摩藩的大名岛津忠义支持大久保。这时岩仓注意到中山忠能把几名公卿拉到一边讨论，于是质问道，这个时候大家都应该全副身心在天皇面前辩论问题的是非，他们怎么可以独自在角落里窃窃私语。讨论看来不会很快结束，于是天皇下令休会。[23]

休会期间，会场外的西乡隆盛说，"只需短刀一把就可解决争议"。听闻这句话的岩仓决心更大。[24] 岩仓首先和浅野茂勋沟通，浅野虽然支持山内，但却似乎有点犹豫。岩仓说即使在天皇面前流血，也要杀了山内。浅野在震惊之余答应支持岩仓，他派一名家臣将西乡所说的话以及岩仓的决心告诉了后藤。后藤迅速权衡一番之后，向山内建议放弃，否则将发生真正的流血事件。山内没有办法，只好听从了后藤的建议。后藤还说服了松平庆永，使他答应重新考虑。后藤之所以改变主意可能是想在新政府中谋得一职。[25] 不管怎样，当天皇回到议事厅，会议继续时，所有人都同意了岩仓的看法。没有一个人反对他提出的要求德川庆喜辞官纳地的建议。午夜时分，会议结束。

岩仓赢得了那些甚至最坚定地支持德川庆喜的人的支持，说明他拥有非凡的外交手段，能轻而易举地挑拨离间并从中得利。也许岩仓对付反对派最有效的武器就是一口咬定自己所走的每一步，包括要求庆喜放弃头衔和土地，都事先经过天皇的批准。然而事实上，明治天皇真的同意？或者说，这完全是岩仓的捏造，目的是通过援引一个他们无法反对的权威人士来制服那些庆喜的支持者？留存下来的资料并没有告诉我们哪个才是真相。明治的年纪还很小——按西方的计算方法，他只有十五岁——但不至小到不能形成自己的政治见解。孝明之所以被自己的儿子激怒，很可能是因为明治的娘家人或者后宫（大奥）的侍女向他灌输了反幕情绪。不过，最重要的是明治自始至终都在会议现场，对他们的争斗肯定印象深刻。

1868年1月5日，这次重大会议召开的第二天，新政府的两名议定德川庆胜和松平庆永来到二条城，通知庆喜天皇已经同意他辞

第十四章　将军逋走

去将军之职，并传达天皇要求他交出头衔和土地的口谕。两人的轿子刚进入二条城，那些忠于幕府的士兵就围上来，大骂他们是"萨贼"的走狗、庆喜的叛徒。两位大名丝毫不理会这些喧嚣，径直走到庆喜的房间，推开那些谩骂的护卫，传达了天皇的谕旨。

庆喜沉默而恭敬地聆听了谕旨，随后谨慎地做出回答。他对天皇允许自己大政奉还的大恩表示感谢。自己本身并不反对交出头衔和土地。但是，如果没有准备就宣布此事，将会使家臣产生恐慌，很可能生出事端。他请求推迟答复天皇。庆胜和庆永都同意了。[26]

不出庆喜所料，当幕府士兵和驻扎在二条城的各藩士兵听到口谕时都怒不可遏，认为一切都是萨摩藩搞的鬼。暴力冲突似乎随时可能发生。为了化解危机，庆喜离开二条城，前往大阪。他随身带着三位大名，他们来自最坚定不移地支持他的三个藩国——会津、桑名和备中。

天皇的支持者和幕府的支持者剑拔弩张，战争一触即发。不过，这时却出现了一个颇具喜剧性的小事件。孝明天皇的第一个忌日临近，必须举办适当的法会。然而财政长官报告，宫廷并没有举办此项活动的经费。于是，岩仓建议最好是由身为内大臣的德川庆喜出这笔钱。要求庆喜辞官纳地的岩仓，现在却仍称他为"内大臣"，实在令人惊讶。财政长官去了大阪城，向庆喜说明情况，并请求他资助几万两银子。

他来得太不是时候。城里的人正对王政复古的支持者恨得咬牙切齿，这并不是一个给朝廷捐献金钱的好时候，庆喜不愿意出钱（他也出不起那么高的数额），然而由于磨不过财政官的三寸不烂之舌，最终庆喜令幕府的财政部门拨款一千两，并承诺由京都的地方长官补足余下的数目。1868年1月27日，幕府和宫廷之间爆发战争的四天前，法会举行，用的钱正是宫廷的敌人所提供的。

1月14日，庆喜在大阪城会见了英国、法国、意大利、美国、普鲁士和荷兰的公使，告知他们政府发生的变化，但强调自己仍然掌管外交事务，因为新政府尚未做好交接的准备。[27]三天后，庆喜宣布自己不受王政复古公告的约束，并要求宫廷撤回公告。庆喜写信给总裁炽仁亲王，表达自己的反对态度。他曾经顺应民意，希望建立一个符合和平公正原则的政府，因而请求将从先祖那里继承来的政权还给宫廷，然而令他震惊的是，一些藩国的武装人员突然闯入皇宫，与那些前朝受处分的公卿相勾结，[28]试图推行一些威胁到几千年来宫廷古老惯例的改革。即使这些改革的想法来自天皇，但对其劝谏不是为臣子的责任吗？更何况天皇尚幼。目前已经可以看到天下骚乱，万民涂炭之兆，特别是在外交上，招致艰难局面。如果他们曲解天皇的意思，以权宜之计应对外国，则会失去其他国家的信任，给皇国带来极大的损害。[29]

此前，德川庆喜一直表现得像一名忠实的臣民，无条件地接受天皇颁布的法令，然而现在他似乎预见到自己的军队和那些自称效忠皇权的人之间即将爆发一场战争。庆喜在拒绝王政复古公告之时，以儒家的学说为自己背书，即君子误入歧途时，臣子有规谏之责。这是他在接下来发生的戊辰战争中的立场。[30]

西乡隆盛指使浪人在江户及其周围地区制造了一系列的纵火和抢劫案，加速幕府军队和天皇军队之间战争的爆发。[31]萨摩藩的领导人西乡和大久保故意激怒幕府，使其做出某种过激行为，从而获得向幕府开战的口实。这些事件确实令幕府愤怒，但关键性的挑衅行为却发生得相当偶然：1月18日，江户城的外城被火烧了，将军将这一切怪罪到萨摩浪人的头上。[32]同一天，萨摩浪人袭击维持全城治安的庄内藩公署。两天后，幕府军队包围了江户的萨摩藩驻地，要求交出犯下各类案子的不法浪人，被拒后向对方开火，枪战中双方互有人员伤亡。最后幕府军烧毁了萨摩藩的驻地。

三天后，这个消息才传到京都。在这期间，1867年的12月28日，天皇检阅了一次军事演习，大约有两千名萨摩、长州、安艺和土佐藩的士兵参加。这次阅兵的目的可能是通过近距离接触天皇来

第十四章　将军遁走

唤起军队的斗志，或者反过来，可能是为了向年轻的天皇灌输战斗精神（这一年他第一次骑马）。萨摩藩的军队不仅在人数上占绝对优势（一千五百人），在装备上也是如此，特别是他们的英式制服和帽子。³³ 阅兵结束后，天皇赐给各个藩的长官礼物，并向普通士兵敬酒。

第二天，江户发生冲突的消息传到大阪城时，德川庆喜刚好写完信，同意将头衔和土地还给天皇政府。³⁴ 城里的士兵听到这个消息后非常气愤，庆喜也被他们的愤怒所感染，改变主意，并决定正月初一（1月25日）派幕府军进攻京都。

幕府军的人数是一共五千人的萨长等藩国联军的三倍以上。一些幕府军确实是雇佣兵，但其他士兵则受过法国教官的训练，且配有现代的武器装备。据说，西乡听到幕府和天皇的军队在鸟羽（位于大阪和京都之间）交战时，激动地喊道："鸟羽一发枪声，比得到一百万同盟军还要令人高兴。"³⁵ 不过，西乡肯定也担心战斗的结果。战斗尚未打响，他就已经制定出一套措施，旨在当京都受到直接威胁时保护天皇的安全。³⁶ 天皇将乔装成宫女，和皇太后一起坐上女轿，由萨摩和长州的士兵护送到安艺或者备后一处安全的地方。³⁷ 很难想象仅靠一顶假发和厚厚的脂粉，就能使明治天皇刚毅而富有男子气概的脸看起来像个女人，不过化装成女人逃跑却是有历史渊源的。*

1868年1月27日，战斗打响。会津藩和桑名藩的军队向京都进发，在经过鸟羽和伏见时遭遇了主要来自萨摩的天皇军。幕府军先锋部队的指挥官发话说，他们奉前将军之命前往京都。假如有人试图阻挡，他们将以武力突破。萨摩军以枪炮声作为回答。据说，一发萨摩的炮弹击中了幕府军长官泷川具拳旁边的炮架。泷川当时

---

* 例如，1159年二条天皇就曾假装妇人，离开宫殿，到六波罗的平清盛家暂避。这件事出自《平治物语》。

正骑在马上，受惊的马脱缰，甩掉了泷川并沿着鸟羽大街一路狂奔。突然的炮声和脱缰的野马使正沿着街道列队的一队幕府军陷入混乱。对他们的进攻来说，这实在是个糟糕的开始。[38]

野马脱缰是个意外事件，但天皇的军队还拥有一样秘密武器，那就是他们肩上所扛的征讨叛军时才使用的锦旗。1867年10月10日，大久保利通和品川弥二郎（1843—1900）去岩仓村拜访岩仓具视，讨论大政奉还的计策。岩仓向两人出示了玉松操设计的锦旗图，要求他们制作一些这样的锦旗。大久保回到京都后，买来红色和白色的锦缎，由品川带到山口，做成锦旗。制成的锦旗一半放在山口，另一半放在京都的萨摩藩驻地。[39]

1月28日，天皇赐给仁和寺宫嘉彰亲王一面锦旗和一把节刀，*作为任命他为"东征大总督"的符节。[40]那些反对嘉彰亲王的人不仅被视为敌人，而且被视为"朝廷的敌人"（朝敌）。德川庆喜一直努力强调自己攻打的不是朝廷而是萨摩，然而锦旗使萨摩军获得了天皇保护者的合法身份。它在打败亲幕的军队中发挥了重要作用，因为它不仅鼓舞了萨摩军的士气，还使幕府军犹豫是否可以攻打天皇的军队。[41]

任命嘉彰亲王担任大总督是一个奇怪的选择。[42]除了具有皇族血统以外，他完全无法胜任这一职位。1858年，十二岁的嘉彰亲王到仁和寺出家，不管是出家期间还是后来，都没有受过军事训练。大总督之职无疑是象征性的，真正的指挥工作留给了像西乡隆盛这样热衷于战斗的人。[43]也可能是由谁担任总司令并没有多少区别——日本战争仍然保留了许多中世时期的单挑传统。

不管鸟羽之战的胜利应该归功于谁，这一仗的胜利却是决定性的。幕府军弃阵而逃。他们企图在一名老中的封地淀城重新集结，但却被拒之城外，极度吃惊之余也开始恐慌起来。这是第一次有本该效

---

* 大总督出征时，天皇赐给他的一把刀。

第十四章　将军遁走

忠幕府的军队出现背叛行为。第二次则出现在一天之后，守护大阪门户山崎的津藩将枪炮对准了幕府军。前一天一份来自宫廷的谕旨（在锦旗的帮助下）成功地说服了津藩抛弃幕府，转为拥护宫廷。[44]

　　品尝到败北滋味的庆喜在第二天傍晚，在大阪城召集谋士和军事将领开会，商讨作战策略。大家一致要求庆喜亲自担任幕府军的指挥，以此来提高士气。庆喜一口同意，让所有在场的人都感到高兴。那天夜里庆喜溜出大阪城，打算登上幕府军的"开阳丸"号军舰。船还没来，庆喜暂时登上了美国军舰"易洛魁人"号（*Iroquois*）。*第二天一早庆喜乘坐"开阳丸"号逃往江户，随身只带着几名高级官员。幕府军的残兵听说庆喜已经逃跑，纷纷弃城而逃。庆喜后来说，自己从未想过与宫廷作对，锦旗一出现，他就完全失去了斗志。[45]

　　戊辰之战并没有结束，然而鸟羽之战的胜利意味着天皇军现在控制了日本的西部和南部。尽管尚未攻下江户和北部地区，但天皇的政权已经取得了一次重大的胜利。

---

* 有一种说法认为，他登上美国船是因为天太暗而无法将其与"开阳丸"号区分开来，但是大家普遍认为他知道那艘船是"易洛魁人"号。

第十五章

接见公使

1868年2月9日，攻下大阪城之后正好过了一周，明治天皇终于举行了加元服仪式。为了庆祝，朝廷宣布大赦，十九名由于各种原因被禁止上朝的公卿都得到了赦免。借此机会，朝廷也向六国的公使去信，通知他们天皇今后将在国内外事务上行使最高权力。

这封措辞生硬的正式信件除了强调天皇的新统治权之外，还暗示尽管天皇的父亲强烈反对将军与外国签订的条约，现任天皇却承认这些条约的有效性。宫廷间接承认了与外国发生关系的不可避免，也显示了朝廷希望构建和睦关系的认识。[1]

敕使东久世通禧向全部公使出示了这封信的翻译件，之后，"大家连珠炮似的向使者发问，使者很好地回答了他们的问题"。[2]现场气氛和现代的记者招待会极其相似，令人惊奇。法国公使莱昂·罗斯表示自己将继续支持将军，其他公使则只承诺会向本国政府汇报。

当天政府向国内发布了一个公告，称世态剧变，因此与外国建立友好关系这件曾经令前天皇忧虑不已的事情已得到批准。民众的行为必须尽量符合天皇的意愿，政府将不再容忍针对外国人的暴力事件。另外，为了光耀国威于海外万国，日本将加快军备建设，并将根据国际法修改条约的不平等之处。[3]

与幕府军的战争（这一次位于箱根的边境以东）重新打响之前，

第十五章　接见公使

亲子内亲王（以前的和宫）给东海道平叛总督桥本实梁（她的娘家亲戚）写信，请求原谅德川家族，免除他们"朝敌之污名"。她说，庆喜完全没有料到会爆发战争，在被视为朝敌之后，立刻就返回了江户。考虑到庆喜所犯的错误，怎么处罚都可以，但是看在自己的份上，不要将德川家族视为朝敌。如果天皇军打垮了德川家族，她肯定会自杀。生命对她而言毫无意义，但是一想到将和朝敌死在一起，就心痛不已。亲子内亲王乞求宫廷答应她的请求。[4]她现在已经将自己视为德川家族的一员。

亲子内亲王的请求自然不会完全被忽视，然而它在决策层却起不了什么作用。许多大名支持，只要庆喜正式道歉，就保全他的家族。这种处理方法正是岩仓所希望的，他派了一名使者到江户去，敦促庆喜尽快同意。然而岩仓认为使者带回来的回答缺乏诚意，对这位前将军的态度转为强硬。这时，数以千计的萨摩和长州士兵已从海陆两路围攻江户城。

庆喜自己也摇摆不定，不知应该投降还是抵抗到底。2月9日，他写信给英国公使巴夏礼爵士，称德川政权仍然控制着对外事务。庆喜说如果巴夏礼会见天皇政府的代表，就是违反了两国之间的约定。他以这种方式维护自己的权威。但两天后，庆喜的谋臣小栗忠顺被免职。小栗支持抵抗政策最为坚决，这表明庆喜准备寻求和解。2月11日，庆喜写信给最愿意从宽处理自己的两名朝臣松平庆永和山内荣堂，辩称鸟羽和伏见之战并未得到他的批准。庆喜说不知自己为何会被追捕，并请求他们为自己说情。[5]

2月13日，庆喜第一次在江户城会见罗斯，这样的会面一共进行了三次。这位法国公使依然支持德川政府，相信尽管他们在鸟羽和伏见受挫，但最终将会取得胜利。庆喜告诉罗斯，自己将尽一切努力保留祖先留下来的领地。他说天皇现在形同监禁，无法做符合自己意愿的事，所谓的天皇政府实际上是由萨摩人和长州人控制。

他们第二次会面时，庆喜说自己打算退位并将职位传给纪州藩

英国驻日使馆翻译萨道义　　英国公使巴夏礼

法国公使罗斯

第十五章　接见公使

大名德川茂承。2月15日，庆喜再次写信给庆永和荣堂，告诉他们（就跟他和罗斯说的那样）自己打算退位，因为自己已经是一名朝敌，且身体状况不佳。他请求两位大名为自己洗雪朝敌的污名。

2月23日，庆喜和罗斯最后一次见面。他向罗斯递交了一份声明书，为大政奉还以来自己的行为辩护。庆喜强调自己不仅打算遵守与外国签订的条约，还准备对其进行"完善"，暗示修改后的条约将会对外国更加有利。也许他还计划将基督教合法化。[6] 但是，自己忍耐的程度有限，希望对方理解。也许庆喜是在间接地说，自己在许多问题上都可以妥协，但却无法容忍外人入侵自己的藩国。罗斯对庆喜的话一点也不感到吃惊，因为这份声明的草稿正是他起草的。

在外国公使中，罗斯是唯一一位坚持自己的判断，认为一个在大君领导下的稳定政府对西方贸易者来说最有力。巴夏礼的反应要比他快得多。他迅速地意识到，京都的天皇政权最终将统治整个国家，而庆喜则仅仅是个只拥有一个藩国的失败者。[7] 3月4日，庆喜离开江户城，到上野宽永寺内的大慈院隐居。他宣布从今以后自己将彻底投降，并专心进行忏悔。庆喜将天皇的发怒完全归咎于自己，并说已准备接受"天诛"。他唯一的请求就是派已经出家的公现亲王到京都去，替自己向天皇说明。[8] 除了拥有皇室身份，迄今为止公现一直默默无闻，但不久之后他将成为皇位的竞争者。

在庆喜犹豫着怎么做才合适时，京都的政府内部出现了关于未来都城选址的新纷争。大久保利通建议将都城迁往大阪。迁都意味着摒弃旧政权和京都贵族，建设一个新的开明政府。"大阪之地为外国交际之道，最适讲富国强兵之术，建海陆军。"最重要的是，天皇从御所出来，将会打破他与天下万民隔离这一长年弊习。"诸外国帝王唯携一二从者，行走国中。爱抚万民为君道之第一义也。"[9]

2月17日，大久保在宫廷议会上提出这个建议时，遭到以议定中山忠能为首的公卿的激烈反对，他们认为这是萨长两藩为了谋取私利而策划的阴谋。公卿反对迁都的一个更重要原因无疑是他们非常依恋京都这个他们一直生活的地方。[10]

大久保的迁都计划没有立刻得到批准，然而同时提出的诚恳要求并非无人理会。他请求天皇离开闭塞的御所，亲自指挥东征的讨伐军。2月25日，天皇自孩提时代以来第一次离开御所。他乘坐葱华辇（一种天皇乘坐的非正式轿子），随身带着象征皇位的宝剑和勾玉，参观了幕府在京都的权力象征——二条城。天皇抵达时受到了总裁炽仁亲王的欢迎。接着天皇来到位于城堡正中的会客厅，坐到用竹帘隔开的上房，总裁、议定和参议（高级顾问）坐在中房，下级顾问和其他人则坐在下房。他们在此讨论了天皇是否适合亲讨叛军以及设立最高指挥官的问题。朝仪结束后，天皇将炽仁亲王召到帘后，下达亲征之令，称庆喜及其叛军走卒已经逃往江户城，正变得越来越无法无天。天皇不能容忍这种四海鼎沸、万民涂炭的情况发生，已经决定亲征。天皇接下来打算挑选一名合适的人担任最高统帅。畿内七道的大小藩国的所有军队都应做好准备，几天之内陛下将参加作战会议并发布命令。一旦接到命令，各方应该立刻集结。诸军应齐心协力，夺取这场忠诚之战的胜利。[11]

3月1日，天皇任命炽仁亲王为最高统帅，授予他一面锦旗，由津和野藩的两队士兵护卫。炽仁亲王是德川庆喜的姻亲，因此，他特别要求担任东征军的大总督。3月7日，炽仁亲王正式辞别了天皇。

炽仁亲王发布了数条陆军法令，如"军中无论贵贱，同寝食劳逸"；"禁乱毁神社佛阁、火烧民家、掠夺家财、强卖等事"；"遇外国人暴行无礼等，捕之上申中军，检查曲直，纠至其国公使以求至当之处置。禁无故开枪斩杀等，禁乱入外国人居处"。这些法令的目的显然是为了让全世界相信，日本军队遵守国际公认的战争准则，并不是一群沿途烧杀抢掠的匪徒。

宫廷希望改善与外国人的关系，这一点显然也反映在允许外国公使觐见天皇这个决定上。反对的声音非常强烈，尤其是宫里的人。松平庆永和岩仓具视在天皇面前解释说，君主接见外国公使是国际

第十五章　接见公使　　　　　　　　　　　　　　　　　　155

通行的原则。5月9日，天皇发布公告，允许外国公使觐见。公告解释说天皇异常匆忙地做出这个决定，是因为自己即将离开京都，率军亲征。[12] 明治愿意会见外国人，说明他没有受到痛恨外国人的父亲的影响。

公告下面是一份总裁、议定、参议论证接见外国公使正当性的奏折副本，其中引用远古时代日本天皇进行类似接见的例子。尽管这些例子真实性非常模糊，但引用先例是日本宫廷的传统。虽然除了中国和朝鲜之外，天皇没有接见过来自其他国家的外国人，但公告将这归咎于日本航海技术的尚未成熟。现在日本已经和全世界建立了联系，如果不遵守国际通用的惯例，将会导致其他国家的不信任。为了友好的国际关系着想，有必要做出一些妥协。[13]

改善与外国人关系的第一步，是允许他们访问京都。欧内斯特·萨道义爵士兴致勃勃地描述了在古都的见闻，并衷心希望外国使节从此以后可以住在这座城市（尽管气候不太好），而不是江户，"因为人们都认为这个国家的政府将会设在京都"。[14]

正在这个时节，堺市发生了一起严重的排外事件。"杜布雷"号（*Duplex*）上的十一名法国水手被土佐藩的武士杀害。根据日本人的描述，几个法国水手（和六名同伴）在堺市的街道上晃来晃去，行为无法无天，于是遭到正在维持秩序的土佐藩武士的袭击。萨道义的描述则截然不同："这些日本人杀害了毫无恶意且手无寸铁的船员，这些船员从未做出一丝的挑衅行动。"法国公使莱昂·罗斯立即写信，要求处死造成此次事件的土佐藩武士、赔偿被杀害的水手家人的抚恤金十五万美元、外国事务长官山阶宫亲王亲自道歉、土佐藩的大名山内荣堂道歉、禁止带刀的土佐武士进入开放的商埠。[15] 日本答应了全部要求。

杀害法国水手的二十名土佐武士被抓获后，被勒令切腹自杀。法国船长目睹了十一名武士切腹自杀的刚毅情景，举手请求暂停这种行为，罗斯也要求赦免剩下的九个人。萨道义对此感到遗憾：

"在十一个人受完刑之后，佩蒂特·图瓦尔（Petit Thouars）船长认为有必要停止行刑，对此我们只能感到遗憾。这二十个人的罪行相同，一命偿一命的方法更像是为这十一名法国人报仇，而不是伸张正义。"[16]

萨道义之前曾目睹过一名犯法的备前藩官员切腹自杀[17]*，并被这种高尚的惩罚形式所折服。十一个人切开腹部，随后又被斩首的情景，似乎并未令他感到恐惧，这或许是因为当时公开行刑在欧洲非常普遍，而且这类活动还带有一种类似狂欢节的气氛。他写道，

> 说到因切腹自杀的场面过于恶心而耻于亲临现场，我感到非常自豪，因为我没有退缩，勇敢地目睹了一场自己尽力促成的惩罚。它并不恶心，而是一场最体面和高雅的仪式，与我们为了公众的娱乐习惯而在纽盖特监狱前所做的处刑相比，这种做法要尊贵得多。[18]

3月23日，明治天皇接见了法国公使罗斯和荷兰政府的代理人德克·德·格雷夫·范·波尔斯布鲁克（Dirk de Graeff van Polsbroek）。† 下午2点，天皇身穿引直衣‡，带着宝剑和勾玉，到紫宸殿，坐在豪华的屏风后面。副总裁三条实美和辅弼中山忠能站在他的身旁，外国事务总督晃亲王[19]和副总裁岩仓具视则站在屏风外面，一些级别较低的官员分别站在他们左右。外国事务副长官东久世通禧领着法国公使来到天皇面前，鞠了一躬。天皇的声音传来："贵国国君身体无恙，乃朕之喜悦。望自今两国之交际日益亲睦，永世不变。"[20]

---

* 西方人更为熟悉的一个词是"腹切"（Harakiri），传统武士更喜欢使用"割腹"（Kappuku）。但是不管名称如何，这个行为都是用匕首深深地划开自己的腹部，以显示内脏洁净无瑕。
† 罗斯在日本的职位是高级外交官。范·波尔斯布鲁克虽然职位比较低，但是可能因为日本和荷兰之间的长期关系而先于巴夏礼被天皇接见。
‡ 天皇所穿直衣的名称。——编注

第十五章　接见公使

罗斯的回答相当长，最后他以拿破仑三世的名义祈祷日本繁荣昌盛、天皇得到神灵的保佑。说完，法国公使退下，荷兰公使被领到天皇面前，天皇对他说了同一番话。之后赐给两位公使茶点。接下来见的是英国公使，他已经离开自己和下属住的知恩院，正骑马朝皇宫走来，英日的护卫随行。日本人中包括中井弘（1838—1894）和后藤象二郎。当他们一行人来到新门前路和绳手路交叉处时，

> 有两个人从马路对面突然冲出来，拔出剑袭击人群和马匹，他们一路疯狂砍杀。中井看到之后立刻从马上一跃而下，与右边的一个刺客交手，两个人打得难解难分。打斗当中中井的脚被肥大的裤子绊住，跌了个四脚朝天。敌人一刀劈向他的脑袋，但是被中井躲过了，只受了点皮外伤，就在这时，中井一刀刺进了这个人的胸膛。受伤的刺客转过身来背对中井时，又被后藤从肩膀砍了一刀，彻底倒在了地上，这时中井一跃而起砍下了他的头。[21]

另外一名刺客在杀害了许多英国护卫之后，向萨道义逼过来，刺伤了他的马。侥幸逃过一劫的萨道义骑到队伍的前头保护公使。他看见"巴夏礼爵士穿着漂亮的全权公使的服饰，镇静地骑着马，立在十字路口的中央"。第二名刺客不久就被抓获。"在三条的一名家臣的帮助下，我们对他进行了审问。他表示极为后悔，并请求把头砍下来公开示众，以向全国人民昭示自己的罪行。"[22] 刺客一口咬定没有其他同伙（尽管后来三名共犯被流放）。京都有许多人同情袭击者，他们认为，如果让外国人进入皇宫，将会严重削弱这块神圣土地的神力，如果让外国人看到天皇的脸，将会亵渎天威。[23] 天皇得知巴夏礼被袭的消息之后，深感遗憾，政府官员急忙跑到巴夏礼身边慰问。巴夏礼回答说，这不是对他，而是对天皇的暴行，

政府肯定知道如何维护主权的尊严。[24] 巴夏礼的许多护卫都受了重伤，那天不可能去觐见天皇了。

（知恩院）变成了一座医院。我们的伤员鲜血直流，好像马上就要死了，他们耐心地躺在走廊上，等着外科医生来给他们做手术。只穿着衬衫的外科医生，好像一下子麻利了几倍，迅速而熟练地为每一名伤员处理伤口。衬衫和被单被撕成一条一条的绷带，一桶桶的血水倒光了又被注满。放眼看去，每一个人都非常可怕，浑身既湿漉漉又血淋淋。这真像是梦魇。就在这时中井砍下的那个人头被拿了进来——真是太可怕了。[25]

天皇和巴夏礼以及年轻的翻译官米特福德（A. B. Mitford）[26]的会面延迟到4月14日进行。米特福德写道："我们自己的随行人员减少了，这实在令人伤心。我们只有两名骑马的护卫，他们手握着剑分别骑在巴爵士的两边。"当英国人抵达御所时，他们吃惊地发现那里甚至没有加强防卫，四周是普通的白色围墙，然而米特福德说："尽管朴素，但御所还是有自己的一种宏伟在里面。"[27]

巴夏礼和米特福德被领到会客厅，在那里会见了明治天皇，这也许是外国人第一次见到日本的天皇：

中间是一顶华盖，由四根黑漆的细柱子支撑着，上面张着白色的绫绸，绫绸上绣有红色和黑色的花纹……华盖下面是年轻的天皇，他坐在（或者应该说是靠在）一张很高的椅子上。他的后面跪着亲王，如果需要，随时准备接替他的任务……

我们一走进去，天子就站起来向我们鞠躬致意。他是个个子高高的年轻人，有着明亮的眼睛和清晰的五官。他的神情非常庄重，对于一个历史比地球上其他主权国家都要长好几百年的王朝来说，这样的表情极为相称。他穿着白色的上衣，很长

第十五章　接见公使

的紫红色绸的裤子，后面带有拖尾，就跟妇女的曳地长裙一样。他的帽子和大臣的一样，但按照惯例，上面加了一根长而硬的薄纱状羽毛。我称之为羽毛是因为想不到更好的词，但其实它一点也不像羽毛那么毛茸茸。他的眉毛都剃掉了，然后重新画在高高的额头上；他的脸颊涂上了胭脂，嘴唇也涂上了红色和金色。他的牙齿是黑色的。如此滑稽而扭曲的形象，却仍然显得庄重，这本领确实不小；然而高贵的血统*却无法否认。我也许可以补充一句，不久之后，这位年轻的君主就会把所有这一切陈腐的风气和古老的束缚，连同其他许多过时的东西，一并抛弃了。[28]

天皇与英国公使的会面和他与法国和荷兰公使的会面差不多，但他加了一句，为三天前他们来皇宫路上发生的"不幸之事"表示遗憾。巴夏礼礼貌地回答说，天皇的仁慈话语已经使他完全忘记了这件不幸的事情。[29] 米特福德后来写道，天皇"由于非常年轻，而且刚刚脱离宫闱，没有经历过这样的情形"，因此有点害羞。他的声音低得几乎听不见，因此要由在他右手边的亲王把话重复一遍，再由伊藤俊辅翻译成英语。[30]

巴夏礼和米特福德与天皇会面后三天，正向江户进逼的天皇军和近藤勇领导的约两百名新选组成员发生了第一次冲突。板垣退助领导的天皇军取得了胜利。[31] 可能天皇军江户之行最值得纪念的事情就是他们唱的一首歌，这首歌的歌名是《宫先生、宫先生》，是品川弥二郎在鸟羽和伏见之战时创作的。[32] 这首歌不仅传遍了日本，还传到英国，创作于1885年的轻歌剧《天皇》就吸收了这首歌的曲调和部分日语歌词：

---

*　原文为意大利语，即英语的"贵族血统"（blue blood）。

宮様、宮様、お馬の前のぴらぴらするのは何じゃいな。とことんやれとんやれな。ありゃ朝敵征伐せよとの錦の御旗じゃしらなんか。とことんやれとんやれな。*³³

---

* 这段歌的大意是："阁下，阁下，你的马前面飘动的是啥？""那是锦旗和给我的命令，'打败朝敌！'你没看出来吗？"

第十六章

五条誓文

　　1868年4月7日颁布的《五条誓文》，无疑是年轻天皇发布的第一部具有重大历史意义的法令。天皇当着天地神祇宣誓时，包括公卿和大名在内的百官都在场。宣誓的前一天，天皇颁布诏书，宣布恢复长期以来被武家强制中止的各种神道教仪式。其目的明显是恢复古代祭政一致的制度。[1]

　　复古计划的一个核心是重新设立神祇官。这个职位早在8世纪初就已设立，但是这几百年来只是名义上的虚职而已。如今，神道教的神官、宫廷和神社举行的神道教仪式都将受神祇官管辖，而神官也将恢复长期以来被替代的各种功能。重视神官职务、强调神道教和佛教分离的态度在四天之后更加清晰：新政府颁布了一项更为详细的法令，要求那些本身是和尚的神官必须放弃佛教的身份、职位，废弃袈裟，还俗蓄发。[2]

　　一千多年来，尽管神道教和佛教之间天生存在矛盾，但大多数日本人都同时信仰两种宗教。例如，根据神道教的教义，现世是美好而欢乐的，死后的世界——黄泉——则是污秽和腐败之地。与此相反，佛教的教义则认为现世充满了痛苦和磨难，但此生的所作所为却能使我们死后享受极乐净土的快乐。那些论述宗教问题的日本人完全忽略这些根本性的分歧，广为民众接受的是"本地垂迹"说，即认为神道教神祇是佛教的佛与菩萨在日本的化身。[3] 天皇计划恢复神武（初代天皇）时期的祭政一致体系，佛教作为一种外来宗教，在这时遭到了排斥甚至迫害。*

长期以来，佛教的官方地位都比神道教重要得多。天皇们时不时出家，死后还以"院"（寺庙的名称）作为称呼，然而皇室却从未忽视神道教。天皇履行的最重要的仪式都和神道教有关，每一年都以祭拜四方的"四方拜"开始。这个仪式于新年那天的寅时举行，天皇向自己生辰星（属星）、天地四方的神祇、父母亲的坟墓方向遥拜，祈祷五谷丰登和长治久安，即现世的一切幸福遵照的都是神道教的现世观。仪式中包括天皇的属星，表明神道教仪式受道教的影响很深。宫廷常常依靠阴阳师占卜运气的好坏。在咨询阴阳师之前，宫廷不会有任何行动。

明治初期日本人的宗教生活包含了神道教、佛教、道教等信仰，其中也有或许可以称之为迷信的因素。神道教，尤其是神祇官得到特别的重视，当然与天皇的重要性增加有密切关系，因为神道教认为，天皇是世界上地位最高的人。

天皇宣布《五条誓文》时的仪式完全是神道教的。那天的仪式在紫宸殿举行，公卿、大名和低级官员身着各自的朝服济济一堂，场面甚是壮观。仪式一开始是洒盐水和撒米，这是祓除的仪式。接下来由神道教的大神官白川资训演唱降神的神歌。祭品摆好之后，天皇身着引直衣，在两名副总裁（三条实美和岩仓具视）、两名辅弼（中山忠能和正亲町三条实爱）等高官的陪同下走了进来，坐在

---

* "本地垂迹"的最早例子似乎可以追溯到公元937年，当时人们认定有两位神是菩萨的化身。经过一段时间之后，每个神据称都是某位佛陀或者菩萨的化身。佛教真言宗的十三位佛陀成为了大多数神灵的"本地"。神道教的宗教仪式吸收了加持祈祷、护摩、护符、预兆等众多真言密教的教义。佛教和神道教之间融合最重要的产物是"两部神道"，这是一个真言宗（金刚界胎藏界两部曼陀罗）与伊势大神宫（内宫外宫）结合后衍生出来的术语。

第十六章　五条誓文

皇位上。天皇面朝南方，[4]神座在他右手边的斜对面。四幅描绘四季风景的屏风围绕着天皇的宝座。

三条大声朗读了一份神道教的祈祷文。他首先向天地诸神祈祷，[*]念完之后，天皇走向祭坛前方的跪垫，叩拜祷告，贡上系有布帛的杨桐枝。接着三条大声宣读天皇的《五条誓文》：

> 广兴会议，万事决于公论。
> 上下一心，盛行经纶。
> 官武一体，以至庶民，各遂其志，毋使人心倦怠。
> 破除旧来之陋习，一本天地之公道。
> 求知识于世界，大振皇国之基础。

众所周知，誓文的撰写者并不是明治本人，而是由两位武士出生的学者由利公正（1829—1909）和福冈孝弟撰写，再经过木户孝允的修改。[5]一些学者不太相信誓文的重要意义，他们认为这些看似自由的理想掩盖了誓文的真正目的：在第二天攻打江户城的战斗中，赢得全国人民的支持。[6]

如果你以为五条誓文意味着政府领导人打算近期成立议会，则大错特错。但是，不管誓文是否真心追求进步，它使用的语言都是日本甚至整个汉字文化圈前所未有的。"万事决于公论"绝对不是习惯的做法，认为下层人民享有管理国家的权利也不是——不管你如何定义"下层人民"。第四条誓文——"破除旧来之陋习，一本天地之公道"——诚然模棱两可，非常容易引起歧义，但是人们通常都赞美过去的习俗，将其与现在的堕落风气相比较，绝不认为那是"陋习"。最后一条表示将在全世界范围内追求知识，看起来甚至和复古的基本理念——借鉴日本的过去，而不是借鉴其他国

---

[*] 根据中国的天文学说，皇帝的位置在北方，面朝南面的大臣和诸侯。

家——相抵触。后来,五条誓文表达的原则受到淡化,有时还被忽略,然而却从未被否定。五条誓文被保留下来,因为它体现了那些希望日本成为一个现代国家的有识之士的理想。[7]

誓文宣读完毕,公卿、大名等在场人士都在文件上签名,以表示坚定拥护《五条誓文》的决心。他们"誓死奉戴纶旨,勤勉从事,以安天子之心"。那些没有到场的公卿和大名后来都到宫廷签了名,加起来一共有七百六十七人。[8]

天皇自己如何看待这个仪式?就算他和身边的人说过一些看法,也没有留存下来。天皇还太年轻,起草誓文时很可能没有人咨询过他。因此我们甚至可以想象,他是在听三条实美大声朗读时才第一次知道誓文的内容;但是,要说这个仪式——他继位以来最令人难忘的一个场景——以及《五条誓文》的宣言没能打动他,也难以想象。正因为天皇既年轻又缺乏经验,誓文体现的理想主义或许才深深感动了他。统治初期,天皇本人确实表现出赞同五条誓文的行动。

《五条誓文》颁布的同一天,还颁布了天皇的一封信。信中天皇描绘了祖先的功绩,安慰民众,并承诺将提高国家在外国人心目中的威望:

> 朕以幼弱猝继大统以来,思虑以何与万国对立,方可恭奉列祖,朝夕恐惧难堪也。中世朝政衰落,武家专权,表推尊朝廷,实敬而远之,至亿兆百姓之父母,不能知赤子之情,遂亿兆百姓之君主仅存名讳。故今日于朝廷之尊重,较古时或有倍增,然朝威倍衰,上下相离,隔如天地。如此形势,朕以何君临天下?今般值朝政一新之时,若天下亿兆臣民,有一人不得其处,皆为朕之罪。今日之事,乃朕劳身骨,苦心志,立于艰难之处。故履列祖之踪迹,勤于治世,方始履天职,不背亿兆之君之义务。往昔列祖亲临万机,若有不臣之事,亲自为将而

第十六章　五条誓文

征之。朝廷之政裁简易，如此，君臣相亲，上下相爱，德泽天下，国威耀于海外。然近来值宇内大开、各国自四方飞来之时，独我国固守旧习，不求一新。朕若仅安居于九重中，偷一日之闲，忘百年之忧，恐我国受各国轻蔑，上辱列圣，下苦百姓。故朕在此同百官诸侯共誓，继列祖之伟业，不问一身之艰难辛苦，亲经营四方，安抚汝等民众。终开万里之波涛，布国威于四方，置天下如富岳山（富士山）之安。汝等民众仅以旧来之陋习为尊朝廷之事，则不知神州之危急。朕举手顿足，则生非常之惊，生种种疑惑，万口纷纭。然朕丧失此志，即是朕失为君之道时，亦失列祖之天下时。汝等详察朕志，去私见，采公义，助朕之业，保全神州。慰列圣之神灵，乃朕生前最幸事也。[9]

这封信特别有意思，因为它和孝明以及任何一位前天皇写的信都非常不一样。信的主题是天皇希望与民众建立更亲密的关系。天皇谴责武家为自己营造了一个光环，使民众无法理解自己，而自己也无法理解民众的感受。他说，自己现在打算抛弃天皇的被动角色，主动承担起治理国家的责任。天皇在这里是呼吁大家在即将发生的大变革中与其配合。他的祖先们从未想到与民众通力合作的重要性。

4月8日，《五条誓文》发布的第二天，写有五条禁令的新布告牌代替了幕府的布告牌。前三条禁令与幕府长期以来的规定相似，余下的两条则是为了应对当前的危机而定下的权宜之策。

第一条禁令依照惯例是："遵守五伦之道；鳏、寡、孤、独、废疾者，皆有所养；禁止杀戮、纵火、偷盗及其他的恶行。"

第二条禁令保留了幕府原来的规定，禁止谋反、通过非正规的途径上诉、集体离开乡村以及其他反抗行为。第三条禁令严禁传播基督教，并通过悬赏的方式鼓励人们向当局举报任何可疑的传播者。

前三条禁令一点也不令人意外，但是剩下的两条才是重点。第四条显然想吓退那些仍然抱有"攘夷"思想，试图通过恫吓或流血来赶跑外国人的人：

> 兹王政一新，乃循朝廷条理，交际外国，依万国公法履行条约，不可加害外国人。背此者有悖朝命，酿成国难，乃至失国际信义，伤皇国威信，故应处至当之刑。

第五条禁令可能是为了阻止那些不满家乡生活条件的人。他们计划趁幕府垮台，旅行更为方便之机搬到更舒适的地方居住："严禁士民逃离本国。对国家及主家有意见者，许建言太政官。"

较之当着公卿和大名的面宣读的《五条誓文》，这些遍布全国的告示更为普通民众所了解。[10] 第四条禁令尤为重要，它宣告了"尊王攘夷"口号中"攘夷"部分的终结。

就在这时，西乡隆盛和庆喜的顾问胜海舟（1823—1899）正在江户就江户开城的问题进行谈判。胜海舟咨询了英国公使哈里·巴夏礼爵士的意见。欧内斯特·萨道义爵士写道：

> （胜）说他准备为保卫庆喜而战，并且相信西乡有能力阻止宫廷下达令天皇蒙羞或延长内战的谕旨。胜恳求巴夏礼爵士利用自己对天皇政府的影响力，避免这种灾难的发生。巴夏礼确实一再这么做，特别是4月28日西乡来访时，他一再强调，严惩庆喜及其支持者（尤其在人身处罚方面），将会损害新政府在欧洲各国心目中的威望。西乡说新政府不会要前将军的命，对那些煽动庆喜进攻京都的人也能同样从宽处理。[11]

江户无血开城的谈判成功，很大程度上归功于这名外国人的建议。4月26日，在桥本实梁和西乡隆盛的带领下，约六十人进入江

第十六章　五条誓文　167

江户开城谈判。左为西乡隆盛,右为胜海舟。圣德纪念绘画馆,结城素明所绘

户城,新主人德川庆赖在西门恭迎他们。双方同意在一周后,即5月4日,把江户城移交给天皇的军队。那天,天皇的军队顺利接管了幕府的这个据点。[12]

此时发生了一件对明治天皇同样有着重要意义的事情。4月14日,天皇担任军队的总司令,离开御所,向大阪进发。他乘坐一顶葱华辇,随身携带着神圣的八咫镜,一路上锦旗飘扬。博经亲王、三条实美和中山忠能率领二十九名公卿骑马陪同。炽仁亲王则在前方率领前锋部队。皇太后和公卿百官身着正式服装,目送天皇离开。天皇的坐轿经过堺街和三条通时,沿路的民众都跪着观看这一盛仪。晚上8点,队伍抵达石清水八幡宫,天皇在神社过夜。队伍前进的速度缓慢，直到4月16日下午天皇才抵达大阪的东本愿寺别院。[13]

4月19日，天皇在天保山检阅舰队时第一次看到濑户内海，对他来说，这可能是此次重大旅行途中最激动人心的一个时刻。他在阿吉河边登上一艘小艇，溯流而下，两岸站着守卫的士兵。中午时分，天皇抵达天保。隶属于佐贺藩的"电流丸"号军舰鸣放礼炮，向天皇致敬，随后，一艘停泊在那里的法国军舰也鸣放了礼炮，"电流丸"号随后鸣炮向对方回应。午饭后，天皇观看了军舰调度的演习。这确实是天皇一生中最快乐的时光。他不仅离开了御所的封闭世界，还看到了成片的大海，并受到了海军的鸣炮欢迎。

戊辰战争并没有结束。北部的战斗仍在持续，榎本武扬把将军的舰队开往北海道，江户城依旧在彰义队的威胁之下。江户开城后，一些仍支持被废黜的将军的人组成彰义队，以上野宽永寺为中心活动。镇压这些叛乱分子需要时间，但是（至少回想起来是这样）很明显，天皇军已经不再面临严重的威胁。[14]

与此同时，年轻的天皇正在大阪过着舒适的生活。5月22日，他接见了英国全权公使哈里·巴夏礼爵士，后者递交了维多利亚女王的国书。与巴夏礼一道觐见的有海军上将开帕尔（A. B. Keppel）、米特福德、萨道义、各使馆成员以及海军人员。见面的地点在东本愿寺别院。鉴于上次见面时发生了针对巴夏礼及其随从的暴力事件，这次的安保措施特别严格。萨道义对这次见面的描绘极为有名：

> 天皇坐在高台的最深处，一顶黑漆柱子的华盖之下，帘子高高卷起。我们列成两队走到屋子中央。右边一队是海军人员，由海军上将带领，左边是使馆工作人员，由公使领头。所有人都鞠了三次躬，第一次在走向屋子中央的时候，第二次在高台脚下，第三次在走上高台的时候。高台很宽阔，足以容纳所有人。我们每次鞠躬天皇都要从华盖下起身。外国事务总督和另外一位大人跪在天皇御座的两边。

第十六章　五条誓文

御座的前方两侧各放着一只木刻的小狮子。这些都是古物，极受日本人的崇拜。御座后面是朝臣，他们分两排站立，头戴黑色的纸帽，身穿五颜六色的漂亮锦袍。天皇站起来时，他的脸上半部，包括眼睛都会被挡住，然而他一走动我就能看到他的全貌。天皇的脸色苍白，也许是化妆的缘故。他的脸型不好，用医学术语来说是"突颚"，但是总体上脸的轮廓还不错。他把眉毛全部剃掉了，再画在距离原来两三厘米高的地方。天皇身穿宽松的黑色长披风，像斗篷一样的白色上衣，还有肥大的紫色裤子……

哈里·巴夏礼爵士向前一步，将女王的国书交给天皇，天皇显然太过害羞或者难为情，不得不由山阶官帮忙。*他的职责是从天皇手里接过国书。接着陛下忘了该说什么，但是经左边那位大人提醒，勉强说完了第一句话，伊藤（博文）随即念了事先准备好的整段话的翻译稿。然后哈里爵士逐一介绍我们，接下来是海军上将介绍海军官员。天皇表示希望上将麾下的舰队一切顺利，接着我们退到前厅，一边走一边鞠躬，暗自庆幸一切都进行得很顺利。[15]

有关这个时期天皇接见外国人的情况，日本人的描绘极少，原因无疑是出于敬畏。5月1日，大久保利通被天皇召至他临时驻跸的东本愿寺，在日记中他提到自己流下了喜悦和感激的泪水，因为想到身为区区一介武夫，竟然得以蒙恩觐见天皇。他无法控制自己，那天余下的时间一直都在喝酒。[16] 5月9日，木户孝允和后藤象二郎也被召至东本愿寺觐见天皇。木户在日记中写道：

---

* 更加为人熟悉的名字是"晃亲王"（1816—1898），他是伏见宫许多个儿子中的长子，八岁时出家为僧，1864 年还俗并建立山阶宫。1866 年，他和岩仓具视以及其他人因为政治原因而被幽禁。明治维新之后，他成了一名议定，这时他担任外国事务总督。

>　天子问天下之形势、海外万国之大势……
>
>　布衣之身，于咫尺间奉拜天颜，数百年未曾闻之。感泪满襟。今日只浩叹中兴之大业实行未果。午后，（天皇）于帘内睿览角力（相扑）。[17]

横井小楠（1809—1869）在给家人的信中，也描绘了7月13日天皇的一次接见给他留下的印象：

>　他的脸很长，皮肤黝黑，声音洪亮，身材纤细。至于长相，我猜你也许可以说他长得很普通，但是给人的整体印象却是仪表堂堂，我极度惶恐而又高兴。[18]

明治在大阪的日子远没有在御所时受那么多规矩限制。他的功课没有拉下，但可能很享受相对自由的生活。5月4日，他从帘后观看了一场日本剑术的表演。接着学习《大学》、《孙子兵法》和《三略》。[19]后两本都是兵法书。5月9日，天皇上了一堂讲授《孙子兵法》的课，此后他每天都要听（高级公卿有时也会参加）讲授日本和中国典籍的课。天皇的教育成为他身边的人最关心的问题之一。

大阪之行使天皇的形象变得明朗起来，至少在他的顾问和外国精英眼中是这样。不过德川庆喜已经甘愿接受处分，大家便都认为天皇作为远征军总司令的职责已经结束，计划让他回到京都。大久保利通自然很不高兴，因为他希望都城迁往大阪，担心天皇回到京都之后又会跟以前一样远离臣民。[20]

5月28日，天皇离开大阪。这一次比来时走得快，第二天就到了京都。天皇的轿子一进皇宫的大门，雅乐的乐师和舞妓就演奏起庆祝天皇凯旋的《还城乐》。

那天天气特别好，普通民众蜂拥到大街上，希望一睹天皇胜利归来的风采。宫门上方悬挂的象征天皇亲自指挥作战的锦旗已经被取下来。天皇可以好好享受自己的首次凯旋了。

第十七章

亲王叛乱

天皇从大阪返回京都不久，就颁布了一项公告，宣布将亲自处理一切国事：[1]

> 主上年幼，故迄今住居后宫，[*]然依先前誓言及主上所思虑，今后移居前殿，每日辰时出御学问所，[2]为万机之政，听辅相[†]奏闻。亦时时亲临八景之间。[‡]御清暇之时研习文武，申时归前殿。此顺序为御制定之事。

参与（新政府的顾问）横井小楠在一封信里（上文已经提到过）表示，自己极度崇拜认真工作的天皇。他记载了明治早朝时是如何坐在"玉座"上——有两个榻榻米高，放在八畳[§]间的中央——完全沉浸在工作中的。身旁的烟灰缸是唯一的陈设。[¶]两三名"近习"[3]

---

[*] "后宫"通常称为"大奥"，是天皇的私人住处，由女官掌管；在土耳其等被称为"seraglio"。
[†] 当时官僚制度下男性的最高职位；岩仓具视和三条实美同时担任"议定"和"辅相"。
[‡] 八景之间是辅相的办公室，之所以这么叫是因为那里挂着"八景"，可能是"近江八景"。《明治天皇纪》加以引申，说天皇到辅相的办公室去是为了看他们如何地忙于公务。
[§] 为日本面积单位，1畳约为1.55平方米。——编注
[¶] 这个细节别处不见，似乎清楚地表明天皇这时已经吸烟。

在距离他约两米远的地方伺候，大臣们则坐在在门槛的另一侧。议定和参议走上来汇报工作，单独一人或者两三个人一起。横井说："如斯盛事，实千余年绝无之事。"[4]

同时，政府也宣布重组，此前的太政官将分为行政、立法和司法三个部门。* 做此安排的人显然是以美国或欧洲国家为模板，[5]然而他们的目的并不是为了仿效外国，而是为了实施《五条誓文》。尽管肯定没有人能想到（或者要求）短时间内就实现民主，任何人都有平等的机会参政（只有亲王、公卿和大名才有资格成为一等官†），然而重组却为那些有能力的武士甚至平民打通了升迁的通道，使他们得以晋升为二等官。[6]官员将由选举产生，任期四年，之后再轮转，‡并允许连任。所有人无论等级高下——不管是大名抑或只是农民和商人——都要为新政府纳税，用以维持一支军队，维护国内的安全；官员则必须将收入的三十分之一缴纳给国家。

这段时期还公布了许多其他的规定，有些特别详细，有些则是普通的告诫。一切规定都是为了建立一个不亚于西方发达国家的现代化国家这一明确的目标。

战斗并没有结束，特别是在国土的东北部和北部。一众高级公卿被派往骚乱地区担任司令，即便他们从未有过专业训练（将来也不会入这一行），并不能胜任军事指挥的工作。例如，以自由思想而著名的西园寺公望（1849—1940），军事才能并不出众。6月15日，他被任命为北国镇抚使，并于次日启程前往越后国履新。可能与其他被选为司令的公卿一样，西园寺只不过是个挂名的首脑，但是这些任命

---

* 这里的太政官并非日本古代与神祇官相对的国家机关，而是明治维新后设立的新机构，相当于国务院。最初下设议政官等七个部门。1869年改革后下设民部省等六个部门。1885年内阁制度确立后被废除。明治早期日本官制变化复杂，详情请参相关研究书籍。——编注

† 明治时期日本官制等级，一等大略相当于陆海军中将、省部级正职文官，二等官大略相当于陆海军少将、省部级副职文官。——编注

‡ 但是，为了保证政策的连续性，有些第一届任期满的人会再续任两年。

第十七章 亲王叛乱

表明，人们依然相信军事才能与传统的儒家经典教育息息相关。[7]

这个时期最为神秘的参战公卿要数能久亲王。他生于1847年，是伏见宫邦家的九子。1858年，能久亲王在江户上野的天台宗皇家寺庙轮王寺剃度出家，被赐法号"公现"。* 1867年，公现被任命为寺庙的主持，就他的年纪而言这是个很高的职位。假如不出什么意外，他的余生将在祈祷和冥想中度过，然而德川庆喜宣布臣服宫廷之后，便离开江户城住进了上野的宽永寺，请求公现到京都去一趟，在天皇面前为自己说情。[8]

公现这时被称为轮王寺宫。1868年3月3日，庆喜派特使拜访公现，请求他在炽仁亲王面前为自己求情，但被拒绝。轮王寺宫说，自己从小便出家做和尚，已经不熟悉尘世的事务，没有能力在这种国家大事中担任仲裁。再说，自己虽然熟悉念经诵佛，但是在为人处世和说服别人方面却毫无经验。如果一定要有个人去，希望派遣其他人。[9]

第二天，庆喜亲自拜访轮王寺宫，正式请求他去京都。轮王寺的管理人觉王院义观代替亲王回应说，轮王寺公的父亲现在已高龄，如果他去京都，或许很难回来，届时无疑会使江户人心动摇，因此另找他人更妥。[10] 义观提到，假如轮王寺宫不能平安回来，"江户人心动摇"，这表明轮王寺宫很受欢迎或者至少是非常出名，也许这是因为他和宫廷的关系非常亲密。

庆喜不情愿地离开。然而3月15日，庆喜请来义观并告诉他，天皇军的大总督炽仁亲王已经离开京都，正率军朝江户攻来。他再次请求轮王寺宫亲自去一趟宫廷，为了说服他，庆喜第二天还给轮王寺宫写了封信。3月7日，山冈铁舟（1836—1888）等幕府高官也联名给义观写信。庆喜等人的锲而不舍表明，他们认为，假如轮

---

* 大部分描写他1868年活动的文献都是用这个名字，但我将称他为轮王寺宫，这是整个时期他最为人所熟知的名字。

王寺宫到京都去求见天皇,以他崇高的地位,天皇不可能拒绝他,而这是庆喜获得天皇原谅的最佳机会。3月9日,亲王最终同意接受使命,并将动身的日子定在3月13日。他将带大约六十名随从前往,这跟他平时的出行差不多。随从不仅包括和尚和武士,还包括一名医生、一名法律顾问、一名秘书、一名厨师、三名茶童以及包括轿夫在内的许多男仆。尽管如此,对于当时像他这样身份的人来说,这个排场算是很小的了。[11]

3月13日早上大约10点,亲王的轿子启程离开上野。随行人员的家人不分老幼都来送行。他们大概是担心亲王会被扣留在京都回不来,因此别离时特别悲痛。江户人民看到轿子经过,都含泪鞠躬,亲王不顾自身安危到京都为德川家求情的无私精神感动了江户市民,他们在路旁目送。

3月17日,亲王一行抵达小田原,比原来的计划晚了两天,但亲王由于身体不适无法继续前行。两天后,天皇军的先头部队开进了小田原,一些来自萨摩、长州和大村藩的人以及大总督的一名特使和义观见了面。他们问义观为何要去京都,以及为何要带这么多士兵。特使又问了几个问题之后,命令轮王寺宫呆在小田原,等候大总督的决定。他还坚持让亲王的护卫返回江户。亲王听从了命令,遣散了所有随从,只留下有僧籍的人。[12]

3月26日,一名萨摩武士通知轮王寺宫大总督将于次日抵达静冈,要他赶去那里。亲王天没亮就启程离开小田原,当时正下着瓢泼大雨。亲王和随从经过箱根汤本村时,遇到了一队正朝小田原进发的萨摩士兵。士兵们高声歌唱,嘲笑亲王:"为什么亲王要冒雨上京?"[13]

士兵走近亲王的轿子,试图用刺刀和枪托去推轿门。当轿子来到亲王准备休息的屋子附近时,他们发现房屋被士兵围得水泄不通,只好在一间寺庙里暂避。重新上路时,路上的士兵更多,而且比先前那一拨更无礼。亲王一行本打算在箱根的一间寺庙里用午餐,那

第十七章　亲王叛乱

晚年的轮王寺宫，即北白川能久亲王

天早上也已经准备好了便当，但那间寺庙同样都是士兵，于是他们只好饿着肚子继续赶路。当时天色已晚，雨一点也没有减弱的样子。一个被派去三岛打探的人回来说，亲王打算过夜的那所房子也驻扎着士兵，而且也没有其他的地方可住。最后亲王找到一间寺庙过夜。装有食物和餐具的箱子已经提前送往三岛，此时不得不再送回来。直到鸡鸣时一行人才吃上晚饭。[14] 随从们那天晚上都在外面和衣而睡。

3月29日，经过漫长而艰苦的跋涉，亲王一行终于抵达静冈。他被邀请住在总持院，但亲王却予以拒绝，因为听说附近神社的一帮神官特别憎恶轮王寺宫。竟然有人对一个几乎一生都在隐居的人怀有如此强烈的感情，实在令人奇怪。可能是神道教神官已经听到了风声，知道亲王此次出行是受前将军的安排。

3月30日，轮王寺宫抵达炽仁亲王的行辕。他呈上庆喜的奏折，说前将军现在正在上野蛰居，请求对其从轻发落。炽仁亲王回答说，正是因为庆喜的叛国行径非常恶劣，天皇才下令征讨他，现在已经没有回旋的余地了。炽仁的部下称，即使庆喜确实已经表示臣服宫廷并住进了寺庙，仍不足以取消这次征讨。庆喜在奏折中为自己过去的行径找的种种借口，不正好证明他仍未完全服罪吗？[15]

轮王寺宫回答说，自己此番来求情，并不仅仅是为了救庆喜一命，还因为天皇军的进攻将导致江户人民受苦，他担心天皇知道后心里不安。这番话似乎打动了众人，尽管心存疑问，但他们还是同意考虑他的请求。

4月5日，轮王寺宫和炽仁亲王再次见面。轮王寺宫问，庆喜应该怎么做才能证明自己是真心屈服。炽仁表示这要问自己的参谋。尽管炽仁是大总督，但参谋们显然才是军事上的决策者。炽仁的部下简明扼要地回答说，庆喜必须交出江户城和舰队。亲王认为这很合理，于是对炽仁说，他将派使者把他们的要求告诉庆喜，自己则按原计划继续到京都去。炽仁反对这么做，他说轮王寺宫的使命已经完成，不必再去京都了。[16] 他让亲王返回江户，并劝他亲自将投降的条件告诉庆喜。两天后，轮王寺宫启程返回江户。

关于轮王寺宫此时的感受并没有记录下来，然而身为亲王，他很可能为萨摩士兵对自己的态度以及炽仁命令他回江户时的傲慢语气感到恼火。这些怒气，再加上他原本就不满萨摩和长州为首的远征军进攻德川庆喜，也许可以解释为什么他后来愿意结交那些仍在抵抗天皇军的人。[17]

亲王回到江户后不久，彰义队的领导便来找他。彰义队是3月4日在德川家的家庙——上野的宽永寺——成立的支持德川家族的一个组织。觉王院义观是彰义队的热心支持者，可能在他的影响下，亲王与这个组织有了合作（虽说是被动的）。许多藩士用血将自己

第十七章　亲王叛乱

的名字题写在彰义队的花名册上，发誓要还德川庆喜的清白，并摧毁他们眼中"君侧之奸"——萨摩藩士。[18]

天皇军占领江户城之前的这段时间里，彰义队得到前幕府的授权，在街上巡逻。可能这时他们确实有助于维持秩序，但是政府军一来，彰义队就转而挑起事端，有时还做出抢劫的事情来。炽仁亲王下令解散彰义队，包括胜海舟和山冈铁舟在内的前幕府官员都支持他。他们认为彰义队的行为实际上是在害庆喜，然而他们的话根本就不起作用。义观痛骂山冈，"今日之事，名虽朝廷，实乃萨长所为"。他指责山冈被萨摩愚弄，认为有志之士聚集在上野"欲报效王家"再自然不过。他们不仅是保护前将军，而且是为了保护"东照宫以来历代之灵宫"。最后他指责山冈是一名"忘恩之贼臣"。[19]

轮王寺宫的在场使得政府军很难向上野的彰义队据点发起进攻。假如他在战斗中受伤或者死亡，情况将变得极为尴尬。因此他们让亲王的父亲给他写信，要他回京都向天皇请安。彰义队的成员知道这件事后非常气愤，他们相信亲王一走天皇军就会对宽永寺发起全面进攻。他们给亲王写信，告诉他如果他试图离开上野，那么彰义队的每一名成员都将在寺庙山门前切腹自杀，亲王要离开的话将不得不跨过他们的尸体。[20]

江户城的市民也恳求亲王不要去京都，他们认为只有他在才能使江户免于战火。亲王犹豫不决，一会决定留在上野，一会又改变主意。一些和尚建议他到比较安全的京都去，其他人则反对这么做，担心他一旦回到京都，将会被迫还俗，而这将是天台宗的一大损失。大总督命令亲王立刻离开上野，这样才能对彰义队展开进攻，但是这封信被义观拦截了。

炽仁亲王最后等不及了。6月6日凌晨，政府军发起了进攻。战斗异常激烈，人数劣势的彰义队被迫撤退。午后不久，萨摩军队占领了宽永寺的黑门。那天早上，亲王和平时一样到大堂礼佛念经。枪炮声响起后，身边的和尚劝他离开，但他一直等到念完经才走。

在此期间,和尚们拿出几件预备紧急之时穿的便服。亲王脱下袈裟,换上了便装。

他要逃往哪里?那天,几个和尚和他一个地方又一个地方漫无目的地乱走,很担心被抓住。亲王似乎没有想到要向政府军投降,他好像宁肯受苦也不愿这么做。在一个地方,一名长期受宽永寺照顾的商人自告奋勇带他们到一处安全的地方。

他们跟随他走进一处农舍。农舍只有一个小房间,而且并不是亲王可以待的地方。他们打开储藏室,看到堆在一起的农具、稻草和干草。角落里铺着大约一平方米的木板,地板的前面则是泥地。和尚们把亲王安置在木板上,自己则恭敬地坐在前面的泥地上。亲王说有点冷,于是他们借来两床脏兮兮的棉被。亲王注意到他们犹疑的神色,告诉他们不必担心。他拿起被子,往头上一蒙。那时正是凌晨3点。由于蚊子太多,亲王整晚都无法入睡。[21]

第二天早上,一名服侍亲王的和尚给他做了早饭。虽然餐具又脏又破,但他还是做了饭团和一些味道不太好的味增汤。"亲王说,要不是遇到这种情况,他永远不可能知道老百姓的味增汤是什么味道。他强迫自己喝了一口,然后笑着推开了。"[22]

亲王似乎能够笑着接受艰苦的逃难生活,然而天皇军的小分队却在四处搜索彰义队的残余势力。大总督下令,任何知道轮王寺宫消息的人都必须立即上报。军队包围了纪州大名的宅邸进行搜索,因为他们认为亲王可能在姐姐(大名的妻子)那里避难。这些行为使亲王藏身的寺庙的主持明白,炽仁亲王这人不可靠。他劝亲王由海路逃往北方,还安排人将乔装过的亲王护送到品川,让他从那里登上榎本武扬的军舰。[23]

那天夜里,亲王和随从被人用小船送上"长鲸丸"号,他们在船上受到了热情的接待。榎本从主舰"开阳丸"赶来。他遣散众人后问亲王，是否想去炽仁的指挥部。如果是，他可以派一队随时准备赴死的人护送他去。但如果亲王决意要去北方，那么就要服从他的命令。亲王回答说，自己上野的寺庙已经毁于战火，现在已经无处可去。江户的每一处地方都很危险，即使投降炽仁也不会安全。因此他宁可到北方去，那里有他的寺庙的分院，而且没有受到战争的波及。他可以在那里等待官军平定全国。榎本同意按照亲王的想法去做，但是为了不重蹈南北朝时期的覆辙，他请求亲王写一份声明，证明这确实是他自己的选择。[24]这表明榎本这时已经预见到轮王寺宫可能会成为派系的领导，与明治天皇争夺国家的统治权。

根据无法证实的消息，亲王的声明是按诏书的格式书写的，诏书还任命榎本及其下属担任新朝廷的重要官员。[25]如果真是这样，那说明亲王已经僭越称帝了。*

这份书面文件使人们对轮王寺宫产生矛盾的印象。他由于害怕卷入战争才逃到北方，然而北方却是幕府活动的中心区域。该如何将他的不问世事与后来与叛军的合作联系起来呢？无论他是否承认，皇室成员的加入都使叛军得以举起合法的旗帜。[26]

5月，北方和东北方的藩国组成反政府联盟，并于6月22日签署了同盟书。[27]一个月后，轮王寺宫出现时，联盟成员恳请他担任联盟的"象征"。他们希望他担任军事领导，但他以自己是僧人拒绝了。8月5日，轮王寺宫被选为"联盟领导"。那天举行的联盟会议起草了一份声明，确立了亲王的身份。声明一共有七条内容。前三条如下：

1. 亲王暂居白石城。
2. 开销由前幕府在奥羽的土地收入负担。

---

* 亲王的天皇称号是"东武"。

3. 彰义队将继续保护其安全。

8月30日，轮王寺宫搬到白石城居住。在各藩国的集会上，他既是名义上也是实际上的领导者。[28]仙台和米泽藩的大名被选为总督，同时还任命了次一级的官员，一个与京都对抗的朝廷实际上已经形成。根据菊池容斋（1788—1878）手抄的文书，*从8月5日起，北方的年号改为太政元年，轮王寺宫则加冕为东武天皇。[29]† 由于没有其他的证据，我们不清楚这篇文章的可信度有多高，然而它的存在本身表明，当时的人们认为这样的发展合情合理。

亲王一直待在北方，直到战争结束。1868年10月22日，在联盟已失去大部分兵力，胜负已见分晓之际，亲王写了一封道歉信，为自己对抗宫廷的行为深感后悔。[30]传闻联盟的残党计划将亲王绑架到船上驶往外国，并下令对他严加看管，然而事实上他一直待在仙台（和后来的白石城），并在11月30日才启程前往京都。次月，轮王寺宫被裁定为"失大义"，被判由其父亲处置。他必须立刻赶到京都闭门思过。[31] 1869年11月17日，他结束悔过并恢复亲王地位。宫廷对一名（不愿是否出于自愿）曾经担任叛军重要人物的亲王表现出了极大的宽容。同一年轮王寺宫出国，先去了美英，后来又去德国学习军事。[32]‡ 1872年，亲王被封为北白川宫，晚年即以这个称呼而为人知晓。1895年，亲王在担任近卫师团攻台司令官时死于台湾。

---

* 一位历史人物画家。他的《前贤故实》描绘了五百位杰出人物（包括天皇、忠臣，以及烈女）的画像并附有小传，时间跨度从神武天皇一直到后龟山天皇，达两千年。该书于1836年至1868年间发行。

† "东武"这个名字——"东方的武士"（"东武"的音同"东部"）——表明他只是国家东部的天皇，而把西部留给了明治。然而，根据菊池的说法，他的称号是外国国王或者皇帝使用的"皇帝"（こうてい），而不是"天皇"（てんのう）。

‡ 1872年2月14日，他被封为三品，这是皇族中的最高级别。同一天，他的哥哥，同样野心勃勃的朝彦亲王也升为三品。德川庆喜被封为从四位，而在短暂的东武天皇统治时期曾担任"权征夷大将军"的伊达庆邦则被封为从五位。政府的宽大处理真是令人难以置信。

第十七章　亲王叛乱

由于与一桩推翻政府的阴谋有关，1868年10月1日，另一名有争议的皇室成员朝彦亲王被流放到广岛。一年前他已经因为形迹可疑而被勒令闭门思过，但是，1868年8月，一名告密者揭发他阴谋恢复德川家族的地位。告密者说他计划派榎本武扬的舰队将士兵送往各个登陆点，揭竿起义。[33] 经调查发现罪证确凿，于是朝廷剥夺了他的亲王称号、官衔以及仁孝天皇养子的身份。但是，惩罚逐渐变轻，1872年2月，他得到赦免并恢复了身份。[34]

这个时期最著名的反抗无疑要数榎本武扬的反叛。江户无血开城五个月之后，榎本武扬率八艘军舰叛逃。他在平潟把轮王寺宫送上岸后，继续驶往虾夷（北海道），打败了守卫的松前藩和弘前藩士兵，并在函馆附近的五棱郭安顿下来。1869年1月14日，榎本通过英国和法国公使传信给宫廷，申请委托其开发北部地区。1月26日，岩仓具视回信给两国公使，说榎本言行不一，无法逃脱叛国者的罪名。[35] 这番严厉的答复可能是榎本宣布成立"虾夷共和国"的原因。虾夷共和国得到了当时恰好驻扎在函馆的英法分舰队的有条件承认。1869年6月27日，这种试图建立一个使幕府支持者按照幕府传统生活的国家的尝试最终失败，榎本向黑田清隆带领的天皇军投降，然而，在伴随明治维新发生的所有起义之中，榎本坚持的时间最长。[36]

这是紧接着明治维新之后发生的，最后一次反抗宫廷的大起义，但此后还发生了一些规模较小的类似事件。W. E. 格里菲斯写道

> 1871年又发生了一起，他们试图拥立一个新天皇并恢复以前的那一套……一切都按照长久以来的那种方式进行，首先是控制某个具有皇室血统的亲王。有了天子在手，篡位者就能以他的名义为所做的一切披上神圣而合法的外衣。[37]

1871年4月，又一起阴谋曝光。由于看到物价高涨导致人民生

活艰难、自从都城迁往东京以来京都日益衰败以及（最主要的）对国内猖獗的外国人和外国势力感到愤怒，两名公卿（外山光辅、爱宕通旭）密谋推翻政府，完成孝明天皇未竟的"攘夷"事业。[38] 他们吸引了包括朝彦亲王的家臣在内的一些公卿。根据格里菲斯的说法，"他们计划在东京放火，把天皇带回京都，并改变政府的整套制度"。[39] 其中一名谋反者建议炸毁京都府的府治，杀死里面那些害人的官员。另外一名谋反者则对将外国人赶出神户更感兴趣。幸运的是，不法分子在实施计划之前就被逮捕。即使在被捕之后，外山和爱宕仍公然蔑视宫廷颁布的法令，显然怙恶不悛。因此，1872年1月12日，宫廷勒令他们自杀。他们的追随者也受到了惩罚：一些被降为平民，有一些被判处终身监禁。[40]

除了这些贵族高官的阴谋之外，还爆发了许多起农民起义——仅1868年就发生了一百二十六起，其中许多都发生在上野国一带。[41] 这些起义通常都由幕府的前支持者和其他心怀不满的人煽动，不过他们偏向于反抗富商或者地方政府，而非中央政府，因此有些起义实际上帮助了政府。[42]

对于这些不满皇室统治的表现，我们不清楚年轻的天皇知道多少。他肯定知道当时的形势，[43] 并听说过轮王寺宫和朝彦亲王的种种行为。不管怎么说，这两人都具有高贵的皇室血统而且都是仁孝天皇的养子。根据报告，天皇知道北部的军队取得节节胜利，形势已在掌控之中。但是，他的注意力可能已从战事转移到即将到来的加冕典礼和江户之行。与遥远北国发生的战事相比，这两件事对他的影响更加直接。但就像明治天皇清楚所知的那样，在彻底消除幕府复辟的威胁之前，所有的起义都必须镇压下去。

第十八章

东都江户

1868年9月12日举行了明治天皇的加冕典礼。仪式本来定于去年的12月举行，但国内形势不稳，无法举行盛大的仪式，而且准备典礼的时间也不够，因此加冕典礼被推迟到第二年。[1]众人手头有其他更紧要的事情，直到6月份才开始考虑典礼的细节问题，岩仓具视要求现在是神祇事务局官员的前大名龟井兹监（1824—1885）查阅文献，裁定"皇国神裔继承"的规范。岩仓知道，大家心目中的传统礼仪其实大多都是照搬中国的模式。他认为，在这个维新变革的时代，非常适合对礼仪进行修改，从而为后世的加冕典礼树立榜样。

8月，龟井兹监和福羽美静（1831—1907）接到正式命令，为加冕典礼设计一套新程序。这时福羽提出了一个不符合古老传统的建议。多年以前，德川齐昭（1800—1860）曾送给孝明天皇一个地球仪，希望不仅可以使他熟悉总体的世界格局，还能激起他的雄心壮志，扬国威于海外。福羽提议，如果把地球仪作为加冕典礼的焦点，将会唤起在场百官的崇高志向，深化他们的认识，而且可以使普通民众感受到加冕典礼的庄严。[2]他还提议神道教的加冕祝词中必须要体现所有民众的祝贺之情。岩仓也希望全体人民都能参与典礼，而迄今为止这项仪式只限高级公卿参加。

不用说，仪式举办的时间咨询过阴阳师。阴阳师认为加冕典礼应该在9月12日的早上8点举行。被委任主持各部分仪式的官员们，根据自己对日本典籍的理解，提出了许多不同的建议。宫廷提前去神道教的主要神社祭拜，祈祷典礼举行那天不要刮风下雨。[3]他们还派神官前往神武天皇、天智天皇和前代三帝的陵前，告知他们加冕典礼即将举行。

　　典礼经过精心的安排，参加者的每个动作都经过设计。那天一早天皇就穿上束带。这件长袍和神道教神官穿的袍子很相似，显示日本抛弃中世以来唐制礼服的传统。10点，天皇从清凉殿出发，穿过木桥，来到仪式的举办地紫宸殿。两名宫女在前面引路。接着是两名掌侍*，一人捧着神剑，另一人捧着勾玉。†天皇身后跟着一名捧着放有笏的盒子的官员，另外一名官员拖着束带的下摆。天皇从后面的帷幔进入大殿，坐在宝座上，这时众人都还看不见他。两名女官将神剑和勾玉放在天皇左边的台子上，然后退下。笏献给了天皇。接下来，随着一声锣响，两名宫女拉开竹帘，天皇出现在众人面前。全体官员在警卫长的口令下立即拜倒在地。一名官员向天皇献上"币"‡，随后神祇事务局的长官走上来将其拿走。仪式结束后，又是一声致敬，于是全体鞠躬。然后典仪§冷泉为理走到指定的位置，手举文书，大声宣告天皇继位，并祝愿他福寿绵长，国内五谷丰登。

　　宣读完毕，一名歌者唱起了一首古老的歌谣：

---

* 官衔最高的女官。
† 天皇的神器包括一把宝剑、一面镜子和一块勾玉。镜子通常供奉在伊势，但是其他两样宝贝则由天皇保管。
‡ 一根绑有纸条或者布条的木棍。祭司在人前挥动木棍，以达到驱邪的目的。
§ 确切地说，是"宣命"的宣读者。"宣命"是一种用上古日语书写的天皇敕谕。这次的宣命使是冷泉为理。

明治天皇像。图片中，明治身着正式服装，头上戴着高高的冠冕。此照片可能是1872年由内田九一拍摄

> 无数黄沙子。
> 绵延遍海涯。
> 祝君千万寿，
> 为数亦如沙。[3]

歌曲结束后，随着伏原宣足的口令，全体再次鞠躬。炽仁亲王跪行到天皇的宝座前，告诉他仪式已经结束。随着一声锣响，宫女将帘子放下，天皇退下，从大家的视线中消失。议定和参与来到小御所向天皇祝贺典礼圆满成功。参加仪式的其他人听到鼓声后各自散去，中午时分，加冕典礼结束。这时雨停了，天突然放晴，所有人都非常高兴，把这看成一种吉兆。官员放假一天，普通民众也停止了劳作，以示庆祝。[4]

为了进一步巩固天皇与民众之间的关系，天皇的生日被定为国家节日，即天长节。[5]把天皇的生日定为节日最早可追溯到公元775年，但这种做法早就中断了。此时复兴这一做法无疑也是希望恢复古老传统的又一例子。

10月31日，政府宣布年号由庆应四年改为明治元年，而且从今以后一任天皇只用一个年号。* "明治"二字出自中国古老的占卜书《易经》中的一段："圣人南面而听天下，向明而治。"新年号公布的前一天，天皇亲自来到内侍所，从学者提交的几个年号中抽取一个。天皇当时可能不知道，他同时抽了一个后世称呼自己的名字。以前的天皇，就像明治的父亲和祖父那样，都以住处或者死后的谥号作为名称。"明治"意为"开明的统治"，这个名字看来精确地描绘了他的统治。像明治父亲和祖父那样的名字，尽管吉祥，却不太适合他们的时代。

---

* 这么做的原因并没有说明。也许，随着日本熟悉了西方确定年份的方法，日本原来那种经常变换年号的方法看起来效率太低了。

第十八章　东都江户

加冕典礼一结束，摆在这位年轻君主面前的下一个任务就是访问东京。这次出行早在9月19日就已公布，当时的公告称天皇认为"海内一家东西同视"。因此，他给江户取了个新名字——"东京"，即东部的首都。出行的正式理由是，今春以来，东部百姓一直饱受战火煎熬，天皇很久以来就希望能慰问他们。[6]这次出行在岩仓具视看来非常重要，他坚持要在加冕典礼的次日正式公布天皇的出行日期。10月12日，岩仓提交一份名单，对谁将陪同天皇访问东京、谁将在天皇出行期间留在京都处理政事和保卫都城都做了安排。

一些人反对操之过急，认为朝彦亲王的阴谋和幕府舰队的逃脱都证明东部地区仍未彻底平定。然而，首次提出迁都东京的江藤新平（1834—1874）强调天皇必须立即访问东部。他说，东部人民长期习惯于接受幕府的恩惠，对天皇的仁慈和感化仍很陌生。随着幕府的垮台，这些人感觉好像失去了主人一样，不知道该求助于谁。假如天皇担心叛军的舰队而推迟东京之行，政府将会失去国内外的信誉，而错过这次抚慰东部人心的机会，可能会有难测之祸。江藤的口才加上岩仓的政治才干，使这个日子定在了最近。[7]

尽管如此，反对的声音仍未断绝，有些人担心北部尚未彻底平定，有些人考虑到自鸟羽、伏见之战以来政府的巨额开支，担心天皇和随从出行的花销会使本已捉襟见肘的国家财政雪上加霜。京都民众也担心此次东京之行是迁都的前奏（众所周知，大久保利通赞成迁都东京）。[8]

东京民众则热切地盼望天皇到访，认为越快越好。幕府垮台，这座城市已经失去了政治上的重要性，人们担心它会逐渐被遗忘。这种担忧并不只限于东京居民。欧内斯特·萨道义爵士在日记中写道：

> 由于购买商人物品的大名都返回各自的家乡，人口自然减少了。江户衰落是一件让人惆怅的事，因为它是远东最美丽的

城市之一。尽管没有漂亮的公共建筑，但是她位于海边，外侧是大名游玩的花园，令人叹为观止的巨大护城河围绕着城堡流淌，城堡上点缀着蛮石墙和松柏的美丽剪影，城市本身有无数的田园风景，这一切都给人以伟大的印象。[9]

萨道义伤感的笔触表明，他预见在将军和大名离开之后，这座城市将会失去它的伟大之处，甚至连其本身的动人之处也一并丧失。武士的居住区看上去非常荒凉，甚至一片死寂。东京复兴的唯一途径就是被选为日本的国都，而这正是大久保所希望的。10月28日，他从担任东征军大总督参谋的东京回到京都，此后便极力建议天皇立刻访问东京，宫廷议会最终将天皇启程的日期定在11月6日。接下来的那个星期东北传来了好消息：11月1日，仙台藩向天皇军投降。

天皇的乘舆按计划启程，前往东京。那天早上8点，天皇来到紫宸殿，从那里登上乘舆，随身携带着皇室三信物之一的八咫镜。岩仓具视、中山忠能和大名们带领三千三百名扈从跟随。水口藩的大名加藤明实担任八咫镜的护卫。皇太后和淑子内亲王在道喜门目送他们离去。住在京都的公卿和大名则在南门外的道路两侧送别天皇。沿途并未警跸,然而即使没有发出往常那样的警告，围观的路人也都神情虔敬，秩序井然。表达敬仰的拍手声一刻也没有停过。[10]

队伍向东走到栗田口，在天台宗的皇家寺庙青莲院做短暂的停留，天皇在这里用了午膳。随后天皇换乘轻便的板舆，这是皇室成员长途旅行时用的一种相对朴素的轿子。队伍穿过蹴上坂来到东山另一侧的山科。天皇在路上遥拜了天智天皇的陵墓。大约下午2点，队伍到达大津，天皇在驿站暂时安顿下来。八咫镜则安放在另一所房子里。

这时权大纳言大原重德骑马追了上来。他强烈请求天皇返回京

第十八章　东都江户

都。大原说11月2日丰受大神宫举行祭祀仪式时，神宫的鸟居自然跌落，神官认为这是天照大神发出的警告，因此立即派使者通知宫廷。从一开始就反对天皇到东部去的大原，希望通过这种方法阻止队伍前行。然而岩仓却不为所动。他答应将专门进行祈祷，并打发大原回京都。[11]

那天（而且确实在沿途的每一站都这么做了）天皇派官员到沿途所有神庙里举行祭拜仪式。此外，还向老人、孝子、贞妇、忠臣以及对公共事业做出贡献的人发放赏银。那些生病的、遭遇不测或是极度贫穷的人也都得到了赏银。这些善举全部加起来数目不小，幸运的是，京都和大阪的富商支付了此次出行的大部分花销。

队伍沿着连接京都和东京的东海道稳步前进。消息不断地传来，11月8日，会津藩投降；11月9日，庄内藩投降；11月19日，长冈藩投降；11月22日，盛冈藩投降。现在只剩下虾夷的榎本武扬叛军在抵抗政府军了。

年轻的天皇如何看待这次耗资巨大的初次出行？他似乎没有把自己的情绪用诗歌记录下来（诗歌不久便成为他表达情感的主要方式），但偶尔还是可以发现一些线索，让我们知道哪些东西给他留下了特别深刻的印象。10月12日，天皇停下来，坐在板舆里观看农民收割稻子。岩仓具视向一个农民要了几穗稻谷，拿给天皇看，尾张藩的大名则作了下面这首短歌献给天皇：

　　当我看到歉收
　　的庄稼时
　　不禁心生怜悯。
　　陛下忠诚的子民
　　该作何感受

根据记载，天皇赏赐了这些农民糕点，以慰藉他们的辛劳。[12]

11月14日，天皇在静冈海边的潮见坂，第一见看到了太平洋。这可能是有史以来第一次天皇见到大海的记录。天皇静默不语，木户孝允则大声说，从今天开始，帝国的荣耀将光照四海。[13]第二天，天皇渡过滨名湖，湖面很平静，据说天皇很高兴。这时岩仓作了一首短歌，他很谦虚，没有在自己的游记里提到这首诗：

以海浪和大风
著名的新居湖
只是名字上凶猛而已
天皇乘坐的船已经平稳地
滑过了湖面[14]

一路上还有其他的有趣时刻。朝廷提前在以波涛汹涌著称的大井川上，搭建了一座木板桥，以便天皇通过。安倍川上有一座浮桥，对天皇来说更是前所未有的体验。然而他最难忘的还是11月20日看到了富士山。这可能是第一次有天皇见到这座蜚声日本文学作品的山峰。明治命令侍从们每人作一首有关富士山的和歌，必须在他到达东京之前完成。

11月26日，天皇抵达东京。大总督炽仁亲王、三条实美和东京府的知事在品川迎接天皇。在一众身着正装、佩戴宝剑的亲王、公卿和大名的簇拥下，天皇进入东京。这个盛大的仪式是在岩仓具视的建议下举办的。他认为关东地区的民众长期生活在专制统治下，已经变得非常野蛮，要控制并软化他们的猛烈性情的最好方法就是让他们见识见识宫廷的服装和礼仪。[15]

天皇一行人在增上寺做了短暂停留，板舆换成了凤辇。队伍从和田仓门进入江户城，从此以后江户城改名为东京城，并被视为皇居。数以万计的民众带着敬畏的心情观看天皇入城，一想到今天见到了天子，他们就激动得泪流不止。[16]

第十八章　东都江户

战斗仍未结束。事实上，12月4日，政府军在虾夷遇挫，被榎本武扬的军队打败。不过大家普遍认为，叛军已经不再对政权构成严重威胁。[17] 12月15日，炽仁亲王将锦旗和节刀还给天皇，意味着东北部针对政府军的抵抗力量已经被消灭。

12月17日，为了庆祝此次访问，天皇向东京市民发放了大量的清酒。他一共分发了两千九百九十桶酒。连同清酒一起发放的，还有五百五十只装酒的锡壶和一千七百捆墨鱼干。这些总共花费了一万四千三十八两银子。东京市民狂欢了两天。这件事成为最初的明治文学的题材。大沼枕山（1818—1891）作了一首四行诗：

> 天子迁都布宠华，
> 东京儿女美如花。
> 须知鸭水输鸥渡，
> 多少簪绅不顾家。[18]

"布宠华"指的是发放清酒这件事。在京都的公卿看来，"鸭水"（京都的鸭川）现在的吸引力远没有"鸥渡"（东京的隅田川）来的大，以致他们都忘了祖先的家园。事实上，当1月10日，天皇公布将于下个月初返回京都时，身为公卿领导人之一的三条实美却反对天皇离开东京。他说国家的兴衰很大程度上取决于东部地区民众的态度。如果天皇这么快就回京都，他们肯定会心灰意冷。他说，东京的繁荣影响着整个国家的繁荣，即使京都及其周围地区都陷落了，只要东京还在，国家就不会陷落。[19]

在东京期间，天皇与一些对他来说极为重要的人见了面。他见到了现在被称为亲子内亲王的和宫，也许会想起她的哥哥——已经去世的孝明天皇。天皇还和庆喜的弟弟，现在的水户藩大名德川昭武（1853—1910）见了面。昭武曾在法国学习一年，天皇询问他一些国外的情况。昭武的描述显然给明治留下了深刻的印象，他后来经常把昭武召来,询问他一些西方的事情。1月,只有十五岁的昭武接到了前往虾夷的命令,作为水户藩的大名前去镇压函馆的叛军。[20] 毫无疑问,派遣昭武去并非因为他有军事才能,而是因为他的名字:政府军一方有德川家的人——前将军的弟弟——也许可以从精神上打击榎本武扬的支持者。

明治在东京期间,开始就一些事情与住在横滨的外国外交官交涉:在政府与叛军的冲突中,停止他们的中立政策;摧毁函馆的叛军;如何处置信仰基督教的日本人;发行纸币。谈判进行得并不顺利。以令人敬畏的巴夏礼爵士为首的外国代表,拒绝考虑任何似乎威胁到神圣的贸易权利的要求——不论是在函馆还是其他地方。

1月2日,位于东京筑地的互市市场开放,并允许外国人入住。武士没有书面许可不得进入这个区域。禁止武士进入租界可能是为了消除外国人对带刀武士的恐惧,但这必然降低了武士的地位。不久,武士接到了保护外国船只的任务,这是他们万万没有想到的。大沼枕山写了一首诗描绘他们的困境:

> 小扬州是新岛原,
> 关诃邦士护蛮船。
> 劝郎莫带两条铁,
> 劝郎须带十万钱。[21]

1868年冬,政府拆除筑地的大名宅邸,为外国人的居住区腾出地方,同时在附近又开放了一个以京都的岛原命名的街区。诗中的最后两句表明,对新岛原的妓女而言,金钱比顾客的阶层更为重要。对武士来说,这种羞辱不亚于保护外国人,因为几年前他们都是坚定的攘夷派。

1月5日和6日,天皇接见了外国使节,表明他希望改善日本与其他国家之间的关系。按照西方的外交惯例,皇帝接见外国使者

第十八章　东都江户

并为他们提供茶点并没有什么出奇之处,然而在日本却前所未有。如果我们想到孝明(他认为外国人出现在神圣的日本国土是对神明的可怕亵渎)才驾崩不到两年,就会更加惊讶。年轻的明治天皇不仅愿意满足外国人的要求,还对他们非常友善。

1月11日,天皇第一次登上日本战舰,观看舰队演习。三条实美和岩仓具视经常催促他坐船从横滨出海,但外祖父中山忠能却表示反对,担心会遗失神剑和勾玉。天皇最终决定视察军舰,不过他出发时把神剑和勾玉留在了滨离宫,并派重兵把守。天皇登上富士舰的时候,一艘美国军舰鸣放了二十一响礼炮,富士舰随即作出回应。陪同天皇的宫廷官员(包括议定中山忠能和参议大久保利通)都被炮声吓了一跳,但是天皇却异常平静,表情甚至可以说非常愉快。天皇后来听到附近传来的爆炸声或者类似的噪声时,都表现出同样的镇定,这与他孩提时代一听到炮声便晕倒的传闻形成了鲜明的对比。

天皇的海上之行极为成功。晴朗的天气加上天皇的好心情(谁都看得出来),被认为是未来日本海军发展的好兆头。第二天,天皇颁布谕旨,称"海军之仪,乃当今之急务",要更加"讲究精励"。

1月15日,辅相岩仓具视和外国事务副总督东久世通禧拜访了横滨的英国使馆,希望说服外国人放弃在政府和幕府支持者之间的中立政策。政府之所以提出这个迫切的要求,主要是因为他们购买了美国制造的装甲舰"斯通威尔·杰克逊"号(*Stonewall Jackson*)。这艘船由幕府订购,然而还没交货,内战就开始了。外国采取了中立政策,不愿把船交给任何一方。政府已经数次要求外国人放弃中立政策,但都被拒绝,"斯通威尔·杰克逊"号依旧停泊在横滨湾。岩仓、东久世说,战争实际上已经结束,没有理由继续保持中立。根据萨道义的描述,巴夏礼爵士这时回答说,他的同事"愿意宣布战争结束,但却不愿放弃'斯通威尔·杰克逊'号。为了保证扣留船只的合法性,他们不会撤回中立公告"。[22] 岩仓再次重复之前的说法，称天皇政府根本没有想过购买"斯通威尔·杰克逊"号用来攻击榎本武扬，他们反而是决定对他宽大处理。

巴夏礼竭力劝说其他外国公使。多亏他从中斡旋，他们才最终同意放弃中立政策。[23] 我们很难理解岩仓说"天皇政府"根本不打算用"斯通威尔·杰克逊"号去攻击榎本这番话是什么意思。中立政策刚刚取消，政府就将这艘船派往函馆，它在那里英勇地投入了海上的战斗。不过岩仓这时许诺的对叛军的宽大政策并不假。1869年6月27日榎本投降后，被关了三年，随后在1872年获得特赦并被任命为北海道开发局的官员。

其他的叛军首领也同样得到宽待。东北的战事结束后，天皇发布声明称，自己不想成为叛军的唯一仲裁官，为了确保绝对公平，将由舆论来决定应该对他们施加什么刑罚。会津藩的大名松平容保本应以叛变罪处以死刑，但最终被减刑。实际上不仅松平，其他所有大名的案子也都用了这个建议。没有一个与政府对抗的大名被处死。松平被流放到四国地区的鸟取，但是不久就被免除处分。其他大名都被剥夺了藩国，但是很多人不久就有了新的封地。只有木户孝允一人坚持认为应该实施死刑，他说尽管自己并不讨厌叛乱分子，但痛恨他们犯下的罪行，而且也无法忘记许多忠诚的士兵死于他们之手。木户认为不应该为了宽大而扭曲法律，但他的话并不能动摇政府中的其他人，宽大处理是当时的政策。[24]

1月20日，天皇启程返回京都，承诺春天会再来江户。天皇的随从人员一共有两千一百五十三人，比来时减少了很多，说明敌对分子的威胁变小了。一路上天皇又看到了富士山并欣赏了三保的松原*。他有充分的理由感到满意。在他离开京都的不到三个月时间里，东北已经彻底平定；尽管函馆还有叛军在抵抗，但是就连许多外国公使也都认为他们已经打赢了。长期作为幕府根据地的江户城，现

---

* 日本静冈海边的一处名胜，以古松著名。——译注

第十八章 东都江户

在是他的。此外,天皇的御辇前所未有地经过东海道,无疑增加了他在远离京都的民众心目中的威望。[25] 2月5日,天皇的御辇回到京都,刚好赶上8日举行的纪念孝明天皇逝世的仪式。三天之后,明治的新娘一条美子进宫,为这个日本历史上最重要的年份之一,画上了完美的句号。

第十九章

刚、毅、木、讷，近仁

1869年是在一种特别欢乐的气氛中开始，这种情况近几年来从未有过。[1]按照古老的习俗，京都的皇宫在新年这一天举行了传统的庆祝仪式。在东京的公卿、大名和住在城里的其他官员则欢聚在东京城，互相祝贺新年。英国和美国的公使也发来了新年的贺信。

这个月4号，辅相、议定、参议等高级官员被召到宫廷听天皇发布诏书，诏书由辅相岩仓具视宣读。天皇表示担心自己德行不够，可能危及祖先传下来的万世一系的皇统。长年累月的战事导致民众受涂炭之苦，但幸运的是今日因百官将士的努力，已经使臣民生活安定。天皇表示，自己决心延续祖先的功绩，要求臣民毫不犹豫地更正自己的错误。[2]

天皇的诏书措辞大体遵循传统，应该不是他参与拟定的诏书内容，[3]但他显然希望参与未来政府的所有决策。天皇不仅将参加内阁会议，还将参加政府各部门的无数会议，几乎持续到他去世为止。天皇通常在会上不会发言，然而他的到场却大大增加了会议的严肃性和重要性。

没过多久，新年的喜庆气氛就被粗暴地打断了。2月15日下午2点左右，参议横井小楠乘坐轿子从宫廷回家，经过寺町路时，突然有几个人朝轿子开枪。横井推开门，从轿子里出来，想用短刀自卫，

第十九章　刚、毅、木、讷，近仁

然而他正值大病初愈，身体还很虚弱，根本无力反抗，当场就被刺杀。尽管横井的家臣和仆人奋力追赶，杀手还是跑了。

暗杀的消息传到皇宫，天皇极为震惊，立即派一名宫廷侍者到横井家去了解情况。天皇向袭击中受伤的家臣和仆人赠银四百两，作为他们的医药费。第二天天皇指示熊本藩的大名细川韶邦务必以适当的规格安葬横井，他自己则捐了三百两银子作为料理丧事的费用。这些迅速而热心的举动令人难忘，因为只需对比一下近几年其他人（甚至是比横井更亲近的人）遭到暗杀时他的冷淡态度就知道了。天皇这次表现出了发自内心的关心，可能是因为他还年轻。后来，随着君主观念的增强，天皇逐渐意识到自己该怎么做，这类自发的行为便往往被一种极少表露自己情感的公平无私的态度所代替。

经过大范围的搜索，加上封锁进出京都的所有入口，刺杀横井小楠的凶手最终在高野山被抓获。凶手称刺杀横井是因为横井是个卑鄙的叛国贼，和那些计划在日本推广基督教的外国人互相勾结。[4] 凶手被关押在福冈藩大名位于京都的住宅里，不久他们就成为人们同情的对象：福冈藩的大名要求对他们宽大处理，许多人为他们请求特赦，连政府的公诉人都在搜索横井可能犯下不轨行为的证据，希望能为杀手辩护。这类同情心表明，新政权开明的外表下依然隐藏着过去的排外情绪，杀死任何对外国人有好感的人都会得到原谅。直到1870年11月，四名凶手才被处死。

当然，横井的目的并不是要让日本人都信仰基督教。他是一名不折不扣的儒士（他是明治的保守派老师元田永孚的老师），而且从未放弃自己的信仰。横井早年是个热心的攘夷派，但是后来转向实学*[5]。这使他转而支持外国学识的输入，包括西方的经济和政治理念。基督教并不是他思想的基础，但是正如这个时期的一名西方权威所说的，"基督教对横井来说是实用或者说是理性的道德体

---

*　关于"实学"，见本书第219页正文。——编注

系……与那些出生时间比他晚得多的日本作家相比，横井更加敏锐地看到西方的科技和经济力量与基督教之间的密切联系，他将其理解为现代性和一种合适的道德体系之间的关系"。[6] 凶手称他们担心原始而纯洁的日本传统信仰遭到外国势力的玷污，拒绝承认横井的学识对新日本的价值。

横井走在时代的前头。乔治·桑塞姆（George Sansom）爵士在研究了横井的政治思想的发展后认为，最后"他甚至形成了世界和平以及兄弟情谊的思想，并提出'一个世界'的学说"。[7] 传统的儒家教育很可能使人怀有兄弟友爱的思想，但这并非德川时代末期日本最典型的儒家思想。杀害横井的凶手们年轻时是武士，接受了儒家的思想教育，他们认为，这样的暴行是儒家思想允许的：根据儒家的经典，宽容和不宽容都有道理。

年轻的天皇学习的内容，代表了当时人们认可的儒家正统思想，包括中国思想的典籍以及日本历史的有关著作。天皇每个月要上六堂《论语》课和六堂《日本书纪》课。稍后他的课程表便扩展到日本典籍北畠亲房所著的《神皇正统记》[8] 和儒家四书的其他典籍。然而明治的顾问们仍没有打算让他了解世界地理或历史知识，更不要说科学了。

这个时期明治的老师对现代做的一个让步，便是允许他一个月骑六次马。两年前明治第一次骑马时就对这项运动有着浓厚的兴趣，接下来那年他观看了很多次马术表演。木户孝允是天皇仅有的几个朋友之一，他在日记中描绘了天皇如何卷起御座前的竹帘，命令他去参加"马术大阅兵"的。木户的表现非常出色，天皇在他的食物和点心盘上放了一枝花，还赐他很多清酒，木户都喝醉了。[9] 不久，天皇就迷上了骑马。这使廷臣们非常苦恼，他们认为天皇应该把时间更多地花在读书，而不是骑马上。[10] 年轻天皇的这些行为与父亲静止不动的生活模式形成了鲜明的对比，孝明不仅从未骑过马，而且实际上从未离开御所一步。这些行为也许可以解释明治为何与武

第十九章　刚、毅、木、讷，近仁

士阶层——保留了最多日本武士传统的一群人——关系亲密。

1869年2月25日，天皇参加马术表演，身穿白上衣和紫红色的裤子骑在马上。其他的骑手不仅包括大名（他们的教育自然主要都放在武术和运动上），还包括像三条实美和明治的外祖父中山忠能这类公卿。人们鼓励天皇骑马本来是为了使他摆脱长期由女人抚养而形成的柔弱气质，但现在周围的人都被他骑马的热情所感染。那些骑术不错的人都受到天皇的尊敬。

天皇的教育是大臣们极为关心的问题。木户的日记一再披露自己对此格外担心，特别是在接下来的十年里。岩仓具视也意识到，必须让年轻天皇的身边都是真正能够辅佐他的顾问。1869年3月5日，岩仓写信给三条实美，强调培养"君德"（即君王道德）的重要性。"今大政维新之初，天皇年若少经验，故辅导之任一日不可或缺。"[11] 岩仓建议从公卿、大名和资深武士中挑选一些笃实谨严、器识高远、通晓和汉洋学的人。他强调天皇聪敏而有明德，掌握了为帝之道，即是政府所需之君。

一开始没有什么具体的建议。1871年，天皇的课程表增加了一些与现代有关的资料。授课计划每十天制定一次。十天里有四天天皇上的课是《西国立志编》，这是塞缪尔·斯迈尔斯（Samuel Samiles）几个月前刚出版的著作《自助论》（Self Help）的日文译本。这位年轻人——一直以来，他的书本知识都主要局限于儒家经典以及描写日本天皇神圣血统的书——读到像本杰明·富兰克林这样的人靠自身的天赋和努力最终克服了贫穷和阶级障碍时，可能会感到吃惊。天皇每天还要学习德语，[12] 但是不久就因为公事的压力过大而无法继续。

尽管引进了新知识，旧式文化依旧盛行于宫廷。2月21日，宫廷举办了天皇统治期间的第一场音乐会，天皇和皇后都参加了。所有的表演者都是宫廷成员：笙由包括前左大臣在内的八名公卿演奏、筚篥由六名公卿演奏、笛子由包括天皇的外祖父中山忠能在内的另外六名公卿演奏、琵琶由三名公卿演奏、筝由另外五名公卿演奏。宫廷非常重视能在雅乐表演中演奏一种乐器,就像在平安时期一样。

明治似乎并没有学习任何乐器,但是他很小就开始在父亲的指导下创作短歌,而且终身保持着这种爱好。2月19日,明治参加了自己统治期内的第一场诗会——歌御会。天皇就"春风海上来"的诗题创作诗歌如下:

千万年来
不变的
春之讯
拂过海岸的春风
多么柔和

同一诗题皇后创作的诗歌如下:

岸边的浪花
裹在雾中,跃出海面
又四面散开
风势减弱
告诉我们春天已经来了[13]

这些诗歌没有什么个性。天皇和皇后与千百年来无数的宫廷诗人完全一样,表达了春天到来时的喜悦心情。他们没有使用令人意外的语言和意象。创作这些韵律准确的诗只是他们熟悉宫廷文化的表现。

宫廷习俗的另一方面可以从3月20日的一份简短的布告中看出来,布告称权大纳言桥本实丽的女儿夏子被册封为典侍。第二天,天皇接见了夏子并赐给她一杯清酒,[14]随后还赐给她绫罗绸缎作为

第十九章　刚、毅、木、讷，近仁

礼物。这个女孩年纪太小，只有十二岁，还不能成为天皇的妃子，但是四年半之后，1873年11月12日，她给天皇生了一个女儿，并在同一天死去。

天皇和皇后的婚姻非常幸福，但他们似乎很早就意识到皇后无法生育。即使天皇不愿和其他的女人同床共枕，他也有责任生一个王位继承人。大约从这个时期开始，他便与精心挑选的贵族女子共度良宵，希望其中至少有一人能够怀孕。这些女子的年龄大多为十几岁（桥本夏子死时只有十六岁），出身无可挑剔，但却没有受过什么教育。实际上，她们唯一的目标就是为皇室生育孩子。这些女人为了争宠而钩心斗角。然而，即便有人幸运地怀上了天皇的孩子，她也不太可能享受做母亲的喜悦，因为孩子会从她的身边抱走，并被视为皇后的亲生孩子。不过，我们从明治的母亲中山庆子的例子可以看出，尽管那可能意味着孤独的一生，但皇室孩子的母亲依然获得了很高的封号和其他优厚的待遇。即便孩子死了，她的生活依然相当优渥。[15]

明治有十五名子女，分别由五位不同的典侍所生。从流传下来的照片看，这些默默无闻的宫廷女子梳着僵硬的发型，穿着正式的宫廷长袍，看起来几乎没有什么区别。很难说天皇是否特别喜欢某位女子，不过有两个女人（圆祥子和小仓文子）服侍他的时间要比其他人长得多。圆为明治生了八个孩子，其中四个活了下来。在欧洲，国王的私生子没有继承王位的权利，但是根据日本的特殊传统，皇后生的孩子和那些通过"借用"另一个女人的子宫而来到这个世上的孩子并没有什么区别。

关于明治的性生活，一直流传着各种谣言，直到今天依然有人骄傲地宣称自己是他的非嫡系后代。这些话通常都没有什么证据。[16]据说天皇经常被漂亮的艺妓所吸引，并要求她们陪睡。这种事可能确实发生过，但是那些认识年轻天皇的人没有一个证实过。明治一直都有六名年轻的妃嫔，她们都是贵族女子。那些他不喜欢的人很容易就被换掉。天皇没必要到别的地方去找女人。

很容易想象，一个不到二十岁的年轻人，顶着生子的压力，可能迟早会耽于肉欲而耽误功课。木户在日记里，尤其是从1874年开始，经常提到天皇的教育停滞不前，暗示天皇的心思都在其他事情上。那年，天皇的老师要求木户敦促天皇用功学习，以便配得上他的皇室血统。也许这是在间接地建议明治不要花太多的时间在女人身上。

这段时间他们拟了一份详尽的课程表，包括中国经典和经典的日本历史著作以及欧洲历史和德语，然而天皇的学习进度却非常缓慢。木户在见过教日本历史的福羽美静和教德国法律的加藤弘之（1836—1916）之后，在日记中说，大家对天皇的学业颇为担心，因此要求他充分利用与皇室的关系，为天皇制定更好的学习计划，并协助天皇将更多的注意力放到书本上。木户提了自己的看法，得到众人同意。因此，他决定直接向陛下汇报调查结果。[17]

天皇对木户一直很亲切，木户显然受到了鼓励，他建议天皇比以往更加努力地实现"天职"。一年后，木户毫不委婉地对天皇说，"陛下如不尽天职、戒游玩，则臣等杞忧不堪。"[18]

天皇的酗酒是大家担心的主要问题。木户记载有一次在中山忠能家看完狂言*演出之后，在场的一些人担心天皇在随后的狂饮中可能"喝过头了"。[19] 许多服侍过天皇的人，包括侍从高岛鞆之助（1844—1916）都证明天皇的酒量过人。高岛回忆说，天皇无论头天晚上喝得多醉，第二天早上从未表现出丝毫宿醉的样子。天皇不仅体格健壮，而且似乎比普通人睡得少。他一旦醒来（不管是否只睡了四五个小时），就会马上到办公室准备工作。高岛钦佩地说：

---

* 日本古典戏剧之一，形成于日本的奈良时代，由唐朝的散乐（杂技）发展而来，是日本喜剧的鼻祖。——译注

第十九章　刚、毅、木、讷，近仁

陛下特别勤奋。每天都起得很早，然后就到办公室去，一直工作到下午五六点才回内宫休息。有时他甚至到那时都不肯离开，而是命令说："今晚大家在我的办公室里聚一聚。"他会滔滔不绝说上几个小时，直到深夜。后来，到了陛下睡觉的时间，人们立刻从后宫为他取来被褥。在走廊上值夜对我们这些侍从来说是家常便饭。[20]

皇后非常担心天皇喝酒过度。人们对她下面这首诗的解释是这样的：

我希望你
在花之春
或者红叶之秋
喝清酒时
能保持节制[21]

皇后提到"花之春"和"红叶之秋"，似乎是因为这两个季节（现在也依然如此）是大喝清酒的时节。

明治年轻时喜欢喝清酒，后来却改喝法国葡萄酒和香槟。他的酒量惊人，但并非时时能自制。从1886年起便担任侍从的日野西资博回忆说，明治一次能喝掉两瓶香槟。他喝得醉醺醺的，路都走不稳，因此侍从们总是竭力限制他喝酒。[22]只要桌上还有酒，他就不会离开餐桌。通常晚上11点前明治会回内宫休息，但是一些传闻说他有时会喝到深夜。

不过所有的消息来源都承认，明治每天很早就到办公室处理公务。尽管有时会忽略学业，令木户等顾问感到失望，但是他有强烈的责任感，从未忽略国事。明治对天皇身份的深刻认识给外国评论员留下很深的印象，他们纷纷称赞，并拿他和欧洲在位的君主相比。

查尔斯·莱曼（Charles Lanman）于1882年写的一段话，便是对他的典型赞美：

> 跟许多欧洲王子和王公不一样，明治并不耽于享受，而是以提高自己的修养为乐；为了获取知识，他不辞辛劳也不怕麻烦。他还很年轻，但是却经常出席枢密院的会议……明治经常参观行政部门，并出席大家希望见到他的各种公开场合。他一方面继续学习文学和科学，一方面定下最严格的规定，每天花几个小时做专门研究，并严格地遵守这些规定。据说明治个性聪明、果断、进取而有抱负。登基伊始，他便谨慎地选择臣下，使自己身边都是全国最优秀的政治家。毫无疑问，这些人对他的成长功劳不小。因此几乎可以肯定，本世纪日本的皇冠戴在了一个最配此最高荣誉的人的头上。[23]

莱曼接着赞扬明治"热切地希望，几乎毫无偏见地从其他国家吸取一切他认为有利于国计民生的东西"，并说他与彼得大帝惊人地相似。也许木户认为这些赞美之词有些过分，然而任何人只要熟悉欧洲皇室的缺点，可能都会赞扬明治的敬业精神。

日本人发现了明治性格中的其他优点。他的简朴和不喜排场为人们所津津乐道。一名侍从回忆说，明治的毛笔用到头都秃了，墨也磨得只剩最后一点（他自己磨墨）。他长年穿着同一件饰有盘扣的旧式制服，而其他人早就换成款式更加时尚的衣服。这件制服补过很多次。明治的鞋子穿旧了松了后，侍从给他买来新鞋，但他下令把旧鞋修一修。天皇知道修补衣服和鞋子有时比更换新的费用更高，但他依然坚持自己的原则："如果东西修补后能用，那就补一补。"[24] 许多回忆录作者都提到过皇宫脏兮兮的帘子和发黑的窗户纸，这些都是明治坚持节俭（以及用蜡烛而不用电）的结果。

尽管没有一位老师认为明治有学者风度，然而高辻修长

第十九章　刚、毅、木、讷，近仁

（1840—1921）回忆说，明治听课时全神贯注，任何不懂的地方，总是要问到懂为止。[25] 加藤弘之每周为天皇讲授一节宪法和国际法的课，可惜的是，天皇必须优先处理繁忙的公务，因此他的课总是落后于木户定下的进度表。于是，

> 安排每天为天皇增加一个课时，夏天的每天早上7点，冬天的每天早上8点半，陛下会到办公室来。陛下的勤奋确实很鼓舞人心。他每天早上5点起床，在办公室等候老师的到来。[26]

加藤摘录并翻译了一些西方的宪法书籍，大概包括立法、行政和司法三权分立的制度，市、镇和乡村自治的制度，18世纪末至19世纪中期的欧洲宪法史等。一开始，加藤用自己翻译的德国作家，特别是约翰·布伦奇特（Johann Bluntschli）的文章作为教材，但他担心天皇一味依赖译文，可能无法获得真正的理解。因此加藤决定改为让天皇读原版的德文，但是不久就发现，天皇明显没有时间（也许是没有天赋）学习外语。不过，加藤依然认为，天皇是一名用功的学生：

> 先帝的天性极为认真且锲而不舍。他似乎不愿半途而废，在完全理解基本原理之前，不会停下来。假如，有一天我讲了一件他不明白的事，第二天他就会问，直到完全明白为止。陛下的学习进度很慢，然而一旦掌握了某样东西，就永远不会忘，而且总是能充分地利用它。陛下的这个本领一直使我惊叹不已。作为一名教育家，这么多年来我接触过很多学生，但却从未遇见过像陛下这样无需参加考试，纯粹为了智力训练而用功学习的人。[27]

许多认识天皇的人都提到他惊人的记忆力。海军中将有地品之

允（1843—1919）回忆道：

> 没有什么宫廷仪式、典礼或任何其他历史事件是陛下不熟悉的。他从未忘记自己接见过的任何一人的名字，不管这人的身份多么卑微。他参加陆军和海军学校以及大学的毕业典礼，且从未忘记那些受到表彰的优秀学生的名字，或者是在他面前演讲过的学生的名字……他请人共进晚餐时，会描述上一次见到那人时的情景，以及他们当时讨论过的所有事情，一切都栩栩如生，仿佛很久以前发生的事情就在他的眼皮底下一样。[28]

这段话是有地回忆刚刚去世的天皇，因此或许存在夸张的成分。不过，即便考虑到这一点，明治的记性之强也是毋庸置疑的。他明显不是一名知识分子，不过这些认识他的人的评价让人想起《论语》里的一句话："刚、毅、木、讷，近仁。"

明治"刚毅"的个性突出地表现在他积极参加军事演习上。他甚至骑马挥剑，统率士兵。第一次演习时，天刮着大风，下着大雨，然而天皇完全不为所动，使全军受到极大的鼓舞。冷静是他治世的一贯作风。不管环境多么恶劣和悲惨，他从未抱怨或者自艾自怜过。

治世的这一段时间，他还是个没有经验的年轻人，因此别无选择，只能依靠身边那些杰出人才。尽管这些人对他毕恭毕敬，而且无疑尊他为君主，可是他们的政治和战略、文学和哲学也可能使他望而生畏。天皇对学习明显缺乏热情（这点木户抱怨过），也许正是由于感到自己永远无法达到他们那样的成就。

到目前为止，明治极少有机会展示自己的内在气质。假如他年纪轻轻就死去，或者像父亲一样没有活过三十六岁，人们可能只会模糊地记得他是维新时期的一名君主。但是，长寿加上兢兢业业，最终使这名年轻人成为长长的天皇名单中最著名的一位。

第二十章
英国公爵来访

第二次东京之行，至少对明治而言，是1869年最重要的事情。前一次取得了巨大成功，然而当京都的民众得知天皇向东京的居民赏赐了清酒等礼物后，感觉受到了轻视。回到京都后的天皇，在新年也向京都的民众赏赐了同样数量的清酒，[1]也许天皇想通过这种方式来安抚他们，让他们不必担心旧都很快就会被东部的新都所代替。

尽管有这些举措，但人们对都城即将迁往东京的忧虑还是与日俱增。3月5日，岩仓具视针对这种担忧，特别起草了一份声明。岩仓描绘了京都和大阪的许多市民是如何为迁都的传闻所困扰。江户去年确实改名为"东京"，但是，这绝不意味着天皇打算"改变玉座的位置"。相反，天皇这么做是基于"四海为家"的宝贵思想，希望对东部和西部一视同仁。京都自桓武天皇以来就被定为国都，已经有超过一千年的历史，而且历代天皇的山陵都在这里。即使再过一千年也不会迁都，因此京都完全不存在被抛弃的危险。天皇希望将帝国统治之光传播得更远，甚至传到虾夷和更远的千岛群岛，因此他觉得有必要第二次到东部去，以便将新政府的恩泽撒播到那些仍未受他的仁慈感化的地方。岩仓承认宫廷有人建议迁都，但他本人是彻底反对的。如果天皇根据自己的判断下令迁都，那么岩仓也没有办法，不过作为一名臣子，他是不会赞同这个决定的。[2]

不管是否是作为迁都的前兆，天皇第二次东部之行的计划渐渐成型。3月20日，宫廷宣布为了方便参拜伊势神社，天皇的乘舆在去江户时将会半路绕道。这个决定改变了旅行的性质。也就是说，这次旅行不仅，政治上将帝国的影响扩大到遥远的疆土，还从宗教上展现天皇和神道教的亲密关系，未来几年神道教将得到重视。十天后，另一份公告宣布了天皇启程的日子（4月18日），并命令沿途的接待一切从简。过分热情的官员不得骚扰沿途正在做生意的人们或者干扰农事。这种对质朴的强调也许是为了与传统上大名出行的排场形成对比，对农业的强调则暗示了明治此行的另一个重要目的——接触正在劳作的子民。

4月2日，天皇向叛乱仍然持续的北部人民颁布特别谕旨。他说："四海之内莫非王土，苟生于本邦，朕视之皆如赤子，一民不得其所，朕心深恼。"[3]这些话都是儒家用语，然而又与过去天皇可能说的话迥然不同。很难想象孝明天皇会因为"一民不得其所"而感到不安。这位年轻的天皇不仅亲近自己的子民——每一个日本人，不管地位高低，或者住在国土的哪个地方——而且还担心他们的幸福，不愿做任何可能干扰他们日常生活的事。

开放天皇的私家花园，是拉近天皇和国民之间距离的另一种方式。4月5日，东京城内的吹上御苑前所未有地开放三天，市民们欣喜若狂，蜂拥而至，以致八人被挤压而死，多人受伤。天皇捐了三百两金子作为遇难者的抚恤金。[4]

明治按照计划启程，包括三条实美和他的外祖父中山忠能在内的一些高级公卿陪同。随从中还有一批不必要的"亲兵"——一群自愿保护天皇在京都个人安全的士兵。一个名为约翰·布莱克（John Black，1827—1880）的英国人这么描述这些"亲兵"：

第二十章　英国公爵来访

他们认为自己尤其充满了"古代日本之魂"。他们的信条是"效忠于天皇，置夷人于死地"。这些人纷纷来到天皇面前，恳求他不要离开这座神圣之城，也不要与夷人接触以免玷污了自己。看到陛下对他们的请求置若罔闻后，他们说现在别无选择，只好跟随陛下，一路保护他的安全。他们大约有两千人，个个身强体壮，随时准备拔出锋利的刺刀，故而为所欲为。就这样，他们向首都进发了。[5]

和上次一样，天皇一开始沿着东海道走，但是在关市停留一段时间之后，队伍沿着参拜伊势的道路来到了松坂，当晚天皇就在那里休息。第二天队伍来到伊势神宫的外宫，天皇在那里过夜。第三天早上，天皇身穿只有正式场合才穿的黄色的袍子，走下乘舆，来到神社，认真进行祭拜。午饭后天皇再次出发，这一次是到更加重要的内宫祭拜。文武官员全都身着正式服装，跟在他后面。短暂休息之后，天皇沐浴更衣。下午2点天皇在神社举行了祭拜仪式。

这是历史上首次有天皇来神道教最重要的神社祭拜，因此天皇命令神祇官设计一份新的祭拜仪式。神官将明治比作古代的神武天皇和景行天皇，[6]对他的智慧和美德极尽溢美之词。[7]

在明治准备离开时，津藩的继承人藤堂高洁参见天皇并送给他一个望远镜和一些糕点。[8]这个望远镜就像天皇加冕典礼上那个占据重要位置的地球仪一样，目的似乎是为了扩大年轻天皇的视野。天皇第一次来到可以说是日本人心灵故乡的伊势地区。

祭拜完伊势神宫之后，天皇又去了热田神宫。队伍在冈崎折回东海道，继续朝东京前进。旅途期间并未发生任何不愉快的事，但北方不断传来的战报还是让大家担心不已。榎本武扬的三艘军舰袭击了停泊在宫古湾的政府军舰，福山城也落入叛军手中。大家担心叛军可能会袭击本州地区。从这时一直到6月16日榎本武扬投降、五棱郭的大门向天皇军开放，打击叛军的军事行动进展缓慢，成为压在大家心头的一块大石。[9]政府军礼貌地劝榎本投降，有时甚至许以礼物。榎本的一些手下不堪长期的战斗和物资的匮乏，几百人几百人地投降，但榎本不愿放弃自己的信仰，一直坚持到最后。

明治在东京一住下，就马上恢复了熟悉的日常生活：学习中国和日本典籍以及骑马。他的生活非常平静，没有迹象表明他参与了这个时期的政府决策，但是政府却以他的名义发布了许多公告。例如，5月14日的一份公告中，天皇下令设立史官以重新编写日本历史。公告说，

> 修史乃万世不朽之大典。举祖宗之盛举，《三代实录》*以后断绝，岂非缺典哉。今镰仓以降武门专权之弊已除，政务振新，故开史局，继祖宗之芳躅，施文教与天下。任（三条实美）总编之职，以速正君臣名分之谊，明华裔内外之辨，以扶植天下之纲常。[10]

政府面临许多问题。打击北部叛军的行动进展缓慢且耗资巨大，政府为偿付战争费用而发行的纸币并不为民众所接受。一开始，为平衡所谓的纸币与金银之间的差额，政府将兑换比率定在一百二十元纸币换一百元铸币，结果造成许多投机分子囤积纸币。政府随即宣布纸币和铸币等值，但却造成了劣币驱逐良币的局面[简直就是格雷欣法则（Gresham's law）的一个完美例子]。[11]明治政府采取的措施和应对政策正是其不成熟和国内危机仍在持续的表现。

惩罚罪犯的政策同样在极端严厉和相对宽容之间摇摆不定。5月26日，军队颁布了针对拉帮结派的处罚规定，派系首脑将被处死，

---

* 《三代实录》是最后一部官方编撰的史书，于901年成书。

第二十章　英国公爵来访

其他人将被拘禁；士兵若携带武器军服脱逃，将处以死刑，若在逃跑前便上缴武器和军服，初犯处以五十天监禁，再犯则处以流放；那些无端向人要钱或者强制兜售的人将按情节轻重，处以死刑或流放。[12]后来军队又颁布法令，对在东北地区的战事中对抗政府军的叛军首领处以斩首，那些已死的人将会被模拟处决，诛灭亲族。这些严厉的措施与对榎本武扬将宽大处理的承诺完全不一样。

6月2日，公议所*会议投票决定废除基督徒的死刑，将惩罚改为鞭刑。但是旧政权的精神并未消亡：6月7日，会议投票决定不禁止切腹自杀，[13]几周后会议又全体通过不禁止佩戴刀的决议。不过，禁止在8月进行各种形式的酷刑，包括曝尸、当众游街和砍头。

减轻对基督徒的处罚也许是一种做给一直反对禁止基督教的外国列强看的姿态。阿伊努人也得到了外国人的同情。政府觉察到北部的地方官员偶尔会虐待阿伊努人，因此有些阿伊努人对仁慈的外国人颇有好感，渐渐变得更喜欢他们。政府担心外国人会以解救阿伊努人的苦难为名，煽动他们起来造反。为了杜绝此事发生，他们鼓励日本人移民北海道。

针对外国人的暴力行为仍然持续。英国公使对这些事件感到愤怒，向日本政府施压，要求缉拿罪犯。5月14日，德大寺实则和蜂须贺茂韶登门向英国公使道歉，然而公使却不明白他们的意思。因此，辅相三条实美、议定正亲町三条实爱和参议大隈重信登门向英国公使做进一步解释。第二天政府颁布法令，严禁任何针对外国人的暴力行为。但是群众的排外情绪依然高涨，对外国人的袭击事件也在继续，令外国使节大为光火。他们随时准备制造事端，使那些忙于处理内政事务的日本领导人恐慌不已。[14]

---

*　公仪所，明治初期设立的日本立法机关。1869年3月设立，由各藩和一些学校选拔出的人士担任"公务人"（后改为"公议人"），享有提案权。1869年7月改称"集议院"。虽存续时间短暂，但提出废刀、禁止切腹等重要议案。——编注

除了经常出现骑马相关的记载以外，这个时期有关天皇活动的记录很少。他还在继续学习中国典籍，正跟着老师读《诗经》和《孟子》。[15] 天皇有时会检阅军队，观看炮弹射击。当榎本投降，期待已久的胜利终于来临时，天皇接见了海军和陆军的高级将领。我们不清楚明治是否知道所有的进展，但他确实参与了这个时期最重要的事件——各大名将自己控制的土地和臣民还给天皇，即"版籍奉还"。

7月25日，天皇颁布法令，同意各藩国奉还版籍的请求。那些没有提出申请的藩国也必须将版籍奉还。早在这年正月，萨长在内的四个主要藩国宣布愿意奉还版籍，其他藩国纷纷仿效。最终，二百七十四名大名将自己的土地和人口还给中央政府，而作为补偿，政府任命他们为各自藩国的行政长官。[16] 政府还废除"公家"（贵族）和"大名"的头衔，代之以"华族"的称号。日本向行政统一迈出了一大步。

8月15日，政府进一步重组，成立了更多的部门。三条实美被任命为右大臣，岩仓具视和德大寺实则（1839—1919）被任命为大纳言。天皇的外祖父中山忠能被任命为神祇官最高职位的神祇伯。王政复古的其他重要人物也都在新政府中出任要职。

与此同时，天皇又有一个重要活动在紧锣密鼓地准备着。1869年的夏初，英国公使巴夏礼爵士接到消息，维多利亚女王的二儿子爱丁堡公爵计划指挥"加拉蒂亚"号（Galatea）军舰访问日本。去年，公爵乘坐这艘军舰开始环游世界。他在大多数地方都受到欢迎，但在澳大利亚却受到一名爱尔兰爱国者袭击，差点死掉。假如不是首位访问日本的欧洲王室成员，爱丁堡公爵在日本的短暂访问几乎没有什么值得回忆。

公爵即将来访的消息传到宫廷，当时的一份记录这样写道：

"进步派"希望天皇下定决心，尽可能地遵照外国君主在此

第二十章　英国公爵来访

类场合的惯例；然而强大的"反对派"激烈地反对天皇自降身份。他们认为，这是在承认外国王子与作为神之后裔的日本皇室处于同等地位。[17]

几个月后，英国公使才收到宫廷的回信。信中说，天皇得知英国王子即将来访的消息后"甚喜"，还说，"如果王子殿下同意下榻于陛下的海边宫殿滨御殿，陛下将会非常开心。"约翰·布莱克的《年轻的日本》(Young Japan)一书非常详尽地描述了此次访问的背景，他认为尤为重要的是，皇宫举行正式的接待仪式后，"在帝国的一处花园房子里，在英国公使和一名英国使馆翻译的陪同下，陛下与王子会面并进行了平等的交谈。"[18]

对英国公使巴夏礼来说，接待英国王子的方式显得极为重要，他坚持"天皇应该像对待和自己一样具有皇室血统的王室后代一样平等地对待王子"。他还说"假如我在最后一刻看到他们（日本人）的安排有任何贬低之处，我将会婉谢他们的接待。"中国政府已经拒绝给爱丁堡公爵"合适的接待"，因此他是悄悄地访问中国。岩仓具视告诉巴夏礼：

> 王子的接待问题使政府大费思量。这个问题首次提出时，大家对应该遵循的规矩意见不一。然而，大部分的聪明人还是看到，尽管必须牺牲一些古老的观念和习惯，但这是一个向外国示好，表示愿意与其发展更亲密关系的机会。因此，为了以一种英国能够接受的方式接待王子殿下，天皇将不得不采用一种全新的礼节。[19]

明治天皇史无前例地在东京城接待了公爵一行。布莱克说，"从那以后其他的王子和显贵受到了更友好的接待，但那是在宫廷和整个国家已经习惯了这些新观念，不再讨论这些问题之后。"[20]

接见于9月4日举行。每个步骤都经过精心安排,一开始是去祭拜汉神,祈祷公爵平安到达。[21]公爵踏上横滨的那一刻鸣放了二十一响礼炮。他离开横滨时从横滨去东京的沿途所有道路都修整一新并打扫得干干净净,政府也事先祈祷路神保佑他一路平安。公爵东京途中的安保措施比拟天皇的出行。根据米特福德的描述,"临街房屋楼上的百叶窗全部用纸封起来,这样偷窥狂就看不到这位尊贵的人士"。[22]旅途的终点也举行了祭拜仪式:"王子殿下预计抵达江户的那天,将在品川举行驱除恶魔的宗教仪式。王子殿下到达时,一名亲王将会拜访他,向他问候健康。"[23]

在欢迎爱丁堡公爵的九条安排中,第八条是"当王子殿下即将进入城门时,举行'币'的仪式。"米特福德在回忆录中解释说,"'币'是一种驱邪仪式,使用的道具是一根拍子似的东西,上面缀有麻做的流苏。"[24]没有一名英国人反对这个仪式,但是美国代理公使波特曼(A. L. C. Portman)向美国总统提交了一份题为《爱丁堡公爵的净化仪式》(The Purification of the Duke of Edinburgh)的报告。根据福泽谕吉的自传,这份报告是这么写的:

> 日本是一个狭小而偏僻的国家,非常自傲,也非常自大。因此,居民习惯地认为外国人属于和动物一样的低等生物。事实上,当英国王子到来并准备会见天皇时,他们在城门口为王子举行了一个净化仪式……这是这里的一种古老仪式,日本人在爱丁堡公爵身上用这个仪式,那是因为,在他们眼里,一切外国人,不管是王公贵族还是普通平民,都跟动物一样污秽。[25]

也许波特曼是想说些有趣的事情来吸引总统的注意,但他可能距离真相不远。1868年2月,宫廷讨论了天皇接待外国公使的规格问题,最后决定可以允许外国人进入皇宫,但是为保证圣地的纯洁,要在皇宫四个方向的大门举行驱邪仪式。爱丁堡公爵进入皇宫前举

第二十章　英国公爵来访

行的那个仪式有着同样的目的：举行"币"仪式不是为了保护公爵免受恶魔的纠缠，而是为了避免皇宫受到外国人的污染。[26] 当一名美国使馆翻译把这些告诉他时，福泽并没有笑。他写道："这实际上是令人羞愧的事情，我听完之后并没有笑，反而想哭。"

似乎没有一名英国人因为仪式的含义而感到不满，公爵与天皇的会面也进行得非常顺利。公爵进入皇宫，一下马车，就有一群高级官员迎上来，簇拥着他来到接待室。过了一会，公爵被引至会客厅，天皇正站在高台等他。天皇说了几句欢迎词，公爵礼貌地作答，随后天皇邀请公爵到花园里做更私密的交谈。米特福德回忆说，

> 各位亲王和宫廷高官纷纷走上来向公爵致意，这么过了一会，公爵被引向城堡花园一处精致的小茶屋——红叶茶屋，那里摆着茶和各色精美的茶点。不久他便被请到泷见茶屋，天皇正在那里等他。只有我、巴夏礼爵士和海军上将陪着公爵。[27]

巴夏礼一直都在担心公爵与天皇的见面。他写道："我想年轻的天皇真是可怜，他太害羞了，大臣们担心王子会认为他枯燥无味。王子殿下自己也很害羞。"[28] 根据记录，明治与英国王子的交谈虽无亮点，却也中规中矩。天皇说自己为能接待一位来自遥远国家的王子而感到极为荣幸，并恳求王子待久一点，以补偿旅途的劳顿。王子表示感谢天皇的亲切招待，相信女王陛下知道了肯定会很高兴。天皇郑重地告诉王子，一想到此次访问将有助于巩固两国之间的友谊自己就很开心。天皇恳求公爵想到什么尽管提出来，这样自己才有幸为他效劳。王子说，接待工作没有丝毫不足之处，甚至超出了期望。他一直希望访问这个闻名已久的国家，这次参观没有失望，诸如此类。今天我们不难想象类似的谈话。

从一开始，爱丁堡公爵阿尔弗雷德就知道场面可能会很沉闷，但他只能无奈地接受。米特福德在回忆录里并未掩饰自己的无聊心

情，他承认自己无法"对献上的钻石鼻烟壶产生丝毫的艺术热情。"这个鼻烟壶是王子告别前送给天皇的纪念品，亨利·开帕尔（Henry Keppel）爵士这么描述它："一个漂亮的金盒子，盒盖上镶嵌有他自己（公爵）的迷你人像，人像四周围着一圈钻石。"[29] 天皇送给英国客人的礼物则要艺术得多。[30] 王子还要求天皇亲笔作一首诗，准备回国后献给维多利亚女王。他收到了下面这首有政治寓意的短歌：

> 如果君王的统治
> 能造福人民
> 那么天地
> 肯定将千秋万世
> 维持下去 [31]

两个年轻人对这次会面的反应并没有记录下来。对阿尔弗雷德来说，明治可能是一个无名（尽管并不野蛮）国家的统治者，因此他并不是很感兴趣，但可能对自己停留期间所受到的招待心生感激。[32] 对明治来说，可能在第一次与欧洲王室见面时过于紧张，因而没有对这位英国王子留下什么印象，但他知道自己必须讨好对方，以免日本和强大的英国之间的关系受到损害。不管这次会谈的内容如何，这种平等接待外国王子的态度都为后来开了一个极为重要的先例。

爱丁堡公爵离开后一个月，由安东尼·冯·佩茨（Antony von Petz）男爵率领的奥匈帝国使团抵达日本，开始和约的谈判工作。男爵也带来了礼物：一架送给皇后的钢琴和一座送给天皇的奥地利皇帝全身雕像。[33] 日本与奥匈帝国的和约（这次的谈判速度前所未有得快）签订时，据说明治写了一封亲笔信"给他的'兄弟'——奥地利皇帝"。[34] 布莱克在讲述这些事情时说："除了中国皇帝，迄今为止天皇从未给任何国家的君主写过类似的信。"在欧洲人看来，明治已经收获了一群新的亲戚——世界上所有的君主。

第二十一章

帝师元田永孚

1869年，明治第二次离开京都到东京去时，京都居民都以为是迁都的先兆。岩仓具视表示都城不会变后，他们暂时安心，但得知皇后也计划到东京去后，不安再次膨胀。尽管官方在辟谣，但他们认为迁都的危险确实存在，纷纷到神社去祈求神灵干涉，不要让皇后离城。想到天皇和皇后将不再住在京都，民众人心惶惶，当地官员担心市民或许结党请命，届时愤激的民众可能做出任何意想不到的事情。[1]他们费了九牛二虎之力才使京都的居民平静下来。

京都居民将皇后的东京之行看作即将迁都的证据。不管这种观点正确与否，1869年11月8日，皇后的乘舆还是在四藩精选侍卫的保护下离开御所，经过十九天的愉快旅程后抵达东京。皇后显然对新居非常满意，不久她就在吹上御苑宴请了政府的高级官员。[2]

1869年初，明治天皇打算第二次访问东京时，告知京都的居民自己会在来年的四五月份回来，并在冬天举行大尝会*的庆祝仪式。这项声明平息了大家的疑虑，但1870年春，民众却被告知，由于国内的叛乱尚未平定以及政务繁忙，天皇必须推迟返回京都的时间。一年之后的1871年5月15日，天皇宣布大尝会将在东京举行。[5]

---

* 这是个极为重要的仪式，天皇一生举行一次，通常在他登基后那年的早冬。

月24日，天皇派大纳言德大寺实则作为特使到京都孝明天皇的山陵前汇报世界形势以及天皇由于国事繁忙而不得不推迟返回京都。德大寺还觐见皇太后，告诉她天皇的回程将会推迟若干年。[3]

实际上，除去一次数日的短暂停留外，天皇直到1877年才回到京都。这期间，官方并没有发布迁都公告。不过，当明治最终返回京都时，官方文书中称"行幸"，意为从住处到某个地方去，而不是1868年使用的"还幸"，意为返回住处。[4] 1877年，东京成为日本功能上的首都，因为天皇和所有的政府机关都在这里，而且外国使馆也在这里。然而政府也许是担心京都民众的反应，不愿正式宣布这个消息。明治死后被葬在京都，1915年，他的儿子大正天皇的加冕仪式也在京都举行，这暗示着一个固执的观念，即在某些方面京都依然是国家的首都。你甚至可以说直至今日京都仍是日本的首都，因为日本到现在都没有发布首都在何地的公告。

官方在解释明治无法返回京都时强调了国事的紧迫性。这并非不正确，但我们却很难看到天皇在国家推行的诸多变革中具体扮演的角色。《明治天皇纪》中专门提到他的条目，大部分都是描绘他骑马的次数或是学习中国典籍的进度。

骑马已成为天皇的一大爱好。有一阵子他隔天骑一次，而且每次都要花上几乎一整天的时间。即使是那些认同健身愿望的人也觉得年轻的天皇在骑马上花费了太多时间。议定中御门经之（当时在京都）在得知天皇骑马骑得如此频繁之后，写信给岩仓具视，建议将频率限制在一个月六天。[5] 这个建议似乎起了一些作用，然而天皇对骑马的热情却有增无减。

明治这个时期的学习主要集中在儒家典籍，同时师从神道教的护教者平田笃胤的孙子平田延胤学习《日本书纪》。[6] 1871年7月17日，明治天皇的主要老师元田永孚首次出现在天皇的面前。

元田1818年出生于熊本藩一个中等的武士家庭，在舒适的环境下长大。十五岁时元田决定学习圣贤学说，以报效国家。不到

第二十一章　帝师元田永孚

二十岁，他就认识了包括横井小楠在内的许多学者，并向他们学习朱子学。早在 1847 年，元田就向父亲讲述了自己的基本哲学观：

> 今本不庸言，然臣子之道在于忠孝，忠孝之道在于明理，明理在于实学，实学之外，皆虚文腐儒，不足以明忠孝之道。今日以此实学事奉父君，他日亦欲以此实学事奉国君。[7]

今天，"实学"的意思是与理论或者哲学知识相对应的"实际学问"，例如工程学或医学，但是在元田的时代它的含义可不是这样。这个词可以追溯到朱熹（1130—1200），刚开始是指一种儒家学说。这种儒家学说与佛教和道教不同，强调高尚的道德修养本身并非目的，以之为国家服务才是真正的目的。后来这个词的含义发生了变化，然而不论如何解释，它都强调思想和行动的一致性。[8] 我们可以很容易地看出，与一些儒家学者的抽象思考相比，这种哲学非常适合现代国家的统治者。

这种儒学流派并不受熊本藩大名的待见，父亲担心这会阻碍元田的前程，于是要求他放弃实学。元田一开始拒绝，然而这时他和家人陆续遭受各种疾病的打击，自然而然地疏远了老师，并最终与父亲和解。[9] 1858 年，元田继承了父亲的职位，担任熊本藩大名的顾问，1860 年大名死后，元田陪同大名的继承人前往江户，在那里积极地参与政治。刚开始，元田在横井小楠的影响下支持"尊王开国"。作为一名大众眼中顽固的保守派，这个观点颇为开明。

第一次长州战争期间，元田遵循自己"公武合体"的观点，参加了熊本藩的军队，然而他反对参加第二次长州战争。熊本藩不顾元田的反对，派兵参加战斗并且损失惨重，而元田对政治形势的正确判断使他声誉大增。他的职位逐渐提升，1871 年被任命为熊本藩大名（现在称为知事）的侍读（老师），并和大名一起住在东京。[10]

这个时期听过元田讲课的人都夸奖他的热情。元田和许多儒家

学者不同，他强调的不是个别词语，而是真正有助于培养心智的内容。一名1871年首次听过他讲课的弟子回忆说，

> 他会举古今许多重要例子，不仅使我们理解了课文，而且让我们不禁受到感动。元田的每一个行为似乎都是为了遵守圣贤之道。对我们年轻人来说，关于他的一切——他的言谈和举止、外表和态度——看起来都非常精彩。我们视他为一颗完美而没有瑕疵的珠宝。他没有一丁点的不自然或者僵硬；他的气势夹杂着一种说不出的慈祥和温暖。[11]

大约这时，元田给知事写信，讲述自己对宫廷的看法。这封信虽然很短，但却受到很高的赞誉：

> 当此维新之际，辇毂之下凶徒逞暴意，皆因朝威未振。朝威未振则因王政之实未立。仰愿自今起，天皇陛下御临南殿，令诸大臣奏议于前，取其公议，亲裁万机，则公明正大之治体相立，人心始服。地方之不服政化，乃不得地方官之人。宜登用人才，普施政教，废臣等向来门地之知事。故谨请罢免。[12]

这份建议书包含了两点重要内容。第一点是希望当着天皇的面讨论法律法规，由天皇亲自决定是否应该采纳。前文已经提到，明治认真参加内阁会议以及类似的会议，甚至是那些不太重要的会。天皇频繁地参加此类会议，这种敬业精神可能是受到了元田的激励。第二点废除高官的世袭制则并没有很快实现。

所有看过建议书的人都对元田的提议赞不绝口，这份建议书最终到了大久保利通手里，他大为感动，承诺将立刻启奏天皇。大久保当时正在为天皇寻觅老师，于是他向熊本县知事询问元田的品格。熊本县长官回答说，自己不敢说元田是帝师的最佳人选，但他的品

第二十一章　帝师元田永孚

格绝对没有问题。由于熊本县知事的推荐，元田于 1871 年 6 月 30 日被任命为天皇的侍读。7 月 21 日，他第一次给天皇上课，讲的是《论语》。[13] 从那时起，元田每月向天皇讲授十二节《论语》课，后来还讲授《日本外史》。* 他一直为天皇授课，直到 1891 年去世。

当元田首次得知自己被选为帝师时，非常吃惊，并表示自己的资历不够。元田认为自己的年纪太大（五十三岁），无法像四十刚出头的西乡隆盛、大久保利通、木户孝允和板垣退助那样为政府效力，这些人已经是新政府的名人。他建议挑选年轻一些的人担任此职，并认为如果自己接受任命，将会自取其辱，还说希望回熊本去。[14] 但是元田尊敬的藩士下津休也阻止了他，并对他说："你不能这么做。元田的学养、德行加上西乡的胆识，将无人可出其右。请你务比接受。"[15] 类似这样的赞语使得元田无法继续拒绝。他在日记中记录了第一次向天皇授课的情形：

> 着衣冠，膝行进，于三间† 外稽首拜龙颜。复膝行退。此乃亲近天皇之始，心中敬畏喜悦交集，感激不能自己。毕，面会德大寺实则，传侍读专务之旨，受任官相当之待遇。余初谦退，不敢当此任，然大命已降，不欲复辞，乃决然奉之。[16]

一些同时期的人认为元田是个顽固的保守派，[17] 然而他却赢得了天皇的绝对信任以及政府主要官员的钦佩，他们称赞起他来简直毫无保留。极少赞美别人的大久保利通在提到元田时说："只要他在陛下身边，我就放心了。"副岛种臣说："元田先生是成就陛下无上美德居功至伟的那个人。要说对明治时代贡献最大的臣民，除了他，我找不出第二个。"[18] 尽管今天元田几乎已经被人遗忘，但他对

---

* 《日本外史》是赖山阳（1780—1832）的著名作品，描绘了日本历代的战争传统。
† "三间"是常御殿西南面的三间小屋，天皇一些非正式的接见在此进行。

天皇的影响，似乎比天皇身边任何著名的政治家都要大。

成为帝师之后，元田再次燃起对实学的热情，这意味着他重新回到孔子和孟子的基本学说。元田强调应该在《六经》*中，而不是在其他任何地方寻找"道"。他承认西方科学技术的价值，并鼓励日本人以"格物"的精神去学习它们。"格物"这个词在《大学》里的意思是"究事物之理"。元田认为，西方在人伦方面没有什么贡献，这方面只能在《六经》中寻找指引。他还说：

> 方今，厌汉籍之陈腐，专喜洋书之新工，然恐此亦终成洋文癖之曲学。[19]

德川时代末期，佐久间象山首次提出将东方的道德观与西方的科学技术相结合。这个观点成为明治，尤其是他晚年的主要观点，其中可能也有元田学说的影响。

元田除了在宫里授课，还撰写一些诸如与国教有关的文章，[20] 但他最为人所知的是参与了1890年《教育敕语》的起草工作。这份文件把儒家的伦理思想和"忠君爱国"的原则放在主要位置，而这两个词正是元田政治思想的结晶。

天皇在元田等人的指导下，接受传统的道德教育，但他在公共场合却越来越多地受到西方的影响。1870年4月28日，天皇阅兵期间首次在日本人和外国人面前公开露面，[21] 而他所学的儒家典籍并没有提到阅兵这种活动。大久保利通希望天皇表现得像一名现代的欧洲君主，显然，正是在他的极力主张下，明治才从宫闱深处走出来，进入公众的视野。

1871年觐见过天皇的奥地利男爵亚历山大·德·许布纳（Alexander de Hubner）描述说，一名侍从坐着一辆"香港制造的

---

* 四书（《论语》《孟子》《大学》《中庸》）加上《诗经》《书经》，合称六经。

第二十一章 帝师元田永孚

轻便马车来接他。也许那是宫里唯一的一辆,因为宫里可能并不需要大型马车。天皇从不离开宫廷一步"。他还在脚注中补充道:"几个月后,在思想进步的大臣的建议下,天皇坐着一辆敞篷马车,出现在震惊的臣民面前。这年(1872年)夏天,他们看见他坐着出租马车穿过横滨的街道。这位众神之子身穿一件奇怪的欧式军服,看起来既像水手又像大使!"[22]

明治的军服胸前点缀着独特的金色盘扣,其灵感来自欧洲,但是却让这位奥地利男爵感到好笑。国外早已看不到类似的款式,但天皇仍旧继续穿着这件军服。每天早上离开神秘的内宫时,天皇会脱下日式睡袍,换上西服,一般是军服或大礼服。他的饮食也开始逐渐加入西方的食物和饮料:我们确切知道他喝第一杯牛奶和吃第一口牛肉的时间。[23]

自然,欧洲人开始感叹日本人摒弃传统服装,改穿西式服装的匆忙态度。无数的卡通画描绘了日本人穿着不合体西服的别扭样子,他们看起来毫无美感,且很滑稽。然而德川时代晚期为越前藩大名工作过的日本通格里菲斯却不同意这种观点:

> 不管艺术家和那些对日本人的独特和奇怪情有独钟的人会怎么说,日本人自己却洞察人性,并懂得真正的穿衣之道。他们的宏愿是被当成人,当成文明人,而且是与西方同等的人看待。他们知道,如果穿着古老的服装,自己和国家将永远不会受到严肃的对待。
>
> 很快我们就看到了服装上的变化,改变的不仅是士兵和武士,还包括政府官员甚至天皇本人……可以肯定的是,摒弃武士服加速了古老野蛮的封建风俗的衰退。事实上,服装的革命极大地帮助日本取得了全世界的认可,日本被认为是与世界各国平等的国家。[24]

1871年12月明治访问横须贺时，秘密拍摄了一张和陪同人员一起的合照。尽管天皇身着传统服饰，但是除了三人以外，二十名随从人员全部穿着西服。[25]

过去的风俗习惯在表面上仍继续被尊重，但是一条接一条地被抛弃，甚至禁止，原因是它们不适合现代国家。例如，1870年3月6日，政府颁布了禁止染黑齿和剃眉毛的法令，而那些本是高级公卿在元服仪式上的传统习惯。两个月后，政府还禁止了用死囚的尸体试刀锋的做法。武士不得继续以所谓的"不敬"为由而惩戒（甚至杀死）平民。[26]

明治很快就适应了外国东西以及接见重要的外国访客时需要注意的礼仪。他知道自己应该握手、微笑（一开始他老是记不住），同时礼貌地问客人一些无关紧要的问题。热心的宫廷官员很快就熟悉了外国人的行为举止，并想尽办法让客人感到放松。他们在接待时提供欧式食物，看到外国权贵在觐见时不喜欢脱鞋，便在榻榻米上铺了层地毯。[27]

为了缓解外国人见到佩刀武士时的紧张情绪，早在1869年就有人提议将武士佩刀的规定改为自愿。改革派认为日本社会已经一派和平景象，因此佩刀——动荡与暴力时代的象征（日本有幸已经脱离了那个时代）——除了作为正装的配饰之外，已不再是必需品。然而其他人却迅速地起来为佩刀辩护，他们坚持认为佩刀表达了皇国的尚武精神，是神州正气之所在。他们反问到，难道一个拥有大和魂的人会抛弃自己的佩刀吗？这些理由颇有分量，提案被一致否决。[28]

然而，1871年9月23日，政府出台了一项法令，允许武士剪头发和不再佩刀，并且可以选择穿军装或者简便军装。包括木户孝允在内的几名政府高官都已经把头发剪短。似乎很少有人反对这类现代和开明的象征，即使侍从和侍从官也都剪了发。

在新政府的开明政策下，日本的治安有所好转，然而暗杀行为却仍在继续。任何人只要开口表达一些非传统的观点，便时时有被

第二十一章　帝师元田永孚

杀害的危险。即便是那些最勇敢的人，想到自己时刻可能死于杀手的刺刀之下，也不禁感到害怕。福泽谕吉感到自己的处境异常危险，因为他以拥护"启蒙"而著称。他在自传中写道："没有什么比活在暗杀的阴影之下更糟糕，更令人不安，更可怕了。没有亲身经历过的人无法真正地想象这种滋味。"1871年，福泽创办的大学庆应义塾搬到三田，他在住所建了一个暗门，以备自己在遇到危险时得以逃脱。[29]

明治初期最令人震惊的暗杀事件是长州藩武士大村益次郎之死。[30] 大村在大阪绪方洪庵创办的学校学习荷兰语，后来又到长崎学习西医。1853年，他受大名伊达宗城之邀来到宇和岛。这时外国列强对日本的压力已经越来越大，藩国命令大村回长崎学习军舰制造和航海技术。1856年，大村陪同大名前往江户，并在那里成为幕府番书调所（研究外国人书籍的机构）的一名教师。大村在横滨随美国传教士赫伯恩（J. C. Hepburn）学习英语。他渐渐地获得了军事专家的美誉，1861年大村回到长州之后，着手改革军队，并坚持认为有必要对武士和平民进行作战训练。第二次长州之战（1866年）期间，大村训练的军队打垮了幕府军，在推翻幕府的鸟羽、伏见之战中这支军队同样表现出色。两年后的1868年，大村领导的军队摧毁了彰义队。

明治维新后，被任命为兵部大夫（国防大臣）的大村，在任期间致力于创建一支现代化军队。他取得了巨大的成功，以致人们经常称他为"日本军队之父"。大村的计划最显著的一点是向平民征兵，这件事激怒了武士，他们认为这威胁到了自己的特权地位。大村对彰义队的打击也使他树敌很多，特别是那些心怀不满的、依然紧抓着业已被抛弃的攘夷理想不放的武士。大村完全有理由遭遇某种暴力行为。

1869年8月中旬，大村为创办一所士官训练学校而前往关西。他自己清楚有遭到暗杀的危险，朋友木户孝允也明白这一点，于是为他安排了特别的安保措施。大村从知情人口中得知，一些可疑的人正尾随他来到关西，他格外小心地使行动保密。然而10月9日晚，当大村与同伴在京都的一家小酒馆放松时，八个人（主要来自长州藩）闯了进来，随后在黑暗中进行了一番可怕的厮杀。[31] 大村身中数刀，靠躲在蓄满脏水的洗澡桶里逃过一劫。他腿部的伤最为严重，而且迟迟不见愈合，最终被送进了大阪的一家医院。为他治疗的荷兰著名医生鲍德温（A. F. Bauduin）建议立即截肢，但是像大村这样的高级官员没有政府的批准不能做手术。批准书迟迟没有下来，12月，大村因伤重去世。[32]

杀害大村的刺客被抓住并判处死刑，但最后却缓期执行。跟横井小楠那次一样，民众尤其是高级武士对这些刺客非常同情。他们认同他们的观点，认为大村的军制改革是对自己阶层无法容忍的冒犯。直到一年后这些罪犯才被处死。

接下来遇刺的重要人物是顾问广泽真臣。1871年2月27日，广泽在家中遇害。刺客没有找到，作案的动机迄今成谜。[33] 罪犯的行径以及警察抓捕行凶者动作的缓慢令天皇感到极为失望，他颁布了一道谕旨：

> 故参议广泽真臣遭变，朕既不能保庇大臣，又使其贼逃逸。自维新以来，大臣罹害者及三人。此朕之朝宪未立，纲纪不肃所致，朕甚憾焉。诏令天下严加搜索，必捕此贼。[34]

为了使西方国家相信自己是个遵纪守法的文明国家，日本付出了巨大的努力，然而两年之内接连有三名政府高官遇害，对年轻的天皇来说，肯定非常难堪。接下来三十年间又发生了许多暗杀事件，这使西方国家对日本的印象非常不好，而日本也因此很难说服他们终止治外法权。

不过，日本继续大步朝着现代化的方向迈进。铁路和电话线很

第二十一章 帝师元田永孚

快就延伸到国内的许多地方，国内几乎每天都能看到新的西方事物，不管是物品还是衣服，是食物、机器还是照片。不过，这些舶来品尽管非常受欢迎，却无法阻止人们偶尔沉醉于激情的往日之中——德川幕府末期那些令他们心旌摇荡的骚动岁月。

年轻的天皇与许多同时代的人一样，在接受新事物的同时并不排斥旧的，他在自己的生活中为两者安排了不同的位置。他喜欢京都胜过任何其他地方，但是他知道新的日本必须摒弃古都的传统重新开始。孝明天皇拒绝接受丝毫的西方文化，但他的儿子却成为近代日本具有象征意义的领袖，而日本也在大胆地从西方摄取一切能帮助自己成为现代国家的东西。当然，天皇也并没有忽略元田关于东方智慧永恒的教诲。

第二十二章
废藩置县

1871年最重要的政治事件,无疑是8月29日"废藩置县"(废除藩国,设立县制)法令的颁布。那天早上,天皇将维新和新政府中表现最积极的四藩——长州、萨摩、肥前和土佐的领导人召到皇宫,感谢他们在1869年拥护版籍奉还,同时命他们支持接下来的重大举措——废藩置县。右大臣三条实美宣读了天皇的诏书,诏书说,"内以保安亿兆,外以对峙万国,故今废藩为县,务去冗就简,除有名无实之弊,更张纲纪,政令归一,以示天下之所向"。"有名无实之弊"就是封建主义,即将国家分成各个藩国,分别由大名统治的制度。

从封建制度到中央集权的转变顺利得不可思议。8月29日下午,天皇派人请来上述四藩的领导,他们提出以府县制代替藩国的建议,天皇听后非常高兴。[1]那天下午晚些时候,天皇请来五十六个藩国驻东京的领导(知事),以公告(由三条实美宣读)的方式宣布了这项伟大的改革。大名们匍匐在地以示服从天皇的谕旨。第二天,同样的消息被送往各县的大名代表。9月1日,外务卿岩仓具视向各国公使通报,日本已被废除藩国,并代以县制。

9月5日,岩仓会见了代理英国公使亚当斯(F. O. Adams),亲自把这个变化告诉他。亚当斯祝贺岩仓成功地完成了精彩的一幕。

第二十二章　废藩置县

他说，对欧洲政府而言，没有几年时间外加使用武力，根本不可能完成类似的重大改革。[2]

版籍奉还的动力来自各藩本身，但废藩置县则是一道加在各藩头上的谕旨。摧毁一种自12世纪末就已存在（几经改良）且保证了大名及其家臣许多特权的制度，非常可能遭到反对，但却没有一个人起来抗旨。这基本上算是精心筹划的结果。大久保利通是这项计划的主要支持者之一，他为了争取西乡隆盛的配合远赴萨摩。西乡以维新总设计师的身份和毫无瑕疵的品格而备受尊崇。他对废藩置县的支持必不可少，一旦获得西乡的支持，许多原本可能起来反对的大名都将受到影响。

到了这时，像大藏卿*大久保利通和军人山县有朋（1838—1922）这样的人已经意识到废藩的必要性。山县刚刚结束一年的欧洲之行回到日本，他在欧洲学习了各种不同的军事制度。尽管政府看似没有受到暴动的直接威胁，但它显然需要和任何其他政府一样，拥有一支军队来处理任何可能发生的意外危机。威廉·艾略特·格里菲斯这么评价那个时期的政府："没有一名国家军人，有的只是道德力量。改革能够进行到底完全是出于对天皇这个名字极大的敬畏心理。"[3]

政府的财政收入也非常有限，现金极度匮乏。在改革者看来，唯一的方法便是以中央政府控制下的府县制代替几乎自治的藩国制，然而这个政策绝非容易实施。武士阶层可能会为自己的权利而战，而大部分的普通民众还不知道有比大名更高一级的统治者存在，如果大名抗旨，他们几乎不会反对。大名的影响无处不在，藩国内每个人的日常生活都有他的痕迹。废藩置县业已过去一百二十余年的今天，当我们去金泽时，依然能回想起前田家。统治这里数百年的前田家的家徽在金泽依然可见。

---

* 大藏省为财务部门，大藏卿即财务大臣。——编注

当废藩的诏书到达越前藩藩主所在的福井时，格里菲斯正好在场：

> 在福井城，我有充分的机会看到这份诏书在封建制度下产生的即刻效果。三个场景给我留下了深刻的印象。
>
> 第一个是在地方政府办公室，时间是1871年的7月18日，接到天皇诏书的那个早上。错愕、强压着的愤怒、恐惧与不祥的预感和忠诚交织在一起。我听到有人在议论要杀死由利（公正）。他是朝廷派驻当地的代表和1868年《五条誓文》的起草者。
>
> 第二个场景发生在城堡的大厅里，时间是1871年的10月1日，越前藩的藩主召集了好几百名世袭家臣，命令他们将对藩主的忠诚转换为爱国主义，他还发表了一次崇高的演说，敦促他们由考虑地方利益过渡到考虑国家利益。
>
> 第三个场景是在第二天的早晨，城中全部四万民众似乎都聚集在街道两旁，最后一次送别越前藩的藩主。他将离开祖宗传下的城堡，到东京去，并以一名普通绅士的身份住在那里，没有任何的政治权力。[4]

其他大大小小二百七十个藩国，无疑也上演过类似的戏码。大名们丧失了世袭的特权，得到的补偿只是一个名义上的头衔——自己原先统治的藩国的知事。然而他们竟然平静地接受了这一切，不禁令人感到惊讶。明治维新只是改变了日本社会的顶层，并没有改变社会结构。废藩置县则是带来一个更大的影响：将近两百万人的武士阶层失去了收入，他们原来由大名支付工资，现在却面临永久失业。几年后，政府支付一笔失业补偿金，希望他们能够利用这笔钱重新开始。然而大多数武士不习惯做买卖或者新日本的其他职业，不久就把这笔钱花光，有些人被迫做些不体面甚至卑微的粗活。大沼枕山的汉诗《车夫篇》，就描绘了这样一个武士。诗歌采取了车

第二十二章　废藩置县

夫和顾客对话的形式。

车夫何早起？
拂拭车上尘。
车客犹未到，
结束立凌晨。
昔日胡为者？
三千石幕臣。
出门乘舆马，
揭揭上士身。
今日浑忘此，
快载商贾人。
东西南北挽，
终日得数缗。
妻子待薪米，
余钱能饮醇。[5]

许多武士的确在政府部门找到工作，并在接下来的五十年或者更长的时间里继续成为知识分子的骨干，[6]但是有些人却从未适应这些变化。前面那个成为车夫（或者是做一些同样不体面的工作）的武士是当时文学作品中经常出现的一个形象，而且有传言说武士阶层的年轻女子在吉原的妓院里谋生。

这种改变显然加强了天皇的威权。至少在原则上，天皇取代了几乎独立统治自己藩国的无数封建领主，成为整个国家的唯一统治者。他自己也亲身感受到这种变化。不过，不久之后发生的另一种改变可能对他的影响更为直接。废藩置县诏书颁布的同一个月，宫内省和天皇的后宫发生了剧烈的人事变动。此前，只有高级贵族（堂上华族）才能在宫里任职。为了与古老的世系保持一致，他们继承古代的行为方式，做事时墨守先例和传统。天皇的后宫则由贵族出身的女官管理，她们大多从前朝起就在宫里任职。这些女官既保守又倔强，而且利用自己对天皇的影响力来阻碍改革。[7]政府官员，甚至像三条实美和岩仓具视这样的公卿也对此深感遗憾，想改变这种状况，然而几个世纪以来形成的习惯很难一朝一夕就能改变的。[8]

来东京支持废藩置县的西乡隆盛认为是时候做出改变了。他认为应该将"柔弱华奢之风的旧公卿"换掉，改为由"刚毅清廉之武士"出任天皇的顾问。西乡在咨询过大久保和木户之后，正式向三条和岩仓提出建议，并要求他们立刻做出决定。8月19日，决定下来了：萨摩藩的藩士吉井友实（1828—1891）被任命为宫内大臣，全权掌管宫内省和天皇后宫的改革事宜。一直支持改革的公卿德大寺实则被任命为侍从长兼宫内卿。

改革的建议很快就提交上来。自此以后，任命侍从时不会考虑他们是出身公卿世家还是武士阶层。人们期待，即使侍从中只有几名武士，他们也将根除长久以来形成的陋习。侍从还有一项新任务，即向天皇提供包括东西方在内的各种新旧信息。高级侍从还将协助天皇拓展知识。受影响的不止天皇：根据决定，皇后及其侍女也必须熟悉日本、中国和西方的古今大势，因此天皇上课时应允许她们旁听。[9]

天皇的侍从中，像三条西、里松和绫小路这样的贵族名字被村田新八这样的武士名字所代替。[10] 9月15日，全部女官都被遣散，取而代之的是一群年轻女子。[11] 1872年1月20日，西乡隆盛写信给舅舅椎原与三次，信中带着明显的满意口吻说：

> 行诸种变革，最喜之事为主上身边侍奉之事。此前非华族之人不得出御前，偶有士族*之宫内省官员亦不能出御前。右等

---

* 日本的士族指的是武士阶层。——编注

弊习今日悉改,侍从亦可自士族召入。公卿武家华族并士族皆同样,士族出身之侍从更得天皇恩宠,实为可喜之事。

主上厌烦居后宫,自晨至晚始终在外殿,学和汉洋之学问,次同侍从讨论,修业无寸暇。较之大名等,衣着亦简单;较之众人,修业之学习格外努力。然今日之天皇非昔日之天皇,此点三条、岩仓两卿亦称是。主上本为英迈之资,身体至极强健。公卿言,近来未有如此壮健之主上。天气宜时,主上每日习马,两三日内召御亲兵一小队调练,此后隔日调练,亦有人言主上欲亲率大队,自任元帅,此实为难得之事也。[12]

月底,太政官制度被废止,取消了左大臣、右大臣、大纳言及许多更低的职位。政府被分为三个部门:以天皇为首的行政院(正院)、立法院(左院)和司法院(右院)。

国内的这些重大改革一旦完成,政府就能对国际事务投入更多的精力。首当其冲是勘定北方的边界。为防止俄国人捷足先登,虾夷(1869年9月改称北海道)的开发迫在眉睫。政府将北海道和千岛群岛划分成十一个县和八十六个郡,派许多重要官员去担任行政管理工作。[13] 1869年10月5日,政府将"大国魂神"作为北海道开发区的祭神,举行镇座祭*。各主要寺庙都鼓励信众移居新开发区。

日俄边界的主要问题是萨哈林岛。两国都有居民在岛上居住,国家之间的界线不是那么容易划分。1870年3月,库页岛(即萨哈林岛)发展委员会成立,然而日俄尚未建交,不可能开展任何谈判。3月3日,寺岛宗则(1832—1893)、大隈重信和伊藤博文与美国常驻公使查尔斯·德隆(Charles E. De Long)会面,讨论萨哈林岛的问题。爱管闲事的德隆强调,这一边界问题对全球其他国家也很重要,并自告奋勇充当两国的调解人。他指出美俄之间关系亲密,承诺

---

* 日本神道教的一种宗教仪式,在神社创建当天、祭神初次镇座时举行的祭典。——编注

假如将这项使命交与他，他将为达成解决方案而不遗余力。[14] 日本人接受了德隆的建议，但提出一个条件，即以纬度来划分边界：北纬五十度以北为俄国领土，五十度以南为日本领土。

尽管德隆非常自信，但他的斡旋却没有任何结果。日俄居住者之间继续有小冲突发生，日本仍未决定采取何种策略。他们至少有三种选择：（1）向俄国定居者支付一笔钱让他们离开，然后统治整个岛屿；（2）把岛屿一分为二，让俄国定居者搬到边界线以北，并补偿他们一笔搬家费；（3）把整个岛屿让给俄国，并收一笔补偿金。[15]

1871年6月，副岛种臣被派往萨哈林岛的俄国控制区与俄方进行谈判。出发之前天皇告诉他说：

> 我邦最近鲁邦（俄国）之壤土，应交谊最厚。尤如桦太之地，彼我人民杂居往来，各营其利，我国岂不尽心于保全此地之道哉。嘉永五年（1852），鲁帝派全权使臣，议定疆界，然互有事由，其议未成。而后，庆应三年（1867），于彼得堡暂结杂居之约。朕窃察方今桦太之形势，言语义脉不通，致民心疑惑，偶生争隙酿仇怨，恐终使两国失恳亲之道，故议定经界为最急务之事。此非独朕之深忧，鲁帝亦尝劳心。所以委尔种臣全权，以定疆界。切望尔机宜从事，以保两国人民之庆福，促两国交谊益厚绵延永久。尔种臣笃体斯旨。[16]

值得注意的是，天皇说沙皇和自己一样希望和平处理边界问题。他说和平是彼此的共同愿望，他们都希望自己的臣民能够不受干扰地继续生活。这番陈述说明天皇现在意识到了君主对臣民的责任以及希望不同国家的君主之间互相配合的愿望。

接下来几个月，副岛种臣和俄国特使叶甫根尼·卡尔洛维奇·比措夫（Evgenii Karlovich Biutsov）多次见面，然而会谈毫无进展，根本无法解决萨哈林岛的现状。[17] 1873年2月，北海道开拓次官黑田清隆上书天皇，极力主张日本完全放弃萨哈林岛。黑田说把资金用来开发北海道的大片土地，要好过用来开发萨哈林岛的荒地。他说萨哈林岛上谷物、煤炭和渔获的销售收入不太可能满足岛上居民的需求，同时赞扬俄罗斯人1868年因为类似的原因而将阿拉斯加卖给美国人是英明之举。[18]

这个问题直到1875年5月才得到解决，当时全权公使榎本武扬和俄国全权公使亚历山大·戈尔恰科夫（Alexander Gorchakov）签订了一份协议，约定日本天皇陛下放弃萨哈林岛的全部权利，将其让给俄国沙皇陛下，而作为补偿，后者将千岛群岛的十八个岛屿让给日本天皇陛下。两国以群岛最北端的占守岛和堪察加岛南端的洛帕特卡角之间为界。[19]

在此期间，天皇的注意力放在了远离日本的一些事情上。普法战争（1870年7月至1871年5月）爆发后不久，日本政府派出了四名高级武士前往观察。他们到达欧洲时，普鲁士已经节节取胜，包围了巴黎。这些日本观察家来到巴黎，开始编写详尽的战事报告，分析作战双方各自的长处和缺点、使用武器的优劣、胜败的原因以及欧洲的总体形势。他们无一例外都被普鲁士军队的实力和战术所深深震撼。迄今为止，日本在组建现代军队时一直都遵照法国的模式，然而法国的战败使日本换了老师：从此以后，德国军队成为日本学习的楷模。[20]

天皇对这场战争格外感兴趣。多年后，军官高岛鞆之助回忆说，天皇认真地检查送上来的普法战争报告，并向顾问咨询交战双方采用的策略。战争结束后不久，一艘德国军舰来到横滨，船长向天皇进献了一些战争照片，并请求允许他亲自进行讲解，天皇欣然同意。船长不仅描绘了照片中发生的事，还介绍了整个战争。高岛说，"龙颜大悦"。[21]

这件事发生的时间具体不是很清楚，但天皇为这样的目的而接见一名外国人显然是前所未有的事。[22]之后，天皇又一次打破常规，接见获得升迁的代理英国公使亚当斯。他表示自己为亚当斯的工作获得君主的认可而感到高兴，并为亚当斯的即将离职感到遗憾。自己虽有惜别之意，但无法强留，希望他在回家的路上好好保重。[23] 天皇的话没有任何特别之处，但它表明宫廷已经迅速适应了欧洲的习惯。

普法战争获胜后，1871年1月，普鲁士国王威廉一世在凡尔赛宫加冕为德意志皇帝，并将自己新的显赫身份通知了明治天皇。后者回信表示祝贺，并附上两本大和绘画册，作为前年秋天皇帝送的战争照片的回礼。日本和欧洲仍然相距遥远，然而日本在全球扮演的重要角色已经足以使天皇了解"亲戚"们——欧洲的君主们——的最新情况。

1871年12月23日，岩仓使团出访美欧，无疑是这时拉近日本与世界其他国家距离的最重要的一件事。[24] 1858年7月日本与美国签订的通商条约规定，可以在约十四年后重新审议条款，因此现在是一个派使团出访与日本签订过和约的各个国家的恰当时机。[25] 这些条约规定了治外法权和固定的进口关税，两者都侵犯了日本的主权，因而非常不受日本人的欢迎。日本希望通过谈判能够剔除这些讨厌的条款。

1871年2月，时在华盛顿的伊藤博文给许多高级官员写信，建议近期派一个由优秀官员组成的使团到欧洲和美国去考察各国的状况，包括友邦关系、贸易和关税，提前为满足和约修改的条件做准备。伊藤希望使团能够成功地说服各国相信日本已经是一个成熟的现代国家，不应被视为法制和金融均不可靠的落后之地。使团的主要目的是赢得西方大国的信任，并向他们表达日本政府希望修改和约的愿望。

1871年5月，政府命令参议大隈重信和财政部官员吉田清成（1845—1891）进行调查，研究为修改和约而派使团到西方去是否可行。他们得出的结论是应该派使团出去，于是太政官准备了一份报告并提交给天皇。

报告一开始便认为各国之间的关系应该以平等为基础，认为日本和外国签订了不平等条约归咎于幕末官员懒散和拖延的习惯。到

第二十二章　废藩置县

了维新之初，人们希望收回日本的权利，摆脱条约带来的耻辱，然而条约已经生效,无法修改。现在,是时候和外国政府讨论修改条约，建立以平等为基础的友谊了。条约的修改将以国际法为基础，因此日本的制度或法律中任何与国际法不一致的地方都必须修改。这可能需要一年或者更长的时间，然而条约上明确写着1872年7月1日可以开始修改，因此现在有了一个极好的机会，同时也带来巨大的挑战。各国的外交官无一例外都会为自己的国家利益考虑，假如日本的制度、法律或者宗教存在任何与普世道德观相违背的地方，都有可能受到他们的攻击，甚至可能要求日本立即更改成他们的方式，以作为修订条约的交换条件。对日本来说这并非易事，结果必定造成双方在谈判桌上对峙。

外交使团可能有助于避免这种分歧。使团成员将对各国进行礼节性访问，同时表示希望日本政府的变化能使两国之间的关系比以往更加亲密。他们还将告诉各个国家，日本政府的目的是修改条约，并建议对此进行谈判。为使日本知道成为国际社会一员所需的条件，派使团出访欧美是个好办法。随团出访的专家将会考察各国的制度、法律、经济、教育等等，判断日本该引进这些的方法。使团将使日本人获得一个在各方面改变自己国家的机会，从而说服外国列强相信日本已是开明国家。[26]

第二份报告描绘了日本需要改变的一些地方，包括法律、外国人行动和随意选择居住地点的自由、启蒙教育以及扫除宗教自由的障碍等。

假如使团遵守提议的主张，没有要求立即修改条约，那么这次出访可以说是一次空前的成功，但是许多历史学家认为使团没有能够成功修改条约，因此一败涂地。不过当时的外国人却并不这么认为，他们认为使团的出行，是日本历史上光辉的一页。格里菲斯在1900年写道：

也许1871年最引人注目的事件就是派了一个巨大的使团到基督教世界去。关于这件事，可以毫不夸张地说，是圭多·沃贝克（Guido F. Verbeck）一手促成的。

1871年11月21日，沃贝克先生在东京写道：

"政府将派一个非常高级的使团到美国和欧洲去……我希望并且祈祷，这个使团能实现我们渴望已久的对基督教的宽容，至少是接近一点……其中八九人是我的前学生。我们希望出访的结果令人满意，而且，在神的恩赐下，获得对宗教的宽容。我一直在朝着那个方向努力。"[27]

据沃贝克回忆，1871年10月25日，岩仓要求他上门拜访。见面后岩仓的第一个问题就是："你有没有写过一篇文章，然后交给自己的重要下属？"[28]岩仓指的是几年前沃贝克写给大隈，建议其派使团出访欧美的一篇文章。他说他直到三天前才听说这篇文章，现在已经叫人翻译出来了。

最后他告诉我，那恰恰是他们最要做的，他们将不折不扣地执行我的计划……使团将按我文中建议的方法组建……在岩仓和天皇收到我这篇文章的两个月后，使团出发了。[29]

格里菲斯补充道：

使团的一个重要目的是设法删除条约中的治外法权条款，为此，作为一个主权国家的日本可能需要进行全面的改组。但是，代表们却没有获得天皇的全部授权。他们出发前，美国公使查尔斯·德隆阁下告诉了我这一点。[30]

学者们争论的焦点是，修改条约是否是使团的主要任务。那些认为是的人强调使团在外国逗留时间之长以及费用之高，并描绘了成员们返回日本后的沮丧情绪。尽管大家都热切地盼望修改条约，但最初的目的显然不是这个。可能是陪同使团前往华盛顿的德隆顽皮地对日本人说了一句"是时候要求美国修改条约了"。他可能在想，假如这件事成功了，将有助于提高自己在日本的声望。日本使团在美期间，所到之处均受到非常友好的接待，使他们深信谈判的时机已经成熟。[31]

然而使团抵达华盛顿后，国务卿却对他们说，他们的国书中并没有包含条约的修改，于是大久保和伊藤不得不返回东京重新请求一份国书。尽管耗费了很多时间、精力和经费，[32]岩仓却认为，单方面与美国签订条约将对日本不利。根据条约的最惠国条款，向美国做出的任何让步都将适用于其他任何国家，而且不一定会有补偿。他决定中止与美国人关于条约修订的谈判，改为在将来的某个时候，与各国代表坐在会议桌前一起进行谈判。岩仓、木户和山口尚芳拜访国务卿，告诉他使团不能单独与美国进行谈判，因此他们将回到出访的最初任务，即对各国进行礼节性的访问。使团在美国逗留了六个半月（包括在华盛顿长期等待的时间），之后才前往英国和其他欧洲国家。但是这些时间并没有白费，只要看到久米邦武那本详细记载使团见闻的《米欧回览实记》，就能清楚地知道这一点。

哲学家、历史学家三宅雪岭认为，使团离开美国后，行动就堕落为毫无目的的漫游。使团成员们很清楚这一点，但是他们别无选择，只好继续往前走。发达国家的见闻使他们感到好奇，认为自己可以因此而熟悉世界形势，并以此安慰，但是这并不能掩盖他们的失败，甚至连他们自己也欺骗不了。[33]然而在久米的这部巨著中，我们看不到一丝沮丧的情绪。不管使团成员的心里是否始终意识得到，他们都是在帮助日本成为一个现代国家。

由于经济原因，西方国家不愿修改不平等条约。继续控制日本的进口关税对他们有利。如果日本施压，他们会以暗杀欧洲人的事件仍在继续因而无法相信日本会公正地惩罚罪犯为由加以拒绝。[34]

他们或许也主张先解除对基督教的限制，然后再来谈条约修改的问题，但是这类保证超出了使团的权力。无法修改条约这点令人极为失望，但事实上使团出色地完成了原来的任务。假如他们没有更大的野心——要修改条约——就不会浪费几个月的时间等伊藤和大久保从东京回来，也就没有人会质疑他们的成功了。

无论如何，这些人通过自己的亲身经历认识了西方，而这种认识是无法通过其他途径获得的。他们有幸观察了繁荣和乐观时期的西方各国，他们可以将这些知识——不论是先进的机器、政治或者仅仅是欧洲人待人接物的礼仪——应用于日本。从这个角度看，岩仓使团取得了惊人的成功，天皇和全体日本人民将分享他们通过漫长航程带回的硕果。

第二十三章

初次巡幸

岩仓使团在华盛顿焦急地等待大久保利通和伊藤博文从日本回来之时，日本正酝酿着再派出一个"使团"。它的目的与岩仓使团原来的任务很相似：考察所到之处的情况，并且使各地人民感受到日本新政府的威望。这个使团由天皇亲自带领，不同之处主要在于不是去国外，而是去日本的边远地区。

1872年6月16日，天皇公布了近期将由海路访问中国和西国[*]地区的计划。为了准备实际的出行，这天还进行了全面彩排。[†]天皇对彩排很满意，不久就将出行的日子定在7月10日。这次巡幸开启了天皇的日本各地之旅。

此前公布的一份官方文件，解释了此行特殊的意义：自中古时期以来，武家一直将天皇禁锢在皇宫的高墙之内，因此这次旅行将标志着一个新时代的开始。天皇将遍游全国，观察各地区的地形、总体情况、人民和气候。没有制定一个让天皇熟悉自己国家的计划是个严重的失误，但是现在错误已经得到弥补。天皇将乘船游览大

---

[*] "中国"指濑户内海的北岸（广岛、冈山等）；"西国"是这个时期九州的别称。
[†] 为了利用涨潮的高水位，天皇一行人凌晨3点便离开皇宫，赶往滨离宫，在那里登上"龙骧"号军舰，驶往浦贺，并于当天夜里抵达浦贺。"龙骧"号那天晚上停泊在浦贺湾内，于第二天一早驶回滨离宫。

阪、兵库、下关、长崎、鹿儿岛、函馆、新潟以及沿岸其他城镇。这样的旅行将有助于天皇更好地谋划整个国家的福祉。不幸的是，在一些穷乡僻壤，人们仍未感受到宫廷的善意，这意味着天皇的影响力还不能说已完全渗透。假如不抓住眼前的机会改变这种情况，国内对未来的疑虑将会越来越多，成为进步和启蒙道路上的严重障碍。[1]

天皇实际面临的情况甚至比上面文件所说的还要严重。明治时代初期，许多平民，甚至可以说是绝大部分平民都对天皇不感兴趣。[2]注意到这点的大久保利通早就敦促天皇学习欧洲君主的做法，向人民展示自己。他确信将天皇从躲在高墙和帘子后面的神秘形象变为臣民熟悉的可视形象，在政治上来是不可或缺的。

天皇所接受的教育并未把他培养成公众人物。欧洲人早期的描述说明他在陌生人面前异常害羞，以致说话的声音低得几乎听不见。[3]他那想必是从宫内女官那里学来的奇怪步姿让人品头论足[4]，而天皇身上的服装和那张涂了油彩的脸则表明他是这个世界的另类。天皇个人形象的转变以及在人民面前露面的决定，并非他本人的意愿，而是在大久保等顾问的建议下才这么做的。

天皇"人性化"的尝试最初只取得了部分成功：从东京到京都的一路上他都没有在公开露面，民众最多只能看到他的乘舆。然而，早在1868年，天皇的形象就开始出现在锦绘（一种为平民取乐的木刻版画，浮世绘的一种）上，这表明公众已经萌发了对天皇的兴趣。[5]

这些进展虽然令人欣喜，但并没有完全符合计划。大久保本想按路易十四的路子把年轻的天皇打造成一位君主，希望以此作为君主立宪制创建过程的中间阶段。然而，日本的君主传统并不适合培育巴洛克式的富丽堂皇。以路易十四为例，"欧洲专制主义的政治手段非常直观：艺术和权力体现在国王来访时城市的游行队伍、宫廷的假面舞会、富丽堂皇的宫殿建筑和花园之中。国王通过这些艺

第二十三章　初次巡幸

术形式成为一个可视的形象"。[6] 日本的君主则是非可视的。人们不仅看不到天皇本人，甚至御所周围的空白围墙也与法国国王凡尔赛宫周围的宏伟建筑和花园没有丝毫的相似之处。

不过，我们在阅读描写路易十四及其宫廷生活的文章时，还是会觉得有些地方与明治很相似："在同时代人的眼里国王是个神秘人物。"[7] 孩提时的路易就以严肃和沉着给外国使节留下了深刻印象："威尼斯特使指出，1643年路易只有五岁，他很少笑，也几乎不在公众场合露面。"[8] 路易接受的似乎是西班牙宫廷礼仪的训练，因为据说他的岳父，西班牙国王费利佩四世，在正式会见时身体保持不动，"就像一尊大理石雕像"，这个描述与外国人对明治在正式会见时的描述惊人地相似。[9] 害羞和礼仪同样造成明治在会见时身体静止不动，但是在法国或者西班牙，国王雕塑般的形象却是戏剧表演的一部分。一名学者这样写道："因此，应该把国王的不苟言笑和隐身视为宫廷戏剧的一部分。当时的人无法经常看到费利佩，实际上却使他的公开露面变得更加耀眼和炫目。"[10]

当路易长大成人，与明治登基的年龄相仿时，他表现成一名模范君主。"年轻的国王在17世纪60年代展示的形象，是那种罕见地献身于国事和臣民福祉的君王形象。"[11] 然而，不久路易对国民表面上的关心就被日益增长的自恋和骄傲所代替。相比之下，明治对人民的关心，从他登基之日起一直延续到他的统治结束。

两位君主之间的相似之处使人好奇，但这些相似之处简短而又时断时续。日本没有路易十四那么多的骑马雕像，没有描绘国王保卫天主教或者在战场上打败外国人的复杂绘画，也没有为了提高形象而委托同时代的人或者后代创作的诗歌、戏剧和音乐作品。法国已经成立了一个名为"荣耀部"的机构，负责国王的形象展示。明治的"荣耀"无须这样一个"部"。他的荣耀来源于他长时间的统治以及从未改变的对日本人民的深切关怀，而不是什么美化的形象。

也许诺伯特·埃利亚斯（Norbert Elias）对路易十四的评价最

能体现两位君主的相似之处：

> 毫无疑问，路易十四以自己的方式成为西方历史上的"伟大人物"之一，影响非常深远。但他本人的才智和天赋并不出众。只能说中等，谈不上伟大……
>
> 刚才提到的与路易十四"伟大"有关的悖论表明：有时，最重要的任务并非由那些——我们多少有些浪漫地认为——具有创意或创造力的人，或者由那些具有非凡动力和活动能力的杰出人士完成，而是由那些沉着温和的中等人才所完成。路易十四的情况就属于这一种。[12]

大久保努力想把明治变成路易十四那样的君主，这是误入歧途，幸运的是，他没有成功。不过他认为天皇必须变成一名日本人民看得见并认得出的严厉慈父的想法却是正确的。

1872年的巡幸从6月28日一直持续到8月15日，全程都非常成功。这次出行与路易十四的巡游不同，甚至与德川时代盛期大名的出行也不一样，明治一行非常谨慎小心，要求各地不得阻碍交通、人们跟往常一样劳作、无须修路或者遮掩那些肮脏的地方、不得收取礼物。出行的目的是使天皇看到国家的实际情况，而不是让他看巧妙伪装过的波将金村*。

反对天皇此次出行的主要是那些仍然留在京都的人。天皇的外祖父中山忠能听说在国内人心未定的情况下决定巡幸这种大事后非常震惊，很担心巡幸的结果。皇宫中的变化也让京都贵族桥本实丽（1809—1882）震惊。6月20日，他到东京的宫殿参见天皇，恭恭

---

* 出自俄罗斯历史的一个典故。俄国女皇叶卡捷琳娜二世的情夫波将金官至陆军元帅，为了使女皇对自己领地的富足留下良好印象，波将金不惜工本，在女皇的必经之路旁边建起一批豪华的假村庄。于是，波将金村成为弄虚作假，做表面文章的代名词。——译注。

第二十三章　初次巡幸

敬敬地行完礼起身后，惊讶地发现天皇穿着西服坐在椅子上。桥本后来注意到走廊都铺上了地毯，侍从等不必脱鞋，工作时都坐在椅子上。[13]

桥本并非唯一一个为宫廷西化速度之快感到不安的人，但是天皇完全顾不上这些。6月28日早上4点，他踏上巡幸之途时，第一次穿上了那件最有代表性的服装——缀有盘扣的燕尾服。[14] 他的穿着不免遭到保守派臣民的批评。天皇在长崎时，有人向他提出抗议，恳求他停止穿西服。宫内卿德大寺实则与西乡隆盛讨论该如何应对。西乡派人把这个人叫来，并对他吼道："你难道还不了解世界形势吗？"这个人惊恐地退下了。[15] 只有在三四年前许多武士仍然嚷着攘夷时，这样的抗议才可能受到重视。

那天天皇骑马从皇宫出发，在滨离宫短暂停留，吃了一些点心，然后在早上的5点30分乘坐小艇，登上停泊在品川的"龙骧"号军舰。同行的是七十余人随从 [包括西乡隆盛及其弟弟西乡从道（1843—1902）] 以及一队禁卫兵。天皇一踏上军舰，乐队就奏起了欢迎的乐曲。十二年前，当第一支日本使团远渡太平洋来到美国时，使团成员不断地抱怨受到刺耳的"番乐"折磨，但是现在日本海军却为天皇奏起了类似的音乐。其他的欢迎仪式包括主桅杆升起一面锦旗、悬挂信号旗、水手们行分区列队礼以及鸣放二十一响礼炮。[16] 除了第一项，其他所有礼仪均位近十年学自西方海军的做法，然而它们已经牢牢地成为日本海军传统的一部分。

出行的第一站是去参拜伊势神宫。6月30日上午，"龙骧"号和其他护卫舰停靠在鸟羽湾。天皇一行人从那里出发去伊势神宫的所在地山田。领头的是当地官员，其次是工部、海军部、陆军部等官员。两名侍从捧着天皇的神剑和勾玉，天皇自己骑马，两侧各有一名侍从护卫。一半的禁卫军在前面引路，一半殿后。官员都身穿燕尾服，佩戴西洋剑，步行跟随在后面。道路两边欢迎的民众都为天皇着装之简朴感到震惊，这和过去大名出行时队伍之鲜艳简直有天壤之别。民众跪在道路两旁，仿佛是在拜神一样地拍手。这次的巡游和接待方式是天皇此次出行的典型模式。

第二站是大阪。一艘半路相遇的俄国军舰鸣放了二十一响礼炮，以示对"龙骧"号上的锦旗的尊重。天皇到晚上10点才抵达临时住处。大阪市民在街道两边拍手欢迎，同时山呼万岁！[17]松岛居住区的外国人沿路点燃了篝火，并脱帽向天皇致意。

7月7日，天皇离开大阪，登上了一艘开往京都的江轮。这是他三年多来第一次回到古都。到达京都时已经天黑，但是沿途的每一家门口都点着灯笼，照亮了通往御所的路。京都民众拍手欢迎，据说人们看到天皇时，无不激动得热泪盈眶。[18]

在京都停留的短暂期间，明治见到了自己的家人——外祖父中山忠能、姑姑亲子内亲王和淑子内亲王。*他在给父亲孝明天皇上坟时，没有穿西服，而是穿上了正式的宫廷长袍。之后他参观了京都的一个商品展，展出的物品包括传统的"西阵织"†以及新发明的碾米机和西式雨伞。明治参观了一所中学，观看学生上课，并听了学生们如何回答有关句读、算术和外语等问题。他还参观了一所原来专门教贵族子女外语（英语、德语和法语）和手工艺的学校，现在这所学校也接收平民的孩子。明治接见了外国教师，之后颁布诏书称外国教师们"尽心于生徒教育，朕甚嘉之。望汝等勤勉，生徒益研学不怠"。[19]

天皇此次和后来每次巡幸，所到之处从未忘记视察当地的物产和学校。他在学校观看化学等科学实验，并聆听学生们用日语和外语演讲。天皇还到野营地视察军队。这些行动展示了天皇最典型的一面：鼓励本地商品的生产、表现出对教育的兴趣、鼓舞军队的士气。

---

* 仁孝天皇的三女儿淑子内亲王是桂宫家族的成员；她1881年去世，这个显赫的亲王家族也随之断绝。

† 一种纺织品的名称，为日本的传统工艺品，因出产于京都的西阵地区而得名。——译注

第二十三章　初次巡幸

他似乎认定现代日本的未来将由这三个因素所决定：工业、教育和军队。报纸《长崎航讯》除了表达惯常的敬畏和感激之情外，还高度赞扬天皇的来访使城中居民摆脱了顽固的无知，铲除了他们的狭隘思想，并扫清了文明和进步道路上的荆棘。[20]

不用说，天皇无论走到哪里，都被臣民崇拜的目光注视着。他也很受外国人的欢迎，不论是学校的教师还是被请来教日本人西方科学与机械知识的政府雇员。也许这次旅行最不寻常的事件发生在熊本。天皇去拜访外语学校的老师勒罗伊·简斯（Leroy L. Janes），简斯太太站在二楼的阳台上，朝正进屋的天皇头上抛撒花瓣。这种欢迎方式他此前从未遇过，此后也没有再经历。[21]

天皇最喜欢在吃饭时和大臣们分享的一个趣闻，是他和护卫去鹿儿岛的一个外国人家里访问的事。住在那里的老妇人拿出了丰盛的西式菜肴和糕点招待他们，然而（天皇说完放声大笑），"她连我是谁都不知道！"[22] 很难想象天皇和随从是在怎样的情况下到外国人家里去的，又或者，即便这个老妇天性如何好客，她是如何这么快就做出一桌丰盛的饭菜的，但是这个故事却广受欢迎。它有着我们熟悉的主题——贵人微服私访，来到一户简陋的人家家里，却受到年老的主人热情款待[23]——只差在末尾加上一句：这位客人向毫不知情的恩人赠送了慷慨的礼物。

天皇坐船离开鹿儿岛之后，他待过的地方开放给普通民众参观。凌晨便等候着的人们恭恭敬敬地接过一些零碎的草席和柳杉针叶。草席是天皇祈祷时跪过的，柳杉针叶是他夜里纳凉时平台上的装饰，人们把这些东西用来驱邪。[24]

天皇的船从鹿儿岛直开到四国的丸龟，到达丸龟的时间是8月7日。那天下着大雨，还伴有闪电和狂风。第二天天放晴，天皇从临时搭建的祭台上，朝白峰的崇德天皇山陵和淡路岛上的淳仁天皇山陵遥拜：这两位天皇都死于流放地。那天，东京传来消息，萨摩人为主的禁卫军内部发生冲突。身为萨摩人的西乡隆盛和西乡从道赶紧乘坐快船返回东京，因为大家认为能平息暴动分子的唯有他们两人。[25] 天皇按照原计划继续前行，在返回横滨时短暂逗留神户。

返回东京后，明治继续对教育表示出极大的兴趣。9月3日，第一个公立图书馆在上野开放。第二天，天皇颁布谕旨，强调教育的重要性，并公布了各级的教育计划草案。草案计划设立8所大学和53760所小学。所有年满6岁的儿童都必须到学校上学，从满足男孩和女孩、城市和农村等不同需要而设立的各种学校中选择一所。教育制度将学习法国。这些计划是为了兑现天皇在《五条誓文》中"破除旧来之陋习"以及"求知识于世界"的承诺。[26]

经过多年动荡，国家似乎最终安定下来了。东京都21座用于军事防御的外城门已经拆除，只剩下地基和石墙。专职保护外国公使、居民和各县雇佣的外国人的特警也被普通警察所代替。但各县仍有零星的农民起义发生，而国际问题则变得尤为重要。

9月26日，"玛利亚·路斯"号（Maria Luz）的判决结果公布。这艘秘鲁轮船在从澳门开往秘鲁的途中受到严重损毁，7月9日停泊在横滨进行维修。一天夜里，一名中国劳工越过船舷逃跑，被一艘英国军舰救起，并被送往神奈川当局。这名中国人诉说了自己和船上另外231名中国人受到虐待的事情，并请求日本政府保护他们。神奈川当局传唤了秘鲁船长，将这名逃跑的中国人交给他，但警告他必须人道地对待船上的中国人，同时严肃地叮嘱他不得惩罚这名逃跑的人。然而船长不仅狠狠地惩罚了他，还继续残忍地对待船上的其他中国人。代理英国公使沃森（R. G. Watson）听说后，亲自登上"玛利亚·路斯"号查看情况，发现那个逃跑的中国人说的都是事实：船上中国劳工的生存环境几同奴隶。沃森要求外务卿副岛调查这件事。

副岛立刻下令禁止这艘秘鲁轮船离开港口。经过进一步调查后得知，船上的官员在澳门连哄带骗地让这些目不识丁的中国人签了卖身契，把他们关进船舱，残忍地对待他们。预审时判决秘鲁船公

第二十三章　初次巡幸

司有罪,并允许全部中国人上岸。8月27日,朝廷同意了这个判决。日本将判决书寄给在日本的每一名外国代表,并咨询他们的意见。只有英国支持这个判决。美国领事拒绝做出评论,因为这件事和他自己国家无关。其他国家都反对这个判决,他们援引1867年10月签署的一份关于管理横滨外国人居住区的条例,质疑日本政府是否有权处理发生在国土之外的事。裁判长大江卓(1847—1921)请示副岛,副岛说尊重法庭的裁决。

8月30日,大江裁定,秘鲁船长释放全部中国人,允许船长乘坐自己的船离开,免于鞭刑。秘鲁人依然不肯服输,他们试图证明自己在澳门与中国劳工签的合同合法且具有约束力。9月26日,法庭维持了大江的原判,称秘鲁船长的行为不仅违反了国际法,而且与日本的法律相违背。一些船上的中国人听到判决后大为鼓舞,弃船逃跑,船长也许是担心自己有生命危险,弃船逃往上海。中国政府随后感谢了日本政府的友好行为。[27] 1873年6月,这件事被提交给俄国沙皇亚历山大二世仲裁,两年后沙皇维持了日本法庭的判决。[28]

威廉·艾略特·格里菲斯是明治天皇的虔诚崇拜者,他这么描述明治在判决中所起的作用:

> 睦仁于8月中旬回到横滨。他在逗留期间与市长大江卓就秘鲁轮船"玛利亚·路斯"号的案子进行了长时间的磋商。这艘船因为天气原因停靠在这里,船上满载着中国劳工,他们中了别人的圈套,实际上是被绑架了,而且受到残酷的对待。其中有一个人游向当时停泊在港口的一艘英国军舰,他们的情况才为人所知。
>
> 明治不畏"共和政治的恶弊",不畏秘鲁的装甲舰,不畏那些落后于时代的人的反对,决心拥护人类的自由。庭审结束后,中国劳工踏上了日本国土,被收留直至收到北京政府的回信。这是日本首次不是为自己而是为亚洲宣示人权。一些外国人严

厉批评政府的行为，甚至想象秘鲁军舰会来索赔。然而事情通过仲裁解决了，俄国沙皇裁决日本这么做是正确的。[29]

格里菲斯提到天皇在处理"玛利亚·路斯"号案件时发挥的个人作用，并未经其他同时代人的证实。假如格里菲斯没有说错，那么这是一个天皇介入司法案件的罕见例子。格里菲斯还回忆说："庭审时，日本古典诗歌翻译家、英国律师狄金斯（F. V. Dickins）强有力的论辩起了很大作用。[30]那些被迫做可耻勾当的年轻女孩，实际上获得了人身自由。那些她们不情愿签下的，将束缚她们好几年的旧合同，被宣告无效。"

能说一口流利日语的狄金斯被秘鲁政府聘用，就与中国劳工签订的合同是否构成奴役辩护，他列举了日本的妓女买卖，认为如果这算合法，那么秘鲁人就没有犯法。这个论点把日本人吓了一跳，审判长大江匆忙宣布休会。最后大江判决，即使日本确实存在奴役，例如妓女买卖，但是仍禁止向外国输出奴隶。秘鲁船长试图将中国的奴隶劳工从横滨输往国外，因此触犯了法律。经过这番七弯八拐的论证，大江下令释放这些中国人。[31]

日本人感到极为尴尬，因为他们人口买卖的实情已经让法庭上旁听的外国领馆官员给听去了。大江敦促政府尽快废止这种非法交易。11月1日，天皇颁布了严禁人口买卖这道具有划时代意义的法令。[32]所有妓女的卖身契均被废止，取消与此相关的一切债务。学徒合同也改为期限最长不得超过一年。

日本政府这个时期的一系列行动使得它与家门口两个国家——朝鲜和琉球王国——的关系变得复杂起来。

在大约四百年的时间里，日本一直在朝鲜设有一个贸易据点——有点像长崎出岛的荷兰商馆。[33]日本在釜山设立的"草梁倭馆"只由对马藩的人员担任，因为对马藩的地理位置处在日本和朝鲜中间，历史上一直充当两国之间的交流媒介。尽管日本人受到严厅的监管，有时甚至是无礼的对待，但他们一直都没有离开，因为贸易——主要是实物贸易——的利润非常可观。

明治初期，日本与朝鲜的关系变得紧张起来。在得知幕府（他们的关系一直很好）被推翻后，[34]朝鲜政府不太愿意与明治政府建立联系。[35]1869年，为了打破僵局，日本政府决定取消对马藩前大名宗重正的谈判代表之职，改由自己谈判。1870年3月，政府派两名外务少丞到朝鲜，通知此番人事变动，然而朝鲜只是回复说他们无法接受日本人的信件。两名特使碰壁后回到日本，强烈主张征韩（入侵朝鲜）。

同年10月，日本再次派出的使团同样没能取得进展。三名特使要求会见当地官员，但却遭到拒绝。朝鲜人说，三百年来对马藩一直都是两国之间的使者，为什么现在要打破这个传统？如果日本想加强两国之间的联系，唯一的方法就是遵守过去的惯例。他们又一次吃了闭门羹。

1872年2月，东京又一次派出的一批使团抵达釜山。专门负责日本事务的训导以生病为由拒绝与使团的成员见面。直到4月使团负责人相良正树才将委托书成功交到代理训导的手上，并附上自己此次出使目的的声明。6月，训导来到倭馆，说等讨论过相良的声明后会给他答复，但是不能保证什么时候。朝鲜人的暧昧说法和拖延时间的态度让相良等日本人大为光火，他们不顾规定，离开倭馆径直走到当地政府。当地的政府领导不仅拒绝接见这些日本人，还严厉指责他们擅离倭馆、硬闯禁区。[36]

日本人只好返回倭馆。使团成员返回日本，向外务卿副岛种臣汇报了情况。副岛认为，鉴于历史和尊严的原因，倭馆应该保留，9月12日他向正院提交了一系列建议，9月20日，朝廷和天皇批准了他的建议。建议第一条认为倭馆作为日本在朝鲜的前哨必须保留，清晰地传达了他的观点。[37]

9月30日，外务少丞花房义质（1842—1917）为执行副岛的命令来到朝鲜。他最重要的任务便是将草梁倭馆那些来自对马藩的工作人员全部换成外务省的官员,并将倭馆置于外务省的管辖之下。倭馆不再是对马藩的贸易据点,对马和朝鲜政府之间的账目必须结清。谈判再次拖延,因为朝鲜正在等待前训导官复原职。最后,12月10日,朝鲜宣布拒绝接受花房带来的物品(用以结账),也不接受他们派驻的官员。

日本人发现朝鲜人与自己不同,他们拒绝接受"文明开化"的政策,已经无可救药地落在了时代的后头。这一印象使日本人更加愤怒。朝鲜依旧没有向西方开放,日本人看朝鲜就跟以前的欧洲人看日本一样,这使得他们对朝鲜的落后产生侮蔑之念。过去,日本人把朝鲜看成中国文化的传播者而非常尊重,对比之下,这一转变实在巨大。[38]

另一个邻国琉球王国也开始感觉到日本新政权崛起的威胁。这个国家的地位长期以来都很模糊。1186年,幕府曾经赐予萨摩家族的创始人冲绳和"南海"其余十一个岛屿的"地头"头衔。冲绳三个王国之间发生了内战时,日本的战事使得岛津家族无法派兵前去协助冲绳,其中一个国王于1372年派使者到明朝乞求帮助统一国家,并请求成为明朝的藩属。明朝同意,并赐国号"琉球"。但琉球长期以来与日本的附庸关系并未因为与明朝的新关系发生变化而停止:1441年足利义教将军确认了岛津忠国对琉球王国的控制权。到了德川幕府时期,琉球王国或多或少地为岛津家族所占有,尽管它一直和中国保持着联系。

1872年,鹿儿岛县的参事派两名使者到琉球,承认过去治理时犯下的错误,并希望改善关系。琉球国王尚泰(1843—1901)表示同意。与此同时,大藏卿井上馨认为应该明确琉球王国的身份。常驻冲绳的鹿儿岛官员接到参事的命令,转达了日本政府的失望之情,原因是王政维新以来,琉球国王尚未到宫廷向亲政的天皇表示祝贺。他敦促国王立即派代表前往东京。[39]

第二十三章 初次巡幸

尚泰听从了命令。10月5日,他派出的三名高官抵达东京。10月16日,琉球使团觐见了天皇和各位大臣。使节宣读了国书,琉球国王在国书中表示自己居于南方小岛,听闻维新盛事感到高兴不已。天皇回答说,作为长期以来萨摩附庸的琉球效忠日本政府,自己非常满意。天皇随即下令,赐予琉球国王"藩王"的称号,并加封他为日本贵族。天皇还向琉球国王和王妃赠送了大量礼物,包括各种布匹、三把猎枪、一副马鞍和一对景泰蓝花瓶。[40]

藩国已经被废除,然而琉球国王却获得了"藩王"的头衔,不得不说是件奇怪的事。这只能解释为权宜之计,目的是将琉球王国牢牢地置于日本的管辖之下。而最终的目的是将琉球王国纳入日本的版图,这个愿望直到1879年才实现。

明治五年还有最后一件值得注意的事——采用阳历。12月10日,在用阳历取代阴历之前,举行了变更历法的仪式。那天早上10点,在遥祭过伊势神宫之后,天皇宣布12月3日为次年的1月1日。天皇向祖先汇报了这个变化。随后,他来到正院,将一份解释为何要采用阳历的诏书递给三条实美。

天皇首先提到使用阴历的不便之处。为了与阳历保持一致,阴历需要每隔两三年便插入一个闰月。阳历则要准确得多,只需每隔四年增加一天;即使使用了七千年,误差也不会超过一天。阳历极高的准确性,正是天皇采用它的原因。[41]

天皇没有在诏书中提到采用阳历的主要原因。从去年9月开始,日本政府各部门就开始按月发工资。如果按照阴历,那些有闰月的年份政府将不得不发十三次工资——政府显然不愿意这么做。

12月3日的第二天变成了1月2日,这使一些日本人觉得失去了生活中一个宝贵的环节,尽管阴历不再受到官方认可,其使用却延续了一些年,特别是在举行宗教仪式时。不过,不管怎么说,在大多数情况下,日本现在正与西方发达国家生活在同一时间框架内了。

第二十四章

"征韩"论争

明治六年（1873）正月初一的迎新仪式，在某些方面是没有先例的。首先，新年依照阳历，而不是阴历计算。这意味着诗人们在创作迎新诗歌时将无法像过去那样提到山间的雾气、温暖的春风、小溪的融雪等新年景象：1月1日天气还太冷，无法看到春天的预兆。明治天皇前几年创作的迎新诗中有诸如"拂过海岸的春风多么柔和"、"暖风吹拂"和"大地在春风的吹拂下一天天变软"这样的句子，今年他创作的迎新诗则完全没有联想到大自然。

这些庆祝活动在其他方面也与传统背道而驰。政府中的外国雇员首次被允许向天皇祝贺新年。1月10日，政府又开了一个先例，允许外国公使的妻子陪同丈夫向天皇和皇后祝贺新年。[1]

1月7日，天皇和皇后一起上了开年的第一课，内容包括元田永孚讲的《大学》第一章。天皇新的学习计划已经拟好。每个月除了有六天休息外，要上十二次日本历史课和另外十二次的《西国立志编》。明治这一年的学习计划试着平衡传统的东方学说和西方的实践指南。现代读者可能会感到奇怪，被选来代表西方的竟然是斯迈尔斯的畅销书，而不是重要的历史或哲学著作，但是这个时期日本人从西方寻找的不是智慧，而是实用技能。除了这些，天皇每月还要上三次诗歌创作课。除了休息日，天皇每天还要学习德语。此外，

第二十四章 "征韩"论争

他还要学习书法和日文语法。[2]

1872年底决定的征兵令于1月10日正式颁布。年满二十岁且身体健康的男子将应征入伍，加入陆军或者海军。1月22日，规定尼姑可以蓄发、吃肉、结婚或者还俗。2月1日，天皇去骑马，身穿西服，配备着西式的马具装备。2月8日，实行新的邮资制度，国内的信件互寄无论距离远近资费统一。2月12日，第一家工业企业成立，是一家制造西式纸张的公司。3月14日，停止宫中的佛教仪式，代之以神道教的仪式。宫中供奉的历代天皇的灵位和佛像将全部搬到京都的泉涌寺。

这一系列事件典型地反映了那个快速变化的时代，每一件事都影响着许多人的世俗生活和宗教生活，同时也预示着更大的改革。不过，1873年之所以成为日本历史上值得纪念的一年，与其说是由于这类国内事件，还不如说是由于与外国的关系不断演变。

外交上的第一个重大事件是，2月27日天皇颁布谕旨，任命外务卿副岛种臣为出使中国的特命全权大使。副岛的使命是交换两国最近批准的和约的有关文书，并呈上明治天皇写给光绪皇帝祝贺其亲政和大婚的贺信。[3]

副岛还有另一个更重要的任务。1873年3月9日，天皇下旨命令他与清朝讨论如何惩罚台湾土著的问题。1871年，台湾土著杀死了五十四名因船舶失事而漂流到台湾的冲绳人。[4]天皇关心的背后，隐含着一个他预感到的清朝主张，即冲绳人并非日本国民。众所周知，去年琉球国王已经被授予藩王的称号，副岛也正式通知了东京的外国代表，称日本已经对这些岛屿全权负责，但是清朝还没有放弃他们的宗主权。在信中天皇间接挑战了清朝，因为后者声称对整个台湾岛拥有主权，而只有通过惩罚犯法的土著才能证明这一点。[5]

派使节到中国去的计划，源于1872年10月副岛和美国公使查尔斯·德隆以及美国将军查尔斯·勒让德（Charles LeGendre）的一次讨论。勒让德是美国驻厦门（面对台湾海峡的一个港口）领事，非常熟悉土著问题。对副岛来说非常幸运的是，勒让德返回美国途中刚好经过横滨。副岛询问他的意见时，勒让德说，日本用两千人就可轻易地占领台湾，他还提供了台湾的地图和照片。副高为日本扩张的前景感到兴奋，表示招募一支万人左右的军队也没问题，但是首先必须试探清政府的意思。他打算给清朝一个两难的选择。假如他们坚持认为自己拥有全岛的统治权，那么不仅要惩罚土著，还要赔偿被害者的家属。但如果他们宣布对土著的行为不负责任，那么日本将有充足的理由入侵台湾。[6]

3月9日，天皇向副岛下达命令，同时附上一张自己的照片，这是宠爱对方的象征。3月12日，副岛在勒让德（这时他已经从美国外交部辞职，改为在日本外务省任职）和两名翻译官的陪同下，*登上了"龙骧"号军舰（前"斯通威尔·杰克逊"号），并于当天在轻巡洋舰"筑波"号的护卫下从横滨起航。让副岛乘坐弱小的日本海军中威力最大的一艘军舰出访中国，显然是为了引起中国人的注意。[7]这是日本军舰第一次造访外国。[8]

副岛特别有资格出使中国。他的书法是明治政府所有官员中最好的，而且能娴熟地创作汉诗。这种艺术才能再加上他熟知中国历史、哲学和风俗，使他在应对清朝官员时游刃有余。清政府感激他释放了被扣押在"玛利亚·路斯"号上的二百三十二名中国劳工，这对他的出使也非常有利。

在去中国的途中，"龙骧"号和"筑波"号停靠了鹿儿岛，副岛利用这个机会拜访了西乡隆盛。[9]随后两艘军舰又停靠了长崎。3月31日，军舰抵达上海，去年11月曾在日本受到热情接待的俄国大公阿列克谢（Alexis）设宴款待了副岛。4月8日，两艘船从上海

---

* 两名翻译是郑永宁和平井希昌，他们都能说中文和英语。两人都在外务省工作。郑是中国人。

第二十四章 "征韩"论争

起航前往天津,但由于导航出了问题,直到4月20日才到达。两天后,副岛来到直隶总督李鸿章的办公室,李鸿章衷心地感谢他解救了"玛利亚·路斯"号上的中国人。副岛与李鸿章交换了前一年批准的友好通商条约。但是,当时在场的勒让德写道,李鸿章对待副岛的态度"冷淡","对我几乎可以说是粗鲁"。当副岛向李鸿章介绍勒让德时,李问了句勒让德是谁。副岛告知后,李鸿章回答道:"我们此前已经签订过很多和约,无需外国人告诉我们怎么做。难道有什么特别的理由吗?"[10]李鸿章还批评了副岛使团成员身上穿的西装,对此副岛回应道:

> 阁下,洋服或许不美,但极其便利,特别是在军舰上。要是传统的衣服,无论如何也无法操纵索具或者枪炮。更换服装以来,一切顺利。事实上,渡我们至清朝的装甲舰和轻型巡洋舰上一个外国人也没有。[11]

这是副岛第一次尝到清朝官员的傲慢,但是他却通过对比日本的现代化和中国人的顽固保守,将李鸿章的批评扭转为日本的优势。[12]第二天,副岛和李鸿章进行了一次更为亲切的会面,他们详细地讨论了中日关系。副岛充分利用自己的中国古典文学知识,批评中国人对外国的鄙视和傲慢态度,说这不符合古代圣贤的教导。他的批评似乎深深打动了对方:李鸿章在随后写给下属的信中说,日本自从西化以后已经变得强大,清朝现在已经落后了。

5月5日,副岛离开天津,两天后抵达北京。他到达后发现,各国公使们就觐见皇帝的礼仪问题和清朝宫廷胶着"已百余日之久"。他们坚持认为,清朝宫廷应该按照其他地方的惯例,皇帝站起来接待外国贵宾,然而宫廷却希望贵宾遵照中国的传统,在坐着的皇帝面前下跪。双方看来都不肯让步。中国人自满族统治最强盛的17世纪——康熙皇帝的时代——就要求欧洲人在皇帝的面前下跪。欧洲人当然非常讨厌下跪。康熙在回应俄国使节的抱怨时说，俄国人在中国，就应该遵守中国人的规矩。反过来，如果中国使节到了俄国，他也会遵守俄国的规矩。俄国人最后屈服了。在面见皇帝的那天在廊檐前下跪，而皇帝则高傲地安坐在宝座上。俄国人没有办法，只好按要求行了三跪九叩之礼。[13]

令副岛感到愤怒的是，清朝没有意识到19世纪的形势已经发生了变化，依然认为自己是中华——世界的中心——并要求外国的外交官屈辱地遵照康熙时定下的礼节。然而，他的回忆录中没有提到不久前日本宫廷也是类似的状况。1872年4月，代理英国公使沃森来到东京，要求会见天皇并奉上国书。沃森表示希望日本宫廷能改变接待外国人的传统方式，要求天皇按照西方的一般习惯，站着接待外交官，而不是坐在玉座上，以示互相尊重。当时身为外务卿的副岛严词拒绝了这个请求，说"外国使节者，入其国从其礼"——而这恰恰就是令副岛恼火的中国宫廷的态度。副岛告诉代理英国公使，如果他坚持天皇应该站着接待，就永远见不到天皇。[14]沃森一言不发地走了。

一段时间之后，俄国使节叶甫根尼·比措夫来日本讨论萨哈林岛的归属问题，并要求面见天皇。他对副岛说，由天皇决定是站着还是坐着接见他。副岛很喜欢这种息事宁人的态度，安排了两人会面。令所有人感到意外的是，明治这次站着接待了俄国人。英国公使知道后，为自己之前的不知变通感到尴尬，请求觐见天皇，并说这一次天皇以什么方式接待自己都无所谓。沃森获准觐见天皇，这一次明治又站着接见了外国使节。这是他自己的决定。明治显然希望证明自己愿意遵守国际礼仪规范，只要外国使节不再要求他按照他们的方式行事。据说因为这件事，沃森成了日本的忠实朋友。[15]

不管副岛在日本表现如何，他还是不愿像欧洲人那样，按照中国的习惯在觐见皇帝时行叩头礼。他确信自己的国家比中国先进得多，因此日本人来到清朝宫廷，不必再诚惶诚恐。

5月24日，副岛到总理衙门拜见清朝官员，其间，他的第一个

第二十四章　"征韩"论争

问题是，为什么像他这样的大忙人需要等这么久才能觐见皇帝。一位官员解释说恭亲王病了（在中国和东亚其他地区，生病是不见客的一个无懈可击的借口），并说清政府正在研究欧洲和美国使节提交的接见礼仪。副岛问，为什么清朝觉得有必要在中国礼仪的问题上考虑外国人的意见，并以日本的做法作为对比："如我国，先自定接使之礼节，以待来使。故凡国使今日到京，明日遂得觐谒。不曾容异议，以昭我君权。"[16]

副岛拿出一把折扇，上面用文言写着他认为皇帝应该如何接见外国使节的简要观点。副岛用儒家术语引出政府首脑和来访使节之间的关系："此即朋友之交。"诚实和互敬应该是会面的基调。礼节应该按照使节自己国家的标准，而不是接待国宫廷的标准。这个观点正好和他在日本时的态度相反。

副岛在与清朝官员会谈时，引用了中国典籍来证明自己的观点。例如，在痛斥中国人对外国人的鄙夷态度时，他说："夫夷亦人国也，以君子待，即君子之为，以蛮夷待，即蛮夷之为。"他讽刺了中国人没有（像他那样）依赖自己的古老智慧。[17]

6月1日那天，看似已经痊愈的恭亲王拜访了副岛。为了显示这名熟悉中国典籍的日本人与那些无知的欧洲人不同，恭亲王说，副岛肯定不会反对按规定的仪式向皇帝行礼。副岛听后大怒，回答说，身为明治天皇的代表，自己在清朝皇帝面前下跪有损尊严。第二天，总理衙门宣布同意西方使节的提议，以五鞠躬代替传统的叩头仪式。副岛写信回复道，自己无意遵守这项新规。如果必须在皇帝面前鞠躬，他希望皇帝也向自己鞠躬。勒让德劝副岛不要把信发出去，担心这只会使中国人变得更加固执，但是副岛坚持这么做，他预测自己的极端言辞会起作用。[18]

谈判仍在继续。副岛决心在接见时与清朝皇帝平起平坐（以自己大使的身份）；他还希望被优先接见，因为那些西方外交官只有公使职位。副岛的这两个要求一开始遭到中国人和西方外交官的拒绝,但是最后他却赢了。副岛获得了这项荣誉,因为他的级别非常高,甚至那些西方人也向他表示祝贺。最终,副岛先于任何一名其他外交官,得到了皇帝的私下接见。

到目前为止,副岛尚未提及来清朝的主要任务——对台湾土著的惩罚问题。6月21日,他派副使柳原前光(1850—1894)和翻译郑永宁到总理衙门去商讨台湾土著、中国与朝鲜的关系性质等问题。这时对朝鲜的关注,说明他已在考虑惩罚朝鲜,以报复其对日本使节的无礼。

在讨论台湾问题时,柳原强调清朝显然无力控制土著居民。他指出台湾的本来所属,并说它后来落入荷兰人手里,再后来被国姓爷(郑成功)掌管。清朝从未领有超过一半的台湾,没有管理好延伸至岛屿东部的土著居民,而这些人两年前杀害了几十个遭遇海难的日本人。日本打算派一支远征军去讨伐这些土著,然而由于跟清域近,日本认为还是将自己的意图通知清朝比较好。

清朝回应说,他们听说过琉球臣民被杀的事,但他们不是日本人。清朝官员把那些幸存者救了出来,并送他们回国——琉球王国。柳原反对说,自"中叶以降"(中世纪以后)这些岛屿就属于萨摩藩,冲绳人作为日本的臣民,理应受到日本政府的保护。[19]

在随后的讨论中,清朝承认自己的政治统治并未深入台湾的每个地方,那些"生蕃"与那些接受清朝统治的"熟蕃"不同。这份声明被日本人用来作为1874年4月攻击台湾土著的理由。

至于朝鲜,清朝称,尽管其国王受到清朝皇帝册封,但国内事务和战争与否问题都由朝鲜人自己决定。这番说法使副岛深信,假如日本进攻朝鲜,清朝不会介入。

出使的最后,副岛会见了皇帝。* 他没有下跪,而是鞠了三个躬。

---

* 他是自1793年以来第一位被皇帝接见的外国特使,当时被接见的是马戛尔尼(Macartney)勋爵。

第二十四章 "征韩"论争　　261

会面结束后，皇帝集体接见了俄国、英国、美国、法国和荷兰的公使。尽管他们的国书几乎二十年前就已出具，但是直到现在才得以呈上，这很大程度上还得感谢副岛。

会面结束后，各国公使接到邀请，参加一个按中国习俗举办的正式宴会，然而天气太热，西方公使们私下里决定不去赴宴。当清朝问副岛是否也不想去时，副岛（他非常熟悉中国礼仪）"然不否，欣然赴宴"。这使得清朝的亲王和官员对他的印象很好，他们认为谦恭有礼的副岛和那些无礼地拒绝皇帝邀请的西方公使相比，简直有天壤之别。这件事也没有使欧洲人对副岛疏远起来。副岛离开北京前，英国公使威妥玛（Thomas Wade）爵士登门拜访了副岛，并代表所有外国外交官，感谢他解决了皇帝如何接见这个旷日持久且妨碍交流的问题。[20]

中国人也对他的付出表示感谢。当副岛的船离开大沽（天津的港口）时，港口鸣放了二十一响礼炮，这是中国人首次在自己的港口对一名外国人鸣炮致敬。[21] 另外，副岛回国途中，在天津短暂逗留期间，尽管李鸿章还在为弟弟服孝，但仍然换掉丧服，到副岛下榻的旅馆和他会面。两人谈了几个小时。李鸿章还交给副岛一封信，称赞他对"玛利亚·路斯"号事件的处理，并希望同处东方的两国，世代友好下去。[22]

副岛凯旋日本。他深信，日本现在可以扩土到朝鲜半岛和台湾岛。副岛抵达横滨之前停靠的每一站，都受到了英雄般的欢迎。他在长崎时写的一首汉诗体现了回国的喜悦之情：

　　才入本朝风气醇，
　　山川秀丽自然真。
　　却思曾在北京日，
　　满地风沙没了人。[23]

7月27日，副岛觐见天皇，呈上自己在中国签署的条约及清朝宫廷赠送的礼物。天皇慰劳副岛，赐予酒肴。

在这期间，日本和朝鲜的关系也在逐步恶化。日本希望与朝鲜开展贸易和外交关系，然而却被朝鲜高傲地拒绝，为此感到愤怒。朝鲜的实际统治者大院君*决心不对西方开放，并认为日本发生的变化非常可疑。他坚持两国之间的关系应该按照三百年来的惯例进行。

7月，负责倭馆事务的当地官员发现，有一些并非来自对马藩的日本商人进出倭馆，危机随之爆发。朝鲜人对此极为不满，他们在倭馆门口张贴"潜商禁止之令"，[24]强烈谴责这种违背三百年来传统的行为。他们还对这些日本人外表上的改变——剪西式头发，穿西式服装——表示惊愕，并宣布"此则不谓日本之人"。他们坚持认为，以对马藩人士作为中间人的两国传统贸易方式不可改变，来自日本其他岛屿的人不得参与贸易，这些人来到倭馆说明日本已经变成"无法之国"。他们责令日本人向上司转达这些话，以免将来后悔不及。[25]

学者们指出，朝鲜并无辱骂全体日本人之意，只是特别针对那些到倭馆做生意的日本商人的非法行为，因为他们想摆脱传统的朝日贸易框架。[26]这一观点令人信服，但当时的日本人可不这么看。对日本人尊严的明显侮辱，特别是"无法之国"这个词引起了全日本的骚动，呼吁惩罚朝鲜的声音高涨。天皇得知这些情况后非常苦恼，下令三条实美着手处理朝鲜事件。[27]

三条在内阁†会议上提交报告，详细描述日朝之间发生的所有令

---

* "大院君"一般是给本身并没有王位的在位国王父亲的封号，但是却经常用来指一个特定的人，即高宗的父亲李昰应。大院君安排自己的二儿子当上了国王，但是自己却在幕后指挥，这与日本平安时代末期的院政非常相似。

† 此处的内阁是明治六年（1873）改革（见本书215页）后，由太政官正院中的太政大臣和参议组成的合议机构，负责国家政事。1885年12月，确立由内阁总理大臣和内阁各部长官组成的内阁制后，这一内阁被废止。——编注

第二十四章 "征韩"论争

人恼火的冲突。1871年,政府派使节前往釜山,意欲通知朝鲜废藩置县的消息,并希望与相关官员会面,讨论这个变化可能对两国关系造成的影响,然而日本使节没能见到朝鲜方面负责倭馆事务的训导。训导不下二十次以生病为由拒绝见日本人。后来,训导去了首都,回来后回复说,日本的会面请求必须要等官方开会讨论后才能决定。日本人问需要等多长时间,得到的答复是六到十年。[28] 三条还说,最近一次事件则是倭馆门口竖立的侮辱性牌子。

三条说,以自己所见,不知道日本将来可能还会受到什么侮辱。自维新以来日本一直努力想与朝鲜建立睦邻友好关系,结果却受到对方的羞辱。日本应该派一小队陆军和海军保护在朝鲜的日本侨民,必要的话可以增援。三条最后请求议会批准自己的提议。

西乡隆盛首先发言。他反对出兵,认为这样的行动肯定会让朝鲜恐惧,怀疑这是日本企图吞并朝鲜的预兆,而这并非日本的原意。政府应该派一名全权公使去晓谕他们。如果朝鲜不听并辱骂使节,他们的罪过将昭然于世,到那时再出兵攻打他们。末了他提议由自己担任特使。[29]

西乡的提议得到了大多数政府领导的支持。不过一些关键人物正在国外,还有些人没有参加朝廷会议。* 到了这个时候,三条实美像往常一样,又开始犹豫起来。他建议打电报给岩仓,让他立刻回来参加讨论。但是,8月3日西乡给三条写信,要他坚定地执行朝会的决议。8月16日,没有收到回信的西乡亲自登门拜访三条,措辞强烈地表达了自己的观点。他说如果等岩仓回来,将错失一次宝贵的行动机会。他非常肯定地认为,日本特使一到朝鲜就会被杀死,只有那时才可出兵讨伐罪犯。他还说,近年日本国内也出现了不满

---

* 副岛当时还没有从中国回来参加辩论。木户和大久保已经从欧洲回国,但是木户(真的)生病了,无法参加朝会。大久保并非参议,因此没有资格参加。岩仓仍在国外。赞成提议的有三名参议:板垣退助、后藤象二郎和江藤新平。

的迹象，可能会导致骚乱，这时应该将累积的愤怒情绪转向国外，以扬日本国威于海外。[30]

三条意识到自己无法说服西乡，便于8月17日召集了一次朝会，会议决定按照西乡提议的方法，派一名特使到朝鲜去。只有黑田清隆反对这么做，他认为处理与俄国的萨哈林岛争端更为急迫。此外，如果派特使去朝鲜，他将代替西乡前往。[31]

8月初，为了躲避盛夏的酷暑，天皇和皇后离开东京到箱根的宫下去。天皇后来不愿以任何私人原因离开首都，这次却罕见地向脆弱的意志做出让步，可见天气炎热程度。天皇很喜欢周围的环境和食物，特别是河里抓来的鱼（他不喜欢吃海鱼）和刚挖的芋头。[32]然而，他在这个时候离开首都却有点不太方便。在接下来的商议中，希望咨询天皇意见的政府官员必须在这段当时并不算短的路途上来回奔波。8月19日，三条来到宫下，一直待到23日，每天都去拜见天皇。尽管会议已同意派西乡去朝鲜，但三条仍然犹豫不决，希望岩仓能及时赶回来提些建议。我们不知道三条和天皇讨论了些什么，但是最后天皇要求政府等岩仓回来后慎重讨论是否派西乡出使朝鲜后，再向自己汇报。三条匆忙回到东京，将天皇的要求转达给西乡。

很难判断到底是明治自己要求等岩仓回来，还是三条在见面时说服了天皇。假如确实是天皇下的决定，那么这是他迄今为止最重要的政治决定。当时许多日本人都热切地盼望和朝鲜开战，但这对两个国家来说都将是场灾难。即便撇开道德问题和侵略将对朝鲜人民造成的可怕灾难不说，日本的军事力量还不够强大，并没有十足的把握打一场速战速决的胜仗。对双方来说战争的成本可能都太高了。[33]

7月29日至8月17日期间，西乡给板垣写了五封信。一开始他反对板垣提出的立刻出兵朝鲜的计划。西乡认为军队应该用来保卫日本，防备俄国从北部入侵。没有足够的挑衅行为便入侵朝鲜，会惹来国际舆论批评，最好还是先派一名特使去。西乡在第一封信的末尾写道:"如公然遣使,则应被杀,伏请遣余前去。虽不如副岛君优秀,赴死之事定可完成。"[34]

在8月14日的信中,西乡这样写道:

> 如果我们不抓住这次机会发动战争,将很难再找到同样的机会。我们如此温柔地引诱朝鲜人,肯定能使他们为我们提供一个发动战争的机会。但是,如果您认为我在战前就死去属于不幸,或者有任何姑息的想法,那么这个计划注定将失败。死终究会到来,唯一的区别只在于战前还是战后而已。您对我一直有很浓的深情厚谊,如果尽力促成此事,那么即便死去,我也会深深地感激您。[35]

这些信反复出现"死"字,使某个历史学家认为与其说西乡渴望找到解决朝鲜问题的方法,还不如说他渴望赴死。6月29日,西乡写信给舅舅椎原与三次,说他自5月初以来一直受到疾病的折磨。传统的和医完全没有效果,他已经放弃希望,觉得自己的病可能已经治不好了。天皇曾派自己的私人医生和一名德国医生为西乡诊治,暂时缓解他的痛苦。[36] 8月23日,西乡写给板垣的信中用到了"视死如归"这个成语。他在后文中承诺不会匆忙赴死,但他似乎决心无论如何都要死在朝鲜,也许因为那看起来比毫无意义地死于疾病更胜一筹。[37]

从西乡的信及其在朝会上的发言可以明显地看出,他认为自己死在朝鲜能为日本提供一个发动战争的合理借口。然而,一些学者希望洗雪西乡好战的罪名,认为他其实是个爱好和平的人,希望自己能够说服朝鲜向日本妥协。西乡主张,被派往朝鲜的日本使者应该身穿宫廷的衣服,而且不带一兵一卒和一艘军舰。这些被认为是他爱好和平的证明。但是,除非西乡在给板垣的信中故意歪曲了自己的真实想法(一名学者正是这么认为的[38]),否则他显然希望发动战争。死于朝鲜不仅使战争成为可能,还能给他带来为国捐躯的满足感。对于那些痛恨失去地位,准备叛乱的武士阶层而言,朝鲜战争还可为他们提供一个抗击外国的日本士兵身份。西乡警告说,除非立刻采取行动,否则将丧失宝贵的机会,然而今天大多数人肯定很感激当年他的计划受挫。*

8月31日,天皇为了迎接一周前抵达横滨的热那亚公爵——意大利国王的侄子而回到东京。9月9日,天皇接见了琉球国王尚泰,9月12日,接见了勒让德将军。9月13日,岩仓具视经过二十一个月,游历了十二个国家之后回到东京。

岩仓回来并不能平息征韩论的呼声。10月15日,朝议又一次投票,决定派西乡去朝鲜。但是反对该计划的声音正在不断增大。木户孝允在9月3日的日记中写道:

> 四点,至三条公处,谈论西乡参议所提出兵台湾讨伐朝鲜之建言云云。朝廷已欲决议,不堪深忧。今万民困苦,新令履下,民益迷惑,去年来蜂起数次,政府以为常。现今语方略,无急于治内政,云义务,无急于保护唐太(桦太)人民……制有罪何必论时迟速然?现今以治内政为第一着。[39]

木户提到的内政和外交上的利益冲突,正是后来国家政策辩论的焦点。在木户和岩仓使团的其他成员看来,与西方主要国家相比,日本的弱点太明显了,他们确信现在不适合与朝鲜开战。由于木户生病,无法参加朝会,所以岩仓成为反战派的领导。他意识到自己需要大久保利通的支持才能阻止西乡被派往朝鲜。大久保一再反对

---

* 如果不是日本人,就很难理解西乡的崇高声望。他的个性、外表以及围绕着他的各种传奇故事似乎使日本既原谅了他此时的态度,也原谅了他后来的反政府暴动,但是朝鲜人是否也这么崇拜他就不一定了。

担任参议,然而只有参议才能参加朝会。于是,连在国外时与大久保有过冲突的木户也加入了说客的行列。大久保最后同意,条件是副岛也必须担任参议。[40] 这让人百思不得其解,因为他们并非盟友,副岛是坚定的征韩派。也许大久保希望,即使决定派一名使者去朝鲜,朝廷也应该派不愿送死的副岛,而不是一心想去送死的西乡。

10月12日,明治任命大久保为参议。第二天副岛也接到了同样的任命。10月14日,岩仓在朝会上表达了自己的观点。他认为,日本面临三个问题:解决与俄国的萨哈林岛争端、惩罚台湾土著以及派使者去朝鲜。其中,最后一个最为次要。西乡反对说,萨哈林岛和台湾问题并不紧急,而朝鲜问题则关系到天皇和国家的声威,因此不能拖延。假如朝廷认为萨哈林岛问题最为紧迫,自己愿意出使俄国。在论争中,双方的阵营变得清晰起来,朝会中有四人(板垣、后藤、副岛和江藤)支持西乡,三人(大久保、大隈和大木)支持岩仓。[41]

10月15日,三条实美宣布支持西乡的观点,似乎意味着西乡被派往朝鲜已经是板上钉钉的事,但那天晚上三条写信跟岩仓说,自己又改变主意了,因为担心西乡可能会做出什么事来。10月17日,大久保请求辞职,以此抗议西乡一方的明显胜利,木户也这么做。岩仓以生病为由不参加10月18日的朝会。第二天,不知如何处理西乡提议的三条由于精神过于紧张而不省人事了。

天皇听说三条生病,便派自己的私人医生以及两名德国医生去为他诊治。那天晚些时候,天皇亲自去三条家看望他。离开三条家之后,天皇来到岩仓家,他命令岩仓代替三条担任太政大臣。10月23日,岩仓上书天皇,陈述自己反对派使节到朝鲜去的理由,并请求天皇裁定此事。岩仓在奏折中强调,日本必须加强实力,赶上国际水平,才能与其他国家平起平坐。维新才过了四五年,现在并不是与外国起冲突的时候。岩仓预计使节一到朝鲜,战争就会爆发,因此应该等日本强大之后再派使节去,否则,那只会带来灾难。[42]

第二天，10月24日，天皇的决定下来：他支持岩仓的建议。[43] 征韩论就这样慢慢偃息了。西乡及其支持者（江藤、后藤、板垣和副岛）全部称病辞去了参议之职。[44] 天皇对此感到非常难过，然而这避免了朝鲜之战的发生。[45]

第二十五章

江藤新平之死

1873年跌宕起伏的政治事件注定使明治的个人生活黯然失色，不过也发生非常引人注目的事情。这年5月，叶室长顺（前权大纳言）之女、权典侍叶室光子怀孕五个月，系上了腹带。7月1日，为了备产，光子从宫里搬到一处属于宫内省的房子里居住。1873年9月18日，明治的第一个孩子出生，是个男婴。但孩子是个死胎，他的母亲四天后也死了。[1]

11月2日，桥本实丽之女权典侍桥本夏子也系上了腹带。她提前搬到哥哥实梁家待产。毫无疑问，大家对即将到来的分娩极为小心，特别是刚刚发生了叶室光子母子死亡的事情。但是11月13日，夏子的子宫剧烈疼痛起来，出现子痫症状，并且情况迅速恶化。岩仓具视、德大寺久则等官员听到消息立刻赶到现场。在征得天皇同意后，他们让医生使用人工手段分娩，然而不管医生如何努力，婴儿还是死了，是个女婴。第二天桥本夏子也死了。

头两个孩子的夭折肯定使明治伤心不已，在得知自己垂幸过的两名贵族女子年纪轻轻就去世时，明治可能也洒过泪，但是他对外没有显露出一丝的私人情感。

1873年5月5日，一场意外的灾难袭击了天皇及其家人。一名宫女不小心，没有熄灭余烬，导致宫中的库房发生了火灾。卫士试图扑灭大火，然而风助火势，江户老城内的房子一座烧过一座，最终全部都被大火吞噬。天皇和皇后安全逃离，大部分至关重要的宝贝（包括皇室的神器）都幸免于难，但是许多重要文件和其他财物都化成了灰烬。天皇暂时住在前纪州藩的住所赤坂离宫。他在那里住了超过十年，直到1889年新宫建成。

为了使离宫适于天皇居住和办公，必须对房子做些改动，然而天皇下令一切从简。[2]宫廷成员希望新宫能尽快建成，以代替被大火焚毁的旧宫，但是，5月18日，天皇给太政大臣三条实美下了一道谕旨，称其他许多地方都需要用钱，自己不希望在这个国库拮据的时刻重建宫殿。"勿为朕之居室，损民产，苦黎庶。"[3]天皇所受的儒家教育培养了他的克己精神，使他一生都不喜欢奢侈和炫耀。

也许天皇这时最大的乐趣在于参加军事演习。1873年4月29日，他带领近卫兵到下总国去。那天早上6点，天皇骑马从皇宫出发。号角声响起，四营的士兵举枪向他致敬，天皇挥剑，下令部队出发。队伍走了大约三十公里，中途只有几次短暂的休息。到了目的地后，士兵支起了帐篷，天皇和军官以及士兵们一起，就在帐篷里过夜。

那天夜里刮起了大风，还下起了暴雨，帐篷摇摇欲坠。陆军元帅西乡隆盛跑到天皇的帐篷去看他是否安全。天皇相当镇静地回答他说："只是很苦恼漏雨。"[4]这个广为流传的故事显示了天皇和西乡的亲密，今天的学者也乐于证实这一点。尽管天气不佳，天皇却认为这里是理想的演习场所，并给它起了个更适合的名字"习志野"，以彰显其新的重要性。

6月12日，天皇观看近卫兵在行宫的庭院内进行实弹演习，这是禁闱之内首次响起枪声。有人提议为天皇搭建一个看台，但天皇拒绝，坐在树下的一张椅子上观看了演习。

从1873年10月天皇拍的一些官方照片上，我们可以近距离一睹这个时期年轻天皇的风采。这些并非他最早的照片。我们前面已经知道，1871年11月在横须贺海军造船厂拍的照片里面就有他。

第二十五章　江藤新平之死

明治天皇

1872年5月，天皇还让摄影师内田九一给自己拍了一组照片，当时天皇身穿传统的宫廷服装，仍未留胡子。[5]这些照片是为了与岩仓使团收到的外国君主的照片交换才拍摄，应该会送给外国首脑。然而官方的说法是照片没及时准备好，所以无法让大久保利通（从美国回来作短暂停留）带去华盛顿。大概大久保对这些照片感到失望，因为照片中的天皇看起来不像一名现代国家的首脑，所以决定不将它们带往国外吧。[6]

明治1873年10月8日拍的照片明显要时尚一些，照片中他身穿日后习惯装束的西式制服。[7]明治坐在一张西式椅子上，表情很不自然。旁边的桌子上放着他的刺绣三角帽。头发（那年3月剪的）[8]中分，脸上开始有了后来照片中经常见到的髭须和胡子。他两手交叠放在剑柄上，看起来依然年轻，然而表情非常严肃。[9]

天皇外表上的改变，是为了使自己在世人眼中显得像一名现代君主。皇后和皇太后也仿效他，外表上做了类似的（尽管规模要小一些）改变：1873年3月，她们停止在额头上画假眉毛，而且不再染黑齿。那些古老的建筑也在发生变化：1873年2月，长期以来皇室在京都的神圣住所——御所——被移交给京都市，并在第二个月被"借用"，作为博览会的举办场地。一些迄今为止从未公开展示过的皇室珍宝，在这里展出了九十天。

"留守政府"*这时颁布的许多新法令似乎都是为了向世人展示，日本人愿意并有能力采用国际惯例。官方允许日本人和外国人结婚，释放了近两千名拒绝改变信仰的"隐匿的基督徒"，从而结束了日本与西方在这个问题上旷日持久的争论。[10]

改革激起了日本人，尤其是下层人民的强烈抗议，甚至暴动。不过，1873年的第一次大暴动却源于一次简单的误会。去年12月颁布的征兵令中使用了"血税"这个词，作为"兵役"的委婉说法。北条（冈山）县的农民按字面理解，认为服兵役会抽走他们的血。传闻有人在附近的村子里看到了穿白衣的医务人员，这更加深了误会。不久，为反对这一法案，三千多人在乡下起义。然而，他们的首个目标却是一个秽多（部落民）†村庄，他们将村子烧成了灰烬，理由是这些以前俯首帖耳的秽多，现在在新政府的鼓励下变得盛气

---

* 之所以被称为"留守政府"是因为许多高层领导随岩仓使团身在国外。

† "部落民"在日本是个带有歧视性的词语，意同"贱民"。日本历史上有四民两部落之说，四民指士农工商，两部落指秽多和非人，这种观念一直延续到现代。至今，秽多部落民仍然从事祖先从事过的屠宰和皮革行业，而非人部落民还是从事与死亡有关的行业，如殡葬业等。——译注

第二十五章　江藤新平之死　　　　　　　　　　　　　　273

凌人。他们还对为建设小学而征税、剪西式头发和宰牛表示强烈不满。从这些具体的牢骚中，我们可以清楚地看出，对服兵役的误会是暴动产生的导火索，但本质上，暴动表达的是对努力实现现代化的政府改革的愤怒。[11]

另一次暴动发生在北海道。由于渔获歉收，减税的呼声很高。黑田清隆亲自平息了此次叛乱并释放了所有被捕的人，暴动随之平息。福冈县的农民策划了一次更大的起义，以反对那些过度哄抬米价的奸商。人们将导致农民歉收的旱灾归咎于贪婪的商人亵渎了山神。6月16日暴动开始，几天之内便席卷全县，参加人数据说达到三十万人。暴徒到处纵火、焚烧房屋、割断电报线、烧毁官方名册、杀害官员。6月20日，暴徒冲进福冈和博多市，第二天攻击并放火焚烧了县政府。在邻县士兵的帮助下，政府终于将暴乱镇压下去。对贪婪米商的仇恨是这次暴动产生的直接原因，但它的规模之大却说明人民对新政权带来的变化心怀不满。或许可以说，在新体制变革之中被压抑的不满，以一种很难界定的对封建时期的怀念之情表现出来。[12]

数百人在暴乱中丧生，但是假如好战分子成功地发动了朝鲜战争，伤亡人数显然比这还要高。幸运的是，这一年直到年底没有再发生任何骚乱。1873年12月31日《明治天皇纪》的最后一条写的是，供职于教育部的德国医生西奥多·霍夫曼（Theodor Hofmann）向那年喝酒喝得很厉害的天皇建议不要喝清酒，改为喝葡萄酒，并且一顿饭不要超过一瓶。[13] 可以想象，明治失去了头两个孩子和他们的母亲，心情肯定悲伤不已，而征韩与反征韩两派之间的斗争可能也使他感到筋疲力尽。酒是天皇最容易获得的一种安慰。

1874年新年伊始便有一项创新：皇后第一次与天皇一起参加祭拜。1月4日，天皇到正院聆听各种报告和建议。即使在酗酒最厉害的时候，天皇也从未忽略过自己所认为的职责，例如参加这些会议。1874年间，天皇到正院开会的次数超过四十次。他继续听各位老师讲课，皇后也和他一起。原来的计划是让明治继续学习德语，但由于他极为厌恶而作罢。如果明治坚持下去并真正掌握了德语，那么日本宫廷的第二语言可能就是德语，而不是英语了。

1874年1月13日，岩仓具视与天皇共进晚餐之后，在回家途中被八九名刺客袭击。遇袭的地点在赤坂。岩仓跳下马车，跌进壕沟，然后爬到岸上的灌木丛后面躲了起来。此时，刺客被闻声赶来的人吓跑。[14]

天皇和皇后听到这个消息后非常震惊，双双到宫内省探望正在那里处理伤口的岩仓。天皇命令岩仓搬到宫里来住。1月17日，天皇得知罪犯仍未归案，派人叫来三条实美、大久保利通和大木乔任，向他们强调事件的严重性，并质问为何刺客仍逍遥法外。

那天晚上抓了五名刺客，剩下的四个也很快被捉拿归案。他们都是高知县的武士、板垣退助的追随者，对岩仓阻止板垣和西乡隆盛的征韩计划感到愤怒，于是决心除掉岩仓，希望以此改变朝廷的政策。7月9日，对这几名犯罪未遂的刺客的判决下来了：剥夺他们的武士头衔并斩首。[15]

从某种意义上说，朝鲜危机已于1873年10月结束，然而这个问题继续搅动着许多武士阶层的心。大部分武士仍未在新政权下找到工作，经济上的困窘加深了无法向邻国报所谓的一箭之仇的愤慨。和朝鲜打一仗也许可以使他们摆脱经济上的困境，甚至可以结束大藩之间的恩怨情仇，然而由于这种办法未被许可，许多武士变成了暴徒。

早在1874年2月，佐贺县的武士中就出现了暴动的迹象。一些人成立了"忧国党"，反对政府为实现现代化而做的种种努力，提倡回归封建制度，包括攘夷政策。这些人强调加强军事力量的重要性，认为应该实现这个目标之后再征韩；一旦结束内部的分裂状态，国家再次变得强大之后，日本不仅应该征服朝鲜，还应该征服中国、俄国和德国。[16]与这个政党有联系的人大部分都四五十岁，

第二十五章　江藤新平之死

他们无不强烈地怀念过去幕府统治下的日子。

佐贺县的另一个主要政党*征韩党则主要由二三十岁的年轻人组成，他们大体上拥护新政权的改革，但是不满政府没有按照大多数议员投票决定的结果派使者到朝鲜去。征韩党赞成在第一阶段实施这项决议，然而他们的最终目的却是征韩。这两个政党的许多观点截然相反，有一点却是相同，即他们最关心的都是武士阶层的困境问题。当时，武士们无所事事，似乎找不到其他出路，非常不幸。两个政党都积极发展新成员，并从1874年初起，开始囤积武器和物资，为叛乱做准备。佐贺的征韩党力量只有大约两千人，不过他们宣称在鹿儿岛、高知等地有武士盟友。

江藤新平辞去了参议后一直留在东京，因为他接到命令，必须继续为政府服务。江藤在征韩问题上失败，然而作为司法部长，他继续忙于自己提出的那些计划。江藤的能力并没有丧失，正是这种能力使他从最低级的武士爬到了参议这个显赫位置。他向来支持成立议会，并坚持认为必须尊重人权，是1月17日向左院提交请愿书的签名者之一，而这份请愿书呼吁通过普选产生立法机构。[17]但是1月13日，就在递交请愿书的四天前，他不顾政府的命令，突然离开东京，去了佐贺。江藤应征韩党的请求来担任他们的领导。他不顾东京友人的警告，接受了征韩党的请求，[18]从而无法挽回地走向了悲剧的结局。如此睿智开明的人，怎么会跟一场考虑欠周且注定失败的运动扯上关系，实在令人费解。[19]

江藤告诉板垣退助和后藤象二郎自己打算回佐贺，让那些头脑发热的征韩党人冷静下来；但是有消息称，江藤私下里对认识的人讲，他认为第二次"维新"的时机已经到来。[20]也许江藤一开始并不想完全和政府作对，但是随着他的到来，征韩党人的好战达到了白热化的程度，让他不得不那样做。

---

* 第三个政党是中立党，最终站在了政府军的一边。

岩仓遇刺事件之后，紧接着是佐贺县的形势报告。大久保对此感到震惊，决定将佐贺县令*换成自己的心腹岩村高俊（1840—1915），并命令他恢复秩序。傲慢无能的岩村压根不清楚佐贺的情况，没有人比他更不适合这个职位。他还无意中为自己树敌，使情况变得更糟糕。岩村在船上偶然碰到同行的萨摩武士岛义勇（1822—1874），岛曾担任侍从，后来还担任过秋田县的权令，但得知忧国党请他回去做领导者，就辞去了职位。岛应三条实美的要求到佐贺帮助平息局面。然而，在船上的交谈中，岩村侮辱佐贺士族，并要将所有的叛乱分子一网打尽。这些话激恼了岛，他决心与江藤一道保卫佐贺，对付这名新权令。[21]

大久保一再接到佐贺冲突一触即发的警告。他认为尽快将暴乱镇压下去是自己义不容辞的责任，并决定亲自到九州检查是否已采取了有效措施。2月10日，就在出发的四天前，大久保受到天皇的邀请，与他共进晚餐。2月13日，大久保在接见时，对天皇讲了自己的担忧。

就在这天，江藤与征韩党人磋商后发布声明，称如果不惩罚朝鲜的胆大妄为和大不敬，日本的国威将丧失殆尽。若真纵容这类耻辱则将使日本成为其他国家鄙视的对象。他和他的政党发誓为天皇和无数日本人雪耻，即使牺牲生命也在所不惜。虽然政府已经派军阻碍他们的愿望，但是他们要学习坚持大义而同幕府对抗的长州，不得不做出这样的行为。[22]

第二天，2月14日，江藤最终决定进攻佐贺城的政府军，成立新政府。他似乎相信那些心怀不满的萨摩和土佐武士会来支持他，[23]但是唯一帮助征韩党的只有岛和他的忧国党。

---

* 根据1872年公布的《县治条法例》，明治政府将各县行政长官的官员由"知县事"改为"县令"（四等官）或"权令"（五等官），东京、京都、大阪三地行政长官则称"知事"，1886年全部改称"知事"。——编注

第二十五章　江藤新平之死

2月16日凌晨,战斗开始了。叛军的首个目标是佐贺城堡内的县政府办公室。政府军人数不多而且设备简陋,直到2月18日才成功冲破封锁线,逃往筑后,留下许多伤员在身后。

这是整个暴动期间叛军取得的唯一一次胜利。江藤不久就意识到自己严重失算,他原以为战斗一打响,萨摩和土佐就会派兵来助阵。[24] 2月17日,三条实美在给各县长官的公告中,称佐贺叛军试图在其他县争取征韩的支持者,然而毫不成功,连鹿儿岛也全无动静。尽管有人谣传土佐(反政府情绪的另一温床)将发生暴动,但这些都是无稽之谈。

2月19日,大久保抵达博多,在此设立指挥部,并发布公告,呼吁摧毁佐贺叛军。20日,政府军攻入佐贺县。22日,两军在福冈和佐贺边界附近交火,政府军攻破了叛军的防线。23日,江藤认为再抵抗下去只会增加死亡人数,于是解散了这支征韩军队。[25] 他说自己将到鹿儿岛寻求支援。如果鹿儿岛不肯出手,他将到土佐去,如果土佐也不肯相助,那么他还有另外计划(他没有透露这个计划的内容)。那天夜里,江藤和七名追随者乘坐一艘渔船,逃往鹿儿岛,想请求西乡隆盛帮助自己再发动一次叛乱。

江藤的逃跑使佐贺叛军的士气大跌,但他们继续顽强抵抗。最激烈的一场战斗发生在2月27日,政府军再次取得了胜利。第二天晚上,素来宣称希望死在佐贺城的岛义勇和几名亲信逃到鹿儿岛。他拒绝向政府军投降。3月1日,政府军兵不血刃地开进了佐贺城。一些地方仍有零星的交火,但等到奉天皇之命担任征讨大总督的东伏见宫亲王来时,叛军已经完全停止了抵抗。3月3日,两天前抵达佐贺的大久保给正院发电报,宣布已经平定了叛乱。[26]

3月1日,政府发出逮捕江藤和岛的通缉令,上面附有他们的体貌特征。[27] 讽刺的是,创立警察的江藤,现在却正被警察追捕。连最高层人士也深深地同情这些逃亡者。三条替岛给大久保写信,承认岛义勇参加了叛乱,然而他始终忠于天皇,绝非奸邪之徒。4

月5日，江藤被捕后，木户给三条的信中说，江藤是征韩论的臣魁，攻打台湾的时候让他担任先锋如何？[28]

2月27日，江藤一行人逃到鹿儿岛。第二天他们去拜访西乡，被告知西乡在宇名木温泉。3月1日，江藤来到宇名木温泉。两人私谈了三个小时。那天晚上大约9点钟，江藤离去，第二天却又折回。这一次两人的谈话持续了大概四个钟头。谈话有时很激烈，连外面的人都听得见声音。谈话的内容没有公开，然而不管是此时（佐贺叛军显然已经失败），还是在可预见的未来某个时间，西乡似乎都拒绝支持江藤。西乡或许还会这样说：自己已不在政府供职，江藤不应该向他，而应该向担任内阁顾问的岛津久光求助。但是，岛津2月2日已经接到天皇的谕旨，要他保证西乡不会支持佐贺的叛军。[29]

3月3日，江藤再次坐渔船离开鹿儿岛。那天晚上，风浪太大，他和少数同党只能停靠樱岛。第二天，他们到奥比拜访小仓处平（1846—1877）。小仓是征韩论的支持者，刚从国外学成归来。他向逃亡者表示欢迎，并在附近找了个地方把他们藏起来。后来他为自己的仁慈坐了七十天的牢。[30]

3月10日，九人乘坐小仓为他们雇来的一艘渔船离开了土佐，以躲避跟踪的警察。接下来的海陆两程充满了艰辛和危险。江藤最终抵达高知，并见到了一直信任的林有造，然而林的态度却非常冷淡。毫无疑问，林知道追兵就在后面。不愿把林牵涉进自己的罪行的江藤当天晚上就离开了高知，在山中漫无目的地乱走，在凄风冷雨中度过了三个夜晚。江藤说，自从出生以来，他还从未经历过如此艰难的情况。[31]

不知什么原因，江藤似乎希望回到东京，向自己的前同事披露佐贺叛乱的真实情况。如果他们认为他有罪，那么他准备切腹自杀。[32] 3月28日，他从土佐和阿波国交界的深山中走了出来，来到一个名叫神浦的海边小村。江藤希望找到一艘船把自己带回东京，

第二十五章 江藤新平之死

但是一名警觉的警察发现了他,要求他出示证件。刚开始江藤想假装是大阪商人,不过他很快就改变了故事,称自己是东京来的密探,目的是为了查找刺杀岩仓具视的幕后真凶。他要求警察为自己带信给岩仓。信写于3月27日,江藤在信中说,由于安保措施太过严厉,自己被困在土佐,无法返回东京,他要求岩仓下令,以便自己可以回到东京。[33]

警察打开信封,发现里面写着江藤的真实姓名。他现在确定自己抓的这个人是通缉犯,但是却不知道逮捕一名不久前还是参议的大人物应该遵守什么样的程序。最后他邀请江藤到另一个房间下围棋,这样就把江藤及其两名同伴分开。江藤执白棋,警察执黑棋。一人落完一子,警官正落第二粒黑子时,突然大叫起来,"江藤阁下,江藤阁下",隔壁的警察听到暗号立刻冲了进来,"江藤阁下,我们很荣幸逮捕您。"[34] 他们逮捕时说的话既滑稽又礼貌,但还是把江藤五花大绑,跟对待普通罪犯一样。江藤没有反抗。

逮捕者对江藤很好,到高知的这段路本来只需三天,他们故意慢慢地走了五天。这也许是预见到他的生命已经所剩无几。江藤和两名同伴从高知乘坐军舰,后来又转成陆路。4月4日他们抵达佐贺,被投进一所临时建造的监狱。

4月8日,对江藤、岛[35]以及其他参与佐贺叛乱的人的审判开始。第二天,审判结束,速度之快令人难以置信。这是大久保的指示,他极不耐烦地想让诉讼程序尽快结束。从一开始大家就很清楚,江藤等人将被判刑。审判长河野敏镰(1844—1895)曾是江藤的下属,是江藤把他提拔到现在这个位置的,然而在整个审判期间他对江藤都非常粗暴,以致江藤一度高呼:"敏镰——你怎么敢在我面前出现?"[36] 据说河野听后低下了头,但是,4月13日他公布的审判结果却非常严厉,特别是考虑到刑法的旧典和新典(江藤是制定者)都没有惩罚叛乱者的先例时更是如此。人们之前没想到会有这种罪行吧。河野在宣判时引用了中国法律。江藤和岛被剥夺了武士身份，并被处以枭首示众。两个党派的领导人也都被斩首，但免受头颅示众之辱。

江藤听到审判结果后，试图向审判长求情，但话还没说完就被拖离法庭，当天就被处决。砍头通常由部落民操刀，然而大总督东伏见宫亲王认为由部落民来处决像江藤和岛这样才能出众的人有些失礼，于是改由一名武士为他们行刑。江藤行刑前作了一首辞世的和歌：

> 武士即使在拧干
> 被泪水打湿的
> 衣袖时
> 也感到心绪
> 只随着主人起伏

江藤的头颅示众了三天。他死时只有四十岁。距离他离开东京，踏上悲剧的佐贺之行刚好三个月。

大久保在4月13日的日记中表示对审判结果感到满意："今日圆满结束。大安心。"这里无丝毫对江藤的怜悯之情。稍后的"江藤的表现真是丢脸，令人震惊"一句也许是指江藤被拖离法庭前的高呼行为。有一阵子，江藤的首级被拍成照片在东京出售，然而，5月27日，东京政府下令所有购买照片的人必须将照片还回去。但是据说大久保在内务省的会客室里挂着一张这样的照片。[37]

没有资料显示天皇对审判和江藤之死有如何的反应。也许，跟已被镇压的佐贺叛乱相比，他这时更关心台湾局势的发展。自从1873年6月副岛种臣与清朝官员会面讨论如何惩罚台湾土著（这些土著杀害了冲绳的臣民）以来，这个问题就一直拖着。1874年1月，大久保和大隈就当时的形势提交了一份报告。他们的结论是，鉴于清政府的声明，生番地区不属于任何国家，日本政府有义不容辞的

第二十五章 江藤新平之死

义务,为遭到暴行的臣民复仇。

2月6日,大臣和参议接受了这个决定。木户没有参加会议,这说明他依旧反对任何形式的外侵。[38] 3月,大隈重信、参议和外务卿寺岛宗则、驻清朝全权公使柳原前光以及陆军大臣西乡从道在大久保家会面,讨论派兵征讨台湾土著的问题,决定军队3月18日自熊本出发前往台湾。此时佐贺叛乱已经彻底平定,政府可以对台湾采取军事行动了。

4月6日,天皇全权委派西乡从道进攻台湾土著,在谕旨中命令严惩那些杀害日本人的罪犯。天皇在一份单独的指令中说,如果让土著为所欲为,他们的危害将更加大。"今朕行膺惩之意,在于教化彼野蛮,安我良民。汝察此旨,为事之际恩威并施,镇定之后教导土人,使其开明,行于我政府有益之事业。"[39]

但是,木户再次反对出兵台湾。他指出,佐贺叛乱平定才没几天,人们就已经叫嚣着入侵台湾,令他十分惊讶。"夫张国威于海外,开版图于异域,人情岂不喜哉。然政府之务,自有内外本末之别,缓急先后之序,今三千万之民众未享政府之保护,蒙昧贫穷之人未能持权利,国非国也。"木户接着说,在某些方面目前的政治制度还不如封建制度。人们对新政府缺乏信心并非没有原因。自维新以来,没有一年没有发生过暴乱。自己的建议不受重视,军事将领已经开赴海外。自己的观点和内阁相差如此之大,已经无法继续留在那里,否则就是在欺骗自己和世人。即使没有生病,他也无法继续留任,何况考虑到自己的病情,他又如何能心安理得地继续做下去?[40]

尽管木户反对,攻台的计划却稳步进行。西乡从道和大隈重信现在正在长崎,准备前往台湾。由于英美两国承认台湾是清朝领土并极力反对此事,大臣和参议们决定先咨询清政府,再做进一步行动。大隈接到命令返回东京,西乡从道则被要求留在长崎待命。他强烈抗议任何拖延,认为军队已经准备出发,任何拖延都将影响士气,届时后果将比佐贺叛乱严重得多。西乡已经决定,如果下令他停止行动，他将退还天皇授予的委任状，变成一名叛徒，去进攻那些生番的巢穴，这样一来，整个事件就和国家无关。大隈努力劝他不要这么做，但是西乡完全不听他。那天夜里，西乡从道下令军舰离港，并装载上燃料和淡水。大隈给正院发去电报，说士气高涨，自己根本无法控制。[41]

4月27日，西乡派日本驻厦门领事给闽浙总督李鹤年带去一封信，信中表达了为重视和清朝的睦邻友好关系，事先通报出兵台湾的意向。西乡随即解释自己即将乘船前往台湾，完成天皇委派的任务。船只将经过清朝控制的海域，然而自己并无恶意，因此要求清朝不要介入。他打算制服那些桀骜不驯的生番，以确保他们不会再对日本人胡作非为。如果这些生番到清朝政府控制区避难，他请求清政府把他们抓起来并通知日本。

西乡迫不及待地想去台湾，但他必须要等候东京的批准。5月2日，西乡最终决定不再等下去。一千多名士兵乘坐四艘军舰，向台湾出发。紧接着的5月17日，大隈也从长崎出发。他因为和美英两国洽谈购买两艘要用于战斗的商船而耽误了行程。[42]

清朝对日本侵略台湾自然感到极为不快，他们申明台湾是自己的领土，并一再要求日本撤军。清朝声称拥有台湾和琉球的主权，并派了两艘军舰到台湾去。5月22日，清朝军舰抵达台湾。其中一艘军舰的船长和西乡会面，要求他对此声明做出回应。西乡回答说，一切有关此事的讨论都应该找日本驻清朝公使柳原前光。就他而言，针对土著的军事行动差不多已经结束。士兵正忍受着高温的煎熬，他只是在等候返回日本的命令，以便凯旋。

尽管西乡说对土著的军事行动几乎已经结束，但日本军队并没有立刻撤退。他们不仅与土著战斗，还要继续与热带的炎热和疾疫作斗争。与清朝的谈判还在继续，但是日本担心谈判随时可能中止。那样的话，日本是否应该向清朝宣战？包括山县有朋在内的大多数军事将领都持反对意见，认为日本还没准备好，但有两名少将觉得

第二十五章 江藤新平之死

日本没什么可怕的。他们认为,清朝在使用拖延战术,同时也在疯狂备战,日本不该让清朝占了先机。7月9日举行的朝廷会议宣布,将与清朝一起努力寻求和平的解决方法,但如果清朝先开战端,就只有迎战。[43]

中国是日本文明一千多年来的榜样。和清朝开战的可能性自然造成了极大的恐慌。但另一方面,一些人认为清朝已经不再是以前的中国,因此日本应该履行必要的职责,例如取代虚弱而不称职的清朝,教化台湾土著。[44]

8月1日,天皇命令大久保利通到中国,与清政府斡旋台湾问题。谈判进行得并不顺利。10月2日,清朝拒绝了大久保觐见皇帝的请求,称日本正在集结军队准备进攻,此时要求皇帝接见是对清朝的侮辱。10月10日,大久保发出最后通牒,但是中国人又巧妙地延迟答复。双方都在重复说过的理由。

10月31日,日本和清朝最后却达成了协议。协议规定,清朝承认日本进驻台湾的行为合法;清朝将赔偿日本人员伤亡、筑路、建房等费用;两国间火药味浓厚的来往文书将被撤回销毁;清朝将保证海上通道的安全,使来往船只免受台湾土著的袭击。12月20日为日本军队撤离台湾的日期。[45]

12月9日,大久保回国,天皇接见了他以及其他在战争中有突出表现的军官。天皇感谢了所有人,并向他们赠送礼物。13日,天皇通过权宫内卿万里小路博房赏赐大久保一万元金币,但大久保予以拒绝。他说条约的成功签署并不是他自己的功劳,应该归功于天皇的英明领导。他还提到平定台湾土著花费巨资,而且皇宫仍未重建。

12月23日,天皇耐不住其他人一再迫切请求,最终同意重建皇宫。不过理由不是为了自己享受,而是因为临时宫殿过于狭窄,导致许多公务无法正常开展。

这一年在愉快的气氛中结束。政府只付出很少的代价便平定了危险的佐贺叛乱,入侵台湾也达到了真正的目的,即让清朝承认冲绳，然而两次胜利都没有完全解决涉及的问题。佐贺叛乱是更加危险的萨摩叛乱的前奏，而二十年后，与中国的争端导致了中日战争的爆发。

明治七年的最后一条记录是12月31日岩仓具视写给天皇的一份奏折，奏折概述了自1853年海军准将佩里的舰队来后日本发生的许多变化。那些适当的举措，例如废藩置县和派岩仓使团出使美欧，都归功于天皇念念不忘国家的需要，但同时也发生了许多不幸的事件。事实上，也许可以说，只有在经过了二十年的喧嚣骚动之后的现在，国家才安定下来，四海才变得平静。岩仓最后希望"陛下诚宜于此时，锐意励精，鉴前虑后，爱重诸名臣，责之以大计，委之以重任，使其协同一致，各效其才竭其能，整内治外，以贯彻当初之圣意，显复古之成绩，对峙宇内"。[46]

第二十六章
早蕨之局

明治统治的第八个年头——1875年——可以说是最平静的年份之一。1月1日，按照惯例举行了庆贺新年的仪式。第二天，明治到青山御所向皇太后请安。4日，他出席了正院的新年开幕仪式。明治先在那里分别祭拜了伊势神宫、贺茂神社和冰川神社，随后听取了众大臣提交的报告。报告的内容五花八门，例如"为保卫人民"而派驻全国各地的警察人数、即将实施的邮政汇票制度。去年修建了许多学校，现在全国有1297112名小学生，约占日本总人口的1/24。大藏卿大隈重信向太政大臣提交了未来六个月的财政预算，并预测扣除开支后，将有近四千万日元的盈余。[1] 简而言之，日本的一切似乎都在朝好的方向发展。

天皇继续自己的学业，他每月听福羽美静、元田永孚和新任命的西村茂树（1828—1902）讲课。[2] 此外，天皇还师从元田和长芡学习书法。

除此之外，天皇的生活被以下的内容排得满满当当：各种各样的仪式（例如各位已逝天皇的忌辰）、会见外国使节、奖励有功的日本人、观摩军事演习和创作和歌。新年的第一次诗会以"都鄙迎年"为题，天皇的和歌表达的意思并不复杂：

柳原爱子,大正天皇的生母。明治天皇称其为"早蕨"

在首都
和在遥远的村庄
人们现在都在忙着
迎接又一个新年的
开始[3]

1月21日,权典侍柳原爱子[4]在青山御所庭院一处特别搭建的房子里分娩,为天皇生了第二个女儿。前两个婴儿都夭折的事情

第二十六章　早蕨之局

让大家有些沮丧，但这个新出生的婴儿看起来非常健康，人们都感到无比欣慰。接下来的几天，陆续有客人来宫里祝贺。27日，天皇给小内亲王起名为熏子。[5] 她将住在梅御殿，因此也叫梅宫。熏子的出生和命名都告知了神灵，宫里也办起了宴会。大家纷纷祝内亲王福寿绵长，皇室人丁兴旺。天皇请嘉宾和自己一起分享喜悦的心情。

2月日本爆发了天花疫情。天皇和皇后都种了牛痘，这使那些原本可能害怕注射外国针剂的日本人也有了打疫苗的勇气。连小小的内亲王熏子也打了疫苗。2月20日，熏子在母亲爱子、外祖父柳原光爱和舅舅柳原前光的陪伴下，第一次进宫。从此以后，她经常被带进宫。父亲无疑希望尽可能经常见到熏子，但把她留在宫里会破坏规矩。明治很小的时候就必须离开自己的父母，跟外祖父和外祖母住在一起，现在他不得不遵守同样的规定。按惯例，熏子将和外祖父外祖母一起住到五岁。

熏子的母亲柳原爱子是明治的妃嫔中最著名的一位。1912年，斋藤溪舟在描写明治的后宫时，形容"早蕨局"（早蕨是爱子的典侍名，由明治天皇所起）*是所有宫廷女官的榜样。[6] 斋藤说她不仅貌美而且还非常聪明；此外，她的行为一丝不苟，同时又不失温柔。大奥的每个人都仰慕爱子，并承认她的行为无可指摘。

爱子和其他的权典侍一样，即使在宫中也非常神秘。不像宫里的其他侍女，被鼓励多参加活动，偶尔还陪皇后外出，典侍们极少离开宫闱，从未曝露于日光之下，因此多半脸色苍白。[7] 权典侍的地位比大部分天皇的随从女官都要高（一些女官后来被擢升为典侍，叙任正一位），然而她们周围总是弥漫着一股神秘的气氛。地

---

* 将《源氏物语》中的女性名字赠予侧室是长久以来的传统。这可能是为了给那些赎买游女的商人一个印象，让他们以为自己跟古代的源氏一样，跟紫姬或者六条妃子睡过觉。明治以花草和树木为他的妃子们命名。这些名字供天皇和她们之间互相称呼使用。除了典侍名，这些妃子还有昵称，也是由天皇所赐。

位比权典侍低得多的山川三千子写道："用世俗的话说，权典侍就是小妾。她们的主要工作就是照顾天皇，在他去大奥时，轮流服侍他。"[8]

权典侍照顾天皇的个人需求以及日常起居，例如穿衣或者沐浴。但她们最重要的功能，正如山川三千子所暗示的，是侍候他睡觉。这项特别的职责是官方安排的：她们是唯一收到脂粉钱的宫廷侍女。[9]夜里由哪位权典侍陪睡并不由天皇自己决定，而是由一名高级女官决定。[10]在众多的陪睡者当中天皇并没有强烈地偏好哪一位。如果天皇不喜欢某个妃子，可以解除她的职位，然而这种事情极少发生。天皇的最后八个孩子（生于1886年和1897年之间）都是他和权典侍圆祥子所生，这说明他偏爱她多一些，但也可能仅仅因为她的生育能力特别强而已。包括小仓文子在内的几位权典侍都没有生下明治的孩子。*

柳原爱子作为熏子内亲王的母亲，受到很多优待，然而她的第三个孩子——未来的大正天皇出生时，分娩异常困难，伴随着歇斯底里和痛苦的尖叫，因此宫里不允许她再和天皇同床。[11]但爱子被擢升为典侍，叙任正二位，死后还追赠从一位，这一切都源于她是皇太子的生母。†

熏子内亲王只活了一年半，便突发脑膜炎，尽管御医竭力抢救但还是去世了。[12]熏子出生后两年，皇室才迎来了下一个孩子。不难想象，明治是多么焦急地希望听到权典侍系上腹带的消息。

在此期间，明治每天和平时一样，接见外宾、骑马、偶尔颁布

---

* 山川三千子1909年入宫时，小仓文子和圆祥子是仅有的两个为天皇侍寝的女人。

† 柳原爱子是被浮世绘画家月冈芳年画过肖像的七名权典侍之一。月冈的这一系列肖像画于1878年刊印发行。所有这些女人姿势都大致相同，但是爱子的画像却激怒了宫内省，因为她的姿势让人联想起芳年经常描绘的妓女（这幅画像刊登于1999年第21期的 *Impressions* 上）。据说因为这个原因，浮世绘画家才被禁止在作品中描绘天皇，但是，如果这道命令确实颁布过的话，那后来触犯它的人非常多。

第二十六章　早蕨之局

与时事问题相关的法令。他还不得不阅读官员提交的奏折，并给出自己的意见。例如，2月底，明治收到岩仓具视写的一份很长的奏折，其中比较日本和主要的西方国家，强调了日本的弱点。这无疑是岩仓对自己外国之行反思的成果。[13] 他察觉到日本在军事和工业上的落后，因此极力反对派西乡隆盛到朝鲜去。相反，岩仓认为应该警惕俄国对中国的威胁，他在奏折中使用了中国典籍中惯用的一个词语：唇亡齿寒。[14] 岩仓建议加强与清朝之间的关系，共同构筑堡垒，抵御俄国的入侵；两国应该像车的两轮或者鸟的双翼一样，互相扶持。这份建议与众不同，因为当时的日本官员将清朝视为敌人、朝鲜半岛控制权的有力竞争者、骄傲自大而又腐朽无能的国家，日本可以公然挑战其台湾主权而不会受到任何惩罚。

岩仓还在奏折中提到自己如何佩服天皇的英明决策。他请求天皇从今以后屈尊纡贵，亲自处理一切国事。假如天皇将智慧慷慨地赐予大家，还有什么计划不能实现呢？一旦国家在皇恩的沐浴下完全统一，我们将获得与外国平起平坐的地位，而且帝国的光辉将永远照耀下去，万年不变。[15] 这并不仅仅是奉承之语。也许因为在国外生活过，岩仓似乎已经开始相信，天皇应该（至少原则上）拥有至高无上的权力。在这一点上，岩仓与木户、大久保和伊藤等支持逐渐实现民主政体的人意见不同。但是岩仓心目中的专制统治依照的并不是欧洲模式，而是古代的日本模式。作为众神之子的天皇，将平静地统治国家，他将自己的智慧传递给各位大臣，完全不受他们的政治矛盾的影响。[16]

岩仓认为天皇必须拥有无上的权力，可能是因为觉察到一些重要人物对政府表现出了敌意。岛津久光身任左大臣，但长期以生病为由拒绝上朝，并且一贯地反对任何改革。他对现在大多数官员以西服作为日常装束的做法尤为恼火。另外，回到鹿儿岛的西乡隆盛丝毫没有返回东京的迹象，依然无声地和政府对抗。[17]

4月14日，天皇来到正院，在议员等重要官员前，宣布将创建元老院和大审院。*天皇还决定创建地方议会。这些措施是在为建立政府的议会制做准备。明治说：

> 朕即位初首，会群臣，以五事誓神明，定国事，求万民保全之道。幸赖祖宗之灵、群臣之力，得今日之小康。顾中兴日浅，内治之事少振作更张之士，朕今扩充誓文之意，兹设元老院，以扩立法之源；置大审院，以固审判之权。又召集地方官，以通民情图公益，渐次立国家立宪之政体。冀汝等民众俱赖其庆。[18]

4月，岩仓又向天皇提交了一份长长的奏折，其中称，"宇内万国之人，其风俗异，其言语殊途，然均是人也"。[19] 现代读者可能会觉得这是老生常谈，但它却是岩仓分析日本与外国之间关系变化的前言。岩仓接着说，过去德川家康闭关锁国，只向少数的中国和荷兰商人开放长崎一地，这种做法已经不再可行。日本无法忽视西方主要国家取得的成就以及为其繁荣和强大做出贡献的许多设备。"富民强兵之术，百工艺能之技广开"，路上有蒸汽机车，海上有蒸汽轮船，电报使他们几秒钟之内就能和地球上最遥远的地方取得联系。"昔日万里今日阶前，东西如比邻。"岩仓和十年前那些狂热的攘夷派不同，他认为日本必须承认他国人民的本事比自己强，并学会接受这个事实。

岩仓担心俄国人在领土上的野心，但这个时期日俄签订了一份协议，似乎有可能解决长期争议的萨哈林岛归属问题。协议规定日本天皇放弃整个萨哈林岛，作为回报，俄国沙皇将千岛群岛的十八个岛屿送给日本。[20] 不久，沙皇在仲裁秘鲁船只"玛利亚·路斯"号一案时，做出了有利日本的裁决，这样一来，连那些视俄国为最

---

* 元老院是"Senate"的一个译法。预计它将履行立法和咨询的职能。大审院是最高法院。

第二十六章　早蕨之局

大敌人的日本人也放下心来。[21] 两国之间的友好关系看来有可能占上风，明治向沙皇表达了自己的感激之情。

千岛群岛的获得，使大家的注意力都集中到北方。1875年7月，三条实美、木户孝允和大久保利通上书，请求天皇访问北海道，以了解当地的地理和民情。他们相信，"凰辇断然进北海道，则全国之民皆转眼，瞩目陛下之举措，琐琐纷议自行消歇"。三条想借此机会扩大国威，并给愚昧的当地人带去文明和开化。[22]

这个时期政府也开始将注意力转到国土另一端的冲绳，向琉球王国施加压力，迫使他们遵循日本的习惯。7月，一名使者来到首里城，命令国王尚泰中止与清朝的附庸关系：从今以后琉球政府将不再派使者去中国，不再祝贺清朝皇帝登基，也不再接受清政府的册封，琉球将使用明治的年号。然而琉球人却不愿割断与中国的历史联系。

日本残余的攘夷情绪现在表现为反对进口外国商品。进口已经导致贸易逆差和白银的流出。左大臣岛津久光是包括天皇外祖父中山忠能在内的排外派的代言人。天皇聆听了他们的倾诉，承诺将认真考虑，但朝臣们却越来越不愿关注岛津的抗议——不论是贸易逆差、上朝时穿的服装，还是有关阳历的问题。[23] 任何禁止进口外国商品的尝试肯定会导致西方国家的不满。

大久保利通也为日本的贸易逆差感到担忧，但他启动了一个更加积极的计划来缩小逆差。两年前大久保雇用一名美国人引进养羊业，并建了一间生产毛毯的工厂，希望以此来降低日本的羊毛进口量，并开发那些迄今为止贫瘠的土地。大久保在全日本招收养羊专业的学生，9月，大久保在视察过下总国*的一块荒地之后，亲自决定将养羊的牧场建在那里。可惜的是，这个计划未能帮助扭转贸易逆差。

---

* 日本古代地区，范围包括现在的千叶县北部、茨城县西南部、琦玉县东部、东京都东部。——译注

1875年最引人注目的事件是9月发生在朝鲜的江华岛事变。根据日本人的记载,[24]日本军舰"云扬"号在测量对马海峡时,由于燃料和淡水短缺而驶往中国,途中经过了朝鲜半岛的西海岸。9月20日,这艘船停泊在江华岛外,船长乘坐小艇寻找可以靠岸并获取淡水的地方时,突然遭到枪击和炮轰。"云扬"号回以军舰炮。船长想上岸质问,但水位太浅,军舰无法靠岸,而且自己人手太少,对作战不利,于是调转船头,下令停止交火。第二天凌晨,日本人袭击了江华岛,一番短暂而激烈的交锋后占领该岛。日本死亡一人,朝鲜死亡三十五人,另有十六名朝鲜人被俘。9月28日,日本军舰返回长崎。[25]

这个事件只是一次小冲突,双方都只有几十人参加,但日本官员有意将其夸大为危机,并以此为借口,要求朝鲜做出让步。江华岛事件的消息传来,朝廷召开一次御前会议。会议决定派一艘军舰到釜山,以保护朝鲜的日本侨民安全。天皇为事态的发展深感不安,他派人请来岩仓,"朝鲜国有事,其详细虽未知,思之是为国家之重事,朕甚忧念。汝虽自四月以来以病居家,然应勉就其职,以之辅翼"。

几年前,木户孝允反对派西乡到朝鲜去,因为他认为与所谓的雪耻相比,增强内部的国力更加重要,但他现在改变了看法。木户认为以前攻打朝鲜的理由并不充分,但是向日本军队开火则是显而易见的敌对行为。他提出由自己担任特使,出使朝鲜。木户写信给三条实美,称"我政府于朝鲜国修好,用力已久,国论纷纷连岁不止。前年政府变革及去春佐贺骚乱皆因此起,今又生一大事变。(中略)昨年,琉球藩民等受暴逆,故施台湾蕃地处分之举,况今日之事,辱我国旗。且朝鲜国与台湾相异,我官民在留其国,不可不问此。(中略)先举朝鲜事变之始末,以之问清国政府,令其代我处理。若清国政府不肯,则委之与我,余乃始以此事诘问朝鲜国政府,行妥当之处分。而彼若终不应,则兹始问其罪。(中略)若朝廷委予以一

第二十六章 早蕨之局

切机敏终始从其事,予当竭力,不损我帝国之荣光"。

江华岛事件使民众舆论纷纷,[26]然而政府却耽于国内事务而无法立刻采取行动,特别是左大臣岛津久光向天皇上书,攻击太政大臣三条实美。岛津说,如果自己的建议——即解雇三条——不被采纳,日本将沦为西方列强的奴隶。他极力主张天皇亲自掌控政府。[27]

岛津的指控非常模糊,天皇为此困惑不已。10月22日,天皇派人请来岛津,拒绝了他的请求,并说三条对国家一直尽忠尽职,自己非常信任他。岛津久光回答说,如果自己的请求遭拒,他将别无选择,只好辞职。天皇回应说,考虑到朝鲜危机,自己无法接受岛津的请辞。

天皇在这次以及当时的其他论争中都表现出一种坚毅的精神,表明他少不经事的时期已经结束。当然,天皇在决定之前会先咨询大臣,尤其是木户,但最后拍板的却都是他自己。

11月1日,右大臣岩仓具视和议员在三条家开会,会议决定派一名使者到朝鲜去,同时为更好地理解情况而在清朝设一名特命全权公使。11月10日,天皇任命森有礼为驻清朝全权公使,命令他通过清政府的中间人,刺探朝鲜为何会向只想获得淡水的日本人发动攻击。

12月9日,政府派一名特使前往朝鲜。木户一再毛遂自荐,但是就在这时脑溢血发作,因此由陆军中将兼议员的黑田清隆代替他前往。三条在给黑田的指示中说,"求相当我国旗受辱之赔偿",但他说日本政府并未放弃与朝鲜改善关系的希望。可能江华岛事件只是某个地方官员的决定,并非出自朝鲜政府的命令,关键在于找出是谁下的命令。如果朝鲜愿意与日本开展友好关系并允许两国之间进行贸易,特使有权接受此让步,以代替对"云扬"号的赔偿。但是,如果朝鲜政府拒绝承担江华岛袭击事件的责任,而且无意恢复两国间的传统友谊,那么特使将有权采取恰当的措施。[28]

1876年1月6日,黑田带领两艘军舰、三艘运输船和三个连共约八百人的海军[29]向朝鲜出发,这是日本海军所能提供的最大程度的护航。这些军舰的装备极差,和美国海军准将佩里二十三年前带到日本的那些军舰根本无法比较。为了应对万一谈判破裂,日本还制定了军队增援的秘密计划。军人的休假均被取消,参谋总长山县到下关为可能的出征做准备。

日本军舰停泊在距离汉城约三十二公里的江华岛外。1月16日,日军列队走向江华岛上的谈判所,在那里与两名朝鲜专员见面。黑田一开始认为与朝鲜人谈拢的希望渺茫,因为不确定的因素太多。他要求增派援军,然而政府拒绝了他的请求,认为过早展示军力可能会阻碍和平协商,使朝鲜人惧怕日本人。

两国代表的第一次会谈持续了四天。谈判双方都非常地友好礼貌,但却一直重复着一些老掉牙的论据。日本人想知道为什么自己订立和平友好协议的愿望一再被拒;反过来,朝鲜人想知道为什么日本人要用一个与清朝皇帝对等的称谓来称呼他们的天皇,从而使朝鲜处于从属的地位。日本否认对朝鲜主权有任何非分之想,接着问为什么自己的船只在江华岛受到袭击。朝鲜回答说因为日本海军穿着欧式制服,他们以为是法国人或者美国人。[30]朝鲜并没有道歉,仅仅说地方官员没有认出日本船只。日本代表接着质问朝鲜政府,为何没有告知地方官员日本船只悬挂的旗帜,并坚持要求对方道歉。朝鲜司令官回答说自己的职责只是接待日本客人,并没有道歉的权力。

谈判一天天拖延下去,中间有几次被朝鲜专员和汉城政府之间的磋商打断,然而1876年2月27日,日朝之间最终签署了友好协议。[31]签约仪式结束后,日本向朝鲜赠送了礼物,不仅有传统的成匹绸缎,还包括一门大炮、一支六发式左轮手枪、一枚怀表、一只晴雨表和一个指南针。这些礼物(绸缎除外)与日美首次签订协议时美国送给日本的礼物出奇地相似,而且协议本身的意义也几乎一模一样:日本正在"打开"朝鲜——这个隐士之国的大门,与其建立外交和贸易关系。[32]一名西方学者后来评论道:

第二十六章　早蕨之局

正如西方列强对她所做的那样，她现在依样画葫芦，毫不内疚地引诱朝鲜签字放弃其行政主权和关税自主权，并赋予境内那些妨碍公正的日本侨民完全的治外法权，就像欧洲人在日本享有的一样。[33]

协议签订的消息传到东京的外交界，各国公使纷纷请求觐见天皇以便当面向他表示祝贺。天皇在芝离宫宴请了他们，每位公使都有机会表达自己对签约的喜悦之情以及日朝之间的友谊与日俱增的希望。[34]

与此同时，几乎每天都有细微的变革，每一件都比江华岛事件更影响大多数日本人的日常生活。例如，3月12日，星期天正式被定为休息日。政府对这一步有所顾虑，担心民众可能会认为这是出于对基督教的尊重。然而有必要使日本与西方开明国家保持一致，最终政府还是冒着被认为讨好基督徒的风险，颁布了这项法令。一个月后，星期六下午也被定为法定假期。

3月29日，政府颁布了禁止所有人（士兵和穿制服的警察除外）佩刀的废刀令，违者将被没收佩刀。多年以来，人们一直争论是允许武士像过去一样佩刀，还是将其视为现代日本的反常现象予以禁止。现在这个问题最终得以解决，而这无疑使欧洲人感到安心。刀这种东西一直令他们精神紧张。

4月4日，天皇、皇后和皇太后到岩仓具视家做客，在那里观看了能乐表演。尽管京都的宫廷里一直都有能乐表演，皇太后也特别喜欢这种艺术，然而能乐长期都是和幕府关联在一起。儒家传统认为优秀的政府应该重"礼乐"，为了符合这一传统，幕府将能乐作为"乐"并加以弘扬。随着幕府的垮台，能乐的未来变得渺茫。一些演员跟随德川家族"流放"到静冈，由于没有观众，大多数人只好转行。只有少数人在东京坚持能乐表演。那些依旧住在城里的大名偶尔会要求他们演上一两场，以此来招待客人。但是大名们回到地方之后，能乐表演者就不再有主顾帮衬了。诚然，爱丁堡公爵访问日本时欣赏了能乐表演（维新以来的第一次演出），但演员们迫切地希望再次有外国贵宾来访；他们需要养家糊口，而外宾却迟迟未见到来。

宝生九郎（1837—1917）可能是当时最著名的演员，1870年他申请从舞台引退，并认真考虑过是当一名商人还是农夫。表演能乐的剧场只有两个——京都金刚流运营的剧场和1872年梅若实（1827—1909）在东京浅草自己家建的剧场。两个剧场都很少演出能乐。

因此，岩仓家的能乐表演对于能乐的复兴有着重大意义。岩仓在欧美旅行期间，曾多次被邀请观看歌剧，人们告诉他，这是最著名的一种欧洲戏剧。（东道主邀请岩仓观看歌剧，可能是觉得他即使理解不了唱词，至少可以欣赏音乐。）岩仓在国外观看歌剧时想到了能乐，回到日本后，他要求两名使团成员制定一个能乐复兴计划，使能乐成为一种适于招待外宾的娱乐节目。

包括梅若实和宝生九郎在内的演员就是在这种情况下出现在天皇面前。除了皇室成员以外，观看表演的还包括四位前大名、三条实美、木户孝允、大久保利通、大隈重信、伊藤博文、山县有朋等重要的政府官员。在表演完既定的节目《小锻冶》《桥弁庆》和《土蜘蛛》之后，宝生九郎还应天皇的要求，表演了《熊坂》。据说天皇看起来兴致勃勃。在岩仓随后准备的西式晚宴上，天皇亲自为岩仓等大臣和议员斟酒。

这是天皇第一次在东京观看能乐表演。他似乎由衷地喜欢这种艺术形式。偶尔兴致特别好时，他会唱上一两段唱词，甚至还教宫女们怎么唱。[35] 在这个能乐前景黯淡的时刻，天皇的热情无疑是这种艺术得以保存的一个重要因素。此后，天皇无论是到国家重臣家还是公卿贵族家做客，通常都会观看能乐。

不久之后的4月14日，明治再次到一名顾问家里做客。当天

第二十六章 早蕨之局

他到飞鸟山赏樱并视察造纸厂,在返回皇宫的路上,顺路去了位于染井村的木户孝允家。*天皇把木户叫到面前,对他说了以下这番赞扬的话:"汝孝允,自维新伊始,鞅掌国事,今幸国家太平,此因汝等辅赞之攻。朕兹亲临,偕尽欢欣。"[36]

天皇送给木户五百元金币、一对萨摩烧大花瓶、一对银杯和三箱进口葡萄酒。他接见了木户夫人,在木户的花园里散步,随后和其他客人一起吃了盒饭。这是天皇第一次到武士阶层家里做客。木户自然非常高兴。[37]

天皇几年前宣布的巡幸全国计划,由于各种各样的紧急事情而暂时推迟——是否派特使到朝鲜去的争议、佐贺叛乱、出兵台湾以及最近的江华岛事件——但是这些问题这时都已解决,于是天皇的北方之行再次被提上议事日程。

天下已大抵太平,但农民暴乱时有发生(例如五月初和歌山爆发的一次),表明国内仍残留着不满的情绪。5月,木户向天皇提交了一份很长的奏折,一开始即大胆地声称"政府乃为人民所设之所,人民非供政府使役者也"。在描述了维新之前的社会情况后,木户称,在武家统治的七百多年里,人民一直受到政府的压迫,但是天皇"以至仁之睿智发维新之令,一扫积年之恶习"。这可以说是人民的极大福气。[38]

读到这里,你可能会想,木户将力劝天皇采取更强有力的措施,根除那些过去遗留下来的陋习。然而木户并没有这么做,他反过来警告改革不应该过激。例如,随着废藩置县的实行,地方官一般是外地人。因此,跟那些熟悉当事人的官员相比,他们在处理地方事务时没那么热心,也不那么害怕留下坏名声,使儿孙背上骂名。

木户实际上是在请求保留一项过去的"积习"。5月9日,木户拜访了三条实美之后,在日记中写道:"妄想时兴日变,数百年之惯习轻易破除,必有枘凿不容之患。"[39]

---

* 别墅的地点位于现在的驹达驿附近,那里竖有一根纪念明治曾经到访的石柱。

停发武士薪俸的计划尤其使木户深感不安："万不得止，则希望缓延手续，开其生路，行宽大措施。"

木户支持改革，但是希望过程不疾不徐且适当地考虑"人文"关怀。他想必把这些想法告诉了天皇，因为与当时的其他政治家相比，木户被天皇咨询的次数最多。

明治的反应如何，我们不得而知。他的时间大部分都被与稳步推进现代化直接相关的事情占据。例如，5月9日，明治参加了上野公园的开幕仪式，这是日本的第一个公园。这一次内务省提供了具有新时代特征的点心，包括白葡萄酒、香槟和冰淇淋。[40]

6月2日，天皇终于启程，开始东北部之行。[41] 他带了二百三十名随从，包括内阁成员、史官、侍从和医生。一行人于当天下午3点抵达旅行的第一站草加。天皇刚在临时住处安置下来，就受到埼玉县县令等官员的正式欢迎。第二天凌晨4点，天皇起床，队伍继续前行。在去蒲生村的路上，天皇命令马车停下，以便他观看农民插秧。农民都临时穿上了自己最好的衣服，男人用白带子挽着袖子，妇女则用红带子，所有人都戴着草帽。他们一边插秧，一边唱歌，歌声传得很远。天皇看得入神，让马车一直等着，直到自己看够为止。[42]

那天下午，队伍抵达第二站幸手市。天皇派人请来县令，询问他有关县里的情况。县令描述了当地的地形、生活条件和物产。他说县民最大的灾患来自河水的泛滥。天皇问，民众对以金钱代替农产品缴纳地租的制度是否心存不满。县令回答说，大部分民众欢迎这项新制度，但是希望可以分多次缴纳。天皇后来会见当地官员时，岩仓具视和木户孝允都有参加。

队伍每到一个地方，天皇几乎都要视察小学，聆听学生朗诵，并向那些成绩优秀的学生颁发奖品（通常是字典或者地图集）。他在教室外面观看孩子们上体操课。天皇不可能对这些参观抱有很大兴趣，但他从未对所见所闻表现出任何不高兴。也许天皇很高兴看

第二十六章　早蕨之局

到年轻的国民正专心地从事智力和体育训练，或者他甚至可能认为，身为君主，参观学校和工厂是自己工作的一部分。

只有当附近有一些特别有趣的景点时，旅行看起来才不仅仅是履行仁慈的义务。例如，天皇在参观日光市的东照宫时，仔细观看了建筑、雕塑以及来自日本国内外的宝贝。他还瞻仰了德川家光的坟墓，并要求将记载德川家康事迹的图书送到自己下榻的地方，以便空闲时研读。那天晚上，天皇要求随从以日光山八景为题作诗。天皇在参观与德川家族关系密切的景点时，并未显示出丝毫的犹豫，甚至出资修复一些德川家庙内的建筑。

天皇所到之处，都受到民众的夹道欢迎。许多人作诗，以此寄托心情，他们希望有一天天皇能亲自看到自己的作品。这些农民诗人心里非常清楚，如果通过正当途径将诗献给天皇，当地官员必定会拦下，让这些诗永远都到不了天皇那儿。因此他们要么恳求随从将诗献给天皇，要么将诗放在最可能引人注意的地方。每天晚饭后，侍从长会收集并整理这些诗，然后将它们拿给天皇过目。

天皇每到一处还要检查当地的物产，并且不忘聆听附近地方的农歌。每到一处，人们还给他看古代传下来的古董，不论是字画还是年代久远的农具。天皇看到新开垦的农田时总是很高兴，看到工业化开端的工厂时也一样开心。他在仙台参观了伊达家族物品的公开展览，其中包括一幅支仓六右卫门的油画（支仓于1615年访问罗马，画中的他正在朝拜耶稣受难像）和一本支仓从欧洲带回来的拉丁文羊皮纸书。[43]天皇接受了当地官员和谦卑的民众赠送的礼物，例如古河的小学生送的一笼萤火虫。天皇偶尔会买些自己喜欢的当地产品。

也许天皇认为访问的最后一站函馆最有意思。他到函馆医院视察时，那里刚好正进行蟾蜍血液循环的实验。他通过显微镜观看了蟾蜍的血液循环，这是他首次使用这种仪器。参观完学校回到住处时，天皇发现那里已经为他安排了一个当地的商品展，其中包括阿伊努人的生活器皿和衣服。那天晚些时候有五十多个阿伊努人来谒见天皇。晚上，花园里点起了数百盏红灯笼，灯火通明。沿街每一所房子的屋檐下都挂着灯笼，连停泊在港口的船只也挂起了灯串。沿岸的一排石灯笼点燃了，附近的村庄烧起了篝火。

7月17日，天皇参观了政府军与敌军战斗的最后的地方——五棱郭，并爬上了城墙。他向一名当地官员询问战争的情形。听说约有五十名阿伊努人（有男有女）赶来函馆观看游行队伍时，天皇派人把他们请来，并观看了他们表演的舞蹈。

从函馆返回横滨的一路上波涛汹涌，几乎所有人都晕船了。然而除此之外，这次旅程堪称完美。当然，木户孝允担心天皇缺乏运动，曾劝他下来步行或是骑马，但是没有成功，天皇一路上似乎极少离开自己的马车或者乘舆。[44]一个更加严重的问题是武士阶层的不满甚至骚动，沿途的地方官员不停地提到这个问题。这一年结束之前，这种郁结的不满将以一种激烈的形式爆发出来。

第二十七章

西南战争

1876年余下的时间，现代化的步伐继续快速前进，丝毫没有减退的迹象。9月4日，天皇的专舰"迅鲸"号在横须贺造船厂下水。第二天，连接京都和神户的最后一段铁路竣工，经由大阪连接这两个城市的火车开始运营。9月7日，天皇向元老院颁布谕旨，要求在广泛研究各国的法律之后，起草一部宪法草案。9月9日，两份报纸被送到天皇面前，一份是《东京日日新闻》，另一份是《横滨每日新闻》。此后，他每天都会收到几份报纸。每一样新生事物——交通、政治进步、信息传播——都在说明日本社会将迎来什么样的变化。

天皇和各国首脑之间的联系也更加紧密。例如，10月1日，天皇给尤利西斯·格兰特（Ulysses S. Grant）总统去信，祝贺为纪念美国独立一百周年而举办的费城世界博览会开幕。两天后，天皇收到俄国沙皇的照片和他要求的圣彼得堡冬宫的建筑图纸，天皇想在修建东京的新住所时参考这些图纸。

并非所有国民都对这些新生事物感到满意。许多武士仍坚持原来的尊王攘夷思想，痛恨政府为使日本成为一个现代国家而做的每一步努力。他们为外国人可以在"神州"购置房产、在外国人居住区以外的地方自由居住而感到愤慨。而那年早些时候颁布的，要求他们剪西式发型和不准佩刀的法令尤其令他们气愤。他们认为这是公然违背日本传统（尤其是自己阶层的传统）。许多人陷入的经济困境，更是给这一愤怒火上浇油。

佐贺叛乱首次用暴力表达了这种愤怒，但被熊本的政府驻军合力镇压下去。熊本的"爱国"团体的领导们意识到，现在驻军的人数远远低于正常人数，可能正是袭击他们总部的好时机。当时熊本有四个"党"。其中两个——敬神党(更为人熟悉的名字是"神风连"[*])和学校党——反对改革，希望恢复被明治政府摒弃的武士传统。另外两个党——实学党和民权党——则支持现代化。[1]天皇计划到国外去的谣言更使神风连的愤怒达到了顶点。[2]

10月，神风连的领导太田黑伴熊（1835—1876）经过数次神道教的占卜仪式[3]之后，认为起义最终获得了神的首肯。他联系其他县那些与自己有共同信仰的武士，希望熊本的胜利能鼓励他们也举行类似的起义。对明治维新以来发生的变化（尤其是武士阶层地位的变化）的痛恨，是将这些人联系起来的纽带。神风连的成员最为极端。他们并不仅仅满足于遏制西方影响的传播，还决定将西化的痕迹也抹去，无论是穿西服还是使用西历。例如，当不得不经过电线下方时，一些神风连的成员会以白扇遮头，以此保护自己不受外来邪恶的影响，同时表达他们对电的痛恨态度。许多人随身带着盐，看到和尚[4]、穿西服的日本人或者葬礼便撒（这是一种去晦的方式）。甚至有人认为纸币来自西方，担心自己被污染，于是拒绝用手摸它，只用筷子接纸币。[†]在即将到来的与政府军的战斗中，意识形态上的一个决定对神风连有着致命的影响——他们拒绝使用现代武器，用剑和矛对付持有枪炮的士兵。

10月24日深夜，不足两百人的神风连成员秘密地集结起来。

---

[*] "神风"的音读为"かみかぜ"。成员们用这个名字来命名他们的组织，以此来表明他们就像那股曾经挫败了蒙古入侵者的"神风"一样，将保护日本免受伤害。

[†] 神风连成员讨厌和尚，认为他们不干净，且他们的宗教源自日本以外的地方，因此与日本格格不入。

第二十七章　西南战争

他们迅速分成小分队，每个小分队都有具体的任务。一支小分队袭击了熊本镇台*，乘对方不注意杀死了许多守卫，并放火烧毁了步兵和炮兵的营房。其他暴徒则冲进电报局，砸毁他们痛恨的外国设备，即便这意味着切断与外界，包括与自己盟友的联系。还有一些人袭击了县令安冈良亮、镇台司令官陆军少将种田政明和参谋长陆军中佐高岛茂德的住宅。种田和高岛被杀，安冈受重伤，宅邸被烧毁。

神风连不分青红皂白地大肆屠杀。他们完全没有警告就对营房进行袭击，许多身穿睡衣手无寸铁的士兵束手就擒，但也未能使神风连停止杀戮。即使对那些伤势严重无法自卫的人他们也毫不手软。这次战斗驻军士兵的伤亡人数超过三百人。与神风连不同的是，驻军士兵都是应征入伍者，大多是农民。神风连的武士在屠杀这些胆敢霸占自己军人地位的卑贱农民时，似乎有种特别的快感。

一开始叛军似乎取得了全胜，然而一旦驻军的军官们回过神来，便开始集结剩余的士兵，并利用人数和现代武器的优势，彻底击溃了袭击者。叛军在炮火面前一批批地倒下；太田黑身负重伤，命令手下把自己的头砍下来，他们照做了。大部分活下来的人都切腹自杀，将日本的传统保留到了最后一刻。凌晨时分，叛军放的火被扑灭，枪炮声停止。战斗结束了，然而整座城市却陷入了恐慌，逃离此地者终日不觉。11月3日，紧急状态解除。[5]

神风连的暴动除了造成大约五百人死亡之外，一无所获。这些人本来可能为国家甚至为世界做出贡献。熊本的樱山神社埋葬着一百二十三名神风连成员，每座墓碑上都刻着一个人名及其卒年，不管这个人是死于战斗还是死于自己的短刀，这两排长长的墓碑很可能使我们联想到迅速凋零的樱花和武士死亡的类似象征。游客今天站在墓碑前，可能会为这些人为了一项注定失败的事业而献身的精神所感动，而忘记了他们极端残忍，且这些年轻人（大部分都是

---

*　镇台是1871年到1888年间的日本陆军最大单位，后改名为"师团"。——编注

十几岁或者二十几岁）为之献身的理想并无丝毫的理性可言。

尽管如此，一百八十人左右的神风连还是证明假如袭击出其不意且自己愿意赴死的话，以少胜多是完全有可能的，至少可以使对方陷于恐慌之中。这个恐怖主义经验传遍了日本那些持不同政见的武士，不久就有人声称也准备以一小撮人发动类似叛乱。[6]

10月25日，神风连暴动的消息传到宫廷。岩仓具视和木户孝允立刻将自己知道的消息告知天皇，但由于熊本的通讯被切断，他们并不知道细节。第二天，与熊本驻军之间的电报线恢复，三条实美和大久保利通向天皇提交了一份比较详细的报告。政府派官员们去九州，以获得第一手资料，陆军少将大山岩代替已经牺牲的种田，出任熊本镇台的司令官。

10月23日，熊本之战前夕，神风连派一名使者到福冈县的前秋月藩，向那些心怀不满的武士披露起义计划，并请求他们参加暴动。政府拒绝接受岛津久光的建议，也拒绝停止全国西化进程，令秋月藩的武士感到愤怒，他们已经秘密联系了神风连和萩城的不平武士。干城队（秋月藩的武士这么称呼自己）[7]的政治思想有一点很独特，即支持海外扩张。政府拒绝征韩自然激怒了他们。

秋月藩的武士在宫崎车之助的领导下，决定响应神风连的请求，派兵援助熊本。10月26日，人数不满二百人的秋月藩武士，准备向战场出发。* 并非所有的前秋月藩武士都同意这个决定。一些人主张宫崎解散军队，然而武士们激情澎湃，只有战斗才能满足他们狂躁的心。秋月藩武士举着一条白色的横幅出发了，横幅上写着大大的"报国"二字。† 不久，政府军接到密报后赶来，大败干城队。11月1日，深感疲惫和胜利无望的干城队领导，大部分选择了自杀。

---

* 他们的名称意为"盾牌（干）和城堡部队"，表明他们保护主人（可能是指天皇）免遭一切敌人伤害的决心。

† 他们显然不知道熊本的叛乱已经失败。

第二十七章 西南战争

第三次暴动发生在萩城。前原一诚是吉田松阴的杰出学生，曾在吉田位于萩城的著名学校求学，后来又到长州接受西式教育，并曾在长州和明治的军队服役。他在会津若松市的战役中的表现尤为英勇。前原被晋升为兵部大辅，1870年以生病为由辞职，但实际原因是对木户孝允向朝廷提出的对待前大名的态度感到愤怒。他还不满政府高官的政治观点，尤其是他们拥护现代化的观点。前原开始考虑发动叛乱，并联合了其他异见分子，特别是神风连。[8]

听说神风连起兵后，10月26日，前原召集一批亲信，宣布改变国家政体的时机已经到来。他建议向山口县发动急袭。其他人同意了，于是前原发布檄文，向那些有相似看法的人发出呼吁。10月28日，前原的支持者聚集在一起，准备战斗。他们的人数只有大约一百人，但决定当晚就行动。山口县的县令听到风声说萩城正在酝酿暴乱，于是派一名官员通知前原说熊本的叛乱已被镇压，命令他立刻解散队伍。

前原意识到暴乱注定将失败：只有出其不意地袭击才有成功的可能，然而现在县令已经知道自己的计划，并且请求镇台出动镇压，试图攻击山口县已没有任何意义。前原改变计划：他要赢得日本海沿岸武士的支持，一起到东京去，在天皇的脚下自杀抗议。

前原及其支持者抱着这种想法，一边抢夺武器等，一边朝山口县东北海岸的须佐进发。前原在须佐召集了更多人，将他们编为殉国军。[9]他计划从须佐乘船到石见国的滨田，然而风浪太大，他们由渔船组成的小型船队无法出航，只好被迫返回萩城。那时前原发现自己秘密藏于萩城的弹药都被倒进了海里，他知道自己已经没有成功的机会，于是和几名支持者偷偷溜出萩城，最终于11月5日被抓获。殉国军的其他成员则被政府的陆军和海军合力歼灭。

其他地方那些持有类似观点并同情叛军的武士意识到不会有什么结果，纷纷放弃起兵计划。12月3日，熊本、秋月和萩城的三名叛乱领导人受到审判并被处以极刑。武士叛乱暂时停止，但从茨城县和三重县的农民暴动可以看出，国内的不满情绪依然很严重。

12月31日，木户孝允作为最坦率的一名政府官员，向太政大臣三条实美和右大臣岩仓具视提交了一份报告，将最近发生的武士和农民暴动归咎于政府的执法不力，但是，最终的责任却不在这里：自1873年危机爆发以来，国内的大部分麻烦都起源于萨摩。为了举例说明这种流毒的危害，他提到了萨摩对征韩和征台的支持。政府一直处于不得不对萨摩亦步亦趋的地位。木户对萨摩武士的行为的尖刻解读，也许可以用其长州背景来解释，但这显然不是全部；木户同情那些因社会动荡而饥寒交迫的农民，他们除了举起长矛起来反抗之外，并没有其他泄愤的方式。

木户为改善农民阶级的状况提出了六点计划。比如，第一项建议是"节诸省之经费，止不急之工事，以休养民力"。另外，"察民情之如何，勿妄发法律规则，使之束缚"。木户对那些赞成延迟创立议会的人表示不耐烦，"以人智未进为由，称开设民选议院尚早，然而施政于民，则不问人智开或不开，不论事适不适合，我定之事即施于民，而又急其所成，此非激进哉"？[10]

就在木户提交报告的第二天，皇宫严格按照传统习惯，举办了1877年的迎新仪式。天皇今年26岁了。1月4日，天皇宣布土地税由3%降至2.5%，希望以此减轻人民的负担。木户孝允在日记中写道："平生仰愿，实属荣幸。此后惟愿睿旨贯彻，致人民幸福。"[11]国库收入的减少将导致一些政府部门的缩减，天皇要求官员们厉行节俭。

在天皇决策的背后，我们可以察觉到大久保利通的存在。1876年12月27日，他向三条实美递交报告，认为非常有必要纾缓民困。新政府不仅没有帮助农民，连考虑他们问题的时间也没有。近来全国各地爆发的农民起义就是他们悲惨生活的证明。一直强调农业为立国之本的政府，有责任让农民过上体面的生活。[12]大久保建议将

第二十七章　西南战争

税收降至 2%，并预测农民生活的改善将会带来普遍的富裕。天皇宣布的 2.5% 大概是个折中方案。

1 月 4 日，天皇去骑马。这件事本来不值得一书，但是从这天开始，天皇着迷似地迷上了骑马。他几乎每天都骑，从下午 2 点一直骑到日落。天皇不仅在东京这样长时间地练习骑马，当月下旬到京都之后也是这样。

1 月 24 日，天皇启程离开东京到京都去。此行的官方原因是天皇希望祭拜亩傍山的神武天皇山陵以及在孝明天皇逝世十周年时参拜京都的泉涌寺，同时祭拜京都和奈良地区的其他天皇山陵。政府计划由海路自东京至神户。[13] 从北海道返回时的惊涛骇浪天皇肯定记忆犹新，因此明治对两程均走海路不是很热心，并试图说服顾问们至少同意他走一程陆路。但他们告诉天皇必须立刻返回东京，而走海路要比走陆路快，因此恳求他返回时走海路。[14] 天皇最后同意，但是（我们可以从他这个时期创作的诗歌看出）他仍然对海上的波涛心有余悸。第一首短歌创作于 1 月 21 日，起航的前一天，事实上这一天风浪太大，从而推迟了出发的时间：

　　我能够听到呼啸的
　　海风在用力地
　　朝这边吹
　　蓝色的汪洋大海
　　激起了高高的海浪

第二首短歌似乎是在船上创作的：

　　昨天和今天
　　海上
　　狂风呼啸

被吹跑了的船只
只好暂停一会儿 [15]

1月24日早上，天皇和随从乘坐火车到横滨，从那里登上"高雄丸"。当天早上，"高雄丸"在两艘军舰（"春日"号和"清辉"号）的护卫下起航。那天天皇创作了下面这首短歌：

不惧
惊涛骇浪
轮船在海面上
如履平地
烟囱冒出一缕烟 [16]

这首诗说明不论天气如何，天皇都对轮船充满信心，然而汹涌的波涛还是超出了他的预期。在猛烈的东北风和雨水的狠狠鞭打下，海浪涨得很高，船摇摆得太厉害，于是他们决定在鸟羽停泊，等风浪小一点再走。天皇用下面这些句子描述了自己的心情：

狂风
拍打着海浪
向我们猛击
我们只能不情愿地
将船往回划 [17]

风暴持续了几天。直到1月27日，船才继续行驶，第二天他们抵达神户。上岸并在邮局短暂停留之后，天皇自己骑马到火车站，沿途受到群众的热烈欢迎。天皇从神户坐火车到京都，在东本愿寺（天皇临时休息的地方）小休之后去到御所，一路上都受到民众的

第二十七章　西南战争

热烈欢迎。天皇回到儿时生活的地方，肯定深有感触，不过我们只能从这首短歌中窥探到他的喜悦之情：

> 一想到
> 今年我将看到
> 这座我生活了这么多年的
> 华丽之城的第一场雪
> 我就非常兴奋[18]

皇后和皇太后在常御殿里迎接天皇。那天晚些时候，天皇会见了皇室的其他成员。1月29日，天皇在御学问所接见了一众公卿。他向亲王、内亲王以及高级公卿赠送了礼物。看起来京都往日的荣华似乎至少暂时得到恢复。不过在天皇离开的这段时间里，御所的建筑物显得有些破败和荒凉。[19]

那天夜里，一群年轻人（他们被称为"私学生"）突袭了鹿儿岛牟田的陆军弹药库，西南战争爆发，而宫里庆祝的那些人还完全不知道。

"私学生"（那些参加西乡隆盛创办的私学校*的武士）暴动的直接原因，是听说政府军担心形势不稳，派一艘汽船准备将鹿儿岛的弹药转移到大阪的炮兵兵工厂去。接下来一个星期他们继续进攻陆军弹药库及其附近的造船厂和兵器局。造船厂的副指挥一再请求鹿儿岛县令派警察保护，但是没人理他。2月3日，副指挥关闭了造船厂，怀疑县令拒不施救的原因是他和袭击者有同样的想法。两天后，"私学生"占领了兵工厂并开始制造武器和弹药。

这些行动的背后，是请求担任出访朝鲜的使节最终被拒之后，以西乡隆盛为代表的鹿儿岛武士感到的失意和愤怒。他们回到鹿儿

---

* 坚持称这些学校为"私学校"是为了说明它们不在政府资助的教育系统控制之下。

岛之后，认为武士需要特别的训练，才能有效地保卫家乡。在他们眼里，鹿儿岛几乎就是一个自治国家。1874年6月，西乡在鹿儿岛城外的城山脚下，利用旧萨摩藩的马棚建了一所学校。之后在城内创办了一所规模较小的分校，不久，鹿儿岛的其他地方便纷纷设立了分校。西乡隆盛是这些"私学校"的精神领袖。他亲自拟写了一套准则，张贴在每一所学校里面，其中一条是"尊王怜民为学问之本旨"，即究天理、为民直面困难、履行统治者的义务才是武士的本分。[20]

学校的教义强调阅读汉文书籍，尤其是兵书的重要性，同时强调学习武士阶层的传统。*学校完全没有提供国学（例如神道教或者和歌创作）或西方科技方面的指导，其目的是为了使武士们明白，尽管他们被东京的政府所忽视，但却是日本传统知识的宝库。私学校虽然强调学习的重要性，然而酷似一个政党。学生们宣誓效忠于一套行动纲领，而且他们对学习的兴趣也并非学术上的。

一些鹿儿岛武士并不愿意到私学校上学，特别是那些来自其他市的学生，然而迫于社会压力，他们最终与班上的其他学生保持一致。学校获得了县令的秘密支持，一些"学生"在当地的政府部门任职。

1876年12月，政府派警察中原尚雄等人†到鹿儿岛调查私学校搞颠覆活动的传闻。他们刚到达不久就被学生抓起来，并被指控是间谍。后来的罪名甚至更加严重：他们被指控此行的目的是为了暗杀西乡。中原不堪折磨，被迫认罪。[21]他后来翻供了，但是暗杀消息却已经在鹿儿岛传播开来，连西乡也相信政府打算杀自己。[22]这

---

* 这些传统大多源于儒家思想，但是"私学校"教的并不是诸如《四书》这样的"主流"儒家典籍，因为一般认为那些书是为未来的官员，而不是为武士准备的。

† 这些人包括十名巡察（警察）和几名学生，全都来自鹿儿岛。他们都是武士，但是由于来自穷乡僻壤而被驻守在鹿儿岛城的武士们嘲笑。双方都怀恨在心，无疑促成了中原和其他人与中央政府的合作。

第二十七章　西南战争

给了那些与私学校有联系的人很好的口实，即他们是为了保护西乡才发动叛乱。

天皇知道鹿儿岛事态的发展，但却没有赶回东京或是担任指挥镇压叛乱的打算。相反，他在京都视察学校、酿酒厂和各种工厂，甚至包括二条河东边的畜牧用的大农场。他参拜了许多神社，还在皇后、皇太后和姑姑淑子内亲王的陪伴下，在桂宫观看了一场能乐演出。[23] 即便鹿儿岛的事态急速恶化，天皇仍在进行这些悠闲的活动（以及瞻仰祖先的坟墓）。

2月6日，鹿儿岛的紧张局势传到东京，造成了极大的惊讶和恐慌。这些消息和内务省官员林友幸（1823—1907）做的评估完全相反。林在视察完鹿儿岛返回东京后，向木户报告说并无异状。[24] 现在他请求朝廷再次将自己派往鹿儿岛，以便更全面地掌握事态的变化。三条实美、木户孝允和伊藤博文同意了林的请求，并命令他与海军大将川村纯义（1836—1904）一起返回鹿儿岛。他们尤为担心骚乱蔓延到地理上或精神上与鹿儿岛毗邻的日本其他地方。[25] 考虑到事态的严重性，他们建议林、川村等人乘坐最快的"高雄丸"到鹿儿岛去。

2月7日，"高雄丸"从神户起航，两天后抵达鹿儿岛。一名传令官向当地官员汇报了他们到来的消息。不久，县令大山纲良来到船上。他告诉林和川村，私学校的学生们人心不稳是因为听说政府派人暗杀西乡。事实上全县的人都愤怒不已。大山转达了西乡的请求，让川村（西乡的连襟）上岸和自己一起讨论。林回答说不可能有刺客被派往鹿儿岛。他要求大山和西乡一起平定骚乱。[26]

大山刚离开"高雄丸"，就有七八艘小船靠拢过来，每艘船上都坐着十几个荷枪实弹的人。他们试图登上"高雄丸"，但是船长立刻砍断缆绳，下令将船驶往樱岛。那天晚些时候，大山返回时，再次带来西乡迫切想和川村见面的口信。林回答说，只有等骚乱平息之后，他才能允许川村上岸。林将攻击政府船只的行为视为大逆不道，并在大山离开之前告诉他说，鉴于目前事态的发展，"高雄丸"将马上离开。[27]

1月12日，"高雄丸"返回神户。山县有朋和伊藤博文听说鹿儿岛的消息之后，赶来和他们会面。当晚，他们在神户的一家旅馆里讨论出兵鹿儿岛的计划。战争的爆发看起来只是时间早晚了。

第二十八章

功臣？叛臣？

1877年2月是日本现代史上值得纪念的几个月份之一。这个月爆发的西南战争是日本的最后一场内战，也是维新功臣之间的一场较量。战争不仅威胁着政府要员们所期望的民主进程，还关系到政权的存亡。西南战争并非一开始就注定失败，如果萨摩取胜，肯定将改变日本的整个政治形态。

从叛乱刚刚萌芽开始，明治天皇就掌握着战争的最新情况，而且他对收到的消息并非漠不关心；然而这段时间，天皇在京都的生活似乎完全未受到鹿儿岛突发事件的影响。他参观学校、听学生朗诵、给优秀学生颁发购书的奖金。刚开始天皇几乎每天都去骑马。有时他会离开京都。例如，2月5日他视察了新开通的京都—神户铁路线上的所有站点。木户孝允的日记令人想起这种仪式的沉闷刻板之处：

> 九时，御乘车至大阪停车场。（天皇）着，兵队整列奏乐，诸官员奉迎。于停车场中设御座，各国公使等列御座下左方；太政大臣不快，以余为始皆列右方。式部头*引介大阪府知事，

---

* 官厅负责仪式的最高长官。——编注

知事引书记区长等进御前，陈上祝辞。（天皇）有赐语。[1]

两天之后的2月7日，明治出发前往大和国，祭拜先祖神武天皇的山陵。这是他长久以来的愿望。中途，天皇在宇治川的桥上驻足停留，观看渔人从几十艘小渔船上撒网捕鱼的情景。当晚天皇在宇治市过夜，赏月时他创作了这首短歌：

> 朝日山——
> 在为许多家族的士兵
> 所熟悉的
> 宇治川的月光下
> 清晰可见[*]

第二天天皇去凤凰堂，参观这座名刹的建筑和珍宝。随后天皇来到奈良，驻跸于能够欣赏附近山峦美景的东大寺。

2月9日，明治祭拜春日大社。神社举行了神道教仪式，天皇聆听了神乐演奏。下午，明治参观了东大寺和法隆寺的珍宝展览，还观看了金春流演员表演的能乐《石桥》。[†]

那天晚些时候，明治天皇在正仓院参观了王室珍藏的宝贝。这座建筑通常大门紧锁，这一次却敞开迎接客人。天皇表示对那块古老的香木——著名的"兰奢待"非常感兴趣。15世纪的足利义政和16世纪的织田信长都得到过"兰奢待"的薄片，作为彰显自己地位

---

[*] 这首短歌非常复杂。やそうじ（八十氏）意为"许多家族"，但是它的挂词（和歌用语，指一词多义的词语。这里うじ即可和前面组合，解释为"氏"，又可和后面组合，解释为"宇治"。——编注。）却是"宇治川"这个许多家族的士兵曾经战斗过的地方。水中的月儿圆圆，但是すむ可能是双关语，意思是"住着"——月亮住在河里。月光中的"旭山"（あさひ山，"あさひ"意为"早晨的太阳"）可以看成是月亮和太阳之间的对比。

[†] 金春流在奈良非常强大。

第二十八章 功臣？叛臣？

的象征。回到住处后，天皇请求获得一片"兰奢待"。博物馆馆长切下一块两寸长的薄片，献给天皇，天皇将其分成两半，点燃了其中一块。"熏烟芬芳，充溢行宫。"[2]天皇将剩余的"兰奢待"带回东京。

2月11日，按阴历这天是神武天皇加冕的日子，*天皇到神武天皇的坟前祭拜。1863年，有一处地方被指定为神武天皇的山陵，并在孝明统治期间进行了修复。但从那以后那里一直遭到忽视，直到现在它才得到适当的尊重。天皇祭拜山陵后，观看了吉野郡国栖村至今保存的古代民间舞蹈和舞乐，随后还参观了用来制造著名的三轮素面的机器。

2月12日，明治参观了和菅原道真有关的遗址，菅原在流放的路上曾经过这个地区。那天早上"白雪霏霏，崇高之气满天地"。天皇对初世祖的神圣之地，对与国家历史的关系如此密切的大和国不舍，希望再待一天，但是宫内省回答说，"日程俄变，劳烦民众，且鹿儿岛情势风云告急，陛下应早日还幸东京"。天皇立刻同意了。

在面对鹿儿岛传来的紧急消息时，天皇镇静得令人吃惊。当然，他的大和乡村之旅并非只是消遣活动。天皇或许高度重视祭拜神武天皇以及其他天皇的山陵，但除此之外，此行（就像之前的九州和北海道之行）还有一个至关重要的作用，即拉近和民众之间的距离。天皇不顾战争的威胁，决定按原计划访问奈良，可能是听从了木户孝允的建议。木户在2月10日的日记中描述完鹿儿岛的紧张局势后写道："余本动摇，然还幸之御愿，必不可俄然变化。还幸前有暴动之时，可驻辇。"[3]

不管怎样，天皇在大和附近继续自己的休闲之旅，他参观学校、纺织厂和帝陵，此时宫廷卫戍部队以及东京和大阪的驻军正被派往九州。2月12日，陆军卿山县有朋接到熊本镇台发来的情报，立即

---

* 这一天被视为"纪元节"。1873年采纳阳历时，这一天被定为节日。

向太政大臣三条实美通报对策。山县警告说，鹿儿岛的形势极为危险。如果战争爆发，虽很难预料会发生什么事以及结果将会如何，但绝对不会无足轻重。而且，一旦鹿儿岛开始行动，日本各地的其他县可能会加入他们。

山县承认自己不知道万一爆发全面叛乱，鹿儿岛会采取何种策略，但他列举了三种可能性：西乡的军队可能会利用汽船突袭东京和大阪；他的军队可能会攻击长崎和熊本镇台以便控制九州；他们也可能藏匿在鹿儿岛，同时密切留意全国各地的阴谋迹象，等待合适的时机再次发动叛乱。山县正确地推断出西乡将采取第二个方案——攻击熊本镇台——而且认为，对付这种策略最好的方法莫过于海陆联军进攻鹿儿岛城这一西乡军队的神经中枢。他认为，一旦拿下这座城，摧毁其他地方的叛军将变得轻而易举。[4]

2月13日早上8点，三条离开京都，半夜才赶到天皇在奈良的下榻处。他是来请求天皇同意出兵鹿儿岛的。天皇同意了，于是三条（凌晨2点）退下。他下令位于神户的海军少将伊东祐麿开始行动，后者立刻拔起"春日"号的船锚，向长崎驶去。"龙骧"号已经在那里等待了。

先前，由于冲突的迹象越来越明显，岩仓具视曾向大久保利通建议，如果鹿儿岛发生骚乱，应该派一名特使去告诫西乡隆盛和岛津久光。就在西乡私学校的"学生"夺取武器的消息传来时，岩仓提出自己充当特使，立即赶往鹿儿岛。大久保不同意，认为天皇此时正在西部，岩仓的责任过于重大，不能离开首都。但是，随着东京收到越来越多有关鹿儿岛的报道，显然需要做点什么来阻止"学生们"的暴动。大久保决定到京都去见天皇。由于仍不清楚西乡和岛津会采取什么行动，岩仓决定不公开派讨伐军到九州去的消息。

此时天皇正在继续游览关西地区的胜景。2月14日，他身穿朝服，参拜了住吉神社。之后，他换上便服参观了丰臣秀吉曾经喝过茶的茶屋。接着天皇一行来到大阪，驻军士兵一路向他举枪致敬。

第二十八章 功臣？叛臣？

为了迎接天皇的到来，街道两旁的房子都挂上了旗子、灯笼和色彩鲜艳的三角旗。炮兵向他鸣炮致敬，天皇在驻防区接见了山县有朋和木户孝允。午饭后他来到大阪英语学校，听学生用英语朗诵，并观看了科学实验。之后，天皇又来到大阪师范学校，再次参观教室，并向优秀学生赠送礼物。最后，天皇来到大阪造币局，在那里接见了许多高官，并吃了一顿西餐。

即使天皇依然年轻，这样一天下来肯定也很累，而余下的旅程同样让人疲惫不堪。15日，在参加完其他活动之余，天皇对市小学的优秀学生做了日本历史测试，考问他们六位天皇（景行、仁德、后白河、后宇多、正亲町和后阳成）的有关功绩。短暂休息之后，他又提问一群乡间小学生有关日本地理的问题。16日，天皇在离开大阪之前，参观了一家靛蓝染厂，并观看了整个工艺流程，之后回到京都。

这个时刻是明治一生中的重要时刻，传记作者特别想知道他这时的想法。作为一个极为重要的县，鹿儿岛正处在反抗国家统治，企图独立的边缘，其他县市也有呼应叛乱的迹象，明治在得知这一消息后感受如何？西乡不仅是维新的功臣，还是天皇特别喜欢的人，明治的政府军不久之后可能将和西乡隆盛领导的军队作战，天皇对此的反应如何？也许明治马不停蹄地进行日常访问，正是为了逃避这些问题。他在京都余下的日子里所表现出的冷漠，可能也是出于同样的原因。

2月16日，大久保从东京来到神户会见伊藤博文和川村纯义。三人进行了长时间的讨论，之后，大久保和伊藤到京都去见三条实美。第二天，他们（和木户一起）来到御所，在天皇在场的情况下进行了几个小时的磋商。后来赶到的山县也参加了会议，会议决定派一名特使到鹿儿岛去。天皇召来炽仁亲王，命令他担任敕使。炽仁计划2月18日乘坐"明治丸"出发。船正要离开之时，熊本镇台传来消息，称"鹿儿岛暴徒先锋，已闯入县内抵达佐敷，不日战端将开"。于是炽仁推迟了出发的日期。

14日，西乡带领的鹿儿岛军队进入熊本县。所有的资料均称西乡不愿发动战争，但是被暗杀谣言激怒的鹿儿岛武士已经无法控制。12日，西乡与副手桐野利秋和筱原国干联名给鹿儿岛知县大山纲良写信，告知他自己是为了到京都讯问政府几个问题。[5]第二天，大山依次给三条实美和几名县令去信，通知他们西乡及其护卫上京途中将经过他们县。他还暗示西乡对刺杀他的阴谋感到委屈。[6]各镇台也收到了同样的信。

鹿儿岛军未收到任何答复，就开进了熊本县。西乡的军队由七个步兵大队以及炮兵和辎重部队组成，一共约一万五千人，[7]其中大多数都持有现代武器。即使收到西乡的军队已经越过边界进入熊本的消息，天皇在京都的生活仍然保持原样。例如，2月18日，天皇到天龙寺村参观爱国诗人山中献（1822—1885）的宅邸。午饭后，他观看了渔人在大堰川捕捉鲤鱼的过程，还视察了一间造纸厂。

那天晚上，太政大臣三条实美认为鹿儿岛私学校的学生明显是要造反，于是和木户、山县、大久保以及伊藤进行磋商。第二天早上，他将紧急情况上奏天皇，天皇下令镇压叛军，任命炽仁亲王为征讨总督。陆军卿山县有朋和海军大辅川村纯义将协助炽仁作战。天皇宣布，自己将留在京都直到平定叛乱。

西乡的军队离开鹿儿岛那天，地面的积雪有六七寸厚，这是通常温暖的九州五十年来最厚的积雪。尽管西乡的军队经过严格的训练，纪律严明，但整支军队看起来肯定很奇怪。西乡、桐野、筱原等高级将领由于仍未从政府辞职，都穿着跟政府军一样的制服。其他军官则穿着海军、警察，或是文职人员的制服。军官的手臂上戴着显示他们所属分队的袖章，还系着一条绉绸或者白棉布的腰带。他们的左胯插着一把刀，右手执一面鲜艳的红旗。普通士兵的着装则更为奇怪。其中最奇特的是刚从国外回来的村田新八，他骑着马，身穿燕尾服，头戴高礼帽。[8]

第二十八章 功臣？叛臣？

鹿儿岛兵的目的是攻下政府在九州南部的军事重镇熊本城。守城的士兵跟去年被神风连屠杀的那些士兵一样，都是应征入伍者。他们士气低迷，享誉全国的西乡的威名让他们害怕。

熊本镇台不能指望熊本武士伸出援手，因为他们有些和鹿儿岛军有秘密联系。守城士兵的唯一希望是坚守城池并等待政府军的到来。当时城内的仓库着火，所有储备的粮食烧毁殆尽。他们没有办法，为了对付可能持续几周的围城，只好向附近的村庄征粮。2月19日，鹿儿岛县令派信使给陆军少将熊本镇台司令官谷干城（1837—1899）送去三份文件——西乡要求到东京去的原始文件、县令的回复以及中原尚雄供述暗杀计划的副本。镇台司令官拒绝接受这些文件，并告诉信使，如果西乡的士兵强行要从城下经过，守城的士兵只能予以阻击。西乡的先头部队现在距离他们只有八公里。

2月21日，双方第一次交锋。鹿儿岛方面的几支小分队试图强行进入熊本城，但是被守城的士兵用炮火击退。谷少将向位于大阪的征讨军总部发电报告开战的消息，山县将消息转给京都的三条实美。京都来信要求谷坚持住，一举歼灭叛军。第一旅和第二旅承诺将于2月25日抵达。

22日，叛军主力开始两面夹攻熊本城。23日他们加强了进攻，但却未能前进一步。他们意识到城内的农民兵并不是想象的那么不堪一击，于是做好了长期围城的准备。

2月22日夜，"月色煌煌如昼"，代理连长陆军少佐乃木希典（1849—1912）带领小仓第十四步兵连，与叛军展开激战。叛军高喊口号，抽出佩刀，近身厮杀。政府军支持不住，被迫后退。当夜战斗极其激烈，连队护旗手战死，队旗丢失。乃木见状，惊骇万分，拼死返回战场，试图夺回连旗，但是被部下劝阻。征讨军总司令认为当时形势不得已，未追究乃木有关旗帜的事，但是乃木没有忘记，三十五年后，乃木为赎罪而自杀。

与此同时，熊本的武士开始成批地倒向西乡的军队，他们数落政府沉溺于西方经验，而忽略了日本传统，认为这将使日本无法重振昔日的雄风。随着怀有这种信念的武士倒戈，不久西乡的军队就暴涨到两万人左右。在这些武士当中流行着尊王攘夷的思想，一点也不令人吃惊。他们不仅痛恨西化政策造成自己生活的变化，还受到神风连成员视死如归精神的鼓舞。西乡本人并不反对西化（乔治·华盛顿是他心目中的英雄），然而私学校的学生却表现出强烈的攘夷思想，我们可以从他们唱的一首歌中看出来。这首歌的开头是这样的：

> 不管现在还是过去这里都是神国，
> 俄罗斯、美国、欧罗巴，
> 人们被愚蠢的外国做法所迷惑
> 他们借用外国的法律
> 毫不关心日本的混乱情况……

他们不仅公开反对外国的影响，还质疑维新的成果：

> 他们取消大名时
> 说是要回到过去，
> 但是现在我们知道他们在说谎……

这首歌特别选出大久保和三条作为攻击对象，它的控诉如下：

> 他们的卖国心都干了什么？
> 他们把国家卖给肮脏的外国人
> 还命令我们上缴武器和佩刀
> 这种法令我们以前没有听过以后也不会听到……

第二十八章 功臣？叛臣？

歌曲的末尾表达了武士对死亡这一宿命的迷恋，这与其他国家以胜利为基调的战歌形成了鲜明对比：

我们已经忍无可忍
为了拯救数以万计的民众
我们武士只能尽力而为，
今天是我们的最后一天，我们正在死亡之旅上行进。[9]

战争已经正式开始，但西乡仍坚持自己的目的只是到东京去问政府几个问题。他强调自己的计划毫无秘密可言：很久以前他就已经通知沿途将经过的县和镇台。然而熊本镇台却不让他通过，因此他别无选择，只好抵抗。

2月28日，鹿儿岛县令大山写信给三条和岩仓，解释西乡为何会发动战争。大山对政府下令平定鹿儿岛感到震惊，并坚持认为西乡"且开学校，导以忠孝，故往年虽有佐贺之乱、熊本·山口之变，鹿儿岛县内未见些许动摇。然以何嫌疑而下暗杀隆盛等命令，其理由不能不知。又隆盛等东上之际，随行之徒携带兵旗，此是有暗杀之命，途中异变难测，不得已而为之"。最后大山"愿赐至急敕谕，镇抚县民，顺令隆盛贯彻其趣意"。[10]

但是，岩仓接到这封信时，已经下了新的最后通牒。愤怒的西乡写信给炽仁亲王，说如果一再无视自己的请求，他将别无选择，只好武力强攻熊本。

熊本之围一共持续了五十四天，直到4月14日才解除。在这期间，守军与外界之间的联系几乎完全中断，仅偶尔有信使偷偷溜出敌人的封锁线，向外报告城内的情况。3月4日，已经在大阪总部待了几天的木户回到京都，向天皇详细报告了战斗的进展以及未来的目标。天皇听说战争正变得有利于政府军时，大大松了一口气。然而，一想到西乡被打上叛徒的烙印，他的心里就不好受。天皇对

熊本镇台的指挥官及幕僚。前排中为谷干城,右二是桦山资纪,后排中为儿玉源太郎

一名曾经尽忠职守的臣子表现出来的深情,令木户大为感动。[11]

对比欧洲君主在这种情况下可能做出的反应,明治显得非常富有同情心。他们在得知自己曾经宠信的人现在竟带头起来造反时,可能会强烈地批评这个人忘恩负义,而丝毫不去考虑被逼造反的这个人所承受的痛苦。明治对西乡隆盛的宠爱之情可能使他希望,西乡的军队与政府军之间的对决仍有可能避免。事实上,直到3月9日,天皇才解除了西乡、桐野和筱原的官阶和职务。

相反(而且与欧洲典型的叛军领导不同),完全没有迹象表明西乡对明治天皇不满,或是他希望以另一种政体来代替君主制。西乡似乎认为天皇的直接统治是政府的理想形式,即便那是专制统治。[12]那些为他而战的武士也有着同样的观点。对他们来说,西南战争的最终目的是为了清除天皇周围那些邪恶官员,使他在统治时免受他们的坏影响。

其实,天皇身边如木户孝允等人,并没有(像战时经常发生的那样)将叛军领导描绘成叛徒或者忘恩负义者。木户说西乡当然不

第二十八章　功臣？叛臣？　　　　　　　　　　　　　　　　　　　　323

是像足利尊氏那样举起叛军大旗反对后醍醐天皇的坏人；相反，他只是"识乏而不知形势，为一朝之怒所激，以至亡身害国。隆盛之所业固恶，然政府亦当反省"。[13]

熊本城攻防战是决定性的战役。如果熊本城落入叛军手中，让他们进入肥前国，那么九州全境就将落入叛军之手。[14]但是如果叛军在熊本吃了败仗，战斗将会很快结束，因为叛军领导不可能退回鹿儿岛打持久战。[15]然而援军却来得极慢。农民兵的坚韧使叛军吃了一惊，在克服了最初的惊讶之后，叛军模仿普法战争期间普鲁士人对梅斯的围攻，包围了熊本城。[16]

一百名精心挑选的警察组成的"拔刀队"，取得了政府军的第一次胜利，他们拔出刺刀，向一处政府兵连日累攻不下的堡垒发动猛攻。[17]3月15日，政府军向田原坂的敌军据点发动攻击。这次战役最为紧张激烈，双方均伤亡惨重。20日，政府军取得突破性进展，攻下了位于山顶的堡垒。"贼兵毙者数百，死尸塞路，壕水为赤。"敌军四处逃窜。三个星期后，熊本城的包围才能解除，而战斗一直持续到九月底才终止，然而田原坂的胜利预示了战争的结果。萨摩武士尽管骁勇善战，但终究被装备先进且人数占优的政府军打败。

战斗一打响，天皇似乎就无法思考战争以外的事情。除非需要接见什么人，否则他极少到御学问所去，但是天皇每天都会聆听三条实美汇报战斗的最新消息。大部分时间他都被后宫的女人包围着。天皇的主要谋臣——三条、岩仓、木户等人——费尽心机地想提升天皇的君德，尤其关心他在国家危难时的表现。他们一再恳求天皇到御学问所去，但是没有效果。3月20日，三条在与木户讨论过对策之后，径直走到内宫，规劝天皇，天皇最后同意改正自己的行为。从21日开始，他将隔天一次到御学问所聆听战事报告。天皇将自己的老师元田永孚从东京招来，询问他相关的地理知识（元田是熊本县人）。他还要求元田讲述日本和中国历史上的著名战役。[18]

3月25日，在木户的要求下，天皇同意离开御所，在城中骑马巡幸。天皇总是拒绝走出深宫，令木户非常担忧，他恳求天皇到京都周围转转，虽然有些风雪，但他一定会喜欢。尽管天皇非常喜欢骑马，但是自从战事开始以来，他只在御所内骑过两次；然而那天上午10点，天皇在木户、多名侍从和宫廷官员的陪同下，骑马出了南门。街道泥泞不堪，弄脏了天皇的衣服。也许木户希望天皇骑马的样子能讨得京都民众的欢心。熊本之战进行了一个月，民众已经表现出了厌战的情绪。[19]

叛军依然顽强抵抗，不让政府军解开熊本之围。政府担心如果被发现军队战力不强，可能会激发国内其他地方的不安定因素，使他们纷纷以政府军为试刀石，一试自己的实力，甚至可能导致政府垮台。4月4日，三条、木户、大久保和伊藤商讨后决定，如果未来几天形势没有好转，他们将请求天皇搬到离战事更近的下关去。[20]

三天后，他们甚至想出了更果断的一步：请求天皇亲征。虽然有征兵，但政府军人数依然不够，而且公众对战争局势抱有疑虑，天皇亲自挂帅是唤起民众热情的一种方式。

这时，熊本城内的情况正持续恶化。食品和弹药严重短缺，士官的午饭是小米饭，早晚则是粥，工兵一天三顿都是小米饭。烟草是使士气保持不落的一样东西，然而那些"烟草"实际上却是茶叶。即便如此，城里的粮食估计只能维持十八天。

4月12日，征讨参军黑田清隆指挥政府军的全部力量，将叛军夹击在熊本城下。叛军指挥永山弥一郎觉得大势已去，选择自杀。那天下午，城内的守军指挥看到政府军已经来了，便下令士兵出城厮杀，从而与政府军形成钳形攻势。下午4点，陆军中佐山川浩带领第二旅冲破了敌军的防线。城内的士兵高举旗帜，大声欢呼，欢乐的叫声响彻整个熊本城。熊本之围解除。

4月15日，黑田进入熊本城，第二天，山县也来了。这场战争至此已经造成七千五百人死亡，熊本市十之八九被烧成灰烬。即使取得了熊本之战的胜利，战斗仍继续了五个月，但叛军的人数在不

第二十八章 功臣？叛臣？

断减少。西乡的士兵在溃散，只有靠他出色的指挥才使他们免于被包围和歼灭的命运。偶尔西乡还能打败人数占优的政府军。[21]

这段时间明治越来越无心学习。5月，他将元田送回东京。元田在离开之前，向天皇讲述了什么是君主的正确行为。尽管元田的措辞非常委婉，但意思却再清楚不过："有德则可为人君；无德不可为人君。"[22] 天皇不仅中断了学业，连太政大臣和参议要见他一面也不容易。天皇曾同意按时到御学问所去，但也只在早上去，下午他就在后宫休息。

经过长时间与病魔的斗争，5月26日，木户孝允去世。他的死对天皇是个沉重打击，但却没有改变他的低落状态。7月，三条实美觉得木户已死，自己对天皇的教育责任比以前更大了。他认为最好是让元田和福羽美静回到京都，继续授课，但是没有天皇的许可，不能把他们叫来。要获得天皇的许可非常困难，然而两位老师最终还是来到京都。三条奏请天皇接受他们的指导。天皇同意，宣布从今以后将努力学习，然而他连一堂课也没有上。

7月28日，天皇离开京都，启程返回东京。由于担心对九州的军队有不利影响，他已经把行程推迟了几次，但是政府分隔两地造成的不便又使他必须回去。在从神户返回横滨的船上，天皇望着高耸入云的富士山，创作了三首短歌，其中一首是：

> 轮船匆忙地
> 向东驶去
> 看到长满树木的富士山
> 出现在波浪之上
> 是多么地令人欣喜[23]

他用铅笔在笔记本上匆匆写下三首诗，然后撕下，递给诗歌造诣颇高的侍从高崎正风（1836—1912），请他直言不讳地做出评价。

高崎恭敬地阅读了这些诗之后，说第二首做得特别好。天皇问他其他两首的问题出在哪里。高崎回到说，其他两首没有问题，只是不如第二首好。天皇要高崎解释第二首好在什么地方。随着谈话的深入，天皇的兴趣越来越浓。他给高崎看了自己之前创作的一些短歌，高崎对每一首都认真研究了一番。结果天皇给他看了三十多首。这件事有助于消磨船上的时光，但更重要的是，由于战争而情绪低落，对一切了无兴趣的天皇，可能从这个时候开始，重新燃起了对生活和天皇职责的兴趣。[24]

7月4日，权典侍柳原爱子系上了腹带。天皇的头三个孩子出生后都夭折了。医生认为接下来这个孩子应该在最佳的环境下分娩。因此，考虑到她身体素来虚弱，大家决定不将爱子送到京都分娩。9月23日，就在九州战事结束的前一天，爱子在东京的梅御殿*诞下一名男婴。

西乡最后抵抗的据点是城山，他开办第一所私学校的地方。西乡只剩下四十个人，而且身负重伤。他朝着皇宫的方向跪下，把头一低，副官别府晋介立即将他的头砍下。战争结束了。

---

* 这是位于青山御所内的一栋房子，是皇太后的居所。

第二十九章
大久保遇刺

至少就天皇而言，1877年余下的大部分时间都在处理西南战争的善后工作。参加战争的各位将领和下级士兵一起凯旋，对胜利有突出贡献者被授予奖章。西乡隆盛的行为没有得到原谅，但人们对他颇为同情。西乡死后的第二天，天皇要求皇后为西乡隆盛创作一首短歌。她写道：

> 海浪已经平静的
> 萨摩岸边
> 并非浅滩——
> 以分歧开始
> 却以伤感结束[1]

萨摩结束抵抗，意味着不会再有人死于这场不受欢迎的战争。天皇到医院探访正在治疗的伤员。一些人失去了胳膊或者手指，有些人失明。天皇感到很难过，要求把五名伤残人员带来见他。他和蔼地问他们受伤的地点和时间、现在还疼不疼。接着，天皇神情哀伤地摸了摸他们的伤疤。伤员们头低低地，感激地哭了起来。山县有朋看到天皇如此富有怜悯心，不禁立正并敬了个礼，在场的每个人看到这一幕都潸然泪下。[2]

在这个时期和后来天皇与臣民接触的描述中，我们一再遇到"感泣"这个词。一百年前的人比现在更容易掉眼泪，即使武士落泪也不会被视为懦弱。十年前隐于御所高墙后的神秘天皇，现在已经变成一个威严而仁慈的人，他关爱民众的每个动作都使人们感激涕零。

天皇回到东京之后，生活又回复到他在京都变得低落之前的那个样子。他每天早上从10点开始，参加三十分钟的内阁会议。[3]天皇再次在内廷进行夜话，不管那天当值的顾问是谁。例如，10月4日，高崎正风和元田永孚就陪伴着他。在谈话中间，天皇拿起毛笔写了几个大字，随后作了序和和歌，其中两首是：

今夜
在臣下们的陪伴下
我拿起笔
将一切东西写下来
并给他们看

无倦于
漫漫秋夜
我挑灯
并欣喜地写下
这些字

根据明治的生活记载，"两人（高崎和元田），感泣睿虑，不觉拜伏"。皇后问高崎是否写一首诗作为答复。高崎立刻作了下面这首短歌：

第二十九章 大久保遇刺

> 在审视
> 天皇留下的墨迹时
> 我体会到
> 他的感情之深
> 不禁泪湿衣袖

元田觉得自己不能继续保持沉默，于是创作了两首汉诗。天皇非常喜欢这样的夜话，此后便不时地与那些侍候自己的人交流诗作。10月12日，侍从荻昌吉画了一个葫芦。山口正定在画上题诗道：

> 我将用这个葫芦饮酒
> 以体会
> 颜回
> 或者也许秀吉
> 那么喜欢喝酒的原因

天皇和皇后看到这首诗都笑了。[4]这种对他们家庭生活的罕见描述真是非常可爱。

长期荒废学业之后，10月23日，天皇在书房和元田永孚一起读了一个小时的书。[5]渐渐地，他的学习计划再次包括了听课和读书。元田认为，他们阅读的典籍为君主提供了德行的榜样，他用详细而通俗的语言解释课文，将其与近代历史对比，并列举了历代有德君主的例子。元田一直尝试——而且通常都能成功——激发天皇的兴趣，尽管刚开始他并不知道什么东西能特别引起天皇的兴趣。一天晚上，在读了周宣王被姜后的规谏所感动，决定励精图治的故事之后，天皇要求妃子们以"感谏勤政"为题创作一首和歌。[6]明治仰慕那些衷心接受规谏并改过自新的君主。

天皇在学业长期荒废之后，自我反省意识重新觉醒，并乐于接受顾问的批评，这些都使元田非常感动。12月13日，一份更加全面的学习计划开始实施。[7]不久前，在青山御所的一次赏菊大会上，天皇公正而英明的观点给元田留下深刻印象，尤其是他对外国的看法。元田从未听过天皇说话如此流利，他希望外国人能够听到天皇说的话。[8]

天皇还恢复了骑马的热情。一开始这挺受顾问们欢迎，但是后来他们认为天皇的行为过火了，担心他由于过度疲劳而从马上摔下来。岩仓具视向天皇提过建议，但是没有效果。1878年1月初，雨下个不停，然而天皇每天都要到皇宫庭院的小径上骑马，丝毫不介意小腿全是泥泞。皇家马厩的车夫和马夫都累得筋疲力尽。1月12日，两名侍补*土方久元（1833—1918）和高崎正风劝谏天皇。"（天皇）温颜听之，言终称所申为善。以来马场之事，一任驭者意见。"天皇如此乐于听从他们的意见，两名侍补泣涕而退。[9]

第二天，天皇和土方一起去骑马。在经过一处松树林时，土方的马脱缰，人差点摔下来。天皇立刻骑上来问到，"土方无恙吧？"前一天他刚被劝谏，今天就发生了同伴差点摔下马的事，内心不免有所触动。那些过后听到天皇这番话的人都由衷地赞美他的宽宏大量和高尚品质。

这个时期，明治与其他国家政府首脑之间的关系发生了微妙的变化。他给法国总统帕特里斯·麦克马洪（Patrice de Mac-Mahon）写信，落款是"保有天佑践万世一系之帝祚日本国皇帝，睦仁"。[10]他从未在给外国人写信时使用这个强大的头衔。相反，中国皇帝在写信给他时，往往自称"大清朝大皇帝"，而称呼明治为"大日本国大皇帝"。[11]将两个皇帝放在同等的位置，对清廷来说是前所未有的事。

---

* "侍补"这个名字由伊藤博文所起，是宫内省的一个官职，主要任务是服侍天皇并向天皇提出建议，以弥补执政过程中可能存在的不足。

第二十九章 大久保遇刺

明治似乎对日本历史有了自觉的认识,不管是1877年9月美国人爱德华·莫尔斯(Edward Morse)发现的贝冢,还是西南战争,都被他视为自己统治期内历史的一个重要组成部分。[12]他对自己的祖先重新产生了浓厚的兴趣。

惯常的宫廷礼节、互相拜访和交换礼物以及作诗迎新,揭开了新的一年——1878年的序幕。1月下旬,天皇颁布诏书,强调农业为立国之本。既然已经平定了所有的叛乱,作为治国之道的基本政策被再次提起。

我们只是偶尔才知道一点与天皇有关的问题。天皇从善如流,似乎是在鼓励身边的人对自己的行为提出异议(自然是用极尊敬的语气)。例如,2月3日,尽管那天是星期天,但当值的侍补山口正定请求面见天皇。山口冒着惹天皇不悦的危险,要求天皇饮酒的时候更加节制,因为前年他患的脚气病很可能复发。[13]这一年,在欢度新年等节日时,天皇一直都过度放纵自己。在1月10日的一次聚会上,他一直喝到凌晨3点,而三天前他在会见山县时一直喝到凌晨5点。山县恳求天皇不要喝这么多,尤其是在深夜。

天皇欣然接受了这些"规谏",据说,人们再也没见他喝醉过。[14]没有迹象能够解释明治为何会喝得这么凶。即使很久以后,仍然有许多认识的人证明明治喜欢喝酒。曾参加过西南战争的陆军少将高岛鞆之助回忆说:

> 当时的宫廷崇拜男子气概和尚武精神。天皇喝得很凶。有时他会召集喜欢的朝臣,大开酒宴。尽管承认这一点有些难为情,但我的酒量不大,一直都在逃避这种聚会。但是山冈铁舟和大纳言中山忠能都是酒鬼,天皇每次开宴,总是会叫上他们。一边一杯接一杯地喝酒,一边听人讲英雄故事。没有什么比这更令他感到惬意的了。他那时用的并非平常的小杯,而是和玻璃杯一样的大杯,而且每次都斟满。[15]

1886年起担任侍从的日野西子爵写道,"天皇即使已经喝过了餐后咖啡,但是只要餐桌上还有酒,他就不会退到内宫"。[16]

天皇的主要顾问,儒家学者元田永孚则做了一次性质迥异的规谏。当时(1878年2月)有人提议按照欧洲的做法,使林地隶属于皇室。但是元田反对这个计划,他说,皇室的维持并非靠土地,而是靠"至德大仁"为纽带来维系民心。古代政府只收取一小部分的税。接着,在谈到君民的权利时,元田说,"施至德大仁爱育人心,则人心思慕敬重帝室愈深,至天下悉举我私有土地之贡租,以供帝室。苟失人心,悉有天下之土地,然民皆起而夺之"。[17]

天皇采纳了元田的意见,皇室占用林地的计划被搁置。这个例子表明儒家的规谏仍然起作用,但是有时候那些想规谏的人,慑于天皇的优秀品德,往往会把话吞回去。有一次天皇要求侍从把自己的鞋拿去修补。这名侍从私下里问侍补佐佐木高行(1830—1910)和高崎正风,天皇为何要选择补鞋而不是扔掉并直接换双新的。他们回答说,这件事看起来微不足道,但是却体现了君王的美德,因此有重要意义。不过,高崎询问了天皇补鞋的原因,说如果天皇是出于节俭而下令补鞋,那么这种行为确实值得钦佩。但如果他因为小气才下这道命令,则有些遗憾了。天皇回答说,他正打算把这双鞋送给权侍从藤波言忠(1852—1926),但发现鞋子有些旧,于是下令把它补一补,这样藤波就可以省下一笔钱。天皇这么爱护自己的侍从,高崎不禁感动得热泪盈眶。[18]

4月23日,天皇向东京都捐献了两万元,用以建造一座治疗脚气病的医院,这件事体现了天皇君德的另一面。他自己去年饱受这种疾病之苦,于是同情那些和自己一样患病的人。如果天皇自己的病情复发,医生很可能跟往常一样,建议他异地疗养。岩仓具视预见到了这一点,建议在地势较高且空气清新的地方为天皇修建一处离宫。天皇回应道:"转地疗法可,然脚气病为全国人民之疾患,非朕一人之病。移居之事朕可行之,然全国之民不能悉迁住处。故

第二十九章　大久保遇刺

为全国民众，欲虑其他预防之法。且巡幸东奥之际，视彼地之镇台兵，皆屯营高燥之地，然恼脚疾者数十人。思之，择居处非必免此患之法。闻该病不存西洋各国，只存本邦，果其然，则其原因应在米食。朕闻有汉医远田澄庵者，其疗法绝米食，食小豆麦等，此必有一理，不可妄斥汉医之固陋。洋医汉医各有所取，和法亦不可弃。"[19]

岩仓"敬服而退"。后来大久保利通提议天皇搬到别处去住，也得到了同样的答复。我们不能确定天皇是否真得说了这番话，但这可能是他有记录以来第一次发表长篇大论。7月10日，天皇捐资修建的医院开业。他后来还捐资修建了东京的第一所精神病院。

天皇至死都讨厌身边的医生，尤其讨厌做体检。上一年天皇患了脚气病，没有告诉医生自己感觉不舒服，等医生有所察觉时，病情已经发展得很严重了。强壮的体魄使他通常不太注意自己的健康。至于宫廷医生，他们依然依赖传统的，有时是愚昧的治疗方法。例如，1877年8月，亲子内亲王感染脚气病时，医生能给出的最好的处方就是疗养。于是她去了箱根，三个星期后的9月2日去世，死时只有三十三岁。[20] 这个不幸的女人——先皇的妹妹和将军的妻子——的悲惨结局似乎加深了明治对医生的不信任。佐佐木高行花了整整两个小时才使他同意接受体检。

顾问们多次进谏以及他自己愿意听从（一开始的反抗情绪之后）他们的建议，似乎使天皇展示出一种前所未有的成熟感。他仍未完全摆脱早年在御所所受教育的影响，幸运的是，天皇周围有一帮才能出众的人，这些人表现出了指导天皇所需要的毅力，甚至勇气。

在这些顾问当中，最有才华但却最不受欢迎的，可能是内务卿大久保利通。只对天皇一人负责的他，无疑是政府中权力最大的人。1873年大久保从美欧归国，自那以来他的目标便是从政治上和经济上增强国力，使之可以与西方发达国家比肩并立。大久保通常采用高压政策，从而令左（这些人认为他的保守做法阻碍了民权的发展）右（这些人将拒绝征韩和西乡隆盛的失败怪罪到他的头上）两派的支持者都痛恨不已。他们认为在大多数日本人（尤其武士）正生活在水深火热之时，大久保过着穷奢极侈的生活。全国各地那些心怀不满的武士，一边喊着口号，一边将愤怒发泄在他一个人身上。他们的口号令人联想起德川时代末期尊王攘夷派用的那些口号。

金泽的一群武士开始了他们的暗杀计划。这是一个令人意想不到的阴谋策划地。首先，加贺藩在维新中一直扮演着特别不显眼的角色。其次，前田家族的俸禄是所有大名中最高的——一百万石。金泽市一直都是一个文化活动中心。它的繁荣也许可以解释，明治天皇统治的前十年，日本其他地方都经历着深刻的变化，唯独这里没有经历政治的动乱。

就在其他藩陷于政治纠纷的漩涡时，加贺藩的和解战术却使它得以蓬勃发展，一些金泽武士对此感到沮丧。[21] 拒绝派西乡去朝鲜这件事尤其令他们难受，他们支持西乡的反政府斗争，尽管斗争最终失败。长连豪是暗杀计划的一名设计者，他曾两度到鹿儿岛与西乡会面，并进入私学校学习。[22] 金泽的反政府活动中心是一群名为"三光寺派"的武士。*他们并没有政治纲领，但却赞成为达到目的而使用武器和暴力。领导人岛田一郎是暗杀计划的中心人物。有时"三光寺派"会和一个大得多的民权运动团体"忠告社"合作。这两个组织的理想迥异，但是在反对以大久保为首的寡头政治上却目标一致。谋杀案发生后，发给报社的声明中也纳入了一些忠告社的民权思想。[23]

西南战争期间，这些人站在西乡一边。在得知所谓暗杀西乡的阴谋时，他们都愤怒不已。他们为西乡刚开始的胜利感到高兴，又为西乡的败局已定感到闷闷不乐。1877年底，岛田一郎和长连豪造访了忠告社的领导陆义犹（1843—1916），说西乡现在失败了，他们不能坐视不管。[24] 他们认为，西乡的死，木户孝允和大久保利通

---

* 这个名字来源于成员们聚会的一个金泽佛教寺庙。

第二十九章　大久保遇刺

负的责任最大，应该把这两人杀死。陆不同意他们的暗杀提议，但说自己会认真考虑，要他们几天后再来。他希望等待能使他们的热情冷却，但他们的决心反而变得越来越强烈。5月26日木户去世，暗杀计划从此以后便只锁定一个人——大久保利通。

岛田四处招募同谋者。一开始他还谨慎地避免透露自己的意图，但是到了11月，他已经毫无顾忌地和未来的同伴讨论计划了。令人惊讶的是没有人向警察告密。毫无疑问，岛田依赖的是武士阶层的忠诚，不过有时为了摆脱潜在的跟踪者，他也会声称已经放弃了暗杀大久保的计划。[25]

1878年3月25日，岛田启程前往东京。从他离家前所作的和歌中可以看出，他一心想杀死大久保，如果成功，无疑是真的死而无憾，但是一想到将再也见不到妻子儿女，他就感到痛苦不堪。岛田作了两首离别和歌。第二首是"我知道这一天终会到来，但是离别使我现在多么悲伤"。[26] 岛田的和歌文学造诣不高，但是都发自肺腑。在日本以外的其他国家，难以想象杀手在出发去执行必死的任务前会作诗。对于清楚知道自己死期的岛田来说，这些和歌无疑是他向这个世界的告别诗。

岛田和长两人同时从金泽消失，引起了县当局的疑心，他们怀疑这两个著名的极端主义者可能在策划什么阴谋。中央政府也在警惕那些持不同政见的武士和自由民权运动成员，并派了无数便衣到各地去。大久保利通身为内务卿，控制着派往全国各地的警察网络，但他可能认为无须过于关注金泽。

两名领导人到了东京之后，第一个任务便是起草声明，罗列杀死大久保的理由。他们按照德川时代末期的惯例，将解释性的纸条附在被害者的头颅或者尸体上。[27] 声明是这么开始的：

> 石川县武士岛田一郎等叩首昧死，仰奏天皇陛下，俯告三千余万人众。一良等，熟察方今皇国之时状，凡政令法度，

335

上非出自天皇陛下之圣旨，下非由众庶人民之公义，都在要路官吏数人之臆断专权。

这些话表明，这些谋反者（就像以前和很久以后的其他谋反者一样）坚持认为自己的行为符合天皇的真实愿望，而他们将剪除天皇周围那些阻止其亲政的恶吏。尽管如此，谋反者的做法还是有些自相矛盾，因为他们还要求以公开讨论的方式倾听人民的愿望，这可能是对陆义犹的自由民权思想的妥协，而这份暗杀辩护书的创作者正是陆义犹。

声明接着指控官吏贪污腐败，中饱私囊，不顾大部分普通民众生活窘迫。他们列举了五条"恶罪"：（1）杜绝公议，抑压民权，私议政事；（2）乱施法令，公行请托，恣张威福；（3）兴不急之土木，事无用之修饰，徒费国财；（4）排斥慷慨忠节之士，怀疑忧国敌忾之徒，酿成内乱；（5）误外交之道，丧失国权。[28]

谋反者的直接目标是暗杀大久保，但是声明中也提到了其他该死或者不能容忍的人。之前的名单中包括岩仓具视和刚刚去世的木户孝允；后来的名单则包括大隈重信、伊藤博文、黑田清隆和川路利良。还有一些像三条实美那样的"奸吏"，但是可以预料"斩灭其根本，则枝叶随之枯落"。[29] 有迹象显示，岛田及其同伙期待随后将会有继承遗志的第二轮暗杀行动。[30]

声明第一部分的结尾是"愿基明治一新之御誓文，由八年四月之诏旨，改有司专制之弊害，速起民会，取公议，以致皇统隆盛，国家永久，人民安宁"。[31] 在这里，尊重天皇和坚持民权又一次相提并论。陆义犹起草公告的目的是为了证明谋杀的合法性，但这些杀手是否理解他的高谈阔论则令人怀疑。[32] 他们脑子里只想着一件事——杀死大久保。

六名杀手一旦在东京聚头，便开始做有组织地准备。他们确定了大久保去赤坂离宫的日子、他走的路线、马车的明显特征，当然，

第二十九章　大久保遇刺

还有他的面部特征。大久保的马车为避开人群通常会走一条小道，他们便把这条小道作为行动地点。他们发现议员一个月有六天要参加太政官会议——4号、14号、24号、9号、19号和29号——于是决定在5月14日实施暗杀计划。14号的前几天，岛田不顾同伴的反对，给大久保写信，警告他会有生命危险。他显然认为除非大久保收到了警告，否则暗杀的理由将不为人所知。[33] 或许大久保没有理睬这种威胁：他并非第一次收到恐吓信。

出发前的最后一刻，岛田和长分别给自己的妻子写信，告诉她们自己的决心，并希望孩子们好好念书。[34] 岛田的信采用和歌里的长歌形式，其中痛斥大久保的话是这样说的："进谗言，于我敬畏之君。残杀尽，忠贞之臣。大恶臣集聚，欺上责下，千岛换桦太。"[35]

大久保并非声明或谋反者的家信所描绘的那样一个恶魔。那天早上出发去皇宫之前，大久保会见了福岛县的县令，他预测需要分三期，每期十年才能完成维新大业。日本现在即将进入第二期，大久保认为这一期非常重要，整顿内政，充实国力就在这一期。自己虽然不肖，但仍决心尽十分力带领日本走过这一期。第三期将由下一代来完成。[36] 大久保殖兴产业的一个计划便是开发新土地，那天早上他还讨论了要在福岛县修一条运河的计划。

为了防备突袭，大久保通常会在马车里放一把手枪，但是那天晚上他要去参加清朝公使举行的招待会，叫人清理了马车，并将手枪留给下属保管。可能正是这一点要了他的命。

由于准备充分，暗杀行动进行得非常顺利。两人打伤了两匹马的前腿，其他四人杀死一名车夫后，把大久保拖出马车，再残忍地将其杀死。在给大久保补上致命一刀时，杀手的力气非常大，把大久保脖子刺穿后刀尖还插进了地上。六名杀手将武器在尸体旁摆好之后，便走到附近的皇宫自首。他们向警察提交了声明的副本。当问到是否有其他同伙时，他们回答说："有，除了官吏，三千万日本人都是我们的同伙。"[37]

消息很快传到皇宫。元田永孚正在书房准备给天皇讲授《论语》。一名宫廷官员冲进来告诉元田大久保遇袭的消息。元田立刻报告天皇，天皇随即派了一名侍从到大久保家询问事情的详细经过。不久侍从带回大久保已死的消息。天皇听到这个消息后悲痛万分，派宫内卿德大寺实则转达自己的悲痛之情。皇太后和皇后也分别派使者到大久保家慰问。

第二天，天皇追封大久保为右大臣，并赠送五千元作为丧事费用。那天晚些时候，天皇发布正式公告，"朕深悼股肱之良臣，此为国家之不幸。"他令伊藤博文代替大久保，担任内务卿之职，以确保这个重要职位的连贯性。

即使外国报纸也在哀悼大久保利通之死。[38] 他的丧礼盛况空前，日本第一次举行国葬。政府机关降半旗致哀，军舰鸣放二十一响礼炮。宗教仪式完全是神道教的。当时对佛教的普遍否定无疑造成了这种与传统的割裂。

伊藤的接任意味着大久保的政策不会被否定，然而杀手的声明似乎得到了认真的对待。早在袭击发生之前，三名侍补（佐佐木高行、高崎正风和吉井友实）便认为应该设立一个辅助天皇的官职，5月14日清晨，他们拜会了伊藤博文，希望推荐大久保为这个职位的最佳人选。伊藤同意，然而随后他们就听到了令人震惊的袭击的消息。

在检查杀手留下的声明时，大家忍不住同意这些人的观点，即目前的法律既非出自天皇也非出自人民的公议。他们认为迫切需要让天皇亲政，并决定告诉天皇他们得出的这个结论。

5月16日，侍补们得到一次接见的机会，可以畅所欲言。佐佐木说，尽管原则上是天皇执政，但实际上他把全权委托给了大臣。这给人造成一种印象，即实际上是几个大权在握的官员在管理国家，进而激起民众的不满，最近的袭击事件正说明了这一点。除非采取积极的措施，否则维新大业的结果将变成"水泡画饼"。此外，假如要将日本的声威扩展到国外，最重要的是将天皇的愿望付诸实践。

因此天皇应该"自今日行亲征之实，通晓内外之事"。

高崎正风走上前说，"利通在世时，常深忧圣德涵养之事，遭难之前日，亦至臣家谈此事，此为其深虑之所在……"高崎似乎无法控制自己，一边啜泣一边说出自己的观点，即天皇"万机亲裁"非常有必要。听到这里，天皇的眼眶也湿了。米田虎熊还说，希望天皇对待政事能像每天骑马那么热心。天皇动容地说："朕嘉纳汝等之忠言，而后谨注意，尔等亦协力，尽辅佐之任。"高崎等眼里噙着激动的泪水退下。[39]

天皇似乎记住了顾问们的话。他对政事不再表现得毫不在乎。例如，5月21日，他向两名当值的侍补表达了自己对当时一些陋习的看法。一些官员修建了新的西式房子。对于那些需要和外国使节打交道的高级官员来说，也许有必要建造这样的房子，但是在普通民众看来，这些官员是在榨取人民的血汗钱，只顾中饱私囊。因此天皇下令官员暂时不要建造这样的房子。如果他们再等几年，等新皇宫落成之后再建自己的房子，抱怨声将会自动消失。

维新以来，政府的职位主要由萨摩、长州和土佐三个县的人担任，天皇对此感到不满。这种情况必须改变。全国各地都有高素质的人才——即便是遥远的东北地区——应该让他们为政府效力。[40]令人震惊的大久保之死以及侍补们的规谏，似乎唤起了天皇新的责任感和新的个人权威感。

第三十章

吞并琉球

1878年5月23日，天皇决定8月份启程，巡幸计划已久的北陆和东海地区*。他原计划1877年出发，作为上一年北方之行的延续，但西南战争的复杂形势使得计划无法进行。跟往常一样，天皇是为了亲自视察这片陌生的国土和民情。[1]

天皇依然记得北方之行的点点滴滴，他宣布此行不愿给任何人添麻烦。天皇特别提到参观学校时，学生应该全都穿普通服装，而不应该戴新帽、穿新鞋，或是穿上其他为了庆祝而特制的衣服。天皇还希望在参观县政府时，能够看到当地的地图、人口统计数据以及贤人善行记录。此外，他还要求提交警察局和巡逻警官的人数报告、殖兴产业的方法、牧场与牛的数目以及未开垦土地和已开垦土地的面积。天皇并未把此次旅行当成游山玩水，他的首要目标也不是为了激发人们的敬畏之情或者甚至是爱戴之情，而是增进自己的教育，使他更了解自己的臣民及其谋生之道。天皇的顾问无疑还希望，天皇的到访能使边远地区的人民更加充分地意识到东京政府的存在，并效忠国家甚于效忠当地政府。

---

* 北陆为本州中部日本海侧的区域，一般指现在的新潟县、富州县、石川县和福井县；东海为本州中部太平洋一侧的区域，指现在的爱知县、岐阜县、三重县和静冈县。——编注

欧洲帝王巡游时非常重要的排场问题，在这里踪影全无。[2] 天皇的各县之行另有一点和欧洲帝王不同：天皇并不想让日本人熟悉自己的容貌，不管是在旅行时，还是在硬币或纸币的图像上。明治一般乘坐封闭的御辇出行，而不是那种人人都可以看见他的敞篷马车。过去只有高级公卿才有机会看到他的脸，即使现在他也不愿向公众展示自己。明治的照片很少，而且一般买不到，他拍照并非为了公开展示。外国公使离开日本时偶尔会收到天皇的照片，但是日本人不管多么忠诚，都很难获得天皇的照片。

1874年，东京开始有人（未经许可）出售内田九一拍摄的天皇照片的复制品。这件事使内田灵机一动，他请求政府允许自己出卖所拍的底片。对售卖天皇照片是否合适这个问题，政府进行了长时间的讨论。[3] 最终结果是禁止出售，那些已经出售的照片则被勒令上交。没有照片，也没有其他自我膨胀的标志，充分表明天皇巡幸的克制特征。队伍经过时，城乡街道两旁的人群也许能瞥见明治一眼，然而他并没有用鲜艳的服装或者漂亮的马车吸引人们的注意，而且他的慷慨施赠也只限于向小学生和耄耋老人赠送些小礼物。

就在明治打算离开东京之前，发生了一件使整个行程差点推迟的事。8月23日，因对薪酬和口粮被削感到不满，宫廷卫戍部队的炮兵营发动兵变。兵变只有大约一百人参加，除了两名士官，全都是士兵，而且大部分来自鹿儿岛或者高知这两个富于军事传统的地区。在这次短暂的兵变中，起义者杀害了几名军官，炮轰了大藏卿大隈重信的住宅，并朝他们打算去请愿的赤坂离宫发射了两枚山炮。大约九十人冲到皇宫，与事先已经接到消息的正规军相遇。起义者最后都被逮捕了。

叛乱第二天凌晨4点已经平定，但岩仓具视等侍补考虑到大久保利通刚刚遇刺不久，局势依然动荡，于是建议天皇推迟出行的日期。他们承认这次骚乱的规模很小，但可能预示军队中存在更严重的不安定因素。三条实美和大部分议员反对这个建议，认为如果因为一次微不足道的兵变就推迟出行，天皇的威望将会受损。天皇在咨询了侍补佐佐木高行之后，决定按原计划出行。

8月30日，天皇和随行人员[4]启程。第一天晚上他们住在埼玉县的浦和。第二天上午，天皇在接见县厅的官员时，听到的不是（你可能认为的）那些居民生活非常幸福，而是中津川地区人民的悲惨状况。这个村子只有二十五户，一百二十九人，非常贫穷和落后，村民连棉布衣服也穿不上，而且全是文盲。村民病了没有医生，死了也没有可供埋葬的寺庙*。他们的主食是黍和稗，而不是大米。大部分村民甚至不知道世上还有诸如学校、药店、酒馆或者鱼贩这样的东西存在。这个地方距离天皇的住所仅仅数十公里，人们的生存条件如此之差，不能不说是明治天皇辉煌统治的一个污点。当地官员说，他们计划对通往村子的道路进行修缮，逐渐引导村民过上文明的生活。[5]

天皇对此事的反应没有记录下来。后来他参观了当地政府的各个部门、法院以及几所学校，在学校观看了学生们上课，并向优秀的学生颁奖。接着天皇参观了一个工业博物馆，并观看了机器模型展、矿石展和艺术作品展。他对狭山出产的茶叶和高丽郡出产的生丝特别感兴趣，因为茶叶和丝绸是日本这个时期的主要出口商品。此次巡幸中，无论天皇走到哪里，都对当地特产表现出浓厚的兴趣。

天皇一行从浦和来到前桥，希望一睹龙颜的民众特别多。他们从那里到松井田町。自从天皇离开东京以来，几乎每天都下雨，道路泥泞不堪。有些地方御辇根本无法通过，天皇只好下来，在泥泞中跋涉前行。幸运的是，天皇的腿非常强壮。不过随从们的禀赋就没这么好，举步维艰，被远远地抛在了后面。天皇经过碓冰峰那天，天终于放晴，他从山顶上欣赏了壮丽的景色。接下来天皇经过了轻

---

* 江户时期日本人死后多火葬，骨灰葬在寺院。——编注

第三十章　吞并琉球

井泽、追分和小诸，但低低的云层挡住了这个地区最为高耸的浅间山的景色。

天皇在长野时，接见了名刹善光寺的住持。天皇不太和佛教的僧人来往，也很少参观寺庙，但他可能认为善光寺是长野的中心，不能忽视。天皇在高野时，暂住在当地的一所学校里，并派侍从到死于戊辰战争的士兵坟前祭奠。他们一行人离战场越近，这种祭奠就越发频繁。天皇在高野买了一些糖果，寄给皇后和皇太后，一起寄去的还有他在长野买的糕点和水果。天皇此举无疑使城中居民开心不已。天皇购买而不是无偿获得糖果这件事，也使他有别于欧洲的君主。

高野到柿崎的路大部分都沿着日本海沿岸，天皇似乎陶醉于壮美的景色。路并不好走，窄窄的马路布满一个个沙坑，据说路已修过，但每次车轮陷进沙里，小小的马车都要剧烈地颠簸一番。阳光透过玻璃窗照进来，车厢内又闷又热，陪伴天皇的佐佐木高行实在忍受不了。他得到天皇的许可，下来步行，天皇则一如既往地坚韧，忍受着马车的颠簸和高温的折磨。抵达柿崎时，天皇感到很不舒服，他克服了对看病的厌恶，找来了医生。

回报这番大抵痛苦的旅程的只有沿途的美丽风光。例如，在出云崎町时，天皇兴致勃勃地观看了数百艘渔船夜间捕鱼。当然，旅途的痛苦远远超过了欢乐：天皇每天都要在狭窄的御辇里面按照日本式的坐姿坐上一整天，夜里还得依照习俗，在椅子上笔直地坐到10点，等睡觉的时间到了，他才能伸展四肢。在出云崎町的那天晚上，天皇的住处不仅狭窄，而且蚊子肆虐。侍从极力主张他使用蚊帐，但天皇的回答是："巡幸专视下民疾苦，亲尝艰苦，否则如何得通下情。朕毫无所厌。"[6] 天皇的这番话似乎太过儒家而显得不够真实，但却与旅途记录的其他情节相符，它显示出一个迄今为止不知痛苦为何物的人对自己民众的恻隐之心。

抵达新潟之后，天皇惊讶地发现罹患沙眼的病人很多。他回想起两年前在北部旅行时，就注意到有人患上这种病，他还问过医生这种病是否可以医治。医生回答说穷人负担不起费用。现在，天皇发现新潟患沙眼的病人甚至更多，于是命令自己的私人医生调查患病的起因以及可能的治疗和预防方法。两天后天皇收到报告，称气候、水土以及不洁的房屋都是沙眼传播的罪魁祸首，而最主要的原因是这种病具有高传染性。天皇捐了一千日元用于研究沙眼的治疗和预防方法。

旅途也有一些亮点。在长冈，天皇欣喜地看到，这座几乎毁于戊辰战争且战后极度贫穷的城市正在逐渐恢复。这里有许多东西令他想起十年前的那场战争。在战役的发生地福岛村，人们用白旗标出了政府军的位置，红旗标出了叛军的位置，这样一来天皇就知道战斗是怎么打的了。[7]

旅程的大部分时间都很狼狈。长时间的阴雨连绵，使得道路泥泞不堪，即使天放晴了，暴涨的河水也使他们难以通过。多年以后（1899年），天皇在一首短歌中回忆了这次旅行：

> 我在山路上旅行
> 在高志的春雨中全身湿透
> 已经过去很久了
> 那里即使夏天
> 也非常寒冷[8]

他们来到日本海沿岸最危险的地方亲不知子不知*时，每个人都已筋疲力尽。直插入海的峭壁上，海浪冲刷着仅有的一条道路。不过一旦安全通过了这个可怕的地方，明治便下令停车，欣赏沿岸的美景。景色实在是妙不可言，从飞溅的浪花中天皇能窥见佐渡岛和

---

* 亲不知子不知是新潟县丝鱼川市西部的一处悬崖，路况极其难行。——编注

第三十章　吞并琉球

能登半岛的轮廓。[9]

人们担心金泽存在着另外一种危险，因为这里是暗杀大久保的刺客密谋之地，民众中可能仍残留着不法分子，但什么意外也没有发生。相反，天皇像往常一样——参观学校、兼六园和一个展出国内外产品的博物馆。在小松时，天皇收到了皇后和皇太后寄来的信和礼物，他可能像任何一个收到家书的游子一样欢乐。

从这时开始，旅途变得相对容易一些。从金泽出发，天皇经过小松、福井、敦贺、大津，回到京都。在京都时，天皇有一天晚上给随从讲维新前御所发生的事。这些不过是十年前发生的事情，听起来却好像是遥远过去的回响。

天皇原计划途径东海地区时到伊势神宫参拜，但三重县暴发了伤寒疫情，他们不得不改变计划，把路线改为经草津、大垣和岐阜到名古屋。天皇跟往常一样，每站都要参观学校和当地的物产展览。他丝毫没有倦怠的神色，也没有迫切想回到东京的样子。西南战争期间消失了的强烈责任感，此时再次显露出来，并将伴随明治的一生。

11月9日，明治回到东京。这次他一共历经十一个县，走了一千七百多公里，费时整整七十二天。尽管旅途非常劳累，但他看起来气色很好，兴致勃勃。这一天被定为节日，东京到处都是摇旗呐喊欢迎天皇归来的市民。

这一年余下的时间总的来说平静如水，但是就在年底——12月27日——宫廷议会突然下令废除琉球藩。内务卿伊藤博文已经决定将琉球藩降级为县：琉球将不再是王国，而只是众多县中的一个。这一决定的背景是琉球藩拒绝遵守日本的命令，没有与清廷断绝来往。琉球国王曾接到特别命令，不得派使者到中国祝贺皇帝登基，也不得接受清朝皇帝的册封。但他没有把这些放在心上，秘密地派了一名家族成员到中国去，请求清廷帮忙对付日本。他还让东京的琉球藩代表向中国、美国、法国和荷兰的公使求助。日本政府收到不下十四封来自琉球王的奏折，要求恢复过去的形式，允许琉球向日本和清朝双重效忠，琉球王一直重复"父皇（日本）母清"的说辞。[10]

但日本方面则坚持认为"一国奉侍二帝，等一妻服侍两夫"。[11] 琉球王国几百年来一直侍奉着两位主人——中国和萨摩，并向两方朝贡，这是没有什么资源和军事力量的小国赖以生存的唯一方式。日本决心断绝琉球群岛和中国的联系，特别不满琉球国王的拖延战术。最后，伊藤决定以琉球王的不妥协为由，废除琉球藩。他命令内务大臣松田道之（1839—1882）制定一份终止琉球藩的计划。该计划不仅废藩为县，还强行将琉球王从冲绳迁往东京。太政大臣和朝会批准了这个计划。琉球王被勒令在一周内服从接到的旨令。如果拒绝，日本政府将采取"断然的措施"解散该藩。与此同时，驻在东京的琉球官员也被勒令立刻返回冲绳，作为结束琉球半自治状态的第一步。[12]

1879年1月，松田道之离开横滨前往那霸，并于25日抵达。次日，松田前往首里城，会见琉球国的高级官员，并大声宣读了三条实美的声明，声明中称早在1875年5月29日，日本就禁止琉球派遣隔年一次的向中国朝贡的使团、派遣朝贺特使去庆贺清朝皇帝登基、王位更替时请求清朝册封。但琉球认为这是"请求"，迄今仍未提交遵守命令的声明。此外，1876年5月，日本向琉球派遣法官，此时应迅速移交法律事务，但琉球仍是哀求，并无执行之意。这种情况不能再继续下去。如果琉球继续不遵守命令，日本将不得不采取适当的措施。这是紧急命令。[13]

松田念完后，将文件交给琉球王的弟弟尚弼，并威胁说，如果琉球不遵守命令，日本政府将会采取极端措施。松田将2月3日上午10点定为琉球王答复的最后期限。1月29日，松田再次给琉球王送去一份文书，命令他在提交服从命令的声明时外加一份起誓文书。鉴于此前的事情，如果没有起誓，日本政府将认为琉球王很有可能重蹈覆辙，不会真正地信守承诺。松田还要求他和代表一起到

第三十章　吞并琉球

内务省去。但是，2月3日，琉球王没有露面。相反，他派了几名高级官员把自己的回信带给松田。

琉球王用恭敬的语气解释了自己的艰难处境。如果（像松田要求的那样）拒绝向清廷朝贡和庆贺，拒绝接受他们的册封，他的藩国一定会受到清朝的惩罚。他的这个小国，处在两个大国之间，实在两难，希望日本能悯察这一状况，"举藩一同伏奉哀愿，顿首百拜"。

尚泰绝非值得敬仰的人，但一国之君在一官员面前俯首哀愿，难免有些可怜。然而在松田看来，在肩负解决琉球问题面前并无同情尚泰的余地。他指责说，琉球王的信证明他仍拒绝遵守宫廷议会的命令，并宣布自己将返回东京，详细报告发生的事情。松田让琉球官员等待进一步的命令。官员们恳求他再考虑一下，松田不仅一口回绝，还增加了一条罪状：几年前日本政府已经命令琉球以明治为年号，但他们的文件仍使用中国皇帝的年号光绪，这使他感到气愤。松田说这是绝对禁止的行为。

第二天松田便回东京。3月11日，天皇下令废除琉球藩，并命令琉球王及其继承人搬往东京去。[14]冲绳将废藩置县，其王室成员将被授予日本贵族头衔。松田再次前往冲绳，这次他带来了一百六十多名警察和五百名步兵。琉球王称病拒绝会见松田，然而，3月29日，琉球王离开琉球五百年来的政治中心和他一辈子生活的宫殿，搬到了王储尚典的宅邸。

尚泰的抵抗似乎有一些效果。4月5日，天皇派侍从富小路敬直询问尚泰的健康情况。他私下指示富小路敦促尚泰尽快到东京来，为了保证国王一路安全，还派了政府属下的军舰"明治丸"供其使用。

4月13日，富小路抵达那霸，在三十名警察的护卫下，来到首里。尚泰以生病为由拒绝会见这名天皇的特使，并请求由尚典代替自己接待客人。富小路拒绝，并和松田直接来到尚泰的临时住处。诸王子和高级官员在门口迎接。富小路在尚典的带领下，来到尚泰的病榻前。尚泰在枕头处放上朝衣和帽子（以示对天皇特使的尊敬）。接着，在两名侍者的搀扶下，尚泰起床下跪，行了拜礼。

特使传达了天皇的意旨，尚泰用极谦卑的语气表示感谢。富小路问他是否服从天皇的命令，国王回答说自己将在第二天答复。

正式的会面结束后，松田离开座椅，坐到床边，对国王的病情及其过去几个月来遭受的精神焦虑深表同情。富小路也说了一些慰问的话。他们离开病房后，一致认为尚泰明显不是装病，不过他虽看起来脸色苍白，但并没有任何大病的迹象。[15]

4月14日，松田召集前琉球藩的主要官员，要求他们说服国王给出答复。国王极不愿离开冲绳，以生病为由恳求推迟启程的日子。15日，尚泰的弟弟尚弼和二十多名高级官员一起，恳求富小路和松田将日期延长四五个月，并提出派一名王子到东京去（做人质）。16日，一百五十名琉球士族和各位王子以及高级官员一起，恳求将日期延长九十天。这些都被富小路和松田一口回绝。他们指出，国王一路将受到国家级的特殊保护，因此无须担心。

日本官员不肯让步的背后，是担心国王之所以推迟到东京去，是希望在这期间清朝会出兵帮助自己。他们推断，尚泰越早到东京去，清朝干预的机会就越小。

国王原定4月18日启程，但就在启程的前一天，尚泰和其他高级官员最后一次向松田求情。他们说，延迟九十天不仅是因为尚泰的病情需要，还因为最近的变化已经把这个前藩国搅得人心惶惶，需要国王亲自劝诫，民众才能继续日常的生活。这一次他们提议把太子尚典送到东京去。松田最后心软了，但是坚持认为没有理由推迟那么久。他将缩短延期，并于翌日告诉他们国王出发的确切时间。

松田并不担心琉球可能发生骚乱，如果国王执意拒绝，自己甚至打算出动军队将国王掳到东京去。但是如果把尚典留在冲绳，则冲绳官员可能拥他反叛，届时可能引来清朝的干预。最好的计划是将尚泰和尚典都带往东京。因此他决定接受把尚典送到东京去的建

第三十章　吞并琉球

议,而尚泰能否延迟出发将由太政大臣决定。一旦尚典安全抵达东京,他们可以说尚泰的请求被拒。这样一来,将尚泰带到东京去的责任就落在政府最高层的头上。届时再派一名敕使到冲绳,将尚泰带到东京去就可以。[16]

4月18日,尚弼率领琉球重臣拜会了松田。这次他们请求只推迟八十天,并再次提出将尚典送到东京去。松田说如果他们的要求少于四十天,那他还可能要求敕使富小路推迟返程的时间。那样的话,尚典为谢恩,必须立即到东京去。第二天富小路同意了这个安排,并决定尚典和自己一起返回东京。4月19日,富小路敬直和尚典登上"明治丸",离开了那霸。

5月1日,船抵达横滨。5日,明治接见了尚典及五名随行人员,他们从门槛外向天皇鞠躬致敬。那天,尚典向天皇和皇后赠送了礼物,并请求太政大臣允许父亲延迟来东京,然而请求被拒绝了。一切均如松田所料。

同一天,陆军少将相良长发和御医高阶经德启程前往冲绳,为琉球王看病。5月18日,二人抵达冲绳,并与松田一起来到国王位于首里的临时住所。高阶诊断国王的病为神经紊乱和下腹拥堵,认为这种病没有即时危险,但是不太可能在几个月或者几年内痊愈。松田听后,取出一份文件,宣布政府已经拒绝尚泰延迟出发的请求,尚泰必须在一个星期之内启程前往东京。国王最后完全屈服,但是要求给他三个星期的时间。六十多名来自首里、那霸、久米、泊的贵族也提出了同样的请求,然而都被松田严词拒绝了。国王启程的日期定在5月27日。[17]

这时清朝终于提出了抗议。5月10日,日本驻北京公使收到了一封有恭亲王等大臣署名的信,称琉球王国几百年来一直使用中国的年号并向中国朝贡。清朝将其视为独立完整的国家,并一直给予琉球完全的政治和立法自由。日清的协约国中世有与琉球签订条约的,这正说明了各国承认其为主权国家,但是,现在日本却强行接管琉球。这不仅违背条约，还摧毁一个国家，甚至断绝其宗庙祀享。这种行为只能被视为对中国等国家的蔑视。日本只有放弃侵占琉球主权的计划，才能增进两国之间的友好关系。[18]

中国的抗议有些弱。根据1874年10月日本全权办理大臣大久保利通和清朝外交大臣在北京签署的协定，日本认为琉球人民被承认为其臣民。清朝政府还同意向被台湾土著杀害的琉球渔民的家人支付赔偿金。[19]

外务卿接到清朝的抗议信后，回答说，琉球问题的处理是日本的内政，其他国家不得干涉。清朝对于劝阻日本还存有一丝希望：5月访问清朝的前美国总统尤利西斯·格兰特打算到日本去。他可以代表恭亲王进行沟通，以格兰特的威望，也许能改变日本人的想法。

5月27日，尚泰最终离开那霸，并于6月9日抵达横滨，住进宫内省为其准备的房子。陪伴他同来的有次子尚景和四十多名家臣。[20] 6月17日，尚泰和大儿子尚典以及约十名前家臣来到皇宫。天皇接见了尚泰和尚典。史书没有记录明治见到这位被废黜国王时的反应。明治也许痛恨尚泰不肯遵守日本的法令，但他肯定认为政府已尽可能地减轻了王位废黜——现代日本难以避免的宿命——带来的痛苦。同一天，尚泰被授予从三位的官阶，尚典则被授予从四位。松田由于在处理琉球问题上的突出表现而被授予勋章。到日本吞并朝鲜以后，日本将建立起一套对待废君的做法。

尚泰在寓居东京期间受到很好的招待。＊据说他在东京过得比三十一年的君主生涯还要快乐。摆脱冲绳各派系之间无休止的争吵，无疑令他感到开心。[21] 一些人甚至说尚泰在东京时，就像土包子首次进城那么高兴。[22] 但他似乎很向往那块曾经统治过的土地。1884年，尚泰得到允许，对冲绳进行了一百天的访问。

＊ 夏威夷女王利留卡拉尼（Liliuokalani）1893年被美国人废黜之后，就没有这么好的待遇。

第三十章　吞并琉球

弘前藩武士笹森仪助在日记中记录了自己1893年在琉球群岛的一次经历。尽管笹森并非废王的支持者，但他觉得有必要记录下民众依然崇敬尚泰及其家族的事实。那年6月，北白川宫亲王访问冲绳。他赞扬了废王的儿子尚典，并瞻仰了王陵。尽管亲王做出了这些和解的姿态，但几天后他举办宴会时，尚氏一族没有任何人接受他的邀请。笹森写道："这是何等无礼啊！"[23]

笹森还注意到从那霸到首里一路上的情形，非常愤怒。"那霸沿道各家，敷席于门前，男女正列而坐。问其故，本日因知事招请，尚典一族来，彼等皆为拜见。"[24]

笹森多次注意到，不管日本人多么仁慈，都会被冲绳人看成是入侵者。他写道，没有一个冲绳人与"来自他县"的人结婚，也没有一个"来自他县"的人在冲绳永久居留。[25]尽管欧洲人和美国人都是异族，但他们经常加入日本籍并与日本人结婚。他总结道："土人之情，眷恋复藩，至今日仍未释然。"

吞并冲绳在日本历史上几乎微不足道，尚泰也只是人物传记辞典中的一个简要条目而已。他在位期间并非重要，最后三十年则默默无闻。但是，即便现在，一个小国的国君成为处于现代化初期的大国的牺牲品，遭到罢黜时，仍令人不胜唏嘘。

第三十一章

格兰特到访

明治天皇会见的外国访客中，没有人像美国前将军、总统尤利西斯·格兰特那样，给他留下如此深的印象。1877年，格兰特将军（即便在他担任两届总统的任期内，人们也这么称呼他）开始了著名的环球之旅。这次旅行的目的主要在政治上。格兰特在内战中立下的赫赫战功已经被总统任期内的腐败事件给玷污，顾问们认为他暂时离开美国一段时间为好，因为这样一来选民可能会忘记那些丑闻。格兰特还雄心勃勃地想第三次参加总统竞选。

旅行的第一站是英国。此站最引人注目的部分，是他们以维多利亚女王客人的名义住进了温莎堡。接下来的两年里，他们游览了欧洲的许多国家，随后又去了埃及、印度、暹罗、中国，最后来到日本。格兰特夫妇是热切的观光客，但同时也在展示他们自己。正如格兰特的传记作者所写的："这位身穿黑色西装的朴素男子是他们国家最伟大的战斗英雄，世人都想看他一眼。将军夫妇是美国式朴素和美国式力量的代表。"[1]

知道格兰特总统丑闻的外国人并不多（或许他们比美国人更容易原谅那些事件），作为伟大军人、合众国救星的格兰特，威望早已深入人心，所到之处均受到热烈的欢迎。伦敦《泰晤士报》的一篇社论说，"格兰特将军将成为继华盛顿之后美国历史上最重要的

第三十一章　格兰特到访

人"。[2] 国王、王后和贵族都很高兴地会见他，尽管之后有人不免批评他没有礼貌。

不论去到哪里，格兰特都保持着那种美国式的轻松随意。例如，在去拜访欧洲最有权势的俾斯麦时，格兰特漫不经心地走进首相官邸的庭院，扔掉半截雪茄，并向受惊的卫兵回礼。也许格兰特此行最大的成功不是受到皇室的接待，而是受到英国北部工人阶级的欢迎。他们喜欢这个人，觉得他是自己人。与永无休止的国宴相比，格兰特当然更喜欢矿工等工人发自内心的欢迎。在国宴那样的场合，沉闷的气氛有时会使他喝得酩酊大醉。印度总督利顿（Lytton）勋爵在信中用嘲讽的语气描绘了格兰特的行为：

> 在这样的场合，"我们尊贵的客人"、"伟大的西方共和国"的前双料总统喝得烂醉如泥，像任何一个贵族那样放荡。他追着A太太乱摸、强吻了尖叫的B小姐，把胖胖的C太太捏得青一块紫一块，还追着想强奸D小姐。[3]

格兰特夫妇从印度去了新加坡，以及西贡、曼谷和香港，然后才到中国大陆。他们在天津会见了李鸿章总督，李以一句简单的话欢迎客人："格兰特将军，你我两人是这个世界上最伟大的人。"后来李鸿章解释说，这句话是指格兰特和自己都成功地镇压了国内的大规模叛乱。[4]

格兰特在北京期间，总理衙门大臣恭亲王请求他利用自己的影响力，解决中日之间有关琉球群岛主权的争端。恭亲王谴责日本企图"消灭一直向中国进贡，并历来友好的琉球国"。格兰特将军回答说，除了国耻和灭国，任何一种方法都比战争强。"战争，"他说，"是巨大的不幸。只有在没有其他方法能避免一场更大的战争时，才能使用它。而像中日两国之间的战争，将会带来无尽的灾难。"[5]

格兰特痛恨战争及一切与战争相关的事情令人吃惊，因为他自己正是一名战绩辉煌的将军。格兰特甚至讨厌那些描绘战争的画作，他对同行的作家杨约翰（John Russell Young）说："我从未见过一幅令人喜欢的战争画。我试着去欣赏凡尔赛宫陈列的那些画，然而却发现它们令人作呕。"格兰特毫不留情地批评自己参加的1845年墨西哥战争："墨西哥战争期间，我一直在和良心斗争。我从未完全原谅自己参加了战争。对于这个问题，我的观点非常坚定。没有什么比美国对墨西哥发动的那场战争更邪恶了。我那时就这么认为，只是还年轻，没有血性辞职不干。"[6]

格兰特参军是因为讨厌父亲的硝皮匠职业。他进了西点军校，这是获得良好教育的唯一途径。毕业后格兰特离开了军队，但事业碰壁，尽管讨厌打仗，别无选择之下只好又当了一名军官。他说："我从来都不是自愿或满怀热情地上战场，战争结束时总是很高兴。我从来没想过再次带兵。我对军队不感兴趣。当剑桥公爵邀请我到奥尔德肖特检阅军队时，我对王子殿下说，我最不想再看到的就是阅兵。"[7]

讽刺的是，对军队完全不抱幻想的格兰特居然要到日本去，在那里，明治天皇对阅兵和演习正表现出浓厚的兴趣。杨写道："日本天皇非常喜欢自己的军队，并急于向格兰特将军展示，甚于超过想展示帝国的任何其他机构。"[8] 最后，尽管格兰特将军极为厌恶，还是不得不遵循天皇的意愿，检阅了日本军队。[9]

1879年6月21日，格兰特乘坐军舰"里士满"号（Richmond）抵达长崎。迎接他的是贵族伊达宗城（1818—1892）和日本驻美国全权公使吉田清成（1845—1891）。杨这样写道：

> 伊达说自己受天皇之命迎接格兰特将军抵埠，代表天皇欢迎他，并在将军逗留日本期间作为天皇的私人代表负责接待将军……吉田是众所周知的日本驻美公使，他谨慎而有才华，是帝国一颗冉冉升起的政治之星。吉田在将军当政期间担任公使，

第三十一章　格兰特到访

又认识将军，因此政府将其召回，以便他能陪伴格兰特将军并负责接待工作。[10]

不久，格兰特发表了在日本的第一次演说，演说包括以下内容：

美国在东方有许多利益，没有其他国家能超过。但是，除非得到东方人民愉快的默许，并保证你们获得的利益和我们一样多，否则美国将什么也得不到。假如美国与其他国家的关系，特别是与这些非常有趣的古老东方帝国的关系，是以除此之外的其他思想为基础，我将为此感到羞耻。[11]

格兰特原本计划访问京都，然而关西地区爆发了霍乱，日本政府不想让他去冒险。这些美国人并没有将霍乱的威胁放在心上，但是作为日本的客人，他们是在天皇代表的看管之下，而代表坚持认为美国人不应该踏足关西。于是他们去了横滨，并于7月3日抵达。

他们受到包括岩仓具视在内的一大群公卿的欢迎，岩仓和格兰特握了手。握手这个动作对美国人来说似乎很重要：第二天，天皇在会见格兰特时，走上前和他握了握手，使他们大受感动。杨写道："这件事看似微不足道，不值一提，然而对日本陛下而言却是破天荒的第一次。"[12] 对于天皇的举止，杨认为，"天皇在会见其他来访的皇室成员时，从未失礼过。但他是以亲王之礼对待英国、俄国和德国亲王，而以朋友之礼对待格兰特将军。"[13]

在日本的安排下，天皇和格兰特将军的第一次会晤定在7月4日——美国的独立日举行。天皇在首次会见格兰特时表示，自己很高兴在这一天举行会晤。杨对明治天皇的描写表明，尽管天皇表现得很友好，但在与外国客人相处时仍感觉不自在：

天皇的表情拘谨，几乎可用别扭来形容，这是人在第一次做某件事，又想努力把它做好时的表情。天皇和将军握完手之后，回到自己的位置，他一只手放在剑鞘上，站着看着这些身穿绣衣，浑身上下金光闪闪的杰出客人，其神情仿佛没有意识到他们的存在。[14]

两人之间的寒暄都是些客套话。天皇说："您对我的大臣说的关于日本的许多事情，我都已经听说了。您已见到这个国家和人民，我迫切地想和您交流对这些问题的看法，并为没能早点有这样的机会而感到遗憾。"

格兰特将军回答说，自己完全听从天皇的吩咐。他说很高兴见到陛下，并对自己在日本受到的亲切招待表示感谢。在国外，可以说没有人比他对日本更感兴趣，没有人比他对日本人民的感情更真挚。也许格兰特说的是真心话。优美的风景使他心情愉快，他发现日本"美得难以形容"，而明治宫殿之朴素也给他留下极佳的印象。杨写道："天皇的住处非常简朴，就像乡绅的宅邸一样……这所宅子的特点便是简朴和品味"；"日本教世人认识了整齐和纹理细密的天然木头之美以及玻璃和油彩的梦幻之感。"格兰特喜欢朴素和自然，这使他对日本的审美产生了共鸣。当人们告诉格兰特，原计划在烧毁的宫殿原址上修建新宫殿，但这个计划却"被天皇阻止，因为天皇不愿增加财政负担，而甘于住现在的房子"时，他再次被感动了。[15]

格兰特与天皇第一次会晤时，杨对日本公卿的描写是珍贵的资料，因为这些人的外貌极少出现在日本人的作品中：

> 太政大臣（三条实美）显得很突出。他个子瘦小，身材像个女孩，面孔精致、英俊、迷人，既像二十岁男孩，又像五十岁男人……岩仓有着一张令人印象深刻的脸，线条分明，显示出他坚毅的性格，而且你会看到一条伤疤，刺客企图把他杀死，

第三十一章　格兰特到访

就像不久前杀死日本最出色的政治家大久保一样。

天皇站着，几乎纹丝不动，显然没有注意到也没有意识到那些对他表示的崇敬之情。他很年轻，身材苗条，比一般的日本人高，在我们眼中大概属于中等身材。他的五官很醒目，嘴巴和双唇令人想起哈布斯堡家族特有的嘴巴。他的前额饱满而狭窄，有着浓黑的头发，浅浅的髭须和胡子。头发的颜色使得他那在国内称得上黝黑的肤色显得更黑了。他的脸没有任何表情，假如那双乌黑闪亮的眼睛不是全神贯注地看着将军，你也许会将天皇误以为是面无表情的雕塑。皇后穿着高贵又朴素的日本服装，站在天皇身边。她脸色苍白，体型很苗条，几乎像个孩子。头发简单地挽起来，并用一根金簪别住。天皇伉俪非常和蔼，天皇尤其显得亲切而坚定。[16]

根据杨的描述，这次会晤，天皇和格兰特在芝离宫聊了很久。会谈由吉田清成担任翻译，虽然内容并没有记录下来，[17]但天皇显然对格兰特印象很好，他表示希望能私下跟格兰特友好地见面。下次会面被安排在将军从日光市回来之后。[18]

7月7日，天皇和格兰特进行了第二次会晤。那天上午，天皇和将军观看了队列式。能够展示训练有素且设备精良的日本军队，天皇无疑感到非常开心，另外，他可能以为（他不知道格兰特厌恶这类阅兵）客人对此特别感兴趣。阅兵结束后，明治对格兰特说："参加阅兵的士兵太少，您可能没什么兴趣。我听说贵国只有一支很小的常备军。一支小小的军队就能满足一个如此大的国家之需，实在使我钦佩万分。"[19]天皇关于美国军人数量很少的说法，可能出自日本人访问华盛顿时的观察。他们看到只有少量警察保护着美国总统。

之后，天皇前往芝离宫，格兰特夫妇随后也来到这里。天皇和他们握手，欢迎他们来到日本。其他客人包括香港总督夫妇，以及美国公使夫妇。格兰特将军领着炽仁亲王妃到餐厅去，太政大臣三条实美则牵着格兰特夫人的手，将她领到餐桌前。[20] 不久之前，日本派去西方的使团成员还在为女性在庄严的国事场合出现而感到吃惊（甚至惊愕），但是现在太政大臣却毫不犹豫地牵起一名外国夫人的手，并有礼貌地将她领到餐桌前。

晚宴结束后，格兰特夫妇应邀到另外一个宫殿里喝咖啡。天皇一边喝咖啡一边和前总统聊天（由吉田清成充当翻译）。天皇问了几个问题，并对格兰特的环球之旅发表了自己的看法，其中包括：

"前年以来各国漫游，山水风景之外，得益之事定不少云云。"

"印度地方热气相当困扰云云。"

"印度风俗异于欧米，御览之种种，何事最为深刻云云"

"是否御览长城及其他名所古迹等云云" [21]

天皇之前和外国客人交流有困难，现在却能够超越谈论天气和感谢远道而来的客人这样的陈词滥调了。起初，天皇不愿和外国人共进晚餐，在宫内卿德大寺实则的劝说下才改变了主意，[22] 但现在天皇似乎很享受这种场合，即使气温升到近三十四摄氏度，身上还穿着军礼服。天皇不仅和格兰特交谈，还和香港总督交谈。皇后在和格兰特太太谈话时，慰问了他们的旅途劳顿，格兰特太太回答说，她和丈夫访问过的许多国家中，没有一个在接待他们时像日本这样亲切。[23]

7月17日，格兰特和太太在吉田清成和伊达宗城的陪同下，前往日光市。第二天，天皇派伊藤博文到日光市[24]去，以确保格兰特夫妇在那里过得舒适。为格兰特安排日光之行可能是为了使他避开东京的酷热，也可能是为了弥补他无法游览京都的遗憾。7月22日，格兰特在日光会见了日本政府派来的代表，正式谈到了中日之间的琉球问题。格兰特受恭亲王和李鸿章总督之托，讲了清朝的立场。伊藤博文回答说："日本对琉球的主权可以追溯到远古时期。"格兰特解释自己的全部兴趣源于对日本和中国的亲切感。他说："日本在军事物资、陆军和海军方面都比中国强。对日本来说，中国毫无

第三十一章　格兰特到访　　　　　　　　　　　　　　　　　　359

格兰特与李鸿章，1879年。现藏美国国会图书馆

防备，而且根本不可能伤害日本。"[25] 格兰特准确地估计了中日双方军事力量的对比，显示出他作为一名职业军人的专业素养，而即便到了甲午战争（1894—1895）时期，大多数的外国观察家仍然相信，中国的实力远在日本之上。

中日两国政府之间就琉球群岛的归属问题继续交换意见。外务卿寺岛宗则给清政府去信，指出琉球群岛的文字、语言、信仰和风俗都和日本一样，而且岛上的居民自一千年前的隋唐时代起就向日本进贡。12世纪时，源为朝*就到过琉球，娶了首长的妹妹为妻，源的儿子舜天后来当了国王。寺岛在信中还详细叙述了琉球与萨摩

---

* 平安后期武将，源义经、源赖朝的叔父。保元之乱中支持崇德上皇一方，同平清盛等对抗，战败自杀。源为朝远渡琉球是一种传说，非确切史实。——编注

之间的特殊关系，并强调现在已经废除藩国，因此琉球群岛是日本帝国的一部分。

清朝在回信中列举了大量事实，证明琉球很早以来就承认中国的宗主国地位，并谴责日本吞并了一个独立的国家。清朝说，这不仅是对清朝，而且是对全世界其他国家的极端蔑视。为证明自己拥有主权，日本在回信中再次列举了一些历史证据。[26]

这确实不是一个外人介入的有利时机，但格兰特自7月底从日光回来之后，便请求天皇定下下次会面的日子，想必是想找机会讨论中日之间的紧张关系。8月10日，他们在滨离宫会面。当天下午，天皇身着便服，在三条实美、德大寺实则和侍从长山口正定的陪同下，来到滨离宫。格兰特在儿子和秘书的陪同下，来到天皇面前。天皇站起来和格兰特握手。在接下来的会谈中，日本方面，只有三条和翻译吉田清成待在天皇身边。[27]

天皇和格兰特之间的会谈持续了两个多小时，当时天皇二十七岁，格兰特五十七岁。会谈记录是英文的，估计是格兰特的秘书记下来的，然而记录太短，不可能涵盖两小时的所有谈话内容。日本人自己似乎没有做记录，而是后来把英语的文本翻译过来。[28] 可惜的是明治实际说的话并没有保留下来。它们本来可以显示一些信息，譬如，在面对这位年龄是自己两倍大的举世闻名的将军和总统时，这名年轻的君主是如何说话的。

谈话甫一开始，天皇便为没能早点安排与格兰特的会晤感到抱歉，格兰特也为自己在日本受到的热情招待表示感谢。接下来主要是格兰特的评论和建议。他显然希望在天皇眼中竖立起日本友人形象，为此毫不客气地谴责在亚洲的其他欧洲人和美国人的态度："这方面，我发现新加坡以东的各国之中，只有两种报纸愿意站在亚洲人、欧洲人和美国人共同的立场上思考，即日本的《东京时报》和《日本邮报》。只有这两份报纸认为东方国家也有受尊重的权利。除了极少数之外，所有的西方官员全都一个样。只要对自己有利的事，他们就拥护，完全不管中国和日本的权利。"

"有时看到这种不公平的自私行为，我禁不住热血中烧。"[29]

格兰特在后来的谈话中反复谴责在亚洲的欧洲列强："就我对他们外交政策的判断，欧洲列强在亚洲的利益没有一项不涉及对亚洲人民的侮辱和镇压。他们的外交政策总是非常自私，在他们看来，中日反目可能对自己有利。"[30]

这些话很激进，但是从一个认为美国和欧洲国家不同、美国社会本质是平等的人口中说出来，似乎有几分道理。尽管格兰特没有指名道姓地说出具体的冒犯者，但他很可能是指英国，这位欧洲列强中的老大。格兰特离开日本时举行了送别会，杨约翰在描写会上的各色人物时，比较了美国公使约翰·宾汉（John Bingham）和著名的巴夏礼爵士：

> 宾汉先生那张棱角鲜明的脸随着岁月的风霜变得柔和，他正在和英国公使巴夏礼爵士说话。巴夏礼是一位轻巧、活泼、容易激动的中年男士，有着撒克逊人鲜明而开放的特点，是在场最快乐、最有趣、最和蔼的绅士，他认识所有人，也跟所有人聊天。听着巴夏礼那轻快而让人心旌摇荡的玩笑话时，你不会想到这是一只铁腕，他的政策则是所有强硬严厉的英国政策的化身。[31]

格兰特认为，自己和同胞没有受到傲慢的欧洲人的影响，不像巴夏礼那样完全不顾亚洲国家的死活，不停地努力为英国攫取最大的利益。他对天皇说："除了陛下自己的子民，没有人比我更关心日本的福祉。在这点上，我可以公平地代表大部分美国人。"他说这番话时很可能是真心的，尽管确实不难发现，美国人和格兰特所攻击的欧洲人一样自私。格兰特曾警告天皇尤其要小心外国人的恩惠：

一个国家最需要避免的事情莫过于向别国借贷……你多半知道，有些国家非常渴望借钱给那些弱国，从而凌驾于它们之上，并对这些国家施加过分的影响。它们借钱是为了获得政治权力，并一直在找机会出借。因此，它们会很乐意看到日本和中国，亚洲仅存的两个尚未完全受到外国统治或者控制的国家打起来，这样它们就能按照自己的条件借钱给这些国家，并控制这些国家的内部政策，而这就是它们追求的目标。[32]

格兰特还主张日本在与清朝谈判琉球问题时应该采取更加和解的姿态："本着大度和正义的原则，日本应该向清朝让步。中日之间的友谊如此重要，两国应该彼此向对方让步。"[33] 格兰特希望从天皇口中听到肯定的答复，但天皇只是说（至少在记录中如此）："至于琉球，伊藤等人已得到批准，很快会与您谈论这个问题。"

格兰特还对日本与外国订立的关税公约感到不满。[34] 进口关税只有百分之五，太低了，而"出口关税对任何一个国家来说，都是最坏的事"。他说外国政府应该同意修改合约的建议。（美国已经同意，只要其他其他国家跟着做，然而却没有一个国家这么做。）[35] 最后，格兰特在赞扬了日本的教育体系之后，间接地建议挽留那些经验丰富的外国教授，让他们指导年轻的日本教师："美国在聘请外国人时毫不犹豫，只要他们对我们有用。那些为你们创立工科大学的人都是世界上无与伦比的人才，你们应该留住他们，能留多久留多久。"[36]

格兰特的建议总体而言令人赞赏。他在谈话中警告不要匆忙地设立立法机构，鉴于他对日本民众的赞美和他自己的民主信念，这一点看起来可能有些奇怪。[37]

难以衡量这次谈话对天皇和日本政策的影响有多深。格兰特对外国贷款的警告也许是谈话中发挥最大效果的一部分。当新上任的大藏卿大隈重信试图寻找解决政府财政危机的方法，而提出向外国

第三十一章　格兰特到访

贷款五千万日元时，他的建议被驳回了，其中一个原因便是格兰特的这番警告。[38]

格兰特对日本逐步设立立法机构的建议，与大多数日本政治家喜欢的方式完全契合，他们根本无须从外国客人那里听来。[39]此外，日本早就不满强加于自己头上的关税条例，无须格兰特提醒他们这种不公平待遇。只是他们尚无能力迫使欧洲列强同意签订更公平的合约。

格兰特建议日本在琉球群岛的主权问题上采取更加缓和的态度，然而这条建议没有被采纳。他后来写信给岩仓具视和恭亲王，建议清朝和日本直接进行谈判，但也没能即刻产生效果。[40] 1879年12月1日，拉瑟福德·海斯（Rutherford Hayes）总统在国会中说，美国政府愿意促成琉球争端的和平解决，[41]然而这一提议并无后文。1880年8月，正如好心的格兰特建议的那样，中日之间开始直接谈判，然而就在协议达成之后，清朝却改变了主意。琉球群岛的主权问题再也不是可以协商的问题。1894年，甲午战争爆发，格兰特建议的和平协商的可能性已经彻底失去。

天皇后来在应对外国政要时更加自信，这也许是他与格兰特会晤最为持久的效果。不过，格兰特来访对日本文化的影响远远不止与天皇之间的对话。格兰特所到之处均受到民众的热烈欢迎，他经过的街道都用灯笼和竹子装饰一新。[42]

庆祝的最高潮是8月25日在上野公园举行的公共庆典。这一庆典表面上是为了庆祝东京迁都十二周年而举办的。天皇亲临现场，与观众见面，同时也借此机会招待格兰特。天皇一到，军乐队便奏起了军乐，接着是骑马射击、剑术和烟火表演。[43]格兰特将军和天皇一起观看了庆典，庆典结束后，格兰特坐车回酒店的那段路令人难忘。杨的记录如下：

在延续几公里的道路上，将军的马车慢吞吞地行驶在几十万拥挤的人群中间。树木和房屋都挂着灯笼，点着灯，马路上方悬挂的灯饰形成一道道的拱门。夜晚晴朗而温和，这样的景象我从未见过，也不可能再见到。"[44]

这次庆祝令人想起19世纪60年代美国人和欧洲人欢迎首个日本使团时的情景，但是这次更加不同凡响：在欢迎格兰特的人群中，肯定有许多人几十年前喊过反对外国人的口号，有些甚至打算对外国人见一个杀一个。昔日的仇恨不可思议地化成了爱。这位朴实的前军人并没有带来什么贵重的礼物，但他通过不加修饰的行为和对日本的喜爱，俘获了日本人，甚至是天皇的心。

格兰特的形象被印在无数的木刻版画上，诸如纪念他参观了赛马、在校学生的体操表演、日光的华严瀑布和剧院等。8月，他送了一块幕布给新富座戏院，以感谢7月16日在那里看了一场歌舞伎表演。[45]这出戏（一出两幕剧）叫做《后三年奥州军记》，是由当时最出色的剧作家河竹默阿弥创作的。戏文表面上讲的是11世纪源义家将军如何镇压奥州地区的一场叛乱，其实是为了表现格兰特将军的伟大胜利。[46]表演开始时，七十二名艺妓身着美国国旗图案的和服跳舞——她们的身上和左臂是红色和白色的条纹，右臂是蓝色的背景和星星。

除此之外，畅销书作家假名垣鲁文写了一本名为《格兰氏传倭文赏》的准传记，使其名留后世。这本小册子的封皮采用了木刻版画，上面画着七十二名艺妓以及手拿扇子的格兰特夫妇。

格兰特对艺术最重要的贡献也许源于他在岩仓具视家观看了一场能剧表演。就在岩仓决定支持能剧复兴时，格兰特来到日本，并向岩仓表示希望观看日本的古典艺术。格兰特极少这么做。在欧洲时他常被邀请去看歌剧，但他认为那是"一种永恒的折磨"。在马德里时，他受美国公使、诗人约翰·拉塞尔·洛威尔（John Russell Lowell）之邀看了一场歌剧。"五分钟后他说，他唯一能听出来的声音就是号角声,并问洛威尔夫人:'我们还没看够吗?'"[47]

格兰特对能剧的反应则截然不同。据说宝生九郎的《望月》、金刚泰一郎的《土蜘蛛》和三宅正一的狂言《钓狐》都使他大为感动。后来他对岩仓说:"像这种高贵典雅的艺术,很容易受到时代的影响,从而失去往日的尊贵,陷入衰退。你们应该珍惜并将它保存下去。"[48]

外国贵宾的这番话并没有被当成耳边风。岩仓比以往任何时候都清楚挽救能剧的必要性。为了确保能剧能存活下去,他在前大名和贵族的支持下,采取了积极的措施。8月14日,岩仓家举行了一次专场演出,包括天皇、太政大臣和四名参议在内达官贵人观看了表演。能剧确实在慢慢复兴。

8月30日,格兰特将军在皇宫举行的仪式上向天皇道别。格兰特为自己所到之处受到的友好接待表示感谢。他注意到日本既没有特别富有的人,也没有特别贫穷的人,而这种情况他还从未在其他地方见到过。日本拥有上天恩赐的肥沃土壤、大面积未开垦的土地、许多迄今仍未开采的矿产、天然的良港、不计其数的渔业资源,尤为重要的是,日本有一群勤劳、满足而节俭的人民。日本实现富裕和强大的计划什么也不缺。他极力主张日本不要让外国人插手自己的内政,这样国家就能积累财富,而不必依赖其他国家。格兰特最后说,日本的独立和繁荣并不只是他一个人的愿望,而是全体美国人的愿望。他殷切地希望天皇极其子民在上天的福佑下过上快乐的日子。[49]

天皇用简短的话感谢了格兰特。根据杨的记载,天皇朗读时嗓音清晰悦耳,跟他第一次见外国人时的嗫嚅含糊形成鲜明的对比。杨这样描写天皇给自己留下的最后一个印象:"天皇不是你们所说的那种优雅人士,他的行为似乎有些焦虑,一点也不放松——他希望讨好别人,并且不出任何差错。但在这次欢送会上,他似乎比我们以往见到的更加放松和自然。"[50]

从各个方面来看，格兰特的访问都是一次巨大的成功，只除了一点：他没能再次当选美国总统。但是格兰特不会忘记日本，而日本人，上至天皇下至平民百姓，也不会忘记这个朴实无华，一点也不像英雄的人。

第三十二章
教育改革

1879年8月31日，明治的第三个儿子出生，孩子的母亲是权典侍柳原爱子。天皇和皇后立即将婴儿服和一把守刀送到青山御产室，当天晚上举行了庆祝亲王诞生的晚宴。明治的外祖父中山忠能被任命为亲王的养护人，但是由于他的岁数太大，正亲町三条实爱被选为他的助手。9月6日，天皇给儿子起名嘉仁；他还有另外一个名字叫明宫。*

宫中举行了将亲王诞生的消息及时汇报了各位神灵的传统庆祝仪式，并举办了宴会，参加的人包括皇室成员、大臣、参议、宫廷名流和柳原爱子的父母。宴会气氛无疑非常喜庆，但是在场的许多人都知道这次的分娩异常困难，而且每个人都清楚明治的头两个儿子都夭折了。也许这就是大臣们打破传统惯例，没有献上祝辞的原因。

亲王从诞生之日起，就得了皮疹，全身都是疹子。9月23日，疹痂脱落，亲王洗了澡，但情况反而更糟糕。第二天亲王的肚子开始抽搐，并逐渐蔓延到胸部。伴有黏痰的咳嗽使他更加痛苦。凌晨3点，抽搐消退，但仍未完全康复，时不时会有轻微的复发，这使

---

* "明宫"这个名字代表了皇太子，但是这个婴儿当时还没有被指定为皇太子。

得天皇和皇后非常焦心。御医试了包括针灸在内的一切方法，年老的忠能日夜不停地守着曾孙。直到12月，亲王的病情才逐渐减弱，只有12月9日复发了一次。婴儿的母亲柳原爱子产后身体未能复原，而且御产室太过拥挤，于是她被送回宫里休养。[1]

直到12月4日天皇才第一次见到亲王。那天下午，天皇在跑马场上练习骑马之后，骑着马来到青山御产室。中山庆子怀抱着亲王给天皇看，天皇见到儿子非常高兴。第五天，皇后打算来看自己名义上的儿子。宫内早在9月30日就已决定，亲王被视为皇后之子，先放在中山忠能家抚养（就跟他父亲一样）。但是那天亲王又开始发病，于是看望的时间被推迟了。12月7日亲王搬到中山忠能家。12月28日，出生已一百二十天的亲王在中山家举行了"初箸"仪式*，但是亲王的健康持续让天皇操心，由于担心引发痉挛，天皇对亲王比对其他孩子更加宠溺。

这个时期天皇除了操心儿子的健康之外，还操心着其他事情。他已经被欧洲王室视为"兄弟"，因此相应地接待了王室定期的造访。德国的海因里希（Heinrich）王子给明治带来了德国政府的一枚勋章，这是亚洲君主首次受此殊荣，也是明治佩戴的第一枚外国勋章。后来来访的热那亚（Genoa）公爵给他带来了一枚意大利最高军事勋章"阿努齐亚塔"（Annunciade）勋章，天皇回赠他一枚大勋位菊花大绶章，并向他演示如何佩戴。天皇还收到一尊由米兰的雕塑家朱塞佩·乌戈列尼（Giuseppe Ugolini）创作的自己的胸像、天皇夫妇的肖像。[2]

除了来访的外国王室，天皇还定期收到其他君主的生活通报。他正确地回应了这些"亲戚"。西班牙的阿方索十二世再婚时，俄国沙皇遇刺并侥幸逃过一劫时，他都向他们表示祝贺。[3]

---

* 皇室礼仪之一，孩子出生一百二十天后举行。食盘里放上青石和用纸包着的红娘鱼，旁边放红豆粥。以筷子取一些粥喂给孩子，祈求其平安成长。——编注

第三十二章 教育改革

　　国内的事情也牵动着天皇的心。1879年10月，一些政府成员商量好要踢掉副岛种臣，以某种任务为名将他派到国外。黑田清隆是反副岛派的领袖，他称国外的报纸指控副岛，说他在给天皇授课时发表过违背政府政策的言论，而且副岛在担任外务卿处理台湾问题时，与外国人——美国将军查尔斯·勒让德——互相勾结。黑田的指控得到了包括参议西乡从道在内的其他高级官员的支持，然而大隈重信称，如果副岛被免职，他也会辞职。伊藤博文称赞副岛的学问了得，但得不到大多数人的信任，因为他的思想太保守了。他同意将副岛派到国外去考察政治环境，这样可以提升他那本已非常杰出的西学知识。伊藤暗示副岛将来有一天也许会重返内阁。

　　需要做决断的天皇与儒学老师元田永孚商议，结果元田极力维护副岛。他说自己听过副岛给天皇上的课，认为副岛心中只有"保帝室之尊严，扬显圣德"，因此任命副岛"于陛下有益，于政府无害"。黑田从未听过副岛讲课，对他的指控缺乏依据。相信"世上之浮说"，并要弹劾副岛，就是在质疑陛下的智慧。如果报纸上说什么，就相信什么，内阁有多少人不被开除？如果听从黑田的自私建议，肯定将天下人批评；但是，如果黑田不满提议被拒，进而要求辞职，即便陛下批准其辞职，又有谁会质疑这个决定呢？[4]

　　天皇并不急于下决定，他几次三番地和自己极为看重的元田商议。元田的回答越来越坦率。他将黑田排挤副岛归咎于个人恩怨。副岛压根没有错，即使有千万人讨厌他，天皇也应该继续任用。副岛担任帝师只有七个月，连《大学》都没讲完，这时候怎么会有人提议将他派到国外去？黑田辞去参议，还有另外九名参议，但是如果副岛走了，天皇将不仅失去一位罕见地能增进自己学识的人，还将鼓励那些叛乱分子攻击政府，从而造成不可估计的危害。最后，元田的雄辩占了上风：天皇决定不将副岛派往国外。曾威胁说提议不被采纳就要辞职的黑田也依旧留任。[5]

　　时隔一个多世纪，我们现在回顾这一事件时，似乎明显地看到，在黑田等萨摩人坚持将副岛调离原职的背后有一些个人（或者藩国）恩怨在作祟。但这个事件值得注意却是由于另外的原因。人们有时会以为明治政府的所有决定都是协商一致的结果，这个例子却说明，天皇信赖元田这个超越政治派别的人，而且做出了不同于大臣们意见的决定。

大约同一时期，天皇废除了两年多前设立的侍补，或者说顾问之职。[6] 尽管侍补中有些非常杰出的人物——德大寺实则、佐佐木高行和元田永孚等。一开始他们就被阻止对天皇行使规劝之职，因为政府官员指控他们渴求权力。伊藤将侍补对政府的准干预比作宦官的邪恶行为，并预测他们将混淆宫廷和政府的职能。将侍补和臭名昭著的腐败太监相提并论的比喻最终惹恼了失意的侍补们，而黑田试图除去支持侍补的副岛同样令他们愤愤不平，于是他们请求废除自己的职位，希望大臣和参议在规定的工作之外履行侍补之职。内阁最后同意废除侍补，并向大臣和参议分派了类似的宫内职务。

天皇似乎并不欢迎这个决定。10月20日，就在废除侍补的一个星期后，天皇召见德大寺、佐佐木和元田等人，告诉他们尽管已经废除了侍补之职，但他们要是有什么事情想跟他说，尽管大胆开口。天皇亲自赠送给他们各色成匹的丝绸，并邀请他们与太政大臣和右大臣共进午餐。这并不是唯一一次政客们的决定令天皇感到恼火，但他们总是强调自己的所作所为是为了执行天皇的旨意。

1879年下半年主要争论的问题是教育。《五条誓文》曾许诺日本将在全世界范围内追求知识，以赶上发达国家。天皇不管去到哪里都一再地参观学校，也说明他一直对教育有着浓厚的兴趣。天皇自己一直在接受元田永孚等儒家学者的指导。元田认为儒家最重要的美德是"忠"和"孝"，这个观点对天皇影响尤深。这两则在中国和日本德川时期的儒家著作并没有特别强调。明治统治期间，儒家的四种美德仁、义、忠、孝经常出现在论述教育的有关文件中，被认为是官员们提倡的"文明和开化"政策的辅助；[7] 但是，"仁"

第三十二章 教育改革

和"义"的受重视程度不及能立即帮助到新国家政策的"忠"和"孝"。

天皇还接受日本传统著作和（程度相对较低的）西方历史的教育。不管哪个科目，他对教育的观念仍然非常保守，这一点我们可以从下面这首诗中看出来：

千万年来
不曾改变的
是古代
圣贤们
留下的教诲

天皇的诗还流露出他意识到仅仅靠传统学识在现代社会已经不够：

如果我们落后于
飞速发展的世界
那么即使
把文学作品都研究透
也没什么用[8]

天皇认为向过去学习非常重要，然而新的教育政策却倾向于西方。例如，1876年7月14日，天皇视察了青森县的一所小学，十名学生用英语作了演讲和作文。他们演讲和作文的题目如下：

演讲：汉尼拔鼓励士兵的演说
作文：庆祝陛下访问青森
演讲：安德鲁·杰克逊在美国国会的演讲
作文：一首赞美开明和进步的颂歌

演讲：西塞罗对喀提林的攻击
作文：一首赞美教育的颂歌[9]

演讲和作文还没结束，就到了天皇不得不离开的时候。他走时，学生们用英语为他唱了一首歌。天皇给了学生每人五元钱，让他们购买《韦氏中级英语辞典》。然而返回东京后，他对元田说，自从1872年学校体系建立以来，"美国式教育"在实践中的流弊已深，表现出来便是学生忽视了日本。[10]

1878年从北海道和东海道回来之后，天皇把岩仓具视召来，告诉他有必要加强学校的日本传统道德教育。孩子们对日本传统一无所知，却能用英语流利地做关于汉尼拔和西塞罗的演讲，这显然令天皇不太高兴。

天皇不仅对学术性机构感兴趣，还对教授"实用之学"的技术培训学校感兴趣。1878年1月24日，天皇参观了内务省劝农局下设的农学校（东京大学农学院前身），并发布诏书称"朕思，农为国之本"。[11] 强调农业对国家的重要性自然不是什么新鲜事：儒学家们一千多年来一直都这么说。区别在于学生们现在是在学校里学习现代农业的方法。他们不必像过去那样，为了成为优秀的农夫而在田间辛苦地劳作。学校的目的并不是为了消灭一代代传下来的传统农耕方法，而是为了使正规的科学技术帮助提升农业产量，促进社会繁荣。

1878年7月15日，天皇在工部大学的开幕典礼上讲话。对日本来说，系统传授科技的学校是新兴事物，是"启蒙"过程的一个重要组成部分。为了把日本的科技水平提高到发达国家的水准，必须雇用外国专家担任教师。明治在参观全国各地的学校时，总是特别留意那些外国教师。在他们完成合同准备回国之际，明治通常会接见他们，而这种荣誉极少发生在日本人身上。我们已经知道，格兰特总统极力主张日本留住外国顾问。尽管他希望有一天每个教职

第三十二章 教育改革

都由日本人担任,但认为匆忙地解雇外国人并不是明智之举,"没必要匆忙地解雇外国专家……我认为你们应该留住外国人,能留多久留多久,例如那些为陛下创建工科大学的世界知名专家。"他的意见被采纳了。

明治还鼓励(家境优渥的)日本人到国外留学,了解其他国家的情况,掌握实用的学问,从而避免使日本落后于其他国家。[12]他甚至在自己的诗作中强调吸收西方文明的重要性:

> 它们在我的花园里
> 茂盛地生长着——
> 因为我种植
> 并精心培育了
> 国外植物和树木的幼苗

1872年,政府为了使全国教育标准化,主要参考法国教育制度,颁布了一项教育指令(《学制》)。[13]尽管结果证明这项计划过于理想主义,在日本有限的资源下无法实现,但却表明明治统治伊始便对教育非常重视。

新的教育制度公布后不久,便有怨言说当局耗资巨大,为了推行这项雄心勃勃的计划而罔顾成本。行政官员也被指责过于干涉学校事务,盲目一刀切似地处理。由于国内的种种不满情绪,文部大辅田中不二麿(1845—1909)被派往美国考察教育制度。他回国后提出的建议背离了1872年建立的基本制度,即教育制度应该符合国力、民众的生活状况和目前的文化。分权式的教育制度将取代法国式的教育体制,责任转移到地方。[14]1878年5月,田中向伊藤博文提交了草案,伊藤做了某些修改,例如赋予地方政府更大的自主权,将中央政府的干涉减到最少。草案通过了元老会的进一步审议,随后被送到天皇面前,等待批示。

与此同时，受天皇之托，身负融合传统道德和新教育之任的岩仓已经决定必须改变教育政策。像佐佐木高行和元田永孚这样的人认为教育应该以忠孝为基础。道德教育（修身）一直以来都是小学的基本课程，[15]*并使用《大学》之类的儒家典籍作为教材，但这些人认为修身可能会被外国学问掩盖而黯然失色。

1878年4月16日，岩仓和佐佐木在天皇身边服侍时，天皇向他们强调了道德教育的重要性，称无论是汉学者、勤王家，还是（像福泽谕吉和加藤弘之那样的）洋学者都不能忽视教育。5月5日，岩仓递交了一份奏折，敦促天皇比以前更加勤勉地处理政事。天皇说，政府的政治行为必须公正，且最关键的问题是教育。"察晚近之世情，徒追洋风，不念独立自尊。如洋人称《论语》为良书，则即刻取而读之，若称其为恶书，则即刻丢而弃之，恰如愚夫愚妇争相参拜稻荷。"[16]

6月26日，天皇收到修改草案的第二天，鉴于问题的重要性以及自己的浓厚兴趣，天皇承诺将自己的观点写下来。由元田记录下来的内容显示，这份文件分为两部分。文件虽说是天皇的观点，实际表达的却几乎是元田的。第一部分是这样的：

> 教育学问之要，在于明仁义忠孝，究知识才艺，尽人道。此为我祖训、国典之大旨。然最近专尊知识才艺，值文明开化之末，破平行乱风俗者诸多。维新之始，因舍旧来之陋习，求知识于世界，故取西洋之长处。虽日日奏功，然忽仁义忠孝，单追洋风，则将来可危，或至忘君臣父子之大义。此非教学之本意。故今后基祖宗之训典，专明仁义忠孝。道德之学以孔子为主，尊诚实品行，同时于各学问中须应才器，学业益进，道

---

* "修身"这个词的解释是"行仪の告诫"（意为"行为举止的教育"）。修身课一直保留在课程表之中，直到1945年底。

第三十二章 教育改革

德才艺皆完备。如此中正之教育学问行之天下,则我国独立之精神无耻于天下。[17]

在第二篇文章中,天皇提到了巡游的经历:

> 去年秋,训览各县学校,亲察生徒学业,然如农商之子,发言皆为高尚之空论。纵西洋语通达者,亦不能译之为日语。如此学生卒业后,归家难就本业;高尚之空论,就公职亦无作用。之后或成夸耀博闻,目无尊长,妨碍县官吏之徒。[18]

天皇还主张开设农业和商业课程,以代替那些卖弄学问的学科,这样农商子弟就能重拾他们谋生的基本职业,并获得成功。他召见伊藤博文,告诉他自己希望提升教育,改正作风,并征求伊藤的意见。

伊藤在给天皇的奏折中,一开始便控告道德的崩溃已经成为时代的标志。他把"风俗之弊"看做一种"病",为了治疗这种疾病,则有必要找出病因。伊藤认为目前这种令人不快的情形源于维新导致的"非常之变革"。闭国时代和封建制度的终结意味着武士阶层不再受到传统教条的约束。这种解放虽然可喜,然而旧制度下的"淳风美俗"也随之丧失殆尽。原有的生活来源被剥夺后,武士成为对前途迷茫、为不平所蛊惑的"政谈之徒",有些受到了来自欧洲的激进思潮的影响。

道德的崩坏不能仅仅归咎于维新以来没有引进新的教育制度。然而即使教育不能产生立竿见影的效果,它也是当前形势的最佳疗法。如果政府率先促进教育并弥补现行制度的不足,则有理由相信日本能够成为一个"文明"国家。伊藤反对以传统经典为基础,创立新旧折中的国教,因为那必须要等待圣贤出现,而这是政府无论如何都控制不了的。

儒家偏爱空洞的政治论争,这种论争导致年轻的武士很容易受到西方激进思潮的影响，伊藤赞成以技术教育的方式使他们放弃这种偏好。教育的核心应该是实用知识，而不是政治讨论。最后他建议只有杰出的学生才可以学习法律和政治。[19]

天皇给元田看了伊藤的奏折，元田承认，伊藤的见解发展了圣意，补充了遗漏。但是，用力太过，反而有误解天皇本意的地方。元田请求允许自己草拟一份答复，在答复中完全否定了伊藤的观点。元田坚持认为儒家的四书五经应该作为教育的核心，接下来是与伦理道德相关的国学著作，最后才是西方的书籍。伊藤说不应该期望教育能产生立竿见影的效果，元田反问道，如果今天不打好基础，将来会怎么样？伊藤极力主张不要建立国教，至少目前不要，但元田问他什么时候才是合适的时间。即便欧洲国家也有国教。从远古以来，日本就一直通过尊崇神圣的祖先和采纳儒家学说，即"祭政教学一致"而取得进步。"今日之国教，无他，亦复古也。"[20]

不管怎么样，元田还是很高兴看到天皇任命了文部卿。这个职位曾长期空缺，最近才由寺岛宗则兼任。他希望天皇把自己的教育理念告诉寺岛。第二天天皇派人请来寺岛，给他看了元田的两篇文章、伊藤的奏折以及元老院通过的教育草案。[21]

新的教育草案一共有四十七条。其中规定开办从小学到大学的各级学校；除非已经有了令人满意的私立学校，否则每个村镇都将设立公办的小学；在那些办学条件不足的地方，应该提供巡回老师；儿童的教育将持续八年，从六岁到十四岁；家长和监护人有责任送孩子到学校接受教育。虽然法案的漏洞使家长得以规避这项责任，但它已经与全日本儿童的强制性义务教育法非常接近。尽管日本长期缺乏资金，政府依然非常重视教育。

这项根据1872年的《学制》修改的制度并不成功。过去七年辛苦建立起来的新教育制度陷入混乱，教育水平也明显下降。原本为了使学校摆脱官僚机构的束缚，获得解放，结果却产生了放任自由的政策，而这是政府官员和天皇都不希望看到的。河野敏镰替换

第三十二章 教育改革

了寺岛宗则担任文部卿。他在陪同天皇参观乡村学校时,看到的情况令人震惊。因此河野决定改革教育法,加强中央和地方官员的权力。[22] 1880年12月,元老院通过了修订过的教育法,修身列于所有科目之首。[23]

大约从这个时期开始,明治的观点似乎明显地趋于保守。天皇在教育上坚持儒家的价值观,显然是受了元田的影响。当然,每一代都喜欢将当时那些没出息的年轻人和过去那些简单真诚的年轻人做对比,但是教育政策的改变表明,尽管政府致力于发展和宣传实学,但却并不仅仅满足于哀叹旧道德的丧失,而是准备迫使年轻人向传统屈服。正如飞鸟井雅道所说的:"通往1890年《教育敕语》的道路已经开通。"[24]

第三十三章

筹备宪法

二十九岁的天皇依照习俗举行了1880年的新年庆祝仪式。天皇和皇后接待了热那亚公爵，德意志皇帝的孙子海因里希王子则从长崎港的军舰上发来贺电。新年的第二天，明治天皇给西班牙国王阿方索十二世发去贺电，不过不是庆贺新年，而是庆贺国王侥幸逃过一劫，幸免遇刺。[1]天皇与欧洲君主的联系比以前更加频繁，然而，即便在为各位国王侥幸逃过一劫感到高兴时，天皇也可能认为，他们的世界和自己相距遥远，自己当然不必担心遭到暗杀。

这可以说是明治行使天皇例行职权的第一年。参议提出的建议须等天皇做最后决定，而不（像前几年那样）仅仅是走个过场。他们需要听听天皇的意见，以打破内阁的僵局。这种新的责任也许导致他减少了其他活动。例如，天皇看望皇太后的次数和骑马的次数都有明显地下降。他的正规教育也受到影响：4月和12月之间元田永孚等学者的课他只上了二十三次，而原来的计划是每周上四五次。不过明治几乎每天都参加内阁会议，[2]且经常和政府高级官员共进午餐，商讨国事。这个时期伊藤博文特别渴望建立起天皇和内阁之间的联系，并让天皇在决策时发挥主要作用。[3]

财政问题是1880年政府面临的主要问题。政府的收入远远不能满足支出。尽管去年3月天皇已经下令大臣、参议等人员厉行节俭，

第三十三章 筹备宪法

并下令宫内卿为宫廷树立起避免浪费的全国模范形象，但收效甚微。大臣们都说无法再缩减开支，而且宫廷的支出据说反而增长了。部分原因是因为通货膨胀，然而这个消息促使天皇再次要求节俭：禁止下属对皇宫做任何非特别紧要的修缮，并且禁止购买任何新东西。

大隈重信认为要克服财政困难，应该实施更加积极的政策，而不是单纯地节俭。1879年6月，他提出了作为改善措施的四点方案。第一点是赎回1877年西南战争期间作为经费印发的大部分纸币。钞票滥发使民众对它丧失了信心，现在一银元等于一日元四十三钱纸币。通货膨胀异常猖獗，重塑民众对纸币信心的唯一方法，就是将不可兑换的纸币换成可兑换为硬币的纸币。赎回纸币的钱一部分可以通过出售国有工厂的方法筹得，然而大隈的主要建议是借一笔五千万日元的外债，分二十五年偿还。他预计这些措施可以使政府赎回七千八百万元不可兑换的日元纸币。[4]另外两千七百万日元纸币将以可兑换纸币的方式赎回。

关于是否向外国贷款的问题，内阁成员的意见是五五分。大隈获得了萨摩派的支持，但是以伊藤博文为首的长州派和参议们则反对贷款。他们的理由各不相同。反对贷款最激烈的是右大臣岩仓具视，他（身为贵族）不停地和宫廷沟通。岩仓的那些前侍补盟友，特别是佐佐木高行和元田永孚，也仍有机会向天皇吹耳边风。元田极力反对向外国贷款，认为国家可能因此而遭难。他提醒众人格兰特将军的慎向外国借款的警告。元田（和岩仓）质疑如果日本无法偿还债务，那该怎么办？为了还清债务，日本是不是得放弃部分领土——比如，四国或者九州？[5]这些人强调，克服财政危机的唯一方法就是厉行节俭。

天皇知道大隈的计划后并不喜欢，可是他也担心内阁一直分裂下去，就像征韩论争那次一样。他询问各部门领导的意见，但他们的意见也不统一。既然两边都给不了清晰的建议，天皇最终决定不向外国借款。1880年6月3日，他颁布了这道谕旨：

朕思，明治初年以来国用多事，生会计之困难，遂至十三年后之今日，正货（铸币）流出海外，随之纸币失信。故一览大隈参议之建策，又听内阁诸省意见未一。朕素知会计之难，然知外债于今日最为不可。昨年格兰特尽言此外国债之厉害，其言犹在耳边。今日会计之困难迫在眉睫，需定前途之目的。勤俭之主义即在此时。卿等宜体察朕意，以勤俭为本，定经济之法，内阁诸省熟议后奏之。[6]

天皇的命令自然没有人违抗，但对于如何实施还是进行了讨论。天皇的决定实际上树立了宫廷的绝对权威，当内阁和众卿内部产生分歧时，宫廷的决定就是最后的决定。不久之后，一项提议就要求天皇做出类似的决定。该提议认为，为了抑制米价飞涨，应该恢复幕府时代的做法，要求农民用大米，而不是现金纳税。但是，问题还没到最紧要的关头，天皇就必须再次巡幸了，这次是去山梨县、三重县和京都府。[*]

3月30日颁布的巡幸公告显示，天皇的出发日期定在6月16日。5月，长野县下伊那郡的群众向天皇请愿，恳求天皇途经他们家乡，看看那里的落后情况，而不是取道路已经修好且不久还可能通火车的木曾。这样的访问将有助于提升丝绸产量和当地的工业，并且"拜见天日之幸福"给那些一辈子都无法踏足"王城之地"的妇女儿童一次难忘的经历。[7]天皇并没有接受他们的请求，不过这件事却表明人们非常渴望天皇参观自己地区。

为了便于天皇出行，一些道路进行了维修。例如，从笹子村向前的路过去都是危险小道，现在路面拓宽，并在陡峭的地方加上了护栏。[8]不久，天皇的队伍行经之处，修路费便成为报纸和当局争

---

[*] 事实上他沿途还参观了其他县（包括神奈川、长野县和滋贺县），但是正式访问的主要是这三个县。

第三十三章　筹备宪法

论不休的话题。据一份报纸说，当地的每家每户都要出一笔修路费，并承担旗帜、路灯等东西的费用。据说许多人尽管非常期待能在天皇经过时向他顶礼膜拜，但是却抱怨即便把所有的家当全卖了，也筹不到他们应缴纳的三元五十三钱三厘。[9] 不过，北深志町的领导却否认为接待天皇花了许多钱。他说并没有向民众征税，所有的费用都由热心公益的人士赞助。[10]

4月4日刊登在《东京横滨每日新闻》上的社论，也许是天皇这次出行最引人注目的一篇评论。作者在"要巡幸之时、不要巡幸之时"这一点论证说，在统治初期，"东北之人民知德川而不知朝廷。西南之人民知其藩主而不知其上尚有朝廷"，这时天皇的确有必要去访问这些地方，并让人们知道他的存在。但是，社论接着写道：

全国之人民知天子，不知其他应敬畏之人。所谓在宫墙之中，统御天下，卓然有余裕之时。当此治世，岂为不拘暑热之候，烦龙驾之时乎。（中略）如明治十三年之时，可云御巡幸不必之时。[11]

这种观点似乎得到了天皇的顾问们的认可，在余下的统治时间里，天皇仅仅又旅行了两次。*

有人认为天皇有必要出行，因为可以了解"全国之事情"，对于这种论调，社论的作者也予以批驳。他说通过读报足以了解国内的情况。有人认为让天皇"视察地方贫民之疾苦"，然而天皇的轿

---

* 历史学家说的"六大巡幸"。并非天皇的所有旅行都被称为"大巡幸"。他后来的三次长期旅行中，1881年那次（到本州北部和北海道）和1885年那次（到山口、严岛、广岛和冈山县）都算是"大巡幸"，但是1890年去吴市、江田岛和佐世保那次则不算，也许因为这次是走海路而不是陆路的原因。明治还无数次白天到横滨的骑马场、到千叶的演练场以及去横须贺参加新船下水典礼等，而且1894年和1895年中日战争期间，他大部分时间都待在广岛。这些旅行当然与"巡幸"的性质非常不同。

子进过的大抵都是"国道繁华之地",而不是贫民居住的"僻地"。认为到边远地区旅行是天皇了解民众艰难生活的唯一途径是"渎我明治天皇陛下之圣德"。

另外一篇社论(刊载于《朝野新闻》)则向天皇即将经过的沿途民众发出呼吁,要他们利用这个难得的机会,让天皇知道他们真正的生活是什么样子。社论说,正是基于这个目的,天皇才到边远地区旅行。当然,民众有机会见到天皇的乘舆总是非常高兴,但他们不应该沉浸于欢迎天皇的喜悦之中,而"以虚饰遮蔽民间之实况"、"隐蔽民间之真情"。这么做不仅"误巡幸之圣旨",而且他们的过分屈从将"污圣德"。[12]

难以想象乘舆经过时,普通民众要怎么做才能将生活的实情展示给天皇。不过,日本似乎并没有为了欺骗天皇,让他以为民众都过上了好日子而搭建起"波将金村"。

最后,《日本邮报》的一篇英文社论这样阐述了天皇旅行的目的:

> 这次的旅行结束后,陛下对国家的了解将会比大多数民众了解的还要多。学校、工厂、企业、古董或者有历史价值的文物都将受到仔细地考察。这类出行的目的并非仅仅为了享受。实际上,在很多情况下,不论陛下多么奢华,国内旅行都是享受的反义词。陛下和大臣无疑希望他通过亲身观察,了解自己统治的这个国度,从而更好地履行庄严的职责。[13]

这可能是天皇本人和政府官员当时的想法,不过最近一些学者从效果方面解读了天皇的出行,认为出行为天皇树立了威严的形象,使百姓知道他并不只是希望了解臣民生活状况的仁慈统治者,还是一直关注他们生活的"监督者"。[14]

1880年6月16日,天皇如期出发。他带了三百六十名随从,其中包括贞爱亲王、太政大臣三条实美、一名参议、一名大臣、高

第三十三章 筹备宪法

级军官、宫内卿、侍从、一名御医、骑兵步卒、马夫等等。以我们的标准来看,这是一支庞大的随从队伍,而且每到一处还有当地的安保人员补充,但是以日本当时的标准来看这个规模并不大。即使在平时,天皇身后也总是跟着一大批随从,[15]那些见过天皇出行的民众不可能为其人数之多或者排场之大而感到吃惊。

第一站是八王子市,天皇视察了诸如丝线和矿产这类当地物产。他收到在附近一条河上捕捉到的萤火虫,并将其送给了皇太后和皇后。后者以一首诗作为答复,诗中同时流露出天皇不在的寂寞之情和礼物带来的安慰。

与1878年的新潟和北陆地区之行相比,这一次要容易得多,即便仍很难与欧洲皇帝出游相提并论。例如,6月18日,天皇早上4点起床,在雨中被抬着走过曲折的山路。他一整天都在赶路,有时是坐轿子,有时是坐马车,直到下午5点才到达目的地。那天晚上天皇的住处只是一间摇摇欲坠的茅舍,因为村里没有更好的房子。[16]

这次旅行有一点值得注意:天皇每次看到优美的风景,都会让摄影师拍下来。后来,天皇告诉摄影师,不必等候命令,只要看到特别美丽的风景就拍下来。天皇以这种方式来回忆自己经过的风景。

炎热的夏天使旅行一点也不舒适。天皇跟往常一样视察学校、工厂和(在山梨县的)一座葡萄酒酿酒厂。在甲府,他参观了一座建于1872年的医院,并观看了医院内的陈列品,其中有从一名患怪病的女孩口里吐出来的二十多种昆虫、大约五十年前去世的妙心法师的干尸。[17]

天皇一行受到了桑名民众特别热烈的欢迎,尽管十四年前宫廷和幕府战争时,桑名曾是抵抗天皇军时间最长的藩国之一。天皇在津市的师范学校,观看了两名优秀学生做化学实验,后来又在中学听了五名学生关于世界历史的演讲。

7月8日,尽管天气酷热,天皇还是穿上制服,奉上剑和玉(草薙剑、八尺琼勾玉),去参拜伊势神宫的外宫和内宫(即丰受大神宫和皇大神宫）。天皇首先来到伊势神宫的外宫，盥手之后，穿过"玉垣"（神庙的护栏），来到"滨床"（通往神殿的楼梯底部平台）。他脱下帽子，恭恭敬敬地鞠了一躬。随后，天皇来到伊势神宫的内宫，举行了完全一模一样的仪式。天皇参拜这两座神庙的先后顺序，显然是因为他认为农业女神丰受大神是一切存在的基础。然而神道学的专家在得知天皇的参拜顺序后，却坚持认为天皇应该先参拜自己的始祖天照大神。他们的抗议没有被采纳，天皇还是遵循1869年第一次到伊势参拜时定下的顺序，当时他首先参拜的便是伊势神宫的外宫。[18]

天皇一行人来到龟山时，天气非常炎热，天皇凌晨3点就起床了，以便利用早上凉爽的天气。早上5点半，天皇离开住所，到四日市附近观看军事演习。第二天，天皇凌晨2点半起床，骑马去观看龟山和关町之间举行的军事演习。有人说明治喜欢看演习胜过其他一切，这么说是非常公允的。

旅途的最后部分，从大津到京都的一段，天皇选择了坐火车。这是因为新挖了贯穿京都东部山脉的铁路隧道，这是日本第一条这样的隧道。天皇固然很高兴回到京都，但令人失望的是，极少有关于他活动的记载。7月15日，天皇回来后的第二天，接见了包括佛教高僧在内的达官贵人。他捐了一百日元用于重修1864年毁于战火的佛光寺。16日，天皇参拜了父亲山陵所在的泉涌寺。返程时，他在妙法院稍事停留，并观看了院里的珍宝。天皇对佛教寺庙的重视并不令京都人感到意外，因为京都是一座布满寺庙的城市；然而这却与他统治初期的反佛教措施形成了鲜明的对比，意味着对佛教的迫害已经结束。

天皇此次访问京都，感触最深的可能是，在去探访姑姑淑子内亲王的路上，他停下来看了一眼"祐之井"。这口井是在1853年干旱时于中山忠能家花园里挖的。孝明天皇有感于水质的甘甜和丰沛，用明治的乳名"祐"命名了这口井。[19]

第三十三章　筹备宪法

天皇到了内亲王的住处，送给她两个景泰蓝的盒子，其中一个装着伊势山田产的各式糖果，另一个装着来自大阪的冰糖。这些朴实无华的礼物实在惹人喜爱。内亲王安排了五场能乐和四场狂言为天皇解闷。一些仍然住在古都的贵族也观看了演出，这是一个恢复他们昔日荣光的短暂时刻。

天皇余下的旅途一路都非常平静。他从京都抵达神户，从那里乘船到横滨，并于7月23日抵达东京。8月16日，天皇在休息了几个星期之后，召集大臣和参议开会，讨论让农民用大米而不是现金纳税是否可行的问题。尽管政府一再要求，大臣们还是无法削减支出，因此为了缓解财政危机领导们只好另寻他法。他们的结论是，危机起源于用现金征收土地税，解决方法是恢复用大米向农民征税的古老做法。参议大木乔任（1832—1899）是这项政策的主要支持者。

支持者说物价普遍上涨的原因可以归结为米价的飞涨，进而导致其他的一切商品都受其影响。如果政府用大米征税，就可以控制米价。米价高时，政府可以卖出库存的大米，米价低时，又可以买入大米，这样就可以将米价保持在一个可以接受的水平。他们忧心忡忡地指出，高昂的米价给乡村带来了繁荣，农民甚至开始沉迷于各种奢侈品。他们现在购买昂贵的进口商品，伤害了日本的工业。

黑田清隆是强烈支持改变征税方式的官员之一。他指出，过去农民满足于吃粗粮，但现在他们把米作为主食。财政危机的产生是因为大米的销售完全由农民控制。因此，应该要求他们至少用大米支付部分租金，这样政府就可以用这些大米来维持米价的稳定。

参议们意见不一。8月16日，太政大臣和左大臣到皇宫解释这项提议。他们说只有天皇本人的决策才能打破僵局，并建议各派代表当着天皇的面进行讨论。[20]

8月31日，岩仓提交了一份将日本从财政危机拯救出来的十一条计划。岩仓认为第一条最为重要，即规定地租的四分之一用大米支付。他谴责高额的米价使得即使是最卑贱的农民也变得不吃其他杂粮而只吃大米。这意味着武士、商人和工匠的大米不够吃，只能进口。农民新近对奢侈品的嗜好使得棉布、砂糖、煤炭、食用油等的需求量大增。他们也变得懒惰起来，而这预示着农业将会萎缩。农民应该像以前一样吃粗粮，这样日本不仅不用进口大米，还可以出口大米。[21]

岩仓及其支持者的冷酷无情不仅出人意料而且令人震惊，他们含蓄地拒绝了农业是立国之本的儒家格言（所有人都将这句话挂在嘴上）。即使农民现在吃着大米，他们的奢侈也肯定比不上东京的官员，[22] 然而后者却看不惯社会最底层的生活标准有任何提高。对所谓懒惰农民提出的忠告，诠释了玛丽·安托瓦内特（Marie Antoinette）的那句话："让他们吃高粱！"

并非所有官员都相信这个简单的方法能化解财政危机。佐佐木高行强调社会各阶层厉行节俭的重要性，同时指责农民流于奢侈背后有上层社会的责任："见闻奢侈轻薄之上流社会风俗，误解为文明、自由，以致天下模仿。"[23]

可能是受到了佐佐木和元田两位儒学者的影响，明治最终决定拒绝参议提出的用大米征税的建议。[24] 9月15日，他和伊藤博文讨论了用大米征税的问题，伊藤的意见也使他受益匪浅。[25] 伊藤似乎意识到，打败支持大米税的岩仓的唯一方法，就是赢得天皇的支持。

9月18日，天皇召见各位大臣，向他们颁布谕旨，感谢他们为解决财政危机所做的努力，但毫不含糊地表明了自己的反对态度，并称这个计划"颇不稳"。解决危机的唯一方法，他已经说过很多次，就是厉行节俭。天皇命令参议们考虑执行这个愿望的方式。

在谕旨颁布之前，天皇曾私下向佐佐木和元田透露，自己反对这个计划。天皇很肯定地认为，征收大米税将激起农民的极端愤怒，国内将到处出现叛乱。他特别指出，1880年5月刚公布地租（用货币支付）将保持不变，直至1885年。如果现在废除这份声明而回归以前的做法，征收大米税，政府将会失去公众的信任。事实上，

第三十三章　筹备宪法

这是不恢复大米税的主要原因。[26]

明治这时面临的第三个问题是有关创建议会和宪法的问题。天皇统治伊始颁布《五条誓文》时，曾许诺将设立议会机构，一切事务均经过公开讨论后再做决定。不管1868年誓文颁布时的背景如何，这个时候它们已经具有天皇承诺的意味，即天皇承诺将设立议会，并且将在宪法的框架下运作。

这并非政府第一次考虑撰写宪法。早在1872年5月，左院成员宫岛诚一郎（1838—1911）就强烈要求起草宪法，对统治者的权力进行约束。宫岛认为非常有必要这么做，因为近年来，连"无智之国民"也通过了解其他国家的政治，以个人自由的名义坚持自己的权利。一些人甚至要求成立共和国。在目前的情况下，难以确定怎么对付这种人，可是一旦将统治者的权力用宪法明确下来，任何冒犯者都将受到法律的制裁。宫岛强调自己不赞成由统治者一人独享权力的宪法，认为那会使人民感到压抑，而且会阻碍现代化的进程。理想的解决方法是君主和人民联合执政，然而现在日本教育水平仍非常低，人民不太可能具备选出合适代表所需的智力。因此，君主应该亲自起草宪法，同时把联合执政的原则考虑进去。这个提案被移交正院讨论，*同时开始了起草宪法的准备工作。

1872年6月，左院议长后藤象二郎（1838—1897）和副议长伊地知正治（1824—1886）遵照《五条誓文》，联合提议成立下院。建议书说，除非成立两院——上院代表贵族和武士，下院代表普通百姓——否则将没法确定预算，甚至法律的基础。按照欧美模式成立的下院应该成为公开讨论的地方，在这里可以听到公众的意见。提议虽然获得了左院的批准，但是直到第二年才开始实施。

1873年，天皇下令左院起草宪法。这之前，伊地知正治上书称，

---

* 政府的最高政治机构，于1871年设立，由太政大臣、左大臣、右大臣和参议组成。1877年废止。

宪法将是国家的基础，同时规定政府的基本要素。当然，《五条誓文》可以说是所有人的宪法，但仍需要一个章程来作为国家的基本法。

尽管大家一致同意应该拥有一部宪法，但是进展却非常缓慢。1876年9月，天皇下令元老院成员拟写一份草案，草案应该忠于日本传统，同时吸取其他国家宪法的优点。[27]

不久，元老院议长炽仁亲王便接到天皇的旨令，受命撰写第一份宪法草案。10月，炽仁和自己委派的委员会成员完成了第一份草案。尽管草案撰写的速度有些慢，但大家还是对它进行了详细的讨论。一年后，访问日本的格兰特将军在与明治交谈时说：" 贵国的媒体和部分民众现在普遍拥护的似乎是民选议院。"格兰特提出了以下意见：

> 我不知道时机是否已经成熟，但是这类议会在适当的时候对所有国家都很有好处……贵国早晚要成立议会，因此政府应当向民众灌输这种思想，并教育他们，适当的时候会为他们创建议会这一事实。民众应该知道这一天终将到来，为了负起责任他们应该接受教育。但是您必须一直谨记，像这样的特权永远不可能召回。在把投票权和代表权给予他们时，您已经永远地给他们了。因此在建立这样的议会机构时，再怎么谨慎也不为过。匆匆忙忙成立是非常危险的。您不会希望看到由于过早成立议会而出现无政府状态。[28]

作为一个以民主传统为荣的国家的前总统，格兰特的这番话引起了日本政治家的共鸣。身为保守派军人和政治家的山县强烈同意成立宪法和议会机构，1880年8月，另一名保守派成员岩仓具视也向天皇建议，设立一个审查宪法的部门。这条建议提得有些晚，但岩仓显然认为实施天皇《五条誓文》的时机已经成熟：

第三十三章 筹备宪法

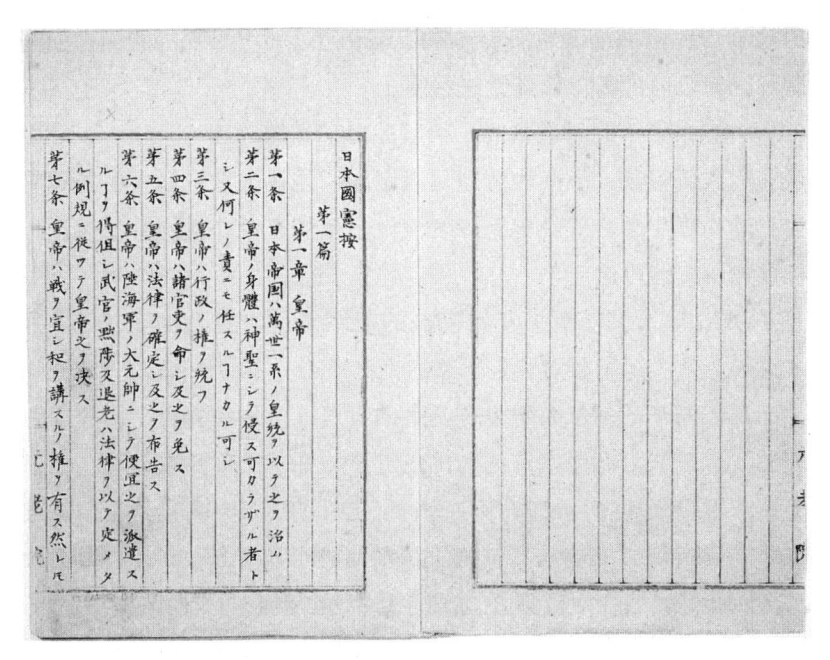

1876年的日本宪法草案

　　陛下登极之初,凤察宇内之形势,行非常之改革,以誓文五条,大张皇纪,创维新之鸿业,以来万机皆据誓文之旨也。[29]

　　岩仓接着建议纂写宪法,但强调首先应该"广斟酌欧洲各国之成法,至其布告样式,皆详细调查,方可大成全备,无遗漏处"。

　　岩仓的审慎表明他的真正目的可能是为了推迟行动,但身为进步人士的伊藤博文则没有这么小心。在日本为什么应该拥有宪法这个问题上,卓越的欧洲历史知识使伊藤提出了比岩仓更加自信的理由。

　　伊藤指出,百年前法国大革命的影响已经深入欧洲各国,有些国家摒弃过去,固执于全新的方式,乃至招致动乱,至今未稳;一些开明的领导人则未等发生革命就已预见到变化。然而不管如何,没有一个国家能够逃避这个影响,即统治者必须分权与人民。欧洲的政府新理论书籍已经涌入日本，连最边远的山村都能看到它们的踪影。新政府的概念已经无法遏制。

关于未来两院制的构成，伊藤提出了具体的建议，认为上院由贵族和武士组成，下院由普通民众组成。他认为君主和人民共同统治是非常理想的方式，但不应贸然做出改变。伊藤特别希望天皇积极参加所有的讨论。[30]

1876年，炽仁亲王开始宪法的起草工作，直到1880年12月才完成。亲王还主张对其他国家的宪法做进一步的研究。[31]

炽仁亲王的宪法草案没有丝毫的紧迫性。他和岩仓、伊藤等人一样，似乎认为循序渐进地向民主过渡要好于立刻采取行动。但许多人却不这么认为。1880年4月，爱国社的成员在大阪开会，通过了要求召集议会的决议，并将决议散播到全国各地。3月，爱国社二十四县的代表在大阪集会，正式更名为"国会期成同盟"。[32]

同盟试着向天皇请愿，呼吁召集议会。尽管政府和元老院从中作梗，但他们的尝试并非没有效果。岩仓本来主张渐进式改革，现在突然开始要求加速编纂宪法。他的紧迫感来源于这封请愿书所引起的恐惧心理，岩仓担心，如果不采取行动，皇室可能会有危险。[33] 1880年12月，同盟决定成立政党——自由党。整个19世纪80年代，都贯穿着这类政党要求建立全国性议会的斗争。

第三十四章

卡拉卡瓦访日

1881年是明治统治期内的一个多事之秋。新年伊始，天皇祭拜了四方神祇，一切都显得非常平静，不过不久就连新年的庆祝活动也发生了变化。天皇和皇后接受了亲王、高级官员及其妻子的祝贺。那天晚些时候，外国公使也第一次在妻子的陪伴下，向天皇祝贺新年。

没有人解释发生这种变化的原因，但它可能反映了日本外交官对欧洲宫廷惯例的理解。一些问题也随之产生。例如，如果日本妇女参加这类重要的宫廷活动，该如何着装？最后的决定是她们应该穿袿袴[*]，没有这些日本正式服装的大使夫人则可以穿外国服装；此外，丈夫和妻子走向天皇时，他们的相对位置应该怎样？妻子是否应该像传统的日本妇女那样，走在丈夫的后面？最后大家决定夫妻应该一起走向天皇，丈夫在右边，妻子在左边，即便左边的地位通常高于右边。这类决议并非轻易就能达成。礼宾司的官员们正在创建传统，未来的许多年里宫廷礼仪将被这些传统所主宰。

身为这段时期天皇身边的亲信之一，佐佐木高行用以下词语描写了这个变化：

---

[*] 由小袿、单、袴、小袖等构成的套装，明治十七年（1884）被定为妇女的和服礼服。——编注

> 本年夫妻参贺初始，夫人不参者尤多。外国人以此为荣誉，吾国人则人情大异。夫人视其为不好抑或不惯，有悍状。又，外国若本为艺娼妓等出身，即正妻亦不可相列于上流社会。是社会贱之，风俗决不可使之出头。此可称为美。吾国维新前本为如此，维新之际，要路之正妻身份低贱者亦多，其弊流至今日，故有自然参贺等不恰当之论。今日应复本，以至良风。[1]

天皇想必同意仪式中的这项改革，然而却拒绝做出其他修改。例如，当外务卿井上馨提出外国大使作为客人，应该先于日本人向天皇道贺时，天皇并没有批准他的提议。天皇回答说，新年伊始接待官员的主要含义是为了"正君臣之礼"，因此日本官员先于外国友人道贺是非常应该的。这和平时的接待不一样。[2]

1月3日，天皇去骑马。去年他一共骑马一百四十四次，但是今年他只骑了五十四次，这表明天皇的时间越来越少。1881年他参加了六十六次内阁会议，每次通常都从上午10点一直到中午。1月10日，天皇和皇后上了今年的第一堂课，比平时晚了三天。[3] 课由元田永孚主讲，题目是关于传说中的中国皇帝尧和舜。这一年的余下时间里，副岛种臣和西村茂树也给天皇上课，然而不知是由于公务的压力还是天皇已经对儒家智慧失去了兴趣，1881年他只上了十七次课。[4]

1月5日，外国大使第一次受邀参加皇宫举办的传统新年宴会，这是宫廷自愿适应外国习俗的又一例子。尽管当时厉行节俭的政策仍然生效，但这次因为要招待贵宾，锡制餐具全部换成了银质的。

从这一年开始，明治经常在周三和周六与亲王、大臣、参议等高级官员共进午餐。显然他对政府运作有着浓厚的兴趣。午餐时，此前一直都是沉默的旁观者的天皇，有时会发表一下个人意见。例如，1月29日，周六的午餐会结束后，天皇将佐佐木高行叫到书房，询问他有关废除死刑的新刑法。新刑法定于7月1日生效。天皇问，

第三十四章　卡拉卡瓦访日

是不是有相当多已经被判死刑的犯人将逃过一劫（如果到那天还未执行的话）？他询问司法卿田中不二麿的意见，田中表示，希望天皇颁布特别旨令，让那些依照旧刑法应该被判死刑的犯人可以延迟到7月，等死刑废除后再宣判——换言之，就是将不再有死刑。天皇认为如果目的是为了废除死刑，那么那些设计新刑法的人应该一开始就讲清楚。突然宣布停止死刑极不符合常规。要么按照目前的法律执行死刑，要么在死刑案件移交高等法院裁决时，负责的官员延缓到7月，然后再按照新刑法进行处罚。天皇又说，这些问题是因为匆忙公布新刑法所导致。鉴于迫切希望与外国列强修改条约的心理，这样的匆忙无可避免——减少酷刑可能会给外国人留下好印象——然而它仍免不了受到编纂马虎的指摘。[5]

这个对天皇造成困扰的问题看起来也许没有什么重大意义，然而天皇对法律问题的关切表明他的成熟已经达到一个新的高度。还有一件事情值得注意。佐佐木后来在谈话时毫不犹豫地问天皇是否需要改革元老院，因为各派的意见分歧已经妨碍了它的功能发挥。天皇的回答不仅坦率得令人吃惊，而且非常自信，这说明天皇虽然没有在内阁会议上发言，但对于相关的问题及政治家是有自己的看法。

不过，对政治的热衷并没有使天皇达到忘却其他娱乐的程度。1881年2月，天皇突然对打野兔产生了兴趣。他一直拒绝为了避开东京冬夏的极端天气而到别的地方去。当顾问建议天皇休假时，他总是说想和绝大部分民众一样。天皇知道大多数日本人不管气温高低都在工作岗位上忙碌着，因此自己不能随意地逃避严寒和酷暑。

这其中只有一个例外，即他曾经两次到多摩地区打野兔。当时这个地区人烟稀少，野兔比吹上御苑和赤坂离宫这些业已狩猎过的地方要多得多。天皇喜欢一直打到天黑，人们担心他在多摩昏暗的夜色中找不到回家的路，于是下令沿途的居民在门外点燃火把，为天皇照明。一天晚上，天皇回到府中的住处后，说自己留意到沿路有一支火把其实是点燃的竹扫帚。他要求下属调查是谁把点燃的扫帚放在外面的，结果发现扫帚是一位独居老妇人的。她太穷了，没有火把，只好把扫帚点燃充当火把。天皇把老妇人找来，赞扬了她的无私行为，并赏赐了她一些东西。[6]

2月23日，天皇从美国大使约翰·宾汉口中得悉，夏威夷国王卡拉卡瓦（Kalakaua）将借环球旅行之机来到日本。*国王此行将隐姓埋名，但他有些国事需要办理：他希望鼓励日本人移民夏威夷，并与日本政府签署一份协议。因此日本视其为贵宾，任命嘉彰亲王为国王此次访问的专员，另派两名官员负责招待工作。

3月4日，卡拉卡瓦抵达横滨。停靠在港口的日本军舰和外国军舰都鸣放二十一响礼炮向其致敬。日本人派一艘小船到"远洋"号（Oceanic）接客人到酒店去，船靠岸时，他们听到日本军乐队在用力吹奏夏威夷国歌。日本的音乐家竟然知道一个如此遥远而渺小的国家的国歌，使他们极为震惊。[7]国王一行人大为感动，差一点流下眼泪。在去旅馆的途中，他们注意到横滨的房子都交叉装饰着日本国旗和夏威夷国旗。盛大的欢迎仪式使国王一行人目瞪口呆。

第二天，卡拉卡瓦乘坐皇家火车抵达东京，在新桥车站举行了正式的欢迎仪式之后，国王直接去了赤坂离宫。欧洲宫廷礼仪规定，接待来访的君主时应该站在皇宫门口，天皇遵照礼仪，在紧邻皇宫大门的房间迎接了贵宾。他穿着金光闪闪的军礼服，上面挂满了勋章。两位君主握了握手。夏威夷人已被告知天皇一般不握手，因此这个举动被他们视为特殊的荣耀。寒暄过后，两位君主并肩走进里间。国王的侍从，同时也是他环游世界的记录人阿姆斯特朗（W. N. Amstrong）曾经听说，天皇具有神圣的血统，因此从不允许任何人

---

* 夏威夷王国：1810年由欧胡岛、茂夷岛、莫洛凯岛、拉奈岛及夏威夷等岛屿的小型独立部落，在经过一场战争后所统一成立的王国。1894年，成立夏威夷共和国，夏威夷王国灭亡。1898年，夏威夷共和国与美国合并，成为美国的一个地区。——编注

第三十四章 卡拉卡瓦访日

走在自己旁边；即便皇后，也走在他的后面。"但是，自历代天皇当政以来，他第一次走在与自己同为君主的贵客身边。"[8]

皇后正在接见室等待贵宾。明治将卡拉卡瓦介绍给皇后。"她没有起身，而是用头和眼睛微微回应了国王的问候。"井上馨的女儿末子担任皇后的翻译，末子曾在英国呆过几年。（阿姆斯特朗说她的英语说得很好。）之后端上了点心，但是之前夏威夷人已被告知不得在天皇面前吃东西，于是他们都婉拒了。

天皇的个子在当时的日本人中不算矮，但是卡拉卡瓦更高，像是个巨人。他有着夏威夷人特有的黑皮肤，这使得肤色黝黑的天皇看起来白了点。之前外国来宾在描述明治的容貌时，总是会提到他的下颚突出，但是现在这些地方都被胡子遮住。相反，阿姆斯特朗注意到是天皇高耸的额头以及那双洞察一切的黑眼睛。它们似乎在说他并非"一个完全任由大臣摆弄的人"。[9]

两位君主聊了大约二十分钟，直到受宠若惊的国王觉得是时候告辞了。天皇一直把他送到大门口。卡拉卡瓦一行离开皇宫，来到滨御殿，这栋建筑位于滨离宫，是外国权贵下榻的地方。随后，为了遵守欧洲礼仪，即君主来访后一小时内主人应该回访的规定，天皇拜访了夏威夷来客，当时他们都已脱掉沉重的礼服，换上了衬衣。

卡拉卡瓦本来只打算在日本待三天，但是外务卿井上馨认为对于这名首次到访日本的外国君主，应该以某种方式庆祝一下，于是派人捎去口信说，天皇已经准备了许多活动，其中包括"在皇宫举办一场新秩序建立以来最令人瞩目的盛大舞会；另外，还将举行大型的阅兵仪式、戏剧专场演出以及其他的娱乐节目"。[10]国王立即推迟了行程，并对天皇的盛情接待表示衷心的感谢。国王还让随团的法律专家阿姆斯特朗告诉井上，自己将立刻同意废除日本和夏威夷和约中的治外法权条款。井上非常高兴，说那"将使天皇和日本人民无比开心"。

夏威夷只是个小国，尽管如此，治外法权高墙中的这道裂缝还是受到日本的极大欢迎。美国公使得知此事后，赞扬了国王的做法，然而，"由于欧洲各国政府的强烈抗议"，取消旧和约的法律文件并没有执行。需要再等十七年，这项屈辱的条款才从所有的条约中剔除。[11]

3月11日，国王请求并与天皇进行了一次私人会晤。吃过点心之后，除了担任翻译的井上馨以外，全部日本官员均退下。卡拉卡瓦说他计划下一年举行加冕典礼，并请求天皇届时派代表团到夏威夷去，明治同意了。

卡拉卡瓦接着说到一个需要保密的问题："我这次旅行的目的是为了推广一个我已经考虑了好几年的想法——亚洲国家联盟。欧洲国家的政策只考虑他们自己。他们永远不会考虑可能给其他国家造成的伤害，也不会考虑可能给其他人民造成的麻烦。在应对东方国家的战略上，他们总是喜欢一起合作。反过来，东方国家却互相隔绝，谁也不帮谁。我们在应对欧洲国家时没有战略，而这就是现在东方国家的权益被欧洲国家捏在手里的一个原因。因此，为了维持东方的现状，东方国家有必要成立联盟，以此来抵抗欧洲国家。是时候开始行动了。"

明治回答说："欧洲和亚洲的总体情况确实如您所述。关于成立东方国家联盟一事，我的观点与您相同。但是您怎么能肯定现在行动的时机已经成熟了呢？"

国王接着说："到目前为止，东方国家一直饱受每个欧洲国家的压迫，现在正是到了自觉必须奋起的时候，而这正是实施我的想法的时机。"

天皇说："我想详细了解一下您的计划。"

国王回答道："这次环球旅行，我将会和中国、暹罗、印度、波斯以及其他国家的领导人会面，并和他们讨论成立联盟的利与弊。但是，我的国家只是一群小岛，人口也微不足道，缺乏实力来实施这一伟大的计划。贵国与我听说的完全一样——你们不仅确实取得了惊人的进步，而且有无数天性顽强的人民。这就是为什么，如果

第三十四章　卡拉卡瓦访日

亚洲国家联盟成立，陛下必须向前跨出一步，成为其领导人的原因。我将成为陛下的犬马，毕生为这项事业奋斗。如果陛下成为联盟的领导并致力于实现其目标，那么一定能迫使欧洲国家放弃治外法权。巧合的是，1883年纽约将举行博览会。陛下应该借此机会到美国走一走。您还应该将亲王秘密派往欧洲各国，让他们说服各国领导人在纽约博览会上碰头。如果您直接对参加博览会的领导人说，亟须终止治外法权，肯定会有效果。接下来，回国之后，您应该举办一个博览会，并邀请亚洲和欧洲国家的领导人参加。简言之，治外法权的终止以及东方国家联盟的成败，取决于陛下是否愿意担任联盟的领导。"

天皇说："我理解您的意思。但是，像清朝这样的大国，既自大又傲慢。即使邀请了，它也很可能不来。"

国王回答说："不能奢望亚洲国家的领导人全都参加。但是，我肯定暹罗国王、波斯国王以及印度的各位国王都会参加。这已经足以启动联盟。然而这种性质的计划不是开两三次会就能实现的。我应该提醒您，您邀请欧洲国家参加贵国举办的博览会，目的是为了避免触怒它们。当然，您只对亚洲国家的领导人敞开心扉。如果陛下接受我的建议，那将是我的福气,我将请求陛下将戒指赐予我。"[*]

天皇考虑了一会，回答说："我理解您的观点。但是，我国的发展并非外表看上去的那样。我们还有很多问题，尤其是与中国的关系问题。中国总是认为我们要侵略它。与中国维持和平关系已经非常困难，更不要说您的提议了。我会和内阁磋商，详细考虑之后再答复您。"

国王接受了天皇的这个决定，于是，在经过了一小时二十分钟之后，谈话结束。国王离开时送给天皇一张自己的照片和一本描写

---

[*] 交换戒指可能意味着天皇不会违背他的口头承诺。很明显，明治没有将他的戒指给卡拉卡瓦。

夏威夷政治局势的书。他还向皇后赠送了一张自己王后的照片。[12]

在和天皇谈话期间,国王提到了另外两个问题。第一个是需要铺设一条连接日本和夏威夷的海底电缆,以加强两国之间的联系。第二个是恳求将自己的侄女卡奥拉尼(Kaiulani,当时五岁)许配给定麿亲王。[13]国王很喜欢自己的护卫,即十六岁的海军学校学生定麿,认为他将是侄女的好丈夫。没有子女的卡拉卡瓦已经决定将来把王位传给卡奥拉尼。如果这个提议被采纳,未来的夏威夷女王的丈夫将是个日本人。卡拉卡瓦可能希望借此保护夏威夷免遭美国吞并;反过来,日本政府则担心联姻会引起美国甚至欧洲列强的反感。天皇没有立即答复这两个请求,但是1882年2月10日,井上馨写信给卡拉卡瓦,回绝了他的这两个请求。[14]

卡拉卡瓦对自己在日本受到的礼遇感到非常开心,因为这大大超出了他的期望。卡拉卡瓦是个基督徒,但佛教寺庙却给他留下了深刻的印象,因为跟夏威夷那些冷峻的新英格兰风格的教堂相比,他发现寺庙更加符合自己的品位,卡拉卡瓦还跟侍从说有机会要把佛教引入夏威夷。他唯一感到失望的是,预定的盛大舞会由于俄国沙皇遇刺而取消了,因为日本皇室需要举哀。

阿姆斯特朗嘲笑起主人来总是不吝笔墨。据他描述,卡拉卡瓦并不聪明,考虑事情也不周到,还很容易转移注意力。假如那样,那他的亚洲国家联盟计划是如此出人意料:这份计划说明他有着任何夏威夷人都意想不到的政治洞察力。但就跟他在日本提出的几乎所有其他建议一样,这一计划最后被拒绝了。[15]明治显然知道,即使亚洲国家联盟成立,中国也不会同意由日本人主导。尽管很容易就说暹罗、印度和波斯有亚洲传统,但他们的语言和风俗都没有什么联系,除了对西方侵略者的愤怒,很难找到什么东西将它们团结起来。[16]

3月14日,卡拉卡瓦离开东京之前,拜访了天皇,天皇亲自为国王戴上了日本的最高勋章——大勋位菊花大绶章。他还按照惯例送了国王一些离别礼物——景泰蓝花瓶、手镯、漆盒、刺绣等等。皇后送了两块白色锦缎的布料给夏威夷王后。[17]

对明治天皇来说，卡拉卡瓦国王来访的重要性当然比不上格兰特将军。卡拉卡瓦的亚洲国家联盟计划没有任何结果，他与天皇秘密会晤时提的其他建议不久就被遗忘了。然而从明治作为一名政治家的成长来看，这次会面具有重大意义。明治在与格兰特交谈时，说的话简短且含糊不清，但是在回答卡拉卡瓦时，他显得非常自信，这说明明治很了解东亚形势。也许他的自信源于某种优越感，因为夏威夷只有几个小岛和一支七十五人的军队，然而明治在接待卡拉卡瓦时非常周到，没有任何失礼之处。与十年前那个不善辞令的男孩相比，明治已经变得仪表堂堂，并给客人留下了深刻印象。

1881年，明治又接待了两名王室贵宾——未来的英国国王爱德华七世（Edward VII）的儿子阿尔伯特·维克多（Albert Victor）王子和乔治（George）王子，10月21日，两名王子乘坐英国皇家海军的舰艇"巴坎堤"号（HMS Bacchante）抵达横滨。他们从横滨坐火车到东京，再坐马车到下榻的滨御殿。两名王子日本之行的报告描写他们首先坐人力车游玩了浅草。他们无疑听说过这个玩乐的地方，并希望亲身体会一番。那天晚上吃饭的时候，三条实美和岩仓具视拜访了两位王子，天皇还派了自己的"私人乐队"为他们助兴。乔治王子的反应是："这些音乐家从里间发出的声音既微弱又哀伤，我们中有些人无知地误以为是乐队在调音，就这么过了一段时间，才询问他们什么时候开始演奏。"[18]

第二天，两名王子拜访了天皇。他们这么描绘天皇："虽然还不到三十岁……但他的外表看起来要成熟得多。他很镇静，显然极力想演好自己的角色，但是并不紧张。"[19] 从这番描述中，可见天皇这一次没有上次和卡拉卡瓦国王会晤时那么自在。尽管两名王子仍很年轻——分别为十八岁和十六岁——但他们来自世界上最强大的国家，天皇可能觉得有必要表现出长者的威严。

两名王子显然对皇后更感兴趣。乔治（后来的乔治五世）写道："她的个子小小的，如果不是按照日本传统把脸涂得那么白的话，她会非常漂亮。"她想以"愉快而亲切的方式"开始谈话。大王子请皇后收下他们从澳大利亚带来的两只小袋鼠。"小袋鼠是船上所有人的宠物，因为一到餐点，它们就在甲板上又蹦又跳，还发出低沉的吼声，像老鹰一样疯狂。"皇后似乎很喜欢这个礼物，第二天两只小袋鼠就被送进皇宫。难以想象它们在宫里四处跳跃的样子。同样难以想象，那个在自己统治的二十五年里为集邮者所熟悉的，留着胡子，一脸严肃的乔治五世，会让日本的文身师给自己的手臂文身："他花了大约三个小时，沿着手臂蜿蜒而下，文了一条青红相间的龙。"[20]

10月31日，两名王子邀请天皇到"巴坎堤"号上共进午餐。天皇在三名亲王、岩仓具视、井上馨和众多公卿的陪同下来到船上，神奈川炮台以及停泊在港口的日本船只和外国船只都向他们鸣炮致敬。天皇在船上受邀观看了一次鱼雷发射的全过程。[21] 第二天，两名英国王子启程到神户去，接下来的一个多星期里，他们游览了京都、奈良、大阪以及关西地区的其他地方。

这之前的7月31日，天皇又一次巡幸，这一次是到山形、秋田和北海道。大约四百二十人准备随行，然而由于沿途没有足够的住处，于是将人数降到三百五十人。[22] 尽管天气酷热难耐，但这次旅行相对来说比较平静。天皇通常在小学学校过夜，一方面是因为那里有足够大的地方，可以容纳他的大队人马，另一方面也因为他对教育的兴趣一直没变。* 天皇跟往常一样，每到一处都要参观学校。在鹤冈时，一名中学模范生介绍了中国典籍《左传》，随后一名小学生讲了《日本史略》，天皇对此肯定非常高兴。[23] 他不喜欢听学生谈论古罗马的消息似乎已经传开了。

---

* 他还住过富人的家里、佛教寺庙、博物馆（在山形县）、郡衙门、医学院（在福岛县）等。

尽管天气炎热，天皇一行还是欣赏了美丽的风景，观看了当地的物产和古董，天皇的马车或乘舆所到之处都受到民众的夹道欢迎。这次的北部巡游有一个新特点，即通讯方便了不少。天皇不仅能够收到日本其他地方的新闻，还能够收到全世界的新闻。例如，他通过电报知道了京都的淑子内亲王生病和去世的消息。9月19日，天皇几乎立刻就知道了詹姆斯·加菲尔德（James A. Garfield）总统的死讯；两天后，天皇给加菲尔德的继任者切斯特·艾伦·阿瑟（Chester Alan Arthur）发去了唁电。

不过，天皇旅行期间收到的最重要的新闻，是和当时的一宗丑闻有关的。政府将出售北海道开拓使*官产的消息披露后引发了公愤，嘉彰亲王对此深感不安，8月21日，他给炽仁亲王写信说明情况，炽仁当时正和天皇一起在埼玉县。嘉彰亲王说，北海道将变成县这个突然的消息使北海道开拓使长官黑田清隆大为恼火。黑田跟许多高级官员说，北海道目前的发展全是他努力的结果，正确的做法应该是由他来决定撤销开拓使和设置县的事情。黑田说如果这个建议被采纳，他将立即宣布同意撤销开拓使。官员们同意了。黑田随即请求允许将开拓使的官产出售给前萨摩武士五代友厚（1834—1885）。五代在开拓使任职期间，曾在大阪成立了一家贸易公司。[24]

内阁没有立即批准黑田的申请，他们认为天皇即将访问北海道，应该等他参观完那个地方后再做决定。这个决定惹恼了黑田，他尖叫着咒骂某位高官，还朝他扔了一个烛台，完全不顾自己的行为。

天皇临出发到北方去的那天，已经同意按照去年决定的计划，将工厂、矿产以及其他的政府资产出售给私人企业。然而，计划的细节——价值约三百万日元的资产以三十万日元出售，且在三十年内无息偿还——被披露之后，引发了报纸和民权派的强烈不满。黑

---

* 北海道开拓使是日本政府为开发北海道等地区而设立的地方最高行政机关，相当于县政府。1869年设置，1882年废止。——编注

田和五代都来自萨摩这个事实，使得这个销售建议显得更加可疑。

嘉彰亲王认为不能再沉默下去，决定请求觐见仍在巡幸途中的天皇。他派人请来佐佐木高行和内务省官员土方久元，要求他们陪自己去。他说自己从未在天皇面前表达过政治观点，担心无法说服他。嘉彰深信，有这两名天皇的亲信陪同，成功的机会将大大增加。但他们认为最好还是亲王自己去。天皇讨厌欺骗，亲王最好是将情况如实地向天皇汇报。[25] 嘉彰接受他们的建议到了埼玉，并将情况汇报给天皇。

不过天皇可能已经知道了。根据报纸的说法，天皇一个月前（在北海道）就已经从一名宫内省官员的口中知道了公众的反应，这名官员一路赶到北海道向他汇报这宗销售引发的骚动。据说天皇还从报纸上读到萨摩派政客计划联手除掉某位参议的报道。他猜得没错，他们正是冲着大隈来的。

10月11日，明治回到赤坂离宫。他派人召来元田永孚，元田主张立刻解雇大隈。他说，如果认可大隈立即成立议会的主张，"则众论沸腾，危祸忽到"。天皇犹豫，没有采取行动。而后，在众参议奏请罢免大隈时，他质问道，萨摩派参议联手除掉大隈的传闻是不是真的，有没有大隈犯错的证据。大臣说，尽管很难找到确证，但是福泽谕吉的弟子可以作证。另外，大隈、福泽和岩崎弥太郎（1834—1885）[*]参与了密谋。大臣们强调，对大隈不满的并不只是萨摩派参议，而是所有参议。假如天皇不信任萨摩派参议，内阁将面临解散的结局。天皇只好同意，但是吩咐不得不由分说便强迫大隈辞职。

伊藤博文和西乡从道被选为代表，去说服大隈辞职。大隈毫不犹豫地同意。作为交换条件，10月12日，天皇下令三条实美撤销官产的出售许可。政府宣布大隈辞职的原因是风湿病复发使他无法

---

[*] 三菱商会的创立者。据说他为没能买到在售的政府资产而非常生气。

第三十四章　卡拉卡瓦访日

履行职务。其他一些和大隈有联系的政治家也都辞职了。[26] 多年来内阁中萨摩和长州两派的关系一直不好，但他们在外来威胁（大隈来自佐贺）面前团结在了一起。为了安慰大隈的支持者，官方宣布将于1890年兑现承诺，成立议会，而这对那些主张渐进的人来说有些太快了。

黑田出售官产的计划受阻，然而政敌大隈被解雇，让他颇为欣慰。身陷丑闻漩涡的黑田，出丑的日子并没有持续多久；1888年他还坐上了首相的位子。尽管如此，这个常常被称为"明治十四年政变"的事件并没有被人们遗忘。它是强权政治中尤其令人不快的一个例子。

与此事有牵涉的大多数政治家，似乎都不得明治喜欢。据曾跟随他到北部巡幸的侍从荻昌美说，有一天晚上，天皇一边洗澡一边评价各位参议："黑田想做大臣，而且不达目的誓不罢休。他简直太讨厌了。西乡（从道）参议总是一副醉醺醺的样子，说话也让人不知所云。几年前英国议员里德（Reed）来日本访问时，川村参议的接待方式并不合我的意。"[27] 在建议没被采纳时，黑田经常以生病为由不参加朝会。只要他不在，西乡和川村也会无缘无故地不参加。真是让人费解啊。"荻又说："他知道井上（馨）参议狡猾多端，因此并不喜欢他。至于其他人，陛下在最近这次巡幸期间评价说，大木（乔任）完全像个木偶。陛下真正信任的人只有参议伊藤博文。"[28]

从这个时期开始，我们偶尔能够从千篇一律的诏书和独特的语气中听到明治的声音。他已经听得够多，认为是时候自己开口说话了。

第三十五章

自由民权

1881年，颁布宪法和成立国民议会的呼声高涨，让人觉得那些倡议者似乎不久就能取得成功。自从1876年9月天皇许诺以来，宪法的起草并没有取得多少进展。不消说，没有人公开反对宪法，因为那将违背圣意，[1] 但许多人都支持"渐进主义"的政策，希望宪法的颁布可以无限期地拖延下去。然而要求制定宪法、开设国会的人已经厌烦等待，许多人要求立即行动。

要求政府采取具体措施的压力也来自令人吃惊的阵营。1879年12月，山县有朋给太政大臣三条实美写了一封长信，表达自己对立宪政体是否可行的看法。山县列举了民众对政府的诸多不满的原因，认为失业、强制节约[2]、抛弃传统的道德习惯等都疏远了民众，助长了自由民权运动。山县认为当下迫切需要改革立法、行政和司法之权，否则肯定会发生更多像佐贺、鹿儿岛等地那样的武装叛乱。他相信，恢复民众对政府信心的唯一方法就是颁布宪法。将来可能存续很多代的宪法显然不可能一天一夜完成，但现在至少到了应该确定其基本原则的时候。一旦内阁政治及国家各部门的运行明显遵循这些原则，未来的路线也就被确立，人民将会再次拥护政府。

山县强调，不应该将新宪法理解为侵犯皇权。早在《五条誓文》颁布时，天皇就亲口承诺将逐步成立立宪政体。府县郡区的下层议

第三十五章　自由民权

会机构已经设立，应该从这些机构中选拔最有才华的成员，组成和元老会对应的平民议会。

三条同意了山县的建议，岩仓随后也同意了。他们将此建议提交天皇，天皇欣然接受，并要求每位参议提交一份报告，说明自己对立宪政体的看法。[3] 在全部报告中，伊藤博文的最为详尽。他列举了武士对废藩以来诸多改革的痛恨，并将他们目前的情况与幕府时代相比较。在幕府时代，武士们受到良好的教育，享有薪俸还拥有房产，自然认为自己有为国效力的义务。这种想法现在也还存在。武士一发表政治声明，普通民众就会动摇："譬之人身，士族如筋骨，平民如皮肉，筋骨动而皮肉从之。"[4]

伊藤警告说，法国大革命早晚会影响每个国家。政府分权于民的观念已经随着书本等欧洲商品一起进入日本，在武士和平民中广泛传播，现在已经蔓延到千村万落。一些煽动者胡言乱语，吓唬听众；另一些人则完全不顾天皇的计划，无病呻吟，并煽动群众做出令人不知所措的疯狂行为。这一切都像"雨露降而草木生，深不足怪"。[5]

伊藤似乎已经接受了政府必须要与普通民众分权的观点，但他强调不可像一些人主张的那样匆忙地起草议会计划。"起国会，以成就君民共治之大局，虽为甚望之事。然此系国体之变更，实旷古之大事。"政府必须按照先筑根基，再建柱子，最后建屋顶的顺序来推进。伊藤支持模仿欧洲的模式，建立两院制议会。上院（元老院）由一百名贵族和武士组成，其特别职能在于支持皇室和保留日本传统。伊藤希望通过允许武士直接参与政府事务减轻他们的敌意。

下院将由地方议员中选出的"公选检查官"组成，其职责只限于财务审查问题。上院明显比下院重要得多。伊藤认为这样有利于稳定，而且上院可以避免下院走向激进。[6] 结尾时他说，"渐次进步，以完成大局，全仰陛下之乾刚不息"。

参议大隈重信一开始不愿发表自己的观点，天皇让炽仁亲王去劝他，要他发表对这个关键问题的看法。炽仁回来汇报说，大隈希望能面陈自己的观点，因为他担心如果写下来，可能会泄露出去，但天皇却坚持要求他提交书面陈述。1881年3月，大隈终于将奏折交到左大臣炽仁亲王的手里，同时要求在天皇御览之前，任何参议，甚至是太政大臣或者右大臣都不可以拆看。炽仁同意了。

大隈的意见一共有七条。第一条呼吁立即公开宣布设立议会的预计日期，确定宪法起草的人选，并开始着手建造议会大楼。

第二条规定，任命高级官员时应考虑人民的支持度。在未来宪法框架之下运作的议会应体现民意。议会的决议也应符合大部分成员的愿望。获得大部分民众支持的政党领导应该担任议会的领导。[7] 君主立宪政体使天皇毫不费力就可以找到最适合的助手。依赖选举产生的官员，将使天皇免去判断潜在顾问资格的麻烦。但是，大隈指出，选民选出的政党将来可能因不称职而失去民心。如果那样，政权将移交给新获得最大支持的政党。天皇随即从这个政党中选出一名首相，要求他组阁。[8]

大隈的第三条建议是，将那些职位随着执政党变化而变化的官员（政党官）和那些不管哪个政党执政职位都不变的官员（永久官）区分开。后者是官员的主体（除了各部门领导之外），不允许担任议员。而且维持国家治安、公平的官员应当是永久中立官，包括三大臣、军官、警察和法官。

第四条规定宪法将由天皇颁布。宪法非常简单，完全由总则组成，同时澄清行政权力的职责以及公民的个人权利。第五条建议1883年初召开议会。为了实现这个目标，本年（1881年）应该颁布宪法，并在次年年底之前选出议会成员。

第六条要求各政党确立政纲，各政党之间的竞争将是他们不同政纲之间（而非个人之间）的竞争。第七条是总论，要求政党必须忠实于宪政精神。如果他们遵循字面的意义而非内在的精神，那将不仅是国家的不幸，还会给执政者自身带来灾难，使他们留污名于后世。[9]

第三十五章　自由民权

炽仁亲王读完这份文件之后，为大隈提出的议会召开日期之近感到震惊。尽管已经对大隈承诺过，他还是秘密地将奏折给三条实美和岩仓具视看后才呈交天皇圣裁。伊藤听说大隈向天皇递交了奏折，于是问三条自己可不可以看一眼。三条从天皇那里取回奏折，并于6月27日拿给伊藤看，伊藤看后非常愤怒。[10]议会召开的时间距离现在只有两年——这在他看来也太快了——而且天皇侧近的顾问也将由普选产生，等于完全放弃了君主的特权。7月1日，伊藤写信给三条，表达了自己的观点，并威胁说如果大隈的建议被采纳，自己将辞职。第二天他又写信给岩仓，说只要大隈的意见和自己相反，他就不会参加参议的会议。[11]

岩仓劝说无果，于是派人把大隈请来，向他解释自己为何要将他的奏折拿给伊藤看以及伊藤的反应如何。大隈为自己的激进主义辩护，认为"如群集而入门内，若开半扉，则必招杂沓，莫如开其双扉，导之入内"。1883年召开议会这个大胆而激进的措施就是"开其双扉"。在岩仓的建议下，大隈和伊藤随后见面，并最终达成了和解。伊藤又开始参加内阁会议，但他们在许多政治问题上的观点依然相距甚远。

作为渐进派，伊藤非常关心天皇未来的角色。天皇的个人决策——反对向外国贷款以及反对农民用大米交税——表明他可能不肯再扮演被动或者象征性的角色，而是想积极参与重大问题的决策。伊藤担心这种倾向可能导致天皇要对政治行动担责，进而导致有关天皇制正当性的争论。因此他宁愿天皇扮演一个完全象征性的领导角色，担任为自己服务的内阁的指导者一职。伊藤特别警惕那些不必承担政治责任的宫中人士通过天皇施加影响，他相信这只会导致政府的不稳定。[12]

有一点使伊藤和大隈走到了一起，那就是他们都讨厌萨摩人。萨摩派的川村纯义再次被任命为海军大臣时，得到了所有海军军官的支持，但遭到伊藤的强烈反对。大隈也和伊藤站在一起。他们谴责萨摩人习惯将海军视为自己的私人领地，并且确信川村没有能力处理海军未来的发展。但最终，川村还是顺利地复任。因为岩仓等三大臣希望通过平衡长州和萨摩的势力来维持内阁的和平。他们可能还希望任命川村之后，那些平时懒得参加内阁会议的萨摩参议（与之形成对比的是勤勤恳恳的长州参议）将会再次参加会议。三大臣有越来越多的理由为失去木户和大久保感到遗憾，因为他们维持着内阁中长州和萨摩之间的势力均衡。[13]

尽管被迫在川村复任问题上让步，但伊藤仍是政府中最为得势的人。他得到了天皇和三大臣的信任，然而佐佐木高行却在日记中说"至来年春，内阁必破裂"。他满心欢喜地期待这一刻的到来，因为那是佐佐木一直以来希望的由天皇亲自执掌大权的好机会。他敦促天皇为这件可能发生的事做好准备。天皇回答说，左大臣（炽仁亲王）身为皇族，比另外两位大臣身份更高，因此他很期待其表现。但是现在成为内阁成员的炽仁，似乎已经失去了他在元老院期间展现出来的自信。佐佐木为炽仁辩护说，炽仁的资质良好，但是缺乏毅力。天皇随后说了一番非常有说服力的话："大臣、参议于维新之际虽有功劳或军功，然无政治学问，非长于政事之人物，故今日内阁艰难亦是当然。因之，唯希真政治家渐入内阁。然此亦依局势，只可待时机十分之时。"[14]

这就是困扰明治政府的症结所在。战场上的英勇表现并不能保证胜任政治事务，然而大部分内阁成员入选都是因为赫赫战功，而不是敏锐的政治洞察力。萨摩籍参议不参加内阁会议的原因，可能是因为他们已经厌烦听取行政报告。明治对黑田清隆和西乡从道这两名军人的反感，或许就说明他注意到其缺乏认真处理民事问题的能力。

军人参政这个问题将一直持续到明治死后，但是，这时候让军人们不插手政治，尤其是不违抗君命变得尤为必要。早在1874年，加藤弘之就在《明六杂志》上发表过一篇文章。文章的开头写

第三十五章　自由民权

道："如文明开化各国，武官只管恭顺君命，以成最要至良之事。"[15]就在这一年，三名陆军少将为了表达对大久保外交政策的不满而辞职。[16] 为了应对这些公开表达政治观点的军人，尤其是告诫那些曾在西南战争中参加西乡一方的叛逆士兵，1878年，山县起草了一份《军人训诫》，并分发全军，其中有一条便是"禁是非朝政，议论时事"。[17]

尽管颁布了训诫，但还是有军人参加当时席卷全国的政治示威。1880年4月5日，为了控制（在他们看来）威胁到公共安全的示威活动，政府颁布了称为《集会条例》的十六条法规，规定以后一切示威活动——不管是政治诉求、攻击政府的渐进政策，还是要求召开议会等——都需要得到警察的批准。另外，严禁军人、警察和教员等参加公众集会和政治团体。[18] 不过，军人参加民权运动的问题继续存在：1882年1月《军人敕谕》颁布时，第一条便要求军人"故当毋为世论所惑，不为政治所拘，唯以守己本分之忠节为主"。[19]

可能正是在这种禁止军人参与政治活动的压力，争取"自由民权"的运动完全由普通人，主要是中下层武士领导。1880年12月15日，第一个为此目的而成立的政党"自由党"成立。[20] 在此之前，国内的许多地方都已建立了政治组织，每个组织都有一个独特而吉利的名字，但却不一定有明确的目标。即便那些高声叫嚷着要颁布宪法和召开议会的政治社团，也极少考虑宪法应该包含什么内容，或者是立法机构应该怎么组织这些问题。[21]

高知县的"立志社"是武士积极分子成立的组织中最突出的一个。1874年，与"自由民权"运动有联系的板垣退助等人共同成立这一组织。"立志"这一名字来源于塞缪尔·斯迈尔斯的畅销书《自助论》（日译本叫《西国立志编》）。这个名字本身说明，较之于建立议会，它原本更接近于实现武士教育和自我提升。[22] 也许这就是板垣1875年创立爱国社的原因。它是一个特殊的政治组织，意在建立立志社和各自由民权组织之间的联系。

然而，没过多久，立志社就开始涉及重要的国家议题。西南战争使它的活动发生了转变。1877年战争爆发后，一直坚定支持西乡的板垣回到高知。西乡的战败清楚地说明，用军事力量与政府对抗是没有用的。因此，立志社的主张将通过言论和报纸传播，而不是刀剑。

板垣是立志社的创立者和最著名的成员，但是实际推动自由民权运动的则是一个名为植木枝盛（1857—1892）的二十岁小伙子。植木出生于高知的一个高级武士家庭。1872年，植木来到东京学习。[23]他广泛地涉猎各种书籍，尤其是有关法律、政治经济和自然科学的书。其间，植木还对基督教产生兴趣，经常到教堂做礼拜。

1873年底，植木回到高知。五个月后，板垣在立志社的一次演讲令植木特别感动，他开始学习自由论和议会制度的理论。1875年植木回到东京继续学习，这一次他的阅读兴趣由翻译书籍转到传统汉籍，尤其是阳明学派的著作。*这一年，植木开始向主要的报纸投稿，迈出了作为自由民权活动家的第一步。1876年，植木因写了一篇名为《猿人君主》的文章而被捕入狱。他在文中说，人类和猿猴的区别在于人类具有思考和想象的能力，但是政府通过压制言论自由，已经把人变成了猿。[24]但是，植木认为"有教育后有智识，有智识后有议院"，对于百姓尚未接受足以明智投票的教育之前就进行全国普选深表怀疑。

就在这一年，西南战争爆发，植木随后回到高知。他在板垣家住了一段时间，开始积极为立志社工作。植木担任主要执笔人，撰写了要求召开议会的请愿书草稿，还为立志社当时出版的许多短命杂志写稿。同时，他作为一名演说家也声名鹊起。1877年一年里，他就做了三十四场演讲，观众人数一般为一两千人。植木在日记中写道，6月23日，他到一个可以容纳两千人的剧院演讲，但是

---

* 这一学派的儒家学说提倡知行合一。

第三十五章 自由民权

还有两千人无法进场。由于太过嘈杂，演讲不得不中途散场。高知是自由民权运动的最前线，全国各地的有识之士都聚集在这里。植木这时已经完全相信必须建立议会，并将未能建立的原因归咎于西南战争。[25]

植木对自由的倡导也扩展到性。他说人类的目的是"满足己之欲望，尽愉乐，极幸福"。[26] 他的日记记录了自己梦到的一些性幻想，其中一个是这样的："与天皇同寝。又与皇后同衾，梦交媾之事。"[27] 植木将天皇和自己同一视之的奇怪认知一次次出现在他的日记里，他认为自己是天皇，甚至使用相应的敬语。从1883年起，植木甚至在皇历（以神武天皇建国为起点的历法）、西历之外，另以"寰宇大皇帝"（意为他自己）的诞生时间纪年。1884年3月13日，植木在日记中写道："天皇、夜、行幸芳原（吉原*），于红髯楼招妓女长尾。"[28]

植木从未解释为何一直自称天皇。他无疑对天皇这个人有着独特的兴趣。植木的日记一般只写自己的事，但从1873年开始，他开始提到"圣上行幸""皇女分娩""拜见龙颜"等。我们可以想象，这种对天皇的痴迷正是植木反君主情绪的反面。1879年8月2日，植木做了一个梦。他这么回忆梦里发生的事："在东京，一人因不敬天子、近共和政治等大恶余，以二少年刺余，然伤小未死。"[29]

不消说，这类日记和明治本人没有一点关系，但是植木的朋友横山又吉写道，植木短暂一生的最后几年，"可以说已经疯了。他认为自己就是天皇"。[30] 如果植木仅仅是个疯子，那我们不会对他自称天皇的古怪言论感兴趣，然而就在植木写下这些言论的同时，他还积极地发表支持自由民权运动的演讲和文章。

1880年1月，植木在一篇文章中写道，尽管有些人害怕共和政体，但是假如他能有一些真正的理解，就会知道这种政体其实会给

---

* 位于东京都台东区浅草北部，为妓院区。——编注

国家带来好处。[31] 然而，总的说来，植木似乎认为日本天皇制的存在是"确定的"。他于1881年起草的宪法以天皇存在为前提，并规定了天皇的一些特权。植木并没有公开拥护共和制。[32]

植木还有一篇文章被人记起，叫《就男女同权之事》。也许这是日本最早呼吁男女平等的文章。长期以来，人们认为植木是在妓院写下了反对卖淫嫖娼的著名社论（发表于1882年1月），但没有证据支持这个观点。不管怎么说，植木还在跟妓女纵情玩乐的时候，就已经开始宣传妇女的平等权利了。植木承认短期内难以废除卖淫，但他极力主张应该基于自由主义的原则，努力教育妓女。

在运动方针眼花缭乱的变化之中，植木一心为自由民权事业贡献出自己的力量。1880年，爱国社更名为"国会期成同盟"，1881年，同盟变成了自由党。植木起草了党纲和规则。

明治对这些新事物的看法如何，我们不得而知，不过我们能想到他应该不太喜欢。他当然知道发生了什么事情，前文已经说过，自由民权活动家煽动起的民众愤怒，导致出售北海道开拓使官产计划流产。天皇认为安抚自由党成员是明智的做法。1881年10月12日，明治宣布将于1890年召开议会。[33]

这一谕旨是在自由党等政治组织的强烈要求下匆忙定下来的，但是许多重要的策略问题仍未决定。新政府将按照英国的模式还是普鲁士的模式？这种差异的背后隐藏着一个基本的问题：政府的构成是来自人民（英国式）还是由天皇任命（普鲁士式）？

一个更加基本的问题是，这些未来的立法委员几乎完全缺乏议会程序的培训。在1881年10月召开的自由党结成大会上，后藤象二郎当选为议长，马场辰猪当选为副议长，但是根据马场的日记记载，后藤几乎从不参加会议。于是主持会议的责任便落在了马场头上。他曾在伦敦的中殿律师学院学习过，熟悉英国议会进行的方式。党员们连议会讨论的基本原则都不知道，令马场感到震惊。当马场批评他们时，这些人回答说，不管欧洲的议会如何进行，他们是日本人,按照"日本的方式"来就行。马场坚持己见,必须要进行议事,最后自由党正式宣布成立。³⁴ 板垣退助当选为新党的总理。³⁵

天皇已经保证将召开议会,然而自由党未来的目标却暧昧模糊。自由党的对手,由大隈于1882年4月成立的立宪改进党则有更加明确的目标,他们的目标是建立一种英国式的议会民主制,由立宪制君主担任领导。大隈在立宪改进党成立大会上演讲时强调,君主在他所支持的民主政府中扮演象征性(而非积极主动)的角色:"有些人尽管自称'尊敬天皇',也以此为装饰,但实际上是想建立几个豪门世家来充当皇室的屏障,或者是用军队来保卫皇室,甚至他们会把君主推到最前方,让他直接管理国家。这是通过支持皇室,将皇室置于危险境地的做法。"³⁶

大隈一再强调自己对皇室的一片忠心。他在同一次演讲中说:"冀望维新中兴之业大成,建帝国万世之基础,保皇室之尊荣于无穷,全人民之幸福于永远。"

1882年4月6日,板垣在岐阜演讲后遇袭,一名行凶者用匕首刺伤了他。尽管伤口不深,凶手也立刻就被制服,但据说以为自己可能马上就要死了的板垣高声喊道:"板垣可以死,但自由不死!"³⁷ 天皇听说后十分震惊,立即派侍从去当地看望板垣。³⁸

这件事为板垣赢得了许多同情,全国各地有许多新成员加入自由党。但是政府对它的行动限制也越来越严格,一些党员因抗议福岛县令残暴地镇压农民起义而遭到监禁,最后被以叛国罪论处。

政府以一个更加巧妙甚至狡诈的计划解除了自由党的领导权。1882年3月,伊藤博文和许多顾问一起去欧洲考察各国的组织结构。伊藤出发前不久,板垣来拜访他,伊藤借机劝从未出过国的板垣到欧洲去,研究研究各国的政治和风俗。伊藤说,除非亲自了解欧洲的情况,否则很可能被那些认为外国一切都好的人所影响,到头来误导了日本人民。板垣听后心动,表示如果经费有着落的话自己愿意去。³⁹

伊藤秘密和井上馨商量，一致认为削弱自由党实力的最好方法就是让板垣和后藤到国外去住上一段时间。伊藤和井上开始为他们的旅行筹措经费，最后三井银行同意给他们两万美元，条件是在资金存取方面和军队再续三年合约。

1882年底，板垣突然宣布要到欧洲去，不久之后后藤也宣布了同样的决定。这两人完全没有准备，就要去研究欧洲的情况。根据马场辰猪的说法，他们连罗马字母都不会读，更不要说外语了。他们根本不可能学到什么重要知识。尽管有一名翻译协助他们，然而这个人的主要工作（虽然他们并没有起疑心）却是监视他们，并将他们的行踪报告给井上。[40]

关于经费的来源，板垣和后藤从未收到满意的答复，不过这似乎未能给他们造成困扰。他们迫切地渴望出国，因此当自由党成员质疑两人此行是否明智时，他们变得相当地不理智。[41]

我们很容易就可预见到，欧洲之行没有给他们带来任何好处。后藤大部分时间都待在巴黎，偶尔（也许是为了安慰自己的良心）会去普鲁士、奥地利或者英国走走。在伊藤的建议下，后藤在维也纳听了十次左右洛伦茨·冯·施泰因（Lorenz von Stein）教授的讲座。伊藤建议后藤跟施泰因学习，以矫正那些受英国、法国或者美国影响的人所阐述的过度自由主义，以此来加强皇室的基础。但是斯泰因教授那年的课程都是与拿破仑三世政变有关的一些杂烩言论，后藤一点收获也没有。

板垣很骄傲地见到了克莱孟梭和维克多·雨果，然而他在法国的时间主要都用在观光上面，就像他回日本后出版的游记所描绘的那样。他成功地见到了赫伯特·斯宾塞（Herbert Spencer）这位日本知识分子的偶像，然而就在板垣含糊不清阐述自己的观点时，斯宾塞突然愤怒地叫了起来："别说了，别说了！"随即起身离开了房间。[42]

1883年，板垣和后藤回到日本。他们发现自己不在的这段时间，自由党和立宪改进党这两大自由派政党已经开始愤怒地互揭对方的老底。毫无疑问，这正是政府中的保守派领导所希望的结果，他们花大笔资金让板垣和后藤到欧洲去的目的也正在于此。那些希望板垣给他们讲讲法国的共和制政体或者英国的君主立宪制政体的自由党成员非常失望，因为板垣跟他们说，"尽管日本的生活标准落后于欧洲，但是政府则要比它们先进得多"。他敦促党员们"致力于提高生活水平"，同时警告说，"如果海军的实力得不到加强，日本将会非常危险"。[43] 没有一点和自由主义运动有关的东西。

1884年10月29日，自由党解散，而它的死对头立宪改进党随着两名主要领导人大隈和河野敏镰辞职，事实上也于同一年的12月17日解散了。自由主义政党已经沉寂，需要再过几年，才能重新焕发生机。

第三十六章

济物浦条约

在明治十四年的动乱事件后，1882年——至少是前半年——似乎异常平静。和往年一样，这一年在天皇举行四方拜*和其他传统新年仪式中拉开了序幕。

这一年，第一件值得关注的事件发生于1月4日。当天，天皇召见了陆军卿大山岩，亲自向他颁布了《军人敕谕》。[1]随后，大山岩下令在军队中广泛发布敕谕，并在往后的六十多年，在每年向士兵和水手发放的袖珍手册的扉页印刷这一敕谕，以供阅读、铭记和遵守。

敕谕开篇称，自神武天皇起，日本军队世代向天皇效劳。在古代日本，军队为天皇所亲御，而后因长期处于太平盛世，皇室逐渐丧失兵马大权，兵权遂落入职业军人，即后来兴起的武士之手。

近七百年来，武家不顾皇室意愿，执掌国家统治大权，然而到了弘化、嘉永时（1830年代至1840年代），幕府政治日衰。此时正值外夷叩击国门、威胁日本安全之际，天皇祖父仁孝天皇、父亲孝明天皇日夜忧虑。但是，明治仍为幸运。虽年幼登基，但幸得忠臣

---

* 平安时代初期嵯峨天皇开始的一种新年仪式。天皇向四个方位的神灵朝拜，祈求国泰民安、五谷丰收。——译注

辅佐，政权复归于天皇掌中，恢复古制。

在过去的十五年间，发生了翻天覆地的巨大变化。如今陆海军由天皇亲统，天皇向军队宣布："朕既为汝辈军人之大元帅，则倚汝辈为股肱，汝等亦当仰朕为元首，效其亲爱。朕之能否保卫国家，上应天心，以报祖宗之殊恩，全视汝辈军人之能否恪尽其职。"[2]

开篇之后是五条训谕，阐明了天皇对军人的期望。第一条要求军人应当对国家忠贞不渝。天皇措辞严厉地问道："夫既享生于我国，其谁无报国之心？""军人报国之心即未能坚固，则虽技艺娴熟、学术良优，亦犹木偶而已。"军人须"知义有重于泰山，死有轻于鸿毛"。

第二条要求军人以礼仪为重。下级者承上级之命，实际上无异于承天皇之命；反过来，上级者对于下级，亦不可有轻侮骄傲之举，而必须恳切慈爱。"上下一致，以勤王事。"

第三条主要讲述尚勇的重要性。好勇无谋，动辄肆威，不能称之为勇。军人应当恪尽职守、小敌不侮、大敌不惧、善明义理。此外，天皇还命令军人待人接物要以"温和"为第一，力图博得民众的敬爱。

第四条和第五条分别要求军人以信义为重和以俭朴为旨。

《军人敕谕》较之于任何国家的统帅向其军队颁布的命令而言，最明显的区别在于，它强调陆海两军士兵直接听命于天皇。明治天皇宣布，他倚赖陆军和海军，视他们为"股肱"，命令他们视天皇为"元首"，建立一个彼此依附的关系。若军人们竭力为国，则可与天皇共其荣；若军人们威之不振，则天皇也无法光耀四海。

《军人敕谕》颁布几天后，参谋总部长官山县有朋编写了一份《扩充军备意见书》，并呈递给陆军卿大山岩。山县有朋谈到常备兵数量不足，只有四万人。尽管征兵制度已经实行了九年，但仍没有达到规定的人数；日本不同地区的驻军均缺乏步兵、炮兵和工程人员。此外，外部情况绝非安定：日本与清朝、朝鲜的关系尚不明朗，琉球群岛的形势是引发冲突的潜在根源。"若夫际有事之日，始论兵备之不完，则已迟矣。故虽假令于财政上有若干之影响，仍不可不于今年度起，年年征募以至完备。"[3] 山县提到清朝和朝鲜应当引起日本的注意，因为1882年的后半年日本主要忙于处理与这两个国家的关系。

1882年另一件大事占据了朝廷的注意力，那就是修改条约这一旷日持久的问题。日本屡次试图修改在之前签订的不平等条约中向外国列强做出的种种让步。尽管日本已设法使大多数国家同意修改条约，但英国仍坚决反对。

起初，明治并未直接参与处理此类问题。这个时期的官方记录中，关于明治天皇的记载大多都是向日本国民赠送礼物和向公共机构捐款。例如，1月19日，他从内库中拿出一千日元，赠送给位于高野山的金刚峰寺，用于重建在1843年火灾中被烧毁的大宝塔。[4] 明治确实在幼年就接受了佛教训诫，但他这样做不太可能是因为被佛教的虔诚精神所感化。[5] 也许他觉得，和当代欧洲君主一样，他爱民如子，把钱捐赠给宗教、学术协会和慈善机构是他义不容辞的责任，[6] 又或者捐钱重建宝塔可能反映出他有意复兴过去的遗迹。

此时，天皇对保护日本传统越来越关心。在经过一段时期不加鉴别地模仿西方教育制度后，儒家美德被重新作为教育的根基。听到此事，天皇高兴万分。他评论说："阅今回设立文部省之学制诸则，知朕与前任文部卿寺岛宗则所论之旨，及今日终达成。"[7] 在敕谕中，他表示，尽管国民力促采用德国教育或俄国教育的一些特色，但他希望在未来的几年，文部省不要被此类呼声所左右，而是坚守现行制度，十年之后必定能够证明该制度大获成功。

此后不久，为回答天皇提出的问题，太政大臣三条实美等呈递了关于立宪政体的意见书，确定了设立议会的时间，并向元老院递交了宪法草案。但宪法的条文照搬欧洲宪法，并不适合于日本民众的民族感情，不加修改就无法采用。人们纷纷就如何使宪法生效、应将哪些规定作为指导原则建言献策。唯一可以确定的一点是：宪

第三十六章 济物浦条约

法是天皇御赐的，而非人民奋斗争取的结果。而有关主权由谁掌握的争论一直在继续。有些人提出了主权在民的观点，另一些人则认为应采用君民同治，还有人声称应由天皇独揽大权。所有人都旁征博引欧洲的理论和制度来证明自己的观点。

这些分歧使天皇陷入了苦恼，他命令三条就帝国宪法的原理、议会和皇权之间的关系以及设立议会的准备工作提交一份详细的奏折。2月24日，三条提交了奏折，强调"君王立不可干犯之地，宰相代任其责"。三条重申，政府政策实行的是渐进式改革。他了解"天下之人心反喜急躁"，但坚信应循序渐进，因为数百年来日本都鄙视外部的一切，与世隔绝，偏安一隅；当他们突然间与外国接触，反而走向极端，要与外国竞争，尽可能赶超对方。目前，欧洲的极端政治思想已经渗透到了城市和农村，年轻人沉醉于新奇的观点之中。现在最需要做的就是"令平正着实先入为主，毋使其陷浅薄偏僻之流"。

三条强调维持皇室财政独立的必要性。[8]他还认为贵族的主要功能就是在将来的议会中组成上议院，保护皇室。贵族之下是士族，但他们因政府的变革而变得穷困潦倒。三条恳请采取措施为他们提供援助。在另行起草的一份文书中，他列举了为着手开设议会需要采取的措施。[9]

强调保护日本传统并不意味着朝廷拒绝向外国寻求指导。2月，元老院议长寺岛宗则提议派遣伊藤博文赴欧洲考察欧洲各国的宪法，以便确定哪些特色可被日本宪法所采用；他本人也将担任全权公使为此目的赴美考察。天皇恩准了这一提议，伊藤也为此行辞去参事院议长一职。3月，就在动身前，伊藤收到了天皇列出的一长串的考察事项。

修约问题继续困扰着日本，为讨论这一问题，日本召开了关于修改条约的预备会议。井上馨发表意见说，由于外国从修改条约和放弃法外治权中得不到任何好处，为了达到目的，日本将不得做出重大让步。于是，他给出了两条让步建议。第一条是由参议山田显义提出，主张如果外国人愿意在所有问题上遵守日本法律，则允许外国人像日本人一样，在全日本享有生活、工作和通商的权利。[10]第二条是由伊藤博文提出，承诺给予的特权更少：允许外国人在日本内陆享有通商的权利，但前提是，如果外国人违反了行政规章或警察条例，需在日本法庭接受审判；日本政府恢复对所有民事诉讼进行裁决的权利。

3月5日，三条实美向天皇提交了两条建议，让天皇决定首选方案。天皇裁断，并提出三条建议。首先，"大臣参议等去小异，就大同，一致方可全此大业"；其次，严加保密，"阁议贵机密，改正之议未成，不可忽泄露，酿世间纷议，如前年开拓使出售官产事件"；最后，他反对山田的提议，称"我国民智识未及彼，财力亦颇劣，若与彼居住、经营之权，许其通商，其结果颇可忧虑。卿等宜深谋远虑，以之为备"。[11]

天皇的建议未能结束争论。井上馨夹在举棋不定的预备会议和要求迅速采取行动的英国公使之间，最后想要辞职。三大臣竭尽全力安抚他。最后，内阁顾问中的一名德国人罗斯勒（K. F. H. Rösler）重拟了两条提议。新拟的第一条提议允许外国人拥有"不动产所有权"，但收回"民事、刑事裁判权"。第二条提议只收回"民事裁判权"，作为交换条件，只允许外国人"内地通商"。这两个提议被再次提交给天皇。天皇决定按照第一条提议与外国人进行公开谈判，若第一条提议不成，则采用第二条提议。如果两个提议都不成，再进一步商议，并向天皇提交商议结果。[12]

4月，在条约改正的第七次预备会议上，井上馨宣读了一份备忘书，声称为实现在外交关系方面的目标，日本准备向与其签订条约的国家做出让步。在对此类让步进行阐述之前，备忘书中列举了日本的现代化以及日本有资格与大国平起平坐的证据：日本一直遵循全世界公认的法律和道德准则；已经结束了封建制度，让所有人

第三十六章　济物浦条约　　　　　　　　　　　　　　　　　　421

享有平等权利；对政体进行了改革，并分离了行政和司法体系；推广教育，放宽对基督教的禁令；建立了邮政系统，加入了万国邮政联盟；建立了电报系统、铁路系统，并沿海岸建造了灯塔；制定了刑事法典和上诉法。并且，日本并不满足于所取得的这些成就，而是要争取更大进步和改善，并希望与所有国家建立更加紧密的联系，增进互惠互利。

备忘书继续说道，但不幸的是，在与外国人建立友谊和进行通商的道路上依然障碍重重。按照现行条约，外国人不得在通商口岸以外的地方生活或通商。一直以来，日本政府都在等待一个适当的时机消除这些障碍，深信现在恰逢其时。在外国人遵守日本法律的前提下，日本允许外国人在全国自由旅行、在他们喜欢的地方生活、拥有动产和不动产、进行通商和经营产业；在新制度生效的当天，外国公民将受到日本法律管辖，此类管辖虽与他们在通商口岸受到的管辖不同，但将是公平的。这种公平性将会得到其他国家的承认，并将彻底改变日本人和外国人之间的关系，在二者之间建立起友谊。随着自由通商的开展和外国资本的流入，将会带来工业和贸易的繁荣，而这将会创造一个大规模的进口商品市场。[13]

6月1日，井上在预备会议上正式提交了一项修改条约的议案（该议案以他在4月份发表的备忘书作为依据）。议案规定：在新条约签署五年后，将向外国人开放日本全国，允许外国人按意愿在任何地方旅行、生活和工作，在通商或就业方面享有和日本人同等的权利；为减轻外国人对日本法律的担忧，日本将全力获取外国人的信任；新法完全采用在西方盛行的法律原则作为依据，日本将把所有法律和法规翻译成至少一种欧洲语言，并进行分发；外国法官可以与日本法官一同进行审判；在陪审团制度适用的情况下，若案件涉及外国人，将由部分外国人担任陪审员。

在宣读议案的时候，德国公使立刻对议案的互惠互利方案大加赞赏，尤其是对向外国人提供的慷慨担保称赞不已。他说，他将向德国政府汇报议案的内容，并建议修改条约。接着，比利时、葡萄牙、奥匈帝国、荷兰、西班牙、意大利和俄国的公使纷纷赞成德国公使的意见。美国公使赞扬日本方案的合理性，并说他很乐意建议美国政府接受该方案。他还补充说，取消治外法权将会减轻日本民众的不满和痛苦，维护与日本人民的友好关系，推动商业和贸易的开展。只有英国公使哈里·巴夏礼爵士拒绝同声同气地称赞该议案，说他将对该议案进行仔细研究。[14]

7月18日，巴夏礼在预备会议上回答说英国政府坚决反对井上的提议，并呈上了一份意见书说明原因。他说，尽管日本自批准新条约之日起将拥有管辖权，但在五年期限中日本不会给予外国人所承诺的特权。在此期间，外国人享有的唯一好处就是可以在日本内陆自由地进行公务旅行；外国人不能在日本内陆生活、拥有不动产或在日常活动中使用外国货币。此外，日本承诺的司法制度和裁判方法含糊不清，完全不足以对外国人的权利和利益进行保障。由于日本政府尚未制定民法典或商法典，新的刑法也仅仅实施了一年而已，英国政府极难对新法是否有效做出判断。他预计批准该提议将需要相当长的时间，因此建议日本政府和其他当事国谨慎处理。巴夏礼认为，当前提议没有获得英国民众的信任，无法吸引日本今后发展繁荣所需的外国资本流入日本。[15]他引述"一位有才干的日本国际法学家"在1879年底发表的言论说，"法律并没有对日本民众的生命、自由和财产给予适当保护，在获得日本民众的普遍认可之前还需要进行重大改革"。[16]

尽管英国是唯一一个公然反对该提议的国家，但巴夏礼的话却起到了决定性的作用。他建议各国公使一起讨论该议案，然而，公使们都决定不再讨论，而是向各自的政府上报此事。因此，7月27日，第十六次预备会议就这样结束了。

在看过巴夏礼对井上取消治外法权的提议提出的异议后，很难

第三十六章 济物浦条约

不承认他的论点有理有据。无论是巴夏礼还是英国政府，都觉得没有理由急着修改条约，在不能完全确定新制度将会让他们享有同等有利条件的情况下，他们不愿贸然放弃既有权利。在意见书中，巴夏礼说自己体恤日本人民彻底废除领事裁判权的愿望，可他的体恤之情似乎并不深。他似乎没有像美国公使（约翰·宾汉姆，John Bingham）那样觉察到日本民众对外国政府强加的治外法权感到不满。外国政府施加治外法权明白无误地表明它们认为日本尚未开化。巴夏礼引述的"一位有才干的日本国际法学家"的那番话，虽然并没有暗示出日本人民有不满情绪，但较之于对新法的不确定，日本民众感受更为强烈的大概还是这种愤恨之情。总之，巴夏礼正在维护一个日本民众都讨厌的制度，该制度否定了自明治维新时起日本所取得的一切。

与此同时，日本民众的注意力也从由来已久的修约问题转向了迫在眉睫的事情——7月23日，汉城爆发了朝鲜士兵起义。起义的根本原因是政府下令改革军队，导致民众心生愤怒。1881年底，朝鲜高宗及其正室闵妃[17]为推动朝鲜的现代化，邀请日本公使馆的武官堀本礼造中尉担任教官，建立一支现代化军队。一百名年轻的贵族弟子接受了日式军事训练，旧式军队的士兵知道这支年轻军队的装备和待遇远在自己之上，十分恼怒。他们中有一千多名年老病残的士兵在改造军队的过程中被迫解甲，而其他士兵已经有十三个月没有领到粮饷，6月，在得知这一情况后，高宗下令向士兵发放一个月的粮饷。他命令宣惠厅堂上*闵谦镐发放粮饷，闵谦镐将此事交由家仆负责，家仆则将赐予的好米售出，用所得的钱购买谷子，并在其中掺杂砾石和糟糠。这些食物腐烂恶臭，根本没法吃。[18]

愤怒的士兵冲向闵府，因为他们怀疑闵谦镐骗取了他们的大米。闵谦镐得知有人反抗，下令捕盗厅逮捕了一些为首闹事的士兵，并

---

* 朝鲜官职，相当于财政大臣。——译注

宣布在第二天早上斩首示众，以示惩戒。但是，在听说此事后，士兵们冲进闵府进行报复。闵谦镐不在府中，士兵们只能通过破坏家具和其他财产来泄愤。

起义士兵转移到武库，在那里盗取了武器和弹药。戴着从军以来最好的一次装备，他们前往监狱（义禁府），不仅释放了那天被闵谦镐关押的犯人，还释放了很多政治犯。正在宫中的闵谦镐召集军队镇压起义，但一切为时已晚：随着城市贫民和其他反抗者的加入，起义者的队伍不断壮大，已变得声势浩大起来。

一队起义者前往堀本中尉的府邸，轮流刺向这位吓得缩成一团的军队教官，慢慢将其杀死。[19] 另一路人马约三千来人，身强力壮，在掠夺武库、夺取武器后前往日本公使馆。王宫立刻将消息告知公使馆并称国王无力镇压起义者。[20] 日本公使花房义质（1842—1917）和十七名使馆人员及十名警官正在公使馆内。起义者围攻了公使馆，叫喊着要杀光日本人。

花房下令烧毁公使馆。公使馆书记立刻将油泼在重要文件上，放火焚烧。火势迅速蔓延，在火焰和烟雾的掩护下，花房等人从后门仓皇逃离。他们逃到港口，登船从汉江前往仁川。起先，他们在仁川府使的官邸避难，但是，当汉城起义的消息传来时，官邸主人改变了态度。日本人意识到此地不再安全，冒着暴雨逃到港口，朝鲜士兵穷追不舍。六名日本人被杀，另有五名身受重伤。幸存者带着伤员登上一艘小船往公海驶去。三天后，他们被一艘英国测量船"飞鱼"号（Flying Fish）搭救。[21]

7月24日，就在袭击日本公使馆后的第二天，起义者闯入王宫。他们找到并杀死了闵谦镐和十多名高级官员，并四处搜寻闵妃，要杀死她。因为闵妃属于他们憎恶的闵氏外戚集团，并且完全操纵着腐败的政府。闵妃化装成宫女，一位忠诚的侍卫背着她，谎称是自己的妹妹，从而侥幸逃脱。[22]

第三十六章　济物浦条约

起义者中有一名王室成员，即高宗的生父兴宣大院君。*他憎恶闵氏外戚集团，因为他们推翻了他的王权统治。†由于没有闵妃在身旁指点，倒霉的国王再次向父亲求助，请求父亲出面主政，于是，兴宣大院君在退隐九年之后终于如愿以偿复位。他执政后的第一件事就是为闵妃（人们推定闵妃已死于宫廷袭击事件之中）举行国葬，并废除了由日本人训练的现代军队。

花房回到了日本。我们可以想象日本政府听闻这一消息后会有多愤慨。8月30日，井上馨召开了内阁特别会议。天皇命井上前往下关负责处理危机，还命令海军少将仁礼景范准备四艘军舰，陆军中将高岛鞆之助派一个大队的步兵，在常驻公使花房重返朝鲜复职时作为护卫队共赴朝鲜（并保护朝鲜的日本侨民）。

8月2日，井上离开东京。他在下关和花房见面，并交给花房一份指示，其中描述了朝鲜暴徒的恶行引发的愤怒和对日本国家声誉造成的侮辱，并指责朝鲜政府怠于镇压这些不法分子，未能足够重视两国应有的睦邻关系。但是，考虑到朝鲜人民的民族感情，日本政府认为此时兴师问罪稍嫌过早。公使将重返汉城，因为无法预测起义者是否还会发起新一轮的暴行，他将受到陆军和海军的保护。

花房接受的命令是，在汉城会见朝鲜高级官员，劝说他们确定一个日期，按照令日本政府满意的方式处置起义者。如果起义者胆大妄为、发起突然袭击，那么无论朝鲜政府采取哪些措施，日本都将被迫使用武力进行镇压。

虽然现阶段没有战争的危险，但却隐藏着危机。花房收到的指

---

*　人们都用这一头衔来称呼他，他是朝鲜国王的生父，但未曾登过基，本名叫李昰应。
†　1863年，朝鲜哲宗李昇驾崩，因其早逝无子，出生皇族的李熙即位（即朝鲜高宗）。因其当时年仅十一岁，其生父大院君李昰应摄政。1873年，高宗的王妃闵妃以"国王亲政"为由，排斥大院君势力，夺取大权。闵妃在宫中形成了闵氏外戚集团，但大院君不甘退出政治舞台，由此朝鲜国王室形成了以闵妃和以大院君为首的两个势力集团，彼此形同水火，不断内斗。——译注

示中还包括下面这条命令：如果有任何迹象表明朝鲜政府藏匿罪魁祸首而不施以惩罚，或者拒绝参加日本提出的谈判，那么此举显然意味着朝鲜政府破坏了两国和平。在此情况下，公使可以向朝鲜政府发出最后通牒，揭发其罪行，并立即动身前往仁川，陆军和海军随即将占领仁川港。到达仁川后，公使将立刻向东京进呈详细的奏折，并等待进一步的指示。如果清朝或其他国家站出来调解争端，应予以拒绝。不过，这些指示以一个出人意料的温和论调结束：日本政府并不认为朝鲜政府有意破坏两国的和平关系，因此，公使应真心实意地努力恢复两国的传统友好关系，以当前事件为契机，努力促使两国达成永远的和平。[23]

尽管最后的言论稍显乐观，但在8月初，日本政府下令征召常备兵。井上馨将日本政府决定向朝鲜派遣军队和军舰以保护日本侨民一事告知了住在东京的各国公使。他强调说，政府的意图完全是为了和平。然而，美国政府提出进行调解的建议立刻遭到了日本的拒绝。[24] 由于担心局势的发展，天皇派侍从长山口正定作为敕使前往朝鲜。山口一直留在朝鲜，直到签署《济物浦条约》*为止。

日本和朝鲜在就条约的条款进行谈判时，国内出现了很多关于迫切需要增加军备的讨论。支持者指出，派往朝鲜的四艘军舰就是日本的全部海军，没有留下一艘来保卫日本。山县有朋向天皇递交了一份请愿书，呼吁扩张军备，建议通过增加烟草税来满足军备开支。8月16日，天皇向岩仓征求意见。岩仓回复道，如果清朝继续视朝鲜为藩属国，那么与清朝开战将不可避免。现在有必要为战争筹建军队，他请求天皇颁布密令。8月19日，山县向岩仓发函一封，其中称，"与清国开战以今日为好机"。[25]

8月22日，在两个中队的护送下，花房进入汉城王宫。他向朝鲜国王提出了日本的一系列要求，并限国王在三日内做出答复。此

---

* 济物浦是汉城港口仁川的旧称。

第三十六章 济物浦条约

类要求包括就烧毁日本公使馆赔偿五十万日元。国王命令其政府限期做出答复，兴宣大院君立刻召开议政府会议。然而，日本提出的不合理的赔偿数额（五十万日元相当于朝鲜政府全年总收入的近六分之一）激怒了议政府成员，朝鲜政府并没有做出答复。花房认为朝鲜政府不太可能会满足日本的要求，遂决定前往仁川。战争似乎不可避免。花房按照井上的指令，在离开汉城前向朝鲜国王发出最后通牒。国王立刻致函花房，恳请他回来，但花房没有改变主意。花房从一位名叫洪淳穆的政府成员手中收到一封很是失礼的信，洪淳穆公然宣称朝鲜不会按照日本的要求"派高官谢罪"，这激怒了花房。[26] 8月25日，花房抵达仁川。第二天，洪淳穆致函花房，称他打算辞职并请求进一步会谈。花房同意等两天再起航。

此时，闵妃在其藏身之地向朝鲜国王修书一封，力促他请求宗主国——清朝——出兵朝鲜镇压起义，这一意料之外的举动让局势变得复杂起来。朝鲜国王一如既往地听从了闵妃的建议，派密使前往天津联系驻津的两名朝鲜高级官员。官员前往北京，将朝鲜国王向清朝请兵一事告诉了李鸿章。李鸿章丝毫没有犹豫：这是恢复大清对朝宗主权的大好时机，数年来，大清宗主权丧失颇多。

清朝立刻召集一支由三艘军舰和六艘商船组成的舰队前往朝鲜。这些载有四千名士兵的船舰将在仁川会合。有了这支军队，清朝可以轻而易举地夺取仁川，但是，士兵们听从了李鸿章下达的命令："不得与日本制造不必要之事端"。当清军看见位于仁川港的日本军舰"金刚"号时（该军舰比其他日本军舰提早抵达），先是撤离，但在8月22日又返回仁川港，军队中有近两百名士兵在第二天登陆。

清朝通知花房，他们此行是为了镇压藩属国的兵变。花房认为朝鲜是一个独立国家，声称目前日朝关系紧张与清朝无关。清朝提议合力镇压起义，但花房回复说，他正在等待朝鲜答复他的最后通牒，任何国家都不要干涉。

清朝只好接受日本不愿合作的态度，开始采取完全不同的行动路线。清朝派遣三名海军提督礼节性地会见了兴宣大院君。在准备离开时,他们请兴宣大院君在清军大营参加重要会议。出于礼节规定,兴宣大院君答应回访,并按要求于第二天(9月26日)前往清军大营。虽说这是清朝和朝鲜之间常见的礼尚往来,但一看见信号(举杯恭祝兴宣大院君长寿),清兵立即冲进房内,逮捕了兴宣大院君,将他塞在轿子里,运到清军"威远"号军舰上,并押到清朝。直到军舰抵达天津,兴宣大院君才从轿子里出来。李鸿章对兴宣大院君进行了审问,试图让他承认自己是兵变的罪魁祸首,但未果。李鸿章命人将兴宣大院君塞回轿子,转运到北京西南约一百公里的一个县城。此后三年,兴宣大院君被软禁在一间屋子里,严加看管。[27]

最有威望的人物兴宣大院君都无法反抗之后,朝鲜政府别无选择,只得与日本谈判。8月30日,日朝签署了《济物浦条约》,正式结束了两国之间的紧张关系。条约规定:(1)朝鲜政府将在二十日内逮捕和严惩杀害日本人的暴徒;(2)朝鲜政府优礼瘗埋日本遇害者,以厚其终事;(3)朝鲜政府向死伤的日本遇害者家属赔偿五万日元;(4)朝鲜政府应就暴徒给日本公使馆造成的损害及水陆兵费赔偿五十万日元,每年支付十万日元,五年付清;(5)为日本公使馆配备兵员若干以示保护。

这一事件激发了日本民众的爱国热情,一些人自愿应征入伍或者解囊为军费筹资。9月28日,花房返回横滨,搭乘专列回到东京,受到了半个排骑兵的迎接。天皇在宫中接见了花房,并授予他勋二等旭日重光章。

朝鲜高宗对最近发生的不幸事件表示遗憾,派遣三名高级官员表达歉意并赠送礼物。天皇接见了朝鲜公使朴泳孝,朴泳孝向天皇呈递了一封朝鲜国王的信函。在信中,朝鲜国王称赞天皇所取得的辉煌成就,并请求维持和平与长久友谊。[28]

11月3日,在朝鲜被杀的堀本中尉和其他日本人被供奉到靖国神社。11月17日,天皇向搭救了花房等日本人的"飞鱼"号船长

第三十六章　济物浦条约

赏赐了一对青铜花瓶和几本书，包括一本关于古代征服朝鲜的书籍。12月，朴泳孝及其同僚准备离开日本时，受到天皇接见。天皇对他们的离开表示遗憾，并请他们向朝鲜国王传达友谊之情。他还赏赐了五百挺枪，令他们转交朝鲜国王。无疑，此举暗示天皇希望他们能将这些枪用于镇压日后的起义。朴泳孝说，对朝鲜来说，没有什么能与枪支更重要了，他确定朝鲜国王收到这份大礼会十分高兴。[29]

朴泳孝还向天皇口头禀报了朝鲜的近况，并恳请日本向朝鲜提供经济援助，以帮助朝鲜维护国家独立。回到朝鲜后，朴泳孝和金玉均（1851—1894）组建了新的开化党，以期在日本的帮助下使朝鲜摆脱清朝统治的枷锁、破除积弊。对于他们来说，日本就是他们期望在朝鲜开展的文明开化运动的楷模。[30]

尽管一些日本政府成员警告说，不要挑唆清朝发动一场旷日持久的战争，但这一年在天皇颁布的相当乐观的诏敕中画上了句号。[31] 1882年12月23日，明治天皇颁布敕谕，开篇写道："保全东洋全局之和平乃朕切望之所在。而今次因朝鲜倚赖，以邻交之好谊，助其自守之实力。且涉政略，以使各国认其为独立之国。"此番言论中透露出的信号，成为引发十二年后日清战争的一大原因。

第三十七章
岩仓逝世

熟悉的新年仪式揭开了1883年的序幕。1月4日，天皇参加了本年度元老院的第一次会议；1月18日，在第一次宫廷诗会上，天皇以"四海清"为题创作了贺岁和歌。

这一年，天皇似乎恢复了骑马的爱好：他骑马五十一次，通常在骑马后前往青山御所看望皇太后，或者在新宿御苑的凉亭里饮酒聚会。

天皇偶尔也在青山御所或者1881年4月16日开放的芝公园的能乐剧院内观看表演。1883年5月23日，天皇和皇后以及皇室成员、参议、宫内省官员等在青山御所观看了一场由八出能乐和六出狂言组成的精彩演出。能乐似乎正被再次认可为皇室的官方戏剧，然而，尽管皇太后——能乐演出的最慷慨资助人——平时向表演者赠送礼物，但并没有足够的资金来支持表演者或培养接班人。直到二十世纪初，能乐表演者的生计才有了经济上的保障。[1]

较之于这一年为天皇举办的讲课，大概能乐给天皇带来的乐趣更多些。这一年的讲座有元田永孚讲解《论语》的部分内容、西村茂树讲授日文翻译的布隆赤里（J. K. Bluntschli）的《国法泛论》（*Allgemeines Staatsrecht*）、高崎正风讲解《古今集》的序言、川田瓮江讲授唐朝政论性史书《贞观政要抄》。

第三十七章　岩仓逝世

尽管1883年以充满希望的方式开了头，但却打上了天皇个人悲剧的烙印。1月26日，权典侍千种任子*产下天皇的第四女章子公主。1880年8月3日千种任子生下第三女韶子公主。韶子在襁褓中患上了脑膜炎，但治疗后有了起色，看起来已经痊愈。随着章子的出生，天皇有了三个孩子——嘉仁王子和这两位公主。然而，喜悦并没有持续多长时间。8月，（据说）夏季的极端高温导致韶子公主疾病复发，这一次宫廷医师们竭力挽救她的性命，但无力回天。9月6日，韶子公主病逝。襁褓中的章子公主自出生起便患上了格鲁布性喉头炎，9月1日开始出现慢性脑膜炎的症状。天皇派御医前来治疗，但治疗毫无起色，于是他命令陆军军医总监桥本纲常（1845—1909）为公主治病。就在姐姐离世两天后，章子公主也夭折了。[2]

天皇的七个孩子中已有六人在婴儿时期夭折。虽然史料中通常都没有记载他对子女的离世有何反应，但面对这次双重打击，他显然悲痛欲绝。天皇取消了一天的奏事议政，下令停办歌舞三天，以示哀悼。他还命令军队降半旗致哀，鸣炮致以隆重的悼念。举行葬礼那天，人群聚集在街头，悲哀痛惜地看着小小的棺材被抬进陵墓。

由于未能治愈这两位公主，皇室子女的侍医浅田宗伯[†]请求辞职。他把失败归咎于交替尝试中医和西医。但是，尽管近期发生了这样的悲剧，天皇仍相信应该使用中医和西医来治疗疾病。他任命受过西方教育的桥本担任宫中医务局长。[‡]桥本和另两名接受西方教育的医生[3]需咨询学习传统医学的医师，以制订治疗方案。在两位公主死后，天皇比以往更关心他仅剩的一个孩子——王储。自出生时起，这个孩子的健康就是一个大问题。[4]

---

*　任子是公卿千种有任的第三女。

†　汉方医师浅田宗伯（1815—1894）在德川幕府时代末期担任宫内省侍医。

‡　桥本纲常（1845—1909）曾师从松本良顺学习西医，后师从荷兰医师鲍迪安（A. Bauduin）在长崎学医。1870年，桥本成为（兵部省）军事医院的医官，该院派他留学德国。1885年，桥本担任日本军医总监。

这一年，天皇的健康也出现了问题：9月，他的脚气病又犯了。幸运的是，天皇的脚气病并非致命性的，但医师们认为东京是最易发生感染的危险地区，天皇的脚气病很可能会发展成致命性的。他们建议在距离东京一百多公里、环境优美、空气清新的地方修建一座离宫，促请天皇在每年的危险时节离开东京。* 不用说，明治又没有理睬他们的建议。

侍医们也对六位王子和公主的夭折深感悲痛，他们都是同一种疾病的受害者：脑膜炎。侍医们认为，将来出生的皇室婴孩应采用不同于传统宫廷习俗的方式来抚养。他们建议修建一座宫殿，以便孩子们避暑。更重要的是，他们将王子、公主的早逝归咎于先天性身体虚弱，并建议从确认母妃怀孕起便采取所有可行的预防措施。天皇欣然同意了这些建议，随后在箱根建造了一座宫殿，在日光市和其他地方修建了住处，当侍医认为天皇侧室产下的皇室子女需要移地疗养时，这些子女将被送往此类住处；但天皇却对自身的健康状况关注甚少，从来没在此类住处待过。若是天皇能够设法远离朝事几日、视察一下军事演习，对他来说似乎已经是最快乐的事情了。[5]

1883年上半年，伊藤博文仍在欧洲考察各国宪法，以期为日本将来制定宪法找到合适的模本。伊藤大部分时间待在德国和奥地利，他认为这些国家的宪法最符合日本的需求。两名宪法学者——鲁道夫·冯·格耐斯特（Rudolf von Gneist）†和洛伦茨·冯·施泰因‡给伊藤留下了极其深刻的印象，他邀请施泰因同他一道回日本，担任筹备宪法和制定日本大学教育政策的顾问。

施泰因拒绝了邀请，声称自己年事已高，无法出国游历，还说

---

* 天皇的脚气病可能是由于缺乏维生素所引起，大概当时日本尚未认识到这一病因。

† 与伊藤举荐他时的政治思想相比，此时鲁道夫·冯·格耐斯特（1816—1895）的政治思想更加自由。受益于英国民主，格耐斯特形成了自己的政体哲学。

‡ 施泰因（1815—1890）是维也纳大学的教授。他的政治观点比较保守，反对普选制和政党政府。他对日本宪法制定者产生了尤其深刻的影响。

一个国家的法律体系必须以该国的传统为依据。他认为，如果有人觉得借鉴其他国家的法律是明智之举，那么首先必须溯本追源地探究这些法律存在的缘由，研习这些法律的历史，再判断这些法律是否适用于自己的国家。[6]

听到这一答复，伊藤更加佩服施泰因了，但有一点是很清楚的：施泰因不会前往日本。伊藤询问俾斯麦能否推荐其他人来代替施泰因。俾斯麦在高度赞扬了日本所取得的进步后，提到了三名学者。伊藤立刻给内阁发电报，请求获得授权邀请这些学者。外务卿井上馨给伊藤回了封电报，同意他委任这些学者，但警告说日本不应受到俾斯麦和德国势力的过度影响。井上回想起日本邀请法国官员训练日本军队时的情景，法国官员坚持事无巨细都应遵循法国的做法，从而导致与陆军卿意见不合。井上说，不管怎样，政府的用意并非采用纯德国式的宪法和法律，并建议伊藤仔细挑选担任日本公职的德国顾问，此类顾问应能够按照合同条款有效地履行义务。

尽管此番言论明显流露出对伊藤的设想缺乏热情，但伊藤没有放弃希望从德国和奥地利的法律专家那里获得建议的想法。10月10日，天皇同意委任施泰因成为日本驻奥地利公使馆的一员，任命其作为顾问，以解决与日本法律制度有关的问题。[7]

8月初，伊藤及其使节团随员从欧洲返回。他花了一年半的时间历访德国、奥地利、英国、法国、俄国和意大利，考察它们的宪法。伊藤告诉岩仓，他已经从格耐斯特和施泰因那里了解到了国家机构的一般原理，掌握了奠定皇室根基的必要知识。他认为，建立君主立宪制、完善皇权制度、制定立法和司法制度的时机已经成熟。很多日本民众受到英法两国极端自由主义的诱惑，为了限制这些人，最好的办法就是采纳他的提案。

伊藤的脑子里关注更多的是日本的未来，以至于似乎没有注意到日本的传统正在被迅速侵蚀。日本当然也在努力恢复节日和其他传统信仰。[8] 7月20日，岩仓具视离世，这也许象征着日本与过去彻底告别。1854年，岩仓被任命为孝明天皇的侍从，当时明治只有两岁。那可能是岩仓在天皇的记忆中留下的最早印象。从那时起，岩仓便在对君主政体造成影响的几乎每一个重大事件中扮演了至关重要的角色。尽管他出生于公卿中的底层，但他是贵族，这一差别将他与明治政府的多数成员区分开来。也正是这一差别导致了他不时和武士阶层发生冲突，[9]然而，这也使得岩仓与天皇建立了特殊关系。与其他贵族（如炽仁亲王或三条实美，这两人的地位都比他高）相比，他是明治政府中更为活跃的人物。

在5月的时候，岩仓曾前往京都，监督皇宫修复方案的实施。天皇越来越关心失修问题，不仅仅是皇宫，也包括整个京都市。当岩仓提议采取措施以防止发生进一步毁损时，天皇欣然恩准。[10]于是，天皇派遣岩仓和其他官员前往京都视察情况。

岩仓的方案包括：在内务省建立一个分支机构，以管理宫廷、皇家花园、离宫和陵墓；建立一个分支机构负责该地区的神社和寺院；恢复节日，并在御所修建神社，纪念被尊为京都创始人的恒武天皇；修建道路，划分御所周边曾矗立着贵族宅邸的地区；大力植树；改造沟渠，清洁河道；拆毁不必要的建筑；修复修学院离宫；正式承认二条城为离宫；在外国贵宾可能驻留的鸭川一带建造西式建筑。[11]

最终，这些方案得以实施，有利于扭转京都的持续衰落趋势。即使岩仓感到胸口疼，即便他患上了急性幽门狭窄无法进食或喝水，但对这项工程的热情使他继续坚守岗位。天皇得知岩仓的病情后，十分担心，立刻派御医伊东方成前去问诊。

岩仓的病情有所好转，使得他能够返回东京，但抵达后病情复发。7月5日，天皇担心岩仓的健康，表示想去病房探视。出于敬畏和担忧，岩仓派其子前去回绝这份殊荣，但那时已经来不及了：銮驾已经到达。连忙更换好衣服的岩仓从病床上起来，在两个儿子的搀扶下走近天皇，以表达自己的感激之情。看到岩仓身体虚弱，天皇于心不忍，热泪盈眶。

第三十七章　岩仓逝世

一周后，当得知岩仓仍没有好转的迹象时，皇后决定去看望他。"然而，"皇后说，"右大臣恭敬重礼，闻之必用心送迎，反害病症，此非余之本意。余今日以一条忠香之女探望卿之病情，则可于病床相见。"[12]

7月19日，天皇再次前去探望岩仓。在准备离开皇宫时，他告诉德大寺实则："朕欲亲去与右大臣永诀。"他叫人备好御辇，没等护卫到齐便离开了皇宫。一名侍从武官走在天皇的前面，通知岩仓天皇随后就到。岩仓感激涕零。当天皇到达时，岩仓想起身鞠躬，但病重身体不听使唤，他能做的只有拱手表示感激。看到岩仓的状况，天皇失声痛哭，几乎没法询问他的病情。岩仓无法回答。天皇和他的大臣一言不发地对视了一会儿，随后离开。就在那一天，岩仓的辞任请求获得了批准。7月20日，岩仓病逝。

天皇悲痛万分，罢朝三天，并为岩仓举行国葬。在悼词中，天皇追封岩仓为"太政大臣"——日本臣民可以获得的最高官位。在赞扬了岩仓的功绩（这些功绩使得岩仓成为"国家之栋梁"）后，天皇声情并茂地描绘了他和岩仓的关系："朕冲年践祚，全赖匡扶，启沃纳诲，谊同师父。天不慭遗，曷胜痛悼？"[13]

多数情况下，明治发表官方言论时都采用套话，但是，这番话却流露出他痛失良师时难以掩盖的悲痛之情。[14]

不久之后，天皇向多年来在其生命中扮演了重要角色的另一位人士道别：哈里·斯密·巴夏礼爵士。他将被调到中国。在皇宫举行送别午宴期间，天皇发表纶言，对驻日本十八年的巴夏礼，他"不堪惜别之情"。天皇很有礼貌地对巴夏礼表示了感谢，"能亲睦两国之交际，又翼赞明治维新之政图，劝诱有益之事业，朕甚嘉之"。在承认巴夏礼为日本立下的功劳后，天皇打算向巴夏礼颁发旭日大绶章，但英国政府不允许这样做。因此，他转而向巴夏礼赠送了两件私人财物：一个香炉和一只花瓶。他说："卿若爱玩此物，为朕厚意之纪念，则为朕满足之所在。"[15]

天皇的这番话语气真诚，与他平时向外国政要道别时所说的话不同。天皇如此亲切地和巴夏礼交谈，让人感到惊讶，因为巴夏礼平常在与日本人打交道时态度傲慢、性情急躁，（据欧内斯特·萨道义爵士所说）当时巴夏礼成了"日本民众心中的怪物"，日本人讨厌他、害怕他，就像英国人讨厌、害怕拿破仑一样。[16] 巴夏礼最近反对结束治外法权，此举应该让天皇不快，但他设法克服了反感，慷慨地赠送了一份礼物。萨道义虽然经常批评巴夏礼，但也对巴夏礼表达了赞赏：

> 对于巴夏礼所起的作用，日本欠他一个人情，这个人情日本从来没有偿还，也从来没有完全承认。如果他在1868年的革命中站到了另一边，如果他和大多数同事只是应付照办，那么日本天皇的维新之路将会出现无法克服的困难，内战也不会这么快就结束。[17]

翌年，也就是1884年，令人惊讶的是，天皇很少参与重大事务了。天皇的大多数活动都与上一年一样。也许追封光格天皇的生父为"庆光天皇"是明治天皇最有成就感的事情。* 多年前，光格天皇为行孝试图向父亲赠予"太上天皇"的尊号，即使其父从未登基。幕府没有同意光格的提议，最终（于1792年）命令光格天皇推迟这一行动。在那些支持光格的贵族中，最突出的一位是前参议中山爱亲——明治外祖父（中山忠能）的曾祖父。中山爱亲被召唤到江户问话，随即被幕府软禁。[18] 毫无疑问，明治追封"庆光天皇"这一谥号，是在为先祖长期遭受的不公进行平反。

---

* 1884年3月19日颁布诏书。在此之前（1883年12月28日），天皇告知其外祖父中山忠能，说已经非官方地决定向闲院宫典仁亲王授予尊号。典仁亲王的名字"Sukehito"也读成"Keikō"。

第三十七章　岩仓逝世

4月，中国和法国就安南*主权爆发战争。日本政府决定和其他三个中立国（德国、美国和英国）合作，保护战争波及地区民众的生命和财产安全。这是日本第一次以这种方式与其他国家开展国际合作。[19]

天皇对本次战争有何反应，史料并无记载，但是，对于清朝似乎能够顽强地抗击法国这一结果，他也许感到高兴。在与夏威夷国王的谈话中，他强烈谴责欧洲列强侵略亚洲。但这一次，由于琉球事件造成日本与清朝的关系紧张，使他对清朝获胜的感受却并非单纯的高兴或者忧虑。

无论如何，天皇都不太可能过多地关注中法战争。从4月的后半月起，他因病经常未能参加内阁会议。宫内卿伊藤博文十分担心，请求天皇派人去请医生池田谦斋。天皇一直都不喜欢医生，伊藤力劝让医生给他做检查时，他拒绝了，说自己只是感冒而已，没什么大碍。伊藤多次恳请，天皇最终才勉强答应。[20]

没有迹象表明天皇受到了疾病的困扰。与其说他身体微恙，不如说他忧郁过度。侍从藤波言忠晚年回忆说，这段时间天皇让人难以接近。[21]他提到，天皇常常以身体不适为由，不参加内阁会议。即使伊藤博文请求参见天皇，奏报朝廷大事或国家大事，天皇有时候都拒绝接见。宫中制度规定，若非情况紧急，即使是太政大臣也不能探视天皇的病房，伊藤很想知道天皇究竟是真病，还是假病。

伊藤心烦意乱也是可以理解的。作为宫内卿，他有要事须亲自禀报，但天皇拒绝接见他。就算天皇真的身体不适，似乎也没有严重到无法会见众卿的地步。伊藤认为，国事紧急，不容忽视，即使是短期内也来不得半点怠慢。他想知道天皇是不是因为对他反感，才不愿与他讨论政府大事。最后，伊藤认定自己无法再肩负这一重任，向侍从递交辞任书，离开了皇宫。

---

* 越南的古称，当时是清朝的藩属国。——译注

了解缘由后，吉井友实和伊藤的其他幕僚都焦虑不安。吉井派人去请侍从藤波言忠。他对藤波说："圣上不豫，既不见宫内卿，何况臣等。臣等无可为，乞君深虑此事，许宫内卿拜谒。"他之所以选择请求藤波帮忙，是因为他知道藤波自孩提时起便侍奉在天皇左右，天皇允许藤波自由出入其私人宫室。

藤波并不支持这条建议："奏闻此事，非侍从之职。且奏此事，必多少劝谏天皇，此亦非职责之所在。"

吉井答道："君言非无理，然君若因奏此事触逆鳞，予等为君尽力。愿君赌命上奏。"

面对此等需要胆量之事，藤波下定决心奏明天皇。他先将决定上奏皇后，之后还告诉了侍女。最后，眼看找到了合适的机会，他便设法私下觐见天皇。他说："近日，宫内卿伊藤博文以事屡屡请谒见，然陛下以床中之故未听之。圣明素知国务一日不可废，而如以他人传宫内卿之上奏，臣觉其甚不妥当。闻古代贤帝正襟而听大臣之言，然今日之时势不许，请枉听博文上奏。"

天皇面露愠色，训斥藤波道："此非汝应奏之事。切莫忘汝之职责。"

藤波又说道："臣素知此言悖自职，然为圣上，为国家，不能不言，故敢而为之。严谴不敢有所辞，伏愿圣虑再思。"

怒气冲天的天皇一言不发地从座位上站起来，径直朝寝宫走去。皇后示意藤波退下，于是藤波告退。

第二天早上，在询问了天皇的健康状况后，藤波正准备像往常一样履行职责。当他走进另一间宫室时，天皇让一位小侍从去看看藤波是否在附近。藤波让小侍从禀报天皇说他已退下。天皇突然命令请宫内卿进宫。

一接到消息，伊藤立刻前往皇宫，觐见天皇。虽然之前试图觐见都以失败告终，但伊藤的脸上并没有露出不悦，天皇也没有提及此事。伊藤说国事已堆积如山，提请天皇重视这些国事，随即便退

第三十七章　岩仓逝世　　　　　　　　　　　　　　　　　　　　439

下了。伊藤意识到，他能觐见天皇，功劳全在藤波，于是对藤波的忠诚尽责表示感谢。

在这一事件过去大概两个月后，某日天皇召见了正在走廊值勤的藤波。天皇说："汝前日为朕尽言，朕颇喜之。今后若有如此事，可不惮而言。此等轻微之事但交与汝。"他赏赐了藤波一块金表和一匹丝绸。藤波泣涕涟涟。

这个故事发生于1884年4月到夏季的这段时期，天皇在该时期内所发生的事件很少被提及。但是，这一时期绝非完全空白：天皇会见了外国宾客等；6月25日上野到高崎的铁路完工时，天皇搭乘火车去了高崎。相比其他年份，这一年与天皇有关的记录依旧较少，可以推测天皇并没有对国事给予充分关注。在上述事件发生很久后，藤波在回忆录中提到了此事，对于1885年7月伊藤因要事奏报天皇却因天皇拒绝接见而试图辞任宫内卿，他可能并不太清楚这段时间发生了什么。[22] 但可以肯定的是，即使在晚年，藤波也不会虚构出与赠送金表有关的事情。

无论如何，7月底天皇已恢复处理日常政务。7月28日，他接见了被派去德国深造的二等军医森林太郎（即著名作家森鸥外）。同一天，他出席了陆军士官学校的毕业典礼，并赐给优秀毕业生礼物。

本月发生了一件更加重要的事情，但天皇并没有直接参与。外务卿井上馨强调亟须修改条约，于是提议解除基督教禁令。虽然从1873年3月（当时释放了所有因自称信仰基督教而被关押的人）起就没有再执行这一禁令，但这一禁令在法律上仍然有效，而这一直被某些外国列强批评。*

同样引发关注的还有一个自称"皇道"的反动集团的兴起。其

---

* 日本似乎已经不再为基督教禁令担忧，信仰基督教的人数稳步增加。截至1882年，已有93个基督教会，逾4300名基督教徒。但是，直到1889年2月11日颁布宪法时才全面解除基督教禁令。宪法第28条规定，日本臣民在不妨碍安宁秩序、不违背臣民义务的前提下，有信教之自由。

成员谴责基督教，称基督教信徒为"教匪"，要求驱逐基督教徒。他们还厌恶外国人，要求将欧洲的影响从这个国家中清除掉。井上认为这些人违背了天皇在誓词中阐明的意愿，担心他们会阻碍国家进步和妨碍修约谈判的进行。

另一个宗教问题是决定政府对神道教和佛教的控制程度。1872年，政府对神道教和佛教设置了教部省和教导职，从而使得政府能够直接干预宗教事务。但针对这一制度的反对意见此起彼伏，1877年，政府废除了教部省。随后，政府在1884年8月撤销了教导职，由这两个教派的负责人取而代之。[23] 政府对宗教控制的解除并未获得一致好评。在得知废除教导职后，大阪、京都、神户等地的神官倍感失望。他们确信,这将导致基督教的传播，带来不可挽回的损失；亵渎帝国神社的缔造者（神武天皇）、毁坏神社、目无君主、不敬父母、漠视国家、藐视法律、完全扭曲忠孝义观念等行为，可能会将灾难推向顶点，最终导致人心彻底崩塌。为此，八十一名神官向太政大臣三条实美联名上书，请求立即采取行动停止实施井上的提议。

1884年10月下旬，明治天皇向朝鲜高宗发函一封，告知日本根据《济物浦条约》获得的赔款除朝鲜已支付的十万日元外，剩下的将无须支付。天皇之前已告诉内阁成员，为确保实现东亚和平这一目的，给予朝鲜经济援助是明智之举。金玉均和朴泳孝——致力于按照日本模式将朝鲜打造成为一个强大、繁荣国家的人士——现在都已参与了朝鲜政务，正在为实现国家独立而做出艰苦卓绝的努力。然而，严峻的经济形势使得朝鲜无法取得任何进展。天皇决定派遣竹添进一郎作为代理公使[24]，向朝鲜国王传达天皇决定取消赔款一事。朝鲜国王深表感谢。

与此同时，朝鲜开化党派的领导者认为，中国正在与法国开战，无暇顾及朝鲜，现在是一个推翻腐败政府，用一个致力于实现国家现代化的政府取而代之的绝好时机。[25] 日本支持这些人士的主张，

第三十七章　岩仓逝世

说这是确保将朝鲜从清朝独立出去的必走的一步棋。

此时，朝鲜有两个"党派"。政府由事大党（事奉大国，即侍奉清朝）控制，它们采取亲清朝（清朝是朝鲜的宗主国）的立场，反对进行重大变革，与闵妃及其外戚集团关系密切。而开化党[26]主张将朝鲜从清朝独立出去，由目睹了日本现代化的成功并深有感触的人士所领导。11月4日，开化党领导者在汉城朴泳孝的家中会面。日本公使馆的一名成员也加入其中。他们考虑了各种行动方案，最后决定采用这一个：于12月4日邮政总局开业之际发动政变。

当晚，新近被任命为邮政大臣的洪英植在邮政局举办宴会。晚宴于6点开始，约7点时火警响起，庆祝活动中断。街对面的一栋房子着火。闵妃的一个侄子前去调查火情，被身穿日本制服的士兵砍伤。其他宾客见状纷纷逃之夭夭。[27]

金玉均和朴泳孝连忙奔向日本公使馆，确保日本军队会协助开化党。事实上，日军已经整装待发，准备发起攻击。金玉均和其他开化党人出发前往王宫，此时开化党的支持者在宫中引爆炸弹，王宫已经一片混乱。金玉均等人走到朝鲜国王的面前，告诉他清军正准备来捉拿他。朝鲜国王不信，但已无力抵抗，金玉均建议朝鲜国王请日本公使前来保护。国王拒绝，但一名谋反派成员以朝鲜国王的名义匆匆写了一道王旨*。没多久，公使和日本士兵便抵达了。

第二天清早，金玉均利用朝鲜国王的御玺假传王旨，召事大党领导者前来宫中议事。他们刚一抵达便被抓捕杀害。在日本的协助下，开化党控制了政府，并由其成员组成新的议政府。政变似乎取得了成功，朝鲜国王正准备宣布对政府进行改革；然而，得知消息的朝鲜人前去通知驻扎在汉城的清军司令官袁世凯，请他调停。清军人数远远

---

* 之前称为"教旨"，是上对下的告谕，中国古代皇太子、诸侯王所下命令的称呼。朝鲜国王对臣下的辞令文书也沿用中国惯例，称作"教旨"。至朝鲜世宗七年（1425年）改称为"王旨"。——译注

超过日军，是日军的七倍，他们攻入王宫，营救朝鲜国王，朝鲜国王立刻宣布镇压谋反者。日军和清军展开了激烈的战斗。此前假装亲日的朝鲜士兵临阵倒戈，加入了清军一方，壮大了清军的队伍。

一百五十人的日军损失三十多人。他们撤离王宫，并带走了开化党的领导者。不久，连同难民在内的三百多人勉强挤进日本公使馆，然而，公使馆的食物甚至都不够他们一天食用。竹添决定杀出汉城，前往海岸。[28] 他们也的的确确是这样做的。12月8日，他们抵达仁川。第二天，朝鲜国王向竹添发函，对他目前处境困难表示同情，并请他回汉城解决问题，很显然，朝鲜国王忽略了日军和清军争斗的焦点。英国和美国也力劝竹添再等等，但12月11日，竹添与一船的日本人和朝鲜逃亡者向长崎驶去。

这一事件尚未结束。12月21日，天皇接见了井上馨，派他作为特命全权公使前往朝鲜，一些高级军官陪同前往。竹添回国后详细汇报了政变失败的经过，由此引发的争议促使天皇采取了这一措施。清朝驻日公使也禀报说，清朝已派重兵前往朝鲜。井上将致函朝鲜国王，声言已准备好与朝鲜高官进行商议，确定谁应为近期的事件负责，查看是否对肇事者给予了适当惩罚，并声称日本应就公使馆的损害获得赔偿。如果朝鲜国王的确已经请求日本公使予以保护（正如日本人所说的那样），则应向天皇发布谢罪书，消除国内外的疑虑，并说明事情原委。此外，为保和平，日本应要求清朝同意一起撤军。

井上请求派两个大队的军队护送他前往朝鲜，天皇恩准并另派三艘军舰保护井上。此时，井上得出结论，认为日本的所作所为导致了这场事变。在决定推动朝鲜独立后，日本已经干预了朝鲜的内政，并试图劝说其他国家接受日本的立场。而今，日本也打算在两条路线中择其一：第一条是要求朝鲜实现独立，哪怕这意味着要和清朝开战。与邻国维持友好关系固然重要，但拖延妥协将会造成后患，并且日本无法容忍任何可能损害日本声誉的事情。鉴于清朝正

第三十七章　岩仓逝世

与法国交战，要是日本通过充分展示武力的方式向朝鲜提出要求，朝鲜朝廷很可能会接受。这就是为什么井上请求派遣两个大队。如果这条路走不通，维护和平比其他考虑事项都重要，那么就采用第二条——放弃朝鲜独立的计划，承认清朝对朝鲜的宗主权。对于日本应采取哪一种策略，井上请求政府尽快回复。[29]

就在当天，井上收到了三条的回复，三条力劝不惜一切代价避免与清朝开战。三条提醒井上必须遵守最初的指示，以便达成日本和清朝都能接受的和平解决方案。他说，派遣两个大队的军队不是为了以武力示威，而是担心在政变失败后朝鲜可能会成为一个危险之地。他补充说，目前还无法决定是否应当支持朝鲜独立，哪怕不惜与清朝开战。

12月30日，井上抵达仁川，但仍不确定该走哪条路。他并不是唯一一个感到困惑的人。因为在下一个十年，与清朝和朝鲜的关系仍然是日本外交官要仔细思量的一个谜题。

第三十八章

江户的舞会

1883年11月28日,外务卿井上馨与妻子武子主持了鹿鸣馆的落成典礼。这是一栋两层的西式建筑。之前用于招待外国政要的老旧的延辽馆(最初招待的是爱丁堡公爵)造价便宜,原本是幕府建造的海军学员培训学校,尽管在改造成外国宾客的住所时对内部进行了装修,但时至今日已极其陈旧。[1]因此,需要建造一栋新的建筑。

鹿鸣馆由英国建筑师乔赛亚·康德(Josiah Conder)按照"法国文艺复兴时期的风格"(之所以这样说是因为其采用了孟莎式屋顶*)进行设计,但正面的拱形门廊隐约呈现出摩尔式建筑†风格,柱子亦极具印度风格。只有花园(里面种有松树,砌有池塘,饰有石灯笼)才显示出这个兼收并蓄的独特建筑坐落在日本。鹿鸣馆的建筑风格反映出井上具有世界性的品味,而武子出席落成典礼,要是放在十五年前的国事活动中是没法想象的事情。现在它标志着将来女性会更多地参与这栋新建筑里举办的活动。

鹿鸣馆建在萨摩藩的军械库旧址上,总耗资十八万日元(外务

---

* 法国从文艺复兴时期到古典主义时期典型的屋顶形式,为四坡两折,每一坡被折线分成上下两种坡度,下部坡较上部坡陡一些,屋顶多设老虎窗,与复斜式屋顶相似。——译注
† 北非及伊比利亚半岛的阿拉伯人的建筑风格,属于一种伊斯兰教风格。——译注

第三十八章　江户的舞会

省的办公大楼耗资四万日元）。[2] 无疑，没有什么能比这个浮夸的新建筑更加背离萨摩藩武士阶层的简朴风纪了。它那童话般的外观取代了幕末时期武家风格建筑中令人生畏的围墙，成了仅仅十五年间发生的巨大变化的象征。鹿鸣馆的名称出自中国古代诗集《诗经》的《鹿鸣》，该诗描绘了主人迎宾会客的情景。取这个名字十分恰当，因为招待外国宾客是这栋新建筑的主要功能。[3] 外国人不再因亵渎神国而被斥为赘疣，而是在鹿鸣馆受到隆重的接待。

鹿鸣馆还有另一个同样重要的作用，即它是一个舞台。在这里，日本人向外国人展示他们已经摒弃了过去陈腐的生活方式、学会了欧洲的餐桌礼仪并能够举办舞会。鹿鸣馆的飨宴精美别致，很多菜都配有法语菜单。[4] 在舞厅，日本绅士身穿从英国订购的燕尾服，女性则身着在巴黎设计的礼服，随着陆海军军乐队演奏的欧洲最新音乐，跳着方阵舞、华尔兹、波尔卡、玛祖卡或加洛普。对于那些还没有学会跳舞的人士，居住在东京的外国人便充当起了老师的角色。[5]

保守派评论家对参加交际舞的日本人皱起了眉头，他们警告称，在公共场合拥抱的男男女女很有可能滋生出荒淫行为。比如下面这篇当时媒体对交际舞的报道：

> 一位美丽的女士将头靠在一位男士的肩膀上，漂亮的脸蛋朝着男士的耳朵。她袒露的胳膊环绕着男士的脖子，抖动的胸部贴着男士的胸膛，随着呼吸一起一伏。她的双腿与男士的双腿交织在一起，如同松树上的葡萄藤一般。男士强壮有力的右臂紧紧地环绕着女士娇小的后背；每移动一步，他便使女士更加紧密地贴在他身上。美丽女士光芒闪动的眼睛直直地盯着男士，但她目眩神迷，什么也看不清。音乐激起她的感情，但她听不见音乐声。她听到的是远处瀑布的回声，像在梦境中一般移动着舞步，她的身体紧依着男士的身体。当一个女人处于这

种状态，哪里还有良家女子固有的矜持可言？[6]

很多日本人从道德的角度反对交际舞，但是，上流社会的成员却认为这是一项必不可少的社交本领。为提高跳舞技能，他们参加自1884年10月起于周日晚上在鹿鸣馆举办的练习课程。当时的一篇文章是这样报道的：

> 上流社会的已婚妇女和年轻女性，从参议井上、参议大山和文部卿森有礼的妻子到下级官员的妻子，于该月27号晚上6点聚集在鹿鸣馆练习跳舞。这是为下月3号，也就是天皇生日当天举办的舞会做准备。女士们的舞技稳步提高、日渐娴熟，如果绅士们的舞蹈技能还不熟练，将非常不幸地无缘成为女士们的舞伴。因此，外务省、宫内省和其他机构的官员也开始上舞蹈课，对于他们是否可能在下月3号使舞技纯熟，坊间有很多流言蜚语。[7]

除了展示他们昂贵的服饰和舞蹈技巧外，也许在鹿鸣馆跳舞的人大多都没有考虑其他方面，但是，井上希望通过这种同样的趣味与外国政要建立关系，来劝说他们相信日本学习欧洲文化已经取得了非常高的成就，应对日本平等相待。他的最终目标是要取消治外法权，治外法权表明欧洲不相信日本的司法制度，也是外国人优于日本人的最明显的实例。

鹿鸣馆这一交际场所在多大程度上推动了不平等条约的结束很值得怀疑。与日本人的期望背道而驰的是，对于日本人为证明其能够轻松自如地掌握像欧洲人那样行为举止所做出的努力，参加舞会的欧洲人不为所动。事实上，他们发现身穿昂贵外国服饰的日本男女看起来很有趣，甚至很滑稽。法国艺术家乔治·比哥（Georges Bigot）画了一幅漫画，描绘了一男一女站在镜子前。女子的头发盘

第三十八章 江户的舞会

到一个很高的高度，上面戴着一顶有羽毛的帽子；她的裙撑和阳伞是最能体现巴黎式优雅的地方。她的同伴留着小胡子，拿着高顶礼帽，但在优雅剪裁的外套下露出的那双腿却像火柴棍一般。镜中照出的男女竟是猴子脸。[8]

比哥开的这一残酷玩笑题为"行走在上流社会的先生和夫人"。这就是日本贵宾在鹿鸣馆给外国人留下的印象。皮埃尔·洛蒂*于1886年7月抵达日本，应邀参加11月的天皇生日舞会，在其日记和小说《江户的舞会》(un bal à yeddo)[9]中，他对鹿鸣馆舞会给他这个外国人留下的印象做了如下描述：

> 11月中旬在东京举办的第一个欧式舞会简直就是一场猴戏。年轻女子身穿白色的平纹细布衣服，戴着长及肘部的手套，坐在椅子上，白如象牙的手指间夹着书籍，脸上强颜欢笑。现在，她们已经能够跟着歌剧音乐的旋律，或多或少地正确地跳波尔卡和华尔兹，尽管我们的旋律一定让她们的耳朵感到非常不舒服……
>
> 这种粗鄙的模仿在到访的外国人看来一定有趣极了，但是，它揭示出日本这个民族毫无品位，完全缺乏民族自豪感。[10]

洛蒂对几位女士的描绘显得宽宏大量些。外务卿的妻子井上武子给他留下了最深刻的印象。她陪着丈夫站在楼梯口，面露微笑，说着欢迎词，迎接宾客的到来。她从容自如、颇有教养，表明她曾陪同担任外交职务的丈夫出国访问，是有过此类经历的第一批日本女性。洛蒂反复提到他听到的一个传闻：井上武子以前曾是艺伎（只是猜测）。无论怎样，他说，按照巴黎的标准来看，武子的服饰基本及格，她的举止也没有瑕疵。在描述的结尾，洛蒂对武子所展现

---

* 法国小说家，著有《冰岛渔夫》《菊子夫人》等。——译注

出来的从容自如大加赞赏，甚至她伸出手要和洛蒂握手时的样子简直就像美国女人一样。[11]

1885年，井上的养女末子芳龄二十，她也曾陪同井上前往欧洲。末子不仅容貌美丽，而且才华横溢，能使用英法两种语言来招待鹿鸣馆的外国宾客。[12] 井上有充分理由为妻子和女儿熟练运用外国礼仪感到骄傲。然而，与他所期望的截然不同，鹿鸣馆的宴会只是加深了人们的刻板印象：日本是一个"只会模仿的民族"，他们没有自己的文化，只会借鉴和模仿中国或西洋的文化。

这绝不是外国人第一次见日本人身穿洋服。早在很久以前，日本男性就意识到，如果他们坚持穿古雅的本土服饰，外国人就不会把他们当回事儿。日本女性（尤其是那些上流社会的女性）也喜欢穿着欧洲流行的服饰。但是，日本人不满足于将身穿洋服作为时髦的象征，他们还把自己装扮成了鹿鸣馆化装舞会的样子，并练习与这些服饰相称的礼仪，而这惹来了外国宾客的嘲笑。

将鹿鸣馆文化推向顶点的事件，是两年后总理大臣伊藤博文在其官邸举办的化装舞会。四百多名贵族成员、政府高官、外国外交官偕夫人穿着奇装异服参加舞会。伊藤和妻子梅子装扮成威尼斯贵族，他们的女儿则化装成意大利农村姑娘。[13]

然而，将西洋文化——甚至是西洋文化的特例（如化装舞会）——纳入日本文化的主流之中，却是这一时期的中心事件。当时天真的日本人对西方抱有极大的热情，今日看来似乎会让人忍俊不禁。不过，近代作家对鹿鸣馆的昙花一现有着某种怀旧之情。在那个时期，有些日本人大胆摆脱过去上流社会的幽暗，走入一个灯火通明的、让人联想起拿破仑三世时期的巴黎*的舞厅。

---

* 1852年，乔治·欧仁·奥斯曼男爵调任巴黎所在的塞纳行政区任行政长官。十八年任期内，奥斯曼启用了著名的城市建筑师欧仁·贝尔格朗德等一批建筑师、规划专家和水利专家，对巴黎市区进行了大规模的改造。——译注

第三十八章　江户的舞会

井上馨劝诱外国人结束治外法权这一终极目标最后以失败告终。1887年，他辞去外务大臣一职。他曾一次次地认为修改条约已经近在咫尺，但一些外国列强的举措总是使他频频受挫。早在1882年，德国就表示，如果日本完全开放国门与外国通商并拥有健全完善的法律制度，那么德国愿意在八到十年内完全放弃治外法权。美国早已同意废除治外法权和对关税的控制，但前提是其他国家也这么做。德国和美国都愿意就司法管辖权做出让步，以换取通商的有利条件。[14]即使是英国——治外法权最坚定不移的拥护者——也显露出有可能做出让步的迹象。[15] 1884年8月，巴夏礼的接任者弗朗西斯·普伦凯特（Francis Plunkett）向井上提交了一份备忘录，声称永久维持治外法权并非英国的用意所在，只要日本政府完善民法、商法和诉讼法并对此类法律进行翻译，那么英国将放弃治外法权。[16] 1886年，英国贸易委员会表示将会关注此事，避免英国拒绝同意日本就治外法权提出的要求会损害到英日之间的贸易往来。[17]

然而，释放出的这些积极信号未能带来立竿见影的效果。在日本的外国人坚信，一旦他们听凭日本司法的处置，就会被无故逮捕，并遭受东方的严刑拷打，因此拒绝改变。日本人继续争取结束治外法权，直到1899年8月4日才最终结束这一体制，而完全恢复关税自主权要到1911年。但正如一名学者所指出的那样：

> 毫无疑问，日本人急于恢复关税自主权；但同样毫无疑问的是，结束外国享有的治外法权及其对日本作为主权国家的践踏，这一愿望是日本反对幕末签订条约的主要推动力。日本人打算将全面恢复关税自主权推迟到1911年，以换取外国列强在1894—1898年间放弃治外法权，这并非偶然。[18]

1885年，鹿鸣馆的影响力和魅力达到了一个新的高度。不同于曾在鹿鸣馆举办的璀璨夺目的宴会，这一年成为日本文化史中难以忘怀的一年，涌现了很多文学和评论作品，包括坪内逍遥的《小说精髓》、东海散士的《佳人奇遇》，以及布尔沃·李顿的小说《凯奈宁·齐林莱》（Kenelm Chillingly）的出色翻译。

然而，在明治看来，1885年（和1884年一样）是令人沮丧的一年，在这一年，他发现自己难以将精力集中在朝政大事上。尽管据说在随后的几年，明治每天在书桌前工作很长时间，但此时他每天仅在办公室工作两个小时——从上午十点到中午。除此之外，他大部分时间是与侍从长和其他随员闲聊宫中事务，即使众卿和参议想要商议政事，也只能徒劳地等待着天皇的接见。甚至是既深得天皇信任又肩负宫廷事务重责的伊藤博文，在有要事奏报的时候，也无法觐见天皇。他再次感到心烦失望，又有了辞去宫内卿一职的打算。

在写给三条实美的书信中，伊藤表示担心明治"聪明睿智之德质遂归于空名"。"今遭遇千古未曾有之变迁，应成就中兴之鸿业，垂万世以遗训。如无为而消光，则上不能对历代之祖宗，下难面万世之皇孙。"天皇将国家大事交由大臣和少数官员决定，很少详细地审阅向他提交的内阁会议的奏折。即使当他极其罕见地批阅奏折时，也从不发问。伊藤很想知道，天皇虽然天资聪颖，但仅靠这种方式是否就能全面掌握当时极为复杂的国家大事。天皇的心腹——侍从长德大寺实则和儒学侍讲元田永孚——都是值得敬重的人士，但他们却对世界局势一无所知，也不知道某个具体政策对日本是有利还是不利。此外，他们并非当选官员，因此无需就其行为向任何人负责。伊藤警告，"今日形势之艰难危急，古今东西史上未有其类。若误方向、失处置，国家之存亡间不容发。"[19]

目前尚不清楚伊藤是否真的向三条寄送了这封书信，我们也不明白为什么明治对国家大事如此漠不关心。也许主要是因为厌烦。在伊藤看来极其重要的事情，也许激不起天皇的兴趣。参加鹿鸣馆的舞会可能会给他带来一些好处，当然，那样一来又有失天皇的身份。[20]

第三十八章　江户的舞会　　　　　　　　　　　　　　　　　　　　451

　　造成天皇低落的另一个原因也许在于其健康状况。正如我们已经知道的，上一年天皇以生病为由，常常缺席内阁会议；而这一年，他又一次次地遭受感冒、发烧之苦。4月，他将前往福冈观摩一场由驻守广岛、熊本的军队联合参加的大型军事演习，并将在返程途中巡幸山口县、广岛县和冈山县。然而，疾病使他无法出席军事演习，巡幸也被推迟。毫无疑问，无法出席能带来极大乐趣的军事演习，肯定会让天皇感到非常失落。不安排巡幸可能会让天皇松了一口气，不过，这三个县的百姓感到失落，于是天皇承诺将在该月月末进行巡幸。

　　或许恶劣天气，尤其是给房屋和庄稼造成巨大损失的暴雨和大风是造成天皇情绪低落的另一个原因。天皇命令提交有关庄稼损失（而非其他事宜）的奏折。奏报的消息让人感到很沮丧。预计茶叶收成只有往年的一半，小麦只有平常的四成。人们回忆说，这距离1833年到1836年的大饥荒也不过五十年时间，并且忐忑不安地揣测这是否会再次演变成一场大饥荒。在春末夏初的时节，暴雨连连，河流漫过了堤岸，引发了洪水，造成大量房屋受损。[21]

　　唯一幸存的儿子——嘉仁亲王——可能让天皇感到欣慰，但亲王居住在其外曾祖父中山忠能的宅邸，明治很少见到他。既然亲王已到了七岁（根据日本的算法），其教育和健康便成了天皇记挂的事情。3月，天皇决定从今以后接亲王到宫中生活。两年前，文部卿福冈孝弟曾提议在宫中建造一所幼儿园，对亲王进行教育。天皇仔细地考虑了这个提议，但由于这与按照传统向王位继承人提供教育的方式背道而驰，天皇十分谨慎地采取措施以实施该提议。于是，朝廷在青山御所建造了幼儿园，并挑选了和嘉仁同龄的男孩作为同学。不过由于嘉仁亲王身体羸弱，该方案无法实施。[22] 尽管如此，天皇仍开始着手处理亲王的教育问题，并令年迈的侍讲元田永孚制定课程和学习方案。

　　令人惊讶的是，元田所制定的不是循规蹈矩的方案。他建议：

教师应不受宫中规则的束缚,即使亲王在玩耍时也应不拘礼节地给予引导;应按照循序渐进的方式为亲王设置教育节奏,而不是按照时间表;每天早上利用两个小时对亲王进行阅读、写作、算术和道德方面的教育,每天下午运动两小时;每隔一天让亲王练习唱歌半小时。

该方案于1885年3月实施,但亲王的健康状况仍不明朗。6月,亲王获准返回中山忠能的宅邸看望外曾祖父。当晚,回到宫中后,亲王突然生病,发起了高烧,并伴有抽搐。一个月后亲王身体才恢复。[23]也许这是一种心身疾病,是由于他不愿离开恋恋不舍的、充满温情的中山宅邸而前往庄严肃穆的皇宫。

9月,天皇打破让皇室子女接受私人教育的传统,决定让嘉仁亲王来年进入学习院学习。天皇责令元田和其他各类官员为亲王制定教育课程,并在皇族和高级贵族中挑选十五到二十名男孩作为亲王的玩伴。在该年的晚些时候,天皇命令推崇西洋学说的学者西村茂树负责亲王的教育,反映出他确信宫中沿用多年的旧式教育方法不再行得通。他希望西村向未来的天皇提供适应现代潮流的教育。[24]

7月26日,天皇如约动身,开始巡幸山口县、广岛县和冈山县。[25]这大概是他最乏味、最无趣的一次行程,主要是因为天气极其炎热。*一路上,民众因为目睹了天皇的龙颜喜极而泣,但天皇自己却感到筋疲力尽。尽管他像往常一样为忍受旅途中的艰难跋涉做好了准备,但这一次炽热的高温让他也吃不消。当皇室一行人抵达严岛时,天皇派一名侍从代他参拜神社;在到达闲谷学校附近时,他派遣侍从长进行视察。闲谷学校是池田光政于1668年兴建的儒家书塾,是明治平常最喜欢参观的一类地方。尽管高温炎热,天皇还是被迫会见了当地政要,考察了当地的生产情况,但他应该没有什么兴致。[26]

---

* 在用尽所有形容词来描述逐渐上升的高温后,8月10日,《明治天皇纪》的严谨编纂者声称高温像箭一样刺穿人体("炎日射人")。

第三十八章　江户的舞会　　　　　　　　　　　　　　　　　　　　　　453

　　天皇的行船于8月12日返回横滨，船上和岸上的民众纷纷行礼致敬。此次巡幸仅持续了十八天，但天皇每一天都是早上四五点就起床，直到深夜才睡。由于天气异常炎热，此次旅途无论是在陆地还是在海上都苦不堪言。巡幸虽然让臣民感到欢欣雀跃，但天皇甚至一天都无法休息。

　　回到东京后，天皇恢复了日常作息。卡拉卡瓦国王向天皇赠送了自画像，以示友谊和尊重。教皇利奥十三世（Pope Leo XIII）致函，向天皇慷慨对待基督教传教士表达了谢意，并请求在日本和梵蒂冈之间建立关系——诸如梵蒂冈与欧美大国的统治者所缔结的类似关系。经商议后，天皇准许会见教皇的使节。在会见中，他向使节保证让基督教徒享有和日本人一样的保护。[27] 意大利国王翁贝托一世（Umberto I）请求天皇赠送几只日本鹿，随后便收到天皇赠与的一对鹿。在收到西班牙阿方索十二世逝世的消息时，朝廷哀悼了二十一天。

　　在1885年，天皇最满意的方面大概是外交关系。2月，朝鲜高宗就1884年12月发生的事件（多名日本人在这次事件中被杀）做出正式赔礼道歉，于是，这一年就以充满希望的方式开了头。[28]

　　同月，曾被驻派朝鲜的陆军中将高岛鞆之助和海军少将子爵桦山资纪向朝廷提交了一份文书，将日本采用欧美的行政、教育、法律和军事体制而在现代化进程中取得的稳步成就与清朝顽固坚持的腐朽方式进行了对比。这两个国家正朝着不同的方向前行，由此使清朝产生了嫉妒和猜疑。高岛和桦山回顾了近年来中日两国之间的冲突（侵略台湾、吞并琉球、江华岛事件等），尤其是1884年的事件。当时清军袭击了在朝鲜的日本军队，造成伤亡。他们敦促"今断然决意速扫妖云，荡尽祸气，否则两国之间难测生不虞之变"。他们确信，现在是增强国家实力、提高皇室声望的难得机会。[29]

　　朝廷对此做出的回应是派遣伊藤博文作为全权大使前往清朝，处理清日之间日益加深的裂痕。伊藤肩负着签署一份防止清朝进一步干涉朝鲜的条约的任务。日本驻清特命全权公使榎本武扬接到秘密指示，要求其请求哈里·巴夏礼爵士（虽然此人长久以来都是日本的痛苦之源，但现在是英国驻北京公使，有可能成为日本人的朋友）从中斡旋，以探明李鸿章的意图。如果李鸿章拒绝就朝鲜问题与日本达成协议，那么日本政府准备要求赔偿。

日本政府向伊藤颁发了将要呈交给清朝皇帝的国书，并做出指示，告知政府的意愿是维护两国之间的和平，但前提是清朝答应两个条件：(1) 严惩命令军队参与12月6日事件的军官；(2) 清军必须撤离汉城。如果清朝接受上述条款，日本也准备在同一时间撤离驻扎在汉城的保卫日本公使馆的军队；但是，如果清朝拒绝签署该协议，日本将被迫采取行动以捍卫国家利益。在此情况下，清日之间早晚必有冲突，责任全在清朝。[30]

2月28日，伊藤一行人乘船驶往清朝。天皇完全相信伊藤有能力达成和平解决方案，然而，日本民众已经产生了反对清朝的情绪，并发出了征服清朝的呼声。这种气氛让人联想起了民众怂恿入侵朝鲜的那一时期，对此，太政大臣三条向各部领导等达官政要发送内谕，强调天皇维护和平的意愿，令其安抚民心，防止出现骚乱。[31]

3月14日，伊藤抵达天津。清朝希望他立刻与全权代表李鸿章进行谈判，但伊藤认为先前往北京觐见清朝皇帝、递交国书才是适宜之举。他还希望在北京进行谈判，但清朝的大臣们以皇帝尚且年幼为由拒绝，力劝伊藤在天津与李鸿章谈判。伊藤一行人于4月2日回到天津。他与李鸿章之间的谈判进行得很艰难，不过，4月15日最终达成了协议。双方签署了规定两国从朝鲜撤兵的条约*。参与12月6日事件的清军指挥官将不受惩罚，但清朝将对伤害日本人的

---

* 史称《中日天津条约》或《朝鲜撤兵条约》。内容包括中日同时从朝鲜撤兵；中、日均勿派员在朝教练；将来朝鲜国若有变乱等重大事件，中日两国或一国如要派兵，应先互相行文知照等。——译注

罪行进行调查，并将对实施了此类罪行的清兵给予相应惩罚。伊藤接受对其最初要求进行的这一修改，称"（天皇）顾虑东洋之大局，休察重和好之旨，允诺此事"。[32]

伊藤回到东京后，天皇向他表示了诚挚的感谢。第二天，天皇传话给三条，询问是否可以向伊藤授予与大久保利通在北京成功解决台湾问题后所获得的相同的奖赏（一万日元），以及是否可以官至一品或者享受年度薪俸。[33]一些朝廷官员认为理应向伊藤授予侯爵封号。三条建议向伊藤奖励一万日元外加一套金杯；[34]可是，根据之后的几个月的记录，伊藤获得的物质奖励是天皇赠送的一匹马。[35] 7月7日，天皇和二十多名贵族成员及高层官员拜访了伊藤的宅邸，作为皇室赞许的象征。[36]

毫无疑问，天皇非常尊敬伊藤，不过他并不像伊藤那样对西洋文化怀有无限热情。9月，天皇恢复了在星期五与亲王、参议以及高级政府官员、军官共进午餐的习惯，也许表示天皇要摒弃对朝政漠不关心的态度。11月，宫内卿伊藤提议，鉴于交际耗费掉天皇大量的时间，与日本人和外国人共同进餐，以及出席宴会和舞会将被限制在赏菊或赏樱期间进行。

大约就在这个时候，另一名政治家开始成为高层政界中的显要人物，他就是黑田清隆。1883年2月，黑田辞去少将一职[37]，并请求前往中国。他的主要目的是在清朝推销北海道的产品。井上馨拒绝了这一请求，说鉴于清日两国关系紧张，目前并非派遣政府高级官员访问清朝的理想时机。[38] 1885年2月，黑田再次请求前往清朝，这一次是为了观察中法两国之间的战争。他觐见了天皇，天皇表示同意，因为清朝是日本最重要的邻邦。天皇要求黑田提交关于中法战争的报告。[39]尽管这是一次非官方的旅行，天皇仍向黑田提供了四千日元的经费。

就在伊藤抵达天津的同一天，黑田首先抵达了香港，并从香港前往新加坡。他本打算往南方走，但4月16日得知清朝和日本在天津签署条约后，他决定往北前往北京，不久后，他就在北京与日本公使榎本武扬开怀痛饮。[40] 9月5日返回日本。

这一年，三条考虑让黑田担任右大臣，以便填补因岩仓逝世而留下的职位空缺。他征求伊藤的意见。伊藤回答道，没有人比黑田更适合这个职位，并承诺将竭尽所能给予协助。黑田有意接受这一委任，但当三条向天皇奏明时，得到的却是出乎意料的答复：右大臣一职责任重大，必须要由德识名望皆备的人担任，黑田很难说适合。天皇颇有深意地补充说，如果黑田担任这一职务，他将很快发现实权掌握在伊藤的手里，很可能会愤懑不平。[41]

随后，三条提议让伊藤担任右大臣，但伊藤意识到如果接受，那就是在巩固太政官制这一腐朽的官僚制度，从而失去了废除它的机会。伊藤拒绝，并坚持任命黑田担任右大臣。他们将此事再次禀报天皇，天皇询问是否所有的参议都同意任命黑田。事实上，天皇敬重的一位人士——参议佐佐木高行——并未参与定夺。佐佐木私下里反对黑田，批评黑田目无法纪，有很多不好的传闻，尤其是他还酗酒。[42] 三条大概是通过威胁罢免佐佐木的参议一职才最终说服他不要提出反对意见。

大概是因为在北海道有功，黑田才被提名为右大臣，但是，让现今的读者摸不着头脑的是，为什么一个严重涉及1881年北海道开拓使出售官产丑闻的人能够被提名担任政府第三高的职位？此外，黑田的个人生活也绝不是无可非议。他是明治时期政界中有名的酒鬼，有时候因喝酒太多而无法处理复杂的问题。酗酒经常导致他脾气暴躁。他的妻子于1878年"神秘"离世。[43]

三条告知黑田他获得了参议的一致支持，但令他再次惊讶的是黑田拒绝，表示自己不配担任连西乡隆盛或大久保利通都未曾获得的职位。他还提到，自己不愿成为伊藤的上级。无论这些是否是真实感受，但他很可能已经听说了天皇和佐佐木的反对，并且还意识到了三条和伊藤是出于怎样的动机才会支持他。就这样，黑田暂时

第三十八章　江户的舞会　　　　　　　　　　　　　　　　　　　457

从公众视野中淡出。尽管一直有谣言说是他杀死了自己的妻子，但11月11日，天皇亲临黑田的宅邸，让黑田感到非常宽慰。[44]

三条实美建议天皇任命黑田清隆担任右大臣，其目的是为了在政府中维持长州藩势力（以伊藤为代表）和萨摩藩势力（黑田是萨摩藩人）的平衡。他还希望巩固太政官制。三条怀疑伊藤正在计划重组政府，创建一个由伊藤担任内阁总理大臣的内阁。伊藤意识到三条有多么不愿意放弃其职位，于是决定假装迎合他，并支持他推荐黑田的提议。[45]

与此同时，伊藤变革政体的计划渐趋成熟。[46] 废止太政官制有利于创建一个由总理大臣领导的内阁，那不仅是一次在行政层面进行的变革，还将标志着有名无实的贵族统治的终结，而士族成员取而代之居于领导地位。

可以理解的是，三条对即将失势感到惊愕沮丧，然而，当天皇下令仔细研究如何重组政府时，他并没有提出反对意见。12月22日，三条觐见天皇，主张改革政府，并请求罢免自己的职务。[47] 天皇恩准，同一天，太政大臣、左大臣、右大臣、参议和各个机构的长官等职务被废止，由议会内阁所取代。议会内阁由总理大臣以及九个分支机构的长官组成。伊藤博文被任命为总理大臣[*]，井上馨担任外务大臣，山县有朋担任内务大臣。[†]

内阁成员的挑选工作按照伊藤的建议进行。起初，天皇不同意任命森有礼担任文部大臣，因为森有礼可能偏向基督教，是一个有争议的人物，但伊藤毫不让步。他向天皇保证，在他担任内阁总理

---

[*] 难以用英语描述政体变革。之前的政体（太政官制）由三位大臣组成：太政大臣、左大臣和右大臣。此外，还有八个部门的长官——卿。按照内阁制，设有一位总理和九个部门的长官——大臣。伊藤致力于建立一个像英国一样的议会民主制，内阁由同一政党的成员组成，向选举他们的民众负责。英语单词"minister"，不仅翻译成总理和大臣，也翻译成驻外国的公使。

[†] 即第一届伊藤内阁（1885年12月22日—1888年4月30日）。——译注

大臣期间，不会发生破坏和平安宁的事情。已经将组建内阁的事情交由伊藤负责的天皇决定暂时允许其自主行事，自己则静观其变。[48]此刻，伊藤已经获得了最高职务，地位仅次于天皇。鹿鸣馆的精神取得了胜利。

第三十九章
太子嘉仁

明治十九年（1886年）不同于往年，这一年并没有在传统的新年仪式中拉开帷幕。官方记载中没有做出进一步的解释，只是说天皇因病无法举行四方拜，由锅岛直大代为操持各类仪式。然而，天皇却和往常一样出席了其他庆典，表明其并没有病到完全不能举行仪式的程度。在这一年中，官方记录一次次地谈及天皇的健康状况，以解释为何没能参加某个庆典，但是，天皇到底得了什么病却没有记录。[1]我们还知道，1886年，天皇经常骑马，次数是前一年的两倍，[2]表明厌倦官方仪式（而非生病）才是天皇一再缺席的原因。

2月，子爵土方久元从柏林给三条实美发函一封，描述了威廉一世的九十岁寿辰庆典。他敦促对细节了解得一清二楚的外务省德国问题专家青木周藏向天皇进行奏报。土方希望此举能够激励天皇出国游历，考察外国局势并会见西方国家的统治者。

时任驻奥地利特命全权公使的西园寺公望在之前写给伊藤博文的书信中也提出了类似的建议，并认为现在是天皇游历西方的绝佳机会。[3]如果天皇亲自参加柏林的庆宴，目睹这些新奇的景象，也许会摆脱对政事的淡漠态度。但是，不清楚诸位大臣是否奏报，也没有迹象表明天皇曾经考虑过要出国游历。

天皇频繁生病、缺席重要场合的一个后果，就是使得皇后更多

内田九一拍摄的美子皇后。截止到1886年,美子皇后依然穿着日本传统的和服,但此后大部分时候都穿西式服装

地出现在公众视野,一次又一次地代天皇参加各类活动。在此之前,皇后的公众活动有限,但现在甚至开始出现在通常仅有男性贵族和政府高官出席的聚会上。例如,当天皇因身体不适而明显无法出席原定在3月26日举行的星期五晚宴时,皇后便代其参加,并邀请宫中女官和政府高官夫人陪同她一起。

天皇计划于3月30日访问横须贺造船所,为军舰"武藏"号举行下水仪式,但当日身体不适,皇后便代其前往。她坐车到达横须贺，登上了"扶桑"号军舰。即使在天皇出席庆典的情况下，皇后通常也会陪伴左右。4月13日，他们前往赤羽村观摩近卫军演习。"南军"和"北军"之间的一场模拟战争也许让不懂兵法的皇后迷惑不解，但据我们所知，皇后坐着马车观看了南军的追击，随后前往荒川南岸观看炸毁桥梁。[4]

7月30日，在视察贵族女子学校、观看毕业典礼和授予文凭时，皇后第一次身穿西式服装出现在公众场合。8月2日，她去青山御所探望皇太后时，也穿的是西式服装。从那时起，不仅仅是皇后，就连大多数女官也逐渐开始穿起洋装。8月10日，天皇和皇后在宫中举办西洋音乐演奏会时，皇后第一次身穿西式服装迎接外宾。她的这种装扮方式也许并不是在模仿西方（鹿鸣馆中的装扮方式），而是在无声无息中彰显出她的新式着装风格。

1887年1月17日，皇后颁布了关于女性着装的《思召书》。她认为当代日本女性的着装风格是十四世纪南北朝战乱时期的遗风，不仅无法适应现代生活，也与早期日本女性所穿的服饰截然不同。同目前所穿的和服相比，事实上西式服装与古代日本女性所穿的服饰更为接近，"宜效之以为我之制"。除了鼓励日本女性穿西式服装外，她还希望此举能够推动日本布匹的销售。

皇后的服饰改革倡议，是其在政府中所起到的新的积极作用的部分体现。1886年11月26日，她和天皇前往长浦，视察最近完成的巡洋舰"浪速"号和"高千穗"号，并观看海军演习，包括发射鱼雷。当天，皇后作了几首短歌，包括一首名为《鱼雷火》的短歌：

> 今得观鱼雷
> 一发扫射千里晃
> 不惧列强狷
> 纵有坚船掀波浪
> 定当摧毁把威扬

毋庸讳言，这首诗的主题并非传统样式。皇后开始穿起西式服装、创作以鱼雷为主题的新式题材诗歌，大概是因为她已经厌倦了宫廷生活。留有宫中岁月回忆录的侍从们一致认为天皇一直很体贴皇后，从不会表现得像个暴君。然而，皇后在婚后不久便得知她永远不能生育，而这是天皇的正室应履行的最重要角色。因此她在宫中只能作为摆设。对一位聪明过人的女性来说，这一定是件很让人心灰意冷的事情。即使她从来没有对伺候天皇就寝的各个典侍表现出不满，但可能会嫉妒她们。尤其是天皇（拥有不同的女子为他生育的四个孩子，并且还会临幸其他女子）似乎把心思主要放在典侍园祥子的身上时，那种感受可能会增强。[5] 那些敢于描写天皇这方面生活的作家都十分小心谨慎，但事实上，园祥子在1886年到1899年间生育了天皇的最后八个孩子。其中有四个孩子都是女孩，在天皇驾崩后仍在世。

园祥子是伯爵园基祥的长女。[*] 园基祥（于1905年逝世）在幕末时期的活动最为人所知。从照片上看，祥子并没有非凡的美貌，也没有趣闻轶事可以解释她有什么品质能让天皇如此着迷，但无论出于何种原因，在天皇的晚年，祥子是他偏爱的同床共枕之人。

1885年底，当证实祥子怀孕时，对于她应接受哪一种医学治疗争论不休。[6] 天皇之前有七名子女，但有六名夭折，这使得人们质疑是否应该继续信赖传统医学，还是说采用西医医生可能更好。天皇向中山忠能征求意见。中山无论是在医学还是在其他方面都忠于传统方式，但在1883年9月两名小公主夭折后，他开始动摇自己的信念：在皇室子女满十岁之前，应由学习传统医学的医师负责治疗。现在，他愿意承认传统医学不一定优于西方医学。此外，东京似乎还没有一位颇有名望的传统医师，而且中山担心传统医术可能

---

[*] 园基祥是园基茂的第三子。中山忠能的妻子爱子是园基茂的养女。这意味着园基茂既是明治的外曾祖父，又是园祥子的祖父。

第三十九章　太子嘉仁

会就此消亡。最后，他答复说他无法在这两种医学中做出选择。仍偏向传统医学的明治命令中山和侍从长遍寻东京，直到他们找到一名传统医学名医为止。[7]

1886年2月10日，园祥子产下了天皇的第五个女儿静子公主。天皇给公主取名，当晚宫中举行了庆典，皇族亲王和其他达官显要（包括婴儿的外祖父伯爵园基祥）都参加了庆典。[8] 3月12日，公主被带入宫中让天皇探视，这是天皇第一次见到公主。和天皇侧室生育的其他子女一样，公主将被正式认定为是皇后的孩子，至于公主的养育，她的生母不会过多地参与其中。

静子公主的一生相当短暂。1887年4月4日，公主夭折。前一年的元旦，公主突然发烧、吐奶。她被诊断为长牙时发烧，并且出现了令人不安的脑膜炎早期症状，而脑膜炎是造成天皇之前多名子女夭折的罪魁祸首。一位在荷兰学医的医生和另一位传统医师对适合的疗法无法达成一致意见，最后只好征询天皇的意见。天皇支持西医的建议，并命令最受尊敬的西医池田谦斋一同参与商议。起初，新的疗法似乎很有效，然而，3月下旬的一次寒潮让公主再次发烧，不久后公主夭折。

天皇唯一幸存的皇子——嘉仁亲王——反复遭受疾病的折磨。由于再三经历失去子女的痛苦，天皇想必非常担心嘉仁是否能够活到成年。这可能是为什么天皇同意彰仁亲王的请求，纳定麿亲王为养子的原因。这个年轻人现在是名海军军官，在英国学习，1886年5月1日被正式领养，（作为皇族亲王）改名依仁。[9] 正如前文所述，定麿亲王给卡拉卡瓦国王留下了很好的印象，国王希望这位日本亲王能够与他的侄女结婚。也许明治也将依仁视作一位可能的继承人。

尽管天皇担心嘉仁的健康状况，但仍有必要把嘉仁当做会毫无疑问地继承王位一般对待。多年来，亲王的教育一直是天皇关心的头等大事。1885年12月，天皇安排西村茂树负责亲王的教育。选择西村这位推崇西洋学说的专家，表明天皇觉得传统的宫廷教育已经无法适应现代形势。[10] 天皇亲自将他希望亲王在来年学习的科目和课时告诉了西村。尽管已经规定嘉仁只能在特定的时间探视父母，但一个月后，也就是1886年1月，天皇决定，如果嘉仁想进宫参见，应予以恩准。采取这一举措，是因为天皇认为这是一个向亲王灌输尊重父母、和父母培养感情的绝佳方式。

1886年4月，勘解由小路资生和另两名上了年纪的贵族奉命轮流给亲王授课，但他们的教育观念陈腐守旧，没法成功教导这个让人头疼的男孩。非常希望亲王获得系统教育的伊藤博文与文部大臣森有礼商议。森建议应按照现代理念对亲王进行教育，提议让文部省官员汤本武比古（1857—1925）担任亲王的老师。4月12日，汤本被任命为亲王的老师。

汤本奉命教授阅读、写作和算术，每次授课不超过三十分钟。不过，汤本很快发现亲王完全不遵守纪律，注意力很容易分散。汤本回忆道：

> 臣已奏报过，臣的课程（诸如五十音图和1、2、3之类的知识）委实不难。然殿下对规则之事毫无概念，在此方面无甚进步。若殿下喜欢，学习三四十分钟；但若殿下不喜，则叫道"汤本，够了。"随即起身离去。一直在走廊等候的侍从和护卫，以及坐在教室课桌前的其他同学，遂跟随殿下一同外出，独留臣一人在教室，茫然不知所措。若殿下心情不佳，则会猛推面前的课桌，然后去往他处。曾有一次，在教授书法时，殿下说，"汤本，已经可以了。"臣回答，"不，殿下需再练习少许。"殿下因此大发雷霆，拾起一支蘸有红墨的大毛笔，对着臣扔过来。毛笔落在臣的胸膛，滴在臣最好的、崭新的大衣上，墨汁遍染衣衫。[11]

为什么嘉仁的言行举止如此无礼？大概是因为身边的人担心责

骂亲王可能会导致他抽搐，于是事事由着他。[12]汤本向宫内大臣伊藤博文递交了辞呈，但伊藤劝说他继续担任亲王的老师，说这是忠臣应尽的职责，还说汤本应当具备不亚于军人的牺牲精神。

天皇得知了儿子在课堂上反复无常的行为。根据汤本的奏文，天皇令亲王称呼其为"汤本老师"，并在没有得到老师指示的情况下不得离开座位。此外，天皇命令汤本整天和亲王待在一起，以期对亲王的行为进一步产生潜移默化的影响。天皇还命令侍从和女官（有时派遣天皇自己的侍讲）前往教室，视察汤本的授课。当天皇询问汤本为何不按照元田为教导幼童所挑选的课本时，汤本回答说这些课本内容高深，不宜用于教亲王。汤本编写了新课本，亲王开始有了迅速的进步，这让天皇松了一口气。[13]5月，伊藤宣布，天皇决定让嘉仁和其他贵族子女一同入学习院就读。

9月，仍然为亲王的教育事宜忧心忡忡的天皇任命朝廷要员土方久元负责亲王的教育。土方接受重任，但前提条件是不允许任何人干涉他的决定。天皇恩准，并派侍从长告知中山庆子从今以后不再需要教导亲王。此外，天皇还指示汤本就所有教育事宜与土方商议。庆子拒绝剥夺教育外孙的权利。10月，土方遵旨，同意与庆子分工负责，庆子将负责在宫中抚育亲王相关的各项事宜，包括亲王的日式着装和膳食。最后，按照酝酿已久的计划，嘉仁于1887年9月19日进入学习院。他每天去学校，在其他男孩的陪同下学习，他的课桌与其他人的课桌并排靠在一起。[14]这是王位继承人第一次接受公共教育。

1886年底，西村茂树在帝国大学发表了三次关于日本道德的演讲。[15]曾是明六社*成员的西村，以前经常在天皇面前讲解有关西方的内容，之后也是如此；但这三次演讲——后来结集出版为《日本

---

* 日本明治初期新型知识分子组成的具有启蒙性质的思想团体。1873年（明治六年）发起，遂起名"明六社"。成员包括森有礼、福泽谕吉、加藤弘之、西周、津田真道等。——译注

道德论》——绝不是号召向西方学习。

数年之后，西村回忆说，当时伊藤内阁效仿西方的法律制度、风俗习惯和礼节礼仪，盲目地举办模仿西方的娱乐活动（如舞会、化装舞会和舞台剧），以求外国人的欢心。他将这种谄媚奉承与日本悠久的道德观（如忠孝、节义、勇武、廉耻等）进行比较，反对抛弃这些美德。他为这一现象感到悲痛，由此发表了这些演讲。[16]

第一篇演讲以探讨两种思想体系在道德方面的差异为开篇。第一种他称之为"世教"，第二种称为"世外教"（或宗教）。他将儒教和西方哲学归为第一类，将佛教和基督教归为第二类。显而易见，他赞同第一种。在中国，儒教是一个起源于远古时期的中国本土思想体系，但佛教只是一个外来的宗教，影响力不及儒教。然而，在日本，儒教和佛教都是外来的。起初，这两者被社会各阶层所接受；可是在随后的时代，尽管下层阶级依然信奉佛教，但只有极少数的中上层阶级仍保持这一信仰。因此，日本人缺乏一个所有阶层均接受的普世道德观。事实上，自明治维新时起，所有的道德标准都已销声匿迹。[17]

现在，亚洲受到欧洲列强的威胁，欧洲各国纷纷建立殖民地。饱受威胁的亚洲国家不顾一切代价争取实现现代化。西村评论说，"文明开化固应希望之事，然有国则需文明开化，若失其国，则文明开化无可实施之所。"日本的关键任务是保持国家独立，不容许外国践踏其尊严。无论一个国家拥有多少军舰大炮，如果其人民道德沦丧，那么它也不会得到其他国家的尊重。历史告诉我们，罗马帝国的衰落乃是民众堕落和道德缺失所致。或者我们可以回顾一下近代历史上最可悲的例子——波兰。虽然波兰人不像罗马人那样堕落，但他们分裂成几个派系，没有力争维护国家的统一。正如我们所看到的，波兰落得个被一分为三的下场。[18]西村继续向日本民众讲述普遍原理：

第三十九章 太子嘉仁

（日本）农工商三民昔无教育之事，固不足以之论道德之高下，然士族以上之民，祖先以来数代间受儒学之熏陶，加之本邦有一种固有之武道，足有力量以锻炼人心，尽护国之职。王政维新以来儒教虽称国教，然势力大失；如武道之所，至今日已无人言之。[19]

西村对武士阶层也道德沦丧感到失望。日本急切地向西方学习，却忘了欧美各国都信奉某个宗教，以捍卫人们的道德观。西村概括说：

元来邦人其天资敏捷伶俐者多，然思虑浅薄且乏远大之识，有雷同之分而自立之志弱。见近来西国学术之精妙，其国力强盛富饶，则漫心醉之，不知已踏足之处。（中略）人情风土之异，西国学术等岂能尽用之于东洋哉。[20]

西村主张回归儒教的道德规范。虽然他并没有指出自己偏爱儒教的哪个学派，但他强调将所学道德规范付诸实践，表明他或许推崇王阳明的学说。不过，西村并没有掩饰儒教和西方哲学的缺点，并且还承认佛教和基督教各有优点，都可以加以采用。他指出，最关键的是要为现代日本创建一个道德规范，一旦建立，可以就具体内容向其他思想体系借鉴。[21]

西村倡议的道德规范的具体内容并没有让人感到意外。他支持教育和施舍穷人，支持投资有利于国家的企业；另一方面，他将日本的退休制度与西方人民长期而充实的生活进行比较，批评男性在四五十岁这样早的年纪不继续为社会做贡献反而退休。他不赞成早婚，因为尚未完全发育成熟的夫妇生下的子女容易感染疾病，使得整个民族身体虚弱。此外，早婚往往导致生育众多子女，造成家庭贫困。此外，西村反对奢侈，尤其是在婚礼和葬礼上铺张浪费。[22]

很难想象有人会不同意他的大部分建议，人们对于西村的演讲非但赞成，简直是压倒性地支持。接受过儒教教育的人——大多为年龄在四十岁以上的武士阶层——纷纷响应拥护旧风俗的号召。与西村同为明六社成员的文部大臣森有礼一向主张进步，但他被《日本道德论》深深打动，表示要把它用作从中学到大学的课本。[23] 然而，这本书却激怒了伊藤博文，他认为此书诽谤政体，阻碍了政治进步。他派人请来森有礼，痛斥森有礼对此书大加赞扬。得知伊藤不悦，西村承诺进行修改，随后他删除了几篇批评政府的亲西方政策的文章。然而，他已经挑战了政府的功利主义。西村的书，是对伊藤的政策的初次反对声明，成为了不久后日益突显的极端民族主义的开端。

1886年需要提及的另一个事件，是英国货轮"诺曼顿"号（*Normanton*）沉船事件。10月23日，"诺曼顿"号从横滨起航前往神户，在准备进入和歌山县时触礁破损。尽管英国船员悉数获救，但他们并没有对二十五名日本乘客及十二名印度船员施以援手，这些人全都溺水身亡。在此次灾难被广为人知后，日本人对于英国船员表现出来的明显的种族歧视提出了强烈抗议。11月5日，"诺曼顿"号的船长约翰·威廉·德雷克（John William Drake）在位于神户的英国领事馆接受审讯，但因无过失而被开释。

刚开始，急切渴望赢得外国人认可的日本领导人并没有抗议，但全国各地的呼声如此强烈，政府无法再置之不理。报纸为在"诺曼顿"号事件中丧生的遇难者家庭募捐，民众发表演讲，对公然炫耀"白人至上"愤怒不已。最后，政府正式要求英国对船长进行审判（由于治外法权，日本无法干涉）。12月8日，审判在位于横滨的英国领事馆进行。德雷克船长犯有过失罪，被判监禁三个月，其他英国船员无罪。[24] 然而，"诺曼顿"号事件仍然留在日本人的记忆里，特别是一首为此次灾难谱写的歌曲一直传唱。[25]

尽管一些精通海事法的日本人认为判决公平，但对德雷克的轻微处罚无法令大多数日本人满意。[26] "诺曼顿"号事件和西村关于

第三十九章 太子嘉仁

日本道德的演讲彰显出了一种与鹿鸣馆式的崇洋背道而驰的趋势，为翌年发生更严重的抨击政府的事件定下了基调。

1887年初的新年仪式在方方面面都按照传统方式进行，但有一点除外：在接受宫中成员的新年祝福时，皇后身穿正式的西式礼服。西式服装已成为皇后在此类场合的惯常服装。"诺曼顿"号事件的不满呼声似乎并没有传到宫中，日本皇室与外国皇室交换礼物的风气有增无减。[27]推迟了很长时间的新宫殿建造计划最终开始，但财务问题显现，威胁到了宫殿的完工。

1月25日，天皇和皇后动身前往京都，参加1月30日在孝明天皇陵举行的仪式，二十年前的1月30日孝明天皇驾崩。*这次行程最值得一提的是皇后的出席。除此之外，此次京都之行、视察学校和参观名胜古迹与天皇此前的出行并没有什么差别。天皇夫妇在京都一直待到了2月21日。

2月24日，天皇夫妇回到东京，并恢复了各项日常活动。皇后视察了学校，包括工部大学和陆军大学。[28]4月，皇后陪同天皇观摩了近卫军演习。她已经成为了官方活动（甚至是军事演习）中不可或缺的角色。

1887年3月，皇后赐给贵族女子学校两首鼓舞人心的歌。第一首是这样开头的：

> 纯净剔透晶莹钻，
> 千磨万击倍璀璨。
> 此言此理与人同，
> 劝君惜时莫留恨。
> 学问功夫须勤力，
> 危时报国显本真。[29]

---

* 1月14日抵达的皇太后也在京都和他们共同参加了此次仪式。

随后这首歌被配上旋律，成为了贵族女子学校的校歌。这首言辞恳切的道德之歌让人想起该时期抗议者的呼声，但亲西方派的政府领导人不受这种美德呼声的影响，仍频繁出入鹿鸣馆，*希望借此熟悉和掌握西方礼仪，为日本赢得西方先进国家的友谊和尊重。他们确信，克服日本财务和军事弱点以及保持日本独立的最佳方式，就是证明日本是一个有着和欧洲人相同文化的现代化国家。为此，他们穿欧洲人所穿，吃欧洲人所吃，极力消除社会的陈旧方面。一些人不仅愿意采用西方的法律制度，还信奉基督教，并且愿意将英语作为国语；另一些人（为提高日本国民的身体素质）准备娶欧洲女人为妻。[30]

为满足鹿鸣馆的歌舞升平而源源不断流出的钱财与绝大多数人的贫困生活形成了鲜明对照，激起了反对的浪潮。坚定的儒学者元田永孚多次试图会见伊藤，以表达对大肆建造西式建筑和举办奢侈宴会的不满，但伊藤总是借故繁忙而不见。1887年5月，胜海舟发表了《二十一条时弊》，谴责为了采纳西洋文化而破坏日本本土美德的疯狂行为。在德川时代后期，胜为掌握航海和舰炮射击术而学习荷兰语，并担任"咸临丸"号的船长。"咸临丸"号是日本第一艘横渡太平洋的船舰。他当然不是一个墨守成规的儒学者，但政府的西化政策对日本社会风俗造成极坏的影响，令他非常愤怒，这一点不亚于元田。他认为国家大肆浪费财富，造成了道德败坏。

与此同时，为废止治外法权，1887年4月22日的第二十六次修约会议决定对外国人做出极大让步。他们同意在交换新条约批准文书后的两年内，日本整个国土将向外国开放；日本国民享有的权利和特权将扩展到驻日外国人；两年之内，日本的法律制度将在所有方面符合西方的实践标准；日本将把所有法律翻译成英文（英文译本将视同正本），并在十六个月内送交各国政府；在日本完全向

---

* 东京俱乐部成立于1881年，是日本和西方绅士缔结友好关系的场所。

外国人开放国门后,领事法庭将持续三年;审判涉及外国人案件的大多数法官应由外国人担任。[31]只要能够结束让日本人憎恶的治外法权、象征性地承认日本的平等地位,日本似乎准备屈服于外国提出的任何要求。

然而,并不是所有日本人都愿意做出这样的让步。近期刚从欧洲回国的农商务大臣谷干城[32]目睹当时的道德堕落后震惊不已,发表了自己的看法。伊藤听说了谷干城赞扬卢梭和其他法国民权拥护者以及抨击政府的传闻,认为谷干城受到了煽动性民权思想的影响。天皇听闻此事,对内阁大臣持有这种观点深感不安。他命令佐佐木高行直接询问谷干城的政治主张。

笃信国粹的谷干城很快便使佐佐木相信其根本不是一名民权论者。但是在7月,就在谷干城辞任前,他对政府的政策发表了措辞严厉的抨击。他要求停止为实现修约做出的努力,并呼吁采取措施扭转道德沦丧的局面。和西村一样,谷干城对沉迷于鹿鸣馆舞会的人士的颓废和奢侈感到震惊,他哀叹百姓正在遭受的苦难,因为他们的血汗钱被白白地浪费在力图使这个国家欧化上。他把自己的想法告诉了伊藤,认为应迅速停止修约中的错误做法。谷干城也向内阁提出了同样的看法,并与井上馨展开激烈的争论。他不顾有人反对,坚持谴责这项政策,认为这是"贪一时之名,不顾百年之害"。井上和其他人强调,为结束治外法权必须修改条约,但是谷干城问道,让外国人干涉本国内政岂不是更加糟糕?他痛斥外务大臣独断专行,在不征询其他大臣的意见下秘密决定,犯下了严重错误。[33]

伊藤和井上十分生气,即刻反驳道,眼下正是日本事事都以西方先进国家作为楷模的时期,修改日本法律以便与西方法律相协调是不可避免的。意识到内阁不会接受他的建议,谷干城决定采取果断措施。7月20日,他觐见天皇,详细上奏了反对修改条约和认为必须纠正当前腐化堕落现象的原因。他请求天皇就修约是否可取征询宫中顾问官的意见,尤其建议向近期从欧洲回国的黑田清隆征询意见。天皇侧耳倾听，但一言不发。谷干城退下，随即提交了辞呈。

谷干城提出这一请求，表明他知道宫廷中批评政府的观点。侍奉在天皇左右的官员（包括佐佐木高行、土方久元和元田永孚）早些时候就曾发表过此类观点。当谷干城从海外归国后，他们发现谷干城对修约表现出怀疑，于是决定与他携手合作，并继续寻找有类似看法的其他人。很多在政府具有影响力的人物（包括黑田清隆）都公开反对条约修正案。

当天皇征求元田的意见时，元田说，他认为谷干城已经非常忠诚地说出了他想说的话，放眼全国，没有一个人不同意谷干城对当下弊端的谴责。元田相信，除非立刻停止为了实现修约而向外国做出的让步，否则将发生不可估量的灾难。[34]

大约就在这个时候，担任内阁法律顾问的法国人古斯塔夫·布瓦索纳德（Gustave Boissonade）表示反对条约修正案。他试图向井上馨提出反对意见，但未果；他向司法大臣山田显义表明立场时，山田表示自己无法深思此事，因为超出了他的权限范围。此时，曾严重怀疑修约可取性的内阁图书寮长官井上毅（1844—1895）秘密拜访了布瓦索纳德，听取了他对条约修正案的反对意见。布瓦索纳德确信这会给国家造成极大的危害。井上毅被说服，决定尽一切努力来结束修约。

布瓦索纳德坚持不懈地向内阁成员提交意见书，解释为什么必须停止修约。他认为这将无可避免地损害日本的威望，削弱日本的安全，降低日本民众的地位。他对条约修正案的各个条款进行了抨击，包括采用外国法官这一条款：此举需向外国法官支付令他们满意的薪水，而这将造成国家资源的大量外流。他警告说，日本民众对损害日本利益和破坏国家声誉的行为感到愤慨，一旦新条约获得批准，日本人民也许会起来反抗，而这有可能导致外国进行干涉。[35]

7月12日，井上毅给井上馨写了一封信，阐明反对条约修正案

第三十九章 太子嘉仁 473

的原因，宣称这将使日本沦落到半独立国家的地步。他还预测国家将被分为支持修约派和反对修约派两大阵营，可能会引发公开冲突，造成巨大损失。最后，井上馨被迫承认其方案造成了动乱。他说，如果自己只顾埋头前进，而不对之前就日本法庭的运作与外国列强所达成的约定进行修改，那么将会造成一场全国性的危机。在7月18日的会议上，井上馨告知各国代表，日本政府已经决定对条约中法庭相关事项进行些许改动。

9月17日，伊藤辞去宫内大臣一职，但仍保留内阁总理大臣的职位。起初，天皇不愿意接受伊藤的辞呈，并拒绝伊藤提出的让黑田清隆接任其职的建议。《皇室典范》尚未制定，皇室财产也没有系统地界定，而伊藤是唯一一个可以有效处理此类事务的人。对于黑田，由于性格原因，天皇并不希望他长期在宫中任职。天皇向元田永孚征求意见。元田回复说，尽管从原则上来讲，在君主立宪制中皇室和国家团结一致是再好不过的事情，但这取决于一个特定的人，一个忠心耿耿、才能超群的人，例如中国的诸葛亮，普鲁士的俾斯麦。伊藤能力出众，但他道德品质却稍有欠缺。他继续在宫中任职可能会造成危害。元田劝天皇接受伊藤辞去宫内大臣一职。[36]

天皇不愿失去伊藤，但最后还是接受了伊藤的辞呈，并任命土方久元接任宫内大臣。黑田被任命为农商务大臣。元田提议罢免井上的外务大臣一职，该提议于9月16日实施。此后由伊藤担任总理大臣兼外务大臣。[37]

尽管这些政治变革极大地扰乱了天皇的情绪，但他这一年并非完全阴郁惨淡。8月22日，园祥子生下天皇的第四个儿子猷仁亲王。8月31日，在嘉仁亲王9岁生日那天，他被定为储君，并过继为皇后的儿子。当晚举行了生日宴会，天皇、皇后、皇太后和嘉仁出席。三十九名皇室成员和宫内官员应邀参加。天皇心情愉悦，倍感轻松，把宾客一个接一个地叫到身边。他亲自为皇太后、皇后和嘉仁倒上清酒。不久，在酒精的作用下，餐厅内充满了欢快的声音。天皇吩咐众人唱歌跳舞。《明治天皇纪》中说："盖君臣愉乐之状如此者，未曾有之。"[38] 确实，在天皇的一生中，这样的欢乐时光少之又少。

第四十章

帝国宪法

1888年，明治天皇因病无法操持绝大多数仪式或出席野战演习和毕业典礼。最严重的一次患上卡他性肺炎，从2月7日持续到了5月5日。[1]在脱离危险后，医生建议天皇去海边空气清爽的地方休养，但和以往一样，因为君王的责任感，他拒绝离开皇宫。[2]该年稍晚时候，天皇患上了重感冒，但他极端讨厌医生，不在意他们的建议。在诸多场合，尤其是天皇生病时，皇后代天皇出席，比如接见暹罗的使节、出席军舰下水仪式或者视察东京帝国大学的医疗和科学设施。

记录中宫廷医师的医术并不尽如人意，但天皇仍执著于传统中医学，不愿意更换宫廷医师。[3]11月12日，尽管宫廷医师竭尽所能（在最后一刻也请来陆军和海军的外科医生），但天皇的又一个孩子猷仁还是死于脑膜炎。9月，园祥子又产下一女（天皇的第六个女儿）。和往常一样，宫中举行了庆生宴会，但参加宴会的大多数人无疑会想起已有多名年幼的皇室子女夭折，想必也会怀疑为祝福小公主昌子健康而说的祝酒词究竟能产生多大的作用。

在新年年初，天皇和往常一样听了几个讲座：福羽美静讲授《日本书记》景行天皇卷；元田永孚讲解《中庸》里的一节；西村茂树讲授亨利·惠顿（Henry Wheaton）著写的《万国公法》（Element

吉欧索尼所绘的明治天皇像

of International Law）中"自治"的含义。[4] 这些讲座主题的选择反映出在对天皇的教育中，力求在日本历史传统、中国道德教化和西方实践学习中实现平衡。

  此时发生的有助于我们深入了解天皇的几件事情中，有一件事情很有意思。宫内大臣土方久元认为有必要为天皇画一幅近期肖像画（最近一次的照片是由内田九一于1872年拍摄的），以便赠送给外国君王和政要，于是请意大利画家爱德华多·吉欧索尼（Eduardo Chiossone）——他也是印务局的一名工作人员——速写了一幅相

第四十章　帝国宪法

似度较高的肖像画。最简单的方式无疑是拍照，但是天皇不喜欢照相，因此这个方法行不通。不久前，伊藤博文也曾多次恳请天皇同意拍一张新的照片，但每次都被拒绝。意识到要让天皇改变主意是件多么不可能的事情后，土方在承诺如有任何差池均由他负责的前提下，请吉欧索尼悄悄地对天皇的容貌特征进行速写。

在征得侍从和其他官员的同意后，土方等待一个合适的时机。日子选在了1月14日，就在天皇外出用膳时。躲在推拉隔断背后的吉欧索尼用蜡笔仔细地勾画出天皇的龙颜、姿势和谈笑时的表情。*土方对吉欧索尼素描完成的肖像画很满意，决定向天皇展示，他首先就没有获得天皇事先允许而认错谢罪。当天皇看到画像时，既没有发表赞许之词，也没有说出不满的话。虽然土方很想知道天皇的沉默究竟是何用意，但他又不好让天皇明说。正好这一时期，皇宫收到了欧洲提出的求取天皇照片的请求。土方恳请天皇签名并同意奉上吉欧索尼的肖像画。天皇照做，让土方大松了一口气，他将此举解释为天皇对画像很满意。[5]从此以后，吉欧索尼的肖像画照片（在原始画像的基础上翻拍的照片）被送到外国皇室乃至全国各地的学校，一代又一代的孩子们在御真影[†]面前毕恭毕敬地鞠躬。这幅画像如此逼真，以至于大多数人都认为它是一张照片。[6]

1888年2月1日，天皇任命大隈重信担任外务大臣。正如我们已经知道的，大隈的前任井上馨因众人反对其修约方案而辞职，但他希望大隈能够接替他的职位。[7]任命过程中的一个主要问题，是劝说内阁顾问官黑田清隆接受大隈重信。自北海道开拓使出售官产丑闻事件后，黑田清隆一直与大隈重信关系紧张。

总理大臣伊藤博文同意帮助劝说黑田。对于大隈，他持有保留

---

* 无疑，照片的相似度会更高些，但是（由于那时在室内拍照需要大量的时间和照明），吉欧索尼无法在天皇未察觉的情况下在室内为天皇拍照。

† 对天皇照片的敬称。——译注

意见：尽管大隈的立宪改进党不像自由党那么激进，但该党提倡进行伊藤所反对的改革。[8] 不过，伊藤还是跨越了政治上的不相容，劝黑田支持大隈。他的劝说奏效了。某日，黑田突然出现在大隈的宅邸，为过去发生的事情致歉，并承诺将来会与大隈携手合作。[9]

黑田的举动让大隈很是感动，然而，由于可能会给立宪改进党带来不利影响，他不愿踏足内阁。他提出了接受这一职务的条件：在召开议会后的七八年内，成立一个由议会成员组成的内阁；参加议会选举的选民资格不得高于地方选举中的选民资格；确保有序、稳定的进展，避免陷入过激的混乱。[10] 大隈还提出，如果同意他的条件，应予以公开宣布。几个月里，伊藤都不愿意接受这些条件，以致只好继续兼任外务大臣，但最后伊藤让步，大隈就任。

在结束治外法权方面，大隈的决心不亚于井上馨。他对井上的提议（包括允许外国人在日本内陆旅行、居住和拥有不动产这一备受争议的提议）进行了修改。根据大隈的方案，外国法官的作用将受到限制，并且新颁布的民法典的权威版本将采用日语，而非英语。[11] 然而，这些让步并没能安抚政府中的反对修约派，1888年到1889年的大部分时间，大隈的提议引来了一片批评之声。

同时，在1888年4月28日，天皇设立了枢密院。他在诏书中声言，"朕选元勋及练达之人，咨询国务，倚其启沃之力。察此为必要，故设枢密院，以之为朕至高顾问之府"。[12]

枢密院的主要职能是商讨与制定宪法有关的事项，[13] 其成员均为对国家做出了杰出贡献的较年长人员（年龄在四十岁以上），包括议长和副议长等十五名成员。在宪法生效时，枢密院将作为政府和议会的中间机构以及天皇的咨询机关。

伊藤是枢密院的主要倡议者。他坚信必须将宪法视为天皇恩赐的礼物，天皇具有至高无上的权力，做出的裁定为最终决定。枢密院将对天皇提供指引，尤其是在政府和议会发生冲突时——例如，是否替换大臣或解散议会。

第四十章　帝国宪法

为强调这个新成立机构的重要性，伊藤辞去总理大臣一职，就任枢密院议长。按照伊藤的建议，黑田清隆将被任命为接任人。天皇不愿让伊藤辞去总理大臣一职，但仍批准将其调入枢密院，这大概是因为伊藤是唯一一个能够掌控商议大事的人。[14] 除生病外，天皇出席枢密院的每一次会议，这强化了枢密院会议的重要性。会议过后他有时会派人请来发言者，向他们提问，但在会议上他仔细听取发言，不说一句话。[15] 在夏季，举行讨论的房间有时候酷暑难耐，但明治丝毫不受酷热的影响，孜孜不倦地聆听发言。

为什么天皇愿意花这么多时间聆听那些往往让人觉得荒谬、重复的辩论呢？大概是因为与每年举行朝廷仪式和无数次接见外国宾客的无聊相比，天皇最终发现了一些能够吸引他注意力的事情。这些商议可能有助于天皇了解他在日本的未来发展中所起到的作用。

1888年4月，伊藤向枢密院提交了宪法草案。早在1884年，伊藤就在宫中设立制度取调局，并担任局长，着手进行宪法调查。伊藤令井上毅、伊东巳代治、金子坚太郎调查，并请太政官雇用的德国人罗斯勒（之后成为东京帝国大学的法学教授）作为顾问；然而，由于还肩负其他职责，伊藤一直没有取得进展。1886年，他开始认真起草宪法。伊藤将这项工作的三大不同方面分配给上述三位同僚，将真正执笔这一重任委托给了井上。

伊藤曾在维也纳研习宪法，他的想法大概也反映了他在维也纳的所学所得，即"枢轴"对于立宪政体的重要性。1888年6月18日，伊藤在枢密院发表的演讲中提到，在欧洲，立宪政体在古代就已萌芽，并且几个世纪以来得到了稳步发展，人民熟悉这一制度。而且宗教构成欧洲国家的枢轴，深入民心并使他们团结。然而，日本的宗教（佛教和神道教）力量甚为薄弱，尚未对民众的内心产生影响，无一能够作为国家的枢轴；在日本，可以作为枢轴的唯有皇室。宪法制定者应始终将这一事实铭记于心。在制定宪法时，应尊重天皇拥有的至高无上的权力，力求不加束缚。君权便成为了伊藤及其同僚编纂的宪法草案的枢轴。[16]

在本年度的剩余时间中，与宪法有关的讨论继续以从容的步调进行。其他事情（如争取结束治外法权）也没有被忘却，但并没有取得什么进展。11月，日本与墨西哥签署了一份条约，给予墨西哥人在日本内陆生活和购买不动产的权力，但未给予治外法权。这是两个对等国家签订的条约，是日本的第一个平等条约，但其他国家并没有效仿墨西哥。英国和法国根据与日本签署的条约中的最惠国待遇条款，要求获得墨西哥人获得的任何特权。该条约并没有发挥很大效果，因为当时在日本的墨西哥人只有一人。[17]

年底，新宫殿竣工，皇室预定于1889年1月11日迁往新宫。从1873年起，明治及其皇室便一直生活在拥挤的临时宫殿内。天皇一向不喜欢奢侈浪费，甚至不愿意考虑建造一座新宫殿，但是，最终让步：日本君主需要一个更加体面的住所来彰显其威信。

新宫殿耗资巨大，旨在展示日本皇室的庄严宏伟。造访的外国人大多数都感受到了震撼。[18]宫殿的东翼专为天皇预留，作为公共场合时使用，比如坐在镀金御座上接见外国宾客。作为天皇的私人宫室的西翼为日式风格。后部则是天皇举行典礼仪式的神殿。该建筑群由日式风格的走廊衔接，四周花园环绕。

明治似乎完全不在乎新宫殿的外观。子爵日野西回忆道，用于装饰走廊的人造花悬挂有三四年的时间，直到失去了原有的色彩。天皇似乎未曾注意到这些。在天皇驾崩时，这些人造花已变得肮脏不堪，不得不将其烧毁。[19]宫殿通上了电，可以在国事厅使用，但天皇却拒绝在其私人宫室中使用电灯，因为他担心短路可能会引发火灾。然而，使用蜡烛熏黑了天花板，让宫殿的外观极其不雅，尤其是在天皇的晚年时候。

众人排着队列从临时宫殿迁往新宫殿。天皇和皇后在皇族亲王和内阁成员及其他要员的陪同下，于上午10点出发，一个小时后抵达。学童沿着队列高唱国歌《君之代》，军乐队奏响乐曲。当队

第四十章　帝国宪法　481

列抵达架在围绕宫殿流淌的护城河上的二重桥时，燃放起了日景烟花，庞大的人群高呼"万岁"！

1889年，天皇的健康状况要比上一年好些，不过有时候仍会因为疾病而无法参与国事。这是他在位期间最忙碌的年份之一，大臣们时常请他定夺。其中尤其困难的决定是关于陆军中将谷干城。谷干城无疑是一位精明能干之士，但他却喜好争斗，曾与伊藤博文和井上馨尖锐对立，以致辞任农商务大臣一职（正如我们已经讲述过的）。现在，他已离职一年半。政府怀疑他可能在秘密谋划一些活动，于是派密探监视他的一举一动。

天皇担心谷干城可能会与其他持不同政见者为伍，从而步江藤新平和西乡隆盛的后尘，发动叛乱。最好的办法是将谷干城纳入枢密院，由此来规制他。1888年12月，天皇令元田永孚拜访谷干城，探明他是否愿意在枢密院任职。谷干城拒绝了任何任命，并且不改变主意。

为了劝说谷干城改变主意，曾我祐准——嘉仁亲王的老师[*]、谷干城的老朋友——在元田的陪同下多次拜访。在得知天皇殷切地希望他接受任命后，谷干城激动得流下了眼泪，但仍说自己不能违背其向同僚们所立下的誓言，即成为上院议员，详细阐明反政府的观点。[20] 如果他在眼下阶段加入政府，就会失去信任。他坚称，反对政府并不代表不尊重皇室，日本反政府势力（与德国的社会主义者或俄国的无政府主义者不同）对天皇忠心耿耿。他请求政府取消密探。[21]

枢密院中继续进行着各种讨论。1889年1月，伊藤提议将宪法草案翻译成欧洲语言，那样枢密院成员可以从外国法律专家的意见中获益。他意识到，无论多么小心翼翼地制定新宪法，仍无法避免一部分批评，但他下定决心避免给子孙后代留下一份有着明显缺陷

---

[*] 当嘉仁在热海市过冬时，谷干城也居住在那里。这便于曾我频繁拜访谷干城。

的文书。即使在马上就到了发布时期的节骨眼儿上，他仍然进行了修改。例如，在提交的最后建议中说，宪法应规定仅限于男性继承人继承王位。[22]

2月5日，枢密院通过了《皇室典范》、《帝国宪法》、《议院法》、《众议院议员选举法》和《贵族院令》。每部法律均制作了副本，其中两份副本呈交给了天皇。[23] 六天后的2月11日，也就是神武天皇即位之日，天皇在贤所*颁布了《皇室典范》和《帝国宪法》。明治借此机会向皇祖皇宗发布了一份告文，将今日能举办这一重大事件归功于先祖的谆谆教诲。他发誓将躬身遵守宪法的规定。不久后，他跪在皇祖皇宗的神龛前，再次陈述了告文。

在当天早上晚些时候举行了宪法发布的仪式，天皇公开宣读了宪法。皇室成员、内阁成员、高官显贵、各都道府县†的知事、法官、其他国家机构的高层代表以及外国公使汇聚一堂，听取天皇发表敕语。天皇不仅向皇祖皇宗表达了敬意，也称颂了祖宗的忠良臣民。作为神之子孙的自己要和臣民一起，广扬帝国光荣于内外，使祖宗之遗业永久巩固。[24]

在发表完敕语后，天皇象征性地将《帝国宪法》交给总理大臣黑田清隆，此举旨在表明是天皇将宪法御赐给了整个日本。在皇室效劳的德国医生欧文·贝尔茨对仪式进行了如此的描述：

> 国家大臣和最高官员排列在天皇面前稍左的位置。站在天皇身后的则是显赫贵族。其中，我发现了德川龟之助，若不是王政复古，他现在应该是幕府将军；我还看到了萨摩町的岛津侯，唯一一个梳着日本旧式发型的人（尽管穿着一身西装）。他

---

* 宫内供奉神器八咫镜的房子，以前称为"内侍所"。——编注
† 都道府县：日本的行政划分，日本现有一都（东京都）、一道（北海道）、两府（京都府和大阪府）和四十三县（相当于省）。——译注

佩里来航图，随船画家 William Heine 画的石版画，1854 年

蛤御门之变，亦称禁门之变。森雄山所绘

美子皇后

江户末期留学荷兰的日本学生。后排中间是榎本武扬,前排最右是西周

岩仓使团部分成员。从左到右依次是木户孝允(桂小五郎)、山口尚芳、岩仓具视、伊藤博文、大久保利通。

《征韩论之图》,杨洲周延所绘。左上岩仓与有栖川宫之间应是明治天皇。神奈川县立博物馆藏

江户博物馆的鹿鸣馆复原图。可见正面的孟莎式屋顶和拱形门

1888年6月，明治天皇在枢密院会议上审议宪法草案，右侧站立者为伊藤博文。圣德纪念绘画馆，五姓田芳柳绘

尼古拉二世在长崎时的照片，上野彦马拍摄

帮助尼古拉二世的两位车夫，胸前佩戴的是尼古拉及日本颁发的勋章

大正天皇之子，1921年拍摄。左起第一人为裕仁亲王，即后来的昭和天皇

第四十章　帝国宪法

这身打扮真奇怪！紧靠着天皇右手边的是外交使节团。大厅周围的走廊挤满了其他高级官员和一些外国人。皇后身后跟着公主和宫女。皇后身穿粉红色的欧式礼服，拖着裙裾。从御座的两侧各走上来一名达官显贵，其中一位是前太政大臣三条公爵。两人都捧着一卷纸，三条捧着的是宪法。天皇接过另一份文书，打开它，大声宣读。其中的内容是说天皇决定自愿向国民御赐所承诺的宪法。之后，天皇将宪法交给总理大臣黑田，黑田满怀崇敬之情地接过宪法。天皇随即点了点头，离开了大厅，皇后和随员紧跟其后。整个仪式持续了大约十分钟。外面燃放起烟花，四处敲响钟声。仪式庄严而精彩。唯一的缺点就是正殿——一个非常精美的大厅——被漆成了红色，因此显得太暗了。[25]

1889年的宪法是亚洲国家中最先进的宪法，也比众多欧洲国家的宪法更加自由。但是，这部宪法坚称天皇是"神圣不可侵犯的"、天皇拥有至高无上的权力，表明它距离天赋人权还有很大的距离。[26]尽管如此，宪法的颁布标志着日本代议制政府的开始。在同一天颁布的诏书中，天皇宣布将在1890年召开议会，宪法将于召开议会的同一天生效。

作为庆典活动的一部分，天皇向伊藤博文授予了最新铸造的勋一等旭日桐花大绶章。（由于向长州藩人士进行了授勋，为保持平衡）有人建议应向总理大臣黑田清隆（来自萨摩藩）授予类似的勋章，元田也表示支持，但明治还是拒绝了。[27]为了在这一美好时刻努力弥补过去的创伤，曾作为谋反者而被判处死刑的一些人不但被赦免，还被授予了勋章：西乡隆盛被追赠正三位官阶，吉田松阴被追赠正四位官阶。

就在同一天，当文部大臣森有礼即将出发前往皇宫参加仪式时，一名男子上门求见。森有礼令人接待来客，就在离开宅邸时，这名来客跳到他身上,用刀将他刺成重伤。行刺者西野文太郎当即被击毙。据查实,西野听说森有礼在参拜伊势神宫时不但没有脱鞋就进入了神圣的建筑之内,还用手杖撩起藏有神镜的帘子,向里窥视。森有礼的行为激怒了西野,他认为此类行为亵渎了神灵并有辱皇室,于是决定刺杀他。

在西野身上发现的"斩奸状"中,西野写道,他曾前往伊势神宫去查证森有礼是否真的有不敬的行为,确信那种说法并非虚言。(但是,文部次官在森有礼死后进行了调查,得出结论是该说法并非属实。)次日,森有礼过世。天皇致函表达了悲痛之情,赞赏了森有礼取得的成就,并向他追赠正二位官阶。[28]

公布宪法的激动之情平息下来后,政府成员又转身投入到未完成的事务之中,尤其是修改条约一事。大隈认为有必要摧毁欧洲和美国政府为针对亚洲而建立的联盟,决定与各个不同国家进行单独谈判。1888年11月,大隈与德国签订了新条约;12月,大隈向美国公使提交了修订后条约的草案,希望能够迅速得到美国政府的批准。他承诺,不管其他国家做出怎样的决定,美国公民都将获得新条约赋予的好处。如果其他国家声称根据最惠国待遇条款,自己也应该获得同样的好处,那么日本将告知这些国家,除非同意结束治外法权,否则它们将得不到任何好处。

大隈认识到,除非日本能够劝说欧洲国家接受修订后的条约,否则与美国签订的新条约毫无意义。但是,如果他把日本将与美国签订新条约一事告诉其他国家,将会鼓励其他国家的驻日公使力争达成类似协议。[29]

大隈与美国公使理查德·哈伯德(Richard B. Hubbard)签订的《友好通商及航海条约》标志着日本朝结束治外法权迈出了重要的一步。该条约于2月11日(即公布宪法的同一天)生效。之所以匆忙签约,是因为日本担心新的共和党政府可能不会同意民主党的哈伯德所采取的行动。[30]

第四十章　帝国宪法

正如已经预见到的那样，即使日本已经尽了最大努力来劝说，英国仍反对修约。1888年12月29日，大隈提醒英国公使说，英国是日本最重要的进口国，两国之间的贸易额已经占到了日本对外贸易总额的三分之一。驻日的外国人中有一半是英国人，他们的利益已经远远超过了任何其他国家。据大隈所言，日本人没有忘记哈里·巴夏礼爵士在明治维新时的诸多恩惠，但是，如果英国继续阻挠修改条约，感激之情也会转变成仇恨之意。如果英国接受修约，那么其他国家也会效仿，日本将会从心里感激英国的支持。日本这个有着四千万人口、十八万军队和一支由几十艘军舰组成的舰队的国家，将会成为英国在远东的同盟国。

尽管大隈一再恳求，英国还是不准备答应日本的请求。英国在答复中称，日本的法律不符合西方的标准，并具体指出了修订后的条约存在着哪些不足之处。如果日本真的希望外国人遵守日本司法，那他们应该立刻开放日本内陆。在五年后，如果日本制定了法院体系、完成了法典的编纂以及就法庭的有效运行做出担保，那么英国将废除领事法庭并结束治外法权。对于修改关税，英国也列出了类似的条件。[31]

驻美特命全权公使陆奥宗光是第一个从日本一方对修订后的条约提出质疑的人。他指出，在签订条约后的至少十二年，外国法官将在大审院任职，但这违反了宪法第二十四条和第五十八条。*大隈回复称不存在冲突，但有关外国籍法官的争议仍然持续。

1889年6月11日，日本与德国签署了修订后的条约。德国在最后一刻要求日本做出进一步让步，但日本驻德公使西园寺公望向德国外交部长赫伯特·冯·俾斯麦（Herbert von Bismarck）提出请

---

* 第24条规定，"不得剥夺日本臣民接受法定法官审判的权利"。第58条部分规定，"从具备法律规定资格者中任命法官。除非依照刑法接受裁定者或受惩戒处分者外，不得免除法官的职务。"

求,俾斯麦做出了让步。对于此次取得的成功,日本政府大为满意,请求各国的常驻公使向他们的国家转呈修订后条约的副本。[32]

与美国和德国取得的成功谈判并没能结束日本国内反对修约的呼声。立宪改进党的机关报《邮便报知新闻》刊登了以改正条约问答为主题的十四篇文章。作者矢野文雄(1850—1913)的目的是消除人们对条约可能起到的作用的担忧。例如,一些人担心聘任外国籍法官可能造成其他国家干涉日本内政,但是矢野回答说,此类法官的聘任权和解聘权完全在日本人民的手里。再比如说,如果法官入籍日本,那么就不会有外国干涉的危险。在回答那些担心向外国人开放日本内陆或允许外国人购买土地会威胁到日本主权的人们时,矢野认为国际关系必须平等。日本民众已经能够在其他国家自由出行、购买土地,那么不允许外国人享有同等特权是有失公平的。对于担心外国人可能会全部买下日本的土地,矢野认为日本还有很多更加有利可图的投资,外国人涌入日本不会只购买土地。[33]

虽然矢野提出的论据很有说服力,但日本民众反对修约的呼声却日渐高涨。天皇派元田永孚询问大隈,是否有人控诉修订后条约的条款违反了新宪法。大隈否认,但元田力劝天皇与伊藤商议。7月24日,天皇召来伊藤,询问入籍法可能会对外国法官的聘任造成多大影响。一开始,伊藤很赞成大隈的修约方案,并建议天皇批准这些方案。但是,随着反对的声音越来越激烈,伊藤开始动摇。29日,当天皇再次去请伊藤时,伊藤感到悲观(他推辞说自己病重,无法进宫觐见)。他预计未来困难重重,并承认自己没有权宜之计。[34]

关于修约,仍有许多问题急待解答。首先,如果某个大国拒绝接受修订后的条约,那么与该国签订的现有条约应当取消吗?英国——最重要的大国——尚无迹象表明其愿意考虑修改条约。如预料的那样,日本授权美国人在内陆进行通商后,英国按照最惠国待遇的条款要求享有同等权利。对此,大隈予以否决,认为对英国来说仍为时过早,因此,修约交涉一度搁浅。与此同时,日本于8月与俄国签署了修订后的条约。

8月14日,以副岛种臣为首的数名高层官员造访了外务大臣的官邸,商议修约事宜。陆军中将鸟尾小弥太(1847—1905)提到外国法官一事。他认为聘任这些法官是不符合宪法规定的,并询问为什么日本如此积极地保护外国人的利益,而对日本人的利益漠不关心。大隈承认此类批评是有些道理,但认为治外法权对日本造成的伤害远远超过了拟议让步所带来的损害。如果日本希望摆脱主要危害,那么做出让步是不可避免的。鸟尾追问大隈是否真的打算把修约进行到底。大隈回答说,他下定决心要这样做,但是,如果天皇未能批准新条约,那么一切也将就此结束。鸟尾反驳说,大隈的唯一可行举措就是辞职并结束其方案。[35]

反对修约的人士并非仅限于政客。来自各个县的人群抵达东京,要求取消修约。8月18日,各类组织(包括反政府报纸)的代表召开了一个全国性的"反对修约联盟"会议,超过一百八十人参加。他们从25号开始连续三天举办了大型演讲会。8月22日,这些人成立了一个反对修约(和反对全国西化)的组织——日本俱乐部。新闻报道也越来越多地对修约进行抨击,民众试图通过天皇信任的顾问官(特别是元田和佐佐木高行)求见天皇。不久,他们发出了要求大隈下台,甚至弹劾大隈的呼声。[36]

反对的呼声演变成了公开排斥外国人。聘请外国人作为法官的提议遭到了特别猛烈的抨击。人们反问道:"呜呼,昔日攻击幕府之诸贤,何勇幕府而怯外国?"如果修订后的条约生效,国家独立会变成怎样一番模样?[37]

井上毅致函总理大臣,敦促他停止修约交涉。刚开始,井上毅曾支持采用入日本籍的外国法官,但他现在确信除非彻底放弃修约,否则国家将面临无法挽回的灾难。他决心向总理大臣黑田请求辞任,但未果。井上向司法大臣山田显义发函一封,回忆说1883年岩仓具视重病时，曾吩咐他千万不要忘记：只要外国人享有法律特权，那么绝对不允许外国人在内陆居住，这个国家的命运取决于这两者的平衡。井上担心，如果日本继续进行修约，民族权利的拥护者将会越来越情绪化，爱国者将与愚蠢的政客联手，届时肯定会发生排外事件。如此一来，日本必定会遭受和埃及一样的命运。[38]

之前似乎也支持修改条约的天皇现在也忧心忡忡。他召来大隈，询问与英国交涉的情况以及自签署条约后与俄国的关系。大隈向天皇保证，尽管困难重重，但他确信很快就能与英国签订条约。天皇并未信服。在天皇的印象中，黑田将所有事情都交由大隈处理，而大隈正试图独揽大权、掌控国家，他担心将事情交到一人手中并不安全。伊藤第一次提出修约问题时并没有说这可能会与宪法相冲突，因此天皇才同意修约。问题是现在应该做什么？是否要放弃为修约做出的努力？或者是否仍需对修订后的条约进行进一步修改？他令伊藤提交一个方案。[39]

伊藤无计可施，然而，反对修约派变得越来越强硬，要求天皇罢免大隈。此时，忧国的预言家也纷纷高声呐喊。西村茂树列举了反对修约的理由，说修约将使不友好、性格不羁的欧美人变本加厉地侵略日本。如果日本人被外国人的学说所打动、被外国人的财富所迷惑，相信他们的恭维话，并被他们的宗教领入歧途，那么最后，日本人将落入外国人设下的圈套，日本将遭受与印度、土耳其、埃及等国家相同的命运。考虑到日本与西方的国力强弱、人民的智愚、财产的贫富等，如果允许外国人在内陆居住以及购买不动产，则受益的只可能是外国人，而遭受损失的只可能是日本人。百年之后，所有的地主都将是外国人，现在的这些地主将会变成佃农。几千年来，自建国时就一直由皇室掌管的土地将落到外国人的手中。商业和工业也将被外国人掌控。他们会完全像对待奴隶那样对待日本人。当然，现有条约不是没有缺陷，但跟修订后的条约相比，给日本造成的伤害要小得多。现有条约隔离外国人，但新条约却拉近了外国

第四十章　帝国宪法

人的距离，那将会是一场灾难。[40]

尽管因为对西方体制有着独到的认识而被选为天皇的侍讲，但西村对外国人的评价却很苛刻。多年来，治外法权一直被认为是最可恨地体现出了西方人优于日本人的实证；然而，与日本为结束治外法权而做出的牺牲相比，只是小巫见大巫。讽刺的是，完全不认为日本人是受害者的英国，对于德国向日本做出这么大的让步却换回这么小的回报而感到吃惊！[41]

10月3日，越来越担忧这一事态的天皇派一名官员去命令黑田与伊藤会见，以决定是否要继续推进修约。无论会遭遇多少阻碍，黑田下定决心要进行修约，但原先支持修约的伊藤此时已失去了将修约进行到底的勇气。他以生病为由拒绝会见任何人。[42] 一直以来都是天皇信任的顾问官之一的佐佐木高行奏报说，反对修约的呼声日益高涨。如果天皇不做出决定，他预计将发生大动荡，但天皇想先等等看，等到与英国的谈判结束时再议。他也在等待着伊藤、黑田和大隈能商议出一个决策来。

内阁成员召开了天皇参加的会议，但任何一方都不愿意改变自己的观点，会议以僵局收场。与会者对达成一个解决方案失去了信心，反复恳请天皇做出定夺，然而，在伊藤未提出具体建议的情况下，天皇似乎不愿采取行动。双方都想赢得山县的支持，但山县只是建议将事情缓一缓再说。

10月18日，大隈被一名"爱国者"炸成重伤。当天，在大隈退朝并正准备返回官邸时，一名男子跳出来，朝他的马车里扔了一颗炸弹。大隈身受重伤。给大隈治疗的贝尔茨认为没有其他的办法，只能对大腿进行截肢。贝尔茨补充说，"付出了如此之多的辛劳，具备如此之多的本领，终于实现了几乎所有日本人长久渴望的一切的大隈，现在却被谴责为与国为敌，被斥责要将国家拱手让给外国人。这种无意义的言论最终导致了企图刺杀他的可恶行为。几天前，枢密院议长伊藤伯爵辞职。他真是一个狡猾的逃兵！"[43]

大隈最终从伤病中恢复过来，但他失去了左腿，而修约一事至少目前再度被搁浅。贝尔茨愤怒地写道，"去听听日本人是怎样说的吧，去看看日本的报纸是怎样写的吧，人们会认为是外国人一直想促成修约，是外国人想要逼迫日本人进行修约！……一年以后，他们将看得更清楚，也许将再次希望进行修约。"[44]

黑田称他愿意对修约失败全权负责，并向天皇递交了辞呈。他推举山县作为接任人，但是，在山县愿意接受这一职务之前，三条实美这位安全但不太果断的人物被任命为临时总理大臣。大隈辞去了外务大臣一职。对修改不平等条约进行的斗争也告一段落，至少目前如此。

第四十一章
修学习业

　　1890年的新年正日,天皇(而今三十九岁了)再次未举行四方拜。皇室对外宣称天皇抱病,但我们怀疑,因为天皇花了很多时间聆听与宪法和其他重要大事有关的辩论。与其说天皇病了,还不如说他是厌倦了例行仪式。不过,尽管有时候怠慢了各类仪式,但今年他怀着比以往更大的热情投入工作,几乎一日无休。侍从长德大寺实则在7月17日的日记中写道,"近日,虽炎热如焚,圣上日日出御座,亲裁万机,无倦怠之色。"[1]

　　仪式性工作已经成为相当耗费时间的事情。天皇不仅仅需要会见络绎不绝的外国宾客,重复表达欢迎或惜别之情,而且由于日本皇室热忱地与外国皇室交往,当欧洲皇室有皇嗣诞生时,天皇不得不发贺信。更乏味的事情是,在获悉外国君主或其他皇室成员辞世时,必须要进行哀悼。大多数欧洲皇室之间存在着血缘关系或婚姻关系,举行哀悼是可以理解的。然而,1月8日,威廉一世的配偶奥古斯塔(Augusta)皇后逝世,尽管这对于明治天皇而言并没有什么重大意义,但他却让日本皇室为此哀悼了二十一天。1月20日,奥斯塔(Aosta)公爵与世长辞,日本皇室再次举行了为期六天的哀悼。由于这些"表兄弟姐妹们"频繁离世,日本不得不制定与适当哀悼期限有关的法律。该法将外国分成大国(俄国、英国、德国、中国及意大利）和小国（荷兰、西班牙、比利时、夏威夷、瑞典、葡萄牙等），大国的君主、配偶和王储辞世的，哀悼二十一天；小国的皇室成员辞世，哀悼不超过三天。[2]

眼下，天皇最担心的事情就是王储的健康状况。尽管园祥子在2月产下了天皇的第七个女儿，但儿子兼王位继承人——嘉仁——的健康状况却让天皇无休无止地操心。

天皇关心的另一件事情是高级贵族陷入了困境，其中有很多人已经变得贫困拮据。一个解决方案就是任命他们为神道教的神职人员，但这往往难以令人满意。皇室最善辩的成员朝彦亲王屡次恳请天皇给予他的阶层特殊待遇，一次次地挑战天皇的耐心。4月，天皇视察京都，对穷困潦倒的贵族深表同情，向他们捐赠了一万日元。[3]

虽然这些事情对天皇而言相当重要，并造成了直接影响，但他关注的焦点还是转移到了政治上，尤其是即将到来的、计划在7月1日举行的大选。这一事件在亚洲可谓史无前例。当然，前一年激烈争论的事件——修改条约——也没有被遗忘，但随着时间的流逝进展甚微。去年12月24日任命的外务大臣青木周藏走马上任，于1月29日向天皇递交了一份修约备忘录，这份备忘录将被递交给与日本签订了条约的各个国家。宫内大臣土方久元深信，除非能够使天皇采取行动支持新方案，否则谈判无法取得圆满成功。为赢得民众的衷心支持，天皇的行动也是至关重要的。

深切关注此事的天皇咨询了伊藤博文和佐佐木高行。常年担任顾问官的佐佐木坚持认为内阁是处理此事的适宜机构。他说，在其他国家情况可能并非如此，但是，日本的国家政体和民众对神的崇敬使得日本不同于欧美国家。天皇评论说，内阁成员或上层人士的所思所想与普通民众相隔太远，借此对那些自称代表全体日本民众发言的官员进行了批评。他的质疑精神甚至让极端保守的佐佐木也备受感动。[4]

第四十一章　修学习业

天皇继续就议会的今后工作与伊藤商议。他提出了一些相当敏锐的新问题，比如即便某项议案对于治理国家而言是绝对必要的，但倘若议会未能通过该项议案，将会发生什么？伊藤回答道，未取得议会的同意，什么事也没法干。在此情况下，内阁成员应尽一切努力来获得议会的同意。之后，天皇又问道，如果贵族院和众议院意见不一，或者如果议会和内阁的观点分歧无法解决，那该怎么办呢？伊藤回答说，在此情况下，枢密院将发挥重要作用。[5]

尽管天皇提出的问题并不深奥，但这揭示出他对政治非常感兴趣。内阁成员也是这番情形。之前，正如天皇所抱怨的那样，大臣们只是偶尔参加内阁会议，但现在大臣们需要场场会议都参加，一次也不落下；因身体状况未能参加的，需要事先告知他人。当某个大臣提出一项议案进行商议时，他需要向在场的大臣们提供相关内容说明的副本，并指出其中的注意事项。进行这些改革，是希望能提高内阁会议的效率。[6]齐聚一堂的国家高层官员似乎都变成专业人士，而非相互嘲弄和分割政治利益的亲信或对手。这样的场景还是第一次出现。伊藤对议会程序的研究开始结出了果实。

2月8日，青木向与日本签订条约的国家递交了备忘录，声称确保平等将是日后签订任何条约的必要条件。随着议会的召开和宪法的实施，前几任外务大臣怀着促成修改条约的希望而提出的让步显然已不合时宜。既然日本拥有了立法机构和宪法，就不应再被认为是落后于西方先进国家。青木指出，他对井上馨和大隈重信提出的让步做了四个改动：(1) 取消在大审院任用外国法官的承诺；(2) 取消对日本法典的编纂和实施情况进行审查的约定；(3) 撤销授权外国人拥有不动产的协议；(4) 对授权外国人享有与日本人相同权利的协议增加限制规定。[7]青木补充说，尽管他意识到三十年前赋予外国的某些权利并不能在一天之内全部废除，但新日本不能容忍伤害人民的利益或有损日本主权国家尊严的任何事情。

欧洲国家（尤其是英国）几乎不太可能接受日本单方面的更改，

但去年出现了强烈反对修约的呼声，使得亟须出现一个新的谈判基础。修约一事不能简单地被置之不理。天皇已向元田永孚表达了他对上一年交涉失败的不悦之情，元田将此转告给枢密院。然而，通过外交途径没有取得什么进展，于是日本开始着手改革法律制度，以便在欧洲国家担心其国民可能会受到日本的原始或不成文法律的制裁时进行驳斥。

3月18日，天皇决定重组法院，这是今年诸多改革中的第一项。27日，经过长时间的筹备工作后，天皇颁布了民法。早在1876年，天皇就任命一个委员会起草法典；1878年，初稿完成，但政府对初稿仍不满意，派人到国外考察立法和政治理论，以期出台一部更好的法律。1880年，司法省聘请古斯塔夫·布瓦索纳德来编纂法典；1886年，司法省对该法典进行了详细审查，并最终翻译。之后，法典又经过数次修订后最终完成，但直到此时元老院和枢密院才批准通过。[8] 民事诉讼法和商法也出台。这些进展应该可以让外国人相信日本司法不会武断，也不会腐败，但是，外国人却毫无迹象表明他们愿意满足日本人对平等的渴望。*

天皇对司法制度的改革有何反应，尚无史料可查。也许天皇已经把心思全部投入到即将前往爱知县进行视察的大规模演习之中。3月28日，天皇乘坐火车前往名古屋，在沿途停靠多个站台后，于当天下午5点抵达。名古屋市的民众热情洋溢地欢迎天皇的到来。燃放到天空的烟花、沿着街道点亮的大红灯笼以及在天皇的行程路线中竖起的常绿拱门，都突显出民众的热忱。天皇的名古屋之行并不算做巡幸，大概是因为此次出行的目的是为了观看演习，而非体察民众的生活；但对于提高天皇的人气来说，名古屋之行的作用不亚于巡幸。

---

* 1890年7月15日，日本收到了英国政府对青木的修约提议做出的盼望已久的答复。在指出这些提议与上一年的提议有很大不同后，索尔兹伯里（Salisbury）勋爵预计，英国放弃其特权至少需要5年时间。

第四十一章　修学习业

演习采用的是"东军"（日本）和"西军"（侵略者）进行一场模拟战争的形式。西军因拥有一支强大的舰队而获得了制海权，并在各个岛屿和沿海地区成功登陆。东军的使命是保卫东京湾，阻止从各个方向逼近的西军的侵袭。3月30日天下起了暴雨，阻碍了演习的进行；31日，雨下了一整天。但天皇不畏风雨，似乎并没有留意到路面的泥泞不堪。

刚开始，"战争"似乎有利于东军，但入侵的西军在精明强干的军官（如乃木希典）的指挥下一直保持不败，这也许让更希望侵略者被击退的天皇有些失望。经过陆地和海上的五天战斗后，演习结束。在此之间，也有一些奇闻逸事，比如天皇在一所小学吃午餐的情形：他喝茶时用的是供学生使用的杯子，办公时使用的是教室的课桌。[9]

在名古屋，皇后加入到了天皇的行程之中，一同前往京都。1889年10月，东京到京都的铁路竣工，出行变得比以往要方便得多。是夜，他们抵达京都御所时，发现樱花盛开，这激起了天皇的怀旧之情。仍将京都视为故乡的天皇赋诗一首：

    今访旧故乡
    樱花盛放告春驻
    花色撩人思
    画眉嘤嘤耳闻入
    旧日依依心头浮[10]

他们刚刚抵达便前往孝明天皇的陵前祭拜。之后，皇后视察了一所聋哑学校，天皇则在一所中学里观看了健美操表演和军训。4月9日，应京都府知事和滋贺县知事的真诚邀请，天皇和皇后视察了近期竣工的疏水工程，该工程将琵琶湖的水引入京都。[11]

4月15日，维多利亚女王第三子、亚瑟王子康诺特公爵及其夫人露易丝·玛格丽特（Louise Marguérite）抵达东京进行访问。幸运的是，此时天皇和皇后正在京都，因而免于接待这些重要贵宾。他们并不急着返回东京。由于担心自己一直忽视了海军，天皇于4月18日离开京都，前去观看在吴市举行的海军检阅。之后，他参观了位于吴市和佐世保市的主要海军基地。而皇后则前往奈良市，参观了市内和周边农村地区的主要神社。5月6日，他们返回东京。

在此期间，公爵和公爵夫人乘坐人力车、购买古玩、欣赏樱花，以此来消遣娱乐。英国公使的妻子玛丽·弗雷泽（Mary Fraser）写道：

> 确实，公爵夫人是一名热情的观光客，她似乎只害怕一件事，那就是错过普通游客体验到的一些有趣经历。在大队人马到来之前，他们已派人传话说希望进行一次非正式的访问，那样他们可以尽可能自由地观光游览。[12]

在公爵和公爵夫人于5月8日乘船前往温哥华的前两天，天皇才返回东京。在起航的当天早上，小松宫亲王来到这对皇室夫妇下榻的英国公使馆，呈上天皇和皇后赠送的礼物。日本人在造访时极度守时，常常让外国人吓一大跳。守时是他们沿袭下来的一个传统。弗雷泽夫人回忆道，"在离九点还差一刻的时候，小松宫亲王在没有预先通知的情况下到达了，公爵和公爵夫人都还没有为如此之早的拜访做好准备。"[13]

康诺特公爵夫妇的此次访问在没有任何意外发生、没有造成任何不必要麻烦的情况下顺利完成，这显示出日本在处理与重要外国贵宾的关系方面达到了一个新的成熟度。就在他们离开后不久，新上任的总理大臣山县有朋对内阁进行了重大变革，标志着日本政坛的新时代已经到来。早在几个月前，当山县决定让并非来自前萨摩

第四十一章　修学习业

藩的人士担任警视厅领导时，此类变革已经开始发生。多年来，警察一直由萨摩藩人士掌控，这种长久不变的掌控导致很多人滥用职权。山县决定在召开第一次议会之前改变这种局面，于1889年12月任命来自土佐藩的田中光显（1843—1939）担任警视总监*。

这次任命虽打破了先例，但并没有发生多大变化：土佐藩（今高知县）是西部四强藩之一，而内阁成员均来自于这四强藩。† 山县的下一步动作更大。他将两名并非来自四强藩的人士纳入内阁：任命来自山川藩（今德岛县）的芳川显正担任文部大臣，任命来自纪州藩（今和歌山县）的陆奥宗光担任农商务大臣。[14] 这些任命遭到了四强藩政客的反对，甚至天皇也持保留意见。天皇一直以来都不喜欢陆奥，并怀疑自"（明治）十年事件"后，他的品性是否有所好转。[15] 天皇还补充说，芳川明显缺乏声望。他敦促山县在选任这些人之前再三思量。

山县回答说，在狱中度过的岁月已经让陆奥赎清罪行。如果不向他授予一个与其能力相匹配的职位，他可能会加入给政府制造事端的某些政党。山县向天皇保证，不会让陆奥重蹈早年犯下的错误（陆奥已经为这些错误承担了个人责任）。至于芳川，他与芳川是旧识，虽然芳川可能尚未做好担任内务大臣的准备，但他完全能够处理好文部大臣的工作。山县承诺将向芳川提供指导。他完全了解教育的重要性，这也是为什么长期以来劝说文部大臣榎本武扬制定未来目标的原因，但榎本优柔寡断，因而一事无成。如果任命芳川担任文部大臣，他预见芳川将制定出即使是下一任文部大臣也无需进行修改的教育制度。天皇恩准。[16] 此类任命进展顺利，天皇对山县的能力留下了深刻印象，并在6月提拔山县为陆军大将。

---

* 警察厅最高领导。——编注

† 除了来自萨摩藩、长州藩、土佐藩和肥前藩的人士外，出生于其他藩的两名人士（胜海舟和榎本武扬）也接受了内阁职务的任命，大概是因为他们长期效劳幕府的缘故。

在一个民选、立宪的政府可以开展活动之前，仍然存在许多问题。6月28日，就在选举前，《行政诉讼法》获得批准；两天后，在最后一刻，内阁提议限定枢密院和内阁的活动范围，以便让政府为新选举的议会有序地开展工作。

选举于7月1日按照《众议院议员选举法》的规定进行。该法由天皇于1889年2月11日颁布，那天也是宪法的公布日。[17]本次选举总共有300个席位，覆盖除北海道、冲绳县和小笠原群岛外的日本全国。选举权受到严格限制。女性不能参与选举，并从年龄、居住地和财产方面限定了男性的选举资格。选举人必须是年满25周岁且在都道府县居住满一年的永久居民，并缴纳国税15日元以上。这意味着只有450365名男性有权投票，约占近4000万人口的1.14%。虽然不参与投票不会受到任何处罚，但在有资格投票的人中，大概95%的人进行了投票，显示出选举激起了民众的极大兴趣。[18]

虽然不久前日本发生了国内冲突，但令人惊讶的是，选举在没有发生暴力的情况下顺利进行。尽管不识字的人在投票时可能出现一些微小的弄虚作假，但总体来看，几乎没有出现违反选举法的行为。[19]正如梅森（R. H. P. Mason）所评论的那样，"与两年后第二次大选时的情况形成鲜明对比的是，在本次选举中，政府没有滥用行政或司法权力来打败对手。法律是中立的，并且由警察和上层政治或司法机关不偏不倚地执行。"[20]

天皇未对选举做出任何反应。即使这些结果不会对他造成直接影响，但我们也很难想象天皇会对结果漠不关心。天皇继续努力劝说伊藤博文接受贵族院议长一职或恢复枢密院议长一职，表明他对政府的未来深深担忧。伊藤多次拒绝这两项任命，但最终还是接受了贵族院议长的职务，前提是他可以在议会的第一次常会后辞任。[21]

议会政体的采用，使得能够更加自由地集会和结社。7月25日，

第四十一章　修学习业

政府颁布了一项法律，简化了召开政治集会和组建党派的流程；但同时也禁止妇女和儿童参加政治会议或加入政党；在召开帝国议会的常会期间，禁止民众在议会大厦十二公里的范围内举行户外集会或大规模活动。[22]

此时的皇室出现了另一个历史特征：全国不同地区的皇室土地以及最新并入皇室所有的财产数量稳步增加。[23]土地和收入的增加自然而然地巩固了皇权。尽管天皇本人几乎从来都不使用不断被纳入皇室领地的各种围场、温泉和观光胜地，但这些也许会对天皇身边的人起到安抚作用。因为这样一来，天皇就无需遭受拮据生活的威胁，而那样的生活是部分先帝曾经遭遇过的。

11月29日，议会召开。在召开前的几个月中，各种紧急修改意见被提出来。9月24日，以佐佐木高行为首的高层政要向总理大臣提交了一份建议，请求设置一个专门负责神道教祭祀事宜的政府机构。该机构将负责国家的宗教典礼、仪式以及文武百官的宣誓事宜。其长官将被授予最高官阶，以强化这一职务的重要性。他将向天皇提出建议，并负责全国的宗教生活。佐佐木确信，为了维持国家秩序，必须要维持一个永恒不变的国家政权，而崇敬神灵是这个政权不可或缺的一部分；为了增强民众的团结，必须要拓展忠君爱国的皇道。他认为，明治天皇的神圣统治存在的最大不足，就是缺少一个负责敬奉皇室祖先和祭拜天地神灵的高级政府机构。[24]

山县向内阁提交了这一建议。刚开始，让宫内省同意设置神道教机构几乎没有什么困难，然而，虽然山田显义原则上同意佐佐木坚称的崇敬神灵的重要性，但他也看到了实际操作上的困难。根据佐佐木的方案，所有神道教神社均由该机构进行管辖，但是日本全国分布有逾三万座神社，如果算上不正规的神社，那么该数字将超过八万。该部门要如何管理全部的神社？面临这一难题，内阁选择了最保险的方式：将该建议交由天皇审议。

天皇转而向伊藤博文捎话，询问他是支持还是反对。伊藤回答说，毋庸赘言，崇敬神灵是一种适宜的做法，但设置政府机构是一件大事，应当由内阁成员进行彻底调查后再交由天皇定夺。宫内次官吉井友实征询了三条实美的意见，三条反对佐佐木的建议，他指出设置一个机构花费不小，并警告说这将会不必要地增加神官的数量。其他内阁大臣也纷纷提出反对意见。他们认为，如果该建议获得通过，将使外国人怀疑此举是一个政治策略，其目的是驱逐外国宗教；而在国内，这又会使佛教徒认为此举意在将神道教设为国教并排斥佛教。在初次建立议会政体之际，将宗教和政治混为一谈并非明智之举。

佐佐木回答道，敬奉祖先，即是皇国的国体。设置神道教机构是将神祇崇拜明确为皇国固有之道，并确保宗教自由。[25] 最终，这件事情没有做出任何决定，但神道教和国家之间的特殊关系将成为未来几年的头等大事。

在10月的时候还发生了另一件事，虽然微小，但却产生了长时间的影响。最初，政府仅向由中央创办的学校颁发天皇和皇后的照片，但之后也向都道府县的学校以及地方小学和幼儿园颁发。老师和学生在三大节日对着照片鞠躬，以此培养忠诚和爱国之情。[26] 也许大多数老师和学生（至少在最初阶段）承认这项义务是一种爱国行为。然而，膜拜的对象是照片，而非国旗或其他象征物这一事实终于导致一些人因宗教或其他原因拒绝鞠躬。对于那些向天皇的照片毕恭毕敬鞠躬的人们来说，心中则已经种下了崇敬天皇、甚至是神化天皇的种子。

10月30日，天皇筋疲力尽地视察完军事演习，从茨城县归来后立刻颁布了《教育敕语》。长久以来，天皇都特别关注教育，并鼓励儒学顾问官元田永孚编写课本，将"忠孝"作为教育的基础教化年轻人。元田承认，为使日本在一个充满威胁的世界中保持独立和尊严，有必要采用和模仿西方的文物制度；但是，他对随之出现的趋势予以谴责，这一趋势忽略了国家政权的本质和教育的渊源。

第四十一章　修学习业

在2月召开的一个县知事会议上,代表们纷纷敦促文部大臣结束过分推崇西方的倾向,并鼓励重视日本的本土道德。他们请求尽快制定新的教育政策。[27]

关注教育的天皇曾命令文部大臣榎本武扬编写一套教育箴言,供学生诵读和铭记。榎本花了几个月的时间尝试编写,但无果而终。芳川显正接任后,天皇再次下令编写,随后,芳川草拟了《教育敕语》的初稿,其中纳入了天皇的心愿。简略地说,该初稿阐明了忠、孝、仁、义是日本之道。这些美德既易于学习,又易于实践。事实上,它们是日本国体之精华,是教育之本,日本的教育政策只应该基于此。[28]

初稿的最明显缺陷在于儒学的色彩——至少当代人认为是儒学,这使得它似乎没有包含什么新颖内容和日本特色内容。确实,很难想象有人会否认被称作日本国体之精华的忠孝理念。也许让教育政策显示出为日本独有的唯一方式,就是强调皇室的重要性。事实上,在制定《教育敕语》时采纳了这一路线。

关于芳川的敕语初稿,众人向被公认为解决问题专家的井上毅(据说他是伊藤博文的智囊)征询意见。井上提出了各种反对理由。首先,教育敕语不同于服务于政治目的的敕语,或者不应与适用于军事教育的敕令一样。他认为,在教育敕语中提到敬天敬神有引发宗教纷争的风险,这是不明智的。他还建议,教育敕语不应向哲学那样深奥难懂或带有政治色彩,应当浅显易懂,并且其基调不应该是取悦一个派系而惹怒另一个派系。井上承认,规避这些风险比建造空中楼阁都要难得多。[29]

从井上的大致观点可以明显看出,他的意见大多数是负面的,但之后,他自己起草了一份敕语。他拿给元田看,并根据元田的批评意见又拟写了第二份草案。山县和文部大臣芳川批准了井上的修订草案,在对几个文体上的问题进行改正后,他们把这一临时草案呈交给天皇。天皇非常仔细地阅读了草案,对一些地方不是很满意,尤其提到该草案未能提到儒家的四大美德。8月26日，元田将敕语草案返还给井上，并传达了天皇的意见。井上和元田对正文进行了多次商议，一字一句地增补添削。最后终稿完成，10月21日，他们再次将终稿呈交给天皇审阅。天皇仔细阅读，并对每一个字进行细细推敲，直到10月24日才予以批准。

《教育敕语》虽然短小、简洁，但使用了生僻字和深奥的词语，使得它的原文要比英文翻译版更加难以理解：

> 敬告臣民：
> 　　朕思我皇祖皇宗肇国宏远，树德深厚，我臣民克忠克孝亿兆一心，世济其美，此我国体之精华，而教育之渊源亦实存乎此。尔臣民孝于父母、友于兄弟、夫妇相和、朋友相信、恭俭持己、博爱及众、修学习业以启发智能、成就德器。进广公益、开世务、常重国宪、遵国法。一旦缓急则义勇奉公以扶翼天壤无穷之皇运，如是者不独为朕忠良臣民，又足以显彰尔祖先之遗风矣。[30]

毫无疑问，具有日本特色的文书在开篇必定会提到皇祖皇宗。尽管《教育敕语》中提到了忠孝美德，如同它们自远古时期起便开始流传下来一样，但在《古事记》*中这些并没有被着重强调；在正统宋明理学的创立者——朱熹——的教义中，它们也未必是法定的。朱熹当然宣传孝道的重要性，但他坚持用敬长辈（例如弟敬兄）这一美德取代了对国家的忠诚。而且，《教育敕语》中并没有体现出朱熹强调理学研究的重要性。它强调的不是学术卓越，而是日本的世世代代，自帝国建立之初起，衷心效忠于皇室。《教育敕语》在结尾部分阐明：

---

* 日本古代官修史书，记载了凭记忆记下来的一些旧事记中的故事以及一些数代口口相传的故事。——译注

第四十一章 修学习业

> 斯道也，实为我皇祖皇宗之遗训，而子孙臣民之所当遵守。通诸古今而不谬，施诸中外而不悖。朕庶几与尔臣民俱拳拳服膺咸一其德。[31]

《教育敕语》提到了天皇希望臣民"修学习业"，但几乎没有提到现在或将来教育的内容。作为好臣民，天皇的臣民被要求"重国宪，尊国法"，"一旦缓急则义勇奉公"，但另一方面，它却没有触及与此有关的问题。是要对所有人都实行义务教育吗？如果是，普及到何种程度？女子能像男子一样接受相同类型和程度的教育吗？西学（科学、法律、医学等）是否和道德教育一样重要？日本的传统工艺技能可以被视作教育的一个组成部分吗？体育教育重要吗？从内容来看，《教育敕语》并不比明治天皇年少时发表的《五条誓文》更进步。

然而，《教育敕语》（并非《五条誓文》）不仅广受好评，还备受推崇。1891年1月，就在颁布几个月后，高中教师内村鉴三（1861—1930）[*]被要求（和其他老师及学生一样）"按照佛教和神道教仪式规定的，以在皇祖遗像前鞠躬的相同方式"，在印有天皇御名御玺的《教育敕语》前鞠躬。在该事件发生两个月后，内村在写给一位美国朋友的信件中回忆道：

> 我根本就没有准备好遵循这一奇怪的仪式，因为这是校长新发明的东西。我是第三个依次上前的人，几乎没有时间思考这件事。因此，我秉承基督教的良心，在犹豫怀疑之中采取了较为安全的做法：当着六十名教师（均为非基督教徒，我身

---

[*] 日本明治、大正时期教育家。1874年入东京外国语学校，三年后毕业，入札幌农学校，受该校虔诚而热烈的基督教精神感染，于1878年接受洗礼。1884年入美国阿玛斯特大学学习。1890年回国，任东京第一高级中学校教师，反对把《教育敕语》神格化，1891年在该校校长捧读天皇《教育敕语》时，坚持不鞠躬，被视为"大不敬事件"。——译注

旁的两名教师缺席）和一千多名学生的面，直直地站立，没有鞠躬！这对我来说是一个恐怖的时刻，因为我即刻明白了我的行为会带来怎样的后果。[32]

当朋友劝他在学校鞠躬行礼时，他回答说"良君不应向臣民颁布鞠躬的箴言，而应颁布臣民在日常行事中自然遵守的箴言"。但最后，不希望解雇他的校长担保说，不鞠躬并非意味着大不敬，于是内村决定"看在学校、校长和学生的份上"鞠躬。[33] 毫无疑问，也有其他人和内村一样认为"该仪式愚蠢至极"，但在所有同事都鞠躬行礼时，拒绝鞠躬是需要勇气的。无论他们的内心有多么抗拒，最终大多数人还是鞠躬行礼，并一同加入到了赞美"文明之伟大根基"的大合唱之中。[34]

《教育敕语》的作用并没有马上显现出来。11月初，文部大臣发表有关高等教育的声明。他没有提到《教育敕语》的理念，而是指出并悲叹大学集中在东京的趋势。确实，据说东京有五千名大学生，从全国的数字来看，非常不均衡。一些私立大学与政党建立了联系，其他大学则向英国、法国或德国学习，不顾及日本传统。无教育素养的年轻人毫无目的地学习了一些法律或政治科学，然后沉湎于无意义的投机买卖或深陷理论的泥潭之中，而非投身于为国家谋福祉。[35]

11月29日，日本举行了期待已久的议会开幕仪式。当天早上，天皇于10点30分离开皇宫前往贵族院。陪同天皇一同前去的有炽仁亲王、宫内大臣三条实美、总理大臣山县有朋、枢密院议长大木乔任和各高级官员。抵达议会大厦时，天皇遇见了其他政要。众议院和贵族院的议员已经聚齐，各位大臣和各外国公使馆的其他官员、亲任官*、获一等勋章的人士和特邀贵宾都已到齐。天皇出现在仪式

---

* 《大日本帝国宪法》下的最高级别官吏，由天皇亲自任命，包括内阁总理大臣、枢密院议长、朝鲜总督等。——编注

第四十一章 修学习业

大厅，受到了式部长*的接待。侍从手捧着剑和玉站在一旁，亲王和天皇的随从亦在列。天皇坐在御座上，在场的所有人深鞠一躬。总理大臣走上前，向天皇呈上帝国议会召开的敕语，于是天皇大声地宣读起来。

敕语说，天皇对自登基以来的二十多年在建立政府机构方面所取得的进步表示满意。他希望这些进步能使外国人了解日本的繁荣昌盛和人民的忠诚勇敢。他对与外国建立友好关系深感满意，并希望扩大通商，使日本的繁荣兴旺再迈上一个台阶。对于与日本签订条约的国家，他希望能与这些国家建立更加亲密友好的关系。[36]

虽然敕语的基调比《教育敕语》更加国际化，但它也把日本民众所取得的进步归功于皇祖皇宗。贵族院议长伊藤博文走上前，从天皇手中接过文书。所有在场的人士再次深鞠一躬，天皇点头示意。之后，天皇退席，仪式结束。

第一届议会的召开标志着很多人（尤其是大隈重信）的梦想得以实现。对于行将开幕的议会，即使是通俗小说的作者也陷入到了一种兴奋的状态之中。此时，日本涌现出了吸引大批读者的新型小说——即1880年代的政治小说。这些读者满怀欣喜地期待着，有一天，日本也能向西方强国那样，由一个能保证所有日本民众的自由以及承诺向日本民众提供更好生活的议会来统治。然而，关于议会实际程序的争论，很快让众多有着如此高期望的人士的幻想破灭。日本无疑是朝着民主迈进了一大步，然而前方的道路已经覆上了一层阴影。

---

* 官内厅式部长官。式部为负责仪式的部门。——译注

第四十二章

大津事件

1891年的新年正日，天皇操持了传统仪式，谁知才过了两天便患上了重病。一场流行性感冒席卷全国，甚至连皇室都没能幸免。首先病倒的是一些宫女，接着是皇后，最后是天皇，这场病使天皇卧床四十天。尽管生病期间朝廷官员一直向他汇报需要注意的事项，但直到2月16日天皇才恢复工作。

这场流行病让天皇身边的人成为了受害者。1月22日，元田永孚在患病一周后离世。天皇一得知元田身体不适，立刻派欧文·贝尔茨医生前去问诊，并多次询问元田的情况。21日传来了元田病危的消息，为表彰二十年来担任侍讲和儒学顾问所做出的贡献，天皇授予他男爵爵位和从二位官阶。明治派枢密院顾问官井上毅到元田的病床前传达这个消息。"永孚感泣，合掌稽首谢天恩厚重"，不久后病逝。

元田向天皇传授了教育的重要性以及应该忠诚履行天职的儒学信仰。即使成年后，天皇仍就国策征询元田并尊重元田作为导师所提出的意见。尽管元田（和早期的儒家学者不同）对西方颇有了解，但他基本上属于保守派，不愿承认新学说的价值。在此方面，他似乎并没有对明治造成影响，但天皇特别奉职敬业、反感奢侈浪费、决心与民同苦，很大程度上要归功于这位导师。伊藤博文得知元田病逝的消息时，劝说天皇不要安排继任之人。"永孚之业永孚始能

第四十二章 大津事件

为之。虽硕学博识不能代。"[1]

这场传染病持续到了2月。2月18日，三条实美病逝。就在前一天，天皇得知三条病情恶化，决定在三条临终前必须去探望。没等到召集好护卫队，天皇便和三名侍从在仅有两名护卫和三名骑兵的保护下，出发前往三条的宅邸。在此之前，天皇已派宫内大臣传诏书，称赞三条取得的成就，授予他正一位官阶。天皇担心，如果他亲自颁发这一诏书，三条可能会起床接旨，反而加重病情。在被领进病房后，他询问三条感觉如何。三条丝毫没有提及自己的病情，而是对天皇一直表现出来的宽厚仁爱表达了感激之情，并对自己躺在病床上接待天皇深感愧疚。他恳请天皇宽恕。

天皇在短暂探视后离开，但随后颁布了一道诏书，其中说自己深受三条的恩惠，称三条为良师、慈父。这些话让人回想起他在岩仓具视死后所说的哀悼之词，但他对二者的感情无疑是有差别的。在王政复古之前，三条是尊王攘夷派的急躁冒进的公卿。1863年，他粗野地迫使孝明天皇非常不情愿地参拜石清水八幡宫，恳请进行攘夷。第二年，他与另外六名激进的公卿一起逃到长州，以反对朝廷的公武合体政策。那时明治年幼，还未能完全了解这些忤逆天皇的事件，但不管怎么说，他都已经原谅三条很久了。

在王政复古后，三条与之前截然不同。因优柔寡断而出名的他似乎无法做出一个果断的决定。相较于岩仓、木户或伊藤，明治对三条的依赖当然要少得多；三条在政府中居于高位主要是因为他是高级贵族。鲜有公卿对新政府的成立做出贡献，心里常常重视家世门楣的天皇，或许对三条评价得更高。天皇以国葬之礼，将其葬在东京的护国寺。尽管三条并没有做任何逢迎平民百姓的事情，但据说人群聚集在道路两旁，当送葬队伍经过时，他们洒泪哭泣。[2]

由于天皇和皇后抱病称恙，年度第一次诗会（通常在新年过后不久举行）直到2月28日才举办。天皇以"社头祈世"为主题作诗一首：

满腹虔诚意

且求民安人心顺

万世太平开

伊势神灵安在哉

永保我国昌隆态[3]

这首诗歌名为《述怀》，在以传染病和两位亲近人士离世而开启的一年，天皇用这种方式来表达他的忧惧之情。然而，更糟糕的事情接踵而至。

1月9日，身患流感的天皇收到俄国皇太子尼古拉计划访日的消息。毫无疑问，天皇龙颜大悦。尽管日本与俄国就北方诸岛的所有权问题发生冲突，但俄国是近邻，保持两国之间的友好关系是至关重要的。天皇曾接待过其他皇室贵宾，但尼古拉将会成为进行国事访问的最重要人物。*作为沙皇亚历山大三世（Alexander Ⅲ）的长子，尼古拉有朝一日将成为全俄罗斯皇帝、世界上最大国家的统治者。

尼古拉将和表兄希腊乔治（George）王子一同访日。谢尔盖·维特（Sergei Witte）——当时可能是俄国政府最有能力的人——在其回忆录中记下了两位王子此番行程的背景：

> 当他（皇太子）成年后……皇室决定送他出国，以提高他的政治发展。此时，沙皇有了派皇太子去远东的想法。皇太子在弟弟乔治的陪同下踏上了此次远东之行，乔治在行程结束前就已经返程，因为他出现肺痨的症状，不是怕冷就是心不在焉。

---

* 之前的皇室贵宾都是君王的次子或三子（如果有两位英国王子为顺位继承人，则来的是君王的孙子）。

第四十二章　大津事件

此外，陪同皇太子的还有希腊的乔治王子，但大公*或王子们可不能以乔治王子的行为作为榜样。[4]

期待这次访问的日本人做了精心的准备。在东京，皇室贵宾将下榻在有栖川宫炽仁亲王位于霞关的西式宅邸，这套宅邸花了两万日元的巨款进行修缮和装修。[5] 英国公使的妻子玛丽·弗雷泽描述了东京对即将到来的访问所表现出来的激动之情：

> 为这次皇室访问，日本做了非常充分的准备工作。位于海边的宫掖[†]都进行了重新布置，修饰一新，他们还修建了凯旋拱门、灯饰和宫廷舞厅。天皇打算以异常慷慨的方式来宴请和招待贵宾。[6]

4月27日，尼古拉及其随行人员抵达了长崎。他们于去年11月离开圣彼得堡，在的里雅斯特（奥匈帝国的主要港口）登上"帕米特·佐瓦"号（*Pamiat Azova*）军舰。在抵达日本前，他们乘坐军舰一路经过许多国家和城市，包括埃及、孟买、锡兰、新加坡、爪哇、西贡、曼谷、香港、广州和上海。尼古拉原打算访问日本的不同地区，然后前往海参崴，在那里出席乌苏里江铁路（该铁路连接海参崴和哈巴罗夫斯克）的开工仪式。[7] 派遣年轻的尼古拉（他当时二十三岁）进行此次远东之行，无疑反映出俄国对东亚的兴趣日益浓厚。

在长崎，尼古拉受到了国宾级接待。炽仁亲王的弟弟威仁亲王带领着欢迎队伍，在俄国王子访日逗留期间全程陪同。此次接待尼古拉可谓是规模宏大，每一个细节都做了周密的部署，甚至在王子

---

* 贵族头衔，级别仅次于国王。——译注
† 毫无疑问，她指的是浜离宫。

们游览各个城市期间，每到一站应提供哪种茶品或糕点都安排得面面俱到。[8]

不过，年轻的尼古拉似乎希望得到除茶品和糕点以外的其他东西。在登陆长崎的前一晚，尼古拉读到皮埃尔·洛蒂的小说《菊子夫人》(Madame Chrysanthème)，这本书似乎激起了他想获得一个临时日本"妻子"的愿望。在抵达长崎的当天晚上，他会见了驻扎在稻佐地区的八名俄国海军初级军官，并得知他们都娶了日本妻子。他感慨道："我也想效仿他们。"之后，他补充说："但是在圣周（耶稣受难周）即将到来时，思考这样的问题真是太羞愧了。"[9]

5月3日是复活节，预计尼古拉将在祷告中度过复活节前的一周。得知这一消息，日本政府在5月4日以后才安排了官方活动，但尼古拉迫不及待地想要参观城市，他没有专心致志地在船上做祷告，而是坐着人力车偷偷跑去观光。[10]街道、房屋干净整洁，人民友好和善，让他感到很欣喜。他每到一处，都有日本便衣警察尾随其后保护他的安全。他们对尼古拉何时去了哪里、在纪念品商店买了什么等一举一动都进行了秘密翔实的报告。[11]尼古拉效仿洛蒂，在右手臂上纹了一条龙。那花费了七个小时，从晚上9点直到次日凌晨4点。[12]

5月4日，尼古拉的活动不再受到宗教方面的限制，他受到了长崎市民热情无比地欢迎。三十多年来，俄国太平洋舰队和长崎市的长期联系使得长崎市民对俄国人态度友好。在日记中，尼古拉对会说俄语的人数感到大为吃惊。当天，长崎市知事举办了豪华的日本宴会来招待尼古拉。饭后，他和希腊王子观赏了有田陶瓷和其他日本艺术品，随后参观了谏访神社——长崎市的代表神社。之后，他们回到了军舰上。然而，当天晚上，尼古拉和乔治偷偷溜上岸，去了稻佐。在那里，他们会见了常驻此地的俄罗斯军官及其日本妻子。艺伎为他们表演了舞蹈。尼古拉在日记中写道：每一个人都喝了一点酒。[13]

对于秘密警察报告的那晚消遣活动的具体细节，尼古拉并没有

第四十二章 大津事件

记录在日记中。秘密警察提到,俄国人受到来自丸山的五名艺伎的款待。酒宴过后,艺伎们翩翩起舞,两位王子唱起俄国歌曲。那天深夜,他们去了一个叫做诸冈松的女人经营的一家西餐厅,直到凌晨4点才返回军舰。其他消息称诸冈在其宅邸的二楼为两位王子安排了私人娱乐活动。但相关女人的姓名有争议。[14]对于离开长崎,尼古拉深表遗憾,他尤其称赞长崎市干净整洁。

下一个停靠港是鹿儿岛,但萨摩藩仇视外国人是出了名的,这个选择让人觉得有些奇怪。从岛津忠义拒绝剪发或拒穿欧式服装中可以明显地看出来他特别保守,并且他不喜欢外国人。但当他得知俄国王子将要访问日本时,决定邀请王子来鹿儿岛。5月6日,俄国人抵达了鹿儿岛。

岛津忠义采用的是早年间的款待方式。当尼古拉到达忠义的宅邸时,忠义和一百七十名年长的武士穿着传统的盔甲出门迎接。忠义六岁的儿子忠重领舞,武士们跳起了带有战争色彩的舞蹈,忠义则表演骑马射箭。[15]鹿儿岛的款待让尼古拉很开心。尤为高兴的是,在鹿儿岛市看不到其他欧洲人,这证明该地区仍然"未遭破坏"。他享用了精致的日本料理,但最重要的是,他对岛津忠义的保守主义感到很满意,这很符合他的品味。

然而,并非所有人都深受感动:陪同皇太子的乌克霍托米斯基(E. E. Ukhotomskii)王子抱怨说,鹿儿岛是武士主义和仇外主义的诞生地,是神道教和封建传统的温床。他觉得武士舞蹈的音乐很阴郁,武士发出的喊杀声有些粗腔横调。[16]但是,尼古拉与岛津家族建立的关系在未来几年中一直维持着。当天黄昏,俄国军舰离开了鹿儿岛。

5月7日和8日是在海上度过的。"帕米特·佐瓦"号穿过下关海峡,经过濑户内海向神户驶去,9日晌午刚过,军舰抵达神户。在花了大约两个小时参观神户市的名胜后,俄国人登上了前往京都的火车,并于当晚抵达京都。尼古拉很喜欢京都。他把京都比作日本的莫斯科,意指这两个城市都曾是首都。他下榻在一家现代酒店——常盘酒店,但却拒绝使用为他准备的西式客房,而是偏爱于日本传统客房。那晚,尼古拉突然说他想观看"京女郎"跳舞。于是,他被领到祇园*的中村楼,在那里一直待到凌晨2点。

第二天是在观光和购物中度过的。尼古拉参观了京都御所、二条城和最大的两个佛教寺庙——东本愿寺和西本愿寺(以及其他许多地方)。他观看了飞鸟井家族成员表演的蹴鞠和弓术。无论看到什么,他似乎都很欣喜;不用说,无论他走到哪里,都受到人群的欢迎。他花了一万日元购买艺术品;在西本愿寺,他为救济穷人捐了两百日元。每进入一栋建筑物之前,他都询问是否要脱鞋,周全的考虑给日本民众留下了深刻印象。

次日上午,尼古拉、乔治和随行人员离开京都的酒店,前往大津欣赏琵琶湖和周围群山的美景。尼古拉身穿条纹羊毛西装,戴着一顶灰色的圆顶高帽,坐在一辆人力车上。在京都和滋贺县的边界立着一个常青树拱门,顶上穿插着日本、俄国和希腊的国旗。这一行人经过拱门时,受到了沿路排成一列的大津市军队指挥官、滋贺县警察局长、大津市官员、教师、学生等的欢迎。[17]

这一列长长的人力车队伍延伸超过百米。和尼古拉访问过的其他日本城市一样,他们一进入大津市,人群就欢呼起来,挥舞着旗帜。队伍首先到达三井寺,皇室贵宾在那里参观了寺院的珍宝并听了有关寺院悠久历史的介绍。他们从寺院远眺琵琶湖的美景,不过一会儿,他们就被护送着来到湖边,登上"保安丸"号。这艘精心装饰着绿叶和鲜花的船只驶向唐崎神社,随着外国王子的靠近,神社燃放起(既有景又有声的)日景烟花,欢迎他们的到来。在神社参观完盔甲展后,他们返回"保安丸"号,回到了大津。[18]

皇太子在县厅享用午餐。1点半,他和随行人员踏上了返回京

---

* 京都的艺伎区。——译注

第四十二章 大津事件

西南战争时期的津田三藏

都的归途。滋贺县和京都的警察及文官坐着四辆人力车为这一行人开路。尼古拉坐在第五辆人力车里，乔治坐在第六辆，威仁亲王坐在第七辆。[19] 曾有谣言说，那天俄国王子可能会发生不测之事，因此，沿路都部署了警察。队伍勉强穿过狭窄街道两旁的人群，在离开县厅、经过六七个町时，突然一个警察跳了出来，用军刀砍向皇太子的头部。第一刀砍落了皇太子的帽子，擦伤了前额。尼古拉在日记中写道：

> 我坐着人力车，沿着同一条街道返回。街道两旁的人群排成一列。我们左转，驶入了狭窄的街道。就在那时，我的右太阳穴传来一阵强烈的痛感。我转过身，一个丑到让我反胃的警察用双手挥舞着一把军刀，正准备对我进行第二次袭击。在接下来的一瞬间，我跳下人力车，落到平整的路面上，大声叫道，"你知道你在做什么吗？"这个恶棍追着我跑，没有一个人试图阻止他。我一边把手按在流血的伤口上，一边尽全力快跑。我本

想躲在人群中，但却没法那样做，因为日本民众惊慌失措，四下逃散。

我一边跑，一边再次回头，看见乔治跟在这个追我的警察后面。在跑了大概有二十米远后，我在一个狭窄巷道的角落里停下来，转过身。袭击结束了，我大松了一口气。乔治用他的竹拐杖击倒这个恶棍，多亏了乔治，我才能活下来。当我回到事发地点，我看到人力车车夫和几个警察拖着恶棍的腿，其中一个人用军刀朝恶棍的脖子挥去。

每个人都站在那里，一脸的茫然。我没法理解，为什么乔治和我还有这个疯子，就我们三人在大街上跑，为什么没有一个人跑过来帮我阻止这个警察。但是，我能理解，为什么我的护卫队中没有人过来帮我。有栖川宫亲王坐在这个队列的第三辆人力车上，他可能什么也没有看见。为了让他们放心，我故意尽可能久地站立着。[20]

尼古拉的叙述应该说很清楚，但是，多名其他证人的证词则明确地证明他的几个细节有误。他说是乔治击倒了警察，并说当他和乔治遭受生命危险时没有人来帮他们，这是不准确的。在审判时，证人证实乔治的确是第一个抗击袭击者的人。他那天购买了一根竹拐杖当纪念品，他用的正是这根竹拐杖。不过，竹拐杖并没有绊倒袭击者，只是让袭击者退缩，但这使得尼古拉的人力车车夫有充分时间抓住袭击者。军刀从这个警察的手中跌落下来，乔治的一个车夫捡起军刀，朝袭击者的脖子和背部砍去。不久，这两名人力车车夫在救助俄国王子的性命时所发挥的重要作用，不仅得到了日本民众的认可，也得到了俄国民众的承认。[21]

尼古拉叙述中的错误可能归因于他极度激动和受了伤，但他对人力车车夫给予的奖赏证明他后来承认他们勇气可嘉。尽管如此，在每年的5月11日——大津事件周年纪念日，尼古拉都在祷告中

第四十二章 大津事件 515

感谢乔治（而非车夫）救了他的命。[22]

然而，我们可以推测，被人群所抛弃的感觉使尼古拉对日本产生了怨恨。这些人群关心自身的安危胜过从一个疯子的手中拯救两个手无寸铁的人的命。他在日记中并没有明显地表露出这种迹象；相反，日记中提到，当他看见日本民众沿街而跪、双手合十祈祷、为降临在他身上的灾难致歉时很受感动。[23] 此外，在遭到袭击后，他立刻安慰威仁亲王，说微不足道的伤口一定不会使他对日本怀有恶感。[24]

然而，在回忆录中，维特伯爵对王子的反映做出了完全不同的解读：

> 在我看来，袭击让皇太子对日本和日本民众产生了敌意和蔑视，这可从官方报道中看出来。在官方报道中，他称日本人为"狒狒"。
>
> 如果不是因为他认为日本人是一个让人讨厌、卑劣可鄙、软弱无能的民族，俄国巨人一举便可摧毁，我们也不会采取一项导致我们与日本爆发不幸战争的远东政策。[25]

维特自身对尼古拉二世存有的"敌意和蔑视"可能使他在叙述中有所渲染，但他非常了解尼古拉二世，不可能虚构出这些偏见。从这个角度来看，大津事件看起来可能无足轻重，但却是引发十三年后日俄战争的重要一步。

行刺未遂的消息最初传到东京时被极度夸大。据玛丽·弗雷泽所说，第一封电报是这样描述的："头部两处深伤，不能愈合。"之后，她是这样转述接下来的电报的，"他受了重伤。可怜的年轻人。但没有那些惊慌失措的人写的那么严重。"[26] 即使后来大家都清楚尼古拉轻伤痊愈，但日本人还是深感震惊。

民众的情绪很可能以担忧为主。很多日本人确信袭击皇太子可能导致与俄国开战，而在这场战争中，日本不是这个横跨亚欧大陆的庞大帝国的对手。也有人意识到，这给日本作为一个文明、现代国家的声望造成了沉重一击。玛丽·弗雷泽是这样描述行刺事件的：

> 要是发生在欧洲，这将被视为一场巨大的不幸，但也就仅此而已。欧洲人不会从中得出什么推论；面对着该国的惊恐失措，敌国也不会使劲炫耀这道伤疤，并由此呼吁文明人不应与这个国家结交友谊，和这个国家订立条约是荒谬的，与这个国家谈平等是不切实际的。但可怜的日本所发生的一切，都因这道伤口而苦恼，但最让她痛苦的是给国家的荣誉造成了创伤。那位受到天皇欢迎的贵宾遭到了背弃。[27]

明治收到的关于大津事件的第一条消息，来自于威仁亲王在行刺发生二十分钟后发送的电报。电报上说俄国王子受了重伤，并要求立刻派陆军军医总监桥本纲常奔赴现场。一小时后，威仁向天皇发送私函，请他前往京都。天皇闻讯大惊，在与总理大臣和其他内阁成员商议后，立即派能久亲王奔赴京都。他还命令桥本和其他几名医生（包括他的御医）立刻赶到受伤王子的身边。随后，他通知威仁亲王，自己将于次日早上亲赴京都探望皇太子。明治还向尼古拉发送了一封电报，对"亲密朋友"遭受行刺深表痛惜和愤怒，并祝愿他早日康复。皇太子回函说，让天皇担心他深感愧疚，还说他没有感到有什么不适。明治还向沙皇亚历山大三世发送了私函，告知了其子受伤的事情。皇后也向俄国皇后发送了类似函件。[28]

天皇按计划动身前往京都，他于早上6点30分离开新桥站。当晚抵达后不久，他便前往俄国王子养伤的酒店请求探望。俄国公使拒绝了明治的请求，解释说深夜造访对病人不利。这一定是明治一生中为数不多的被拒事件之一，但他没有坚持，而是说明早再来探视。同时，天皇派来的医生请求查看王子的伤口，但俄国医生拒绝了他们的请求，说伤口没有什么异常的地方，不希望拆除绷带。

第四十二章　大津事件

他们还说，王子不愿让其他医生进行检查。第二天，日本医生再次来到酒店时再次遭到了拒绝，因为王子将于该日转移到"帕米特·佐瓦"号军舰，俄国医生不允许他们对王子进行检查。[29]

第二天一早，天皇离开住了一宿的御所，前往酒店探望尼古拉。乔治王子接待了天皇，领天皇来到受伤王子的客房。天皇对该事件表达了痛惜之情，并对尼古拉的父母深表同情，他们远离儿子，一定非常担心。他向王子保证会立刻严惩凶手，并希望王子早日康复、日后能访问东京和参观日本其他地方的观光胜地。尼古拉回答说，他感激天皇和日本民众所表现出来的友善，他受的只是轻伤，不会因此改变这种感激之情。至于访问东京，他必须等待俄国方面的指示。[30]

是日，尼古拉将从京都去神户。他遵照母后的命令，准备回"帕米特·佐瓦"号军舰进行休养疗伤。天皇得知王子正准备返回军舰，大吃一惊，意识到这意味着王子将不会访问东京。他派伊藤博文请求俄国公使劝说王子留在日本。公使解释说，俄国民众非常担心王子的安全，尤其是沙皇和皇后深表忧虑。尽管王子本人希望前往东京，但他没有选择，只能服从父母的安排。最后，公使含泪恳请伊藤让天皇把王子当做自己的亲生儿子一般，陪同王子前往神户，以确保王子的安全。[31]伊藤同意向天皇传达公使的请求，并说天皇宅心仁厚，预计将会恩准。

天皇虽然很失望，但还是同意了公使的请求。他令马车停在王子的酒店，他们一起前往火车站。在乔治王子和威仁亲王的陪同下踏上了专列。火车戒备森严，从火车站到"帕米特·佐瓦"号停靠的港口的一路上都排列着警察。到神户后，天皇一路陪同皇太子到码头，他们在码头握手挥别。

这并不是这两人的最后一次会面。5月16日，尼古拉向明治发函一封，告诉明治他将遵照父皇的旨意被迫于19日离开日本。[32]天皇邀请尼古拉于19日在神户共进午餐，但尼古拉回复说医生告诫他不要离开军舰。尼古拉也邀请天皇在"帕米特·佐瓦"号共进午餐，天皇应允。内阁成员获悉邀请的消息时极为震惊，他们都回想起朝鲜的兴宣大院君是如何被清朝人绑架，如何被抬上一艘船，然后在清朝监禁了三年。他们坚信俄国人（当时俄国停靠在神户港的船只要比日本的多）将会掳走天皇。对于内阁成员的反对，天皇平静地表示无论如何他都将前往，他回答说："岂敢为如尔等忧虑之蛮行？"

5月18日，在炽仁亲王和能久亲王的陪同下，天皇登上了俄国军舰。午餐进行得很顺利。之后，俄国公使奏报说，他第一次听天皇这样大声说话。天皇为大津事件道歉，皇太子就此事回答说，每一个国家都有疯子，不管怎样他受的是轻伤，天皇无需多虑。用餐时，他们按照俄国的抽烟风俗，向彼此递烟。*当天下午2点，天皇离开军舰；几个小时后，军舰向海参崴驶去。能久亲王遵照天皇的旨意，登上"八重山"号军舰来给俄国军舰送行，直到军舰航行至下关。[33]

天皇亲访俄国军舰一事在平安无事中落下了帷幕。也许此次亲访有利于这两人言归于好和擦除尼古拉脑海中的痛苦回忆。从天皇这一方来说，此行需要极大的勇气，这再次表明无论大臣们持何种意见，天皇都会下定决心做自己认为必要的事情。

与此同时，日本国内对这一事件的焦虑情绪升温。受此事件影响最深的人大概是皇后。弗雷泽夫人写道：

> 在此期间，有一个人既无法帮助可怜的年轻王子，又无力惩处行刺者：勇敢而温柔的皇后。她忘记了在成长过程中所受到的种种自制，忘却了她在一生中的任何场合所表现出来的符

---

* 天皇通常不会随身携带香烟，但这次场合他特意准备了香烟，毫无疑问是受到了知晓这一习俗的人士的提醒。

第四十二章 大津事件

合其身份的高度冷静，在那个不幸的夜晚，她整夜走来走去，走来走去。她内心涌上悲伤之情，痛哭不止……她唯一想到的就是那个年轻人——还有他的母后。[34]

整个日本似乎都陷入到悲伤苦恼之中。小泉八云（Lafcadio Hearn）*在其名为《勇子：一个美丽的追忆》（*Yuko: A Remembrance*）的文章中描绘道：

> 城市静得出奇，似乎在举行一个庄严肃穆的全体哀悼，甚至连流动商贩也压低嗓门，用比平常低得多的声音叫卖。平常从清晨到深夜都挤满人的剧院也都关闭了。关闭的还有每一个游乐胜地、每一场展出——即使是花展也不例外。同样关闭的还有所有的宴会厅。在寂静的艺伎街区，就连三味弦的叮当作响声也听不到。大型酒馆里没有饮酒狂欢者；客人们用低沉的声音交谈，甚至是大街上遇见的一张张面孔也不再露出惯有的笑容。布告上公布说宴会和娱乐活动无限期推迟。[35]

对于"全民自发想要弥补错误的愿望"，小泉八云继续进行了描绘。富人和穷人把身上穿戴的最值钱的传家宝和最宝贵的家藏珍宝摘得干净，将它们送到"帕米特·佐瓦"号。

最让小泉八云感动的是"一个叫勇子的侍女（勇是昔日武士用的名字，意味着勇敢）"。他写道：

> 四千万人沉浸在懊悔伤心之中，但她做得比其他人多得多。

---

* 希腊人，国际记者、作家。致力于向西方读者解释日本人民的思想、文化和风俗。1890年赴日，先后在东京帝国大学和早稻田大学开讲英国文学讲座，与日本女子小泉节子结婚，1896年加入日本国籍。——译注

为什么西方人完全不明白呢？西方人又怎么会完全明白呢？我们只能模糊地猜测，她的身心被情绪和冲动所支配。[36]

5月20日，勇子在京都府厅前捅喉自杀，享年二十七岁。人们在她身上发现了遗书，其中一封是这样写的（用小泉八云的话说）："民女献上微躯贱命，以此谢罪，恳请天子勿再伤忧懊恼。"[37] 不久，日本人为她建了一座纪念碑，以此缅怀。[38]

全国各地的民众向"帕米特·佐瓦"号赠送礼物，数量之多，造成"军舰很可能因这些礼物而沉没"。[39] 日本民众还向王子发来成千上万封电报，表达对大津事件的愧疚和悔恨之情。[40]

与向俄国王子表现出来的无限怜悯之情相比，日本民众对刺杀未遂者津田三藏怀有的只有仇恨。山形县金山村通过了一项法令，禁止居住在村子里的任何人以津田作为姓氏或者以三藏取名。[41] 虽然津田只是一名警察，但他出生在一个效忠于医师世家（该医师世家是伊贺的大名）的武士家庭。津田出生于1854年12月（按阳历算是1855年1月下旬）。* 小时候在藩立学堂就读，学习中国经典著作和武术。1872年，津田应召入伍，随后在西南战争中表现出色，获嘉七等功勋，并晋升为中士。[42] 1882年，他退伍并成为了一名警察，刚开始在三重县任职，而后在滋贺县。人们对他的印象是少言寡语、不善社交。[43]

津田的动机立刻引起了人们的热议。贝尔茨医生做了最简单的解释：

也许行刺者只是黑若斯达特斯（Herostratus）那一类的人，渴望出名。† 但是，毫无疑问，多年来日本对俄国的仇恨之情有

---

* 玛丽·弗雷泽称其为"一位年长的陆军军士长"，但大津事件时他年仅36岁。
† 指为了成为一个"历史名人"而纵火焚烧了位于以弗所的戴安娜神庙的人。

第四十二章　大津事件

增无减，这必定起到了很重要的作用。俄国在不断扩张，吞并了弱小的邻国。这让日本焦虑不安。[44]

其他消息称，津田对将库页岛割让给俄国深感愤怒，坚信俄国王子此行是为了打探日本的虚实，为入侵日本做准备；尼古拉先去长崎和鹿儿岛消遣娱乐，而非首先前往东京会见天皇，让津田感到十分恼怒。[45]对津田的动机做出的最有趣的解释是：津田笃信谣言，认为西乡隆盛并没有死，并将和俄国人一同回到日本。参加过西南战争的津田不希望西乡归来。他甚至担心自己在战争期间获得的殊荣可能会被剥夺。[46]

在庭审时，津田透露，刚开始，他决定在那天早些时候在三井寺当班时行刺俄国王子。为了更好地饱览风景，尼古拉和乔治坐着人力车前往因纪念1878年明治到访而得名的御幸山。山上建有一块纪念碑，是为了纪念在西南战争中阵亡的大津将士。津田看着碑文，不禁拿曾经战时的荣耀与今日卑微的警察地位进行比较，激起了对外国贵宾的怨愤之情。他想刺杀俄国王子，以消解挫败感。就在这时，这两名外国人出现了。他们并没有对阵亡将士纪念碑表现出丝毫的尊重，而是向人力车车夫打探风景。津田认为，他们提出的问题就是他们侦查行为的最好证明，于是愈发愤怒。然而，他不确定这两个人谁是俄国王子，同时回想起警察局局长的吩咐（局长向属下强调了王子此行对天皇的重要性），因此决定推迟行动。[47]之后在唐崎神社，他距离尼古拉非常近，能够行刺，但他却延误了时机。在尼古拉及其一行人准备离开大津时，津田意识到这是他最后的机会，如果他让尼古拉毫发未损地离开，那么，终有一日尼古拉会以入侵者的身份归来。这就是津田行刺的原因。[48]

很明显，津田行刺皇太子是有预谋的。几乎所有人都认为应立刻将他处决，但唯一的问题是应采用刑法的哪一条规定。元老和内阁大臣们认为除非处决津田，否则俄国不会满意，到时不知道将会发生什么。他们确信应当处决津田，以抚慰沙皇和俄国民众。刑法第一百一十六条规定，凡企图加害天皇、皇后或皇太子者，一律处以死刑。唯一的问题是，这条规定是否适用于外国皇室成员。

5月12日，总理大臣松方和农商务大臣陆奥宗光会见了大审院院长儿岛惟谦，警告他说伤害俄国民众的感情将造成大患。儿岛回答说，没有任何理由能够假定第一百一十六条的规定适用于外国王子，坚持要维护法律的权威。但松方说，有国才能有法，坚持强调法律的重要性而忽视国家的生死存亡实乃愚蠢之举。陆奥指出，第一百一十六条言及的是天皇，但没说是日本天皇，因此该规定适用于所有君王。然而，儿岛回答说，1880年元老院对刑法进行修订时，他们有意没有使用"日本天皇"这一用语，是因为"天皇"一词仅指日本君主。儿岛拒绝做出让步。

第二天，儿岛会见了大审院的其他法官，所有人都一致认为"天皇"仅指日本天皇。对此，司法大臣威胁说要颁布地位高于刑法的戒严令。同一天，准备审理津田的大津大审院的法官奏报说，应当按照刑法第二百二十九条和第一百一十二条的规定判决津田的罪行——谋杀普通人未遂罪。该罪的最高刑罚是判处无期徒刑。

事情并没有就这样结束，面对种种威胁，儿岛必须勇敢地为日本司法的正直性抗争。他指出，按照俄国法律，对企图谋杀其他国家君主的处罚要比企图谋杀沙皇宽大得多；根据德国刑法典，该罪仅判监禁一到十年。判处津田无期徒刑的严厉程度实际上已经高于其他国家的刑罚。[49] 他坚持认为，如果曲解法律以适应特殊情形，将有损宪法。对于如果不处决津田则俄国可能给予无情报复这一警告，儿岛回答说，俄国并非蛮夷之邦，而且没有任何迹象表明俄国在谋划报复行动。外国人不断抱怨日本法律和法官存在着不足，现在正是证实日本尊重法律的大好机会。

5月20日，儿岛和大审院的其他法官到御所面见天皇，并接到诏书："今次露（俄）国皇太子之事为国家大事，应注意速处理。"

第四十二章 大津事件

众人对这个玄妙深奥的诏书做出的解释明显不同：一些人将"注意"看作是不要激怒俄国的一个忠告，另一些人则认为天皇的意思是让他们不要篡改新宪法。[50]儿岛将天皇的旨意解释为：他必须反对内阁将第一百一十六条的规定曲解为包括外国皇室在内。

为了让七名法官同意津田三藏的行为适用第一百一十六条，大臣们向这些法官施加了巨大压力。内阁成员接近和他们来自同一藩阀的法官，眼看着就要成功说服他们，但最后，法官们的司法良知取得了胜利。在七名法官中，有五名反对适用第一百一十六条。5月24日，就在开始审判津田的前一天，儿岛告知司法大臣山田显义：不可能适用第一百一十六条的规定。

山田大为震惊，内务大臣西乡从道也被激怒了。他要求儿岛详细说明具体原因。儿岛回答说，法官也只是遵照天皇的旨意行事。采用第一百一十六条将违反刑法的规定，违背宪法，在日本历史上留下一个一千年都无法擦除的污点，并且还会亵渎帝王的美德。此外，这还会给法官留下不公正、不诚实的恶名。

西乡说道，"余本不知法律论，然若果如卿所言，不出处分，则有悖圣旨。且露国舰队涌至品川湾，一发之下我帝国成微尘，至此法律非保国家和平之具，而成破坏国家和平之具。"他补充说，要是事态发展至此，天皇得有多悲痛，而这也正是他和其他人按照天皇的旨意前来拜见的原因。他询问儿岛：法官们是否打算拒绝服从王令。然而，儿岛依旧毫不让步。[51]

当山田、西乡和其他人意识到儿岛不会改变主意时，他们接近其他法官，但所有法官都设法回避。5月25日，对津田三藏的审判如期举行。大审院毅然做出判决：判处津田三藏无期徒刑。当判决的消息传到俄国时，俄国当局没有派遣一艘军舰来炮轰品川。事实上，俄国公使已经向外务大臣传话，如果判处死刑，沙皇将请求天皇宽大处理。[52]津田被送往北海道监狱，1891年9月30日死于肺炎。[53]

大津事件并没有像政府众多官员担忧的那样引发战争。这次刺杀未遂有可能导致尼古拉形成反日偏见，从而引发了十三年后的日俄战争，但人们对此争论不休。大津事件最重要的结果是加强了日本司法的独立性。毫无疑问，这多亏了儿岛惟谦的勇气。儿岛也没有因为反对政客而遭到非难：1894年，他成为贵族院议员。他日记中关于大津事件的描述在有生之年被禁，直到1931年才得以出版。[54] 儿岛无疑是日本近代历史上的英雄之一。

虽然当时生活在日本的外国人对王子受伤深表同情，但他们对俄国人仍然持高度的怀疑态度。贝尔茨医生写道，日本人愚蠢到在1875年把库页岛割让给俄国，这表明日后俄国很可能入侵日本；在提到位于骏河台的巨大的东正教教堂时，他补充说，"建造这个教堂显得特别荒谬，因为除了公使馆的工作人员外，东京没有一个俄国人。"[55]

也许对刺杀未遂事件做出的最有同情心的评价来自小泉八云。在1893年8月26日写给朋友西田千太郎的一封信中，他说：

> 顺带提一下，我觉得后世将会对津田三藏做出更加宽大的处理。他的罪行只是一种"疯狂效忠"。他因为在一瞬间采取了疯狂的举动而被认为是疯子，这种疯狂的举动理由充分、时机恰当，本应具有非常重大的意义。他眼前看到的是来自让人生畏的强国的活生生代表，这个强国甚至让英国都浑身颤抖，为对抗这个强国，西欧召集了一支超过一百五十万人的军队。他看见了，或者我认为他看见了（也许他确实是看到了：时间可以证明）日本的敌人。而后，他只是跟随着内心的感受，想都没想就刺了过去。[56]

第四十三章
条约改正

在大津事件引发的骚动平息后，1891年的余下时间相对平静。当皇太子尼古拉仍在九州时，日本发生了这一年最重要的政治变动：山县有朋奏请辞去总理大臣一职。他在3月传染病流行期间患上了流感，尽管已经康复但仍感不适。山县推荐贵族院议长伊藤博文作为接任人。天皇确信劝说他留任已是不可能的事情，于是一同说服伊藤接受这一职务。已经递交了贵族院议长辞呈的伊藤正在关西地区游玩，使者追上伊藤，请他返回东京。

4月27日，伊藤觐见天皇，天皇表明了任命他为总理大臣的意向。伊藤拒绝了此次任命。他回忆说，当1881年大隈重信提议召开议会时，他表示反对，认为准备工作尚不充分，并且日本民众还不够成熟。他提议推迟召开议会，在他考察了各国的宪法和政治制度后再举行，之后天皇恩准。伊藤回国后制定了宪法，随后召开了第一次议会；但是，日本民众的知识水平仍然较低，实行宪政政府确实举步维艰。伊藤确信，无论谁担任总理大臣，都不会在这个职位上长时间留任。如果他强行担任这一职务，很可能会遭到暗杀。他并不在乎失去微不足道的生命，但是，如果被害，谁来协助皇室和维护政府？[1]

伊藤提议说，内务大臣西乡从道或大藏大臣松方正义（1835—

1924）是合适人选。得知西乡不愿意接受该职务，天皇随即选定了松方。松方一开始也拒绝，但天皇拒绝听他的理由。5月6日，松方宣誓就任总理大臣。松方在任的六个月中，议会争论不断，12月，议会解散，并在第二年进行重新选举。

7月，清朝北洋水师提督丁汝昌谒见了天皇。这次谒见按照东方的传统礼节交换了礼物，然而，清朝舰队的六艘军舰（比日本海军的任何一艘军舰都要威武强大）引起了一些日本民众的恐慌。

此次清朝舰队造访，对于接受传统教育的日本民众来说，是展示对中国文化有多了解的一个契机。一些日本民众谦恭地称清朝为"兄"。[2] 提督丁汝昌和其他清朝高级军官无论走到哪里都受到了盛情款待，他们完全融入到了日本民众的生活当中，而这种程度是欧洲人没法做到的。日本文人和学者与这些来访政要体会交流中国诗歌的乐趣，因为汉字超越了国界，并且清朝和日本都奉行文人的观念。也许参加了展现两国友谊的各种活动的人士做梦都没有想到，在三年后，日本和清朝会爆发一场恶战。

在1891年的夏季，最让天皇感到愉悦的消息，大概是8月7日园祥子产下了天皇的第八女允子。截至目前，天皇已有三个孩子——皇太子、昌子公主和允子公主。在失去了众多尚在襁褓之中的孩子后，天皇希望能开心地看到孩子们成长、成年。

10月，天皇向俄国皇太子送了一套铠甲、一把太刀、一把短刀、一副弓箭以及天皇自己的照片，并附上一封私人书信。[3] 也许这些礼物是为了对大津事件作进一步的道歉。除此之外，这一年没有发生其他大的事情。

1892年的第一件重大事情是2月15日举行的选举。天皇为议会的未来深感担忧。他告诉松方，自己担心如果总是相同的成员获得连任，可能会一次又一次地导致议会解散。他建议地方官员鼓励优秀民众参加竞选。

在内阁大臣中，最把这番话放在心上的是内务大臣品川弥二郎

第四十三章 条约改正

（1843—1900）。他向地方官员传达指示，解释了政府政策，并敦促选举公正中立、不偏不党的名士。品川似乎认为之前与政党关系密切的官员应该被免职。[4] 他命令警察要严厉处理恐吓或贿赂行为，暗示这是政党惯用的伎俩。但是，和他的指示相反，1892年的选举可能是日本历史上最腐败的一次，而最令人痛恨的罪魁祸首不是别人，正是品川。

与上一年的和平选举不同，1892年的选举充斥着暴力和纵火事件。民党（在野党）和吏党（政府支持的政治势力）发生冲突，各地都出现死亡、伤害事件。[5] 匪徒偷走了高知县第二选区的投票箱，并迫使佐贺县的部分地区无法进行投票。一般认为这些违法乱纪行为都是品川策划的，他认为反对政府的政党都是不忠之士，必须进行镇压。不过，尽管此次选举充满了狡诈和暴行，但民党系仍赢得了众议院的多数席位——民党系获得一百六十三席，吏党系获得一百三十七席。[6]

选举后不久，天皇被有关恐吓和暴力行为的奏折弄得心烦意乱，他派遣侍从前往违法乱纪行为最严重的四个县：石川、福冈、佐贺和高知。[7] 5月6日，日本召集了新一届众议院。5月11日，贵族院通过了一项决议，对选举方式进行谴责：

> 众议院议员之选举，不得以官吏之职权干涉，此本不待论。故于政府，绝无下赐干涉命令训谕之理。然本年二月，行众议院议员选举之际，官吏干涉竞争，激成人民之反动，遂至流血之惨状。此事众目所示，众口所述，今地方各处愤怒官吏之干涉选举，有敌视官吏之状。今于政府，宜速处之，必示民庶以公正。若忽之，实害国家之安宁，其极者招至不可救济之大不幸。故本院兹此建议，希冀政府深省虑此事，现今处理，遏止其于将来。[8]

关于此次选举，内阁成员的观点对立。松方决定拜访伊藤，咨询他的意见；但是听闻此事的伊藤提前向陆奥发函一封，抱怨说每当内阁出现问题时，松方总是让他去解决。现阶段他拒绝参与此事，建议松方及其内阁成员在征询他的意见之前首先要就日后政策达成一致。松方及其内阁商议后的结论是，克服这场危机的唯一办法就是让伊藤组建内阁。他们请求伊藤接受，但伊藤予以拒绝。[9]

伊藤一次次试图辞去贵族院议长一职，使这一问题变得更复杂。在这种情况下，伊藤像往常一样用生病做托词，但天皇担心失去了在政府中最信任人士的效劳，后果将不堪设想，因此他拒绝了伊藤的请求。3月11日，天皇派侍从长德大寺实则前去伊藤的府邸送话："朕知卿陈情之极切，但朕望常咫尺间倚卿启沃，卿以加餐静养，朕甚怀慰。解枢询之职朕不允也。"[10]伊藤感泣，急忙赶往宫中撤回辞呈。

对品川弥二郎在选举期间自认为忠实的举动，内阁的反应让他一点儿也不满意。他确信自己行为恰当，愤懑于自己的初衷被误解，决定辞职。[11]新内阁刚成立没多久就要对内阁进行改组，松方感到局促不安，他请求山县劝阻品川，但品川向山县提交了能隐晦传达其心情的两首短歌。第二首如下：

> 吾愚铸罪错
> 天地为证皆衷心
> 无奈酿苦果
> 羞愧无颜悲吟坐
> 堪笑无力为哪般[12]

同一天，品川以健康状况为由请求辞职，天皇恩准。各方人士（当然包括伊藤）都被看成是内务大臣一职的候选者。最有可能的候选人是副岛种臣，但天皇反对，认为对于一个要求颇高的职务来说，副岛年纪太大。他担心副岛可能中途辞任。天皇推荐河野敏镰，

第四十三章　条约改正　　　　　　　　　　　　　　　　　　　　　　529

但松方指出副岛的威望远在河野之上，河野在县级官员中没有什么人气。尽管天皇反对，松方还是决定任命副岛担任内务大臣。[13]

这一插曲表明明治（尽管很少公开表达政治观点）密切注视着政府官员的一举一动，对他们的能力有自己的判断。它还表明，尽管明治干涉任命事宜，但未必能自主行事。

长期担任顾问官的佐佐木高行在其日记中明确记录了天皇对政府主要人物的看法。例如，在3月19日举行的一次谈话中，天皇说，"品川虽正直，然狭量而无忍耐。纵使内阁会议亦愤慨涕泣，事理不辨。前日，伊藤询选举中乱纪行为，非难干涉选举之事实，品川大激昂，云伊藤欲辞职组建政党等，'君组织政党关余何事，君若有暴激之言论，余直以戒令处分君'。伊藤怫然作色曰：'以内务大臣之职权，岂可随意处分伊藤？'二人互骂。"[14]

当品川和伊藤相互威胁时，明治显然在非常专注地倾听。他对这两个人以及对副岛、后藤象二郎和陆奥宗光等人品性的评论很直白且具有启示性。佐佐木是天皇能够自由表达自己观点的少数对象之一，尽管佐佐木总是很恭顺，但他也会向天皇讲明自己的看法。

正如天皇所预料的，副岛的任职并没有持续很长时间。6月，副岛辞任，并被任命为枢密院顾问官。这是对辞任或被罢免的大臣所采用的惯常做法。个人与政党之间争论不断成为了日本政治局面的一大特征，井上毅得出结论：要想建立一个稳定的政府，唯一希望在于天皇。他恳请天皇下达"大敕令"，率先制定一条国家应遵循的道路。他特意请求以崇尚简朴而出名的天皇减少各类仪式的浪费性开支，建议将朝廷开支削减一成，用于扩充海军。[15]

毫无疑问，天皇大体上同意了井上的节俭呼吁。天皇宁愿对制服修修补补，也不愿新买一套。然而即便如此，由于身边的其他人生活奢侈，他也必须做出相应的回应。在访问大臣或其他政要的宅邸时，他希望能受到适度款待，而不在乎花费多少。例如，7月4日，天皇访问了后藤象二郎位于高轮的宅邸。他不得不依照先例送给后藤几件合乎惯例的礼物——一套刻有皇冠的银杯、一对景泰蓝花瓶和一千日元，送给后藤夫人一匹丝绸，送给其子女一些礼物。后藤回赠天皇一把铭刀、一个朝鲜茶叶罐和一只陶制的狸猫状花瓶。当天下午，当时优秀的表演者——观世铁之丞、宝生九郎和梅若实——表演了能戏。晚饭过后，公认的艺术大师桃川如燕和西幸吉分别为皇室一行人表演了评弹和萨摩琵琶*。除了这些特殊的娱乐表演外，宫内厅的乐师还演奏了一整天的日本音乐和西洋音乐。晚上，数千只灯笼被点燃，并在树下燃起篝火。池塘上方放飞了成千上万只萤火虫，那一景象比任何照片都要美丽。直到过了午夜，天皇才离开。第二天，皇后也受到了同样的款待。[16] 尽管天皇崇尚简朴，但他无疑很喜欢那晚后藤准备的过于铺张浪费的款待。

不到一周，也就是7月19日，天皇访问了锅岛直大的宅邸。虽然这次款待的规模不及后藤，但在像往常一样交换礼物后，锅岛安排了武术比赛、盛宴、魔术和评弹等，不过没有能戏表演。[17] 天皇的此类亲访虽然得到了宅邸主人的高度赞赏，但对推行节俭政策毫无益处。

尽管天皇再一次告知宫内省其打算在皇室中施行节俭政策，以便筹集资金建造军舰，但他指出有两个方面的资金是没法克俭的——用于皇祖皇宗祭拜仪式和修缮皇祖皇宗山陵的费用，以及皇太后的日常开支。皇太后得知宫中实行节俭政策，希望将日常开支的费用削减十分之一，但天皇生气地拒绝了，说皇太后无需为此事多虑。[18]

不管怎样，天皇和皇后并没有把皇室里的大量资金用在自己身

---

* 战国时代，萨摩的大诸侯岛津忠良为了教育武士的子弟，命盲僧渊胁寿长院创作一批道德内容的琵琶弹唱作品，从此琵琶在这个地区得到了更广泛的流行，其流派成为萨摩琵琶。明治维新后，因为尊王攘夷运动的骨干力量多为萨摩藩武士，进入中央政府从政的萨摩藩士很多，所以萨摩琵琶也传入东京，并逐渐向全国发展和普及。这个流派的特点是注重内容，幽雅与悲壮并存。——译注

第四十三章 条约改正

上，而是用于帮助处于困境中的人，或者用于在遭受火灾和其他灾害的村镇建造学校。皇室也有义务保护和鼓励艺术。例如，7月12日，皇后向芝加哥的哥伦布博览会日本妇人会捐赠了一万日元，用于提升日本展览品的品质。[19] 天皇和皇后也向长久以来被忽视的佛教寺庙提供资金，用于修缮佛寺建筑和艺术作品。此外，他们还在皇室成员（即使是远亲）缔结婚姻或修造新舍时馈赠礼物。即使天皇和皇后所希望的只是过着简朴的生活，但他们仍需要资金来履行公共义务。

1892年发生的最重要的政治大事是隐居在小田原市的伊藤复出。在小田原，伊藤一直扮演着政府的幕后操纵者。伊藤曾再三拒绝重新担任总理大臣。7月底，松方辞任，伊藤立刻离开东京，返回小田原，并称突患急病。看起来伊藤似乎（像从前一样）逃避任职，但当天皇派宫内大臣去请伊藤返回东京时，伊藤显然认为担任总理大臣的时机已经成熟。不过，他希望所有元老都加入内阁并协助他的工作。这一请求得到了天皇的恩准。伊藤的内阁包括山县有朋（司法大臣）、黑田清隆（通信大臣）、井上馨（内务大臣）、大山岩（陆军大臣）、后藤象二郎（农商务大臣）、陆奥宗光（外务大臣）、河野敏镰（文部大臣）、仁礼景范（海军大臣）和渡边国武（大藏大臣）。这届内阁的组成人员都是能人志士，很难想象还有什么人会比这些人更有能力。[20]

当伊藤走到天皇面前接受总理大臣的任命时，他承诺"大事件悉侯叡虑不息，他事总任其责"。天皇回答说："卿所言善，朕无疑干涉何事，唯奏闻告知意见即可。"

相较于之前的内阁，本届内阁更有效，任职时间也更长，但11月，伊藤乘坐的人力车被途经的马车撞翻。伊藤的头部和脸部受伤，直到1893年2月才恢复进宫参见天皇。[21]

1893年的新年揭幕方式成为了如今的标准形式：天皇没有举行四方拜，大多数其他新年仪式都由式部长锅岛直大操持。宫中为天皇举办了讲座，内容关于英国历史、儒家经典《礼记》的节选和《万叶集》*的诗歌。天皇按照惯例在青山御所给皇太后拜年。今年诗会的主题是"岩上龟"。

一切都显得风平浪静。然而，1月12日众议院投票赞成削减官员薪俸和建造军舰的预算，新年的喜庆气氛被粗暴地打断。尽管政府不断呼吁节俭，但总有一些领域是没法削减经费的。政府提出的预算已经削减了11%。众议院议员认为减少薪俸是合理的，不会导致官员办事效率低下。他们还认为，在尚未制定国防政策的情况下就扩大海军规模有些为时过早。然而，大藏大臣渡边国武（1846—1919）回答道，削减文官薪俸的预算将会阻碍行政机关发挥职能。任何一方都不让步，众议院休会五天。这是政府和议会第一次正面冲突，它提出了一个基本问题：政府是否有权自行处理其认为至关重要的事情，即使这会违背宪法赋予议会的特权？[22]

在确定他们唯一能求助的对象只有天皇后，众议院议员提交了一份一百四十六人签名的请愿书。天皇暂停会议到2月6日。[23] 2月7日，众议院议长星亨（1850—1901）向天皇呈递了一份请愿书，对削减预算决定的正当性进行了解释，并代众议院恳请天皇保留宪法赋予议会的权利。同一天，众议院进行了投票，支持向天皇提交一份对内阁进行谴责和恳请天皇进行调解的请愿书。[24] 伊藤请求众议院重新考虑其做出的决定，不要给天皇增添苦恼，但是众议院以二百八十一票赞成、一百零三票反对批准了这项决定。

能够结束这一冲突的唯一人士就是天皇。天皇经常被历史学家们描绘成一个有名无实的傀儡。请求天皇圣裁确实是一种传统的仪式性做法，但它并不只是单纯无意义的形式主义行为。这次就是诸多例子中的一个。只有天皇的裁决才是各方都尊重的唯一决定。

---

* 《万叶集》是日本最早的诗歌总集。所收诗歌来自4世纪至8世纪中叶的长短和歌。——译注

第四十三章　条约改正

2月9日，伊藤提交了一份奏折，建议天皇从两条道路中择其一：（1）命令众议院和政府进行公开谈判以达成和解。如果众议院未能遵守该命令，或者谈判无法取得预期结果，则解散众议院；（2）立即解散众议院。翌日，天皇公布了决定。他重申了自己的看法：在其他国家变得越来越具有威胁性的时刻，有必要增强日本的军事准备。因此，他决定削减宫廷开支六年，每年从宫廷经费中划拨三十万日元用于军备。同时，所有文官和武官的薪俸减少10%，作为建造军舰的补助费用。[25]

众议院恭顺地做出回应，表示接受天皇的命令，并承诺与政府达成和解。2月14日，贵族院议员也同意捐献薪俸的10%用于建造军舰。天皇的决定代表了一种折中方案：削减文官和武官的薪俸——这是众议院所提议的；但是，削减的资金将被用于建造军舰——这并非众议院赞成的事情。整个皇室将自愿削减5%—15%的开支，但皇后坚持在此后六年将宫中开支减少20%。[26]

1893年，众议院的另一项重要任务就是修约。多年来，不平等条约（大多数是在幕府日渐衰微的时日里签订的）已成为引发民众不满的导火索。每一个人都希望结束治外法权和恢复关税自主权，但是，日本为实现这些目标所付出的代价被屡屡证明是个绊脚石。一些人断言，与允许外国人借此机会控制日本国土和日本民众的生计相比，治外法权所带来的羞辱更容易让人忍受。

1892年5月，众议院草拟了一份呈递给天皇的议案，呼吁结束治外法权和外国对关税的控制。其最终目标是要取得平等。为了实现这一目标，日本虽拒绝让外国人持有土地或者拥有或经营矿山、铁路、运河和造船厂，但将允许外国人在日本内陆居住。此外，日本还要求与其签订了条约的各国提供最惠国待遇。[27]然而，由于议会解散，该提案毫无进展。12月，在召开新议会时，该提案被再次提出，并在1893年2月的秘密会议（经政府要求而召开）上进行了商议。

尽管进展甚微，但修约一事并没有被遗忘。7月，众议院通过一项决议，呼吁结束治外法权。外务大臣陆奥宗光认为修改条约的历史是一段失败的历史，而失败的原因始终在于内部，即日本无法做到和衷共济。他自己草拟了一份新的通商航海条约，提交给内阁以供审议。在拟写条约时，他以1883年的《英意条约》为基础，参考《日墨条约》。这两个条约都是在平等的基础上签订的。他提议让新条约在签订五年后再生效，以便给予新旧条约充分的过渡时间。[28]

陆奥认为，最好的途径是与各国分别进行谈判。他首先选择与长期以来反对平等条约的英国进行谈判，推选驻德国全权公使青木周藏作为谈判人。天皇批准了这一方案。9月，青木会见了（当时正在伦敦休假的）英国驻日公使休·弗雷泽（Hugh Fraser），并开始着手与英国政府进行磋商的初步准备工作。

修改条约绝非易事。生活在日本的外国人多次抗议日本禁止他们居住在内陆，将该限制与日本人可以自由地在西方主要国家四处旅行和生活进行比较。一些日本人担心允许外国人与他们共同生活将会引发灾祸，甚至有人会对外国人实施暴力行为。熊本、茨城两县的反对者就宣称要通过暴力行为让外国人明白自己并不受欢迎，然而，这些人的行为却让日本政府难以安抚外国人。外国人担心如果结束治外法权，日本法院将不会惩治此类暴力行为。可是，修改条约对于大多数日本人而言具有重大的心理安慰作用，它将表明日本已经被认可成为一个现代国家。

支持修约派和（相比于允许外国人在内陆居住而选择）延长现有条约派的对立贯穿了整个1893年。这一问题的核心在于大多数日本人普遍存在的仇外心态。12月，当陆奥在众议院审查与修约有关的各项提案时，对提案的内容感到惊愕。他评论道：

> 此等诸案以异类视外国人，恰如露西亚（俄）国待犹太人，背离我开国之皇道。故政府于此际，断然明示开国主义之维新

第四十三章　条约改正　　　　　　　　　　　　　　535

以来方针，镇压反对此之非开国主义。若默而不管，则其势焰益弥漫国内，遂恐惹起内外交涉之大纷乱，与当下着手条约之改正交涉大阻障。政府今已为一日不可踌躇逡巡之秋。"[29]

12月11日，陆奥在内阁会议上发表了类似声明。内阁不愿采取积极行动，他宣布打算辞职。但是，伊藤提醒陆奥说急躁冒进并非解决这一重要事情的办法。他力劝不要操之过急。陆奥随即平息下来，并收回了辞呈。

在众议院中，反对修改条约的呼声继续高涨。12月19日，延长现有条约派提出了一项决议，呼吁政府在条约中阐明日本的权利和义务。他们还附上了一份说明，描述了日本放松对内陆的控制后，外国人将会出现扰乱秩序的猖獗行为。

辩论变得如此激烈，以致天皇突然颁布诏书，下令议会休会十天。在辩论的过程中，势同水火的争论让天皇大为烦心。他派侍从旁听会议过程，并向他汇报。在就重大问题出现争议时，侍从们每时每刻都通过电话向天皇汇报相关情形。[30]

12月29日，众议院的两派继续辩论。陆奥发表了反对续订现有条约的声明，再次坚称自明治维新时起，政府的基本政策就是建立一个开放和进步的国家。续订现有条约违反了这一国策。这些条约并不适应自首次签约以来逐渐发展的现代社会。眼下正是摒弃幕府时期采用的"锁攘主义"政策以及收回曾经丧失的权利的大好时机。作为回报，给予外国人现有条约中未提供的某些特权也是适宜之举。此外，日本不应忘记，如果外国人可以在内陆自由旅行，那么他们消费的金钱也将使生活在内陆的人们变得富足起来。如果日本希望修改条约，首先要让外国人了解日本已经取得了怎样长足的进步，而这只能通过遵循"开放国门"的政策而获得。最后，陆奥请求众议院撤回保留现有条约的提案。这一请求没能获得支持。于是，天皇再次颁布诏书，命令议会停会十四天。[31]

12月30日，总理大臣伊藤和枢密院议长山县有朋觐见了天皇，之后众议院被解散。在此之前，伊藤恳请天皇同意停会，以便阻止众议院通过一项支持延长现有条约的决议。这就是上述停会十四天的原因，然而，众议院却没有要重新考虑的迹象。伊藤认为，除了解散众议院，没有其他办法来处理这一局面。就在同一天，天皇下令解散众议院。

天皇得出了和伊藤相同的结论——无论休会多少次，都不太可能改变众议院的态度。在向佐佐木高行倾诉时，天皇认为政府和众议院之间的冲突是由过于仓促成立议会所造成的。[32] 从此刻起，天皇的政治观点明显变得保守。他开始认为他引以为傲的两件事——颁布宪法和成立议会——都为时过早了。

第四十四章
对清宣战

1894年的新年正日,天皇再次没有主持四方拜和其他规定的仪式,而是由代行官操持。天皇未能操持此类仪式,大概所有人都不会感到惊讶。近年来,天皇经常拒绝出席这些仪式,有时抱病称恙,有时没有任何理由。人们似乎已经忘记了,数百年来主持此类仪式一直都是天皇的主要职责。

对宫中的人来说,正日里最难忘的一件事大概就是皇太子向天皇恭祝新年。在这一年里,皇太子拜见天皇的次数变得更加频繁——每月好几次——表明二者更加亲密。之前皇太子也拜见天皇,但那是朝廷礼节规定的,而非因为感情上的联络。当然,每次太子生病时天皇都很苦恼,不过,他最担心的可能是王位继承,而非这个独子的生活。他的其他子嗣都在婴儿时期夭折,尽管嘉仁身体虚弱,但似乎越来越有可能成为他的继承人。也许在很多情况下,天皇都对儿子不像自己小时那样身体健康、精力充沛而感到遗憾吧。

尽管如此,仍有必要为亲王的未来登基做好准备。天皇下定决心让儿子接受合乎需要的教育。正如我们已经了解到的,他之前决定让皇太子和其他男孩一同进入学习院就读,而不是像皇室成员平常那样接受私人教育。皇太子是一个平庸的学生,他缺乏勤奋好学的天资,但这并没有造成他学业终止。在明治看来,日本的下一位天皇不仅需要深谙日本和中国的历史及文化，还要了解西方的相关内容。皇太子还必须能写得一手好字，能以传统方式创作和歌。[1]然而，尽管天皇费尽心思安排皇太子的教育事宜，但嘉仁的健康状况总是首要的考虑事项，他的学业经常因疾病或医生的决定而中断，医生认为东京寒暑严酷，不适宜继续留校就读。

皇太子似乎已经被从来不会展示慈父一面的父亲给威吓住了。明治常常摆出冰冷的面孔，按照正统儒家思想所倡导的传统父亲形象对待儿子。他似乎是在模仿孝明天皇对自己的严厉行为，但并没有像孝明天皇那样，每天都指导他的儿子创作和歌。事实上，天皇似乎对其继承人的教育没有给予直接的帮助。

1894年，嘉仁进宫朝见的次数增加，表明父子之间的亲情终于生根。本年底发生的一些事情就是最好的证明。1894年11月17日，嘉仁抵达广岛，打算拜见父皇（明治已于清日战争期间移居广岛）。他于次日上午10点30分出现在大本营，在和父皇简短交谈后，便一同前去参观一匹满洲马。随后，他们一道登上了天守阁，欣赏广岛全市的秀丽风光。一位内廷随从担任向导，借助于望远镜和地图向他们介绍风景名胜。稍后，天皇父子共进午餐。天皇的随行人员一直都想知道他是否喜欢这个儿子，今日见到天皇慈爱温柔，感到非常高兴，并决定禀报皇后。但是，这种极其少见的亲密行为并没有让天皇忘记自己的职责。在11月24日皇太子起身前往东京之前，他也只是找了两次机会与其共进午餐。[2]

尽管皇太子实际上很少与天皇一同出席各类场合，但从1887年起，浮士绘中常常描画他与天皇皇后一起的情景。其中也有皇太子站在父母中间的场景，仿佛是在强调皇室家庭的和谐。[3]另外，从1894年公开庆祝天皇和皇后结婚二十五周年的庆典中也可以了解皇室的家庭生活。在此之前，日本君王的结婚纪念日都不是普天同庆的节日，但是，当天皇得知外国皇室庆祝"银婚"是司空见惯的事情时，他很高兴地恩准了这个拟议的庆典。为确保庆典的顺利进行，

第四十四章　对清宣战

政府成立了一个委员会，研究外国的具体实例。政府公布庆典将于3月9日举行。

在这个值得庆贺的时刻，日本铸造了金、银的纪念章，雕饰相称的吉祥图案（如菊花和双鹤）。[4] 天皇恩准购买纪念章的人在余生佩戴纪念章，并可以传给子孙后代。为庆祝这一时刻，3月9日，政府发行了一千五百万张邮票，这是日本第一次发行纪念邮票。

庆典日在贤所、皇灵殿、神殿*举行的仪式中揭开了帷幕。天皇和皇后都没有出席这些仪式，但是，皇太子、亲王和内阁成员都参加了祭典。皇室警卫炮兵团和海上船舰鸣响皇家礼炮。当天上午11点，天皇和皇后出现在凤凰之间†，那里已经聚集了两百多名贵族和内阁成员以及他们的妻子。天皇身穿正式的制服，并佩戴了所有的勋章。皇后穿着一套白色的礼服，佩戴着饰物和皇冠。她的礼服裙摆上装饰着用银线绣成的花朵和鸟儿的图案。稍后，法国、英国、德国、俄国、美国、比利时、朝鲜和奥地利的公使纷纷代表各自的政府道贺，天皇谦和地予以回复。

当天下午2点，天皇和皇后同乘马车前往青山阅兵场检阅军队。当天皇夫妇走出皇宫时，在皇宫正门外，东京帝国大学的学生和其他组织的成员站成数列，向他们欢呼喝彩。人们成群结队地伫立在街道的两旁，渴望一睹天皇和皇后陛下的尊容。2点45分左右，他们到达了仪式举办场地，彰仁亲王和高级官员在那里迎接。各队举枪致敬，军乐队奏起了国歌。在接待了贵宾（包括日本和外国的政要）后，天皇和皇后再次登上打开了车篷的马车，在阅兵场巡游，受到了民众的大声欢呼。之后，他们检阅了军队。

庆典持续了一整天，在舞乐表演和酒宴中落下帷幕。虽然官方并未使用"银婚"一词，[5] 不过皇室向宾客赠送的礼物或者宾客向

---

* 合称"宫中三殿"，位于吹上御苑东南，是举办一些传统仪式的场所。——编注
† 凤凰之间，皇宫内举行仪式宴会等的场所。——编注

天皇夫妇呈献的礼物大多为银制品。那些无福被邀请参加庆典的人可以呈献礼物。这些礼物并非都是银制品，很多是诗歌、清酒、酱油、墨鱼干、刀剑、绘画、陶瓷、漆器、盆景等。二十五名男士和二十五名女士（根据二十五周年而采用该数字）——包括贵族成员、内阁大臣和经常参加宫廷诗会的人士，以"莺花契万春"为主题创作了诗歌。筋疲力尽的天皇和皇后直到凌晨1点45分才就寝。[6]

银婚庆典的喜庆气氛久久没有散去，一直持续到了3月28日。该日朝鲜政治家金玉均在上海的一家日本旅馆被暗杀的消息传来。在日本时便一直陪同金玉均的这名凶手是奉朝鲜保守党领导人之命行事的，他们恨透了金玉均，因为他是开化党人。

在1884年政变失败之前，金玉均曾在日本生活过。在1881年第一次访日后不久，他便与福泽谕吉成为朋友。福泽谕吉大力支持在朝鲜成立开化党，并认为日本必须起到领导作用，促使朝鲜和清朝走上现代化国家的道路。[7]然而在1885年，当意识到开化党无力控制朝鲜政府后，福泽发表了著名的《脱亚论》。在文章中，他主张与其坐等邻国实现开化，倒不如脱离它们的队伍，与西方文明国家共进退。

1884年12月，金玉均和另外八名朝鲜志士逃往日本，他们都坚信朝鲜应当效仿日本，走上国家现代化的道路。这几名朝鲜人给自己取了日本名字，并穿上了西式服装，试图讨好日本领导人。[8]他们大概期待着受到日本政府的优待，但获得的只是最低限度的保护。1885年2月，朝鲜政府派使臣前往日本，要求日本送交金玉均。日本政府拒绝，朝鲜便向日本派遣刺客，刺客携带着国王高宗签名的刺杀金玉均及其同党朴泳孝的文件。[9]在得知这一密谋后，金玉均上报了总理大臣伊藤博文和外务大臣井上馨。井上致函朝鲜政府，要求召回刺客，并承诺将把金玉均驱逐出日本。

当时金玉均居住在横滨大饭店。井上命令神奈川县知事将金玉均强行驱赶出享有治外法权的饭店，并将他关押在三井家族的宅邸。

第四十四章 对清宣战

1886年6月，内务大臣山县有朋命令知事以金玉均威胁日本安全和阻碍与外国的和睦关系为由，要求其在十五天内出境。[10]尽管金玉均持有亲日的观点，但日本官员视他为包袱，担心他的滞留可能会在日本尚未做好准备之前引发一场战争。[11]最后，金玉均没有被送往外国，而是被移送到一个偏远的岛屿——位于小笠原群岛上的父岛，在那里度过了两年孤苦伶仃的流亡生活。那里的气候对他的健康状况造成了极大伤害，因此，他被从气候炎热的小笠原群岛押送到了北部寒冷的北海道，之后一直待在那里，直到1890年才被允许返回东京。[12]多亏了众多日本同情者提供金钱资助，他才得以在流亡岁月中活了下来。

1894年3月，在请求日本政府协助朝鲜进行开化的希望落空后，金玉均准备动身前往上海。他的目的是会见李鸿章。在李经方（李鸿章之子）担任清朝驻日公使时，金玉均与他颇有交情，并在其回国后继续保持书信往来。金玉均希望李经方能让他会见其父——清朝最有权势的人物。他尤其希望向这位地位显赫的元老重臣提出他的计划：联合东亚三国之力，共同抵御西方列强的进一步侵略。[13]虽然有人警告金玉均此次出行有危险，[14]但他觉得，如果有机会得见李鸿章，哪怕只有五分钟，也值得为此冒一次险。[15]

居住在大阪的朝鲜人李逸植为此次出行提供了资金（并偿还了金玉均在日本欠下的债务）。李逸植还给了金玉均一张汇票，用于支付他在清朝期间的费用，但告诉他说，为了用汇票兑取现金，他需要朝鲜人洪钟宇陪同他前去。洪钟宇一直在法国学习，直到最近才来到日本。[16]这一行人还包括金玉均的日本朋友和田延次郎。

3月27日，金玉均抵达上海。第二天，当和田出去买东西时，金玉均正躺在床上看书，这时，洪钟宇闯入房间，朝金玉均开了两枪。金玉均从床上逃到走廊时背后又中了一枪，这是致命的一枪。这位聪颖杰出、漂泊不定、富有魅力的牺牲者享年四十三岁。[17]

和田为金玉均买了一口棺材，与"西京丸"号的船长商量将灵枢带回日本。金玉均和其他人正是乘坐"西京丸"号前来上海。但是，就在船起航的前一晚，日本领事馆的官员命令和田听候指示。和田拒绝拖延时，领事馆禀告了租界当局，租界当局扣押了灵柩，并移交给了清政府。[18] 获知谋杀消息的李鸿章派军舰"威远"号将灵柩和凶手送回朝鲜。清朝和日本政府似乎都急于摆脱这个棘手的理想主义者。

灵柩到达朝鲜后，朝鲜政府对金玉均的尸体进行了肢解。他的脑袋和手脚被砍下，高悬在写有"谋叛大逆不道罪人玉均"的木桩上；躯干被抛放在附近的地面上。[19] 此类残暴行为并没能消除朝鲜政府的心头之恨：金玉均的家庭成员也被处决。[20] 洪钟宇受到了英雄般的欢迎。

金玉均的被刺引发了日本民众的愤懑。他们将仇恨之情的矛头指向清朝，因为清朝在这一事件中扮演了帮凶的角色。外务次长林董（1850—1913）在回忆录中写道，他确信几个月后与清朝爆发的战争，是由刺杀金玉均和清朝卷入这一罪行所引发。[21]

福泽谕吉对被谋杀者深表同情，对清朝将灵柩引渡回朝鲜感到气愤，对朝鲜政府可耻的分尸行为感到震惊。他谴责清朝违反了《天津条约》，该条约规定由清朝和日本共同维护朝鲜的秩序。他认为清朝的弊病在于其"芯已腐败为朽木"，而这是由满族统治者顽固不化、拒绝进取所造成的。福泽预言，如果清朝继续视朝鲜为藩属国，那么战争不可避免；要是清朝再不思改进之道，他对清朝能否保持独立也表示怀疑。[22]

然而，当时尚无直接原因与清朝开战，而朝鲜宗教团体东学党发动的起义为清日开战提供了契机。1894年4、5月间，东学党人在全罗道和忠清道揭竿起义。[23] 东学创始人崔济愚（1824—1864）力劝追随者驱逐西方影响、恢复朝鲜本土信仰，他将此称为"东学思想"（即与"西学"相对）。尽管原则上他反对儒家思想，因为该思想也起源于外国，但实际上他的宗教集儒、佛、道为一体。他的

第四十四章 对清宣战

主要敌人是基督教。[24]朝鲜政府对东学运动严加禁止，与其说是因为它的教义，倒不如说是因为它获得了农民的普遍欢迎。他们害怕农民被煽动起来造反。

最终，崔济愚被捕，并被当做天主教徒斩首。东学党的一些宗教活动表面上看起来与在朝鲜遭到镇压的罗马天主教活动相似，因此捕盗厅反而让这位反基督教的狂热人士"殉道而死"。在失去了创始人后，东学党被迫转入地下活动，但仍然保持着对农民的控制。对农民来说，东学教派的吸引力并非神秘的咒语和妖术，而是其对"人人平等、现世利益"所做出的承诺。[25]

即使遭到取缔，该教派的人数仍在增加，到1893年，朝鲜半岛南部已在东学党的控制之下。该年1月，东学党的新领袖崔时亨召集东学信徒集会，提议请求政府免除崔济愚的罪责、结束对东学党的取缔。3月，由东学信徒组成的代表团前往汉城，请求政府宣布崔济愚无罪。他们在王宫的大门前伏地上诉三天三夜，恳求国王为他们的教祖平反。[26]这一请愿没有得到恩准，但已经成功表明了他们的强大信念。从这时起，东学党公开喊出赶走外国人的口号；最初矛头直指欧洲人，但现在他们把日本人也包括在内。农民对欧洲人仅有模糊的概念，但都与寡廉鲜耻的日本商人打过交道。这些日本商人购买他们的稻谷，还按高利贷借钱给他们。

朝鲜政府畏惧东学党信徒起事，反而让他们变得更加大胆。他们在外国公使馆和领事馆的墙上张贴驱逐洋人的标语，对馆内的外国外交官大声咒骂，[27]甚至连清朝的公使馆也没能躲过。清政府的代表袁世凯意识到这些运动很容易升级为更大的骚乱，于是紧急致函李鸿章，请求派遣两艘军舰。李鸿章立刻派"靖远"、"来远"二舰奔赴仁川。日本公使馆的成员害怕遭到袭击，佩戴武器，采取临战准备。

陆奥宗光对导致爆发清日战争的情形所进行的描述具有特别重要的意义，因为他不仅是所述事件的机敏观察者，而且作为外务大臣积极参与了决策制定。在战争记录《蹇蹇录》[28]中，他以对东学党起义的看法作为开头：

> 或视之为混杂儒、道之宗教团体；或视之为政治改革希望者之团体；或视之为一群好斗不逞之徒。今在此研究其性质无必要，姑且从略。要之，以此为名之乱民，于明治二十七（1894）年四、五月之交，自朝鲜国全罗、忠清两道各处蜂起，劫掠所在民舍，驱逐地方官，其先锋本部进京畿道，全罗道首府全州府亦一时落入其手里，势头颇猖獗为事实。[29]

日本对东学党初期取得的成功反应不一。一些人支持向朝鲜派遣日军，帮助无能的朝鲜政府镇压叛乱。其他人则认为东学党是改革派，他们的目标是要从腐败的政府手中解救出受苦受难的朝鲜民众。最近几年，一些学者对东学党起义的宗教意义的评价大打折扣，认为尽管它披着宗教的外衣，但本质上来说是一场农民运动。[30]

起初，观察人士认为东学党还没有强大到足以推翻现有政权，然而，当东学党接近汉城时，朝鲜政府惊慌失措，并请求袁世凯帮忙镇压叛乱。6月2日，陆奥从日本驻朝公使馆代理公使杉村浚那里获悉了朝鲜的请求，于是立刻告知内阁，希望派遣"若干"日军奔赴朝鲜半岛，以便维持日本和清朝在朝势力的均衡。内阁一致同意，总理大臣前往皇宫请求天皇恩准。天皇准奏，并在简短的敕令中称，"今次朝鲜国内内乱蜂起，其势猖獗，故为保护同国寄留我国民，派遣军队"。[31]

6月5日，恰巧在日休假的日本驻朝公使大鸟圭介（1832—1911）收到指令，要求他尽全力保全日本国家荣誉，维护清日两国在朝均势。若非万不得已，仍应以和平手段解决事局。陆奥写道："倘若清日之间发生冲突（中略），我国决定尽可能居于被动地位，事事让清朝成为主动者。"[32]

第四十四章 对清宣战

清朝政府通过驻日全权公使汪凤藻照会日本政府，清朝按照朝鲜国王的请求，正向朝鲜派遣"若干"军队，以便镇压东学乱党。据陆奥所说，汪凤藻"见日本官民争执，逐日激烈，妄断日本到底无余力处置他国事情"。

日本议会没完没了、针锋相对的辩论给清朝留下了日本国内疲惫不堪的印象。这是清朝国内极少见到的一种政治现象。伊藤博文也被对他自己以及内阁的不断攻击所激怒，在给天皇的报告中说，纵使宪法生效已经过去了五年，国家前途大计仍不免是"亡羊之叹"。反对政府的各个政党都试图战胜对方，即使有损于日本未来也不在意。伊藤的解决之道是请求天皇召见所有党派的领导者，命令他们听从天皇的旨意。[33] 目前尚不清楚伊藤实际上是否提交了这一报告；总之，天皇没有做出任何反应。

清朝知道日本各党派在议会上提出的观点存在着巨大分歧，但他们很难体会到日本人所怀有的强烈的爱国精神（被激怒的伊藤有时候也会忘记这种爱国精神），如果日本遭受另一个国家的威胁，这种精神将会扫除一切分歧。清朝自认为其陆军和海军强于日本，很多日本人也这样认为。林董写道，"日清战争前，日本人口头笑侮清人之固陋，然实甚恐之。"[34]

6月7日，陆奥向日本驻北京代理公使小村寿太郎（1855—1911）发送电报，指示他将日本政府打算按照《天津条约》向朝鲜派兵一事告知清朝。清朝回复道，此次出兵完全按照朝鲜的请求，以便协助镇压叛乱，此举是为了保护属国。日本政府并没有装作没看到"属国"二字。陆奥在其答复中声称，"我政府未认朝鲜为清朝属国"。[35] 在随后发生的战争期间，日本也从未停止坚持这一观点。然而，事实上朝鲜请求的清朝——而非日本——来保护他们。

6月9日，大鸟在三百名日本海军的陪护下抵达仁川，并继续前往汉城。随后，日本派来了一个大队的陆军。在此期间，东学党的势头受挫，几乎停止了进逼汉城。直接原因是清军抵达。大鸟发现汉城异常平静后，认为没有必要再向朝鲜派遣大量日军，但这没能改变陆奥的看法，他认为"若危机一发之时，成败之数全在兵力优劣"。[36] 6月11日，陆军少将大岛义昌率一支混合旅团离开宇品，前往仁川。6月15日，东学党起义似乎已经结束，但是清日两国的军队均无撤离朝鲜半岛的迹象。[37]

在这个节骨眼儿上，伊藤提议清日两国联手镇压叛乱，在乱匪平定后，派出特派员帮助改革朝鲜内政，尤其是改善财政和军备。如果清朝不同意日本的提案，日本将独自挑起这一重担。伊藤将该提案上奏天皇，但天皇似乎对"必要时日本将单方面采取行动"这一条规定感到不安。（这条规定是陆奥后来增添到伊藤的初始提案中的。）天皇派侍从长前去质询这一条。陆奥来到皇宫，进行了详细解释，最后天皇准奏。[38]

正如陆奥预料到的，清朝不愿意接受该提案。6月21日，清朝公使报告说，政府已经拒绝了日本的提案，原因有三：

第一，朝鲜内乱现已平定。目前清朝军队已无须代朝鲜政府讨伐乱党，清日两国合力镇压叛乱一事，可作罢论；第二，日本政府为朝鲜谋善后之策，用意虽善，但朝鲜内政应由朝鲜自行改革……最后，《天津条约》已有明文规定，叛乱一经平定，清日两国即刻退兵。故此番毋庸赘言，清日双方理当相互撤兵，实无必要再议。[39]

虽然清政府的辩词无可反驳，但陆奥说："依我政府所见，如不祛除朝鲜内乱根底之祸因，则无法安稳。"他告知清朝政府说，日本政府不可能下令从朝鲜撤离军队。对于处于如此悲惨境地的朝鲜，日本无法袖手旁观，这有违邻国之间的友好情谊。6月23日，山县有朋发觉清日之间的战争已无法避免。

6月26日，大鸟圭介谒见了国王高宗，力主朝鲜进行内政改革的必要性。28日，他诘问朝鲜当局，朝鲜是独立国家，还是清朝的藩属国。这个问题让朝鲜朝廷陷入了恐慌，而且讨论来讨论去也没能得出任何结果。正在此时，大鸟接到日本政府的训令，上面说除

第四十四章　对清宣战

非摧毁清朝的影响力，否则无法在朝鲜实施改革。毫无疑问，这促使大鸟强硬地要求朝鲜给出答复。6月30日，朝鲜朝廷最终声明为独立国家。[40]

7月3日，在得到朝鲜是独立国家的确定回答后，大鸟谒见了朝鲜国王，提议对朝鲜的行政、财政、司法、军制和教育进行改革。朝鲜政府仍然由保守的事大党控制，他们畏惧清朝并且憎恶改革；然而，大鸟的提议有日本的军事力量作为后盾，朝鲜无法拒绝。国王发布了罪己诏，将朝鲜的危机归咎于自己，对多年来的糟糕统治感到愧疚，并对接连不断的内乱深感悲愤。他将所有的错误归因于自身不德和官吏渎职。国王成立了一个改革委员会，并命令该委员会遇事与日本公使商议。[41]

元老们相继站出来支持开战。伯爵松方正义获悉，在前一天的会议上，内阁没能就与清朝开战做出决定。随后，他于7月12日拜访了伊藤博文，对政府迟疑不决表示担忧。他宣称清朝的傲慢自大与日俱增，并谴责清朝在朝鲜犯下的各种蛮横行为。松方痛惜日本政府没能利用这个天赐良机来履行使命。伊藤认为宣战的理由仍不充分，但松方称日本民众（即使是政府的敌人）都团结一致支持开战。他预言，如果在接下来的几天没能采取行动，将无法控制民众的骚乱，也无法保证一些外国列强不会插手干预。撤离日本在朝鲜的军队是有损日本国威的一件事，并且会再次导致国内人心离散。最后，松方威胁说，如果伊藤无视他的建议，他将再也不与伊藤会见。

伊藤同意考虑松方的意见，但是，和不在政府为官的松方不一样，伊藤无法忘记自己作为总理大臣的职责。此外，他与天皇关系密切，知道天皇非常不想开战，担心清日战争可能会给第三国创造了插手干涉的机会。[42]

李鸿章请求俄国调停，俄国欣然答应。俄国对朝鲜的兴趣（尤其是在朝鲜获得一个不冻港）成为未来几年俄国在朝势力发展的重要原因。日本感谢俄国参与调停，声称只要形势允许，日本将即刻从朝鲜半岛撤兵。[43]

英国也表达了维持东亚和平的愿望。1894年4月，英国政府批准了新修改的条约。尽管英国拒绝放弃治外法权成为日本长久以来的心头之痛，但英国即将成为第一个给予日本平等地位的大国。[44] 成立了新内阁的英国首相威廉·格莱斯顿（William Gladstone）宣称，他不仅认为继续在日本保留领事裁判权不合适，还认为对于加强两国之间的友好关系而言，废除这些已是当务之急。但是，当7月17日英国参与调停时，已经决心开战并且对英国的提议没有兴趣的日本，故意提出了他们明明知道清朝不会接受的条件。日本宣称，但凡清朝在朝鲜增派军队，都将被视为挑衅。英国政府提出抗议，声称这一规定违反了《天津条约》；然而，日本回答道，这并非英国可以提出质疑的事情。于是，英国放弃了对调停所做出的努力。[45]

7月23日，日本混合旅团于黎明时分进入汉城。当他们靠近王宫时，朝鲜士兵突然开火。日军予以反击，之后进入宫殿区，赶走了朝鲜军队，并取而代之地守卫王宫。国王急召父亲兴宣大院君出面主政。尽管兴宣大院君一直都有强烈的反日情绪，但被监禁在清朝的经历改变了他的看法，现在，他欢迎大鸟进入王宫。他告诉大鸟，朝鲜国王已经让他全权改革政府，承诺在采取任何措施之前都将征询大鸟的意见。7月25日，兴宣大院君宣布废除朝鲜与清朝签订的条约。[46]

7月25日，日本舰队遭遇了两艘驶向牙山的清朝军舰（一艘巡洋舰，一艘炮舰），第一次战争不宣而战。清朝军舰不仅未向日本国旗敬礼，并且全体船员均已进入战位。当两支舰队距离大约三千米时，"济远"号巡洋舰开火，三艘日本军舰予以反击。经过一个多小时的激战，"济远"号遭到重创，败退而走；另一艘炮舰靠岸搁浅并被遗弃。此时，另外两艘船舰逼近，一艘是军舰"操江"号，另一艘是搭载一千名清军奔赴牙山的英国商船"高升"号。在随后的战事中，"操江"号挂白旗投降。"浪速"号舰长东乡平八郎命令"高升"号起锚,跟在"浪速"号的后面。"高升"号抗命不遵,东乡便击沉了这艘商船。"高升"号的船长和另外两名英国官员获救,但清朝船员和一千名士兵坠海溺亡。刚开始,商船被击沉惹恼了英国人,但英国国际法专家为日本辩护,称日本在战时采取的行动是妥当的,于是这一事件被搁置不议,因为这样做对英国政府是有利的。[47]

7月29日,陆军少将大岛率领的混合旅团在成欢附近遭遇清军,第一次陆战爆发。日本依旧将战事描述为清军先开火,日军只不过是反击而已。不管怎么说,日本击败清军,并占领了清军位于牙山的营地。

8月1日,日本对清朝宣战。天皇向军队颁布敕令,鞭策他们"于陆上海面对清国交战,努力达国家之目的"。天皇鼓励军队"尽一切手段"赢取胜利,但前提是在"国际法所限"范围内。[48]

毫无疑问,日本民众对战争表现出了极大的热忱。自16世纪丰臣秀吉出兵朝鲜后,这是日本军队第一次在国外与外国人开战。这场战争似乎确立了日本在世界各国中的新地位。相比之下,清朝就像是日本所摒弃了的种种陋习的化身。在日本人看来,清朝是一个"无知蒙昧"的老大之邦,得意于过去的辉煌,而非今日的成就。

启蒙运动的主要倡导者福泽谕吉发表了一篇文章,宣称势必要与清朝开战,以便唤醒清朝开展获益匪浅但被冥顽不化的满族统治者排斥的启蒙运动。他将清朝干预朝鲜视为极力阻止启蒙思想传播的无法容忍的暴行,这场战争与其说是两国之间的一场争斗,不如说是"为世界文明"而战。[49]

1894年8月,后来作为反战主义者而知名的内村鉴三用英文发表了一篇题为《朝鲜战争之义》(Justification of the Korean War)的文章。他确信"日本和清朝之间发动的清日战争"是一场正义的战争。[50]他写道:

> 日清战争决定了是应当将"进步"之道作为东洋的法则,

正如西洋长久以来所遵循的那样，还是让"退步"之风永久横亘于东洋。"退步"曾是波斯帝国的庇护所、迦太基*的立国方针、西班牙的鼓励之策，最后，又被清帝国选择（吾等希望这是世界历史上的最后一例）。日本的胜利，对于东洋六亿人口而言，意味着政治自由、宗教自由、教育自由和通商自由。[51]

文末，内村宣称，"日本是东洋'进步'的拥护者，除了被打败的敌人清朝（这个无可救药地仇视进步的政权）外，还有谁不希望日本获胜？"

日本军队在朝鲜取得的最初胜利引发了一波又一波的爱国热情，这些胜利被画成浮世绘，并像报纸一样传播至全日本。成欢之战产生了两位英雄，他们的事迹被各类艺术家描绘纪念，并有日本和外国的诗人作诗赞颂。第一位英雄是舰长松崎直臣。在腿部中弹后，他继续战斗，直到另一颗子弹打中他的头部。"被打中了"是他的最后一句话。另一个平民白神源次郎[52]的名声很快盖过了松崎。白神参加了1894年7月29日的战斗。据报道说，尽管白神身中子弹，但他继续吹号，直到用尽最后一口气。尸首被发现时，他的嘴唇还贴在军号上。不久后，受这个英雄号手事迹的启发，日本民众创作了大量的诗歌和浮世绘。例如，外山正一†创作了一首名为"吾乃吹号郎"的长诗，诗歌的开头如下：

> 听闻冈山有贤人，
> 唤做白神源次郎。
> 枪林弹雨均不惧，

---

* 位于非洲北海岸（今突尼斯），与罗马隔海相望。在三次布匿战争中均被罗马打败。
——译注

† 外山正一：日本教育家、启蒙家、诗人。在日本西南战争期间，为政府军的军歌《拔刀队》写了歌词。——译注

第四十四章　对清宣战

叉腰仰头军号响。
人人赞佩纵纷纭，
彼乃英勇吹号郎。
白神摆手自谦曰，
吾乃一介吹号郎。[53]

　　这几句诗没有提到白神并非武士阶层，而仅仅是一个吹军号的应召士兵。实际上，清日战争中的大多数英雄均为出身卑微的人士。这些士兵所表现出来的迄今为止只有武士阶层才具有的英勇行为，证实了全体日本民众都具备勇敢和忠诚的德行。

　　8月11日，天皇向皇祖皇宗正式供奉了宣战诏敕。仪式在宫中皇灵殿举行，天皇还派遣高层贵族向伊势神宫和孝明天皇陵汇报消息。几天前，就在天皇发布宣战诏敕后没多久，宫内大臣土方久元觐见天皇，询问天皇打算派哪一位敕使前往伊势神宫和孝明天皇的陵墓。天皇回答说："未及其仪。今回战争素非朕之本意，阁臣等奏战争不得已，故仅许之。以之奉告神宫及先帝陵，朕甚苦。"土方闻言大吃一惊，他劝慰天皇道："曩既裁可宣战诏敕，然于今言此，或为过也。"天皇勃然大怒道："无需再谓。朕不欲复见汝。"土方带着恐惧和惶惑的心情退下。[54]

　　回到官邸后，土方细细思考了当前形势。天皇已经向海内外发布了宣战诏敕，并且陆军和海军正赶往前线。天皇向来言而有信，这是毋庸置疑的，但一想到天皇的话可能对今后战事的发展造成影响，他就忧愁难耐。土方想咨询伊藤，但又担心这只会使事情变得更加复杂。那晚他担心苦恼，无法入睡。然而，第二天一大早，侍从长前来捎话，说天皇命令土方抓紧时间选定敕使，以便派往伊势和京都的神宫。土方速速赶到皇宫，看见天皇心情舒畅，与昨晚大不一样，于是他汇报了两名敕使的姓名，之后感泣退出。

　　显而易见，在细想了整个事件后，天皇知道事情发展到这一步已经不可能取消战争。但是，是什么让天皇如此不愿意批准宣战？也许正如他之前所说的，他担心战争可能会让某些国家插手干预，从而对日本不利；也可能是想到众多日本士兵将战死沙场，因此不想开战；又或者是他担心日本不是清朝的对手。因为外国媒体一致预言，一旦日本丧失了遵守纪律和做好战事准备这一最初优势，大清朝将取得胜利；[55]又或许很大程度上是因为天皇接受了儒家经典教育，因而不想与产生了圣人的国度开战。

为什么明治不愿向神灵或先皇的陵墓汇报宣战诏敕，我们可能永远都无法知道；但是，第二天早上，明治改变了主意，并且从那时起一直到战争结束，他对日本在亚洲大陆和海上之战所投入的热情再也没有动摇过。

第四十五章

旅顺屠杀

日本与清朝的战事进展得如此迅速，不久后，政府便对战争胜利后应对朝鲜采取什么样的政策进行了讨论。1894年8月17日，陆奥宗光在内阁会议上提交了四个方案：

一、宣布朝鲜独立，并有必要对朝鲜内政进行改革，对于朝鲜未来的命运，日本政府应完全任其自主；

二、在名义上承认朝鲜为独立国家，但由日本政府直接和间接地永久或长期扶植朝鲜独立，并竭力代为担任防御外侮之责；

三、若日本政府认为朝鲜自己无力维持独立，并且日本单独负担保护朝鲜之责是不明智之举，则由日本和清朝共同维护朝鲜领土的完整；

四、若第三个方案不可取，则由各强国担保，使朝鲜成为类似欧洲比利时和瑞士一样的中立国。

内阁认为采用固定政策仍然为时过早，但就眼下而言，应将第二个方案作为总体策略。[1]

为践行友好扶植朝鲜这一政策，8月20日，天皇命令枢密院顾问官西园寺公望前往朝鲜，向国王高宗赠送礼物和书函。书函中说，明治高度关注朝鲜近期发生的事件，他相信朝鲜国王的英明决断一定能稳固国基，实现朝鲜的繁荣昌盛。天皇赠送了礼物——一把太刀和一对花瓶，以示友谊永固。朝鲜国王以同样的方式回赠了明治，对明治加强日朝之间的情谊表示欣喜，并感谢明治派遣日军来维护朝鲜独立。[2]

日本担忧在朝鲜所采取的行动会给外国产生的印象。外务大臣陆奥宗光向全权公使大鸟圭介以及日本驻朝陆军和海军指挥官传了同样的话，提醒他们必须避免采取侵犯朝鲜独立的行动，即使这将造成军事上的不便或不必要的浪费。有时候可能别无选择，需向朝鲜政府提出要求，但这些要求不得超过朝鲜作为独立国家、在不丢颜面的情况下能够接受的范围。此外，他提醒道，朝鲜不是敌人，而是日本的盟友，凡购买军事或其他物资者，必须支付足以令卖主满意的价格。在任何情况下，都不得给人留下日本劫掠朝鲜的印象。

8月26日，日本和朝鲜签署了同盟条约，约定两国协同合作，以便将清军驱逐出朝鲜的领土，巩固朝鲜独立，推进日本和朝鲜的利益。

前文已述，天皇刚开始不希望日本与清朝开战，但很快他便全身心投入到军队最高指挥官这一角色当中。由于政治和军事大权都集于一身，所以经常需要他做出定夺。在清日战争期间，日本召开了大约九十次御前会议，不仅军官将领要出席，在天皇的要求下，伊藤博文也参加了会议。[3]作为一名文官，伊藤所关注的是取得战争胜利，以及如果这是一场持久战，其他国家干预战争的可能性。[4]幸运的是，与英国的修约谈判最终取得了成功，遭人痛恨的治外法权的废止已经近在眼前。[5]

9月1日，天皇接见了总参谋长炽仁亲王，炽仁亲王请求将大本营迁往广岛，以便加强与在朝作战的军队的联络。迁移大本营的提议最初由伊藤提出，他认为（位于其故乡长州藩的）下关是一个适宜之地，因为下关是最靠近朝鲜的港口。但军队支持迁往第五师团司令部所在地广岛。广岛是东京到宇品港（广岛港）铁路西段的终点站，是赴朝军队的登船地点。把大本营迁往广岛将加强与

第四十五章　旅顺屠杀　　555

前线的联络，但也给大多仍留在东京的外国外交官的协商造成了阻碍。[6]

9月8日，天皇下令将大本营迁往广岛。作为统帅的自己也将随同移步广岛，一同前去的还有侍从、御医、书记官等。总理大臣伊藤博文也奉命一同前往广岛。[7]

9月13日，天皇乘火车离开东京。很多政要在新桥站送行。在通往车站的道路上，士兵、学生和平民排列在街道两旁，当天皇的銮驾经过时，他们高呼"万岁"。当天皇所坐的车厢经过各个村庄时，铁轨两旁的所有民众都恭恭敬敬地向天皇致意。天皇在名古屋过夜，第二天一早前往神户。神户采取了极为严格的陆路和海上安保措施，因为那里居住着很多中国人，但是天皇无视可能出现的危险。当晚，他一边欣赏着秋月，一边与随行人员闲聊说笑到深夜。天皇不受微不足惧的小事的影响，给服侍他的人留下了深刻印象。[8]

9月15日夜晚，天皇抵达广岛，随后立刻前往设在一栋简单的两层木结构建筑内的大本营。[9]明治的住所——办公室、浴室、卫生间和更衣室——位于第二层。该层剩下的部分以及一层的全部空间，都被用作参谋部工作人员的住所和军事会议室。在天皇的办公室，唯一不同寻常的地方是在其座位和两张桌子背后立着一块金屏风。两张桌子有一张上面摆放着神圣的剑和玉，另一张上面放置着御玺。他就在这间屋子办公、用膳和就寝。早上，他洗漱时，侍从将他的床移开，换成桌椅。除了从东京带来的桌子、椅子和一些物件外，房间里没有其他家具，墙上的唯一装饰品是一只便宜的钟。[10]后来，房间里才有了一些装饰品，包括吴市驻军的候补士官和水手制作的人造花以及从前线缴获的战利品。

天皇并不想把他的住所弄得更舒适。侍从建议天皇使用安乐椅或者（在天冷时）使用炉子，但天皇都拒绝了。他反问道，前线也可以找到这些东西吗？当其他人提议扩建大本营以让天皇拥有更多空间时，他再次拒绝，不想为了让自己感觉舒适而进行扩建。他说：

"思及出征将卒之劳苦,此地有何不便?"[11]

就在天皇将大本营迁往广岛的同一天,进入朝鲜北部的日军攻击了驻扎在平壤的清军。参与战事的清军和日军在人数上旗鼓相当,均为近一万两千人,但是,想要赢得包围战的胜利,进攻士兵必须是防守士兵的三倍多,这是一条人尽皆知的准则。此外,清军的装备比日军的更加先进。[12] 除了这些人员装备上的不利,日本部队在开赴平壤的漫长征途中,已经筋疲力尽。尽管如此,日军还是发起了全面进攻。

清军顽强抵抗。尽管日军已经占领了一些阵地,但主要的防御工事太强大,难以攻克。在激战的千钧一发之际,一名日本士兵翻越城墙,打开了北边的玄武门,随即日军蜂拥进入平壤。城内的大多数清军(包括驻平壤总司令叶志超)看到战事对他们不利,于是弃城逃往中朝边界的鸭绿江方向。一名清朝军官因其有些任侠式的勇敢而被人们铭记:左宝贵认为投降是件不光彩的事情,他穿上清朝皇帝御赐的衣冠,带领士兵燃炮轰击,最终被日军的炮弹击中,战死疆场。[13] 日军有一百八十人死亡,超过五百人受伤,而清军死亡超过两千人,被俘六百人。平壤是清朝在朝鲜的最后一个基地,之后战火便烧到了清朝境内。

平壤战役涌现出了一位英雄,他就是打开了玄武门的一等兵原田重吉。因这一功劳(使得日本才有可能在战争中获胜)他当场被晋升为上等兵——这是对其非凡勇气的适当认可。他还被授予了金鸱勋章。另外,他的勇敢行为被作为长久称道的标志,绘成众多浮世绘作品:为从城内打开城门而翻越城墙;在城内与清军战斗;站在城墙顶部对着燃烧的城市陷入沉思,一旁是刚被杀死的清兵。[14] 日本民众也在一些歌曲中对原田进行了歌颂,包括以下文开头的一首歌曲:

潜行如雨的弹丸下

第四十五章　旅顺屠杀

> 如猿猴般攀登上城墙，
> 如此矫健的那个人
> 正是原田氏的重吉[15]

原田的事迹被改编成一部叫做《海陆连胜日章旗》的戏剧，由尾上菊五郎扮演主角原田（在剧中唤做"泽田重七"），在歌舞伎戏院上演。然而，对于原田来说，英雄的称谓显然让他有些吃不消。战后，他卖掉了金鸱勋章，把获得的钱款拿去举杯痛饮。他也曾一度出现在舞台上，再度表演自己的英雄事迹。原田之所以放纵，一个原因可能是人们发现他并非第一个翻越城墙的人。一批敢死队已经翻越了城墙，其中一位叫做松村秋太郎的队员一开始被认为已死亡，但后来死里逃生回到了日本。日本当局担心事情被公开后，松村的事迹会抹杀原田的荣耀，于是禁止将此事公之于众。[16]

在得知占领平壤后，天皇送去了祝贺的敕谕，称赞士兵忠诚英勇。该敕谕电传至第五师师长野津道贯，野津在回电中说，"将校下士皆感泣，誓将更奋进，以一死酬奉圣恩"。[17]

在陆战胜利后，紧接着，日本在海战中也取得了重大胜利。9月17日，就在平壤失陷后的第二天，日本联合舰队与清朝北洋水师在黄海海域展开激战。这是两国蒸汽动力船之间进行的第一次海战。日本舰队由十一艘军舰组成，由坐镇旗舰"松岛"号上的海军中将伊东祐亨（1843—1914）担任指挥。清朝舰队由十二艘军舰组成，这些军舰吨位略小，射速略慢于日本军舰，但有两艘军舰（"定远"和"镇远"）是铁甲舰，据说是东洋最强大的军舰。[18]清军的指挥官中除了一名德国少校外，还有数名英美军官。

在交火的当天早晨，日本舰队在海平面上发现了烟柱，很快，他们发现了更多类似烟柱，这表明他们遇到了清朝军舰。当天下午1点左右，"定远"号在距离大约三千米的地方开火。日本舰队回之以猛烈的炮火。日本船舰遭受重创，"松岛"号也被击中，但清朝军舰也没有能够逃脱受伤的厄运,有三艘被击沉。虽然两艘铁甲舰设法撤退到了旅顺口,但是,朝鲜周边的海域以及华北周边海域的制海权都落到了日军的手里。[19]

这场海战也产生了一名英雄,他是"松岛"号的水手,被清军发射的炮弹击中而身受重伤。在垂死之际,他问安慰他的军官:"定远号还没有沉吗?"佐佐木信纲用这些话作了一首诗,并配以音乐,于是成为战时涌现的众多歌曲中最令人难忘的一首。歌曲的结尾如下:

> 定远尚未沉没乎?
> 此语话短意深长。
> 为国效劳忠诚士,
> 长久铭记在心田。
> 定远尚未沉没乎?
> 拳拳之心肺腑言。
> 爱国如家忠贞士,
> 印在赤血热胸膛。[20]

和号手及翻墙士一样,这名水手也是日本军队中的地位卑微人士。称颂他们永垂不朽,使得战胜清朝看起来好像是全体日本民众赢得的胜利,而不是(同日本更早前的战争一样)武士之刀取得的胜利。

尽管天皇是统帅,但他并不干预战事指挥。他之所以移步广岛,是为了表明他与战士同心同德以便安抚战士,是为了激励战士表现出英勇行为和爱国精神。[21] 这就是为什么他坚持忍受各种不适、不允许自己在前线战士面前有任何奢侈行为。他拒绝让皇后或宫女来服侍他,因为前线的战士也没有女人伺候。他的身边只有不善家政的侍从。[22]

清朝舰队主力舰"镇远"号

日本舰队主力舰"松岛"号

在没有从前线传回急件时，天皇偶尔进行蹴鞠和射箭，以此作为消遣。为缓解烦闷，军士们向天皇表演剑术、展示广岛各地的美术品。有时候，天皇让参谋本部军士中技艺出众者按照他指定的主题作画，偶尔他也自己画画。侍从日野西资博回忆道："陛下的画并不是很出色，但是，倘若陛下能赠我一张，我将视为家中珍宝。然而，陛下在画成后立即撕毁，我没有得到任何一张。真是可惜。"[23]

让人惊讶的是，天皇在驻留广岛期间并没有创作很多短歌。[24]但是，他创作了一首名为《成欢役》的军歌，军歌包含下列歌词：

我勇猛之将士，
踏彼我之尸体，
奋勇奋勇向前。[25]

10月26日，当天皇晚餐时，这首歌被配了乐，由军乐队演唱。然而，天皇对配乐不满意；两天后，乐队采用加藤义清创作的《军号之音》的旋律进行演唱。《军号之音》是天皇非常喜欢的一首曲子，每晚晚餐后，他几乎都会下令演奏该曲。[26]天皇还创作了一部叫做《成欢站》的能乐配词。他让内务省的一名官员给这首词配乐，作品完成后，军乐队在天皇面前演唱。[27]

10月18日到10月22日，临时帝国议会在广岛召开，这让天皇在广岛的生活变得有生气起来。这次会议由通信大臣黑田清隆和内务大臣井上馨向伊藤博文提议。他们称，如果天皇亲自宣读召开会议的诏书（而非让其他人在东京代为宣读），将会对议员产生更加强有力的影响。因此政府做了如此安排。在召开议会的敕语中，天皇对清朝忘记维护东洋和平的义务而造成此番现状深表遗憾。既然战火已经点燃，若不实现目标，日本不会就此停止。他希望帝国臣民在他身后共同努力，以期取得全面胜利，迅速恢复东洋和平以及提高日本的声誉。[28]

第四十五章 旅顺屠杀

会议主要讨论如何给战争筹集资金,同意发行一亿公债来弥补赤字。议员的观点略有不同,但是,所有议员都下定决心要看到战争的胜利,并对天皇亲自指挥军队表达了感激之情。

正当帝国议会在广岛召开的时候,日本第一军的部队行进到鸭绿江岸,并于10月24日跨江渡河。清军奋力抵抗,但在两军交火的各个战役中,日军"连战连胜"。11月2日,天皇出席了在临时议会大厦举办的宴会,庆祝胜利。墙壁上挂着的画像描摹了虚诞自负的袁世凯、悲痛流涕的李鸿章、战死疆场的左宝贵等内容。当天晚些时候,还上演了能戏和狂言。[29] 翌日,也就是天皇的生日,在临时住处举办的一场庆宴上,天皇亲自演唱了《熊野》。[30]

11月8日,美国驻日公使爱德温·邓恩(Edwin Dun)向外务大臣陆奥宗光发了一封来自美国政府的函件:

> 日本和中国之间的这场战争令人痛惜,但并没有危及到美国在亚洲的战略。美国对两国交战的态度是:不偏不倚,重视友谊,严守中立,衷心希望维护两国安宁。若战争延长,乃至无法制止日本的海陆进攻,与东洋局势有利害关系的其他列强难免会提出不利于日本将来安全和福祉的要求。美国总统对日本一向怀有最友好的尊重之情,在不损害中日两国声誉的前提下,美国欲为维护和平进行善意调停,贵国是否同意,望告知。[31]

在这些话语的背后,我们可以感受到美国对英国一贯抱有的不信任,以及希望日本将其视为在领土或其他方面对东亚没有野心的朋友。尽管陆奥对美国的调停建议表示感谢,但他(在征得日本政府和天皇的许可后)答复道:"自交战以来,日本军队连战连捷,目前无需乞助贵国政府特意协助,以息战争。"陆奥认为,"察清国之情势,彼今非蒙更加打击,则难真心悔悟,感诚实讲和之必要。

而我国内，主战气焰未稍有减却，即今开讲和端绪，时间亦早"。[32]

陆奥向邓恩保证，日本并不希望"乘胜获得应得正当、合理结果以外的东西"，然而，其他日本人却有着更加野心勃勃的计划。山县就朝鲜未来向天皇上奏了一份建议书，在建议书中，他深信保全朝鲜独立和防止清朝干预是极其困难的事情。他提到日本已经和朝鲜签订一份秘密协议，在釜山到汉城之间修建铁路，但是，此举还不足够。除非铁路通至平壤北部的义州，否则日后必定后悔。因为义州乃战略要地，日本应驻扎在此，以便最大限度减少清朝的影响力。何况釜山至义州的铁路，也是直达印度的大道，日本想要称霸亚洲，必须即刻修建这条铁路。[33]

虽然山县的建议并没有得以执行，但自第二军于11月6日攻占金州城后，山县便迫切要求日本在亚洲大陆进行扩张。清朝无力阻止日军深入国境，渴望尽快结束战争。据报告称，李鸿章已经决定，无论日本提出怎样的赔款要求，都要与日本议和。他恳请各国（包括德国和俄国）探明日本议和的条件。德国外交部长拒绝调停，建议清朝直接与日本政府进行谈判。俄国外交部长也给出了类似答复。

下一场大战在旅顺口打响，旅顺口是清朝北洋水师的母港，防御坚固。十多年来，清朝不惜巨资建造防御工事，使旅顺口被誉为世界上最牢不可破的三大要塞之一。这里驻军一万以上[34]，拥有约一百五十座炮台。11月22日凌晨1点30分，日军发起进攻。第一道防线很难攻下，不过，一旦这些阵地被占领，清朝的抵抗便土崩瓦解，几乎所有的守城者都弃城而逃。尽管旅顺口吹嘘其防御工事多么坚固，最终还是落到了日本人的手中。[35]

11月22日，就在日本和美国签订新的通商和航海条约的同一天，美国驻北京公使田贝（Charles Denby）向驻东京的爱德温·邓恩发送电报，声称清朝政府已经授权并请求他"直接提出议和之事"。清朝提出的议和条件是承认朝鲜独立以及给予合理的军费赔偿。[36]日本将该提议（这项提议的条件被日本称作"砍价"）解释为清朝

第四十五章 旅顺屠杀

并非真心乞求和平。他们答复说,如果清朝真心谋求和平,应委派全权公使,届时日本将把停战条件告知该公使。

在目击了攻占旅顺的外国媒体记者进行大肆报道之前,一切似乎都对日本有利。这些报道不仅吓坏了国外的读者,也一度对日本作为现代文明国家的声誉造成了威胁。

第一个对日军攻陷旅顺口后的行径进行报道的是伦敦《泰晤士报》的驻外记者托马斯·柯文(Thomas Cowen)。在离开旅顺后,他于11月29日抵达广岛,并在第二天约见了外务大臣陆奥。柯文详细描述了他亲眼目睹的恐怖场景,这让陆奥感到十分震惊。是夜,陆奥向林董发了一封电报:

>《泰晤士报》记者从旅顺口归,今日与其会面。彼人言日军战捷后,有相当粗暴之举动。残杀俘虏,及平民乃至妇女,此类言说似为事实。彼人称此事实不仅欧美各记者目睹,各国舰队军官,尤其英国海军少将亦亲眼所见。[37]

柯文质问陆奥,日本打算采取哪些措施来挽救局面。陆奥回复说,如果报道属实,这实在是太让人痛惜,但是日本政府目前没有收到第二军司令官大山将军的报告,故不能发表意见。他认为日本军队素来军纪森严,会犯下如此罪行实在让人难以置信。但是,倘若确实发生了此类事件,必定有其原因;如果真的有理由,也许可以或多或少地减轻罪状。陆奥让林董将获悉的所有消息都悉数告诉他。

12月3日,《泰晤士报》刊登了柯文的第一篇战事报道。文章以日本官方对这一事件的看法作为开头:清兵脱去军服,换上民服,并隐藏武器(包括炸弹);平民也参加了战斗,他们从屋内向外开火,因此日军认为有必要歼灭他们;日本俘虏抑或被活活烧死,抑或被砍掉手脚,此类尸首的惨状进一步激怒了日军。

之后，柯文描述了自己的所见所闻。在日军进攻获胜后的四天中，他一直待在旅顺。尽管城内已无人抵抗，但日军仍肆意杀戮了几乎每一个男性居民，一些妇女和儿童也被意外杀害。日军对整个城市进行了洗劫。他曾向子爵陆奥报告说他目睹了很多清朝俘虏的手被绑在背后，衣服被扒光，被日军用剑乱砍。一些人肠流满地，手脚被砍断。许多尸体上都有烧焦的痕迹。[38]

日本政府迅速对这篇报道和刊登在外国媒体上的类似报道做出了回应，意图使外国媒体发布有利于日本的报道。[39] 他们向路透社行贿，要求其发布亲日文章，甚至还直接用钱财收买了一些外国报纸（如《华盛顿邮报》），促使其刊印宣扬日本的文章。[40] 当时，各类外国记者都被日本的金钱收买。[41]

正在这一时期，日本对媒体进行了军事审查。政府草拟了十项要求，在"勤录忠勇义烈之事实，奖励同仇敌忾之志气"下面另有四个注意事项，违反此类事项的人士将受到相应处罚。[42]

纽约报纸《世界报》的驻外记者詹姆斯·克里曼（James Creelman）发表了一篇简短电讯稿，让旅顺发生的事件引起了全世界的关注：*

> 11月21日，日军进入旅顺，对几乎全城的人口进行了血腥屠杀。
>
> 毫无防备、手无寸铁的居民在家中被虐杀，尸体被肢解，惨状无法言诉。毫无节制的杀戮持续了三天。整个城市被这场骇人听闻的暴行洗劫一空。
>
> 这是日本文明的第一个污点。在这场事件中，日本再次堕落成蛮夷之邦。

---

* 此时，约瑟夫·普利策（Joseph Pulitzer）拥有的《世界报》被称为"以宣传社会丑闻为主的报刊"，但这并不妨碍他人相信克里曼所写的文章。

第四十五章　旅顺屠杀

日本企图对残暴行为的合理性进行证实，所有借口都是赤裸裸的欺骗。暴行的细枝末节让文明世界毛骨悚然。

被恐怖场景吓住的外国随军记者一致逃离了日本军队。[43]

日本媒体从清朝士兵狡黠透顶的角度为自己的行为进行辩护，他们说清兵即使在脱下军服、换上民服后仍然抵抗，要是将他们释放到人群中，他们像疯狗一样危险，日军毫无选择，只好在他们咬人之前将其杀死；[44]日媒反复提到"被俘日兵的尸体遭到残酷屠尸"，称这一暴行是造成日军仇恨清军的一大原因。[45]

关于"大屠杀"，英国在印度犯下的罪行要严重得多。毛利人也曾在新西兰被屠杀。近期，亚美尼亚人被服务于奥斯曼帝国政府的保加利亚军队屠杀，而这远比东亚发生的屠杀严重得多。在美国德克萨斯州，人们用私刑处死了一名黑人（仅仅是因为他渴望获得良好教育），然而，这些并没有（像人们所期望的那样）被用做种族偏见的可悲案例，而是表明文明人（例如美国的实施私刑者或日本人）觉得难以对野蛮人（如黑人或中国人）产生同情。[46]

三名外国记者——柯文、克里曼和《北美评论》的弗雷德里克·维耶利尔（Frederic Villiers）——对旅顺大屠杀的详尽报道让世人惊骇。他们都见证了这样一个事实：日军见人就杀，即使他们不抵抗。老人跪在地上乞求饶命，但日军将刺刀刺向他们，砍下了他们的头颅；妇女和儿童仓皇地向山上逃去，日军追赶而来，开枪扫射。扫射对象不加选择，只要是在动的东西，哪怕是一只狗、一只猫或是一头慌不择路的驴，都无一幸免。柯文说，据他所见，没有人从屋内向日军开火，但这并不能阻止日本不计后果地射击。如照片所示，街道上布满了尸体，血流成河。根据外国记者的叙述，没有一具尸体看起来像是士兵，也没有一具尸体携带有武器。[47]

日军并没有抓获俘虏，尽管日本官方宣称有三百五十五名俘虏受到了优待，并且很快将被送抵东京。[48] 12月4日的《万朝报》上有一篇自问自答的文章，在回答为何俘虏如此之少时，文章说如果日本陆军和海军想抓获俘虏，他们乐意抓多少就能抓到多少。然而，数量众多的俘虏是件麻烦事。因此，凡携带武器者或者看起来好像是在抵抗日军的人都被第二军杀死。这就是俘虏如此之少的原因。[49]

事实上，只有少数清朝人没有被杀害，大概是因为日军需要他们来帮助掩埋死尸。他们获得一张白布，上书"顺民勿杀"、"此民不可杀 某某队"。[50]

尽管国际法禁止军夫*携带武器，但为日军效劳的军夫非常热心地参与了屠杀行动。当日军无法否认发生了大屠杀的时候，便指责说此类暴行是醉酒后的军夫所为。日军对旅顺的家家户户进行了劫掠，抢走了贵重物品，但陆军大将大山却正式否认了这种说法。[51]

11月23日，日本在旅顺的造船厂举办了宴会，以庆祝"新尝祭"[†]。在宴会的最高潮，众人向大山岩和其他高级官员敬酒，庆祝战争胜利。当晚，第二军的法律顾问有贺长雄与外国记者闲聊。有贺曾是东京大学的高材生，据说是唯一一位完全理解欧内斯特·费诺罗萨（Ernest Fenollosa）的艺术讲座的学生，[52]但此刻，他却是日本军队的辩护者。有贺强烈要求维耶利尔毫不犹豫地表明，是否认为过去几天发生的事情构成了大屠杀。维耶利尔没有做出正面回答，但他在一篇文章中使用了另一个词来给该事件定性："冷血的屠杀"。[53]

如果没有外国记者，也许这些无法名状的事情永远都不会被记录下来。[54]旅顺大屠杀仍然是一个让人痛苦的事件：人非禽兽，怎能干出这样恶劣的行径？在战争最激烈的阶段，看到（或听闻）同

---

* 日本军队中的非正规兵，起源于江户时代，是藩阀军后勤补给部门的编制，通称"阵夫"。日军远赴国外作战时，受地理环境等因素的影响，物资运输面临许多新的考验和问题，迫使日军重新起用"军夫"，担任向前线部队输送辎重、弹药、粮草、救护等后勤保障任务。——译注

† 神道教的重要祭典之一，是庆祝收获的祭日。——译注

胞的尸体被肢解，士兵们被激怒，大概已经抛却了正常的理智，个人信念（包括生而为人的气度）融化成一种只被杀戮本能支配的集体情感。[55]

如果西方人读到有关欧美军队在世界的遥远一隅屠杀"当地人"的报道，他们可能会耸耸肩说"必须教导野蛮人，以便让他们的行为举止像个文明人"。但是，当他们读到日军犯下的暴行时，则证实了其中一些人的怀疑：日本虽然有着美丽迷人的风景和诗情画意的艺术，但不过是个蛮夷之邦，不能平等待之。[56]

美国参议院对日美条约的批准立即受到了这一事件的影响。12月14日，公使栗野慎一郎致电陆奥："国务卿[57]发表声明说，倘若关于清朝旅顺大屠杀的谣言属实，必定会给参议院批准条约带来重重困难。"陆奥即刻回电栗野："与旅顺事件有关的报道夸大其词。确实发生了一些不必要的流血和杀戮，然而日军向来纪律严明，我认为那种状况是因为日军被激怒而为之。"参议院在久拖之后，最终继续处理条约事宜。鉴于日本人在中国的行径，一些参议员反对放弃治外法权。随后，参议院提出了一个修正案，据陆奥所说，该修正案"无形中让整个条约作废"。[58]直到1895年2月，美国参议院才批准了条约。

柯文确信，日本将领和其他高级官员意识到了大屠杀已经持续了好几天。[59]但是，身在广岛的天皇似乎不太可能知道发生了什么。他身边的人几乎不可能向他报告给帝国军队蒙羞的事情来烦扰他。天皇很少看报纸，但即使他认真阅读报纸，所看到的也是对外国记者的文章予以否认的说法，较之自己的国人，他没有理由更信任外国人。

天皇对战事的深入了解，也许来自于因崇敬而向他敬献的战利品。尽管战利品中有一些艺术品，但主要还是中国的服饰、旗帜和类似物品。最值得纪念的是一对骆驼，一些士兵最初发现后将它献给陆军中将山地。山地转而将它们和一只鹤一同敬献给天皇。[60] 11

月29日，这对骆驼抵达宇品。天皇心情大好，高兴地提议说将它们送给堀河。* 这位有些摸不着头脑的贵族设法躲开这个不受欢迎的大礼，[61] 于是，在2月的时候，骆驼作为出自皇太子之手的礼物被赠送给了上野动物园。[62]

天皇以旅顺口的战役为主题做了两首短歌：

> 炮起硝烟漫
> 将士征房不畏苦
> 血海满尸山
> 誓破雄关虎阙垒
> 使我千军得胜还
>
> 炮响穿云霄
> 松寿山险亦徒劳
> 垒破白旗飘
> 叱咤精兵战场啸
> 炮声变做凯歌嚎[63]

这是在得知攻陷旅顺口后，天皇感情的率直表现。

---

* 大约就在这个时候，子爵堀河康隆负责给放置于正仓院的国宝进行编目。

第四十六章

马关条约

旅顺惨败后，清朝再次试图结束战争。经李鸿章提议，在天津海关税务司任职的德国专员德璀琳（Gustav Detring）携带李鸿章致总理大臣伊藤的照会前往日本。照会中提道：清朝皇帝令李鸿章派德璀琳奔赴日本，因为"德璀琳在清朝当差多年，忠实可靠，深得清朝信任"。德璀琳此行的使命是进行议和，并根据李鸿章的授意"探明恢复和平、言归于好、重修旧谊的条件"。[1]李鸿章还附上致伊藤的私函一封，私函中提到了几年前他曾在天津与伊藤会晤的旧谊，并坚信伊藤和他有着共同的目的。

1894年11月26日，德璀琳抵达神户。他通过兵库县知事请求会见伊藤，但伊藤断然拒绝接见，声称德璀琳并无交战国代表的资格。[2]他以法理上的借口回绝了使者，表明在此阶段，对于一场形势如此有利于日本的战争来说，他们基本上没有兴趣结束。

与此同时，在司令官山县有朋的指挥下，第一军越过鸭绿江进入清朝。山县极大地延长了补给线，此刻面临着一个艰难的抉择——是继续向前挺进，还是在冬营待命。帝国大本营赞成后者，认为此时将进攻转为防守是明智之举，但是，出于希望能与在旅顺口打了胜仗的第二军互比高低，以及由于担心长时间的等待可能会严重影响士气，第一军的高级将领渴望更进一步地深入清朝境内。（11月

3日）山县向帝国大本营提交了三个未来行动方略，并表示愿意执行大本营选定的任何一个方略。这些方略是：（1）在山海关一带登陆，并攻下一个基地，以便进军北京；（2）在辽宁半岛集结军队，并在海岸的不冻港建立一个供给基地；（3）向北进军，进攻奉天（今沈阳）。[3]

帝国大本营拒绝了这三个方略，然而，山县不满意这一答复。11月25日，他下令第三师团进攻海城这个战略连接要点。山县无视帝国大本营命令的行为激怒了伊藤博文，他力劝天皇于11月29日颁布诏书，召山县回日本。官方的说法是山县身患胃病，天皇担心山县的健康状况，不过，真正内容却是命令山县立刻返回日本，按照表面上说，这样天皇就能够亲耳聆听山县上奏前线形势。[4]

然而，这时第一军已经抵达海城一带，在那里，他们遭遇了到目前为止清军最顽强的一次抵抗。12月13日，日军占领海城，但是，清军并没有弃城溃逃，这与他们在早期战争中的行动形成强烈反差。他们曾五次争取夺回海城，[5] 日本也费了九牛二虎之力才打退了一次次的进攻。甚至有么一阵子，好像清军就要扭转战争的局势了。[6] 最严重的一次威胁发生在2月底，当时清军主将刘坤一制定了一个方案，拟调动十万名士兵围歼位于海城的日军。该方案遭到了清军大本营的反对，也没有获得大清皇帝的恩准。清朝的最高指挥部没能执行刘坤一的方案，或许使得日本免于遭受一场灾难性的战败。

较之于敌军采取的行动，前线日军遭受更多的是挨冷受冻。数百名士兵饱受冻疮的折磨。12月19日，第三师团的军队于黎明时分离开海城，意图袭击前往牛庄的清军。路面积雪已超过三十厘米，严重阻碍了日军的行动。日军勇猛作战，一举拿下好几个壁垒森严的阵地，然而，清军顽强抵抗。当天结束时，激战和寒冷让日军筋疲力尽。夜幕渐渐降临，主将桂太郎命令军队立刻返回海城，但军队疲惫不堪，直到次日早上才散乱地回到海城。

第四十六章 马关条约

在清日战争期间创作的不计其数的浮世绘中，最感人的是那些描绘士兵不畏惧满洲的极度寒冷和冰天雪地的作品，有时候士兵们聚集在火旁，有时候躺在雪地里瞄准步枪，有时候翻身上马，和马匹一起备受严寒的折磨。[7]尽管天寒地冻，日军仍穿着夏季入朝时的制服，因为他们并没有携带冬服；此外，对于载人行走在结冰路面上的马匹来说，它们的马蹄铁无法对马蹄起到保护作用。不过，日军仍继续向前挺进。

德璀琳未能会见伊藤，清朝通过美国驻清公使田贝和美国驻日公使爱德温·邓恩传话，请求日本汇总议和的条件，并声称在未获悉此类条件的前提下清朝无法派遣全权公使。日本回复道，在与具备相关资格的全权代表会晤之前，日本不会透露议和的条件。[8]清朝再次任命美国公使作为调解者，并对日本说，他们将遵从日本的建议，委任全权代表，并要求在上海与日本代表会晤。日本回复道，会晤必须在日本举行。清朝提议将长崎作为谈判地，因为长崎毗邻清朝，但日本坚持在广岛会晤。日本承诺说，他们将在清朝代表抵达后的四十八小时内举行会晤。[9]

尽管清朝急切地呼吁结束战争，但直到1月31日清朝代表才抵达广岛。日本政府任命伊藤博文和陆奥宗光会见代表，然而，从一开始，便有人抱怨清朝代表的职务和头衔较低，怀疑清朝是否真心想进行谈判。日本进一步发现，清朝代表并没有携带全权委任状，仅携带了一份国书和清朝皇帝的敕谕，敕谕委任这两名人士担任出使日本的代表，但并没有对谈判人士的权力进行清楚地说明。清朝皇帝明确表示希望这两名代表电传汇报谈判的各项进展，并在采取下一步行动前等待他的指示。日本请求清朝书面答复这些代表是否具有进行议和谈判的全部权力。在2月2日送交的照会中，清朝承认这些代表不具有自行做出决定的权力。伊藤随即宣布不可能进行进一步的谈判。[10]

尽管正在进行此类会晤，但1月20日，日军在山东半岛北部海岸的荣成湾登陆后继续向威海卫进军。威海卫是清朝舰队的最后一个据点。2月2日，第二军在没有遭到任何抵抗的情况下占领了威海卫，日本联合舰队成功将剩余的北洋水师围困在威海湾。[11] 不过，刘公岛炮台仍发起猛烈的轰击，阻止了日军对清朝舰队发起攻击。2月5日晚，日本的鱼雷艇设法偷偷潜入刘公岛，在距离目标五十到一百米的时候，鱼雷艇击沉及重创清朝的三艘主军舰。[12] 6日晚，日本鱼雷艇发起新一轮的攻击，致使两艘清朝军舰受损。7日，日本军舰炮轰了位于威海湾的刘公岛和日岛。位于日岛的弹药库被击中，发生了爆炸。这场灾难似乎摧毁了清军的抵抗意志。[13]

2月9日中午左右，日军炮弹击中了"靖远"号的弹药库，导致该舰发生爆炸。"靖远"号舰长见此情景，命令炸沉军舰（该舰已遭到毁坏），随后开枪自杀。次日，清军幸存军舰的诸位舰长力劝海军提督丁汝昌投降。丁汝昌命令他们战斗到底，但没有一个官员同意。丁别无选择，只好向联合舰队司令长官伊东祐亨传话请求投降。早些时候，司令长官伊东曾劝丁汝昌投降。他用英语书写了一封劝降书，以便让丁汝昌的外国顾问参与商讨投降事宜，部分内容如下：

> 大日本帝国海军总司令官中将伊东祐亨致书与大清国北洋水师提督丁军门汝昌麾下：时局之变，仆与阁下从事于疆场，抑何其不幸之甚耶？然今日之事，国事也，非私仇也，则仆与阁下友谊之温，今犹如昨。仆之此书，岂徒为劝降清国提督而作者哉？大凡天下事，当局者迷，旁观者审。今有人焉，于进退之间，虽有国计身家两全之策，而为目前公私诸务所蔽，惑于所见，则友人安得不以忠言直告，以发起三思乎？仆之渎告阁下者，亦惟出于友谊，一片至诚，冀阁下三思。[14]

当司令长官伊东收到丁汝昌表明想要投降的书信时，出于礼貌，

第四十六章　马关条约

他回送了葡萄酒、香槟和柿饼,以示安慰。2月12日早上,清朝"镇北"号炮艇悬挂白旗,携带着丁汝昌致司令长官伊东的正式请降书,驶向日本联合舰队的旗舰"松岛"号。丁汝昌为保障清军和外国顾问的安全,愿将威海卫地区的军舰和军械交与日本。16日,丁作诗一首,表示愿为清朝海军的失利全权负责,随后服毒自杀。

丁提督的最后举动为他赢得了日本人的尊重。浮世绘画家满怀同情地对他服毒前的最后一刻进行了描绘。在水野年方的画作中,丁提督手中举着一杯毒酒,凝望着港口燃烧的船舰;在右田年英的同时期作品中,描绘了一个满脸凄楚的男士一边瘫倒在椅子上,一边读着绝笔书,旁边的桌子上放着一小瓶毒药。

在获悉丁提督自杀的消息后,司令长官伊东命令联合舰队的船舰悬旗哀悼,并禁止船舰演奏音乐(但重大典礼除外)。他询问负责安排投降事宜的清朝官员,哪艘清朝船舰的承载能力最强。该官员回答道,除"康济"号外,其余都是军舰,都不适合运送部队;"康济"号最初为运输船,大概可以搭载两千人。之后,伊东透露他一直在和其他日本官员商量如何处理丁提督的灵柩。他们建议说,应和其他灵柩一同放置在清朝的小帆船上,然后驶进海里。但伊东回复道,"汝昌为北洋水师长官……虽一朝战败,如置提督之柩于一叶帆船,非日本男儿所能忍受。余为慰提督之灵,特止收容'康济'号,以任贵官自由处理。若载提督灵柩后尚有余地,不妨搭载士官以下等。"[15]

一名外国观察员报告说,"日本舰队向这位英勇的对手说了一段感人的悼词,以示缅怀。当'康济'号缓缓驶出港口时,所有日本船舰都降半旗。在'康济'号起航后,伯爵伊东的指挥舰鸣放志哀礼炮。停靠在威海卫的欧洲军舰也降半旗,这是对这位已故海军提督所表现出来的英勇予以认可。"[16]

司令长官伊东对战败的敌人表现得极为宽宏大量。他不仅允许清朝将尽可能多的士兵安置在"康济"号上以便让士兵撤离,还同意平民自行选择离开威海卫。威海卫战役结束了，日本不仅大获全胜，还借此在旅顺的恐怖事件后对其武士道进行了洗白。

毫无疑问，不久后，作为统帅的天皇便获悉了战争胜利的消息。不过他的日子似乎过得有些单调。他参加了多次政策会议，（尽管他的确出席了敲定宪法的会议）但显然从未说过一句话。在1895年的新年正日，平时举办的宫廷仪式一场都没有举行；不过，天皇观看了蹴鞠比赛[17]，并令一名官员为他朗读《平家物语》中的文章。在新年之初，为天皇举办的传统讲座中出现了天皇自选的作品，这大概还是头一次。

12月，炽仁亲王感染伤寒。在他一次次似乎就要恢复的时候，疾病又卷土重来。他离开广岛，来到位于舞子*沿岸的别邸中养病，但易地疗养并没有带给他半点好处。天皇向这个垂死的人授予了勋章，包括金鸱勋章[†]。炽仁是第一个获得这项殊荣的人。尽管对炽仁尽全力医治，但他还是于1月15日病逝。由于担心可能会给军队造成不利影响，他患病的消息一直秘而未宣，但在23日，官方正式发布他病情危重的消息。炽仁的遗体被送回京都，即使是天皇也不知道他已经病逝。23日，天皇派一名官员前去探视炽仁的病情，这才得知炽仁已经病故。1月29日，天皇为炽仁举行了国葬。在葬礼上，天皇送了两根杨桐[‡]树枝，这是他第一次向并非王子或公主的人士赠送此类礼物。[18]

天皇在获悉炽仁病故后是怎样的心情，我们不得而知。但是，这肯定是一个打击，因为他又失去了一名自维新时期就一直陪在他

---

* 位于神户市垂水区的西南部。——译注

† 金鸱勋章于1890年2月11日（纪元节）制定，分为7个等级，是战前日本对大日本帝国陆军、海军的军人、军属所授予的唯一勋章。"金鸱"的名称来自于日本的神话传说。据称神武天皇在东征时，神武天皇的弓上停了一只发出金色光辉的鸱，迷惑了长髓彦军。前面提到的原田重吉获得的是功七级，炽仁亲王获得的是功二级。——译注

‡ 神道教仪式中使用的植物，日本称为"榊"。——编注

第四十六章　马关条约

近侧的人。接替炽仁担任总参谋长的是彰仁亲王。[19]

3月19日，皇后抵达广岛。在帝国大本营服侍天皇的人们都知道侍从们对天皇的照顾很不周到，*一直希望皇后能亲访大本营。最后，天皇恩准。皇后和一群宫女一同前往，其中包括天皇最宠爱的侧室千种任子和园祥子。[20]典侍们几乎没有离开过她们在宫中的住处，对她们来说，这次长途旅行是前所未有的事情。

像皇后这样胸襟大度的女人，要是放在欧洲，是很难想象的。一心以天皇需求为重的皇后，带来了天皇的其他女人，而这些女人将会代替她为天皇侍寝。在官方记录中，没有任何资料表明此前天皇在广岛有女性陪护，也没有记载天皇在见到两位侧室后有何反映。子爵日野西资博回忆，在逗留广岛期间，皇后居住在帝国大本营后面的楼房中，但在抵达后近一个月的时间，天皇都未曾去看望过她，而是像以前一样居住在孤寂的房间中。一天晚上，天皇得空去看望皇后，从那以后，天皇夜夜都去那里，次日早上才回到帝国大本营。

抵达广岛后的第二天，皇后提出想去受伤士兵疗养的医院探视。医生建议她休息几日再去，但从3月22日开始，她每隔一天便去医院安慰受伤的士兵。浮世绘中描绘了皇后热心探望每一个病房的情景，缠着绷带的伤员带着深切的敬畏之情蹲坐在病房的床上。皇后在广岛待了一个多月。

就在皇后抵达广岛的同一天，以李鸿章为首的清朝代表团抵达下关†，就结束战争与日本进行公开谈判。这一次，日本对代表的资格应该没有任何疑虑了：李鸿章是清朝的直隶总督。日本之所以选择下关，部分原因是：1864年西方列强组成的联合舰队炮轰了这座城市，自此以后这一地名被西方国家所熟悉。[21]

---

* 例如，据说由于缺乏合适的女性侍从，天皇只能自己修剪手指甲和脚指甲。
† 古称"赤间关"，赤间关的"间"字在日语里发音与"马"字相同，因此也写作"赤马关"。中国一直以来称为"马关"。——译注

清朝代表抵达后的第二天，谈判开始。日方代表是伊藤博文、陆奥宗光等人。双方交换了全权委任状，这一次没有任何问题。同日，李鸿章正式提出了休战请求，李鸿章说的那一番话，在几个月以前美国驻北京公使也曾说过。

3月20日，伊藤列出停战条件：日本占领大沽、天津、山海关以及这三座城市周边的城垒；位于这些地区的清军须将所有军事装备和军需品移交给日本军队；天津到山海关的铁路由日本军官管理；在休战期间，清朝政府需负担日军的军事费用。如果清朝对上述条件有异议，必须提出可行的休战条件，日本不会再考虑其他提议。这一苛刻条件让李鸿章惊慌错愕，他请求给予三天时间考虑。

3月24日，李鸿章、伊藤及各自的幕僚在下关会晤。李鸿章撤回休战提议，取而代之地提出了希望即刻进行议和谈判的请求。伊藤承诺将于次日提交一份议和方案。会谈结束后，在返回酒店的途中，一位叫小山丰太郎的疯子向李鸿章开了一枪，致使其脸部受伤。[22]

刺杀未遂的消息传到位于广岛的帝国大本营，立刻汇报给天皇。他大为不安，并派两名高级军医前往下关为李鸿章治疗。第二天早上，皇后派一名护士携带她亲自制作的绷带前往下关。次日，天皇颁布敕谕，其中说即便日本正在和清朝交战，但发生此次袭击事件依然令人悲痛和遗憾。他宣布，将按照法律对袭击者（已被捕）进行惩处，并命令所有臣民遵照旨意，不得再有任何损害日本荣誉的举动。[23]

在发生试图刺杀李鸿章的事件之前，浮世绘中一直把李鸿章描绘成一个老态龙钟的老朽，一个软弱无能、虚浮不实的清朝民众的代表；此外，日本也有一些嘲笑他的歌曲。然而，这次袭击让日本民众对他产生了巨大的同情，大批礼物和慰问书信络绎不绝地涌入下关。陆奥宗光回忆道，"曾对李鸿章放不堪入耳之恶口杂言者，今日俄然痛惜李之遭难，出谀词般溢美言语。更有甚者，列李既往

第四十六章 马关条约

功业，言东方将来之安危全系于李之生死。"[24]

日本民众对此次刺杀未遂的反应与对大津事件的反应有所不同，因为清朝不太可能进行报复。但是，这可能使日本因战争胜利而获得的海外声誉蒙上污点，并使李鸿章借此次事件博得西方的同情，由此为第三国插手干预战事提供了绝佳机会。[25]

陆奥认为，需采取一些大动作，以使清朝和其他国家相信日本真心对此次袭击感到痛心。他极力主张，应无条件答应李鸿章提出的休战数周的请求。伊藤博文同意陆奥的观点，劝说内阁成员和帝国大本营同意停火，即使一些人认为休战对日本不利。在获得天皇恩准后，3月28日，陆奥携带休战协议草案，来到李鸿章的病榻前。草案的序言部分写道："大日本国天皇陛下闻悉今回不幸事件，鉴于妨碍议和谈判之进行，兹已向议和谈判全权大使下令，承诺一时休战。"[26]

陆奥解释说，"休战完全因天皇陛下的宽厚体恤"。但是，很显然，天皇所起的作用微乎其微，他只是接受了这个建议而已。这个建议最初由陆奥提出，而后由伊藤呈递给天皇。序言中的那番话，可能是为了提升天皇在清朝人眼中的权威形象。[27]无论如何，李鸿章带着明显的喜悦之情接受了休战协议的草案，并说虽然他无法亲自出现在谈判桌前，但若能在病房里举行，他会非常高兴。3月30日，双方签署了休战协议，协议规定：自该日起，所有海军和陆军部队停战三个星期。

4月1日，日本向李鸿章转交了议和条约的草案。条件十分严苛，除了承认朝鲜为独立国家外（清朝在数月前已接受了这一提议），还要求清朝将奉天省南部地区、台湾和澎湖列岛割让给日本。清朝还将向日本赔偿三亿两白银。此外，还规定日本国民在清朝享有通商特权。

李鸿章竭力削减日本的要求。回复称，"我国与贵国提携、共图进步，以与泰西日新月异之文化争衡，并防止白色人种之东侵"，但这一点未能打动伊藤。伊藤说十年前已经建议中国改革，但贵国不图改进，以至今日。对于割地，李称，"今查拟清所让之地，如果勒令中国照办，两国子子孙孙永成仇敌，传至无穷矣"。

接着，李鸿章对日本要求的巨额军费赔偿提出质疑。他说，"中国并非首先开衅之人，战端已开之后，中国亦并未侵占日本土地，论理似不当责令中国赔偿兵费。惟上年十月间，我政府因战争不息，美使愿出调停，有允偿兵费之说，原为息事安民起见。"不过，他还是愿意（正如他之前告知美国公使的那样）给予赔偿，但数额须合理。"且估定兵费数目，亦应酌量中国财力能否胜任。如中国财力实在短绌，一时勒令立约画押，后来不能如数赔偿，日本必责中国以负约之罪，兵端必因而复起。"在备忘录的结尾，他恳请日本发发慈悲：

> 本大臣回溯服官中外近五十年，现在自顾晚景无多，致军泽民之事，恐终于此次之和局，所以极盼约章一切妥善，毫无流弊，两国政府从此永固邦交，民生从此互相亲睦，以副本大臣无穷之愿望。[28]

然而，这番言论并没能打动日本。日本提醒李鸿章，日本是战胜国，清朝是战败国。一旦谈判破裂，六七十艘日本船舰将和等待命令的军队一同登陆奔赴战场，届时北京命运也危险。伊藤要求李鸿章对日本所提出的条件做出接受与否的答复。

清朝政府提出了修改意见：缩减割让给日本的领土范围，将军费赔偿减少至一亿两白银。李鸿章还建议，如果日本和清朝日后再起争端，将请求第三国进行调解；若无法就调解人达成一致意见，美国总统将是最合适的人选。[29]

4月10日，日本递交了最终提案，再次要求给出接受与否的答复。他们将割让的领土范围缩减至辽东半岛、台湾和澎湖列岛，并将军费赔偿减少至两亿两白银。其他条款保持原样。在再次试图获得让步未果后,李鸿章接受了日本的条件。4月17日,双方签署了议和条约*。陆奥评论道:"发扬我国光,增进我民福,东洋天地再开泰平盛运,皆赖我皇上之威德。"[30]

4月21日,天皇就恢复日清之间的友好关系颁布敕谕。在敕谕的开头,天皇说他坚信唯和平盛世,方能增加一国之财富;他相信维护和平是其使命,这一使命传承自皇祖皇宗。自继位时起,自己就把维护和平作为目标,但不幸的是,清日两国爆发战争,他无力结束这场超过十个月的战争。他向促成战争胜利的所有人(尤其是军队)表示了感谢,他们经历了不计其数的艰难困苦:"此虽赖朕祖宗之威灵,然非百僚臣庶之忠实勇武精诚贯天日,安能至此?"[31]

在敕谕的结尾,天皇告诫日本国民,切莫因胜利变得桀骜不驯、无端藐视他国,从而丧失友邦之信任。他希望与清朝签署议和条约后,两国能恢复友好关系,睦邻之情能胜于往昔。[32]

此番声明,无论是否由天皇亲自撰写,大概与他的真实感情相符。他说,事实上,(正如官方声明宣告的那样)战争取得胜利、日本在海外的威望得以提高,并非仅仅归功于他的恩威和盛德;要是没有国民的努力和牺牲,战争不会取得胜利。对于(以二十世纪西方统治者的姿态)战胜可恨的敌人或者消除清朝对朝鲜独立的威胁,他并没有表现出喜悦之情。相反,他祈祷两国能够恢复被这场不可避免的战争中断了的传统友好关系。天皇希望日本和清朝之间的睦邻关系能胜过往日,这或许能够解释为什么他在第一次获悉将与清朝开战的决定后大发雷霆。

在下关签署议和条约后,天皇表示他打算前往京都。一直以来,他都很喜欢旧都,在广岛拥挤的空间内生活了一段时间后,也许很期待暂住在京都御所。出发时间定在4月27日。

4月23日,俄国、德国和法国公使拜访了外务次官林董,告

---

* 即《马关条约》。日本称《下关条约》或《日清议和条约》。——译注

诉他三国政府反对将辽东半岛割让给日本。俄国沙皇在函件中说：辽东半岛归日本所有，不仅会破坏朝鲜独立，还会危及北京，从而妨碍远东的永久和平。沙皇以天皇的真诚朋友的身份，力劝日本放弃辽东半岛。[33] 毋庸讳言，对于俄国的这份友情，日本并没有照单全收。

三个欧洲强国对清朝都有领土方面的野心，也都怀疑日本想要在亚洲进行扩张。俄国是这个同盟的领袖。4月11日，俄国召开了特别会议，确定对日政策。财政部长谢尔盖·维特伯爵说，作为战胜国，日本有权获得数额可观的赔偿，并且俄国同意让清朝割让条约规定中的台湾给日本。但是，俄国必须不惜一切代价（必要时将动用军事力量）将日本军队驱逐出辽东半岛。[34] 他劝告道，如果日本不答应，俄国将直接采取行动。自三月底开始，有关俄国在海参崴集结海军力量以及在敖德萨部署护航队的消息不时传入日本。[35]

俄国政府邀请法国和德国加入同盟。法国做出加入这个同盟的决定，至少从表面上看让人迷惑不解，因为到目前为止，法国对清朝的兴趣完全限定在南方。在法国得知英国拒绝加入同盟后，曾有一段时间考虑是否要退出该同盟。但最后，他们决定不能反对自己的盟友俄国。作为在东方扩大势力范围的领军人，英国并没有加入这个同盟，这是因为他们认为议和条约没有损害到他们的利益。德国之所以加入，是因为他们希望借与俄国建立更加紧密的关系来削弱法俄同盟。他们还希望，采取亲清朝的行动，也许能让他们从感激涕零的清朝人手中获得一个军事基地。

毋庸置疑，日本对此的普遍反应是惊慌至极。来自欧洲三大最强国的威胁，让战争胜利及签署议和条约所带来的喜悦之情降到了冰点。4月24日，伊藤为日本列出了下列三个方案：

一、即便新增敌国也在所不顾，断然拒绝三国的劝告。

二、召开列国会议，将辽东半岛问题交由该列国会议处理。

第四十六章　马关条约

三、完全接受三国的干预建议，将辽东半岛交还清朝，以示恩惠。[36]

对这三个选项进行斟酌的内阁成员一致否决了第一个。眼下，海军和陆军的精锐部队都驻扎在清朝，日本列岛的防备几成空虚之势。此外，经过十个月的战争，军队疲劳，军需缺乏。日本已无力对抗俄国，更别说应付三国联合。第三个选项势必会表明日本气度宽宏，但未免会被认为是畏惧欧洲，鉴于此，应当拒绝。因而，内阁私下同意采用第二个方案，然而，日本却没有安排任何会议。[37]最终，日本遵循了第三个方案，尽管该方案令人不悦。

英国和美国都保持中立。日本判断美国对日本有好意。令日本感到惊讶的是，意大利不仅不援助日本，而且宣布毫不保留地支持三国的要求。

俄法德三国的态度各有不同。尽管三国都坚持自己的主张，但俄国和法国均礼貌客气地提出，而德国公使则发表了一番言辞激烈的讲话，大意是指责日本无视德国的好意相劝，签署了一份要求清朝做出过多让步的条约，德国对此当然会提出抗议。林董问道，如果日本不遵从，德国是否会以开战相威胁。公使让步，请求从记录中删除他那番激烈言辞。然而，公使的态度无疑是带着威胁的。[38]

4月27日，天皇离开广岛前往京都，自此以后，京都便成了帝国大本营的所在地。对于三国干涉，他没有任何反应。很显然，他只能接受放弃辽东半岛。[39]日本民众仍然不知道这三个外国列强的要求，为庆祝胜利，从广岛到京都的一路上，家家户户都彩旗飘扬。日本民众向天皇乘坐的火车致敬，发自内心地高呼"万岁"；每一个车站都人潮涌动，民众向天皇欢呼喝彩。

皇后于前一天抵达京都，此刻，她站在建礼门的阶梯上迎接天皇的圣驾。这是近几年来天皇第一次回到京都御所，他愉快地参观了御所内的建筑和花园。他向跟随的侍从讲述了各个场所的历史，指出孩提时他曾玩耍的地方。他爬上位于花园里的一座小山，这座小山最初是由他的父亲孝明天皇规划设计的。天皇捡起一块石头，拂去上面的灰土，并赠送给随从武官，督促他妥善保管。看到天皇流露出来的孝顺之情，这名随从武官流下了热泪。[40]

显而易见，明治很喜欢回到京都，当政府宣布将于5月29日把帝国大本营迁回东京时，他以一些对击败清朝有功的重要人物尚未凯旋为由拒绝离开。但是，在最后一批战争英雄凯旋后，已经没有任何理由再留在京都了。5月29日，天皇动身前往东京。

然而，战争还没有完全结束。根据议和条约的条款，日本将获得台湾，这是和解协议的一部分；但到目前为止，还没有日军在台湾登陆。日本派海军大将桦山资纪（1837—1922）从清朝官员手中接管台湾岛。日本有必要尽快宣布对台湾岛的所有权。希望三国干涉还辽能再次上演的清朝，请求桦山推迟前往台湾，但日本政府已经猜到了清朝的用意，拒绝了这一请求，称台湾的情况与辽东半岛截然不同。5月17日，桦山离开京都，前往台湾就职。[41]

台湾民众当然不希望他们的岛屿成为日本的囊中之物。在获悉议和条约的条款后，台湾发生了无数暴力事件。日本预料到台湾民众会有所抵抗，但却不知道需要多少士兵来进行镇压。政府决定派遣近卫师团，该师团由于抵达清朝的时间太晚，未参加清日战争。近卫师团于5月22日和23日前往台湾。正在这个时候，日本接到报告，说清朝政府于5月20日将其文武诸官从台湾召回，台湾已经形同无政府状态。[42]

当台湾民众意识到不会有三国干涉来为他们争取利益时，一群人士建立了"台湾民主国"，由军人唐景崧任"总统"。他们设计了一面旗帜（蓝底黄虎），并向台湾岛和西方列国宣布新的"台湾民主国"独立。当时，岛内有大约五万名清军，还有近五万名非正规军——在危急时刻拿起武器的农民。

5月29日，在能久亲王的指挥下，近卫师团在基隆附近大举登陆。6月3日，日军占领基隆。大约两三千"贼民"（日本人是这样

第四十六章 马关条约

称呼非正规军的）发起抵抗。在第一次交战中，日本至少杀死了两百人。唐景崧得知战败的消息后，和近一千名清兵于6月6日离开台湾岛，逃往厦门。6月7日，重镇台北落入日军之手。至6月25日，台湾岛北部地区已被占领，但南部地区反抗日军的战斗仍在持续。海军大将桦山对台湾民众发起的战斗感到愤慨，他向起义者的领袖发函一封，建议其投降，但该领袖严词拒绝。[43]

日本似乎没有预料到会持续这么长时间。伤亡人数持续增加，7月9日，皇后向伤兵赠送了她亲自制作的三千个绷带。直到8月3日，日军才镇压掉台北和新竹交界区域的非正规军，估计台湾南部地区还有两万名起义者。10月21日，日军的先遣部队攻入台南——起义者的最后一个据点。至此，台湾全岛业已全部被占领。[44]

本次战争代价巨大。虽然只有396名士兵在战斗中丧生，但有10236名士兵死于热带疾病。[45]死于疟疾的人当中就有能久亲王。[46]他病故后一直秘而不宣，直到11月4日才发丧。在此期间，天皇对他在战场中的英勇行为大加赞赏，向他授予了大勋位菊花章和金鸱勋章，并晋升他为陆军大将，让人觉得他好像还在人世一样。在官方宣布他的死讯后，天皇命令为这位昔日的叛逆者举行国葬，并发表悼词，极力称赞他将毕生奉献给了日本军事。[47]

战争的结果，就是日本夺得了台湾岛。辽东半岛的丧失让日本的爱国人士义愤填膺，他们的怨恨之情仍在持续，不过，如今的日本已经比历史上任何时期都更加像一个"帝国"了。在每一个宣言中，天皇都被赞誉为战争获胜的源头；毫无疑问，大多数日本民众也是这样认为的。同样，在海外，天皇也获得了从未有过的称赞。1894年12月，《纽约太阳报》发表的一篇社论是这样开头的：

在今年年初，人们对天皇仍知之甚少；而如今，在年底，他已经在全世界的统治者中最受瞩目。他是一位异常开明的统治者，了解实际情况的人对此都毫不怀疑。他完成了维新大业，结束了封建制度。之后，他颁布宪法，召开议会。在采纳欧洲文明的同时，他也保持着自己国家的传统风俗。他整顿海军、陆军，使日本一跃成为东洋最强大的国家。他鼓励发展工业。

文章结尾写道，在世界的所有历史时期，还从未出现过这样一位君主。[48]

1895年4月，另一家美国报纸进行了如下报道：

> 从芝加哥博览会（1892—1893年举行）开始，外国人逐渐对日本文化有了一些了解，但是，这也仅限于日本出产的精美陶瓷、茶叶和丝绸。然而，自去年清日战争爆发，处处都可以感受得到对日本的尊重，除了"日本这样"或"日本那样"外，人们没有其他的谈资……最有趣的是，对日本女性的服饰掀起了一股狂热之潮。很多美国女人身穿日本服饰参加宴会，即使非常不合身；她们对日本取得战争胜利给予大肆赞扬，听起来就像是在夸耀自己的国家一样。[49]

冈仓天心讽刺道，当日本沉浸于优雅和平的技艺时，外国人一贯视日本为蛮夷之邦；然而，当日本在战场上赢得胜利后，外国人却改口称日本是文明国家。[50]

第四十七章

暗杀闵妃

与清朝开战，名义上是为了维护朝鲜独立。1895年5月10日，就在与清朝签订议和条约后不久，天皇在敕谕中声言，"朕恒眷平和，至竟于清国交兵，无非为永远巩固东洋平和之目的"。5月30日，朝鲜国王高宗致函明治天皇，感谢日本承认朝鲜独立。[1]

如果日本认为，打赢一场为了使清朝承认朝鲜独立的战争，就能让朝鲜感激涕零，并加强其与日本的关系，那么他们很快就会从这种想法中幡然醒悟过来。朝鲜宫廷的亲俄派势力强大，其中包括在1884年起义失败后流亡日本十年的内务大臣朴泳孝。1894年10月20日，由于驻朝公使井上馨的调解，朴泳孝被准许回到朝鲜，随即得到了高宗的赦免。[2]毫无疑问，井上希望此举能让朴泳孝成为日本的坚定盟友，然而，（和金玉均一样）在日期间朴泳孝没有得到优待，大概阻碍了他对日本产生感激之情。[3]

井上暂时返回日本，并在6月21日觐见了天皇。他想劝说政府改变对朝政策，不然朝鲜可能会落入俄国的控制之下。7月初，井上提交了一份关于提供贷款、在朝鲜修建铁路、架设电报线路、保卫汉城以及限制日本人去朝鲜的意见书。其中指出，无论是精力上还是财力上，近期的战争都让朝鲜精疲力竭，因此他提议从清朝将向日本支付的赔款中拿出五百万到六百万日元的资金给朝鲜，其中的三百万日元借给朝鲜政府；剩余资金中的一半赠送给朝鲜王室，另一半用于开展政府支持的产业。[4] 井上提议，将在汉城至仁川之间铺设铁路，并把日军架设的电报线路移交给朝鲜，但仍由日本维护。他认为有必要驻扎两个大队的日军保卫王宫，但必须要由朝鲜国王明确提出请求。最后，他警告要特别注意近期前往朝鲜的某些日本人。井上称这些人有着极其阴暗的背景，并且其行动使朝鲜人产生反日情绪。因此，必须密切注视这些人的一举一动，让他们处于掌控之中。[5]

井上馨似乎把朝鲜的利益放在心上。即使当代的韩国学者常常直截了当地谴责日本在朝鲜的行为，但却对井上做出的努力大加赞赏。[6] 鹿鸣馆的大美人、井上的妻子武子甚至与日本的公敌——闵妃——交好。[7] 确实，如果井上继续担任驻朝公使，那一年的悲剧事件可能就不会发生了。

井上曾计划按照日本政府的开化路线来对朝鲜政府进行改革。他的接替人三浦梧楼认为，井上的计划之所以失败，是因为朝鲜不明白进行财务和其他方面改革的紧迫性。例如，日本税务专家坚持认为有必要建立预算，并且应将开支控制在预算的限度之内，但这激怒了高宗。他虽然缺乏财力，但习惯了随心所欲地花钱。在听取了关于财政偿付能力的重要性的会议后，他点头表示答应，但没过多久就又回到了习以为常的奢侈浪费之中。[8]

三国成功迫使日本放弃辽东半岛，让朝鲜清楚地意识到日本并不像他们自己所宣称的那样强大。此时，闵妃与俄国公使卡尔·维贝（Carl Waeber）及其妻子交好。闵妃的大献殷勤和寻求庇护让维贝十分高兴，他希望借此清除日本在朝鲜王宫的影响力。维贝通过他人向闵妃灌输日本与闵妃、闵氏家族历来关系糟糕的观念。尽管人们说朝鲜和日本是邻邦，但事实上，这两个国家之间隔着一片汪洋大海。朝鲜和日本的距离绝不像与接壤的俄国那样近。即使从地理位置的角度来看，很明显，朝鲜和俄国才应该是朋友。此外，俄

第四十七章　暗杀闵妃

国是世界上最强大的国家，这可从俄国迫使日本归还辽东半岛一事上得到证实。俄国不会侵犯朝鲜的独立，也不会干涉朝鲜内政。对朝鲜来说，最稳妥的策略就是依靠俄国的保护。同为君主专制国家的俄国，毫无疑问会保护朝鲜君主的权利。[9]

7月6日，行动向来听闵妃指挥的朝鲜国王突然指控朴泳孝谋反，剥夺了他的官职，并下令逮捕他。[10]朴泳孝设法逃走，但此后再没有人能够制约闵妃了。在这个时候，井上返回了朝鲜。他感觉到气氛变了，决定自己当前的主要任务不再是鼓励朝鲜进行改革，而是取悦国王和闵妃。在谒见了朝鲜国王后，他奏报说，日本政府将向国王赠送三百万日元。他尝试通过结交闵妃的族人来逢迎国王。此外，他还与之前的盟友——开化党——保持距离。[11]尽管井上做了这番努力，可他很快便意识到，即使是厚礼也无法打动朝鲜王宫。宫中依旧弥漫着浓厚的反日亲俄氛围。井上请求辞职。

7月19日，三浦梧楼被任命为驻朝特命全权公使。[*]根据回忆，他非常不愿意接受这一职务。他抗议说自己对外交不在行，没有能力胜任此类事情。过去政府曾提议让他担任驻法公使，但被他拒绝。如今，他又多次拒绝目前的委任，但日本政府施压，最后三浦别无选择，只能接受。即使在接受后，他仍然不知道政府要他做什么。他需要弄清楚政府的意图，是要让朝鲜独立，或者是要吞并朝鲜，还是打算与俄国共同控制朝鲜？三浦请求政府明确告知支持哪一项政策。[12]然而，他所接到的只是山县有朋下达的要他立刻赴朝上任的指令。在无任何指导的情况下，三浦没有其他的办法，只能按照自己认为最好的方式行事。

9月3日，三浦向高宗递交了国书。尽管他自称不知道日本政府希望他做什么，但这位军人所做出的选择表明，日本领导者希望

---

[*] 来自长州藩的三浦得到了三名长州派成员（伊藤博文、山县有朋和井上馨）的举荐。在这种支持下，他的委任几乎不可能失败。

他对日本的敌人采取行动——或许是非常强硬的行动。井上的友好扶植政策无法取信于朝鲜王宫，他亲自推举三浦为接替人。卧病在床的陆奥宗光表示反对，但长州派促成了这一任命。

当三浦前往朝鲜时，有多名顾问官陪同他赴朝，其中包括冈本柳之助。身为极端主义者的冈本深入参与了暗杀闵妃的密谋事件，但他也曾经是进步分子金玉均的朋友。当得知金玉均在上海遭到暗杀时，他立刻从日本奔赴上海，希望取回金玉均的遗体，以防敌人（无论来自朝鲜、日本还是清朝）对遗体进行凌辱。[13] 尽管冈本到达得太晚而没有完成这一目的，但他却对这位朝鲜朋友十分忠诚。受到日本帝国主义政治制度和朝鲜需要进步这一信念的鼓舞，他参与了暗杀闵妃的密谋。

到达朝鲜后不久，三浦拜访了朝鲜王宫。他在自我介绍中将自己描述成一位普通军人，并不擅长外交辞令，由此为自己塑造了非常好的形象。他说，若无国王召见，他将留在公使馆，抄写佛经[14]，坐赏朝鲜的自然美景。他希望亲手抄写一部观音菩萨经献给闵妃。[15]

正如他所说的那样，三浦很少离开公使馆。他将大量的时间用于诵读佛经，因此也被称为"读经公使"。[16] 但私下里，他却在谋划暗杀闵妃一事。目前尚不清楚三浦在离开日本前获悉了关于闵妃的哪些消息，不过毫无疑问的是，在他抵达汉城后，公使馆的成员和日本社会团体的领导者告诉他，闵妃是强硬的反日派，坚决反对朝鲜进步。于是，根据军人的简单思维方式（并且在日本没有下达反对指示的情况下），三浦显然认为挽救局面的唯一手段就是除去闵妃这个阻碍朝鲜和日本交好的最大障碍。

最初，三浦计划在1895年11月执行暗杀，但在获悉朝鲜国王（大概是按照闵妃的提议）打算解散训练队后，暗杀日期被提前。训练队是一支由八百多名装备精良的士兵组成的队伍，由日本人负责训练。[17] 在三浦的计划中，亲日兵是不可或缺的一部分，因此，必须

第四十七章 暗杀闵妃

在解散这支队伍前实施暗杀。[18]

三浦策划了一个方案，可以让日本把谋杀闵妃的责任推得一干二净：对外宣称闵妃是在兴宣大院君发动政变期间被杀。日本军队（按照与清朝签订的议和条约驻扎在王宫附近）将协助政变，然而，谋杀闵妃的任务将交由身在汉城的不守规矩的日本浪人来完成。朝鲜方面只有训练队参与。除了一小部分日本人外，这一方案对所有人保密。[19]

获得兴宣大院君的同意是必不可少的，但即便如此，三浦也没有向兴宣大院君透露暗杀闵妃的计划。10月5日，冈本柳之助（按三浦的要求）以想要在返日前向兴宣大院君表达敬意为名，拜访了兴宣大院君。其间，他提到即将举事，并询问兴宣大院君是否同意日本公使馆拟好的四项"承诺"。第一项是承诺今后的活动仅限于宫中事务，不得干涉政治。第二项和第三项是关于将来阁僚的任命，第四项是送大院君的孙子赴日留学三年。[20]

兴宣大院君对这些承诺有何反应，我们尚不得知。在广岛对参与谋杀闵妃的人士进行审判时，其中一位供称兴宣大院君欣然同意了所有四项条件，并且一字不改；[21]然而，冈本回忆的却恰恰相反：刚开始兴宣大院君说自己年老力衰，无力参与政坛新事，请求让他顺其自然地死亡。冈本花了很大一番力气，才说服大院君答应。[22]第二天，冈本动身前往仁川。得知冈本离去，闵妃打消了心头的疑虑。[23]

日文报纸《汉城新报》社长安达谦藏主要负责招募民间人士。据说，在安达抵达朝鲜后不久，三浦便对安达说，"我们肯定要去抓狐狸*，你手下有多少壮士？"安达猜测"狐狸"可能是指闵妃，回答说手下有人，但都是他从日本带过来的温良恭谨的新闻人士。

---

* 朴泳孝在1895年对三浦梧楼说"闵妃是朝鲜的大狐狸，万事都是障碍"，而后，三浦梧楼便给谋杀闵妃的计划取名为"狩狐"。——译注

如果三浦需要身强力壮的年轻人，他将向熊本发送密电，毫无困难地募集到足够多的年轻人。[24] 三浦说没有这个必要，并警告安达对这次谈话绝对保密。安达开始在当地召集志愿者，但并没有告诉他们这次行动的目的。10月7日下午，三浦派人请来安达，告诉他情况有变，必须在当晚进行突袭。安达将谋杀闵妃的计划告诉其他人，众人毫不犹豫地同意了。

10月8日凌晨时分，一群日本民间人士和警察（其中一些人穿着朝鲜制服）[25] 闯入兴宣大院君的宅邸。从仁川秘密返回的冈本柳之助便是其中一员。一些人回忆说，兴宣大院君满面喜色地欢迎日本人，并表示迫不及待地希望前往王宫；[26] 然而，事实上，当日本人到达时，兴宣大院君正在酣睡之中，他没有料到日本人会在当晚造访。即使在被唤醒后，他仍然神思恍惚，慢吞吞地拖延着起身离开的时间。一些浪人担心再这样拖延下去，可能会使在天亮前暗杀闵妃的计划泡汤，于是，他们将兴宣大院君强行拖出来，并塞进轿子里。在前往王宫的路上，兴宣大院君停下轿子，要冈本承诺不会伤及国王和王世子。[27] 事实上，兴宣大院君是否意识到了身边的人要前去谋杀闵妃这一点都尚不清楚。

当兴宣大院君的轿子抵达王宫时，天已渐渐亮了起来。六十多名浪人和日本士兵（一些身穿便服）参加了这次行动。起事者翻越宫墙，打开宫门。在宫内，他们遭到了侍卫队士兵七零八散的射击，但不久后，侍卫队便纷纷东奔西逃。在朝鲜当局发布的《开国五百零四年八月二十日事变报告书》中，描述了浪人闯入国王和闵妃宫室的情形：

> 日本人将校率三十余壮士，拔出刺刀，冲入殿堂。他们搜索密室，不断抓住宫女，揪发殴打以询问闵妃所在。多人目睹此景，包括与陛下护卫有关的外国人士巴津（Sabatin），当时他在宫苑短暂停留。他看见日本士官指挥日本军队，目睹了他

兴宣大院君

朝鲜高宗，身穿的是日本礼服

们对朝鲜宫女犯下的暴行，日本兵士还不时向他打听闵妃所在，并威胁道，若不说出闵妃的下落，他将会有生命危险……

在寻搜各房后，浪人发现闵妃正试图藏身于厢房，遂一把抓住，挥刀砍倒。

虽然身受重伤，但不能确定闵妃此时是否真正毙命。然而，浪人用绢布（作为被单）包裹尸体，置于木板之上，移出宫殿，放入宫苑。不久，在日本浪人的指挥下，尸体被移至附近鹿园的树林中。而后，浪人在尸体上浇上煤油，周围堆起柴把，点燃大火……

由此，受人尊崇和敬仰的朝鲜闵妃、王世子殿下的生母被残忍杀害。为销毁罪证，她的尸体被付之一炬。[28]

朝鲜官方的报告书并没有夸大谋杀的情景。在日本和朝鲜进行审判时，目击者证明，日本人对国王和王世子使用了暴力。强行进入国王宫室的闯入者逼迫国王和王世子说出闵妃的下落。当他们无法回答时，闯入者便开始动粗，并用刀枪威胁。宫女们也遭到了浪人的威胁，被逼问闵妃藏身何处，但宫女们听不懂日语，只能惊恐地尖叫。[29]

在甩脱试图阻拦的国王后，日本闯入者冲进下一个房间，在那里，他们杀害了试图保卫闵妃的宫内府大臣李耕植。在闵妃的宫室中，他们杀害了三名容貌美丽的宫女，但日本闯入者不确定哪一位才是闵妃，因为谁也没有见过闵妃。于是，他们将其他宫女和王世子拖入房间进行指认。[30]

目前尚不清楚究竟是谁杀死了闵妃。冈本柳之助被控犯有谋杀闵妃的罪名，不过，其他人也吹嘘是自己杀的闵妃。一位名叫寺崎泰吉的药商回忆了他和另两名日本人闯入闵妃宫室的情形："到了后面，进入××宫时，有宫女二三十名"。我们"一次推倒一个。随后，我们检查了被子下面，某个宫女穿扮得和其他宫女一模一样，

第四十七章 暗杀闵妃

但相当冷静,没有大惊小怪,看起来就像是地位显赫的人物,这表明她就是××。我们抓住她的头发,把她拖出藏身处。正如预料到的那样,她丝毫没有受到惊吓……我朝她的头部挥刀砍去。中村正揪住她的头发,因此,手也被砍伤。我从头部往下砍,因而一刀便足以让她毙命。其他人批评我,说我太鲁莽,还没有确认她就是××,便将其杀害;不过后来最终证明她的确就是××。"和其他日本人(包括没有完全进入闵妃被杀时所在宫室的一些人)一样,寺崎对自己的成就大肆夸耀。[31]

在闵妃死后,浪人们偷走了她的财物。日本领事内田定槌报告说:"佐佐正之夺去闵妃身配的香袋及其他贵重物品,其他乱入者亦自王妃室夺去种种物件。"[32]

据说,闵妃被捅了几刀后,"他们扒光了她的衣服,查看了她的私密部位"。她的尸体被抬到花园,并在那里焚毁。当时她四十五岁,但据说看起来不超过二十五六岁的样子。

闵妃是一位傲慢、腐败的女人。[33]即使人们坚决拥护她反日的立场,但了解她行为举止的朝鲜人民也不会"尊崇和敬仰"她。然而,她被极其残暴地杀害了。与日本人的期望背道而驰,她的死并没能解决日本在朝鲜的问题。借用一名朝鲜外交官的话说:

> 尽管日本官员企图最大限度地减轻对谋杀事件的责任,但在当时西方人的眼中,这种做法给日本带来更多的却是危害。自清日战争后,日本在朝鲜树立起来的影响力突然间消失殆尽。确实,直到日本在与俄国进行了另一场更大规模的战争后,日本才重新恢复其在朝鲜的威望。[34]

谋杀事件逐渐被其他国家知晓。要不是两名外国人——训练侍卫队的美国将军威廉·戴伊(William M. Dye)和俄国电气工程师亚历山大·士巴津——亲眼目睹,恐怕这一事件永远不会被世人所知。[35]他们将发生的事情告诉其他人，于是，这一传闻便在汉城的外国群体中传播开来。

美国和俄国公使拜访了三浦，要求给予解释。三浦态度镇定，并做出高兴的怪样，指出他们的双腿在哆嗦。三浦告诉他们，"贵国还没有国民在这里居住，然而，我却要为整个日本群体操心。至于所发生的事情，对我国政府，我负有不可推卸的责任，但是，实在是没有理由接受你们对我的职责所提出的质询。正如你们所说，日本很可能涉及了此事，但是，在查明是否均系日本人所为之前，我们一无所知。朝鲜时常故意敌对日本，他们深信，若不如此，他们可能会被日本轻视。这就是为什么他们常常使用日本刀剑的原因，也正是我们必须进行调查的原因。我们要查明到底有多少人是真正的日本人，有多少人是假冒者。仅仅因为他们的行为举止表现得像日本人，佩戴着日本刀剑，便证明他们是日本人，是胡乱猜忌。但这些都是我自己的职责，没有道理接受你们的质问。"[36]他拒绝接受进一步的质问。

十分偶然的是，《纽约先驱报》的著名记者约翰·艾伯特·考克里尔（John Albert Cockerill）上校当时恰好在汉城。在从戴伊那里得知谋杀的消息后，他试图向《纽约先驱报》拍发电讯稿，但三浦给电报局施压，令他们阻止消息传出。10月14日，这个消息最终抵达华盛顿。在他们向日本公使馆寻求确认时，日本公使馆说道：

> 仅收到消息说，闵妃提出裁减和解散一支朝鲜军队，这支朝鲜军队听闻后异常激动，在大院君的带领下向王宫进发。电讯稿未说明闵妃是否已经被杀，不过从内容来推断，闵妃已经遭此厄运。[37]

三浦想让世人相信所发生之事纯粹是朝鲜的私事：兴宣大院君在朝鲜军队（这支军队对闵妃做出解散他们的决定感到不满）的援

第四十七章　暗杀闵妃

助下发动政变。[38] 若不是那两位外国目击者知道三浦在撒谎，大概世人会相信这种无稽之谈。三浦第一次向东京发送的电报（于10月9日抵达）措辞含糊，以致日本政府怀疑三浦是不是隐瞒了一些内容。外务省向天皇发送的消息含糊不清，让天皇很是不安。[39] 据说，侍从武官川岛令次郎向他奏报所发生之事时，他皱着眉头说道，"梧楼为一旦决意即断行不惮之人"。[40] 很明显，天皇已经猜到三浦是这一事件的幕后黑手。

10月9日晚，天皇派川岛前往参谋本部，探明汉城发生的事情，并命令陆军进行调查。川岛受到副指挥官的接待，副指挥官承诺立刻派人奔赴汉城进行调查。13日，天皇下达命令，禁止未获恩准的日本人前往朝鲜，因为他担心"无谋之辈"可能会制造新的外交事端。[41] 10月17日，三浦梧楼被召回日本。职业外交官小村寿太郎将接替他担任外务大臣。

10月19日，一名朝鲜大使抵达东京，带来了朝鲜国王进献给天皇和皇后的礼物和一封书信。信中，朝鲜国王对清日两国签署议和条约表示欣喜，并宣称朝鲜独立和政府改革完全归功于天皇深厚的邻邦友情。天皇和皇后向朝鲜大使回赠了礼物，令其带回去给朝鲜国王。[42] 在这样一个最不合时宜的时段按照老规矩交换礼物，无非是为了掩盖当事人的真实感受。

10月21日，伊藤博文决定派井上馨作为特使前往朝鲜。他说，近期发生的涉及闵妃的事情，不仅违背了日本政府迄今为止一直遵循的政策，也让国际社会产生了非同寻常的反应。为此，他对井上的权限和职责做出了明确指示，以免将来产生误解。井上的使命是就闵妃遇害向朝鲜国王传达日本皇室的同情，并对日本国民参与这一事件表达歉意。[43]

关于日本今后的对朝政策，伊藤认为，帮助朝鲜进行内部改革毫无意义可言，更别提迫使朝鲜人自行进行改革了。日本将逐渐实施脱朝政策——将朝鲜事务交由朝鲜人处理。他认为，日本对待朝鲜应采取被动政策。如果有必要采取较为积极的措施，常驻公使在行动前应等待日本政府下达指示。

10月24日，朝鲜驻日公使任期届满、即将返回朝鲜，天皇接见了公使，并对闵妃遇害表示痛惜。[44]同一天，由于未能听从政府的命令，三浦梧楼被正式解除职务。11月5日，日本政府暂时取消了三浦的贵族特权。

闵妃被暗杀给几乎每一个相关的人都带来了灾难。朝鲜国王不仅失去了美丽的妻子，还被迫签署了一份诏敕。在诏敕中，他指责闵妃"壅蔽朕之感觉，强夺国民；混浊乱朕之政令，卖官鬻爵"。因此废除了闵妃的"王后"头衔，将其贬为庶人。[45]暗杀事件的总策划人三浦颜面尽失。伊藤博文为使日本能获得像世界强国那样的认可而制定的种种计划，因为这次不体面的行动而受挫。井上馨改革朝鲜政府的希望，也因不得插手朝鲜内政这一新政策而破灭。此外，由于闵妃被杀，俄国也丧失了在朝鲜王宫的影响力。[46]

对事态进展感到满意的，恐怕只有兴宣大院君了。在成功"发动政变"后不久，他要求高宗用他选出的亲日派人士来替换内阁成员。[47]国王的私人护卫队——侍卫队——被并入了训练队，此举实际上是将国王囚禁起来。国王无奈地答应了向他提出的一切要求，但他深信有人想毒害他，除非是在外国公使馆的厨房里烹制，否则拒绝任何食物。[48]

然而，舆论继续施压，要求惩处参与暗杀的日本人，三浦也无法再佯称没有日本人涉事了。他决定进行调查。结果，重惩"数名"人员，并将二十多人驱逐出朝鲜。由于日本在朝鲜享有治外法权，调查并非由朝鲜人开展，而是由某位专员领导的日本警察开展，而这位专员自身都深入参与了这场事件。[49]

据说，三浦的另一名顾问柴四郎[50]从兴宣大院君那里获得了六千日元。这是大院君向其"恩人"赠送的钱款。这些钱大概不是由兴宣大院君提供，而是来自于三浦。这是三浦使用的一个手段，

第四十七章 暗杀闵妃

用于证明是兴宣大院君煽动了这一事件。[51] 三浦还建议收买那些被驱逐出朝鲜的人，以使他们三缄其口。但是，日本政府拒绝附和这一方案，并下达指示说，在新的公使小村寿太郎抵达之前，不得对涉事人员进行处置。涉嫌参与这一事件的所有人都将被送回日本进行审判。这表明日本政府决定遵守国际法。

嫌疑人被分成三队遣送回日本——壮士、三浦公使和他的幕僚、其余人士。他们分别于10月19日、20日和21日离开汉城。轮船直接驶向广岛县的宇品。在抵达军队检疫站时，他们被带去沐浴，之后政府向他们送达了逮捕令，并给他们戴上了手铐，指控他们犯有蓄意谋杀罪和共谋罪。[52]

在抵达宇品时，三浦也受到了同样的待遇。不消说，三浦非常生气，拒绝同职位低于内阁大臣的人说话。他被护送到一个相当舒适的牢房，关押了大约九十天。[53]

1896年1月14日，军事法庭对被控参与谋杀闵妃的日本士官进行了审判。1月20日，广岛地方法院举行了初级聆讯，对冈本柳之助、三浦梧楼和杉村浚的指控进行审理，发现"没有充分证据证明被指控人的确实施了其最初谋划的罪行"。于是，被告被无罪释放。

法院的事实认定详细，在某种程度上也是准确的。裁决明确表明，是日本人（而非朝鲜人）策划和实施了王宫袭击事件和暗杀闵妃事件。例如，裁决中称：

> 三浦梧楼进一步向日本驻汉城营房长官、陆军少校马屋原务本下达指示，命令他部署训练队和召集帝国军队做援助，协助大院君入宫。三浦还召见了嫌疑人安达谦藏和国友重章，要求他们纠集同党，在龙山与冈本碰头，作为大院君的卫队护送大院君入宫。三浦告诉他们，消灭在这个国家为非作歹二十余年的祸根在此一举，并煽动他们入宫后除掉闵妃。[54]

这份报告甚至还提到，当"整支队伍"齐聚于兴宣大院君的宅邸门外后，冈本宣称"入宫后，对狐狸随意处分"。很明显，这句话的意图就是指使追随者谋杀闵妃。报告还提到，在冈本和其他人经光化门入宫后，随即进入了内宫，但至此报告戛然而止。虽然这些行为已经给三浦和其他人参与犯罪提供了确凿证据，但法院似乎无法迈出宣告他们有罪的最后一步。尽管日本法官似乎尽全力要维护法律人的正直，但最终还是屈服于政府的命令，只得宣布他们无罪。

1896年2月11日，高宗逃离被囚禁的王宫，向俄国公使馆寻求庇护，清楚地表明三浦的对朝政策失败了。这次逃跑是经过周密计划的。《开国五百零四年八月二十日事变报告书》称：

> 陛下既没有向宫中官员，也没有向内阁相关成员透露打算。宫中看守严密，但陛下于清晨乘宫中宫女乘的轿子，经宫殿东门出逃。王世子与陛下同乘一轿。宫女与出入皇宫的妇人常乘此轿出入该门，守卫认为轿中之人一定是女人，免问放行。
>
> 陛下和王世子没有带护卫，宫中守卫认为他们已经入睡，并未发现出逃。陛下和王世子立刻奔向俄国公使馆，大概7点20分抵达。随后，陛下立刻召集了忠诚的朝鲜人士，发布诏敕，罢免多数旧内阁大臣，并宣布了六人的罪状……诏敕中虽未宣布旧内阁的总理大臣金弘集、农商工部大臣郑秉夏的罪状，但他们被警务厅逮捕，在骚乱喧嚷中被杀，暴尸街头，尸体被愤怒的民众掷以石头，毒打鞭挞。[55]

国王并没有透露他向俄国公使馆寻求庇护的原因，但是他显然听说了兴宣大院君打算废黜国王、立其孙子为王的传闻。国王没有原谅日本人谋杀闵妃的罪行，他在俄国公使馆发出的第一份声明是呼吁严惩凶手。

罢免亲日内阁，是高宗在其一生中采取的最大胆的行动。几个

第四十七章 暗杀闵妃

月以前,日本在朝鲜的势力似乎还很强大,如今却降到了最低点。俄国公使馆成为了朝鲜政府的核心。在谒见朝鲜国王时,日本公使小村力劝国王返回王宫,但国王置之不理。日本人训练的军队被解散,日本在朝鲜政府任职的大多数顾问也被罢免。

这些事件自然让日本倍感狼狈。朝鲜国王逃至俄国公使馆,被日本官方解释为不仅是对日本野心的沉重一击,也危及到了朝鲜的独立,是涉及东洋未来、需引起严重关切的事情。不过,三浦将军并没有因为这次大为丢脸的失败而遭受惩处,而是继续他那辉煌的政治生涯。1897年2月,国王高宗离开俄国公使馆,回到王宫。8月,他将尊号改为"光武",并于10月宣布成立"大韩帝国"。[56] 极具讽刺意味的是,一个并没有什么军事才能的国王偏偏选择在这个节骨眼儿上称帝。

第四十八章

英照皇太后

1896年1月1日，明治再次没能按照惯例操持新年仪式。他四十五岁了，显然对操持传统仪式没有兴趣。盘踞在他心头的不是日本的过去，而是日本未来在这样一个权力冲突的世界中所扮演的角色。虽然日本赢得了与清朝（日本多年来的老师）的战争，然而，胜利并没能结束东亚的紧张局势。朝鲜的状况依旧混乱不清，潜伏着危机；此外，尽管台湾的反抗已被镇压，但起义时有发生。不过，日本在与清朝的关系上取得了少有的称心如意的进展，与清朝重修旧好可能激发了天皇的喜悦之情，这能从天皇在本年度第一次诗会上创作的诗歌中看出来：

　　俯视苍穹下
　　普天繁华乐盛时
　　万姓献歌笑
　　盈盈欢声入山尽
　　洋洋酣乐使路开[1]

1月25日，昌子公主和房子公主在贞子的陪同下进宫谒见。[2]

第四十八章　英照皇太后

贞子是御养育挂*佐佐木高行的妻子。在觐见天皇后，皇后将贞子叫到身边，告诉她尽管天皇的其他子女（包括皇太子）一直都受到疾病的困扰，但这两位公主看起来很健康，让天皇感到非常宽慰。一直以来，天皇都对佐佐木及其妻子的尽心尽力大加赞赏。天皇很关心这两个女儿，但他一直找不到时间再次看望她们，直到该年的12月29日才再次得见。当天，在拜见父皇时，这两位公主展示了她们在阅读、社交和绘画方面的才能。[3]

即便天皇有很多国家义务需要承担，但他在将近一年的时间里一次也没有去探望自己的女儿，不免让人感到奇怪。他的大多数子女都早早夭折，皇太子频频生病，天皇想必非常渴望看到两位如此健康的孩子。9月初，佐佐木承认自己在照料两位公主时遇到了很大的麻烦，询问何时允许公主们返回皇宫。他回忆道，在1891年以前，公主们觐见天皇是非常容易的事情，但这种场合在逐渐减少，今年，他只获准带公主们进宫觐见天皇一次。佐佐木试图向天皇传达他的遗憾之情，但没有成功。当月晚些时候，佐佐木带公主们来到皇宫，希望天皇看到她们茁壮成长的样子会感到开心，然而，天皇再次拒绝接见她们。[4]也许天皇觉得对子女表现出特殊的关注与他的身份不符，但这使得他看起来似乎是位冷酷无情的父亲。[5]

在整个1896年，两名公主的教育依然是一个令人费心的问题。1月，佐佐木高行被告知，暑假过后，昌子内亲王将在赤坂离宫接受香川敬三的教导。佐佐木将继续负责房子的教育事宜，并且预计在五月的时候将负责抚育下一个孩子。他抗议称，自己与妻子年纪不轻，恐怕难以胜任再抚育一个新生儿的重任。他还表示，房子内亲王已经长大，完全可以离开他的养护。总之，他认为将两位公主分开并非明智之举。天皇让步，同意由香川敬三对两位公主进行教育，但他已经决定由佐佐木来抚育他的下一个孩子。也许在众多子女早逝后，

---

* 御养育挂是官职，负责天皇皇子、皇孙的养育工作。——编注

天皇将两位公主能够存活至今归功于佐佐木的悉心照料。[6]

这些孩子能够存活下来当然是件令人欢欣的事情，但是，她们都是女孩，而王位继承人只限于男性。1896年4月，侍从长德大寺实则恳请天皇召唤更多的女官侍寝。他解释说，众人都暗暗担心天皇的男性继承人太少。子嗣越多越有利于增进皇室的繁荣、巩固国家兴隆的基础。山县有朋、松方正义和多名其他爱国臣民反复与德大寺讨论这一问题，要他恳求天皇尽快召唤更多的女官侍寝。将来有必要让皇子参加陆军、海军，并统率三军。

等到帝国大本营解散，和平恢复后，德大寺开口跟天皇谈论这件事情。他解释说，希望增加侧室的数量不是为了让天皇纵乐，而是为了对皇祖皇宗行孝。然而，天皇决定不采纳这一建议。

天皇的最后八个孩子均由园祥子所生。其中，有六个是女孩，四个存活了下来；两个是男孩，但都没有活到两岁。脑膜炎的诅咒一直延续到了天皇的最后一个孩子——第十女喜子公主。1899年1月11日，不到一岁半的喜子死于脑膜炎。德大寺和其他政府成员持有的这一看法或许正确。如果天皇垂幸更多的女子，那么将会有更多的继承人。但是，（与持续至今的小道传闻相反）尽管天皇认为王位继承是一个至关重要的大事，但他却不打算获得一个妻妾成群的后宫。他对继承人、未来的大正天皇的抚育方式十分严苛，表明明治不赞成君主享有肆意妄为的特权这一传统观点。

1896年5月11日，园祥子产下天皇的第九女聪子。婴儿不是男孩无疑会让众人些许失望。不过，皇太子将继承王位似乎已是铁板钉钉的事实。在庆祝聪子公主诞生后的第二天，天皇宣布，从今以后，皇太子将于每周六进宫谒见。

此时，政府开始重新考虑贵族子弟的教育问题。之前众人认为，贵族子弟从学习院毕业后将成为军官或贵族院议员，但是，1895年被任命为学习院院长的近卫笃麿（1863—1904）认为，学习院还应培养未来的外交官，以便在欧洲各国任职。为此，他提议修改课程。

第四十八章　英照皇太后

1896年6月提议获得批准。增加的课程有社会学、西方外交史、东方外交史、国际公法、国际私法、外语；但是，课程中删除了东方和西方哲学、日本和中国文学、美学以及其他"无用的"科目。[7]此外，近卫还做出决定，即使是年轻的贵族也必须接受现代教育。

明治的劳碌繁忙——这也是他抽不出时间探望女儿的原因——大概既有外部的因素，也有内部的因素。在外因中，没有什么能比朝鲜的局势更加耗费时间的了。在1896年全年，国王高宗继续住在位于汉城的俄国公使馆内，没有流露出要返回王宫的迹象，即使他的长时间逗留已经让俄国人明显有些生厌。俄国在朝势力持续增长，为了维持日本在朝鲜留存的影响力，日本别无选择，只好与俄国一同保障朝鲜的独立，并答应相互监督朝鲜内政。5月14日，日本常驻公使小村寿太郎和俄国代理公使卡尔·维贝就此签署了一份议定书。双方约定，朝鲜国王应尽早返回王宫，届时，两国将力劝朝鲜国王任命开明温和的人士担任大臣，以实行仁政。[8]双方还同意，限制俄国和日本在朝鲜设置的兵力，一旦朝鲜完全恢复和平，两国将撤离所有军队。

5月，尼古拉二世举行加冕仪式。这成为日俄两国就朝鲜未来进行进一步商谈的大好机会。天皇派山县有朋作为特命全权大使参加典礼。5月22日，山县谒见了沙皇，在会晤中呈递了明治天皇的一封信。在接受这封信时，沙皇说道，他非常清楚山县具备特殊资格来担任这一使命。不过，他大概还不知道，1895年4月，山县曾向外务大臣陆奥宗光强烈建议与俄国结成联盟。山县认为，日本无法单独维持在东洋的霸主地位，他确信，1891年俄国皇太子访日时被日本人民的友好情谊所感动。大津事件是个不幸事件，但那还远远不足以成为两国采取敌对行动的借口，俄国已经证实，他们希望建立友好关系，以此促进两国的利益。山县力劝日本改变外交政策，不是与英国，而是与俄国结盟。[9]

虽然山县的建议没能开花结果，但大概也没有被遗忘。就在这时，他被告知天皇将派他作为特使参加加冕礼，并指示他利用这次机会就捍卫朝鲜独立与俄国进行初步会谈。5月24日，就在谒见沙皇后的第二天，山县与俄国外交大臣阿列克谢·洛巴诺夫·罗斯托夫斯基（Aleksei Lobanov-Rostovskii）进行了会谈，并提交了一份关于两国在朝鲜开展日后合作的提议草案。他并不知道，就在几天前，洛巴诺夫·罗斯托夫斯基已经秘密与（也来参加加冕礼的）李鸿章达成了一份清俄联盟的密约。密约的主要内容是清朝同意俄国修建一条从西伯利亚经蒙古和满洲北部到达海参崴的铁路。作为交换，俄国承诺将保卫清朝的领土，以防日本入侵。[10]当然，洛巴诺夫·罗斯托夫斯基没有提到这份密约，他就朝鲜财务危机与山县达成了一份议定书。

这份日俄议定书有两个秘密条款。第一条规定：若朝鲜发生危及和平和秩序的重大变乱或者受到重大变乱的威胁，日俄经相互同意，可以向朝鲜额外派兵。在此情况下，为防止两国的军队发生冲突，两国须划定双方均不可占领的缓冲区。第二条规定：在朝鲜训练出一支能保卫该国的军队之前，日本和俄国可以在朝鲜驻扎相同数量的兵力，以保卫各自的国民。[11]但是，俄国并没有遵守与日本合作的承诺；相反，他们单独掌控了朝鲜军队的训练和朝鲜财务的管理等事宜，并用俄国人取代了朝鲜政府中的英国顾问。

对天皇来说，国内事务更加纷繁复杂。外务大臣陆奥因健康欠佳辞职。[12]总理大臣伊藤决定，既然他必须替换外务大臣，索性利用这一机会把内阁的其他成员一并换掉。他任命松方正义担任大藏大臣，大隈重信担任外务大臣。内务大臣板垣退助获悉任命后，宣称如果大隈踏足内阁，自己就要辞职。伊藤考虑只任命松方，但松方说，除非同时任命大隈，否则他不接受这一职务。伊藤面临着一个两难的选择。如果无视板垣的反对，既任命大隈又任命松方，将造成内阁与自由党产生摩擦。但是，如果他决定不任命大隈，那将切断自己与进步党——另一个重要党派——的联系。由于无法做出

第四十八章 英照皇太后

决定，8月20日，他称自己健康状况不佳，递交了辞呈。

现在，这一难题交由天皇处理。最后，他既任命了松方，也任命了大隈，还接受了伊藤的辞呈，即便伊藤是他最信任的政治家。他让枢密院议长黑田清隆在保留枢密院职务的同时临时兼任总理大臣，直到选出新的总理大臣为止。任命大隈和松方的决定引起了诸多猜测。有人声称，此举是为了将长州派系排挤出新内阁。[13] 长州派的高层领导人山县被要求就伊藤的接替人与新内阁的其他成员进行商议。事实上，天皇原打算任命山县担任总理大臣，但是，当山县得知这个消息时予以拒绝，说他身体不适，不符合这一职务的要求。

似乎没有人愿意接替伊藤担任总理大臣。不愿意进一步介入此事的天皇，将接替人的人选交由元老处理。此时，警视总监、男爵园田安贤（1850—1924）对无人愿意承担这一职务予以谴责，他向天皇发函一封，认为这个时候天皇不应当保持沉默。他力劝天皇站出来，向世人明明白白地展示什么才是个人统治。德国皇帝曾宣布，"我就是德意志帝国的内阁首相"。[14] 园田希望天皇也能对内阁实行个人统治，不要把大臣的任命交给元老。他宣称，尽管内阁大臣是由天皇任命的，但实际情况并非如此；某些人无论是否获得了天皇的信任，也能够在内阁占有一席之地。内阁是引发无休止冲突的大环境，这些冲突扰乱了日本的和平安宁。如果天皇能够实行个人统治，谁还敢违抗？他敦促天皇采取这一措施，并任命信赖的人士协助自己，认为这才是天皇最紧迫的任务。[15]

一直以来，建立天皇的个人独裁政府都是维新的一个理想，然而，随着宪法的颁布和议会的成立，这个理想已经被遗忘，并且被一种新的观念所取代：天皇只是高高在上的最高权威，而非政治事务的积极参与者。原则上，天皇的权力是绝对的，但他很少选择行使这种权力。园田抱怨的"谦德"反倒成为了天皇所采用的立场。天皇对这封函件有何反应，尚无史料记载。大概天皇没有做出任何反应。幸运的是，他与专横的德皇迥然不同。[16]

因选任新总理大臣而引发的危机，因为任命松方正义担任总理大臣兼大藏大臣而得到解决。松方非常不愿意接受总理大臣这一职务，因为他想不出什么解决方案来应对政府所面临的问题。刚开始，经过一番深思熟虑，他以一贯表现出来的敬畏和惶恐姿态拒绝了天皇下达的这一命令。然而，天皇不接受否定的答复，指示松方就这一事情与黑田进行商议。最后，松方屈服。9月20日，新内阁宣誓就职，成员几乎都是熟悉的面孔。天皇特别关心陆军大臣的选任。他提醒松方，日本正在扩充军备，并将继续向台湾增派军队。新大臣必须能与参谋本部和睦相处，并且能对军队进行有效管理。松方任命高岛鞆之助担任陆军大臣，在第一届松方内阁时期，高岛也曾担任过这一职务。[17]

内阁中最有争议的人物莫过于大隈重信。他支持言论、集会、出版自由，认为陆军的扩充应以十二个师团为限，并建议从中派出三个旅驻扎台湾。他还提议对财政进行监管，宣称如果内阁其他成员不接受这些意见，他将拒绝就任。大隈的意见遭到了陆军大臣的反对，他不同意限制日后的军备扩充，但最后大家还是同意了大隈的条件。

10月，在大阪发行的一份杂志对宫内大臣土方久元进行了猛烈抨击，列举了他的种种劣行。这是对出版自由的一次重大考验。在随后的一个月，报纸《日本》转载了这篇文章，从而让它得到了广泛传播。土方提交辞呈，同时谴责这篇报道纯属捏造，声称这玷污了皇室的尊严。他要求松方和内阁成员严厉惩处冒犯者。严惩也许意味着不仅要限制或者（至少）暂时停办此类杂志和报纸，还将提出冒犯君主和诽谤政府官员的指控。

松方询问内阁，是否给予取缔此类期刊的行政处罚。大隈反对这类措施，因为这违反了政府所采用的出版自由的原则。其他内阁成员认为，取缔期刊是不可避免的。在对这一事件涉及的法律问题进行研究后，司法大臣清浦奎吾反对将这一纠纷送交法院。这篇文

第四十八章　英照皇太后

章虽然造谣中伤宫内大臣，但没有直接批评皇室，因此，不构成不敬罪。此外，如果作者因诽谤官员而被起诉，只会放大这一事件，使得被告及其辩护人获得了在法庭上抨击宫内省的机会，从而导致真正亵渎皇室的尊严。

松方告诉土方，内阁已经决定不采取行政处分或者法律处分。土方自然很生气。不过，侍从长和黑田清隆一同劝说松方，说定会采取行政措施。最后，冒犯了宫内大臣的杂志被取缔，报纸被暂停发行。然而，这没能平息土方的怒气。他认为这个处罚仍然过轻。内阁表明实行出版自由的政策，但最终的行为却背道而驰，让民众大为失望。[18]

12月，天皇在贞爱亲王的府邸参加一个宴会时，听到了关于清日战争的最后一次余音。这是一场欢庆的宴会。当时出色的两位能戏演员宝生九郎和梅若实表演了《小袖曾我》和其他能戏。经天皇要求，梅若实演唱了天皇创作的《成欢站》，宝生九郎演唱了皇后创作的《平壤》。[19] 这两首歌曲由梅若实进行了最新修改，高度赞扬了日本军队的骁勇善战。由于朝鲜目前已经完全风平浪静，12月21日，天皇取消了禁止前往朝鲜的禁令。

总的来说，在过去两年与清朝开战的激动情绪平息后，对天皇而言，1896年是相当枯燥的一年。天皇似乎再一次地离群索居。他没有参加1897年新年正日的任何传统仪式，皇后代替他接受了外国政要的朝贺。

新的一年刚开始没多久，身体状况一直不太好的皇太后患上了重感冒。1月8日，她突然感觉身体发冷，咳嗽增多，并感觉到胸口剧烈疼痛。陆军军医总监桥本纲常检查后，诊断她患上了卡他性肺炎。10日，经常为皇室成员进行治疗的欧文·贝尔茨医生对皇太后进行了检查，结论和桥本医生的诊断一致。贝尔茨警告说，皇太后的病情已经相当严重，如果再发生心脏病或肺水肿，就会有生命危险。[20]

1月11日，天皇和皇后向宫廷医师询问皇太后的病情。他们早前被告知皇太后患病，但以为是感冒。得知她命在旦夕，他们都大吃一惊，并决定前往青山御所的病房探望皇太后。然而，他们遭到了医生和其他人的劝阻，因为他们自己也患上了重感冒，不适宜去探望。尽管如此，天皇坚称他和皇后将按计划于早上9点30分前去探视。当天清晨，皇太后病情危重的消息传到了宫中。8点50分，护卫尚未到齐，天皇和皇后就动身出发了。

一踏进病房，天皇便膝行到皇太后的病榻前。看到皇太后憔悴的样子，他无法抑制强烈的悲伤之情，失声痛哭。皇太后转向他。他望着皇太后，一个劲地哭泣、鞠躬。皇太后也伤心地哭泣起来。她让服侍的人向天皇和皇后表达谢意，感谢他们前来探望，并解释说自己无法下床，无法向他们鞠躬。天皇的一名随从担心待的时间过长可能加重皇太后以及天皇和皇后的病情，于是力劝天皇和皇后离开。随后不久，他们便离开了病房。

当晚，皇太后病逝，享年六十四岁。自1867年1月孝明天皇驾崩后，她守寡整整三十年。尽管天皇十分清楚他的生母是中山庆子（现称为"二位殿"），但皇太后被正式认定为他的母亲，而且他也一直在向皇太后尽孝。这一次，天皇的悲伤之情是真切的：撇开个人感情的纽带不说，皇太后是与他的童年世界有着关联的重要人物，也是这类人物中的最后一位。尽管明治身边的人常常因敬畏和感激而哭泣，但明治自己很少流泪。这一次，他的眼泪肯定不是因后悔自己没有当好儿子而引发。在孝明天皇过世后，他无疑已经做了能做的一切事情，确保皇太后的时日能在最愉悦的旅行中、在观看能戏中、在出席艺术展览中以及在类似高兴之事中度过。

在皇太后病逝后的五天里，天皇暂停朝事，并下令自皇太后薨日起服丧一年。宫中人士都将穿上丧服，其他日本民众将停止举办歌舞、音乐三十天。天皇命令在旗帜上绑上黑色飘带，在随后的十五天以及在出殡日和下葬日不得处决罪犯。[21]

第四十八章　英照皇太后

一些人认为，为彰显皇室如今的荣耀，葬礼的规模应该非常宏大。皇室治丧委员会的成员表明观点，说孝明天皇的陵墓太小，应为皇太后修建更大的陵墓。天皇提出自己的看法："皇妣葬礼固不可不庄重，然物有其度，不可徒夸张超皇考。"[22]

起初，帝国议会将葬礼的预算费用设定为八十万日元，但威仁亲王提请众人重视天皇的意愿，要求减少预算，最终设定为七十万日元。天皇和皇后都生病了，由于担心寒冬气候可能会加重天皇和皇后的病情，他们没有参加在京都举行的葬礼，而是由威仁亲王及其妻子代为出席。

天皇下令，自此以后尊皇太后为"英照皇太后"。这个极其例外的尊号无疑反映出他对皇太后的感情。在此之前，鲜有皇太后或皇后被追封谥号的例子。[23]"英照"并非佛教的称号，而是出自于唐代政治家李德裕的一首诗《春暮思平泉杂咏二十首·潭上紫藤》。*之所以为采用这一名称，是因为皇太后出身于藤原家族。

2月2日，英照皇太后的灵柩被从青山御所送往京都的大宫御所。皇室成员、内阁成员、枢密院议长、外国公使以及他们的妻子都参加了出殡仪式。尽管一直在生病，天皇和皇后仍希望前往青山御所做最后的道别，然而宫廷医生坚决不准他们冒着这样的天气前去。

2月7日，葬礼在京都举行。从大宫御所到月轮山殡仪馆排起了长长的送葬队伍，感人至深。四头牛拉着灵车，华族和政要都穿着正式的服装，走在灵车的后面。神官们拿着杨桐树枝、锦旗、长戟或者举着熊熊燃烧的火把，在送葬队伍中左右走动。近卫军和第四师团的仪仗队与海军兵士一同护送着灵车。第四师团的野战炮兵鸣放了几分钟的礼炮，军乐队演奏起《哀之极》——在皇室高级成

---

* 诗的末句是"繁英照潭黛"。"英照"的字面意思就是"繁英映照"。比起诗人，李德裕更为人知的身份是政治家。

员的葬礼上演奏的哀乐。[24]

当送葬队伍到达梦浮桥*时,即泉涌寺之前,道路变得非常狭窄,只得把灵柩转移到手推车上。队伍于当晚10点抵达月轮山,11点举行了仪式。灵柩被安放在殡仪场的中心,送葬者在这个临时的祭坛旁排成行。随后,送葬者从左到右一个接一个地走上前,在灵柩前鞠躬,并送上一根杨桐树枝。那一定是个非常庄严、非常动人的场景,即便大多数人是在向一生中都不太了解的一个女人表达敬意。维多利亚女王的葬礼可能都没有这么让人印象深刻。

也许这个葬礼最让人惊讶的地方,在于它缺少了佛教元素——没有僧人、没有吟诵佛经、没有焚香。[25] 过去,神道教神官不愿意主持葬礼,因为害怕沾染上死亡的污秽。但是维新以来,佛教失宠,神道教便开始举办丧葬仪式。

2月8日,午夜过后十二分钟,葬礼结束,但直到清晨5点30分灵柩才下葬;11点55分,灵柩掩埋结束。葬礼上唯一一位来敬拜的外国人大概就是朝鲜国王派来的特命全权大使李夏荣,他在灵柩前献上了一对装有纸花的花瓶。这一举动让日本人不胜感激。在接见这位公使时,天皇向他表达了感谢之情,并赠送给李夏荣勋一等的旭日章。1897年11月22日,在为闵妃举行丧礼时,日本也同样派遣公使携带悼词和一对银香炉参加丧礼。[26]

天皇和皇后无法前往京都参加葬礼,但4月19日,他们一同去到英照皇太后的陵前哀悼致敬。天皇和皇后在京都一直逗留了四个多月。他们原计划于5月中旬返回东京,这时传来了东京爆发麻疹疫情的消息,宫廷医生告诫他们此时回宫可能有危险。于是,天皇便好好地享受在旧都的时光,即使在疫情有所减缓后,他也没有流露出要返回东京的迹象。直到8月22日,在最终确定麻疹疫情

---

* 泉涌寺向下的一处遗址,古时曾有一座桥,今只剩一碑。非日本神话中的梦浮桥。

——编注

第四十八章　英照皇太后

已经结束后，天皇才依依不舍地离开了京都。[27]

在离开京都的当天早上，专车将于8点55分出发，但是，天皇突然宣布，他想让列车晚二十分钟出发。他没有给出任何理由，也许只是希望在京都再待久一点儿。通信省运输局表示很难更改时刻表，但天皇非常生气地反驳道，"此为特别御召列车，不能安排时间为何故？"最后，通信省运输局推迟了列车的出发时间。这是天皇放纵任性的罕见例子，（和其他情况一样）第二天他大概有些后悔了。

1897年，烦扰天皇并对将来造成影响的另一件国内事务，是足尾铜矿造成的铜中毒事件。3月24日，日本政府成立了一个内阁委员会，对这一事件进行调查。该事件对环境造成的危害以及给该地区居民带来的痛苦都没有被夸大。在渡良濑川及其支流，鱼群已经消失；大量的水旱田濒临荒废。近年来，洪水频发，损失逐年增加。在每一届议会会议上，众议院议员田中正造（1841—1913）都描述了该地区遭受的严重破坏，呼吁采取防范措施和救助行动。但是，政府和矿山经营者都没有采取措施来帮助当地居民，并且他们还担心民众会前往东京，直接向政府请愿。[28]

就在调查委员会成立前不久，农商务大臣榎本武扬身穿便衣前往足尾，调查毒矿的影响。当地的景象让他深感震惊，为对这场灾难负责，他引咎辞职。[29]在得知足尾的情况后，天皇烦躁不安。4月7日，按照天皇的要求，德大寺实则向群马县、栃木县、埼玉县和茨城县的知事发函一封，询问他们是否认为突然爆发的公众批评是由1896年的洪灾导致的破坏所引起，还是应该回溯至1892到1893年首次发现污染造成可怕后果的时候。

当时，一些观察使将灾难归咎于乱砍树木导致山体滑坡、堵塞河床，进而河水流动不畅，冲破堤防并将有毒物质扩散。知事被要求做出答复，不得瞒报，亦不得扣押相关文件。[30]

在收到内阁委员会的报告后，5月27日，天皇向矿山经营者古河市兵卫发布了一个包括三十七条命令的命令书，要求他提供沉淀池、滤水池、滤烟室和类似设施，以避免矿井水溢流，消除烟煤污染。古河必须在一百五十天内完成此类改进措施，否则将暂停采矿作业，直到沉淀池和滤水池准备妥当为止。如果古河违抗这些命令，将被禁止从事进一步的开采作业。[31]

11月27日，内阁确信委员会对足尾毒矿的调查工作差不多完成，于是解散了委员会，并指派适当的大臣来监督防范措施的实施和恢复受污染的土地。[32] 毒矿事件一直持续到了明治时代的后期，从这一点来看，当时政府下令的污染控制措施显然并没有得到严格执行。建立一个现代、富强国家的愿望是如此强烈，以致日本民众趋向于容忍环境污染，即使是足尾铜矿这一极端严重的污染也不以为意。

就在十一年前的1886年，末广铁肠发表了《雪中梅》。这部作品通常被誉为是明治时期最优秀的政治小说。它以2040年（明治一百七十三年）为背景，开篇便描写了为庆祝宪法颁布一百五十周年而鸣放礼炮、吹响号角的情景。随附的插画中描绘了东京的未来。那是一个矗立着一排排冷酷的砖墙建筑物的城市，一团团的黑烟从这些建筑物的高大烟囱中排出。铁肠热忱地写道，"电报线如蛛网般，汽车往来八方，路上的电灯宛如白昼。"[33]

想到一个城市如此缺乏宜人性、如此遭受工业污染，今天的读者可能会浑身战栗，然而，铁肠无疑认为他的读者会为这样的未来图景感到高兴。那是以烟囱冒出浓烟作为进步的象征。他似乎认为东京越像伦敦——西方最伟大的城市，日本的民众就会越幸福。

侍从日野西资博回忆道：

> 陛下视察关西地区，每次火车快要经过大阪时，他都会说，"我们正在靠近烟雾之都……我们此刻就在烟雾之都了。"每当我们靠近大阪时，他都会眺望窗外的风景。当他看到升起众多的烟雾时，会感到非常满意。[34]

无论对明治天皇来说，还是对末广铁肠来说，"烟雾之都"都是个赞美之词。然而，足尾铜矿却是一个残酷的告诫，它提醒着人们：这样的进步是以牺牲环境和民众的生命作为代价的。

第四十九章
藩阀终焉

　　另一场内阁危机发生于1897年底。松方正义——这位从来都不重视政党意愿的总理大臣——在未事先获得政党同意的情况下，企图在议会上通过立法提案。在回答枢密院议长黑田清隆对该提案的质疑时，松方回答说，他是按照天皇的圣意，尽忠尽责效劳国家大事，无须顾及政党的向背以及议会的可否。众议院对内阁提出了不信任案，松方也奏请解散议会。[1] 面对众多反对的呼声（甚至来自于他自己的内阁成员），松方进退两难。

　　1897年12月25日，松方解散议会，并为内阁不和负责，请求辞职。其他内阁成员也提出了相同的请求。天皇让松方等待进一步的指示，同时命令其他大臣不要离开东京。毫无疑问，天皇一定想起过去的痛苦体验：当他需要大臣们的建议时，他们已经身在偏远的乡村。为了不响应天皇的命令，大臣们常常把不在东京作为仅次于身体抱恙的借口。

　　天皇意识到，解散议会或者至少休会是不可避免的了。他还知道没有办法动摇松方辞职的决心。同一天，也就是12月25日，他派德大寺实则前往黑田清隆的府邸，讲述所发生的事情，并告知黑田自己希望与他进行商议。黑田回答说他不幸染疾，三四天后才能进宫。天皇似乎判断黑田是假装生病。三个小时后，德大寺回到黑

第四十九章　藩阀终焉　　615

田的府邸，传了天皇的另一番话，议会即将解散，总理大臣已要求辞职，黑田应立刻进宫商量处理事宜。镇定自若的黑田说道，他将于12月28日进宫。26日，德大寺再次来到黑田的府邸，告知他天皇对黑田拒不进宫大为烦恼，要求他明天（27号）进宫，黑田同意。虽然天皇的大臣们反复声明要绝对忠于君王，但当他们发现对自己不利时就无视天皇的意愿。

松方承认他不打算干预接替人的选任，但他提议说，伊藤博文或山县有朋将会是合适的人选。与当时更换总理大臣和其他内阁大臣的大多数情况一样，这次危机本身没有多大的利害关系，但却有着不言而喻的重大意义。来自萨摩藩的松方是个失败的总理大臣，他提议说长州藩人士伊藤或山县将会是合适的接替人。尽管政党在议会中扮演着一定的角色，但这些接替人所支持的政党并非松方举荐他们的重要原因。无论伊藤或山县有着怎样的政治上的忠诚，他们能够担任总理大臣，是因为能力获得认可（虽然这些能力并非针对政府当前面临的任务），以及出生于两大藩国之一。担任日本政界领导的人士都来自于这两大藩国。虽然现在总理大臣的政治忠诚度并非考虑因素，但这种情况很快就会改变。

当晚，宫内大臣土方久元遵照天皇的命令向伊藤发了一封电报，请他第二天进宫。伊藤当时正在大矶町的别邸中，他回了一封电报，称自从去年辞职后，他就再也没有关注过国内外形势，如果天皇征询他的意见，只会误导圣上的聪明才智。此外，自己近来饱受眼疾的折磨。他请求延缓进宫觐见的时间。[2]

12月28日，天皇派侍从前往黑田的府邸，将他准备任命伊藤担任总理大臣的打算告诉黑田。他要求黑田向伊藤转达这一决定，描述内阁的困难局面，并劝说伊藤接受这一任命。当天，黑田去了大矶町，力劝伊藤立刻动身前往东京，并劝说伊藤答应天皇的愿望以让天皇宽心。伊藤被这些话深深打动，于是答应了这一请求。[3]

12月29日，伊藤抵达东京后即刻进宫。天皇讲述了召见伊藤的原因，伊藤回答道，他非常清楚事态的严重性，愿意组建新一届内阁。

和往年一样，天皇没有主持1898年的新年仪式，而是由代行官操持。得知伊藤患了感冒，天皇派侍从前去嘘寒问暖，并表示希望伊藤能够进一步地为国家效劳。他向伊藤赠送了一打葡萄酒和十只鸭子，这是他目前的送礼标准。

山县拜访了伊藤，并敦促伊藤组建内阁以发挥能力。次日，在回复中，伊藤向山县坦白说，自己个性容易走极端。他还提到，井上馨很情绪化，动不动就掉眼泪。他担心这些不足之处可能会给他成立的内阁造成破坏。相比之下，山县担任总理大臣期间，展示了自己宽严相济的独特能力。他请求山县帮助。[4]

1月8日，伊藤请求在天皇亲临的情况下召开会议，商议组建内阁的事宜。他无疑希望山县和西乡从道继续担任陆军大臣和海军大臣。他曾计划邀请进步党的领导人大隈重信加入内阁，以便巩固与政党的关系。但在1897年底，他和大隈商谈加入内阁的可能性时，大隈没有轻易答应。他开出的条件是自己担任内务大臣一职，并让进步党的其他三名成员担任内阁的主要职务。伊藤无法接受这些要求。[5]

伊藤继而转向与自由党建立关系。他拉拢板垣退助，只不过板垣也要求获得内务大臣一职。伊藤拒绝了这一条件，认为如果政党的领导人担任内务大臣，将使即将进行的选举出现倾斜。1月8日，他向天皇奏报说自己没能获得政党的支持来巩固新内阁。尽管遭到失败，但东亚的紧张局势以及国内外的诸多问题不允许推迟成立新政府。因此，伊藤力劝天皇召集元老讨论这一情况，而他将在会议上提出自己的观点。

1月10日，会议召开。伊藤对东亚局势做出了悲观评估。俄国从西伯利亚给清朝施压，并占领了辽东、大连和旅顺口；法国占领了云南地区；英国控制了长江的入海口；德国侵占了胶州湾和山东地区；英国军舰正威胁着仁川。如果英国和俄国发生争端，日本应站在哪一边？他认为，鉴于日本兵备未实，财务未整，最好的办法就是保持中立和维护自身安全。

山县和其他元老都支持这一论断，天皇也表示同意。过去，天皇在其亲临的讨论中通常都保持沉默，但现在他直言不讳地表明自己的观点。元老们一致推荐伊藤——有能力处理目前危机的唯一人士——来组建新的内阁。他们支持仅保留上一届内阁的海军大臣和外务大臣，并建议让井上馨担任大藏大臣，让桂太郎担任陆军大臣，让西园寺公望担任文部大臣，以及让芳川显正担任内务大臣。最终，伊藤组建了内阁。1月12日，松方卸任。

在准备3月15日举行的众议院大选时，内务大臣邀请各个县的知事前来内省，向他们说明了大选的重要性。他列举了选举程序中存在的弊端，提出有必要防范这些弊端，确保选举人能够按照自己的意愿选举候选人。众所周知，上一次的选举很不公正。候选人使用金钱、礼物、本票或财产来购买选票；选举人遭到暴力或威胁；投票地点和选举大会都发生了骚乱事件。虽然这些活动已经被严厉禁止，但违规行为越来越明目张胆。一个月后即将进行选举，政府必须确保选举活动有秩序地进行。候选人不得花钱买选票，选举人不得遭受暴力或威胁。[6] 2月8日，天皇发布了紧急命令，禁止参与选举活动的人员携带枪支、长矛或棍棒。

选举结果是：自由党获得九十八席，进步党九十一席，山下俱乐部*四十八席，其他小党和独立党派获得六十三席。在组建第二届伊藤内阁时，板垣被任命为内务大臣，开启了政府与自由党合作的篇章，但此类合作并没有结束，即使伊藤拒绝将板垣纳入他的新内阁。选举结束后，自由党再次要求将板垣纳入内阁，不然，他们威胁将给议会制造麻烦。但内阁扬言说，如果因为要给板垣腾地方而

---

* 山下俱乐部是一个支持工业权益的党派，没有强大的政党组织，在第六次大选时解散。

需撤换内阁成员,那么内阁成员将全体辞职。4月15日,伊藤向自由党发函一封,拒绝任命板垣,并声言将不与该政党开展进一步的合作。[7]

5月19日,议会召开。26日,政府提出了一项增加地税、所得税和清酒税的议案。面对财政收入严重不足的情况,松方内阁早前提出了一项增加地税和清酒税的议案,但是还没有对这项议案进行表决,议会就解散了。6月20日,当伊藤内阁再次提交这份议案时,议会以二百四十七票反对、二十七票赞成的压倒性优势否决了这一议案。随后,伊藤解散了议会。[8]

内阁和议会之间的僵局导致事态发生了意想不到的新情况:自由党和进步党这对昔日的政敌,合并成立了一个新的政党——宪政党。6月16日,在召开的集会上,大隈和板垣就两党合并的迫切原因发表演讲;21日,为准备第二天的新党成立事宜,自由党和进步党解散。官方公告声明如下:

> 宪法颁布、议会开设以来将十载,而此间议会解散已及五次之多,宪政之实全无,政党之力亦未大伸,是以藩阀余弊尚固结,故破朝野和协,致国务迟滞。举国忠爱之士深慨叹之。今吾人鉴内外之形势,断然解自由、进步两党,广纠合同志,组织一大政党,更始一新,以期宪政之完成。因兹宣言。[9]

在新党提出的九条纲要中,最重要的是第二条:"树立政党内阁,严明阁臣之责任。"即今后将由从最强大的政党中推选出来的总理大臣来组建内阁,取代天皇从来自萨摩藩或长州藩的人士(通常是在维新时期做出了贡献的人)中选任总理大臣的通行做法。

对于这一纲要,伊藤做出的最初回应是筹备自己的政党,这个政党将由商人和热心公益的爱国人士组成。很快,他获得了其内阁成员的支持。不过,他们指出,为了在即将到来的选举中吸引选民,

第四十九章　藩阀终焉

伊藤须在全国发表演讲，并阐明政府的政策。他们还提醒伊藤，留给选举前的竞选活动的时间已经不多了。黑田清隆承诺，如果伊藤组建政党，无论伊藤在哪里发表演讲，即便自己拖着残躯拄着拐杖也会陪同。

当井上馨拜访山县以寻求支持时，山县回答道，"会同志以组织政党非不可，然由政党组织内阁则破坏明治政府之历史，驳逆帝国宪法之精神，若遂行之，则明显成西班牙、希腊诸国命运。"*山县措辞严厉地否决了伊藤的方案，使得黑田改变了支持新党的想法，最终伊藤也放弃了这一计划。

在成立宪政党后，决心要维护现有政治体制的陆军大臣桂太郎会见了山县、井上和西乡（从道）。伊藤表示，如果组建政党的意愿遭到拒绝，自己将辞职，对此桂太郎深表遗憾。他提议说，如果伊藤无法处理政治时局，那么元老必须挺身而出。如果议会继续反对政府，则可以解散议会；如有必要，还可以中止宪法。[10]

天皇被这一局面搅得心烦意乱，6月24日，他召集伊藤、黑田、山县、西乡、井上和大山（岩）开会。伊藤在会上说道，大隈和板垣组建的新政党在议会中占有多数席位，让这两人成立内阁已是无法避免的事实。山县和黑田对伊藤的看法表示强烈反对，他们确信，如果让大隈和板垣成立内阁，以及如果让他们的内阁以该政党的纲要作为根基，将与日本的国家政体相抵触，并将严重违反帝国宪法的精神。

他们当着天皇的面继续辩论，没法达成一个解决方案。天皇的焦虑不安与日俱增，会议结束后，他召见了伊藤，表明了自己的看法。他认为，在继续担任总理大臣期间，伊藤应当请求自由党与他合作，就像过去那样。伊藤回答道，这已经不可能了，因为两党已经合并。伊藤建议，最好的办法就是让大隈和板垣负责处理这一困难的局

---

* 他大概援引了西班牙和希腊来作为因内部战争而导致国家四分五裂的例子。

面。伊藤不仅要求辞职，还要求收回他的爵位和头衔。[11]

6月25日，天皇召见了山县、黑田、大山、西乡和井上。他告知说无法劝阻伊藤不要辞职。按照伊藤的意见，他和伊藤一致认为别无他法，只能推举大隈和板垣作为接替人。七名内阁大臣立即请求辞职。当晚，伊藤私下会见了大隈和板垣，向他们简要描述了极其严峻的国内外局势。他说，他已经向天皇推举他们二人，因为他们握有众议院的多数席位，容易通过必要的立法来解决这场危机。他劝说道，如果天皇请他们效劳，希望他们能够答应。第二天，他们告知伊藤说，尽管责任重大，但他们将当仁不让。6月27日，天皇命令大隈和板垣成立新内阁。两人宣誓说将竭尽所能，以报皇恩。[12]

6月28日，大隈和板垣觐见了天皇，奏报说他们已经完成了内阁大臣的选任工作。天皇一边看着名单，一边对他们所选人士的性格进行了询问。由于大多数人士为议会成员，因而没有必要询问他们的官场生涯、官位官阶或勋章，但是，天皇想了解他们的为人处世。于是，大隈和板垣轮流对每个人进行了描述。天皇看到尾崎行雄时大吃一惊，问道，几年前，尾崎曾遭受纪律处分，至今尚未赦免，推举此人担任内阁大臣究竟是怎么一回事？[13]第二天，当大隈和板垣进宫时，天皇重申，内阁大臣一职事关重大，任职之人必须尽忠履行职责，在处理国家大事时不能犯错误。也许这是在批评尾崎。

伊藤越来越确信，已经没有办法阻止在议会中获得多数席位的党派组建内阁。他清楚这意味着萨摩藩或长州藩统治的时代的结束，意味着自维新时起便与他关系密切的旧友主宰的时代的结束。事件发展的新态势也让天皇忧心不已。后来，松方告诉友人说，"未曾见圣上忧色如斯深"。[14]

政党内阁刚刚成为现实后不久，就有人推测它会短命。这个推测只是因为它是个特殊的内阁：隈板（大隈、板垣）内阁注定要瓦解的原因不是其成员来自于政党，而是大隈和板垣的政见不可调和。

6月30日，天皇让新内阁宣誓就职。大隈担任总理大臣兼外务大臣，板垣任内务大臣，尾崎行雄任文部大臣。

上任后不久，大隈召集各县知事开会，解释了政党内阁的特征，并承诺公平选举以及对各县管理进行改革。他强调选举是立宪政体的精髓，为确保公平选举，将继续对选举进行严格控制，防止发生前几次对选举造成破坏的暴力、贿赂、恐吓和其他事件。[15]

7月14日，佐佐木高行带着他照料的两位公主进宫。在天皇准许接见后，作为天皇能够畅所欲言的为数不多的对象之一，佐佐木说，他能够想象到天皇因内阁更迭一事而有多么烦乱。天皇回答道："今次内阁大变革如海啸之一时袭来，其势全然难抗。此全为时势所然，故听伊藤之奏请，命大隈、板垣组织内阁。而朕初以大隈为进步党首领，板垣为自由党总理，今共率宪政党云云为由，信宪政党为二人指挥，大臣等人选为二人所得。然绝非如此，二人对二人之党势力绝无，其意稍未行之，人选悉由党本部决定，而自由、进步两派调和未成，自由派推荐，进步派谓之不可，进步派推选，自由派谓之不可，而大隈、板垣亦不知如何操作，常为党人操纵，为其要求所苦。二人于内阁之间暂安稳，然一度归官邸，数十党人长拥之，请托诸事，强要不已。朕最初以为委任大隈、板垣，则可整理相应庶务，遂行国政，然全缪也。"[16]

佐佐木问道，目前事态令人惋惜，这一联合政权将来能否管理好国家事务？天皇答复道，未来虽难以预测，但很可能存在问题。最糟糕的大概就是文部大臣。"世评前大臣、次官中，外山正一*有学识，菊池大麓有事务之才，滨尾新无特别才能。新大臣尾崎行雄与滨尾不相伯仲，或有少许才干云云。盖处文部之难局，期教育之振兴极难也。"[17]天皇讽刺尾崎行雄，似乎反映出他对尾崎抱有深深的个人成见。

---

* 外山正一、菊池大麓和滨尾新都担任过文部大臣。——译注

7月8日，尼古拉二世的表弟基里尔·佛拉迪米洛维奇（Kiril Vladimirovitch）大公对日本进行了国事访问。尽管此类访问已经是司空见惯的事情，不再引起宫中的多大兴趣，但他仍受到了天皇和皇后的体面款待。8月5日，板垣要求大隈辞去外务大臣一职，他说，为了便于接待俄国大公才准许大隈担此职务。既然大公的访问已经结束，现在该让大隈放弃这个兼任的职务，保持两党均势。板垣支持让星亨或江原素六担任外务大臣。大隈不愿辞职，从而导致了这个联合政权第一次发生冲突。他们向最高权威天皇征询意见。天皇认为，大隈应当继续担任外务大臣。他们当然都遵从了天皇的决定，但这却加深了这两个党派之间的裂痕。

进步党提议废除警视厅，导致两个党派发生了第二次冲突。板垣向天皇草拟了一份声明，说明了不应废除警视厅的原因，但天皇没有采取任何行动。在这次冲突以及之后的政见不合中，自由党背离了自由主义这一传统，表现得比进步党还要保守。

8月11日，文部省废除了1881年以来所有旨在控制集会自由、言论自由、结社自由等的部长条例、官方通知、非官方通知、指令、私下指示等。在对这次大规模的行动进行解释时，尾崎行雄说道，很多诸如此类的部长条例，在颁布相关法律后就显得没有必要了。其他为了矫正时弊的命令随着时势推移也已经过时。当然，其中的确有一些条例仍然休戚相关，但他认为，教育的问题最好是由校长、老师和从事教育的其他人士来解决。尾崎深信，这些条例是过去遗留下来的累赘，希望通过废除它们达到教育改革。[18]

8月22日，在帝国教育会夏令讲习会的闭幕仪式上，尾崎发表了演讲，其中的一句话非常显眼：尽管日本不太可能成为一个共和国家，但若真有那么一天，总统候选人应该来自于三井和三菱*吧。也许他是用这种方式来表达当时拜金主义横行，终有一天，（以这

---

* 日本最早形成的、以家族为中心的四大财团中的两个（另两个为住友和安田）。——译注

第四十九章　藩阀终焉

两个巨头公司为象征的）财富可能会统治这个国家。尾崎不假思索地发表了这句话，给了他的政敌一个千载难逢的机会来质疑他的爱国精神。他们问道，文部大臣怎么敢直言不讳地说出"日本有可能建立共和政府"这样的话。"如果这番话不是为了摧毁日本的国家政体，那是为了什么？"《东京日日新闻》用义愤填膺的话语对尾崎进行了猛烈抨击。新闻报道篡改他的讲话，让尾崎烦乱不安，他将讲话的速记记录公之于众，以便对报纸发表的文章进行纠正，然而，他的对手却声称他篡改了记录。对尾崎的指责愈演愈烈，尾崎的讲话也成为政府内外的一个争议焦点。[19]

8月25日，德大寺实则向尾崎传话，向他索要演讲的手稿。由于这是即席发表的演讲，没有副本，尾崎提交了一份速记记录的誊清稿。[20] 侍从长提出这一请求，表明天皇已经得知了关于尾崎发表冒犯性言论的传闻，希望对这些言论进行审查。天皇还私下派遣岩仓具定带着一封信前往大隈的府邸，信上说："行雄为共和云云之演说，世论甚嚣，恐难测将来惹起如何之难事。如此大臣难信任，应速辞退。"

在克服了畏怯和惶恐的心情后，大隈打算进宫亲自向天皇说明情况，然而，岩仓说道："既有宸决，卿奏闻亦无益处。若有要奏之事但告余。余代而奏之。"大隈问道："臣亦不信任乎？"岩仓答道："此非余之所知。"岩仓回到宫里，向天皇奏报了他与大隈的谈话。天皇说："今回之事只限文部大臣，于他大臣无关系，可一同告知，而后令行雄提出辞表。"[21]

天皇对尾崎演讲中某个不合时宜的措辞所做出的反应，可能会让如今的读者觉得他反应过激。诚然，即使是提到将来有一天日本可能存在共和政体，也会被明治视为对万世一系的皇统构成威胁，而让他感到厌恶。然而，尾崎这番讽刺言论的矛头明显不是针对君主政体，而是针对唯金钱是图的财阀。自从尾崎参与1887年的事件时起，明治似乎就已经开始对他反感。我们之所以得知天皇对这一事件的反应，是因为它保存在了佐佐木高行的日记中。早年前，这本日记还记载了天皇对身边人士发表的种种批评，不过，他如此公开地表达自己的厌恶之情尚属首次。

天皇的命令给议会政体制造了一些麻烦。如果他是君主专制政体的统治者，那他会下令砍掉尾崎的脑袋，或者不加审判便把尾崎流放到某个荒远的小岛。然而，日本有宪法、有内阁，且组成内阁的人士并非阿谀奉承者，而是有着自己纲领的政党成员。岩仓担心，大隈可能会以此作为理由，不遵从天皇下达的免去尾崎职务的命令，但当他发现大隈十分乐意遵从天皇的旨意时，大松了一口气。

起初，天皇秘密派遣岩仓和德大寺将他对大隈下达的命令告知陆军大臣桂太郎。桂太郎将这一消息传达给了海军大臣，他们对下一步举措进行了讨论。如果天皇在未等总理大臣提出请求的情况下解除某个大臣的职务，报纸势必会以此大做文章，并且民众也许想知道免职背后究竟有何原因。

很快，便有传言说尾崎遭到了侍从和天皇近侧人士的告发。佐佐木高行直言不讳地询问德大寺这是否属实。德大寺回答说，尽管他对尾崎的演讲大为恼火，但他小心翼翼地避免在天皇面前提及。不过，尾崎的不当言论让内务大臣板垣退助感到震惊，他请求大隈对尾崎采取行动。

改革派报纸《万朝报》刊登了一篇社论，批判抨击尾崎的"爱国者"是伪勤王、伪忠臣。文部省的一名官员高田早苗沿用《万朝报》社论的观点，发表了一篇演讲。人们猜测尾崎是这篇演讲的幕后策划者，板垣命令警视厅进行调查。警察没有找到他们相互勾结的有力证据，但板垣确信《万朝报》的社论和高田的演讲最终都出自于尾崎之手，于是催促大隈对尾崎进行惩处。

由于在大隈那里没能得到满意的答复，板垣向天皇弹劾尾崎，从而导致天皇命令大隈免去尾崎的职务。佐佐木询问宫内大臣田中光显，尾崎是否因侍从向天皇揭发而遭到免职，田中回答说，直接原因是板垣的弹劾，在板垣背后的是陆军大臣桂太郎和总参谋长川上操六。此外，据田中说，桂太郎和川上频繁拉拢他对尾崎采取行动，但他认为那些不是自己应该做的事情，因此一直都予以拒绝。

佐佐木询问的每一个人都一致认为是板垣弹劾尾崎。[22] 板垣受到了军队的煽动，他们的目标不仅仅是要免去尾崎的职务，还要以山县为首的内阁来取代大隈内阁。陆军大臣桂太郎（在没有提供证据的情况下）声称，尾崎的"共和政体演讲"使日本全国的军队弥漫着一种不稳的气氛，借此来给内阁成员施压。内务大臣板垣也提交了虚假报告，称各地人心不安。[23]

桂太郎在回忆录中写道，他曾敦促大隈劝说尾崎立刻向天皇负荆请罪。他确信天皇宽宏大量，不会对尾崎怀恨在心。他还警告说，要是延误了请罪时机，可能会牵连到总理大臣。大隈将此告诉了尾崎，尾崎立即进宫，为他的罪行诚恳道歉。然而，他犯了一个错误。尾崎试图解释是什么原因促使他发表了那番演讲，听起来好像是在为自己的言论开脱，这让天皇十分不悦。最后，尾崎辞职。桂太郎写道，他为尾崎道歉没有奏效感到可惜。不过，对于故意煽动舆论致使尾崎辞职的桂太郎来说，这一说法未必真实。[24]

在尾崎离职后，下一步就是任命接替人来担任文部大臣。宪政党的两个派别无法达成一致意见。板垣推举教育家江原素六，并提出了一个条件：如果大隈不支持江原，那么大隈可以任命他中意的任何人来担任文部大臣；作为回报，大隈须辞去外务大臣一职，并让贤给星亨。大隈对这些建议置之不理。他进宫奏报了中意的文部大臣人选——犬养毅。天皇恩准。10月27日，犬养毅正式就职。大隈也没有流露出要辞去外务大臣一职的迹象。

可以预料到的是，板垣恼羞成怒。在觐见天皇时，他谴责大隈言而无信，声称由于任命犬养毅担任文部大臣，他和内阁的另两名成员别无选择，只有辞职。10月29日，在前自由党的公众集会上，成员们决定解散目前的宪政党，成立一个拒绝进步党的宪政新党。[25] 板垣向天皇提交了一份详细描述不平的辞呈。

事态发展到这一地步，天皇感到万分苦恼。他不希望在内阁成员中失去板垣，于是派侍从岩仓具定去请求板垣留任。不幸的是，天皇一贯信任的顾问伊藤博文当时正在清朝。山县和井上也不在东京。为获得更好的建议，他就宪政党分裂一事向黑田和松方征询意见。天皇担心如果采用进步党的成员来替代这三名已经辞职的自由党内阁成员，自由党可能会制造麻烦。问题是，应当成立一个由两党共同代表的新内阁，还是接受整个内阁的辞职、重新组建一个新的内阁？

大隈不愿辞职，希望用进步党的成员来替换这三名已经辞职了的自由党人士来维持内阁。10月29日，他请求觐见天皇，以表明这一看法。天皇没有批准大隈的方案，而是支持桂太郎的建议——劝说板垣留任。另一方面，希望结束政党内阁的黑田很高兴尾崎的演讲提供了这样一个契机。当板垣宣布辞职时，黑田反对大隈继续担任总理大臣。他向陆军和海军大臣寻求帮助，10月31日，大隈（和以往一样）以患病为由辞去职务。大隈辞职后，在内阁中任职的所有进步党成员也纷纷辞职。只有无党派的陆军大臣和海军大臣留任。天皇接受了这些辞呈，就善后的策略向黑田、松方和大山岩求助。[26] 第一次政党内阁就此瓦解。

11月1日，山县回到东京。第二天，天皇召见了他和黑田、西乡、松方及大山，商议成立一个新的内阁。天皇提出了几个问题：是否应成立一个非政党内阁？是否应像过去一样，试图让非政党内阁在不借助政党的情况下推动议会通过立法？成立一个由最大政党的成员和资深政治家联合的新内阁，是否更容易通过立法？山县没有直接对这些问题做出答复，认为这些事情均取决于天皇选用什么样的人来组建内阁。

在遇到艰难的决断时，天皇通常向伊藤征求意见，这次也不例外。他向身在清朝的伊藤发了一封紧急电报，令伊藤立刻返回。黑田担心，伊藤回来后会再次建议任命大隈担任总理大臣。于是在伊

第四十九章　藩阀终焉

藤回来之前，他劝说山县一同提议立刻解除大隈的职务并任命新的总理大臣。天皇最终同意，因为他知道山县和黑田将向伊藤告知所发生的事情。

11月5日，尽管大隈还没有正式辞职，天皇就已经命令山县组建内阁。仍然希望获得伊藤支持的大隈向清朝发送了紧急电报。另一方面，黑田和山县提议说，必须尽快任命新的内阁，以便在召开下一次议会会议时发挥作用；他们强调，有必要成立一个超越党派界限的内阁。桂太郎称，旧自由党成员淳朴善良而易于操控，希望这些成员（现在是大隈的政敌）将支持新内阁。[27] 11月8日，山县向天皇奏报了他选中的内阁成员，其中青木周藏担任外务大臣，松方正义担任大藏大臣，西乡从道担任内务大臣。同一天，大隈及其内阁成员（桂太郎除外）辞任。

对于天皇来说，1898年并非美好的一年。除了错综复杂的政治事务外（他比以往任何时候都更深入地参与其中），他仍不停地担心皇太子的健康和教育。按日本的历法计算，皇太子今年二十一岁了，这意味着他已经成年，但他的教育因反复发作的疾病而严重耽误。伊藤意识到，当务之急是改善皇太子的身体健康状况，但同时精神发展也不容忽视。因此，他力劝皇太子参加议会会议，以此了解政治和军事问题。[28] 皇太子也流露出要认真承担新职责的迹象。6月，他第一次接见了外国外交官，和他们握手，并与他们亲切交谈。

不过，天皇时常认为有必要对他的儿子进行劝诫。在得知皇太子告诉众人，由于手下工作不力而打算解雇手下时，天皇表示不安。他训斥了皇太子，说那并非是对待手下的妥当方式。如果皇太子对他的服侍不满意，应当私下向宫内大臣进行汇报，并等待天皇的命令。[29]

11月，皇太子被晋升为陆军少校和海军少校。在上一年，天皇曾拒绝这类晋升，认为皇太子的年龄尚不足以担此重任，但今年他让了步。[30] 不用说，皇太子无需履行与这些头衔有关的义务，尽管这一年他的健康状况有了显著改善。[31]

在这一年，天皇最愉快的经历大概就是观摩在大阪地区举行的大规模演习。无论刮风下雨，他每天早上五点起床，奔赴"前线"观摩在南军（试图夺取大阪的外国侵略军）和保卫大阪的北军之间上演的模拟战争。演习结束后，他感到很满意，但在给军队的敕语中提醒说，"时运日新，决不可有瞬时之偷安，益励精以期他日之功"。[32]

不幸的是，我们无法更多地获知天皇所流露出来的个人内心感受。他于该年创作的诗歌技巧娴熟，但在感情表达上偏于常规，不过，也许下面这首短歌就是为了传达他的个人感受而作：

　　五月雨打窗
　　宫中卧听一日尽
　　无寐愁字长
　　怎奈苦闷诉与谁
　　听任急雨续惆怅[33]

第五十章

义和团运动

为结束治外法权而进行的长期斗争在1899年终于结出硕果,日本获得了和其他世界大国平起平坐的地位。不过,对于明治天皇来说,在他人生的第四十八个年头,最重要的事情是私事,与修改条约无关。

新年伊始便不吉利。1月,就在英照皇太后过世整整两年的同一天,天皇最小的孩子喜子公主夭折。他下令降半旗致哀,取消了公立学校和私立学校的教学活动,并且还像往常一样发布命令,禁止在东京和周边地区举办歌舞。但是,在天皇以"田家烟"为主题创作的新年诗歌中,并没有流露出一丝一毫的悲伤之情。

这一年,皇太子第一次参加了年度首次诗会,表明众人希望已经成年的皇太子能够作诗。皇太子的教育问题在这一年中也被经常谈论,比如说,如何在不损害健康状况的情况下增加学习内容。他与父皇的关系仍然拘谨而疏远,甚至在他和众姐妹想进宫谒见时,天皇也很少接见他们。2月,两位公主为了逃离东京的寒冬准备前往镰仓。她们进宫与父皇告别,但天皇因为身患感冒拒绝让她们来到自己的面前,反倒是皇后,虽然也生了病,仍然坚持要接见她们。[1]

女官们无法理解为什么天皇坚持拒绝接见自己的女儿,因为从天皇关注女儿们的和服样式等琐碎小事中,可以看出他对女儿们倾注的父爱。她们常常恳请天皇时常去看望自己的女儿，但他并不接受建议。

佐佐木高行用天皇接受的是儒家教育来解释他的表面冷漠。天皇自幼崇尚中国的经典著作，并将为什么某些国家兴、某些国家亡的论述牢记在心。他拒绝采纳女官的建议，大概是因为他曾读到一些关于皇帝听从妇人之言而导致灾难的例子。佐佐木承认，天皇也许有些过度谨慎，有时候甚至还拒绝接受身边人提出的好建议，但这总比听从宫中妇人之言而导致宫廷发生动荡要好得多。甚至可以说，天皇正在扭转这一积年恶习。也许佐佐木说得对，但再怎么说，接见自己的女儿也不可能导致国难。明治似乎把历史的教训过于当真。

1899年2月，出于为天皇的健康着想，御医建议天皇去京都生活一段时间。他们请求侍从长德大寺实则劝说天皇，但德大寺没有成功。之后，他们请求宫内大臣田中光显劝说。于是，在天皇接见时，田中直言不讳地奏报说，御医认为天皇越来越胖了，如果不通过运动来控制体重的增长，很可能引发心脏病。田中用旧式的表述方式说道："夫陛下乃一国之主，万民所倚之所在，其一身为陛下之一身，亦非陛下之一身。其努力摄养，非只为陛下之一身，实为天下苍生。然今年政务烦巨，圣躬甚劳，陛下若在东京，恐寸暇不许。臣闻，二十八年结日清讲和谈判之局，大纛由广岛旋京都，驻跸一月余，此间朝夕运动，健康甚胜。盖京都为陛下降诞之地，山川风物皆陛下旧识。即游故园，必适圣躬也。然东京宫城，自陛下徙御后虽已及三十年，然本为幕府之古城，虽有广阔园池，不乏风趣，然终非陛下旧识。守卫亦严，难享逍遥自便。昨年统监陆军特别大演习于摄泉（摄津、和泉）之野，置大本营于大阪，未幸相距仅十余里之京都。当时人或言之，陛下幸大阪而未幸京都，是陛下不爱京都，然实有前二十八年之事，盖知非此意。伏愿容侍医之奏请，暂幸游京都，恢复圣体之健康。"

田中知道他这番言论不受欢迎。天皇面露愠色,说道:"侍医局长之请,朕非无谓而拒之。京都为朕故园,如卿所知,为朕常爱之所,然以爱之为由即可游之乎?虽可为一身之摄养,然政务停滞则如何?去年朕以大演习统监幸大阪未游京都,此朕为爱京都之情所驱,一旦游该地,恐至不欲还东京,故自抑制,卿等何不解也?卿之所奏,固非无理,然朕若废一日政,则累百司,故不能为一身之摄养,废一日之政务。朕只应孜孜行帝道,此为朕尽天职之所在。为此死,则达朕之至愿,可谓足矣。"

天皇说着话,表情渐渐柔和下来。他继续说道:"卿等为朕所忧之所,亦可安心。自今务运动,图健康之回复。卿等无需复深劳意。"从那以后,他偶尔在御花园里散散步,或者做做运动,但没过多久,他就放弃了这些努力。[2]

天皇对体重很敏感。据侍从子爵日野西资博回忆,天皇因为在《中央新闻》上读到一篇文章而停止了读报。这篇文章说,天皇的体重超过了七十七公斤。天皇对这篇文章很是生气,说道:"要是该报刊载的是实情,则不会忧扰到朕。可是,朕无法忍受谎言。朕再也不读报了。"[3]

尽管如此,但天皇于1905年作了一首诗,这首诗表明他仍在继续读报,至少是偶尔在读,虽然报上的错误继续激怒他:

阔谈天下事
字字句句惹遐思
今人捧读之
难忍谎言败其絮
若无糟粕更是欣[4]

很显然,天皇的体重增加与他对骑马失去了兴趣有关,过去骑马一直都是他最喜欢的娱乐活动。而如今,工作似乎成了唯一能让他产生兴趣的事情。我们不清楚他每天究竟把多少时间花在了办公室里，但是，他似乎并没有像同时期奥匈帝国的弗朗茨·约瑟夫（Franz Josef）皇帝那样从清晨到深夜都坐在办公桌前仔细研读官方文件。他继续过度饮酒，尽管此时已从清酒转向了葡萄酒。他的胃口依然很好，这可以从他向来访政要提供的晚宴菜单上看出来。[5]

此时，私事之中最占据他精力的是为皇太子找一个太子妃。1899年，皇太子将满二十岁。天皇希望在皇族里找到这样一个女孩，如果皇族里没有合适的，那么还可以考虑出生于上层贵族家庭的女孩。如果扩大物色范围后仍无法找到太子妃的合适人选，那么将从父亲是公爵的女孩中进行挑选。[6] 早在1891年，天皇曾令德大寺实则派一些女孩作为昌子和房子公主的玩伴前往高轮东宫御所。这些女孩来自上层阶级，对于与皇太子成婚来说，她们的年龄正合适。他进一步指示佐佐木高行观察每个女孩的外貌和品性。结果，有一个候选人脱颖而出，她就是第十师团团长贞爱亲王的女儿祯子。贵族女子学校的校长下田歌子强烈推荐祯子，宫内大臣土方久元将此奏告给天皇。祯子将被选为皇太子妃似乎已是确信无疑的事情。

为了看一看祯子，1896年12月，天皇和皇后造访了贞爱亲王的府邸，但直到1899年2月才召开了第一次正式会议，讨论祯子是否为太子妃的合适人选。[7] 在会议中，人们发现祯子在两年前患上了阑尾炎。宫中医师在医学检查报告书中提到，尽管她已经完全康复，但在右胸听到肺泡呼吸音。这导致人们有些担心她的健康状况，不过，大多数医生认为这一问题很可能在两三年之内便能治愈。[8] 然而，这一消息让天皇感到很苦恼，他担心祯子在健康方面的这个缺陷可能会威胁到皇族子嗣的延续。1899年3月22日，他派宫内大臣前往贞爱亲王的府邸，宣布解除将祯子迎为太子妃的私约。

事情的发展似乎并没有让皇太子感到失望；事实上，他可能还不知道物色太子妃的活动已经开始了。无论如何，他还没有从1895

第五十章　义和团运动

年的那场大病中完全恢复过来，而且学业也很糟糕。正如侍从抱怨的那样，皇太子任性善变，难以取悦。皇太子沉迷于西方的事物，让天皇很恼火。他喜欢在交谈中冒出几个法语单词，而且还没有打好传统文化的基础。[9]皇太子在当时获得的一些勋章可能激起了对西方的喜爱之情，这些勋章包括西班牙的金羊毛勋章、法国的荣誉军团勋章以及丹麦的大象勋章。[10]

此时皇太子的活动中最显著的特点就是他经常在位于叶山和沼津的别邸逗留。他避开东京（在后来的几年，这几乎是一种病态的强迫观念），大概是因为他不喜欢天皇及其幕僚们在宫中悉心营造的庄严肃穆的氛围。

1899年8月28日，天皇为庆祝修约成功举办了一场宴会。新修改的条约已于8月4日生效。在宴会上，天皇和皇后向代表们举杯，祝福各国的统治者健康，并与宾客们一一握手。治外法权"砰"的一声结束，不过不是大炮的声音，而是开启香槟酒的软木塞的声响。这本应是一个值得举国上下共同欢庆的时刻，然而，这一天也只是在稍微有点意识到这一事件的重要性的情况下度过。

虽然很多外国居民担心，在领事法庭向他们提供的保护结束时会出现最糟糕的情况，但是并没有出现大规模的逮捕，没有手持法规记录簿的日本警察进行搜捕，也没有关于外国人被拷打虐待的报导。随着时间的推移，以往的种种担心被证明是毫无根据的，外国人也开始想知道，为什么他们以前会认为失去了治外法权这一盾牌，就将会受到残酷虐待。然而，即使是在新的时代开始后，要想让外国人抛弃他们的优越感，也并非一件容易的事情。为了向外国人证明日本人有资格管理好自己的国家，很多日本人做出了种种努力，内心渐生怨恨。正如一位英国学者所评论的那样，"双方的姿态已经成为习惯，即便情形发生变化也不会简单地改变过来"。[11]这也就是为什么治外法权的结束没能带来明显的喜悦之情。

8月21日，天皇决定让皇太子与公爵九条道孝的第四女节子结婚，但是，皇太子的健康状况不稳定，致使婚礼被推迟到了第二年春天。直到1900年2月，皇太子才得知了这一决定。当时，天皇派岩仓具定携带一封简短的书信前往叶山，信中天皇将为皇太子选定的新娘的姓名告诉了皇太子。[12]

服务于皇室的医生欧文·贝尔茨于1900年3月23日写道：

> 今天，召开了与皇太子有关的重要会议，讨论他的健康状况，确定能否在5月举办婚礼。我和桥本、冈一致认为，尽管出现了一些小小的不良症状，但举办婚礼是没有问题的。去年，皇太子没花多少时间就恢复了体重。然而，在向天皇奏报时，没有人提到这一事实，天皇差点儿就要把婚礼推迟到皇太子的体重完全恢复后再举行。伊藤侯爵、有栖川宫亲王以及皇太子的侍从都认为婚礼不能再推迟了——因为已经决定让（和东方习俗完全相反）皇太子在结婚前不可接触任何女性。鉴于此类情况（无论是一般情况，还是特殊情况），我认为立刻举办婚礼有可能取得良好的效果。[13]

1889年10月，皇太子乘坐军舰从沼津前往神户、广岛、小豆岛、江田岛和内海地区的其他地方。他将在一年后开始更加雄心勃勃的九州之旅。这些旅行让皇太子了解了他将来要统治的国家，并加强了与未来臣民之间的联系。不过，这些旅行都不像明治统治前期的巡幸那样艰苦或重要。如今，旅行变得更加容易，工业化也得到了推进。皇太子视察的地方主要是八幡市的钢铁厂和长崎市的三菱造船厂。

1900年5月10日，皇太子嘉仁与九条节子举行了婚礼。5月8日，天皇向皇太子赠送了一套礼服和一把剑。恰恰就在皇太子接收这些礼物的时候，他的生母柳原爱子前来探望。皇太子请她向天皇传达谢意。据说，皇太子第一次得知他是爱子的儿子时，即惊讶又

第五十章　义和团运动

嘉仁皇太子，即后来的大正天皇

太子妃九条节子，即贞明皇后。1912年拍摄

沮丧，因为他一直以来都以为自己是皇后所生。[14] 这个故事在宫女中流传开来，甚至传到了爱子的耳朵里。她是明治的所有侧室中最美丽、最聪颖的一位，但因皇太子身体羸弱而受到指责（她也感到自责）。她的名字几乎都没有出现在《明治天皇纪》中。[15]

5月9日，就在大婚的前一天，皇后向节子授予了勋一等宝冠章，这是女人能够获得的最高级别的勋章。为庆祝这一盛事，天皇和皇后向东京市赠送了八万日元，向京都市拨款两万日元，用于教育事业。[16] 天皇还奖励福泽谕吉——启蒙教育的中心人物——五万日元，并发布诏书，赞赏他对教育做出的贡献。

第二天黎明，天皇派人向宫中贤所汇报了皇太子大婚的喜讯。8点40分，皇太子和皇太子妃在贤所进行了祭拜。皇太子向神灵朗读了告文，夫妇俩按照礼节在神前喝了清酒。婚礼司仪向天皇和皇后奏报说婚礼仪式完成，陆军和海军鸣放礼炮。10点40分，天皇穿着盛装，和皇后一同出现在迎宾馆内。皇太子和皇太子妃被婚礼司仪领到皇室家族的面前。天皇和皇后赐给皇太子和他的新娘清酒。

这时，婚礼已经结束；11点20分，皇太子和皇太子妃登上一辆马车前往皇太子的东宫御所。皇宫正门外挤满了密集的人群，有二十分钟他们的马车无法向前行驶，最终费了很大一番工夫才清出一条路来。天皇派侍从长携带大勋位菊花章前往皇太子的东宫御所。在皇太子和皇太子妃共同进行了例行仪式后，他们回到皇宫，同天皇和皇后一同进餐。4点30分，皇室家族出现在凤凰之间，接受贵族成员、高层官员和外交使节团的祝福。[17]

5月24日，就在皇室婚礼的兴奋之情刚刚平息后，不时表示想辞去总理大臣一职的山县有朋再次请求天皇恩准辞职。他说自己担任总理大臣已有一年半的时间，在此期间，修约也生效了。他认为，未来的总理大臣应该由非常了解国外局势的人来担任，自己本不具备这一资格，但大隈内阁倒台后政府出现的残局迫使他接受了总理大臣一职；但现在政坛稳定，没有危机，于是他请求辞职。

天皇屡次试图劝说山县改变主意，然而，山县坚决拒绝继续留任。最后，接受了将失去山县这一事实的天皇向伊藤博文传话，希望伊藤能接受这一职务。伊藤拒绝了，他说即使这是天皇的下令，他也无法接受这一命令。在伊藤看来，想要组建内阁，只有经过议会批准后才能按照宪法进行组建，此外，政府不得不通过与政党合作才能发挥作用。和山县不同，他无法向战场上的将军那样发号施令，他的任何一个失策都很可能会牵扯到君王。

随后，天皇命令松方正义在担任大藏大臣的同时暂时兼任总理大臣一职。松方予以回绝，提议让陆军大臣桂太郎担任；然而，天

第五十章　义和团运动

皇不同意这一提议，因为此举势必会加剧目前已经出现的陆军和海军之间的竞争。

就在这个时候，宫中得知了清朝发生动乱的消息。天皇高度关注，于5月31日向山县传话，说他了解山县非常希望辞职，但在这样的节骨眼上更换总理大臣极不妥当。他让山县把辞职时间延期。山县回答说，华北骚乱只不过是无知的农民发动的暂时性暴动，无需太当回事。这场动乱远没有严重到足以让山县改变辞职的想法。不过，山县说，如果找不到接替人，他同意再留任一两个月。[18]

山县大大低估了华北动乱的重要性，西方将这场动乱称为"拳乱"（Boxer Rebellion）。* 较之于山县，天皇似乎更准确地把握到了清朝局势的严峻性，他同意山县暂时留任。

八个国家出兵约四万五千人† （约一半是日本军队）一同镇压被山县轻视的小暴动。数以万计的清朝人在这场战斗中丧生。这场暴动——更确切的称呼应该是"战争"‡——是清朝和八国联军之间发生的一场重大冲突。更重要的是，它成为导致1902年英日同盟和1904—1905年爆发日俄战争的直接原因。

这些起义者的中文名是"义和团"（意指"正义、和平的联盟"），这表明与过去以拥立新的统治者为主要目的的起义不同，义和团的成员认为，他们是为了一个更高的理想而发起一场运动。他们确信，实现目标的唯一方式，就是将深受基督教影响的中国人和外国人驱逐出中国。[19] 并非所有的起义者（在当时的文件中均被称为"拳匪"）都是狂热分子，但是，大多数起义者都认为他们受到了中国神灵的庇佑。他们相信自己的事业是正义的。在发动起义的过程中，他们杀了大约二百五十名欧洲传教士和多名外国军人，以及大约两

---

* 之所以这样称呼，是因为在参加战斗之前很多起义者都练习义和拳和其他武术。

† 除了镇压义和团的外国军队外，此时大概还有17万名俄国士兵入侵满洲。

‡ 6月19日，清政府向联军宣战，但是，联军仍坚持认为他们不是在打仗，而仅仅是在执行解救自己国民的使命。

万三千名清朝基督教徒。[20]

在19世纪爆发的一系列反对清政权的腐败堕落以及外国列强的屡屡羞辱的暴动中，这场暴动是最近的一次。最大的一次——太平天国运动——从1851年持续到了1864年，估计有两千万民众丧生。太平天国运动是为了实现一个可以称为原始共产的准基督教的意识形态。所有财产归信徒共同所有；男女享有平等权利；禁娼妓、蓄奴、缠足、赌博、鸦片、酗酒和烟草。这种理想（很多都被义和团所采纳）表明起义者对当时中国社会的状况感到不满。清政府费了很大的劲才把太平天国运动镇压下去，如果没有外国列强的插手，这场运动或许就成功了。

1861年到1863年，另一场暴动席卷太平天国运动未涉及的山东省，这场暴动是由一个叫做"白莲教"[21]的佛教宗派的成员发起。义和团运动也兴起于山东省，并从山东蔓延到华北的其他地方。它以宗教信仰为依托，结合了对传统神灵的崇敬和对基督教的仇视。其成员认为是基督教摧毁了乡村的安宁与和谐。义和团得到了贫困农民的强烈支持，不过，只有极少数的知识分子（即使他们也和农民一样仇视外国宗教）参与到这场运动中来，也许是因为他们无法放弃孔子（孔子是山东人氏）的和平理念。

义和团对基督教信徒的仇视似乎是因为后者无情地打碎他们供奉的"偶像"，有时候还在大多数村民祭祀供奉的寺庙地基上建造教堂。[22]基督徒和非基督徒的划分改变了乡村生活的结构，对这种变化的怨恨情绪导致发生了针对"洋鬼"和中国基督徒的暴力运动。[23]

1897年，两名德国传教士在山东省被杀，揭开了这场暴力运动的序幕。1898年，德国政府以此事为契机，强迫清朝出借青岛，租期九十九年，并占领了胶州湾一带。同年，因德国获得了租借地，借此受益的英国从日本手中接管了位于山东北部沿岸的威海卫。自清日战争结束后，威海卫便被日本占领，作为支付下关条约中约定赔款的担保。这些事态的发展激起民众发起更大规模的反洋人运动，

第五十章 义和团运动　　639

战败被抓的义和团团民

运动从山东扩大到临近的河北。

在村里，民众成立了民团，旨在保护当地的寺庙免遭基督徒的袭击。民众期待着神灵会庇佑村民，他们建造了祭坛，通过在祭坛前磕头来从神灵那里获得神秘的力量。那些有神灵附体的人非常有信心取得胜利，并确信外国人的刀枪伤害不了他们。[24] 在准备即将到来的战斗时，他们积极投身于练习义和拳和其他武术，而对使用外国枪支嗤之以鼻。

和日本的"神风连"及类似团体的成员一样，义和团的领导人致力于消除外国势力的影响。一些近代史学家对义和团在反抗对中国传统生活方式造成威胁的外国人时表现出来的勇气大加赞赏。然而，仇外并非一种美德，此外，不该忘记的是，义和团的大多数牺牲者都是中国农民。

1900年5月30日，外务大臣青木周藏就华北的"拳匪"活动向天皇提交了一份奏折。当月的早些时候，青木已经从美国国务卿那里获悉了德国传教士被拳民杀害一事。[25] 青木在奏折（其回忆录中没有提到）中描述了清朝在清日战争战败后弱点毕现，欧洲列强强迫清政府出借作为战略基地的要地。之前清政府中有一个强硬的进步派，但外国列强的侵略行动让要求驱逐外国人的保守派掌握了清政府的控制权，这使得清政府被置于极端保守的慈禧皇太后的控制之下，而无能为力的皇帝被囚禁在宫中。

民众越来越频繁地表现出仇恨情绪，无论是在街上侮辱遇到的外国人，还是公开的暴力运动。据说，清政府打算关闭口岸，驱逐蛮夷。在日本人看来，这似乎就像是在重演日本四十年前的历史。拳民的口号"扶清灭洋"，与保皇派打着的"尊王攘夷"的旗号如出一辙。很明显，这个效劳于统治阶级的告白让清政府很满意，[26] 不过，当拳民发出"扶清"的呼声时，他们要的并非挽救清朝政府，而是要从所仇视的外国人的手中解救中国。[27]

6月6日，日本驻天津领事郑永昌[28]向青木描述了起义愈演愈烈的情况。无力缓和局面的清政府开始渐渐支持起义者。俄国正从西伯利亚派兵前往清朝以及德国军队即将从青岛抵达的消息传到了日本。公使馆的一名成员被起义者杀害，日本觉得他们不能只是袖手旁观。6月15日，内阁召开会议，决定派遣步兵、炮兵、骑兵和工程部队，保护在清朝的日本侨民的生命安全。天皇立刻准奏。[29]

第五十章　义和团运动

此时,"联军"*的船舰已经在天津的大沽口集结。6月17日,联军舰队对清朝的炮台开火。这次开火(和后续军事行动)名义上是各国为了保护被围困在北京的外国民众的安全,然而,清政府被激怒,并决定利用拳民将外国人和本国基督徒驱逐出境。

6月19日,日本船舰在海军中将东乡平八郎的指挥下,与其他联军合作,攻占了大沽炮台。清廷外交大臣立刻代表政府向各国公使发布消息,命令他们在二十四小时内离开北京城,清朝军队将护送他们到天津。第二天,德国公使在前往总理衙门的途中遭到清军的伏击,遇袭身亡。这让(之前同意前往天津的)外国人对清政府做出的保护承诺产生了怀疑。他们决定撤回到公使馆,进行自我保护,直到援军抵达。[30]

6月21日,清朝皇帝颁布诏书,宣布向联军宣战。诏书称:"讵三十年来,恃我国仁厚,一意姑循,彼乃益肆枭张,欺临我国家,侵占我土地,蹂躏我人民,勒索我财物。朝廷稍加迁就,彼等负其凶横,日甚一日,无所不至。小则欺压平民,大则侮慢神圣。我国赤子,仇怨郁结,人人欲得而甘心。此义勇焚毁教堂、屠杀教民所由来也。朝廷仍不肯开衅,如前保护者,恐伤吾人民耳。故一再降旨申禁,保卫使馆,加恤教民。故前日有'拳民、教民皆吾赤子'之谕,原为民教,解释夙嫌。朝廷柔服远人,至矣尽矣!然彼等不知感激,反肆要挟。昨日公然有社士兰照会,令我退出大沽口炮台,归彼看管,否则以力袭取。危词恫吓,意在肆其猖獗,震动畿辅。"因此,"朕今涕泣以告先庙,抗慨以示师徒,与其苟且图存,贻羞万古,孰若大张挞伐,一决雌雄。连日召见大小臣工,询谋佥同。近畿及山东等省义兵,同日不期而集者,不下数十万人。下至五尺童子,亦能执干戈以卫社稷。"[31]

---

* "联军"包括日本、英国、法国、德国、俄国、意大利、奥地利和美国。各国的参战程度有很大不同。

6月29日，皇帝又下了一道完全矛盾的诏书，号召镇压起义，重新恢复与外国的友好关系。据说，之前的诏书是由端亲王口授的，后一道诏书才是皇帝的真实意愿。[32]但是，第二道诏书似乎被忽视了：战争在继续，围攻外国公使馆的战斗持续了将近两个月，直到联军占领北京。[33]

在此期间，按照皇太后的懿旨被准许进入北京的义和团拳民继续行动。他们焚烧教堂和外国人的房屋，搜寻并杀死基督教信徒和与外国人有关的其他人。外国公使馆不断遭到袭击，一些建筑被焚毁，但外国人并没有投降。

7月3日，清朝皇帝向明治天皇发了一封电报，请明治调停，以恢复秩序。光绪皇帝在电文开头使用的称呼（"大清国大皇帝问大日本国大皇帝"），表明他将明治视为地位相同的人。光绪说清朝与日本相互依存的关系就如同"唇齿相依"一般。他对日本公使馆的成员被杀表现出了极大的悲愤，但他补充说，尽管清廷当局正在逮捕和惩罚犯罪之人，但外国列强已经袭击并占领了大沽炮台。他警告说，东西方之间存在着对抗，贪婪的西方国家难道只是对清朝虎视眈眈吗？如果清朝无法抵抗外国列强的侵略，日本想要孤身自保恐怕也会很困难。他力劝日本和清朝停止战斗，摒弃微不足道的分歧，共同维护稳定。他让日本天皇放心，称清军将会继续处置这些"拳匪"。[34]

对于清朝皇帝的提议，明治没有给出答复。相反，他宣布，如果清政府能成功镇压起义——以此表明自己不想与外国开战，那么日本会很乐意恢复传统友谊。他坚称，清政府应停止对北京的围困，如果清政府做不到，那么日本别无选择，只好派兵来平定起义、解救侨民。[35]

恰巧在这个时候，侍从长德大寺实则请求天皇准许他辞职。天皇大怒，答道："凡华族仕朝廷，宜决心牺牲其身供之，以致奉公之诚。然妄谈辞职，以谋一身之安逸，其志真恶。纵卿几度辞职，朕亦断

第五十章　义和团运动

然不许。本来今之官吏，由士族起者多，恣意放纵，动即以辞职遁避一时，徒贪一身之安，朕常为之不快。然其身本为华族者亦效仿之，独陷朕于苦境，不忠无出其右。"[36]

在统治初期，明治因忽视工作遭到伊藤博文和其他官员的训斥，但现在，他似乎已经完全沉浸到国事当中。他已经琢磨着要成为一位负责任的天皇，而非享受特权的天皇；他认为，比武士阶级表现得更有责任感，是像德大寺这样的贵族义不容辞的义务。责任观已经支配着他的想法，他将每个"因健康之故"而提出的辞职视为一种背叛。

7月9日，联军和清军在天津赛马场附近展开了一场重大战役。日军作为先锋，参与了当天的大部分战斗，击退了清朝的守卫者——由两千名精锐士兵和大概五百名拳民组成的军队。清军将领聂士成战死，其部下在遭受了惨重的损失后溃逃。联军方面，有三十余名日本士兵和八名英国士兵丧生。日本步兵表现出来的英勇行为和作战技能得到了其他国家的称赞。

7月13日，联军开始对天津城发动攻击。日本、英国、美国和法国的军队从南部发动袭击；俄国和德国的军队从东北方向进攻。清军由大概一万四千名正规军和约一万名拳民组成；联军将近八千人。天津城由高约八米的坚固城墙环绕。13日那天的战斗并非决定性的一战，但7月14日凌晨3点，接到炸毁城墙南门命令的工程兵井上谦吉中尉和六名士兵一起蹑手蹑脚地爬向城门。他们将炸药放在城门旁边，但电动操作的导线被敌军的炮火切断了。井上和士兵们被迫用手点燃炸药，差点被炸死，不过城门被炸得粉碎。在高呼战斗口号的日军的带领下，联军冲进城门，但发现还有一堵内墙，敌军正位于墙头。一等兵增田千太郎没有被这一困难局面所吓倒，爬上内墙，从里面打开了城门。日军涌进城里，后面跟着法国、英国和美国的士兵。清军遗弃的尸体约有四百人。联军死伤八百六十余人，其中有四百人是日本人。[37]

8月8日，德皇威廉二世向明治天皇发了一封电报，请求任命将军阿尔弗雷德·瓦德西（Alfred Waldersee）担任联军统帅。尽管盟军中德军的人数要远远少于日军，但天皇立刻答应了这一请求，这大概是因为他知道德国公使被杀一事。但天皇或许还不知道，7月底，在德国远征军准备起航前往清朝之际，德皇向官兵发表了演说，命令他们切勿留情，不留活口，让清朝人再也不敢轻视德国人。[38]

德皇的演说被公开后，遭到了联军的指责。听说任命德国人来领导联军，日本驻奥地利公使牧野伸显提出反对，理由是德皇的演说已经激起了强烈的反对意见。[39] 然而，明治已经发送了同意德皇请求的电报。就这样，天皇在不知不觉中与沉迷于仇视"黄祸"*的君主进行了合作。

不过，随着战事的发展，联军进军北京的速度如此之快，使得这位德国将军来不及担任统帅一职。取而代之的是由日本提出并获得了其他联军支持的建议：一位俄国将军被选为统帅。8月14日，联军攻占了北京，解除了拳民的围攻，外国侨民获救。清朝皇帝和慈禧太后逃向承德。日军和美军守护皇宫，然而，联军在市内其他地区进行了肆无忌惮地掠夺。[40]

至此，清朝危机终告平息。

---

* 黄祸论是成形于19世纪的一种极端民族主义理论，宣扬黄种人对于白种人是威胁，白种人应当联合起来对付他们。1895年，德皇威廉二世在公开场合提出"黄祸"的说法，并命令宫廷画家赫尔曼·奈克法斯（Herman Knackfuss）根据他的想象画了一幅画，画名就叫"黄祸"。画的内容请参阅本书第五十三章。——译注

第五十一章

英日同盟

在义和团被镇压后,山县有朋立刻再次请求天皇准许他辞去总理大臣一职。[1]明治无法再将迫切需要山县处理紧急情况作为理由,只好接受将失去山县效劳这一事实。很显然,山县的接替人是伊藤博文,但之前伊藤拒绝了,他正忙于组建一个新的政党。伊藤认为,政党对于君主立宪制而言是必不可少的,如果缺乏政党根基的内阁,其各项立法很可能在议会中遭到各个派系的阻挠。事实上,日本已经成立了几个政党,但它们都处于垂死状态,无法发挥主导作用。伊藤深信,需要组建一个由他领导的全新政党,以便纠正政府的积弊。他将这个打算告诉了山县,并请求宫内大臣禀报天皇。

天皇不仅同意伊藤成立一个新政党,而且在9月14日派岩仓具定前往伊藤的府邸,向伊藤赠送了一万日元和一匹红白真丝绸。天皇附函一封,传达了对伊藤奉献精神的信任,并热切地希望伊藤能继续提出坦率建议,好让他从中获益。[2]

1900年9月15日,新的政党宣告成立,称作"立宪政友会",*伊藤任总裁。此时,宪政党的成员宣布解散宪政党,并表示打算加入新党,形成新党的核心。一些喜欢挖苦的人评论说,由于伊藤在

---

* 直译为"立宪政友会"。在日本通常简称为"政友会",本书也采用这一叫法。

组建政友会之前已经得到了宫中的批准，实际上他应将该党称为"敕许政党"。³

9月24日，天皇派人去请松方正义和井上馨，让他们劝说伊藤接替山县。这两人分别拜访了伊藤，但都遭到断然拒绝。山县也许听说了井上前去拜访伊藤的事情，于是于9月26日向天皇仓促提交了辞呈。他说，自己身体不佳，无法继续履行这一让人疲惫不堪的职务。宪政党不愿再与山县合作并决定加入伊藤的政党，或许也刺激山县做出辞职的决定，因为他的内阁目前完全得不到党派的支持。

松方也试图劝说伊藤担任总理大臣，不料，伊藤竟反过来力劝他自己担任该职务。最后，天皇意识到调解无果，于是将伊藤叫到宫中，命令他接受这一职务。伊藤仍然回避。他说，组建政友会已经让他忙得不可开交，他还患上了感冒，身体虚弱，天皇这一命令是在他状态最糟糕的时候下达的。10月6日，松方进行了最后一次尝试。这一次，伊藤同意了，此时他得出结论，认为无论是国内形势还是国外形势都不允许再推迟下去。第二天，当着天皇的面，伊藤正式受命组建内阁。

10月19日，宫中举行任命伊藤作为总理大臣的仪式。从一开始，新内阁的成员之间就有冲突。10月20日，陆军大臣桂太郎（从上届内阁留任下来）以健康为由请求辞职，天皇予以拒绝。他说，在局势如此紧张的时刻，陆军大臣的职位一天也不能空缺。⁴

11月15日，天皇恢复了早期的习惯，前往茨城县视察演习，在一所小学住了一晚。第二天，天气很糟糕——风雨不断，间有小雪，寒冷刺骨。马车所经过的道路本来已经重修了，但连日降雨，加之士兵和马匹川流不息，道路已经变成了泥沼。在一个叫做长方的地方，天皇走下马车，登上一处可以观看两军演习的高地。他任凭越来越猛烈的狂风暴雨的侵袭，在那儿站了一个多小时直到演习结束。天皇大概是在想，作为天皇，自己有义务以身作则，为军队树立起坚韧刚毅的榜样。

第五十一章　英日同盟

长时间的风吹雨打并没有对天皇的身体造成不良影响，但在年底的时候，他患上感冒，卧病在床直至下一年的1月13日。结果，他没能参加传统的新年仪式。按照日本的算法，天皇今年五十岁了。

1月23日，日本得知了维多利亚女王去世的消息。在承认日本同其他欧洲强国享有平等地位的过程中，处于鼎盛时期的英国一直都是日本的最大障碍。然而，日本皇宫并没有因此表现出丝毫的不满，而是举行了为期三周的哀悼。日本委派驻英公使林董作为特别大使参加葬礼。林董还将在今年的晚些时候，在成立英日同盟的谈判中发挥重要作用。对于处理两国之间时常剑拔弩张的关系来说，结盟是一个不同寻常的解决办法。

在成立了盼望已久的政党后，伊藤组建了一个完全由政友会成员组成的内阁。贵族院对政党政府进行了猛烈抨击，但伊藤不予理会，从而加剧了双方之间的敌对情绪。伊藤所面临的问题是多方面的。政府亟须支付镇压义和团运动所产生的费用。众议院试图通过增收清酒税和糖税以及提高关税来筹集资金。他们还希望通过征收烟草专卖税来扩大财源。但是，贵族院反对提高税收，几乎一定要对这项议案投反对票。2月27日，（经伊藤请求）天皇下令议会休会十天。

伊藤希望自己能在这十天中劝说贵族院做出让步，但是，贵族院仍然固执地要求对税收议案进行一次彻底的讨论。伊藤希望对贵族院具有影响力的山县能够从中调解，然而，此时山县正在京都。山县和松方会面，但做出了不进行调解的决定。恼羞成怒的伊藤请求天皇召这两人回东京。侍从向山县和松方发送电报，第二天，两人动身前往东京。

3月5日，在觐见天皇时，伊藤向天皇说明了贵族院拒绝征税以偿还国家债务，从而造成了紧张的态势。他担心，这将对日本的财政领域造成严重影响，并建议天皇向四位元老——山县有朋、西乡从道、松方正义和井上馨——征询意见。不久，天皇接见了山县和松方，并向西乡和井上发送函件，请求他们一同为这场危机找出解决之道。[5]

山县和松方奏报说，他们的调解工作失败了。议会的休会期很快就要结束，伊藤无法克制住自己的烦躁情绪。他草拟了一个方案，递交给宫内大臣，请求天皇颁布诏书斥责贵族院从中阻挠。天皇按照伊藤的请求于3月12日召见了贵族院议长近卫笃麿，并对他说："朕近日闻贵族院对增税案唱异论，与政府冲突，深感遗憾。命（山县）有朋等调停之事，亦不幸失败，而政府犹奏不能容贵族院之主张，朕甚忧虑之。夫朕意所在即载此书中，卿宜示此于议员一道，以速达融合之道。"

毫无疑问，诏书表明了天皇的立场：

"朕视中外之形势，深忧时局之难。今支付必要之军费，并立巩固财政之计划，诚属国家之急务。

前日开议会之时，朕以意示之，且命政府所提之增税诸法案，已经众议院议决。

朕信贵族院各员之忠诚，必分朕日夕之忧，望速翼赞庙谟，不遗国家他日之憾。"[6]

近卫并非没有预见到事态会朝着这一方向发展，但天皇的训斥让他大为烦心。他拜访了岩仓具定，认为岩仓应该了解造成这一局面的原因。岩仓很反感伊藤的习惯：一出现紧张局面就请求天皇颁布诏书。然而，岩仓对此一无所知。当近卫将诏书拿给岩仓看时，岩仓惊讶万分：那道诏书既没有天皇签字或盖章，也没有国务大臣的签名。这太不正常了。当晚，岩仓向伊藤发送了诏书的副本，询问内阁成员是否已经了解了诏书的内容。

第二天，伊藤在贵族院拜访了近卫，详细讲述了他自议会休会后为重新与贵族院进行谈判所做出的种种努力，以及天皇如何命令山县进行调解的情况。听起来好像是天皇对调解工作失败感到失望，为局面感到极其担忧，于是便把事情包揽下来，直接发了那份诏书。

第五十一章 英日同盟

伊藤补充说，内阁中没有人事先知道诏书的事情，但是，无论是否有人知道，作为内阁的议长，他都有重责来辅助天皇，这一责任自然也扩展到将与政策有关的事情奏禀天皇。[7]

伊藤的话暗示，尽管内阁中无人事先得知了诏书的事情，但他自己的意见可能对天皇造成了影响，因此天皇写了这道诏书。诏书没有签字或会签，表明天皇可能是凭着一时的冲动自行其是。

3月24日，近卫将诏书呈递给贵族院。天皇的告诫立刻让贵族院成员的态度大大转变，他们在未做任何修改的情况下通过了增税议案。[8]

当月晚些时候，天皇在一个完全不同的方面展现了自己的权威。3月27日，司法大臣金子坚太郎恳请天皇批准解雇十六名请求辞职的法官和检察官。这些人之所以采取这一行动是因为众议院决定不给司法官员加薪，即使加薪有充足的理由。因此，在通过的年度预算中没有对加薪做出规定。失望的法官和检察官开始反对这项议案。一些县级地方法官也离开职位，加入东京的这场罢工行动。

金子不断地警告罢工者，提醒他们不要违反官纪，但他的警告没有奏效。罢工领导者呼吁全国的司法官员集体辞职，不久，各类辞呈便通过邮件和电报涌进了东京。金子下定决心要维护司法的尊严，决定接受这些辞呈，而非在罢工者的加薪要求面前屈服。他将这些辞呈转交给了伊藤，并请求伊藤呈递给天皇。

伊藤向天皇禀报了这一情况，并恳请天皇定夺。天皇问道，司法大臣对更换那些可能辞职的人有没有把握。伊藤向金子转达了天皇的问话，金子在答复中向伊藤提供了一份统计表，列举了有资格担任法官和检察官的八百余人的名单。金子说，撤换罢工者没有什么困难。伊藤将名单呈递给天皇，天皇立刻批准了这些辞职请求，并说道："向后有提出辞表者，虽夜中亦直提交，朕亟与裁可。"天皇的决定镇压住了罢工。那些已经提交辞呈的人原以为天皇不会批准，现在纷纷请求退回辞呈。[9]

天皇的决定并没有考虑到法官和检察官因薪资不足而遭受的困难。他唯一关心的是能否撤换罢工者。作为一名儒家统治者，他本应表现出更大的同情心，然而，明治大概认为这些罢工者违反了法律，而他又极度讨厌违法乱纪的行为。在这一点上，他和同样信奉儒家学说的德川幕府时代的将军很像。

5月2日，伊藤请求天皇准许他辞去总理大臣一职。他说，尽管他的身体恢复到足以参加宫中的各项事务，但无法应付日后的艰巨任务，尤其是财政问题。天皇已经私下了解到，伊藤健康状况不佳并不仅仅是一个借口。在收到伊藤辞呈的当天，他任命西园寺公望担任代理总理大臣，在伊藤生病期间履行职务。[10]

伊藤并没有夸大政府所面临的困难。议会最终通过了下一年度的预算和增税议案，但财政危机仍没有解决。自1895年清日战争结束以来，政府已经把建设军事力量当做头等大事，大部分的国家财富都流向了军事项目和军事计划，进而导致财政出现严重赤字。于是，政府在之前增税议案的基础上增加税收，在之前发行债券的基础上发行债券，且这一过程看似没完没了。财政困境看上去马上就会引发恐慌。

大藏大臣渡边国武提交了一份暂停国有企业的财政紧缩议案，遭到了五名内阁成员的反对，而原因主要是他们个人对渡边不满。伊藤被请来调解，然而，他提出的解决方案只是使冲突进一步加剧。最后，除了渡边外，全体内阁都提交了辞呈。

5月3日，渡边向天皇表明了自己对财政状况的看法。之后，天皇派人请来西园寺，问他对渡边的看法有何意见。西园寺回答道，如果放任渡边自行其是，将会树立一个坏榜样。他提议让渡边辞职。如果渡边拒绝，西园寺将告诉渡边是天皇希望他辞职。

西园寺前去拜访渡边，在一番苦口婆心的劝告后，渡边同意辞职。当天，渡边带着两封不同的辞呈造访了侍从长德大寺实则，问他自己应提交哪一封。在第一封辞呈中，他以健康每况愈下作为辞

第五十一章　英日同盟

职的理由；在第二封中，他说他之所以辞职，是因为内阁中的其他人都辞职了。德大寺说道，在这种情况下以健康为由辞职是惯常做法。渡边听从了他的建议。[11]

在此期间，皇太子妃于4月29日诞下了天皇的第一个皇孙。官员们围挤在皇太子的东宫御所，纷纷道贺祝福，不过，直到5月3日，皇太子才从叶山县返回来看望自己的儿子。[12]这个婴儿很健康，他出生所带来的喜悦并没有夹杂着天皇孩子出生时的那种担忧之情。5月5日，天皇给婴儿取名并赐称号。在提交的名字中，他选中了裕仁；在两个称号中，他选中了迪宫。*天皇将名字写在檀纸上，交给德大寺，让他交给将于次日返回小田原市的皇太子。[13]

5月10日，天皇最终接受了伊藤的辞职请求。他令井上馨组建内阁，但无果而终。5月26日，天皇命令元老们极力举荐的陆军大将桂太郎成立内阁。桂太郎推迟了答复，说他希望劝说伊藤改变主意。他请求天皇和他一同力劝伊藤再次担任总理大臣一职。天皇让德大寺给伊藤发电报，请他即刻返回东京进宫谒见。[14]

伊藤断然拒绝再次任职。桂太郎犹豫着是否接受总理大臣一职，而他之所以迟疑不决，似乎是在遵循伊藤的做法，而非怀疑自己的能力。6月1日，他请德大寺奏报天皇，说新内阁的筹备工作已经完成，并请求在第二天举行就职仪式。

除了按照天皇的要求让陆军大臣和海军大臣留任外，这届内阁全部由新人组成。不同寻常的是，内阁中无一人是元老。这届内阁的军事色彩并不仅仅局限于桂太郎；所有成员都与山县有关联。尽管这导致了与众议院（目前由政友会控制）的关系出现问题，但却增进了与贵族院的合作。

6月21日，众议院议员、政友会的一名领导人物星亨遭到行刺。

---

* 之所以选中这些字，是因为它们出现在中国经典著作的吉祥篇章中。直到今天，日本仍然没有抛弃使用中国经典著作中的字词来给皇室成员命名（和赐称号）这一传统。

在整个明治时期，星亨是最神秘的人物之一。百科词典里的词条将他描述成一位傲慢、腐败的政治家，有时候拿他与现代日本的某些政客进行比较。更喜欢挑星亨缺点的作家往往会忽略他的功绩，不过，无论是从正面意义还是从负面意义来看，当代读者都可能把星亨视为第一位极具现代特征的政治家。

星亨是第一个不仅仅来自于平民阶层，而且来自于社会最底层的重要政治人物。他的父亲是一名泥瓦匠，酗酒，抛弃了妻子和三个孩子，没有留给他们任何财产。他的大姐被卖给了妓院，二姐卖身为仆。母亲不堪忍受养活自己和小婴儿的压力，打算把星亨扔进池塘里，但在最后一刻决定让星亨活下来，因为他是男孩。[15]之后，她和一个善良的江湖医生兼算命先生结婚，由此一家五口共同居住在江户的一个贫民窟里。

当星亨到了上学的年纪，继父打算让这个男孩追随自己的职业，送他去跟曾是自己老师的医生学习。星亨并不是一个特别聪明的孩子，但他凭着顽强的毅力不仅掌握了医学基础知识，还学会了儒家经典。更重要的是，为了未来的职业，他还开始学习英语。1866年，当星亨年满十六周岁时，一个没有孩子的武士家庭收养了他，并送他去开成所——一所供幕府家臣的子女就读的学校。在那里，星亨师从日本邮政制度的创始人前岛密学习英语。前岛对星亨产生了极好的印象，即使在星亨与武士家庭的关系终止后，他仍允许星亨继续留在学校。[16]

前岛向开成所的英语教授何礼之（1840—1923）*推荐了星亨，何礼之认可这个男孩的能力，并为他在海军学校谋得了第一份工作——英语教师。幕府统治被推翻后，这个学校便解散了。星亨写

---

* 何礼之是明朝时从中国来的难民后裔。他的英语能力和对西方的了解远近闻名，这使他成为岩仓使节团的一员。后来，他被天皇任命为贵族院议员。前岛和陆奥宗光都是何礼之的学生。

信给何礼之，请求再介绍一份工作。何礼之向兵库县知事陆奥宗光推荐了星亨，陆奥聘请星亨在他于神户创办的一所学校里教书。陆奥的帮助对于星亨的成功而言至关重要。

星亨的生涯的一大特点是他下定决心要飞黄腾达，即使出身卑微，即使身体虚弱也再所不顾。他怨恨所谓的命运，这揭示出他对武士阶层的仇视，并透露出他卯着一股劲儿要击败掌管政府的人。对手的职位越高，越能激起他的战斗精神。[17] 他凭着聪明才智和不懈的钻研克服了出生家庭的不利条件；他不断地练习武术，由此改善了虚弱的体质。星亨在晚年拍摄的照片，显示出他是一位散发着自信、健壮但丑陋的男人。

1871年，陆奥被任命为神奈川县知事。两年后，在陆奥的举荐下，星亨在大藏省谋得一个职务，主要工作是翻译各个国家的税法。但他有一次殴打人力车车夫并且拒绝听从制服他的警察，于是丢了这份工作，并被关了禁闭。他利用在家禁闭的这段时间翻译了一本关于外国英雄的书籍。在星亨的禁闭结束后，陆奥力劝星亨日后遵守规矩，并且邀请星亨到他的府邸居住（这表明他非常看重星亨的能力）。星亨和两名学生充分利用这次优待，不久，他们翻译了布莱克伍德（Blackwood）的《英国法》(*British Laws*)。

1873年，陆奥在横滨海关为星亨谋得一职。星亨扶摇直上，1874年1月当上了税务顾问和海关关长。一切似乎都很顺利，然而星亨的噩运来了。在与英国领事馆交换文件时，他将"Her Majesty"翻译成了"女王陛下"，而不是"女皇"。英国指控他犯了冒犯君主罪。星亨为自己辩解，指出维多利亚自称为女王，而不是女皇，但哈里·巴夏礼爵士亲自跑到外务省提出抗议，要求解雇星亨并对英国道歉。太政大臣三条实美和外务卿寺岛宗则力劝星亨道歉，但星亨拒绝，认为自己没有错。日本政府害怕与英国为敌，于是解除了星亨的职务，以此平息巴夏礼的怒气。[18]

不过，星亨保住了税务顾问的职务，并且在1874年9月凭着这一身份被派到英国学习。1875年1月,他进入中殿律师学院就读,两年后,成为了第一个获得出庭律师资格的日本人。在伦敦期间,星亨几乎所有的时间都是在房间里研读法律和哲学书籍。[19]

回到日本后,星亨被任命为司法省的辩护人。当时,他的主要职业是一名律师,不过,他越来越多地参与到自由民权和自由党的活动之中,从而引起了当局的注意。1882年,福岛县的自由党成员因抗议知事的专横行为遭到逮捕。* 他们被指控犯有颠覆政府罪。星亨为被告中的核心人物河野广中辩护,以无可辩驳的逻辑证明颠覆政府的指控不适用,然而,被告还是被判有罪。[20]

在此期间,星亨加入了自由党。自由党的纲领与他的社会信条十分接近。但是,他觉得政党的官方报纸使用过于抽象的措辞,导致日本民众无法理解。1884年5月,他创办了一份非常受欢迎的报纸,该报为了吸引和他来自于同一阶层的底层民众,采用易于理解的语言刊发稿件,里面还配上图片。在仅有小部分人拥有选举权的时期,星亨为教育民众所采取的这一尝试是前所未有的。

1884年7月,星亨在新潟发表名为《政治的界限》的演讲。在演讲中,他就俄国和德国干涉公民私人生活这一点,对这两个国家的专制和军事主义政府进行了抨击。尽管他小心翼翼地避免提及日本,但潜台词却显而易见。警察按照1880年颁布的法规让星亨停止演讲,并驱散了会议。

星亨被责令向新潟警察局报告,但他无视这一传唤,说警察没有权力传唤他。最后,警察逮捕了星亨,并指控他诽谤政府官员。虽然星亨并没有批评任何官员,但却被判犯有诽谤太政大臣三条以及内务卿、陆军卿、海军卿、文部卿、农商务卿、工部卿和宫内卿

---

* 该事件称为"福岛事件"。知事三岛通庸决定修建公路,费用由县民承担。福岛县议会通过了反对建造公路的决议,但他置之不理,继续修路。出不了钱或者出不了劳动力的农民的物品被县政府公开拍卖。一些自由党成员因为提出抗议而被捕,因此,数千人袭击了关押被逮捕人士的喜多方警察局。此举导致有大约50名自由党成员遭到逮捕和审判。

第五十一章　英日同盟　655

的罪行。他被判处监禁六个月和罚款四十日元，还被剥夺了律师资格。[21]

即使在狱中，星亨也没有学乖。他继续出版有插图的报纸，并等待着时机，以便重新建立因他入狱而解散了的自由党。然而，1888年，因为被指控公布了与修约相关的秘密文件，他再次被捕，被判处监禁一年半，别无选择的他只好卖掉了报纸。[22]

星亨将狱中的时间用在了学习上。监狱绝非读书的好地方，但从黎明到黄昏，他都在阅读日语、英语、德语、法语和意大利语的书籍。1889年2月，在庆祝宪法颁布而实行的大赦时，他被释放。

在离开监狱后，星亨前往美国和欧洲研习这些国家的政治制度。虽说是游学，但实际上却是他无论去到哪里，都会逛书店，买有用的书籍，然后把自己关在一家便宜的酒店房间里阅读这些书籍。他不屑于效仿像伊藤博文那样的政客，吹嘘着自己师从鲁道夫·冯·格耐斯特、洛伦茨·冯·施泰因和其他杰出人物。星亨说，这些人在欧洲的名气不像在日本那样响亮，只因为听过他们的讲座就装腔作势，实在是太可笑了。

星亨几乎访问了北美和欧洲的所有国家。这次旅行似乎改变了他。在回到日本后，他发表了演讲，对自己以前参加自由民权运动感到失望；力劝加强军备、[23]攫取殖民地、鼓励日本人移居外国，并开始在国外积极宣传日本。[24]他的留洋经历，或者说他所阅读的书籍，似乎让他睁开眼睛看到了真实的世界局势，他开始谈论强权政治。

一回到日本，星亨立刻投身于重新组建自由党。此时的党名叫做"立宪自由党"。1891年3月，在政党代表大会上，星亨的政党赢得了控制权。在1892年2月举行的第二次大选中，星亨参加了众议院议员的选举，并（在陆奥宗光的帮助下）当选为众议院议长。每一个人都预测星亨将会利用这一职位来使自由党拥护的议案获得通过，但事实上，他恪守公正，没有偏袒自己的政党成员。[25]

不久后，星亨与有萨摩藩和长州藩人士做后盾的总理大臣松方对立，他的傲慢也让许多众议院议员疏远了他。当时的政治局面混乱不清，此处姑且从略，只需说的是议员提交对星亨的不信任案。尽管对于所有指控，他都能自证清白，然而这并没能消除给人留下的有罪的印象。并且从那时起，腐败的"光环"便紧紧跟着他。[26]于是，星亨被解除了众议院议长一职。

1896年，星亨被任命为驻美公使。（据推测）这主要是因为板垣和自由党的其他成员觉得他是一个累赘，希望他不要挡道。[27]在担任公使的两年时间里，他成功解决了两个关键问题：美国有可能提高日本产品的进口关税，以及美国即将吞并夏威夷给日本造成的影响。

星亨对赞成共和党政府倡议的高关税的参议员进行了劝阻。[28]关于夏威夷，星亨决定要从美国手里夺回夏威夷国王之前给予日本的租借地。他曾一度转向建议日本吞并夏威夷的极端立场，即使此举存在着与美国开战的风险。[29]外务大臣大隈重信拒绝了这一具有挑衅性的建议，但星亨成功地让美国做出保证，使在夏威夷的日本侨民享有与欧洲国家公民一样的权利。[30]

当星亨获知成立了新的政党（宪政党）后，决定立刻返回日本，并希望能在下一届内阁中担任外务大臣。他给外务省发电报说他将回国，不料外务省却命令他继续担任驻美公使。星亨无视这一指示，但主要因大隈反对，最终没能获得梦寐以求的职位。

之后，星亨帮助组建政友会。1900年，作为该政党最有实力的人物，星亨在第四届伊藤内阁中出任通信大臣。虽然这并非内阁中的重要职务，但之前从未有过像星亨这样出生的、没有藩阀关系的人能够担任地位如此显赫的职务。除了担任内阁成员外，1899年，星亨当选东京市议会的议员，并担任监票官。民众普遍认为，星亨管理市政府主要是为了他自身和他所属政党的利益。[31]虽然这个谣言没有得到证实，但星亨已经确凿无疑地建造了一个政治利益集团，并且他的一些下属毫不犹豫地使用了强迫手段。星亨并没有从这些被指控的罪行中捞到半点好处。尽管报纸谴责他因签署政府合同发了一笔横财，但在他死时，留下的只有债务。

虽然一直到最后，星亨都坚称自己没有犯下任何过错，但1900年10月，他被迫辞去东京市议会的议员，12月被迫辞去通信大臣。即便如此，他所引起的民愤继续增加，6月，一位叫做伊庭想太郎的剑术老师刺杀星亨。伊庭是一个虔诚的儒家道德的信徒，政府的腐败行为激怒了他，于是，他伏击了星亨，并将星亨刺死。[32]

很多人无疑都相信了关于星亨腐败的谣言，但是，仍然有许多人钦佩星亨。当送葬队伍随着天皇护卫队演奏的庄严肃穆的音乐前进时，几千人跟着队伍前进。下届内阁中的两位重要的政治家原敬和松田正久担任治丧委员会的领导，板垣退助发表了悼词。[33]尽管星亨遭到了指控（并且坏名声一直持续到今天），但对于塑造现代化、日本式政党政治的未来而言，星亨的贡献比任何人都要多。天皇向星亨追赠从三位官阶，并追授瑞宝章。[34]

天皇一直关注着与星亨有关的争论，有时候众人还会就这些争论请求天皇定夺。即使在1893年11月众议院通过不信任投票后，星亨仍继续担任议长一职。12月2日，副议长楠本正隆携带上奏书进宫，向天皇奏报了不信任投票案，并为曾向天皇举荐星亨而道歉。在看了上奏书后，明治召来楠本，说他不清楚楠本有什么要求。楠本是请求替换议长吗？还是众议院议员为犯了这样的错误而道歉？

天皇希望避免陷入命令星亨辞去议长职务的境地。他的答复使楠本想让天皇亲自将星亨除名的希望落了空。我们尚不清楚天皇是怎样看待星亨的，但是，他决定在星亨死后追授勋章，表明他认可星亨对国家做出的贡献。

7月6日，天皇和皇后访问了皇太子的东宫御所，在那里，他们观看了皇太子和太子妃在去年收到的结婚礼物，还看望了皇孙裕仁。第二天，婴儿被带到了位于狸穴的海军大将川村纯义的府邸。天皇和皇后给了海军大将一百日元，请他在小王子的童年时期负责进行照看。据说是皇太子要求进行这一安排的，但事实上这是天皇的意愿。[35]这一流传下来的旧事让天皇的御医欧文·贝尔茨困惑不解，他写道：

> 5点的时候，天皇和皇后拜访了伯爵川村。皇太子的儿子将由这位年迈的海军上将负责照料，他现在一定有七十岁了。这是个多么奇怪的想法！我希望将小王子带离父母身边、交由陌生人照料的这一反常而又残酷的习俗能够被废止。然而，它却没有。可怜的太子妃被迫交出婴儿，这让她掉了不少眼泪。现在，婴儿的父母每个月只能短暂地探望孩子一两次……为什么在这一事件上，他们就不能像在其他方面那样效仿德国或英国皇室的做法呢？小王子迪宫是一个很活泼、很漂亮的孩子。[36]

8月1日，驻英国全权公使、男爵林董向外务大臣曾祢荒助（1849—1910）发了一封电报，汇报说已就清朝问题与英国外交大臣亨利·兰斯多恩（Henry Lansdowne）商议，并得知英国政府希望和日本结成同盟。他问道："我国政府是否准备与英国签订条约？如果英国愿意接受我国的条件，我国是否准备同英国结成同盟？望政府速速回复。"[37]

英国和日本结成同盟的提议起源于俄国的远东政策。如前所述，在清日战争结束后，三个欧洲列强迫使日本向清朝归还了辽东半岛。但此后不久，俄国便租借了这一领土，并与清朝签订了秘密条约，开始修建铁路。现在，俄国管理着旅顺和大连，并且正在稳步地拓展对清朝西北地区的控制。俄国沿着铁路线修建了城镇。在东亚有利益需求的其他国家都担心俄国在韩国的行动，很多国家认为俄国和日本爆发战争是不可避免的。然而，日本还没有为这一战争做好充分的准备：很明显，日本想在无人帮助的情况下驱逐俄国是极其困难的事情。

第五十一章　英日同盟

　　日本有两个可行的行动方案。一个（获得伊藤博文的支持）是与俄国达成谅解，将满洲让给俄国，作为回报，俄国应承认日本在韩国的支配权。[38] 另一个（获得大多数其他日本官员的支持）是日本与欧洲大国配合，牵制俄国。法国不太可能加入反俄联盟，因为法国和俄国刚刚结成了同盟。日本最有可能的合作伙伴是德国和英国，这两个国家都确信俄国正在侵犯它们在东亚的权利。1901年4月，在和兰斯多恩商议时，林董发表了看法。他说，为了维护东亚的永久和平，日本和英国建立稳固的关系是至关重要的。兰斯多恩表示同意，但这也只是这两人的个人主张。[39]

　　在此之前，日本人和英国人都曾提议建立同盟。1895年，福泽谕吉写了一篇关于提议建立同盟的社论；[40] 在英国，殖民大臣约瑟夫·张伯伦（Joseph Chamberlain）曾就这一问题与日本公使进行了非正式讨论。[41] 1898年，日本政府（当时即将结束对威海卫的占领）同意英国向清朝租借威海卫的提议，并补充说，作为回报，它希望在日本需要采取行动来保护其安全或推动其利益的时候，英国能够予以支持，并施以援手。[42] 1900年，英国侨民在北京遭到义和团的围攻，日本军队解救了英国侨民，此后亲日的气氛便席卷英国。在该年担任驻英公使的林董得出结论认为，英国是日本能与之结盟以对抗俄国的唯一国家。[43]

　　林董和兰斯多恩勋爵进行商讨后，就以下六点达成了一致意见：

　　一、必须使清朝保持门户开放。

　　二、除了条约已经划分的租借地外，不得进一步获得清朝的领土。

　　三、承认日本在韩国行动自由，因为日本在韩国获得的利益比其他国家都要多。

　　四、如果同盟中的一国与其他国家开战，另一国应保持中立；但如果第三国参战帮助敌国，另一国也将参战。

　　五、关于清朝的英德协定将继续有效。

六、同盟只限在远东地区有效。[44]

在多次商讨和一些明显退让后，英国草拟了条约，并请求日本即刻答复。[45]日本对条约文本进行了修改（主要是语言表达方面），并于11月30日电传至伦敦。电报中提到，在把拟定条约拿给天皇看时，天皇命令拿给元老和伊藤看，征求他们的意见。[46]

在激烈的讨论后，元老们批准了修改后的条约，并建议让条约立刻生效。只有支持与俄国（而非英国）结盟的井上馨表示不满，他给出的理由是还没有得知伊藤的看法。12月8日内阁收到了等候已久的伊藤发来的电报。伊藤对条约提出了反对意见，认为措辞上有很多含糊不清的地方，并指出日本还不清楚德国是怎样看待英日同盟的。他还说，与俄国进行商议的话也有可能签订条约。他敦促众人仔细斟酌，并请求将他的意见传达给天皇。[47]

第二天，总理大臣桂太郎将伊藤的电报拿给天皇看。天皇总是高度重视伊藤的意见，但这一次他说，既然内阁和元老们都批准了条约，日本就不能再拖延下去了。他令桂太郎探明元老们对伊藤的意见有何反应。桂太郎找到各位元老，但在询问他们的看法之前，桂太郎指出无法保证将会和俄国签订条约，如果再拖延下去可能会使英国撤销建立同盟的提议。12月10日，他向天皇奏报说，众议院都支持与英国签订条约。在获得天皇授权后，12日，桂太郎向林董发送了电报，称日本已经接受了修改后的条约。[48]1902年1月30日，林董和兰斯多恩在伦敦签署了条约，并于2月12日公之于众。

很难评价条约给日本带来了哪些好处。林董认为，结盟使得日本能在日俄战争中打败俄国。[49]日本参加了第一次世界大战，以及攫取了德国之前在南太平洋的殖民地而建立了海外帝国，都发挥了英日结盟的作用。不过，比物质利益更重要的是日本人感受到的喜悦之情。上到天皇，下到黎民百姓都因为日本被公认是与世界上最强盛的国家平起平坐的合作伙伴而感到喜悦。在过去，这个国家曾一次又一次地羞辱日本。[50]

第五十二章

祸机暗藏

1902年在最少限度的仪式中拉开了序幕。新年仪式逐渐受到外来文化的侵蚀，通常在1月5日举办的新年庆宴推迟了一天：这天是周日，众人认为奉行基督教的休息日要比遵循日本传统更加重要。几天后，天皇像往常一样听了三次分别关于日本、中国和西方历史的新年讲座。大概是建立英日同盟的缘故，今年关于西方的讲座主要讲述了英国的议会改革。

1月10日，典侍室町清子逝世，享年六十三岁。自1856年入宫后不久，她被任命为当时年仅四岁的未来天皇的傅母。1867年，天皇登基后，她被册封为典侍，并以这一身份服侍了天皇四十六年。如果不赞同天皇的言行，她会毫不犹豫地严加指责。天皇总是拒绝听从她的建议，称她为"阿多福"——京都方言中用于描述丑女人的称呼。尽管如此，天皇的语气之中还是含有感情的。面对这一非难，室町回答说："阿多福乃妾之天质，虽有君命亦无可奈何，唯冀采纳妾之所奏。"天皇一言不发，但最后还是按照她的建议去做。天皇和皇后为她的葬礼资助了两千日元，作为对她多年效劳的感谢。对于一位像她这样身份的人来说，算得上一笔史无前例的巨款。[1]

关于天皇与服侍之人的人情互动的记载是如此之少，使得这一微不足道的趣闻轶事让人觉得有些亲切。使用"阿多福"一词也说明了天皇在私下里说京都方言，而在其他轶事中人们总是将他的话转述成标准日文。

为迎接春天的到来，宫中举办了传统仪式之一的诗会。天皇不喜欢御歌所所长高崎正风推荐的两个主题（"雄鸡告晓"和"寄神祝"），高崎只好提出一个更加传统的主题。天皇以"新年梅"为主题作了下面这首短歌：

> 今又旧岁去
> 梅开吐艳新春续
> 倩影晨曦舞
> 芬芳染身暗香来
> 傲蕾破雪催寒去[2]

这首诗虽然措辞巧妙，但并没有给人留下深刻印象。不过，天皇进入了诗歌创作最繁盛的时期，大多数著名的诗歌都是创作于此时到晚年的这段时期。

1月28日，第五步兵连队一个大队被暴风雪掩埋的消息传来，新年的喜庆气氛被无情地打断。当时天皇已经就寝，但侍从还是立刻禀告了天皇。

东京和青森县之间往来的电报渐渐揭开了这个可怕的故事。1月23日，第五连队两百多人的第二大队在进行冬季演习时，在八甲田山附近遭遇一场突如其来的暴风雪，失去联系。夏季时士兵们曾在这一带进行过军事演习，对该地区的地形比较了解，然而，士兵们对突然的严寒天气准备不足，在弥漫的大雪和怒吼的狂风中迷了路。发现第二大队未能返回营地，军队立刻派出了救援队，但暴风雪阻碍了搜救工作的进行。27日，救援人员发现了一名濒死的幸存者。他向救援人员描述发生的事情后，救援人员冒着风雪抵达灾难现场。他们找到了几个幸存者和大约四分之三的遇难者尸体。直

第五十二章　祸机暗藏

到 5 月冰雪消融时，最后一具尸体才被找到。[3]

得知这一悲惨事件后，天皇悲痛万分，立刻派武官宫本照明前往现场。2 月 7 日，宫本传来消息：找到士兵携带的九十四支步枪，但很久以后，这场灾难的全部情况才被揭晓：一百九十九名官兵遇难，仅十一人生还。[4]

民众得知这一悲剧后的第一反应是，强烈抗议军方在士兵没有身穿合适冬服的情况下，鲁莽地让服从的士兵在肆虐的暴风雪中进行军事演习。但是，在公布了悲剧的全部细节后，民众的情绪普遍从愤怒转为同情。甚至有传闻说遇难者家属很欣喜，认为自己儿子或孙子的死不是徒劳无益的，而是为日后帝国军队的胜利做出了贡献。[5]

4 月 8 日，外务大臣小村寿太郎向议会报告说，俄国和清朝签署了一份条约*，规定将满洲交还清朝。这一事件受到了日本的高度欢迎，其中一个特别的原因是他们也曾遭遇过以俄国为首的三国干涉而将辽东半岛归还给清朝。

俄国与清朝关于满洲的谈判可以追溯到 1896 年。当时，李鸿章前往莫斯科参加尼古拉二世的加冕礼。[6] 俄国和清朝签署了一份密约，规定：（1）如遭遇外国列强侵略，两国应互为援助；（2）如遇紧要之事，清朝所有口岸均准许俄国军舰驶入；（3）为便于俄国将来转运俄兵御敌以及接济军火和粮食，清朝允许俄国修建一条经由满洲北部抵达海参崴的铁路，该铁路由享有治外法权的俄国人管理。这份密约的有效期为十五年。[7]

尽管密约的制定者推定将来侵略清朝的会是日本，然而，1897 年德国侵占了胶州湾。这是明显的侵略行为，因此，（根据这份密约）俄国和清朝应互为援助。伊恩·奈什（Ian Nish）对这一形势描述道：

清朝通过她唯一知道的方式对德国的行为做出反应，即

---

*　史称《交收东三省条约》，又称《俄国撤兵条约》。——译注

请求俄国压制和劝阻德国。北京获悉德国已在胶州登陆时，李鸿章根据1896年的条约直接向俄国提出邀请，请求俄国暂时占领清朝的一个港口，以此作为对德国行动采取的一项对策。[8]

这也正是俄国梦寐以求的，他们不久就觉得胶州无所谓了。俄国从清朝手中获得了租借旅顺口和大连，以及修建一条经过满洲南部的铁路的权利。现在，他们在太平洋拥有了一个长久渴望的不冻港。直到该年年底，清朝才意识到他们采用的"以夷制夷"的策略失败了。[9]

1898年4月25日，日本和俄国签署了一份议定书，规定两国承认韩国独立，均不干涉韩国内政；如果韩国就军事或财政问题向日本或俄国征询意见和请求协助，日俄未经商量不得采取任何措施；俄国同意不妨碍日本和韩国建立工商业关系。这份议定书首次承认了日本在韩国的经济发展中所扮演的特殊角色。[10]

两年后，也就是1900年，义和团的起义者破坏了位于满洲境内的西伯利亚大铁路，俄国以此为借口出动军队，占领了东北三省。他们称自己无意吞并满洲，一旦清朝恢复秩序，他们将立刻撤兵。[11]俄国出兵占领，自然让日本人感到不安。1901年2月，日本警告清朝不要屈从于俄国提出的进一步要求，然而，李鸿章似乎愿意牺牲清朝在满洲的权利来换取与俄国结盟。1901年秋，曾参与镇压义和团起义的其他国家陆续从北京撤兵，但俄国继续占领着满洲。

日本和英国屡次提出抗议。起初，日本以温和的方式提出抗议，因为伊藤博文和外务大臣西德二郎（曾在圣彼得堡大学学习）认为与俄国达成谅解至关重要。他们仍抱着一线希望地认为，如果俄国在满洲的野心得到了满足，那么日本在韩国的优势地位将会得到承认。

1901年11月，伊藤访问了俄国，受到了俄国民众的热情接待。他被授予圣亚历山大·涅夫斯基帝国勋章，沙皇力劝他经由西伯利

第五十二章　祸机暗藏

亚大铁路返回日本。谢尔盖·维特伯爵向伊藤保证，俄国对韩国别无所图，并且很乐意让日本在韩国自由行事。事实上，俄国只是希望通过对韩国做出名义上的让步，来换取在满洲的随心所欲。伊藤非常失望，虽然他仍然希望俄国做出让步，但日本政府已经决定着手建立英日同盟，不再寻求与俄国结盟。[12] 不过，在这一节点，日本仍明显希望和俄国维持和平。

1902年，日本继续巩固自己在韩国的地位，建立了一个以亲日派为核心的韩国政治势力。大量日本人在韩国东南部定居，日本渐渐控制了韩国的矿业、邮政和电报业。此时，日本获得了一个新盟友——向来拒绝卷入外国事务的美国。1902年初，几个月前刚刚当上总统的西奥多·罗斯福（Theodore Roosevelt）向明治天皇发了一封表示友谊的函件。他和日本、英国一道警告清朝说，清朝向俄国授予的特殊权利违反了"门户开放"政策。[13] 美国之所以横插一脚，主要是担心不仅满洲会俄罗斯化，就连华北也会落入俄罗斯之手，而这将严重阻碍美国与清朝之间的贸易。

1901年1月，日本成立了黑龙会[14]。黑龙会公开声称其目标是实现泛亚主义并迫使俄国从满洲撤至黑龙江——满洲和西伯利亚的边境——以北。9月，公爵近卫笃麿成立了国民同盟会，主张应防止俄国永久占领满洲，倡议日本在韩国和满洲修建铁路。[15] 这时成立的此类组织自然都充分意识到，如果他们的政策被采纳，将有可能导致与俄国开战。

对日本而言，修建铁路对开展贸易和最终控制韩国具有至关重要的作用，但对俄国来说，西伯利亚大铁路所代表的却是近乎神秘的构想。1900年出版的铁路旅行手册，关于西伯利亚大铁路这样写道：

> 俄国在东洋的开化政策或许与其他国家不同。该政策基于另外的指导原则，旨在通过维持自己广阔疆土的和平来促进各

国的共同福利。在亚洲插下基督教的旗帜和文明的荣誉将要归功于俄国。[16]

在修建西伯利亚大铁路的倡议人中，没有谁比财政部长维特伯爵更积极了。他不在乎花费多少，不屈不挠地推动这项工程，铁路由此迅速延伸。就日本一方来说，这个一直落后于欧洲列强的国家开展一项如此巨大的工程，几乎是令人难以置信的，但是，在"帝国主义目标的驱动"下，这项工程得以推进。俄国与日本之间的铁路大战似乎是不可避免的了。

1902年8月，按照沙皇的要求，维特伯爵前往远东，访问了海参崴、旅顺和大连等地。一路所见所闻让他感到失望，俄国在西伯利亚的殖民面临着十分严重的问题。在返回俄国途中，他前往克里米亚向沙皇汇报了自己的印象。之后，他提交了一份报告,其中写道, 只有俄国从满洲撤兵，东亚才能恢复正常。他还强调有必要与日本达成约定，若无此类约定，事情将会朝着最糟糕的方向发展。[17]

1902年4月，俄国与清朝签署了一份条约，规定在清朝不发生动乱的前提下，俄国将逐渐从满洲撤兵。俄国还同意交还自1900年起占领的铁路线。日本和英国热情洋溢地欢迎这个声明，将此看做"门户开放"政策取得的胜利。然而，撤兵的前提条件是清朝无动乱，而这让俄国钻了一个很大的空子，因为这个地区动乱频发。后来，维特伯爵承认，俄国从来都没有打算过认真执行撤兵条约。[18]

除了与俄国关系紧张外，对明治天皇来说，1902年是平淡无奇的一年。皇太子的健康和进步仍然让他操心。这一年皇太子出人意外地用功学习。欧文·贝尔茨医生发现天皇与儿子之间的关系冷漠而疏远，他在日记中写道：

他（皇太子）问候父皇时，总是以非常正式的方式进行，

第五十二章　祸机暗藏

并且有很多官员在场。如果他生病了，天皇会频繁询问儿子的健康状况，但是，除非病情严重到危及生命，否则天皇是不会去探望的。[19]

5月，皇太子前去视察本州中部和北部的各县。在他动身之前，天皇下达命令说，既然皇太子此次巡幸的目的是为了考察风俗民情和地理状况，当地官员不得中断工作来迎接、送行或恭候。[20] 事实上，这次巡幸按照天皇的规定简简单单地进行，没有给皇太子带来太多乐趣。他视察了学校、长野县的善光寺、县议会堂、工厂以及其他值得关注的地方。福岛县爆发麻疹疫情的消息传来时，巡幸中途停止了。

皇太子在巡幸中身体出现微恙，使他有借口在深爱的叶山町休养了一个月。6月底，皇室成员和其他政要庆祝皇太子的第二个儿子的诞生，但此时皇太子（尽管已经得知了消息）仍在叶山町。天皇给新诞生的王子取名雍仁，赐号淳宫。[21]

与此同时，宫中正在为皇太子建造一座宫殿。初始预算为二百五十万日元，天皇批准了这一预算。然而，8月初，负责建造宫殿的官员禀报说，由于通货膨胀，建造成本增加了。最新估计，按照计划宫殿将于1907年建成，耗资五百万日元，这在当时来说是一笔巨款。天皇在1889年建造自己的宫殿时坚持简朴、节约的原则，皇太子宫殿的预算造价让他吓了一大跳；在该年的稍晚时候，天皇命令建筑师避免采用华丽的装饰，应把重点放在确保结构坚固上。天皇严厉地嘱咐说，不得再提交关于增加资金的请求。[22]

日本政府愿意为皇太子的宫殿耗费这么多资金，表明他们并没有预料到会有战争爆发。日本宫廷与俄国宫廷继续保持着友好关系。例如，8月27日，天皇向沙皇发了一封电报，对彰仁亲王在俄期间获得的亲切接待表示感谢。但是，有些人士预料到会爆发战争，力劝天皇做好适当准备。在向天皇呈递的关于国防的奏章中，海军大臣山本权兵卫（1852—1933）描述了天皇之前捐献个人财产用于建造军舰，认为此举使得日本在与清朝的战争中获得了胜利。他强调说：

> 刻下，东洋之天地看似妖云怪雾敛迹，然臣窃恐此中包藏搅扰将来和平之祸机，在清韩两国。帝国海军今日足以称雄东洋，然列国军备骎进，尤邻强新扩张其海军，不期年，数倍帝国之艨艟泛东洋之上。若夫一朝紧急事态起，环海之岛帝国果可高枕乎？[23]

山本请求总共拨款一亿一千五百万日元，用于建造和装备三艘大型战列舰、三艘大型巡洋舰和两艘小型巡洋舰。不用说，日本要防备的国家是俄国。俄国东进遭到元老们的大力谴责，他们批准了扩充海军的请求。

1902年11月，明治准备前往熊本县观摩一场特别军事演习。几个月前爆发了霍乱，疫情迅速蔓延，对于是否取消天皇的这次出行，众人激烈争论，但幸运的是，当10月天气转凉时，疫情已经渐渐消退。11月7日，天皇在新桥站登上火车，皇后和太子妃来给天皇送行。皇太子仍在叶山町，他派侍从前往大船站，目送天皇的火车经过。[24]

天皇的熊本之行，是在沿途站点经常下车的悠闲之旅。他在不同的地方都创作了短歌，最具纪念意义的一首是在火车经过田原坂时创作的。田原坂曾是1877年政府军和西乡隆盛军激战的战场：

> 遥忆田原坂
> 短兵相接士争先
> 战声烟尘埋

第五十二章　祸机暗藏

昔日松苗今参天
迎来新貌换人间[25]

他将这首诗赐给了随行的陆军中将乃木希典，毫无疑问，这是因为乃木曾参了田原坂之战。乃木的诗更加生动形象：

山中草木森
十里战场满腥风
朋辈今何寻
漫山秋叶红似火
疑是战友血染成

天皇恢复了创作诗歌的兴趣，这大概是本次出行最积极的效果。他平常喜欢观摩军事演习，但这一次出乎意料地不感兴趣，甚至当11月14日在熊本城为皇室成员以及众多国内外高官举办宴会时发了一通脾气。这次宴会于当天下午2点30分开始，但是，当侍从长德大寺告知天皇是时候动身前往宴会厅时，他拒绝前去。天皇没有出现，宴会厅的宾客都焦急万分，不知究竟发生了什么。陆军大将山县拦住一名随从，询问为什么这么晚了天皇还不来，宾客们都在急切地等待。在没能得到一个满意的答复后，山县亲自去请天皇，力劝他参加宴会。天皇拒绝，说他有自己的理由。

听到这个答复，山县惊讶不已。他对天皇说，看到天皇遵循神武天皇的传统，日复一日出现在公众场合，百官和将士都深受感动和鼓舞。他可以想象得到，倘若天皇未能出席宴会,众人会有多失望。天皇的一举一动都是众人膜拜的楷模，倘若现在无缘无故拒绝参加宴会，势必会打击到全军的热情，让熊本县的官员和民众失望。众人恐怕会质疑天皇的英明。或许天皇对此毫不在意，但山县说他却无法忍受这般质疑。他的声音因激动而越来越高，说完这番话，他恳请天皇改变主意，前往宴会厅。

天皇打断他，说道："初有西幸之仪，以恶疫流行之故有司请止，军务当局以为不可，奏称，如恶疾，严饮食则足以防之，至于行幸之有无，辄影响军队士气甚大，恳请朕之西幸。朕以其言为礼，遂决西幸，而来有司兢兢为朕严庖厨，朕亦躬甚慎之。此卿已熟知，今演习既终，如今日之赐宴，仅是慰劳，目下仍为慎饮食之际，朕不欲临之，故不去。然卿来频催，前日以严饮食催朕西幸，今反强要朕临饮食之席，卿等弄朕也？"

天皇的表达极其辛辣。尽管充满了恐惧和不安，但山县仍然坚持，最后天皇妥协，派人准备马车。此时已经3点20分了。在马车到达宴会厅时，天皇立即走到座位上，在向出席宴会的众人点头示意后立刻离开，酒食碰都没有碰一下。[26]

天皇如此坚决地不去参加宴会，让人难以理解。也许仅仅是因为军事演习让他疲惫不堪，他感觉不适；也有可能是因为他讨厌被人操纵，尽管这些人自称有多么尊敬他，但并不考虑到他的意愿。没有人问过他是否想去熊本；山县和其他政府领导人都认为即使有感染霍乱的风险他也应当去。现在，山县又坚持让他出席宴会，不顾及他是否情愿。尽管众人是用崇敬的言语措辞说出"陛下应当这样做或陛下应当那样做"，但指示就是指示，这让天皇格外恼火。

天皇不喜欢熊本的军事演习，但在回程的途中，他命令武官作了一首军歌，以纪念这一场合：

　　　　明治三十又五年
　　　　寒秋霜月已过半
　　　　挥旗威武大元帅
　　　　熊本我军演豪迈

军歌的其他部分描绘了军事演习和此次归程，还（通过提到俘

第五十二章　祸机暗藏

获清朝军舰的方式）描述了日本在清日战争中取得的胜利：

> 战捷传来龙颜悦
> 筑紫*登车急不耐
> 长州还御把言欢
> 只因济远搁退败[27]

1902年12月底，众议院再次解散。这次是因为政府为支付庞大的海军支出而提出的增收地租税的提议未获通过。以伊藤博文的政友会为首的反对党纷纷反对这一提议。天皇屡次命令议会休会，但仍未能解决这一僵局。28日，众议院投票赞成解散。1903年3月1日，众议院举行了新一轮选举。

1903年的新年仪式中，唯一一个新颖之处是在1月6日为天皇举办的讲座上，天皇可以自行选择与西方历史有关的主题。这一年的讲座涉及的内容是威廉·普莱斯考特（William H. Prescott）的《天主教双王斐迪南国王和伊莎贝拉王后的统治史》（*History of the Reign of Ferdinand and Isabella the Catholic*），该书的一节描述了哥伦布呼吁为其探险筹集资金一事。和往常一样，没有迹象显示明治是否对这一讲座感兴趣。然而，现在日本正准备攫取殖民地并加入帝国主义列强的行列之中，他可能希望日本也能出现某个像哥伦布那样具有远见卓识的人，承诺为他开拓帝国。

关于日本今后的扩张，无论明治有着怎样的梦想，但他对于近在眼前的事情仍然比较保守。1月9日，负责昌子公主和房子公主教育事宜的佐佐木高行向侍从长传话，说他想让公主们搬到位于海边的某个地方，那样她们可以避开东京的寒冬。在征求天皇的意见时，天皇拒绝同意让公主们离开东京。他的理由是，公主们快到适

---

* 地名，位于福冈县。——编注

婚的年龄了，一旦女人结婚，她就必须让自己适应所加入的大家庭的生活方式。一个女人因结婚而加入的家庭，可能没有富裕到能让她到其他地方避寒和避暑。如果公主们渐渐习惯于到东京以外的地方避暑过冬，则会成为可能不太容易摒弃的习惯，甚至对她们的健康带来坏处。更好的做法就是让她们学会忍受严寒和酷暑。公主们将在东京度过寒冬，如果为保持健康而进行必要的室外活动的话，她们可以不时参观离宫或宫中的花园、宅邸。[28]

天皇自己从不去其他地方避暑、避寒，但并没有坚持让皇太子留在东京。这大概是因为他担心酷暑或严寒会对皇太子的健康造成严重影响。他可能还担心，强迫皇太子做他不喜欢的事情，可能会使皇太子出现抽搐或其他神经系统失调的现象，就像过去发生的那样。皇太子是唯一一位能够随心所欲生活的皇室成员。

2月2日，担任东宫辅导的威仁亲王拜谒天皇，认为应废止东宫辅导一职，理由是近期皇太子不仅在学业方面取得了巨大进步，甚至能够自学，并且病况也在渐渐减退。他认为，让皇太子更加独立的时机已经来临。皇太子已经二十五岁了，如果还需要东宫辅导的话，众人会觉得很奇怪，并且对皇室造成影响。天皇回复道，如果为已经成人的皇太子设置东宫辅导不太合适的话，那就把名称改一改。换句话说，无论把名称改成什么，天皇都认为皇太子仍然需要辅导。上月末，在威仁征询意见时，伊藤博文也认为皇太子仍需东宫辅导，但是，他也承认，这些年身体和精神方面的压力已经让威仁精疲力竭，如果继续让威仁担任东宫辅导可能有些不人道。2月6日，威仁的职位名称改为东宫顾问，但职责还是一样的。[29]

一个月后，威仁再次奏报天皇，说有必要培养皇太子的独立精神，但是，天皇对儿子的行为举止愈加谨慎，似乎并不赞成给予皇太子更多的独立。他下令说，从今往后，凡向皇太子征询意见者，都应采用书面形式，皇太子的答复也应采用书面形式。[30]

1月28日，在近卫军第一和第二步兵团的军营前面立起了皇室

第五十二章　祸机暗藏　　　　　　　　　　　　　　　　　　　　673

另一个问题成员——已故的能久亲王——的铜像。[31]毫无疑问，能久的战争生涯和病丧台湾使得天皇为他建造了这座铜像，但是，他早年的经历——无论是作为轮王寺宫公现，还是在德国当一名生活奢侈、反复无常的学生——都难以让他配得上这项殊荣。相比之下，尽管其他君王（比如同时代的维多利亚女王）都不反对建造石像或铜像以示纪念，但明治却没有任何的雕像。

4月7日，明治动身前往京都和大阪，观看一次大规模的海军阅兵，并出席第五届国内产业博览会。他乘坐火车出行，沿途在多个站点停靠，并于第二天下午抵达舞子，住在威仁亲王的别邸。当火车经过神户时，在港口外待命的军舰全都张灯结彩，鸣炮致敬。在舞子时，这些靠岸停泊的军舰白天挂满了锦旗，夜晚则华灯闪耀。在晚餐之前和之后的两个小时，海军乐队进行演奏。按照天皇的要求，他们演奏了天皇于11月在熊本军事演习的返程途中创作的那首军歌。[32]

天皇喜欢陆军胜过海军已经不是什么秘密。他不喜欢登上军舰，部分原因是他觉得柴油的气味很难闻。4月10日，就在进行大规模海军阅兵的当天，他决定穿上陆军制服[33]——那套他不分场合或季节都穿的军装。尽管他命令武官为这一场合创作了一首军歌，并呈现给海军看，但天皇没有穿上海军大元帅的制服，仍让海军官兵感到失望。

在1903年阅兵结束后的几年，当帝国海军准备进行另一次阅兵时，他们为天皇制作了一套海军制服，并恳请天皇穿着这套制服出席阅兵仪式。天皇没有答复，海军大臣山本权兵卫担心这意味着天皇拒绝，于是请求觐见天皇，希望天皇改变主意。他还没张口，天皇已经猜出了他的想法，问道，"山本，是衣服的事情吗？"天皇答应穿上新的海军制服。据说，看到天皇身穿海军军装，舰队官兵的士气得到了极大提升。[34]

4月13日，天皇离开舞子前往京都。在火车上，他用军歌的方式作了一首诗。天皇让侍从泽宣元记录下来，并在展示给其他人看时令泽宣元说是他自己创作的：

> 舞子海滨柏山町，
> 威仁别邸于旁岸。
> 衷心效君几春秋，
> 而今暂居好做伴。
> 朝辞舞子登速列，
> 山迢水远奔大阪。
> 惊觉速猛不虚传，
> 千里之行片刻还
> 似有祥烟遮羞日，
> 此是吉兆商业繁。
> 春风拂面无寒意，
> 皆因喜悦暖心田。
> 莫问旧都何时达，
> 京都只在须臾间。[35]

泽宣元提议说，天皇创作的这首军歌颂扬了大阪的繁华，大阪市的民众知道了会非常开心，但侍从长不准泽宣元请求天皇公布这首军歌，因为他担心这会使天皇勃然大怒。

4月20日，天皇在大阪出席了第五届国内产业博览会的开幕式。毫无疑问，目睹日本在工业、农业、商业和教育方面取得的成就，天皇十分高兴。[36] 为参加开幕式，他与陪同成员都穿上了盛装，并佩戴了徽章，十三个国家的公使和众多日本政要也参加了这次开幕式。这一盛会表明日本的"烟雾之都"让众人很满意。

然而就在此时，从清朝传来了令人不安的消息：俄国从满洲的撤兵进展缓慢。俄国承诺分三个阶段撤兵。第一个阶段已经完成，山海关到营口（牛庄）的铁路也已经交还，但是所有这些只意味着俄国将军队从辽西——日本没什么兴趣的地方——转移到了俄国的主要军事基地所在的辽东。俄国非常不愿意执行第二阶段的撤兵，包括撤出旅顺和大连。截止期限的4月8日已经过去，但他们仍未撤兵；相反，俄国又向清政府提出了七项撤军条件，声称如果清政府希望俄国归还领土就必须满足这些条件，其中竟有俄国完全控制满洲的管理和经济等条款。这意味着其他国家在满洲开展的通商活动将遭到封锁。[37]

得知这些新条件，日本惊慌不安，但政府无法就如何做出应对达成一致。3月15日，在召开元老会议时，伊藤博文说，英国和德国不会对俄国在满洲的所作所为使用武力。如果日本在没有其他列强支持的情况下反对俄国，可能导致意见上的冲突，最后只能通过战争来解决。关于日本的回应措施，他支持效仿英国和德国的做法。关于韩国，日本的目标应当是维持韩国的现状，为此应设法与俄国达成谅解，从而避免两国发生冲突。

虽然不能轻易地忽视伊藤的意见，但是，当外务大臣小村寿太郎得知俄国向清朝提出新条件时，立刻向清朝发出严厉警告，让清朝不要屈服。与此同时，他认为与俄国进行公开的直接谈判的时机已经到来。他劝说伊藤和他一同前往山县有朋位于京都的府邸，商讨基本策略。

就在这时，日本驻清朝公使发来电报，说俄国军队已经开始转移。一个营正准备占领位于鸭绿江畔的森林。日本也从驻韩公使那里收到了类似情报。

4月21日，在山县府邸召开的会议得出的结论认为，俄国在满洲和韩国北部的活动威胁到了韩国的生存，并且与日本的政策背道而驰。这四人[38]决定，在满洲问题上可以做出让步，但是坚决维护日本在韩国的权利，即使冒着爆发战争的风险。[39]

没有迹象表明天皇已经获悉了这一具有潜在危险的情况。他当时正在京都，多次前往大阪参观博览会。皇后通常会在第二天前去参观天皇造访过的同一个地方。5月2日，天皇听了大阪的松本武一郎向博览会出租的留声机。天皇对这个新发明很满意，花了七十五日元购买。之后，松本向天皇献上五张蜡筒唱片。第一张刻录的是国歌《君之代》，第二张是筑前琵琶*大师橘智定演奏的《楠宫樱井战》，其余的都是军歌。[40] 很显然，松本了解天皇的喜好。

在吊唁孝明天皇陵和英照皇太后陵（位于泉涌寺背后的月轮山）后的第二天，天皇作了一首迄今最感伤的诗歌：

> 月轮陵前喧
> 人世相隔两茫茫
> 无言泪千行
> 松针拂袖簌簌落
> 哀甚徒令存者伤[41]

5月10日，天皇离开京都返回东京，所有贵族和其他高官政要都来送行。此次出行是一个快乐的小插曲，但两天后，天皇回到东京，从陆军总参谋长大山岩那里得知了韩国的危急状况。据驻韩国的陆军武官奏报，俄国已经占领了鸭绿江河口东岸领土，并开始建造军事设施，意图阻止日本进一步前行。显而易见，俄国无意从满洲撤兵。大山岩认为俄国的目标是要永久占据东三省。

大山将俄国和日本的军事实力进行了比较。尽管西伯利亚大铁路的完工能让俄国比以前更快地向东亚运输军队，但是，这条铁路还未完全投入使用。两国都在不断地增加军队。从目前来看，俄国

---

* 明治时代中期，受萨摩琵琶的影响，橘智定根据盲僧琵琶和萨摩琵琶的综合技法创造了筑前（日本古地名，现在的九州北部）琵琶。筑前琵琶的演奏风格优雅哀伤，演奏者以女性为中心，在琵琶的形制上分四弦和五弦两种。因为面板用梧桐制成，所以音色较萨摩琵琶更为柔和，甚至可以弹出近似三味线（日本的一种弦乐器）的声音。——译注

第五十二章　祸机暗藏

的海军实力只有日本的四分之三，不过，如果俄国完成目前的扩张计划，很可能在几年之内赶超日本。

针对这一情况，大山得出结论认为，日本必须立刻采取行动，抑制俄国无休止的贪婪，维护清朝和韩国的独立以及保护日本的权利。时间拖得越久，日本要想实现自己的目标也就越困难。如果日本将满洲让给俄国，并且允许俄国将长臂伸到鸭绿江对岸的韩国领土上，那么韩国的独立将不复存在，清朝将岌岌可危。如果这两个国家灭亡，日本如何能独自维护自身的安全？

大山透露，他已将俄国的举动告诉了韩国，但韩国政府束手无策，因此，日本政府别无选择，只能将坚定的反对态度传达给俄国。[42]

天皇对此次禀告有何反应，我们尚不清楚，但可以肯定的是，日本很可能即将与世界上最强大的国家开战，这一定让他吓了一大跳。在悠闲地造访京都、重温过去之后，他需要面对眼前这个突如其来的冲击。

第五十三章

战前交涉

1903年6月1日,七名法学博士向总理大臣桂太郎提交了一份关于日本未来对俄政策的建议书。[1]他们语气强硬,指出最近发生的一系列危机事件造成了日俄关系紧张,如果俄国无法满足日本的要求,除了开战无路可走。他们的观点代表了多位日本领导人在接下来八个月与俄国进行谈判时所表达的观点。

这些法学博士说道,在清日战争后,日本面对三国(俄国、德国和法国)干涉无力保住辽东半岛,由此引发了第一场危机。这是造成目前满洲危机的最终原因。第二场危机发生在德国对胶州湾虎视眈眈之时,当时日本不具备必要的海军实力来驱逐德国。如果日本能够防止德国占领清朝的领土,俄国也就不会这么轻易地提出租借旅顺和大连的要求。最后一场危机是在义和团起义之后,日本未能就俄国从满洲撤兵制定具体的日程安排,这使得俄国在拖延撤兵时有了可乘之机。

新一轮的危机是由俄国未能执行承诺的第二阶段撤兵所引起。如果日本毫无反应地就此罢休,那就等于错过了采取行动的黄金时机。这七名法学博士认为,日本已经错失了上述三大良机,他们都急切地希望日本不要重蹈覆辙。他们指出,俄国已经稳步地侵占了满洲,在陆上修建铁路、城墙和炮台,在海上加大了对舰队的投入

第五十三章　战前交涉

力度，以此巩固其地位。近期传来的消息明确表明，俄国加强军事力量的目的就是为了恫吓日本。每拖延一天，危险就增加一分。日本在军事方面的优势最多只能维持不到一年的时间。

他们说道，目前，俄国在军事上无法与日本匹敌，但是，一旦对其军事力量感到自信，俄国想要的不仅是满洲，还包括韩国。一旦韩国落入俄国的手中，他们下一个目标还用说吗？除非解决满洲问题，否则韩国劫数难逃；如果韩国惨遭厄运，那么日本也别奢望能够自保。

不过，日本还是有希望的。事实上，日本也存在这么一个天赐良机。俄国在远东尚未站稳脚跟，日本拥有地理上的优势。四千多万同胞对俄国的行动暗怀憎恨，团结一致。如果日本未能利用这些因素，那么老祖宗留下来的遗产将岌岌可危，子孙后代的福祉将惨遭摧毁。

一些人认为日本在外交关系上必须小心谨慎，必须首先弄清楚英美的态度和摸清楚德法的意图。对于这一观点，七名博士进行了反驳，力劝日本即刻采取行动。他们说，这些国家的态度很明确。尽管德国和法国不支持日本，但他们也不支持俄国，因为日本和英国结盟，与日本为敌就意味着与英国为敌。此外，英国也不愿意为了满洲而背负这种危险。美国的目标是"门户开放"，只要保持"门户开放"，他们才不关心满洲是清朝的还是俄国的。他们感兴趣的只有商业利润。要是等到美国下定决心——比如在确保远东和平与维护清朝安全这一外交政策上，和日本坚定地站在一起——那么日本将会失去行动的自由。

众人认为，无论在什么情况下，日本都不应当失去韩国。这一主张完全正确，不过为了保护韩国，日本一定不能让满洲落入俄国之手。因此，至关重要的是，日本不能让俄国将外交争端的讨论范围仅限于韩国，因为这样一来，就如同已经承认满洲被俄国左右了一样。

这七名法学博士继续说，从法理上来说，俄国必须从满洲撤兵。但这并不意味着从满洲的 A 地转移至 B 地就可以了。此外，铁路警卫也必须撤离。日本有权要求俄国履行这部分义务。最重要的是，日本必须提防俄国政治家。他们口蜜腹剑，企图"以满易韩"或者采用类似的姑息措施。日本必须采取明确的措施，从根本上解决归还满洲领土的问题，维护远东的和平。

尽管这七名博士并没有说得那么直白，但很明显，他们认为日本应向俄国发出最后通牒，如果在满洲问题上俄国拒绝按照日本的意愿做，那么日本应趁着自己在军事上占上风的时候宣战。

他们的观点得到了众人的支持，不过，战争似乎并不会马上就爆发。在这七名博士提交建议书后不久，俄国陆军大臣、步兵上将阿列克谢·尼古拉耶维奇·库罗帕特金（Alexis Nikolaevich Kuropatkin）以及视察了海参崴和旅顺的九名高层官员访问了日本。他们得到了国宾级待遇，6 月 13 日，谒见了天皇和皇后。天皇为俄国贵宾和公使馆人员举办了正式的午宴，山县有朋、大山岩和内阁成员也参加了这次午宴。同一天，天皇向库罗帕特金授予了勋一等旭日大绶章，并向他的随行人员授予了较低等级的勋章。库罗帕特金奉沙皇之命考察日本的情况，探察日本的意图，但日本却对此次访问感到荣幸之至。

日本自然避免与来访的俄国人探讨军事问题，但是，在非正式的谈话中，他们对两国因远东问题而不断出现的对立表示遗憾。库罗帕特金希望可以避免战争，和平解决危机。在离开东京返回俄国之前，他向天皇传达了沙皇的口信："贵国与他国不同，是俄国的邻邦，为此，我希望两国的关系能够特别亲密。西伯利亚大铁路已经完工，希望两国未来的关系越来越亲密。"[2]

尽管此番言论很友善，但两国的主战派却越来越激进。6 月 22 日，总参谋长大山岩向天皇表达了自己的看法。他深信目前迫切需要解决韩国问题，如必要，应当使用武力。同一天，他向内阁

第五十三章　战前交涉

提交了书面意见书，声称如果日本任由事情自然发展，那么三四年内朝鲜半岛将成为俄国的领土，而这意味着与日本隔海相望的就是如虎狼一般凶猛的国家。大山支持通过谈判的方式尽力与俄国达成和平解决方案，但是，如果不幸爆发战争，日本的军队也有实力和俄国的军队抗衡。为了国家百年大计，现在正是解决韩国问题的最佳时机。[3]

6月23日，按照桂太郎和小村寿太郎的要求，天皇召集了九名主要阁僚举行御前会议，商讨日本未来的对俄政策。[4]小村准备了一份对俄行动方案。和七名法学博士提交的建议书一样，他宣称俄国未能遵守从满洲撤兵的承诺，而这给了日本一个机会来解决多年来一直迟疑不决的韩国问题。最重要的是，无论出于什么样的原因，日本都不能将韩国的领土让给俄国。但是，在满洲问题上可能需要对俄国做出一些让步，因为俄国在满洲占有优势。他提议在东京召开会议。[5]桂太郎也同样下定决心，不让俄国夺走韩国的任何一块领土，但他认为，如果韩国公开承认自己归属于日本则会引发冲突。

驻圣彼得堡的日本公使奉命询问俄国是否愿意同日本谈判。不过，在御前会议上，众人表现出来的团结带有欺骗性。伊藤的政友会虽然在这个问题上和解，但他们继续攻击桂太郎，尤其是在征收地租税的问题上。第二天，桂太郎邀请伊藤、山县和海军大臣山本来他的府邸，告诉他们由于感到无法应对危机，自己打算辞职。他认为只有元老才能担任这个领导职务，并请求伊藤或山县组建内阁。虽然他将退居二线，但仍会在方方面面予以合作。伊藤和其他人表示反对，但桂太郎还是以身体健康为由提交了辞呈。[6]

由于没有为这一僵局找到解决方案，于是，（和往常一样）该问题便交由天皇定夺。天皇召见了桂太郎，并对桂太郎说，在准备就韩国和满洲问题与俄国进行谈判的关键时刻，他不允许桂太郎辞职。他命令桂太郎留任，并静养身体。

7月13日，天皇任命伊藤博文担任枢密院议长。毫无疑问，这表明较之于政府中其他人士的看法，天皇更重视伊藤的意见。早在7月6日，天皇就派人请来伊藤商讨与俄国的关系。天皇说道，日本可能处在因满洲和韩国问题与俄国开战的边缘，前景很让人担心，他希望伊藤能在枢密院任职，这样他就可以就国家的重大问题向伊藤征询意见。伊藤请求给予几天时间考虑。8日，天皇向伊藤发了一封书面信函，解释说是因为他需要伊藤的坦率意见，才让他担任额外的职务："朕倚信卿积年之勤劳，望以匡救奖顺，完其始终。"[7]

在天皇向臣民表达尊敬之意中，这大概是最明确的一次。伊藤回复说，他将接受陛下的圣恩，但内心绝非欣喜。他觉得这是山县向天皇提出了策略。山县亲自会见了伊藤，并使用了所有雄辩之术劝说伊藤接受这一任命。伊藤终于答应，但条件是山县和松方也要成为枢密院的成员。最后，天皇召见了卧病在床的桂太郎，告诉他说，只要他留任，伊藤将接受新职位。该日晚些时候，桂太郎拜访伊藤，伊藤证实了这一说法。经过深思熟虑，桂太郎收回了辞呈。

现在，日本政府总算是团结一致了。7月28日，外务大臣小村请驻俄公使栗野慎一郎向俄国外交大臣弗拉基米尔·尼古拉耶维奇·拉姆斯多夫（Vladimir Nikolaevich Lamsdorf）伯爵传达口信，表示日本希望就满洲和韩国问题与俄国进行公开谈判。如果俄国大体上同意，日本政府将送来关于谈判性质和范围的建议书。栗野还奉命说，为了友谊和友好关系，日本希望此类谈判能够马上进行。[8]

8月12日，栗野向拉姆斯多夫提交了日本建议书的文本。该建议书有六条：

一、两国承诺尊重清朝和韩国的独立及领土完整，并维持各国在清朝和韩国的工商业机会均等的政策。

二、俄国承认日本在韩国的特殊利益，日本承认俄国在管理满洲铁路方面的特殊利益。

三、日本和俄国相互承诺，不得妨碍日本在韩国以及俄国

第五十三章　战前交涉

在满洲的工商企业的发展。

四、如果韩国或满洲发生动乱，需要派遣远征军，军队数量不得超过实际需要的数量，一旦完成使命，应立刻撤兵。

五、为了使韩国拥有一个良好的政府，俄国承认日本拥有专有权利向韩国提出建议和提供援助（包括军事援助）。

六、本条约取代日本和俄国之前就韩国问题达成的所有议定书。[9]

日本政府提交了这份建议书，满怀信心地认为这可以作为日俄之间协议的基础，并且希望俄国政府能本着友好精神进行修改或提出相反的看法。栗野在8月3日就收到了这份建议书的电报，但直到8月12日才得以与拉姆斯多夫伯爵会晤。拉姆斯多夫借口很忙，但真正的原因是俄国在远东的领土管理问题上发生了重大变化。8月12日，就在栗野最终提交小村建议书的当天，沙皇签署了一项设立远东总督府的敕令，目的是在总督叶夫根尼·伊万诺维奇·阿列克塞耶夫（Evgenii Ivanovich Alekseev）的指挥下，对俄国在贝加尔湖以东的省份和领土上的所有军事、经济和外交事务进行统一管理。[10]

这个变化对财政部长、俄国政府最有能力的官员谢尔盖·维特伯爵来说是个巨大而痛苦的意外。8月28日[11]，在他提交每月定期报告时，沙皇突然说撤去他的财政部长一职，任命他担任大臣委员会主席这一体面的闲职。维特认为，他之所以失去了在政府中的要职，是因为他反对沙皇的政策——他确信这些政策将导致与日本开战。[12]当维特得知阿列克塞耶夫——他将阿列克塞耶夫鄙视为拥有"亚美尼亚地毯经销商心态"的"极端恶劣的野心家"[13]——被任命为总督时，则将此举解释为沙皇已经接受了强硬派极端主义分子的意见。这些极端主义分子认为俄国可以在远东得到想要的一切，因为日本人不敢开战。他补充说，沙皇"在内心深处渴望通过打赢一场战争来获得荣耀。我确信，如果俄国不和日本开战，也会（就阿富汗问题）和印度开战，或者更有可能就博斯普鲁斯海峡与土耳其打上一仗，当然，这样的战争将转变成更大的战争"。[14] 就在维特被撤职的当天，沙皇在日记中用简洁的语言写道，"现在，我掌权了。"[15] 维特用以下话语回忆了日本的建议书：

> 我回到俄国后不久，日本驻俄公使粟野前来见我。1903年7月，我仍然担任财政部长时，他曾把一份建议书交给我和拉姆斯多夫伯爵看，这份建议书将有可能和平解决两国之间的分歧。我表示接受，但无济于事，因为这份建议书还是被送交阿列克塞耶夫总督定夺，并对此进行了无休无止、毫无结果的讨论。
>
> 这个颇有真知灼见的人（粟野）告诉我，他在积极解决这一问题，而我的国家一直在拖延谈判。日本一提出什么建议，拉姆斯多夫就会说事情是由阿列克塞耶夫负责的，而阿列克塞耶夫和（罗曼）罗森则推说他们束手无策，因为皇上（沙皇）出巡去了。在日本看来，这种策略就意味着我们想要开战，他觉得作为公使所面临的一个声誉攸关的问题，就是要尽力避免爆发战争。他劝告说，时间短暂，日本民众的情绪越来越激昂，以致政府也难以遏止。他说，日本毕竟是一个主权国家，竟不得不如此俯就，要和一个什么"远东大总督"进行谈判，就好像远东是俄国的，日本只不过是远东的保护国一样。[16]

粟野的评论很有见地。他自然意识到俄国不会原封不动地接受小村的建议书。也许俄国最不可能接受的就是第二条。为换取俄国承认日本在韩国的优势利益，日本所提供的只是承认俄国能对满洲的铁路进行管理。这显然不是一个平等的交易，但是，当小村提出这条建议时，毫无疑问，他预料到需要做出进一步的让步。俄国未能立刻答复小村的建议书，日本将此解释为蓄意羞辱，像俄国未能履行在第二阶段从满洲撤兵的承诺一样，这激怒了日本民众。如今，以七名法学博士为首的爱国人士公开呼吁发动战争。[17]

为了得到俄国提出的反建议，日本等了五十二天。对此，拉姆斯多夫伯爵给出的理由是沙皇出巡去了，并且有些问题要和阿列克塞耶夫进行商讨。他建议在东京进行谈判。[18]日本最初也是这样提议的，但现在这一建议并不受欢迎，因为俄国设立了总督府：若是在东京，和日本进行谈判的不是享有最高地位的俄国统帅，而是阿列克塞耶夫的下属——俄国公使罗森男爵，这对日本来说有失颜面。[19]最后，日本让步。10月3日，俄国向日本政府送交了第一次反建议。

反建议几乎全盘否决了日本的最初提议。在反建议中，第一条是保障韩国（而非清朝）的独立和领土完整，在其他条款中基本上都没有提到满洲，暗示着俄国不会就对满洲的控制进行讨论。第八条是唯一一条提到满洲的条款，俄国要求日本承认满洲及其沿海地区完全不属于日本的势力范围。反建议中提到了新的内容，即在位于北纬三十九度以北的韩国领土上设置中立区，日俄两国的军队都不得进入，由此遏制日本在韩国的势力。[20]两国提出的建议差别巨大，使得双方似乎不太可能做出让步。

为调解日本和俄国的建议并找到和解的依据，小村与罗森男爵会晤，但是，罗森说他没有获得授权对建议书进行修改。10月30日，小村向罗森提交了日本的第二次建议书，共十一条。和之前一样，第一条是日俄相互承认清朝和韩国的独立及领土完整；第二条到第四条要求俄国承认日本在韩国的优势利益；第五条是日本承诺不建立可能影响俄国自由通过朝鲜海峡的防御工事；第六条规定在韩国和满洲边界的两边设置五十公里的中立区；第七条和第八条规定，满洲不在日本的势力范围之内，俄国有权采取必要措施保护其在满洲的利益；其余条款与通商和铁路有关。[21]

为了得到俄国的答复，日本又等了四十多天，最终于12月11

日收到了答复。俄国将此次拖延归因于皇后生病。皇后是在和沙皇一起出巡时患病。在这样的时刻，大臣们不敢拿这些"琐事"来打扰沙皇，因为沙皇认为远东的局势已经稳定下来。俄国提出的新建议比旧建议更加偏激：俄国重申了与韩国有关的条款，然而，凡是提到满洲的地方都被删掉了。日本认为，他们本着和解的精神参加谈判，已经做出了很多让步，但俄国傲慢自大的举动让人非常失望。[22]

并不是所有俄国人都不肯让步。12月10日，步兵上将库罗帕特金就俄国在远东的目标向沙皇提交了一份很长的备忘录，他建议：

> 俄国应把关东*以及旅顺和大连交还清朝，把东清铁路的南部支线让给清朝；但是作为回报，俄国应获得满洲北部的一切权利以及两亿五千万卢布，由此作为清朝偿还俄国修建铁路和旅顺的费用。[23]

维特大体上同意库罗帕特金的方案，但他在回忆录中写道：

> 满洲不是我们的。我们应当同意归还以背信弃义的方式夺得的辽东半岛和东清铁路。美国、英国、日本以及它们的公开联盟或秘密联盟，还有清朝，都不会答应让俄国占领满洲。[24]

甚至是渴望获得军事胜利的沙皇也在十月向阿列克塞耶夫发了一封电报："我不希望日俄之间发生战争，也不允许如此。采取一切措施防止战争爆发。"沙皇于1903年12月28日召开了一次特别会议，他说："战争无疑是不受欢迎的。时间是俄国最好的盟友。每一年都会使我们的力量得到增强。"[25]

然而，等到这个时候，日本的耐心也耗尽了。他们觉得缺乏外

---

* 即山海关以东。1905年5月，日军占领辽东半岛后，将其更名为"关东州"。——译注

第五十三章　战前交涉　687

交礼貌的俄国让他们蒙羞受辱。12月16日，总理大臣、元老和内阁成员召开了一个会议，会上做出了两个决定：（1）关于满洲问题，自始至终都应当通过外交途径寻求解决方案，避免使用"最终手段"；（2）关于韩国问题，日本应当维护10月30日的修订建议中阐述的原则，如果俄国拒绝接受这些原则，那么日本将诉诸武力以达成目标。[26]

会议决定，为达成外交解决方案，日本将进行最后一次尝试。想到日本将采取"最终手段"，桂太郎感到不太舒服，但12月18日，他召开了内阁大臣会议，并将这一决定告诉他们。之后，他和小村一同进宫禀报天皇，探明天皇的想法。从这个时候起，尽管小村继续尽一切努力进行谈判，但桂太郎频繁约见陆军大臣、海军大臣和大藏大臣，准备战争。

12月21日，栗野收到指示，向俄国口头告知日本第三次建议书。[27]最值得注意的一个变动就是删掉了第六条，即建立一个中立区。日本愿意建立此类中立区，尽管这将覆盖韩国面积的近三分之一，但前提是俄国也在边境的满洲一侧建立一个类似的军事缓冲区；然而，俄国不屑于对这一建议做出答复。

收到日本的新建议，俄国国内的情绪很悲观。12月23日，海军上将阿列克塞耶夫奏报沙皇说："12月22日，罗森男爵已经通过电报向我发来日本的新建议，这无异于要求俄国政府正式承认日本是韩国的保护国。"[28]

俄国自然不愿答应，但他们提到可能在下一次建议书中认真考虑满洲问题。不过，在东京，越来越多的政府成员认为战争已无法避免。12月28日，日本召开了一次特别内阁会议，商讨战争的最后准备工作。[29]

在两国关系日益紧张的这几个月中，天皇的脑海被战争爆发的可能性占据。虽然皇太子的行为举止本就已经让他担忧不已，但他大概没有什么时间来关心自己的家人。10月，（在当了两年少校后）

皇太子被晋升为陆军大校和海军大校。他只需履行最少的军事职责，但当月，他前往和歌山县、香川县、爱媛县和冈山县进行视察。除了必须视察学校和考察当地特产外，皇太子高兴地参观源平合战的屋岛、道后温泉和各寺庙。在返回东京前，他在位于沼津的别墅休养。[30]

天皇继续为女儿们的教育问题担忧。此时，受命抚育昌子公主和房子公主的佐佐木高行提议说，应当在公主们的学业中增加理科和汉文。天皇不反对增加汉文，但他认为理科知识太高深了，可能会干扰到其他必修课程，[31] 公主们需要学习的反而应该是世界地理和欧洲语言。大概天皇在心里琢磨着，他的一个或多个女儿或许会效仿欧洲皇室嫁给外国王子。

在1904年的元旦，唯一不同寻常的地方是，由于皇太子夫妇碰巧在东京，使得他们能向天皇恭贺新年。他们还第一次接受了朝拜。[32] 第二天，最有前途的贵族成员近卫笃麿逝世，享年四十二岁。这对明治来说是一个沉重的打击，他为将来贵族在管理日本中所扮演的角色感到深深担忧。

1月6日，罗森向小村送交了俄国对日本第三次建议书做出的答复。[33] 俄国仍然要求在韩国境内（而非满洲境内）设置中立区，并坚称日本不得将韩国用于战略目的。如果日本满足这些要求，那么在满洲境内，俄国将"不妨碍日本以及其他国家根据与清朝达成的现有条约而获得的权利和特权，但建立租借地的权利除外"。[34] 这是一个让步，但日本认为俄国没有对关键问题做出答复，觉得已经没有什么理由继续谈判下去。

1月12日，包括元老、内阁成员以及高层陆军和海军官员在内的十六名官员召开了会议，天皇也参加了。尽管桂太郎和小村得出结论认为，已经没有进一步谈判的余地，必须通过军事手段来解决这一问题，然而，海军备战工作尚未完成。在本月20号之前，无法在佐世保调集到运输士兵所需的交通工具。因此，提前发动战争将对日本不利。桂太郎和小村编写了最后一份修订建议书。即便这

第五十三章　战前交涉

份建议书未能使俄国做出让步，但至少能让日本在开战前获得所需的时间。[35]

在最后一份建议书的开篇，日本要求废止第五条，即规定日本"不得将韩国领土的任何部分用于战略目的"；日本还要求废止第六条中与设置中立区有关的所有内容，对俄国建议书中与满洲有关的内容进行修改，包括要求俄国在满洲问题上同意尊重清朝的领土完整。[36]

对于让俄国同意这些更改，日本几乎没抱什么希望。俄国认为这些言语如此挑衅，是日本发出的不容进行进一步商谈的最后通牒。和往常一样，俄国的答复姗姗来迟。与此同时，日本开始准备因谈判破裂而可能导致的战争。1月16日，天皇命令陆军集结四个大队的步兵，运往汉城的港口——仁川。日本计划占领汉城，将汉城作为战争期间的作战中心。[37]

1月18日，宫中为天皇举办了关于欧洲历史的讲座，本次讲座摘选了大卫·休谟（David Hume）《英国史》（History of England）中的文章。这篇文章讲述了英国击败西班牙无敌舰队的故事，选择它似乎是一个奇妙的预言。[38]在本年度的第一次诗会上，天皇以"岩上松"为主题创作了一首短歌。这首和歌具有双重意义，众人将其解释为天皇在祈祷受到战争威胁的日本能够平平安安。[39]

此时，日本和俄国似乎都已经选择了战争，但法国却在为避免开战继续努力。法国处于两难的境地，因为它与俄国有联盟关系，但近来也和英国——俄国的敌人、日本的盟友——走得很近。法国在俄国开展了巨大的投资，他们下定决心要保护这些投资。1月23日，巴黎外交事务部政治事务副部长莫利斯·帕雷奥洛格（Maurice Paléologue）在日记中写道：

（外交部长）泰奥菲勒·德尔卡塞（Théophile Delcassé）巧妙地继续努力促使圣彼得堡和东京走得更近。他已经想出了一些绝妙的方案，可以同时解决满洲问题和韩国问题。他也同样巧妙灵活地利用从伦敦那里获得的支持。兰斯道恩、小村和拉姆斯多夫一直在对他表示极力感谢。

"我觉得我将成功完成这件事情"，今天早上他这样对我说。

他的脸容光焕发，两只眼睛炯炯闪烁。

我将最新的内幕告诉他，这些内幕让我确信俄国想开战，或者说无论如何俄国都在把自己推向一个境地，它向日本发布了一个具有威胁性的、导致战争几乎无法避免的最后通牒。

德尔卡塞的脸立刻阴沉下来。

"你总不会认为我会相信这些吧，是吗？我每天都和沙皇通信。就在昨天，他还感谢我很好地了解他的想法，感谢我尽心尽力谋求和平。照你这么说，原来他一直都想开战！那接下来又会发生什么！"[40]

根据他和沙皇的私下联系，德尔卡塞确信沙皇尼古拉二世迫切希望通过外交途径解决日俄之间的纷争。然而，（正如帕雷奥洛格指出的那样）沙皇梦想着进一步扩大疆土，他要吞并满洲和韩国，还有西藏、波斯，或许还有土耳其。帕雷奥洛格用这些话描述了尼古拉二世的性格："他并不聪明，反而非常胆小、轻信、懒散、摇摆不定，很容易受到神秘学说的影响……他让自己听从一群空想主义者、投机主义者和从中作梗者，这些人绝对是主战派。"[41]

帕雷奥洛格讲述了尼古拉二世（他用"狡黠的伪君子""和所有软弱无能的人一样"形容尼古拉二世）如何孤立那些反对与日本开战的大臣，如何在甚至没有与这些大臣商量的情况下设置了远东总督府。如果总督是位真正出类拔萃的人，情况倒还有可能得到改善，但是，正如维特对海军上将阿列克塞耶夫（在随后的战争期间担任俄军总司令）评述的那样，"他对陆军一无所知，对海军也是仅知一二"。他之所以能官居高位，是因为当大公阿列克谢在马赛

第五十三章　战前交涉　　691

妓院寻衅闹事被警察审讯时,他替阿列克谢承担了罪责,说警察把阿列克谢和阿列克塞耶夫弄混淆了。为此,这位心怀感激的大公便推荐阿列克塞耶夫担任关东州长官。[42]

　　沙皇会选用这样的人来担任如此重要的职位,真是让人惊讶不已。维特将这种难以预测的行为归结为尼古拉"具有的女性性格",他引述了一段话,说尼古拉天生具有心血来潮的特征,这种特征会让人觉得他是女性而非男性。每一个了解尼古拉的人都说他大体上脾气很好,对妻子和孩子情深意切,但优柔寡断使他成为一位难以伺候的君主。他深信自己的权力来自于上帝,并只对上帝负责,这大概可以对他为什么认为与日本开战是其神圣使命这一想法进行解释。他确信尽管可能需要费一番工夫,但俄国将会取得胜利。[43]

　　尼古拉也受到了德皇威廉二世的影响。很难想象还有谁能够施加比德皇更糟糕的影响力。早在1895年4月,德皇给他的这位"表弟"[*]写信:"我应当竭尽全力确保欧洲的安宁和保障俄国的大后方,那样一来,没人会阻碍你的远东行动!很显然,开拓亚洲大陆、防止黄种人侵犯欧洲,是俄国日后的伟大任务。在这一点上,我会始终支持你,竭尽所能助你一臂之力。"[44]在写给沙皇的信中,德皇一次次地流露出自己对"黄祸"的憎恶,他相信阻止"蒙古人和佛教侵入欧洲古老的基督教文化"是俄国的使命。[45]（在另一封信中,德皇画了一幅画,画中欧洲的几个大国以各自的守护天使为代表,被大天使米迦勒召集在一起,以便"团结起来抵抗佛教、异端和野蛮人的侵犯,守卫十字架"。）[46]

　　随着在信中写下"威利"[†]这一落款,德皇的脑海中浮现出这样一幅图景:他自己成为大西洋的海军上将,尼古拉则成为太平洋的海军上将。每一个阶段,他都对尼古拉的野心极力鼓舞。例如,

---

[*] 威廉是维多利亚女王的孙子,沙皇的妻子亚历山德拉是维多利亚女王的孙女。
[†] 德皇和沙皇之间的亲昵称呼,德皇威廉二世称为"Willy（威利）",沙皇尼古拉二世称为"Nicky（尼基）"。——译注

1904年1月3日，他写道："显而易见，每一个不偏不倚的人都认为韩国必定是，也将会是俄国的。至于什么时候或者怎样成为俄国的，众人都不关心，那只是你和你国家的事情。"[47]

这两位皇帝都是绝对的独裁者，他们手中握着上百万国民的性命，意识到这一点让人觉得非常可怕。被卷入即将来临的战争的第三位皇帝——明治——是唯一配得上皇帝这一称呼的。

直到1月30日，圣彼得堡才召开了一次特别会议，外交大臣拉姆斯多夫"积极地坚持强调，目前的纠纷绝不会牵扯到俄国的切身利益，因此，不存在导致战争的巨大风险。俄国民众无论如何也理解不了为何有战争的风险。他的结论是，沙皇政府应不遗余力地寻求和平解决危机的方案"。[48]拉姆斯多夫得到了委员会所有成员的支持，但海军上将亚历山大·阿戈维奇·阿巴扎（Alexander Ageevich Abaza）除外。他被维特描述成"无赖和恶棍"[49]以及总督的工具。尼古拉集结了一群政治冒险家，每一天他们都使自己更加接近战争。

直到2月2日，沙皇才批准俄国对日本的"最终"建议书做出答复。与此同时，小村屡次指示栗野敦促俄国尽快答复。栗野报告说，俄国如此拖延，是为了赢得加强军事准备的时间。[50]1月30日，日本在总理大臣的府邸召开会议，伊藤起草了一份备忘录，称日本做出果断决定的时候已经到来。他得到了参加会议的所有元老和内阁大臣的支持。两天后，陆军总参谋长大山岩向天皇提议说日本应先发制人。

天皇最信任的顾问官们对战争的结果没有信心。他们只是详细介绍了日本令人绝望的军事和财政状况。陆军计算得出，日本有一半的几率赢得战争；海军估计将会有一半的军事力量伤亡，但余下的一半能摧毁敌军。[51]尽管对日本赢得战争的几率做出的评价很悲观，但所有决策制定者都支持开战。他们确信，与俄国进行进一步的谈判是徒劳无益的，无论是对韩国还是对日本，俄国都是一个严重的威胁。

第五十三章 战前交涉

可想而知，如果俄国尽早对日本的第四次建议书做出答复，如果在与根据同清朝达成的现有条约而获得的权利和特权有关的条款中删除"建立租借地的权利除外"这一规定，那么可能会导致日本对开战的决定重新进行考虑。然而，俄国政府于2月3日向海军上将阿列克塞耶夫发送的电报（该电报最迟本应在4日或5日抵达东京），直到2月7日才抵达罗森男爵处。[52]

与此同时，2月3日在觐见天皇时，总理大臣桂太郎和外务大臣小村向天皇详细奏报了事到如今不得不与俄国开战的原因。他们请求天皇于第二天召开元老和内阁大臣会议，并宣布决定。即使等待了两周，在无数次请求俄国迅速做出答复后，日本仍未收到俄国的答复。桂太郎将这种无礼行为归结为俄国蔑视日本，似乎认为日本缺乏斗志。日本不应该再浪费时间了。[53] 日本驻巴黎公使接到指示，要求他无需为得到俄国政府的答复再做进一步的尝试。

第二天，在御前会议上，日本同意断绝与俄国的外交关系。[54] 2月5日，日本帝国政府通过驻圣彼得堡公使照会俄国外交大臣，说日本政府已经决定终止谈判，并将采取必要的行动来维护韩国的自由和领土完整。就在同一天，天皇向陆军和海军颁布诏书，通知他们说，尽管所有日本人都努力维持和平，但日本决定断绝与俄国的外交关系。

天皇在这段时期作的一首诗表达了他的焦灼情绪（尽管以非常间接的方式）：

      悲叹多事秋
      今又岂敢忘国忧
      莺啼乱庭中
      苦等无果倍增愁
      纷纷扰扰几时休[55]

第五十四章
"发现敌船"

日俄战争在双方都没有事先宣战的情况下打响。在（最近向意大利购买的）"春日"号和"日进"号巡洋舰被用于抗击俄国舰队之前，[1]日本海军决定等待一段时间，于是屡屡否决开战计划，让陆军大为恼火。在巡洋舰安全抵达新加坡（日本盟友的军事堡垒）后，海军才同意开第一枪。他们意识到，抢在强大的、正在路上的俄国舰队抵达远东海面之前开火至关重要。

在决定向俄国开火之前，日本在徒劳地等待着俄国对他们的建议书做出答复。事实上，战争爆发的直接原因似乎是日本的自尊心受到了伤害。在过去的一年，俄国一而再再而三地让日本等待，似乎漠不关心自己的拖拉行为给日本造成的影响。这种态度对日本政府成员（甚至是那些非常了解俄国军事实力的人）来说是无法忍受的侮辱。要是日本民众得知沙皇和他的亲信们用怎样轻蔑的语言嘲讽他们和他们的国家，说不定会更加迅速地采取行动。

无论这两个政府可能采取怎样的行动，当时的人们似乎都认为日俄之间的战争无法避免。1月13日，诗人石川啄木在日记中写道：

东亚风云渐告急，已做出师准备，传闻已起草宣战令。进

第五十四章 "发现敌船"

来人气高涨,战已不可避。既无可避,我宁早一日翼望大国民之英勇。²

从我们的角度来看,战争并非完全不可避免。鉴于事态的后续发展,我们很难对战争爆发的表面原因信以为真:日本决定维护韩国的独立。在日俄战争结束的那一年,日本自己摧毁了韩国的独立,强迫韩国皇帝签署了一份条约,使韩国沦为日本的被保护国。五年后,日本吞并韩国。很明显,维护韩国独立只是日本的一个幌子。伊恩·奈斯写道:

> 从战争的起源上来讲,日俄战争与其他战争形成有趣的反差。战争的起因并非来自经济压力,比如民众需求多而资源供应少。诚然,日本是战争的发动者,并且面临着原材料短缺和人口快速增长等问题。但是,韩国并非它要寻找的原材料供应地,也不是安放过剩人口的地方。在现阶段,满洲也不是日本进行大规模海外殖民的场所,事实上也不是商业活动之地……日本当然没有处在社会混乱的状态,也没有人会认为日本寻求发动一场战争是为了转移人们对国内问题的关注。在1904年,日本民众还没有诉诸仇外主义、民族主义或求战主义来发泄对贫困、革命或政治的不满。两国在狭隘的基础上做出的开战决定,或许大部分是出于战略上的考虑。³

毫无疑问,主要的战略考虑是将由哪个国家主宰韩国和中国东北地区。日本下定决心寸步不让。也许清日战争的胜利给了他们信心,让他们觉得自己能同任何国家抗衡,无论这个国家有多大或者军事上有多强。1904年2月6日,日本通知俄国谈判终止,以后日本将采取自认为适当的独立行动。他们可能认为这种说法等同于宣战,[4]但是,当日本突然对位于旅顺和仁川的俄国军舰开火时,俄国谴责这是违反国际法的可耻行为。[5]

日本当然会对他们的行动进行辩护,并且获得了其他国家的支持。法国外交部的莫利斯·帕雷奥洛格写道:"日本不宣而战,是在重演敌人曾经使用过的卑劣战术。1853年11月30日,俄国在对战土耳其时就曾使用了这一招,当时,俄国在锡诺普发动突然袭击,摧毁了土耳其的黑海舰队。"[6]

被誉为"俄国问题最权威的外国专家"的狄隆(E. J. Dillon)[7]在1918年写道:

> 日本突然攻击俄国舰队的行为被批评为卑鄙行为,且有很多人认同这一批评。我觉得必须说明一下,根据我所获得的信息,随着危机起起伏伏,从战争开始到结束,天皇的政府都表现出与和平期一样的骑士般的忠义和节制。有人认为,在突然发动初次攻击方面,俄国会表现得与敌人不同,我觉得这种观点是错误的。根据现存的一封由沙皇(于2月8日)发送给远东总督的电报来看,沙皇下达的一个重要训令就是,"如果日本舰队向北航行越过了韩国西部的北纬三十八度线,你的选择就是在他们开第一枪之前开火。我信赖你。愿上帝帮助你"。[8]

这封电报表明俄国将会毫不犹豫地发动袭击,即使没有宣战。但是,日本为防止对手抢占先机,先发制人。2月6日,日本电令驻俄公使回国,就在同一天,俄国驻日公使罗曼·罗森男爵被召唤到外务大臣小村寿太郎的府邸,并被告知日本与俄国断绝外交关系。在返回俄国公使馆的途中,罗森从俄国海军武官那里获悉:

> 当天早上6点,日本舰队拔锚起航,驶向一个未知的目的地。他们兵分两路,一路输送两个师的军队,显然是要在韩国的海

第五十四章 "发现敌船"

岸登陆，大概是在朝鲜半岛西海岸的某个地方。另一路很明显是要袭击我国停泊在旅顺口外锚地的舰队，这是日本人尽皆知的事实。[9]

罗森的消息是准确的，然而，他却无力警告俄国政府，因为日本政府为了防止机密外泄，暂停向外国发送电报。当罗森和家人正在等待船舰接他们离开日本时，

> 这时发生了一件感人的事情。当皇后陛下派来的侍女抵达时，我的妻子独自待在会客厅。侍女说，她受皇后陛下的委托，特此传达皇后陛下的极度悲伤之情，皇后陛下对我们在这样痛苦的氛围中离开感到难过。她恳请我的妻子接受一个小小的纪念品，以此纪念我们曾在日本逗留的时光。这个纪念品是两个银制的小花瓶，上面刻有皇室的纹样。

尽管罗森男爵夫人认为由于两国正在交战，接受皇后的礼物有些难为情，但她还是带着送礼人同样的心情接受了礼物，并请侍女传达她的感谢之情。[10] 传统的礼节就这样以我们今日难以想象的方式延续着。

2月8日，在海军少将瓜生外吉指挥的军舰的护送下，远征军在仁川登陆。在几乎没有遭到反击的情况下，军队占领汉城，并继续向北朝着鸭绿江挺进。此时，有两艘俄国军舰和一艘商船正停靠在港口。海军少将瓜生命令俄国军舰在第二天中午前离开港口。如果不服从命令，他将在港口内击沉这些船舰。第二天12点过10分，这两艘军舰起锚离港。罗森男爵听说：

> 先是"瓦良格"号（Variag）炮舰，接着是"高丽人"号（Koreetz）炮舰，他们接受了日本海军少将的要求，慢慢起锚出发。军舰

上悬挂着军旗，军官和士兵列队站立，经过停靠着的外国军舰，伴随着国歌的祝福，向着被敌人摧毁的命运，英勇地前进。敌人布置的众多强大的军舰呈半圆形排开，使得这两艘军舰根本没有机会逃离。[11]

日本对此进行的描述更加直截了当。当"瓦良格"号从港口出现时，"浅间"号发炮攻击。在经过大约一个小时的交火后，"瓦良格"号起火，逃回港口，之后爆炸沉没。当晚，"高丽人"号也起火沉没，商船被船员炸毁自沉。日本舰队首战告捷，毫发未损。[12]

2月6日，日本联合舰队的主力从佐世保出发。两天后，驱逐舰小队在旅顺口夜袭俄舰，重创两艘战列舰和一艘巡洋舰。海军大将、联合舰队司令长官东乡平八郎命令十五艘军舰按照他的指挥，向旅顺口挺进。次日早上11点30分，他升起了印有那句著名标语的旗帜："皇国兴废，在此一战；全体将士，奋力杀敌。"

战争爆发时，俄国在远东的海军力量包括六艘大型战列舰和一艘小型战列舰、九艘大型巡洋舰和两艘小型巡洋舰，以及一些小型船舰。所有战列舰、小型巡洋舰和四艘大型巡洋舰都停靠在旅顺，还有四艘大型巡洋舰靠泊在海参崴，一艘停在仁川。[13]在接下来的几个星期，这支俄国舰队的大多数军舰都遭到了重创，日本获得了制海权，他们封锁了旅顺口，并在满洲登陆。初尝胜利自然给日本带来了巨大的心理力量。在报纸上读到日军成功袭击旅顺口以及在韩国海岸取得胜利的有些夸张的报道时，啄木惊呼："余欣喜不已，携新闻纸，3时许至学校，同村人诸氏谈战。"[14]

2月9日，俄国以沙皇的名义发布宣战文告。第二天，日本以天皇和内阁成员的名义宣战。[15]这时，日本民众对即将到来的战争的激动心情已经达到了狂热的程度，我们可以在啄木写于2月7日的日记中窥见一斑：

第五十四章 "发现敌船"

> 今日新闻，告日露（俄）局面甚急激。村内亦召集预备兵。余扔掉手套，天赐良机已来临。真快心之事。[16]

日本后来在海上和陆上获得的胜利已是众所周知的事情，此处不再赘述。日本吸引了全世界的目光，不消说，他们欣喜若狂，至少持续到了伤亡惨重的消息被公布之时。国土再次沦为战场的韩国人就没那么狂热，但他们即便不愿意被日本人占领，也只能默许。日本劝告清朝中立，解释说这样不必再给财力已经消耗殆尽的清朝增加额外压力（虽然清朝的自然资源和取之不尽的劳动力对日本很有吸引力）。他们还担心，清朝卷入战争可能会导致驱逐外夷的暴力事件（如义和团运动）再次上演。日本承诺尊重清朝的中立，但前提是俄国也这么做。[17]

作为日本的盟友，英国受到同盟条约的束缚，如果有第三国加入俄国，那么英国将和日本并肩作战。因为没有其他国家加入俄国的阵营，英国就没有在军事行动中参与战争，但英国社会对日本的战争大业表现出了极大的热情。简·奥克利（Jane H. Oakley）的《日俄战争诗》（*A Russo-Japanese War Poem*）是一个最明显的例子。全诗长二百五十页，有八十四篇。这首鲜为人知的打油诗是押韵的抑扬格五音步诗[*]。几乎每个诗节都滑稽可笑。下面这一节选自第一篇，描述的是在仁川海战中为什么日本成功、俄国为何战败：

> 俄军水手的勇猛呀，闻名遐迩，
> 但却驾着旧军舰，真是胆大又鲁莽；
> 他们的操作技术似乎还不娴熟，
> 日本的技术呀，更胜一筹。

---

* 音步（foot）是西方诗歌中的基本韵律单位，在英语诗中是由重音和轻音组成。抑扬格音步指一个轻音和一个重音组成的音步，五步即该诗每行有五个音步——编注

日本军官在沙河战役后的合照

> 日本的天皇叫"明治",
> 是来自世界古老王朝的国王。
> 他们建国人的统治时代,
> 可以与巴比伦的"贝尔"(Bel)齐名。[18]

英国不仅是日本的盟友,而且在很久以前就是反俄派。俄国对1904年10月21日夜晚发生的人员伤亡事件漠不关心,让英国对俄国的厌恶之情升格为仇恨情绪,甚至使很多人支持立刻向俄国宣战。10月21日晚,俄国第二太平洋舰队(由三十五艘军舰组成)经过北海时,在多格浅滩遇上了一组英国的拖网渔船。他们将这些没有威胁性的渔船误当成日本驱逐舰。无论怎么想,日本船只也不可能在北海航行,但俄国舰队向那些船只开火。一艘拖网渔船被击沉,多艘渔船受损。莫利斯·帕雷奥洛格评论道:"那支舰队在夜间经过一个所有水手都熟知的浅滩,却把一组拖网渔船误认为是埋伏着的敌军驱逐舰,尤其是这些拖网渔船还悬挂着规定的信号灯,此举必定让英国公众目瞪口呆。"最让人无法忍受的是,在意识到自己的错误后，俄国海军上将决定继续前进，并没有停下来去营救那些不幸的渔民。[19]

英国公众一致要求俄国政府给予赔偿。法国外交部长对帕雷奥洛格说："即使立刻爆发战争，我也不会感到惊讶。"不过，他认为，俄国那边大概也是如此，因为俄国视英国为宿敌，一个比日本更让人恨之入骨的敌人。这一事件最终在法国的帮助下得以解决，俄国第二太平洋舰队继续朝着对马岛驶去，在那里它们将与日本舰队进行一场殊死决战。

其他国家的公众舆论让罗森男爵倍感失望。他说："处处都在指责我们，甚至连我们预计最不太可能插手的美国也是如此。在某种程度上，这大概是由于作战人员的比例明显不均衡所致。诚然，就算是作为一场单纯的比赛，也是弱势的一方博得持中立态度的观望者的同情。"[20]

罗森对美国支持日本感到吃惊，大概是因为他认为，日本移民涌入加利福尼亚州的问题应该会使美国倾向于支持俄国。不过，西奥多·罗斯福总统讨厌俄国，例如他在1905年8月的信中写道："没有一个人种，无论黑种人、黄种人还是白种人，能像当前体制下的俄国人那样不诚实、那样虚伪、那样傲慢——简言之，在方方面面都不值得信赖。"虽然他也偶尔批评日本（不过措辞更加温和），但总的来说，他是一个亲日派。这是因为他讨厌俄国政府和它们那"荒谬、可恶的沙皇"[21]；另一个原因是，作为一名热忱的强身健体的倡导者，他对新渡户稻造在《武士道》中描述的武士传统留下了深刻印象。《武士道》是他最喜欢的书籍之一。[22]

描写了日俄战争的美国人通常都是亲日派。基督教牧师西德尼·古力克（Sidney Gulick）博士写下《远东的白祸》（*The White Peril in the Far East*）一书，谴责德皇威廉的"黄祸论"。古力克论述了日本所有行动的正当性，甚至包括德川时期禁止基督教的行为和幕末的排外行为。他将日本采取锁国政策的做法归因于日本发现了"白祸",并得出结论:"总的来说,在对待外国人的态度上,没有一个国家能比日本更加让人尊敬了。"[23]

日本对待俄国战俘的宽宏大量,使得古力克的论点——日本已经全盘接纳了西方的行为准则——得到证实。被从俄国"瓦良格"号带到松山[24]的受伤水手被当做"客人"一样对待。日本向他们提供了宽敞的住处、一名专业外科医生、一名翻译、一名药剂师和十一名护士,还提供了西式风格的床以及毛毯、床单、枕头和枕套。此外,还为他们烹制了西式菜肴。每隔几天便在他们的房间插上鲜花。在这些"客人"康复后,还会给予他们更多的自由。古力克猜测到:"我怀疑,在此之前,这些人是否能过上一段这么愉悦的时光。"[25]

相比之下,他指出,"在处理位于远东的利益和权利时,俄国所采用的外交方法以及残酷虐待日本妇女、侦察兵和受伤士兵的方式,在日本激起了极大的怨恨和愤怒"。在列举了日本因俄国而遭受的所有不当对待后,他补充道:"以俄国为具体代表的'白祸'以最糟糕的形式表现出来。它给带有侵略性的贪婪增加了伪善,用宗教的外衣来遮掩应受谴责的犯罪行为。"他得出结论认为:"白种人必须摒弃其珍视的信念,即认为他们的种族绝对优越,他们生来具有主宰地球的权利,以及所有有色人种都应该为他们的经济利益服务。只要白种人将这一信念作为一种理想,那么他们将继续成为威胁地球和平与福祉的祸害。"[26]

英国的前内阁成员詹姆斯·普莱斯(James Price)于1904年10月在华盛顿会见了金子坚太郎,他对金子说:"来到美国以后,我去过这个国家的每一个角落,会见了各行各业的人士。他们对贵国所表现出来的极大同情让我非常惊讶。他们满怀热情地支持贵国,这种热情甚至在我的国家——贵国的盟友英国——都不容易看到。他们反感俄国,这真的让人感到很意外。"他认为,之所以出现亲日反俄的情绪,是因为曾在美国留学的日本人自维新时起就建立起

第五十四章 "发现敌船"

了友好关系。[27]

日本政府渴望与外国维持友好关系。他们将毕业于剑桥的末松谦澄（1855—1920）派往英国，将毕业于哈佛的金子坚太郎派往美国。[28] 金子不仅卓有成效地与罗斯福总统打交道，还成了罗斯福可以信赖的朋友。1904年3月26日，金子在白宫第一次与罗斯福总统会晤。尽管有三十多人在等候，但是总统一看到金子的名片，就立刻走上前，和金子握手并把他领到办公室。他告诉金子，他一直都在急切地等待金子的来访，并询问金子为什么不早一点儿来。[29]

1905年3月20日，就在日本军队在奉天战役中大获全胜后不久，罗斯福向金子发了一封电报，邀请他到白宫共进午餐。金子受到了总统的接见，总统的脸上因为这场前所未有的胜利而闪耀着喜悦之情。罗斯福即将前往科罗拉多猎熊，将离开六个星期。一般情况下，总统不会透露他的行程，但他告诉金子，如果金子出于某些原因希望和他讨论战争局势的话，他将立刻返回华盛顿。[30]

想到熊是俄国的象征，金子便对总统说："俄国舰队将进入太平洋，不久后，一定会与我国舰队上演一场大规模的海战。如果您能猎杀到一头熊，这将被视为日本舰队获胜的预兆。我祝愿您大功告成。"对此罗斯福说："是的，我也是这样想的。"在签订议和条约后，当金子准备返回日本时，总统向金子赠送了他所猎杀的熊的毛皮和亲笔写的书信，并请他亲自呈交给天皇。

虽然日本和美国之间的官方关系非常友好，但小说家有岛武郎发现欧洲存在着反日情绪。他写道："基督教国家和非基督教国家之间存在着冲突，随着日俄战争的爆发，这一事实突然变成了一个重大问题。由于俄国是日本的敌人，俄国对日本怀有敌意是在所难免的。然而，整个欧洲的民众都嫉妒异民族异宗教的日本，也是千真万确的事实。"[31]

俄国的盟友法国处于最困难的境地。政府中鲜有人想牵扯进这场战争。当法国官员得知俄国计划向日本派出波罗的海舰队时，他们力劝俄国让舰队取道南美洲南端的合恩角。虽然这条航线的路途最长,但可以避开英国的海外领地——这些领地的居民无疑会把他们观察到的俄国舰队的动向告知日本。当然,法国考虑最多的是这条航线还可以避开法国的属地,这样一来就免除了为俄国舰队提供协助的义务。

法国认为,俄国很可能打败仗。一名曾在满洲的俄国军队中担任观察员的法国将军认为日本将获胜,并力劝俄国尽快按照有把握赢取的条件进行议和,因为俄国的境况只会变得更加糟糕。11月初,法国驻俄大使从圣彼得堡回到巴黎。他报告说:"远东的战争……在俄国民众之间变得越来越不受欢迎;他们认为这是一个受私利驱动的计划,是俄国皇宫策划的一次规模宏大的海盗式远征。在很多村庄,后备军人的动身离开都伴随着骚乱的发生。民众说得最多的一句牢骚话是:我们的君主发动了一场非正义的战争。所以上帝不保佑我们难道很奇怪吗?"[32]

据说在圣彼得堡和莫斯科,学生们组织了煽动性的集会,在集会上合唱《马赛曲》。在巴黎的俄国高层官员信誓旦旦地对帕雷奥洛格说道:"俄国必须不惜一切代价地继续战斗,直到肮脏的日本人乞哀告饶,哪怕这场战争将持续两年以上。"但是,其他俄国人说,在后备军人动身去前线的时候,没有一个星期不发生军营叛乱或骚乱事件。[33]

俄国海军上将为他的舰队选择的航线是沿着非洲西海岸行驶,绕过了好望角,抵达亚洲。他希望舰队能在法国的殖民地那里获得帮助。然而,法国并不希望他们的合作被日本人知道,于是,力劝俄国海军上将在荒凉的地方靠岸,但这位上将坚持在主要港口停泊。在绕道好望角后,俄国舰队请求允许他们在马达加斯加停靠更长时间。德尔卡塞拒绝了这一请求,他担心日本会打击报复,但这没能阻止俄国在那里停留。

1905年1月2日,旅顺——这个"象征着俄国在中国海域的雄心,

第五十四章 "发现敌船"

位于辽东半岛尽头的远东直布罗陀、第一要塞"——落入日本人手中。成功逃离旅顺的一艘俄国驱逐舰把安纳托利·米哈伊洛维奇·斯特塞尔（Anatoly Mikhaylovich Stessel）将军发送的以下电报呈交给了沙皇尼古拉：

> 日本占领了我们的防御线。我们坚持不了多长时间，不得不投降。伟大的君主，原谅我们吧，我们已经尽了一切努力。在定我们罪的时候，请您发发慈悲。过去十七个月的持续战斗已经让我们精疲力竭。四分之三的军队不是进了医院，就是进了坟墓。最后四分之一的军队能坚持行进的距离也不过二十九公里，而且无法换班，甚至不能短暂地休息一会儿。所有人虽说是"士兵"，但已如亡灵一般了。

尽管斯特塞尔将军在要塞还有充足军需供应的情况下投降，为此遭到了许多俄国人的严厉批评，但他收到了陆军大将山县有朋极有礼貌的一封书信："承蒙日本天皇陛下告知，鉴于贵国军队的英勇行为，陛下希望你们接受军人的荣誉。即陛下下令，允许贵国军官继续佩剑。"[34]

旅顺失陷立即在俄国激起强烈反响。1月19日，有人试图谋杀沙皇；1月21日，超过十四万名工人在圣彼得堡的街道上进行了规模宏大的罢工游行。据说，日本军队在满洲每赢得一场胜利，俄国对战争的不满情绪便随之高涨一分。帕雷奥洛格听说，"俄国政府和民众仍然把他们的最后一丝希望寄托在仍位于马达加斯加的'无敌舰队'上"。但是，对于这支舰队的美名，驻圣彼得堡的法国海军武官称，"第二舰队的海事和军事价值比不上普通舰队。这支舰队并非一个均质且有凝聚力的有机体，而是一支七拼八凑的队伍，是一个由不同时期、不同类型的船舰组成的大杂烩……船员的工作效率并不比普通舰队高。这支队伍鲜有经验丰富的军官；工程技术

斯特塞尔投降后，日俄指挥官的合照。第二排右起第二人即斯特塞尔，第三人是乃木希典

人员的素质非常低劣；没有海军士官，大多数水手都没有接受过军事培训，甚至未曾出过海"。[35]

这支俄国舰队在马达加斯加停留了一个多月，船员接受了对日行动有关的培训。在此期间，俄国国内的反战呼声日益高涨。2月17日，大公、莫斯科总督谢尔盖（Sergei）*被恐怖分子投放的炸弹炸得血肉横飞。2月27日，莫斯科的妇女向皇后送交了一份请愿书，表达了她们热切渴望和平的意愿："近期发生的骚乱事件似乎是吞噬

---

* 此处的谢尔盖指谢尔盖·亚历山大罗维奇，他是沙皇尼古拉二世的叔父。1905年2月17日，当谢尔盖的马车通过莫斯科克里姆林宫大门时，一名刺客将一枚炸弹扔进他的怀中。大公当场被炸死。——译注

第五十四章 "发现敌船"

全俄罗斯的不幸的开始,我们觉得十分恐怖。除非沙皇和民众站在一起,采取措施制止这场灾难,否则,将会招致悲惨的大事。"[36]

法国外交部长希望能够动摇沙皇将战斗进行到底的决心。他给沙皇写了一封信,信上说,"每一天,战争都让贵国政府按照可以接受的条件争取和平变得愈发困难。"[37]

3月17日,俄国舰队最终离开了马达加斯加,朝东北方向的苏门答腊西端驶去。这大概是一条最糟糕的航线,因为舰队完全暴露在位于马来西亚的英国人的眼皮底下,日本由此能够随时跟踪俄国舰队的路线。但是,俄国仍然对其波罗的海舰队抱有让人难以置信的信心。没有人怀疑他们将赢得一场重大的海战胜利,从日本手中夺回制海权,之后俄国将好好报复日本。[38]

4月14日,俄国舰队在西贡以北约三百二十公里的法属印度支那的安南海岸抛锚。法国所希望的只是让俄国离开,但他们几乎没有办法劝说俄国驶离该地,这支舰队的长期停留在日本引发了一场反法热潮。就在这个时候,在这场战争中扮演了坏角色,时而鼓励俄国拯救基督教徒、时而煽动日本的德国突然对法国说,如果没有其他办法可以维护德国在摩洛哥的权利和利益,他们将毫不犹豫地发动一场战争。法国参谋长惊呼:"德国发动突然袭击的话,我们根本无法抵抗!这将比1870年*的情况还要糟糕!我们会败得飞快,败得彻底!想一想就知道了——首先,俄国没有多余的精力来援助我们!我们拿什么来抵抗拥有一百五十万名士兵的德国军队?我们最多只有九十万名士兵——其中有十万、或许二十万拒绝上战场。"[39]现在,法国明显没有能力来帮助它的俄国盟友。

1905年5月26日,俄国舰队驶进了日本海域。日本舰队在海

---

* 指1870—1871年发生于普鲁士王国同法兰西第二帝国之间的普法战争。战争开始后,法军接连败北。这次战争使普鲁士完成德意志统一,取代了法国在欧洲大陆的霸主地位。——译注

军大将东乡的指挥下封锁了道路。在历史上具有决定性的海战中，东乡的舰队彻底击溃了俄军。5月29日，法国得知"第二太平洋舰队"已经不复存在。帕雷奥洛格预测，对马海战将标志着俄国在亚洲统治的结束。

6月16日，帕雷奥洛格报告说："近期又发生了一些始料未及的事情，似乎昭示着国际政治局势将发生重大发展变化。美国有史以来第一次插手欧洲事务。在此之前，美国曾将避开这个古老大陆上的问题（即欧洲的各种纠葛）视为国家信条。"[40]如今，根据德皇的请求，罗斯福总统正在考虑如何调解法国与德国因摩洛哥问题发生的重大争执。

6月20日，帕雷奥洛格写道："作为两国公认的确凿无疑的调解人，罗斯福总统刚对俄国和日本说，他将进行调解以结束战争。"[41]与此同时，在俄国，一场革命风暴*从波罗的海沿岸蔓延至伏尔加平原。"镇压常常是不可行的，"帕雷奥洛格指出，"因为军队拒绝介入。"

俄国海军于对马岛遭到惨败后，谢尔盖·维特伯爵在回忆录中写道，每一个人，甚至是沙皇，都意识到必须进行议和谈判。尽管日本人在旅顺和奉天的陆战以及对马岛的海战中赢得了令人瞩目的胜利，但他们也被战争的人力和财力消耗折磨得疲惫不堪。在得知罗斯福总统提议对日俄两国的议和谈判进行调解后，外交大臣拉姆斯多夫作出了积极回应。他建议沙皇委派维特作为议和谈判的首席全权代表，但沙皇没有答复。毫无疑问，这是因为他不愿意承认维特对主战派的种种后果所做出的预言都变成了现实。[42]

与沙皇不同，明治的名字很少出现在有关战事或议和谈判的记

---

* 指俄国1905年革命。这场革命发生于1905至1907年间，范围广泛，以反政府为目的，导致尼古拉二世政府于1906年制定等同于宪法的基本法、成立国家杜马立法议会与施行多党制。——译注

录中。无疑，在战争期间，他像往常一样履行职责——听取大臣的奏报，批准接见重要的外国宾客等。然而，在清日战争期间，为了更加接近军队，明治搬到了广岛，并在那里度过了沉闷的几个月，直到战争胜利；但在日俄战争期间，几乎没有什么明显的迹象表明他参与了战事。不过，侍从日野西资博回忆道，天皇不允许在他的房间提供暖气设备，除了吃饭和睡觉外，他几乎整天都坐在办公桌前。日野西说，天皇最担心的事情是围攻旅顺。天皇说，"旅顺迟早会被攻陷，然而，以这种方式让士兵献出生命实在是恐怖。乃木是位好将军，但其让士兵丧命的方式，着实让人不安"。[43]

关于天皇在这段时间的私人生活记载少之又少，不过，来自于英国驻日公使克劳德·麦克唐纳（Claude MacDonald）的一封信虽然简短，但却让我们欣然洞悉了天皇的生活：

> 在为海军上将诺埃尔（Noël）和我国舰队军官准备的午宴中，我坐在天皇的对面。在挥舞着明晃晃的刀叉之余，陛下非常友好地和周围的每一个人聊天。有栖川宫亲王、闲院宫亲王端坐在两侧，顺从地附和着；但是，伊藤侯爵和井上伯爵（后者坐在我身旁）似乎是以完全平等的姿态在交谈，并说着笑话，让太阳神的直系后裔哈哈大笑。在我以及让我开怀大笑的人看来，虽然他贵为日本天皇，但其实是有人情味的人。[44]

如果天皇和俄国沙皇一样坚持自行任命陆军上将和海军上将，或者出于一些个人不合的原因而拒绝委任最合适的人作为日本议和谈判的代表，那么，即便这有可能给日本带来危险，但他大概可以按照自己的意思行事。幸运的是，这类事情并没有发生。也许正是因为这个原因，罗森男爵才会在回忆录中提到天皇时说，"他的名字将被作为迄今所知的、世界上最伟大的君主之一而被载入史册"。[45]

第五十五章

日俄谈判

1905年5月27到28日，第二舰队在对马岛全军覆没，让俄国举国上下都"笼罩在阴郁和恐慌的阴影之下"。不久前，德皇还在鼓动沙皇与日本作战，此刻他却就日本的大获全胜向日本驻德公使表示祝贺，还宣称这场海战是自1805年（整整一百年前）英国舰队在特拉法尔加战胜法国和西班牙的舰队以来，最宏大的一场战役。捷报传来时，金子坚太郎正在纽约，他向罗斯福总统发送电报，称这场战争是"世界历史上最辉煌的海战大捷"。[1] 罗斯福表示同意。他给金子回电说，"这是全世界目睹过的最伟大的奇迹。甚至特拉法尔加战役*也无法与之相比。当我第一次获知这个消息时都不相信。但是，随着消息接二连三地传来，我是如此兴奋，以至于觉得自己都快成为了一个日本人。我都无法好好办公了。"[2]

这次战败迫使沙皇重新考虑是否还要继续战斗下去。在高层讨

---

* 英法历史上曾多次为争夺欧洲霸主地位而爆发战争，特拉法尔加海战便是其中之一，被称为"帆船时代规模最大的海战"。1805年10月21日，双方舰队在西班牙特拉法尔加角外海面相遇，战斗持续五个小时，由于英军指挥、战术及训练皆胜一筹，法兰西联合舰队遭受决定性的打击，主帅被抓，21艘战舰被俘。此役之后法国海军精丧尽，从此一蹶不振，拿破仑被迫放弃进攻英国本土的计划，而英国海上霸主的地位得以巩固。——译注

第五十五章　日俄谈判

论中一直占据主导地位的"主战派"逐渐失势,甚至在沙皇面前表示愿意启动议和谈判,那些希望议和的俄国领导者开始认为罗斯福总统是最合适的调停者。

日本也决定请罗斯福来启动议和谈判。早在1月7日和8日(就在日本攻占旅顺后不久),金子已经受邀在白宫与罗斯福对召开议和会议的可能性进行了商讨,日本打算在战争一结束立刻进行议和谈判。罗斯福认为,日本有权占领旅顺且将韩国纳入势力范围,但是,他觉得应将满洲归还给清朝,并在西方大国的担保下让满洲保持中立。尽管罗斯福坚定地表明"我们不允许日本的胜利果实再次被抢走",[3]但他强调,日本必须同意在满洲维持"门户开放"政策——这才是美国最关注的问题,因为它与通商直接相关。在从日本驻美公使高平小五郎那里得知罗斯福期待并希望日本打胜仗后,外务大臣小村寿太郎决定向罗斯福公开披露日本关于满洲、韩国和旅顺的打算及希望,结果证明,这些打算和希望或多或少地与罗斯福的相吻合。[4]

在接下来的几个月,各国(尤其是法国)都试图要把日本和俄国拉到议和会议上。日本不太相信法国,因为它是俄国的盟友,并且在召开议和会议之前,日本也不愿意就不要求俄国赔偿或不让俄国割让领土做出承诺。显而易见,比起法国,他们更希望让罗斯福来召开议和会议。小村费尽力气让罗斯福放心,说日本会完全坚守在满洲维持"门户开放"政策以及将满洲交还给清朝的立场。[5]

在满洲发生的奉天之战,是近代历史上最大的一场战役。这场战役于3月10日结束,日本获胜,然而,当俄军往北逃跑时,日军已经太过疲惫,无法进行有效追击。日军赢得了一场重大战役的胜利,但俄国并没有就此屈服。甚至在议和会议上,俄国仍坚持认为他们只是打了几场败仗,而非输掉了整个战争。确实,较之俄国人,大概日本人更强烈地想要议和。3月8日,当战火还在奉天燃烧的时候,陆军大臣寺内正毅(1852—1919)与美国公使劳埃德·格里斯康（Lloyd Griscom）进行了非正式接洽，并请他转告罗斯福总统，"是时候停战了"。[6]

最终，寺内的计划没有得到落实，因为小村坚持认为沙皇应迈出走向议和的第一步。但此后，小村的态度也发生了变化。4月25日，格里斯康公使给华盛顿写信，说外务大臣"希望通过罗斯福启动议和，衷心期待议和"。

美国的态度是一边倒地倾向日本。明治似乎已经了解到了这一情况。1月24日，他派人请来格里斯康，就近日贞爱亲王在访美期间受到的热情接待表示感谢。诚然，对皇室成员在国外访问期间获得的款待以及有时候被授予勋章表示感谢是很正常的事情，但这一次，天皇的言语似乎传达出了他的真情实感："思贵国常对我国有深厚好意，不胜欢喜。朕兹祝总统阁下之健康，祈贵国之繁荣，且望将来两国之交谊愈加亲密。"[7]

日俄战争期间，天皇从来都没想对战事指挥提供建议，而且很少表露自己的情感，即使在获悉日本打了胜仗的时候也是如此。副参谋长长冈外史得知攻陷旅顺后，第一时间奔向宫中奏禀天皇。天皇刚离开书房，准备去神社参拜，但得知长冈请求觐见后便返回了书房。长冈欣喜若狂，还没等天皇坐好就奏报说，担任报告这一喜讯的使者是他这一生最大的荣幸。在这些话脱口而出后，他开始仰望天皇的容颜，汇报战局详情。那张脸很镇定平和，和往常一样，没有流露出一丝情感。在长冈描述胜利的十五六分钟，天皇以几乎让人觉察不到的方式点了几次头。汇报完毕后，天皇按照之前被打断了的计划继续前往神社。

长冈感到深深的失望。他知道天皇仅在很少的情况下才会流露出自己的情绪——无论是开心还是生气，但是，他汇报的这一事件是如此不同寻常。他期待着天皇能面露喜色，或者至少能流露出似乎有些释然的神情。围攻旅顺让众多日本士兵付出了生命的代价，在三次全面进攻俄国守军期间，惨烈的场面骇人听闻。几个月

第五十五章　日俄谈判

以来，举国上下都在焦灼地等待着今日收到的消息。这场胜利不仅对日后的战事指挥有着非常重大的意义，也将对日本的国家政策产生巨大影响。然而，天皇的表情竟没有丝毫变化。无法抑制的激动之情让长冈觉得窘迫不安，在从天皇眼前离开时，他觉得背上全部汗湿。[8]

天皇之所以看起来无动于衷，是因为他已经得知了攻占旅顺的胜利消息。就在同一天，山县有朋已经给侍从长打电话，告诉了胜利的消息。然而，侍从长向天皇传达这一消息时，天皇的第一反应不是欣喜地惊叹，而是对斯特塞尔将军坚定不移地忠于其祖国大加赞赏。他命令山县务必维护斯特塞尔作为一名战士的尊严。山县向乃木希典传达了这一命令，乃木希典又将这一命令传达给他指挥的所有士兵。也许天皇得知了十年前日本从清朝手中夺取旅顺时实施的残忍暴行，担心历史会重演。

即使天皇没有向身边的人流露出因获胜而来的喜悦，但他的欣喜情绪可在这首短歌中窥见一斑：

　　历添新岁月
　　忽闻捷报喜欲狂
　　笑谈敌寇中
　　故垒对决干戈动
　　敌将力穷降军从[9]

在过去，天皇曾写过军歌，但他在日俄战争期间作的诗歌很少表露出好战的意味。在1905年1月19日举行年度第一次诗会之前，御歌所所长高崎正风推荐了两个主题"万民祝"和"寄道祝"。天皇都否决了。大概是因为它们跟战争太密切相关了。最后，天皇选择的主题是无伤大雅的"新年山"。明治的诗歌如下：

富士山脚望
朝日争辉万物红
香雾簇霞浓
今又新岁伴晴空
悠宁寄在闲云中 [10]

即使日本在旅顺口取得了重大胜利，天皇也没有表现出任何激动之情。这可能反映出他的谨慎态度：在强敌仍保留军事实力的情况下，进行庆贺是否妥当？在众多日本士兵为攻占旅顺捐躯的情况下，进行庆贺是否适合？

虽然天皇不想表现出轻浮的喜悦，但对日军在华北的严寒中所经受的艰难困苦，他却毫不犹豫地表现出了关切之情：

东边之京师
今朝碧空春意浓
料峭和风至
怎及华北狂风哧
茫山雪舞冰封时 [11]

当天皇得知日军在奉天取得重大胜利时，他向满洲军颁布诏书：

奉天自客秋以来，乃敌军设坚固防御工事，备优势之兵，期必胜争衡之所也。我满洲军克敌机先，蓦然进攻，酷寒冰雪中力战健斗，连十余昼夜，遂击破顽强死守之敌，虏数万之将卒，与莫大之损害，驱逐其至铁岭方向，博旷古之大捷，发扬帝国之威武于中外。

朕甚嘉尔将卒之坚韧持久，奏绝大之勋功。望益加奋励。[12]

这封诏书表达了天皇对日军英勇战斗、夺取奉天的赞赏，但是，如果我们想象一下德皇或沙皇在取得类似胜利后可能发表的言辞夸大的声明，就不能不惊叹于明治的克制。我们也想知道，如果日军打了败仗，天皇又会如何表达失望之情？

沙皇对俄国战败做出了怎样的反应，我们已经有所了解。在会见公使高平时，罗斯福总统说，尽管很多俄国人承认奉天的重大失利，尽管沙皇的大多数顾问都倾向于议和，但沙皇坚持继续战争。虽然在过去的一年俄国遭受了接连失败，但这似乎并没能促使沙皇为了保全士兵的性命而结束战争。罗斯福坦言道，他无法理解沙皇是怎样想的，但他认为沙皇不太可能率先采取议和行动。罗斯福认为，日本通过一些途径向俄国传达渴望进行议和谈判的意愿，并在可行的情况下说明条件会是一个不错的主意。[13] 在日本取得奉天大捷后，没有人会认为日本是因为软弱才这样做的。

不久后，金子坚太郎在华盛顿向东京发了一封电报，说他受罗斯福总统的邀请访问了白宫。总统说，他是完全站在日本这一边的，因为日本是为文明而战。总统最担心的是，如何才能全力帮助日本劝说俄国进行议和谈判。[14]

5月27至28日，日本舰队在一场重大的海战中取得了辉煌的胜利，这促使明治颁布了第一次公开表达其喜悦之情的诏书：

> 联合舰队于朝鲜海峡邀击敌舰队，奋战数日，遂歼灭之，奏空前之伟攻。朕赖汝等之忠烈，可对祖宗之神灵。思前途尚辽远，汝等愈以奋励保全战果。[15]

"祖宗之神灵"可能让人想起沙皇在言谈中着重提到的神灵，但明治并不认为日本在战争中取胜是因为神道教的神灵站在他这一边。罗斯福总统表达喜悦之情的方式更加直接：5月30日，在写给金子的信的开头，他使用了"万岁"一词，之后是三个感叹号。[16]

在俄国舰队覆灭后，众人普遍认为进行议和谈判的时机已经成熟。5月29日，就在胜利后的第二天，罗斯福和公使高平就与俄国进行议和谈判的可能性进行了讨论。5月31日，外务大臣小村给高平发了一封电报，指示他请求罗斯福协助安排谈判事宜。第二天，高平向罗斯福正式呈递了小村的电报，并请求罗斯福"直接以总统自己的意愿邀请两个交战方走到一起，进行直接谈判。"[17]

罗斯福完全愿意担此大任，但他告诫高平说，如果日本要求赔款，俄国不太可能会对议和建议做出答复。他还提醒高平说，即使日本的陆军和海军处处告捷，但并没有深入到俄国的领土。如果日本希望像在普法战争后的德国那样获得赔款，日军就要包围莫斯科，否则这是不可能发生的。

罗斯福与俄国的交谈更加直言不讳。他召见了俄国大使阿图罗·卡西尼（Arturo Cassini），并说道，对俄国来说这是一场完全无望的战争。[18] 卡西尼担心日本可能会提出无情的要求，但他承诺将把总统的议和建议传达至圣彼得堡。在这个重要时刻，让罗斯福感到意外的是，德皇支持他的建议。从德皇6月3日给其表弟沙皇的一封信中，我们可以得知德皇的想法：

> 从纯军事战略的角度来看，朝鲜海峡的失利，使你希望在紧要关头扭转局势的决定性机会化为了泡影：现在，日本可以自由地将任意数量的后备军、新兵、弹药等运到满洲，以围攻海参崴。若无舰队支持，恐怕贵国军队无法支撑太久……当然，即使在不利的情况下，贵国也可能继续进行不知何时结束的消耗战。然而，人员因素却无法忽视。贵国已经派遣成千上万名士兵奔赴前线，他们或者战死疆场，或者受伤作为残疾人度过余生……这难道不和作为一国君主的责任相矛盾吗？难道一定要为了一己之私，违背全俄罗斯的意愿，将无数子民送上被杀戮的绝路吗？[19]

第五十五章 日俄谈判

为使俄国走上议和的道路，德皇做了他能做的事情，但他在信的结尾补充说：

> 也许，我要把你的注意力转移到这样一个事实上来：在所有国家中，日本无疑最尊重美国。因为这个有着强大舰队、正在崛起的强盛国家是站在日本这一边的。如果说这个世界上能有什么人可以对日本产生影响力、能让日本觉得建议是合理的话，那么这个人就是罗斯福总统。[20]

从德皇与美国大使的交谈中可以得知德皇态度发生转变的原因。美国大使向华盛顿汇报了这次谈话："他认为继续战争对俄国来说是无望的。俄国民众都表示强烈反对，他们快忍受不住了，除非议和，否则他们将会刺杀沙皇。"[21] 之前并非和事老的德皇说出的这番出人意料的话语让罗斯福感到很高兴。无论德皇的话语充满了怎样威胁恫吓的意味，但毫无疑问，他担心俄国民众会发动起义、反抗沙皇，而这将会给所有君主带来危险。[22]

德皇的信大概对沙皇产生了影响。6月6日，大使卡西尼递交了沙皇写给罗斯福的信。尽管信中表明俄国不想议和或进行调解，但就在同一天，在与高层贵族和军官进行商议时，沙皇最终同意进行议和谈判。第二天，他告诉美国大使，说他同意罗斯福提出的俄国和日本在无调解者的情况下进行会晤的建议，"以探明双方是否能握手言和"。[23]

6月8日，罗斯福总统给美国驻东京大使和驻圣彼得堡大使发送了相同的信函，要求他们分别向两国政府传达其意愿，"如果两国认为在为停战谈判安排会晤的时间和地点方面，他的效劳是有所助益的话，那么他将竭尽所能"。6月10日，日本外务省答复说日本愿意"委派全权代表，在两个交战国相互约定的、便于两国直接和单独地进行谈判以及缔结议和条款的时间和地点与俄国全权代表进行会晤。"[24]

俄国在给美国大使的答复中说道："关于俄国和日本全权代表的最终会晤，是'为了探明两国是否有可能达成议和条款'，如果日本政府表达了同样的意愿，那么帝国政府原则上对会晤也无异议。"[25] 但是，法语原文或俄语译文中原本没有"同样的"这一词语。少了这一词语，俄国的答复就意味着，如果日本首先表达了希望会晤的意愿，那么俄国愿意参与。为了不让俄国在照会中表现出来的傲慢态度惹怒日本，美国故意淡化了这一表述的语气。[26]

外交大臣拉姆斯多夫的傲慢（尽管他支持维特伯爵，也支持议和）继续考验着罗斯福总统的耐心。6月16日，罗斯福被俄国激怒了。他给参议员亨利·加博·洛吉（Henry Cabot Lodge）写信说道："俄国如此腐朽堕落、如此奸诈阴险、如此善变不定、如此不够资格，我完全搞不清楚他们是否会进行议和，是否会随时中断谈判。"[27] 罗斯福多次表达类似这样的情绪。即使罗斯福从未公开表达，但俄国人一定觉察到了他对俄国政府的敌意。难以理解的是，为什么俄国人愿意参加一个由具有明显反俄倾向的总统召集的议和谈判。[28]

第一个要讨论的问题是谈判地点。刚开始，罗斯福提议在荷兰海牙进行。日本反对，提出在芝罘（位于山东半岛北部海岸的一个港口，与旅顺隔着一个渤海湾）举行。日本将华盛顿列为第二选项。俄国的首选地点是巴黎，不过华盛顿也是他们的第二选项。因此，罗斯福便将地点定在了华盛顿。就在罗斯福把这一决定告诉俄国大使时，拉姆斯多夫发了一封电报，说他更愿意在海牙举行，因为华盛顿路途遥远、夏季炎热。但是，小村不仅拒绝将地点选在海牙，还声称日本不会去欧洲的任何地方。[29] 罗斯福拒绝重新讨论这一问题。拉姆斯多夫向沙皇发了一份简信，征询他的意见。幸运的是，沙皇在回信中写道，"我没有理由反对将华盛顿作为我们与日本的全权代表进行初步谈判的会晤地点"。[30] 这封信结束了对地点的讨论，但"初步谈判"这个词表明沙皇并不期待能在议

第五十五章　日俄谈判　　　　　　　　　　　　　　　719

和谈判中做出重要决定。

下一个问题便是讨论谈判时间。日本代表团至少需要一个月才能抵达美国的东海岸。这意味着谈判将在夏季进行。为了使代表们避开华盛顿夏季难以忍受的高温，罗斯福提出了另一个更加凉爽的城市，于是，最后的地点定在了位于新罕布什尔州朴次茅斯市的海军码头。日本和俄国都接受将朴次茅斯作为谈判地点。

罗斯福提议在8月的前十天开始谈判，以便日本有充足的时间抵达朴次茅斯。尽管沙皇起初不愿接受议和谈判，但现在他希望谈判尽快开始，因为他担心日本可能会利用拖延时间的方式来夺取库页岛。[31] 俄国产生这样的担忧也是有原因的，据金子说，罗斯福曾建议日本立刻入侵库页岛，以便增加在谈判桌上赢得胜算的几率。[32]

选择全权代表对于双方来说都不是一件容易事。显而易见，伊藤博文是日本代表团团长的合适人选，但众所周知，在战争爆发之前他主张与俄国和解。他的朋友警告他说，如果日本代表团未能达成日本民众所要求的议和条款，他将会因为同情俄国而遭到指责。幸运的是，天皇告知总理大臣桂太郎，说在议和谈判期间需要伊藤留在东京商议谈判事宜。伊藤躲过了需要为是否担此重任做出选择这一令人头疼的问题。[33]

沙皇的干预使得俄国全权代表的选任工作变得更加复杂。尽管拉姆斯多夫令人信服地辩称，采用财务和经济方面的专家至关重要，但尼古拉仍反对选用维特——这个显然再合适不过的人选。6月25日，罢工工人和政府军队在敖德萨发生冲突，两天后"波将金"号（*Potemkin*）战舰上发生了叛变，俄国的局势急转直下。"波将金"号叛变*是俄国局面动荡不安的征兆。这次叛变得到了日本间谍的支

---

* 指1905年发生于"波将金"号战舰上的一次哗变，该舰原是帝俄海军的骄傲，但一连数月伙食太差，肉都长满了蛆，水兵因抱怨伙食而遭军官击毙，由此引发叛变。军舰开到敖德萨阶梯（The Odessa Steps）接受人民的食物补给，但步兵赶到镇压，进行了大屠杀。
　　——译注

持，他们向沙皇政府的反对者（包括列宁）提供资金，叛变活动在芬兰和波兰——俄罗斯帝国中渴望独立的两个地区——尤其猛烈。[34]

8月10日，日本和俄国的代表团开始谈判。第二天，日本提交了一份列明了十二个要求的正式清单，包括要求俄国承认日本在韩国享有至高无上的政治、军事和经济利益；俄军撤出满洲；俄国将租借的旅顺出让给日本；割库页岛给日本；向日本支付战费以及只能将连接满洲和海参崴的铁路用于工商业目的。[35]

俄国对日本的要求感到吃惊。维特对同行人员说，"日本的条件比我们预料的要严苛得多"。但事实上，只有两个要求给接下来的谈判造成了麻烦：割让库页岛和支付赔款。沙皇一再强调俄国不会支付一个卢布用作战争赔款，也不会割让俄国的一寸土地。他之所以拒绝这两个条件，是出于荣誉方面的考虑，而非实际政策需要。在俄国谈判注意事项的初稿中沙皇写道："俄国绝不会支付赔款。我绝不答应。"他在词语"绝不"的下面划了三条线。[36]

沙皇也反对割让库页岛。俄国从1875年才开始占有库页岛。当时，俄国与日本签订了一份条约*，用千岛群岛换取库页岛的主权。曾在1890年参观了这块政治犯流放地的安东·契诃夫（Anton Chekhov）发布了一篇报告，让俄国人都知道了库页岛的荒凉。为了不放弃这个荒岛的一寸土地，沙皇——这个已经将触角伸到了欧洲和亚洲的大国统治者——正准备延长一场灾难性的战争。

小村寿太郎似乎也受到了荣誉观的影响。4月，在召开内阁会议确定具体的议和条件（天皇对这些条件表示赞成）时，日本仅将三个要求列为"绝对必要条件"：（1）俄国承认日本在韩国的行动完全自由；（2）双方在规定期限内从满洲撤军；（3）俄国将租借的旅顺以及旅顺到哈尔滨的铁路出让给日本。[37]日本还将四个要求列为"尽可能达到但非绝对必要条件"，其中包括赔款和割让库页岛。

---

* 即《库页岛千岛群岛交换条约》。——译注

第五十五章　日俄谈判　　　　　　　　　　　　　　　　　　　　721

如果在达成三个"绝对必要条件"后小村就已经心满意足的话，那么谈判本来可以顺顺利利地进行下去，然而，小村坚持要求获得赔款，并且未告知日本政府沙皇愿意就库页岛做出让步（沙皇愿意让俄国和日本分割这一岛屿），这几乎导致谈判破裂、重新诉诸战争。[38] 8月26日，小村给东京发了一封电报，宣布他打算中止谈判。[39]

　　8月28日，总理大臣召开了一次会议，内阁成员和三名元老（伊藤博文、山县和井上馨）参加了这次会议。他们对俄国未能对日本就达成和解所做出的努力给予响应表示遗憾，但一致认为唯一能够替代继续谈判的做法就是开战。他们承认，在年底前攻占哈尔滨可能并不困难，但这需要额外的军队，且日本缺乏增设师团以及把士兵送上战场的财政储备。此外，即便日本最后夺取了哈尔滨和海参崴，仍不能给俄国造成致命一击。经过几个小时的讨论，他们的结论是必须议和，即使这意味着日本不得不放弃赔款且无法获得库页岛。[40]

　　当天下午，日本召开了三名元老和内阁大臣参加的御前会议。尽管内阁知道俄国拒绝做出让步，也知道继续谈判存在着巨大困难，但他们决定向小村发电报，说军事和经济状况迫使日本必须进行议和谈判，即使会失去赔款和库页岛。无论如何，日本开战的基本目标——解决与韩国和满洲有关的重大问题——已经实现。他们指示小村首先对赔款问题做出让步，作为俄国接受日本占领库页岛这一既成事实的交换。如果俄国在库页岛问题上拒不让步，那么小村应请罗斯福总统出面，让总统建议日本为了和平和人道而撤回领土要求。[41]最后这一招显然是为了保全日本的面子，避免日本因单方面撤回请求感到尴尬。

　　这些指示似乎承认日本在谈判桌上被打败了，日本代表团的成员感到震惊，他们开始哭泣。8月28日，维特也收到了一封令人沮丧的电报。拉姆斯多夫转述了沙皇的话："向维特传我命令说，不管怎样都要结束谈判。我宁愿继续战争，也不愿等待日本施恩让

日俄两方在朴茨茅次和谈

步。"[42] 两名俄国代表——维特和罗森——对是否要遵守沙皇的命令意见不一。维特决定无视这一命令，再次提出了放弃库页岛南部这一议和建议。

8月29日，在秘密会议上，维特同意割让库页岛，小村按照东京的指示接受了这一约定。他们还就从满洲撤军和满洲铁路的处置问题达成了一致意见。[43] 所有问题都已解决。当维特走出谈判室时，他宣布双方握手言和，日本已经同意了所有事项。[44]

当天晚些时候，在正式会议上，小村遵照指示要求获得整个库页岛，维特拒绝，于是小村便改口说，为了和平与人道，日本将接受俄国提出的以北纬五十度为界分割岛屿的提议。对于旁观者来说这不过是场演戏，但是，维特建议说应立即采取行动，以便达成停战协议，避免给士兵造成不必要的伤亡，这场会议由此落下了帷幕。9月5日，小村和维特签署了议和条约。与此同时，已经达成和解的消息迅速传播开来。听到这个条约，沙皇目瞪口呆。他在日记中

第五十五章　日俄谈判　　　　　　　　　　　　　　723

写道："入夜时候，维特发来电报，告知议和谈判已经结束了。那之后的一天里，我都精神恍惚。"⁴⁵

俄国人的最初反应几乎可以说是全面否定，某个俄国俘虏的英国妻子反应最为激烈，没有人能与之相比："通过新型外交手段进行的议和！二十世纪的议和！在美国进行的议和！在美国的'喀琅施塔得'达成的议和！所有的传统都被打破了。日本和俄国没有进行议和——不需要议和。噢，不！那个可恶的美国总统，他煞费苦心，都是他干的好事。是他想要议和，他就想这么干。我觉得他八成是将那些参加会议的人锁在房间里，让他们饥饿难耐，最后不得不服从。"⁴⁶

没有亲眼目睹战争的大多数俄国人都认为，当俄国军队在满洲尚且具备比以往更好的战斗力来抗击日本时，进行议和是荒谬的。美国驻俄国大使乔治·梅耶（George Meyer）在日记中写道，尽管罗斯福因在议和谈判中所扮演的角色赢得了全世界的感激，但他不要指望能从俄国那里获得感恩，因为俄国人认为要是没有他的干预，俄国本来可以赢得这场战争。⁴⁷不过，一名在战争期间曾在总参谋部担任高级职务的俄国官员说道，这两支军队都很强大，都花了大力气，无论哪一方发动攻击，都必定会酿成灾难，造成惨重损失。

俄国代表团毫不怀疑地认为他们创造了一个奇迹。他们已经设法避免支付赔款，做出的领土让步也只是割让日本曾经占领的那个荒凉小岛的一半。因此，他们会在签约后的庆宴上喝香槟酒庆祝也就没什么好奇怪的了。

日本没有参加庆宴。小村和同行人员奉命不得不签署了一份完全违背他们意愿的条约。他们能很容易地想象出来，在回到日本后将受到狂风暴雨般的接待。

最开心的人大概是罗斯福总统。法国、德国，甚至是英国（即使一些英国人最初对盟友日本做出如此多的让步感到惊讶）都对罗斯福大加赞赏。就在这个时候，日本和英国又续签了为期五年的英日同盟。在一份公开声明中，英国声称，日本因续签同盟而获得的保障将会减轻他们在议和条约中的失利。无论对罗斯福进行了怎样的批评，这些批评都快速地消退了，罗斯福收到了明治和尼古拉发来的感谢电报。就在议和条约签订之前，他给美国驻北京公使写信说："我之前是亲日派，但在与议和谈判的专员打交道后，我比以往更加亲俄了。"[48] 1906年，他因致力于结束战争而获得诺贝尔和平奖。

当议和条约的条款在日本的媒体上公布时，社会一片哗然。民众计划于9月5日在日比谷公园召开群众集会，抵制条约和弹劾内阁大臣，但是，警察不允许示威者进入公园。约三万人的示威者冲破了设置在公园门口的路障，数量不多的警察无法控制这些示威者。于是，政府调来了军队，以保护皇宫、各个部门和外国公使馆。

公园里冲突的嘈杂声在皇宫里也能听到，天皇无法平静地坐在椅子上，他来回踱着步，探听着这场骚乱的动静。突然传来一声枪声，是军警在开枪恐吓示威者。向来镇静冷漠的天皇也因宫外的嘈杂声变得格外激动。[49] 不久，总理大臣桂太郎赶到宫中汇报情况，当晚，天皇不停地派遣侍从打探事情的最新进展。

示威持续了两天多。第二天，示威者纵火焚烧了街上的十多辆汽车，烧毁了许多警察岗亭。直到11月29日，天皇才解除了对东京及周边地区颁布的戒严令。其他城市也发生了小规模的抗议集会。骚乱发生的第三天，一场暴雨阻碍了示威者的活动，使局面得以恢复正常。

国外对日本反对议和条约的示威游行进行了大肆报道，有些报道将此描述成日本民众发泄仇外情绪或反基督教情绪。不过，身在东京的外国观察家迅速予以否认。罗斯福总统认为，让民众期待俄国将会支付一大笔赔款的日本政府理应受到谴责。[50] 可以肯定的是，和平是众望所归的，罗斯福也因为在实现和平方面发挥了作用而感到骄傲。他在写给公使高平的信中说："你们日本人已经将宏大的战争转变成伟大的和平。"[51]

第五十六章

高宗抵抗

第一次英日同盟签订于 1902 年，有效期五年。但在 1905 年条约仍然有效时，英日双方对条约进行了修改和续订。日俄战争期间，英国以各种方式帮助日本，其中最重要的是出售武器弹药。没有这些，日本就无法持续作战。[1] 当英国发现俄国军舰时，他们便通知日本；在阻止俄国黑海舰队（这支舰队本可以增强派去与日作战的海军部队的力量）的军舰通过达达尼尔海峡时，英国也帮了很大的忙。[2] 不过在战争期间，英国宣布其政策为严守中立，不会向日本提供官方援助。[3]

尽管如此，日本还是充分意识到了结盟的重要性。1904 年 12 月，英国驻东京公使克劳德·麦克唐纳爵士汇报说，在与总理大臣桂太郎和外务大臣小村寿太郎交谈时，二人均谈到"如果打赢这场战争，日本将谋求与英国建立更加紧密的联盟"。[4] 英国也渴望续订盟约，这在向总理大臣提出的各类建议中不难看出来：为加强两国之间的关系，英国将向天皇颁发最高荣誉勋章——嘉德勋章；驻日公使将被提升为驻日大使*；英国提议续签为期五年的盟约。

---

* 在 20 世纪以前，欧洲国家一般只在大国或盟国之间或向教皇国才派驻大使，向其他二等及以下国家一般只派公使做为最高外交使节，等级森严。这是欧洲借外交使节把国家划分为三六九等。——译注

1905年2月12日，在日本外务大臣为庆祝英日同盟成立三周年而举办的晚宴上，小村不仅按照惯常做法提议为国王爱德华七世的健康干杯，还表达了希望巩固和加强同盟的意愿。英国不确定小村讲话的可信度有几分，但3月29日，国会的保守党人克劳德·劳瑟（Claude Lowther）力劝政府以更加坚定的态度续订盟约，认为这是"以精简、有效的方式确保大英帝国安全的唯一可行方法。"

劳瑟对俄国给印度带来的威胁感到担忧。俄国不惜巨资修建了铁路，能够迅速向印度边境转运超过五十万名士兵的军队，这样一来，保护印度的最经济划算的方式就是和日本军队携手合作。他提议说，英国不仅仅要续签盟约，还应向盟约赋予新的角色：如果一方的亚洲属地遭到侵袭，双方应互为援助——英国将派舰队，日本将派陆军。这一约定将使英国免于维持一支印度军队，进而免于给英国纳税人造成不堪忍受的重担；此外，这一约定还将为日本节省下打造一支舰队的费用。[5]

难以想象日本政府会答应为保护大英帝国免遭俄国袭击而向印度北部派遣陆军，但尽管如此，日本仍非常渴望继续进行联盟。对日本来说，联盟的主要原因似乎是这是防止俄国发动一场复仇之战的最好办法；此外，联盟还将"使俄国和法国近期打着'黄祸'的旗帜设想成立一个欧洲联盟来对抗日本的计划无法实现"。[6]

对于日本人不愿保卫印度的情况，自认为能够说服日本人的一些英国政府成员提议说，如果俄国对印度北部边境构成威胁，他们将请求日本派遣十五万名士兵。他们坚持认为，日本在印度为英国提供援助无非是一个公平的交易，日本借此可以换取英国海军支持以及默许日本对韩国采取的可能行动。

日本海军在对马海峡的战役中大获全胜，极大地提高了谈判地位。双方于1905年8月12日在伦敦签署了最终条约，有效期为十年，规定双方在东亚、印度和东印度国家发生争端时进行一定程度的合作。条约没有约定秘密条款，日本也没有承诺将向印度派遣士

第五十六章　高宗抵抗

兵，不过，条约承认英国在印度边境享有安全方面的特殊利益。[7]尽管签订条约的时候日俄还在朴次茅斯进行议和谈判，但它对谈判造成的影响不大。

就在新条约签订后不久，首相亚瑟·詹姆斯·贝尔福（A. J. Balfour）宣布辞职。但在离任前，保守党政府将英国驻东京公使馆升格为大使馆，以此表示对日本的尊重。法国、德国、意大利和美国也纷纷效仿，此举象征性地承认日本已经成为了一流强国。英国尊重日本的第二个举动是，政府提议向天皇授予嘉德勋章。此前，爱德华七世以不得向非基督教徒的君主颁发嘉德勋章为由，拒绝了类似提议。但在1903年，出于政治原因，尽管国王反对，英国政府仍向波斯国王授予了嘉德勋章。因此，英国政府决定遵循这一先例，坚持向天皇授予勋章。国王别无选择，只能默许。1906年2月20日，国王任命亚瑟王子担任授勋代表团的团长。[8]

在这支尊贵的代表团中，有一名成员是在1866年到1870年间担任英国驻东京公使馆翻译的雷德斯戴尔（Redesdale）勋爵，原名为米特福德（A. B. Mitford）。他在像书一样厚的报告《赴日嘉德授勋团》（*The Garter Mission to Japan*）的开头几页描述了重返日本的愉悦心情：

> 从来没有哪一个冬天的旭日能像1906年2月19日那天那样让人感到无上荣耀，王冠级大型防护巡洋舰的舰长萨沃里（Savory）载着亚瑟王子和嘉德授勋团前往日本，于黎明时分驶进了横滨港。也从来没有哪一天的太阳能像那天那样照耀着如此美丽的场景。国王的旗帜在主桅上飘扬；沿岸的建筑物和停靠在海湾的船舶都张灯结彩，这些海湾像那不勒斯一样湛蓝；十一艘巨大的军舰礼炮轰鸣，隆重欢迎我们的到来，日本乐队演奏着《天佑国王》；远处是松林覆盖的箱根山脉，和我记忆中的画面一样美丽；不过，最美的当属无与伦比的富士山，山巅

白雪皑皑，在晨光的照耀下闪闪发光，它那神秘的锥形山峰高耸入天，欣慰的是没有云朵来破坏它那优美的体态；山神"木花之开耶姬"令富士山愈发美丽，仿佛是在向我们送来问候，让我们感受到了古老的日本为它的朋友和盟友——国王爱德华七世——派出的使团做好了精心准备。[9]

沿着横滨街道站立的欢迎人群让雷德斯戴尔感到异常兴奋：

> 街道非常拥挤；现场的每一个人都排列成行——他们以身高划分，成人站在后面，儿童站在前面，最好的地方按照规定留给了年龄最小的人。每一个儿童都拿着两面旗帜——一面是日本国旗，一面是英国国旗，他们热忱地挥舞着；随后，从这个喧闹的高低音混合的合唱团中发出"万岁"的呼喊声！[10]

使团成员登上了一列将他们载往新桥站的火车。在新桥车站，日本政府为他们举行了欢迎仪式：

> 这场仪式一定让所有亲眼目睹的日本人的内心深处澎湃不已。从最初建国之刻起，像亚瑟王子所受到的这般恭维，之前还从来没有过。亚瑟王子被皇太子和其他皇室亲王团团围住，天皇亲自迎接贵宾的到来。这位威严的国民尊崇至极的君王，就算实际上不是神，但至少也远远超出了凡俗。他公开欢迎外国王子的到来，在日本历史上还是第一次……天皇热情地和王子握手，明确无误地向其国民传达这样一个讯息："这是我的朋友。"[11]

与明治天皇曾接见过的所有其他国王、王子或总统一样，亚瑟王子确信天皇之前从未向任何人表达过这样的友谊和尊重。雷德斯

第五十六章　高宗抵抗

戴尔也沾沾自喜地说道："日本天皇在神秘、隐居般的岁月中存在了八个世纪之久。我是在场唯一一个能够想到过去时代的欧洲人。"[12] 显而易见，他对天皇印象深刻，四十年后再次见面时："根据我们能够获得的所有信息，他的脸上流露出来的那股力量就是他的最大特征。日本的政治家告诉我们，他把全部的时间都用在了公务上，仅有的片刻休闲时间也用来写诗消遣。"

嘉德勋章的授予仪式非常庄严。[13] 嘉德勋章是授予英国骑士的一种勋章，由国王爱德华三世于14世纪设立。勋章（至少根据传说）起源于一位宫女。这位宫女的吊带袜掉在了王宫的地板上，国王拾起吊带袜，还给了宫女。在场的一些人哄堂大笑，但国王用法语斥责他们说，"Honni soit qui mal y pense"（心怀邪念者蒙羞），由此这句话被刻在了勋章上。

亚瑟王子告诉天皇说，这一勋章仅向国王、威尔士亲王和二十五名骑士授予过，是英国公认的最高贵的骑士勋章。习惯上，除了英国骑士外，只授予那些与英国国王有着特殊、非凡的友好关系或者建立了联盟的尊贵君王、国王和亲王。

明治并没有被威慑住。起初，在得知自己将被授予勋章时，他似乎很高兴，并愉快地接受了；但之后，他召见了宫内大臣田中光显，并说道："朕对接英使厌苦不禁，卿宜以措辞谢绝其来航。"

惊愕的田中说道："陛下已诺之，至今欲谢绝，然康诺特殿下已由本国出发，且如此则失信于国际上，断不可行此。今唯待殿下至且受之。"

这些话让天皇感到一点儿也不高兴，但他一言不发，没有再下达命令。他不愿接见亚瑟王子，大概与王子或英国没有关系，而是因为天皇厌烦了接待外国宾客。在接见宾客之前，他总是情绪低落，常常责备安排接待事宜的工作人员。但是，一旦宾客抵达，天皇不会表现出丝毫的不悦；相反，那些曾获得天皇接见的人都对天皇的真诚和蔼留下了深刻印象。[14]

即便天皇勉强同意接见亚瑟王子和接受嘉德勋章，但这项殊荣对天皇来说似乎并没有多大意义。当西园寺公望（1906年接替桂太郎担任总理大臣）请求天皇前往横滨迎接王子的船舰时，天皇拒绝，并说还没有这样的先例。他最多只同意到新桥车站迎接使团。虽然后一举动的殷勤程度远不及西园寺所提议的那样，但却被雷德斯戴尔视为"日本以最礼貌周全的方式准备的、以最彬彬有礼的态度执行的尊贵殷勤的举动。"

天皇的抗拒情绪一直持续到了最后。礼宾官员告诉他说，在接受嘉德勋章的仪式上不得佩戴任何其他勋章，但天皇坚持佩戴多个日本勋章。最后，他摘下了大勋位菊花章，但仍在胸口别上了勋八等桐叶章等其他勋章，仿佛是在维护日本勋章的威信。

雷德斯戴尔没有提到违反嘉德勋章授勋礼节的行为，也没有提到授勋时发生的尴尬事情。当王子将嘉德勋章中的带子系在天皇的膝盖下方时，针扎到了手指，带子上沾上了鲜血。亚瑟王子当时年仅二十三岁，显然很紧张，但天皇看到血痕似乎很镇定。侍从日野西资博描述了在仪式结束后，仍戴着礼帽并佩戴着在仪式上获得的徽章的天皇是怎样离开仪式大厅、回到私人宫室的。在脱掉礼帽并将其递给一位宫女时，他发出一声大笑，好像在说"为什么朕非得干这些事"。[15]当天在和末松谦澄（枢密院的一名顾问）及其他人共进午餐时，天皇讲述了发生的事情，并对亚瑟王子的沉着表示赞赏。之后，他将带有血迹的勋章展示给末松和另外几个人看。[16]

当晚，天皇礼节性地回访了亚瑟王子。据雷德斯戴尔勋爵回忆，天皇对仪式的举办和顺利举行表示高度赞赏，巧妙地避免提到仪式上的晦气事情。接着，他拿出一个漆盒，从里面取出大勋位菊花章的绶带和星章，并亲手将绶带系在王子的肩膀上，将星章别在王子的胸前。雷德斯戴尔勋爵再次难抑激动的心情："在此之前，即使接受勋章的是皇太子，也从来没有天皇屈尊授勋的事情。一般情况下，他都是将用于盛放勋章的、没有打开的盒子递给对方。个别时候，

第五十六章　高宗抵抗

他最多也就是打开盒子。但是，除了亚瑟王子外，还没有一个人敢吹嘘说天皇为自己系上了绶带、别上了星章。"[17]

那天晚上，天皇举办国宴款待亚瑟王子和嘉德授勋团。亚瑟王子与有栖川宫亲王一道引领着众人走向宴会厅。随后，戴着嘉德勋章的佩星和领环的天皇走了进来，跟在他后面的是东伏见宫亲王；在他们后面的是其他亲王和内亲王。据雷德斯戴尔勋爵回忆，晚宴很棒，并且时间不是很长：

> 甜点刚上，天皇便站起身，举杯向英国国王祝酒，并且郑重庄严地一饮而尽，乐队演奏起《天佑国王》。没过多久，亚瑟王子起立，并祝愿"日本天皇陛下健康、长寿、富足"，此刻，乐队奏响庄严的日本国歌。值得一提的是，这大概是日本天皇第一次举杯祝酒。[18]

雷德斯戴尔用兴奋的腔调结束了对那天的描述：

> 令人难忘的一天就这样结束了，这是史无前例并开创了许多先河的一天，是带着愉快征兆的一天，它标志着两国关系步入了一个新时代。大约在四十年前，我和一位日本绅士观看一幅使用墨卡托投影*绘制的世界地图。他指着西边的英国和东边的日本说道，"看看这两个岛国！您不觉得它们就像一张脸上的两只眼睛吗？如果它们能像人的眼睛一样，朝着一个方向眺望的话就好了！"这位绅士已经逝世多年，如今，他的虔诚愿望实现了——或许至少可以期望在确保远东和平方面得以实现。[19]

---

* 一种"等角正切圆柱投影"，由荷兰地图学家墨卡托（Mercator,1512—1594）在1569年拟创。这是地图投影方法中影响最大的一种，广泛用于编制航海图和航空图等。——译注

2月24日，天皇在歌舞伎剧院举办了戏剧表演以款待亚瑟王子。戏剧以益田太郎专门为这一场合编写的歌舞伎剧目作为开场，以英国人三浦按针[20]与一名叫做阿通的日本女子结婚作为收场。整个庆典在歌舞伎的舞蹈和为年轻王子演唱的欢迎之歌中落下了帷幕。据雷德斯戴尔所说，庆典的结束语是：

现在，英日两国团结携手，友爱长存。
若宫合唱团唱起了欢迎歌
妙！妙！妙！[21]

2月26日，天皇亲临霞关离宫，向亚瑟王子道别，正式结束了授勋庆祝活动。不过为了参观京都、奈良、九州和日光，王子在日本一直待到了3月16日。

与英国续签盟约改变了日本与韩国的关系。日本一直担心，如果在韩国采取的战时措施演变成永久占领政策，会遭到各个大国的反对，但英国明确表态说其不会给日本制造任何困难。即使是最同情韩国的美国也表示，美国乐意支持日本在韩国享有占优势的影响力。[22] 11月2日，天皇派人请来伊藤博文，命令他作为特使前往韩国。伊藤将向高宗皇帝递交明治天皇的亲笔信：

大日本帝国天皇敬亲爱之大韩国皇帝陛下白：

为全帝国之自卫，维持东亚全局之康宁，朕前不得已，同邻邦开战端，而来结兵祸二十月，遂能克复和平。思其间陛下长同朕分休戚，两国臣民亦共安危，兹特派朕信任之枢密院议长正二位侯爵伊藤博文，奏报陛下光荣和平之恢复。贵我两国将来安定之诚意得陈于陛下，则为朕之最幸喜之所在也。期贵我两国之关系此际进一层亲密。盖贵国之不幸在国防未备、自卫之基础未固，向来常不足确保东亚全局之和平。朕同陛下共

第五十六章　高宗抵抗

遗憾。故去岁定两国间之协约,以至帝国担任贵国防卫之责务。今虽幸克服和平,然为恒久维持,杜绝东亚将来之滋端,两帝国之结合益加巩固极为紧要。其方法朕命政府确立之。盖贵皇室之安宁无有损伤,乃朕之先确保之所在。冀陛下深察宇内之趋势,顾国家民人之利害,听朕至诚之忠言。兹祈陛下之圣德及贵皇室之康宁。[23]

伊藤的使命就是告诉韩国人,在朴次茅斯签署的议和条约中,俄国承认日本在韩国享有政治、军事和经济特权,并且承诺不会干涉日本为引导和保护韩国可能采取的任何措施。伊藤获得授权,与韩国签订一份保护韩国领土完整和维护东亚日后和平的新条约。

11月15日,伊藤觐见了高宗皇帝,但还没等他透露关于使命的一个字,皇帝便大吐苦水,对日本在韩国的行动抱怨不已。一开始,他对最开明的日本驻朝公使井上馨(他总是乐意遵循井上的意见)被召回从而导致发生无法理喻的事件(谋杀闵妃)感到痛惜。如果井上能在韩国再待久一点儿,这场灾难可能就不会发生了。这场密谋的元凶虽然是韩国人,但他们无疑借助了日本人的力量。

然而,皇帝继续说道,再提过去的事情已经没有意义。他想谈论的是自去年3月伊藤首次访问韩国后发生的事情。日本建立了一个本应只让韩国人控制的银行系统,但事实上,日本的银行——第一银行——控制着各项交易,导致韩国人民陷入了巨大的财政危机。日本甚至插手干涉皇室的私有财产。当皇帝向陆军大将、韩国驻扎军司令官长谷川控诉时,长谷川宣称那是必需的措施,皇室只能默默接受。

财政事宜并非仅有的问题。毫无警惕的韩国人在欣然接受日本人提出的"改良措施"后,邮政和电报通信——任何一个社会的命脉——便完全掌握在了日本人的手里。明治在亲笔信中提到,韩国没有充分的能力进行防卫,但这是由日本干涉造成的。根据日本下达的命令，韩国的武装部队急剧减少，甚至无力镇压匪帮贼党，更别提抵御外国侵袭了。此外，日本军队还颁布了保护铁路和电报通讯的命令，但没有受过良好教育的韩国人无法看懂随处张贴的通知，而那些违反了日本命令的韩国人被依照军事法判处枪决。

皇帝接着说，起初，韩国人欢迎日本人的到来，但最后韩国人民发出了愤怒的呼声。最近有谣言说，今后外交事务将由日本人负责，导致民众产生了更大的恐慌。这些事态的发展已经促使韩国人（无论高低贵贱）对日本用意的真诚度产生了怀疑。皇帝力劝伊藤设身处地地为韩国民众目前所面临的危机着想。

伊藤大概没有料到会听到这番控诉，他回答说，他很理解皇帝的不满。不过，他有一个问题要问：韩国依靠谁才能残存至今？多亏了谁韩国才能独立？如果陛下了解这些情况的话还会抱怨吗？

皇帝打断他，说道："其事朕知悉。明治十八年（1885）之《天津条约》，二十八年（1895）之《马关条约》共明确我国之独立。一由日本之力，又卿折冲之力甚多。"

接着，皇帝继续长篇大论地对自己在1896年做出去俄国公使馆避难的决定进行辩解。还没有汇报使命的伊藤无法掩饰自己的不悦，在皇帝的一席话被翻译成日语时，伊藤强行打断道："外臣奉我至尊之大命，来谒陛下，然未了其事，拜听陛下言往事。事虽有枝叶之嫌，然外臣不敢厌之，他日得闲另拜听之。外臣今陈奏使命之大体。"[24]

尽管伊藤急不可耐，不太想提过去的事情，但他还是从1885年在天津与李鸿章的会晤开始讲起。在那个时候，他就已经坚持要维护韩国的独立，并且阻止了李鸿章实施将会威胁韩国独立的计划。1894年，清朝企图利用东学党起义对韩国进行统治，但日本在继而发生的战争中打败了清朝。之后，俄国成为了韩国独立的最大威胁，在陆地和海上对韩国形成包围之势，似乎准备吞并韩国。日本宁愿牺牲自己国民的性命和国家财富，也要救东亚于水火。战争的结果

第五十六章　高宗抵抗

就是保全了韩国的领土完整,这得到了全世界的认可。伊藤清楚地知道,韩国所遭受的一些苦难是由日本采取的措施造成的,但这是无法避免的,他确信让韩国人忍受这些苦难并不过分。因为多亏了日本的政策,韩国的领土完整才得以维护,东亚的和平才得以实现。

最后,伊藤将话题转到了当前的问题上来:日本天皇希望永久维持和平,防止将来给东亚造成威胁,于是派他前往韩国谒见陛下,他还将天皇希望日韩两国结成更稳固联盟的意愿传达给皇帝。韩国与外国的对外关系将由日本政府负责管理,但内部事务将继续交由韩国皇帝定夺。这一变化将会结束东亚的纷争,维护韩国皇室的安宁与尊严,并将有利于韩国人民的福祉。[25]

皇帝回答说,他很感谢明治的关心,也并非不愿意让日本来管理韩国的外交事务。但他请求在委任外交权时,由其保存外交的形式,即希望继续以他的名义与外国列强进行谈判,即便事实上是由日本做出决定。伊藤拒绝了这一请求,表示外交事务的形式和内容不得分离。如果韩国坚持自行管理外交事务,必定会导致东亚发生事端,对此日本无法接受,而这就是日本希望代韩国处理外交事务的原因。日本是在考虑了各种可行的方案和结合了以往的经验后才出台这一政策的,没有任何变通的余地。伊藤带来了一份协约的副本,并请求皇帝阅览。

在阅读了协约后,皇帝对伊藤的工作表示赞赏,并说较之于自己的大臣,他更信赖伊藤。然而,对于委任外交权一事,如果连形式也不予保存,岂不是使韩国处于奥地利之于匈牙利,或者非洲国家之于欧洲征服者的相同地位吗?

伊藤坚称,协约事实上是为了韩国君主和韩国的利益着想。他否认日本企图欺骗皇帝或意图为自己谋利。拿匈牙利作类比并不合适,因为匈牙利没有自己的君主,但日本和韩国都有,并且都保持着自己的独立性。至于非洲,古往今来还从来没有一个非洲国家获得了独立。将日本和韩国的关系与这些例子做类比是具有误导性的。

为了消除可能发生灾难的源头，日本所要求的只是管理外交事务，其他事情均不会干涉。

皇帝再三恳请给他一丁点儿的权力，但伊藤每次都答复说毫无变通的余地。他所需要知道的只是皇帝的决定。皇帝有接受或者拒绝的自由，但他应当很清楚，如果拒绝协约，日本政府将决定采取哪些行动。

高宗皇帝辩解道，这是一个非常严肃的问题，他无法当场做出决定。在这种情况下，通常需要咨询大臣并了解民众的意愿。他请求给他一点时间。伊藤同意皇帝咨询内阁，但他对探明民意的方案产生了怀疑。他说："贵国尚未建立立宪政府，岂非万机悉由陛下亲裁之君主专制之国？"伊藤担心，探明民意的真正用意是为了煽动民众反对日本。韩国民众容易被左右，因为他们对外交事务一窍不通，而这也是日本觉得有必要代韩国处理外交事务的原因。皇帝解释说，他不是指进行民意调查，而是指咨询枢密院。伊藤同意让皇帝咨询枢密院，但警告说日本无法容忍拖延时间的行为。

皇帝请求通过外交渠道向各国发送协约，但伊藤拒绝。他命令皇帝连夜召集内阁，令他们商议协约一事。皇帝承诺照伊藤的指示去做。他提出了最后一个要求：请求伊藤向天皇和日本政府传达他希望在外交事务中保存象征性的认可。伊藤劝他不要抱有任何类似的希望。

高宗皇帝和伊藤博文之间的对话持续了四个小时。[26] 皇帝一定觉得受到了屈辱，但他没有办法，只能屈服：伊藤已经很明确地表明，如果皇帝拒绝，日本将进行军事干预，并推翻李氏王朝。在其他情况下，伊藤通常被描述成一个温文尔雅的文明人，但现在，伊藤证明自己是绵里藏针，软中带硬。虽然他使用贴切、礼貌的措辞来回绝皇帝，但高宗仍感受到了其中带有的严重威胁。他没有同意以皇帝的名义发布日本人的命令，不给高宗留一点自尊。迄今为止的大多数史料都将高宗描述成一个无足轻重的人物，尤其是在拿他与其正室闵妃做比较的情况下，但这一次，在他的统治面临着重大危机的时刻，他展现出了尊严和强硬。

11月16日，伊藤邀请韩国内阁成员和政界元老光临他下榻的酒店，与他们进行了一番友好的交谈。这次交谈最后演变成一场激烈的争论，并且持续到了午夜。[27] 一名韩国人描述说："阁僚来酒店前互相发誓，任何情况下都不会屈从于日本的要求。日本使用了种种手段，向他们提供巨额贿赂，以甜言蜜语哄骗他们，最后还威胁说如果拒绝妥协，便要了他们的命。"[28]

第二天，日本代表（伊藤、公使林权助和陆军大将长谷川好道）与韩国内阁在日本公使馆召开会议。内阁成员继续反对缔约一事，因而这次会议没能做出任何决定。皇帝恳请伊藤暂缓时日，以免这个问题演变成一场动乱，但伊藤拒绝了。相反，日本召集了陆军和军警。这名韩国人描述道："街道上处处都有机关枪，甚至野战炮也被调来控制汉城的各个战略要点。他们伪装成要发动攻击，并占领宫门，持枪备战，采取了除暴力以外的所有手段，以此向韩国人证明，为了让韩国接受他们的要求，他们已经做好了准备。"[29]

当晚又召开了一次会议，这次是在宫中举行。伊藤要求谒见皇帝，但高宗以喉咙痛为由拒绝接见。伊藤无视皇帝的意愿，强行来到高宗的面前。皇帝拒绝与伊藤商谈协约的事情，而是让伊藤与其内阁成员交涉。回到会议室后，伊藤宣称："贵国陛下令诸位与我进行商议，以便解决缔约事宜。"[30] 他命令参政大臣韩圭卨轮番要求各个大臣表态是否同意缔约，如果不同意告知反对的原因。最后，除了三个人（其中一个立场不明）外，其余人在劝服或恐吓之下赞成缔约。[31]

伊藤宣布，仅有两名内阁成员坚决反对缔约，因此应尊重大多数人的意愿。他召来议政大臣，以便按照既定程序签署协约。他知道参政大臣（即两名坚决反对者中的其中一名）不愿批准协约，但是伊藤威胁说作为天皇的代表，如果有人敢轻视他，他是不会保持沉默的。[32]

参政大臣向伊藤保证自己绝不是反日派。他很清楚，要是没有日本的帮助，韩国无法维护独立。但对于缔约，他无法改变想法。也许这正像俗语所说的那样，"匹夫不可夺志"，才疏学浅导致了他无法顺应时代的发展，由此造成罔顾君主的意愿，持有与内阁其他成员不同的观点，只能等着接受惩罚。他叫喊着"推察吾心！"，然后控制不住地痛哭起来。伊藤劝他擦干眼泪，拿出更大的勇气来。[33]

高宗皇帝愿意批准协约，但他想在协约中加一句话：一旦韩国变得富足强大，足以维护自身独立的时候，现行协约不再有效。为取悦皇帝（也许伊藤私下里认为那一天永远都不会到来），伊藤在条款中亲笔写下了皇帝的这一要求。[34]

1905年11月18日，日韩签订了保护协约[35]。协约*有五条：

一、日本政府今后管理韩国的对外关系，通过外交大使和领事保护国外的韩国臣民及其利益。

二、日本政府将执行韩国与他国已缔结的现存条约的规定。韩国政府承诺，未经日本政府的事先同意，今后不得缔结具有国际性质的任何条约。

三、日本政府设置统监一名，作为日本的代表驻留韩国。统监专为管理外交相关事务，具有亲自谒见韩国皇帝陛下的权利。在韩国各开放口岸以及日本政府视为必要的其他地方，日本政府拥有设置理事官的权利。

四、日本与韩国缔结的所有现存条约，除与本协约条款相抵触者外，继续有效。

五、日本政府保证维护韩国皇室的安宁与尊严。[36]

日本强加的协约自然激起了韩国民众的悲痛愤慨之声。大臣们如何迅速地投票赞成缔约的消息被泄露给了媒体，报纸勇敢地发表

---

* 史称《乙巳条约》。——译注

第五十六章 高宗抵抗

社论,对协约以及背叛国家、屈从于日本要求的大臣们予以谴责。随后几日,韩国都笼罩在"恸哭"之中,民众在王宫前的广场上举行了声势浩大的示威游行。商人罢市,学生罢课,以此抗议协约,基督教堂充满了哀恸之声。[37]

1905年12月21日,伊藤博文被任命为第一任韩国统监。[38]虽然向高宗皇帝做出了保证,但他在韩国的活动绝非仅限于外交事务。例如,他决心让宫廷摆脱腐败,以便结束宫廷对全国各地的盗匪行为和起义活动给予的保护。经韩国皇帝同意,伊藤亲自指挥宫廷侍卫队。[39]

表面上高宗皇帝对与日本建立的新关系表示欢迎,但在一封悄悄偷带出去的、写给罗斯福总统的信中,皇帝宣称,他从来都没有批准新的协约,这是日本人把刀架在韩国人的脖子上迫使韩国人答应的,是无效的。[40]这封信并没有引起罗斯福的重视,大概是因为他已经将韩国看成是一个由日本统治的地区。

高宗皇帝别无选择,只好继续扮演日本忠实盟友的角色。1906年4月,日本为庆祝战胜俄国举行军事庆典和检阅,[41]高宗派遣陆军中将义亲王前去参加。义亲王带来了皇帝的祝贺以及祈求两国友谊长存的信件。高宗尤其提到,他对任命伊藤博文担任韩国统监感到高兴。这个称赞与他时常表现出来的对伊藤的极端厌恶(尤其是在得知伊藤被任命为第一任韩国统监时)相矛盾,[42]但是,明治可能不太了解韩国皇帝的真实感受,他非常高兴高宗对伊藤的治理感到满意。

日本和韩国的君主之间不时互通书信,双方总是对两国的友谊不断加深感到高兴。[43]得知韩国皇太子将举行大婚时,明治派宫内大臣带着送给每个人的礼物前去参加婚礼。也许明治的确相信他和高宗彼此所做出的友谊承诺,但伊藤于1907年4月向天皇进行的奏报却描绘出了一幅动荡不安的黯淡景象。他提到了韩国对支持缔约的内阁大臣进行暗杀的阴谋,并暗示韩国皇帝可能深涉其中。日

身着日本礼服的纯宗

本逮捕和询问了有嫌疑的人士,很多人都供认不讳,但调查仍在继续进行。[44]

为反抗日本,高宗做出了最后一次尝试,派遣由三名人士组成的代表团前去参加1907年6月在海牙召开的第二届万国和平会议。这三名人士是前议政府参赞李相卨、李儁和李玮钟,都因抗议《乙巳条约》而辞职。他们从汉城秘密前往海参崴,在那里会见了传教士胡默·赫伯特(Homer Hulbert)。之后一同经由西伯利亚大铁路抵达圣彼得堡,并从那里前往海牙。尽管李玮钟应邀在同时举行的

第五十六章　高宗抵抗

记者会上发表演讲,但这几位韩国人在试图争取会议的列席权时屡遭拒绝。李玮钟控诉了以下三点:(1)韩国皇帝从未批准1905年11月15日的协约,因此协约无效;(2)日本无权监理韩国的外交关系;(3)韩国有权派代表参加国际会议。

李玮钟获准于7月5日向会议提交韩国的控告词。他的演讲让代表们深受感动,他们决定向汉城发电报,核实这个代表团是否真的代表韩国政府的意见,但电报业务被日本人控制,于是电报落到了伊藤博文的手里。他来到王宫,就电报一事与皇帝当面对质。伊藤斥道:"陛下怎能以如此阴险的手段违背协约。要是陛下拒绝日本的保护,倒不如对日本发布堂堂正正的宣战文告更为便捷。"懊恼的皇帝小声回答说,他对此事一无所知。伊藤要的就是这句话:他就此答复各国代表说,韩国政府并没有委派代表团。在英国代表(这些代表忠于英日同盟)的提议下,韩国的控告词被驳回。[45]

日本政府当然不会让皇帝的这一行为逃脱惩罚。伊藤在日本驻韩公使林权助的陪同下,于7月18日谒见高宗皇帝,要求他退位。高宗拒绝,但迫于巨大压力,于当天深夜同意让皇太子以"摄政王"的名义接管政务。高宗拒绝退位,然而日本无视这一意愿,宣称愚钝低能的纯宗已经继承了王位。[46] 7月21日,明治天皇发来贺电,尽管他承诺维护韩国皇室的安宁和尊严,但李氏王朝已经岌岌可危。

第五十七章

庆子去世

日本在日俄战争中取得胜利，在全世界引起了巨大反响。这是近代史上亚洲国家第一次在军事上打败欧洲强国，因而让生活在欧洲殖民者统治之下的亚非人民为之神往。*然而，在日本国内，击败强敌而产生的喜悦和成就感很快就消退了。在战争期间，一些知识分子就已经对与俄国开战的必要性产生了怀疑。1904年8月，有岛武郎在日记中写道，尽管日本军队攻下了旅顺，但是，"彼等一日所用军费平均五十万美元，岂不令人惊讶？节彼等两日之战费，可建一雄伟大学。余不知此度战争是否必要，然战争并不必要"。[1]

敌视俄国并对战争燃起激情的石川啄木在1906年12月的日记中写道："当余对学生说，比起战胜的日本，战败的俄国更伟大时，余究竟想塑造什么样的人类？"[2]啄木没有解释为什么他对学生说俄国优于日本；也许他只是想间接表达他的觉悟：他和其他日本知识分子意识到，众人欢呼喝彩的战争胜利不过是徒有虚名罢了。日本为获得那少得可怜的领土付出了巨大代价，而来自俄国的威胁绝

---

* 当我于1963年访问马达加斯加时，得知日本被誉为"自由之邦"。当时马达加斯加虽然已正式宣布独立，但法国人仍控制着无线电。他们很想播放我的讲座，但在获悉它与日本有关（这是一个危险的话题）之后就取消了。

第五十七章　庆子去世

对没有结束。因获胜而被认可为强国的满足感，没能弥补日本在旅顺和奉天战役中所遭受的惨重的人员伤亡。

明治天皇在战争期间做了几首诗，但大多数都没有欧洲战争诗歌中的那种典型的狂热。他最负盛名的一首短歌（据说受到了西奥多·罗斯福总统的赞赏），[3] 甚至对为什么会有战争这样的事情感到困惑（无论是真的还是假的）：

　　五湖和为贵
　　四海之内皆兄弟
　　缘何风波起
　　百思不解战争义
　　茫茫人间争何必[4]

另一首诗描述了战争对家中留守人员造成的影响：

　　战场把兵点
　　壮士离家远从戎
　　城凉家屋空
　　纵横白骨竞折腰
　　独留老父守田垄[5]

即使是在对马海战和奉天之战取得胜利后，明治的诗也丝毫没有表现出欢欣之情。外国君主称赞此类胜利是世界历史上前所未有的，但明治只是冷静严肃地说道：

　　今番激战起
　　攻城夺险炮火轰
　　罕见战事宏

自古征战几人回
硝烟亡骸悲长恸⁶

几年后，在明治天皇驾崩后，陆军大将乃木希典殉死。绝大多数日本人都认为他是对在旅顺战役的数次全面进攻中阵亡数万将士感到自责。[7] 1906年1月，在东京庆祝胜利时，乃木写了一首汉诗，其中表达的并非是获胜的喜悦，而是自己的羞愧：

王师百万征骄虏，
攻城野战尸做山。
愧我何颜看父老，
凯歌今日几人还。[8]

与谢野晶子的著名诗歌《弟弟啊，你不能死去》通常被认为是在表达反战情绪，也正因如此在当时饱受攻击。事实上，晶子不仅不是一名反战主义者，反而很重视忠于君王的家族传统。她在诗歌中要传达的并非和平主义的信念，而是担心即将离家奔赴中国战场的弟弟的安危。不过，就算这首诗不具有政治色彩，人们也很难想象它能发表在清日战争（阵亡人数较少的相对容易的战争）或者太平洋战争（媒体被极权主义操控，不允许发布违背国策的任何内容）期间。

日俄战争后，作为幻灭文学的自然主义文学运动迅速发展。自然主义小说的典型例子是田山花袋的《一兵卒》。这部小说部分根据他在中国担任随军记者的经历写成，被视为具有反军国主义思想，多年来只能在删除某些段落后才能刊印。

在日俄战争后的几年中逐渐成长起来的一代人，似乎感觉到了一种疏离感。大多数疏离感都是从对战时伤亡的震惊和对战争结果的失望中生出，但之后在政治上便以社会主义的形式表现出来。这又导致老一辈对年轻一辈丢掉传统感到悲观失望，即造成老一辈陷入忧郁的情绪。山崎正和将这个时期称为"苦闷的时代"。

冈义武将这一时期描述成，"一些年轻人在寻找人生意义的过程中陷入了怀疑和烦闷。事实上，这种趋势在日俄战争之前就已经展露苗头，但在战争结束后特别显著。"[9]

人们可能会认为战争获胜和外国的赞赏就算不会使日本人感到骄傲，也会使日本人变得自信，但当时的批评家烦恼的是年轻男女之间盛行的"烦闷的厌世主义"。[10] 讽刺的是，这种厌世主义可能造就了日俄战争结束后的十年间涌现出来的文学上的异常繁荣。夏目漱石在这一时期写出他最优秀也最沉郁的作品。森鸥外、石川啄木、岛崎藤村的代表作大多也是这一时期完成。此外，永井荷风、志贺直哉、芥川龙之介、谷崎润一郎也是在这时发表了成名作。

对已经五十五岁的天皇来说，1906年大体上是平安无事的一年。1月，在桂太郎辞职后，他命令西园寺公望组建内阁。贵族成员担任了总理大臣，大概会让天皇感到高兴，因为近年来贵族在政府中所扮演的只是一个无足轻重的角色。

1月底，由清朝宗室成员组成的代表团赴东京考察。他们谒见了天皇，代表团团长贝子载泽告诉天皇说，清朝皇帝派他们来研习日本的政治制度。他说，天皇取得的军事荣耀和开展的公民道德教育享誉五大洲；日本的政治和教育日臻完善，给他和同行人员留下了深刻印象。载泽希望天皇能了解他们的真诚，能怜悯他们，以便他们能够学习日本的先进技术和值得称赞的其他特色。他们打算以日本为楷模在清朝推行文明开化，希望由此确保东亚的日后安宁和增进民众的福祉。[11]

诚然，这些赞美之词不过是一种奉承，但贝子确实使用了某些两国长期交往的历史中不太可能出现的措辞来称呼日本天皇。这似乎让明治感到很高兴：他向贝子赐座，这是很少向宾客采取的举动。[12] 他还邀请清朝代表团共进午餐，之后，派遣侍从长带着向宾客授予的勋章和其他礼物前往芝离宫（清朝代表团下榻的地方）。[13] 这个小规模的清朝代表团效仿岩仓使团，在考察了日本的设施和研究了日本的宪法后，于2月13日前往美国（和欧洲）。清政府似乎真心渴望实现现代化，尽管也对其他国家进行了考察，但日本为清朝树立了一个最易于借鉴的榜样。

当月晚些时候，韩国代表团在高层官员李载完的带领下抵达日本。李载完带来了高宗皇帝感谢明治天皇派伊藤博文赴韩的信，以及敬献给天皇、皇后、皇太子和皇太子妃的贵重礼物。翌日，天皇根据代表团成员的身份向他们授予了不同等级的勋章。[14]

如上一章所述，2月，英国嘉德授勋代表团抵达日本。外国政府对日本的关注无疑让天皇感到很高兴。日本国内的情况则与这些形成鲜明对比。3月，外务大臣加藤高明（1860—1926）因铁路国有化议案与其他内阁成员产生分歧而辞职。加藤反对这一议案，认为该议案侵犯了私人权利，但议案仍获得了通过，于是他向总理大臣西园寺提交了辞呈。政府成员在辞职时总是以健康不佳作为理由，但加藤却说明了辞职的真正原因。

一直以来都恪守先例的天皇询问西园寺为什么加藤不按照惯例提出辞职。西园寺解释说，当请求辞职的人以健康不佳作为理由时，他说的也许是实话，也许不是。他暗示说，加藤是少有的诚实人；无论如何，他请求天皇原谅加藤的做法，并接受加藤的辞呈。天皇被说服了，结果西园寺除了担任总理大臣和兼任文部大臣外，还临时兼任外务大臣。[15]

1906年，世界各地都发生了自然灾害。3月27日，台湾发生大地震，造成逾一千一百人丧生；4月11日，意大利维苏威火山爆发，导致多人丧命；4月21日，旧金山发生震惊全球的大地震。日本皇室像发生重大灾害时所做的那样捐钱救助灾民——他们向台湾灾民捐赠了一万日元，向旧金山灾民捐献了二十万日元。[16] 向后者捐赠的数额较大，大概是为了对美国在日俄战争后的议和谈判中所

第五十七章　庆子去世

给予的支持表示感谢。

7月,天皇需要对一件不怎么重要的事情做出决定。当时,日本对在库页岛的日俄界碑应该刻旭日图案还是菊花图案展开了激烈争论。7月5日,天皇做出决定:采用菊花图案。[17]

这一年一直到12月11日都没有什么大事。那天,天皇同意接见韩国代表团。代表团带来了韩国皇帝的书信,并传达了韩国皇帝希望两国维持永恒友谊的口谕。韩国皇帝还表示完全信任伊藤博文,并对将由其他人来接替伊藤担任统监一职的谣言感到担忧。他觉得更换统监不仅不合时宜,还会导致政府和民众对未来失去信心,因此请求天皇不要更换伊藤。[18] 从这些事情来看,我们只能惊叹于讨厌伊藤的韩国皇帝竟能说出这样的政治谎言。

12月28日,天皇正式召开议会。当天,一名美国访问者——耶鲁大学的乔治·特朗布尔·拉德(George Trumbull Ladd)教授——参加了议会,并记录下了他对议会的印象:

> 天皇亲自召开议会……众人都在10点前进入贵族院。陛下在10点半才离开皇宫。
>
> 陛下一到达贵族院,所有等待的人都被领进贵族院议事厅的相应席位……不到五分钟,陛下也进入了议事厅,他走向御座,坐了一会儿。但他随即起身,从总理大臣西园寺侯爵的手中接过印在卷纸上的敕谕。然后,他开始宣读,或者说是以一种非常清晰但柔和而带有乐感的声音进行诵读。整个敕谕的宣读时间不到三分钟。宣读结束后,贵族院议长德川公爵从贵族院的议员席上走向讲台,而后走到御座前面。他从天皇手中接过敕谕。随后,他回到议员席,在正对着天皇的位置鞠了一个躬。天皇随即走下御座,离开讲台,从进入的门走出去,后面跟着众侍从。[19]

拉德也对自己进行了描述：

> 我只是一名教师。我不奢望获得比"教师"更高的头衔，也不渴望获得让人觉得更体面的官职。然而，对于我为日本国民的"道德教育"所做出的贡献，天皇煞费苦心地在全体国民的面前予以承认、给予支持并表达了他的感激。毫无疑问，他的煞费苦心是真心实意的，也是独特难得的。我们也有充分理由相信，他为道德教育和民众福祉所付出的努力，贯穿于整个统治时期。他没有想过要靠此来制定外交政策、赢得显赫名声或者获得回报式的支持。在当今世界的统治者中，很难找到像睦仁那样在涉及国民利益时能如此感情深厚、如此热心周到、如此富有自我牺牲精神的人。[20]

1907年（明治四十年）在没有举办任何年度特殊庆典的情况下拉开序幕。多年来天皇不再操持规定的四方拜仪式，都是让代行官操办这些传统的敬拜活动。

1月8日，天皇前往青山阅兵场检阅军队。他向来都是骑在马背上进行检阅，但这一次，他下令打开车篷，坐在马车上检阅军队。按照惯例，他通常都会接见前来观看阅兵的资深政治家、大臣和外国使节，但今年他中断了这一做法，交由陆军省负责。有人指出，这种变化是因为今年仅有很少的外国来宾参加检阅仪式，[21] 不过，也可能是天皇年龄增大或疾病发端而感到疲劳的缘故。因为他不喜欢接受医生的检查，健康状况一直都不被人所知。

也有其他迹象表明天皇的健康每况愈下：因天气恶劣，他决定不按照原计划出席陆军户山学校的毕业典礼。[22] 过去天皇总是对天气毫不在意，哪怕是暴风雨。

5月3日，在天皇前往靖国神社进行临时祭之前，发生了一件奇怪而类似的事情。这天天气晴朗，天皇为这一场合穿上了盛装。

第五十七章　庆子去世

宫内大臣田中光显希望天皇的马车在往返靖国神社的沿途，能让阵亡将士的遗族（和其他观看者）一睹龙颜。出于这种考虑，在没有征得天皇事先同意的情况下，田中命令掌马官打开马车的车篷。虽然这天的天气又热又潮，但天皇并没有下令打开马车的车窗，更不用说车篷了。近年来，当天皇经过外国人居留区时或者在前往博览会的途中，曾有过那么两三次恩准了官员打开车篷的请求，以便让民众一睹龙颜；但这一次，当准备离开皇宫时，他注意到车篷打开了。他召来侍从长德大寺，令他关上车篷。天皇就站在马车旁，直到车篷被关上为止。[23]

不用说，一想到自己违背了天皇的旨意行事，官员们都吓呆了。也许天皇恼火的，只是因为没有经过他的同意而打开车篷，但事实却是，尽管天气炎热，他仍不想打开车窗。这表明他并不是仅仅因为恼火才坚持关上车篷，还有可能是因为他像老年人怕冷一样，不愿接触外界。

1907年2月初，为答复天皇的询问，陆军和海军的总参谋长撰写了一份关于国防的计划书。其中第一点也是最重要的一点是：日本必须做好准备，以便向要侵犯日本权利的国家发动攻击。计划书上说，撇开遵循倒退政策的德川时期不说，一直以来，前瞻性的政策——即采取攻势并取得胜利——都是具有日本典型特征的政策，它体现了日本人的特性。

在起草国防计划时，总参谋长们仔细考虑了哪些国家可能成为日本的敌人。自日俄战争败北以来，俄国一直在远东稳步开展军事建设。他们还制定了重建海军的计划，似乎在等待时机以报仇雪恨。因此，俄国可以被列为主要的假想敌。

接下来是美国。尽管美国似乎希望与日本保持友好关系，但日本不敢保证，在将来的某个时候，美国不会因地理、经济、种族和宗教因素而与日本发生激烈冲突。再次是英国。与英国结盟是日本国防的基本组成部分，但根据续订的盟约，如果俄国侵略印度，日本仍有义务派遣军队援助英国。

总参谋长得出结论认为,日本陆军必须能够阻击其假想敌俄国,日本海军必须能够抵御其假想敌美国。为此,必须在来年初落实国防计划,将陆军扩建成十九个师团,为海军建造八艘两万吨级的战列舰和九艘一万八千吨级的装甲巡洋舰。[24] 天皇对此有何反应并没有记载,但在日本经济正处于从日俄战争中恢复过来的时期,他很可能会仔细考虑这些雄心勃勃的计划所需要的巨大资金。

在收到这份奏折后的一个星期,天皇听说栃木县足尾铜矿的矿工发生暴动,要求改善工作条件和提高工资。应栃木县知事的要求,第十五连队的士兵镇压了此次暴乱。这不是天皇第一次听说有关足尾铜矿的事情。早在1897年3月,日本政府就成立了一个内阁委员会,对由足尾铜矿的运营所造成的土地铜污染事件进行调查。[25] 当时,天皇命令改善矿山的条件,并警告经营者说,如果违抗命令,从今以后他将被禁止从事进一步的开采作业。但是,这些命令并没有得到严格实施。污染在继续,矿工对工作条件愈发不满。

这也使天皇回想起了矿山糟糕透顶的情况。1901年12月,已从众议院辞职的田中正造为抗议政府对结束铜污染的请愿漠不关心,在天皇从议会返回皇宫的途中,不顾一切地试图将请愿书扔进天皇的马车里。警卫队制止了田中的行为,并逮捕了他,但这没能结束对污染发起的抗议活动。

抗议活动合情合理,但由于时机尚早而徒劳无功:那是一个日本不惜一切代价地要成为先进工业大国的时代。对天皇和政府其他成员来说,足尾地区的矿工和农民所遭受的伤害,从国家角度来看似乎不值一提。在1907年镇压暴乱的过程中,有八十二名矿工因犯有煽动暴乱罪和破坏矿山财产罪被送进了监狱。同年6月,爱媛县一个铜矿的矿工因薪资减少发生暴乱,但也被军队镇压了下去。7月,福冈县的一个煤矿发生瓦斯爆炸,造成四百二十多人丧生。天皇和皇后向福冈县拨款一千二百日元,用于救助遭受不幸的灾民,

第五十七章　庆子去世

嘉仁皇太子在朝鲜

天皇还派遣侍从视察情况。[26]这些相继发生的事件都使那个时代笼罩在了阴郁的情绪之下。

不过，日本与外国的关系总体上是良好的。3月，日本与俄国签署了一份通商条约，这是两国走向和解的第一步。8月，在视察枢密院时，天皇颁布诏书，称他期待消除与俄国产生冲突的根源，希望两国恢复和平关系。与俄国签订的新的通商条约包含一个秘密协议，协议规定：日本尊重俄国在满洲北部的权利，俄国尊重日本在满洲南部的权利。[27]紧接着，天皇颁布敕谕，宣布与俄国恢复友谊。

8月，伊藤博文暂时从韩国返回日本，收到了天皇称赞他签署日韩新条约这一功绩的诏书。天皇说，伊藤"鞠躬尽瘁"，成功并完美地实现了他希望维持远东和平以及援助韩国的愿望。9月，伊藤被升为公爵。[28]

8月27日，大韩帝国的新皇帝纯宗正式即位。其弟亲王李堈（日本称其为"义亲王"）英俊潇洒、放浪不羁，本应被册封为皇太子，但他的行为过于离谱，以致由他的弟弟李垠（英亲王）于8月7日取代他成为皇太子。在李垠被册封为皇太子后，伊藤博文提议将这个十岁大的男孩送去日本留学。尽管伊藤从来没有明说，但韩国皇帝意识到此举是要将皇太子作为人质。[29]为了推动两国的友好关系，伊藤还恳请日本皇太子访问韩国。尽管明治很热情地欢迎李垠来日留学，但刚开始出于安全隐患的考虑，他反对送嘉仁去国外，然而，伊藤用性命起誓说，他将会为皇太子保驾护航。最后天皇答应，但前提是由威仁亲王陪同皇太子前去。

伊藤匆匆赶回汉城觐见纯宗皇帝，他将日本皇太子即将进行的访问告诉了纯宗，并讲述了送韩国皇太子赴日留学的具体计划。10月16日，皇太子嘉仁在威仁亲王、前总理大臣桂太郎、海军大将东乡平八郎和其他高层政要的陪同下抵达汉城。这次访问虽被解释为向韩国表示友谊，但实际上是为了让韩国皇帝无法拒绝让李垠赴日留学。[30]当年晚些时候，经纯宗要求，在获得明治天皇的恩准后，伊藤成为了韩国皇太子的太子太师，也正是由伊藤于1907年12月护送李垠前往日本。[31]

在1907年，也许对明治造成最直接、最强烈影响的事件，是10月他的生母中山庆子过世。这不是她第一次患病。欧文·贝尔茨医生在1893年11月28日的日记中提到，他曾给天皇的生母进行检查，当时她患有胃病。1900年1月20日，他描述了一个更加严重的疾病：

祈祷天皇的生母好运。这个年迈的女人目前陷入了最坏的境况，发着高烧，出现肺炎，宫中侍从问我，她是否还有好过来的机会。我说，如果她能挺过两天以上，那么她有希望渡过难关。很显然，他们向天皇误传了我的话。两天后，当御医冈

第五十七章　庆子去世

明治天皇的生母中山庆子

玄卿露面，提交检查报告时，他发现天皇守候在旁。天皇向他点头，说道："朕知道，太好了，她得救了。"冈玄卿哑然，不知道说什么好。但他很高兴地告诉陛下，说她肺部的阴影确实变小了。天皇回答说："贝尔茨说如果她能挺过四十八个小时以上，她就会康复。他是这么说的！"冈玄卿说，或许侍从误传了贝尔茨的话。但天皇仍坚持自己的意见。

事实上，他生母的情况正在好转。[32]

虽然贝尔茨医生用幽默的语气讲述这个轶事，但它很令人感动，因为天皇很少表露自己的情绪。显而易见，他非常关心生母的病情，当贝尔茨说，如果她能熬过两天以上，那么就有可能康复时，天皇的挂虑使得他将这句话理解成如果他的生母能挺过两天以上就一定会康复。御医冈玄卿描述了明治等待着四十八小时过去、默默守候在旁的情景。这段描写很吸引人，因为在那一刻，他似乎忘记了自己是天皇，仅仅表现得像一个儿子。

1907年10月4日，天皇从冈玄卿那里知道，中山庆子的肺炎很严重。皇后当下决定前去探望庆子，但她先派典侍柳原爱子前去服侍这个深受疾病折磨的女人。为什么选择爱子，皇后没有说明原因，但也许是因为和庆子一样，将来有一天爱子也会是一名天皇的母亲。

皇后迫不及待地前往庆子的府邸，甚至都没有等到召集好侍卫。天皇在得知庆子的病情后，也立刻命令军医总监、子爵桥本纲常尽一切手段，专心救治他的生母。但是，庆子已经年过七十，而且病情非常严重，桥本医生用尽平生所学救治，但她的病情还是每况愈下，已然没有了康复的希望。最后，医生向天皇奏报说他们回天无力。天皇忧心如焚，那些服侍在天皇身边的人只能用担心的目光陪着他。

某天早晨，天皇正坐在早餐桌前时，得知了生母病重的消息。他指着每天早餐都要喝的牛奶对皇后说："人言一位（中山庆子的头衔）今饮食不通咽喉，然若此物或可咽下。"他从桌上的三瓶牛奶（每瓶都装有二百五十毫升左右）中拿起一瓶，递给皇后。皇后一抵达病房，便拿出牛奶，递给庆子，并重复了天皇的话。庆子极力控制自己的激动情绪，将牛奶喝得一滴不剩。

这个轶事（甚至在关键细节上）听起来似乎是真的。虽然没有明确写出，但我们知道即便在生母的弥留之际，天皇也不能自由地前去探视。他曾在嫡母（皇太后）临终前前去探望，并表达了内心的深厚感情，但天皇却不能去探视自己的生母，因为中山的地位不够高。诚然，如果他非要去探视的话，没有人可以阻止，也不太可能有人会说出劝诫的话。然而，明治无法违背他所信奉的天皇必须行为举止得体的准则。结果，他让自己受到了良心的谴责。几年前，贝尔茨医生在日记中写道，尽管天皇每年都会郑重其事地多次去探

第五十七章　庆子去世

望他的嫡母，但他却不能自由地看望自己的生母，因为她只是一个臣民。他评论道："多么奇怪的礼仪规矩啊！"[33] 天皇不能违背礼制规范，但在生母的临终之际他应该特别想见一面吧。

10月5日凌晨，中山庆子过世，享年七十三岁。20日，天皇和皇后为葬礼资助三万日元，为承认庆子的功劳，他们还补赠了一万五千日元。皇太子和皇太子妃捐赠了一万日元，四位内亲王捐助了五千日元。

葬礼于10月14日举行。天皇派遣侍从北条氏恭代他前去中山庆子的灵柩前哀悼。当天晚些时候，氏恭来到护国寺（一个与皇室关系密切的真言宗寺庙）进行祷告。天皇还向护国寺赠送了杨桐树枝，放置在佛坛前。前一天，天皇已经送来了七个供品，即向神道教的神灵祭拜用的食物和水酒。神道教供品和佛教圣坛相结合，表明天皇在统治初期颁布的"神佛分离令"结束。也许两种宗教相结合是不可避免的，因为神道教的葬礼不太受欢迎。[34]

虽然皇室和佛教之间的关系已变得岌岌可危，但还不能完全切断二者的关系，因为皇室的陵墓（包括孝明天皇陵）均位于京都的泉涌寺，曾为明治天皇生下儿女的两位过世的典侍葬在了护国寺，天皇的所有其他侧室最终都将葬在佛教的寺庙里。中山庆子的葬礼还出现了一个非宗教元素：按照天皇的命令，送葬队伍包括一个大队的仪仗兵。

中山庆子留存的信件表明，尽管出生在一个有名的贵族家庭，但她并没有受过教育。她大概没法弄明白她的儿子成为天皇后日本所发生的翻天覆地的变化。但是，从所有的描述来看，如果她不同意天皇所做的任何事情，都会毫不犹豫地把自己的想法告诉天皇。天皇按照她的意见去做或许是害怕遭到她的斥责，不过这种态度不仅仅停留在尊重这种程度，在孩提时与庆子建立起来的感情贯穿了他的一生。在垂暮之年，为了见到儿子，庆子常常参内。尽管天皇不太喜欢会见任何人，但见到庆子时他总是很开心。[35]

伊藤与韩国皇太子李垠

1907年11月，在中断了相当长的一段时间后，天皇恢复了他的一个爱好——观看陆军演习。该年的演习在枥木县举行。天皇乘坐火车前往演习地点，在沿途的各个停靠站点（通过火车车厢的窗户）接见了前来欢迎他的当地官员。对于在天皇统治的四十年间因为生活发生变化而感到欣喜的所有民众来说，这是一个喜庆的场合。每一个村庄都悬挂着纸灯笼、旗帜、红白彩旗，铺上了供天皇行走的白沙，架起了用绿叶搭成的拱门。

此次演习在天皇的命令声中结束，随后举办了包括贵族、大臣

第五十七章　庆子去世

和军事人员在内的四千八百人参加的宴会。天皇心情大好，赐给其中的六十人清酒。³⁶

12月7日，在伊藤博文的护送下，韩国皇太子李垠抵达下关。宫内大臣岩仓具定前去迎接，并陪同皇太子前往东京。在京都停留片刻后，他们于12月15日抵达东京。威仁亲王和年幼的韩国皇太子同乘一辆马车，一同抵达他将下榻的芝离宫。当天下午，李垠进宫谒见。天皇甚至走到凤凰之间的门口欢迎李垠。与天皇和皇后交谈中，李垠说他遵照韩国皇帝和皇后的旨意前来日本留学，恳请天皇万事多多指教。

午餐后，李垠向天皇、皇后和皇太子献上了从韩国带来的礼物，包括一支玉笛、一张虎皮和一个绘有云鹤图案的瓷瓶。12月20日，天皇进行了回访，去芝离宫看望李垠。他对李垠说，李垠在日本停留的时间如此短暂，让人感到遗憾，*但他希望李垠能够充分利用这些时间。他一面说，一面亲自向李垠赠送了一块刻有皇室的菊花纹样的金表。他说李垠应该用这只表来记录下在日本的学习时间。李垠看起来十分高兴。

12月19日，韩国皇帝派遣的使者抵达日本。这是为了对天皇派遣陆军大将长谷川好道代表天皇参加他的即位仪式表示感谢。这名使者是韩国皇帝的伯父，他带来了韩国皇帝的一封信，这封信以晦涩难懂的语言向明治天皇表达了钦佩之情，并表明了希望继续维持两国友谊的愿望。很显然，韩国皇帝没有意识到，不出数年，他的王位将会断送在这位他用过分恭维的语言称赞的君王手上。

---

* 最初可能打算让李垠在日本待较短时间，但事实上，李垠和一名日本公主结婚，直到1963年才回到韩国并定居。他于1970年在韩国逝世。

第五十八章

伊藤遇刺

1908年在传统仪式中拉开了帷幕，但天皇只是最低限度地参与了这些仪式。1月6日，为天皇举办了三场讲座，第一个关于《汉谟拉比法典》（西学），第二个讲授的是朱熹的《中庸集注》（汉学），第三个讲解了《古事记》中的文章（国学）。无论这些讲座是否引人入胜，天皇应该都会听得聚精会神，但他可能会认为第二天的活动更加合意。

这一天从韩国皇太子李垠（与各类韩国和日本政要）进宫朝贺新年开始。天皇向李垠赠送了玩具马样式和船锚样式的置物架各一个，皇后向他赠送了一个法国产的带有人物雕像的镀金钟。[1]与天皇和皇后平常向忠贞的臣民（无论其年纪多大，有何爱好）赏赐的鲜鱼或清酒不同，这些礼物显然是为了让这个十一岁的男孩开心。天皇对待这个外国皇太子要比对待自己的子女更上心，因为他认为这是国际礼节所要求的。但是，或许他的仁慈间接说明了他对自己的儿子与李垠不太一样而感到遗憾。

1月20日，为躲避东京的寒冬，天皇的儿子——皇太子嘉仁——离开东京，前往气候温和的叶山海岸。身体虚弱的皇后也因为相同的理由前往沼津，从1月12日一直待到4月14日。李垠仍留在东京，尽管天气寒冷，他仍然勤勉用功地专心于学业，天皇为此感到高兴。

第五十八章　伊藤遇刺

1月29日，当李垠进宫谒见时，天皇对他说：

>　　闻殿下滞在东京以来，不拘气候风土殊异，身体极健全，朕甚欢喜。日本语之习得日日进步，映眼事物与自国之异同，必辩知许多，望将来更益勉励，学业通达。[2]

天皇还向纯宗皇帝修书一封，告知他正竭尽全力确保韩国皇太子在学业上有卓越表现。[3]2月9日，李垠从芝离宫搬进了位于鸟居坂的府邸。趁此机会，天皇、皇后和皇太子赠送了一些礼物。5月，天皇向李垠赠送了一套板球用具和一个书柜。[4]

日本和韩国宫廷互通书信，交流李垠在学业上所取得的进步，偶尔也会有韩国官员访问日本，核实皇太子的教育是否以令人满意的方式进行。日本尽一切努力让韩国人相信自客居东京时起，李垠过得很开心，受益颇丰。这是他们意图使日本和韩国走得更近的远景计划的一部分。

天皇不断收到热情洋溢的奏报，盛赞两国合作体制成功，但他似乎并没有完全相信。当伊藤博文于3月底返回韩国时，天皇派了一名官员与伊藤一同前往，命令这名官员为他提出的下列问题找到答案：

一、在伊藤回到日本期间，副统监曾祢荒助所治理的韩国是否出现了停滞？

二、韩国皇帝和太上皇对曾祢的信任达到何种程度？

三、韩国内阁的亲日派势力如何？

四、内阁中的部长均为韩国人，所有副部长和局长都为日本人。这是否意味着部长只是有名无实？副部长是否以强制专横的手段行事？部长和副部长是否协调地开展合作？

五、一般韩国人对曾祢有多少信任？

六、各级韩国民众对皇太子李垠长留日本有何反应？

这名官员花了大概一个月的时间在韩国调查这些事情，5月初，他回到日本向天皇进行了汇报。[5]

当然，天皇不太可能被告知韩国与日本的关系正在恶化、曾祢没能赢得韩国人的信任。但事实上，天皇提出这些问题，表明他不愿意轻易相信幕僚们向他提交的乐观报告。

天皇的质疑无疑是对的。韩国不断爆发反对日本统治的暴力活动，日本军队不断镇压。5月，伊藤博文给陆军大臣寺内正毅发电报，请他派遣更多日军到韩国。这一事件引起了天皇的重视，他告诉伊藤自己同意向韩国再派遣军队，并希望伊藤能利用这些军队尽快平息骚乱。[6]

10月13日，天皇颁布诏书，对日俄战争后国民精神逐渐松弛，尤其是风俗习惯中表现出的轻佻浮薄倾向表示担忧。在诏书的开篇，他十分肯定地说道，东西方文明日趋相依对双方都有利，并期待通过和外国修好国交，构建友好关系来享受这一益处。不过，他指出，在日俄战争结束后的短暂期间出现了国民精神松弛的现象。他力劝所有日本人忠实勤俭，奋起图新，上下一心，不懈努力。[7]

我们已经提过日俄战争后日本人流露出苦闷的情绪，而这种情绪似乎已经引起了天皇的重视，尽管他并没有将此解释为对现状感到沮丧或幻想破灭，而是将此视为一种被肤浅的享乐行为所吸引的精神萎靡。他似乎在问，为什么日本民众不（通过更加勤奋的工作）对他们目前与其他国家的人民共同沐浴的恩泽表示感激。

11月，天皇前往将举行陆军和海军演习的奈良县和兵库县。在奈良，军演的大本营位于奈良俱乐部，这里的条件与早前进行军演的简朴条件大不相同。演习持续了四天时间，十八个国家的武官出席。这次演习的一个特征是可以在《万叶集》中闻名遐迩的大和三山上观摩。天皇在耳成山的观察哨观看了军事演习。身处历史古迹之中，他并没有公开表现出喜悦之情，倒是他的那些随从人员认为耳成山距离神武天皇陵（该陵墓坐落在大和三山中的亩傍山西北）

第五十八章　伊藤遇刺

不太远,揣摩着天皇可能想去陵前祭拜,因此,提前做了准备。但是,当天皇并没有像他们所期待的那样下令前去陵前祭拜时,一名随从明确询问天皇的意愿。天皇回答说,仅仅因为皇陵恰巧在附近就前去祭拜,这是大不敬:"以事之序而拜皇陵,非礼恭之所为。朕今次为大演习统监来此地,参拜之事他日驾幸。"据说,这名随从因为自己严重误解了天皇的意愿而十分不安。[8]

大概也是出于相同的原因,天皇不打算参观法隆寺或该地区的其他著名寺庙(也可能是他对佛教漠不关心),但他派了一名武官前往谈山神社,并派另一名武官去著名的忠臣北畠亲房的陵前敬拜。他从奈良前往神户,并在那里观摩了海军演习。尽管这场演习无疑比他前日观摩的那场更有趣、更赏心悦目,但他偏爱陆军已经不是什么秘密了。演习结束时,他大概松了一口气。[9]

1908年不是一个特别激动人心的一年,但也不乏一些私人事件。4月30日,天皇的长女昌子与恒久亲王结婚。天皇在宫中接见了多位著名的外国人士,包括伟大的德国科学家罗伯特·科赫(Robert Koch)和瑞典探险家斯文·赫定(Sven Hedin)。画家桥本雅邦、法官儿岛惟谦和创建过虾夷共和国的榎本武扬都在该年过世。日本政府也收到了外国君主逝世的消息,例如葡萄牙国王卡洛斯(死于暗杀)、瑞典国王奥斯卡二世(在经历了长久的和平统治后)、清朝的光绪皇帝和慈禧太后(在经历了特别灾难性的统治后)。7月,总理大臣西园寺辞职,桂太郎再次接任这一职务。在向天皇提交的政治观点声明中,桂太郎警告说要提防社会主义的蔓延。[10]不过对于天皇来说,这一年最难忘的一件事是他的替身儿子李垠的出现。

翌年,也就是1909年,在按照惯例举行的仪式中拉开了帷幕。韩国皇太子李垠在凤凰之间和日本皇室成员一同参加了新年庆贺仪式,为这一年带来新的色彩。这可能表明日本政府进一步打算合并韩国,不过也可能只是天皇颇为喜欢韩国皇太子罢了。

2月22日，韩国宫内府大臣闵丙奭抵达东京，下榻在都会大酒店。25日，他和另外四名韩国官员在伊藤博文的陪同下参观了皇宫，并在凤凰之间觐见了天皇。闵丙奭带来了韩国皇帝的一封信，信中皇帝对自己在巡幸韩国边远地区时收到天皇的鼓励信表示感谢。这次巡幸是模仿明治在统治早期进行的巡幸，主要目的是让皇帝了解民众的生活情况。明治命令日本舰队的船舰起航驶往釜山，以便韩国皇帝巡游到韩国南部时能够视察这些船舰。[11] 韩国皇帝对这个深深打动他的举动表达了感激之情。因此，他特意向明治天皇写了这封信，希望两国能维持长久的关系，能够更加亲密。

韩国皇帝还在书信中说了很多关于伊藤博文的溢美之词，他说，伊藤完全了解韩国的情况。从担任统监时起，已经对韩国政府进行了改革，在众多方面向皇帝提供帮助。例如，伊藤虽年事已高，但不顾旅途疲劳和寒冷，陪同皇帝巡幸韩国边远地区，竭尽所能地尽职效劳。他耐心地询问两国的官员和民众，由此消除了无知的韩国民众的误解，这无疑对韩国的日后发展具有重要意义。韩国皇帝指示闵丙奭对天皇派遣伊藤常驻韩国、高度关注韩国表达无尽的感激之情。[12]

纯宗皇帝向天皇、皇后、皇太子和皇太子妃赠送了贵重礼物。但是，尽管皇帝说了一堆的赞美之词、送了一堆的礼物，仍难以想象他会因为伊藤在外交政策和内政方针上提供指导而真的对伊藤心怀感激。他不可能忘记伊藤逼迫高宗皇帝退位的残忍行为。伊藤的一些改革或许真的有益，但纯宗也巧妙地避免提到韩国各地不断爆发的抗议日本统治的暴力活动。

相比之下，天皇和韩国皇太子的关系极为友好。4月30日，李垠进宫谒见，明治天皇同意接见。这一次，天皇向他赠送了一只银花瓶和一个望远镜。银花瓶是一个符合传统习俗的礼物，不过赠送望远镜却是为了取悦这个十二岁的男孩。李垠有事拜托天皇。他说，有八名韩国高层政要前来日本参观，请求天皇予以接见。这不是那

第五十八章　伊藤遇刺

种天皇会欣然同意的请求，但天皇还是立刻答应了。他对这组参观人员说："朕依贵国皇太子之希望，今日引见卿等。闻卿等为观光来游，望充分视察。"[13]天皇的话并不是很客气。他没有按照惯常做法说他很高兴见到这些参观者，而是说明了接见他们的原因：韩国皇太子有此愿望。

在治理韩国时，伊藤一定觉得压力倍增，因为在那里他不仅遭人厌恶，而且还经常处于危险之中。在5月25日向天皇提交的奏折中，他自豪地提到自己在韩国取得的成就，但称自己任职三年半，感到疲惫不堪，并请求辞职。刚开始天皇没有答应，但6月14日，天皇接受了辞呈，任命之前担任副统监的曾祢荒助接替伊藤。伊藤恢复了枢密院议长一职。天皇向伊藤颁布诏书，赞扬他忠心耿耿以及在担任统监时取得的丰功伟绩，还赏赐给伊藤十万日元，这在当时来说是一笔巨款。皇后向伊藤赠送了两个银碗。[14]

7月6日，天皇接见桂太郎，同意了桂太郎就眼前的事情——吞并韩国——所提出的政策。在过去的几个月，越来越多的日本和韩国的知识分子认为日韩合并无法避免了。3月，在对日本将韩国置于保护之下而获得的好处进行评估时，外务大臣小村寿太郎说，为使日本在朝鲜半岛建立牢固的势力，以及为确保成功实现日本的对韩策，有必要在某个合适的时候将韩国纳入日本的版图。他提议说，政府已考虑将吞并韩国作为最终目标，在此之前，与韩国有关的各项政策都应始终与这个目标相契合。桂太郎接受了这一提议，向伊藤征询意见。众人普遍认为伊藤反对吞并韩国，但是，当伊藤回答说他没有异议时，桂太郎便决定要获得全体内阁的同意。现在，他又获得了天皇的恩准。[15]

7月，为与曾祢荒助进行职务交接，伊藤在韩国待了一小段时间。20日，他回到日本。天皇向新桥站派了一辆马车，迎接伊藤的归来。伊藤所获得的接待级别仅次于送迎元帅的标准。一个由近卫步兵连队和骑兵连队组成的仪仗队护送伊藤来到皇宫。

7月26日，伊藤被任命为韩国皇太子的太师，明确表明了韩国皇太子对日本的重要性。同一天，曾祢荒助向韩国总理大臣李完用提交了一份关于建立韩国中央银行的备忘录。这份关于建立一个中央货币机构（即韩国银行）的协议规定，韩国银行的所有活动都交由日本政府负责。[16]

10月2日夜晚，伊势神宫举行了二十年一次的迁宫仪式[*]。天皇派官员代他参加，自己仍留在东京，在皇宫里遥拜。这一次，天皇与往日不同，穿上了传统服装，所有侍从和文武百官都穿上了祭服。[17] 尽管多年来天皇一直拒绝参加大多数的传统仪式，但在神道教的重要仪式上，他觉得有必要表明他虔诚地信奉着神灵。

10月9日，在准备动身前往满洲之前，伊藤觐见了天皇。16日，他从门司出发前往大连。在大连，他参观了旅顺战役的遗址。之后他乘坐火车前往哈尔滨。在抵达大连时，伊藤说，此番远行是为了去之前从未到过的满洲散心。[18] 不过，真正目的很有可能是为了就日本吞并韩国与俄国财政部长科科夫切夫（V. N. Kokovtsev）进行商谈。

10月26日上午9点，伊藤乘坐的列车抵达了哈尔滨。科科夫切夫登上火车欢迎伊藤的到来。俄国警卫队沿着车站月台列队等候，但从当时拍摄的照片来看，实际上并没有采取特别的安保措施。[19] 俄国铁路警卫队的荣誉司令官科科夫切夫请伊藤对警卫队进行检阅，伊藤答应了。伊藤、科科夫切夫和其他官员一同走下火车，踏上月台。当时拍摄的一张照片显示，伊藤（从他的白色胡须中可以辨认出来）举起帽子，向东清铁路的长官致意。[20]

检阅完毕，伊藤折返回身，开始和前来欢迎他的、居住在哈尔滨的日本侨民致意。他朝着这些侨民的方向走了几步，突然，一个

---

[*] 伊势神宫依照造替制度，每隔二十年年就会搬迁一次，届时重建内宫（皇大神宫）、外宫（丰受大神宫）及所有宫，称为"神宫式年迁宫"。——译注

第五十八章 伊藤遇刺

身穿西装的年轻男子从警卫后面蹿出来,将手枪对准伊藤,[21]开了六枪,前三枪打中了伊藤的要害。[22]伊藤被随行人员抬进火车,医生进行了急救,然而半小时后,伊藤死亡。在气绝身亡之前,伊藤得知暗杀者是个韩国人。据说,他的最后一句话是"这该死的蠢货!"。[23]

俄国警卫队很快逮捕了暗杀者安重根,但在被抓获前,他拼尽全力高呼了三声"韩国万岁!"后[24],人们才知道他是一个韩国人。不能责怪俄国人没能一眼就区分出他的国籍。他的身高和普通日本人没什么差别(一米六三),他的相貌让人很容易地就把他当做一个日本人。为了使自己看起来像是一个前来欢迎伊藤来到哈尔滨的生活富裕的日本侨民,他还采取了非常保险的措施:穿上他可以负担得起的最好的西装。[25]

安重根于1879年生于朝鲜的一个先祖可以追溯到第二十六代世祖的两班(贵族)家庭。[26]他经常使用的别名安应七,得名于他的胸部和腹部有七颗痣。[27]家人希望他能遵循家庭传统成为一名学者。他的祖父生了六个儿子,全都擅长舞文弄墨,其中,安重根的父亲最有才气。安重根在八九岁时便能阅读四书和三经,被誉为天才。然而,他并没有成为一名文人(尽管他在书法方面颇有成就),而是成为了一个活动家。甚至在孩提时,他就被看做神射手。比起书本,他更喜欢射箭狩猎。被捕后,在对他进行第一次审讯时,他说自己的职业是"猎人"。[28]

在等待死刑判决的过程中,安重根在狱中写下了自己的自传《安应七历史》,其中讲述了是什么导致他皈依天主教。他的父亲对反对知识分子的暴戾的东学党起义感到愤怒,成立了一支由大约七十名士兵组成的"义兵",负责保护他们的村庄免遭反叛者的侵袭。[29]安重根加入了这支队伍,然而,他们在人数上与东学党有天壤之别。他写道,跟他们作战,就好比"以卵击石"。不过,这支"义兵"不屈不挠,逐渐在对抗兵力上占优势的东学党时赢得了几场胜利,不料最后却遭到了新成立的亲俄政府的攻击。[30]

逃离这场混战后，安重根在一个叫威尔海姆（Wilhelm）的神父那里避难。威尔海姆的韩国名字叫做洪锡九。他在威尔海姆的教堂里躲了几个月。这位神父鼓励安重根利用这段不得不空闲出来的时间学习天主教教义，安重根听从了他的提议，将大量时间用来阅读《圣经》以及和威尔海姆讨论天主教的教义。神父最终让安重根相信了天主教的真理，1897年1月，安重根受洗入教，教名多默（Thomas）。[31] 几年后，他和父亲积极传播天主教信仰，直到逝世时，他都是一名虔诚的天主教徒。在他写给妻子的最后一封信中，他要求让他们的长子成为一名神父。[32]

在讲述自己的一生时，他回忆道，他曾跟从神父威尔海姆学习了大概三个月的法语。[33] 这是他学过的唯一一门外语。当一个朋友问他为什么停止学习法语时，他回答说："学日语者，沦为了倭国的奴隶；学英语者，沦为了英国的奴隶。若我学习法语，也无法逃脱沦为法国奴隶的命运。这就是我放弃法语的原因。一旦韩国享威望于世界，世人都将学习韩语。"[34] 安重根的这番话或许并非是字面上的意思，或许他与威尔海姆之间有了某些分歧。即使安重根未曾动摇过对天主教的信仰，但他不再相信外国人了。[35]

虽然安重根怀有强烈的民族主义感情，但他也曾提出过东亚三国（中国、韩国和日本）结盟的构想。或许这一构想是受"黄祸"论（德皇的邪恶构想）影响而设想出来的相反的观点。安重根警告要提防"白祸"，指出掠夺成性的欧洲国家突然扑向茫然无助的亚洲国家就是"白祸"的一个例证。如果东亚国家想要结束西方列强的侵略威胁，最好的办法就是团结起来。尤其是饱受欧洲列强侵略的中国和韩国，必须携起手来抗击欧洲列强。如果这两国携手，那么欧洲列强将望而却步，东亚将恢复和平。[36]

安重根并不反日。毫无疑问，他最崇敬的人就是明治天皇。他对伊藤博文进行了言辞激昂的指控，其中之一是控诉伊藤博文故意

第五十八章　伊藤遇刺

欺骗天皇。安重根说天皇想要的不是征服韩国,而是东亚和平及韩国独立。[37]他从1904年日本向俄国发布的宣战公告中清楚知道了天皇的意愿。[38]在得知日本战胜俄国后,安重根非常高兴,高呼着要和同胞们一起分享代表"白祸"之一的俄国被打败的喜悦之情。[39]但遗憾的是,日本在俄国全面投降之前就匆匆结束了战争。

安重根确信,很多日本人都和他一样憎恨伊藤博文的政策。他描述了自己与各类日本战俘进行的交谈。其中一位是驻韩士兵,他一边哭泣,一边向安重根讲述他思念仍在日本的家人。安重根说道,如果东亚恢复和平,韩国就不需要日本的卫队了。这名士兵表示赞成,认为都是那帮奸诈卑鄙的老臣扰乱了和平,迫使他非常不情愿地来到这个遥远的国度。他还说,尽管自己一个人根本没法完成,但还是希望能杀掉伊藤。

安重根与农民、商人、天主教神父等日本人进行了类似交谈。他们都对日本的现状悲叹万分。和之前的那名士兵一样,商人也希望自己能干掉伊藤。安重根从这些人的身上获悉了他们对伊藤所怀有的强烈仇恨,认为这些人可以代表全体日本民众。[40]如果连日本人都想杀掉伊藤,那么很轻易就能想象出因为伊藤的命令而失去家人朋友的韩国人是多么痛恨他了。安重根声称要以"大韩义军参谋中将"的身份暗杀伊藤,因为伊藤破坏了东亚和平,使日韩两国日渐疏远。*

安重根仍然希望两国的关系能更加亲密,树立一个供全世界效仿的榜样。他劝说一位富有同情心的日本检察官不要担心他是否会被判处死刑。他的全部要求就是想让日本天皇知道他为什么要犯下这样的罪行。[41]他确信,如果天皇意识到伊藤的政策错得有

---

* 安重根没有解释为什么他成为参谋中将,也没有说明是否还有头衔比他高的大将。"Uibyong"(日语"ぎへい"),译为"义军"或"义兵",在英语中没有确切对等的词语。它指被正义打动的士兵,相对于只是服从命令的普通士兵。

一日不讀書口中生荆棘

庚戌青於旅順獄中 大韓國人 安重根書

安重根书法

第五十八章 伊藤遇刺

多离谱,就会了解自己的行动,并会为之欣喜。安重根期望,如果将来按照日本天皇的意愿改善对韩治理方针,那么日韩之间可保万年太平。

安重根将日本人在韩国犯下的所有罪状都归于伊藤身上,因此不仅宽恕了天皇(很多罪行都是以天皇的名义实施的),也宽恕了所有日本民众。一旦日本摆脱了这个使两国关系恶化的毒瘤,那么有着众多共同传统而注定要成为朋友的日韩两国就没有理由不会安享永世太平了。在这些论述中,安重根似乎一直沉迷于他所构想的"撒旦伊藤"的画面之中,他将伊藤视为在《圣经》中读到的现实版的撒旦。

安重根控诉了伊藤的十五项罪状,包括谋杀闵妃。其中,最令人惊讶的一项指控是,伊藤在四十二年前弑杀了孝明天皇。他说这在韩国是众所周知的。但是,就算这个传闻是真的,也很难弄明白为什么安重根会认为弑杀孝明天皇是一项侵犯韩国民众的罪行。*安重根的其他指控描述了日本在强迫韩国缔结不平等条约后给韩国造成的难以言表的后果。控诉伊藤的这十五项罪状的最后一项是:伊藤佯称韩国安宁、繁盛,欺骗日本天皇和其他国家的统治者。[42]

安重根向韩国人民的最大敌人开了枪,内心无疑很爽快。他刚开完六枪,就被俄国警卫队制伏并送进了监狱。11月3日的《东京日日新闻》引述了安重根在狱中的话,"我是冒着触犯重罪的危险,为国献身。这是高尚的爱国志士所具有的行为。但是,你们所呈上的却是难以下咽的食物,这并非爱国志士应获得的待遇。我坚决拒绝食用。"[43]据这篇文章描述,他连续两天拒绝吃任何东西。

在俄国人把他交给日本人后,安重根的待遇得到了极大改善。检察官沟渊孝雄在审讯结束后向他递金纸嘴香烟,并在随后的闲聊

---

* 1867年,伊藤的职位还没有高到能够面见天皇。此外,在孝明天皇驾崩时,伊藤在长州身患重病,而非身在京都。

中表现出了同情。安重根在自传中记录道，在他揭露伊藤博文的十五项罪状时，沟渊大呼："按照你刚才所说的话，显而易见，你是东亚义士。我相信，不会对义士判死刑的。你无需担忧。"[44]

监狱中的其他日本官员也对安重根留下了深刻印象。安重根的态度和行为大多表现出了日本英雄所具有的气概，似乎引起了他们的共鸣。在新年之际，典狱向安重根和另外两名被捕的韩国人（其同谋）提供了日本新年的传统美食。他的书法刚劲豪放，非常受这些看守的欢迎。安重根为他们书写了五十多张，所有的落款都是"于旅顺狱中大韩国人　安重根书"。

12月13日，安重根开始写自传，在1910年2月7日开始的审判期间继续写。审判时，根据日韩签署的协约（协约规定自此以后，日本对在国外的韩国民众进行保护），安重根不得聘请韩国律师辩护。参与审判的所有人——法官、检察官、辩护律师和翻译——都是日本人。这对不懂日语的安重根来说特别困难。翻译员非常谨慎地翻译，[45]安重根的律师诚恳地希望能被判无罪，[46]但他感到孤掌难鸣。

尽管沟渊再三让安重根放心，但判决已经事先定好了。2月14日，安重根被判处死刑。[47]这个判决不是由法庭上的工作人员做出的，而是来自外务省。12月2日，外务大臣小村寿太郎发了一封电报，"此事关于政府，安重根之罪行极重大，由惩恶之精神，应施以极刑"。[48]

虽然安重根已经预料到了会有这样的判决结果，但在宣布时，他极为恼怒。他曾希望自己不被认为是暗杀者，而是一个为国除敌的战俘、义士，但这个请求被置之不理。法官平石之前曾向安重根承诺说，即使他被判有罪，但政府也一定会同意缓期几个月执行，然而，东京方面要求立即行刑。执行死刑的日期定在了3月26日。考虑到上诉没有用，安重根没有对判决提起上诉。他所要求的只是希望推迟两周再执行，那样他可以完成著作《东洋和平论》。他请

第五十八章　伊藤遇刺

典狱栗原贞吉帮忙,虽然栗原对他深表同情,但也无力更改行刑日期。于是,安重根提出了最后一个要求:他请求穿上洁白的韩服奔赴刑场。栗原答应了这一请求。[49] 不久后,栗原对未能挽救安重根的性命感到沮丧,辞去了典狱一职,并回到了日本。

3月9日和10日,神父威尔海姆聆听了安重根的告解,为安重根做弥撒、举行圣礼。[50] 在生命的最后几周,安重根继续写作。在行刑的当天早晨,他穿上了白色的韩服。当时拍的一张照片显示他平静地看向远方。在白色衣服的衬托下,他那有着一头茂密黑发的脑袋、眼睛和胡须清晰可见,他的双手交叉放在膝盖上。安重根于3月26日上午的晚些时候被绞死。当天上午10点,一名日本医生宣布他死亡,遗体被安葬在大概三公里外的一个公共墓地里。

明治天皇对安重根的死有何反应,我们尚不清楚,不过,或许他认为对谋杀他最重视的顾问——伊藤博文——的人处以死刑是适当之举。尽管安重根提出了恳切的请求,但天皇不太可能得知他暗杀伊藤的原因。无论如何,伊藤的死对天皇来说是一个沉重的打击。他没有公开表露自己的感情,行动也和伊藤死前没有什么不同。然而,给天皇当了多年侍从的日野西资博回忆道,天皇在得知伊藤的死讯时极为震惊,好像突然间变成了一个老人。伊藤的葬礼在东京举行,有四十万名民众前来哀悼。

安重根被视为爱国志士和英雄,尤其是在戏剧作品中。在中国的众多戏剧中,就有一部由周恩来和妻子邓颖超编写的《安重根》。在韩国,安重根被誉为民族英雄。哈尔滨成为了韩国人凭吊英雄人物的神圣场所,是重振民族精神的地方。[51]

很快,伊藤被暗杀的消息便在日本引起了巨大反响。第二天,石川啄木在《岩手日报》发表了一篇以下文开头的文章:

> 10月26日。天阴。午后3点刚过,飞报至天外到,东京之一隅顷刻陷入惊愕之中。疑惑之声,惊悼之语,刻刻蔓延。

微雨一过，暮色渐起。"号外"之呼声带异常之响，充斥都城。人心忽骚然，如百潮一时涌来。不论老幼贵贱，皆齐为此国民之凶报丧心。此实为惊杀日本国民之凶报，又同时为世界之一大事变。而本日此报道自帝国领土之一隅传至另一隅，随处皆听哀恸之声。

噫，伊藤公逝矣！ [52]

啄木继续回忆伊藤近期访问东北地区的情景：

余略可想象接此悲报时盛冈人之颜色，彼等迎送公北游未出百日。公辞统监归故国，尚无席暖之暇，遂同韩太子共巡游东北、北海道，归来又匆忙就北满之旅。

啄木在文章结尾写道："（公）受数位批评家之非难，然谁可否认明治日本之今日，负生涯一贯为温厚进步主义者之伊藤公最多！"

第五十九章

吞并韩国

1910年8月22日,日本和韩国签订协约,正式宣告吞并韩国。十个月前伊藤博文遇刺事件加速了这一进程。韩国人刺杀最受尊敬的日本政治家,无疑加深了日本国内已经存在的一种认识:韩国人目无法纪,无法自治。此外,如果伊藤没有被暗杀,他也许会制止日韩合并的主张,尽管日韩合并的决定早在一年前就已经被提出来,尽管日本政府只是在等待着一个合适的机会来实施这一计划。

日本以维护韩国独立为借口打了两场仗。但是,较之大多数日本人不感兴趣的韩国独立,日本更在乎的是要阻止清朝和俄国干涉其开发韩国资源的计划。一些韩国人(如安重根)将天皇在向中国和俄国发布的宣战诏敕中声称的战争目标,视为维护韩国独立。比安重根更受到日本感化的个别韩国人,开始公开拥护日韩合并。

1904年,在日俄战争期间为日本人担任翻译的宋秉畯成立了一个致力于与日本合作的团体——一进会。这个新成立的团体吸纳了与东学党有关联的李容九,并与日本右翼民族主义者(尤其是头山满、杉山茂丸和内田良平这些臭名昭著的黑龙会的创始人)合作。[1] 1906年10月,统监府兼职雇员内田成为了一进会的顾问,此后便开始担任伊藤博文和韩国亲日派的中间人。1906年底,伊藤决定利用一进会，于是从次年1月起，统监府每月向该团体提供大约两千日元的资助金。[2]

在统监府设置后成立的第一届韩国内阁由朴齐纯担任领导。虽然受过良好教育的朴齐纯支持伊藤提出的改革，并且和伊藤相处融洽，但在得知自己成为了反日活动的主要目标后，他情绪低落。此外，"义军"的反抗活动日益增加。尽管伊藤请求朴齐纯留任，但他仍坚持辞职。伊藤不得不在1907年5月组建了一个新内阁，推选李完用[3]担任总理大臣，推举宋秉畯担任农商工部大臣。

伊藤向新内阁发表的"鼓舞士气的讲话"包含以下内容：

> 如今日之发展，夫韩国之灭亡非因他国，在于韩国自身也……余助诸君，尽力得韩国之自立，然韩人……尚未觉醒……为获韩国之存在，最适切紧要方针在于与日本诚实亲睦，决心与日本共存在。[4]

这些话表明伊藤确信与日本合作对于韩国日后的繁荣而言必不可少，但他并不建议立刻合并两国。不过，他含蓄地警告说，如果对于他为韩国人所做的一切，韩国人未能心怀感激，那么他可能会采取更加严厉的政策。

"义兵"在朝鲜半岛各个地方发起的反日活动明确表明全体韩国民众都痛恨日本统治韩国。不过也有一些韩国人认可伊藤的改革，认为与日本合作能给韩国带来实质性好处。

李完用的内阁成员都是坚定的亲日派，但他们之间也有分歧。比如说，李完用仇视一进会。其中的一个原因是他是贵族，而一进会是由出生卑微的人领导。然而，伊藤主要关心的问题似乎不是韩国人之间的争吵或反日活动，而是俄国进行干涉的可能性。1906年，当俄国向汉城任命新的总领事时，理应按照《乙巳条约》（该条约规定由日本管理韩国的外交事务）向日本外务省递交国书。但

第五十九章 吞并韩国

是，他们却把它交给了韩国皇帝，表明其仍然视韩国为独立国家。[5]伊藤担心，这可能意味着俄国并没有放弃干涉韩国的野心。实际上，伊藤踏上了前往哈尔滨的黄泉路，大概也是希望能够改善与俄国的关系。

宋秉畯公开拥护日本吞并韩国，认为与不彻底的被保护国状态相比，合邦可能是一项更加成功的治理韩国的政策。[6] 1906年11月，得知伊藤小心翼翼地观望当前局势的发展，而不愿立即采取行动逼迫韩国皇帝退位，他感到很沮丧。[7]内田良平认为伊藤无意吞并韩国，于是于1908年加入到了一进会要求日本政府罢黜伊藤的倡议之中。1909年，宋秉畯辞去内阁职务前往日本，力劝总理大臣桂太郎抓紧时间吞并韩国。[8]伊藤担心宋秉畯的辞职可能会导致韩国内阁垮台，于是升任宋秉畯为内部大臣。

总之，在日本作为韩国保护国的三年半中，伊藤对没能赢得韩国民众的拥护感到失望，决定辞职。显而易见，他的渐进政策失败了。"义兵"的反抗活动日益加剧，加上日本政客的攻击愈演愈烈（这些政客声称伊藤的怀柔政策削弱了日本的威望），使他觉得没有必要继续在一个吃力不讨好的职位上浪费时间。然而，即使在1909年6月辞去统监一职后，他对日本政府仍具有重要的影响力，而他的死则意味着吞并之路的最大障碍被扫除了。

伊藤死后，一进会（此刻由李容九领导）加快了践行合邦主张的步伐。1909年12月5日，日本媒体报道说，一进会于前日发表了《合邦声明书》。一进会向统监府和总理大臣李完用提交了建言书，要求他们将建言书转交给日本天皇和韩国皇帝。[9]此举并非仅仅是跟风的机会主义：李容九确信韩国已陷入垂死状态，命若悬丝，保全韩国的唯一希望在于与日本合并，日韩合邦将造福韩日民众。他向韩国皇帝的上疏似乎反映了他的真实想法：

> 一进会长李容九等代表百万会员二千万臣民，诚惶诚恐顿

首顿首谨百拜,上言大皇帝陛下……今我大韩国,拟之如病人,命脉已绝久矣。臣等呼号之,徒为抱死尸而恸哭……幸我与日本源自同族,枳橘之迥异未生*,今相阋未甚,廓然撤其疆域,划除两邻之藩篱,两民自由于一政教下嬉游,均享同居同治之福利,谁敢辩此为兄、此为弟?即日本天皇陛下之至仁,必给同等之民,化育我二千万同胞……吾蝉脱保护劣等国民之名实,列于新大合众、世界一等民族之上,则可谓云华始开,景星凤凰相见之时也。[10]†

12月4日,李容九递交了自己和"一百万民众"署名的建言书,引起了民众的强烈抗议。他们痛斥一进会成员为卖国贼。[11]韩国政府对此置若罔闻,统监曾祢荒助告诉日本记者,对于日韩合并,他仍没有任何明确的话语。他强调,一进会发表声明一事,日本政府绝对没有牵涉其中。日本政府认为合邦是一件非常严肃的事情,只有等到恰当时机,并在做好适当准备后才可以行动。然而令人遗憾的是,一进会并没有耐心等待,也没有做好充分准备。[12]

李容九声称的韩日民众基本上属于同一人种、有着相同传统的主张,在接下来的几年中屡屡被日本人重提,来证明征服韩国是正当行为。[13]两国的正式国界线被取消后,一些日本人甚至称韩国人为"半岛人"。这是一个让韩国人觉得极具冒犯性的叫法,因为它否认了韩国的存在,认为其只是一块土地的投射而已。也许李容九所表达的无非是韩国人和日本人都是中华文明的传承者,即从小接受儒家四书教育的韩国绅士和接受了同样教育的日本绅士可以毫不费力地"笔谈",而且两国宫廷遵从的复杂礼节基本上都是以中国

---

* 枳和橘属于同一科系,这一科系还包括柑橘。枳也称为"唐橘",或简称为"橘"。这两种植物容易被混淆。

† 根据传说,优昙华(婆罗花)三千年才开一次花,景星(一颗福星)和凤凰都预示着未来的好运。

第五十九章　吞并韩国

的礼节作为蓝本。然而，令人惊讶的是，前东学党仇外主义的倡导者竟会安之若素地盘算着让外国人来统治韩国，而这个外国人不仅说着不同的语言，还拥有一个与韩国不同的彻底西化的政府。

对于占领一个和自己一样有着古老传统的国家，日本似乎没有丝毫怀疑这一行为的正当性。现在，韩国的军事力量弱小，在东亚国家的现代化竞赛中被远远地甩在了后面。对于韩国抗拒日本送来的现代文明的大礼，日本政府感到很不解，只能将此视为无知。日本领导人中最不同情韩国的山县有朋称："朝鲜未有如我国足以吸收新文明之素养及力量，其国民上下姑息，苟且偷安……"[14]

无疑，吞并韩国是统监府的目标，但其官员决定在日韩合并之前对"义兵"的抵抗进行镇压。1909年9月，日本开始在韩国南部进行镇压反抗的军事行动。这场行动采用残酷的肃清法，取得了彻底的胜利。这一方法此后被全国各地的类似行动采纳。很多韩国人直至今日仍抱有的对日本的仇恨之情，大概就是从这个时候开始产生的。[15]

1910年5月，寺内正毅接替患病的曾祢担任统监，同时继续担任陆军大臣。7月，就在寺内乘船驶往韩国前不久，总理大臣桂太郎和外务大臣小村寿太郎向天皇奏报了韩国的情况。听了奏报后，天皇令寺内携带一封私信和各种礼物送交给韩国皇帝。[16] 让人惊讶的是，就在日本政府要夺去韩国皇帝的帝位之前，天皇还在遵循着东方社会自古与其他君主礼尚往来的做法。也许他还不清楚合邦将给韩国君主造成多么巨大的影响。

甚至在抵达韩国之前，寺内便为就职采取了一系列行动，其中一项是将韩国的警察活动全部纳入日本的指挥之下。在被问及为什么日本宪兵数量大大增加时，据说他是这样回答的："比起普通警察，使用宪兵来管制未开化的民众更容易些。"[17]

从担任统监起，寺内便耐心地等待着合适的时机，以便启动日韩合并机制。8月，这一刻似乎来临了。寺内收到越来越多的关于韩国各界人士同意日韩合并的报告。但是，仍有一个主要的关注事项有待澄清，即民众担心韩国皇室的待遇以及内阁总理大臣和其他高官政要的将来地位。寺内向韩国内阁成员悄悄传话，解释说日本天皇宽宏大量，日本政府公正合理，他们不会让韩国人——无论是皇室成员还是谦卑的农民——陷入困境。内阁成员即便全体辞职，也不会对日本政府的决定产生什么影响。但是，他们的逃避行为，反而会伤害到他们自己和他们的国家。[18] 总理大臣李完用被说动，决定面对危机，而不是逃避。寺内猜测李完用的态度已经改变，于是于8月16日派人去请李完用到统监官邸。

李完用一抵达统监府，寺内便递给他一份与合并条约有关的备忘录。备忘录以我们熟悉的概括性话语作为开篇：日韩两国国土相连，文化相似，自古以来凶吉利害与共，最终形成不可分离的关系。正因如此，日本敢于冒两次大战的风险，牺牲数万生命和数亿财富来保护韩国。自那以后，日本政府虽热心投入精力帮助韩国，但由于现行保护国的制度过于复杂，无法永久、充分地保护韩国皇室的安全与日韩全体人民的福祉。因此，日本认为两国应联合起来，合为一体。

备忘录继续说，毋庸讳言，两国合并不应被视为是战争或敌视的结果。相反，这份条约将是双方带着友好的感情签订的。考虑到目前形势，韩国皇帝自愿将统治权让与日本；韩国皇帝将退位让贤，日后将居闲职；为保护韩国皇帝、太上皇、皇太子和其他皇室成员的安宁，以及为确保所有阶层的韩国民众的福祉，日本认为有必要缔结合并条约。[19]

最终向韩国政府递交的合并条约由八条规定组成，主要是向韩国皇帝和贵族做出了确保他们在合并后得到善待的保证。[20] 总的来说，日本兑现了这一承诺。韩国皇室成员和其他高层贵族获封日本的爵位，并获得足够的资金来按照习以为常的方式继续生活。[21] 退位后，纯宗和太上皇高宗继续住在汉城的德寿宫。1920年，在日本接受优质教育的韩国皇太子李垠与梨本宫亲王的长女方子结婚。在他担任日本军官的卓越的职业生涯中，李垠最终晋升到第一航空军司令。

寺内给李完用看的备忘录包含有较早版条约的条款。例如，备忘录提议说，从今以后称韩国皇帝为大公殿下、称皇太子为公爵殿下，这些爵位可以世袭。备忘录承认，一些人可能会因为此举将降低韩国皇帝和皇太子的目前地位而提出反对，但是，这些爵位并非韩国的爵位，而是日本的。此外，如果人们从历史的角度回顾这一事件，将会发现从日本对韩国提供保护和宣布韩国独立的时候开始，韩国的国王才当上了皇帝。那些说韩国皇帝的称号可以追溯到几个世纪以前的，纯粹是臆造；事实上，认为韩国皇帝的地位比十三四年前有所降低未必正确。无论如何，日本向韩国宫廷提供的经费丝毫没有减少。更重要的是，由于获得了日本皇室成员所享有的特权，韩国皇帝将拥有永久、稳定的地位，并且这一地位永远不会改变。[22]

备忘录承诺，韩国贵族成员将享有日本贵族的同等爵位，并且由于日本天皇宽宏大量，每年增加向他们提供的岁费。韩国的现任内阁成员将继续留任，直到任期届满为止，之后将获得足以使他们舒舒服服地度过余生的养老金。普通国民将获得资助金，以便他们继续维持生计。[23]

在听取了长篇累牍地讲述日本承诺给所有人提供好处的将来政策后，李完用只向寺内提出了两个请求。第一个是合并后保留韩国的国号，第二个是允许韩国皇帝保留国王的称号。尽管李完用支持合并，但他明显担心若废除国号和国王的称号，韩国的身份将丧失殆尽。寺内回答说，保留国号和国王的称号与合并韩国后的实际情况相矛盾。如果两国合并为一国，那么使用一个表明该国是完全独立国家的称号是不恰当的，并且当日本天皇对合并的国家进行统治时，国王行使不了任何职能。李完用请求与他的顾问农商工部大臣赵重应进行商议，寺内同意了。

当晚，赵重应（能说一口流利的日语）拜访了寺内，并对寺内说，除非保留韩国的国号和国王的称号，否则他和李完用拒绝签约。很明显，在他们的印象中合并就是两国合邦，各自保留主权地位，而不是采用像奥匈帝国或瑞典—挪威联盟那样的方式。寺内对他们这么不了解日本的用意感到很惊讶，但他最后同意使用原来的国号"朝鲜"。在回答有关保留国王称号的请求时，寺内让步，同意称韩国皇帝为"李王殿下"。"王"这一称号与"国王"并不一样。在日本，"王"指的仅仅是亲王，但这个让步似乎满足了韩国人受损的自尊心。[24] 太上皇高宗称被为"太王殿下"，皇太子李垠被称为"王世子殿下"。赵重应同意了这些变更，并告诉了李完用。李完用对寺内说，他确信能够在第二天的会议上说服内阁接受寺内的让步。

8月18日，桂太郎向天皇奏报了寺内与韩国内阁的谈判。寺内请求政府批准这两个让步，承诺一旦得到批准，将在几天内签订条约。[25] 天皇恩准了寺内的请求，桂太郎将此电传给寺内，寺内立刻通知了李完用。他建议李完用采取措施以便正式签署条约。同一天，李完用召集了内阁，请求他们支持合并。8月22日，内阁召开了韩国皇帝亲临的御前会议。

韩国皇帝、总理大臣、皇室成员代表和其他高层官员参加了这次会议。皇帝宣布将把韩国的统治权让与日本天皇，在全权委任状上亲自签了名并加盖了御玺。他将委任状递给李完用，随后李完用向皇帝呈递了合并条约，供皇帝御览，并对条文进行了解释。皇帝很高兴地批准了条约。

会议一结束，李完用便来到统监府，将会议上发生的事情告诉了寺内，并向寺内出示了全权委任状。他请求寺内签署条约。在查看了委任状后，寺内断定这份委任状完整、准确。他评论说，对政治局势采用如此内敛、友好的解决方案，对日本和韩国来说都是一件幸事，这是一个值得庆贺的场合。他和李完用在条约的日本文本和韩文文本上签了名。[26]

8月29日，日本公布了合并条约的全文。天皇发布诏书：

第五十九章　吞并韩国

　　朕念永远维持东洋之和平、保障帝国安全为必要之事，又常思韩国为祸乱之渊源。前朕之政府同韩国政府协定，置韩国于帝国保护之下，杜绝祸源，以期确保和平。

　　而来经时四年有余，其间朕之政府锐意改善韩国施政，虽见成绩，然韩国之现制尚未足以完全保持治安，疑惧之念每充溢国内，民难安堵。为维持安宁、增进民众之福利，加革新现制已瞭然不可避。

　　朕与韩国皇帝陛下共鉴此事态，念举韩国与日本帝国合并以应时势要求之外，别无他法，兹决定韩国与帝国永久合并。

　　合并后，韩国皇帝陛下及其皇室各员受相当之优遇，民众直接立于朕之绥抚之下，增进其福祉；产业及贸易于治平之下，亦见显著发达。而东洋之和平，依此愈见巩固基础，此为朕所确信无疑之所也。

　　朕特置朝鲜总督，以承朕命，统率陆海军，总辖诸般政务，百官有司详体朕意行事，施设之缓急得其宜，以使百姓永享治平之庆。[27]

　　和以天皇的名义颁布的其他诏书一样，我们不清楚诏书的哪一部分（如果有的话）是天皇的意思表示。但是，诏书的内容与他对韩国的切身命运所持有的观点相吻合。置身事外的我们看来，那些决心将韩国合并到日本的人都犯了一个严重的错误。鉴于与外国打交道的经验，那些认为合邦将带来共同繁荣的韩国人理应预见到，外国总是把为自己谋利放在了给韩国民众带来昌盛之前；即便是傀儡领袖（如韩国皇帝）能过着舒适的退位生活，但韩国民众仍是被剥削的命运。在现代文明的各个方面都领先于韩国人的日本人，必将毫不犹豫地利用这一优势地位。

　　那些真心相信日本公开宣称的目标的日本人应当意识到，没有任何迹象表明担任总督统治韩国的军人将会对韩国真正感兴趣。他们只不过是将韩国作为日本在亚洲大陆上进行进一步扩张的跳板。尽管很容易就可以预料到合邦的最坏之处，但似乎没有人担忧那些方面：在韩国的日本人将在行为举止中表现出主宰种族的傲慢姿态，而韩国人为了能在日本的统治下求生存，将学会如何取悦日本人。这对当时的韩国来说，是一种羞辱体验。

即便韩国政府已经预料到了日本人的统治将会给韩国民众造成怎样的影响，但在现阶段也无力抵抗。合并条约强调给国王和贵族相应的善待，大概反映了日本人的信念：只要满足了上层阶级，即使无知的民众出现不满也无关紧要。

不久后，只是作为王的韩国皇帝，就像他在8月29日颁布的诏书中明确表示的那样，已经无法成为韩国独立的象征性存在。诏书中说，为实现改革，他竭尽所能却徒劳无功。由于十二年前饮用毒咖啡，积弱成痼，已经疲惫到了极限，无望恢复元气。他日夜忧虑，虽力图为国家所面临的问题寻思善策，但无法收拾时局。他认为托大任于他人为上策，于是决定将韩国的统治权让与一直以来亲信依仰的邻国的大日本皇帝陛下（天皇），借此对外巩固东洋之和平，对内保全八域之民生。他敦促韩国民众深察国势、顺应时宜，无须为国家状况担忧，只需各安其业，服从日本帝国这一新政权的文明统治，共享福泽。最后他说，今日之举并非忘却了韩国民众，而是出于救活韩国民众之恳愿。

这封诏书不太可能是纯宗皇帝亲笔书写的，但所传达的强烈感情表明作者非常了解皇帝的感受，甚至一些话也许真的是皇帝自己写的。纯宗身体虚弱、未老先衰、牙齿掉光，但他想让韩国民众知道他并非是屈从于日本。他耗尽了有限的精力，为韩国所面临的危机寻找其他救国方法，然而徒劳无功。[28]

就在同一天，也就是8月29日，日本天皇颁布了一系列的诏书，宣称从此以后韩国的国号为"朝鲜"，在朝鲜设置总督，对朝鲜实行大赦，向朝鲜皇室赐予大量赏金。其他诏书涉及对日本进口

第五十九章　吞并韩国

的朝鲜货物征收关税，以及与专利、设计、著作权和通商有关的事宜。[29] 在经历了统治者多年松散的统治后，朝鲜民众开始亲身感受到了日本的效率。

明治天皇对桂太郎巧妙高明地处理合并条约一事表示感谢。9月1日，日本采用宗教仪式的形式在皇宫举办了合并韩国的庆典活动，岩仓具定代表天皇主持仪式。就在同一天，天皇派遣九条道实前往伊势神宫汇报合邦一事。第三天，他派遣九条到神武天皇陵汇报；第四天向孝明天皇陵汇报了此事。[30] 从奉告消息的场所数量来看，合邦比清日战争和日俄战争的胜利还要重要。

8月29日，《万朝报》刊载了一首民间歌谣，歌词包括"似有相似处，众人可见乎？西乡阁下（Saigō Don）者，正与阎王饮。"[31] 大约三十年前，西乡曾倡议征服朝鲜，而如今无需打仗，朝鲜便成为了日本的属地。因而，想必此刻西乡正在和阎王爷举杯畅饮。

日朝关系发生的改变，没有给天皇对李垠的喜爱之情造成影响，他时不时地向王世子赠送一盒蛋糕或水果。既然王世子不再被称为"皇太子"，天皇便决定称其为"昌德若宫"。[32]

10月，寺内递交了一份正式奏折，描述了自他担任统监到合并韩国期间的各个事件。他对行政机关进行了重组，并简化了流程。他大幅削减开支，推动区域化管理。采取这些措施使得"朝鲜上下士民皆浴皇化之德泽，感激优待宠裕"。[33]

在奏折中，寺内没有提到朝鲜年号的使用情况，他禁止使用这一年号；此后，所有官方文件都按照明治的统治年份来记录日期。朝鲜的首都汉城——这个自李氏家族建都时起使用了五百多年的称呼——被禁止使用，改称"京城"。[34] 即使是在合邦的早期阶段，寺内似乎已经下定决心要摧毁朝鲜人的国民意识。

一些朝鲜人，尤其是上层阶级人士，很可能会对日本统治下的政府效率更高和获得更多的安全保障心怀感激，但是，绝大多数朝鲜人对听命于外国人感到非常不满。这些外国人将他们视为下等国民，试图最终剥夺他们的语言和姓名。令大多数日本人感到高兴和自豪的是，如今日本天皇不仅统治着日本列岛，还统治着台湾岛、库页岛，现在又统治着朝鲜半岛。在远东，日本所做的一切要胜过英国、法国和美国：英国只拥有香港和清朝的几个口岸；法国的步履还没有超出过中南半岛；美国在菲律宾的统治饱受动乱的困扰。当时，鲜有日本人意识到了殖民主义是一种毒药，它所毒害的不仅是被殖民者，也毒害了殖民者。

第六十章

"大逆"阴谋

    1911年悄然拉开帷幕。今年天皇六十岁了,有进一步的迹象表明他的健康每况愈下。他原定于1月7日前往青山阅兵场观摩本年度的第一次阅兵,但在主治医生的建议下,以健康为由取消了。
    1月10日,他和皇后前往凤凰之间听了本年度的第一次讲座。和往常一样,讲座的内容分别与西方、中国和日本的学说有关。[1] 18日,宫中按照惯例举办了本年度的第一次诗会。天皇以"寒月照梅花"为主题作了如下诗歌:

        月光柔如水
        凌空抚梅疏影朦
        虽春寒依旧
        皎月高悬梅枝舞
        点点花开谧清香[2]

    这首诗很优美,但并不出众。有太多诗人描绘过初春的梅香。
    就在举办这次文雅诗会的同一天,大审院对二十四名企图暗杀天皇的嫌疑犯做出了死刑判决,另有两名嫌疑犯被判处无期徒刑。下午,总理大臣桂太郎携带判决副本来到皇宫,向天皇汇报了案件的情况。天皇带着显而易见的悲痛情绪听取了桂太郎的奏报，并指示桂太郎考虑给予大赦和减免刑期。[3]

虽然有些难以置信，但天皇这个时候才初次听说关于幸德秋水和其他被告的审判。从12月10日开始审判后，这件事便成为了日本全国饶有兴趣的话题。对此只可能有一种解释，那就是宫中的人了解到天皇不读报，于是故意没有向天皇禀报审判的情况。[4] 如果事实确实如此，那么天皇应该不知道策划刺杀他的事情。要是得知有日本人想要他的命，他一定会非常震惊。明治时不时地听到有关外国国家元首被暗杀的消息。在最近几年中，俄国沙皇亚历山大二世、意大利国王翁贝尔托一世和葡萄牙国王卡洛斯一世都遭袭身亡；[5] 法国总统萨迪·卡诺（Sadi Carnot）以及美国总统詹姆斯·加菲尔德（James Garfield）和威廉·麦金利（William McKinley）都遭到了暗杀；朝鲜闵妃惨遭日本浪人杀害；此外，还有刺杀西班牙国王阿方索十三世未遂，甚至刺杀维多利亚女王未遂的事件。[6] 就拿更贴近日本的事情来说，1891年，一名日本警察企图在大津刺杀俄国皇太子尼古拉。

听到暗杀的消息时，天皇通常会致电吊唁；当他得知暗杀事件的预定目标逃过一劫时，通常会发送慰问电报。但他大概从来都没有想到过有一天自己也会成为被暗杀的目标。

这次密谋暗杀天皇的事件被称为"大逆事件"，是由无政府主义者策划的。他们的精神导师是记者兼翻译家幸德秋水（1871—1911）。[7] 幸德在四国地区的土佐县中村町长大，很早就展示出不同寻常的学识才华，他在七岁时用汉文作的一首诗被保存至今。[8]

他在自传《为何我成为一名社会主义者》中，暗示了少年时代那些可能导致日后自己被社会主义吸引的理由。他带着怨恨之情回忆了一个不幸事件：明治维新后家道衰落，自己无法继续学业。[9] 他没有提到另外两个不幸事件——幸德一岁时父亲过世，从此失去父亲的保护；他并非武士阶层，因此在学校一定会受歧视。

第六十章 "大逆"阴谋

孩提时,幸德就不安分于待在中村町的封闭世界之中。因为没有钱,幸德在高知中学中村分校撤校后中断了学业。家人意识到他具有不同寻常的才华,做出牺牲送他去高知县的私塾就读,但他讨厌私塾的严格教育,感觉自己像个"囚犯"一样。[10] 据说,焦躁(和粗劣的食物)让他患上了肋膜炎,而这是困扰他的众多疾病中的第一个。在身体恢复后,他回到了高知中学本部,但长期缺课对他的学业造成了不良影响,他决定辍学前往东京。幸德卖书筹集到了远行所需的路费。1887年9月,他抵达东京,那时刚满十六岁。

幸德成为寄食学生,并利用空余时间在英语学校学习。三个月后,他和土佐自由党(一个由具有先进政治主张的高知县人士成立的协会)的其他成员因违反《保安条例》而被责令离开东京。他们的主要罪行是抗议政府在处理修约事宜时表现得太软弱。持各种政治信仰的人犯有的这一"罪行",倘若并非发生在新宪法即将成立之际,或许能够逃脱惩罚。政府(尤其是伊藤博文)担心这类抗议可能会威胁到宪法的成功出台,因此以维护公共秩序的名义颁布了《保安条例》。幸德是被勒令离开东京三年的五百七十名人士之一。[11]

幸德是走着回到土佐中村町的。在路上遭受的寒冷和饥饿,使他对伊藤产生了无法平息的仇恨。一回到家,他就遭到了家人抱怨,说他没有做任何事情来缓解家里的经济困境。于是,他再次决定出走,这一次是去中国。但途中路费花尽,于是幸德放弃中国而是前往大阪。结果,大阪成为了一个对幸德至关重要的城市,他在大阪结识了唯物主义哲学家和民权倡导者中江兆民(1847—1901)。根据幸德的证词,中江是他唯一的老师。十八岁的幸德开始在中江门下当了两年半的寄食学生。

中江(也来自于高知县)之所以生活在大阪,是因为他也被责令离开东京。大阪是一个激动人心的地方:被驱逐出东京的大多数自由主义或激进主义思想家在此定居,他们讨论政治问题、召开集会、出版刊物。

从这时起，幸德开始写日记记录自己的想法。1889年2月11日，就在宪法颁布的当天，文部大臣森有礼被一个叫西野文太郎的年轻人刺死。幸德在日记中对宪法只字未提，但他用汉文写了一段悼词，对西野表示同情和钦佩，将自己和一名选择了危险事业（即采用直接行动来完成自己的信念）的暗杀者重合在一起。[12] 幸德对西野的钦佩之情在他日后的政治活动中有所体现，尽管此时他甚至还不是一名社会主义者，更别提无政府主义者了。

虽然大多数日本人都欣喜地欢迎宪法的颁布，但幸德的沉默大概反映出了中江对他的影响，中江对天皇赐予的这份"大礼"的价值提出了质疑，并对那些对宪法可能起到的作用毫无概念，却对"宪法"这个词大声欢呼的日本人的愚蠢嗤之以鼻。[13]

为谋生，幸德曾一度为一名受欢迎的演员写剧本，其中一部与刺杀森有礼有关。这部戏将内阁大臣的傲慢自大与日本普通民众的无能为力进行了对比。幸德还开始为政治刊物写文章。当庆祝宪法颁布的活动在平安无事中结束后，政府解除了将激进分子驱逐出东京的禁令，于是首都又成为了政治活动中心。中江带着幸德回到了东京。

1890年，幸德年满十九岁，因没能通过征兵检查而无法入伍，这也许是纠缠于身的疾病给他带来的一个令人庆幸的结果。他在一所政府创办的英语学校里学习，并于1893年毕业。与此同时，他沉迷上了在吉原寻欢作乐。中江预料幸德将成为一名作家，而非政治人物，但幸德坚称他打算当一名内阁大臣。[14]

1893年9月，幸德在《自由新闻》谋得一份差事。《自由新闻》是一份沿袭板垣退助的传统、支持自由主义的报纸，但它被政府买下，成为了政府的机关报。幸德的工作主要是翻译刊载在英语出版物上的文章。尽管他曾在英语学校阅读过麦考利、狄更斯和卡莱尔的著作，但翻译政治急件却是另一回事。在以后的几年里，他生动地描述了这份工作有多难。

第六十章 "大逆"阴谋

随着幸德渐渐地能够更加熟练地阅读英文政治著作，他受到了那些作家的影响。在个人回忆录中他提到自己在职业生涯的早期读过阿尔伯特·斯卡夫尔（Albert Schäffle）和亨利·乔治（Henry George）的作品，但他那时还远非一个坚定的社会主义者。1897年，幸德写的一篇关于皇太后葬礼的文章首次引起了关注。文章抒发了忠于君王的虔诚感情，使得编辑认为幸德是一位模范的日本年轻人，于是提拔幸德写社论。[15]

第二年，幸德第一次接触到了社会主义组织。他加入了社会主义研究会，每月听取并讨论与社会主义有关的演讲。刚开始，大概是因为他对社会主义的了解有限，幸德是这个研究会的一个不起眼的成员，但在1899年6月25日，他发表了一篇题为《现今的政治社会与社会主义》的演讲，引起了关注。不同于与其他演讲人以外国社会主义者[如夏尔·傅立叶（Charles Fourier）、路易·布朗（Louis Blanc）、卡尔·马克思（Karl Marx）和亨利·乔治]的论文为题，幸德研究的是日本国内的社会主义。[16]

1898年，幸德（作为一名社论作家）跳槽到了东京一家大型的进步报刊《万朝报》，并为该报写了五年的社论。他的第一篇社论（发表于1898年2月）采用了一个激进的标题"哀纪元节"。文章开头写道：

> 我国民为宪法发布之音响兴奋，忽幻想黄金世界，欣喜雀跃几近发狂，此实十年以前之近日也。而后岁月虽未久，然专制压抑之政治依然未变。宪法履遭萨阀之为侮辱，议会履为长阀之为蹂躏，政党瘫痪，社会日向腐败堕落。[17]

虽然幸德对政府（尤其是萨摩—长州派系的垄断）进行了严厉的批评，但他并没有抛却加入政党的希望。11月，他写了一篇欢迎新的山县内阁的社论，不是因为他欣赏这个内阁的政策，而是因为限板内阁的垮台证实了目前的政党只不过是徒有虚名罢了。他认为，让不以"政党内阁"的虚名欺骗大众的人来担任总理大臣是更加可取的做法。幸德继续呼吁在实现贫富阶层收入均等化、普及教育、公平选举、结束贵族制度、设置遗产税、贫民救济法、制定工厂法、垄断商品和土地国有化等方面进行改革。[18]他似乎仍希望对现有政治体制进行改革，给广大的日本民众带来裨益。

幸德打算从政、做官。他参加了"普通选举期成同盟会"，希望建立一个任何人都能够参与竞选的体制。此时，他的目标是建立一个以宪法为基础的民主制度，但是，由于参加了社会主义研究会，他的作品开始更加公开地探讨社会主义。在1899年9月撰写的一篇社论中，他承认日本尚未准备好实行社会主义，但力劝读者在拒绝或排斥社会主义之前先进行认真研究。

社会主义研究会的中心人物片山潜（1859—1933）是日本社会主义历史中的一个重要人物。片山曾受过良好教育，但他对传统的东西感到不满，认为"汉学已是过去之物"、"学汉书亦愚蠢，以诗文不能立生活之道"。[19]1884年，片山在二十五岁的时候前往美国，并在那里待了十一年。他一边在各种学府学习，一边尽其所能地维持生计。*1886年，在加利福尼亚，他"发现了上帝"，并成为阿拉梅达第一公理会教堂的成员。几年之后，他自嘲自己只是因为日本的神灵相距遥远而转为信仰美国的神灵耶稣，但信仰基督教对他的发展至关重要。片山以神学学士和文学硕士的身份离开美国。不过，比这些学位更有价值的是，他接触到了先进的新教教会领导人的社会思想，加深了对工人和其他被剥削的社会成员的关注。[20]片山写道，社会主义是拯救二十世纪社会的"新福音"。

---

* 他在奥克兰的霍普金斯学院、麦利维尔大学、哥林奈尔大学、安多弗神学院和耶鲁大学就读。

第六十章 "大逆"阴谋

片山于1895年回到日本，开设了日本第一个邻保馆*。对穷苦人民的了解无疑加深了他的社会主义信念。清日战争结束后的时代特征是工业化飞速发展、工薪阶层数量增多、物价上涨、社会发生巨大变革。但是，无论承受多么沉重的压迫，工人都没有途径来反抗剥削和压迫。1897年，片山积极创建工会，并成为第一个工会期刊的编辑。1898年铁路罢工取得胜利，片山声名鹊起，这也证明了罢工是工人行使权利的有效武器。然而，片山确信，改善工人处境的各项工作应始终遵守法律。他不赞同无政府主义者。

1900年，山县内阁推动通过了《治安警察法》，其中包含直接影响工会活动的条款。虽然这部法律没有明令禁止罢工，但它规定将对煽动罢工的人和使用暴力结束罢工的双方进行惩处。看起来这部法律似乎不偏不倚，但事实上，这些规定和新法类似条款的意图都是为了控制工会和防止工会举行罢工。幸德在《万朝报》上写了一篇关于新法的社论，认为尽管"暴力、诽谤、强迫、引诱和煽动"都是不可取的，但它们应该被用于工人运动，因为工人"缺乏教育、资金、写作能力、演讲能力、选举权"。他认为，在与资本家斗争时，工人们别无选择，只能求助于将会被视为犯有轻罪的其他手段。

左翼领导人幸德是片山的主要竞争对手，他于1901年发表了一部著作《廿世纪之怪物帝国主义》。在序言他谦逊地否定该著的独创性，声称自己所做的只不过是复制了欧美学者已经写过的内容，但该著作仍是一部具有开创性的作品。[21] 他对帝国主义的探讨即便不是独一无二的，也是切实有效的。他对天皇的评论是独到的：

> 与德国的年轻皇帝不同，日本天皇不喜欢战争，高度重视和平。对于采用野蛮的无益行为战胜另一个国家，他并不感到

---

* 贫民、游民收容所，一种社会福利机构。——译注

高兴，所期望的是造福全世界的文化繁荣……他绝对不是所谓的"爱国主义者"或"帝国主义者"。[22]

幸德认为明治天皇只是为了和平、人道和正义才使用军队。他确信，较之为了天皇或出于忠诚而开战，他更赞同士兵为这三个理想而战。在生涯的这个阶段，幸德崇敬天皇。在回应山川均写的一篇谴责皇太子包办婚姻的文章时，幸德对有两三"如此狂暴不敬"之徒感到极其遗憾。他希望民众和皇室能够团结起来。[23]

当时，列强镇压义和团运动的活动引起了幸德和其他进步作家的关注，他们认为西方列强（和日本）的干预是帝国主义粗鄙行为的实证。幸德深受触动，写了四十篇谴责帝国主义和倡导和平主义的社论，这两大议题在他后期的作品中占据着主导地位。

1901年5月，幸德、片山和其他被称作"社会主义者"人士决定成立一个社会主义政党——社会民主党。在之前的一年，自由党垮台，部分前成员放弃了自由党的理想，加入了伊藤博文新成立的政友会，从而使得有必要成立一个代表弱势群体权利的党派。经中江兆民要求，幸德写了一篇哀悼自由党的社论。这篇文章采用民众广为接受的精练语言写成，让幸德赢得了文学家的美誉。

前社会主义研究会的成员安部矶雄（1865—1949）为新党起草了宣言。不久后，宣言的大多数主张都得以实现，但在当时，这些主张似乎给政府带来了危险的革命冲击。这些主张包括对铁路实行公有制、开展免费的小学义务教育、禁止妇女儿童在夜间工作、废除死刑等。[24] 宣言一公布，政府便决定取缔这一党派，并查抄了宣言。

据安部称，警察向他透露说，政府不会禁止成立这个党派，但前提是要废除其中的三个主张：呼吁削减或废除军备、倡导公民对重大决定进行公投、废除贵族院。但安部是一名理想主义者，坚决反对更改任何一个字。

第六十章　"大逆"阴谋

内务大臣末松谦澄下达了取缔该党派的命令。* 与幸德的《万朝报》关系密切并且熟识末松的堺利彦前去询问为什么取缔该党派。末松的回答很简单："其他国家都被社会党搞得焦头烂额，正在尽全力镇压。日本也必须全力以赴予以镇压。"得知末松的态度，幸德在《万朝报》上写了一封讽刺的文章说，如果末松真的想禁止社会主义，他应该将所有社会主义者驱逐出境，烧毁所有相关文件，禁止进口外国书籍。如果他有勇气、有毅力、有能力这样做，那或许可以在这一代人中成功镇压社会主义。[25]

不久后（1901年5月30日），幸德写了一篇文章叫《日本的民主主义》。在引言中，他引述了明治天皇的两首短歌："文于早前著／今朝展卷细品读／疑从心中来／举目山川万民泰／似有惠泽我国哉"和"遍身绫罗缎／为暖我身层覆层／羡煞褴褛衫／试问露臂怯衣单／怎在严冬抵风寒"。[26] 幸德指出，这两首诗所要传达的主旨就是民主主义；没有力图按照天皇旨意行事的任何人都是"陛下的罪人"；天皇作为民主主义的化身，十分希望国民幸福，但政府中的一些人只为自己牟私利，断送了民众的福祉。他呼吁采用新的原则和新的理念，以适应新的时代。

1901年9月，幸德会见了田中正造——一个反对足尾铜矿污染的勇敢斗士。1900年2月，来自群马县和栃木县的约三千名农民前往东京进行和平示威，但政府命令武装警察驱散了示威游行，并逮捕了领导者。田中由此认为向政府进行呼吁已是无望，于是决定直接向天皇请愿，希望天皇直接处置。他认为自己无法写出一篇语言华丽的请愿书，于是向当时的名作家幸德求助。1901年12月10日，田中试图将请愿书扔进天皇的马车，但天皇并没有看到这封请愿书。田中被逮捕，幸德作为共犯也遭到了逮捕。政府不知道该怎样处置这两人，最后他们被当成疯子无罪释放。[27]

---

* 末松曾在英国留学，并发表了《源氏物语》的部分译文。

这一事件发生后的第三天，中江兆民死于癌症。当医生告诉他只能活一年半的时间时，他决定把余下的时间都用于写回忆录。他的书《一年有半》在三天内售出一万册，并再版二十二次，可见虽然遭到了政府的镇压，但自由主义思想仍然引起了公众的极大兴趣。将中江视为自己唯一恩师的幸德写了一篇感人至深的悼词，于翌年发表。

1903年，幸德写了一部名为《社会主义神髓》的著作，阐述了社会主义的原理。在序言部分他承认自己的著作受惠于马克思、恩格斯等人，其结论认为，一旦社会主义得到贯彻执行，那么自由、友爱、进步和幸福才能坚定地确立。他恳切地希望有良识的志士仁人能够挺身而出，帮助实现社会主义。[28] 到1905年，该著作已经再版七次。

1903年10月，幸德辞去了在《万朝报》的工作，因为该报的编辑方针从一个允许在版面上发表尖锐观点的自由论坛，转变成了支持对俄国采取战争政策的政府喉舌。[29] 幸德和堺利彦决定出版一个他们可以发表观点而不必听从于任何人的刊物。1903年11月，周刊《平民新闻》第一期由平民社出版。[30]《平民新闻》头版刊载了一条公告，说明了周刊的未来方针：《平民新闻》以促进自由、平等、博爱为宗旨，提倡民主、社会主义及和平主义，希望在合法范围内取得众多民众的积极配合，承诺在开展社会主义运动中绝对放弃使用武力。

即使与俄国开战似乎已不可避免，但《平民新闻》继续刊登谴责好战行径的社论。幸德在一篇文章中质问谁有权宣战。根据宪法，宣战是天皇的特权，但在行使这项特权之前，其他人做出了决定——做出决定的并非公众、议会的当选议员或行政官员，而是"以银行家为名的高利贷者"。[31]

即使自己的文章无法阻止与俄国发生战争，但他继续通过不懈的努力来扑灭愚蠢的战争热。1904年3月，他发表了《与俄国社会

第六十章　"大逆"阴谋

党书》，将俄国社会党的成员称为"同志"，并痛斥了两个交战国的帝国主义的贪婪行径。他对俄国社会党的"兄弟姐妹"说，两国民众有着共同的敌人——所谓的爱国主义和军国主义。这篇文章的译文也被刊登在了英文版的《平民新闻》中，对迅速转载或翻译这篇文章的其他国家产生了巨大影响。俄国社会民主工党的机关报《火星报》称赞幸德的文章是具有划时代历史意义的文书，并加入到了"打倒军国主义！"的呼声之中。[32]

虽然获得了俄国的鼓励，但幸德和平民社的其他成员无法对抗席卷整个日本的战争热。3月，幸德发表了一篇题为《呜呼增税！》的文章，痛斥为支付战争费用而增加赋税。政府认为这篇文章损害了国家利益、破坏了社会秩序，于是判处《平民新闻》的发行人兼编辑堺利彦两个月的拘役。这是第一个因开展社会主义活动而被判处拘役的例子。[33]

1904年11月13日，为庆祝创刊一周年，《平民新闻》打算出版周年纪念特刊，并决定在纪念特刊上刊载《共产党宣言》的译文。但在特刊面世之前，同属平民社的幸德秋水、西川光二郎、石川三四郎被诉"紊乱朝宪"。幸德被判处拘役五个月，并处罚金五十日元。刊载了幸德和堺利彦合译的《共产党宣言》的《平民新闻》纪念特刊被查抄，幸德和堺利彦为此另外支付了八十日元的罚金。

1905年7月，幸德入狱服刑。他将狱中的五个月用于学习政治学说著作和约瑟夫－欧内斯特·勒南（Joseph-Ernest Renan）的《耶稣传》（Life of Jesus）。能有这么一段不被打断的学习时间，对幸德来说是因祸得福，但他向来身体虚弱，监狱的生活进一步损害他的健康。出狱后的幸德无法像前同事所希望的那样重振平民社。在一封于8月10日（日本与俄国在该日签订了议和条约）写给美国无政府主义者阿尔伯特·约翰逊（Albert Johnson）的信中，他透露说，尽管他入狱时是马克思学派的社会主义者，但出狱时是"激进的无政府主义者"。[34] 他还列出了自己应该出国的原因。首先，他想掌握外语，以便了解国际共产主义和无政府主义运动。他还希望拜访外国的革命领袖，直接从他们的活动中学习。最后，他希望逃到天皇的魔掌触及不到的、能够自由地谈论天皇的地位以及政治和经济制度的地方。[35]

幸德对天皇的态度发生了令人吃惊的转变，对此他并没有进行解释。同样是社会主义者、和平主义者的朋友木下尚江，过去曾批评幸德的做法（即坚持只采用法律手段和对天皇毕恭毕敬）和他的不一致。但现在，由于五个月的狱中生活，幸德的想法已经和他的观念完全、极其一致。[36]

当幸德还在狱中时，平民社因战事发展被迫转变其和平主义的立场。在旅顺和奉天战役获胜后，日本民众确信胜利结束战争已经近在眼前，因此抨击战争无法引起日本民众的兴趣。日本民众仍对社会主义充满热情，这可以从他们踊跃参加日本的第一个五一庆祝活动看出来，但平民社的财务资助者开始撤资，并且各阶层也出现了分歧，尤其是在基督教社会主义者和唯物社会主义者之间。甚至堺利彦也决定离开平民社，决定办一份家庭杂志来谋生。8月27日，幸德向他的同事发表了一封公开信，信中说他打算前往美国。9月26日，在庆祝西川光二郎出狱而举办了一场宴会后，平民社的所有成员决定解散该社。

1905年11月，幸德动身前往美国。此次旅途的经费和在美期间的生活费用都由朋友和家人提供。在离开日本时，幸德在日记中写道：

> 呜呼，余何故去日本？无他，只无可奈何也。政府之迫害使平民社倒溃后，余之病与贫使余不能为任何事。去八日夜，于同志送别会，木下君送余，有送负伤勇士之感。余非勇士，但确然为败军之亡命者，求隐于世间，寻可生活之地。[37]

第六十章 "大逆"阴谋

在抵达美国时,幸德发现自己的名声已经先行传开了。他在西雅图和旧金山受到了曾读过他的作品,尤其是《与俄国社会党书》的日本侨民的热烈欢迎。他频繁地做演讲,据他说,来听演讲的人络绎不绝。在旧金山,他被介绍给一名俄国妇女。她是一个充满热情的无政府主义者。幸德在这名妇女的家中租了一个房间。在给约翰逊写信时,他说,在狱中他已经成为了一名无政府主义者,但只有在接触了女房东后,[38]他才意识到,选举通常都无用以及有必要暗杀统治者。[39]他开始相信,为了推翻残酷压迫的政府,为了让一个没有政府的社会(在这个社会中,每一个人都为了整个社会的利益和睦工作)诞生,暴力是必不可少的。

在美国的六个月,幸德并没有遵循他最初向约翰逊寄送的学习方案,但他结识了很多人,并积极参与了美国社会革命党的创建工作。然而,没过多久他就发现,甚至在美国,言论自由也是有限制的,他对将日本移民者当做学童或家务工这一种族偏见予以严厉谴责。[40]当著名的旧金山大地震发生时,幸德正在那里。他在火灾中欣喜地说道:"呜呼,火!热情地烧吧!在它所到之处,没有神,没有财富,没有权力。众多雄伟壮观的教堂、高耸的市政楼宇、众多的银行、众多的财富,无一例外地被蹿起的火苗吞噬。"[41]

在返回日本的船上,平民社旧金山分社的成员冈繁树告诉幸德,在日本发动革命必须要先推翻天皇的统治。他建议幸德自愿担任贵族院的警卫,由此伺机接近天皇。

幸德在美国时,日本政坛发生了诸多变化。对社会主义者而言尤为重要的变化是,1905年12月极端保守的桂太郎内阁辞职,在随后的一个月西园寺组阁。新内阁透露,其承认社会主义是全世界的一股主要潮流,并且不会动用警察力量不分青红皂白地镇压社会主义。这促使一些社会主义者于1906年1月请求政府同意创建日本平民党,政府认可。另一组人员(以堺利彦为首)请求成立日本社会党也得到了批准。此时,社会主义政党在日本合法成立。

然而，幸德对议会社会主义不再有兴趣，而是提倡与其相对的"纯粹社会主义"，即无政府主义。他沉醉于如旧金山火灾一样的无政府主义革命的火焰之中。在回到日本后，幸德发表的第一次演讲让社会主义追随者感到震惊和困惑。他力劝采取直接行动，组织工人总罢工，而非采用合法、和平的议会策略。他的强硬态度不免与其他人产生了分歧，尤其是与那些渴望获得法律认可的社会主义者。

1907年1月，继承前名的《平民新闻》发刊，印数一万三千份，定价一钱。该报主张言论自由，并宣称"不接受对所发表的内容进行干涉、限制或约束"。虽然幸德声称他不会试图迫使任何人接受他的信条，然而不久后，赞成直接行动的"强硬"派明显占了上风。幸德坚称，革命是一种自然而然的趋势。如同在证实他的论点一样，此时日本发生了一系列自发性的罢工，包括足尾铜矿的大罢工。在内务大臣原敬的要求下，矿山的罢工遭到了军队的镇压。

1907年2月17日，日本社会党第二次代表大会在东京召开。崇尚马克思的社会主义者与支持巴枯宁的无政府主义者（包括幸德）之间的严重分歧很快就显露出来。社会革命党——一个由生活在美国的日本人创建的组织——领导无政府主义者发起抨击。该党于1906年12月底出版的一份期刊，对不同国家的统治者进行了猛烈抨击，其中包括要求迅速推翻代表资产阶级的日本天皇的统治。1907年11月，该党发表了一篇无政府主义政党成员给日本天皇的公开信《与日本皇帝睦仁君足下》。[42]这件事情的发展与幸德不无关系，他在美国时组建了该党，并且每个月给该党的期刊撰写文章。

政府对社会主义者施加了更大的压力。1907年4月，就在这篇文章出版后的三个月，日报《平民新闻》被迫关闭。直接的原因是山口孤剑发表了一篇名为《踢父母一脚》的文章，激烈地批判父权，呼吁读者反抗体制。除了政府给社会主义者施加压力外，幸德与片

第六十章 "大逆"阴谋

山之间的对抗也变得越来越激烈。幸德的派别称为"强硬派",片山的称为"缓进派",凡是无政府主义派别提出的主张,幸德都拒绝向片山的派别做出让步。幸德为无政府主义进行辩护,认为那不是一个由暗杀者组成的组织,他们的目的是"推翻专制压迫的根基,在懦夫心中燃起反抗的灵火"。[43]

1908年6月,幸德在土佐中村町养病,"强硬派"的成员在东京举行了示威游行,举着印有"无政府"和"无政府共产"等字样的红色旗帜。[44]这只是一个相当小的事件,但大多数无政府主义的领导者遭到逮捕,并受到了严厉惩罚。这一事件预示着无政府主义者越来越强硬,警察越来越严苛。最强烈反对社会主义的山县认为西园寺在对待激进分子上过于温和,于是他密谋让天皇用桂太郎来取代西园寺。山县的策略成功了:1908年7月,桂太郎受命组建内阁,很快,桂太郎便采取了高压措施压制社会主义者。

与此同时,日本到处涌现出无政府主义者的反政府活动。日报《平民新闻》将许多人转变成了无政府主义者,然而,其中绝大多数人都是农民、工人或失业者,而非受过教育的理论家。尽管警察对疑似激进分子进行了监控,但他们还是成立了小团体,如"纪州帮"、"箱根帮"、"信州帮"等。例如,在箱根,佛教僧侣内山愚童私下出版了一个叫做《入狱纪念无政府共产》的小册子,其中包括以下段落:

> 政府现在的头目,就是人们称为"天子"的那一位。他其实并不是你们小学老师灌输的那样,是神的子嗣或之类的人……甚至是佃农也必须起来抗争,以便每天能有充足的食物填饱肚子。你不用对日本是神国或随便什么叫法心怀感激……因为你一直都被灌输着要为一个戴着神的面具的强盗后代工作一生,要被他利用,那样一来,你将永远都无法摆脱贫苦。[45]

在无政府主义者发表的作品中（无论是在日本发表的。还是在加利福尼亚发表的），被确立为"敌人"的不是腐败的政治家或贪婪的资本家，而是天皇。为进行有效变革而使用的武器也从组织工人总罢工转变成了使用炸药。幸德认为，成功的暗杀并不需要太多的参与者。他赞同成立一支由五十人组成的敢死队。

刚开始，不同帮派之间几乎没有什么联络，它们都是按照各自的行动纲领分头行事。内山愚童携带有能使用的炸药，但他认为暗杀皇太子要比暗杀天皇更加容易。信州帮的宫下太吉制定了最具体的计划：他提议自制炸弹，并用炸弹炸死天皇。但是，当1909年2月宫下拜访幸德时，幸德虽然欣赏宫下的勇气，但对这个方案的可行性表示怀疑。幸德身体状况不佳，他希望在死前能完成其他计划，除了刚出版的彼得·克鲁泡特金的《面包与自由》以外，还想完成诸如《基督何许人也》等。尽管他一再重申坚持无政府主义的原则，但是，或许长期以来他对天皇存有的崇敬之情使得他难以加入到投弹手的队伍当中。[46]

最极端的无政府主义者大概是一个叫做管野须贺的女人。在被家人强迫缔结一段没有爱情的婚姻后，她逃跑并与作家荒畑寒村生活了一段时间，荒畑使她转变成左翼观点的支持者。在赤旗事件中，他们都遭到了逮捕，但因证据不足须贺被释放。当荒畑仍在狱中时，须贺转而爱上了幸德，并最终成为了幸德的恋人。幸德认为自己终于找到了有着共同革命理想的梦想中的妻子，然而，须贺狂热地决心执行暗杀计划，而幸德对此反应冷淡，最后他们分手了。

即使在幸德明确表明自己不会参与暗杀后，宫下仍决定实施他的计划。他另外招募了三个人——管野须贺、新村忠雄和古河力作。1909年11月3日，[47]他制作的一枚炸弹成功引爆。1910年5月17日，这四人抽签决定11月3日（也就是天皇的生日）当天皇乘坐马车从阅兵返程时各人的任务。须贺抽中了幸运数字：她将扔第一枚炸弹。

第六十章 "大逆"阴谋

5月20日,对宫下起疑已经有一段时间的警察*搜查了他的房间,发现了两个锡罐。之后,他们搜查了宫下工作的木材厂,找到了化学品和其他罐子。25日,警察递交了起诉书,信州帮的五名成员遭到逮捕。随后,警察在6月1日逮捕了其他人,包括幸德秋水。逮捕活动从一个帮派扩展到另一个帮派,10月18日,警察逮捕了最后一批人。

12月10日大审院开始进行审判,12月29日审判结束。二十六名被告被控违反了刑法第七十三条:伤害或企图伤害天皇或皇室者,处死刑。在审判中,管野须贺坚称只有他们四人参与了密谋;即便没有她的证词,幸德也显然没有牵扯到这一事件中。然而,他却因煽动其他人信奉无政府主义学说而遭到指控。[48]警察决定不让他逃脱。

1911年1月18日,法院宣读了判决结果。二十六名被告中有二十四名被判死刑,另外两名被判监禁。1月19日,按照天皇的旨意,有关法官和官员召开了会议,商议给予大赦。他们建议将十二名被告的死刑判决减为无期徒刑。这一提议获得批准,但另外十二名被告(包括幸德)分别于1月24日和25日被处以绞刑。†

对只是略微涉及了大逆事件的人做出如此严厉的判决,让日本文学界的一些人感到震惊,也在海外引发了抗议活动。但是,也许当时的大多数日本人都认为无政府主义者的密谋是一种令人憎恶的谋反行为,处以死刑是完全合乎情理的。[49]对二十六名被告进行的审讯和做出的判决,让迫切希望扑灭社会主义的日本当局感到满意。社会主义者要想从这个令人不快的冬天复苏,可能需要再花费十年时间。

---

* 有传闻说,一个心怀不满的丈夫(其妻与宫下有染)或参与这次行动的警方密探向警察告了密。

† 监狱当局对涉事的唯一一名女子颇为体贴,他们在处决这些男子后的第二天(也就是1月25日)处决了管野须贺。

从远离此事的今天来看，人们倾向于同情这些被处决的男男女女。他们是受理想的推动，而非权力欲望的驱使。谋杀天皇的计划失败，使得人们能够很容易地原谅那些谋杀未遂者，并痛斥对他们做出的判决。不幸的是，这并非是在日本策划或实施的最后一起暗杀阴谋，不过下一个三十年的暗杀者并非无政府主义者，而是极右翼的狂热分子。

第六十一章

天皇驾崩

大逆事件的骚动情绪平息下来后,明治四十四年几乎没有什么吸引人的事情发生。值得关注的大事包括与美国、法国、西班牙和其他国家签署了新的通商条约,废除了大多数之前条约中在经济上和法律上对日本的歧视规定。但是,日本移民问题破坏了与美国一贯保持的友好关系,此后多年仍然是日本人感到苦恼的源头之一。

1911年7月,英日两国第三次缔结了同盟,不过因为对最初的规定进行了修改,此时的同盟关系遭到削弱。美国对日本的海军建设以及在朝鲜半岛和满洲的势力扩张感到不安,谴责这些不受欢迎的事态是同盟导致的。毫无疑问,美国希望终止这个同盟。[1] 英国不能完全忽略美国的反对意见,因为英国希望与美国签订条约,规定如果英日两国发生分歧,美国须进行强制性仲裁。然而,强制性仲裁与英日同盟的条款相抵触。如果日本和美国开战,英国受该同盟的束缚,必须加入日本一方对抗美国;但是,假如英国受强制性仲裁条约的束缚,则仲裁人可以反对英国参战。出于自身考虑,日本拒绝将本国与别国之间的分歧提请仲裁。经验告诉他们,每当白种人国家与黄种人国家发生冲突并提请仲裁时,赢的总是白种人国家。[2]

但是,为了保全英日同盟,日本最终同意:如果日本同曾与英国签订了仲裁条约的国家(如美国)开战,英国没有义务支持日本。[3]

之所以做出这一让步，是因为日本仍相信该同盟有助于维护远东和平，但事实上，该同盟已经丧失了最初之于日本的重要性：作为与欧洲列强平起平坐的象征，以及作为防御俄国侵略的屏障。

有迹象表明，在第一次宣布签订同盟时席卷英国的强烈的亲日情绪已经冷却下来，尤其是在日俄战争后。英国人厌恶日本，其根源大概是潜藏的民族和宗教偏见，而表现形式则是对日本的工商业发展的忧虑。他们担心日本正在将这个同盟用于满足自身利益，并且越来越确信日本侵犯了清朝的领土完整，垄断了满洲的重大利益（尽管日本声称其遵守"门户开放"政策）。[4] 一些英国人要求结束同盟，但外交大臣爱德华·格雷（Edward Grey）支持续订同盟，因为他觉得需要利用日本海军来对抗日益强大的德国海军。

大约就在这个时候（1911年7月），山县有朋向天皇提交了一份奏折，感叹日俄战争后笼罩日本人的松懈放纵氛围，力劝重整军备。他指出俄国已经从战争中恢复过来，清朝陆军比过去更有战斗力，（尽管难以想象，但是）日美迟早必有一战，因为美国的太平洋政策经常与日本的利益相冲突。[5]

尽管前景不容乐观，但在日本占主导地位的还是和平的气氛。人们甚至还有余暇来关注迄今为止被忽略了的那部分人群。天皇第一次表露出他已经意识到在日本经济的快速发展中被落在后面的人群的困境。2月11日，他向再次担任总理大臣的桂太郎颁布了一道敕语，其中一节如下：

> 若夫有无告之穷民，医药难获，天寿难终，为朕最轸念之所在也。为以施药救疗广济生之道，兹出内币（天皇的个人财产）之金，以充其资。卿可体朕意，宜随之行举措，以期创永久众庶可赖之所。[6]

当天，天皇告知大藏大臣他打算提供一百五十万日元，用于穷

第六十一章　天皇驾崩

人的医疗保健。这不是天皇第一次向需要医疗护理的穷人慷慨解囊。1878年，沙眼在新潟横行，苦恼万分的天皇就曾捐赠资金用于治疗。[7] 日本的任何一个地方（以及有时候国外）发生火灾、洪水或地震，他都会向灾民捐款。但是，这一次的捐赠数额比以前大得多，好像这是一个新涌现出来的需要关注的问题。也许天皇开始感受到了衰老和疾病这些心头重压，于是把目光投向了那些和他承受着相同重压的人群。

这一年，天皇开始取消可能对健康造成损害的露面活动。例如，4月20日，他和皇后原计划参加浜离宫的赏樱会，但那天风很大，扬尘弥漫，于是他决定不去了。[8] 天皇向来都不喜欢花园宴会，因为在宴会上必须对出席的所有人表现得亲切热忱，他也可能觉得自己与外国外交官的握手次数已经够多了，然而，无论如何他都必须履行这些令人厌烦的职责。而现在，即使是他的儒家训诫也无法使他克服身体上的疲劳。

这一年的稍晚时候，天皇出席了福冈县的陆军特别大演习，这是对其忍耐力的最后一次考验。他于11月7日搭乘火车离开东京，在沿途的静冈和姬路停靠，于9日抵达长州藩的三田尻，毛利元昭接待，长州藩的一些杰出人士（包括山县有朋、桂太郎和原敬）也加入其中。那晚，为取悦天皇，毛利特意准备了娱乐活动——用萨摩琵琶和筑前琵琶演奏纪念过去英雄事迹的音乐民谣，之后播放活动写真*。这大概是天皇第一次观赏这些早期电影。毛利播放了一部记录青森县海岸捕鲸活动的短片，一部讲述一只獾变成人的滑稽短剧，还有一部在非洲深处漂流的旅行记录。天皇一行中的一名成员对这些电影进行了解说。[9]

第二天，天皇动身前往下关，在那里登上了一艘海军舰艇前往门司，并从门司搭乘火车前往大本营所在地的久留米。11月11日，

---

* 电影的最早形式。这一时期播放的主要是记录的时代剧、演剧，时间较短。——编注

天皇离开久留米，搭乘火车和马车前往军演所在地。为了方便天皇行走，通往山上的路被专门修建了六十级木台阶，多亏这些他才能够爬到山顶的观察哨。沿着台阶建有竹栏杆，他可以一边爬一边倚靠。所有人都能明显地看出来，爬山让他筋疲力尽，但他仍爬到了山顶，并观摩了大概两个小时的军演。

当时，一名随军摄影师拍了一张天皇附身看地图的照片。[10]在天皇驾崩后，这张侧面照和签名副本一同被公开，但为了使天皇看起来像是站直了，摄影师将底片旋转了九十度。这大概是自1873年天皇摆好姿势让内田九一拍摄后的三十九年来，为天皇拍摄的第一张照片。*

在回程的途中，天皇在三田尻再次受到了毛利元昭的殷勤款待，并观看了音乐以及一些既增长见闻又幽默有趣的活动写真。在回到东京后，天皇得知，11月10日负责天皇专车的操作员失误，造成火车出轨，出发也延误了一个小时。第二天事故责任人为赎罪躺在另一辆火车的车轮之下自杀。天皇向他的家属捐赠了三百日元。[11]

1912年2月，参谋本部向天皇提交了年度秋季大演习的方案，供天皇审批。方案中天皇只在川越町度过军演的第二个晚上，余下的三个晚上将返回东京。很明显，这个规定是为了天皇日益衰弱的身体状况着想。

然而，天皇恩准这个方案的过程异常缓慢。当参谋本部再也等不下去时，总务部部长进宫（通过侍从长）打探天皇的意思。天皇回答说："见今次演习计划，朕仅一夜驻泊川越行所。军队不拘风雨，露营演练实战，朕岂能忍安眠于宫城内乎？如斯计划不可也。"因此，参谋本部对方案进行了相应修改，安排天皇在军演的整个期间都将在川越町度过。在提交新方案时，天皇于提交当日批准。[12]天皇坚

---

* 按日本立法算是60岁，但按西方立法算是59岁。在日本和中国，满60岁被视为一件很重要的事情，因为这意味着该人已经度过了一个完整的甲子。

第六十一章 天皇驾崩

明治天皇观摩军演

持（和他在清日战争期间一样）要与士兵共患难，并且不愿意承认观摩军演可能会有损他的健康。

天皇从福冈回到东京后不久，就获悉了清朝发生大动乱的消息。日本政府倾向于静观事态发展，而非贸然采取行动。然而，清廷近年来明显软弱无力，在没有外国干预的情况下恢复秩序的希望或多或少落了空。奏报中说，力图推翻清政权的革命势力在全国各地纷纷成立，但缺乏统一性；起义的领导人之间存在着内部纷争；仓促召集的军队缺乏训练，力量非常薄弱；他们能否在所占领的地区维持秩序也令人怀疑；如果骚乱持续很长一段时间，会影响到通商，并可能再次出现义和团起义时的仇外情绪。考虑到这一紧张态势，日本政府得出结论认为，那些高度关注清朝局势的国家不会袖手旁观。

日本政府令驻伦敦大使探明英国在面临这轮危机时打算采取哪

些措施，并且还指示如果被问起日本的立场，则回答说日本无法接受那些要在清朝建立共和国的人的空论，更期待清朝建立一个名义上是由满族人组成的清朝朝廷统治，但实际事务则交由汉族人管理的国家体制。[13]

日本国内对清朝局势的担忧情绪持续增长。日本人所熟识的军机大臣袁世凯被清廷任命为总理大臣，这是清廷以一种绝望的姿态来维持其存续。清日战争前，袁世凯曾在朝鲜发挥了重要作用；清日战争后，他通过重建军队树立起了声望。现在，他似乎成为了清朝君主的最后一丝希望，但事实上，袁所看到的是成为中国第一任总统的千载良机。英国赞成清帝退位，甚至清政府中一些身居要职的人也倾向于接受建立共和国。

尽管日本人不会改变君主立宪制才是最适合清朝的政体这一看法，但他们也意识到了日本不能成为唯一一个坚持让清朝保留君主制的国家，也不可能继续无休无止地为清朝的未来操心。11月27日，天皇召开了第二十届议会。在诏敕中提到了清朝的动乱："朕甚忧之，望速复秩序，得见和平。"[14] 他多次提到希望维持东亚和平（这与德皇威廉坚称要维护德国荣誉的说法截然相反），无疑反映了他的真实感受。这就是像安重根和幸德秋水这样的人物虽然憎恨日本政府，但仍然尊敬天皇的原因。

1911年12月28日，清政府发表声明，呼吁结束敌对行动，并公平选举组建临时议会，以便确定民众是希望建立君主立宪制还是共和制。第二天，无视这个声明的革命势力在南京举行了中华民国临时政府大总统的选举活动，孙中山当选。1912年1月1日，孙中山就任临时政府总统。

在此期间，日本驻清公使伊集院彦吉（1864—1923）和儒学学者康有为（其领导了建立效仿明治政府的戊戌变法）拜访了袁世凯。他们说已经得知政府和革命党之间的谈判毫无进展，还有谣言说皇帝将退位，但实情到底是什么。袁世凯回答说，与革命军的谈判确

第六十一章　天皇驾崩

实陷入了僵局，双方甚至无法就召开议会的地点达成一致：政府提议在北京召开，但革命党强烈反对；无论如何，政府军的财务状况日益令人绝望，没有办法补足经费以用于军事开支；上海和香港的民间组织和地方官员都要求皇帝尽快退位，并建立共和政体。

面对国内外的反对意见，内阁放弃了建立君主立宪制的希望。贵族中的意见也不一，局面一片混乱。话末，袁世凯请伊集院提供建议。[15]

伊集院回答说，日本没有简单易行的解决方案可以提供，但他表示日本希望清朝建立君主立宪制，即使这会使皇帝降尊成为一个有名无实的人物。他补充说，日本政府不太可能承认某个政府，除非它能证实自己能够镇压动乱。在那之前，日本别无选择，只能将清朝视为一个没有政府的国家。这个回答让袁世凯大为烦心。[16]

几个星期后，统治中国三百年的清王朝宣告结束。1912年2月12日，六岁的皇帝溥仪宣布退位。袁世凯成立了临时共和政府，并全权负责与革命军谈判统一的事情。13日，承认袁世凯具有军事才能的孙中山向南京议会提出辞去总统一职，并推荐袁世凯担任新总统。议会同意了这一请求，3月10日，袁世凯在北京举行就任，宣誓就任中华民国第一任总统。

明治天皇对清帝退位有何反应尚无史料记载，但比起葡萄牙国王被赶下王位，这一事件给他造成的触动无疑更大。这不仅仅是因为清朝比任何欧洲国家都更靠近日本，还因为他长久以来都尊敬清朝，即便它在清日战争中惨败。清朝可能已经失去了在东亚国家中的领导地位，但清朝皇帝和日本天皇在互通书信时都采用汉文书写，明治的诏书中也随处可见儒家经典中的典故。

日本的民族主义者会毫不犹豫地说，日本人（而非该时期的中国人）才是中华文明古老荣耀的真正继承人。中国帝制的终结，打破了自秦始皇起延续了两千多年的传统，这种终结绝非可以与一部分日本人所认为的琉球王国或者朝鲜王室在近代化中无可避免的弱国命运同日而语。在未来的四十年中,虽然受到日本军队的羞辱、遭到战争的蹂躏,但对那些认为中国的过去在很大程度上就是日本的过去的日本知识分子而言,中国仍有着强大的吸引力。

天皇的身体状况明显恶化,但他仍积极关注国家事务。1911年10月,患上了耳聋的总参谋长奥保巩准备退休,山县有朋向天皇提议让乃木希典接替。第二天,天皇向山县传话说,他担心可能难以找到接任人来接替乃木的学习院院长一职。这也许确实是天皇的真实想法,他可能希望自己的三个孙子能在学习院接受乃木的悉心教诲。[17]但是,天皇也一定意识到,比起学习院的院长,乃木可能更乐于担任军人所追求的最高职位的总参谋长。拒绝让乃木升任这一职位有些不近人情。也许对于在旅顺造成的重大人员伤亡,天皇仍然没有原谅乃木。尽管乃木被日本民众尊奉为日俄战争的英雄,并且外国政府也向他授予了勋章,但是,他却被排挤到一个教育类的职位,除了卓越的品质外,并没有其他资质来胜任这一职位。[18]最后,天皇当然拒绝任命乃木担任总参谋长,山县撤回了提议,请求允许陆军大将奥保巩留任这一职位。[19]

新的一年(1912年)正好是明治四十五年。这一年,明治将庆祝六十大寿。*但考虑到他的病痛,不太可能举办庆祝活动。

宫中举办了传统新年仪式,讲座由亚里士多德《政治学》(*Politics*)开始。由于天皇不喜欢高崎正风推荐的两个主题"海边鹤"和"社头杉",使得本年度首次诗会的安排工作变得复杂起来。高崎又提交了两个主题,但天皇还是不喜欢。他按照自己选定的主题"松上鹤"做了一首短歌。[20]

本年的诗会不同寻常的是,权典侍园祥子也参与其中。权典侍是宫中最不起眼的人物,通常不参与宫中仪式,但也许天皇为了向

---

* 天皇的两三张快照从这时候起被保存了下来,但这些快照是在很远的距离拍摄的,因而没能清楚地展现天皇的容貌特征。

第六十一章　天皇驾崩　　　　　　　　　　　811

园祥子表达特别的好感，因为园祥子为他生了四个平安成长的女儿。或许还因为他感觉到这可能是他的最后一次诗会，希望能留下难忘的回忆。三天后，御医冈玄卿建议说，天皇暂时不要吃肉、家禽、贝类、蘑菇类、鳗鱼或西餐，并将这一命令传达给大膳寮。[21]

天皇继续履行接见内阁成员和外国来访者的日常职责，尽管虚弱的身体状况让这一切变得很费力。他还向需要帮助和受苦受难的民众捐钱，并出席陆军学校的毕业典礼等公众活动。4月，他（和被招待的两千四十四人）参加了浜离宫的赏樱会。

5月，天皇出席了多个海军和陆军院校的毕业典礼；7月10日，他参加了东京帝国大学的毕业典礼。爬楼梯似乎让他精疲力竭，他需要借助佩剑来支撑。[22]14日的早上，当御医来给天皇例行问诊时，天皇说他清早的时候感到有些疼痛，并且觉得胃部沉重。他还抱怨说时常觉得四肢无力，疲乏犯困。尽管如此，他仍然没有忘记派遣一名宫中官员向王世子李垠传话，赞扬李垠学习勤奋，并敦促李垠在暑假时也要保持这样良好的状态。

7月15日，日本和俄国在圣彼得堡签订了秘密协约，划定了两国在满洲和内蒙古的势力界线。在枢密院召开讨论协约的会议之前，天皇召见了山县有朋，向他颁布了诏书，对消除日俄冲突的根源并由此确保了东亚和平感到高兴。尽管身体不适，天皇仍出席了枢密院的会议。通常情况下，天皇都是神态庄严、平静，并且在就座后很长时间都保持不动。但在那天，令大臣和顾问们惊愕的是，他坐姿懒散，时而打盹。在回宫后，他对身边的人说，他已经尽力去参加这次会议，因为会议的讨论主题具有特殊的紧迫性，但他太困了，以致都没有意识到自己睡着了两三次。[23]

从这一天起，天皇的脉搏出现了跳动不规律和漏跳的现象，但尽管感到不舒服，他仍像往常那样继续去办公。然而，他嗜睡的时间变得越来越多。下午向他侍奉点心，或者在留声机上播放他最喜欢的音乐，也不能让他像以往那样乐在其中。他看起来非常疲惫。[24]

7月17日，御医冈玄卿为天皇检查，发现天皇出现了脉搏漏跳、肝硬化以及膝盖以下部位疼痛等症状。天皇走得极为缓慢，但他仍像往常那样前去办公室。

7月18日，天皇食欲不振。他没有试图前去办公室，整天都感到头晕目眩。晚上，他令人播放留声机，好像是在欣赏音乐，但实际上仍在打盹。那天夜里他睡得很不踏实。

异常炎热的夏天加剧了天皇的痛苦。连日来，气温都没有低于三十二摄氏度；19日，温度甚至蹿到了三十四点五度。天皇坐在餐桌前喝了两杯酒，之后感觉眼睛有些疼。他起身离开凳子，不料身体摇摇晃晃，摔倒在地板上。所有人都惊恐万分，并在天皇倒地的地方迅速铺了一张临时的床。天皇发起了高烧，并陷入了昏迷状态。凌晨2点，皇后召见德大寺实则等四人。

第二天早上，皇后建议召之前替天皇检查的两名医生（他们都是东京大学的教授）。他们诊断天皇患上了尿毒症。这两名医生和宫中医务局的局长向聚集的元老、大臣、枢密院议员、陆军和海军上将等告知了天皇的病情。当天下午，他们发布了一份声明，第一次向全国披露了天皇病危的消息。报告中提到，天皇从1904年起患上了糖尿病，1906年又患上了慢性肝炎。这两个疾病一直折磨着他，时轻时重。7月14日起，他患上了肠胃炎；15日起出现了嗜睡的症状，并越来越明显。天皇食欲减退，19日起因脑膜炎陷入了昏迷状态。这份报告对天皇的体温、脉搏和呼吸都做了详细记录。

从那天起，他的四个女儿和皇太子妃轮流在床边照看他。皇太子缺席，因为他在出水痘。皇后派宫中式部长官宫地严夫前往伊势神宫祈祷天皇康复，然而，天皇的病情继续恶化。来看望天皇的人络绎不绝，但他无法和他们说话。所有人都责怪医生在1904年发现天皇的病情后没有制订治疗方案。医生们为自己辩解道，他们每天早上都进宫打算给天皇做检查，但天皇总是拒绝，称自己不需要检查。他们不敢违抗天皇的命令。[25]

第六十一章　天皇驾崩

即使在意识到自己肯定患上了某些疾病而同意让医生检查时，天皇也总是摆出一副很不情愿的样子。侍从日野西资博回忆说，在清日战争期间，天皇身居广岛时曾经突然生病。"我们认为那只是感冒，但不久后发现是肺炎。"日野西继续说道，"他的眼睛和牙齿出问题已经有一段时间了，但他从来没有向任何人诉过苦。他看远处的东西时有困难……在吃东西时，他总是对放进嘴里的食物很小心，绝对不碰硬的东西。但是，他从来都不做牙齿护理。他都是忍住疼痛……他尽量避免去看医生。"[26]

那些服侍天皇的人都恳求他听从医生的建议。在久留米观摩大演习时，所有人都注意到了他极度劳累。从三田尻返回名古屋，火车的摇摇晃晃让他感到很不舒服。他责备笨拙的工程师让火车开得太快，命令"让火车开慢点"！同行的侍从坊城俊良说，火车是按照正常速度行驶的，天皇对此严厉地驳斥，"你是站在铁路那边的"。最终，火车的速度慢了下来，到达名古屋时晚了一个小时。[27]

天皇像这样的情绪爆发的记载极其罕见。无论身体遭受着怎样的疼痛，他都忍耐着，尽量不让其他人看出来。就像无视夏日的炎热或冬日的严寒一样，他坚忍地承受痛苦，认为作为天皇就应该这样。此外，他觉得自己不仅要承受苦难，还要拒绝享乐。他曾对西园寺公望说："朕喜京都，故不能访京都。"[28] 但是，他免不了也会有疲惫的时候。从九州回来后，曾有人听到他在内宫中私下说道，"若是我死了，世界会怎样？真想死。"[29]

明治对儒家统治者的言行举止的诠释，很好地解释了为什么他在某些时候表现出令人费解的行为。他感到四肢沉重无力行走，更别说爬楼梯时，仍决定在久留米观摩军演。这个决定让人难以理解，然而，他却心甘情愿地忍受身体的疼痛，因为这是他职责的一部分。他不会怜惜自己，在拒绝接受为川越町军演拟定的轻松方案时，也并不觉得这是在自讨苦吃。相反，他确信和士兵们共患难是他的义务。九州的漫长旅途，从演习期间天皇实际发挥的作用来看，几乎没有意义。虽然天皇是最高统帅,但他没有发布一个命令,也没有试图通过任何方式来展现自己的军事知识。天皇之所以去观摩军演,是因为他认为自己的身份要求这样做。天皇知道自己的出席会对演习产生怎样的影响。士兵们在得知天皇正在观摩军演后,将会竭尽全力,下定决心不让自己在天皇面前丢脸。他知道自己可以鼓舞士气,那无需费唇舌或者强调自己的重要性。义务,是他最关心的事情。他并不渴望荣耀,也完全不担心历史会怎样评判他。

1912年7月30日凌晨,就在午夜刚过不久,天皇走到了人生的尽头。死亡的直接原因是心脏衰竭。宫内大臣和总理大臣共同宣布了这一消息。凌晨1点,内务大臣捧着剑、玉、玉玺和国玺去正殿。之后举行了授予剑和玉的仪式,新天皇发布诏书,定年号为"大正"。[30]

第二天早上,坊城俊良伺候大正天皇穿上登基大典的装束。一直以来,大正天皇都穿着陆军中将的制服,但现在改成了最高统帅的制服。在仪式结束后,新天皇走近内室,对先皇的遗体行拜礼。昭宪皇后(现为皇太后)认为大正天皇的头衔在她之上,要把房间中的主位交给儿子。大正坚持让她坐在原位,但她用温柔而坚定的语气说:"你已经继承了皇室的君主之位,必须坐在主位上。"虽然大正想向母后充分表达他的尊重之情,但他还是默默地鞠了一个躬,坐上了主位,发表了即位的致辞。[31]

在明治死后不久,那些最熟悉他的人被请来讲述以往的事情。[32] 所有人都评论说,明治坚持过着简朴的生活,拥有过人的记忆力,关心他人,但他们的描述在某种程度上无法勾勒出明治的全貌。这大概可以在政治家兼外交家牧野伸显在当时说的话中找到原因:

> 天皇几乎没有不为人知的一面,也没有什么特殊偏好。他的住处与贵族的宅邸毫无区别,反而更加简朴,里面的东西只不过是些需用之物。他的每一次旅行都不是为了消遣,而是为了这个国家。他开展公共工程,但从来都不是为了自己的喜好,

而是出于这个国家的需要,或为接待外宾,或为处理国事。天皇从不允许建造非必要的公共建筑物。他购买任何东西,并不是因为想要得到它们,而是为了鼓励工业或保护艺术。除了工作外,他几乎没有什么私人生活。[33]

第六十二章

乃木徇死

明治天皇驾崩当日没有举办任何宗教或其他仪式，但是，子爵藤波言忠在获得皇太后的恩准后，对天皇的身高进行了测量。天皇总是拒绝测量他的身高，即使是在为他缝制新衣服的时候。裁缝只能裁剪出一套尺寸差不多的衣服，天皇会试穿一下，然后告知裁缝哪个地方太紧、哪个地方太松，裁缝在没有进行实际测量的情况下做些改动。[1]藤波测量得出天皇的身高为五尺五寸四分，约合一百六十七厘米。[2]

目前尚不清楚为什么藤波要求测量天皇的身高。飞鸟井雅道认为藤波可能是天皇唯一的朋友。他写道，多亏了藤波，在其他文件上查找不到的天皇的准确身高，现在已经众所周知了。[3]在描写天皇时，通常都会说他个头高，[4]但他的身高是相对的；伊藤博文、乃木希典、东乡平八郎等杰出人物按照现在日本的标准来看，大概非常矮小。虽然当时并没有对天皇的体重进行测量，但我们从各种描述中得知，他体重超标已经很多年，并且他对这一话题很敏感。

7月31日，新天皇、皇后和皇太后走近放置明治天皇遗体的宫室，明治躺在一个铺着纯白色纺绸的平台上。他身穿一套用这种纺绸制成的葬服。皇室成员（包括大正天皇的三个年幼儿子）向先皇

第六十二章　乃木殉死

的遗体告别，在他们身后的是一百七十一名侍奉过先皇的高官、贵族成员等其他哀悼者。当晚8点举行了入殓仪式。大正天皇颁布诏书，下令暂停朝事五天；在此期间，犯人免服役，死刑和笞刑延期执行；禁止歌舞和音乐演奏。

8月1日，对先皇的灵柩进行了封棺。即使禁止歌舞奏乐的五天禁令解除后，东京市的居民仍然避免演奏音乐或参与其他娱乐活动。街道安静，路上行人稀少。

8月6日，大正天皇宣布葬礼定在9月13日到15日举行。这次的大丧仪打破了天皇驾崩时举办佛教葬礼的悠久传统，而仅用神道教的方式举行。这一方式缺乏先例，因此必须创造一些适当的"依照古代传统"的仪式。[5]

大正天皇还宣布，先皇将被安葬在位于京都城南的古城山。选择这个地点作为先皇的陵墓，据说是遵照先皇的意愿。显而易见，明治是在1903年4月为观摩海军大演习和出席第五届国内产业博览会而身居京都时做出了这个决定。某个晚上，他和皇后共进晚餐、讨论旧都时，突然说道，他已经决定在"百年之后"将自己安葬在桃山。当时正在服侍天皇的权典侍千种任子被这些话吓到，并在日记中记录了下来。当天皇的病情严重恶化时，皇后显然回想起了天皇的心愿，于是将陵寝的选址定在桃山。[6]

丰臣秀吉的伏见城就位于桃山。这是一个风景异常美丽的地方，但在德川时代，这里被遗弃，城堡成了废墟，杂草丛生。能够说明这里曾经建有一个城堡的事物，就只有"古城山"这个名字了。之后，人们在这个旧址上种植桃树，于是这座山便有了一个新的名字——"桃山"。这个名字虽然悦耳动听，但对于天皇的山陵来说相当平凡，因此，人们把和歌中经常提到的一个附近村庄名"伏见"，加在这个名字的前面，这座山也就被称为"伏见桃山"。

得知天皇病情严重，东京的很多民众请求政府将东京附近一些特别清净的地方作为天皇的山陵，但是，他们的恳请没有得到回应。天皇希望葬在京都,这个意愿所具有的效力和诏书相同。[7]政府在东京建造了明治神宫,大概就是为了安抚东京居民受伤的感情。[8]

8月13日,先皇的灵柩被移到殡宫,暂时停放在那里。天皇、皇后和皇太后以及众多官员每天都来叩拜,一直持续到了9月13日将灵柩移到专车上。8月27日,政府正式向先皇赐谥号"明治"。天皇的谥号取自其年号,是日本及中国有史以来的第一次。确实,年号"明治"与他在位期间的非凡事件如此密切相关,因而没有比这个再适合的谥号了。[9]

与此同时,世界各地的报纸纷纷向已故的天皇发表悼词。日本将这些悼词翻译,合成厚厚的两本,在天皇逝世一年后出版。不用说,无论是哪个国家发表的悼词,基本上都是千篇一律地进行赞扬。报纸主要描述了在明治统治期间日本发生的惊人变化,但也对天皇为此做出的个人贡献大加赞赏。英国的社论最独具慧眼,这可从下文(摘自《泰晤士报》)看出来:

> 外界普遍存在着一种观点:日本官廷仍守着旧时的传统,天皇并没有积极参与管理国家事务。这是一种无知的看法。那些了解实情的人可以一致证明天皇热忱地履行议政职责。他拥有了不起的判断能力,一旦信任某人则终身不变。他还拥有罕见的特质,绝对乐意让其他人戴上成功的桂冠,因为对于国民他只有一点要求,那就是皇位是一种荣耀和崇敬、国民应当尊敬和信任君王的臣仆。因此,他的工作从来都不明显,但仍然真诚恳切。[10]

《环球报》(*Globe*)赞同这些观点。

> 日本取得了如此令人惊叹的进步。这在多大的程度上要归

第六十二章　乃木徇死

功于先皇的个人能力，在多大的程度上要归功于早年围绕在他身边的那些政治家们的远见卓识，对此，一知半解的西方人没法做出准确的判断。但是可能正确的观点是，如果天皇不具备这样的品格，那么政治家们能够取得的成就要少得多，进展也要慢得多。他具有的品质包括做出判断的能力——这大概是君王能够拥有的最宝贵的品质；对国事兢兢业业，这可从他在宪法颁布之前雷打不动地参加会议中看出来；过人的记忆力，能记住所有细节；具备极大的勇气，无论是身体上的还是道义上的；完全不贪图个人享受。[11]

我们不清楚写这些悼词的记者是如何获悉天皇的性格的。也许是由天皇身边的人向外国媒体"透露"的。

比起关注明治本人，法国的社论关注更多的是明治统治期间发生的事件，但《通讯者报》(*Le Correspondant*)不仅阐述了自己的观点，还引述了日本政治家的言论。第一段言论引自于伊藤博文：

> 无论是什么原因帮助日本取得了进步，也无论这些年我们在哪些方面取得了成功，如果与对天皇陛下应尽的义务相比，这些都将变得微不足道。一直以来，陛下都是引领着这个国家的明灯。像我这样竭力帮他建立开明政府的人即便做出了再多贡献，但如果在每一个新的改革措施的背后，没有他一贯给予的大力、明智和渐进式的支持，也不可能取得如此非凡的成就。[12]

第二段言论引自于末松谦澄：

> 陛下始终如一地关注国家事务的各个细枝末节。每天他都把自己沉浸在办公室内，从清晨到深夜一直埋头于政治事务当中。他了解各个部门的重要事项，尤其是对陆军和海军造成影

响的事项……有时候，他了解民众之间发生的种种事件，这让（我们）感到吃惊。他最感兴趣的是世界各主要国家所发生的一切事情，唯一的愿望就是向这些国家学习。[13]

法国社论作者的洞察能力更强：

> 在某些时候，天皇对大臣的政策产生影响，因为他的作用、他的智慧都不容置疑。但是，他以了不起的智慧来完成的主要工作，是担任这个国家的元首、作为民众生活和国民感情的象征……那些伟大的君主都不是希望仅凭一己之力来管理国家事务的人（如菲利普二世），而是那些深信他的大臣、能借助有声望的贵族来支持他们治理国家的人。[14]

一份比利时的报纸称赞明治天皇仿佛用一根魔杖将日本民众从长久的沉睡中唤醒，并将他和古希腊的英雄进行了比较。[15] 一份俄国的报纸在指出明治天皇和彼得大帝的相似之处后，认为这两人根本不同。彼得像战士一样战斗过，他懂得航海，并且当过木匠；但天皇从来没有在战场上战斗过，从来没有造过船舰，也从来没有爬过桅杆。彼得需要具备这些才能，是为了能够单枪匹马地建造一个全新的俄国；而天皇没有这些才能也能够做到。日本拥有众多有才干的人，天皇只需挑选出最有能力的人来辅佐他。[16]

中国的报纸对明治天皇的驾崩表达了悲伤之情。一份中国的报纸用以下话语来哀悼天皇：

> 呜呼，富士山头，云阴黯帝王之气，琵琶湖畔，波声泣考妣之丧，而此一世之雄手、携三岛国家于世界第一等舞台之日本天皇，竟舍蜻蜓般之国土、龙虎般之国运，并五千万大和民族，脱然撒手而去。[17]

第六十二章　乃木殉死

该文的作者无法抑制充溢内心的痛苦之情，代表中国民众说了这些哀悼的言辞。在将明治的成就与世界历史上其他杰出人物的成就进行比较时，他认为，尽管明治无法与中国历史上的伟大人物相提并论，但明治胜过阿提拉[*]、窝阔台（元朝的创建者）和穆罕默德，因为他们本质上都是游牧民族的首领，都是野蛮人，缺乏皇帝应具备的资质。多亏了天皇，日本才在战争中打败了俄国，才与英国建立了同盟。作者为天皇哀悼，其中一个特别的原因是天皇为"黄种人"带来了光明。他指的无疑是日本在引领东亚国家实现现代化的道路上所发挥的领导作用。[18]

这大概是中国人第一次认为自己与日本人属于同一种族。在过去，中国人习惯认为自己的国家独一无二，因为它有着悠久的历史和文化。虽然国民的长相与日本人很相似，但他们认为这不值得一提。日本在明治天皇的领导下取得了与西方大国平起平坐的地位，尤其是日本在战争中打败了俄国，似乎促使中国人认为他们与日本人之间存在着一个同为黄种人的纽带。然而，即便在此时，仍有一名中国记者写道，"（日本）人民勇毅，富模拟性，无本国固有文化"。[19]一些作家通过间接批评中国人的自满——这些中国人自信地认为自己的文化优于所有其他文化，因而拒绝采纳西方的新学说——来称赞明治天皇的成就："亚洲东西称国者，大小计十数。其能保存固有文化，吸收欧美新文明，卓然称为立宪国者，仅日本而已。"[20]

在天皇驾崩后不久，这些外国报纸继发表评论之后，刊登了葬礼的描述。《评述报》（*La Revue*）的通讯员德·班泽蒙特（G. de Banzemont）在文章开篇中描述了日本民众在得知天皇驾崩时的悲痛心情：

> 睦仁不仅是日本最负盛名的天皇之一，也是当今世界最伟

---

[*] 古代欧亚大陆匈人的领袖，后代史学家称之为"上帝之鞭"。——译注

大的君主之一。为证实这一点，人们只需要回想一下在第一次获悉天皇病情时，日本民众心中所充满的痛苦即可。一连好几天，泪流满面的人群不顾酷热高温，朝着皇宫的窗户不停地磕头，异口同声地向神灵祈祷。病房的微弱灯光，宣布天皇在承受临终的痛苦，群众悲痛恸哭的声音难以想象。[21]

很多日本人留下了他们在闻悉天皇死讯时的震惊与茫然。甚至是生于明治元年、与明治在位时间同龄的德富芦花——一位经常批评政府并且抗议对牵涉大逆事件的人士执行死刑的小说家——想到这个统治时期已经结束，也感到十分震惊。他回忆道：

> 陛下驾崩，则年号将要更改。我并非不知，但总觉得"明治"这一年号会永不更替。明治元年十月，即明治天皇陛下举行即位仪式的那年，首次从京都行幸东京的那月，我出生于东京西南三百里，靠近萨摩的肥后县芦北郡的一个叫做水俣的村子里。我已习惯将明治之龄视为我的年龄。与明治同龄，既骄傲又羞愧。
>
> 陛下驾崩，明治史之卷便合上了。当"明治"变成"大正"时，我有一种自己生涯中断之感，觉得明治天皇带着我的余生而去了。
>
> 这是万物悲泣的一天。水田对面的糖果店飘来的笛声，如一声声长叹，令人肝肠寸断。[22]

夏目漱石在7月20日的日记中记述了他对取消花火大会——每年在位于两国*的隅田川举行的传统节日——感到困惑：

> 天皇尚未驾崩，没有必要禁办花火大会。细民多为此困

---

* 地名，位于东京都中央区和墨田区的两国桥的周边一带。——译注

第六十二章　乃木殉死

感。当局者缺乏常识，真是让人难以置信。当局似乎在为是否要停止戏剧及其他娱乐活动展开激烈争论。天皇的病情值得全体民众同情，然而，要是没有对天皇的健康造成直接损害，应当允许民众像往常那样生活……如果民众被迫中断正常事务，无论他们表面上对皇室多么虔诚深情，内心也一定积蓄着愤恨和不平。[23]

不过，即使是漱石，在得知天皇驾崩时也写了一篇悼词。[24] 和几乎所有日本人一样，他对天皇——这位对统治期间所发生的巨大变革给予坚定支持的君王——进行了哀悼。尽管漱石不赞成很多此类变革，但他也意识到没有其他可以替代的做法，只要能够在一个日益狂妄、日益不容东亚传统的世界中维护日本的独立和威望，那么必须忍受现代化丑陋的一面。

9月13日，在青山阅兵场举行了声势浩大的大丧仪。晚上7点，灵柩离开殡宫，并被抬到了灵车上。车顶为中国古代风格，与英照皇太后的葬礼所采用的风格相同。灵车的全部车身都漆成了黑色，上面装饰有三千多种金属饰物，总重量将近三吨。灵车由精挑细选出来的五头牛来拉动。8点，天已经很黑了，庄严的送葬队伍点着灯笼，开始从宫门缓缓移动。走在队伍最前面的是前侍从长德大寺实则、侍从北条氏康和大丧使事务官藤波言忠。他们身穿正式的丧服，并佩带宝剑，和其他华族拉着灵车的绳子。曾亲自侍奉过先皇的两名贵族走在灵车的两边，高举火把照亮道路。提前抵达二重桥的天皇、皇后和皇太后正在等待着送葬队伍。队伍经过二重桥时，他们向明治天皇做了最后的道别。那一刻，陆军开始鸣放志哀礼炮，远处的海军在位于品川的战舰上鸣炮回应。城内外寺庙的钟声同时敲响。[25]

8点20分，灵车经过了皇宫正门，十二名骑兵加入进来，并在队伍前面开路。近卫骑兵团走在这十二名骑兵的后面，跟在他们后面的是演奏着《哀之极》的近卫军乐队。被派来报道葬礼的记者生方敏郎说，在这个世界上没有什么能比这些细软、冗长、哽咽的乐声更加悲凉了；"几万群众瞬间吞声正容，任这悲哀的音符笼罩。"[26]

举着火把的两名官员带领着送葬队伍，跟在他们后面的人携带着火把、鼓、钟、白幡、黄幡、箭袋、弓、盾、戟、饰有太阳和月亮图案的帝国三角旗、武器和装有神道教用的驱邪幡的箱子。这支人群分成两列或三列，作为灵车的先头部队。其他官员跟在后面，排在灵车前面的是站成两列的五十名八濑童子。* 曾经亲自效劳过先皇的官员（包括侍从）走在灵车的旁边，直接跟在他们后面的是其他侍从。之后跟着的是二十八名陆军上将、海军上将、校级军官、舰长和司令官，他们保护着队伍的两侧；在他们后面的是以作为大正天皇代表的载仁亲王为首的贵族成员、大丧使祭官长贞爱亲王以及其他亲王、王以及韩国皇帝的弟弟李堈。紧随其后的是贵族成员、总理大臣、内阁大臣、朝鲜总督、高层海陆军官以及其他文武官员，所有人都穿着正装。

东京都当局对灵车将通过的街道进行了紧急维修，并铺上了白沙。街道两侧挂满了杨桐树枝、织锦三角旗、煤气灯和弧光灯，其间悬挂着黑布和白布扭成的绳。在队伍经过的各个建筑物的前面都挂着一个白色的灯笼，象征着哀悼奉送。殡仪区虽然被送葬者挤得水泄不通，但却浸没在一片充满敬畏的沉默当中。

晚上10点56分，灵车抵达了青山殡仪馆。代表天皇、皇后和皇太后的官员出来迎接灵车。灵车通过第一个和第二个鸟居†，进入

---

* 来自八濑（位于比叡山附近的京都的一个地区）的人从古时起被称作"八濑童子"。之所以被称为"童子"，是因为他们不梳发髻。按照传统习俗，他们负责抬延历寺（位于比叡山的一个天台宗寺院）住持和皇室的肩舆。

† 一种类似于中国牌坊的日式建筑。日本人认为，鸟是人类灵魂的化身，其中有好的灵魂，也不乏肮脏的灵魂，不能让鸟接近神社，故而在各个神社的正门前二百米左右处建"开"字形牌坊，名为鸟居。鸟在此居住，就不会飞入神社。——译注

第六十二章　乃木徇死

殡仪馆前面挂着的帘子之中。众人在此处将牛从灵车上解下来,并将灵柩抬进殡仪馆。此后帘子被拉开,天皇和皇后进入这个临时的祭场,后面跟着一位代表皇太后的官员、亚瑟王子(代表英国国王)、大使和特派代表。所有人就座后,仪式开始。

首先,神道教的神官朗读祭文。之后,新天皇离席走到灵柩面前鞠躬,并宣读了桂太郎准备的悼词。天皇的声音低沉,充满了哀伤。在场的人一边听一边伤心地呜咽。礼炮的轰鸣声在东京都回荡,表明这个城市进入默哀时刻。六千万民众在远处鞠躬致意。9月14日中午12点45分,大丧仪结束。[27]

就在御灵车离开皇宫的那个晚上,陆军大将乃木希典和他的妻子静子在其府邸殉死。乃木在面朝皇宫的窗户旁摆放了一张小桌子,桌面铺着白布,并在上面放着一幅先皇的遗像和杨桐树枝。他还留下了绝命诗:

> 明君神化身
> 功盖天下万世久
> 悲痛泣难休
> 皇恩沐浴数春秋
> 愿了此生君侧留[28]

乃木先用军刀剖开腹部,然后用刀刺喉,接着将身体向前压下去。他的妻子用匕首直扎心脏。

乃木在遗书中解释说,在西南战争期间自己丢失军旗,希望对这一耻辱以死谢罪,但一直没有机会。[29]在清日战争和日俄战争期间,他再次想要自杀,但这个机会又被剥夺了。日俄战争期间,数万将士(包括他的两个儿子)在他指挥夺取旅顺的战役中丧生。让陛下失去了这么多的"赤子"使他深感羞愧,但天皇并没有责备他,而是在战后任命他担任学习院的院长。

乃木比以往任何时候都更加深刻地感受到了天皇的关怀之情，他遗憾自己年事已高，回报皇恩的时间所剩不多。在天皇病重的最后时刻，他每天都进宫请安，并祈祷天皇康复，但这一切都无济于事。天皇驾崩让他陷入了深深的悲痛之中，他决定了却余生，以示效忠于天皇的圣灵。

几年前，日俄战争结束，在凯旋东京的当天，乃木向天皇表达了想要切腹自杀的意愿，以便向旅顺战役中丧命的众多官兵谢罪。刚开始天皇什么也没有说，但当乃木离开时，天皇叫住他，并说道："卿欲以切腹谢朕，朕能知之。然今非卿死之秋。卿若强死，宜于朕去世后。"[30]

据说，当乃木自杀的消息传到青山殡仪馆时，每一个人都为乃木如此高洁忠烈的行为肃然正襟。[31] 刚开始，森鸥外怀疑乃木是否真的自杀，但在得知传闻属实后，他在随后四天写了《兴津弥五右卫门的遗书》。这个短篇小说的主题讲的是一个武士在主人死后殉死的故事。森鸥外对弥五右卫门决定以自杀来证明其悲痛之深的做法给予无条件的赞美，但在其后的作品《阿部一家》中，森鸥外对殉死的可取性似乎不那么确定。他在故事中说，很多人只是因为与死去的大名有着间接的关系，或者甚至没有丝毫的关系便自杀，好像他们只是在做人们期望他们去做的事情那样。

武士决心用无法反驳的方式来展现自己对过世主人的忠诚之深，通常都受到赞赏。但是，如果已故大名的所有最有能力、最可信的家臣都自杀，那么大名的继承人就会丧失他们的指导。即使是出于高贵的动机，自杀也是不负责任的。殉死的做法在17世纪非常流行，导致日本明确颁布了一项法令，规定未经授权而自杀的人是"犬死"，即死得没有意义。这条禁令被纳入了1782年修订的《武家诸法度》。[32]

乃木的自杀违反了该法度，但这并不是此举受到批评的原因。明六社——在明治时代早期由倡导"启蒙"的知识分子组成的一个

第六十二章 乃木徇死

身着礼服的乃木希典

团体——仅存的一名成员加藤弘之评论说，尽管过去的人可能钦佩这位陆军大将的做法，但现在这种做法已经过时了。他问道，为什么这位狂热的忠诚之士没有考虑过要向新天皇表示效忠之心呢？也许是担心其他军官可能会效仿乃木的殉死，军队隐瞒了他的动机，将他的自杀行为归结为精神错乱。[33] 对乃木的自杀批评最多的一点是，此举让明治的继承人失去了乃木的指点。尽管没有人如此直白地说出来，但大正的教育受到阻碍不仅是因为他身体上的疾病，也因为他的老师无力向一个令人头疼的学生提供充分的指导。天皇希望大正的儿子们能有一位绝对正直的人士来指点，而这正是他为什么选中乃木担任学习院院长的原因。但现在乃木死了，三位王子无法再从他的教诲中受益。

乃木给出的自杀理由也许很真诚，但它们似乎属于另一个时代。丢失军旗的其他军官不认为他们需要用自杀来为过失赎罪，也不认为必须采用自我牺牲的方式来对先皇的仁慈表达感激之情。尽管如此，乃木的死使大多数日本人联想到旧式的武士美德。不过，也有人对此持有怀疑甚至是敌视态度。曾在学习院上过学的白桦派*作家尤其如此。武者小路实笃发表了一篇文章，将乃木的自杀斥责为"一种只有在滥用这一行为的扭曲时代形成扭曲思想的智力扭曲的人才会赞赏的行为"。[34] 他将乃木的自杀与凡·高的自杀进行比较，认为前者是完全缺乏人性，而后者则揭示了人性的本质。

志贺直哉在9月14日的日记中记录下了他对乃木自杀的第一反应："真是个蠢蛋！""就好像下人什么都不想而做了某件事情时的感觉"。第二天，他将自杀的乃木描述成"愚念的臣服者"。[35]

批评乃木行为的人绝非仅仅局限于学习院的学生。汉诗诗人长井郁斋的讽刺诗《忠义》就包含有以下诗句：

乃木将军忠义规，
明治圣帝圣天资。
将军知礼谁非礼，
为惜朝廷疏旧仪。
（中略）
武门中世喜为之，

---

* 日本现代文学中的重要流派之一，由创刊于1910年的文艺刊物《白桦》为中心的作家与美术家组成，包括武者小路实笃、有岛武郎、志贺直哉等。该派反对自然主义文学，主张新理想主义为文艺思想的主流，也称为新理想派。——译注

第六十二章　乃木殉死

询葬固非皇旧仪。
谁料堂堂军上将，
却为寺妇宦官为。[36]

甚至是报纸，在刚开始的时候也并非一致赞扬乃木的自杀行为。一些报纸批评乃木未能履行接待亚瑟王子等国宾的职责，另一些则指责乃木未能服侍新天皇。但两天后，媒体的基调变了。9月16日，记者黑岩泪香（1862—1920）写了一篇关于乃木的文章，"民众是否应当奉乃木为神？是的。如果他不受此殊荣，还有谁能受此殊荣……实际上乃木大将就是神"。9月19日，《东京日日新闻》对乃木的死表示遗憾，问道未来的民众应当将谁作为理想日本人的楷模，并在将乃木和楠木正成*进行比较后，自答道这个人就是乃木希典。从这时起，乃木便成为了忠君之士的化身，一个不可能受到批评的传奇英雄。[37]乃木被尊奉为军人忠心和效忠于皇室的完美典范。

9月14日凌晨1点40分，就在乃木自杀后的几个小时，装有天皇遗体的灵柩被运上了开往京都的专列。专列有七节车厢。中间的车厢放灵柩，以载仁亲王和贞爱亲王为首的送葬者坐在其他车厢。专列在从东京到京都的各个主要站台停靠了几分钟。在站台上（甚至是站台之间的铁轨上），民众都在毕恭毕敬地鞠躬。当天下午5点10分，专列抵达桃山。灵柩接近目的地时，第二十二连队野战炮兵鸣放礼炮志哀，沿途列队的海陆军乐队演奏起《哀之极》。

站成两排的一百零五名八濑童子担任抬棺人，走在他们旁边的是曾亲自效劳过先皇的高层陆海军军官和侍从。当天晚上7点35分，送葬队伍抵达葬场。此时，下了有一段时间的雨停住了，清辉的月光洒下来。八濑童子将灵柩从所盛放的肩舆架上抬下来，移到了陵

---

* 楠木正成是镰仓幕府末期到南北朝时期著名武将，一生竭力效忠后醍醐天皇，在凑川之战阵殁。后世称其为忠臣和军人之典范，将其视为武神。——译注。

送葬的队伍到达桃山

墓旁,并放置在石棺内。在将先皇的私人物品放进石棺后,进行了封棺。雕刻有四方神将的埴轮*被放置在陵墓的角落,并树立起了一块刻有"伏见桃山陵"字样(出自于贞爱亲王之手)的石碑。贞爱亲王走向陵墓,鞠了三次躬,并在石棺上放置了一抔洁净的泥土。最后,用纯砂覆盖在石棺的顶部。

9月15日上午7点,葬礼完毕。9点55分,整个仪式结束。[38]

---

* 日本用于陪葬的陶器,形状多样,放于古坟顶部和坟丘四周。——译注。

终章

与过去五百年统治日本的天皇不同,明治天皇即使在死后也没有被人遗忘。"明治"这一称呼来自于年号,因此不可避免地出现在以始于明治维新的明治历史研究的标题当中,而如"明治的文化"、"明治的思想"之类的概念,在没有提及明治天皇的书籍中也频繁出现。

日本在1860年代打开国门后的半个世纪中发生翻天覆地的变化,深受吸引的学者从所有能够想象得到的角度对明治时期的事件进行研究,就算天皇本人也常常成为被研究的对象。天皇一生中受到广大民众的崇拜,较之独特个性,更多的是因为他是将日本从昏暗的东方君主国转变成位列强国之一的现代国家的推动力量。死后他被尊为神,受到了高度崇拜,这可以从在东京修建的"明治神宫"中看出来。他的生日(11月3日)成为了全国性的假日,被认为是一年当中最重要的庆典。*

随着曾在明治时代生活和工作过的日本人渐渐减少,人们逐渐将"明治"当成一个名字,也常常将他的成就与效劳他的文武百官

---

* 1927年,日本正式宣布将他的生日作为全国假日,但在1948年(美国占领期间),这个节日被改称为"文化节"。

的成就相混淆。人们一般记住，例如，他在领导日本战胜清朝和俄国时所扮演的英雄角色。事实上他在这两场战争中所起的作用并不大。他虽没有被人遗忘，但是，要是让说出一个无可置疑地应归功于他的功绩，大多数日本人都会感到比较困难。

不仅仅是与他有关的记忆渐渐淡化，就连作为他在位期间实体标志的许多建筑物也消失了。一些消失在1923年的大地震或1945年的东京轰炸，更多的毁于较之保留历史更在意商业利润的后世日本人手中。明治时代的标志性建筑物——鹿鸣馆——于1941年被拆毁。位于东京站前面的一排排红砖建筑，似乎代表着明治时代后期的日本人所怀有的希望，即终有一天日本也能取得像伦敦那样的商业成就。这些建筑虽然在战争中幸存了下来，但在战后只因被认为是低效能建筑而拆毁。明治时代的其他遗迹被迁移到了明治村*，在那里，具有代表性的城市建筑物被别有风味地规划到树木成荫的环境中。

每年新年，明治神宫都是参拜者人数最多的神社。但是，大概只有极少的人才会在鞠躬时回忆起神龛内的天皇，乞求他为来年赐福。大部分拼命挤向祭坛的参拜者或许只是希望今年人数也能破纪录吧。明治位于京都的陵墓几乎不见人影。明治和他的时代，就像常常被引用的中村草田男的俳句那样，越来越遥远。

雪落，而明治渐远

传记作家的任务就是让他们的对象再次浮现在人们的眼前。为亨利·詹姆斯（Henry James）作传的著名传记作家里昂·埃德尔（Leon Edel）曾经说，传记作家必须"爱上"他的写作对象。不过，"爱上"

---

* 日本人将明治时代有代表性的建筑物，集中移建在名古屋郊外一处风景优美的地方，取名"明治村"。——译注

明治——这个即使在最不正式的时刻也从来没有忘记身份或皇祖皇宗,并且很少流露自己感情的人物——很困难。很多轶事讲述了天皇在宴会上的情形。只要桌上有酒,他就不停地喝,然后步履不稳地离开。这类佚事记录了天皇私人的一面,但最后,它们也只是证实了一个很无趣的事实:和数百万其他日本人一样,天皇喜欢喝清酒。它们并没有拉近我们与天皇的距离。天皇和无名女子(包括据说是在旅行期间由地方人士献上的女子)发生绯闻的小道传言同样没能说明任何问题。

明治似乎总是排斥传记作家为进一步接近他所做出的尝试。如果那些最了解他的人乐意写回忆录的话,那我们对他的认识可能会有所不同。但很显然,昭宪皇后永远不会透露她婚姻生活的细节(比如,她对天皇拥有众多典侍有何感受),我们也不要指望之后的大正天皇会对他和父亲关系紧张的原因进行解释;不过,如果藤波言忠能够讲述和天皇做朋友是怎样一番情形,或者如果园祥子(天皇最后八个孩子的生母)说这个冷酷、疏远的男人也有温情的一面,那我们将会对明治有个更好的了解。

除了在公共场合所表现出来的方方面面外,也许明治并没有不为人知的另一面。他是一个很少表露个人喜好、不以苦乐为意的人,几乎从来都不抱怨自己遭受到的炎热、寒冷、疲劳、饥饿或其他普通民众遇到的苦难。他总是摆出一副夸张的漠然置之的表情。一名侍从写道,在军演期间鸣炮时,他拒绝将棉布塞进耳朵里,即使随行的所有人都采取这一防范措施。[1]

明治不讲究生活舒适,大概可以归因于他所受到的儒学教诲。但这种教诲与他的父亲以及宫中其他成员所接受的教诲在本质上是相同的,然而,他们都不像明治那样恬淡寡欲。和他的父亲不同,明治很少发怒,也很少有任性随意或不负责任的行为。他似乎拥有一些内在力量,使得他极少背离自己定下的行为准则。直到生命的最后,就在他非常费力地挣扎着出席东京大学的毕业典礼以及参加枢密院的会议时,他都在遵循着这套准则。他不愿意向任何人(甚至向自己)承认他在承受痛苦。

侍从日野西资博回忆,天皇很少流露出自己的情感:"我服侍天皇已经有很长一段时间,但是从来没有见到过天皇有过异常开心或极度悲痛的表情。"有两三天的时间,日野西都无法鼓起勇气将伊藤博文被暗杀的消息告诉天皇,但是,在得知他最信任的大臣被暗杀时,天皇所说的只有"嗯"。在宪法会议上,当天皇获悉彰仁亲王的死讯时,他只是"嗯嗯"地点头会意,而后,会议继续进行。[2]

在统治初期,他从来没有抱怨过在全国不同地方进行的繁重辛劳的巡幸,即便他在各个目的地的住宿都很简陋。遵循着自己的那套行为准则,他可以忍受一整天挺直背坐在闷热的轿子里的折磨。在到达后,他也不能独处放松一下。一到达目的地,他就被絮叨地表达喜悦和感激的当地官员团团围住,天皇需要专心地听他们所有人说话,仿佛很感激他们能说出这番话一样,从来没有表现出厌烦。这种责任感也迫使他对当地的特产和遗迹进行了仔细视察,即使他已经感到筋疲力尽。

当坐在轿子里颠簸好几个小时的时候,他在想些什么呢?大多数的时间,尤其是在道路难行的时候,他可能在提醒自己,"这是朕的国土"。他从来没有忘记自己是万世一系的天皇的后代,他们曾经统治自己正在巡幸的这个国家。他有义务遵循"国见"的古老传统,视察这个国家的每一个地方。他从来都没有想过要放弃皇祖皇宗建立的先例,坚决不做可能让皇祖皇宗不光彩的事情。

同样,天皇还将他在旅途中遇到的人视为臣民。在进行第一次江户之旅前,他大概从来都没有见过正在劳作的农民或渔民,但是,当看见他们时,他知道那些人就是他的臣民。他没有像平安时期的贵族那样,几乎将他们视为非人的卑贱者,也不讨厌和百姓一起观看马戏表演、赛马或烟花表演这些平民的娱乐活动;在旅行中,他有时候也会和百姓们一起吃简单食物。

天皇对岩仓具视有特别的亲近感。岩仓长年负责天皇的教育，是天皇童年就认识的贵族。不过天皇晚年身边都是出生卑微的人，比如他最信任的伊藤博文，可天皇没有因为他们的出生而看不起他们。就像伊藤的例子所展示的那样，有才能的人可以进入新贵族的行列，无论他们有着怎样的出生。

在和外国人打交道时，明治总是彬彬有礼，甚至是诚恳亲切。无论出现在他面前的是谁，他总是面带微笑，并与他们握手。他与美国前总统格兰特的会见尤其令人难忘。大概他在一生中所获得的建议都无法比格兰特的建议更让人印象深刻。天皇对夏威夷国王很友好，尽管他对国王提出的建立由天皇领导的亚洲国家联盟计划的可行性表示怀疑。俄国皇太子尼古拉在大津受伤后，他关怀备至，不仅是因为担心俄国攻打日本，而且还因为其对在遥远的异国遭到袭击的皇太子怀有同情之心。每一个觐见过天皇的外国皇室成员都受到天皇非常亲切的接待，因此私下或许会觉得自己是第一个感受到如此友好态度的人。

明治所接见的外国人不限于国家首脑。他几乎每天都会接见一些准备回国的外国技术专家或教师。不计其数的外国政要（主要是军人和政治家，但也有救世军*领导这样的人）会求见明治，对客居日本期间的生活表达赞美之情，其中的大多数人都得到了天皇的接见。很多外国人获得了日本皇室授予的高级别勋章。鲜有国家像明治天皇统治时的日本那样如此慷慨地授予勋章。

很难说清天皇对他统治期间日本所发生的变化有何反应。尽管和很多信奉儒家学说的人一样，天皇通常会遵循古制，但他似乎越来越不愿意在新年时操持传统仪式（如四方拜）。他无疑信奉神

---

* 基督教（新教）的一个社会活动组织。1865 年由牧师卜维廉（William Booth）和卜凯瑟琳（Catherine Booth）创立于伦敦。该组织以救济贫困为主旨，广泛进行宗教宣传，招收教徒，并举办慈善事业。1878 年起仿效军队形式进行编制，教徒称"军兵"，教士称"军官"。1880 年正式定名为"救世军"，后发展到欧美各国。——编注

道教，但却很少参拜神社。回到京都时，他会去先皇的陵墓祭拜，而不是去神社；他认为信奉神道教要次于敬拜祖先。[3]虽然很多皇祖皇宗都是虔诚的佛教徒，但他并没有为此感到烦恼。他自己对佛教漠不关心，甚至有敌对情绪。

有时候，善意的传教士向天皇赠送《圣经》，但是，这并不表明天皇曾读过。就算他勤奋研读《圣经》的日译本，也不太可能动摇他的信念：他是神的后代，是万世一系的天皇的后裔。当时很多年轻知识分子都成为了基督教徒，但对明治来说，基督教是一个外来宗教，他不会考虑基督教的教义。

尽管明治天皇对基督教没有兴趣，但他似乎对在治世期间涌入日本的西方事物并不排斥。在日常生活中，他经常穿军装或双排扣长礼服，很少见他在公共场合穿日式服装。此外，他也不反对皇后偏爱欧洲式样服装的喜好。他最喜欢的似乎是日本料理，但对于正式的宴会中提供的西餐也会毫无怨言地享用，甚至还吃得津津有味。白天，他就坐在书房桌子前的椅子上；宫中的公务房间都采用西式风格。明治不喜欢电灯，不是因为这是外国的东西，而是因为他担心错搭电线可能会引发火灾。

在一场大火烧毁了旧的宫殿后，因为不愿意把钱花在这方面，他尽可能推迟建造新宫殿。最终，他意识到，为了给外国宾客留下深刻印象以及维护国家声望，他需要将宫殿建造得富丽堂皇。但是，宫殿中不允许宾客进入的地方仍然很简陋。一直以来，明治似乎都不愿把钱花在自己身上，他对制服缝缝补补的故事就能证明这一点。

明治的消遣活动包括听留声机，并跟着一起哼唱，尤其是在播放军乐的时候。[4]他在晚年时有了一个新的娱乐活动，就是看活动写真。他喜欢舶来品，但这并不意味着他拒绝日本的传统艺术，而只是表明他接受最新发明。另一方面，他喜欢的体育运动——蹴鞠和射箭——就很传统，而且他常常对日本艺术品表现出偏爱之情。

天皇也有一些小怪癖。欧文·贝尔茨回忆道：

他无法忍受皇后的座椅和他的一样高。他想要御座更高些，但井上反对。某天，在进宫谒见时，井上发现天皇的御座下面偷偷地放了一个很厚的丝制垫子，他将垫子扯出来，扔到官室的一个角落，这自然导致了天皇和他"大吵"。[5]

他似乎还有施虐倾向。例如，他故意把芦笋掉在满是灰尘的餐厅地板上，让侍从捡来吃。也许这种施虐行为对于具有绝对权力的人来说（至少在理论上）是无法避免的。他大概想知道举止滑稽的忠实侍从对他的顺从达到了哪种程度。

天皇的施虐行为（如果这个词语适当的话）与他的幽默感密切相关。每一个了解并撰写过回忆天皇的文章的人，都提到这位令人敬畏的天皇的幽默感。如果被举出的例子具有代表性的话，那么说明他的幽默是阳刚热情式的，而非机智风趣型。侍从日野西回忆了这个佚事：

> 某天，当我出现在他的面前时，我发现他在笑。他说昨天晚上发生了一些有趣的事情。我问他是什么，他说："昨晚，山口和绫小路睡在隔壁。山口鼾声如雷，绫小路磨牙霍霍。睡在二人的居室之间，朕享受了一场最不同寻常的音乐会。"站在近旁的山口说道："不，臣认为陛下的鼾声更大。"陛下对此哈哈大笑起来。[6]

天皇还被誉为具有过人的记忆力，但所列举的这个例子表明他的记忆力一点也不超群。侍从日野西写道：

> 每个人都认为天皇拥有惊人的记忆力，但我却回想不起有哪些具体例子。不过，我陪他在京都时，他详细地告诉我某个房间在过去的使用情况。他回忆起当他仍是小男孩时，皇太子

官殿房檐下有一个沟渠，他常常在那里捉鳉鱼。[7]

天皇没有什么需要消耗脑力的爱好。日野西写道：

> 我几乎从来没有见过他读任何东西。他只在年初听讲座时看书。也许当他还住在赤坂行官的时候，有更多的空闲时间看书；然而，当处理国事的压力日益增大，有越来越多的事情占用他的时间时，这种事情想必就没有了。在我服侍他的所有时刻，我从来没有见过有任何迹象表明他在读书。[8]

即使明治不读书、不看报，他也会设法从每日回答咨询的官员那里获得有关世界局势的大量信息。毫无疑问，在会见外国宾客之前，他会大概了解他们国家的情况。他在这方面的见解给宾客留下了深刻印象。天皇每年年初听取的讲座，激发了他对历史或哲学的兴趣，但从来没能促使他对这些话题进行更加深入的研究。他似乎没有读过那时期的文学作品或短歌诗集，更别提学术专著了。

天皇真正学习过的学问主要是元田永孚阐释的儒家传统，这些讲座持续到他三十岁的时候，无疑帮助他形成一种严于律己的责任感。他极少拒绝做别人期望他去做的事情，在熊本的军演结束时他固执地不参加宴会就是一例。天皇似乎特别讨厌大臣们（或其他人）迫使其适应他们的计划。他拒绝利用身在奈良的机会去祭拜神武天皇的山陵一事就很清楚地表明了这一点。他并非不乐意祭拜先祖的山陵，而是不喜欢让其他人来决定应该做什么。不过，最后天皇通常都会被说服，如果没有，他之后也会道歉。在他的统治期间，曾有一段时期似乎不愿意履行作为统治者应当履行的日常事务，也许这是因为他厌倦了文书工作，或者厌烦了那些顾问。但是，总的来说，他责任心强，很少不顾及大臣的意见。

天皇信赖他的大臣，这使得我们难以确定那些以天皇名义做出的决定中，哪些是他做出的，哪些是由他的大臣们做出的。但至少有一点可以肯定：诏书一定是那些文言文素养比他好的人士写的。不过，我们无法知道，诏书在何种程度上反映出了他的个人意见。也许可以比较稳妥地说，诏书并没有违背他的意愿。

他的诏书中常常出现一个主题，以至于人们不禁会将这个主体看成是天皇最深刻信念的表示：他反复强调希望和平。这看起来不过是一个惯例的表达，或者可能是一个用来粉碎成为"和平障碍"的敌人的借口，但从天皇对治世期间发生的战争所表现出来的行为来看，虽然他喜欢穿制服，喜欢观摩陆军演习，但真的不喜欢战争。

在西南战争期间，他如此漠不关心，以致拒绝履行担任国家元首的义务，甚至拒绝完成学业。在1894年向清朝宣战时，他表示反对。在日俄战争期间，得知旅顺大捷时，他的第一反应不是喜极而泣，而是下令妥善对待敌军将领。天皇坚持强调他对和平的渴望，甚至给暗杀伊藤博文（天皇最信任的顾问）的安重根都留下了深刻印象。

也许天皇的最大成就就是在位时间比较长久。就这一点而言，他与几乎同时期的维多利亚女王相似。媒体曾抨击维多利亚女王因多年沉湎于悲伤之中而忽略了职守，但最后，靠着统治时间长久，她获得了伟大君主的美誉。[9] 如果明治和他的父亲一样在三十六岁的时候英年早逝，那么会是什么情况？大概人们最多也就能记住，在日本发生种种大变革的时代，刚好有一个年轻人继位。但是，他在位时间长，以及给人留下的坚定不移的印象，都使他获得了令人敬畏的、甚至是神圣的权威。就在他驾崩后不久，《太阳》杂志出版了一期临时增刊，标题是《明治圣天子》。在他驾崩当日，《大阪每日新闻》的头版发表了一篇文章，称逝世的天皇为"大帝"，这个和彼得大帝一样的称呼之后频繁使用，直到1945年太平洋战争结束。对为什么给自己的书命名为"明治大帝"，飞鸟井雅道解释说："这是因为在日本近代史——不，在日本的整个历史中——除了明治以外，再无其他大帝。明治天皇无疑留下了一代圣君的足迹。"[10]

注释

序章

1. 人们经常说，明治幼年的名字"祐宫"取自这口井，但是这口井是1854年8月京都大旱时才挖的，当时明治差不多一岁。"祐宫"这个名字（或者叫祐亲王）是孝明天皇从参议五条乃定建议的七个名字中选出来的。明治的曾祖父光格天皇（1771—1840）儿时也叫这个名字。该井以亲王的名字命名，而不是反过来。孝明天皇自己因为对甘甜的井水非常满意，所以将井命名为"祐之井"(《明治天皇纪》第一卷，第59页)。人们通常认为明治第一次洗澡用的是祐之井的井水（例如，栗原广太，《人间明治天皇》，第1页），但是官方记录中清楚地指出，洗澡水取自出町桥以北的鸭川（《明治天皇纪》第一卷，第20、23页）。
2. 这座房子本身花了一百两银子，而忠能则申请借款二百两。这个申请经过层层递交，最后在关白那里被拒绝，他说没有借款超过一百两的先例。于是忠能只借了一百两，同时承诺将在十五年内分期还清。幸运的是，忠能的姑奶奶中山绩子当时任大典侍，他才得以用她的名字又借了五十两，这五十两银子将分十年偿还（《明治天皇纪》第一卷，第8—9页）。忠能无疑希望孩子平安降生后，他女儿收到的礼物可以让他偿还这些债务。
3. 木村祯之祐回忆说（当时他七岁，明治八岁）："一旦发生什么让他不高兴的事，他通常会抡起拳头，一拳打向那个倒霉的人。我记不清自己有幸挨过他多少拳头。不管怎么说，我比他小一岁，一般不怎么怕他，总是斗胆做出一些违抗他旨意的事情来，每次他都会赏我几个拳头"(《明治天皇の御幼时》，第17页）。
4. 坊城俊良，《宫中五十年》，第15页。
5. 至于他为什么不再看报，可以参考日野西资博，《明治天皇の御日常》，第53页。
6. 同上，第44页、第175页。
7. 同上。日野西在第59页提到明治有时会花几万日元购买钻石戒指；第146页上说他每两到三天就用完一瓶香水。
8. Giles St. Aubyn评论道："几乎所有的19世纪宪法文本都暗示女皇是一个摆设……实际上，没有什么比这更荒谬的了，格拉德斯通（Gladstone）听到了这样的废话可能会哭笑不得"(*Queen Victoria*, p. 218）。

注释

第一章　孝明天皇

1. 天皇的官方画像之所以缺乏个性,可能是因为这些画像都是在天皇死后,由从未见过他的画家绘制的。我们知道有一幅画像的情况是这样的：1846年11月4日,仁孝天皇逝世八个月后,曾经为光格天皇画过像的丰冈春助奉命为仁孝天皇绘制画像,为此获得了十两银子和两段（日本布匹单位,一段布宽约三十四厘米,长约十米。——译注。）丝绸的润笔费（《孝明天皇纪》第一卷,第270—271页;藤田觉,《幕末の天皇》,第141页）。
2. 关于这三位天皇的子女,以及大宅壮一对死亡率如此之高的看法,请参考《大宅壮一全集》第二十三卷,第24—26页。
3. 1899年日本的婴儿死亡率为153.8‰,即便四十年以前的数字要高一些,但是仍与皇室婴儿死亡比率相距甚远[加藤仁,《明治天皇お局ご落胤伝》,《新潮45》7(10)(78),第62页]。
4. 这些仪式对宫廷来说当然极为重要,因此,在德川时代,发生过两次这样的情况：由于皇位的男性继承人年纪太小,无法举行这些仪式（即使做做样子也不行）,而选出一位内亲王担任女天皇统治国家,直到男性继承人成年为止。Herschel Webb写道："周而复始的仪式、宣誓就任以及岁时礼仪就是天皇和宫廷的全部'国'事"（*The Japanese Imperial Institution in the Tokugawa Period*, pp. 119-20）。
5. 现在位于京都市区的北边。
6. 东久世通禧,《竹亭回顧録　維新前後》,第41页。
7. 实际上是他生日前一个星期。按照西方的算法,当时孝明八岁。我在本书中的其他地方已经将阴历转换为阳历,人物的年龄也从日本的算法转换为西方的算法,但是在直接引用时则遵循原文。
8. 东久世通禧,《竹亭回顧録　維新前後》,第34页。至于官方根据各种来源编写的这次仪式的记录,请参考《孝明天皇纪》第一卷,第43—45页。
9. 请参考三条实万对"堂上公家"的不正当行为的表述。"堂上公家"是指那些允许出现在天皇面前的高级公卿（福地重孝,《孝明天皇》,第21页）。例如,他们在卖药时会称自己的医术是祖辈传下来的,非常灵验。在街上遇到一名军人或者富商时,他们会因为一些琐事指责对方冒犯了他,从而要求对方赔偿。本身也是高级公卿的三条说,那些"堂上公家"的快速致富计划如雨后春笋一般,随处可见。
10. 《古事類苑》卷十二,第747页。
11. 东久世通禧,《竹亭回顧録　維新前後》,第33页。雅乐是一种古老的庙堂音乐,仍然在宫廷和一些神庙演奏。演奏时通常伴随着舞乐的舞蹈。
12. 东久世通禧,《竹亭回顧録　維新前後》,第33页。
13. 同上,第34页。
14. 同上,第35页。
15. 同上,第35页。
16. 实际上她直到1848年1月10日才成为他的妻子(《孝明天皇纪》第一卷,第764页)。夙子生于1834年,但是由于这一年不太吉利,于是她的官方出生日期被提前到1833年（福地重孝,《孝明天皇》,第35页）。即使成为孝明的妃子之后,她的头衔仍然是"准宫",即准皇后之意。这个头衔分几种,最常见的是"准三宫",意思是地位仅次于太皇太后、皇太后和皇后。她是明治的嫡母,明治登基之后,她的头衔变成了"皇太后"。

17. 《孝明天皇纪》第一卷，第 255 页。《武家传奏记录》等资料中详细记录天皇的信，见《孝明天皇纪》第一卷，第 255—258 页。
18. 《孝明天皇纪》第一卷，第 370 页。
19. 同上，第 370 页。孝明当然知道 13 世纪时"神风"摧毁蒙古人侵者舰队的事。
20. 福地重孝，《孝明天皇》，第 44 页。11 月 30 日，普通人也被允许进入御所。根据这个时期重要的资料来源——山科言成的日记《言成卿记》——来观看加冕典礼的各色人等，就像"黑压压的云层和密不透风的浓雾一样"，人多得连空隙也没有（《孝明天皇纪》第一卷，第 432 页）。
21. 《孝明天皇纪》第一卷，第 512 页。这首短歌作于 1848 年的阴历二月二十五日，菅原道真逝世的纪念仪式上。梅花开得最早，也许就是这首诗提到梅树的原因，但是传统上也经常把菅原和梅联系起来。
22. 《孝明天皇纪》第一卷，第 950 页。如果想了解皇室或者幕府家族的成员逝世后禁止"鸣物"（乐器等发出噪音的东西）的有趣禁令，可以参看藤田觉，《幕末の天皇》，第 30–32 页。
23. 《孝明天皇纪》第二卷，第 39 页。
24. 同上，第 81 页。

第二章　祐宫出生

1. 《明治天皇纪》第一卷，第 2 页。
2. 《明治天皇纪》第一卷，第 3 页。他们使用被称为"笋刀"的小刀割断脐带，笋刀通常是用来在元服时剪断头发的，《明治天皇纪》的作者指出这也许是某种"古俗"的遗留。
3. 《明治天皇纪》第一卷，第 27 页。显然，大家是通过"翻译"婴儿的啼哭声知道他的愿望的。
4. 《明治天皇纪》第一卷，第 46 页。
5. 这并非托辞。7 月 27 日，德川家庆（1793—1853）去世。幕府将他去世的消息隐瞒了一个月（《明治天皇纪》第一卷，第 55 页）。
6. 《明治天皇纪》第一卷，第 53 页。

第三章　开国难避

1. 普加金的舰队到达的时间是 1853 年 8 月 21 日，但是幕府过了将近一个月才把这件事报告给京都的宫廷（《明治天皇纪》第一卷，第 57 页）。想更好地了解普加金的目的和事件的背景，请参考和田春树的《开国—日露国境交涉》。
2. 普加金在小笠原群岛知道了俄国政府做出这个决定背后的想法，见和田春树，《开国—日露国境交涉》，第 89—91 页。俄国人对日本人的感情的估计是正确的：那些与俄国人打交道的日本人对他们的温和态度非常赞赏，并将他们和自以为是的美国人做对比（第 101 页）。
3. 关于普加金这个时期的行动，见和田春树，《开国—日露国境交涉》，第 109—111 页。他急于收到俄国政府的消息，因为俄国与土耳其的战争似乎一触即发，而且与土耳其的盟国英国和法国之间的战争也可能爆发。普加金在上海的时候，给当时在香港的海军准将佩里写信，建议他们联合，并请求佩里从上海借给他四十吨美国煤炭。佩里礼貌地回绝了他的结盟建议，但是同意借给他煤炭。煤炭一借到手，普加金就掉转船头，驶回长

注　释

崎，这时他已经知道了克里米亚战争爆发的消息。
4. 《明治天皇紀》第一卷，第 57 页。亦参考和田春树，《開国—日露国境交渉》，第 99—100 页。
5. 《明治天皇紀》第一卷，第 58 页。
6. 同上，第 60 页。
7. 同上，第 62 页。
8. 藤田觉，《幕末の天皇》，第 11—12 页。
9. 和田春树，《開国—日露国境交渉》，第 157—158 页。还可参考《孝明天皇紀》第二卷，第 155—156 页；《明治天皇紀》第一卷，第 64 页。
10. 《明治天皇紀》第一卷，第 78 页。这个日期对应的阳历是 1854 年 5 月 11 日。
11. 如果普加金像上次一样将三艘军舰驶往长崎，可能会引发麻烦，因为那里正停泊着四艘英国军舰。当时正值克里米亚战争，他们可能会袭击俄国船只，因此普加金改为将船驶往已经向美国人开放的函馆。他在函馆时，一个他去年带回日本、对他心怀感激的日本人告诉他，英国军舰已经到了日本海域。普加金通知日本政府他要到大阪去，但是直到他到了大阪，这封信才送达（和田春树，《開国—日露国境交渉》，第 133—135 页）。
12. 关于川路圣谟的评论，请参考拙作 *Travelers of a Hundred Ages*, pp. 393-394.
13. 关于这次复杂的谈判，以及中间发生的"戴安娜"号沉没事件，请参考和田春树，《開国—日露国境交渉》，第 146—160 页。
14. 学者们所斟酌的七个年号以及选自《荀子》的"安政"，见《明治天皇紀》，第一卷，第 88 页。伯顿·沃森（Burton Watson）将这句话翻译为："一旦人民感到安全，君子们在各自的职位便可感到安心"（*Hsün Tzu*, p. 37）。
15. 《明治天皇紀》第一卷，第 89—90 页。
16. 和田引用了川路圣谟日记中的相关段落，见和田春树，《開国—日露国境交渉》，第 153—154 页。日本人对俄国人有好感的一个例子是向他们开放了三个港口（长崎、下田和函馆），向美国人只开放了两个。
17. 《明治天皇紀》第一卷，第 98—99 页。这艘船在伊豆半岛西端的户田村建造，因而得名"户田"。"戴安娜"号海难发生后，俄国人抢救回来一些在喀琅斯塔德（Kronstadt）建造军舰用的图纸，日本根据这些图纸造出了第一艘符合欧洲标准的军舰。那些乘坐德国商船回国的俄国人，在萨哈林岛附近被英国人拦截并俘虏了。
18. 《明治天皇紀》第一卷，第 91 页。

第四章　下田条约

1. 《明治天皇紀》第一卷，第 113 页。
2. 同上第 117 页。
3. 同上，第 118 页。
4. 同上，第 120 页。这段描述来源于日本文献，见《東坊城聡長日記》及《大日本古文書》等，但它与哈里斯日记中的描述并不相符。在 1856 年 8 月 22 日，即抵达下田后的第二天，他走上岸，来到下田对面一个叫做"柿崎"的村子。"这个地方的寺庙——神道教的玉泉寺作为美国人的住处。房间非常宽敞，既整洁又干净，一个人在这里待上几个星期是很舒服的……下田的了泉寺也用来给美国人用——可能我得住在那里，直到找到居住的房子为止"（Mario Emilio Cosenza, ed., *The Complete Journals of Townsend Harris*,

pp. 203-204）。8 月 27 日，哈里斯提到官员们努力说服他 "一年内离开并回国"，但他抵抗住了所有这类劝告。8 月 28 日，"副奉行"通知他说，"由于我的地位很高，他很荣幸地准备接见我，并将为我指定一处合适的住处——柿崎的玉泉寺"（pp. 209-210）。哈里斯在下田登陆和居住期间遇到了当地的反抗，可能有人故意误导江户政府，向他们掩盖了真相。

5. 《明治天皇纪》第一卷，第 121 页。
6. 同上，第 121 页。
7. Erwin Baelz, *Awakening Japan*, trans. Eden Paul and Cedar Paul, p. 124.
8. 《明治天皇纪》第一卷，第 124 页。
9. Erwin Baelz, *Awakening Japan*, trans. Eden Paul and Cedar Paul, p. 101。
10. 同上，p. 144。
11. 《明治天皇纪》第一卷，第 126 页。
12. 在中山家住的时候，明治就已经在外祖父中山忠能的命令下接种了牛痘（《明治天皇纪》第一卷，第 454 页）。关于国内其他地方种痘的情况，可以参考拙作 *Travelers of a Hundred Ages*, p. 382。那篇日记的作者井关隆子（1785—1845）高度赞扬了长崎的荷兰医生所引进的种痘方法。
13. 《明治天皇纪》第一卷，第 129 页。
14. 同上，第 127—128 页。原文是一封用荷兰语书写的信件，本文译自日译本。
15. 对当时御所周围祈祷的群众的记载，见藤田觉，《幕末の天皇》，第 55—70 页。
16. 据说单单一个下午，后樱町天皇就派发了三万个苹果，每人一个（藤田觉，《幕末の天皇》，第 60 页）。
17. 《明治天皇纪》第一卷，第 130 页。如果想要更详细的资料，可以参考《孝明天皇纪》第二卷，第 644—645 页。
18. 原文见 Mario Emilio Cosenza, ed., *The Complete Journals of Townsend Harris*, pp. 573-574，也可见《明治天皇纪》第一卷，第 131 页。
19. 当时，可能没有一个人能将英语直接翻译成日语，或者将日语直接翻译英语；哈里斯的话被休斯根翻译成荷兰语，然后再由一位学过荷兰语的日本人翻译成日语，荷兰语是唯一一门日本人说得流利的欧洲语言。有关休斯根的介绍，可以参考 Reinier Hesselink, "The Assassination of Henry Heusken"。
20. Mario Emilio Cosenza, ed., *The Complete Journals of Townsend Harris*, p. 412。也可见《明治天皇纪》第一卷，第 136 页。
21. 关于哈里斯对会面的描述，请参考 Mario Emilio Cosenza, ed., *The Complete Journals of Townsend Harris*, pp. 468-480。
22. 同上，p. 475。将军的日文原话用影印于 p. xxx。
23. 《明治天皇纪》第一卷，第 137—138 页。哈里斯对自己与堀田会面的描写，虽然内容差不多，但却没有这么具体。例如，没有提到英国和法国领土上可能有的野心。还可参考 *The Cambridge History of Japan*（《剑桥日本史》）, vol. 5, p. 278。
24. 《孝明天皇纪》第二卷，第 708 页；《明治天皇纪》第一卷，第 140 页。哈里斯的版本见 Mario Emilio Cosenza, ed., *The Complete Journals of Townsend Harris*, pp. 496-500。
25. 这段话的翻译遵循了《明治天皇纪》第一卷第 142 页的内容。信的原文要详细得多（《孝明天皇纪》第二卷，第 725—726 页）。

26. 《明治天皇紀》第一卷，第139页。这首诗是中山庆子死后在她的私人物品中发现的，上面还附有这首诗作于何时的标记。诗的内容，请见第六章。

第五章　安政大狱

1. 《明治天皇紀》第一卷，第143页。
2. 同上，第142页。信的原文见《孝明天皇紀》第二卷，第730页。
3. 信件完整译文见 W. G. Beasley, ed. and trans., *Select Documents on Japanese Foreign Policy*, pp. 180-181。
4. 《明治天皇紀》第一卷，第148页。信的内容见《孝明天皇紀》第二卷，第856页。
5. 原文见《孝明天皇紀》第一卷，第892页；亦可见《明治天皇紀》第一卷，第150页。孝明为这种场合所作了几份类似的"宣命"，这只是其中的一份。
6. 条约的英文内容见 Mario Emilio Cosenza, ed., *The Complete Journals of Townsend Harris*, pp. 578-584。
7. 他在信中提到"三位亲王"，但却只写了"伏见"和"有栖川"两个名字。"伏见"指的是伏见宫贞教亲王；"有栖川"指的是有栖川宫帜仁亲王和他的儿子炽仁亲王。这三个人都曾被仁孝天皇收养，随后被赐予"亲王"的头衔，这么做显然是为了保证皇室血统的延续，尽管他们并非皇室的近亲（飞鸟井雅道，《明治大帝》，第77页、第207页）。
8. 《孝明天皇紀》第二卷，第923—924页。
9. 远山茂树编，《维新の群像》，第56—57页。
10. 9月与法国签订了条约。
11. 《明治天皇紀》第一卷，第153页。
12. 11月1日他给左大臣（近卫忠熙）写信，说他太累了不想见间部（《孝明天皇紀》第三卷，第102页）。
13. 《孝明天皇紀》第三卷，第155、第156页。
14. 《明治天皇紀》第一卷，第170页。
15. 原文见《孝明天皇紀》第三卷，第227页。摘要见《明治天皇紀》第一卷，第171页。

第六章　赐名睦仁

1. 他创作的十万首短歌都写在纸片上，然后由宫女将它们誊写在更加合适的纸上。原稿随后被销毁（花房义质，《先帝陛下に関する追憶》，322页）。唯一一名评价过明治书法的宫廷人员说，他的字很难辨认（日野西资博，《明治天皇の御日常》，第54—55页、第181页、第187页）。
2. 该诗歌（以及翻译）请参见第五章。
3. 《明治天皇紀》第一卷，第167页。
4. 渡边几治郎，《明治天皇》上卷，第85页。渡边引述了《忠能日记》的内容。"中"和"山"两个字组成了他母亲家族的姓氏，这可能是天皇选择这两个字的原因，不过他在刚开始学书法时也会学到这两个简单的字。
5. 《明治天皇紀》第一卷，第212页。1860年9月14日，他开始用素读的方法学习，并于12月23日读完了整本书。12月28日，他开始学习《中庸》（第231页），并于1861

年7月23日开始用"素读"的方法学习《论语》(第257页)。
6. 木村毅,《明治天皇》,第91页。木村显然是在和里松良光交谈时得知这个信息的。
7. 渡边几治郎,《明治天皇》上卷,第86页。亦可见《明治天皇纪》第一卷,第245页,里面提到祐宫是如何偶尔欺骗母亲,让她以为自己已经完成了作业的。
8. 两首诗都收录于《明治天皇御集》第二卷,第714页。第一首见渡边几治郎,《明治天皇》上卷,第86页。第二首中的"竹马"可能指的是"高跷"。
9. 渡边几治郎,《明治天皇》上卷,第84页。
10. 木村祯之祐,《明治天皇の御幼時》,第22—23页。
11. 渡辺茂雄,《明治天皇》,第4—5页。
12. 同上,第5—6页。
13. 根据帜仁亲王的描述,1857年底,才五岁的明治就已经开始创作和歌(渡边几治郎,《明治天皇》上卷,第86页)。
14. 木村毅,《明治天皇》,第92页。明治阅读的书籍包括《源平盛衰记》、《太平记》和《太阁记》。
15. 《明治天皇纪》第一卷,第199—202页。
16. 同上,第221页。
17. 同上,第223页。
18. 同上,第228页。
19. 同上,第206—207页。对孝明的答复的解释,亦可见《孝明天皇纪》第三卷,第379—380页。孝明说,由于和宫是另一个母亲所生,她可以不必听从他的命令。
20. 《明治天皇纪》第一卷,第218页。亦可见武部敏夫,《和宫》,第39—41页。
21. 简单的摘要见《明治天皇纪》第一卷,第218页;完整记述见《孝明天皇纪》第三卷,第410页。
22. 《明治天皇纪》第一卷,第218页。亦可见武部敏夫,《和宫》,第44—45页。
23. 武部称,驱逐外国人的承诺并非幕府的本意,而是迫于孝明"攘夷"的具体计划(《和宫》,第46页)。
24. 石井孝,《幕末 非運の人びと》,第60页。石井认为,和宫的母亲观行院和舅舅桥本实丽的反对,加剧了她对这门婚事的抵触情绪。
25. 武部敏夫,《和宫》,第48页。
26. 根据石井的说法,九条尚忠(关白)的心腹岛田左近向和宫暗示说,如果她坚持拒绝的话,母亲和舅舅将会面临严厉的处罚(《幕末の天皇》,第61页)。他还诱使和宫的乳母劝说她接受婚事。武部说,关白的两名家臣密谋,让和宫乳母的一个亲戚告诉乳母,幕府已经决定处罚和宫的母亲和舅舅,以此来动摇和宫的决心(《和宫》,第51—52页)。总之,在说服和宫同意与将军结婚时,这些人似乎用了卑鄙的手段。
27. 武部敏夫,《和宫》,第53页。
28. 同上,第54页。
29. 石井孝,《幕末 非運の人びと》,第62页。
30. 《大宅壮一全集》第二十三卷,第259页;武部敏夫,《和宫》,第55页。

注释 847

第七章　和宫下嫁

1. 《明治天皇紀》第一卷，第 144 页。
2. 同上，第 244 页。
3. 关于俄国人在对马岛上的各种活动，请参考 George Alexander Lensen, *The Russian Push Toward Japan*, pp. 448-451。Lensen 的描述主要根据俄国提供的资料。
4. 《明治天皇紀》，第 243 页。
5. 同上，第 242—243 页。小西四郎强调了对马居民对俄国人的抵抗（《開国と攘夷》，第 226 页）。如果他们没有为保卫国土而奋力抵抗俄国人侵者，这件事不会是英国人简单一个动作就能轻易结束的。
6. 《孝明天皇紀》第四卷，第 243—247 页。亦可见《明治天皇紀》第一卷，第 243 页。对马的大名是宗义达（1847—1902）。
7. 1862 年派出一个大型使团到欧洲。想了解这个使团的话，可以参考芳贺彻所著《大君の使节》，以及拙著 *Modern Japanese Diaries*。
8. 《孝明天皇紀》第三卷，第 611—616 页。亦可见《明治天皇紀》第一卷，第 255—256 页。
9. 《明治天皇紀》第一卷，第 256 页、第 257 页。
10. 当幕府得知他们不仅已与普鲁士签订了合约，而且与"北德意志联邦"下的其他国家也签订了合约时，感到困惑甚至惊愕。日本人认为自己上当受骗了，才会与几个国家签订条约（《明治天皇紀》第一卷，第 234—235 页；《孝明天皇紀》第三卷，第 488—489 页）。
11. 和宫的信，见《孝明天皇紀》第三卷，第 489—490 页。亦可见武部敏夫，《和宫》，第 66 页。
12. "亲子"这个名字是 1861 年 5 月宣布她为内亲王之后，由孝明天皇起的（《孝明天皇紀》第三卷，第 559 页）。
13. 这个时期和宫写给孝明的一封信保存了下来。里面包含有这样的句子"为了国家的和平，我别无选择，只好接受，尽管事实上我痛恨这么做"（武部敏夫，《和宫》，第 60 页）。
14. 《明治天皇紀》第一卷，第 267 页。中山也失宠了，但是今出川实顺很快恢复了名誉，1863 年被任命为敕使前往神武天皇的陵墓祈祷攘夷成功。
15. 关于队伍的人数有不同的说法。一个经常被引用的说法是 7896 人、280 匹马、7440 条被褥、1380 个枕头、8060 个饭碗、5210 个汤碗、1040 个碟子和 2110 个盘子（武部敏夫，《和宫》，第 83 页；小西，《開国と攘夷》，第 214 页）。沿途各地还额外增派了卫兵。大宅壮一估计护卫的人数约为 20000 人（《大宅壮一全集》第二十三卷，第 278 页）。
16. 《大宅壮一全集》第二十三卷，第 278 页。"缘切榎"位于江户以北的板桥区。
17. 声明的部分原文见《孝明天皇紀》第三卷，第 764—765 页。
18. 这封信是彻头彻尾伪造出来的（《大宅壮一全集》第二十三卷，第 276 页）。
19. 根据谣言，汤森·哈里斯决定除掉开国的拦路石孝明天皇，并收买安藤，让他实施暗杀行动。两位据说被收买的学者（塙次郎、前田健助）也于 1863 年 1 月遭到暗杀（《大宅壮一全集》第二十三卷，第 276 页）。
20. 藤田觉，《幕末の天皇》，第 282—283 页。
21. 《明治天皇紀》第一卷，第 273 页。这首诗包含了两个文字游戏："たち"同时有"宝剑"（指孝明收到的礼物）和"本质"（指爱国情怀）的意思；"さや"同时有"剑鞘"和"照耀"的意思。
22. 《明治天皇紀》第一卷，第 282—283 页。

23. 同上，第 300 页。
24. 《明治天皇纪》第一卷，第 312 页。

第八章 "征夷大将军"

1. 信的原文（汉文）见《孝明天皇纪》第四卷，第 195 页。日语的意译见《明治天皇纪》第一卷，第 312 页。
2. 议事厅（大広間）为三进。下房（下段）是普通的榻榻米；中房（中段）有两层榻榻米高；上房（上段）有三层榻榻米高。
3. 《明治天皇纪》第一卷，第 312 页。
4. 同上，第 320—321 页。亦可见《孝明天皇纪》第四卷，第 353—354 页。
5. 中川宫（1824—1891）是伏见宫邦家亲王的儿子。他少年时代就有几个名字，1831 年被送到本能寺当侍僧后名字就更多了。1836 年他转到一乘院，任奈良兴福寺的塔头，并在叔叔（寺庙住持）的指导下学习（这时他用的是另外一个名字）。同年，十二岁的他被仁孝天皇收养为义子，并代叔叔出任住持，尽管直到 1838 年他才正式剃度出家。1852 年，他依照圣旨转到京都天台宗的重要寺庙青莲院，被称为青莲院宫尊融亲王，这是他最常见于德川时代末期文献里的名字（他还因为寺庙的所在地而被称为粟田宫）。那些聚集在他周围的人包括梅田云滨、池内大学、真木和泉、桥本左内、佐久间象山以及许多在安世大狱中遭到杀害或者肃清的人。从那些追随者的著作中可以看出，他们不仅为亲王的攘夷主张所吸引，还为他的高贵品格所感召。他在"志士"中的号召力没有逃过幕府的注意，安世大狱期间，被判在相国寺永久蛰居。他在一间狭小破败的屋子里度过了两年多时间（Ōnishi Gen'ichi, "Ishin kaiten no kōbo to Kuni-no-miya Asahiko Shinnō," p.79）。亲王的遭遇令志士们愤慨不已，为他争取自由成了他们的首要目标（第 86 页）。一些人甚至提出让亲王担任"征夷大将军"，率领军队推翻幕府，尽管亲王至死都是"公武合体"的支持者（第 82 页）。为了除去幕府官员，并扫除所有的外国人，这些人提出了各种血腥的方案，希望亲王能够领导他们的行动（第 87 页）。1862 年，由于和宫和将军大婚，朝廷宣布大赦，亲王获得了自由，并被允许还俗（第 98 页）。到这时他才被称为中川宫。明治维新之后，政敌仍敌视亲王，以一个莫须有的罪名将其流放到广岛。死前几年他担任伊势大神宫的祭主。在兴福寺期间，亲王学习了文学和武术，尤其是使用长枪。在奈良时，他结识了致力于开国的幕府重臣川路圣谟，不过亲王一直都是"攘夷"运动的支持者。
6. 藤田觉称亲王为"孝明天皇的右臂"（《幕末の天皇》，第 219 页）。
7. 栗原隆一，《斩奸状》，第 107 页。
8. 对足利幕府将军的控诉书原文见上书第 115 页。对此事件的极佳的英文描述，请见 Anne Walthall, "Off with Their Heads! The Hirata Disciples and the Ashikaga Shoguns," *Monumenta Nipponica*, 58:2, Summer 1995。
9. Walthall, "Off with Their Heads! The Hirata Disciples and the Ashikaga Shoguns," pp. 162-168. 负责逮捕这些人的官员是 1862 年被任命为京都守护的松平容保（1835—1893）。事件使这位年轻的默默无闻的会津藩大名引起了朝廷的注意。这个行动的象征性意义使他决心将犯人抓捕归案：砍掉前将军木像的头颅，就是在威胁现任的将军。
10. 《孝明天皇纪》第四卷，第 455 页。亦可见《明治天皇纪》第一卷，第 325 页。

注释

11. 《明治天皇纪》第一卷，第 325 页。据说家茂的随行人员多达三十万七千人。难以相信他真的带了这么多人，但是也许这是他希望彻底打动宫廷而带来的大批护卫给人们留下的印象。
12. 他决心参拜，似乎是长州藩大名毛利敬亲的继承人毛利定广（1839—1896）一再请求的结果。定广说，在这个关键时刻，天皇不宜继续封闭在皇宫里，并极力主张他不仅参拜两座贺茂神社，还去参拜泉涌寺和石清水八幡宫（《明治天皇纪》第一卷，第 327 页）。
13. 《明治天皇纪》第一卷，第 326—327 页。
14. 土佐藩的志士吉村寅太郎在写给父母的信中描绘了当时的盛况："天皇的乘舆越来越近，我忍不住泪流满面。我匍匐在地，除此之外什么也不知道。后来听说有超过四十万人——男人和女人，老人和年轻人——聚集在道路两旁，希望一睹珠帘里面的龙颜的风采，他们全都感动得哽咽不已"（西岛量三郎，《中山忠光暗殺始末》，第 39 页）。
15. 《明治天皇纪》第一卷，第 330 页。中山忠光当时担任外甥睦仁的侍从。
16. 《孝明天皇纪》第四卷，第 592—593 页。亦可见石井孝，《幕末　非運の人びと》，第 68—69 页。
17. 《明治天皇纪》第一卷，第 330—331 页。
18. 西岛量三郎，《中山忠光暗殺始末》，第 22—24 页、第 34 页。
19. 他的"正义拥护者"可能指的是某个拥护"尊攘"事业的人（西岛量三郎，《中山忠光暗殺始末》，第 34 页）。
20. 西岛量三郎，《中山忠光暗殺始末》，第 35 页。
21. 同上，第 49 页。
22. 暗杀发生于 11 月，但是关于日期则至少有八个不同的版本（西岛量三郎，《中山忠光暗殺始末》，第 197 页）。西岛提供了由当时藩内主要的反攘夷派"俗论党"派去刺杀忠光的杀手名单（第 201 页）。

第九章　蛤御门之变

1. 《明治天皇纪》第一卷，第 331 页。
2. 《孝明天皇纪》第四卷，第 707—710 页。亦可见《明治天皇纪》第一卷，第 335 页。
3. 伊田熹家，《近代天皇制成立的前提》，第 10 页。为了证明，他引用了孝明 1859 年 4 月 7 日写给近卫忠熙的一封信。信的全文见《孝明天皇纪》第二卷，第 787—789 页。
4. 《明治天皇纪》第一卷，第 338—339 页。岛津茂久最终接受了英国人的要求，并支付了六百万两黄金的赔偿金。
5. 《明治天皇纪》第一卷，第 340—341 页。如想更详细地了解池田庆德的观点，请参考《孝明天皇纪》第四卷，第 741 页。
6. 《明治天皇纪》第一卷，第 341 页。
7. 同上，第 344 页。
8. 同上，第 345 页。《孝明天皇纪》第四卷第 791—820 页中有更详细的资料和诏书更完整的引文。例如，中川宫亲王曾向一名采访者回忆道，孝明说过自己不能领导任何攻打幕府的军队，因为亲子内亲王（原来的和宫）现在是德川家的人，如果他攻打德川家族，就会害死她。这对亲子的父亲，即已故的天皇以及她的亲戚们来说都是不可饶恕的。如果确实到了非进攻不可的时候，他会进攻，但是时机必须恰当。就他所知，现在武器未备，开战为时尚早。因此"朕暂延亲征""止征幕之事"(《孝明天皇纪》第四卷，第 791 页)。并不清楚中川宫亲王的这些话是何时说的，但可能是政变数年之后。如果那样，也许这些话中有记忆偏差或夸张捏造的成分。

9. 《明治天皇纪》第一卷，第 345 页。七名公卿留下了一封信，信中说，就在"中兴之大业"即将取得成功之时，"狂妄奸贼"阴谋诡计干扰了圣听。他们七人感到忍无可忍，于是决定西下，招全国"有志之士"，举"义兵"(栗原隆一，《斩奸状》，第 178 页)。

10. 《明治天皇纪》第一卷，第 353 页。

11. 从阴历 2 月 12 日起，纪年由"文久四年"改为"元治元年"，因为这一年是变革年。大臣推荐的二十四个年号的完整名单见《孝明天皇纪》第五卷，第 84—88 页。其中一个推荐的年号是"明治"。

12. 原文见《孝明天皇纪》第五卷，第 20 页；译文见 W. G. Beasley, ed. and trans., *Select Documents on Japanese Foreign Policy*, pp. 263-264。

13. 原文见《孝明天皇纪》第五卷，第 20 页；译文见 W. G. Beasley, ed. and trans., *Select Documents on Japanese Foreign Policy*, p. 264。

14. 《明治天皇纪》第一卷，第 376 页。详细资料见《孝明天皇纪》第五卷，第 226—230 页，尤其是第 230 页。那天木户孝允来太早，于是暂时去了对马藩府邸，想之后再来，因此逃过一劫。

15. 新选组从一位被他们抓获并严刑拷打的勤王志士古高俊太郎（1829—1864）那里得知了这些计划。他们还知道了参与者的名单（福地重孝，《孝明天皇》，第 182—183 页；远山茂树编，《维新の群像》，第 55 页）。

16. 《明治天皇纪》第一卷，第 337 页。彦根是强大的谱代大名井伊家族的所在地，因此被看做是符合迁宫且能够保证天皇安全的地方。

17. 《明治天皇纪》第一卷，第 377 页。刺客在祇园神社留下一份声明，解释刺杀象山的原因，他们说象山宣传"洋学"，主张"交易开港之说"，协助"奸贼会津、彦根两藩"，且与中川宫亲王一起，密谋迁都彦根（栗原隆一，《斩奸状》，第 247—248 页）。似乎有理由相信，迁都计划正在酝酿之中。

18. 石井孝，《幕末 非運の人びと》，第 84 页。这番描述来源于中山忠能的日记，见《孝明天皇纪》第五卷，第 302 页。

19. 《明治天皇纪》第一卷，第 378 页。

20. 这番描述来源于东坊城任长的日记，转引自《孝明天皇纪》第五卷，第 305 页。亦见石井孝，《幕末 非運の人びと》，第 85 页。

21. 《明治天皇纪》第一卷，第 379 页。

22. 同上，第 380 页。亦可见《孝明天皇纪》第五卷，第 303 页。

23. 蜷川新，《明治天皇》，第 21 页。大宅壮一也许是第一个说亲王被枪炮声吓晕过去的人(《大宅壮一全集》第二十三卷，第 30—32 页)。但是正如飞鸟井雅道所指出的，这个观点源于对《中山忠能日记》的误解(《明治大帝》，第 97 页)。

24. 这是飞鸟井雅道的推测，见《明治大帝》，第 98 页。

第十章　家茂去世

1. 法文版的条约见 W. G. Beasley, ed. and trans., *Select Documents on Japanese Foreign*

注 释

      Policy, pp. 273-274。条约规定，日本政府必须在日本使团返回日本后三个月内"支付十万雷阿尔银币，长州藩支付四万雷阿尔银币，共十四万"给江户的法国大使。

2. 池田给幕府写了封长信，解释了自己这么做的原因，池田的信的翻译见 W. G. Beasley, ed. and trans., *Select Documents on Japanese Foreign Policy*, pp. 274-282。
3. 《明治天皇纪》第一卷，第 387 页。
4. 同上，第 388 页。
5. 同上，第 395 页。这一条记录于 2 月 16 日。西乡的名字再次出现是在 3 月 8 日，当时他极力主张的恰恰是相反的做法：让这些公卿回到首都，并恢复他们的官职。他似乎因萨摩大名岛津茂久的一项命令而改变了主意。
6. 《明治天皇纪》，第 407 页。
7. 《孝明天皇纪》第五卷，第 653 页。1865 年 10 月 30 日英、法、美、荷四国的驻日大使在横滨签署了这份外交照会，照会的法文原文见 W. G. Beasley, ed. and trans., *Select Documents on Japanese Foreign Policy*, pp. 293-296。其内容与这里所给的日文版概要有许多小的出入。
8. 《明治天皇纪》第一卷，第 416 页。
9. 与兵库外国人周旋的资料见《孝明天皇纪》第五卷，第 654—655 页，这些资料出自越前藩大名松平庆永（1828—1890）在 1862—1867 年间所做的记录《続再夢紀事》。
10. 《孝明天皇纪》第五卷，第 654 页。
11. Mario Emilio Cosenza, ed. *The Complete Journals of Townsend Harris*, pp. 371, 518.
12. 见 W. G. Beasley, ed. and trans., *Select Documents on Japanese Foreign Policy*, p. 300。这封信的日期是 1865 年 11 月 21 日。
13. 外国人确实偶尔（可以追溯到汤森·哈里斯）威胁说要把争议提交京都，让天皇解决，但这是他们——或者其他任何人——首次被告知天皇的地位高于将军。有关早前外国人对天皇重要性的认识，请参考 F. V. Dickins and S. Lane-Poole, *The Life of Sir Harry Parkes*, 2, p. 43。然而威廉·艾略特·格里菲斯（William Elliot Griffis）写道："英国学术界第一次发现了真正的权力源头，揭露了江户的假冒政府，看懂了这个世代相传的谜语，并掀开了其长期遮盖的面纱。这个人正是英国公使巴夏礼爵士，是他首次为了寻找真相而不顾生命危险：扯去幕府'陛下'的虚伪头衔，向英国请求得到国书，并将其递交给日本的君主——天皇"（*The Mikado's Empire*, p. 577）。
14. 这里我使用了松平庆永的描述，引自《孝明天皇纪》第五卷，第 655 页。其中的细节部分与《明治天皇纪》第一卷的第 418 页有出入，例如，后者写道是巴夏礼看到井上要割手指，于是说相信他。
15. 《明治天皇纪》第一卷，第 419 页。
16. 石井孝，《幕末 非運の人びと》，第 91 页。
17. 《明治天皇纪》第一卷，第 420 页。关于宫廷给幕府的谕旨译文，见 W. G. Beasley, ed. and trans., *Select Documents on Japanese Foreign Policy*, p. 304。
18. 《明治天皇纪》第一卷，第 421 页。
19. 远山茂树编，《维新の群像》，第 56 页。他的翻译非常随意，而且略去了大量事实，但正因为如此，使得他的译文比原文更好理解。石井引用了写于 1865 年 8 月 29 日同一封信中的某些词语（《幕末の天皇》，第 89 页）。这封信并没有出现在《孝明天皇纪》中，而是出现在《朝彦親王日記》第一卷，第 336—337 页。

20. 《朝彦親王日記》第一卷，第336—337页。远山说岩仓的这番话出自《続叢裏鳴虫》(《维新の群像》，第57页)，然而书中并没有。该页引用中山忠能的日记中"宫殿如游廊，日日欢乐"一节，记录孝明天皇的侧室及妾有二十几人。
21. 石井孝，《幕末 非運の人々》，第88页。
22. 远山茂树编，《维新の群像》，第51页；石井孝，《幕末 非運の人々》，第77页。由于这个官职，亲王被称为"尹宫"。
23. 1864年1月11日，孝明给中川宫亲王去信，信的相关部分见《孝明天皇紀》第四卷，第940页。石井引用了的信的部分内容，包括天皇谴责谣言是不法分子试图推翻9月30日的政变，并说他肯定尹宫能看透他的内心，就像他能看透尹宫的内心一样（《幕末 非運の人々》，第77页）。孝明最后说他对亲王完全没有疑心。
24. 远山茂树编，《维新の群像》，第52页。
25. 按照蜷川新的说法，"明治天皇于庆应3年的1月9日登基。前一年的12月25日明治的父亲孝明天皇被岩仓等人暗杀，同年9月20日第十四任将军家茂在大阪城被某个杀手杀死"（《明治天皇》，第11页）。
26. 这些长州人包括像木户孝允、高杉晋作、井上馨和伊藤博文这样的杰出人物（《明治天皇紀》第一卷，第429页）。
27. 关于这个时期的谈判，见 Marius B. Jansen, *Sakamoto Ryōma and the Meiji Restoration*, pp. 217-222。
28. 关于协议的六条内容，见上书，pp. 220-221。
29. 那年5月家茂开始发病，病情几经反复，并在7月加重。那时家茂在大阪。关于他的病情的详细描述，请参考 Conrad Totman, *The Collapse of the Tokugawa Bakufu*, p. 516。
30. 一名宫女的日记中提到，亲子内亲王担心龟之助的年纪太小，无法应付当时的困难局面（《孝明天皇紀》第五卷，第799页）。
31. 《孝明天皇紀》第五卷，第798页。这份给天皇的奏折日期只写了"七月"，但是其他资料确切地显示奏折上呈的时间是7月29日。然而，家茂死于7月20日。因此，我们不清楚到底是家茂之前就把奏折写好了，还是这封奏折是别人代写的。
32. 建议书的原文见《孝明天皇紀》第五卷，第804—806页。
33. 这是石井孝的观点，见《幕末 非運の人々》，第95页。我曾试着想象凯撒·威廉二世耐心地倾听大臣激烈抨击他的政策，但发现那太困难了。
34. 《明治天皇紀》第一卷，第442页．
35. 声明只是说敌对双方将"暂时"停止进攻（《孝明天皇紀》第五卷，第832页）。

第十一章　孝明驾崩

1. 大久保利谦，《岩倉具視》，第138页。
2. 石井孝，《幕末 非運の人びと》，第97—98页。
3. 《明治天皇紀》第一卷，第445页。
4. 同上，第445页。
5. 同上，第445页。
6. 同上，第454页；资料见《孝明天皇紀》第五卷，第916页。
7. 东久世通禧，《竹亭回顧錄　維新前後》，第41—42页。中山忠能的日记中提到天皇的

注释

身体强壮，从未感冒，转引自《孝明天皇纪》第五卷，第 927 页。

8. 原口清，《孝明天皇は毒殺されたのか》，《日本近代の虚像と実像 I》，第 48 页。亦见《孝明天皇纪》第五卷，第 918 页。

9. 《中山忠能日记》第三卷，第 652 页。

10. 湛海的日记写道，"天皇恢复良好"（祢津正志，《孝明天皇は病死か毒殺か》，第 33 页）。

11. 原口清，《孝明天皇は毒殺されたのか》，第 49 页。官方的说法是孝明死于 12 月 29 日，实际上他死于 25 日。自 17 世纪以来，天皇死亡的"官方"日期通常要比他们实际死亡的日期晚，这也许是为了给准备丧事提供更多的时间。1867 年 10 月，悼念孝明天皇的日子被定在他实际死亡的那一天（《明治天皇》第一卷，第 816 页）。

12. 原口清，《孝明天皇は毒殺されたのか》，《日本近代の虚像と実像 I》，第 57 页。

13. 原口论述了吉田常吉 1949 年首次发表的文章，并坚持认为孝明死于天花，见上书第 49—50 页。

14. 毒杀论的主要支持者祢津正志有些耸人听闻地说，"在战败之前，任何人只要轻微地表示怀疑官方的信息（即孝明天皇是自然死亡），就会被视为大不敬，或者受到法律的制裁，被投入监狱。没有一个学者想到要调查这件事。没有一个日本人写文章公开说孝明天皇是被毒死的，但萨道义在《明治维新亲历记》（A Diplomat in Japan）则说那是谣言"（《孝明天皇は毒殺されたのか》，第 28 页）。祢津亲口说，1940 年 7 月，在日本医学史协会关西支部大会的一次会议上，佐伯理一郎博士在仔细看过尹良元义手中的御医日记之后，得出结论说，直到 1 月 22 日或者 23 日孝明的天花发展一直正常，之后可能是岩仓具视利用天皇生病的机会，让他时任宫女的侄女下毒。佐伯博士说这些事情是他亲耳听涉事宫女所说，这名宫女随后在京都东部鹿谷的灵鉴寺出家做了尼姑（祢津正志，《孝明天皇は病死か毒殺か》，第 34—35 页）。问题是，事实上出家的这名宫女是岩仓的妹妹，而不是侄女。支持毒杀论的石井认为岩仓的妹妹崛河纪子当时并未在宫中当值，因此不可能是她直接下药的（《幕末 非運の人々》，第 114 页）。

我还想起曾听我的老师角田柳作博士说起，大约 1910 年的时候，在檀香山的一个酒吧里，一名邻座告诉他自己参加了暗杀孝明的行动，因此无法在日本待下去。这个消息可能很有力，假如我能确定以下三点：(1) 在听了角田教授讲的故事四十年后，我的记忆没有发生偏差；(2) 角田教授在四十年后回忆那场发生在檀香山的对话时没有发生偏差；(3) 酒吧里的那个人当时没有喝醉。

15. Sir Ernest Satow, A Diplomat in Japan, pp. 185—186.

16. 祢津正志，《孝明天皇は病死か毒殺か》，第 35 页。

17. 大宅壮一在《大宅壮一全集》第二十三卷第 294 页中提到了这种猜测。

18. 石井写下了两位宫女的名字（高野房子和中御门良子），在他看来这两个人并非毫无嫌疑（《幕末 非運の人々》，第 113 页）。他还说罪犯可能是一名宫女，尽管幕后肯定有一名策划者，然而他并未做进一步的说明。但是，佐佐木克暗示可能是大久保利通下的毒手，他与被流放到岩仓村而无法自由行动的岩仓串通一气（《戊辰戦争》，第 9 页）。不管怎么说，佐佐木相信有人在背后策划了这场暗杀。然而，当十三年后他的书再版时（1990 年），他却写道，自己已经被原口的文章说服了，认为孝明死于天花。

19. 丸谷才一非常有趣地想象了 1887 年 4 月 26 日明治天皇观看的一场歌舞伎表演（《青い雨傘》，第 273—74 页）。加演的剧目包括《哈姆雷特》里面的戏中戏，这场戏不仅当着天皇的面，而且还当着岩仓具视的面表演，当后者的罪行上演时——像克劳迪亚斯

（Claudius）那样毒杀天皇——明治将伺机观察这个有罪的人的反应。但是丸谷心里很清楚，岩仓1883年就死了。
20. 大久保利谦，《岩仓具视》，第181—82页。关于岩仓听到孝明生病且死亡的消息时的悲痛心情，见《岩仓公实记》上，第1135—1136页。
21. 原口清，《孝明天皇と岩倉具視》。
22. 原口清，《孝明天皇の死因について》，《明治維新史学会报》第15号，第2—3页。
23. 19世纪30年代，位于长崎的荷兰贸易站的医生就已经将接种疫苗的技术传到日本。到了这个时候，这项技术已经在上流社会广为传播。
24. 《明治天皇纪》第一卷，第459—460页。
25. 同上，第470页。

第十二章　美子皇后

1. 摘自一封写于1867年2月21日的信。收录于《岩倉具視関係文書》第三卷，第277页。亦可见藤田觉，《幕末の天皇》，第239—240页。
2. 《朝彦親王日記》第二卷，第268页。
3. 《朝彦親王日記》第二卷，第272页。
4. 远山茂树编，《维新の群像》，第57页。
5. 《明治天皇纪》第一卷，第463页，第479页。亦可见渡边几治郎，《明治天皇》上卷，第88页。
6. 《明治天皇纪》第一卷，第466页。
7. 同上，第467页。
8. 向死去的天皇追赠谥号的做法起源于中国，谥号后加"天皇"而非"院"的古老习惯已经废弃了955年，直到1840年为纪念光格天皇的长期统治才恢复了这种做法（藤田觉，《幕末の天皇》，第129—133页）。在回归这种古老的做法之前，天皇们死后通常以一个地名再加上"院"字来称呼，表示天皇死前已经出家。一条院和桃园院就是例子。孝明天皇是新（其实是更老）做法的一个例子。
9. 《明治天皇纪》第一卷，第826—827页。
10. 同上，第469—470页。
11. 同上，第477页。将军的信的完整内容，见多田好问编，《岩仓公实记》第二卷，第42—43页，以及 W. G. Beasley, ed. and trans., *Select Documents on Japanese Foreign Policy*, pp. 308-310。
12. 原文见多田好问编，《岩仓公实记》中，第44页；翻译版本见 W. G. Beasleyed. and trans., ed. and trans., *Select Documents on Japanese Foreign Policy*, p. 310。
13. 《明治天皇纪》第一卷，第480页。原文见《岩仓公实记》中，第44页，45页；翻译版本见 W. G. Beasley, ed. and trans., *Select Documents on Japanese Foreign Policy*, pp. 310-311。
14. 原文见《岩仓公实记》，第47页；翻译版本见 W. G. Beasley, ed. and trans., *Select Documents on Japanese Foreign Policy*, p. 319。
15. 《明治天皇纪》第一卷，第481页。中山忠能继续给年轻的天皇上关于日本典籍的课，其他人则给他上关于中国典籍的课（第500页、第507页）。

注 释 855

16. 《明治天皇紀》第一卷，第 497 页。明治还师从高辻修长和长谷信笃学习中国典籍（第 500 页、第 508 页）。一本提到书名的中国典籍是《书经》。
17. 《明治天皇紀》第一卷，第 474 页。
18. 同上，第 481 页。
19. 同上，第 484 页。
20. 12 月 17 日，美国驻节公使范·瓦肯伯格（R. B. Van Valkenburgh）带来了一封安德鲁·约翰逊（Andrew Johnson）总统的信，感谢日本做出的努力（《明治天皇紀》第一卷，第 549 页）。
21. 洞口獻寿，《昭憲皇太后宮》，第 9 页。
22. 《明治天皇紀》第一卷，第 502—503 页。
23. 同上，第 504 页。
24. 同上，第 504—505 页。"女御"的地位在皇后之下
25. 根据日本历法，这个日期是前一年的 12 月 28 日。有关婚礼的详细描述见《明治天皇紀》第一卷，第 941—944 页。
26. 《明治天皇紀》第一卷，第 940—941 页。
27. 《明治天皇紀》第一卷，第 943 页。

第十三章　末代将军

1. 《明治天皇紀》第一卷，第 495 页。
2. 《明治天皇紀》第一卷，第 497 页、第 500 页。原文讲述了在环境改变，关系疏远的情况下，夫妻分离和亲戚断交的极端例子。
3. 《明治天皇紀》第一卷，第 511 页。
4. 同上，第 656 页。
5. 同上，第 681 页。
6. 同上，第 682 页。欧内斯特·萨道义爵士描绘了 1868 年 5 月 22 日巴夏礼爵士与后藤象二郎和伊达宗城会面的情况："我们与后者讨论了近期公布的基督教禁令。这么一来，以前的禁令又恢复了，只不过程度没那么严厉而已。伊达承认禁令的措辞令人不快，并说他已经让大阪和兵库不要张贴禁令。他已经努力修改表达方式（原来的称谓是'邪恶'或者'有害'的教派），然而不可能完全取缔对基督教的打压……后来我和中井（弘）就这个问题进行了长时间的讨论，我建议法令不要特别提到基督教，而只是笼统地禁止'有害的教派'。显然，不可能说服日本政府完全撤销法令，因为那等于放手让长崎的天主教传教士去干，这些人在改变他人信仰时的积极态度已经令人生厌"（*A Diplomat in Japan*, p. 368）。
7. 《明治天皇紀》第三卷，第 42 页。
8. 石井孝，《戊辰戰争論》，第 1 页。
9. 关于小栗支持"德川专制主义"的详细内容，参考石井孝，《幕末 非運の人びと》，第 188—221 页。
10. 石井孝，《戊辰戰争論》，第 21 页。
11. 松木弘安（他还有一个名字是寺岛宗则）是个例外。在短暂的萨英战争期间，他故意被囚，目的就是为了到国外去。他对世界上其他国家，尤其是印度和中国的了解，使他坚

信，日本抵御外国列强殖民统治的唯一方法，就是整个国家统一由天皇一个人领导（石井孝，《戊辰戦争論》，第22页）。1866年夏幕府和长州之间的战争爆发之后，福泽谕吉提交了一份建议书，希望镇压长州之后（必要时请外国军队帮助），封建制度能够改变。他希望将军建立一个专职政府（第29页）。

12. "改革社会"多采用一种变形的形式，即人们沿街游行，边跳舞边高喊"好不好"（いじゃないか）。萨道义对一次这样的示威行动的描写是这样的："我们费了好大劲才从身穿火红衣服，一边跳舞一边重复喊着'好不好'的人群中穿过。他们如此专注于跳舞和手提灯笼，以致几乎没有人注意到我们经过"（A Diplomat in Japan, p. 289）。

13. 石井孝，《戊辰戦争論》，第38页。

14. 大桥昭夫，《后藤象二郎と近代日本》，第76页。两人会面的内容，见Marius B. Jansen, Sakamoto Ryōma and the Meiji Restoration, pp. 265-266。

15. 坂本的计策见Marius B. Jansen, Sakamoto Ryōma and the Meiji Restoration, pp. 295-296；大桥昭夫，《后藤象二郎と近代日本》，第91页。

16. 石井孝，《戊辰戦争論》，第61页。亦可见《明治天皇紀》第一卷，第501—502页。大桥的解释有一些不同（《后藤象二郎と近代日本》，第95—96页）。亦见Marius B. Jensen, Sakamoto Ryōma and the Meiji Restoration, pp. 300-301。

17. 《明治天皇紀》第一卷，第516页。

18. 同上，第518页。

19. 这个姓还可读成"山之内"（Yamanouchi）；"容堂"是他幼时的名字，他的实际名字是"丰信"。

20. 大桥昭夫，《后藤象二郎と近代日本》，第99—101页。

21. 原文见《明治天皇紀》第一卷，第520页。

22. 后藤象二郎和中井弘（萨道义称他为"弘藏"）给萨道义看了倡议书的副本："他们拿出一份土佐藩上个月的倡议书，书中建议大君采用之前的政策，并进行改革。最重要的是建立一个由两院组成的议会、在主要城市开办学校，教授科学和文学，以及与外国列强就新的条约进行谈判"（A Diplomat in Japan, p. 284）。

23. 原文见《明治天皇紀》第一卷，第521—522页。亦可见Marius B. Jensen, Sakamoto Ryōma and the Meiji Restoration, pp. 312-317。

24. 《明治天皇紀》第一卷，第519—520页。

25. 原文见上书第525页。原文复本见石井孝，《戊辰戦争論》，第67页。

26. 我翻译时遵照石井孝在《戊辰戦争論》第66—67页上对原文的翻译。并非很精确，但大概的意思是这样。

27. 石井孝，《戊辰戦争論》，第70页。岩仓和玉松之间的关系，见多田好问编，《岩倉公実記》中，第59—62页。

28. 多田好问编，《岩倉公実記》中，第70页。

29. 石井孝，《戊辰戦争論》，第71页。

30. 尽管第二份谕旨的日期比第一份要晚一天，但是两份谕旨却在同一天下达（《明治天皇紀》第一卷，第526页）。容保时任京都守护，定敬则任所司代。

31. 多田好问编，《岩倉公実記》中，第84—85页。根据岩仓的说法，天皇命令签署谕旨的三位公卿等一等，因为现在庆喜已经宣布愿意将大政奉还天皇，既然这样，那就看他接下来会怎么做。尽管岩仓这么说，但是年轻的天皇不太可能自己做这个决定。

32. Conrad Totman写道："不要忘了，有迹象表明江户一直在努力恢复德川家族的权力和声威,并取得了实质性进步,庆喜10月12日(即西历11月8日,译注)的决定引起了我们的注意,我们不禁要问:他为什么这么做?"(*The Collapse of the Tokugawa Bakufu*, pp. 381-382)。Totman 为找到可能的答案而列举了许多近期和长期的原因,最后他说:"总而言之,考虑到那种非常令人担忧的背景、庆喜含糊的目的、他对执政的矛盾心理、他周围那些人相对妥协的倾向、缺乏有力的力量与之抗衡、土佐藩的倡议目的上的局限性,以及无论如何这件事都非常有可能像他的前辈所经历的那样逐渐平息下来,庆喜的决定就不是那么令人吃惊了"(p. 386)。

33. 《明治天皇纪》第一卷,第527页。
34. Elizabeth Longford, *Queen Victoria*, p. 61.
35. 《明治天皇纪》第一卷,第560页。完整的描述见多田好问,《岩仓公实记》中,第60页。
36. Sir Ernest Satow, *A Diplomat in Japan*, p. 324. 原文(汉文)见《明治天皇纪》第一卷,第595页。这封信由东久世通禧送达六国大使。翻译中使用的复数 We 当然是天皇的自称"朕"。一个类似,但远不相同的分析认为,天皇已经废除将军,并将对"同盟列藩"会议所通过的国内外事务做出决定,见佐佐木克,《戊辰战争》,第17—18页。

第十四章 将军遁走

1. 《明治天皇纪》第一卷,第541页。
2. 大桥昭夫,《后藤象二郎と近代日本》,第118页。
3. 《明治天皇纪》第一卷,第532页。他们似乎取得了一些成功:1868年9月,朝彦亲王由于试图帮助德川家族恢复政权而被剥夺了亲王头衔(第793页)。
4. 《明治天皇纪》第一卷,第531—532页。陪同岩仓前往的是中冈慎太郎。
5. 详细资料见 Marius B. Jansen, *Sakamoto Ryōma and the Meiji Restoration*, pp. 343-344, 以及《明治天皇纪》第一卷,第545—546页。杀手不知是谁派出的,尽管有消息称这个人可能是幕府的一名"职业杀手"。
6. 10月19日开始建造(《明治天皇纪》第一卷,第516页)。幕府通过向全国各地每个收入超过一百石的村子征收3%的税而筹集到了所需的资金(第528页)。
7. 12月14日幕府发行了一种有效期为两年的纸币(《明治天皇纪》第一卷,第548页)。这些问题是这个时期提出的八个具体问题中的四个(第532—533页)。
8. 德川庆喜对宫廷人员不习政事的回忆,见大久保利谦,《昔梦会笔记——德川慶喜の回想谈》,第271页。
9. 《明治天皇纪》第一卷,第532—533页。谕旨的原文见第534页。
10. Sir Ernest Satow, *A Diplomat in Japan*, p. 285. 萨道义写下这段印象的日期是1867年12月7日。
11. 石井孝,《戊辰战争论》,第74页。
12. 西周在《议题草案》上写的内容,见上书第75—76页。
13. 石井孝,《戊辰战争论》,第77页。
14. 这个词的日语是"大君のモナルキ"(石井孝,《戊辰战争论》,第78页)。
15. 石井孝在《戊辰战争论》一书中赞同前一种看法。佐佐木克在《戊辰战争》第11—12页上做出了后面一种解释。原口清在《戊辰战争》第45页上也表达了类似的观点。
16. 公告的原文和其他细节见《明治天皇纪》第一卷,第557—560页。亦可见石井孝,《戊辰戦争論》，第 86 页。
17. 这份荣堂发言的概要综合了涩泽荣一的《德川慶喜公伝》第四卷第 127 页和《明治天皇紀》第一卷第 561 页的内容。这次会议最详细的描述，见多田好问编，《岩倉公実記》，第 157—161 页。没有说明来源的石井写道，荣堂"怒号"着，对为实现王政复古而采用的卑鄙手段表示愤怒。石井则将荣堂的傲慢态度归咎于长期酗酒（《戊辰戦争論》，第 86—87 页）。
18. 多田好问编，《岩倉公実記》中，第 159 页。
19. 同上，第 159 页。亦见涩泽荣一，《德川慶喜公伝》第四卷，第 127 页。
20. 这可能意味着他的官阶会被降一级，而不是完全被剥夺。庆喜的官阶是从二位。如果庆喜把土地还给政府，那么他的四百万石收入中有两百万石将上交政府，但是庆喜后来告诉宫廷的敕使说幕府的收入并没有他们想的四百万石那么多，而是只有两百万石（涩泽荣一，《德川慶喜公伝》第四卷，第 132 页；大久保利谦，《岩倉具視》，第 207 页）。
21. 多田好问编，《岩倉公実記》中，第 159—160 页；涩泽荣一，《德川慶喜公伝》，第四卷，第 127—28 页。岩仓慷慨陈词，他承认德川家康对国家的贡献并非微不足道，但他谴责家康的继任者犯了许多过错，尤其是 1853 年外国人来后幕府的一些举动。
22. 多田好问编，《岩倉公実記》中，第 160 页；《明治天皇紀》第一卷，第 562 页；佐佐木克，《戊辰戦争》，第 14 页。大久保发言的概要见涩泽荣一，《德川慶喜公伝》第四卷，第 128 页。他并没有说如果庆喜不遵守朝廷的命令就要镇压他。
23. 多田好问编，《岩倉公実記》中，第 160 页。
24. 大久保利谦，《岩倉具視》，第 208 页。类似的描述毛利敏彦，《岩倉具視》，第 83 页；井上清，《西郷隆盛》下，第 52 页；猪饲隆明，《西郷隆盛》，第 22 页。《明治天皇紀》和《岩倉公実記》都没有提到西乡说过这样的话。
25. 这是石井的看法，他怀疑后藤会忽视近在眼前的参与之位（《戊辰戦争論》，第 88 页）。事实上，后藤于 12 月 12 日被任命为参与，同时受到任命的还有另外十四个人，他们分别来自五个藩国——萨摩、尾张、越前和土佐（《明治天皇紀》第一卷，第 565 页）。
26. 涩泽荣一，《德川慶喜公伝》第四卷，第 132 页。亦见《明治天皇紀》第一卷，第 562—563 页；多田好问编，《岩倉公実記》中，第 162 页。
27. 《明治天皇紀》第一卷，第 569 页。萨道义写道，"他（庆喜）开始解释自己的政策，为自己从京都退休的行为辩护，并表示他决心遵守全体理事会的决议。他对大使们的特别提问的回答是，外国人无需为日本的内部事务担心，在政府形式确定之前，他仍然将外交事务视为自己的职责"（*A Diplomat in Japan*, p. 304）。
28. 显然指岩仓、三条和其他在孝明天皇统治时遭到流放的公卿。
29. 这段概述和翻译融合了《明治天皇紀》第一卷第 571—572 页和《岩倉公実記》中卷第 187—188 页的内容。后者据说是引用了庆喜的原文，但是由于篇幅太长这里就没有引用。
30. "戊辰"是 1868 年的干支纪年。
31. 详见涩泽荣一，《德川慶喜公伝》第四卷，第 167—168 页。猪饲隆明更新的研究认为，这些事情是相乐总三在西乡的指使下干的（《西郷隆盛》，第 25 页）。亦可见《明治天皇紀》第一卷，第 581 页。书中写道西乡和大久保利通都有责任。并非所有的事情都是浪人干的；有些是自称是浪人的歹徒干的（《明治天皇紀》第一卷，第 574 页）。
32. 这个时候有谣言称浪人趁着城里到处着火的时机，劫持了前两任将军（家茂和家定）的寡妻，并将她们带到萨摩（井上清，《西郷隆盛》下，第 61 页）。因为家定的妻子天璋院是萨摩人，甚至还有谣言说她与萨摩武士有联系，还帮助他们放火焚烧了江户城（涩泽荣一，《德川慶喜公传》第四卷，第168—169页）。萨道义也听到了这个谣言："萨摩人设法烧了一部分江户城，并将天璋院殿下劫走。天璋院殿下是他们藩主的女儿，嫁给了前任大君德川家定。政府人员随即攻击并焚烧了江户所有的萨摩宅邸，屋主都乘萨摩的船逃走了"（A Diplomat in Japan, p. 309）。我们可以注意到，萨道义在这段话中将幕府的支持者称为"政府"。

33. 《明治天皇紀》第一卷，第575页。英国人似乎并不觉得这些制服有多漂亮。萨道义描述了一次类似的军演："他们的制服模仿欧洲的样式，黑色的裤子，裤腿两边滚着红色条纹，黑色外套。那些能穿上靴子的士兵都很高兴，但其他人只有草鞋可穿。他们头上戴着圆锥形或者碟形的纸浆帽，帽子上绑着两根水平的红色带子。他们使用英国步兵的训练方式，射击时会加上一句有趣的喊声"（A Diplomat in Japan, p. 263）。

34. 井上清，《西郷隆盛》下，第59页。

35. 同上，第65页。

36. 这个计划一共有八点，主要讲述天皇应该往哪里去、什么人应该陪伴他、什么人应该留在京都等。原文见多田好问，《岩倉公实記》中，第231—232页。

37. 井上清，《西郷隆盛》下，第65页。亦可见《明治天皇紀》第一卷，第583页。飞鸟井雅道还提到一个小计谋：把御辇抬往比叡山，让幕府军以为天皇往那个方向走了（《明治大帝》，第117页）。

38. 佐佐木克，《戊辰戦争》，第23页。

39. 石井孝，《戊辰戦争論》，第66页。

40. 《明治天皇紀》第一卷，第585页。将军的称号是"征夷大将军"，然而这一次大总督的任务是征服东部德川幕府的据点。

41. 佐佐木克，《戊辰戦争》，第26页。

42. 萨道义简要但却毫不客气地评价了嘉彰："我们刚离开亲王的寓所，就被挡在路中间，因为要让仁和寺宫亲王先过。他骑着马，是一个身材略胖，皮肤黝黑，嘴唇厚厚的年轻人。他的头发刚开始长出来，因为不久之前他还是个和尚"（A Diplomat in Japan, p. 357）。

43. 在1867年4月7日写给土佐政照的信中，西乡称自己是"好战者"（軍好き）——意为喜欢打仗的人（猪饲隆明，《西郷隆盛》，第28页）。

44. 佐佐木克，《戊辰戦争》，第27页。

45. 涩泽荣一，《德川慶喜公传》第四卷，第190页；佐佐木克，《戊辰戦争》，第30页。

第十五章 接见公使

1. 《明治天皇紀》第一卷，第595—596页。

2. Sir Ernest Satow, A Diplomat in Japan, p. 324.

3. 原文见《明治天皇紀》第一卷，第596页。亦可见石井孝，《戊辰戦争論》，第114页。萨道义写道，"城里到处张贴着一张由岩下、伊藤和寺岛署名的告示，通知人们天皇会遵守条约，并叮嘱大家对待外国人要有正确的举动"（A Diplomat in Japan, p. 326）。他指的可能是2月16日发给各国大使的另外一份文件。

4. 《明治天皇紀》第一卷，第600—601页。收件人桥本实梁（1834—1885）已经离开京都到东部去了。他在桑名收到了亲子内亲王的信。这封信深深打动了桥本，他让送信人把信带回京都给参议万里小路博房看，并让宫廷考虑下这件事。

5. 石井孝，《戊辰戦争論》，第 120—121 页。
6. 同上，123 页。
7. 同上，124 页。
8. 《明治天皇紀》第一卷，第 618 页。"公现"是伏见宫邦家亲王第九个儿子的法号。这个时期更加常用的称呼是能久亲王或者轮王寺宫。
9. 《明治天皇紀》第一卷，第 603 页。尽管路易·菲利普国王也与普通民众接触，但这里提到的君主可能指的是维多利亚女王。
10. 《明治天皇紀》第一卷，第 602—603 页。
11. 同上，第 611 页。上一次他离开御所时皇宫发生了大火，大部分的宫殿都陷入火海。
12. 《明治天皇紀》第一卷，第 627 页。
13. 同上，第 628 页。
14. Sir Ernest Satow, *A Diplomat in Japan*, p. 337。
15. 同上，pp. 347, 353；《明治天皇紀》第一卷，第 630 页。
16. Sir Ernest Satow, *A Diplomat in Japan*, p. 347。萨道义的同事米特福德（即后来的雷德斯代尔勋爵）的看法与此不同。他听一位"亲眼目睹事件之恐怖"的法国军官说，"第一个犯人走上来，将匕首用力刺向自己的腹部，内脏随即流出来；他用手托住内脏，开始唱歌，歌中痛骂外国人污染了这片神圣的'众神之地'并表示要向他们复仇，他一直在唱着恐怖的歌曲，直到最后断气"（Redesdale, *Memories of Lord Redesdale*, p. 446）。根据米特福德所听到的消息，十一个人以这种方式行刑之后，"法国人再也看不下去了，佩蒂特·图瓦尔船长请求宽恕剩下的九个人"。
17. 萨道义描写了发生在神户的这次事件。备前藩的人在泷善三郎的指挥下，向外国人开火，并杀死了一个美国水手（*A Diplomat in Japan*, pp. 319-320, 344）。他随后被命令切腹自杀。
18. Sir Ernest Satow, *A Diplomat in Japan*, pp. 346-347。
19. 他还有一个名称叫"山阶宫"（1816—1898）。他是伏见宫亲王的长子，八岁（1824 年）出家，但是后来还俗，并积极参加明治维新。米特福德在觐见天皇之前与他短暂见了面，他这么描述他："亲王穿着旧式的紫色朝服，头戴一顶用黑色皱纸做成的奇怪帽子（乌帽子）。他染了牙齿，但是由于黑齿需要每两三天重新染一次，当时正处于过渡阶段，因此它们看起来并非最佳。几天后我们再见到他时，他的牙齿刚刚新染过，铮亮得就跟漆皮一样"（Redesdale, *Memories of Lord Redesdale*, p. 447）。
20. 《明治天皇紀》第一卷，第 635 页。
21. Sir Ernest Satow, *A Diplomat in Japan*, p. 359。关于对英国使团的攻击，米特福德另有描述。有一段尤其令人难忘："我听到枪声和剑击声，有人在喊，'我们被袭击了！''杀了他！''朝他开枪！'，诸如此类。我以此生从未有过的敏捷速度跳出轿子，向前狂奔而去。街上一摊摊的血迹，我看到有个杀手斗志昂扬地向我走来，这个时候他自己已经受伤，但并不严重。他的剑在滴血，脸也在流血，我知道日本人的剑术，心里很清楚要是一剑劈下来自己肯定躲不过，因此我乘他不注意冲过去，一把夺下那把滴血的剑。我把他扭送给第九（连队）的人，但是被他挣扎着逃跑了，他沿着小路狂奔，冲进一处庭院，我跑去看巴夏礼是否安全。让我倍感欣慰的是他正骑在马上，非常镇定地和萨道义在一起，萨道义的马在流血，谢天谢地，他也没有受伤。我在追赶他们时被什么东西绊了一下。那是一颗人头。"（Redesdale, *Memories of Lord Redesdale*, p. 450）

9 月 1 日，英国女王分别赐给后藤和中井一把宝剑，以表彰他们救了英国公使一命（《明治天皇紀》第一卷，第 639 页）。

22. Sir Ernest Satow, *A Diplomat in Japan*, p. 360。行刑前两小时，名为三枝蓊的僧侣被拍了照片。他瞪着照相机，没有丝毫忏悔之意。在犯人抓捕归案后，米特福德曾与那名试图杀害自己的罪犯谈话，他也提到那名罪犯一再希望快点被砍头（Redesdale, *Memories of Lord Redesdale*, pp. 452-453）。《甦る幕末》第 164—165 页上刊登了另外一名袭击者林田贞坚的头颅的照片。4 月 15 日，三枝和林田的头颅被挂起来示众，三名共犯被流放到隐岐。三天之后发布了一道公告，告诫人们不要攻击外国人，说这不仅违背了宫廷的意愿，而且还损害了天皇的声威，并很可能导致国际冲突（Redesdale, *Memories of Lord Redesdale*, pp. 455-456；《明治天皇紀》第一卷，第 639 页）。
23. 《明治天皇紀》第一卷，第 636 页。
24. Sir Ernest Satow, *A Diplomat in Japan*, p. 361.
25. Redesdale, *Memories of Lord Redesdale*, pp. 451-452.
26. 正如米特福德所解释的，萨道义无法陪他们到皇宫去，因为“他当时并未觐见过我们自己的陛下，因此，按照礼仪，不能觐见外国君主”（Redesdale, *Memories of Lord Redesdale*, p. 458）。
27. Redesdale, *Memories of Lord Redesdale*, pp. 456, 457.
28. Redesdale, *Memories of Lord Redesdale*, pp. 459-460.
29. 《明治天皇紀》第一卷，第 638 页。
30. Redesdale, *Memories of Lord Redesdale*, p. 461. 伊藤俊辅自然就是伊藤博文。1863 年他到英国留学并掌握了流利的英语。
31. 新选组成立于 1863 年，由一群精心挑选的浪人士兵组成，主要被幕府用来镇压京都的攘夷运动。1864 年新选组的成员粉碎了寺田屋的阴谋。即使在鸟羽和伏见战役失败之后，成员们依然奋力地为前将军卖命。尽管在和皇军的交锋中多次败北，但是它身上有着一种特殊的光环，并经常出现在人们的笔下，这无疑是因为受到成员们那种明知不可而为之的极端忠诚精神的感染。关于当时对这次战斗的描写，请参考新人物往来社编，《新選組史料集》，第 205—214 页。
32. 石井孝，《戊辰戦争論》，第 126—127 页。
33. 《明治天皇紀》第一卷，第 589 页。此段是“宮さん”，而不是吉尔伯特和沙利文（Gilbert and Sullivan）的轻歌剧中所写的“宮さま”。

第十六章　五条誓文

1. 古代“政”（まつりごと）这个字的含义就包括祭祀神灵和治理国家两层意思。这道法令被印在《太政官日志》上，于 1868 年 2 月 12 日首次颁布。副本被送往幕府各个藩国和幕府直接统治的各个区域（《明治天皇紀》第一卷，第 632 页；飞鸟井雅道，《明治大帝》，第 128 页）。

   神道教的复兴导致许多保存在神社中的佛教经文、艺术品以及法器被摧毁和破坏，并导致政府下令禁止神官出现这类放肆的行为（《明治天皇紀》第一卷，第 665—666 页）。
2. 《明治天皇紀》第一卷，第 646 页。那些不想放弃佛教职位的人被责令单独申请。4 月 21 日，政府公布了禁止将神道教和佛教混淆在一起的法令。被称为神道教众神“本地”的佛像，必须立刻搬离神社，佛教的礼器、大钟、锣等等也要一起搬离。甚至有呼声要求禁止佛教（《明治天皇纪》第一卷，第663页）。

3. 这个时期"废佛毁释"（意为废除佛教，摧毁释迦牟尼）一词被频繁使用，尽管官方的政策是将两种宗教分离，而不是要摧毁佛教。有关描写明治时期对佛教迫害的英文著作，请参考 James Edward Ketelaar, *Of Heretics and Martyrs in Meiji Japan*。
4. 祈祷文的原文见《明治天皇纪》第一卷第648页。祷文描绘了当时的情形，然后将话题转向天皇即将公布的誓文。
5. 誓文由由利公正首先起草，经福冈孝弟多次修改，木户孝允多次提出意见。见《明治天皇纪》第一卷，第652—655页。
6. 远山茂树编，《明治维新》，第192—193页。远山认为，《五条誓文》以及明治天皇统治初期所颁布的类似措施，看似自由，实际上"不过是在将天皇的专制制度推向世界时，为了缓解阵痛而打的麻醉剂。这是开明的专制制度实施之前的典型做法"。他还更加具体地批评了誓文：例如，由利公正第三条提到允许普通民众追求自己的事业，但那仅仅是基于经济上的考虑，让富商富农在政府中有一定的发言权。田中彰认为第一条誓文仅仅是个口号，注定将被遗忘，因而不去考虑它（《未完の明治維新》，第24—28页）。他还认为其自由的基调是为了让外国列强相信，在发生了许多针对在日外国人的暴力事件之后，新政府已经变得非常开明。田中还引用了久米邦武的文章，文中说1872年木户孝允似乎已经完全忘了他自己曾参与拟写这份誓文，说明他并未将它看得有多重。
7. 6月19日，政府部门进行改革时，据说目标就是为了符合《五条誓文》(《明治天皇纪》第一卷，第708页）。另外，田中说自由民权党的领导们非常欣赏《五条誓文》的民主主义特色（《未完の明治維新》，第28页）。
8. 《明治天皇纪》第一卷，第649页。
9. 同上，第649—652页。
10. 田中彰，《未完の明治維新》，第28页。
11. Sir Ernest Satow, *A Diplomat in Japan*, p. 365-366.
12. 《明治天皇纪》第一卷，第671页。
13. 同上，第661页。
14. 当时的人所持的观点并不一定如此。例如，木户孝允在他的日记中写道，"如果目前的情况再持续一年，不仅国家将会陷入贫困，最终也无法建立天皇的统治"（Sidney DeVere Brown and Akiko Hirota, trans., *The Diary of Kido Takayoshi*, 1, p. 32）。木户对战斗的结果做了几个悲观的预测，这只是其中一个。
15. Sir Ernest Satow, *A Diplomat in Japan*, pp. 370-371. 日本人对会面的描写包含了一个萨道义没有提到的细节：当巴夏礼爵士将维多利亚女王的国书呈给天皇时，诚惶诚恐，以至晃亲王不得不扶着他（《明治天皇纪》第一卷，第686页）。当然，这听起来不像是我们平时所了解的巴夏礼爵士的样子。
16. 《大久保利通日记》第一卷，第452页。亦可见飞鸟井雅道，《明治大帝》，第125页。
17. Sidney DeVere Brown and Akiko Hirota, trans., *The Diary of Kido Takayoshi*, 1, p. 12.
18. 飞鸟井雅道，《明治大帝》，第125。《明治天皇纪》第一卷第705—706页上横井的原话有些不同。
19. 《明治天皇纪》第一卷，第670页。

注 释　863

20. 5月23日大久保写给木户的一封信的摘录，见飞鸟井雅道，《明治大帝》，第126。有关大久保建议都城迁往大阪的奏折，亦见远山茂树编，《天皇と華族》，第6—8页。

第十七章　亲王叛乱

1. 原文见远山茂树编，《天皇と華族》，第9页。公告颁布的日期为1868年6月13日（《明治天皇纪》第一卷，第705页）。
2. "8点"（辰刻）源自另一个文本（远山茂树编，《天皇と華族》，第9页）。
3. 天皇的贴身侍从，是这个时候设立的新职位。其规则包括（1）不得泄露任何有关天皇在哪的消息；（2）未经合适的程序，不得就国事直接向天皇提出诉求；（3）当着天皇面绝对不许说出和做出低俗或者不礼貌的言辞和举动；（4）（这一点毋庸置疑）无论是否当值，无论白天还是黑夜，他们都不得仗着天皇的一丝宠幸，而在皇宫内外做出玷污陛下声誉或者炫耀他们威权的事情来。剩下的六条规则则与他们的职责有关（《明治天皇纪》第一卷，第706—707页）。其他附文详细列举了"近习"们应有的资质。很难在公卿中找到符合所有条件的人，但是最后选出了十个人。他们的名字见第707页。
4. 阐释见《明治天皇纪》第一卷，第705—706。
5. 欧内斯特·萨道义爵士写道，他见过几个"议会"，最近的那个于那年的六月设立。他说，"明显可看到美国政治理论的痕迹，相当一部分框架都是大久保和与他同为萨摩藩士的副岛[沃贝克（Verbeck）博士的学生]定的，这点我几乎不怀疑。其中一条的措辞是'太政官的权力和权威（换言之，政府）分为三部分，立法、行政和司法'。另外一条规定'所有官员必须每四年更换一次'。政府官员应该投票决定，并由得票最多的人出任。第一届政府官员的任期到了之后，半数的现任官员必须再留任两年，以确保公共事务不受影响。'从这里我们似乎看到了'猎官制'的影子。大隈解释说'行政'代表了美国宪法中的行政部门，'由总统和他的顾问组成'，然而实际上却由神道教、财政、战争和外事部门的领导组成"（A Diplomat in Japan, p. 377）。
6. 《明治天皇纪》第一卷，第708页。这个时期晋升为二级官员的人有后藤象二郎、木户孝允、大久保利通、副岛种臣和横井小楠——一连串熠熠发光的杰出人士。
7. 9月11日，岩仓具视要求担任佐贺藩两千名士兵的前锋。在他写给天皇的请愿书中，他承认自己生于公卿家庭，并没有什么作战知识，但他仍然希望与北方的叛徒战斗，发挥自己的"蝼蚁之力"。岩仓后来虽被劝阻，但也并非因为他缺乏足够的军事训练（《明治天皇纪》第一卷，第774页）。
8. 《明治天皇纪》第一卷，第618页。亦可见有马赖义，《北白川宫生涯》，《别册 文艺春秋》105号，第239—240页。
9. 有马赖义，《北白川宫生涯》，《别册 文艺春秋》105号，第239页。
10. 同上，第240页。
11. 有马估计，像轮王寺宫这样级别的人，应该有几百名护卫（《别册 文艺春秋》105号，第244页）。
12. 有马赖义，《北白川宫生涯》，《别册 文艺春秋》105号，第241页。
13. 森鸥外，《能久亲王事绩》（《鸥外全集》第三卷，第516页）。
14. 有马赖义，《北白川宫生涯》，第242页。事实上森鸥外也有一模一样的描述，见森鸥外，《鸥外全集》第三卷，第516页。

15. 森鸥外,《能久親王事績》,第517页。
16. 有马认为这是因为岩仓具视担心轮王寺宫可能会影响天皇,并干涉夺取江户城的计划。尽管已经派出东征军,但是岩仓并不打算攻击江户城,因为他认为城内的主要谈判者胜海舟太宝贵了,不值得为了一座城而牺牲他(《北白川宫亲王生涯》,第247页)。
17. 泷川政次郎,《知られざる天皇》,第125页。
18. 有马赖义,《北白川宫生涯》,《别册 文艺春秋》105号,第249页。
19. 同上,第250页。亦可见涩泽荣一,《德川慶喜公伝》第四卷,第247页、第248页。
20. 有马赖义,《北白川宫生涯》,第250页。
21. 森鸥外,《能久親王事績》,第532页。
22. 同上,第533页。
23. 同上,第535页。关于亲王乔装的描述(乔装成一位出诊的医生),请见第536页。
24. 《明治天皇纪》第一卷,第736页。
25. 泷川政次郎,《知られざる天皇》,第126页。泷川说这个消息是他直接从已故的尾佐竹猛博士那里听来的。他并没有亲自看到文献资料,但他对尾佐极为尊崇,认为他的消息非常可靠。
26. 《明治天皇纪》第一卷,第736页。萨道义肯定听说了这方面的谣言。他写道,"轮王寺宫,这位一直都担任寺庙住持的亲王,这位拒不从命的德川家族说要拥立为天皇的人,最终被这些幸存者给说服了"(A Diplomat in Japan, p. 375)。
27. 同盟书的名称为《白石盟约书》(详见佐佐木克,《戊辰戦争》,第115—123页)。亦可见石井孝,《维新の内乱》,第122—127页。
28. 佐佐木克,《戊辰戦争》,第131页。
29. 佐佐木克,《戊辰戦争》,第132页。
30. 森鸥外,《能久親王事績》,第546页。
31. 同上,第553页。
32. 同上,第557页。
33. 《明治天皇纪》第一卷,第792—793页。关于朝彦阴谋的详细描述,请参考涩泽荣一,《德川慶喜公伝》第四卷,第268—269页。
34. 《明治天皇纪》第二卷,第623页。
35. 《明治天皇纪》第一卷,的927页。
36. 关于榎本政府的创立、国际关系以及沦陷,请参考石井孝,《维新の内乱》,第204—249页。
37. William Elliot Griffis, *The Mikado: Institution and Person*, p. 182. 我并未确定这次阴谋的主要参与者。
38. 《明治天皇纪》第二卷,第422—424页。
39. William Elliot Griffis, *The Mikado: Institution and Person*, p. 184.
40. 《明治天皇纪》第二卷,第603—604。
41. 石井孝,《戊辰戦争論》,第149页。
42. 石井说,假如东北部的农民起义是针对政府的话,那么政府与长冈藩叛军之间的战斗结果将很难预料,然而他们并非针对政府,而是针对村长(庄屋)(《维新の内乱》,第149页)。
43. 例如,1868年8月12日,他亲自任命正准备出发到会津去的嘉彰亲王为"东征大总督",并赐给他一面象征皇权的锦旗(《明治天皇纪》第一卷,第754页)。另外,8月22日,

注 释　　865

他派了一名敕使到北方去，代他抚慰受到战火摧残的士兵和民众。天皇还给军队送去了清酒和食物（第 757 页）。战斗持续期间，类似的劳军行动一直都在进行。

第十八章　东都江户

1. 《明治天皇纪》第一卷，第 794 页。
2. 事实上，地球仪在加冕典礼上占有重要的地位（《明治天皇纪》第一卷，第 805 页）。
3. 《明治天皇纪》第一卷，第 796 页。祈祷并不灵验，因为典礼举行期间雨下得很大。
4. 《明治天皇纪》第一卷，第 812 页。这首贺诗是《古今和歌集》的第 344 首。
5. 《明治天皇纪》第一卷，第 812 页。
6. 同上，第 804 页。"天长"截自"天长地久"这个成语，意为祝愿天皇的生命如同天地一般长久。1873 年采用阳历之后，明治 1852 年的生日从阴历换算成了阳历，于是天长节也相应地改在 11 月 3 日庆祝。但是，1868 年生日对应的阳历是 11 月 6 日。欧内斯特·萨道义爵士写道，"11 月 6 日是天皇的生日，举行了盛大的庆祝仪式"（A Diplomat in Japan, p. 386）。
7. 《明治天皇纪》第一卷，第 787 页。
8. 同上，第 814 页。
9. 萨道义在日记中写道，"（1868 年 8 月）23 日，我和小松带刀、中井弘一起吃饭，并与大久保见了面，这个萨摩政治家一年前曾建议都城从京都迁往大阪。我毫不怀疑，他的主要工作就是将政府的中心最后定在江户，并将其名字改为'东京'或者'东都'"（A Diplomat in Japan, p.380）。1868 年 2 月，大久保陈述了自己之所以同意迁都大阪的理由。后来他认为东京更好（远山茂树编，《天皇と華族》，第 6—8 页）。
10. Sir Ernest Satow, A Diplomat in Japan, p. 366.
11. 《明治天皇纪》第一卷，第 838 页。
12. 同上，第 839 页。
13. 同上，第 847 页。多田好问写了另外一则轶事，内容惊人地相似（《岩仓公实记》第二卷，第 570 页）。11 月 6 日，乘舆到达东海道上的石部驿站时，伊达宗城走到路边的一处稻田，摘了五茎稻穗献给天皇，同时附上下面这首诗：君見ませ五月の雨のふりすぎて／刈り穂の稲のとり実すくなき。这两则轶事和诗歌的意思相同，都是为了让从未见过农民在田里劳作的天皇知道，由于收成不好，他们的生活非常艰难。
14. 多田好问编，《岩仓公实记》中，第 572 页。
15. 《明治天皇纪》第一卷，第 852 页。诗的要点在于"新居"这个双关语，"新居"是附近的一个镇，还有"汹涌"的意思。尽管从名字上看波涛汹涌，然而实际上却很平缓。
16. 《明治天皇纪》第一卷，第 865 页。
17. 同上，第 865—66 页。
18. 这是岩仓具视的观点（《明治天皇纪》第一卷，第 906 页）。
19. 木下彪，《明治詩話》，第 3 页。
20. 《明治天皇纪》第一卷，第 906 页。
21. 同上，第 905 页、第 913 页。1869 年 2 月 20 日，派昭武去北方的计划取消，因为叛军已经遭受沉重打击，他们的投降指日可待；但是关于他去东海道的计划却提前了很多，以致昭武请求允许他按原计划启程。实际上他出发的日期是下月初（《明治天皇纪》第

22. 木下彪,《明治詩話》, 第 12 页。
23. Sir Ernest Satow, *A Diplomat in Japan*, p. 404.
24. 《明治天皇纪》第一卷, 第 915 页。
25. 同上, 第 917—919 页。
26. 多木浩二的《天皇の肖像》一书对天皇展示在民众面前的形象描写得极为有趣, 还描绘了天皇东巡期间同步发行的各种 "锦绘"。这些画非常热销, 尤其是那些展示天皇进入东京的图画, 它们为普通民众提供了一种政治体验 (第 9—11 页)。

第十九章　刚、毅、木、讷, 近仁

1. "明治二年" 比 1869 年更为准确。阴历和阳历的差别在新年时尤为明显, 因为阴历的新年第一天是阳历的 2 月 11 日。
2. 《明治天皇纪》第二卷, 第 4 页。
3. 这个时期重要的诏书均出自玉松操 (1810—1872) 之手 (《明治天皇纪》第二卷, 第 19 页)。
4. 《明治天皇纪》第二卷, 第 7 页。他们对横井的指控原文, 见森川哲郎,《明治暗杀史》, 第 29 页。其中一位名叫上田立夫的刺客尤为愤怒, 因为他看到横井在筑地的外国人居住区晃荡, 而且还穿着西装, 戴着洋帽子。
5. 有关实学在中国和日本的发展情况, 请参考 Wm. Theodore de Bary and Irene Bloom, *Principle and Practicality*, pp. 189-511。
6. H. D. Harootunian, *Toward Restoration*, p. 335.
7. George B. Sansom, *The Western World and Japan*, p. 283.
8. Paul Varley 将其翻译为 "A Chronicle of Gods and Sovereigns"。
9. 1868 年 10 月 9 日的日记, 见 Sidney DeVere Brown and Akiko Hirota, trans., *The Diary of Kido Takayoshi*, p. 105。
10. 1869 年 5 月 10 日, 议定中御门经之给岩仓具视写了封信, 内容大意如此。他说天皇现在隔天骑一次马, 敦促他遵守一个月骑六天马的规定 (《明治天皇纪》第二卷, 第 109 页)。
11. 《明治天皇纪》第二卷, 第 30 页。
12. 选择德语 (而不是英语或者法语) 可能是因为德国法律对正在生成的新日本法有着重要的参考。天皇的老师加藤弘之曾在德国留学过, 德语非常流利 (引自加藤弘之,《予が侍読に召されし頃》,《太阳增刊 明治圣太子》, 第 38 页)。
13. 《明治天皇纪》第二卷, 第 27 页。
14. 同上, 第 44 页。
15. 详见加藤仁,《明治天皇お局ご落胤伝》,《新潮 45》, 7(10)(78)。
16. 在《明治天皇お局ご落胤伝》一书中, 加藤提到许多人认为自己是明治的私生子, 但他却不愿承认他们。
17. 1874 年 5 月 19 日的日记, 见 Sidney DeVere Brown and Akiko Hirota, trans., *The Diary of Kido Takayoshi*, 3, p. 32。
18. 同上, p. 199。1875 年 8 月 20 日的日记。
19. 同上, p. 375。1876 年 10 月 13 日的日记。
20. 高岛鞆之助,《神武以来の英主》,《太阳增刊 明治圣太子》, 第 33 页, 转引自飞鸟井雅道,

注释

《明治大帝》，第 148 页。
21. 引自加藤仁，《明治天皇お局ご落胤伝》，《新潮 45》，7(10)(78)，第 60 页。
22. 日野西资博，《明治天皇の御日常》，第 81 页。日野西还描绘了天皇有一次在土方伯爵家喝完酒后，连路都走不了，不得不靠在日野西身上。不幸的是，日野西的个子并不高，实在难以支撑天皇沉重的身体。快要到目的地的时候，他们双双倒下了（第 83 页）。
23. Charles Lanman, *Leading Men of Japan*, p. 18.
24. 坊城俊良，《宫中五十年》，第 14 页、第 16 页。
25. 高辻修长，《御幼時の進講》，第 30 页。
26. 加藤弘之，《予が侍読に召されし頃》，《太阳增刊 明治圣太子》，第 38 页。
27. 同上。
28. 有地品之允，《勇壮、闊達、細心、諧謔、勤倹に渡らせらる》，《太阳增刊 明治圣太子》，第 52 页。

第二十章　英国公爵来访

1. 《明治天皇纪》第二卷，第 10 页。
2. 多田好问编，《岩倉公实记 中》，第 688—689 页；《明治天皇纪》第二卷，第 31 页。
3. 《明治天皇纪》第二卷，第 53 页。
4. 同上，第 55 页。
5. John R. Black, *Young Japan*, 2, pp. 254-255.
6. 可能只是个巧合，几年后（大约 1875 年）明治的老师元田永孚问他，古代的帝王中他最敬佩哪一位时，他回答的是神武和景行。这两位天皇都与日本的建国和统一有联系（安场末喜，《純忠至誠の大儒元田永孚先生》，第 9 页）。
7. 《明治天皇纪》第二卷，第 77—78 页。
8. 同上，第 79 页。
9. 直到五月份，还有报道称"狡猾的"叛军让政府军无法取得进展；但是 5 月 28 日，他们成功地从海上和陆路两方面展开攻击。
10. 《明治天皇纪》第二卷，第 95 页。
11. 同上，第 97 页、第 109—110 页。据报道，7 月 14 日，三座主要城市（京都、东京和大阪）以外的居民仍然不相信纸币，而这三座城市则出现了严重的通货膨胀，人民的生活大为艰难（第 135 页）。
12. 《明治天皇纪》第二卷，第 100—101 页。
13. 同上，第 112 页。
14. 同上，第 108 页。
15. 关于他的学习，见上书第 119 页、第 124 页、第 131—132 页等。
16. 同上，第 140 页。
17. John R. Black, *Young Japan*, 2, p. 267.
18. 同上，pp. 266, 267。
19. F. V. Dickins and S. Lane-Poole, *The Life of Sir Harry Parkes*, 2, pp. 121, 142；亦见 John R. Black, *Young Japan*, 2, pp. 267-268。Black 似乎看过巴夏礼 1869 年 8 月 23 日写给克拉伦登（Clarendon）伯爵的信，信中他说了这样的话。岩仓关于公爵来访期间应该注意的

礼节的详细描述，见多田好问，《岩倉公実記》中，第 768—773 页）。
20. John R. Black, *Young Japan*, 2, pp. 268-269.
21. 巴夏礼对仪式的解释是这样的：" '汉（韩）神' 实际上是中国的神。这个上古的仪式可以追溯到远古时期，那时日本除了通过朝鲜与中国之间有些联系之外，与外国没有联系。因此，汉神成了外国人的守护神，被总称为 '唐人' 或者 '中国唐朝人' 的外国人都在该神的保护之下"（F. V. Dickins and S. Lane-Poole, *The Life of Sir Harry Parkes*, 2, p. 143）。米特福德的资料来源可能和巴夏礼一样，因为他们的用词一模一样（Redesdale, *Memories of Lord Redesdale*, 2, p. 496）。日本人的文献中很少提到这个仪式，也没有解释这个词，但是《明治天皇纪》第二卷第 159 页上提到过 7 月 23 日庆祝 "韩神祭"。在这个仪式上，中山忠能朗诵了一份祝词。多田说公爵抵达的前几天将举行 "韩神祭"（《岩倉公実記》中，第 768 页）。
22. Redesdale, *Memories of Lord Redesdale*, 2, p. 496. 另外，*A Guide to the Works* 写道，"在日本政府的命令下，殿下受到的礼遇堪比天皇出行。房屋上层的窗户全部封起来，这样就没有人能够俯视看女王的儿子了"（p. 45）。
23. F. V. Dickins and S. Lane-Poole, *The Life of Sir Harry Parkes*, 2, p. 143.
24. Redesdale, *Memories of Lord Redesdale*, 2, p. 497.
25. 福泽谕吉解释说，波特曼用这个题目（和正文）是为了吸引总统的注意，总统 "一般不亲自阅读驻外国公使的报告，除非内容非常有针对性或者讲述的事情非同寻常"（Kiyoka Eīchi, trans, *The Autobiography of Yukichi Fukuzawa*, pp. 205-206）。
26. 渡边几治郎，《明治天皇》上卷，第 104 页。根据威廉·艾略特·格里菲斯的描述，"在距离会客厅有一小段距离的地方，身着白袍，头戴黑帽的祭司手执 '币' 和其他神道教用品举行仪式，目的是为了驱除任何可能跟随异国的客人而来的恶魔。根据正统的神道教解释，英格兰和苏格兰这样的异国是天皇的祖先在造完天国日本之后，用剩下的海水泡沫和泥土建造的（*The Mikado: Institution and Person*, p. 159）。
27. Redesdale, *Memories of Lord Redesdale*, 2, p. 499.
28. F. V. Dickins and S. Lane-Poole, *The Life of Sir Harry Parkes*, 2, p. 147.
29. Sir Henry Keppel, *A Sailor's Life Under Four Sovereigns*, 3, pp. 289, 292. 开帕尔写道，"明天，我们将巡游，王子将会见天皇，两样我们都厌烦得要死"（p. 289）。
30. 礼物包括 "漆器、胁差、根付、青铜器、陶器、珐琅"（*A Guide to the Works*, p. 45）。
31. 《明治天皇纪》第二卷，第 168 页。
32. 这些招待包括一顿日本饭（可能比现在接待来访贵宾的饭菜更为正宗！）、相扑、剑术表演、杂技、杂耍以及一场（气氛忧郁的）能乐和狂言表演（《明治天皇纪》第二卷，第 165 页）。据说这是外国人第一次看到能乐（Redesdale, *Memories of Lord Redesdale*, 2, p. 498）。演出的剧目包括四场能乐（《弓八幡》、《羽衣》、《小锻冶》和《经政》）和两场狂言（《墨塗》和《太刀夺》）（中山泰昌，《新闻集成 明治编年史》第一卷，第 303 页）。为了使公爵和他的随行人员更好地理解，米特福德准备了剧目梗概，但是难以相信他们竟然坐着看完了所有的剧目。这需要将近十个小时。可能当时只演出了一些片段。名演员宝生九郎表演了《羽衣》。
33. F. V. Dickins and S. Lane-Poole, *The Life of Sir Harry Parkes*, 2, p. 151. Black 对钢琴的评价是，"我深深地怀疑它能否使皇后接受外国音乐。我不止一次听说皇后正在上钢琴课——但是我不相信"（*Young Japan*, 2, p. 273）。

注释

34. John R. Black, *Young Japan*, 2, p. 274. 但是，明治给奥地利皇帝的两封信中都没有"兄弟"的字眼（《明治天皇纪》第二卷，第 190—193 页）。尽管欧洲的君主之间习惯互相称呼对方为"兄弟"或者"表兄"，但这并不是日本的惯例。明治称呼弗兰茨·约瑟夫（Franz Josef）为"皇帝陛下"，他对中国皇帝也用这个称呼。

第二十一章　帝师元田永孚

1. 《明治天皇纪》第二卷，第 224 页。
2. 同上，第 221 页。
3. 《明治天皇纪》第二卷，第 277—278 页、第 445 页。
4. 飞鸟井雅道，《明治大帝》，第 137 页。
5. 《明治天皇纪》第二卷，第 109 页。他建议天皇只在每个月的 3 号、13 号、23 号、8 号、18 号和 28 号骑马。
6. 明治二年六月对他的学习有更详细的描述，当时他除了 1 日、6 日、11 日、21 日和 26 日之外每天上课。除了阅读经典，他还听福羽美静讲授日本历史，并参加《贞观政要》的轮读。《贞观政要》是中国 8 世纪的一本政论性史书，长期作为日本天皇的教科书（《明治天皇纪》第二卷，第 131—132 页；亦见第 299—300 页）。他的老师包括中沼了三、松平庆永和秋月种树。
7. 元田竹彦、海后宗臣编，《元田永孚文书》第一卷，第 127 页。在自传《还历之记》里，元田讲述了他的父亲如何因为担心他的未来而建议他暂且放弃实学，不再去听长冈是容的课。长冈是熊本藩大名的前家老，已经失宠。前面一段文字讲述的是元田对他父亲建议的回答。亦可见巨势进、中村宏，《元田東野·副島蒼海》，第 27 页。
8. 八木清治，《经验的实学的展开》，第 176 页。八木在文中引用源了圆的多本著作，源是这方面的杰出权威。元田的老师横井小楠的"实学"见本书第十九章。
9. 在与父亲发生分歧后不久，元田开始患上眼疾，医生禁止他进行任何研究。这件事导致元田没有继续跟随长冈是容学习实学（巨势进、中村宏，《元田東野·副島蒼海》，第 28 页、第 33 页）。
10. 巨势进、中村宏，《元田東野·副島蒼海》，第 45 页。
11. 安场末喜，《純忠至誠の大儒元田永孚先生》，第 6 页。这本书的作者是安场保和（1835—1899）的义子，而安场保和是元田的密友，并且都是横井小楠的门生。
12. 元田竹彦、海后宗臣编，《元田永孚文书》，第 118—119 页。亦可见巨势进、中村宏，《元田東野·副島蒼海》，第 46 页。
13. 《明治天皇纪》第二卷，第 475 页。元田自明治五年五月七日开始给天皇授课的内容，见元田竹彦、海后宗臣编，《元田永孚文书》。这些讲义用容易理解的古典日语撰写。
14. 元田竹彦、海后宗臣编，《元田永孚文书》，第 126 页；巨势进、中村宏，《元田東野·副島蒼海》，第 47 页。
15. 安场末喜，《純忠至誠の大儒元田永孚先生》，第 7 页。亦可见元田竹彦、海宗臣编，《元田永孚文書》，第 127 页；巨势进、中村宏，《元田東野·副島蒼海》，第 48 页。
16. 元田竹彦、海后宗臣编，《元田永孚文书》，第 127 页；巨势进、中村宏，《元田東野·副島蒼海》，第 49 页。
17. 例如，侍从们并不喜欢他，因为他们认为他在向天皇灌输一些古板的礼仪（日野西资博，

18. 安场末喜，《純忠至誠の大儒元田永孚先生》，第 4 页。
19. 巨势进、中村宏，《元田東野·副島蒼海》，第 53 页、第 225 页。元田说这番话的时间是 1871 年。
20. 同上，第 72—74 页。
21. 《明治天皇纪》第二卷，第 295 页。这一次，来自三个藩国的步兵、炮兵和骑兵部队首次被编成一个团。由于三个藩国的军队训练方法各不相同（分别按照英国、法国和荷兰的方法），制服也不一样，因此看起来有点参差不齐。
22. Baron Alexander de Hubner, *Promenade autour du monde*, 2, p. 10. 许布纳与明治天皇见面的详情，见《明治天皇纪》第二卷，第 516 页。
23. 在《明治天皇记》第二卷的目录中，提到明治在统治初期第一次吃西方食物的情况：明治三年八月十二日，他在延辽馆吃了外国食物；明治四年十一月二十一日，天皇和皇后在御医的推荐下，第一次喝牛奶；明治四年十二月十七日，解除了长期以来的吃肉禁令，天皇开始吃牛肉和羊肉。
24. William Elliot Griffis, *The Mikado: Institution and Person*, p. 194. 格里菲斯用轻视的口吻描写了 1872 年 5 月岛津三郎率领的萨摩军队出现在首都的情形："当他和他那两百个萨摩人的队伍到达时，那样子非常可悲。他们穿着过时的衣服，看上去就像刚从中世纪走出来的。他们全都穿着高高的木屐，佩着套上红色剑鞘的长刀，前面和两侧的头发剃去，光着脑袋并时常光着胳膊到处走。总之，他们就像是一群古代的暴徒。他们发现自己被盯着看，甚至被当成过时的人时，觉得非常尴尬，并要求主人允许他们取下他们的杀人工具"（p. 238）。
25. 关于这张照片的描述，见《明治天皇纪》第二卷，第 599 页。1912 年 9 月的《太阳》杂志的扉页刊登了这张照片（《朝日新闻》，2001 年 5 月 25 日，第 20 页）。

话说回来，一些外国人喜欢上了日本服装。巴夏礼爵士在描写时任日本外务省顾问的"美国卓越律师"裴辛·史密斯（Peshine Smith）时，说他"奚落起他的雇主来真是不遗余力，他穿着日式短掛和宽松的裤子到处走，腰上还佩着几把刀，并公开宣称'十个该死的在日外国人中没有一个被杀害'"（F. V. Dickins andS. Lane-Poole, *The Life of Sir Harry Parkes*, 2, p. 193）。
26. 《明治天皇纪》第二卷，第 527 页。
27. 同上，第 324 页。
28. 同上，第 522 页。
29. Eīchi Kiyōka, trans., *The Autobiography of Yukichi Fukuzawa*, pp. 225, 226. 亦可见长尾和郎，《暗殺者》，第 12 页。
30. 江崎诚致的《大村益次郎》一书第 74 页有大村的年表，虽然简短但却非常有用。
31. 关于这次战斗，见长尾和郎，《暗殺者》，第 16—20 页。
32. 森川哲郎，《明治暗杀史》，第 35 页。
33. 广泽被杀时正和情妇一起睡觉，因此有人认为他被害的原因是嫉妒，而非政治。天皇的顾问佐佐木高行在日记中说，他怀疑是木户孝允身边的人制造了这次暗杀，但是并没有给出原因（栗原隆一，《斬奸状》，第 363 页）。光泽和木户一样，都来自长州。
34. 栗原隆一，《斬奸状》，第 362 页。明治追授了他更高的官职，并给了他的家人三千两银子的赠赠（《明治天皇纪》第二卷，第 392 页）。当天皇说广泽是"第三个遇害的大臣"时，他可能是想到了横井小楠和大村益次郎。

注　释　　　　　　　　　　　　　　　　　　　　　　　　　　　871

第二十二章　废藩置县

1. 版籍奉还期间，许多藩都上书天皇，请求废藩置县（《明治天皇纪》第二卷，第499—501页）。这次召见的四个大名都曾细述过废藩理由。德岛藩的大名蜂须贺茂韶强烈谴责藩国林立导致国内一盘散沙，并认为将各藩士兵统一由战争大臣领导是明智的做法。名古屋、熊本藩和鸟取藩的大名也提出了类似的请求（第404—405页）。1881年5月17日，丸龟藩大名京极朗彻上书请求废藩置县；5月28日，天皇批准了他的请求（第446页）。三田藩大名九鬼隆义甚至走得更远：他不仅要求解散藩官，将他们的权力移交宫廷，还赞成逐步将藩内的武士转变为农民和商人。他还赞成取消"华族"（贵族）和"士族"（武士）之间的界限（第470—471页、第500页）。大沟藩和津和野藩的大名成功请求并入大藩（第478页、第483页）。这些事件虽然在全国并不普遍，但是却说明当时的气氛是有利于废藩置县的。
2. 《明治天皇纪》第二卷，第498页。
3. William Elliot Griffis, *The Mikado: Institution and Person*, p. 181.
4. 同上，pp.190-191。
5. 木下彪，《明治诗话》，第50—51页。亦可见拙著 *Dawn to the West*, 1, p. 41。这首诗有40行。
6. 司马辽太郎，《〈明治〉という国家》，第111页。他指出，直到20世纪20年代官僚机构和学术界都充斥着武士阶层，因为他们很快意识到只有通过教育才能摆脱经济困境。他进一步指出，直到大正时代末期武士阶层才开始影响农商界。
7. 1868年，在安排外国公使参观紫宸殿时，以明治的母亲中山庆子为首的大奥女人们又哭又叫，为天皇即将觐见外国人这件事感到气愤。东久世通禧派人找来几名高级女官，劝她们平息这些人的反对情绪。但是中山庆子找到了她的父亲中山忠能，后者以医生说天皇发烧为由请求推迟。岩仓让另外一名医生给天皇检查身体，结果发现天皇安然无恙。会面照常进行（飞鸟井雅道，《明治大帝》，第123页）。
8. 《明治天皇纪》第二卷，第504—505页。
9. 同上，第505—506页。
10. 关于被解雇的宫廷官员以及他们的继任者，参考上书第506页。木村被任命为宫内大臣。
11. 《明治天皇纪》第二卷，第507页。其中三人被任命为权典侍，这是天皇妃子的头衔。
12. 同上，第509页；亦可见飞鸟井雅道，《明治大帝》，第142页。
13. 《明治天皇纪》第二卷，第175页。"国"是相当于县的面积比较大的行政区域，"郡"是比县低一级的行政区域。
14. 《明治天皇纪》第二卷，第267页。
15. 同上，第463页。
16. 同上，第463—464页。
17. 《明治天皇纪》第三卷，第30页。他们见面的地点在东京，而不是在北部。副岛提议日本花二十万日元把萨哈林岛买下来，但是比措夫却提出俄国独占萨哈林岛，并将千岛群岛给日本作为补偿。双方都不肯让步。也许是为了打破僵局，副岛说日本愿意放弃，让俄国独占整个萨哈林岛，只是他们必须签订协议，同意在日本参加亚洲大陆的军事行动时，允许日本军队自由通过他们的领土。比措夫回答说，他没有权力讨论这类问题，谈判就此中断。

18.《明治天皇紀》第三卷，第 31 页。黑田奏折的原文见《副島伯経歴偶談》第三卷，第 23—24 页。
19.《明治天皇紀》第三卷，第 444—445 页。
20.《明治天皇紀》第二卷，第 327 页、第 333 页。板垣退助原本被选为这个四人观察家团的领导，但是他因藩内事务繁忙而拒绝了。高级团员有西乡隆盛的堂弟大山岩，他后来成为陆军大臣，在中日战争期间担任第二军的司令官。另外一名成员品川弥二郎在欧洲待了五年，后来升任内务大臣。
21. 高島鞆之助，《神武以来の英主》，第 34 页。但是，渡边几治郎记载的是德国公使（而非船长）给天皇看了这些照片并作了解释（《明治天皇》第一卷，第 129 页）。
22. 渡边几治郎，《明治天皇》第一卷，第 129 页。
23.《明治天皇紀》第二卷，第 666 页。
24. 同上，第 582 页。关于启程的详细描述，见久米邦武，《米欧回覧実記》，第 42 页；田中彰，《岩倉使節団》，第 8—10 页。
25. 这个时间要到 1872 年 10 月，但是通常认为 1872 年 7 月 1 日就可开始重新审议（田中彰，《岩倉使節団》，第 41 页）。日本与荷兰、普鲁士、瑞士、比利时、意大利和丹麦都签订了类似的条约。后来与瑞典—挪威、西班牙、德国和奥匈帝国签订条约时，遵照了美国的模式，这样一来日本就无法剔除那些讨厌的条款（《明治天皇紀》第二卷，第 547 页）。
26.《明治天皇紀》第二卷，第 548—550 页。
27. 大久保利谦，《岩倉使節の研究》，第 257—258 页。大久保复制了威廉・艾伯特・格里菲斯的 Verbeck of Japan 的一部分内容。尽管沃贝克被视为美国人（严格说来，他是个无国界人士），但他却出生于荷兰，并在荷兰接受教育。1859 年他被荷兰归正教会（Dutch Reformed Church）派往长崎，除了传教之外，还教授英语、法律、政治、经济和西方科技。（他大学时获得过工程学的学位。）他的学生包括伊藤博文、大久保利通、大隈重信和副島种臣。
28. 不清楚岩仓说的 "你的重要下属" 指的是谁。
29. 大久保利谦，《岩倉使節の研究》，第 254 页。新泽西州新不伦瑞克（New Brunswick）归正教堂的 Gardner A. Sage 图书馆发现了沃贝克 1869 年 6 月 11 日写给大隈的亲笔信的复印件，证实了沃贝克的话（田中彰，《岩倉使節団》，第 28 页）。
30. 大久保利谦，《岩倉使節の研究》，第 257 页。
31. 毛利敏彦，《明治六年政变》，第 23 页。毛利提到，当时在华盛顿特区的森有礼高估了美国人的友谊，认为修改条约的大好时机已经来到。伊藤博文和他的看法一样（《明治天皇紀》第二卷，第 659 页）。使团成员讨厌森，因为他公开在美国人面前批评日本。木户孝允的日记中包含了以下段落："最近这些日子森的行为令人震惊。相比之下，美国人非常理解我们的感受，而且了解我们的风俗习惯。但是，我们那些正在美国学习的学生缺乏对我国传统习惯的深刻理解。他们崇拜美国的习俗，完全不知道他们自己赖以立足的传统。他们草率地崇尚自由和共和，那些无忧无虑的轻薄理念我几乎不忍卒听。大家对我国派驻这里的公使森议论纷纷，说他当着外国人的面肆意地嘲笑自己的国家"（1872 年 4 月 15 日的日记，见 Sidney DeVere Brown and Akiko Hirota, trans., *The Diary of Kido Takayoshi*, 2, pp. 149-150）。
32. 大久保和伊藤似乎认为他们已经获得了授权，可以与美国人就条约修订的问题进行谈判，但是实际上他们只是获得了开始谈判的权利。他们并不是要单独与美国修改条约，而是

注释 873

受命到欧洲与所有签订过和约的国家的代表见面，并展开谈判。岩仓收到一封电报，询问美国人是否将派一名特派公使到谈判地点去。1872年6月19日，天皇给他的"好朋友"——各国的国王和总统——去信，介绍了使团主要成员，并告诉他们，使团成员即将访问他们首都，而为了使国家之间的关系更加和平友好，使团成员已经获得授权，与各国进行谈判。他提醒他们原定的条约修订日期即将到来，并希望修订工作能在惠及所有人的情况下进行（《明治天皇纪》第二卷，第677—679页；毛利敏彦，《明治六年政变》，第26页）。

33. 三宅雪岭，《同时代史》第一卷，第339—343页。转引自毛利敏彦，《明治六年政变》，第32—33页。

34. 然而，日本以前所未有的速度处理那些自称为刺客的人，格里菲斯欣喜地记录下了这一点："1871年1月13日，两名英国人在东京遭到三名持双刀刺客的袭击，伤势非常严重。我和沃贝克有幸护理他们，使他们恢复健康。三名刺客被迅速捉拿归案，经过一番刑讯逼供，三人对自己罪行供认不讳，随后公布了对他们的判决。令英国公使感到惊喜的是当时已经完成了五分之二的新刑法的出台。根据刑法条款，两名罪犯被绞死，一名被判处十年苦役，三人的武士身份被撤销……在这种彬彬有礼的坏蛋与杀人犯一视同仁，重犯被斩首的新方法下，暗杀很快便不再流行"（The Mikado: Institution and Person, pp. 183-184）。

第二十三章　初次巡幸

1. 《明治天皇纪》第二卷，第674页。
2. 多木浩二，《天皇の肖像》，第6页。
3. 亚历山大·德·许布纳男爵在会见明治天皇后写道，"根据礼仪，皇帝在和我说话时，只是在牙齿间发出模糊的声音，几乎听不清。"（Promenade autour du monde, 2, p. 16）。天皇第一次接见巴夏礼爵士时在场的英国大使米特福德写道，"不出所料，对于一个刚离开深闺不久的人而言，由于年纪太小再加上情况新奇，天皇显得有些害羞。几乎听不到他说什么，于是他的话便由在他右手边的亲王重复并由伊藤俊辅翻译"（Hugh Cortazzi, Mitford's Japan, p. 121）。弗兰克·布林克利（Frank Brinkley）回忆说他和其他英国人"向他表达了最崇高的敬意，但是陛下坐得笔直，连眼睛也不眨一下。他一句话也没说……一些人怀疑他是不是个人偶，他的样子太像神了"。（"Sentei heika," p. 46）。
4. 例如，休·科尔塔齐（Hugh Cortazzi）引用了1872年8月15日《远东》（The Far East）杂志上的一篇文章，"他的步伐僵硬，就像靴子不合脚一样"。（Victorians in Japan, p. 81）1873年11月见过天皇的Lady Brassey写道，"他很年轻，长得并不好看，一幅闷闷不乐的样子，两条腿则好像不属于他似的——我猜测是太少走路以及长时间坐在脚后跟上的缘故；因为直到近几年人们还认为天皇太过神圣，而不允许他把脚放到地上"（同上，p. 333）。
5. 多木浩二，《天皇の肖像》，第9页。
6. 同上，第10页。
7. Peter Burke, The Fabrication of Louis XIV, p. 11.
8. 同上，p. 44。
9. 德·许布纳男爵这样描写自己和明治见面的情况，"天皇在等着我们上前时，像雕像一样站在那里"（Promenade autour du monde, 2, p. 15）。
10. Peter Burke, *The Fabrication of Louis XIV*, p. 180.
11. 同上，p. 61。
12. Norbert Elias, *The Court Society*, p. 126.
13. 《明治天皇纪》第二卷，第 675 页、第 683 页。不消说，御所里面的人以前从未坐过椅子。
14. 《明治天皇纪》第二卷，第 691 页上对这件衣服有更详细的描绘：衣服的材质是黑色羊毛呢，胸前用金线绣有菊花和叶子的形状，后腰上绣有一只凤凰。裤子同样是黑色羊毛呢做的，镶有一条一寸宽的绦带。黑天鹅绒做的三角帽，两侧各用金线绣着一只凤凰，边缘镶有金色的绦带。"钩子"似乎指上衣的挂扣。5 月 13 日，一名欧洲裁缝从横滨来，给天皇量了做西服的尺寸。这可能是他唯一一次让别人给他量体裁衣（《明治天皇纪》第二卷，第 666 页），见《明治天皇纪》第二卷，第 711 页。
15. 《明治天皇纪》第二卷，第 711 页。
16. 同上，第 691 页。
17. 关于这一点，《明治天皇纪》第二卷第 695 页的记载显得非常谨慎："据说现代的'万岁'口号始于 1889 年宪法颁布时。这里基于当时的记录而说大阪市民高呼'万岁'，但是民众实际上有没有喊'万岁'，抑或只是记录使用了'高呼万岁'这个常见于日本和中国典籍，用以表达快乐的词语，我们不知道。还有一份资料显示 1870 年 9 月上午 11 点，在海军庆祝天皇生日的仪式上，每个人都按照官阶高低排列站在甲板上，齐声高呼'万岁'"。
18. 《明治天皇纪》第二卷，第 696 页。
19. 《明治天皇纪》第二卷，第 700 页。
20. 同上，第 711 页。
21. 飞鸟井雅道，《明治大帝》，第 150 页。
22. 《明治天皇纪》第二卷，第 719 页。
23. 我想起了菲利门和巴乌希斯（Philemon and Baucis），但同时也想起了发生在日本的一些例子，比如喜欢微服私访的最明寺入道时赖在破败的村舍受到的款待。
24. 《明治天皇纪》第二卷第 726 页进一步说道，其他一些天皇到过的地方也有类似的报道，以此证明民众对皇室深深的崇拜之情。
25. 同上，第 727—728 页。天皇知道西乡隆盛有卓越的领导才能，回到东京后不久就任命他为元帅（第 733 页）。
26. 同上，第 735—737 页。
27. 同上，第 744—747 页。这种感激之情将使 1873 年 2 月日本在与中国的谈判中受益。
28. 毛利敏彦，《明治六年政变》，第 40 页。
29. William Elliot Griffis, *The Mikado: Institution and Person*, p. 226.
30. 关于狄金斯研究日本文学的描述，见 Kawamura Hatsue, *F. V. Dickins*。1866 年狄金斯翻译的诗集《百人一首》出版。
31. 毛利敏彦，《明治六年政变》，第 52—54 页。
32. 原文见上书，第 54—55 页；亦可见《明治天皇纪》第二卷，第 767—768 页。
33. 关于倭馆的简要介绍以及它存在的理由，见上垣外宪一，《雨森芳洲》，第 90—93 页。更为详细的介绍见姜范锡，《征韩论政变》，第 16—19 页。姜对倭馆和出岛上的荷兰"兰馆"做了有趣的对比。
34. 1869 年 1 月，担任日本政府特使的对马藩高级官员樋口铁四郎通知朝鲜政府，天皇已

注释

经恢复统治，幕府统治的时代已经结束（《明治天皇纪》第二卷，第944页；亦见姜范锡，《征韩論政变》，第11页）。

35. 飞鸟井雅道，《西郷隆盛は平和主義だったか》，第109页。他说从朝鲜的立场来看，明治政府用武力推翻了德川幕府，因此是个篡位者。朝鲜还认为新政府未经许可便使用"皇"和"敕"这样的字眼不太合适，这些字眼只有中国皇帝才能使用。木户孝允在日记中写道，他赞成派特使到朝鲜去质问他们的无礼。"如果他们不认错，我们就公开他们行为，进攻他们的领土，将我们神圣的领土跨海扩展到他们那里"（1869年1月26日的日记，见 Sidney DeVere Brown and Akiko Hirotatrans., *The Diary of Kido Takayoshi*, 1, p. 167）。亦可见姜范锡，《征韩論政变》，第11页。
36. 《明治天皇纪》第二卷，第741页。
37. 同上，第742页。他一共提了七条建议，包括让贸易站那些非必要的日本官员返回日本、中断对马每年一次的航船以及将漂流过来的朝鲜人送回等问题。
38. 当时在伦敦的木户从纽约的报纸上得知朝鲜扣留了一名日本特使，并遣返了其他人。他在日记中写道，"那个国家的愚蠢和顽固真是让人恶心"；"另外，我们与西方的贸易正开始活跃起来，我们紧邻的那些亚洲国家必需成功地向文明进化，否则我们将无法完全实现我们将来的目标。"他暗示，如果朝鲜不愿与时俱进，将会损害到日本的利益，日本可能唯有诉诸战争（1872年9月1日条，见 Sidney DeVere Brown and Akiko Hirota, trans., *The Diary of Kido Takayoshi*, 2, p. 206）。
39. 《明治天皇纪》第二卷，第755页。
40. 诏书的原文见上书第756页。开篇便宣布天皇是万世一系帝祚的继承人，广袤领土都在他的统治之下。诏书接着便解释为何琉球王受到如此尊重。他的国家与日本有着相同的习俗和语言，而且长期以来向萨摩朝贡。国王自己也已证实了他的忠诚。最后，诏书命令"藩王"充分重视自己的藩国的责任，并协助皇室。
41. 《明治天皇纪》第二卷，第781页。诏书的原文见远山茂树编，《天皇と華族》，第31—32页。与此同时，一天被均匀地划分为二十四小时，而以前日本的白天和黑夜的时长并不相同。

第二十四章 "征韩"论争

1. 《明治天皇纪》第二卷，第9页。只有两位夫人进宫，她们分别是美国大使和俄国大使的妻子，然而先例却已经确立。
2. 《明治天皇纪》第三卷，第6页。这主要是指1871年9月15日皇宫人事大变动后确立的课程表（渡边几治郎，《明治天皇》上卷，第113—114页）。1839年山县太华出版的《国史纂公》是一本自神武天皇至后阳成天皇的历史散文合集，这本书由福羽美静和元田永孚主讲；《西周立志篇》由福羽美静、加藤弘之和元田永孚主讲；诗歌由三条西季知和福羽美静主讲。
3. 《明治天皇纪》第三卷，第28页。
4. 这份"上谕"原文的影印件见 Wayne C. McWilliams, "East Meets East: The Soejima Mission to China, 1873," p. 241。关于谕旨的解读，见《明治天皇纪》第三卷，第38页。
5. 副岛的详细任务是天皇通过太政大臣三条实美转达给副岛的（《明治天皇纪》第三卷，第38—39页）。
6. 在勒让德的建议下，副岛提出占领台湾南部。他认为通过谈判能够达到这个目的，而且

7. 根据副岛的说法，这个计划奏效了：当两艘军舰到达上海时，他被中国的官员称为"大日本将军副岛"（《副岛伯経歷偶談》，第 24 页）。
8. 《明治天皇纪》第三卷，第 39 页。1860 年开到旧金山的"咸临丸"严格说来并不是军舰。
9. 《副岛伯経歷偶談》，第 24 页。他们谈话的内容并不为外人知晓。
10. McWilliams 援引美国驻天津领事写给北京的美国公使镂斐迪（Frederick Low）的信件（"East Meets East: The Soejima Mission to China, 1873," p. 248）。
11. McWilliams 援引勒让德 1873 年 7 月 2 日写给巴布科克（O. E. Babcock）将军的信（"East Meets East: The Soejima Mission to China, 1873," p. 248）。
12. McWilliams 援引了 1873 年 5 月 7 日美国驻天津领事写给北京的美国公使镂的信的部分内容："日本人看似已经把自己完全视为外国人……这不符合总督自己的东方优越性理念，他忍不住给了这些从'日出之国'来的亲戚们一巴掌，以教训他们盲目听从西方野蛮人的教导"（"East Meets East: The Soejima Mission to China, 1873," pp. 248-249）。
13. 这番描述源自《副岛伯経歷偶談》第 25 页。
14. 同上，第 17 页。
15. 同上，第 17—18 页。
16. "清国トノ修好条規通商章程締結ニ関スル件"，第 147—148 页（McWilliams, "East Meets East: The Soejima Mission to China, 1873," p. 256 有引用。这份被 McWilliams 称为《使清日记》的文书见《日本外交文书》第六卷，第 132—154 页）。
17. "清国トノ修好条規通商章程締結ニ関スル件"，第 152 页。转引自 McWilliams, "East Meets East: The Soejima Mission to China, 1873," p. 258。
18. "清国トノ修好条規通商章程締結ニ関スル件"，第 166 页。转引自 McWilliams, "East Meets East: The Soejima Mission to China, 1873," p. 259。
19. 《副岛伯経歷偶談》，第 29 页；McWilliams, "East Meets East: The Soejima Mission to China, 1873," p. 265。
20. 巨势进、中村宏，《元田東野·副岛蒼海》，第 158 页。
21. 《副岛伯経歷偶談》，第 32 页。但是，根据"清国トノ修好条 通商章程締結ニ関スル件"第 198 页记载，他只受到十九响礼炮的礼遇。
22. 信的原文见《副岛伯経歷偶談》第 33 页；亦见 McWilliams, "East Meets East: The Soejima Mission to China, 1873," p. 273。
23. 巨势进、中村宏，《元田東野·副岛蒼海》，第 159 页。
24. 这份文件被日本人称为《东莱府传令书》。"东莱府"是倭馆所在的地区。
25. 完整的原文见《明治天皇纪》第三卷，第 115 页；亦可见多田好问编，《岩倉公实记》下，第 45—46 页。这一卷（第 1—90 页）包含了与日朝关系有关的其他文件。
26. 姜范锡，《征韓論政変》，第 44—46 页。文中这些商人是三井吴服店派去的。外务大臣花房义质 1873 年 1 月 21 日写了封信给森山茂，信中有三名计划到倭馆去做生意的三井职员的名字（第 45 页）。
27. 《明治天皇纪》第三卷，第 116 页。
28. 同上，第 116 页。
29. 同上，第 117—118 页。

注 释

30. 《明治天皇紀》第三卷，第118页。西乡在8月17日写给板垣退助的信中重复了他的这个预测，"几乎不用我说，那（派特使去朝鲜的计划）同时是一个意义深远的计谋，那些希望国家发生内乱的人的注意力将转向国外，从而对国家有利"（Ryūsaku Tsunoda, Wm. Theodore de Bary, and Donald Keene, trans., *Sources of Japanese Tradition*, p. 657）；原文见大川信义编，《大西郷全集》第二卷，第756页。
31. 《明治天皇紀》第三卷，第118—119页。副岛（7月23日回到日本）希望被派往朝鲜，恰好与西乡决心成为特使的愿望起了冲突。
32. 《明治天皇紀》第三卷，第111—112页、第114页。天皇一行人坐火车从新桥到神奈川，再从那乘坐马车。旅途一共花费了两天。
33. 姜范锡，《征韓論政変》，第54—55页。朝鲜之前（1868年）击退了法国和美国军舰的进攻（角田房子，《閔妃暗殺》，第58—59页、第66页、第80—81页）。
34. Ryūsaku Tsunoda, Wm. Theodore de Bary, and Donald Keene, trans., *Sources of Japanese Tradition*, pp. 655-656；原文见大川信义编，《大西郷全集》第二卷，第736—738页。
35. Ryūsaku Tsunoda, Wm. Theodore de Bary, and Donald Keene, trans., *Sources of Japanese Tradition*, p. 656；原文见大川信义，《大西郷全集》第二卷，第751—752页；亦可见姜范锡，《征韓論政変》，第131—132页。
36. 姜范锡，《征韓論政変》，第129页。医生认为是肥胖导致了西乡的高血压，为了减轻他的体重，给他开了一天五六次的强力泻药。很容易想象西乡的身体是如何变虚弱的。
37. 姜范锡，《征韓論政変》，第135—136页、第150页。后来，大隈重信在描述各人支持"征韩"的原因时说，西乡是在寻找牺牲的地方（巨势进、中村宏，《元田東野·副島蒼海》，第168页）。
38. 毛利寿彦，《明治六年政変》，第117—118页、第127—131页。
39. 1873年9月3日的日记，见 Sidney DeVere Brown and Akiko Hirota, trans., *The Diary of Kido Takayoshi*, 2, pp. 370-371；亦可见姜范锡，《征韓論政変》，第167—173页。
40. 他要求伊藤博文也成为参议，但是伊藤是二等官，任命他为参议意味着越级擢升，这是不可能的事情。作为担任参议的一个条件，大久保还要求三条和岩仓发誓，一旦下了"征韩"的决定，他们就不再摇摆不定（毛利敏彦，《明治六年政変》，第166页）。
41. 《明治天皇紀》第三卷，第139—141页；巨势进、中村宏，《元田東野·副島蒼海》，第164—65页。尽管木户是参议，但他缺席了会议，因此无法投票。
42. 《明治天皇紀》第三卷，第143—144页、147—149页。
43. 同上，第150页。
44. 巨势和中村说这四个人顾虑到外国会如何看待他们的辞职，于是决定以"某种或者其他"疾病为由请辞（《元田東野·副島蒼海》，第167页）。
45. 有人说，即使那些最反对介入朝鲜的人本来也是支持征韩的，只是由于特殊的原因而在这个时候反对而已。木户据说赞同征韩，但是认为花费太大，而日本当时银根又太紧（毛利敏彦，《明治六年政変》，第144页）。据说大久保并不过分担心任命西乡为特使（姜范锡，《征韓論政変》，第192页），甚至告诉副岛他会同意征韩，假如给他五十天的时间创立内务省的话（巨势进、中村宏，《元田東野·副島蒼海》，第167页）。然而，这番大久保本质上同意征韩的见解，却很难与他反对出兵朝鲜的详细报告相一致（Ryūsaku Tsunoda, Wm. Theodore de Bary, and Donald Keene, trans., *Sources of Japanese Tradition*, pp. 658-662；原文见清泽洌，《外政家としての大久保利通》，第28—31页）。

第二十五章　江藤新平之死

1. 《明治天皇纪》第三卷，第 130 页。
2. 同上，第 65—66 页。明治将花销限制在五万日元以内。
3. 同上，第 70 页。
4. 同上，第 57—58 页。
5. 关于照片和当时的情况描述，见多木浩二，《天皇の肖像》，第 116—118 页。《明治天皇纪》第二卷第 739 页上说，内田"之前"曾给天皇和皇后拍过照片，那是在 1872 年 9 月 9 日。天皇和皇后把照片送给了皇太后。10 月 9 日，皇太后反过来让内田给她拍了张照片。10 月 17 日，内田将他拍给天皇、皇后和皇太后拍的全部 72 张照片交给天皇。照片中的天皇时而穿着束带，时而穿着直衣。还有一张（摄于 1873 年之前）是天皇骑马的照片。除了两三张以外，这些照片都没有公开，我只有通过《明治天皇纪》的描述才知道它们。
6. 但是，天皇本人似乎并不讨厌这些照片。1873 年 3 月 9 日他送了一张给即将到中国去的副岛种臣（《明治天皇纪》第三卷，第 39 页）。3 月 20 日，他还洗了一张送给他的姑姑亲子内亲王（第 42 页）。同一张照片（或者是同时期拍摄的另外一张）被送往日本各驻外使馆，供张挂之用（多木浩二，《天皇の肖像》，第 118—119 页）。
7. 在研究了其他君主的制服之后，6 月 3 日本确定了天皇的制服款式。详见《明治天皇纪》第三卷，第 77—78 页。
8. 同上，第 47 页。在剪头发的那天早上，他跟平时一样让一名宫女给他整理头发，并给他脸上扑粉。他去到书房，在他的命令下，侍从有地品之允把他的头发剪去。侍从长米田虎雄和侍从片冈利和轮流为天皇剪发。当他出现在大奥时，宫女们都为他形象的改变感到意外和震惊。
9. 照片的复制品，见多木浩二，《天皇の肖像》，第 121 页。他对这张照片的描述见第 118 页。这次一共照了两张照片，一张全身照，一张半身照（《明治天皇纪》第三卷，第 134 页）。当时在日本的热那亚公爵收到了一张放大的天皇全身照。随后，这张照片被洗出来送往各县；那张半身照则从未公开过。
10. 《明治天皇纪》第三卷，第 42 页。
11. 关于这次暴动的描述，见《明治天皇纪》第三卷，第 73—74 页。
12. 同上，第 87 页。6 月名东（德岛）县又发生了一起武装暴动。这次的暴动与发生在北条县的那次很相像，都是由于误解了"血税"这个词而引起。这次暴动的领导者受到极为严厉的惩罚，另有 16890 多人受到不同程度的惩罚（同上，第 93—94 页）。
13. 《明治天皇纪》第三卷，第 181 页。
14. 关于这次事件的详细描述，见多田好问编，《岩仓公实记》下，第 94—96 页；《明治天皇纪》第三卷，第 189 页。随同格兰特将军访问日本的杨约翰 1879 年见过岩仓，他说，"岩仓有着一张令人印象深刻的脸，线条分明，显示出他坚毅的性格，而且你会看到一条伤疤"（*Around the World with General Grant*, 2, p. 527）。
15. 九名刺客中八人的判决书原文，见栗原隆一，《斩奸状》，第 366—367 页。
16. 关于忧国党提出的纲领，见园田日吉，《江藤新平と佐贺の乱》，第 144 页。需要强调的一点是，他们抗拒基督教，认为它污染了日本的宗教。刺杀岩仓的事件发生后，忧国党立刻起草了一份新的宗旨，但是并没有表示反对征韩（第 145 页）。
17. 毛利敏彦，《江藤新平》，第 202 页。

注 释

18. 副岛也被要求回到佐贺,但他屈服于板垣的强大压力而留在了东京(毛利敏彦,《江藤新平》,第 205 页)。江藤则不顾板垣(和大隈)的劝阻,毅然前往。
19. 中野好夫和我一样对江藤的决定感到疑惑不解(《佐賀の乱と江藤新平》,第 213 页)。
20. 中野好夫,《佐賀の乱と江藤新平》,第 215 页,江藤没有详细说明"第二次维新"指的是什么,但是可能包括征韩。
21. 毛利敏彦,《江藤新平》,第 206 页。
22. 园田日吉,《江藤と佐賀の乱》,第 154—55 页。《明治天皇纪》第三卷第 212 页上的篇幅较短,但本质上属于同一份声明。长州之战在第二十一章有描述。
23. 园田日吉,《江藤と佐賀の乱》,第 156 页。不仅这两个县的人承诺将支持他,而且爱知和熊本两个县的人也都表示支持他;亦可见中野好夫,《佐賀の乱と江藤新平》,第 216 页。
24. 有证据显示,江藤派去鹿儿岛见西乡隆盛的中山一郎回来报告说,如果佐贺起兵,西乡一伙人将会追随它的领导,但是似乎难以相信西乡本人会做出这种承诺(中野好夫,《佐賀の乱と江藤新平》,第 216 页)。
25. 园田对江藤这次的声明做了一番解释(《江藤と佐賀の乱》,第 194—195 页)。他说除非解散军队,否则班长以上级别的人都将被政府军杀害。他要求他们脱下军装,分散开来,再等待下一次起义的时机(这一天肯定会到来)。
26. 《明治天皇纪》第三卷,第 221—224 页。关于战斗的详情,见园田日吉,《江藤と佐賀の乱》,第 163—190 页。
27. 详情见园田日吉,《江藤と佐賀の乱》,第 200 页。江藤的通缉令开头是:"年龄 41。身材高大魁梧。长脸,高颧骨。眉毛长而粗。"
28. 木户讽刺地说,"我们现在赞同的,正是江藤去年赞同的。"他似乎将江藤的急于攻韩等同于当时正在进行的日本攻台之战(园田日吉,《江藤と佐賀の乱》,第 205 页)。
29. 园田日吉,《江藤と佐賀の乱》,第 190—191 页。
30. 同上,第 207 页。
31. 同上,第 208 页。
32. 这是他跟仆人说的。他敦促对方回家,否则将会与叛乱的罪行相牵连(园田日吉,《江藤と佐賀の乱》,第 209 页)。
33. 信的原文,见园田日吉,《江藤と佐賀の乱》,第 210 页。尽管信封上写着岩仓亲启,但是内文的收信人却写着木户、大久保、大隈和大木。信封上的发信人写的是他当密探时用的化名的一部分,但是在信中署了自己的真实名字。
34. 园田日吉,《江藤と佐賀の乱》,第 211 页。
35. 他于 3 月 7 日被捕(《明治天皇纪》第三卷,第 239 页)。
36. 园田日吉,《江藤と佐賀の乱》,第 219 页。江藤高呼的内容根据来源而有些不同。
37. 佐木隆三,《司法卿江藤新平》,第 408 页。中野好夫说《东京日日新闻》强烈谴责九州地区销售江藤和岛斩首的照片(《佐賀の乱と江藤新平》,第 218 页)。他说他不愿相信大久保是幕后主宰,但是传闻却是如此。
38. 木户孝允在 1874 年 4 月 2 日的日记中写道,"今日台湾一事连印(签字),余对两大臣(三条和岩仓)相辞此事。其故,昨年(天皇)下问时,余曰察今日内地之形势,人民贫弱,应专以内政,提人民之品位,然后着手建不后之议。此虽当年,其说未异。"
39. 《明治天皇纪》第三卷,第 234—235 页。
40. 同上,第 243—244 页。

41. 同上，第 245 页。
42. 美国船只"沙夫茨伯里"号（*Shaftsbury*）被重新命名为"社寮丸"，英国船只"德尔塔"号（*Delta*）被重新命名为"高砂丸"。这两个名字都和台湾有关：社寮是日本远征军将使用的港口，高砂则是日本人对岛上土著的称呼（《明治天皇纪》第三卷，第 259 页）。
43. 《明治天皇纪》第三卷，第 280 页。
44. 同上，第 282 页。
45. 同上，第 325 页。
46. 同上，第 368—373 页。

第二十六章　早蕨之局

1. 《明治天皇纪》第三卷，第 377 页。
2. 他当时是文部省官员。（《明治天皇纪》第三卷，第 378 页）
3. 《明治天皇纪》第三卷，第 383 页。
4. 贵族柳原光爱的女儿。（《明治天皇纪》第三卷，第 292 页）她于 1873 年 2 月 20 日被封为权典侍。她为明治生了四名子女，其中三个夭折了，剩下的一个就是后来的大正天皇。
5. 这个月早些时候制定了亲王和内亲王出生后的庆祝仪式。规定为了与清和天皇以来的皇室传统保持一致，男孩起名应该以"仁"字结尾，女孩起名应该以"子"字结尾（《明治天皇纪》第三卷，第 384—385 页）。
6. 斋藤溪舟，《女官物語》，第 91 页、93 页。
7. 加藤仁，《明治天皇お局ご落胤伝》，第 60 页。
8. 山川三千子，《禁断の女官生活回想記》，第 196 页。
9. 山川三千子，《禁断の女官生活回想記》，第 16 页。
10. 加藤仁，《明治天皇お局ご落胤伝》，第 60 页。高仓寿子担任宫中高级女官（女官长）的时间几乎贯穿了明治的一生，她似乎是个厉害的角色，会跟她选出来陪天皇过夜的权典侍说，"今天是你"。
11. 山川三千子，《禁断の女官生活回想記》，第 196 页。她引用了一个曾服侍了柳原爱子很多年的不知名女人的话。这个女人回忆说，爱子的尖叫声非常可怕，不仅其他的宫女避开了她，甚至连护士也被吓跑了。
12. 详见《明治天皇纪》第三卷，第 623 页。
13. 同上，第 405 页。
14. 同上，第 406 页。这个词语源自中国历史典籍《左传》。如果中国失败了，日本将会感受来自俄国的西伯利亚寒流。
15. 《明治天皇纪》第三卷，第 407 页。
16. 大久保利谦，《岩倉具視》，第 218—219 页。
17. 天皇给三条下了一道谕旨，敦促他回来，并以一名忠臣的身份，参加到人民精神的复兴和设计一个繁荣强大的国家的事业中来（《明治天皇纪》第三卷，第 427—428 页）。
18. 《明治天皇纪》第三卷，第 425—426 页。
19. 同上，第 436 页。
20. 同上，第 444—445 页。这份协议签订于 5 月 7 日，签署的双方分别是代表日本的榎本武扬和代表俄国的亚历山大·戈尔恰科夫（Alexander Gorchakov）公爵。

注　释

21. 沙皇的裁决于5月9日公布（《明治天皇紀》第三卷，第453页）。尽管俄国的这个举动受到欢迎，但是许多日本人仍然认为，俄国在东亚的扩张是日本安全的主要威胁。
22. 《明治天皇紀》第三卷，第473页。
23. 由于对岛津久光纠缠于琐事不放感到恼火，岩仓决定不再见他（《明治天皇紀》第三卷，第498页）。久光怀有一份改正时代不幸的秘密计划：模仿唐玄宗的做法，在镇压叛乱之后，严禁奢华，并下令焚毁所有精美的物品（第500页）。当岩仓听到此"秘密计划"时，他只是一笑了之。
24. 关于朝鲜对这次事件的解释以及这次事件在导致日朝之间条约签订的连锁反应中的作用，见姜在彦，《朝鮮の攘夷と開化》，第140—142页、第163—171页。
25. 《明治天皇紀》第三卷，第496—497页。其他资料给的日期有所不同。"云扬"号的小船试图登陆的地方正好位于岛上主炮台的正前方，这是对朝鲜守军的明显挑衅（姜在彦，《朝鮮の攘夷と開化》，第164页）。
26. 关于日本对这次事件的新闻报道（无疑对舆论有影响），见杵渊信雄，《日韓交涉史——明治の新聞にみる併合の軌跡》，第30—48页。
27. 《明治天皇紀》第三卷，第520—522页。
28. 同上，第541—542页。
29. Woonsang Choi, *The Fall of the Hermit Kingdom*, p. 6；《明治天皇紀》第三卷第568页上写是两个排，而不是三个连的海军士兵。两艘军舰分别是"日进"号和"孟春"号。
30. Woonsang Choi, *The Fall of the Hermit Kingdom*, pp. 6-7.
31. 《明治天皇紀》第三卷，第569页。
32. 协议的翻译见 Woonsang Choi, *The Fall of the Hermit Kingdom*, pp. 124-127。协议一共有十二条。第四条规定釜山的倭馆继续营业，且人员不限对马岛藩的人。另外将开放两个港口，"用于与日本国民贸易之需"。
33. Joseph H. Longford, *The Evolution of New Japan*, p. 105.
34. 《明治天皇紀》第三卷，第578页。
35. 同上，第584—585页。
36. 《明治天皇紀》第三卷，第590页。
37. 木户孝允在日记中写道，"临幸士族之家，始臣孝允。昔九年前被召御前，布衣奉按咫尺，以臣孝允始"（1876年4月11日的日记，见 Sidney DeVere Brown and Akiko Hirota, trans., *The Diary of Kido Takayoshi*, 3, p. 281）
38. 《明治天皇紀》第三卷，第606页。
39. 1876年5月19日的日记，见 Sidney DeVere Brown and Akiko Hirota, trans., *The Diary of Kido Takayoshi*, 3, p. 297。
40. 《明治天皇紀》第三卷，第599页。
41. 对这次旅行的一系列详细描述，见吉野作造编，《明治文化全集》第十七卷，第327—572页；亦可见《明治天皇紀》第三卷，第614—681页。
42. 岸田吟香，《东北御巡幸記》，第342页，《明治天皇紀》第三卷，第616页。
43. 《明治天皇紀》第三卷，第646页。支仓的画像无疑正是现在在仙台博物馆展出的那一幅。
44. 不过，令木户倍感欣慰的是，7月11日，天皇走了约80米的下坡路（《明治天皇紀》第三卷，第664页）。

第二十七章 西南战争

1. 《明治天皇纪》第三卷，第709页。实学党建立美国式的民主的理想，来自它的导师横井小楠。
2. 熊本不仅武士的民族主义活动异常突出，而且还以基督教思潮而闻名。1876年，神风连之乱的同一年，三十五名年轻人在美国教师简斯（L. L. Janes）的指引下皈依了基督教，他们成立了一个名为"Kumamoto Band"的组织，并宣誓通过基督教来拯救自己的国家。关于Janes的详细资料，见F. G. Notehelfer, *American Samurai*。
3. 《明治天皇纪》第三卷，第710页。由加屋霁坚所写（并向神风连成员大声宣读）的檄文，见荒木精之，《神風連実記》，第138页。他们攻击政府，除了其他原因之外，还因为政府总是讨好外国人，禁止佩刀，秘密帮助基督教传播，而且打算把土地卖给外国人。

　　熊本县令安冈良亮任命神风连成员担任主要神社的神官，因此，1875年太田黑成了新开大神宫的神官。(太田黑所进行的) 这种占卜仪式名为"宇气比（うけい）"。为了获得神谕，将三种不同的行动方案分别写在纸条上，放进一个空筒里面。摇动这个筒，从筒里掉出来的纸条就被认为是神的旨意。神风连的所有重要决策均由这种方式决定，神灵给予的答复得到了绝对的服从，即便得出的指令是令问卦者失望的否定某些行动。太田黑曾几次被神灵禁止进攻政府军，直到最后他终于得到了批准行动的指令（司马辽太郎，《飛ぶが如く》第六卷，第227—228页）。关于"宇气比"在神风连精神上的重要性，请参考荒木精之，《神風連実記》，第35—36页。神风连的导师林樱园（1798—1870）写了一本研究"宇气比"的专著，认为其起源可以追溯到《古事记》。其中传说须佐之男命没有听从天照大神的命令，两人之间爆发的争吵。
4. 神风连的这些以及其他同样令人发笑的狂热行为，见小早川秀雄，《血史熊本敬神党》，第22—23页。作者虽然大体上同情神风连，但是却将这类行为形容为"病态"。
5. 三岛由纪夫对神风连有高度戏剧化的描写，从太田黑第一次获得神灵的许可发动起义直到他们失败为止（《奔马》，第458—504页）。三岛的描述不能视为历史证据，但他无疑广泛阅读过幸存的资料。
6. 司马辽太郎，《飛ぶが如く》第七卷，第42页。
7. 《明治天皇纪》第三卷，第712页。"报国"字面上的意思是"报效国家"。
8. 《明治天皇纪》第三卷，第713页。
9. 同上，第715页。"殉国"的意思是"为国捐躯"。
10. 《明治天皇纪》第三卷，第742—744页。
11. 1877年1月4日的日记，见Sidney DeVere Brown and Akiko Hirota, trans., *The Diary of Kido Takayoshi*, 3, p. 419. 有关天皇的简短谕旨的内容，见《明治天皇纪》第四卷，第4页。
12. 《明治天皇纪》第四卷，第6页。
13. 1876年11月22日公布了天皇即将出行的消息（《明治天皇纪》第三卷，第729页）。
14. 《明治天皇纪》第四卷，第30页。
15. 诗歌和序言的资料源自《新輯明治天皇御集》上卷，第45页。在《明治天皇纪》第四卷第21页上两首诗前后的顺序相反。
16. 《明治天皇纪》第四卷，第21页。
17. 《新輯明治天皇御集》上卷，第46页。序言和诗歌都提到将船"划"进鸟羽的港湾，可能是汽船行驶的一种诗意表达。

18. 《新輯明治天皇御集》上卷，第 46 页。
19. 明治看到自己仅仅在东京住了八九年御所就这么破败，心里非常难过，当即安排每年拨款四千日元用于御所的修缮，同时责令京都府考虑如何才能更好地对它进行保护（《明治天皇纪》第四卷，第 48 页）。
20. 解释见《明治天皇纪》第四卷，第 26 页。在西乡流传下来的书法作品中，有一条是"敬天爱人"的格言，但是在私学校中，使用的格言是在尊王攘夷时代常见的"尊王"。
21. 他的自白书的要点，见斋藤信明，《西郷と明治維新革命》，第 361—362 页。中原曾经跟一位信得过的老朋友（此人立刻将这个消息通知他的上级）说，他的主要任务是离间武士和私学校之间的关系。这在鹿儿岛县的边远地区比较容易，但在城内却非常困难。摧毁城内私学校的最佳方法就是杀死西乡和他的两名副官——桐野利秋和篠原国干。中原在这份正式的自白书中说，一旦暗杀了西乡，将发电报通知东京，随后将是陆军和海军的介入。斋藤相信这份自白书的真实性，他虽承认自白书是通过严刑拷打获得的，但是强调严刑拷打在当时是合法的。
22. 《明治天皇纪》第四卷，第 35—36 页。上田滋强调中原以及那些和他一道的人不可能接到刺杀西乡的命令，因为西乡被认为是一种牵制力量（《西郷隆盛の悲劇》，第 157—159 页）。那些政府官员心里非常清楚，西乡的死就像捅了一个马蜂窝。上田暗示是政府故意散布暗杀的传闻，从而引发争端。
23. 这一次他观看了《翁》、《三轮》、《羽衣》、《安宅》、《正尊》以及《杀生石》(《明治天皇纪》第四卷，第 34 页）。如果这些剧目全部演完的话，需要一整天。
24. 1876 年 2 月 5 日的日记，见 Sidney DeVere Brown and Akiko Hirota, trans., *The Diary of Kido Takayoshi*, 3, p. 435。在描述了 1 月 30 日和 31 日鹿儿岛武士占领了陆军和海军的弹药库之后，木户写道，"这与林有幸基于一月初的观察所做出的描述非常不同。现在萨摩的强大声势已经回荡在全国各个角落；十几个县的那些心怀不满的士族正在注视着萨摩的一举一动。"
25. 《明治天皇纪》第四卷，第 46 页。他们提到的县有熊本、佐贺、福冈、高知、冈山、鸟取、彦根、桑名、会津和庄内，其中一些县随后被废除。
26. 同上，第 47 页。
27. 同上，第 47 页。

第二十八章 功臣？叛臣？

1. 1876 年 2 月 5 日的日记，见 Sidney DeVere Brown and Akiko Hirota, trans., *The Diary of Kido Takayoshi*, 3, p. 434。
2. 《明治天皇纪》第四卷，第 54 页。
3. 1877 年 2 月 10 日的日记，见 Sidney DeVere Brown and Akiko Hirota, trans., *The Diary of Kido Takayoshi*, 3, p. 441。
4. 《明治天皇纪》第四卷，第 61 页。亦可见 Roger F. Hackett, *Yamagata Aritomo in the Rise of Modern Japan*, pp. 77-78。
5. 信的原文见《明治天皇纪》第四卷，第 77 页；亦可见山下郁夫，《研究西南の役》，第 132 页。
6. 原文见山下郁夫，《研究西南の役》，第 133 页。
7. 数据见《明治天皇纪》第四卷，第 77—78 页。西乡领导的军队约三万人，见山下郁夫，

《研究西南の役》，第 137 页。士兵的主体是一万三千名私学校的"学生"。

8. 山下郁夫，《研究西南の役》，第 152 页。这些资料源自各种当代文献，例如河东祐五郎的《丁丑弹雨日记》以及武野正幸的《血史西南役》。
9. 整首歌的歌词，见山下郁夫，《研究西南の役》，第 127—129 页。不知道作者是谁。最后一句提到"死亡之旅"表明，歌曲作于进攻熊本之时。歌中的每一句都按照伊吕波歌的音节顺序开头。
10. 《明治天皇紀》第四卷，第 100 页。
11. 《明治天皇紀》第四卷，第 108 页，转引自《木户孝允文书》第七卷，第 334 页。这些话被记录在木户写给伊藤博文的信中，可能是写于 1877 年 3 月 4 日的那封信。
12. 猪饲隆明，《西乡隆盛》，第 224 页。
13. 《明治天皇紀》第四卷，第 121 页。
14. 同上，第 120 页。亦可见木户 1877 年 3 月 4 日写给宍户玑的信中，见《木户孝允文书》卷七，第 331 页。
15. 《明治天皇紀》第四卷，第 119 页。
16. 同上。巧合的是，对梅斯和熊本的围攻都坚持了五十四天。
17. 《明治天皇紀》第四卷，第 125 页。亦可见木户 1877 年 3 月 14 日的日记（Sidney DeVere Brown and Akiko Hirota, trans., The Diary of Kido Takayoshi, 3, p. 463）。"拔刀队"随之在诗歌中被不朽地传唱。
18. 《明治天皇紀》第四卷，第 130—131 页。
19. 同上，第 134 页。木户在 3 月 22 日的日记中写下了这番话（Sidney DeVere Brown and Akiko Hirota, trans., The Diary of Kido Takayoshi, 3, p. 468）。
20. 《明治天皇紀》第四卷，第 146 页。
21. 西乡 8 月 19 日在三田井村取得胜利，详细描述见《明治天皇紀》第四卷，第 237 页。
22. 同上，第 181 页。
23. 同上，第 223 页。
24. 同上，第 247—249 页。八月底高崎成为明治的诗歌老师。

第二十九章　大久保遇刺

1. 《明治天皇紀》第四卷，第 269 页。
2. 同上，第 313 页。天皇这个动作并非像欧洲的君主那样，认为触摸一下就能使伤员痊愈。
3. 同上，第 276 页。逢休息日或者宗教节日则不参加会议。他仍然没有从在京都染上的脚气病中恢复过来，医生敦促他将身体复原放在第一位。
4. 《明治天皇紀》第四卷，第 279 页。颜回是孔子的得意门生。葫芦通常用于装清酒。
5. 同上，第 291 页。他们读了《通鉴览要》，这是清朝时姚培谦和张景星编纂的一本历史著作，讲述从上古到明朝时期的中国历史。
6. 同上，第 292 页。皇后的诗为"除非你改过自新，并听任头上的花朵掉落，即使早晨的太阳光也不会明亮"。意思似乎是安逸的生活（头上的花朵）会毁了幸福。
7. 同上，第 329 页。那天讲课的老师包括福羽美静、西村茂树和西周。从 1878 年 1 月 7 日开始，天皇和皇后上了一系列难度更高的课程，其中包括元田讲的一节《论语》课、西村茂树讲的美国人写的一本有关道德的书、近藤芳树讲的一节《古事记》。除了天皇身体不适

注释

之外，这些课一直上到他离开到北陆和东海地区去为止。关于他上课的更加详细的内容，见第350—351页。

8. 同上，第316页。
9. 《明治天皇紀》第四卷，第355—356页。
10. 同上，第330页。这封信于1877年12月17日寄出，信中日本接受了参加次年于巴黎举办的博览会的邀请。
11. 同上，第338页。这封信于12月28日由中国公使送达。
12. 同上，第331—332页。天皇命令所有与战争有关的资料，包括战败方士兵的口头证词，都送往一个史料编纂机构（修史馆）。他还下令撰写一部战争史。
13. 他第一次发病是在1877年在京都的时候。从那以后，每逢夏秋换季之时，就很容易发作。1882年那一次发作最为厉害，几个月才康复。脚气病在当时非常普遍，尤其是在军队。估计超过三分之一的海军都患了这种病，极大地降低了海上船只的效率。军医上将在回答天皇提问的报告中，将脚气病归咎于恶劣的饮食。伙食得以改善后，患者的人数急剧下降，并于三年后几乎完全消失（《明治天皇紀》第六卷，第140—141页）。天皇的脚气病不太可能由糟糕的饮食引起。当时日本的医生可能并不知道维生素的重要性，尽管英国的皇家海军为避免海员患上脚气病，早就让他们服用柠檬汁。
14. 《明治天皇紀》第四卷，第368—369页。
15. 引自高岛鞆之助，《神武以来の英主》，第33页。内容略有缩简。
16. 日野西资博，《明治天皇の御日常》，第80页。
17. 《明治天皇紀》第四卷，第372—373页。
18. 同上，第386—387页。
19. 同上，第399—400页。
20. 同上，第253页。
21. 远矢浩规，《利通暗殺》，第27页。
22. 同上，第33页。我非常感激远矢对暗杀的杰出研究，他暗示长连豪在鹿儿岛时，就已经抱有武士军事独裁的理想。
23. 远矢浩规，《利通暗殺》，第80页。远矢对这份声明（《斬奸状》）的评论见第81—92页。
24. 有关陆义犹次前活动的详尽描述，见黑龙会编，《西南記伝》下卷（一），第407—418页，以及下卷（二），第1014—1017页。陆在鹿儿岛度过很长一段时间，并经常与西乡的副官桐野利秋见面。陆介绍长连豪与桐野认识，并安排长接受后者的"指导"〔下卷（二），第411页〕。
25. 远矢浩规，《利通暗殺》，第66页。
26. 黑龙会编，《西南記伝》下卷（二），第1004页。亦可见远矢浩规，《利通暗殺》，第65页。
27. 《斬奸状》（分两部分）的全文，见黑龙会编，《西南記伝》下卷（一），第436—457页。
28. 黑龙会，《西南記伝》下卷（一），第43页；远矢浩规，《利通暗殺》，第82页。《斬奸状》中这些罪状的完整解释，见黑龙会编，《西南記伝》下卷（一），第440—457页。
29. 黑龙会编，《西南記伝》下卷（一），第438页；亦可见远矢浩规，《利通暗殺》，第83页。
30. 远矢浩规，《利通暗殺》，第70页、83页。
31. 黑龙会编，《西南記伝》下卷（一），第439页；远矢浩规，《利通暗殺》，第84页。
32. 远矢浩规，《利通暗殺》，第94页。

33. 同上，第 100 页。岛田还说他们行动之后就没有时间向人们叙说缘由了。
34. 两封信的节选，见远矢浩规，《利通暗殺》，第 102—104 页。
35. 同上，第 101—102 页。这首长歌接着以七言和五言交替的方式，列数了大久保和他的同伙的罪状，并描述了萨摩的英勇抗争。
36. 远矢浩规，《利通暗殺》，第 127—128 页。
37. 同上，第 138 页。
38. 同上，第 154—155 页有伦敦《泰晤士报》一篇文章的翻译。
39. 《明治天皇纪》第四卷，第 410—411 页。
40. 同上，第 413—414 页。

第三十章　吞并琉球

1. 《明治天皇纪》第四卷，第 414 页。
2. 多木浩二，《天皇の肖像》，第 81—82 页。
3. 宫内卿德大寺实则赞成可以出售照片的观点。他请求政府批准，但是 1874 年 3 月却决定不允许出售，并下令东京都将那些出售照片的人列入监管。5 月，外务卿寺岛宗则恳请复核这条决议。他说，无法获得天皇的照片会使外国人感到失望，即便在西方，君主的照片也是自由出售的。日本现在既然已经是个开明的国家，那么出售天皇的照片肯定不会有引发不敬的危险；事实上，照片有助于引发人们的尊敬之情。12 月神奈川县的一名官员说，在颁布禁令之前，当地有人出售天皇、皇后和皇太后的照片，但没有规定，他们也无法禁止。接下来的 3 月，政府就颁布了禁止销售照片的法令（《明治天皇纪》第四卷，第 435—436 页）。
4. 陪伴他同去的有三百多名高官、侍从、医生、骑兵步卒、马夫等随从以及四百名警察（《明治天皇纪》第四卷，第 466 页）。这样的随从人数跟一般大名出行的规模相比，依然小得多。
5. 《明治天皇纪》第四卷，第 468 页。
6. 同上，第 490 页。
7. 同上，第 503 页。
8. 同上，第 528 页。
9. 《明治天皇纪》第四卷，第 512 页。
10. George H. Kerr, *Okinawa*, p. 374.
11. 大田昌秀，《近代沖縄の政治構造》，第 92 页。
12. 《明治天皇纪》第四卷，第 585 页；亦见 George H. Kerr, *Okinawa*, p. 377.
13. 《明治天皇纪》第四卷，第 603—604 页。
14. 明治的法令，见上书第 628 页。
15. 《明治天皇纪》第四卷，第 642 页。
16. 同上，第 659 页。
17. 同上，第 663—664 页。
18. 同上，第 665—666 页。
19. Hugh Borton, *Japan's Modern Century*, pp. 160-161。Borton 用了一个中文词组，表示那些被杀害的渔民是日本人（p.169）。
20. 这个数字是《明治天皇纪》第四卷第 690 页上提供的。按照大田的说法，则一共有

注释

九十六名家臣。(《近代沖縄の政治構造》，第 104 页）
21. 其中被称作"开化党"的一派支持国家现代化；称为"顽固党"的一派则反对一切变化，认为是对传统的破坏。前者倾向于支持日本；后者则支持中国。关于两个政党更完整的描述，见仲原善忠，《琉球の歴史》，第 131—132 页。
22. 中山盛茂编，《琉球史辞典》，第 419 页。
23. 笹森仪助，《南島探険》(一)，第 131 页。
24. 笹森仪助，《南島探険》(二)，第 123 页。
25. 同上，第 204 页。大田描绘了冲绳各岛对日本占领者的强烈反抗（《近代沖縄の政治構造》，第 106—107 页）。

第三十一章　格兰特到访

1. William S. McFeely, *Grant*, p. 450.
2. 同上，p. 457。
3. 同上，pp. 453, 463, 472。
4. 李鸿章提到自己镇压太平天国叛乱的同一年，格兰特镇压了南方各州的叛乱。(William S. McFeely, *Grant*, p. 474)
5. John Russell Young, *Around the World with General Grant*, 2, p. 411.
6. 同上，pp. 443, 447-448。
7. 同上，p. 451。
8. 同上，p. 533。
9. 阅兵的地点在日比谷阅兵场，时间是 7 月 7 日的上午 (John Russell Young, *Around the World with General Grant*, 2, p. 532)。详见《明治天皇纪》第四卷，第 702—703 页。
10. John Russell Young, *Around the World with General Grant*, 2, p. 477.
11. 同上，p. 481。
12. 同上，p. 529。不清楚这是不是真的。明治可能之前就与阿尔弗雷德王子这样的客人握过手。
13. John Russell Young, *Around the World with General Grant*, 2, p. 567.
14. 同上，pp. 533, 530。
15. 同上，pp. 542, 526, 538, 548。
16. 同上，pp. 527-528；《明治天皇纪》第四卷第 698—700 页上亦有简略的描述。
17. 天皇正式欢迎格兰特的话以及格兰特的回答见《明治天皇纪》第四卷，第 699—700 页。明治表示很高兴能与一位名望如此之高的前辈见面，感谢他总统任内对到访的日本人的友好招待（特别是岩仓使团到访期间），以及自己对格兰特在环游世界期间对日本进行访问的喜悦之情。
18. John Russell Young, *Around the World with General Grant*, 2, p. 534.
19. 《明治天皇纪》第四卷，第 703 页。
20. 同上，第 703 页。
21. 同上，第 704 页。
22. 同上，第 705 页。
23. 《新聞集成明治編年史》第四卷，第 75 页。

24. 《明治天皇纪》第四卷，第712页。西乡从道和森有礼也被派往日光市。
25. John Russell Young, *Around the World with General Grant*, 2, pp. 558-559.
26. 《明治天皇纪》第四卷，第708—710页。杨约翰在8月15日和9月1日的《纽约先驱报》（*New York Herald*）上详细描述了中日之间关于琉球问题的对立观点。文章的日文译本刊登于10月14日—10月27日的《报知新闻》上，亦可见《グラント将軍との御対話筆記》第69—95页。
27. 《明治天皇纪》第四卷，第720页。
28. 《グラント将軍との御対話筆記》p.xiii 上有一页英语文本的复印。笔迹正常，且相当清楚，可知并不是速写。有些词做了订正，可能是因为匆忙之中写错了，或者是因为格兰特自己即席发言时犯了语法错误。订正者的笔迹似乎是格兰特的。天皇的话要比格兰特的建议性话语少得多。有时候他用了第三人称（"表示他希望与中国保持最和平友好的关系"），说明翻译只将天皇的话概述给了格兰特。英语文本和岛田胤则的日文译本一开始保存在吉田清成的家里，但是后来都捐给了京都大学图书馆（《グラント将軍との御対話筆記》，第99页）。
29. 《グラント将軍との御対話筆記》，第21—22页。这里的英语表达有些不同寻常，但是意思却非常清楚。也许出现错误的是我用的英语打字员，而不是格兰特或者翻译。
30. 《グラント将軍との御対話筆記》，第22—23页。
31. John Russell Young, *Around the World with General Grant*, 2, p. 605.
32. 《グラント将軍との御対話筆記》，第15页、第18—19页。
33. 同上，第22页。
34. 杨写道，"英国在东方的一个奇怪现象就是，英国允许自己的殖民地自己决定关税事务，选择自由贸易还是关税保护，但她却坚持日本和中国必须仅仅在有助于英国贸易的情况下安排自己的进口和关税"（*Around the World with General Grant*, p. 582）。
35. 1879年1月5日，巴夏礼爵士从"江户"写了封信，信中他说，"美国人已经和日本签订了一份条约！但是那是一份规定只有其他国家都同意它才会生效的条约，美国人通过这种方式把自己保护得很好，而我们，作为其中的一员，当然不可能这么做"引自 . V. Dickins and S. Lane-Poole, *The Life of Sir Harry Parkes*, 2, p. 268）。关于这份条约（从未真正实施过）生效的条件，见《新聞集成明治編年史》第四卷，第72—73页。这份条约是吉田清成和美国国务卿威廉·埃瓦茨（William M. Evarts）1878年8月7日在华盛顿签署的。明治于1879年2月7日批准了条约。
36. 《グラント将軍との御対話筆記》，第26页。
37. 同上，第17页。
38. 飞鸟井雅道，《明治大帝》，第183页。
39. 飞鸟井写道，由于格兰特是一名发达国家的领导人，他对逐步建立立法机构的支持，可能极大地帮助了本就倾向于逐步建立议会的天皇（《明治大帝》，第183页）。与此相反，这个时期大限重信则赞成为两年内召集议会设置一个时间表。
40. 《明治天皇纪》第四卷，第729—732页。格兰特极力主张日本收回对中国使用的粗暴言语，中国也同样收回对日本使用的粗暴言语。有关中日之间谈判的一份有用的摘要，见 George H. Kerr, *Okinawa*, pp. 389-392。
41. George H. Kerr, *Okinawa*, p. 389.
42. 《新聞集成明治編年史》第四卷，第75页。

注 释

43. 关于这些活动的完整描绘，见《明治天皇纪》第四卷，第735—740页。
44. John Russell Young, *Around the World with General Grant*, 2, p. 573.
45. 帘子是暗红色的，上面绣有金色的"泰平"的字样。一侧用金线绣有"グラントより"（由格兰特）的字样。
46. 关于这出戏的内容，见《演剧百科大事典》第二卷，第477页。尽管它汇聚了许多歌舞伎巨星——九代目市川团十郎、初代市川左团次、三代目中山仲藏等等——但是并不成功。
47. William S. McFeely, *Grant*, p. 468.
48. 柳泽英树，《宝生九郎伝》，第34页。
49. 《明治天皇纪》第四卷，第741页。《新闻集成明治编年史》第四卷，第97页上有类似但并非一模一样的话。我两者都有引用。
50. John Russell Young, *Around the World with General Grant*, 2, p. 602.

第三十二章　教育改革

1. 《明治天皇纪》第四卷，第755—756页。可能爱子在生产时仍然受到歇斯底里症的折磨。
2. 《明治天皇纪》第四卷，第821页、827页。这些艺术品于6月抵达日本。政府认为这些东西应该由宫内省接收，但是直到12月这些作品才确认收到。乌戈列尼收到了钱和许多昂贵礼物。他画的天皇像被收录在《明治天皇の御肖像》一书中。
3. 同上，第746页、第820页。不久之后，明治给险些遇刺的阿方索十二世发电报，祝贺他逃过一劫（《明治天皇纪》第五卷，第2页）。
4. 《明治天皇纪》第四卷，第773—774页。
5. 同上，第777—778页。
6. 同上，第245页。
7. 飞鸟井雅道，《明治大帝》，第175—176页。
8. 这首诗和前面一首都引自渡边几治郎，《明治天皇》上卷，第159页。渡边没有指明前面一首作于1907年，后面一首作于1909年（《新辑明治天皇御集》，第911页、第1023页）。渡边似乎认为这两首观点迥然不同的诗，都表现了明治的典型特征。
9. 岸田吟香，《东北御巡幸记》，第396页。
10. 飞鸟井雅道，《明治大帝》，第173页。
11. 《明治天皇纪》第四卷，第364—365页。
12. 渡边几治郎，《明治天皇》上卷，第220页。
13. 关于这项指令（文教省于1871年9月5日发布）的详情，见国立教育研究所编，《日本近代教育百年史》，第477—489页。简要来说，这项计划要求将全国分成8个大学区，每个大学区进一步划分为32个中学区，每个中学区再划分为210个小学区。这样全国就总共有53760所小学，即每600名学生就有一所学校。这种教育系统明显受到法国影响，而且几名负责人都写过或者翻译过法国的教育论著（胜部真长、涩川久子，《道德教育の歴史》，第11页）。在沃贝克和其他美国人的影响下，学校的课程实际上倾向于美国模式。但是法国是唯一一个将"道德和宗教教育"列入必修课的大国，这一点正合日本人的心意（胜部真长、涩川久子，《道德教育の歴史》，第211页）。
14. 飞鸟井雅道，《明治大帝》，第176页。
15. 胜部真长、涩川久子，《道德教育の歴史》，第13页。

16. 《明治天皇紀》第四卷，第 758 页。
17. 同上，第 758—759 页。
18. 同上，第 759 页。
19. 同上，第 760—763 页。伊藤博文给天皇的奏折的翻译文本见 Herbert Passin, *Society and Education in Japan*, pp. 230-233。
20. 飞鸟井雅道，《明治大帝》，第 178 页。
21. 《明治天皇紀》第四卷，第 760—764 页。
22. 12 月 9 日河野提交了一份奏折给天皇，向他解释必须改变教育制度的原因。河野的解释见《明治天皇紀》第五卷，第 248—250 页。他否认政府官员过分"介入"学校事务。亦可见国立教育研究所编，《日本近代教育百年史》第三卷，第 930 页。
23. 《明治天皇紀》第五卷，第 250 页。
24. 飞鸟井雅道，《明治大帝》，第 178 页。

第三十三章　筹备宪法

1. 2 月 17 日，明治给沙皇亚历山大二世发去贺电，祝贺他逃过炸弹。炸弹爆炸造成了他的宫殿部分损毁（《明治天皇紀》第五卷，第 21 页）。
2. 坂本一登，《伊藤博文と明治国家形成》，第 24 页。之前（从 1879 年 4 月 4 日开始），天皇每逢周一、周三和周五的早上参加内阁会议，但是自从 1880 年 3 月 17 日更改了管理内阁会议的法规之后，天皇除了周日和节日举行的会议以外，参加所有的内阁会议。关于法规的更改，见《明治天皇紀》第五卷，第 35—36 页。请注意"内阁"这个词并非现代意义上的"内阁"，而是由"大臣"的正式顾问"参议"所组成的一个机构（坂本一登，《伊藤博文と明治国家形成》，第 20 页）。
3. 坂本讨论了伊藤希望天皇参加内阁会议的种种原因（《伊藤博文と明治国家形成》，第 12 页、第 15 页、第 19 页）。其中主要原因是让他作为一个权威的象征性领导出现在大家面前，而不是要他提出新观点或者是代表观点保守的侍补发言。
4. 假定的兑换率为一元十五钱的纸币兑换一元银币（《明治天皇紀》第五卷，第 71 页）。
5. 坂本一登，《伊藤博文と明治国家形成》，第 29 页。
6. 《明治天皇紀》第五卷，第 74—75 页。
7. 远山茂树编，《天皇と華族》，第 81 页。
8. 《朝野新闻》上刊登了一个名为野田千秋的记者所作的一篇天皇游记。远山茂树所编的《天皇と華族》第 82—86 页上有这篇游记的几段节选。第一段描述了一名老人试图直接向天皇递交陈情书，但是却被警察阻止了。他们辩解说这个人是疯子，并把他赶走，但是陈情书的主题是有关召集议会的问题，可能相当理性。第二段节选简要描述了警察对《伊吕波新闻》的一名记者采取行动的事。这名记者在文章中描写了一名警察发现了天皇的随行公卿与他从东京带来的一名艺妓睡觉。警察警告记者无中生有，散布谣言，造成了不可估量的伤害，要求他今后发表文章之前先提交警察过目，这是新闻审查制度的开端。
9. 《大阪新闻》1880 年 5 月 29 日条，转引自远山茂树编，《天皇と華族》，第 94 页。
10. 远山茂树编，《天皇と華族》，第 94—95 页。泷泽繁写的这篇描绘巡行途中新潟县一段的文章，明确地说巡幸的费用由当地的富豪所出（《北陆巡行と民衆統治（上）》，《新潟

注 释

史学》第 24 号，第 36 页）。他们被禁止奢侈地接待天皇，因此可能谎报了费用。最极端的一个例子，实际花费了 45000 元，报告上却只写了 90.3 元。

11. 远山茂树编，《天皇と華族》，第 88 页。
12. 远山茂树编，《天皇と華族》，第 90 页。
13. 同上，第 101 页。
14. 尤其可参考 T. Fujitani, *Splendid Monarchy*。书中写道："通过这些巡行以及各种写下来和没有写下来的描述，人们可以开始想象，天皇正处于全景式政权的最顶端，是管理这个国家和目光所及的人民的监督者"（pp. 55-56）。关于这些事情的稍微不同的解释，见泷泽繁，《北陆巡行と民衆统治》，第 24—25 页。
15. 例如，1881 年 4 月 11 日，天皇到吹上御苑骑马，跟随他的随从就有 160 多人（《明治天皇紀》第五卷，第 328 页）。
16. 《明治天皇紀》第五卷，第 87 页。
17. 同上，第 93 页。
18. 同上，第 128 页。亦可见《明治天皇紀》第二卷，第 76—77 页。
19. 《明治天皇紀》第五卷，第 144 页。明治的名字叫"祐宫"，直到有了"睦仁"这个名字为止。
20. 《明治天皇紀》第五卷，第 164 页。
21. 同上，第 171—173 页。
22. 可能最奢侈的要数海军省，他们迫不及待地购买欧美发明的新武器，有时拿到手的东西与他们认为订购的东西很不一样（《明治天皇紀》第五卷，第 182 页）。
23. 《明治天皇紀》第五卷，第 179 页。
24. 渡边昭夫觉察到，在明治发布有必要节俭的声明中，有"特别浓重的"元田和佐佐木观点的影子（《天皇制国家形成途上における「天皇親政」の思想と運動》，《歴史学研究》254 号，第 2 页）。他这个时期的其他声明也是这样。
25. 《明治天皇紀》第五卷，第 176 页；亦可见坂本一登，《伊藤博文と明治国家形成》，第 37 页。
26. 《明治天皇紀》第五卷，第 181 页。
27. 《明治天皇紀》第三卷，第 696 页。明治命令炽仁亲王起草宪法的法令于 1876 年 9 月 7 日颁布（《明治天皇紀》第五卷，第 245 页）。
28. 《グラント将軍との御対話筆記》，第 17 页；亦可见《明治天皇紀》第四卷，第 722 页。
29. 《明治天皇紀》第五卷，第 168 页。
30. 同上，第 234 页；亦可见坂本一登，《伊藤博文と明治国家形成》，第 43 页。
31. 他提倡内容借用英国、美国和法国的，而形式则借用德国、奥地利、荷兰、比利时、意大利、西班牙和葡萄牙的（《明治天皇紀》第五卷，第 246 页）。
32. 《明治天皇紀》第五卷，第 49 页。
33. 笠原英彦，《天皇親政》，第 174 页。

第三十四章　卡拉卡瓦访日

1. 佐佐木高行，《保古飛呂比 佐佐木高行日记 十》，第 1—2 页。
2. 《明治天皇紀》第五卷，第 254 页。
3. 1 月 7 日，天皇本来应该去听他今年的第一堂课的，但是他却到横滨视察意大利军舰去了。热那亚公爵将乘坐这艘船离开日本（《明治天皇紀》第五卷，第 257 页）。

4. 《明治天皇纪》第五卷，第259页。这个数字甚至比1880年本来就极少的23次还要少。副岛讲授的是儒家的经典著作《中庸》。西村讲的可能与伦理学有关，这是他当时忧心忡忡的科目。所有的课元田都有参加，即便不是他自己讲的课。
5. 《明治天皇纪》第五卷，第265—266页；亦可见佐佐木高行，《保古飞吕比 佐佐木高行日记 十》，第66—68页。佐佐木自己的描述中有关于这次对话的更为详细资料。
6. 森铣三，《明治人物夜话》，第19—20页；亦可见《明治天皇纪》第五卷，第281—282页。
7. 这首国歌的乐谱是由美国领事罗伯特·沃克·欧文（Robert Walker Irwin，本杰明·富兰克林的一名后裔）将军从一位曾经在夏威夷当传教士的外国妇女那里借来的，欧文将军随后将乐谱交给了日本军乐队（荒俣宏译，《カラカウア王のニッポン仰天旅行记》，第70页）。
8. William N. Armstrong, Around the World with a King, p. 37.
9. 同上，p. 39。
10. 同上，pp. 47-48。
11. 同上，p. 50。
12. 关于明治和卡拉卡瓦国王的秘密会面的描写源自《明治天皇纪》第五卷第294—298页。在 Around the World with a King 一书中，卡拉卡瓦显然没有将他的建议透露给他的随行人员。阿姆斯特朗对国王秘密离开下榻的地方感到恼怒："这种对他自己的随从人员的忽视完全有悖于礼仪。他的神秘兮兮让我们感到困惑，因为他平时绝对地信任我们"（p. 62）。《明治天皇纪》提供了不下十三处的资料来源，但是井上馨的信与长崎省吾（翻译）的报告可能提供了这次秘密会面的大量信息。
13. 《明治天皇纪》第五卷，第296页。山阶宫定麿亲王（1865—1921）是伏见宫彰仁亲王的儿子。他1882年1月14日给卡拉卡瓦去信，解释自己为何不能与卡奥拉尼公主结婚。这封信现在收藏于檀香山的主教博物馆。亲王说他很小的时候就定亲了，因此无权考虑与公主的婚姻。尽管亲王没有说，但是皇族成员与外国人结婚无疑会遭到反对。根据阿姆斯特朗的说法，"天皇饶有兴趣且有礼貌地听完他的建议，但是说这件事需要从长计议，因为这件事对日本传统的背离令人惊诧"（Around the World with a King, p. 63）。（能久亲王在欧洲时已经与一名德国贵族结了婚，但他不得不跟对方离婚。）阿姆斯特朗把这个结婚计划看成国王的"波利尼西亚人脑子深处的奇怪"想法，他相信"假如天皇接受这个计划，那么夏威夷将有望成为日本的殖民地，而这是所有的大国都不希望看到的。"
14. 荒俣宏译，《カラカウア王のニッポン仰天旅行记》，第298—300页。海缆牵涉两个问题。第一，日本缺乏建造这个工程的资金；第二，必须优先考虑美国人赛勒斯·菲尔德（Cyrus Field，他已经成功铺设了连接美国和英国的大西洋海底电缆）的请求（《明治天皇纪》第五卷，第674页）。
15. 有一个例外。井上馨热情地接受了国王的鼓励日本人移民夏威夷的请求（《明治天皇纪》第五卷，第674页；荒俣宏译，《カラカウア王のニッポン仰天旅行记》，第151页）。
16. 1882年1月24日，明治给卡拉卡瓦写了封信，表示感谢卡拉卡瓦提出的要他当亚洲君主联盟首领的建议，以及感谢他对这项计划的全力支持；但是他重申道，他相信这项计划极难实现，因为各国之间有着巨大的差异。他还用恭敬的语言婉拒了联盟首领一职。这封信保存在檀香山的主教博物馆（卡皮欧拉尼—卡拉尼欧拿欧雷藏品）（荒俣宏译，《カラカウア王のニッポン仰天旅行记》，第299—300页）。

17. 荒俣宏译，《カラカウア王のニッポン仰天旅行記》，第139页；《明治天皇纪》第五卷，第298页。
18. Hugh Cortazzi, "Royal Visits to Japan in the Meiji Period," p. 84. 这段信息来源于由两位王子的日记、信件和笔记所编纂的 *The Cruise of Her Majesty's Ship 'Bacchante' 1879-1882*。
19. Hugh Cortazzi, "Royal Visits to Japan in the Meiji Period," p. 85.
20. 同上，pp. 85-87。
21. 《明治天皇纪》第五卷，第567页。
22. 同上，第417页。
23. 《明治天皇纪》第五卷，第506页。在米泽市时，他听了一名中学模范生讲《日本外史》、一名小学模范生讲《日本略史》（第521页）。
24. 《明治天皇纪》第五卷，第535页。
25. 同上，第536页。
26. 《明治天皇纪》第五卷，第548页。
27. 我不清楚川村惹恼天皇的原因。爱德华·詹姆斯·里德（Edward James Reed）和儿子于1879年1月访问日本。他监督了三艘日本军舰——"扶桑"号、"金刚"号和"比叡"号在英国的建造工作，这三艘军舰后来成为日本海军的中坚力量。他访问日本时，受到了明治的接见，后者高度赞扬了里德在令三艘军舰成功下水方面的功劳（《明治天皇纪》第四卷，第586—597页）。
28. 佐佐木高行，《保古飛呂比 佐佐木高行日记 十四》，第495页。《明治天皇纪》第五卷，第558页上的描述基于佐佐木的著作，但是在用词和细节上有些出入。我在翻译时综合了上述两个版本。

第三十五章　自由民权

1. 早些时候曾有过反对建立民选议会的思想。例如，加藤弘之的论文《ブルンチュリ氏国法汎論摘訳民選議院不可立ノ論》（伯伦知理的《一般国家法》中关于不适宜建立公民大会的摘译），见 Kato Hiroshi, "An Abridged Translation of Bluntschli's *Allgemeines Staatsrecht* on the Inappropriateness of Establishing a Popular Assembly" in William R. Braisted, trans., *Meiroku zasshi*（明六杂志），pp. 47-49。加藤在翻译之后写下了这样的话："我恳求读者们相信，这份译文并非为了否认公议和民意的合法性。我只想对不顾时间和人民的条件，不顾一切地扩大公论这种错误的行为进行解释。"亦可见后藤靖，《自由民权》，第39页。
2. 1877年和1880年间米价翻了一番，其他商品的价格也飞速上涨（后藤靖，《自由民权》，第135页）。
3. 《明治天皇纪》第四卷，第832—836页。
4. 《明治天皇纪》第五卷，第228页。
5. 同上，第229页。
6. 同上，第231页。亦见坂本一登，《伊藤博文と明治国家形成》，第42—43页。
7. 《明治天皇纪》第五卷，第309页。大隈显然受到英国议会制度的很大影响，这是他和那些赞成普鲁士模式的政治家们对立的一个挥之不去的因素。

8. 《明治天皇纪》第五卷，第 310 页。当然，大隈的建议并没有什么新意，只是描述了英国议会的运行方式。但是，对日本人来说，按照人民（或者，至少是选民）的愿望运行政府的观念仍然非常陌生。我略去了一些大隈解释的细节。
9. 《明治天皇纪》第五卷，第 313 页。
10. 后藤靖，《自由民権》，第 162 页。
11. 《明治天皇纪》第五卷，第 314 页。岩仓对这些事件的描述以及伊藤信件的原文，见多田好问编，《岩仓公实记》下，第 698—700 页。岩仓说，他问过大隈他的观点是否和伊藤 1880 年 12 月 14 日提交的奏折上的观点一致。大隈回答说差异很小。几天后，岩仓会见了三条，并建议将大隈的建议拿给伊藤看，以验证他的观点是否和大隈的大体相同。三条同意了，并从天皇处取来了文件。伊藤读了文件后，非常震惊，请求辞去参议的职务。我的描述依据《明治天皇纪》，并参考了许多当代的资料。
12. 坂本一登，《伊藤博文と明治国家形成》，第 44 页。
13. 《明治天皇纪》第五卷，第 318—319 页。
14. 佐佐木高行，《保古飛呂比 佐佐木高行日記 十》，第 152—153 页。亦见《明治天皇纪》第五卷，第 319 页；措辞稍有不同，但是基本意思和佐佐木的描述一致。
15. William R. Braisted, trans., *Meiroku zasshi*, p. 90.
16. 后藤靖，《自由民権》，第 45 页。三名将军分别是山田显义、鸟尾小弥太和三浦梧楼。
17. 《明治天皇纪》第四卷，第 464 页。
18. 后藤靖，《自由民権》，第 144—145 页。《明治天皇纪》第五卷第 47 页简要地提到了十六条规定，但是没有详细阐述。不过其中却提到佐佐木高行（在岩仓具视和大木乔任的支持下）早前曾反对实施这些规定，但因为可能会激起公愤，他们的意见没被采纳。
19. 《明治天皇纪》第五卷，第 602 页。
20. 自由党成立的日期有各种说法。一些资料说是 1880 年 12 月 15 日，即国会期成同盟的代表在东京召开大会的日子。植木枝盛在这次会议上发表演讲，建议将组织的名字改为"自由党"。许多人反对，但是，最终却获得表决，成功通过了成立自由党的决议。他们在这次大会上起草了一份由四条内容构成的党纲，并一致决定次年 10 月再次召开大会（《明治天皇纪》第五卷，第 235 页；米原谦，《植木枝盛》，第 96 页）。

通常说的成立日期是 1881 年 10 月 29 日，这是国会期成同盟和自由党合并形成扩充后的自由党的日期。这标志着一个比 1880 年达成的协议更加正式的政党成立了。它所宣布的纲领则没有变化（《明治天皇纪》第五卷，第 566 页；后藤靖，《自由民権》，第 173—174 页）。
21. 后藤靖，《自由民権》，第 171 页。
22. 米原谦，《植木枝盛》，第 24 页。
23. 高知藩的学校废除以后，他被送到东京的军校学习。军校的授课大部分都是法语和军事学，可能是听不懂法语，植木辍学了。关于他的早期生活，请参考米原谦，《植木枝盛》，第 17—26 页。
24. 米原谦，《植木枝盛》，第 32 页。
25. 同上，第 44 页、第 52 页。
26. 同上，第 56 页。
27. 1881 年 2 月 2 日的日记，见《植木枝盛集》第七卷，第 258 页。
28. 1884 年 3 月 13 日的日记，上书第 338 页。

注 释

29. 1879年8月2日的日记，上书第205页。
30. 米原谦，《植木枝盛》，第14页。亦可见家永三郎，《植木枝盛選集》，第300页。
31. 外崎光广，《植木枝盛と女たち》，第53页。
32. 米原谦，《植木枝盛》，第112页。他在日记中对自己撰写宪法的记录非常简洁明了："我为日本起草了宪法"（1881年8月28日的日记，见《植木枝盛集》第七卷，第273页）。
33. 在三条实美和萨摩派参议的建议下选择了这个日期。岩仓曾经建议议会推迟7年召开，而大木乔任则建议推迟30年。关于天皇的谕旨，见《明治天皇紀》第五卷，第547页。他说他一直希望建立宪政制度，并提到他朝着这个方向已经采取的渐进步骤，如1875年设立了元老院，以及1878年设立了县一级的议会机构。他说1890年议会的召开将代表这个长期愿望最终得以实现。
34. 马场的日记摘录见萩原延寿，《馬場辰猪》，第145—146页。萩原指出，马场的日记写于1885年，即与板垣退助关系破裂之后，因此阅读他关于自由党成立（特别是他与板垣的关系）的描写时应该多加小心。亦见米原谦，《植木枝盛》，第117—118页。
35. 根据大桥昭夫的说法，板垣（投票时他正出发去东北地区进行巡回演讲）希望后藤成为"总理"，大会也确实选了他，但是后藤却婉拒了这个职位（《後藤象二郎と近代日本》，第217页）。
36. 渡边几治郎，《大隈重信》，第93页。转引自 Ryūsaku Tsunoda, Wm. Theodore de Bary, and Donald Keene, trans., *Sources of Japanese Tradition*, p. 693。大隈在写到那些声称他们的政党支持"尊重天皇"的人时，他可能想到了"立宪帝政党"。这个右翼政党支持成立一个由天皇授予而不是由人民选举出来的议会。1882年3月福地源一郎（樱痴）成立了这个政党。关于福地1880年以后的观点的简要叙述，请参考《福地樱痴集》第364—366页上的《国約憲法会議ヲ開クノ議》一文。这个政党得到了神道教神官和佛教僧侣的支持。它于1883年9月解散，但就像其他的政党一样死而复生，直到1940年才真正寿终正寝。
37. 大桥说，尽管这一喊非常著名，但并不知道板垣是否真的喊了这样的话（《後藤象二郎と近代日本》，第221—222页）。行凶者是个小学老师，受到了《东京日日新闻》（福地樱痴任编辑）上激烈批评板垣的文章的影响。据报道，当地医生知道岐阜的知县是反自由党的，于是拒绝为板垣治疗，担心自己可能会被贴上支持自由党的标签。结果是后来成为杰出政治人物的医生后藤新平为他治疗。
38. 《明治天皇紀》第五卷，第687页。一开始人们建议他派侍从长德大寺实则作为敕使去，但是天皇不同意，说派一名普通侍从去更合适。这表明他对板垣的态度有点冷淡，但是岐阜知县（臭名昭著的反自由党）的态度则更加冷淡。他表现得好像根本不知道有这件事似的，甚至对板垣的伤势不闻不问。这激怒了自由党人，他们称这次未遂的暗杀行动是由政府唆使的。一些板垣的追随者认为他不应接受天皇给他的300抚慰金，但是板垣斥责他们，说一名臣子不可能拒绝天皇赐予的礼物。知县在听说天皇送礼之后，才派人询问板垣的伤情。
39. 大桥昭夫，《後藤象二郎と近代日本》，第223页。
40. 翻译今村和郎曾在法国学习，能够胜任法语的翻译。不久前，他接到井上的委任状，在政府任职（大桥昭夫，《後藤象二郎と近代日本》，第229页）。
41. 大桥昭夫，《後藤象二郎と近代日本》，第227—228页。
42. 同上，第236页。有关斯宾塞对板垣的见解的反应描述，见时在伦敦的日本大使森有礼写给伊藤的一封信。
43. 同上，第 237—238 页。

第三十六章　济物浦条约

1. 《明治天皇纪》第五卷，第 600 页，"军人"自然包括海军和陆军。
2. 《明治天皇纪》第五卷，第 601—602 页。
3. 同上，第 608 页。
4. 同上，第 617—618 页。
5. 保存在泉涌寺的一个文殊菩萨小雕像据说是明治的私人护身符。泉涌寺位于与皇室关系密切的京都真言宗古刹内（照片请参阅《皇族の御寺》，第 36 页）。与佛教真言宗派的关系促使明治积极地在高野山重建宝塔。对于重建西教寺——一个重要的天台宗寺庙，明治只提供了 50 日元（《明治天皇纪》第五卷，第 651 页）。明治并非捐赠寺庙的唯一皇室成员，皇太后和皇后也捐赠 500 日元用于重修位于京都的临济宗派禅寺——东福寺（第 690 页）。
6. 弗兰克·普罗查斯卡（Frank Prochaska）在《皇室恩赐》（*Royal Bounty*）中描述了英国皇室（主要在 19 世纪）向学校、医院、孤儿院和其他慈善机构赠送的礼物。明治偶尔向学校和医院捐钱。1881 年 8 月 5 日，传染病流行期间，明治私掏腰包向东京都捐赠了 7 万日元的巨款，用于卫生和疾病防治。（《明治天皇纪》第四卷，第 736—737 页）1882 年 7 月 27 日，霍乱蔓延期间，他捐赠了 1000 日元用于疫情救援（《明治天皇纪》第五卷，第 747 页）。他甚至越来越频繁地为宗教或科学组织慷慨解囊。例如，1882 年 2 月 3 日，天皇同意每年向皇典讲究所——一所为教习日本经典、神道教、仪式、音乐和武术等而新成立的研究机关——资助 2400 日元，为期 10 年（《明治天皇纪》第五卷，第 624—625 页）。
7. 《明治天皇纪》第五卷，第 633 页。
8. 天皇的个人财产是常常需考虑的问题。原则上，日本的全部土地均为王土，但并没有文件规定。在 1872 年废除《禁止田地永久买卖法令》后，即使是平民也能拥有土地的所有权。1876 年，木户孝允意识到皇室拥有适量财富的重要性。木户说，如果亲王和皇室成员住不起与其身份、地位相匹配的宅邸，又该如何维护他们的尊严？在全世界还没有哪一个国家的皇室拥有如此之少的财富（《明治天皇纪》第五卷，第 644 页）。
9. 《明治天皇纪》第五卷，第 640—641 页。
10. 请参考有关禁止外国人在日本内陆旅行的限制。外国人可以因"健康、卫生研究或科学调查"等申请颁发护照。1878 年，伊萨贝拉·伯德（Isabella L. Bird）持因哈里·巴夏礼爵士代为求情而获得的护照从东京前往北海道，她详述了护照封面用英语载明的旅行条件：持有者禁止在林中点火；禁止骑马进入火灾现场；禁止非法侵入田地、圈地或禁猎区；禁止在寺庙、神社或墙壁上乱写乱画；禁止在狭窄的道路上快速行驶；禁止无视"不准通行"的公告；持有者必须"遵守秩序，对日本政府和民众客气"；"凡官员有要求的，必须向官员出示护照"，违者将被拘捕；在内陆时，"禁止射杀，禁止与日本人通商或订立贸易合同，禁止房屋或客房的租赁期限超过逗留时长"。（*Unbeaten Tracks in Japan*, p. 33-34）
11. 《明治天皇纪》第五卷，第 657 页。

注 释

12. 同上，第 658 页。
13. 同上，第 683—684 页。
14. 同上，第 712—713 页。
15. 同上，第 743 页；另请参阅 Hugh Cortazzi, *Sir Harry Parkes*, p. 15。
16. Hugh Cortazzi, *Sir Harry Parkes*, p. 15. 此处引述的话语来自于 F. V. Dickins and S. Lane-Poole, *The Life of Sir Harry Parkes*, 2, p. 319-322。
17. "闵妃"总是被当做其名字，但"闵"是她的姓氏，如同玛丽·安托瓦内特（Marie Antoinette）被称为"哈布斯堡王朝皇后"一样。
18. Woonsang Choi（崔文衡），*The Fall of the Hermit Kingdom*, p. 17；《明治天皇纪》第五卷，第 746 页；片野次雄，《李朝灭亡》，第 56 页。
19. 片野次雄，《李朝灭亡》，第 57 页。
20. 角田房子，《闵妃暗杀》，第 115 页。尽管本书以小说的形式写成，但很显然是一部严谨的研究成果。
21. 如需了解关于此类事件的不同描述，请参阅 Hilary Conroy, *The Japanese Seizure of Korea*, p. 102。
22. 角田房子，《闵妃暗杀》，第 121 页；另请参阅 Woonsang Choi, *The Fall of the Hermit Kingdom*, p. 18, 以及 Kibaik Lee（李基白），*A New History of Korea*, trans. Edward W. Wagner, p. 273。
23. 《明治天皇纪》第五卷，第 750 页。
24. 同上，第 752 页。
25. 《明治天皇纪》第五卷，第 759—762 页、第 766—767 页。
26. 同上，第 771 页。对于花房离开汉城的直接原因说法不一。根据崔文衡的说法，是因为花房要求对日本遭受的损失予以赔偿，兴宣大院君"反驳道，倘若日本坚持要朝鲜政府赔偿，则朝鲜政府认为有必要对在朝开展贸易的所有日本商人征税"（*The Fall of the Hermit Kingdom*, p. 18）。片野则认为，在规定的三天期限过去后，花房得知由于要为闵妃举行葬礼，他将无法得到朝鲜的答复（《李朝灭亡》，第 68 页）。他愤怒于朝鲜将内部事务看得比他的事情更重，于是叫嚷着他已经放弃了和平解决此次危机的希望。根据崔硕莞的说法，花房的要求让朝鲜朝廷大吃一惊，尤其是三天的答复期限（《日清戦争への道程》，第 33 页）。由于国内形势紧迫，朝鲜国王派去答复花房的洪淳穆试图获准延长期限，但花房将此举解释为朝鲜不愿认真谈判，于是在 8 月 22 日向朝鲜国王发出最后通牒后前往仁川。
27. 片野次雄，《李朝灭亡》，第 61—63 页。
28. 《明治天皇纪》第五卷，第 800 页。
29. 同上，第 818 页、第 838 页。
30. 同上，第 840 页；Kibaik Lee, *A New History of Korea*, p. 276。
31. 这是岩仓具视的观点。（《明治天皇纪》第五卷，第 841 页）

第三十七章　岩仓逝世

1. 雅乐乐师受到政府的优待，无疑是因为他们的音乐与朝廷仪式直接相关。他们终身受聘于朝廷，并获得足以支付生活开销的俸禄（《明治天皇纪》第六卷，第 299 页）。

2. 《明治天皇纪》第六卷，第 105—106 页。
3. 他们是都曾接受荷兰医学培训的伊东方成（1832—1898）和岩佐纯（1836—1912）。伊东方成起初师从有名望的伊东玄朴，随后在长崎跟随彭培·凡·米尔德沃特（Pompe van Meerdevoort）学医。他还在乌得勒支大学学习，明治维新后不久回到日本（《明治天皇纪》第六卷，第 68 页）。岩佐在日本跟随彭培和鲍迪安学医，1884 年前往欧洲学习。
4. 1884 年 12 月，嘉仁王子患上了流感。天皇非常担心，得知嘉仁王子的外曾祖父中山忠能和外祖母中山庆子拜佛求神祈祷王子康复时，传话恳请他们继续祈祷。大概过了一个月的时间，嘉仁完全康复（《明治天皇纪》第六卷，第 316 页）。
5. 例如，从 4 月 16 日到 20 日，天皇在埼玉县的饭能市及周边地区观看了近卫军的春季操练演习（《明治天皇纪》第六卷，第 37—42 页）。
6. 《明治天皇纪》第六卷，第 14—15 页。
7. 同上，第 121 页。他获得了 2000 日元的高额薪俸。
8. 例如，恢复在明治维新时废止的贺茂祭和男山祭两个古老仪式。岩仓具视是复兴此类传统的倡导者；保护京都也是其方案的一部分（《明治天皇纪》第六卷，第 56 页、第 111 页）。该仪式于 1884 年 5 月 15 日按照传统方式初次举行（第 206 页）。
9. 争论的一个焦点是做出卓越贡献的武士阶层的成员是否应被视为贵族成员。伊藤博文强烈主张在拟成立的议会中将此类武士成员同世袭的贵族一道纳入参议院，但岩仓坚决反对（大久保利谦，《岩仓具视》，第 236 页）。在岩仓死后的 1884 年 7 月颁布了《华族令》，将贵族分为五个等级，取代了旧时的贵族头衔，根据门第和勋功授予爵位，从而使得这一问题得以解决（《明治天皇纪》第六卷，第 220—225 页）。
10. 北陆巡幸时，天皇驻足京都，看到京都的失修破旧感到惊愕。在天皇看来，就像在俄国旧都莫斯科举办主要仪式（如皇家加冕礼和葬礼）一样，日本的类似仪式也可以在京都举行。1883 年 4 月，天皇就此颁布了正式的诏书。岩仓早在该年 1 月就提交了一份保护京都的详细奏折，主张不仅要保护旧皇宫，也要按照旧时平安京的规模维护京都，他希望制订方案以便为京都的日后繁盛奠定基础。岩仓对京都美丽的自然环境和辉煌历史进行了描绘，称保护京都具有举足轻重的作用（《明治天皇纪》第六卷，第 46—48 页）。5 月，在岩仓前往京都时，其于 1 月拟定的京都保护方案的大部分内容均得以实施。
11. 《明治天皇纪》第六卷，第 56 页。
12. 同上，第 81 页。婚前，皇后的身份是一条忠香的女儿。以该身份（这比皇后的身份卑微许多）探望，岩仓可以不用下床迎驾。
13. 同上，第 89—90 页。
14. 按照天皇的旨意写的一篇更加正式的悼词刻在岩仓的墓碑上，列举了岩仓的各项成就。悼文由重野安绎撰写（《明治天皇纪》第六卷，第 96 页）。
15. 《明治天皇纪》第六卷，第 99 页。
16. Hugh Cortazzi, *Sir Harry Parkes*, p. 16. 这是萨道义于 1881 年在给巴夏礼的未来传记作家迪金斯（F. V. Dickins）的一封信中发表的评论。萨道义多年来担任巴夏礼的翻译，经常提到巴夏礼脾气火爆，例如"在对基督教问题进行热烈讨论时，日本人说得有理有据，哈里爵士也说得合情合理，但不幸的是，他对木户采用的论据大发雷霆，并且使用诸如'我不想再说一遍'等激烈的言辞"（*A Diplomat in Japan*, p. 398）。
17. Sir Ernest Satow, *A Diplomat in Japan*, p. 141.
18. 藤田觉，《幕末の天皇》，第 102—112 页。

注 释　　899

19. 《明治天皇纪》第六卷，第 200 页。9 月 9 日，日本正式宣布在此次战争中保持中立（第 285 页）。
20. 《明治天皇纪》第六卷，第 210 页。该条目的日期是 6 月 1 日，表明此时天皇的疾病已经持续了一个多月。
21. 《明治天皇纪》第五卷，第 339—342 页。
22. 《明治天皇纪》第六卷，第 349—352 页。
23. 《明治天皇纪》第六卷，第 275—276 页。
24. 竹添进一郎（1842—1917）写了一部与众不同的旅行日记（《栈云峡雨日记》），描述了他在清国的旅行。请参阅拙著 Modern Japanese Diaries。
25. 这场战争产生了一个奇怪的后果：法国声称为了两国的共同利益，提议日法结成联盟。如果日本缺乏足够的资金与清国开战，法国承诺在巴黎募集资金、按照最有利的条件协助日本。但是，日本未予回应，于是这件事就这样不了了之（《明治天皇纪》第六卷，第 328—329 页）。
26. 有时也称为独立党。如需了解开化党的介绍，请参阅 Kibaik Lee, *A New History of Korea*, trans. Edward W. Wagner, p. 275-276。
27. 如需了解当代学者对此事的描述，请参阅 Hilary Conroy, *The Japanese Seizure of Korea*, p. 154。
28. 《明治天皇纪》第六卷，第 318—321 页。亦参考了 Woonsang Choi, *The Fall of the Hermit Kingdom*, p. 21-23 的资料。崔文衡主要依据当时在朝欧洲人的陈述。
29. 《明治天皇纪》第六卷，第 337 页。

第三十八章　江户的舞会

1. 富田仁，《鹿鸣馆——拟西洋化の世界》，第 58 页。
2. 矶田光一，《鹿鸣馆の系谱》，第 23 页；另请参阅富田仁，《鹿鸣馆——拟西洋化の世界》，第 116 页；他说，建造这栋建筑的费用由外务省、陆军省以及其他机构和东京都共同承担。
3. 富田仁，《鹿鸣馆——拟西洋化の世界》，第 7 页。"鹿鸣馆"是由井上馨夫人的前夫中井弘取名。中井不仅精通中国诗词，也是一位巴黎通；他在京都创办了类似于歌舞演出的京都歌舞会（第 51 页）。尽管鹿鸣馆主要用于举办舞会、宴会、义卖和类似社交活动，但一些外国贵宾驻留东京时会待在鹿鸣馆。

    "鹿鸣馆"得名于《诗经》第 161 篇，诗歌是这样开头的：呦呦鹿鸣，食野之苹。我有嘉宾，鼓瑟吹笙。（Arthur Waley, *The Book of Songs*, p. 192）
4. 具体菜单，请参阅富田仁，《鹿鸣馆——拟西洋化の世界》，第 189—190 页。
5. 一位卓有成就的老师是德国人约翰内斯·路德维希·詹森（Johannes Ludwig Janson），他是东京驹场农学校的老师（富田仁，《鹿鸣馆——拟西洋化の世界》，第 165—167 页）。
6. 1887 年 7 月 9 日的《女学杂志》，转引自富田仁，《鹿鸣馆——拟西洋化の世界》，第 174 页。
7. 富田仁，《鹿鸣馆——拟西洋化の世界》，第 164 页。
8. 如需查看这幅漫画的照片，请参阅上书第 215 页。
9. 外国人以知道东京的旧称（江户）而自豪，直到 1885 年也不太愿意使用新名称东京。该章节选自 Pierre Loti, *Japoneries d'automne*。
10. 富田仁，《鹿鸣馆——拟西洋化の世界》，第 23 页。

11. 近藤富枝,《鹿鳴館貴婦人考》, 第 154 页。
12. 同上, 第 146 页。四年前, 在卡拉卡瓦国王访日期间, 末子曾担任皇后的翻译（详见本书第 34 章）。
13. 如需了解部分出席的嘉宾和贵宾的名单, 请参阅近藤富枝,《鹿鳴館貴婦人考》, 第 187—189 页。照片上显示两名政府成员装扮成福神惠比寿和大黑天神, 两名女士分别扮成能剧《松风》中的松风和村雨, 详情请参阅《鹿鳴館——擬西洋化の世界》第 177 页。另请参阅《明治天皇紀》第六卷, 第 732—733 页。
14. James E. Hoare, *Extraterritoriality in Japan*, p. 95.
15. 富田仁,《鹿鳴館——擬西洋化の世界》, 第 70 页。1883 年 12 月 11 日, 外务卿为此向日本驻英公使森有礼发送了一份备忘录。
16. 富田仁,《鹿鳴館——擬西洋化の世界》, 第 71 页。另请参阅《明治天皇紀》第六卷, 第 272 页。普伦凯特的亲切友善和巴夏礼的毫不妥协形成鲜明对比, 使巴夏礼（在 1886 年 7 月）赢得了明治天皇的称赞。天皇准许接见巴夏礼, 并在接见中表达了感激之情。关于天皇在该场合发表的讲话的全文（包括对德国公使的类似态度的称赞）, 见《明治天皇紀》第六卷, 第 615—616 页。
17. James E. Hoare, *Extraterritoriality in Japan*, p. 95.
18. 同上, 第 72 页。另请参阅富田仁,《鹿鳴館——擬西洋化の世界》, 第 31 页。
19.《明治天皇紀》第六卷, 第 447—448 页。
20. 11 月 19 日, 皇后和皇太后前往鹿鳴館, 但不是去跳舞或参加宴会。当时在举办慈善义卖, 她们购买了一些物品（《明治天皇紀》第六卷, 第 497 页）。天皇不喜欢过度吹捧西洋的东西, 加之他遵从儒家思想中关于统治者言行举止需要得当的教诲, 因而没有参加鹿鳴館的舞会。但有传闻说, 1885 年 6 月天皇在访问彰仁亲王时, 他询问 "dance"（跳舞）是什么意思。亲王与妻子共舞一支, 以此回答天皇的询问, 天皇对舞蹈表示赞许。关于该传闻, 请参阅近藤富枝,《鹿鳴館貴婦人考》, 第 186 页; 对于此次访问, 请参阅《明治天皇紀》第六卷, 第 421 页。
21. 8 月在巡幸时, 天皇派遣能久亲王视察曾遭受洪水重创的大阪、京都和滋贺等地。在滋贺, 河流冲毁了超过 2000 个地方的堤坝, 近 40000 面临饥饿威胁的人们获得了援助。这些人里面有 23000 人之后生活难以自足（金井之恭,《西巡日乘》, 第 628 页;《明治天皇紀》第六卷, 第 462—463 页、第 468—469 页）。
22.《明治天皇紀》第六卷, 第 377 页、第 382 页、385 页。
23. 同上, 第 426 页、第 443 页。
24. 同上, 第 504 页、第 510 页。
25. 如需了解关于巡幸的描述, 请参阅金井之恭,《西巡日乘》, 第 604—631 页。
26.《明治天皇紀》第六卷, 第 453 页。
27. 同上, 第 475 页。
28. 致歉信的全文请参阅《明治天皇紀》第六卷, 第 365 页, 明治的简短答复请参阅《明治天皇紀》第六卷, 第 366 页。朝鲜国王称明治为"大皇帝", 自称为"大君主"。明治称朝鲜国王为"大王"。
29.《明治天皇紀》第六卷, 第 367 页。
30. 同上, 第 369—370 页。
31. 如需了解三条函件的全文, 请参阅《明治天皇紀》第六卷, 第 373 页。

注释

32. 《明治天皇纪》第六卷，第397—398页。日本的对外政策不够坚定，这惹恼了很多日本人。很多日本臣民密谋杀害朝鲜领议政*和事大党的其他成员，并用朴泳孝、金玉均和其他开化党人取而代之，以让朝鲜脱离清朝的枷锁而取得独立，消除清朝的影响力。他们认为这也有助于在日本创建一个议会政体。于是，20多名日本人横渡到朝鲜，打算谋害事大党。他们起草了一份告示，并在全国散发。但是，由于缺乏资金和密谋集团的内部冲突，他们被逮捕。共约130名日本人涉事，1887年4月在日本对其中的58名进行了审判。（《明治天皇纪》第六卷，第500—502页）（*领议政：朝鲜最高行政机关议政府的最高领导人，相当于中国的宰相或丞相。——译注）
33. 《明治天皇纪》第六卷，第405—406页。
34. 同上，第406页。这一信息记录于德大寺实则的日记（而非官方记录）之中。伊藤不是唯一一个在该场合获得奖赏的人士，井上馨因努力解决汉城局势而获得10000日元的奖励，西乡从道和榎本武扬各获得6000日元的赏赐。5月9日，井上从天皇手中接过赏赐，但是其他人获赏的日期没有定下来。
35. 《明治天皇纪》第六卷，第433页。
36. 同上，第436页。皇室为这次访问做了很充裕的准备，天皇向伊藤赏赐了一套刻有皇冠的银杯、一对刻有皇冠的青铜花瓶和1000日元。天皇是因为看重本次访问才给予这些赏赐，而不是对伊藤在清朝取得的成果给予奖赏。
37. 井黑弥太郎在《黑田清隆》一书的第91—92页对导致1873年任命黑田担任陆军中将的奇怪情形进行了描述。山县最初反对这一任命，炽仁亲王声称此举只会招致灾难。
38. 《明治天皇纪》第六卷，第15—16页。
39. 同上，第371页。5月底，黑田在上海，当从南方前往北京时，他给三条发了一封电报，描述了欧洲帝国主义列强最近在东亚采取的动作。他还提到自己听到的广州和福州海岸的防御。
40. 井黑弥太郎，《黑田清隆》，第195—196页。
41. 同上，第200页。
42. 同上，第201页。毫无疑问，当佐佐木向天皇阐述其观点时，天皇受到了影响。
43. 井黑弥太郎，《黑田清隆》，第118页。有传闻说黑田在酒醉的状态下将妻子刺伤或殴打致死。
44. 《明治天皇纪》第六卷，第503页。当天皇访问一些政要显贵的宅邸时，通常都会举办能乐演出以款待天皇，但黑田在其宅邸中专门修建的圆形场地内举办相扑比赛，以此接待天皇。
45. 井黑弥太郎，《黑田清隆》，第198—199页。
46. 坂本一登在《伊藤博文と明治国家形成》一书中描述了伊藤成功地稳步推进其政府改革方案。如需了解伊藤在1883年（此时伊藤从欧洲回来，他在那里考察普鲁士宪法）和1885年（此时他的内阁政府方案得到天皇的恩准）间的活动，请参阅坂本一登《伊藤博文と明治国家形成》，第105—136页。
47. 《明治天皇纪》第六卷，第514页。如需了解他为了说明原因而向天皇呈递的奏折，请参阅第514—516页。
48. 《明治天皇纪》第六卷，第516—517页。如需了解天皇于12月23日宣布重组政府的相关诏书，请参阅第518—519页。

第三十九章　太子嘉仁

1. 如需了解提到天皇病状的极少数实例，请参阅《明治天皇纪》第六卷，第 595 页。该页记录天皇患上了胃病。
2. 《明治天皇纪》第六卷，第 530 页。
3. 同上，第 542—543 页。
4. 同上，第 572 页。不久后，距离天皇的马车数十步远的一颗流弹击中了一位侍从，子弹射穿了他的大腿。近卫军指挥官认为这是一次极其严重的冒犯，于是请求辞职。但是，大约一个月后，天皇认为此次冒犯不至于造成辞职。
   从此时起，皇后似乎对军事事务越来越有兴趣。1887 年 3 月 28 日，皇后访问了陆军士官学校，视察了该校的各项活动（第 721 页）。
5. 据山川三千子所说，明治晚年只宠爱两名典侍——园祥子和小仓文子（《禁断的女官生活回想记》，第 194 页）。小仓没有孩子，因此未能载入明治妻妾的系谱之中。
6. 《明治天皇纪》第六卷，第 509 页。
7. 同上，第 509 页。
8. 同上，第 544 页。根据这一叙述，尚不清楚为公主的降生采用了哪一种医学。
9. 《明治天皇纪》第六卷，第 579 页。
10. 同上，第 544 页、第 510 页。
11. 饭泽匡，《異史明治天皇伝》，第 53 页。
12. 根据《明治天皇纪》第六卷第 630 页记载，与亲王有关的一切事务均交由中山庆子（天皇的生母）处理。尽管她对睦仁要求严格，但嘉仁身体纤弱，使得中山庆子对他的管教过于宽松。
13. 《明治天皇纪》第六卷，第 570—571 页。
14. 同上，第 808 页。
15. 1886 年 3 月 1 日将东京大学更名为帝国大学。这次更名在文部大臣森有礼的建议下进行，反映出其认为教育的主要功能就是培养服务于国家的人才这一信念。如需了解与当时帝国大学的结构更改有关的描述，请参阅《明治天皇纪》第六卷，第 551—552 页。
16. 西村茂树，《日本道徳論》，第 117 页。此处引用吉田熊次的解说。西村茂树于 12 月 11 日、17 日和 26 日在大学的演讲厅发表这一系列演讲，并向学生和大多数社团公开。
17. 西村茂树，《日本道徳論》，第 10—11 页。
18. 同上，第 12 页、第 14 页。
19. 同上，第 14 页。
20. 同上，第 15 页。
21. 如需了解儒教的五大缺陷（如对身份卑微者不公平、男尊女卑），请参阅西村茂树，《日本道徳論》，第 28—29 页；如需了解哲学的四大缺陷，请参阅第 31—33 页。
22. 西村茂树，《日本道徳論》，第 60—64 页。
23. 《明治天皇纪》第六卷，第 670 页。
24. 该叙述主要出自川合彦充，《ノルマントン号事件》，第 4—5 页。另请参阅《明治天皇纪》第六卷，第 644 页、第 666—667 页。
25. 如需了解翻译版歌曲（"诺曼顿号沉没之歌"）的开头和作曲，请参阅 William P. Malm, *Modern Music of Meiji Japan*, p. 287。歌曲开头如下：勇士搏大浪／来把歌高唱／贫弱

注 释　　903

尽受欺 / 梦醒叹悲怆 / 青海碧波滚 / 海中四寻望 / 吾辈诸同胞 / 何处寻安放 / 呼救声不绝 / 涕泪涟涟淌。

26. 并非只有日本人表现出了不满情绪。法国艺术家乔治斯·比哥出版了一幅漫画，描绘的是英国船员平安无事地坐在划艇上，而日本人只有浮在水面上的头部可见。船长向希望获救的日本人索要金钱。色川大吉的《近代国家の出発》第438页转载了这幅漫画。

27. 然而，也许日本朝廷对外国皇室的热情并没有得到充分回报。1887年6月，彰仁亲王代表日本皇室在伦敦参加维多利亚女王登基五十周年庆典。当亲王看到在参加庆典的外国贵宾的名单中漏掉了他的名字时，感到不悦。此外，亲王下榻的酒店的膳宿要比欧洲皇室成员的逊色。当他准备前往威斯敏斯特教堂时，没有为他提供公务车，他得租车前往；当他到达时，他发现自己与暹罗和夏威夷皇室（而非与欧洲的皇室成员）坐在一起。这些（以及其他公然冒犯行为）使他确信英国人仍认为日本只不过是东洋的聂尔岛夷而已（《明治天皇纪》第六卷，第764—765页）。

28. 《明治天皇纪》第六卷，第721页。

29. 同上，第712—713页。

30. 《明治天皇纪》第六卷，第732页。另请参阅Donald H. Shively, *The Japanization of the Middle Meiji*, p. 94。他从1884年出版的高桥义雄的《日本人種改良論》一书中引述了一段话。在该书中，作者声称，"就凭日本人低下的智商和孱弱的身体"，无法指望他们与白人抗衡，在激烈的竞争下只会感到精疲力竭。唯一的补救方法就是与白人通婚以改良人种。1892年当问及赫伯特·斯宾塞（Herbert Spencer）的观点时，斯宾塞表示强烈反对。

31. 《明治天皇纪》第六卷，第735—736页。另请参阅井上清，《条約改正》，第108—109页。

32. 在欧洲待了一年多后，黑田于6月23日返回日本，他在欧洲考察那里的农业、商业和工业情况。他看到那里的军备大量增加，意识到全世界形势危急。也许这就是为什么他在维也纳师从洛伦茨·冯·施泰因学习国际法的原因（《明治天皇纪》第六卷，第765—766页、第777页）。

33. 《明治天皇纪》第六卷，第778—779页。

34. 同上，第782页。

35. 同上，第788—789页。另请参阅井上清，《条約改正》，第112—113页。

36. 《明治天皇纪》第六卷，第804页。

37. 同上，第803—806页。

38. 同上，第799页。

第四十章　帝国宪法

1. 《明治天皇纪》第七卷，第20页。

2. 在1888年夏天，嘉仁亲王(4月的时候患上了百日咳)的老师建议将嘉仁带到箱根去避暑。他请求明治恩准，明治显然很不悦，非常不情愿地准奏，规定只能待一周，并且必须由元田永孚陪伴亲王（《明治天皇纪》第七卷，第116页）。也许是因为他一想到亲王与他相距遥远而感到不安，但是，也有可能是因为他认为与其他日本民众一同忍受夏季酷暑，是他和亲义不容辞的责任。但是，显而易见，待在箱根对亲王的健康是有益的，并且在夏季和冬季离开东京前往气候更温和的地方成为了亲王的一个习惯。

3. 1888年12月接受西方培训的医生取代了宫廷汉方医师（《明治天皇纪》第七卷，第167页）。1889年2月，天皇令陆军和海军的外科医生对为什么其众多子女夭折进行调查（第203页）。
4. 《明治天皇纪》第七卷，第4页。
5. 《明治天皇纪》第七卷，第7页。
6. 比利时驻日公使阿尔伯特·德·阿内唐（Albert d'Anethan）男爵的夫人在其日记中记载道，"我们和意大利人吉欧索尼绅士一同喝茶。他在日本生活了很多年，我们参观了他的青铜器、漆器、日本版画和古老刺绣等精美收藏。他还向我们展示了他画的天皇和皇后的画像，这是当时仅有的天皇和皇后陛下的原版画像。吉欧索尼绅士凭着记忆速写了这些相似度极高的画像，天皇或皇后应当抛弃日本的礼仪规矩或忠于王室的理念，允许自己为画像或照相摆姿势"（*Fourteen Years of Diplomatic Life in Japan*, p. 53-54）。
　　明治不喜欢照相，但皇后却不同。1889年6月24日，皇后派人去请摄影师铃木真一，让他为自己拍照。第二天，她派人去请另一名摄影师丸木利阳，他也为皇后派了一张照（《明治天皇纪》第七卷，第287页）。如需了解向小学传发照片的情况，请参阅第424页。
7. 《明治天皇纪》第七卷，第16页。井上辞职后接任的是伊藤，伊藤暂时担任总理大臣兼外务大臣。
8. 如需了解大隈党派的目标，请参阅Joyce C. Lebra, *Okuma Shigenobu*（大隈重信），p. 69-76。
9. 如需了解黑田会见大隈的有关概况，见渡边克夫，《明治二十二年の条约改正反对运动》，第4页。
10. 《明治天皇纪》第七卷，第17页。另请参阅Joyce C. Lebra, *Okuma Shigenobu*, pp. 84, 164。在谈判时大隈更改了条件。如需了解详情，请参阅渡边克夫，《明治二十二年の条约改正反对运动》，第6—18页。
11. Joyce C. Lebra, *Okuma Shigenobu*, p. 86.
12. 《明治天皇纪》第七卷，第50页；该话的意译本请参阅Hugh Borton, *Japan's Modern Century*, p. 141。
13. 枢密院的五大职能详列于《明治天皇纪》第七卷，第51页。所有职能均与拟议宪法的内容和修改宪法规定的程序有关。
14. 《明治天皇纪》第七卷，第52页。
15. 同上，第74—75页、第92页、第94页。另请参阅土方久元，《叙明比べなき大皇帝》，《太阳增刊 明治圣太子》，第58页。"激辩常常持续若干个时辰，然而，每次发言，陛下都孜孜不倦地悉数聆听，即便是在就寝的时辰过后，陛下也会议论说今日辩论中某某的观点准确，并且会对不同意见做出好坏评判。陛下的评判准确、清晰，给我留下了深刻印象。"
16. 《明治天皇纪》第七卷，第93页。
17. 同上，第164—165页、第324—325页。另请参阅Mary Crawford Fraser, *A Diplomat's Wife in Japan*, p. 27。
18. 据达拉斯·芬恩所称，"但大多数外国人，如贝尔茨医生、比利时男爵夫人德·阿内唐、英国勋爵雷德斯戴尔和纽约金融家雅各布·希夫（Jacob Schiff），都认为皇宫富丽堂皇"（*Meiji Revisited*, p. 94）。例如，德·阿内唐男爵夫人将正殿描绘成"这是一个宏伟、巨大的殿堂，铺着镶木地板"（*Fourteen Years of Diplomatic Life in Japan*, p. 48）。

注释

19. 日野西资博，《明治天皇の御日常》，第 71 页。
20. 《明治天皇纪》第七卷，第 192—193 页。谷干城指出，由于他在军队立下的功劳获得认可而被授予了子爵的爵位，因此他可以在上议院（贵族院）任职。
21. 当得知谷干城不愿意在枢密院任职时，天皇拒绝接受"不"这样的答复。他令侍从长派一名宫内省官员去劝说谷干城改变主意。听闻天皇的失望之情，谷干城很受感动，但他请求给予时间重新考虑（《明治天皇纪》第七卷，第 201—202 页）。之后，谷干城在任职枢密院或任职内阁中进行选择。虽然谷干城不会对内阁造成不利影响，但他不希望像后藤象二郎那样同时又去填补内阁的职位空缺。最后，总理大臣黑田任命的人是后藤而非谷干城（第 246 页）。文部大臣的职位由榎本武扬填补，后藤接替榎本之前担任的通信大臣。
22. 《明治天皇纪》第七卷，第 197 页。
23. 同上，第 200 页。
24. 《明治天皇纪》第七卷，第 206—207 页。
25. Erwin Baelz, *Awakening Japan*, trans. Eden Paul and Cedar Paul, pp. 81-82. 德川龟之助是德川家达（1863—1940）的幼名。Baelz 称其为 "imperial chancellor"，即"总理"之意。
26. Borton 对 1946 年宪法的规定和 1889 年宪法的相应条款进行了叙述（*Japan's Modern Century*, pp. 490-507）。
27. 得知天皇反感黑田，元田举了中国历史上对有严重缺点的人士予以奖励的一个例子：汉高祖杀了最喜欢的一名大臣，并向讨厌的一名大臣封爵，以安定民心、使百姓顺归其统治（《明治天皇纪》第七卷，第 213—214 页）。天皇没有被元田的论据所说服，只向伊藤授予了勋章。
28. 根据贝尔茨所说，报纸将这位行刺者描绘成英雄，"位于上野的西野墓地出现宛如祭拜一样的情形！特别是学生、演员、艺妓众多"（*Awakening Japan*, trans. Eden Paul and Cedar Paul, p. 85-86）。
29. 《明治天皇纪》第七卷，第 226—227 页。
30. 同上，第 227 页。1889 年 3 月 4 日，共和党人本杰明·哈里森（Benjamin Harrison）宣誓就任总统。
31. 《明治天皇纪》第七卷，第 237 页。
32. 《明治天皇纪》第七卷，第 284—287 页。
33. 同上，第 297—298 页。
34. 同上，第 315 页。
35. 同上，第 333 页。
36. 同上，第 339—340 页。
37. 同上，第 342 页。这些是胜海舟提出的问题。
38. 同上，第 349 页。
39. 同上，第 352 页。
40. 同上，第 364—65 页。来源于西村于 1889 年 9 月写就的《建言稿》。参阅日本弘道会编，《泊翁叢書》第一卷，第 397—411 页。其中第 399—406 页中特别记载了，如果日本允许外国人在租借地以外的地方生活和担任大审院的法官后会发生的可怕事情。西村研究的英文版，请参阅 Donald H. Shively, "Nishimura Shigeki: A Confucian View of Modernization"。应注意的是，在此之前，很多日本人对外国人生活在他们之中（即内地杂居）的前景表示乐观（稻生典太郎，《条约改正論の歴史的展開》，第 266—268 页）。
41. 《明治天皇纪》第七卷，第 325 页。根据贝尔茨所说，"从这个意义上来说，日本人想要的是将条约修改成他们可以得到一切，但却不给予任何回报"（Awakening Japan, trans. Eden Paul and Cedar Paul, p. 90）。
42. 《明治天皇纪》第七卷，第 371 页。
43. Erwin Baelz, Awakening Japan, trans. Eden Paul and Cedar Paul, p. 91-92.
44. 同上，p. 93。

第四十一章　修学习业

1. 《明治天皇纪》第七卷，第 600 页。
2. 同上，第 463 页。另请参阅第 568 页，在本页中提到，在朝鲜国王的正室死后，朝廷打算举办为期 9 天的哀悼。
3. 《明治天皇纪》第七卷，第 684—687 页、第 691—693 页。7 月 3 日，专门留出群马县伊香保町的皇室财产，以供皇族歇息和娱乐之用（第 586 页）。
4. 《明治天皇纪》第七卷，第 467 页。
5. 同上，第 471 页。
6. 同上，第 472 页。
7. 同上，第 475 页。
8. 同上，第 507—510 页。
9. 《明治天皇纪》第七卷，第 521 页。天皇偶尔也会食用地位较低者吃的简单食物，大概是为了表示自己与他们休戚与共。例如，当视察军舰"八重山"号时，他吃的是海军士官食堂提供的食物（第 484 页）。
10. 《明治天皇纪》第七卷，第 524 页。
11. 同上，第 526—527 页。
12. Mary Crawford Fraser, A Diplomat's Wife in Japan, p. 159.
13. 同上，p. 166。
14. Roger F. Hackett, Yamagata Aritomo in the Rise of Modern Japan, p. 135.
15. 1878 年，陆奥因牵涉企图颠覆政府的土佐立志社事件被判入狱五年。他被监禁了四年零四个月。天皇赦免了卷入该事件的其他人，但拒绝赦免陆奥。如需了解这一事件的扼要叙述，请参阅萩原延寿，《陸奥宗光》，第 47—48 页。
16. 《明治天皇纪》第七卷，第 554 页。
17. 同上，第 211 页。此时颁布的三部法律是《议院法》、《众议院议员选举法》和《贵族院令》（R. H. P. Mason, Japan's First General Election, pp. 27ff）。
18. 尽管贵族院与众议院同时召开，但贵族院并非采用相同的方式进行选举。251 名议员由终身制议员（如王孙、亲王、世袭制贵族）、敕任议员和皇族推选议员（终身制）构成。如需了解贵族院的相关探讨，请参阅 Andrew Fraser, "The House of Peers（1890-1905），" in Andrew Fraser, R. H. P. Mason and Philip Mitchell, Japan's Early Parliaments。
19. 末松谦澄声称，"如果一位目不识丁的人投票，他会把权兵卫写成八兵卫、把五助写成六助，结果导致村长和书记串通舞弊。我经常目睹对选举人最最有害的做法"（《二十三年の総選挙》，请参阅《明治文化全集》第三卷，第 217 页）。引自 Andrew Fraser, R. H.

注释

　　P. Mason, and Philip Mitchell, *Japan's Early Parliaments*, p. 43。
20. Andrew Fraser, R. H. P. Mason, and Philip Mitchell, *Japan's Early Parliaments*, p. 52。
21. Roger F. Hackett, *Yamagata Aritomo in the Rise of Modern Japan*, p. 137. 10月，伊藤被正式任命为贵族院议长（《明治天皇纪》第七卷，第658页）。
22. 《明治天皇纪》第七卷，第603页。
23. 请参阅《明治天皇纪》第七卷第532页、第564页、第565页、第583页、第586页、第595页、第596页、第602页、第607页、第614页、第621页、第622页等。如需了解1890年11月起草的皇室财产的清单，请参阅第698—700页。该清单并不详尽，大概是因为其只列举了世袭继承的财产。截至12月31日，皇室所持财产总计超过101.6045万町的第一类御料*和超过263.3756万町的第二类御料所，请参阅第701页（*御料、御料所：指天皇、幕府等直接支配的土地。——译注）。
24. 《明治天皇纪》第七卷，第636—37页。如需了解佐佐木提议的全文，请参阅津田茂麿，《明治聖上と臣高行》，第698—703页。1877年废除了教部省，并且没有采用其他机构进行代替。
25. 《明治天皇纪》第七卷，第638页。
26. 同上，第645页。这三个节日是新年（四方节）、纪元节（神武天皇即位之日）和天长节（天皇生日）。
27. 《明治天皇纪》第七卷，第671—672页。
28. 同上，第672页。
29. 同上，第673页。
30. Ryūsaku Tsunoda, Wm. Theodore de Bary, and Donald Keene, trans., *Sources of Japanese Tradition*, p. 646.
31. 同上，第647页。
32. 《内村鑑三全集》第二第十卷，第206—207页；同上，第852—853页。
33. Ryūsaku Tsunoda, Wm. Theodore de Bary, and Donald Keene, trans., *Sources of Japanese Tradition*, p. 853-854.
34. 《明治天皇纪》第七卷，第676页。
35. 同上，第681—682页。
36. 《明治天皇纪》第七卷，第704页。

第四十二章　大津事件

1. 《明治天皇纪》第七卷，第737页。
2. 同上，第754—756页。
3. 同上，第759页。
4. Count Sergei Iulevich Witte, *The Memories of Count Witte*, trans. Sidney Harcave, pp. 126-127. 在军舰抵达印度后，尼古拉的弟弟格奥尔格返回俄国（《明治天皇纪》第七卷，第795页）。
5. 《明治天皇纪》第七卷，第751页。相比之下，天皇仅赠送了200日元用于修复京都最古老的寺庙——广隆寺。该寺因其宏伟的菩萨像而闻名（第78页）。
6. Mary Crawford Fraser, *A Diplomat's Wife in Japan*, p. 275.

7. 保田孝一，《最後のロシヤ皇帝ニコライ二世の日記 増補》，第 9 页；Count Sergei Iulevich Witte, *The Memories of Count Witte*, trans. Sidney Harcave, pp. 125。1891 年 5 月 18 日，尼古拉参加了庆典。
8. 如需了解俄国王子访问长崎的详细描述，请参阅野村义文，《大津事件》，第 9—88 页。
9. 保田孝一，《最後のロシヤ皇帝ニコライ二世の日記 増補》，第 22 页、第 21 页。
10. 保田在《最後のロシヤ皇帝ニコライ二世の日記 増補》第 25 页转载了一张尼古拉在长崎坐人力车的照片。
11. 购买的所有物品、物品价格及购物商店详列于野村义文，《大津事件》，第 80—85 页。
12. 保田孝一，《最後のロシヤ皇帝ニコライ二世の日記 増補》，第 24 页。尼古拉的表兄、未来的英王乔治五世在日期间也文了身。
13. 保田孝一，《最後のロシヤ皇帝ニコライ二世の日記 増補》，第 31 页。
14. 同上，第 32—33 页。根据当地一位编年史家所说，艺伎菊奴招待尼古拉，荣招待乔治，但野村认为荣的招待更深得尼古拉的喜爱（《大津事件》，第 86 页）。
15. 保田孝一，《最後のロシヤ皇帝ニコライ二世の日記 増補》，第 36 页。第 39 页转载了一张在该场合表演武士舞蹈的照片。
16. 同上，第 39 页。
17. 野村义文，《大津事件》，第 111 页。在同一天的午餐时分，尼古拉就日本士兵给他留下的良好印象对指挥官大加赞扬，这是他在抵达日本后获得的第一感受（安藤保，《大津事件に就て 上》，第 144 页）。
18. 如需了解（当代资料中）与游览有关的详细报道，请参阅安藤保，《大津事件に就て 上》，第 141—144 页。
19. 如需了解行刺时各个人力车车夫的位置图，请参阅上书第 177 页。
20. 保田孝一，《最後のロシヤ皇帝ニコライ二世の日記 増補》，第 11—12 页。
21. 《明治天皇纪》第七卷，第 828 页。皇太子将两名车夫召到他的船上，亲自向每个人赏赐 2500 日元。他还向他们颁发了圣安娜勋章，并提供 1000 日元的终身抚恤金，尽管他担心这些无知的人会以有损于他们的方式使用这些钱。明治也对此表示担心，并命令外务大臣青木周藏敦促这两个车夫不要以得不偿失的方式使用这些钱。青木不仅告诫他们，还指示京都府和石川县（这两名车夫来自这两个地方）的知事密切监视这两名刚刚发了财的车夫。如需了解其中一名车夫向畑治三郎的概况，请参阅尾佐竹猛，《大津事件》，第 252—257 页。
22. 保田孝一，《最後のロシヤ皇帝ニコライ二世の日記 増補》，第 16—17 页。日记中最后的内容写于 1916 年——他逝世前的一年。
23. 保田孝一，《最後のロシヤ皇帝ニコライ二世の日記 増補》，第 12 页。
24. 尾佐竹猛，《大津事件》，第 51—53 页。
25. Count Sergei Iulevich Witte, *The Memories of Count Witte*, trans. Sidney Harcave, pp. 126-127.
26. Mary Crawford Fraser, *A Diplomat's Wife in Japan*, pp. 281, 284.
27. 同上，p. 283。
28. 《明治天皇纪》第七卷，第 812 页、第 813—814 页。
29. 同上，第 817—818 页。实际上，天皇派去的其中一名医生不是日本人。斯科里巴（Scriba）医生是医科大学的外国教授。欧文·贝尔茨写道，"斯科里巴以及天皇派去京都的日本权威外科医生都没能谒见皇太子。他们说俄国人的态度极其不友好"（Erwin Baelz, *Awakening Japan*, trans. Eden Paul and Cedar Paul, p. 96）。
30. 《明治天皇纪》第七卷，第819—820页。
31. 尾佐竹猛，《大津事件》，第100—101页；另请参阅《明治天皇纪》第七卷，第821页。后者的叙述有些混乱：该书在同一页中说道，尼古拉因担心自身安危恳请天皇陪同，但是这与尼古拉当时说出的其他话不符。
32. 如需了解函件（日文翻译版），请参阅《明治天皇纪》第七卷，第825页。
33. 《明治天皇纪》第七卷，第829—831页。
34. Mary Crawford Fraser, *A Diplomat's Wife in Japan*, pp. 286-287.
35. Lafcadio Hearn（小泉八云），*Out of the East*, p. 254.
36. 同上，p. 256。
37. 同上，p. 260。如需了解有关畠山勇子的严谨介绍，请参阅尾佐竹猛，《大津事件》，第257—263页。此类介绍中不含有小泉八云的引述内容。
38. 《明治天皇纪》第七卷，第826页。
39. Mary Crawford Fraser, *A Diplomat's Wife in Japan*, p. 289. 保田转载的一幅图画显示甲板上挤满了屏风、箱子和其他笨重的物品（《最後のロシヤ皇帝ニコライ二世の日記 増補》，第55页）。玛丽·弗雷泽写道，即使是非常穷困的民众也带来了礼物——大米、酱油或鸡蛋。据估计，这些礼物可以装满16个木箱（《明治天皇纪》第七卷，第823页）。
40. 如需了解向受伤皇太子发送电报的机构列表，请参阅安藤保，《大津事件に就て 上》，第489—493页。
41. 尾佐竹猛，《大津事件——ロシア皇太子大津遭難》，第79—80页。
42. 如需了解津田服役的详细情况，请参阅安藤保，《大津事件に就て 上》，第251页；另请参阅儿岛惟谦，《大津事件日誌》，第193—194页。
43. 儿岛惟谦，《大津事件日誌》，第193页。如需了解更全面的传记资料，请参阅尾佐竹猛，《大津事件——ロシア皇太子大津遭難》，第248—252页。
44. Erwin Baelz, *Awakening Japan*, trans. Eden Paul and Cedar Paul, p. 95.
45. 可以在审判时津田所提供的证词中获悉他对这三点的愤怒之情。（尾佐竹猛，《大津事件——ロシア皇太子大津遭難》，第133—134页；《明治天皇纪》第七卷，第834—835页）
46. 安藤保，《大津事件に就て 上》，第248—254页。津田的姐夫证实津田曾说过他相信这一谣言，并担心西乡归来将造成的后果。
47. 儿岛惟谦，《大津事件日誌》，第192页；尾佐竹猛，《大津事件——ロシア皇太子大津遭難》，第135页。
48. 尾佐竹猛，《大津事件——ロシア皇太子大津遭難》，第135—136页。
49. 《明治天皇纪》第七卷，第840页。
50. 如需了解对这一情况的明确介绍，请参阅 Barbara Teters, *The Otsu Affair*, p. 55。
51. 《明治天皇纪》第七卷，第848—849页。
52. Barbara Teters, *The Otsu Affair*, p. 59.
53. 儿岛惟谦，《大津事件日誌》，第194页。没有迹象表明肺炎明显是由治疗不佳所引发。
54. 日记和相关资料现在均容易获得，见家永三郎编注成的《东洋文库》系列。1892年6月，有谣言散布说儿岛沉迷于与同僚赌博（《明治天皇纪》第八卷，第86页）。在接下来的一个月，对儿岛不利的供词因为需要提供证据而——消散。（第97页）然而在8月23日，儿岛辞职，声称患病。很明显，关于其赌博的小道传闻，即使不真实，也让他觉得自己无资格担任法官（第 120 页）。

55. Erwin Baelz, *Awakening Japan*, trans. Eden Paul and Cedar Paul, p. 95.
56. 该信函存于弗吉尼亚大学的图书馆。

第四十三章　条约改正

1. 《明治天皇纪》第七卷，第 804 页。
2. 拙著 *The Sino-Japanese War of 1894-95 and Japanese Culture*, p. 261-262.
3. 尚不清楚送的是哪张照片；也许送的不是照片，而是吉欧索尼蚀刻版画的复制品。同年 11 月 25 日宫廷默许出售天皇、皇后和皇太后的肖像画（《明治天皇纪》第七卷，第 934 页）。
4. 《明治天皇纪》第八卷，第 5 页，品川最初是以作词家的身份名声大噪。
5. 共有 25 人死亡，近 400 人受伤。
6. 《明治天皇纪》第八卷，第 19 页。Roger F. Hackett 在 *Yamagata Aritomo in the Rise of Modern Japan* 一书中给出的数字是平民派获得 183 个席位。
7. 《明治天皇纪》第八卷，第 25—26 页。
8. 同上，第 67 页。众议院通过了一项类似决议，证实官员干涉选举，并要求内阁大臣承担责任（第 68 页）。
9. 《明治天皇纪》第八卷，第 22 页。
10. 同上，第 32 页。
11. 品川对其在选举中采用的办法并没有感到悔悟。他解释说，"如果蓄意阻挠者获得连任，将会危及国家安全。因此，要采用各种方式对选举施加影响，由此打败蓄意阻挠者，让忠诚的代表当选。如果将来发生类似情况，我还会这么做，并会铲除蓄意阻挠者"（奥谷松治，《品川弥二郎伝》，第 286—287 页；Roger F. Hackett, *Yamagata Aritomo in the Rise of Modern Japan*, p. 152）。
12. 《明治天皇纪》第八卷，第 32 页。
13. 同上，第 33 页。
14. 同上，第 39 页。天皇对身边人的其他评价转引自于佐佐木的日记，见第 107 页、第 126—127 页。
15. 《明治天皇纪》第八卷，第 94 页。
16. 《明治天皇纪》第八卷，第 100—101 页。
17. 同上，第 103—104 页。
18. 同上，第 227 页。
19. 同上，第 104 页。随后，天皇（于 1892 年 11 月 25 日）向世界博览会日本妇人会追赠 5000 日元的礼物。
20. 《明治天皇纪》第八卷，第 117 页。
21. 同上，第 161 页。
22. 《明治天皇纪》第八卷，第 187—188 页。正如我们（在第四十一章）所了解的，明治预见存在这种可能性。伊藤已告知明治，在此情况下，政府应试图劝说议会改变主意。
23. 同上，第 189 页。
24. 正文见上书第 195—197 页。

注释

25. 同上，第 206 页。
26. 同上，第 209 页、第 239 页。
27. 同上，第 211—212 页。
28. 同上，第 273—274 页。
29. 同上，第 340 页。其在 12 月 11 日的内阁会议上发表了类似声明。
30. 《明治天皇纪》第八卷，第 348 页。
31. 同上，第 359 页。
32. 同上，第 372 页。

第四十四章　对清宣战

1. 皇太子（未来的大正天皇）是一名杰出的书法家，他创作的汉诗也非常精妙娴熟。据说他还能说一口流利的英语、法语和德语（请参阅 Meech-Pekarik, The World of the Meiji Print, p. 128），但这似乎有些不可思议。
2. 《明治天皇纪》第八卷，第 584 页、第 586 页、第 595 页。
3. 在 1887 年 8 月 8 日出版的杨洲周延所绘浮世绘《扶桑高貴鑑》中，皇太子站在天皇和皇后的中间，天皇坐在右边，皇后坐在左边。他的脸朝向皇后，但他正向天皇比划着。皇太子身后桌上放着三本书，也许此举意在表明他是一位勤奋的学生（彩色复印件见 Meech-Pekarik, The World of the Meiji Print, plate 23）。稍后（1887 年 8 月 23 日），周延所绘《女官洋服裁缝之图》中，描绘了皇太子、皇后和一位小女孩在一个房间中，一名宫女在操作一台缝纫机，另一名在用剪子剪断布匹（见 plate 24）。
4. 金章是为皇族铸造的（《明治天皇纪》第八卷，第 382—383 页）。
5. 不过，南斋年忠的《大日本帝國銀婚御式》是描绘该庆典和刻画各个日本和外国政要向天皇道贺的最负盛名的浮世绘，它证实了"银婚"一词至少被用于非正式的场合。该浮世绘描绘的场景源自于想象，因为它在举行实际庆典之前就已经出版。如需了解复印本，请参阅小西四郎，《锦绘　幕末明治の历史〈11〉日清戦争》，第 16—17 页。同一时期出版的其他浮世绘还有丰原国辉和春斋年昌创作的名称中含有"银婚式"的作品（第 18—19 页）。
6. 《明治天皇纪》第八卷，第 384—390 页。如需了解宫中晚餐的菜单，请参阅秋思会编，《天皇家の饗宴》，第 41 页。
7. 如需了解关于福泽同金玉均和其他朝鲜知识分子的关系的探讨，请参阅姜在彦，《朝鮮の攘夷と開化》，第 193—203 页；杵渊信雄，《福沢諭吉と朝鮮——時事新報社説を中心に》。后者全面探讨了福泽对朝鲜的看法。
8. 1884 年抵达日本后不久，金玉均化名为岩田周作，但当他于 1894 年前往中国时，改名为岩田三和。"三和"意指其提出的东亚三国共同抵御外国侵略的计划（姜在彦，《朝鮮の攘夷と開化》，第 174 页、第 184 页）。
9. 1894 年 5 月 17 日，自由党的 35 名成员就刺杀金玉均和暗杀朴泳孝未遂一事向政府提出质问。他们声称，朝鲜刺客已经带着这一使命三入日本，每次都宣称是遵照朝鲜国王的命令行事（《明治天皇纪》第八卷，第 412 页）。
10. 姜在彦，《朝鮮の攘夷と開化》，第 185 页；另请参阅《明治天皇纪》第六卷，第 624—625 页。
11. 姜在彦，《朝鮮の攘夷と開化》，第 183 页。

12. 同上，第 185 页；杵渊信雄，《日韓交渉史——明治の新聞にみる併合の軌跡》，第 107 页。
13. 角田房子，《閔妃暗殺》，第 186 页。
14. 例如，当时担任外务次官的林董在其回忆录中写道，他曾建议金玉均放弃上海之行的计划，"对你来说，上海不也是敌地吗？"金玉均回答说，上海是一个中立的地方（大概是指上海的公共租界），因此没有危险，但他答应，在福泽谕吉从九州返回后，他将就上海之行的可取性征求福泽的意见（林董，《回顧録》，第 73 页，亦见林董著、由井正臣校注，《後は昔の紀 他》，第 253 页。）。
15. 他对宫崎滔天说了这番话（姜在彦，《朝鮮の攘夷と開化》，第 174—175 页）。
16. 据姜在彦所说，这张汇票是假的（《朝鮮の攘夷と開化》，第 176 页）。洪钟宇是第一个在法国学习的朝鲜人。在 1893 年离开巴黎后，他没有回到汉城，而是前往东京。他与在日本的朝鲜人联系，希望他们能帮他在朝鲜政府谋一份差事。很显然，李逸植承诺，如果洪钟宇能刺杀金玉均，他将帮助洪钟宇（角田房子，《閔妃暗殺》，第 188 页）。林董（与洪钟宇有私交）认为洪钟宇之所以刺杀金玉均，是为了赢得朝鲜闵妃的好感（林董，《回顧録》，第 73 页）。
17. 如需了解金玉均的人格和成就，请参阅姜在彦，《朝鮮の攘夷と開化》，第 187—193 页；另请参阅《明治天皇紀》第八卷第 396 页的扼要介绍。
18. 这些叙述来自于和田的回忆，详述于姜在彦，《朝鮮の攘夷と開化》，第 179—180 页。当时在国际租界最有实力的是英国总领事。他将金玉均的尸体移交给清政府，但没有按照正确的程序，因而埋下了让英国遭受纵容罪犯这一指控的伏笔（杵渊信雄，《福沢諭吉と朝鮮——時事新報社説を中心に》，第 160 页）。众议院于 5 月 18 日给出了不同表述：立宪改进党质问政府，在将灵柩抬上船和完成所有程序后，为什么灵柩会被清朝夺去并被抬上清朝的船。他认为清朝此举是对日本的一大侮辱。5 月 31 日，日本政府回答说，对于发生了什么政府心中有数。据说和田接到灵柩，但是他没有将灵柩抬上船，而是留置在路上，然后离去。国际租界当局的警察局局长按照法规将灵柩搬至警察局。和田在没有对接收灵柩做出任何安排的情况下返回日本。清政府确实对灵柩进行了处置，但并不像所宣称的那样"夺取"灵柩，日本政府没有理由干预。无论这一官方表述是否准确，这表明日本政府非常不愿意牵涉其中（《明治天皇紀》第八卷，第 413 页）。
19. 如需了解 1894 年 4 月 24 日《时事新报》对这一可怕情景的描绘，请参阅杵渊信雄，《日韓交渉史——明治の新聞にみる併合の軌跡》，第 118 页。杵渊的描述摘录自日本媒体对这一罪恶活动的报道。如需查看关于悬挂的首级和铭文的模糊照片，请参阅藤村道生，《日清戦争》，第 48 页。
20. 藤村道生，《日清戦争》，第 49 页。
21. 林董写道，"毫无疑问，向牙山派军是日清战争的导火索，然而，吾认为，事实上，刺杀金玉均和清朝此时的行为才是引爆战争的原因"（《回顧録》，第 74 页）。据藤村所说，林董"证实"外务大臣陆奥决定就金玉均被刺和清朝的行为与清朝开战（《日清戦争》，第 49 页）。
22. 杵渊信雄，《福沢諭吉と朝鮮——時事新報社説を中心に》，第 156—160 页。
23. Mutsu Munemitsu（陆奥宗光），*Kenkenroku*（蹇々録），trans. Gordon Mark Berger, p. 5.
24. 请参阅 Kibaik Lee, *A New History of Korea*, trans. Edward W. Wagner, pp. 258-259；另请参阅《明治天皇紀》第八卷，第 428 页。
25. 片野次雄，《李朝滅亡》，第 103 页。

注 释

26. 同上，第 104 页。
27. 同上。
28. 翻译了该书的戈登·马克·伯格（Gordon Mark Berger）偏向于保留该书名的罗马拼音，但他将该书名直译成"忠君报国、无私奉献之秘录"（Mutsu Munemitsu, *Kenkenroku*, trans. Gordon Mark Berger, p. 257）。
29. Mutsu Munemitsu, *Kenkenroku*, trans. Gordon Mark Berger, p. 5.
30. 例如，请参阅大江志乃夫，《東アジア史としての日清戦争》，第 282 页。他拿东学党起义（他认为这一术语掩盖了农民战争的本质，因而放弃这一术语，统一称为"甲午农民战争"）与英国的瓦特·泰勒起义、发生在波希米亚的扬·胡斯（Jan Hus）派农民起义、德国农民起义和中国的太平天国运动进行比较。
31. 《明治天皇紀》第八卷，第 428 页。
32. Mutsu Munemitsu, *Kenkenroku*, trans. Gordon Mark Berger, p. 8.
33. 《明治天皇紀》第八卷，第 427 页。
34. 林董，《回顧録》，第 69 页。
35. Mutsu Munemitsu, *Kenkenroku*, trans. Gordon Mark Berger, p. 15. 另请参阅《明治天皇紀》第八卷，第 433—434 页。
36. Mutsu Munemitsu, *Kenkenroku*, trans. Gordon Mark Berger, p. 20.
37. 《明治天皇紀》第八卷，第 437 页。
38. 同上，第 437 页。
39. Mutsu Munemitsu, *Kenkenroku*, trans. Gordon Mark Berger, p. 24. 另请参阅《明治天皇紀》第八卷，第 441—442 页。
40. 《明治天皇紀》第八卷，第 446 页。
41. 同上，第 452 页。
42. 同上，第 456 页。
43. 同上，第 449 页。
44. 如需了解有关结束治外法权的最终谈判的叙述和陆奥宗光草拟的条约草案，请参阅 Louis G. Perez, *Japan Comes of Age*。
45. 《明治天皇紀》第八卷，第 464 页。
46. 同上，第 466 页。
47. 同上，第 467 页。如需了解霍兰德（T. E. Holland）博士的观点（霍兰德是英国国际法方面的权威人物，其认为日本行为恰当，故"无须向我国政府道歉"），请参阅 Mutsu Munemitsu, *Kenkenroku*, trans. Gordon Mark Berger, pp. 89-90。
48. 《明治天皇紀》第八卷，第 473 页。
49. 《福沢諭吉全集》第十四卷，第 500 页。另请参阅 *The Sino-Japanese War of 1894-95 and Japanese Culture*, p. 263。
50. 《内村鑑三全集》第十六卷，第 27 页。
51. 《内村鑑三全集》第十六卷，第 35 页。另请参阅 *The Sino-Japanese War of 1894-95 and Japanese Culture*, p. 263-264。
52. 事后发现身份弄错了，号手不是白神，而是木口小平。木口的名字很快取代了白神，并成为一个传奇人物；他成为了忠诚美德的象征。"木口小平死的时候，嘴唇还压在军号上"被选入小学教科书，作为忠诚美德的典型例子（*The Sino-Japanese War of 1894-95 and*

Japanese Culture, p. 278-279）。
53. 《､山存稿》后编，第 309 页。另请参阅 The Sino-Japanese War of 1894-95 and Japanese Culture, p. 278。
54. 《明治天皇纪》第八卷，第 481 页。
55. 拙著 The Sino-Japanese War of 1894-95 and Japanese Culture, p. 266.

第四十五章　旅顺屠杀

1. 《明治天皇纪》第八卷，第 486 页。陆奥宗光认为，这些不同方案"只不过是某些人私下里的个人想法"，因而拒绝予以考虑（Mutsu Munemitsu, Kenkenroku, trans. Gordon Mark Berger, p. 29）。他补充说，"依吾之见，朝鲜改革应以日本的国家利益为重；故不必忧虑改革的困难或牺牲"。另请参阅藤村道生，《日清战争》，第 106 页。
2. 《明治天皇纪》第八卷，第 487 页、第 488 页。
3. 白井久也，《明治国家と日清战争》，第 81—82 页。
4. 《明治天皇纪》第八卷，第 497 页。伊藤参与制定军事和政治决策。他尤其强调需在列强干预之前速战速决、赢得胜利，天皇经常就战时政策与伊藤商议（白井久也，《明治国家と日清战争》，第 82 页）。
5. 8 月 25 日，陆奥将青木周藏于去年 12 月在伦敦进行的谈判上奏天皇。这场谈判尽管困难重重，但仍取得了胜利。他确信将逐步与其他盟国签订类似条约。现在，他有义务将维多利亚女王已经签署了修订后条约这一"欣喜消息"上奏天皇。8 月 27 日，政府公布了新的通商和航海条约（《明治天皇纪》第八卷，第 493 页）。
6. 藤村道生认为，伊藤提出迁移大本营的真正用意，是为了向民众证实战争是在天皇的指挥下进行，以及为了团结民众以支持战争（《日清战争》，第 112 页）。
7. 《明治天皇纪》第八卷，第 505 页。
8. 同上，第 510 页。
9. 大本营位于由毛利辉元建于 1589 年的广岛城，毛利辉元是丰臣秀吉的将军之一。在明治居住在广岛的那段时期，广岛城只剩下只有一栋五层的天守阁。
10. 《明治天皇纪》第八卷，第 511 页。子爵土方久元回忆道，天皇的私人住所由两个房间组成，一间八叠，另一间十叠。他把一间用做卧室，另一间用于处理国事。房间非常拥挤："陛下在如此简陋的环境中生活，浏览从前线源源不断地发来的电报，不停接见即将远赴海外的官员。陛下忙碌不迭，却丝毫没有流露出疲倦的迹象"（《叡明比べなき大皇帝》，第 70 页。）。
11. 《明治天皇纪》第八卷，第 512 页。
12. 白井久也，《明治国家と日清战争》，第 83 页。
13. 同上，第 516 页。
14. 描绘战斗中的原田的几幅浮世绘，见 Shumpei Okamoto（冈本俊平），Impressions of the Front, p. 24。另请参阅 Henry D. Smith, Kiyochika: Artist of Meiji Japan, p. 86。
15. 拙著《日本の美意識》，第 149—150 页。
16. 拙著 The Sino-Japanese War of 1894-95 and Japanese Culture, p. 280；栋田博,《兵隊百年》，第 109—114 页。
17. 《明治天皇纪》第八卷，第 517 页。

18. 尽管按现在的标准来看,日本和清朝军舰的吨位都比较小,但在当时,这些军舰绝对是不可小觑之物,可以从1894年8月11日法国《画报》(L'Illustration)的叙述中看出来,该周刊登载道:"这是一场使用具备现代科技的最强大、最新颖的动力船开展的战役,是史上第一次,是在两个国家之间交火。这两个国家并非蛮夷之国,但是有着与我们截然不同的文明"(《〈イリュストラジオン〉日本関係記事集》,第二卷,第166页)。

19. 《明治天皇紀》第八卷,第518—520页。如需了解描绘了黄海战役(也称为"大孤山之战"或"海洋岛战役")的十幅浮世绘,请参阅Shumpei Okamoto, *Impressions of the Front*, p. 25-30。

20. 拙著 *The Sino-Japanese War of 1894-95 and Japanese Culture*, p. 280。小林清亲绘制的描绘了这名临终水手的浮世绘,亦见Shumpei Okamoto, *Impressions of the Front*, p. 28。

21. 著名记者德富苏峰指出,清日战争不仅使军队,就连全体民众都更加向皇室靠拢(白井久也,《明治国家と日清戦争》,第89—91页)。

22. 日野西资博,《明治天皇の御日常》,第44页。日野西将自己描述成"不束者",意指不能胜任者。

23. 日野西资博,《明治天皇の御日常》,第27页。

24. 《新輯明治天皇御集》第一卷第252页仅含有与战争有关的两首短歌。但是,《明治天皇紀》第八卷第528—529页有《新輯明治天皇御集》中未包括的一首军歌,并提到了另外两首军歌(以黄海战役和平壤战役的胜利为主题)。

25. 《明治天皇紀》第八卷,第529页。

26. 堀内敬三提到,在听到白神源次郎的英勇事迹后,他立刻有了灵感,遂创作了一首诗并配了乐(《音楽五十年史》,第155—156页)。刚开始,他尝试用单簧管吹这首曲子,但上气不接下气。后来,他尝试用上低音小号吹奏,但再一次感到气力有些不足。最后,他在黑板上潦草写下歌词。凭借着狂热的创造力,在另一位音乐家的帮助下,在半小时内完成了词和曲。

27. 很不幸,我无法对这部作品进行查证。请参阅《明治天皇紀》第八卷,第529页。此处也提到了皇后亲临广岛探望天皇时,(在天皇的请求下)就平壤战役的胜利创作了一首军歌。樱井也为皇后的诗歌配了乐。

28. 《明治天皇紀》第八卷,第524—525页、第549页。

29. 同上,第568页。能戏采用合适的武打曲调演奏,如《大枝山》和《乌帽子折》。狂言则采用《靭猿》的曲调进行演奏(第569页)。

30. 《明治天皇紀》第八卷,第571页。

31. Mutsu Munemitsu, *Kenkenroku*, trans. Gordon Mark Berger, p. 138;另请参阅《明治天皇紀》第八卷,第576页。

32. Mutsu Munemitsu, *Kenkenroku*, trans. Gordon Mark Berger, p. 139.

33. 《明治天皇紀》第八卷,第577页。

34. 《明治天皇紀》给出的数字是"超过一万人"(第八卷,第589页),但是,白井给出的数字是15000千人(《明治国家と日清戦争》,第141页)。

35. 白井久也,《明治国家と日清戦争》,第143页。如需了解目击者的叙述,请参阅龟井兹明《日清戦争従軍写真帖——伯爵亀井兹明の日記》第172—177页。龟井是日本的第一位战地摄影师,写了非常详细的战地日记,其中包括从其他来源获得的信息。他引述了一名目击者(一名跟随第二军出征的外国官员)对战争的报告,请参阅第172—173页。

36. Mutsu Munemitsu, *Kenkenroku*, trans. Gordon Mark Berger, p.140. 另请参阅《明治天皇纪》第八卷第，594 页。
37. 井上晴树，《旅顺虐杀事件》，第 25—26 页。下文大多数内容皆归功于井上的这部精彩的学术书。英国"海军少将"大概是指海军中将爱德蒙·罗伯特·弗里曼特尔（Edmond Robert Fremantle）爵士，他是驻清总司令。11 月 25 日，就在日本获胜后不久，他在旅顺口登陆（第 127 页）。
38. 井上晴树，《旅顺虐杀事件》，第 26—27 页。11 月 24 日，龟井兹明拍下了军夫挖坑埋葬清朝人尸体的照片，尸体位于照片最显著的位置。与柯文的叙述相比，他对散落在街道上的成堆尸体进行的描述更加恐怖，但是，他偏向于这样一种解释：旅顺每一个年满 15 周岁的男性都被命令抵抗日军，无法分辨出他们之中哪些是平民，哪些是士兵（龟井兹明：《日清战争从军写真帖——伯爵龟井兹明の日记》，第 197—199 页）。
39. 井上描述了被日本购买的新闻机构——中央新闻（Central News）如何向外国报纸提供"信息"（《旅顺虐杀事件》，第 29 页）。例如，为回应柯文的第一篇文章，该报社说除战时正当杀伤之外，没有杀害任何一名清朝人。
40. 井上晴树，《旅顺虐杀事件》，第 72 页。在试图贿赂外国媒体时，日本并非每次都成功。12 月 6 日，在约见柯文时，亲政府派报社——东京日日新闻社——的社长伊东巳代治对柯文说，日本政府向他支付费用，并且无论报文长短，均不向《泰晤士报》收取电报费用（第 98 页）。柯文严词拒绝。
41. 尤其是横滨《日本邮报》（Japan Mail）的社长弗朗西斯·布林克利（Francis Brinkley）。该社发行各类英语报刊。在清日战争期间，日本政府不仅给他发放月度津贴，还就其贡献向他授予勋章和奖励 5000 日元（井上晴树，《旅顺虐杀事件》，第 31—32 页）。
42. 井上晴树，《旅顺虐杀事件》，第 40 页。
43. 如需了解英文原文，请参阅井上晴树，《旅顺虐杀事件》，第 55 页。
44. 同上，第 58 页。
45. 英国作家詹姆斯·艾伦（James Allan）描述其看到"日本兵士与敌军相遇，被围拢的敌军杀害，日兵尸体除了遭受残暴的刀砍或鞭抽外，大多没有头颅或右手，有些双臂均无。在据点被攻陷时，尸体抬挂在树上；昔日战友看到这一情景而感到愤怒，这毫不奇怪，尽管主要责任归咎于允许进行此次可怕报复的军官"（Under the Dragon Flag, p. 67）。井上描述说，就在旅顺战役的前三天，在土城子之战中被活捉的三名日本士兵的头颅被悬挂在路旁的柳树上。示众的首级被割去鼻子和耳朵。就在前面不远处，在民家的门梁上发现用铁丝吊着两颗日兵头颅。对于在土城子之战中倒下的日本第二军的兵士，清兵将他们的头颅砍下。日兵尸体的腹部被切开，里面装满了石块；右臂被砍掉，睾丸被剜除。凡割日军头颅者，清朝政府有赏。一名外国记者告诉柯里曼，他亲眼看见了清朝政府授予奖励（《旅顺虐杀事件》，第 146—147 页）。
46. 井上晴树，《旅顺虐杀事件》，第 82 页、第 85 页。12 月 20 日的《大阪每日新闻》报道说，有 6000 到 10000 名亚美尼亚人被杀害。
47. 井上晴树，《旅顺虐杀事件》，第 153 页、第 157 页、第 176 页。
48. 同上，第 64 页。俘虏的确抵达了日本，但他们不一定是在旅顺被捕。
49. 井上晴树，《旅顺虐杀事件》，第 186 页。日本政府从供应俘虏所需粮食数量的角度对不抓获俘虏的行为进行了辩护。
50. 井上晴树，《旅顺虐杀事件》，第 202—204 页。陆奥引述了霍兰德（T. E. Holland）博

注 释

士在一篇文章中的话。霍兰德博士被称为"国际法方面的英国权威泰斗级人物，到目前为止，他对日本的战时行为不吝赞美之词"。该文章说，"最后，旅顺只有 36 名清人活口。他们只是被用来掩埋死去的同袍，每个人的帽子上都贴有一张白纸，上书'此人不可杀'"（Mutsu Munemitsu, Kenkenroku, trans. Gordon Mark Berger, p. 75）。

51. 井上晴树，《旅顺虐杀事件》，第 48 页、第 189 页、第 192 页。
52. 拙著 Dawn to the West, 1, p. 100。
53. 井上晴树，《旅顺虐杀事件》，第 195 页。
54. 同上，第 86 页。
55. 一名日本士兵在写给一位朋友的信中简要描述说，他被惹怒，随后，他快速地学会了如何砍下清朝人的头颅（井上晴树，《旅顺虐杀事件》，第 187 页）。
56. 例如，孟买的一家英语报纸刊登了一篇对日本发表的社论，说"他们只是披着文明的外衣，随着时间的推移，已经暴露出了野蛮本性的真面目"（井上晴树，《旅顺虐杀事件》，第 102 页）。
57. 国务卿沃尔特·昆廷·格雷沙姆（Walter Q. Gresham）感谢《世界报》刊登了克里曼的文章。刚开始，他推断克里曼一定是夸大其词，因为还没有美国政府代表向他报告这么重大的事件，这似乎是不大可能的。但是，他将陆奥的电报解释为对克里曼的文章予以证实，那时才意识到，在旅顺沦陷后发生的暴行要比当初报道的严重得多（井上晴树，《旅顺虐杀事件》，第 70 页）。
58. Mutsu Munemitsu, Kenkenroku, trans. Gordon Mark Berger, pp. 75, 76.
59. 井上晴树，《旅顺虐杀事件》，第 222 页。
60. 丹顶鹤是在锦州捕获的。如需了解天皇查看战利品的情况，请参阅《明治天皇纪》第八卷，第 606 页。该书还提到天皇查看了来自旅顺和其他地方的战利品，在花园里展览了这些战利品（第 610 页）。他还观看了黄海战役的照片和中国的版画。
61. 如需了解与堀河和骆驼有关的逸闻，请参阅日野西资博，《明治天皇の御日常》，第 27 页。另请参阅《明治天皇纪》第八卷，第 607 页。日野西接着向天皇展示了清朝俘虏，但只是说"天皇从上往下观望"。这表明他很好奇清朝人长什么样，但又不想靠得太近。
62. 井上晴树，《旅顺虐杀事件》，第 191—192 页。
63. 《新辑明治天皇御集》第一卷，第 252 页。第二首短歌原来是以"号角声鸣震山裂／啸歌突击跋扈归"结尾。这首诗作于 1895 年，可能就在旅顺沦陷后的几个月。

第四十六章　马关条约

1. Mutsu Munemitsu, Kenkenroku, trans. Gordon Mark Berger, p. 128.
2. 同上，pp. 128-129。另请参阅《明治天皇纪》第八卷，第 600—601 页。
3. 白井久也，《明治国家と日清战争》，第 145 页。
4. 诏书的正文请参阅《明治天皇纪》第八卷，第 601 页。另请参阅白井久也，《明治国家と日清战争》，第 146 页。12 月 8 日，山县收到诏书，并于同日向炽仁亲王发送电报，告知其被召回，将把第一军的指挥权移交给陆军大将野津，并将于 12 月 9 日动身前往日本（《明治天皇纪》第八卷，第 602 页）。
5. 这些反攻发生于 1 月 17 日、1 月 22 日、2 月 16 日、2 月 21 日和 2 月 27 日（《明治天皇纪》第八卷，第 642—643 页、第 645—646 页、第 679 页、第 687 页、第 695 页）。

6. 白井久也,《明治国家と日清戦争》, 第 146—147 页。
7. 关于描绘日军在冰天雪地中的浮世绘, 丹波恒夫的《錦絵に見る明治天皇と明治時代》第 160—165 页转载了一些。
8. 《明治天皇纪》第八卷, 第 604 页。
9. 同上, 第 617 页。
10. Mutsu Munemitsu, *Kenkenroku*, trans. Gordon Mark Berger, p. 152-157. 另请参阅《明治天皇纪》第八卷, 第 658 页。
11. 威海卫是一个比旅顺口要大得多的军港, 其防御坚固。在日军发起攻击时, 有 8 艘军舰和较小的船舰停靠在此(《明治天皇纪》第八卷, 第 637 页)。
12. 如需了解攻击的详细情况, 请参阅《明治天皇纪》第八卷, 第 665—666 页。白井说, 有一艘鱼雷艇试图在 1 月 30 日发动袭击, 但那天温度达到零下 30 度(《明治国家と日清戦争》, 第 161—162 页)。波浪拍打着结了冰的甲板, 鱼雷艇的发射管口结成冰柱, 导致无法发起攻击。
13. 白井久也,《明治国家と日清戦争》, 第 162 页。
14. 正文请参阅三宅雪岭,《同時代史》第三卷, 第 44 页; 译文请参阅 Shumpei Okamoto, *Impressions of the Front*, p. 44。
15. 《明治天皇纪》第八卷, 第 684 页。
16. Trumbull White, *The War in the East*, p. 641. 转引自 Shumpei Okamoto, *Impressions of the Front*, p. 44。
17. 12 月 12 日, 天皇在蹴鞠时被侍从踢的球击中, 这位侍从被自己的行为给吓住了。但是, 天皇微笑着说, "海军发射了一枚鱼雷", 并没有责怪这位可怜的侍从(《明治天皇纪》第八卷, 第 609 页)。
18. 《明治天皇纪》第八卷, 第 653 页。
19. 同上, 第 648 页。
20. 《明治天皇纪》第八卷, 第 721 页。
21. 《明治天皇纪》第八卷, 第 717 页。
22. 当袭击者开枪时, 李鸿章正坐在轿子里。子弹擦伤了他眼睛下部的右脸颊, 只是轻伤。如需了解日本媒体报道的详细内容, 请参阅石田文四郎,《新聞記録集成明治 大正 昭和大事件史》, 第 225—228 页。
23. 《明治天皇纪》第八卷, 第 730—732 页。如需了解敕谕的全文, 请参阅 Mutsu Munemitsu, *Kenkenroku*, trans. Gordon Mark Berger, p. 174。
24. Mutsu Munemitsu, *Kenkenroku*, trans. Gordon Mark Berger, p. 175. 另请参阅《明治天皇纪》第八卷, 第 738—739 页。
25. Mutsu Munemitsu, *Kenkenroku*, trans. Gordon Mark Berger, p. 176.
26. 同上, p. 178。
27. 休战协议中不包括台湾或澎湖列岛。3 月 24 日到 3 月 26 日期间, 日军占领了澎湖列岛(《明治天皇纪》第八卷, 第 733 页)。
28. Mutsu Munemitsu, *Kenkenroku*, trans. Gordon Mark Berger, p. 186-187. 另请参阅《明治天皇纪》第八卷第 751—753 页。
29. 《明治天皇纪》第八卷, 第 756 页。
30. Mutsu Munemitsu, *Kenkenroku*, trans. Gordon Mark Berger, p. 199.

注 释

31. 《明治天皇纪》第八卷，第 773 页。
32. 同上，第 774 页。
33. Mutsu Munemitsu, *Kenkenroku*, trans. Gordon Mark Berger, p. 203. 德国和法国政府提出了大同小异的照会。亦见《明治天皇纪》第八卷，第 776 页；白井久也，《明治国家と日清戦争》，第 183 页。
34. 《明治天皇纪》第八卷，第 778 页。另请参阅白井久也，《明治国家と日清戦争》，第 182 页。
35. Mutsu Munemitsu, *Kenkenroku*, trans. Gordon Mark Berger, p. 211；白井久也，《明治国家と日清戦争》，第 183 页。
36. 《明治天皇纪》第八卷，第 780—781 页。另请参阅 Mutsu Munemitsu, *Kenkenroku*, trans. Gordon Mark Berger, p. 207。
37. 《明治天皇纪》第八卷，第 781 页。另请参阅 Mutsu Munemitsu, *Kenkenroku*, trans. Gordon Mark Berger, p. 207。
38. 《明治天皇纪》第八卷，第 780 页。
39. Mutsu Munemitsu, *Kenkenroku*, trans. Gordon Mark Berger, p. 210。
40. 《明治天皇纪》第八卷，第 806 页。
41. 同上，第 817 页。
42. 同上，第 822 页。
43. 同上，第 849 页。
44. 同上，第 920 页。
45. 如需了解清日战争期间的伤亡人员表，请参阅藤村道生，《日清战争》，第 183 页。在亚洲大陆的战役，日本总共有 2647 人丧生；在台湾战役中，共有 10841 人丧生。
46. 在职业生涯的不同时期，他的宫号有"满宫"、"公现"、"轮王寺宫"和"北白川宫"。（见本书第十七章）10 月 28 日，他在台南病逝（《明治天皇纪》第八卷，第 923—24 页）。
47. 悼词正文请参阅《明治天皇纪》第八卷，第 932 页。
48. 《明治天皇纪》第八卷，第 622—623 页。之后，这篇文章将明治天皇和德国、奥匈帝国、意大利、英国、法国和美国的统治者进行比较，认为天皇更胜一筹。它还将天皇与罗马的奥古斯都、英格兰的阿佛列大帝、拿破仑和威廉一世等历史名人进行比较，认为这些名人也都远远不及。
49. 拙著 *The Sino-Japanese War of 1894-95 and Japanese Culture*, p. 294。
50. Okakura Kakuzo, *The Book of Tea*, p. 7。

第四十七章　暗杀闵妃

1. 《明治天皇纪》第八卷，第 807 页、第 829 页。
2. Woonsang Choi, *The Fall of the Hermit Kingdom*, p. 26-27.
3. 《明治天皇纪》第八卷，第 846 页。
4. 同上。他还提出了一个可供选择的方案，内容可能不太受朝鲜王室和政府的欢迎，但会减轻普通百姓的负担。
5. 《明治天皇纪》第八卷，第 851 页。约瑟夫·朗福德（Joseph H. Longford）写道，"日本最差劲的无赖和恶霸——日本出现了众多此类无赖和恶霸——涌入这个不幸的国家。

他们抢劫掠夺、威胁恫吓,让当地人惊恐不已,欧洲人目睹了这一现象,充满了愤怒和恐惧;这些行为还让当地人一提到日本,由来已久的仇恨之情便增加了十倍"(*The Evolution of New Japan*, p. 118)。

6. 例如,崔文衡从以下角度将井上与其接替人三浦梧楼进行比较,"井上是一个极有才智之人,他为朝鲜改革做出了诸多贡献,然而和井上伯爵不同,三浦在建设能力和管理能力方面都颇为欠缺"(*The Fall of the Hermit Kingdom*, p. 27)。

7. 一般情况下,闵妃从不出现在外国男人的面前,但她接见外国女人。武子比闵妃年长一岁,是唯一一位见过闵妃的日本女人。著名旅人伊萨贝拉·伯德(Isabella L. Bird)也见过闵妃,她是这样描述的:"王后陛下当时年届四十,容貌美丽,身材苗条,头发乌黑亮泽,皮肤非常白皙,她的脸色因擦了珍珠粉而更显苍白。她的双眸是冰冷敏锐的,大体上给人一种聪颖、睿智的印象"(*Korea and Her Neighbours*, 2, p. 39)。另请参阅角田房子,《闵妃暗殺》,第 278—279 页。
根据葛生能久的叙述,当井上谒见朝鲜高宗时,可以听到从帘后传来闵妃对国王进行指点的声音(《東亜先覚志士記伝》上卷,第 521 页。)。渐渐的,她露出半边脸,最后她完全拉开帘子,和国王及井上一同进行商议。据我所知,此处描述不见其他材料中。

8. 三浦梧楼,《観樹将軍回顧録》,第 269 页。

9. 《明治天皇紀》第八卷,第 866 页。据说维贝通过查尔斯·勒让德(Charles W. LeGendre)向朝鲜王宫传了这些话。勒让德之前受聘于日本外务省,1890 年被朝鲜政府聘用(《明治天皇紀》第三卷,第 586 页;角田房子,《闵妃暗殺》第 180 页)。

10. 《明治天皇紀》第八卷,第 866 页。鉴于朴泳孝持亲俄的观点,这一行动让人困惑不解;但是,长久以来,朴泳孝一直提倡对朝鲜进行改革,这也让人们认为他实际上是亲日派。在逃离汉城后,朴泳孝再次在日本寻求庇护(第 891 页)。

11. 《明治天皇紀》第八卷,第 867 页。开化党也叫进步党。

12. 三浦梧楼,《観樹将軍回顧録》,第 266—267 页。

13. 冈本柳之助,《風雲回顧録》,第 222—223 页。

14. 事实上,三浦是一个虔诚的佛教徒。不久前,他曾呼吁调解佛教曹洞宗派的两个分支之间的纠纷(三浦梧楼,《観樹将軍回顧録》,第 245—265 页)。

15. 角田房子,《闵妃暗殺》,第 283 页;儿岛襄,《大山巌》第四卷,第 237 页。

16. 角田房子,《闵妃暗殺》,第 284 页;儿岛襄,《大山巌》第四卷,第 238 页。葛生说,三浦被称为"念佛公使",但是,作为一名禅宗信徒,三浦大概不会念佛(《東亜先覚志士記伝》上卷,第 517 页)。

17. 朴宗根,《日清戦争と朝鮮》,第 241 页。

18. 另一支队伍五百人,称为"侍卫队",成立于 1895 年 6 月。该队伍由美国军官威廉·戴伊负责进行训练,旨在保卫王宫,但大多数成员都没有武器。这支队伍是反日派(朴宗根,《日清戦争と朝鮮》,第 241 页)。

19. 即使是训练队第二大队的指挥官(其为朝鲜人)都不知道该方案。10 月 7 日,他奔至日本公使馆,告知三浦,国王私下命令解散训练队。他抵达的时候,三浦和另外两名人员刚刚草拟完成最终暗杀方案。本应在这个时刻自然而然地向这名指挥官告知第二天的计划,但他却被领进一间房,并且没有被告知任何情况。很显然,他们觉得即使是亲日的朝鲜人也不能保守秘密(朴宗根,《日清戦争と朝鮮》,第 235 页)。

20. 《明治天皇紀》第八卷,第 909 页。另请参阅小早川秀雄,《閔后暗殺》,第 318 页。另一名拜访兴宣大院君的日本人是领事官候补堀口九万一,他伪装成日本游客,并通过用毛笔书写中国文言文的方式与兴宣大院君进行交谈(堀口九万一,《外交と文芸》,第118—131 页)。兴宣大院君用香槟和哈瓦那雪茄款待了堀口,但是,这里的感谢,可能是大院君觉得如果有三浦的协助,可以恢复自己原来的地位(第130 页)。
21. 小早川秀雄,《閔后暗殺》,第318 页亦有这样的描述。葛生持相同的意见,见《東亜先覚志士記伝》上第一卷,第523 页。
22. 朴宗根,《日清戦争と朝鮮》,第233 页。朴宗根认为,兴宣大院君一字不改地接受这四项承诺是不可能的。在暗杀后,他的行为表明他一点也不愿意向政治权力屈服。

从兴宣大院君的照片来看,他的确是一位年纪很大的老者,但在暗杀闵妃前不久见过兴宣大院君的堀口写道,他的面色年轻,眼神敏锐,看起来精神抖擞。堀口认为,兴宣大院君五十岁出头,但看起来更加年轻;事实上,大院君已经七十多岁了(《外交と文芸》,第119 页)。
23. 角田房子,《閔妃暗殺》,第300 页。
24. 安达谦藏,《安達謙藏自叙伝》,第57 页。安达是熊本县(他的籍贯地)的一位重要政治人物;熊本的恶棍远近闻名。三浦用"壮士"来称呼这些恶棍,但安达在叙述中将他们改称为"年轻人"。安达没有记录这次谈话的日期,不过大概发生在10月初。
25. 制服和帽子从守候在兴宣大院君宅邸的朝鲜巡检的身上夺来(朴宗根,《日清戦争と朝鮮》,第237 页)。一些浪人身穿日本服装,另一些人穿着西式服装。一些在肩上扛着大刀,一些在腰间挂着日本刀,另一些则佩戴着手枪(小早川秀雄,《閔后暗殺》,第330 页)。
26. 朴宗根,《日清戦争と朝鮮》,第237 页。当兴宣大院君被从睡梦中叫醒时,小早川当时在现场,他说兴宣大院君欣然接受了提议,并陪同日本人前往王宫。(《閔后暗殺》,第333 页)
27. 小早川秀雄,《閔后暗殺》,第337 页。
28. "Official Report on Matters Connected with the Events of October 8th,1895, and the Death of the Queen"(《开国五百零四年八月二十日事变报告书》)(*The Korean Repository* III , 1896), p. 126.
29. 小早川秀雄,《閔后暗殺》,第352 页。
30. 角田房子,《閔妃暗殺》,第321 页。崔文衡进行了稍有不同的描述:"在砍倒闵妃后,冈本让三名宫女对垂死挣扎的闵妃进行指认,然后把这三名宫女全都杀害,这是为了不留证据以及确认自己的杰作"(Woonsang Choi, *The Fall of the Hermit Kingdom*, p. 34)。
31. 朴宗根,《日清戦争と朝鮮》,第246 页。 当然,XX 就是闵妃。一些人认为,尽管暗杀是日本士官所为,但日本当局却把责任推到浪人的身上。
32. 朴宗根,《日清戦争と朝鮮》,第247 页。
33. 但是,曾在1894 到1897 年间访问过朝鲜四次的伊萨贝拉·伯德却对闵妃给予了高度赞赏。她多次获准觐见国王和闵妃。她描述道,国王极其平庸,但可以感觉出闵妃对国王有着极大的影响力。伯德女士也对闵妃的敌人——兴宣大院君——印象深刻,尽管她提到,她并不认可1866 年兴宣大院君下令杀害2000 名朝鲜天主教徒的行为(Isabella L. Bird, *Korea and Her Neighbours*, 2, p. 39—49)。
34. Woonsang Choi, *The Fall of the Hermit Kingdom*, p. 30.
35. 片野次雄,《李朝滅亡》,第159 页。关于这件事有一个故事,说当一名日本士官注意到将军戴伊时,他让领事官候补堀口九万一命令外国人离开。堀口用法语向戴伊传话,但这名将军不懂法语。另一个人用英语重复了这番话，但将军回答道，"我是美国人，我不听命于日本人"（角田房子，《闵妃暗杀》，第320页）。不过，安达谦藏写的是，这个平常有些傲慢的戴伊感到非常害怕，他脱下帽子，鞠了一个躬，脸上流露出逢迎讨好的表情。安达觉得这个变化"尤其可笑"（《安達謙藏自叙伝》，第61页）。

1995年，有报道说发现了亚历山大·士巴津保留的日记。尽管士巴津没有亲眼看到闵妃被杀害，但他目睹了身穿便衣的日本人搜查宫女们的头发，将她们从闵妃的宫室内拖出来，这与实际杀害闵妃的地方只有几步之遥。这个发现是由俄罗斯科学院的教授金·莱克霍（Kim Rekho）得出（《朝日新闻》，1995年6月20日，第29页）。

36. 三浦梧楼，《観樹将軍回顧録》，第282—283页。
37. 角田房子在《闵妃暗杀》的扉页转载了这篇文章的翻拍版。
38. 儿岛襄，《大山巌》第四卷，第261页。儿岛对暗杀闵妃的描述最为详细，但不幸的是，他没有给出来源（第250—283页）。
39. 《明治天皇纪》第八卷，第911页。儿岛给出的答复很简单，"昨夜宫中举事，闵妃下落不明"（《大山巌》第四卷，第263页）。
40. 儿岛襄，《大山巌》第四卷，第263页。
41. 《明治天皇纪》第八卷，第914页。
42. 同上，第917页。
43. 11月5日，井上谒见朝鲜国王，传达天皇对这一事件的深切关注，并进献了天皇和皇后赠送的礼物（《明治天皇纪》第八卷，第930页）。11月15日，在井上返回日本之前，井上（和小村）再次谒见了朝鲜国王。国王对井上不能继续留在朝鲜表示遗憾，在他们起身离开时，国王与井上握手（第935页）。
44. 《明治天皇纪》第八卷，第921页。
45. "Official Report on Matters Connected with the Events of October 8th,1895, and the Death of the Queen"（The Korean Repository III，1896），p. 133. 关于国王谴责闵妃的全文以及签署该诏敕的官员姓名，请参阅 Isabella L. Bird, *Korea and Her Neighbours*, 2, p. 69-70。另请参阅《明治天皇纪》第八卷，第943页。10月10日，国王颁布了诏敕。同时，他仍不知道闵妃已经被杀害（直到12月5日才下令为闵妃举行哀悼）。当国王第一次见到诏敕并被告知必须签署时，他说他宁愿双手被砍，也不愿签署（Isabella L. Bird, *Korea and Her Neighbours*, 2, p. 69；白井久也，《明治国家と日清戦争》，第215页）。最终，迫于三浦的压力，国王屈服了，三浦承诺用撤离宫殿周围的日军作为交换（朴宗根，《日清戦争と朝鲜》，第250页）。国王颁布诏敕一事被告知各个公使馆。表现出极大震惊和烦扰的三浦回答说，出于尊重王室和保护人民福祉，闵妃的行为应受到这样的处置。美国代表埃伦（Allen）博士用一句话回答道，"我不承认这个诏敕是出自国王陛下之手"（"Official Report on Matters Connected with the Events of October 8th,1895, and the Death of the Queen"，p. 135）。

第二天达成一项妥协：考虑到闵妃是王世子的生母，宣布将其头衔从"庶人"升为"嫔"（角田房子，《闵妃暗杀》，第333页）。1897年11月22日，朝鲜为闵妃进行了盛大的国葬，并追封谥号。现在，人们只记得她是一个不幸的受害者（儿岛襄，《大山巌》第四卷，第266页）。
46. 《明治天皇纪》第八卷，第943页。
47. 朴宗根，《日清戦争と朝鲜》，第249页。

注 释　　923

48. 角田房子,《閔妃暗殺》,第 334 页。另请参阅 Isabella L. Bird, *Korea and Her Neighbours*, 2, p. 73。国外的担心不是没有道理的；1898 年 9 月 21 日,国王和王世子在用餐时被下毒(《明治天皇紀》第九卷,第 497 页)。
49. 朴宗根,《日清戦争と朝鮮》,第 260 页。
50. 不过,他更有名的称呼是"《佳人奇遇》的作者"。《佳人奇遇》是一部在 1890 年代享有盛誉的小说(拙著 *Dawn to the West*, 1, p. 82-86)。
51. 朴宗根,《日清戦争と朝鮮》,第 260—261 页。朴永坤引述了安达谦藏的话,说是日本公使馆书记杉村浚提供的资金(每人 200 日元)。这明显表明这些钱款来自于三浦,而非兴宣大院君。
52. 儿岛襄,《大山巌》第四卷,第 271—274 页。儿岛襄对 10 月 17 日在汉城举行的户外酒会进行了生动描绘。当其中一名浪人山田烈盛表明,他们可能会被指控犯有蓄意谋杀罪或共谋罪时,他的话引来一串喧闹的笑声。另一名浪人回答道:"我们按照三浦公使的命令行事,代表的可是日本帝国。我们只是对兴宣大院君的信赖做出了回应。我们为国家而战,与蓄意谋杀或共谋毫无关系。"
53. 三浦梧楼,《観樹将軍回顧録》,第 286 页。
54. "Official Report on Matters Connected with the Events of October 8th,1895, and the Death of the Queen", p. 123.
55. 同上,第 141 页。《明治天皇紀》第九卷第 20—21 页在重大细节方面与这份报告书有出入。例如,其写道,亲日内阁的总理大臣(金弘集)和农商工部大臣(郑秉夏)被逮捕,并被利剑刺死。儿岛说,当这两人乘着轿子去王宫时,他们被一群暴徒包围,暴徒杀死了他们,并让他们暴尸街头。儿岛还说,大约有 50 名俄国警察于深夜偷偷潜入王宫,护送国王和王世子前往俄国公使馆(《大山巌》第四卷,第 279 页)。根据崔文衡的说法,亲俄派领导人李范晋和李允用与俄国公使卡尔·维贝以保护俄国公使馆为托词,安排俄国军舰的 100 名海军陆战队的士兵在仁川登陆(Woonsang Choi, *The Fall of the Hermit Kingdom*, p. 37)。李范晋随后前去看望国王,并力劝他向俄国公使馆寻求庇护。崔文衡补充说,"宫女给守卫带来了热食,这些善意的举动自然让守卫放松了对内命妇所乘轿子的警惕"(p. 50)。
56. Kibaik Lee, *A New History of Korea*, trans. Edward W. Wagner, p. 301.

第四十八章　英照皇太后

1. 《明治天皇紀》第九卷,第 11 页。
2. 在这些场合以及提到众姐妹的其他场合中,都没有出现天皇的第八女允子,大概是因为她与其姐妹分开养育的缘故,她的抚育者是林友幸(《明治天皇紀》第七卷,第 899 页)。
3. 《明治天皇紀》第七卷,第 172 页。
4. 《明治天皇紀》第七卷,第 120 页。但是,天皇接受了两位公主进献的礼物——离宫景色的绘画和几个番薯。听说这些礼物很讨天皇喜欢,这给佐佐木带来了一些安慰。
5. 他当然不是一位溺爱子女的父亲。他的女儿北白川房子回忆道,第一次听到明治大声欢笑,是她带着襁褓中的儿子去皇宫的时候,当时幼儿表现出了一些不得体的行为。后来,北白川房子成为了伊势神宫的祭主(《明治天皇とその宮廷》,《リーダーズ　ダイジェスト》1968 年 10 月号,第 44 页)。

6. 1897年底，房子公主突然生病。佐佐木希望将病情进展情况奏报给天皇，但他被告知，已经有诸多烦心事萦绕在天皇的心头，除非病情极其严重，否则最好等到公主康复后再奏报天皇。不过，佐佐木将公主的病情向皇后进行了详细奏报（《明治天皇纪》第九卷，第365—366页）。
7. 《明治天皇纪》第九卷，第94—95页。
8. 同上，第71—72页。国王直到1897年2月20日才离开俄国公使馆（片野次雄，《李朝灭亡》，第165页）。
9. 《明治天皇纪》第八卷，第746—747页。
10. 如需了解密约谈判的情况，请参阅Count Sergei Iulevich Witte, *The Memories of Count Witte*, trans. Sidney Harcave, pp. 227-238。
11. 《明治天皇纪》第九卷，第88页。
12. 他于1896年5月30日辞职，并于1897年8月24日离世（《明治天皇纪》第九卷，第80页、第292页）。
13. 《明治天皇纪》第九卷，第112页。松方来自于萨摩藩，大隈来自于肥前藩。
14. 我没有找到这一引述，不过，德皇威廉二世（Kaiser Wilhelm II）发表过多次类似的话语。他对威尔士（Wales）亲王说，"我是德意志政策的唯一决定者，我的国家跟着我的意志走"（转引自John C. G. Röhl, *The Kaiser and His Court*, p. 12）。
15. 《明治天皇纪》第九卷，第119—120页。
16. 罗尔清楚地表明德皇要比明治独裁得多："必须记住，每一个官职的任命，每一项政治举措的实施，都需要皇帝的明确同意。每一位政治家、每一位陆海军军官、统治精英内部的每一个政治群体、宫廷社会的每一个成员，毫无例外地都要去获得'最高人物'的欢心"（*The Kaiser and His Court*, p. 117）。
17. 《明治天皇纪》第九卷，第123页。
18. 同上，第152—153页。
19. 同上，第160页。
20. 同上，第177页。
21. 同上，第180页。
22. 同上，第183页。
23. 如果太皇太后、皇太后或皇后加入了佛教宗派，那么她通常将获得以"门院"或"院"（如建礼门院）结尾的尊号。但是，皇太后没有加入任何佛教宗派，因此这样的尊号也就显得不合时宜。向太皇太后、皇太后或皇后追封谥号的例子有三例，都发生在一千多年前的奈良时代。掌管此事的官员反对给这位皇太后追封谥号，认为在姓氏后面加讳就可以。之后，这名官员认为也可以皇太后居住的御所名称作为谥号，称为"青山皇太后"（《明治天皇纪》第九卷，第194—195页）。
24. 《明治天皇纪》第九卷，第199页。
25. 皇太后葬礼中的非佛教特色为皇室开了先例。1898年2月，当光格天皇的养子晃亲王过世时，他的家族希望按照他在遗嘱中表明的意愿举办一场佛教葬礼，但这个请求遭到拒绝。枢密院副议长、伯爵东久世通禧裁定，皇室成员的葬礼必须按照先例进行——即采用神道教的方式。天皇支持这一裁定（《明治天皇纪》第九卷，第397—398页）。
26. 《明治天皇纪》第九卷，第200—201页、第207页、第343页。10月12日，朝鲜国王称帝，他颁布诏书，追封闵妃为皇后，改国号为"大韩帝国"，并改年号为"光武"（第319页）。

注释

27. 《明治天皇纪》第九卷，第256页、第291页。在1886年到天皇驾崩的1912年间，担任侍从的日野西资博回忆道，当1897年4月天皇在京都时，侍从们都担心天皇会推迟返回东京。刚巧在这个时候，一场大风暴导致列车暂停运行。天皇带着愉悦的表情说道，"是低气压吧。低气压真是太好了。"就在列车恢复运行的同时，传来东京爆发麻疹疫情的消息。这导致天皇第二次推迟离开京都的时间。不久后，在得知疫情逐渐减缓后，天皇说道，"朕确信还有一些病例。你们赶快调查一下"。侍从们进行了调查，发现东京还有两个麻疹病例。在向天皇奏报此事时，他说："你们看看，朕刚才说道还有一些病例，果不其然吧？"劝说天皇返回东京并非一件容易的差事（日野西资博，《明治天皇の御日常》，第173—174页）。
28. 《明治天皇纪》第九卷，第218页。
29. 同上，第225页。
30. 同上，第233页。
31. 同上，第260页。
32. 同上，第345页。
33. 拙著 Dawn to the West, 1, p. 90。
34. 日野西资博，《明治天皇の御日常》，第98页。我突然想起《古事记》中描述的应神天皇的故事。当应神天皇站在山上时，他望着一个村庄，发现烟囱没有冒烟，意识到民众没有足够的钱来煮菜做饭，由此豁免了苛捐杂税。当他再一次伫立在山上，看着村庄里的烟囱冒烟时，他很开心，这表明民众的生活富足。

第四十九章　藩阀终焉

1. 《明治天皇纪》第九卷，第360—361页。
2. 同上，第363页。
3. 同上，第364页。
4. 同上，第370页。
5. 同上，第371—372页。
6. 《明治天皇纪》第九卷，第384—385页。
7. 《明治天皇纪》第九卷，第425页。
8. 同上，第445页。
9. 同上，第451页。
10. 《明治天皇纪》第九卷，第454页。
11. 同上，第455页。
12. 同上，第457—458页。
13. 这大概是指发生于1887年12月的事件。当时，各种机密事项被泄露给了媒体，在青年政治活动家中掀起一场骚动，这些人要求减轻赋税、言论自由、集会自由，并要求纠正外交政策中的失误。尤其是井上馨的方案，更激起了他们的愤怒，该方案允许外国法官在日本法庭中任职，以及允许外国人在内陆生活。在第一届伊藤内阁中担任内务大臣的山县布了由七条组成的《保安条例》，禁止成立秘密协会、禁止户外集会、禁止扰乱治安等。因参与了此次骚乱事件，尾崎行雄成为被驱逐出东京的逾570人中的其中一位（《明治天皇纪》第六卷，第856—858页）。

14. 《明治天皇紀》第九卷，第 460 页。据说，对"民主是否意味着国家存在的理由就是获得私人权力和私人利益"所进行的长期抨击，此时已让天皇受到了鼓舞。这一抨击是由担任多届内阁成员的野村靖发起，他认为政党政策与君主政体不相调和。
15. 《明治天皇紀》第九卷，第 467 页。
16. 同上，第 474 页。
17. 《明治天皇紀》第九卷，第 475 页。尽管天皇在这些话中对滨尾新给予了苛刻评价，但实际上，滨尾新是个杰出的教育家，曾两次担任东京大学的校长。
18. 《明治天皇紀》第九卷，第 489 页。
19. 同上，第 491 页。
20. 同上，第 492 页。
21. 同上，第 514 页。
22. 榛叶英治，《板垣退助——自由民権の夢と敗北》，第 296 页。榛叶写道，板垣关于自由和人权的哲学已经完全"褪色"。
23. 榛叶英治，《板垣退助——自由民権の夢と敗北》，第 297 页。榛叶认为，从根本上来说，针对尾崎的阴谋是星亨的杰作。在 1892 年被解除了众议院议长一职的星亨，此时正担任驻美公使。但是，在得知大隈和板垣成立联合内阁时，他在未获得天皇同意的情况下，赶忙返回日本，迫切地希望结束这一行动。
24. 《明治天皇紀》第九卷，第 517 页。
25. 同上，第 527 页。
26. 同上，第 531 页。
27. 同上，第 540 页。
28. 同上，第 441 页。如需了解对皇太子健康状况的担忧，请参阅第 393 页、第 412 页、第 414 页、第 418 页、第 544 页。
29. 同上，第 405 页。
30. 同上，第 537 页。
31. 11 月 11 日，对他进行了体检。医生奏报说，他左胸的湿罗音没有消散，但胃肠炎有了好转，胃口也有了改善（《明治天皇紀》第九卷，第 544 页）。
32. 《明治天皇紀》第九卷，第 548 页。
33. 《新輯明治天皇御集》第一卷，第 318 页。

第五十章　义和团运动

1. 《明治天皇紀》第十一卷，第 586 页。
2. 《明治天皇紀》第九卷，第 595—596 页。这一史料好像来源于与田中光显的交谈记录。
3. 日野西资博，《明治天皇の御日常》，第 53 页。日野西对这一交谈有不同的叙述，因而这一轶事也出现了不同版本。该版本引述于 1976 年版的《新学社教友館》。另一个版本出现于 1953 年的《祖国社》第 54—55 页。森田诚吾举了一个有趣的例子，说当时的报纸在传播天皇的八卦方面比随后的年月更为自由（《明治人ものがたり》，第 37—54 页）。
4. 《新輯明治天皇御集》下卷，第 719 页。"nībumi"是"新聞"的训读。
5. 包括 1905 年 7 月 26 日向威廉·霍华德·塔夫脱（William Howard Taft）提供的晚宴。塔夫脱是美国最重的总统（《天皇家の饗宴》，第 84—85 页）。

注释　　927

6. 《明治天皇紀》第九卷，第613—614页。"Kōshaku"有时候也翻译成"公爵"或"亲王"，爵位高于侯爵。很多"公爵"都是以前的大名。
7. 会议参加者包括德大寺实则、土方久元、田中光显、香川敬三和川口武定。
8. 医师冈玄卿确信祯子患上了结核病，这给拟订的婚姻造成了强烈影响。多年以后，当和另一个女人结婚的皇太子有了第二个孩子时，冈玄卿前来给天皇道喜。他评论道，如果皇太子和之前的未婚妻结婚，可能就不会发生这样可喜可贺的事情了。天皇生气地打断他，说祯子在婚后一年没能生育小孩，原因未必就在祯子身上（《明治天皇紀》第九卷，第615页）。
9. 《明治天皇紀》第九卷，第751页。当佐佐木高行此时（1900年1月）请求天皇恩准让两位亲王学习法语时，天皇予以拒绝，说此举为时过早。他之所以拒绝，大概是因为不满皇太子喜欢这门语言。
10. 这些勋章和其他欧洲勋章是在1897年12月到1900年3月之间得到的，这大概与他成年有关。1900年10月，他还获得了暹罗的皇室勋章。日本频繁向外国人授予勋章，即使这些人与日本没有多大关系。例如，对出访欧洲的日本皇室成员予以友好相待的欧洲人通常会获得一等勋章。日本也向外国君王授予勋章，例如，清朝的慈禧太后获得了勋一等宝冠章（《明治天皇紀》第九卷，第652页）。在皇太子获得大象勋章（欧洲最为尊贵的勋章之一）后，天皇再次向把勋章带来日本的丹麦瓦尔德马（Waldemar）王子回赠了大勋位菊花大绶章。
11. James E, Hoare, "Extraterritoriality in Japan," p. 97.
12. 《明治天皇紀》第九卷，第694页、第761页。
13. Erwin Baelz, *Awakening Japan*, trans. Eden Paul and Cedar Paul, pp. 119-120. 另请参阅《明治天皇紀》第九卷，第758页。
14. 加藤仁，《明治天皇お局ご落胤伝》，第67页。
15. 大正称其母亲为"二位"，在他成为天皇后，他母亲的衔位排在他的后面。当御餐桌上有剩余的饭菜时，他通常说"二位にやれ"（拿与二位殿）（加藤仁，《明治天皇お局ご落胤伝》，第66页）。
16. 《明治天皇紀》第九卷，第811页。
17. 同上，第813—814页。
18. 同上，第823页。
19. 义和团可以追溯到18世纪成立的一个神秘的宗教和武术组织——八卦教。这个神秘社团（和类似社团）的目的是扶明灭清（满族）。请参考劳乃宣的《义和拳教门源流考》，本书转引自Chester C. Tan（谭春林），*The Boxer Catastrophe*, p. 43-44。
20. 小林一美，《義和団戦争と明治国家》，第55页。他给出的遇难人数是：新教传教士188名，清朝新教徒5000名，天主教主教5名，天主教牧师48名以及清朝天主教徒18000名。但小林认为很多人不是被义和团的人杀害，而可能是被1900年夏天清政府和义和拳联手后的清朝士兵。此外，在起义的早期阶段，另有多名德国和日本外交官被杀害。
21. 这支教派因鼓励性乱交而臭名昭著，但是，倾向于支持19世纪中国起义的学者认为，这种性放纵为将女性从封建儒家思想的限制中解放出来奠定了基础（小林一美，《義和団戦争と明治国家》，第7—8页）。
22. 山东的第一个事例好像发生于1886年，当时一名法国牧师在清朝基督教信徒的帮助下，摧毁了一座道教的玉皇庙（小林一美，《義和団戦争と明治国家》，第66页）。

23. 如需了解给乡村生活造成的破坏，请参阅小林一美，《義和団戦争と明治国家》第 36—38 页、第 43—44 页。小林尤其提到传统（如当地崇拜的神、英雄、有公德心的人以及具有超能力的传奇人物）的消失，以及跟随着这些传统一同消失的信仰、祭祀和祈愿时的戏剧表演（第 43 页）。
24. 小林一美，《義和団戦争と明治国家》，第 50 页、第 58 页。大山梓描述道，信徒们头裹红巾、腰系红带参加战斗；红头巾上写着"义和神团奉旨与清灭洋"（《北京籠城、北京籠城日記》，解说第 5 页）。
25. 坂根义久编，《青木周蔵自伝》，第 325 页。
26. 清朝太子的生父端亲王与义和团秘密联系，并且被称为义和团的"主要庇护人"（Chester C. Tan, *The Boxer Catastrophe*, p. 137；大山梓编，《北京籠城、北京籠城日記》，解说第 4 页）。
27. 小林一美，《義和団戦争と明治国家》，第 90 页。
28. 大山梓编，《北京籠城、北京籠城日記》，解说第 3—4 页。如需了解郑永昌在副岛担任清朝公使期间作为翻译的情况，请参阅本书第 24 章。
29. 《明治天皇纪》第九卷，第 836—837 页。
30. 大山梓编，《北京籠城、北京籠城日記》，第 244 页、第 16 页。
31. 《明治天皇纪》第九卷，第 843 页。
32. 同上，第 844 页。
33. 如需了解与围攻有关的引人入胜的描述，请参阅大山梓编，《北京籠城、北京籠城日記》。该书主要包含陆军中佐柴五郎（在朝鲜活跃的柴四郎的弟弟）就其经历发表的演讲，以及当时在北京作为学生的服部宇之吉教授的日记。
34. 《明治天皇纪》第九卷，第 851 页。提到东西方之间的对抗，我想到了德皇的"黄祸"学说。
35. 同上，第 852—853 页。
36. 同上，第 854 页。这件事出自于德大寺实则的日记。
37. 同上，第 862—863 页。
38. 他的原话是"你们将与一个全副武装的国家作战，但是，与此同时，你们必须为死亡的人报仇，不仅是德国公使，还有很多其他德国人和欧洲人。如果你们遇到敌人，必须打败他们，切勿留情，不留活口。用你们手里的武器，对落入你们手里的人格杀勿论。就像一千年前阿提拉国王领导的匈奴人那样，他们因凶猛残暴而闻名，我们仍需沿袭这一传统。那样，中国人才会知道德国，才不敢轻视德国人"（引自 John C. G. Röhl, *The Kaiser and His Court*, p. 13-14）。另请参阅德皇的画作，在这幅画作中，他将欧洲描绘成女神，在大天使米迦勒的带领下与"黄祸"（用佛陀的形象来表示）进行斗争（p. 203）。
39. 《明治天皇纪》第九卷，第 872—873 页。
40. 《明治天皇纪》第九卷，第 878 页。刚开始，日本士兵的劫掠被认为是小事，但随后发现高级军官偷了大量的银条。之后，这些军官被解职（《明治天皇纪》第十卷，第 228—229 页、第 239 页）。

第五十一章　英日同盟

1. 《明治天皇纪》第九卷，第 895 页。
2. 同上，第 890—891 页。

注 释

3. 《明治天皇纪》第九卷,第891页。
4. 同上,第913页。11月14日,桂太郎再次请求允许他辞职,12月23日,天皇最终批准(第923—925页)。
5. 《明治天皇纪》第十卷,第26页。
6. 同上,第29—30页。
7. 同上,第30页。
8. 如需了解近卫同意遵照天皇旨意的函件原文,请参阅《明治天皇纪》第十卷,第31页。
9. 同上,第40—42页。
10. 同上,第54页。
11. 同上,第54—57页。
12. 同上,第53页、第57页。
13. 《明治天皇纪》第十卷,第58—59页。
14. 同上,第68页。
15. 传记的详细内容,见有泉贞夫,《星亨》,第3—15页。姐姐在妓院的悲惨经历,让他下定决心绝不(像明治时期的大多数男人那样)找妓女寻欢作乐。他对妻子很忠诚(第9页)。
16. 作为收养合同的一部分,星亨的家庭需支付50两"收养费"。他家明显无法支付这笔费用,于是,一年后星亨与小泉一家的收养关系被取消(有泉贞夫,《星亨》,第13页)。
17. 铃木武史,《星亨 藩阀政治を揺がした男》,第22页。
18. 同上,第33页。
19. 据说,他曾一遍又一遍地阅读杰里米·边沁(Jeremy Bentham)的《道德与立法原理引论》(*An Introduction to the Principles of Morals and Legislation*)(有泉贞夫,《星亨》,第49页)。
20. 中村菊男,《星亨》,第50—54页。
21. 铃木武史,《星亨藩阀政治を揺がした男》,第59—61页。
22. 同上,第79—80页。
23. 他认为日本应当拥有一支至少和英国远东舰队一样强大的舰队(中村菊男,《星亨》,第86页)。
24. 铃木武史,《星亨 藩阀政治を揺がした男》,第91页;中村菊男,《星亨》,第85—89页。在同一篇演讲中,星亨力促清朝采取新的政策,以便防止英国或俄国入侵清朝。他还声称,结束治外法权和终止外国对日本关税的控制都很困难,不过后者更为迫切。
25. 中村菊男,《星亨》,第104页。中村引述了星亨在就任众议院议长时的部分讲话。星亨宣称,他的一举一动不是作为自由党的成员,而是要公正无私,要与担任这一公职的身份相符。如果成员认为他犯了错误,他力劝成员对他进行指正;如果成员说得对,他承诺将改正错误。
26. 如需了解议会对星亨提起的相关指控的内容,请参阅中村菊男,《星亨》,第116—117页。亦见《明治天皇纪》第八卷,第328—329页。
27. 中村菊男,《星亨》,第156页。
28. 当着参议员小组委员会的面,星亨对增加丝绸关税可能造成的不利影响进行了论证。他谈到了实际上降低关税将会带来哪些良好效果(中村菊男,《星亨》,第163—164页)。让大隈印象深刻的是,他向星亨授予了勋三等旭日章。
29. 如需了解他的建议的原文,请参阅中村菊男,《星亨》,第175—177页。
30. 同上,第182页。

31. 铃木武史，《星亨》，第 150—151 页。
32. 如需了解关于星亨遇刺的描述，请参阅长尾和夫，《暗杀者》，第 135—139 页。法院因谋杀行为对伊庭进行了审讯，在随后下达的判决书中，法院承认伊庭的行为是出于道德上的正义感，并判处他无期徒刑，而非死刑（第 159 页）。
33. 如需了解关于葬礼的进一步描述，请参阅长尾和夫，《暗杀者》，第 158 页。铃木武史在《星亨》的第 191 页刊登了一幅送葬队伍的照片。
34. 《明治天皇纪》第十卷，第 80—81 页。这篇报道提到了前几年曝光的星亨收受贿赂的丑闻，但没有解释为什么这样的人会得到天皇的赏识（如果这篇报道属实的话）。
35. 《明治天皇纪》第十卷，第 89 页。
36. Erwin Baelz, *Awakening Japan*, trans. Eden Paul and Cedar Paul, p. 144.
37. 《明治天皇纪》第十卷，第 98 页。
38. 1901 年 8 月，在伊藤准备前往美国和欧洲时，井上馨力劝伊藤访问俄国。井上确信，与俄国达成谅解是解决韩国问题的最佳途径。外务大臣桂太郎认为，与英国结盟或者和俄国达成谅解都能实现这一目标。伊藤认为，与英国结成同盟没有任何用处，并将引起俄国和法国的敌对。当 11 月林董在巴黎会见伊藤时，（不知道与英国谈判进展的）伊藤认为，为结束满洲和韩国的紧张局势，与俄国签订协议至关重要（林董，《後は昔の紀他》，第 343—345 页）。
39. 林董，《後は昔の紀他》，第 328—329 页。
40. 同上，第 306—307 页。
41. 如需了解作者所称的就支持英日同盟发表的"第一次看法"，请参阅黑羽茂，《日英同盟の軌跡》第一卷，第 21 页。张伯伦和日本公使加藤高明的谈话发生于 1898 年 3 月 17 日。
42. 黑羽茂，《日英同盟の軌跡》，第 23 页。
43. 林董，《後は昔の紀他》，第 321 页、第 327 页。
44. 同上，第 330—331 页。
45. 该协定签订于 1900 年 10 月 16 日，宣布在清朝采取门户开放政策，以及维持清朝的领土完整。如需了解当时英国和德国之间的特殊关系，请参阅黑羽茂，《日英同盟の軌跡》第 24—34 页。1901 年 3 月 18 日，德国驻英公使赫尔曼·弗雷尔·冯·埃卡德斯坦恩（Hermann Freiherr von Eckardstein）向林董提议建立一个包括德国在内的三国同盟，但他是在没有获得德国外交部授权的情况下擅自提出这一提议（第 29—30 页）。
46. 如需了解日本修改后条约的详细内容，请参阅林董，《後は昔の紀他》，第 349—350 页。
47. 同上，第 159 页。
48. 同上，第 160 页。
49. 同上，第 306 页。
50. 贝尔茨用以下话语就日本民众对签订英日同盟的反应进行了描述："1902 年 2 月 14 日。日本民众难以掩饰他们对订立新同盟的喜悦之情。毫无疑问，对他们来说，这是一场胜利，一个在原则上不参与结盟的大国现在和日本结成了同盟，且是在完全平等的基础上同日本人——一个与他们完全不同的种族——结成的同盟。庆应义塾的学生们举行了火把游行活动，并在英国公使馆的门前高呼三声"（Erwin Baelz, *Awakening Japan*, trans. Eden Paul and Cedar Paul, p. 154）。

注 释   931

第五十二章　祸机暗藏

1. 《明治天皇纪》第十卷，第 176—177 页。
2. 同上，第 181 页。
3. 同上，第 184—187 页。
4. 同上，第 187 页。截至 2 月 7 日，有 17 人生还，108 人遇难，85 人下落不明。一些幸存者在医院中去世（第 198 页）。
5. 《明治天皇纪》第十卷，第 187 页。
6. 请参阅本书第 48 章。
7. Ian Nish, *The Origins of the Russo-Japanese War*, p. 31. 直到 1922 年，密约的规定才被完全披露。
8. Ian Nish, *The Origins of the Russo-Japanese War*, p. 39.
9. 同上，p. 41. 根据安德鲁·马洛泽莫夫（Andrew Malozemoff）所说，1897 年 8 月，当俄国沙皇会见德皇时，沙皇同意，如有需要，德国舰队可以暂时进驻胶州湾（*Russian Far Eastern Policy*, p. 96-101）。德国利用这一约定，于 1897 年 11 月进入胶州湾。并非严重关切此事的俄国，按照清朝的提议，于 12 月决定派出一支舰队暂时占领旅顺。马洛泽莫夫写道，"威廉二世很高兴。12 月 17 日，他通过外交部通知俄国，说他赞成这一行动。19 日，他又自己给沙皇发了一封电报：'请接受我对贵国军队到达旅顺的祝贺。'就在同一天，他委托俄国驻柏林临时代表奥斯滕·萨肯（Osten-Sacken）男爵向尼古拉二世传话说：'现在，你的敌人就是我的敌人，不管他是日本人还是英国人；任何一个挑衅者，无论他是什么人，只要他想通过武力来阻挠你的意图，德国舰队将和俄国军舰携起手来共同对付。'"
10. 如需了解《日俄协定》（Nishi-Rosen Convention）的内容，请参阅 Andrew Malozemoff, *Russian Far Eastern Policy*, p. 110. 后来，俄国驻日本公使罗曼·罗森男爵将这份协定称为"极其跛脚而又毫无意义的协定"。
11. Andrew Malozemoff, *Russian Far Eastern Policy*, p. 146. 另请参阅《明治天皇纪》第十卷，第 224—225 页。
12. Andrew Malozemoff, *Russian Far Eastern Policy*, p. 172-173. 谢尔盖·维特伯爵用这些话回忆了伊藤的访问："很不幸，他受到了冷遇……最后，我们提出自己的建议来反驳他的建议，我们的建议是不接受日本的基本意思。我们将建议的草案发给了此时正在柏林的伊藤：看到自己的友好建议在彼得堡得到了这样的对待，他没有回复，也不可能做出回复。他不再反对与英国达成约定，根据这个约定，当日本和俄国发生争端时，英国承诺将对日本给予支持，正是这个约定导致了一场对双方来说都是灾难的战争"（Count Sergei Iulevich Witte, *The Memories of Count Witte*, trans. Sidney Harcave, p. 303）。
13. 根据奈斯的说法，"学界一般认为，门户开放是由清朝海关的高级官员艾尔弗雷德·希皮斯利（Alfred Hippisley）和威廉·罗克希尔（William H. Rockhill）提出的。罗克希尔是位于华盛顿的美国国务卿约翰·海（John Hay）的初级职员"（*The Origins of the Russo-Japanese War*, p. 55）。
14. "kokuryū"直译为"黑龙"，或许可以说明该协会有着不吉祥的名声。
15. Ian Nish, *The Origins of the Russo-Japanese War*, p. 95.
15. 同上，p. 17。

17. Count Sergei Iulevich Witte, *The Memories of Count Witte*, trans. Sidney Harcave, p. 307.
18. Ian Nish, *The Origins of the Russo-Japanese War*, p. 142.
19. Erwin Baelz, *Awakening Japan*, trans. Eden Paul and Cedar Paul, p. 249.
20. 《明治天皇纪》第十卷，第 243 页。
21. 同上，第 261 页。这位王子后来的称号是"秩父宫"。
22. 《明治天皇纪》第十卷，第 275 页、第 346 页。这就是众所周知的赤坂离宫。该宫殿于 1908 年完工，但是，在明治时期，皇太子或其他人都没有使用过。当天皇翻看这座建成宫殿的照片时，他唯一的评价是"太奢华了！"。这个评价对于建筑师片山东熊来说是沉重的一击，片山曾多次前往欧美游历，研究为皇室和富人建造的房屋。赤坂离宫主要为新巴洛克风格，但也含有其他许多不同的风格元素，使用的材料也多种多样。研究现存明治时期建筑物的作家达拉斯·芬恩写道，"无论什么地方，只要有可能，片山都会使用日本的材料：桧木用于椽，自然铜用于屋顶，茨城花岗岩用于望板，并且还使用了京都的丝绸以及 1300 万块当地的砖块。但是，在建筑物的内部，正如他所说的那样，他采用的是来自世界各地的最好材料：法国、摩洛哥、西班牙和意大利的大理石；英格兰的平板玻璃和地毯；美国的供暖、管道和电气设备；法国的壁炉、镜子、马赛克和枝形吊灯。他还采用了法国的家具，处处渗透着法式的气息"（*Meiji Revisited*, p. 236）。
23. 《明治天皇纪》第十卷，第 300 页。
24. 同上，第 306 页。
25. 同上，第 308 页。
26. 同上，第 318—319 页。
27. 同上，第 325—327 页。
28. 同上，第 355 页。
29. 同上，第 366 页、第 368 页。
30. 同上，第 381 页。
31. 同上，第 364 页。
32. 同上，第 392 页。
33. 同上，第 395 页。
34. 《森銑三著作集 続編》第五卷，第 12 页。
35. 《明治天皇纪》第十卷，第 399—400 页。
36. 如需了解详细内容，请参阅上书第 406 页。
37. 同上，第 405 页。如需了解七项要求的英文译文，请参阅 Ian Nish, *The Origins of the Russo-Japanese War*, p. 146.
38. 他们是山县有朋、伊藤博文、桂太郎和小村寿太郎（大山梓，《日露戦争の軍政史録》，第 27 页）。
39. 大山梓，《日露戦争の軍政史録》，第 28 页。另请参阅《明治天皇纪》第十卷，第 409—410 页。
40. 《明治天皇纪》第十卷，第 416 页。
41. 同上，第 417 页。
42. 同上，第 423—426 页。

注 释 933

第五十三章　战前交涉

1. 原文见《明治天皇纪》，第十卷，第 444—449 页。他们也向陆军元帅山县有朋、伯爵松方正义、海军大臣山本权兵卫、外务大臣小村寿太郎和陆军大臣寺内正毅发送了建议书的副本。
2. 《明治天皇纪》第十卷，第 452 页。
3. 同上，第 458 页。
4. 这九人是伊藤博文、山县有朋、大山岩、松方正义、井上馨、桂太郎、山本权兵卫、小村寿太郎和寺内正毅。这些人被称为是把持当时日本政权的"寡头政治家"。如需了解这一主题的延伸论述，请参阅 Shumpei Okamoto, *The Japanese Oligarchy and the Russo-Japanese War*。
5. 《明治天皇纪》第十卷，第 460 页。
6. 同上，第 464 页。
7. 同上，第 469 页。
8. 同上，第 475 页。
9. 同上，第 479 页。如需了解这六点的译文，请参阅 Ian Nish, *The Origins of the Russo-Japanese War*, p. 184-185。
10. Andrew Malozemoff, *Russian Far Eastern Policy*, p. 224.
11. 维特的回忆录上写的是 8 月 13 日，这是按当时俄国所使用的罗马儒略历计算。其他叙述写的是 8 月 28 日，这是按欧洲和日本所采用的格里高里历计算。
12. Count Sergei Iulevich Witte, *The Memories of Count Witte*, trans. Sidney Harcave, pp. 315-316.
13. 同上，p. 365。
14. 同上，p. 366。
15. Andrew Malozemoff, *Russian Far Eastern Policy*, p. 226.
16. Count Sergei Iulevich Witte, *The Memories of Count Witte*, trans. Sidney Harcave, p. 368.
17. 《明治天皇纪》第十卷，第 477 页。另请参阅 Shumpei Okamoto, *The Japanese Oligarchy and the Russo-Japanese War*, pp. 94-99。他引述了欧文·贝尔茨医生日记中的一段话，贝尔茨回忆道，"在火车上，我遇见了一位穿着时尚的日本男士。他告诉我说，'民众对俄国的愤慨之情已经无法控制了，政府应当立刻宣战。否则，我担心会发生内乱。事实上，甚至君王都会受到威胁'。"贝尔茨评论说，"对于像这样不负责任的人来说，生活可真是件轻而易举的事情"(1903 年 9 月 25 日条)。冈本俊平引述自贝尔茨的儿子托古·贝尔茨（Toku Baelz）的日文翻译。英语译文中不包含这篇日记。
18. Andrew Malozemoff, *Russian Far Eastern Policy*, p. 238.
19. 《明治天皇纪》第十卷，第 484 页。另请参阅 John Albert White, *The Diplomacy of the Russo-Japanese War*, pp. 102-103。
20. 如需了解日本和俄国第一次交换的建议书的原文，请参阅 John Albert White, *The Diplomacy of the Russo-Japanese War*, pp. 351-352。
21. 原话请参阅《明治天皇纪》第十卷，第 516—517 页；第二次交换的建议书的译文请参阅 John Albert White, *The Diplomacy of the Russo-Japanese War*, pp. 352-354。
22. 《明治天皇纪》第十卷，第 542 页。俄国提出的新建议大概是阿列克塞耶夫和罗森的杰作（Andrew Malozemoff, *Russian Far Eastern Policy*, p. 243）。
23. Andrew Malozemoff, *Russian Far Eastern Policy*, p. 243.
24. Count Sergei Iulevich Witte,*The Memories of Count Witte*, trans. Sidney Harcave, p.366.
25. 阿列克谢·库罗帕特金的这篇日记写于 1903 年 12 月 28 日，转引自 Andrew Malozemoff, *Russian Far Eastern Policy*, pp. 243, 245.
26. 《明治天皇纪》第十卷，第 545—546 页。
27. 原文请参阅上第 549—550 页；日本建议书的译文和俄国在 1 月 6 日提出的反建议，请参阅 John Albert White, *The Diplomacy of the Russo-Japanese War*, pp. 354-355。
28. John Albert White, *The Diplomacy of the Russo-Japanese War*, pp. 112-113.
29. Shumpei Okamoto, *The Japanese Oligarchy and the Russo-Japanese War*, pp. 99-100；《明治天皇纪》第十卷，第 555—562 页。
30. 《明治天皇纪》第十卷，第 503—504 页。
31. 同上，第 508 页。
32. Erwin Baelz, *Awakening Japan*, trans. Eden Paul and Cedar Paul, p. 240.
33. 原文请参阅《明治天皇纪》第十卷第 568—569 页；译文请参阅 John Albert White, *The Diplomacy of the Russo-Japanese War*, pp. 356-357.
34. 《明治天皇纪》第十卷，第 569 页；John Albert White, *The Diplomacy of the Russo-Japanese War*, p. 355.
35. 尽管日本认为此举没有用处，但关于日本提交第四次建议书的理由说法不一。除了需要更多时间在佐世保调集运输舰队外（《明治天皇纪》第十卷，第 575 页），怀特还提出了三个可能的理由：（1）日本当然不愿与一个强大的对手卷入战争；（2）日本当然不愿被视为侵略者；（3）日本希望证明自己是值得尊敬的、能被接受的国际社会的一员（John Albert White, *The Diplomacy of the Russo-Japanese War*, p. 120）。
36. 第四次建议书的原文请参阅《明治天皇纪》第十卷第 577—579 页；译文请参阅 John Albert White, *The Diplomacy of the Russo-Japanese War*, pp. 356-358。
37. 《明治天皇纪》第十卷，第 582 页。
38. 同上，第 583 页。
39. 佐佐木信纲，《明治天皇御集谨解》，第 202 页；《明治天皇纪》第十卷，第 584 页。
40. Maurice Paléologue, *Three Critical Years*, p. 4-5. 怀特写道，1903 年 10 月拉姆斯多夫访问巴黎，这表明俄国希望借用法国的斡旋来调解两个对手的刚性需求（*The Diplomacy of the Russo-Japanese War*, pp. 124-125）。在英国和日本的要求下，德尔卡塞接受了这一重任，俄国也表示同意。但是，日本确信，进一步拖延才是俄国想要的，并且对于日本完全无法接受的要求，俄国也没有流露出松口的迹象。
41. Maurice Paléologue, *Three Critical Years*, p. 6.
42. Count Sergei Iulevich Witte, *The Memories of Count Witte*, trans. Sidney Harcave, p. 382.
43. 同上，p. 369。
44. Isaac Don Levine, *Letters from the Kaiser to the Czar*, p. 10. 德皇给沙皇的信是用英语写的。尼古拉的回信尚未公开。
45. Isaac Don Levine, *Letters from the Kaiser to the Czar*, p. 13. 当德皇提到"蒙古人"时，他指的是所有黄种人，尤其是日本人。在和欧文·贝尔茨医生的一次交谈中，伊藤博文说，"毫无疑问，德皇脑海里想到的蒙古人主要是日本人；如果有威胁到欧洲的任何蒙古势

注 释

力，不可能是大清朝，只能是日本——这个远东崛起的大国"（Erwin Baelz, *Awakening Japan*, trans. Eden Paul and Cedar Paul, p. 222）。

46. Isaac Don Levine, *Letters from the Kaiser to the Czar*, p. 17. 另请参阅本书第五十章。
47. Isaac Don Levine, *Letters from the Kaiser to the Czar*, pp. 96, 100.
48. Maurice Paléologue, *Three Critical Years*, p. 8.
49. Count Sergei Iulevich Witte, *The Memories of Count Witte*, trans. Sidney Harcave, pp. 365, 368.
50. Shumpei Okamoto, *The Japanese Oligarchy and the Russo-Japanese War*, p. 100.
51. 同上，p. 101。
52. John Albert White, *The Diplomacy of the Russo-Japanese War*, p. 129. 他提到一个传闻，说日本电报局故意延迟发送电报。
53. 《明治天皇纪》第十卷，第 593 页。
54. 原文见上书第 595—596 页。
55. 佐佐木信纲，《明治天皇御集谨解》，第 158 页。

第五十四章 "发现敌船"

1. 这两艘巡洋舰直到 1904 年 2 月 16 日才抵达横须贺（《明治天皇纪》第十卷，第 639 页）。
2. 《石川啄木全集》第五卷，第 37 页。
3. Ian Nish, *The Origins of the Russo-Japanese War*, p. 255-256.
4. 日本政府在回应俄国政府的谴责时，声称其已将采取独自行动的意图告知了俄国："独自行动意指所有行动，理所当然包括开始采取敌对行动。即使俄国无法明白，日本也没有理由为俄国的误解负责。学习国际法的学生都一致认为，宣战并非开始采取敌对行动的必要条件，在现代战争中，在开战后再宣战已经是司空见惯的事情。因此，按照国际法，日本的行动没有理由受到谴责"[Kan'ichi Asakawa（朝河贯一），*The Russo-Japanese Conflict*, p. 354]。朝河是一名居住在美国的日本学者，他说这些内容翻译自 1904 年 3 月 3 日的日本报刊上的一篇文章。
5. 1904 年 2 月 24 日的（伦敦）《时报》登载了俄国政府的一份声明，"尽管断绝外交关系绝不意味着开火，但日本政府早在 8 日晚上以及 9 日和 10 日期间，对俄国军舰和商船采取了一些列令人作呕的打击行动，这违反了国际法。日本天皇直到 11 日才发布了向俄国宣战的敕令"（Kan'ichi Asakawa, *The Russo-Japanese Conflict*, p. 351）。
6. Maurice Paléologue, *Three Critical Years*, p. 16.
7. Baron Roman Rosen, *Forty Years of Diplomacy*, 1, p. 107.
8. E. J. Dillon , *The Eclipse of Russia*, p. 288.
9. Baron Roman Rosen, *Forty Years of Diplomacy*, 1, p. 231-232.
10. 同上，p. 232-233。在罗森回到俄国后，有谣言说他的妻子"从天皇那里收到一套价值不菲的黄金餐具"（p. 246）。沙皇也听说了这一谣言，但是他宽慰罗森说，他的妻子接受皇后的礼物是完全正确的做法。日本对同一事件的描述揭示罗森已经忘记了从皇后那里收到的一些礼物，参阅《明治天皇纪》第十卷，第 623—624 页。
11. Baron Roman Rosen, *Forty Years of Diplomacy*, 1, p. 235.
12. 《明治天皇纪》第十卷，第 613 页。

13. John Albert White, *The Diplomacy of the Russo-Japanese War*, p. 146.
14. 《石川啄木全集》第五卷，第 43 页。
15. 如需了解这两份宣战书的原文，请参阅《明治天皇纪》第十卷，第 618—622 页。
16. 《石川啄木全集》第五卷，第 42 页。
17. 《明治天皇纪》第十卷，第 616 页。
18. Jane H. Oakley, *A Russo-Japanese War Poem*, p. 9. 贝尔（Bel）是巴比伦神话中的主要神之一，是天地之神，汉谟拉比国王将其描述为"黑头人"，并声称贝尔扩展了他的王国。诗中使用这一名称，是为了表明日本王朝有着悠久的历史。
19. Maurice Paléologue, *Three Critical Years*, p. 100.
20. Baron Roman Rosen, *Forty Years of Diplomacy*, 1, p. 235. 当时正在美国学习的有岛武郎在晚年时回忆说，当他的同学因每次传来日本获胜的消息而大肆赞扬日本时，他很不高兴。因为他发现，在这赞扬的背后是一种对小狗战胜大狗的喜悦。此处出自有岛武郎在 1919 年写的《リビングストン伝》第四版序言，见石丸晶子编，《有岛武郎》，第 49—50 页。
21. Tyler Dennett, *Roosevelt and the Russo-Japanese War*, p. 119, 120.
22. 罗斯福阅读了金子坚太郎推荐的书籍，他将该书复印了 30 本，送给感兴趣的朋友（包括国会议员），这给人留下了深刻印象。他觉得，这本书让他对日本人的性格有了新的认识[金子坚太郎，《日露戦役秘録》（东京府教育会编），第 119—121 页；另请参阅 John Albert White, The Diplomacy of the Russo-Japanese War, p. 158]。
23. Sidney Lewis Gulick, *The White Peril in the Far East*, p. 17—18.
25. Sidney Lewis Gulick, *The White Peril in the Far East*, p. 95—96. 伊莱莎·鲁哈玛·赛得摩尔（Eliza Ruhamah Scidmore）对古力克对于俄国战俘所获待遇的描述进行了证实。伊莱莎是一名身在日本的俄国战俘的妻子。她写道，"在这里，政府提供的隐私权和舒适度比任何游客在茶馆里所享受到的都要多；普通士兵如同置身于一个他们做梦都没有想到过的天堂一般，这里提供了充足的资源，干净整洁，舒适宜人，赋闲无事"（*As The Hague Ordains*, p. 293）。
26. Sidney Lewis Gulick, *The White Peril in the Far East*, pp. 118, 153, 173-174.
27. 《明治天皇纪》第十卷，第 899 页。
28. 根据金子自己的叙述，他非常不愿意去美国，因为他确信美国是亲俄派。他对这一看法给出了很多理由，包括在 1812 年的战争期间俄国曾支持美国，以及美国的女富翁频繁与贫穷的俄国贵族成员通婚。他说，促使美国来同情日本将超越他的能力范围，但伊藤博文劝说他接受这一任命（《日露戦役秘録》，第 11—20 页）。
29. 金子坚太郎，《日露戦役秘録》，第 57—59 页。部长格里斯康已事先将金子即将进行的访问告知了罗斯福。
30. 金子坚太郎，《明治天皇とルーズヴェルト大統領》，第 123 页。
31. 石丸晶子编，《有岛武郎》，第 49 页。
32. Maurice Paléologue, *Three Critical Years*, p. 112.
33. 同上，pp. 126, 133. 如需了解俄国反对战争的精彩描述，请参阅 Adrian Jones, *East and West Befuddled*。
34. Maurice Paléologue, *Three Critical Years*, p. 153.
35. 同上，pp. 163, 90。

注释

36. 同上，p. 175。
37. 同上，p. 181。
38. 同上，p. 200。
39. 同上，p. 207。
40. 同上，pp. 221, 255。1905年的摩洛哥危机是由德国担心法国对摩洛哥的影响力日益增加而引发。
41. 同上，p. 258。
42. Count Sergei Iulevich Witte, *The Memories of Count Witte*, trans. Sidney Harcave, pp.420, 422.
43. 日野西资博，《明治天皇の御日常》，第49页。
44. 来自于1905年10月24日克劳德·麦克唐纳爵士写给兰斯多恩勋爵的一封信，转引自 Ian Nish, *The Origins of the Russo-Japanese War*, p. 9。
45. Baron Roman Rosen, *Forty Years of Diplomacy*, 1, p. 29.

第五十五章　日俄谈判

1. 英国驻俄大使的报告，见 Raymond A. Esthus, *Double Eagle and Rising Sun*, p. 38。
2. 外务省编撰，《日本外交文书：日露戦争五》，第231—232页；转引自 Shumpei Okamoto, *The Japanese Oligarchy and the Russo-Japanese War*, p.119。
3. Tyler Dennett, *Roosevelt and the Russo-Japanese War*, p. 173. 罗斯福指的是清日战争后的三国干涉，这次干涉使日本丧失了辽东半岛。
4. Tyler Dennett, *Roosevelt and the Russo-Japanese War*, p. 23-27.
5. 同上，p. 180。这封报文详述于小村在4月25日向高平发送的电报。
6. Raymond A. Esthus, *Double Eagle and Rising Sun*, p. 25.
7. 《明治天皇纪》第十一卷，第33页。
8. 同上，第3—4页。
9. 佐佐木信纲编，《明治天皇御集谨解》，第244页。《明治天皇纪》第十一卷，第4—5页上，诗的最后一句是"つたへきにけり"。
10. 《明治天皇纪》第十一卷，第30页。
11. 佐佐木信纲编，《明治天皇御集谨解》，第254页。"ひむがしの都（东边之京师）"是以诗意的方式借指东京。
12. 《明治天皇纪》第十一卷，第83—84页。也向鸭绿江军队发布了类似（但更短的）诏书。
13. 《明治天皇纪》第十一卷，第93页。
14. 同上，第101页。
15. 同上，第156页。
16. 金子坚太郎，《日露戦役秘録》，第217页。
17. Raymond A. Esthus, *Double Eagle and Rising Sun*, p. 39. 原文见《日本外交文书：日露戦争五》，第233—234页、第252—254页。
18. Raymond A. Esthus, *Double Eagle and Rising Sun*, p. 40.
19. Isaac Don Levine, *Letters from the Kaiser to the Czar*, p. 172.
20. 同上，p. 175。

21. Tyler Dennett, *Roosevelt and the Russo-Japanese War*, p. 219. 美国驻德国大使查理曼·陶埃尔（Charlemagne Tower）在 6 月 9 日的信中向总统汇报了此事。
22. Tyler Dennett, *Roosevelt and the Russo-Japanese War*, p. 220. 在 6 月 4 日的信中，德皇给大使陶埃尔写信说，"考虑到会对我们所有人构成严重威胁，对于这种在形势严峻的情况下可能会发生在沙皇身上的重大威胁，我已经给他写信，劝说他启动议和谈判"。他告诉陶埃尔说，"除非进行议和，否则他们将刺杀沙皇"。另请参阅 Raymond A. Esthus, *Double Eagle and Rising Sun*, p. 41。
23. Raymond A. Esthus, *Double Eagle and Rising Sun*, pp. 43, 45.
24. 同上，pp. 224—225, 225—226. 日语原文请参阅《明治天皇纪》第十一卷，第 173 页。
25. Tyler Dennett, *Roosevelt and the Russo-Japanese War*, p. 226.
26. Raymond A. Esthus, *Double Eagle and Rising Sun*, p. 48.
27. 同上，p. 47。
28. 对于沙皇和俄国政府怀疑他是亲日派，罗斯福已经察觉到了这种危险（《明治天皇纪》第十一卷，第 103 页）。
29. 《明治天皇纪》第十一卷，第 176 页、第 177 页。
30. Raymond A. Esthus, *Double Eagle and Rising Sun*, p. 51.
31. 美国大使乔治·冯·伦克尔·梅耶（George von Lengerke Meyer）前去谒见沙皇，劝说他同意进行直接谈判，沙皇最终妥协，之后突然坦白说，"你选在一个最适当的时机前来；到目前为止日本还没有踏足俄国的土地；但是，我意识到他们很快便会袭击库页岛。因此，在袭击发生之前进行会晤是至关重要的"（Tyler Dennett, *Roosevelt and the Russo-Japanese War*, p. 194）。3 月 31 日，天皇下令调集日本第十三步兵师，以便攻占库页岛（《明治天皇纪》第十一卷，第 106 页）。
32. 金子坚太郎，《日露戦役秘録》，第 225 页。金子写道，6 月 8 日，罗斯福敦促他给日本政府发送电报，建议日本在谈判开始前占领库页岛，甚至还详细说明了日本为此需要的士兵和炮艇数量。罗斯福认为，除非日本占领俄国的领土，否则，日本在谈判桌上将处于不利地位。就在罗斯福提出建议后的整整一个月，日本向库页岛派了两艘炮艇和一支混合旅。金子说，他无法确定日本采取此次行动是否因为受到了罗斯福建议的激发。亦见 Raymond A. Esthus, *Double Eagle and Rising Sun*, p. 46。
33. 早在战争开始时，天皇就很信赖伊藤。当伊藤决定派遣金子赴美时，天皇坦言，这总比伊藤亲自前去要好，但这一次，天皇明确表明他需要伊藤的建议，不会让伊藤去国外（金子坚太郎，《日露戦役秘録》，第 16 页）。
34. 松村正义，《日露戦争と金子堅太郎》，第 234—241 页；黑羽茂，《日露戦争史論——戦争外交の研究》，第 287—311 页。陆军大佐明石元二郎以日本驻德哥尔摩公使馆为据点，操纵了一个间谍网络，掌握了有关俄国局势的情报。受芬兰爱国人士柯尼·希力亚客士（Konni Zilliacus）的鼓动，他会见了俄国的各类革命分子（包括列宁），并给予了慷慨资助。谈到明石的活动，希力亚客士说，"在获得资助的人中，有一半不知道钱是从哪里来的，另一半则不关心"（Noel F. Busch, *Emperor's Sword*, p. 122）。

在日俄战争结束后不久，俄罗斯帝国警察局公布的一个叫做《落花流水》的小册子描述了明石的秘密活动。他和俄国革命分子合作，帮助这些革命分子在 1905 年和 1917 年的反政府活动中取得了成功。1988 年，赫尔辛基公布了《落花流水》的部分英文译文。关于日本战时的情报活动，见 John Albert White, *The Diplomacy of the Russo-Japanese*

注 释

War, p. 138-142。狄隆写道，"罢工、示威、地下煽动活动、分发革命传单以及在芬兰和俄国之间秘密偷渡武器，这些都在不同程度上对日本的情报活动进行了证实"（E. J. Dillon, *The Eclipse of Russia*, p. 184）。

金子坚太郎在晚年回忆说，著名的历史学家和作家亨利·亚当斯（Henry Adams）——他将亨利·亚当斯描述成国务卿约翰·哈伊的智囊——曾向他提议说，日本应向芬兰和瑞典派遣间谍，以便煽动那里的民众，并制造混乱。1905年1月15日，金子和亚当斯在华盛顿会面（金子坚太郎，《日露战役秘录》，第70—76页；Noel F. Busch, *Emperor's Sword*, p. 122；Elizabeth Stevenson, *Henry Adams*, pp. 315-316）。

35. Raymond A. Esthus, *Double Eagle and Rising Sun*, p. 84, 61.
36. Raymond A. Esthus, Double Eagle and Rising Sun, pp. 82-83. 6月4日向日本大使发送的初始要求的原文详列于《明治天皇纪》第十一卷第198页。这些要求与在朴次茅斯提出的稍有不同。例如，按照罗斯福总统的建议，从要求清单上删掉了解除海参崴的军事管制这一要求。
37. Shumpei Okamoto, *The Japanese Oligarchy and the Russo-Japanese War*, p.117.
38. 埃斯瑟斯写道，"根据可以查阅的记录，无法最终确定在库页岛问题上小村是不是故意误导日本政府"（Raymond A. Esthus, *Double Eagle and Rising Sun*, p. 151）。直到媒体上报道沙皇的决定时，小村才将俄国分割库页岛的提议告知日本政府。罗斯福总统给德皇写信，提议对赔款问题做出具有约束力的公断，但无法联系到小村对此进行确认。埃斯瑟斯认为，小村是故意不做出答复的（p. 153）。
39. 《明治天皇纪》第十一卷，第281—284页。
40. 同上，第286—287页。
41. 桂太郎向小村发送的英文全文，请参阅 Morinosuke Kajima, *The Diplomacy of Japan, 1894-1922*, 2, pp. 349-350.
42. Raymond A. Esthus, *Double Eagle and Rising Sun*, p. 158.
43. Morinosuke Kajima, *The Diplomacy of Japan, 1894-1922*, 2, pp. 351.
44. Raymond A. Esthus, *Double Eagle and Rising Sun*, p. 159.
45. 同上，p. 164。
46. Eliza Ruhamah Scidmore, *As The Hague Ordains*, p. 346. 提到喀琅施塔得，只是为了说明这个俄国海军港口类似于朴次茅斯。此处使用"他煞费苦心"，是讽刺罗斯福喜欢吃力不讨好。
47. Raymond A. Esthus, *Double Eagle and Rising Sun*, p. 165.
48. 同上，pp. 171, 173。
49. 《明治天皇纪》第十一卷，第314—315页。
50. Raymond A. Esthus, *Double Eagle and Rising Sun*, p. 188. 他引述了罗斯福于9月6日写的一封信。
51. 见上书，1905年9月8日西奥多·罗斯福写给高平小五郎的信。

第五十六章　高宗抵抗

1. 井口和起，《日露战争の时代》，第127—128页。井口称，要是没有英国的支持，日本缺乏战斗力来与俄国开战。日本目前还无法铸造出战舰和装甲巡洋舰所需的主炮和副炮，不仅在大炮上依赖英国,就连发射炮弹的火药也依靠英国。此外,英国每个月向日本海军提供两万吨煤。

2. Ian H. Nish, *The Anglo-Japanese Alliance*, p. 289. 英国认为,其不"允许目前有任何船只在黑海参与作战行动",按照英国的要求,土耳其拒绝让俄国黑海舰队的军舰通过其海峡。
3. 奈斯写道,"英国给人留下的印象更像一个中立国,而非一个盟友"(*The Anglo-Japanese Alliance*, p. 292)。
4. 来自于克劳德·麦克唐纳于 1904 年 12 月 23 日向英国驻俄大使查尔斯·哈丁(Charles Hardinge)的汇报,引自 Ian H. Nish, *The Anglo-Japanese Alliance*, p. 299。
5. Ian H. Nish, *The Anglo-Japanese Alliance*, p. 303.
6. 来自于日本驻英公使林董向日本政府发送的电报,见上书第 309 页。
7. 条约的英文文本,见 Ian H. Nish, *The Anglo-Japanese Alliance*, p. 331-333。
8. 同上,p. 346。亚瑟王子的父亲也叫"康诺特公爵亚瑟王子",曾于 1890 年对日本进行了非正式访问,他将那次访问的大部分时间用于观光和购买古玩上。让人吃惊的是,英国政府向儿子(而非父亲)委派授予嘉德勋章这样重要的任务,而父亲却一直忙于印度的事情。
9. Redesdale, *The Garter Mission to Japan*, pp. 1-2.
10. 同上,pp. 5-6。
11. 同上,pp. 7-8。
12. 同上,p.8。
13. 同上,p. 16-20。
14. 《明治天皇纪》第十一卷,第 492 页。
15. 日野西资博,《明治天皇の御日常》,第 184 页。
16. 《明治天皇纪》第十一卷,第 493 页。
17. Redesdale, *The Garter Mission to Japan*, pp. 22, 23.
18. 同上,p. 25。
19. Redesdale, *The Garter Mission to Japan*, p. 29.
20. 原名威廉·亚当斯(William Adams, 1564-1620),决定永久定居日本后改名叫做三浦按针。
21. Redesdale, *The Garter Mission to Japan*, pp. 76-81. "よいよい よいやさ"(妙!妙!妙!)作为这首歌曲收尾的合唱叠句,隐约表达了幸福美好的含义。
22. Ian H. Nish, *The Anglo-Japanese Alliance*, pp. 350-351.
23. 《明治天皇纪》第十一卷,第 374—375 页。
24. 同上,第 376—379 页。
25. 同上,第 380—381 页。另请参阅金膺龙,《外交文書で語る日韓併合》,第 187—188 页。
26. 《明治天皇纪》第十一卷,第 381—384 页。金膺龙进行了简短但类似的描述,见《外交文書で語る日韓併合》,第 183—191 页。根据崔文衡的描述,高宗皇帝的最后一句话是"若同意你的提议,无异于亡我国家,朕宁死不从"(Woonsang Choi, *The Fall of the Hermit Kingdom*, p. 46)。
27. 如需了解所发表的意见,请参阅片野次雄,《李朝滅亡》,第 217—218 页。韩国人注意到了这一似是而非的现象:日本表面上捍卫韩国独立,实际上是为了剥夺这个国家的独立。
28. Woonsang Choi, *The Fall of the Hermit Kingdom*, p. 47.

注 释

29. 同上，p. 47。
30. 同上，p. 48。
31. 片野生动地描述道，伊藤轮番询问各个内阁成员是否同意缔约（《李朝灭亡》，第221—222页）。措辞含糊的回答被记为"不反对"，并标示成"O"，只有坚决反对才标示成"X"。不过片野没有提供史料来源。另请参阅 Peter Duus, The Abacus and the Sword, pp. 190-192。
32. 金膺龙，《外交文書で語る日韓併合》，第195页。崔文衡对日本士官如何将参政大臣拖进一间别室的情形进行了描述，其他内阁大臣都以为韩圭卨很可能被杀害了（Woonsang Choi, The Fall of the Hermit Kingdom, p. 48-49）。日本的这一举动诱使了多名内阁大臣同意缔约。对于会议的不同描述，崔文衡说道，"所有作者对会议现场的描述大同小异，即都承认会议具有胁迫性"（p. 54）。但是，杜斯说道，参政大臣异常激动地离开会议室，以致他不小心走进了宫女的宫室（The Abacus and the Sword, p. 191, 引自日本官方资料）。韩圭卨被自己的错误吓呆了（并且宫女们发出了尖叫），立刻昏死过去。会议在没有韩圭卨在场的情况下继续进行。这两个描述之间存在着显著差异，表明任何一方的记载均非完全可信。
33. 金膺龙，《外交文書で語る日韓併合》，第195页。
34. 同上，第196页。
35. 对于皇帝是否签署了该条约，历史学家意见不一。如需了解历史学家的争议，请参阅 Peter Duus, The Abacus and the Sword, pp. 193-194。
36. 《明治天皇纪》第十一卷，第408页。
37. 片野次雄，《李朝灭亡》，第225—226页。投票支持缔约的五名大臣被韩国民众称为"乙巳五贼"。
38. 《明治天皇纪》第十一卷，第435页。山县有朋接替他担任枢密院议长。他于2月2日向明治天皇告别，在抵达韩国后，于3月3日正式就任第一任韩国统监。
39. 《明治天皇纪》第十一卷，第596—598页。伊藤尤其关注叛乱，这些叛乱似乎获得了宫中有影响人士的支持。大多数叛乱都将矛头指向协约，但也有一些叛乱没有针对性。
40. 《明治天皇纪》第十一卷，第228页。这封信由密使送到清朝的芝罘，并从那里电传至华盛顿。在华盛顿，一名深得高宗皇帝信任的美国传教士胡默·赫伯特将信交给了国务卿伊莱休·鲁特（Elihu Root）。鲁特将信转交给罗斯福。但这封信没有起到任何效果，大概是因为美国驻韩公使警告国务卿，说赫伯特的判断常常因为"受到偏见的影响"而支持韩国（Peter Duus, The Abacus and the Sword, p. 206）。
41. 《明治天皇纪》第十一卷，第536—537页。军事检阅于4月30日在青山阅兵场举行。值得注意的是，明治第一次穿上了成为日本陆军标准着装的卡其制服。
42. 据片野描述，当伊藤于3月9日递交委任状时，皇帝没有说一句话（《李朝灭亡》，第238页）。
43. 另请参阅《明治天皇纪》第十一卷，第642—644页。
44. 《明治天皇纪》第十一卷，第661页、724页。
45. Woonsang Choi, The Fall of the Hermit Kingdom, p. 61-63. 另请参阅片野次雄，《李朝灭亡》第242—245页；《明治天皇纪》第十一卷，第765—766页。
46. 纯宗之前叫李坧，是高宗和闵妃的儿子。他于1898年遭到投毒，虽然医生救回了他的命，但毒药对他的大脑造成了影响（《李朝灭亡》，第254—255页）。

第五十七章　庆子去世

1. 《有岛武郎全集》，第 475 页。
2. 《石川啄木全集》第五卷，第 118 页。
3. 这首诗由早稻田大学的教授阿瑟·劳埃德（Arthur Lloyd）翻译后，呈递给总统看（千叶胤明，《明治天皇御製謹話》，第 203 页）。
4. 《新輯明治天皇御集》第一卷，第 638 页。
5. 同上，第 613 页。详细描述见《明治天皇纪》第十一卷，第 456—457 页。
6. 《新輯明治天皇御集》第二卷，第 732 页。
7. 飞鸟井雅道，《明治大帝》，第 278 页。
8. 松下芳男，《乃木希典》，第 188 页。
9. Oka Yoshitake, "Generational Conflict After the Russo-Japanese War," in *Conflict in Modern Japanese History:The Neglected Tradition*, ed. Tetsuo Najita and J. Victor Koschmann, p. 199.
10. 同上，p. 207。
11. 《明治天皇纪》第十一卷，第 468 页。
12. 根据侍从坊城俊良的描述，天皇仅向三个日本人赐过座：炽仁亲王、伊藤博文和山县有朋（《宫中五十年》，第 17 页）。
13. 《明治天皇纪》第十一卷，第 469 页。载泽获得的是勋一等桐叶章，其他清朝代表获得的是较低等级的勋章。
14. 《明治天皇纪》第十一卷，第 472—474 页。
15. 同上，第 501—502 页。3 月 27 日，天皇令牧野伸显接替西园寺担任文部大臣。5 月 19 日，林董接替西园寺担任外务大臣。
16. 《明治天皇纪》第十一卷，第 535 页。
17. 同上，第 586 页。
18. 同上，第 643 页。
19. George Trumbull Ladd, *Rare Days in Japan*, pp. 18-22.
20. 同上，pp. 339-340。如需了解对拉德为日本教育做出的贡献所进行的估算，请参阅《明治天皇纪》第十一卷，第 796 页。
21. 《明治天皇纪》第十一卷，第 661 页。
22. 同上，第 754 页。
23. 同上，第 726 页。
24. 同上，第 671—678 页。
25. 请参阅本书第四十八章。
26. 《明治天皇纪》第十一卷，第 749 页、第 778 页。
27. 同上，第 773—776 页。
28. 同上，第 777—778 页。"kōshaku" 是华族中的最高爵位，译成 "公爵"。
29. 片野次雄，《李朝滅亡》，第 255—256 页。
30. 11 月 19 日，韩国皇帝向其国民颁布诏书，解释为什么送皇太子赴日留学。他列举了欧洲将年幼的皇储送到国外学习的做法，并提到有时候会让这些王子加入其他国家的军队。他说，他把李垠的教育托付给明治天皇（《英親王李垠伝》，第 70 页；片野次雄：《李朝

注 释　943

　　滅亡》，第 256—257 页）。
31. 《英親王李垠伝》第 7 页转载了一张照片，这张照片显示伊藤身穿海军制服，李垠穿着日本的羽袴和袴。同一页还刊载了李垠穿着韩国陆军军官的制服，但佩戴着日本勋章的照片。
32. Erwin Baelz, *Awakening Japan*, trans. Eden Paul and Cedar Paul, p. 117.
33. 请参阅本书第四章。
34. 关于神道教的葬礼，请参阅 Helen Hardacre, *Shinto and the State*, pp. 34, 47。她写道，"对于神道教的神职人员来说，葬礼是一个大问题，因为他们认为死亡是不净之物，但是，从举办葬礼和祭祖仪式中获得的收入极大地推动了他们打破这一禁忌"（p. 47）。
35. 《明治天皇紀》第十一卷，第 803—805 页。
36. 同上，第 835 页。

第五十八章　伊藤遇刺

1. 《明治天皇紀》第十二卷，第 3 页。
2. 同上，第 13 页。皇太子李垠于 1908 年 11 月 7 日用日语写的一篇文章的照片，表明他的日语取得了相当显著的进步（《英親王李垠伝》，第 8 页）。
3. 《明治天皇紀》第十二卷，第 13—14 页。
4. 同上，第 57 页。9 月 4 日，李垠访问关西地区后回到东京，天皇向他赠送了一台幻灯机和一套板球装备（第 102 页）。我们尚不清楚韩国皇太子是否打过板球。
5. 《明治天皇紀》第十二卷，第 36 页。
6. 同上，第 54—55 页。
7. 同上，第 121 页。
8. 同上，第 138 页。另请参阅日野西资博，《明治天皇の御日常》，第 153 页。
9. 《明治天皇紀》第十二卷，第 149 页。书中并没有说明天皇在这一场合穿的是哪套制服。他通常都是穿那套独一无二的陆军制服，但有时候会在劝说下穿上海军制服。例如，5 月 15 日，他出席海军大学校的毕业典礼，穿上了海军制服（第 229 页）。
10. 《明治天皇紀》第十二卷，第 85 页。
11. 同上，第 173 页。
12. 同上，第 189 页。
13. 同上，第 221—222 页。
14. 同上，第 231—233 页、第 242 页。
15. 同上，第 255 页。另请参阅斋藤充功，《伊藤博文を撃った男》，第 62—63 页；杵渊信雄，《日韓交渉史——明治の新聞にみる併合の軌跡》，第 267 页。
16. 《明治天皇紀》第十二卷，第 263 页。
17. 《明治天皇紀》第十二卷，第 283—284 页。
18. 10 月 22 日的《东京朝日新闻》摘录了这番话，见杵渊信雄，《日韓交渉史——明治の新聞にみる併合の軌跡》，第 268 页。
19. 照片见斋藤充功，《伊藤博文を撃った男》，第 9 页。照片中位于前景部分的是闲聊的俄国军官，一些人背对着火车，警卫队的主力距离月台有一段距离。《纽约先驱报》（*New York Herald*）的记者提到俄国警卫队有些松懈，认为这些士兵来自于以暗杀闻名的国家却没有给予足够的警惕，令人吃惊（第 10 页）。
20. 照片见斋藤充功，《伊藤博文を撃った男》，第 8 页。
21. 安重根不确定哪一个日本人是伊藤，因为他甚至连伊藤的照片都没有见过。他将这个"黄脸白须"、似乎率领着其他人的老者作为目标（中野泰雄，《安重根——日韓関係の原像》，第 45 页、第 192 页）。他在距离大约五米的地方朝伊藤开枪。在暗杀伊藤后，他认为其他人也有可能是伊藤，于是朝另外两名日本人开了枪，但大概是因为一名俄国警卫干扰到了他的目标，他的子弹射偏了（斋藤充功，《伊藤博文を撃った男》，第 35 页）。
22. 安重根使用的是一把装有七发子弹的勃朗宁自动手枪。在朝伊藤开了三枪后，他对着另外两名日本人开了三枪。在审判时，他被问及是否将最后一发子弹留给自己，安否认自己曾有过自杀的念头（中野泰雄，《安重根——日韓関係の原像》，第 45—46 页）。
23. 斋藤充功，《伊藤博文を撃った男》，第 184 页。这句话的真实性让人产生怀疑。如果伊藤真的说了这句话，他可能是想说，安重根认为谋杀他就可以阻止日本合并韩国的想法是十分愚蠢的。但是，根据其他史料，伊藤的最后一句话是问谁向他开枪，是否还有其他人被击中。
24. 中野泰雄，《安重根——日韓関係の原像》，第 4 页。目击者是这样说的，但安重根在法庭作证时说，他不是用英语或俄语高喊，而是用韩语高喊"大韩万岁"。"韩"就是指韩国（斋藤充功，《伊藤博文を撃った男》，第 10 页）。
25. 中野泰雄，《安重根——日韓関係の原像》，第 191 页；斋藤充功，《伊藤博文を撃った男》，第 23 页。11 月 3 日版的《东京日日新闻》报道说，安重根的大衣和西装是法国制造的（斋藤充功，《伊藤博文を撃った男》，第 46 页）。为装扮得像个日本人，安重根还戴了一顶布帽。
26. 中野泰雄，《安重根——日韓関係の原像》，第 103 页。如需了解关于安氏家族的详细描述，请参阅 Norbert Weber, *Im Lande der Morgenstille*, p. 331-349。
27. 安重根在法庭上解释说，三年前，在他成为一名义士时，曾使用"安应七"这个名字（中野泰雄，《安重根——日韓関係の原像》，第 39 页）。在古代中国，身上有七颗痣被视为伟大人物的标志，大概是因为它们与北斗七星有关。
28. 斋藤充功，《伊藤博文を撃った男》，第 34 页。
29. 如需对义士有更多的了解，请参阅 Peter Duus, *The Abacus and the Sword*, pp. 117, 224-227。
30. 如需了解关于当时战斗的描述，请参阅中野泰雄，《安重根——日韓関係の原像》第 108—110 页。
31. 同上，第 118—119 页；斋藤充功，《伊藤博文を撃った男》，第 63 页。中野没做任何解释地说道，安重根和他的父亲安泰勋在通过教义问答的考试后都受洗入教（《安重根——日韓関係の原像》，第 118 页），但是，他之前说安泰勋曾在之前的某个日子受洗入教，教名为"皮特鲁斯"（Petrus）（第 108 页）。"Thomas"这个名字是用汉字书写的，这表明这个名字的发音应为"多默"（和法语一样）。
32. 实施暗杀后，安重根的全家逃到了海参崴。长子于 1916 年 12 岁的时候死于海参崴（中野泰雄，《安重根——日韓関係の原像》，第 225—256 页；斋藤充功，《伊藤博文を撃った男》，第 121 页）。
33. 中野泰雄，《安重根——日韓関係の原像》，第 39 页。尽管神父威尔海姆的名字表明他是一个德国人，而非法国人，但他可能曾教过安重根法语，因为在韩国传播天主教的活

注 释

动中，法国传教士扮演着最重要的角色。
34. 中野泰雄，《安重根——日韓関係の原像》，第127页。
35. 也许这个人不是威尔海姆，而是威尔海姆的上级——汉城主教，他很烦安重根。当安重根向主教提交在韩国创建一所大学的计划时，主教没有批准，说创办教育对韩国民众信仰天主教是有害的（中野泰雄，《安重根——日韓関係の原像》，第127页）。当威尔海姆（安重根认为威尔海姆是站在他那一边的）同意了主教的看法时，安重根大概感到很失望。如需了解安重根和威尔海姆疏远的另一种说法，请参阅第144—145页。安重根非常恼怒，决定直接上诉教皇。但是，在他死前不久，当威尔海姆来看望他时，他感到很高兴。一张照片显示这两人在一张桌子上交谈（斋藤充功，《伊藤博文を撃った男》，第110页）。
36. 斋藤充功，《伊藤博文を撃った男》，第114页。这些评论请参阅安重根在死时尚未完成的论文《东洋和平论》。
37. 请参阅斋藤充功，《伊藤博文を撃った男》，第84页。
38. 不过，斋藤指出，安重根一定联想到了天皇在清日战争时颁布的宣战诏敕（《伊藤博文を撃った男》，第90页）。日俄战争的宣战诏书存在着显著差异，它所呼吁的不是维护东亚和平，而是"维护和平和恢复秩序"；不是维护韩国独立，而是保持"韩国完整"。
39. 斋藤充功，《伊藤博文を撃った男》，第178页。另请参阅中野泰雄，《安重根——日韓関係の原像》，第209—210页。尽管安重根之前将总理大臣李完用在日俄战争期间帮助俄国抗击日本的行为斥责为"忤逆上天的罪行"，但他在后来发生的事情中表示，如果李完用召集一支"义兵"来抗击日本的话，将是顺应天意。然而伊藤的无耻行为截然不同（中野泰雄，《安重根——日韓関係の原像》，第160页）。
40. 安重根释放了所有没有受伤的战俘，甚至还送还了他们的步枪（中野泰雄，《安重根——日韓関係の原像》，第171页）。
41. 中野泰雄，《安重根——日韓関係の原像》，第14页。
42. 斋藤充功对这十五项指控都进行了简短描述，见《伊藤博文を撃った男》，第172—175页。
43. 同上，第46页。
44. 中野泰雄，《安重根——日韓関係の原像》，第17页、第13页。
45. 斋藤充功，《伊藤博文を撃った男》，第100页。
46. 他们列举了曾因政治理想而实施暗杀但判处较轻刑罚的人士，但没有提到最近发生的类似例子：1907年，一个叫做达勒姆·史蒂文斯（Durham W. Stevens）的美国人曾被日本人聘请在韩国任职，在前往华盛顿的途中，他先抵达旧金山，在一场记者招待会上宣称伊藤博文做了很多有利于韩国民众的事情。第二天，他遭到了两名愤怒的韩国人的暗杀。其中一位叫常义汗（Chang In—hwan），因为这一罪行被判入狱十五年。如需了解日本报纸报道的谋杀史蒂文斯的文章，请参阅杵渊信雄，《日韓交渉史——明治の新聞にみる併合の軌跡》，第266—267页。另请参阅《明治天皇紀》第十二卷，第41页；Woonsang Choi, *The Fall of the Hermit Kingdom*, p. 78.
47. 斋藤充功，《伊藤博文を撃った男》，第103页。
48. 中野泰雄，《安重根——日韓関係の原像》，第29—30页。斋藤提到了法官平石与外务省仓知铁吉之间的对话，仓知奉小村之命前来旅顺（《伊藤博文を撃った男》，第101页）。仓知传达了政府的意见：判处死刑是明智之举。
49. 斋藤充功，《伊藤博文を撃った男》，第124页。
50. 片野次雄，《李朝滅亡》，第284页。

51. 斋藤充功,《伊藤博文を撃った男》, 第 31 页、第 32 页。
52. 引自《百回通信》,《石川啄木全集》第四卷, 第 192 页。一名韩国学者指出, 通常认为啄木的诗《一握砂》所提到的是被执行死刑的幸德秋水, 但实际上它抒发感情的对象可能是安重根 (斋藤充功,《伊藤博文を撃った男》, 第 150—151 页)。但是, 在《百回通信》中, 啄木的评论语气充满了震惊, 而非对政党成员表示同情。

第五十九章　吞并韩国

1. 杵渊信雄,《日韓交涉史——明治の新聞にみる併合の軌跡》, 第 274 页。另请参阅森山茂德,《日韓併合》第 128—129 页。
2. 森山茂德,《日韓併合》, 第 129 页。
3. 李完用的职业生涯充满波折。1896 年, 他是亲俄派领导人中的一员, 力劝国王高宗到俄国公使馆避难。那一年稍晚时候, 他被推选为独立协会副会长。独立协会是一个亲俄组织, 反对外国干涉朝鲜事务。1905 年, 他担任学部大臣, 是 "乙巳五贼" 中第一个签署《乙巳条约》(该条约规定将韩国的外交权让给日本) 的人。1906 年, 高宗拒绝与新政府进行更加积极的合作, 他极其生气, 建议日本废黜皇帝 (森山茂德,《日韓併合》, 第 125 页)。此举使得李完用赢得了日本人的信任。当伊藤于 1907 年成立新的内阁时, 李完用被推选为总理大臣。
4. 森山茂德,《日韓併合》, 第 130 页。
5. 同上, 第 131 页。
6. Woonsang Choi, *The Fall of the Hermit Kingdom*, p. 70.
7. 森山茂德,《日韓併合》, 第 129 页。
8. 杵渊信雄,《日韓交涉史——明治の新聞にみる併合の軌跡》, 第 274 页。
9. 同上, 第 276 页。
10. 日文原文最初登载于 1909 年 12 月 8 日的《东京朝日新闻》, 转引自阅杵渊信雄,《日韓交涉史——明治の新聞にみる併合の軌跡》, 第 276 页。
11. Peter Duus, *The Abacus and the Sword*, pp. 239-240.
12. 杵渊信雄,《日韓交涉史——明治の新聞にみる併合の軌跡》, 第 277 页。
13. 如需了解当时日本人如何论证日本人和韩国人有着 "共同文化" 和 "共同祖先", 请参阅 Peter Duus 的绝妙分析, 见 *The Abacus and the Sword*, pp. 413-423.
14. 大山梓,《山県有朋意見書》, 第 284 页。相比之下, 伊藤对韩国接受现代文明的可能性表现得更加乐观。他认为, 韩国人之所以落后于日本人, 并非因为他们天生懒惰, 而是因为上层阶级腐败和抗拒变化 (Peter Duus, *The Abacus and the Sword*, p. 199)。
15. 森山茂德,《日韓併合》, 第 178 页。
16. 《明治天皇纪》第十二卷, 第 430 页。
17. Woonsang Choi, *The Fall of the Hermit Kingdom*, p. 74. 崔文衡的资料出自福田东作,《韩国併合記念史》, 第 597 页。
18. 《明治天皇纪》第十二卷, 第 455—456 页。
19. 同上, 第 451—452 页。
20. 同上, 第 461—462 页; 译文见 Woonsang Choi, *The Fall of the Hermit Kingdom*, p. 136-138. 统监寺内向李完用提交的版本只有五条。序言部分只有两条 (韩国皇帝愿意将其统

注　释　　　　　　　　　　　　　　　　　　　　　　　　　　　　　947

治权让与日本；日本天皇愿意接受合并韩国），第八条（条约颁布）被遗漏掉了，但余下条款大体相同。

21. 1910年10月向76名韩国贵族授予了日本的爵位：6名侯爵，3名伯爵，22名子爵和45名男爵（《明治天皇纪》第十二卷，第488页）。同年12月，前韩国皇帝被封为日本陆军大将；韩国皇太子被封为步兵中尉；放荡不羁的哥哥李堈和其他贵族被封为中将。也许皇太子是这些军官中唯一一个真正履行军事职责的人。至于其他人，均根据级别获得了良好待遇并配置了武官（第535页）。
22. 《明治天皇纪》第十二卷，第452—453页。
23. 同上，第453—454页。
24. 片野次雄，《李朝滅亡》，第293页。
25. 《明治天皇纪》第十二卷，第457页。
26. 同上，第460页。
27. 同上，第464—465页。
28. 8月，李完用告知纯宗日本决定与韩国合邦，刚开始，纯宗没有任何反映。他似乎无法对情况做出正确判断，但是，当李完用说完，纯宗张着掉光牙齿的嘴，脸上是苦涩的表情（片野次雄，《李朝滅亡》，第289页）。
29. 《明治天皇纪》第十二卷，第467—468页。
30. 同上，第469—470页。
31. 杵渕信雄，《日韓交渉史——明治の新聞にみる併合の軌跡》，第289页。"Enma"是阎罗王。"Don Saigō"是模仿鹿儿岛的用法，"don"也是"dono"（殿下）的缩写，相当于西班牙语的"don"（先生）。
32. 《明治天皇纪》第十二卷，第503页。昌德宫是前纯宗皇帝在汉城居住的宫殿。
33. 《明治天皇纪》第十二卷，第500页。
34. 片野次雄，《李朝滅亡》，第294页。

第六十章　"大逆"阴谋

1. 第一个讲座与希腊和罗马敬拜祖先的经典文本有关，第二个讲述的是《易经》中的文章，第三个关于《出云风土记》中的国引神话[日本古代神话，相传出云国有一位叫做"八束水臣津野命"的神，有一天，他决定要扩大狭小的出云国。于是，他以平锄勾住土地，佐以三股扭在一起的绳将志罗纪（新罗）拉过来，接着从北门佐岐（隐岐道前）拉来了狭田国，由北门良波（隐岐道后）拉来了暗见国，自高志（越国）都都三埼拉来了三穗之埼，之后绳形成夜见岛，固定绳的地方为伯耆国火神岳（今鸟取县大山）。——译注]。
2. 《明治天皇纪》第十二卷，第544页。
3. 同上，第545—546页。
4. 在1886到1912年期间担任天皇侍从的日野西资博说道，在1895年后的"七八年中，他完全停止了读报"（《明治天皇の御日常》，第53页）。
5. 1881年3月13日，亚历山大二世遭到谋杀；1900年7月29日，翁贝尔托遇刺身亡；1908年2月1日，卡洛斯遭到枪杀。尽管各个案件中的暗杀者都声称自己是无政府主义者，但他们其实是国王的政敌所雇佣的杀手（《明治天皇纪》第十二卷，第15页）。
6. 1906年5月30日，阿方索十三世在从刚为其举办婚礼的教堂返回皇宫的途中遭遇炸弹袭击，他没有受伤（《明治天皇紀》第十一卷，第 565 页）。

维多利亚女王至少遇到过七次行刺。第一次发生于 1840 年 6 月 10 日，当她和丈夫阿尔伯特（Albert）亲王驾着敞篷车外出时，"突然，她听到爆炸声，阿尔伯特伸开双臂抱住她……她对阿尔伯特的兴奋举动投以微微一笑，但下一刻，她看见'一个小个子男人站在小路上，双手交叉在胸前，每只手上举着一把手枪……'他对准她，又开了一枪，她猛地伏下身"（Elizabeth Longford, *Queen Victoria*, p. 151）。这名暗杀未遂者被判犯有叛国罪，本可处死，但他最后被送进了一家精神病院。1850 年 7 月 27 日，维多利亚女王的头部遭到一名退伍中尉的猛烈袭击，她被击昏，失去了知觉。袭击者被叛流放海外七年。1872 年 2 月 28 日，维多利亚女王遭到了第六次暗杀，这是最具有现代色彩的一次：刺客的目的并不是要谋杀女王，而是吓唬她签署一份下令释放某些政治犯的文书（pp. 390-391）。最后一次行刺发生在 1882 年 3 月 2 日。这名举着一把装满子弹的左轮手枪、瞄准目标的暗杀未遂者被送进了一家精神病院。所有暗杀未遂者的动机都很模糊、混乱，这也是他们被送进精神病院的原因。

7. 就在他被执行死刑前不久，他翻译完成了一部重要著作——彼得·克鲁泡特金（Peter Kropotkin）王子的《面包与自由》（*La Conquête du pain*）。他是根据英语译文将该著作翻译成日语的。
8. 西尾阳太郎，《幸德秋水》，第 9 页。该书的扉页翻拍了幸德的原文。如果这真的是他在七岁的时候作的诗文和写的书法，那他的确异常早慧。幸德一生都写汉诗。如需了解关于幸德早年生活的英文描述，请参阅 F. G. Notehelfer, *Kotoku Shusui*, pp. 8-20.
9. 坂本武人，《幸德秋水》，第 78 页。另请参阅西尾阳太郎，《幸德秋水》，第 8 页。
10. 西尾阳太郎，《幸德秋水》，第 20 页。
11. 《保安条例》对来自土佐（高知县）的人士尤其严苛，因为他们领导开展反抗萨摩—长州政府的活动。
12. 坂本武人，《幸德秋水》，第 50—51 页；西尾阳太郎，《幸德秋水》，第 27—28 页。
13. 西尾阳太郎，《幸德秋水》，第 28 页。
14. 坂本武人，《幸德秋水》，第 55 页。毕业后，幸德告别在中江家的学生生活。中江给了他"秋水"这一名号，这个名字富有诗意而非政治色彩。
15. 坂本武人，《幸德秋水》，第 60 页。另请参阅西尾阳太郎，《幸德秋水》，第 46 页。此时，由于对为政府的喉舌工作感到不满，幸德已经离开了《自由新闻》。他在《中央新闻》的主要任务也是翻译。
16. 坂本武人，《幸德秋水》，第 102—104 页。在第 102 页中，作者列举了幸德向社会发表的所有演讲。
17. 同上，第 99 页。
18. 这是坂本的看法，但西尾认为幸德作为社会主义者的生涯开始于 1897 年（西尾阳太郎，《幸德秋水》，第 48 页）。
19. 大原慧，《片山潜の思想と大逆事件》，第 15 页。
20. 大原慧，《片山潜の思想と大逆事件》，第 16 页。如需了解对片山很大影响的理查德·伊利（R. Ely）的《基督教的社会功能》（*Social Aspects of Christianity*）等书，请参阅第 18—19 页。
21. 坂本指出，在幸德的书出版后一年，约翰·霍布森（John Hobson）才发表其有关帝国主义的作品；在幸德的书出版后十五年，列宁才发表其著作（《幸德秋水》，第 125 页）。

注释

22. 坂本武人，《幸德秋水》，第127页。另请参阅 F. G. Notehelfer, *Kotoku Shusui*, pp. 85-87。
23. 西尾阳太郎，《幸德秋水》，第69页。山川的文章使他以冒犯君主罪被判入狱四年。
24. 如需了解安部矶雄提出的28条主张，请参阅坂本武人，《幸德秋水》第74—75页。
25. 坂本武人，《幸德秋水》，第134页、第135页。
26. 同上。第一首诗的原文"古のふみ見るたびに／思ふかな己の治むる国は如何にと"（《新辑明治天皇御集》第一卷，第50页），该诗作于1878年。第二首诗的原文"綾錦とに重ねても／思ふかな寒さ掩はん袖もなき身を"，该诗并没有收录到这一著作中。
27. 坂本武人，《幸德秋水》，第140页；西尾阳太郎，《幸德秋水》，第82页。
28. 如需了解这本书的内容汇总，请参阅西尾阳太郎，《幸德秋水》，第86页。
29. 坂本武人，《幸德秋水》，第152—153页。在此之前，三名有才华的作家——幸德、内村鉴三和堺利彦——定期发表反战社论。虽然其他报纸支持战争有一段时间了，但在清楚地认识到俄国不会履行从满洲撤军的承诺之前，《万朝报》是反对战争的。《万朝报》的创办人兼编辑黑岩泪香决定，为了团结国民，他将支持政府的主战政策。这个决定促使幸德、堺利彦和内村从该报辞职。
30. 总共出版了64期，最后一期于1905年1月29日出版。第一期售出8000份，之后各期的平均销售量大约为4000份（西尾阳太郎，《幸德秋水》，第96—97页）。
31. 坂本武人，《幸德秋水》，第160页。
32. 同上，第163页。
33. 同上，第164页。
34. 西尾阳太郎，《幸德秋水》，第135页。
35. 坂本武人，《幸德秋水》，第168—169页。
36. 西尾阳太郎，《幸德秋水》，第136页。
37. 如需了解详情，请参阅坂本武人，《幸德秋水》，第170页、第171页。
38. 她叫弗里茨（Fritz）夫人。如需了解关于她的一些情况，请参阅 F. G. Notehelfer, *Kotoku Shusui*, pp. 124-127。
39. 坂本武人，《幸德秋水》，第173页。
40. 西尾阳太郎，《幸德秋水》，第153页。
41. Donald Keene, *Modern Japanese Diaries*, p. 444. 资料来源于盐田庄兵卫编，《幸德秋水の日記と書簡》，第235页。
42. 西尾阳太郎，《幸德秋水》，第177页。
43. 同上，第189—194页、第202—203页、第204页。
44. 关于"赤旗事件"的生动描述，请参阅坂本武人，《幸德秋水》，第202—206页。
45. 西尾阳太郎，《幸德秋水》，第220页。
46. 坂本武人，《幸德秋水》，第215页。
47. 宫下之所以选择在天皇的生日这天对自己制造的炸弹进行试验，是因为他希望在庆贺时燃放烟火的声音可以掩盖住爆炸声（西尾阳太郎，《幸德秋水》，第245页）。
48. 如需了解对幸德提出的控告，请参阅西尾阳太郎，《幸德秋水》，第276—277页。
49. 吉田精一引述正宗白鸟的话说："如果有人就这一事件的严重性问我是否觉得自己的内心深处感到愤慨、是否对政府和法官感到厌恶、是否诅咒生活、是否对所有食物都失去了兴趣以及是否在晚上无法睡个安稳觉，我必须回答说，我没有一点点类似这样的情绪"（《近代文芸評論史：大正編》，第48—49页）。

然而，几年后永井荷风写道，"在世间的所有事件中，我从来没有见过或听过这样的事情，也从来没有燃起过像这件这样让我无法言说的厌恶之情。作为一名作家，我不应当对意识形态的问题保持沉默……但是，和当时的其他作家一样，我一个字也说不出来。我对自己作为一名作家感到非常羞愧。我备受难以忍受的良心不安的煎熬"（《永井荷風集》，第 319 页）。

片山潜声称，"对幸德和其他人做出的判决很公正，没什么可指责的地方。但遗憾的是，没有向公众公开审理这一案件。各国社会党的成员都在他们党派的机关报对这一案件大肆批评；在极端情况下，他们甚至辩称日本政府拒绝进行公开审理，而这与世界其他地方的趋势背道而驰，此举是为了消灭社会党。这表明他们对我国的法律和该案件的真实情况全然无知"（引自于大原慧《片山潜の思想と大逆事件》第 68 页）。还有，"日本政府绝对不是在迫害社会主义；死在绞刑架上的那些人都是活跃的无政府主义者"（第 69 页）。

第六十一章　天皇驾崩

1. Ian H. Nish, *The Anglo-Japanese Alliance*, p.377.
2. 黑羽茂，《日英同盟の軌跡》上卷，第 207 页。
3. 如需了解该条约的条款，请参阅《明治天皇纪》第十二卷，第 628—630 页。日本在第四条做出了让步。
4. 《明治天皇纪》第十二卷，第 584 页。
5. 同上，第 637—638 页。
6. 同上，第 555 页。5 月 30 日，总理大臣桂太郎宣布成立一个叫做"恩赐财团济生会"的基金会。除了天皇捐赠的资金外，还有来自全国的志愿者捐献的金钱。当天皇获悉这个组织的名称时，他表示反对，因为除他以外，还有许多其他人提供资金。在他的提议下，这个名称的前四个字（恩赐财团）总是用小字印刷（第 612 页）。
7. 请参阅第三十章。
8. 《明治天皇纪》第十二卷，第 593 页。
9. 同上，第 689 页。
10. 《明治天皇の御肖像》第 20—21 页转载了当时拍的照片以及在奈良、栃木和冈山县拍摄的三张类似照片。
11. 《明治天皇纪》第十二卷，第 702—703 页。
12. 同上，第 744—745 页。
13. 同上，第 705—706 页。
14. 同上，第 718 页、第 719 页。
15. 同上，第 730 页。
16. 同上，第 731 页。
17. 源了圆，《乃木大将の自殺とその精神指摘背景》，《心》1963 年 12 月号，第 17 页。这三个孙子是后来的昭和天皇、秩父宫亲王和高松宫亲王。
18. 为乃木写传记的早期传记作家对他在学习院的工作大加赞赏，称他是"佩带宝剑的裴斯泰洛齐*"（源了圆，《乃木大将の自殺とその精神指摘背景》，第 17 页）。不过，如需了解更加近代的传记作家的不同观点，请参阅松下芳男，《乃木希典》，第 193 页、第 197

注释

页。松下还提请关注发生在1908年大演习期间的一件事（第195页）。在演习的最后一天，担任"南军"指挥官的乃木突然被另一名将军替换，因为乃木无视演习监军（陆军大将奥保巩）下达的撤军命令。乃木认为南军没有遭受损失，没有理由撤军。他的这种独立精神并没有受到褒奖。[* 裴斯泰洛齐（Pestalozzi）：瑞士著名的民主主义教育家。——译注]

19. 《明治天皇纪》第十二卷，第673页。随后，乃木获得了一个更低的职位，即担任演习（在第四师团和第十六师团之间开展）监军。（第683页）
20. 《明治天皇纪》第十二卷，第733页。不久后，高崎正风于1912年2月28日逝世。
21. 同上，第734—735页。
22. 坊城俊良，《宫中五十年》，第23页。
23. 《明治天皇纪》第十二卷，第803—804页。
24. 同上，第805页。
25. 同上，第813页。另请参阅坊城俊良，《宫中五十年》，第23页。
26. 日野西资博，《明治天皇の御日常》，第71—72页。
27. 同上，第160页。
28. 末松谦澄，《御自制力のお強かりし先帝陛下》，《太阳增刊 明治圣太子》，第325页。
29. 日野西资博，《明治天皇の御日常》，第75页。
30. 《明治天皇纪》第十二卷，第819页。新天皇的即位和年号的公布都是匆忙地进行，这是前所未有的现象。明治在将年号从"庆应"改为"明治"等待了超过一年半的时间。久米邦武对匆忙更改年号这一不当做法予以批评（《先帝崩御に際して余の感想》，《太阳增刊 明治圣太子》，第317页）。
31. 坊城俊良，《宫中五十年》，第49—50页。
32. 1912年9月，《太阳》杂志出版了一期临时增刊，所有版面都用来追忆先皇。
33. 牧野伸显，《御亲政初期の追憶》，《太阳增刊 明治圣太子》，第48页。

第六十二章　乃木徇死

1. 日野西资博写道，尽管天皇的衣服从来都不合身，但他丝毫没有受此困扰（《明治天皇の御日常》，第89页）。这种说法遭到了《明治天皇纪》的编纂者的质疑，他们记录下了1872年春一位欧洲裁缝从横滨来给天皇进行量身的情景（第二卷，第666页）。当时对天皇进行了量身，但即使那一数据准确也没有多大用处，因为天皇后来变胖了，裁缝大概需要猜测哪些数据发生了变化。
2. 《明治天皇纪》第十二卷，第828页。
3. 飞鸟井雅道，《明治大帝》，第29页。在《明治天皇纪》或与天皇生活有关的其他记载中，藤波并不是一个占据重要地位的人物，也许是因为他与天皇之间的关系比较随意、比较私人。
4. 欧文·贝尔茨写道，"对于日本人来说，睦仁天皇高大威严"（Erwin Baelz, Awakening Japan, trans. Eden Paul and Cedar Paul, p. 395）。
5. 飞鸟井雅道，《明治大帝》，第33页。
6. 《明治天皇纪》第十二卷，第830—831页。亦见飞鸟井雅道，《明治大帝》第48—49页。飞鸟井雅道指出，千种任子似乎没有留下日记，因此无法确定这是否真的是天皇的意愿。
7. 飞鸟井雅道指出，尽管日本的首都从来都没有正式地从京都迁到东京，但当天皇访问京都时，描述的是"行幸"，而非"还幸"（《明治大帝》，第 46—47 页）。根据 1889 年在颁布宪法时发布的《皇室典范》，即位式和大尝祭都在京都举行。但事实上，1871 年的大尝祭在东京举行。尽管天皇喜欢京都，但仍接受了将东京作为首都这一事实。然而，他可能觉得当他在世间的职责完成时，他有权被埋葬在他所选定的地方。

8. 《明治天皇纪》第十二卷，第 831 页。
9. 同上，第 833 页。
10. 望月小太郎编，《世界に於ける明治天皇》下卷，第 11 页；1912 年 7 月 30 日的《泰晤士报》（伦敦版）。
11. 望月小太郎编，《世界に於ける明治天皇》下卷，第 37 页。
12. 同上，第 118—119 页；日语原文请参阅上卷，第 228—289 页。尚不清楚伊藤是否发表了这番言论。
13. 望月小太郎编，《世界に於ける明治天皇》下卷，第 119 页；日语原文请参阅上卷，第 229 页。
14. 望月小太郎编，《世界に於ける明治天皇》下卷，第 119 页。
15. 望月小太郎编，《世界に於ける明治天皇》上卷，第 687 页。
16. 同上，第 599—600 页。
17. 望月小太郎编，《世界に於ける明治天皇》下卷，第 1205 页；1912 年 8 月 2 日的《国光新闻》（北京版）。
18. 望月小太郎编，《世界に於ける明治天皇》下卷，第 1206 页。
19. 同上，第 1233 页。译注（从中文翻译成日文）添加了一个注释，大意是说这名记者仍然充满了作为中国人的优越感。
20. 望月小太郎编，《世界に於ける明治天皇》下卷，第 1211 页。
21. 同上，第 175 页。
22. 飞鸟井雅道，《明治大帝》，第 31—32 页。另请参阅 Carol Gluck, *Japan's Modern Myths*, p. 220。德富芦花的《明治天皇的崩御の善後》收录在《明治文学全集》第四十二卷第 338 页的《みみずのたはこと》一文中。格卢克（Gluck）对天皇葬礼所弥漫的气氛进行了很好的描述。另请参阅报道了葬礼的记者生方敏郎在《明治大正見聞史》第 189—211 页中的描绘。
23. 《漱石全集》第二十卷，第 398 页。一份第一次披露天皇病重的报纸特刊促使夏目漱石写了这篇日记。
24. 《明治天皇ほうとの時》，见《漱石全集》第二十六卷，第 312 页。漱石尤其称赞天皇重视教育，在小说《心》中对天皇的驾崩和乃木的殉死进行了着重塑造。
25. 议会召开紧急会议，决定给葬礼拨款 154.5389 万日元（《明治天皇纪》第十二卷，第 832 页）。关于葬礼的详细描述请参阅第 838—843 页。
26. 生方敏郎，《明治大正見聞史》，第 207 页。
27. 这个描述对《明治天皇纪》第十二卷第 838—843 页的大葬仪的描绘进行了汇总。漱石为送葬队伍作了一首俳句：肃穆送行人／火把高举悲中行／烁如夜空星（《漱石全集》第二十四卷，第 84 页）。
28. 《明治天皇纪》第十二卷，第 844 页。
29. 乃木于西南战争期间写的日记中，并没有提到丢失军旗一事。也许在那时此事对他而言并不重要（飞鸟井雅道，《明治大帝》，第 254 页）。如需了解乃木遗书的部分内容，请参阅第 248 页。

30. 山路爱山，《乃木大将》，第305—306页，转引自源了圆，《乃木大将の自殺とその精神指摘背景》，第15页。只有少数人（包括侍从长德大寺和侍官武官冈见）目睹了这一时刻。他们都对此保密，但在乃木死后，冈见才披露天皇说了什么。源了圆的文章对乃木自杀的背景进行了精彩的论述（《心》，1963年12月）。
31. 《明治天皇纪》第十二卷，第845页。但是，一些人在最初听到乃木自杀的消息时不太相信。刚开始，生方认为这个消息只不过是一个拙劣的玩笑（《明治大正見聞史》，第214—215页）。森鸥外对这个消息半信半疑（飞鸟井雅道，《明治大帝》，第247页）。
32. 松下芳男，《乃木希典》，第213页。
33. 源了圆，《乃木大将の自殺とその精神指摘背景》，第16页、第17页。
34. 《武者小路实笃全集》第一卷，第495页。在他同时期的其他作品中，武者小路一次又一次地回到乃木的自杀这一话题，总是将这一行为视为不合时宜的。
35. 《志贺直哉全集》第十卷，第636页。另请参阅飞鸟井雅道，《明治大帝》，第277页。三天后，志贺在日记中写道，诗人吉井勇将乃木的自杀称为"最近几天来最不愉快的事件之一"。
36. 原田宪雄，《日本漢詩選》，第246—247页。在师从副岛种臣学习汉诗后，长井郁斋曾在清朝生活了很长一段时间，在清朝的名气要比在日本大。
37. 飞鸟井雅道，《明治大帝》，第279页。
38. 《明治天皇纪》第十二卷，第846—847页。

终章

1. 日野西资博，《明治天皇の御日常》，第109页。
2. 同上，第125页、第151页。
3. 关于祭拜祖先，请参阅坊城俊良，《宫中五十年》，第34—35页。
4. 侍从日野西回忆道，在日俄战争期间，天皇失去了对娱乐活动的全部兴趣，完全埋头于国家事务。他的唯一消遣就是听留声机（日野西资博，《明治天皇の御日常》，第124页）。根据侍从坊城回忆，天皇的留声机是一台老式的机器，有一个喇叭来播放蜡筒唱片（《宫中五十年》，第40页）。唱片为"健康曲子"，由此推测它们可能不是流行歌曲，而是激动人心的歌谣。
5. Erwin Baelz, *Awakening Japan*, trans. Eden Paul and Cedar Paul, p. 97. 此处提到的"井上"指的是提倡现代生活方式的井上馨。
6. 日野西资博，《明治天皇の御日常》，第46页。
7. 同上，第52页。
8. 同上，第53页。
9. 在深爱的丈夫阿尔伯特亲王过世后，维多利亚女王沉湎于悲伤之中，有五年时间拒绝召开国会。《泰晤士报》发表了一篇社论，力劝她"听一听臣民的呼声，想一想自己身居高位的职责，不要因为沉湎于徒劳的悲伤之中而再拖延下去了"（Giles St. Aubin, *Queen Victoria*, p. 344）。
10. 飞鸟井雅道，《明治大帝》，第2页。